DIE GROSSEN DEUTSCHEN UNSERER EPOCHE

# DIE GROSSEN DEUTSCHEN UNSERER EPOCHE

HERAUSGEGEBEN VON LOTHAR GALL

Mit 93 Abbildungen

PROPYLÄEN VERLAG • BERLIN

Dieser Band ergänzt die 1985 mit demselben Titel erschienene Ausgabe durch die seitdem verstorbenen „großen Deutschen" und durch ein Nachwort des Herausgebers.


Satz: Utesch Satztechnik GmbH, Hamburg
Offsetreproduktionen: Haußmann Reprotechnik, Darmstadt
Druck und buchbinderische Verarbeitung: Wiener Verlag, Himberg bei Wien
Printed in Austria 1995
ISBN 3 549 05447 5

# INHALT

# ZUR EINFÜHRUNG

Von
Lothar Gall

„Die großen Deutschen" – das war und ist, zumal unter Akzentuierung des bestimmten Artikels, ein höchst anspruchsvoller Titel. Hermann Heimpel, Theodor Heuss und Benno Reifenberg haben ihn vor nunmehr bald dreißig Jahren sehr bewußt für das von ihnen herausgegebene, schließlich fünfbändige biographische Sammelwerk gewählt, das von Karl dem Großen bis Bert Brecht die nach ihrer Meinung bedeutendsten Namen des deutschen Sprachraums zusammenfaßt. Sie wollten mit diesem Titel und dem Anspruch, den er enthält, Maßstäbe setzen, Maßstäbe für wahre historische Größe und das, was ihnen an Werten zugrunde liegt – nicht zuletzt in Absetzung von den Verschiebungen und Verzerrungen der zwölf Jahre vor 1945, wie sie sich in dem Werk gleichen Namens aus den späten dreißiger Jahren gespiegelt hatten.

In einführenden Bemerkungen hat Theodor Heuss sich seinerzeit in der ihm eigenen kreisend-tastenden, aber seiner Sache letztlich doch sicheren Art über diese Maßstäbe geäußert. An Jacob Burckhardt und dessen Reflexionen über die historische Größe in den „Weltgeschichtlichen Betrachtungen" anknüpfend, räumte er zunächst ein, wie relativ die Idee der historischen Größe sei – relativ im buchstäblichen Sinne: bezogen auf die Werthaltungen des Betrachtenden und Urteilenden und damit auf die der jeweiligen Gemeinschaft, der er zugehörte. Dann aber bekannte er sich doch sehr nachdrücklich dazu, sich von hier aus nicht in einen allgemeinen Relativismus drängen zu lassen, sondern zu solchen Werthaltungen auch in dieser Hinsicht zu stehen. Der „Sinn der Sammlung" gelte demgemäß neben „der Bildung" auch „der Erziehung", einem pädagogischen Zweck also. Die Größe individueller Leistung und der Rang einer Persönlichkeit – sie sollten nicht zuletzt auf das hinführen, was „stellvertretend für die fruchtbaren Gaben unseres Volkes erscheint"; sie sollten Werte vermitteln und auf Werte verpflichten.

Über die Art der Auswahl war damit freilich noch wenig gesagt, zumal sich Heuss auch hier, wie stets, hütete, den Zeigefinger zu heben, und seine Bemerkungen über Wesen und Charakter der historischen Größe eher locker und unter Akzeptierung vieler Perspektiven aneinanderreihte. Die Auswahl sollte, das war offenkundig seiner und seiner Mitherausgeber Überzeugung, im wesentlichen für sich selber sprechen. Und in der Tat: Wer hierauf bei einem solchen Unternehmen nicht im Kern bauen kann, wer zu viel begründen muß, der wird sich, bei aller guten Absicht, schwertun. Heuss betonte denn auch ausdrücklich, daß die Aufgabe, die man sich gesetzt habe, „in ihre Zeit gestellt“ sei, daß man sich durchaus von den in ihr vorherrschenden Bewertungen habe leiten lassen. Ebenso ließ er es bewußt offen, ob auch hier „das Wort zutrifft..., daß alle Geschichte nach dreißig Jahren neu geschrieben werden müsse“.

Bewahrung und Akzeptierung eines Kernbestandes bedeutender und in ihrer Bedeutung bei der Mehrzahl der Zeitgenossen nicht umstrittener Namen – das war das Fundament des Unternehmens. In solchem Sinne war man auch sogleich bereit, den ursprünglichen Katalog zu ergänzen und zu erweitern, wenn sich gewichtige, repräsentative Stimmen für die Berücksichtigung eines zusätzlichen Namens aussprachen. Eine scharfe Grenze zog man nur gegenüber all denen, die Jacob Burckhardt die „Ruinierer“ vom Schlage Timurs genannt hatte: „Es gibt“, so Heuss lapidar, „große Verbrecher, aber es gibt keine verbrecherische Größe.“

Kaum jemand, der die damalige Auswahl heute, aus dem Abstand von dreißig Jahren, betrachtet, wird wohl sagen können, daß sie in ihrem Kern falsch war. Sicher wird der und jener mit guten Gründen den einen oder anderen Namen vermissen, den einen oder anderen überbewertet finden. Aber insgesamt gesehen sind hier jene versammelt, denen über den jeweiligen Kreis der Fachleute hinaus auch heute ein allgemeiner gebildetes Publikum im Hinblick auf ihre Persönlichkeit und vor allem auf ihre Lebensleistung, ihr Werk, das Beiwort „groß“ zubilligen wird.

Damit ist der entscheidende Punkt berührt. Der Begriff der historischen Größe, so wie er von Heuss und seinen Mitherausgebern verwendet wurde, setzt vor allen Definitionen und Einschränkungen, auch vor allen Akzentuierungen eine Trägerschicht voraus, eine bis heute stets nur theoretisch mit der Gesamtheit gleichzusetzende Gruppe von Menschen, die über genügend Informationen, Überblickswissen, „Bildung“ verfügen, um entsprechende Einschätzungen nachvollziehen und, positiv oder kritisch, bewerten zu können. Die Identifizierung einer solchen Bildungsschicht mit der „Allgemeinheit“, wie sie Heuss mit Selbstverständlichkeit vorgenommen hat, ist auch heute aus vielerlei Gründen unerläßlich, Fundament insbesondere der Idee einer einheitlichen Kultur, auf der unser gesamtes Bildungssystem, ja die Idee einer geistigen Gemeinschaft nach wie vor beruhen. Aber man muß sich gleichzeitig ganz nüchtern klarmachen, daß von daher der Begriff der historischen Größe niemals objektivierbar ist, daß er vielmehr die Werthaltungen – und ihre Veränderungen – in einer Bildungsschicht widerspiegelt, die mit dem, was sie mit dem Anspruch auf Allgemeinverbindlichkeit als „groß“ bezeichnet, ihre eigenen Lebensideale und Zielvorstellungen formuliert.

Das ist natürlich keine neue Einsicht. Heuss und seine Mitherausgeber haben sie nur gleichsam noch unbefangener eingesetzt, als dies uns, die wir eine fundamentale Infragestellung der sogenannten bürgerlichen Kultur erlebt haben und weiterhin erleben – mit der dementsprechenden Schärfung des Bewußtseins für bestimmte Zusammenhänge und Probleme –, noch möglich ist. Wir müssen sozusagen die Karten auf den Tisch legen, daß nämlich das, was eine Gesellschaft beziehungsweise ihre Bildungsschicht in einzelnen Individuen als historisch groß bezeichnet, ihr Wertsystem wiedergibt und zugleich dessen Bestätigung und Bekräftigung dient.

Es ist dies, aufs Ganze gesehen, durchaus ein kollektiver Akt, der sich der Willkür des Einzelnen weitgehend entzieht. Auch dafür bewies Heuss ein sehr lebendiges Gespür, wenn er und seine Mitherausgeber sich mit dem erklärten Ziel der Wiederherstellung des traditionellen, nach 1933 so tief gestörten Wertsystems weitgehend an dem etablierten Namensbestand orientierten und auf neue Setzungen im allgemeinen verzichteten.

Daher wird, wer es unternimmt, das damals in dieser Weise begründete und praktisch durchgeführte Werk bis in unsere Gegenwart fortzuführen, also die Biographien der seither, seit 1956, verstorbenen „großen Deutschen" in einem sechsten Band zusammenzufassen, nicht nur aus Gründen der Kontinuität, des inneren Zusammenhangs des Gesamtwerks, nicht wesentlich anders verfahren können. Auch er wird sich, wie immer er die dahinter wirkenden Mechanismen einschätzt und bewertet, zunächst den Kernbestand derjenigen Namen vor Augen führen müssen, die im „allgemeinen Bewußtsein" in solchem Zusammenhang weitgehend unstrittig erscheinen, auf entsprechende Fragen von unterschiedlichster Seite immer wieder genannt werden: Adenauer gehört hier ebenso dazu wie Theodor Heuss selber, Albert Schweitzer ebenso wie Hermann Hesse oder Carl Zuckmayer, der von Heuss einst ausdrücklich verworfene Gottfried Benn ebenso wie Paul Hindemith, Otto Hahn, Werner Heisenberg, Oskar Kokoschka, Gerhard Marcks oder Karl von Frisch. Erst in einer Randzone beginnt ein – auch hier freilich eng bemessener – Entscheidungsspielraum, wo dann auch Diskussionen einsetzen können und wahrscheinlich auch werden: Wäre Fritz Erler nicht doch der Vorzug zu geben gewesen gegenüber Carlo Schmid, besitzt Franz Schnabel, der Historiker, wirklich einen meßbaren Vorsprung vor seinem fraglos gleichfalls bedeutenden Fachkollegen Gerhard Ritter?

Vor dem allen aber steht, wie gesagt, ein kollektives Wertungssystem, und die zentrale Frage ist letztlich, ganz nüchtern formuliert, wie Auswahl und Wertungssystem sich ineinanderfügen. Eine Antwort darauf muß dem Leser und der Kritik überlassen bleiben. In dem Bewußtsein und der Überzeugung, daß er nicht nur, ja nicht einmal in erster Linie durch die Auswahlprinzipien seiner Vorgänger, sondern vor allem durch die Natur eines derartigen Unternehmens als solchem weitgehend gebunden war, kann der Herausgeber lediglich versuchen, selber einige Schlußfolgerungen zu skizzieren, die sich seiner Meinung nach aus jenem Zusammenhang von Auswahl und kollektivem Wert- und Wertungssystem ergeben.

Die erste dieser Schlußfolgerungen lautet: Bei der Bewertung als „groß" spielt die objektivierbare, verdinglichte und zugleich eindeutig individualisierbare Leistung eine zentrale Rolle. Konkret: Der Künstler, also der Maler, Komponist, Architekt, Schriftsteller, und auch der Gelehrte werden eindeutig bevorzugt gegenüber dem im Kollektiv Handelnden, dem Wirtschafts- und Gewerkschaftsführer, dem Ingenieur, dem Soldaten, dem praktischen Juristen sowie, mit wenigen, dann allerdings besonders herausgehobenen Ausnahmen, auch dem Politiker. Es erfolgt hier eine bemerkenswerte Umkehrung der Alltagsverhältnisse, wo alles zunehmend auf die Funktion, auf die Gruppenrepräsentanz, auf die klar fixierbare Lebensstellung ausgerichtet ist. Als groß erscheint der große Einzelne, der in erster Linie sich selbst und vor allem sein Werk repräsentiert – so undenkbar dieses Werk ohne das vielfältige Beziehungsgeflecht der Zeit auch sein mag.

In diesem Sinne bewahrt offenkundig, zweite Schlußfolgerung, der Begriff der Größe, so wie er sich in einer Art kollektivem Bewußtseinsprozeß stets aufs neue an einen bestimmten Kreis von Namen heftet, ungeachtet aller Veränderungen der Lebenswelt eine streng individualistische Welt- und Lebensanschauung. Größe bleibt damit nicht nur an eine individualisierbare, möglichst verdinglichte Leistung gebunden, sondern sie erscheint um so unumstrittener und unumstreitbarer, je mehr sie, zumindest äußerlich und in der Konzentration auf die betreffende Person, isolierbar wirkt, herauslösbar aus den sie zwar vielfach prägenden, aber nicht im letzten bestimmenden Sach- und Lebenszusammenhängen. Größe verlangt danach im Humboldtschen Sinne Einsamkeit und – durchaus repräsentativ verstanden, eigene Lebenswünsche artikulierend – Freiheit, Freiheit der Entscheidung, der Gestaltung, Freiheit von den immer enger und bindender werdenden Verflechtungen des „normalen" Lebens.

Damit konzentriert sich, drittens, die Auswahl auch inhaltlich erneut auf ganz bestimmte Bereiche. Freiheit, Individualität und somit individuelle Größe können sich in der modernen Welt, so das Grundmuster, am ehesten noch auf kulturellem Gebiet entfalten. Hier werden auch in der Gegenwart die Daseins- und Zukunftserwartungen der verschiedenen – heute gern als „bürgerlich" apostrophierten – Aufklärungs- und Bildungsbewegungen noch am wenigsten enttäuscht. Mit den großen Einzelnen werden daher gerade auf diesem Gebiet Hoffnungen und Perspektiven erhalten und befestigt, die auf vielen anderen Feldern inzwischen wenn nicht zerstört, so doch aufs stärkste angefochten worden sind.

Hinzu kommt schließlich, viertens, damit aufs engste zusammenhängend, daß sich in dem Bereich der Kultur, im weitesten Sinne verstanden, nach einer gewissen Übergangsphase noch am leichtesten ein allgemeinerer Konsens über Bedeutung, ja Größe eines Einzelnen erzielen läßt – wobei es gerade hier freilich im weiteren Verlauf nicht selten zu grundsätzlichen Revisionen kommt.

Je näher Heuss und seine Mitherausgeber der eigenen Gegenwart rückten, desto eindeutiger dominierten in ihrem Sammelwerk denn auch die Vertreter von Kunst und Wissenschaft. Von den sechsundsechzig nach 1900 gestorbenen Persönlichkeiten, die in die „Großen Deutschen" Aufnahme fanden, gehörten nicht weniger als zweiundfünfzig diesem Bereich an, gegenüber nur vierzehn aus allen anderen, zumal aus der Politik und der Wirtschaft. Kein deutscher Regierungschef beispielsweise fand Gnade vor den Augen der Herausgeber, sieht man von Friedrich Ebert ab, dessen Name in der breiteren Öffentlichkeit jedoch wohl mehr mit seiner Präsidentschaft verknüpft ist.

Ähnliches gilt für den hier vorgelegten sechsten Band, der sich, wie gesagt, in seinen Auswahlprinzipien sehr bewußt an die fünf vorangegangenen anschließt – vornehmlich in dem Bestreben, „Setzungen" soweit wie möglich zu vermeiden und sich von allgemeinen Einschätzungen leiten zu lassen, sich an einem Kernbestand von Namen zu orientieren, bei denen, unbeschadet unterschiedlicher Bewertungen im einzelnen, das Attribut „große Deutsche" nur auf geringen Widerspruch stoßen dürfte. Auch hier dominieren ganz eindeutig die Bereiche Kunst und Wissenschaft. Allerdings muß man dabei die Zäsur von 1933 beziehungsweise 1945 in Rechnung stellen, also die Tatsache eines auf den anderen Gebieten doch sehr einschneidenden Personenwechsels, der zugleich ein Generationswechsel war, Jüngeren, heute vielfach noch Lebenden verhältnismäßig früh zu bedeutenden Wirkungsmöglichkeiten verhalf.

Aber selbst wenn man das berücksichtigt, bleibt unübersehbar, daß sich die Vorstellung von individueller Größe, von einer Maßstäbe setzenden Existenz zunehmend – und in deutlichem Widerspruch zu vielerlei aktuellen Einschätzungen – mit dem Bereich der Kunst und der Wissenschaft und hier mit dem großen, individuellen und individualisierbaren Werk verbindet. Das mag eine Rückzugsposition sein, ein Festhalten an Grundeinschätzungen und Werthaltungen der Vergangenheit. Aber noch ist es auch ein Zeugnis dafür, daß die sich frei entfaltende Individualität, als deren beispielgebender Repräsentant der große Einzelne erscheint, vielen nach wie vor als zentraler Wert, als Grundlage aller schöpferischen Kultur gilt, als „höchstes Glück der Erdenkinder", und daß im Zentrum dabei nicht die „Kultfigur", die von allen Diktaturen und vielen anderen immer wieder beschworene „charismatische Führergestalt", sondern Kunst und Wissenschaft und das stehen, was sie, durch Individuen, aber weit über das Individuelle hinaus, vermögen.

# EMIL NOLDE
## 1867–1956

Von
Martin Urban

Nolde ist der Einzelgänger unter den Malern des deutschen Expressionismus. Älter als die Freunde der Künstlergruppe „Brücke", welche den Jahrgängen um 1880 angehören, zog er sich als Mitglied der Gruppe schon nach einem Jahr zurück; er wollte allein sein, fern von der Unruhe und Betriebsamkeit der Künstlergruppierungen.

Dennoch verläuft sein Weg nicht isoliert, sondern parallel und oft in enger Verbindung zu den anderen Malern, die man allgemein dem deutschen Expressionismus zurechnet. Er war 1906/07 an den ersten gemeinsamen Ausstellungen der „Brücke" beteiligt, teilte mit ihnen Ablehnungen und erste Erfolge. Sein öffentlicher Protest gegen die Refüsierung seiner Bilder durch die Berliner Secession führte zur Sprengung dieser mächtigsten deutschen Künstlervereinigung und zur Gründung der „Neuen Secession". Das bedeutete die Durchsetzung „gegenüber den wohlangesessenen älteren Kräften", wie es die „Brücke"-Maler in ihrem Programm gefordert hatten. Nolde war zum Wortführer der jungen Generation geworden, fast erschreckt stellte er es fest und zog sich zurück. Fortan mied er die Bindung an Gruppen und Verbände; selbst die Berufung in die Preußische Akademie der Künste 1931 wehrte er zunächst ab; erst auf Drängen von Adolf Behne gab er seine Zustimmung.

Sein eigentlicher Name ist Emil Hansen. Er ist am 7. August 1867 als vierter Sohn des Bauern Niels Hansen in dem kleinen Dorf Nolde nahe Tondern im deutsch-dänischen Grenzland geboren und sollte wie seine Vorfahren und die Brüder auch Bauer werden; der Hof war seit neun Generationen im Besitz der Familie der Mutter. Als Kind machte er erste Malversuche mit Holunder- und Rote-Bete-Saft – „ich mochte so gern die rotviolette Farbe" –; das schönste Weihnachtsgeschenk war ein Malkasten. Sein Ziel stand fest, er wollte Kunstmaler werden. Aber der Pastor, dem er nach Beendigung der Schulzeit seine Zukunftsträume anvertraute, warnte den Vater, Kunstmaler sei ein sündiger Beruf, und Künstler könnten sich nicht ernähren; so wurde er für die Arbeit auf dem Hof eingespannt. Schließlich hatte sein hartnäckiger Widerstand Erfolg, der Siebzehnjährige durfte, wenn nicht auf eine Malschule, so doch als Lehrling im Holzschnitzen in die Sauermannsche Möbelfabrik und Schnitzschule in Flensburg. Eine seiner letzten Arbeiten gegen Ende der vierjährigen Lehrzeit waren vier Eulen für den Schreibtisch von Theodor Storm.

Es folgten Wanderjahre als Schnitzer und Zeichner in Möbelfabriken in

München und Karlsruhe, wo er nebenher die Kunstgewerbeschule besuchte, und in Berlin. 1892 bekam er eine Stelle als Lehrer für gewerbliches Zeichnen am Industrie- und Gewerbemuseum in St. Gallen, zudem hatte er Entwürfe und Vorlageblätter für die Kunsthandwerker der Stadt zu liefern. – Er war fünfundzwanzig Jahre alt und blieb fünf Jahre. Der nordschleswigsche Bauernsohn, der sich mit seinen unbeholfenen Manieren in der bürgerlichen Welt der Schweizer Kleinstadt nur schwer zurechtfand, führte eine Art Doppelleben; er suchte nach einem Ausweg aus der geistigen Befangenheit und Enge seines bisherigen Milieus. Freunde brachten ihn mit den bewegenden Ideen in Kunst und Literatur dieses unruhigen Jahrzehnts vor der Jahrhundertwende in Berührung. Freilich blieb das alles fragmentarisch; denn dieser schwerblütige Mensch, der seine Verletzlichkeit hinter einer in die Jahre der Jugend zurückreichenden Trotzhaltung verbarg, hatte eine überaus empfindsame Seele und eine ausschweifende Phantasie, welche von den neuen Eindrücken allzu heftig erregt wurde. Seine Gedanken sind auf eigenes Künstlertum gerichtet, doch sein glühendes Ausdrucksverlangen bleibt unerfüllt; das handwerkliche Können genügt nicht, und die frühere Ausbildung ist eher hinderlich. Er malt spröde, topographisch genaue Landschaftsaquarelle und realistische Zeichnungen der Bergbauern; es entstehen Maskenzeichnungen, über die er rückblickend urteilt, sie seien „groteskes Rohmaterial, ... alle Möglichkeiten in sich enthaltend", und sein erstes Ölbild „Bergriesen". Großen Erfolg haben kleine farbige Zeichnungen mit Darstellungen der Schweizer Berge als Gestalten aus Sagen und Märchen; sie werden in hoher Auflage als „Bergpostkarten" gedruckt und bringen innerhalb kurzer Zeit einen Gewinn von fünfundzwanzigtausend Franken. Das überraschend verdiente Geld reicht für eine Reihe von Jahren; er gibt sein Lehramt auf, um freier Maler zu werden.

1898 zieht Nolde nach München. Da die Akademie unter Franz Stuck ihn ablehnt – „wie schön hätte es sein können, mit Kandinsky, Klee und vielleicht auch Marc zusammenzutreffen, die alle zu dieser Zeit dort Schüler waren" –, besucht er die private Friedrich-Fehr-Schule; 1899 geht er zu Hölzel nach Dachau, der damals eine brauntonige Malerei im Sinne des deutschen Naturalismus vertrat. Doch den Lehrern gegenüber fühlt er sich unbehaglich, „wie ein Heide". Er studiert in der Pinakothek Böcklin, Leibl, die Altdeutschen, im Schloß Schleißheim die Werke von Marées, nach Reproduktionen analysiert er Bilder von Goya, Millet, Whistler, Watts, Böcklin, Menzel; er macht Skizzen, die das konstruktive Gerüst, die Spannung zwischen Hell und Dunkel, die Gebärde der Form bloßlegen, „die Charaktere, die Spannung der Linien, die großen Licht- und Schattenflächen".

Ende 1899 geht Nolde nach Paris; er schreibt sich in der Akademie Julian ein, aber es geht ihm ähnlich wie in München, Malschulen und Akademien geben ihm wenig. Wichtiger sind die Bilder im Louvre: Giorgione, Tizian,

Rubens, Goya, Daumier und Rembrandt. Er kopiert Tizians „Allegorie des D'Avalos" und findet bestätigt, was ihm schon vorher bewußt war, „was auf den alten Bildern überzeugend naturwahr aussieht, ist unendlich weit davon entfernt", er erkennt den „weiten Abstand zweier Welten, Natur und Kunst".

Im Sommer 1901 lebt Nolde drei Monate in Lildstrand, einem kleinen Fischerdorf an der nordwestlichen Ecke Jütlands. Die innere Unruhe und das Erlebnis der Natur an der einsamen Küste des Nordmeeres steigern sich zu panischen Rauschzuständen. Er schreibt Briefe, in denen Wirklichkeit und Phantasie in einem Maße verwirrt erscheinen, daß die Freunde um seinen Verstand fürchten. Aber Nolde ist wacher denn je; die gleichzeitig entstehenden Zeichnungen zählen zu den ersten selbständigen Zeugnissen seiner Kunst. Es sind sehr kleine, mit Bleistift oder Feder und Tinte gezeichnete Blätter: Räuber und Räuberstuben, Strandläufer, Nachtwandler, Sonnenanbeter, Visionen von Spuk- und Fabelwesen; „wohin ich schaute, die Natur war belebt, der Himmel, die Wolken, auf jedem Stein und zwischen den Zweigen der Bäume, überall regten und lebten in stillem und wildem lebendigem Leben meine Gestalten, die mich in Begeisterung versetzten und auch plagend nach Verwirklichung riefen".

Nolde wird diese seltsame Zwischenwelt jenseits aller vernünftigen Erfahrungen, zwischen Traum und Wirklichkeit, aber von ihm in voller Realität erlebt, fortan noch oft betreten. Fast zwanzig Jahre später in einer vergleichbaren Situation auf der Hallig Hooge und nochmals nach zwei Jahrzehnten, während des Malverbotes, als er in Seebüll in einem versteckten Raum heimlich die „Ungemalten Bilder" malte, stellen sich die nächtlichen Gestalten, Kobolde und seltsamen Tiere wieder ein. Auch die großen Aquarelle vom Anfang der dreißiger Jahre, die „Phantasien", gehören dazu.

Die frei erfundenen phantastischen Bilder, ob Aquarelle, Gemälde oder Graphik nehmen in Noldes Werk einen wichtigen Platz ein. Sie gelten als seine unverwechselbar eigensten Schöpfungen, auch der Maler hat sie so gesehen, wenngleich er mit den üblichen Deutungen als Ausgeburten eines nordischen „Spökenkiekers" oder dämonisch unterer Regionen nicht einverstanden war; so schrieb er nach einer Ausstellung der „Phantasien" 1934 in Berlin, es sei doch merkwürdig, „sie vermuten unheimlich dämonisches, wo gerade es humorvoll lebenssprühend ist". Auch wenn die seltsamen Gestalten sich bisweilen dämonisch gebärden, sie sind doch eher Ausdruck einer spielerischen, unbändigen Phantasie, den Drôlerien vergleichbar, die an versteckten Plätzen der Chorgestühle und auf den Dächern mittelalterlicher Kathedralen ihr seltsames Wesen treiben.

Über die Lildstrandzeichnungen schreibt Nolde 1902 an seinen Freund Fehr: „Die vielen gezeichneten Bilder schweben mir nun vor in schwimmenden Farben, schöner als ich sie wohl werde malen können, ... ich sehne mich nach dem Tag, wo ich Farbenharmonien, meine Harmonien gefunden habe. Farben können so schön sein, so schön – wie Musik."

In einer Zeit großer Einsamkeit tritt Ada Vilstrup, eine junge dänische Schauspielerin in sein Leben. 1902 heiraten sie in Frederiksborg bei Kopenhagen; jetzt nimmt er den Namen Nolde an. Sein weiteres Leben mit allen Niederlagen und Erfolgen ist ohne Ada an seiner Seite nicht zu denken. Anfangs leben sie in Berlin, bei Verwandten in Jütland, in Flensburg. Im Frühjahr 1903 siedeln sie nach Guderup auf der Insel Alsen über, wo sie für fünfzig Mark im Jahr ein Fischerhaus mieten, das bis 1916 ihre Wohnung bleibt; in dem aus Brettern gebauten Atelier am Strand sind die meisten Bilder dieser Jahre entstanden.

1904 malt Nolde ein Bildnis von Ada, „Frühling im Zimmer", das in seiner lichten Farbigkeit und spontanen Niederschrift an den Spätimpressionismus denken läßt; vorerst stand es allein. Nolde war von den in Paris gesehenen Bildern der Impressionisten wenig beeindruckt gewesen, Renoir und Monet erschienen ihm fremd, nur Degas und Manet, „den großen, bedeutenden Maler lichter Schönheit", hat er aufs höchste bewundert. Und später, als er sie in Berlin, in Weimar, Hagen und Hamburg sah, vor allem van Gogh und Gauguin. Die Begegnung mit ihrer Kunst wirkte befreiend, sie brachte die Hinwendung zur Farbe als seinem eigentlichen, bestimmenden Ausdrucksmittel.

Zunächst erprobt er die neuen Möglichkeiten an einfachen Motiven. Zwischen 1906 und 1908 entstehen auf Alsen viele Blumen- und Gartenbilder. Er malt die Gärten der Bauern, teppichhaft breiten sich die Farben aus in Klängen zwischen Rot und Gelb, Blau und Grün, ein farbiges Lied vom Wachsen und Blühen, in vielen Variationen. Diese Bilder bringen ihm erste Erfolge. Die Maler der „Brücke" fordern ihn in Huldigung an seine „Farbenstürme" auf, der Gruppe beizutreten. In Hamburg lernt er Gustav Schiefler kennen, den Freund Edvard Munchs, der auch Freund und Förderer seiner Kunst wird, ebenso Karl Ernst Osthaus in Hagen, der 1906 für sein Folkwang-Museum „Frühling im Zimmer" erwirbt. Die Berliner Secession nimmt ihn als Mitglied auf.

Aber die Zustimmung zu den Gartenbildern macht ihn eher skeptisch; die unentschiedene formale Struktur befriedigt ihn nicht, er strebt nach Festigkeit und Bindung der Form und will anspruchsvollere Themen. Seit 1909 malt er diese Bilder nicht mehr; erst sechs Jahre später wird er das Thema der Gartenbilder wieder aufgreifen, Nolde nennt sie „tiefer, größer gefaßt und schwermutsvoller".

Seine Vorstellung von der Ausdruckskraft und Größe der Form hat Nolde erstmals 1907 in einer Folge großer Zeichnungen und Lithographien verwirklicht. Sie stellen Porträtköpfe, Selbstbildnisse und Landschaften dar; es sind die ersten Bilder, die im eigentlichen Sinne expressive Elemente enthalten: Vereinfachung und Zusammenfassung, die große Gebärde der Form, die auch vor Dissonanz und Aggressivität nicht zurückschreckt. Aus den heftigen Pinselstrichen, der erregten Zeichnung, der dramatischen Spannung der dunklen und hellen Flächen spricht die zupackende, gestaltende Kraft des Malers; der Kampf mit den Mitteln ist zur Selbstdarstellung geworden, seine Spuren werden nicht getilgt. Unter den Selbstbildnissen gibt es zwanzig große Tuschpinselzeichnungen, aus denen Nolde die Lithographie „Düsterer Männerkopf" 1907 entwickelt hat, die zu den Inkunabeln des deutschen Expressionismus zählt.

Indessen werden diese Arbeiten, im Gegensatz zu den Blumenbildern, als Herausforderung empfunden und abgelehnt. Sein Freund Hans Fehr wirft ihm Zügellosigkeit und Willkür vor; Nolde antwortet: „Was sind Gesetze? Was ist Willkür und Zügellosigkeit? Jeder wirkliche Künstler schafft neue Werte, neue Schönheit, und es entstehen neue Gesetze – wenn man dieses heikle Wort anwenden will. Das Neue und Schöne, was er bringt, wird, weil es sich den bisherigen Gesetzen nicht unterordnen läßt, als ‚Willkür' und ‚Zügellosigkeit' bezeichnet. Das sind Vorwürfe, unter denen jede Genialität zu leiden hat. ... Beschäftige Dich lange und eingehend gerade mit diesen Werken, und Du wirst schließlich erkennen, wie die anscheinende Willkür sich in Freiheit, die Roheiten sich in hohe Feinheiten verwandeln. Harmlose Bilder sind selten was wert" (16. Dezember 1906).

In den Jahren 1906 bis 1908 sind neben den Blumengärten auch mehrere Gemälde entstanden, die keine „harmlosen Bilder" sind: „Freigeist" 1906 (ein verschlüsseltes Selbstbildnis), „Zigarettenraucherin" 1907, „Lichtzauber" 1907, „Bauer Viborg" 1908. Ein Jahr später, im Sommer 1909 malt Nolde in Ruttebüll, einem Fischerdorf an der Westküste, nicht weit vom Dorf Nolde und nahe dem späteren Seebüll, seine ersten religiösen Bilder: „Abendmahl", „Pfingsten", „Verspottung". 1910 folgen weitere, 1911/12 das neunteilige „Leben Christi", das heute seinen ständigen Platz im ehemaligen Atelier des Malers in Seebüll hat, und das Triptychon „Legende der Heiligen Maria von Aegypten". 1915 folgen fünf Gemälde, darunter die „Grablegung", weitere in den zwanziger Jahren, den Abschluß bildet das 1951 entstandene Bild „Jesus bei den Schriftgelehrten", mit dem der Vierundachtzigjährige ein Thema aufgreift, das er schon 1911 im „Leben Christi" dargestellt hatte. Die Wiederholung läßt seine Wandlung erkennen, aus der dramatischen Konfrontation des Kindes mit den erregt gestikulierenden Pharisäern wird ein behutsamer Dialog im Kreise gelehrter alter Männer.

In den vier Bänden seiner Selbstbiographie hat Nolde sich wiederholt über die Entstehung der biblischen Bilder geäußert, in „Jahre der Kämpfe" schreibt

Emil Nolde: Selbstbild. Gemälde, 1917. Seebüll, Sammlung der Nolde-Stiftung

Emil Nolde: Kerzentänzerinnen. Gemälde, 1912. Seebüll, Sammlung der Nolde-Stiftung

er: „Falls ich am Bibelbuchstaben und am erstarrten Dogma gebunden gewesen wäre, ich habe den Glauben, daß ich dann diese tief empfundenen Bilder, Abendmahl und Pfingsten, so stark nicht hätte malen können. Ich mußte künstlerisch frei sein, – nicht Gott vor mir haben, wie einen stahlharten assyrischen Herrscher, sondern Gott in mir, heiß und heilig wie die Liebe Christi."

Die Bilder wurden als „Todsünden gegen Geschmack und Kultur", als „Verhöhnung und Blasphemie" verurteilt. Als das „Pfingstbild" 1910 von der Ausstellung der Berliner Secession refüsiert wurde, schrieb Nolde einen öffentlichen Brief an den Präsidenten Max Liebermann, in dem er sich dagegen zur Wehr setzte; das gab einen öffentlichen Skandal, der zu seinem Ausschluß führte. Nur ein kleiner Kreis von Freunden – Osthaus, Schiefler, Fehr, sehr wenige Maler und noch weniger Museumsleute – stand auf seiner Seite. Ein Vierteljahrhundert später wurden Noldes biblische Bilder zum bevorzugten Ziel der gehässigen Angriffe der Nationalsozialisten. 1937 wurden sie beschlagnahmt und im Mittelpunkt der berüchtigten Ausstellung „Entartete Kunst" in München an den Pranger gestellt, das „Leben Christi" unter einem übergroßen Schriftband mit der Zeile „Gemalter Hexenspuk".

Mit den Jahren 1910/11 hatte eine ungewöhnlich fruchtbare Schaffenszeit begonnen. „Der Maler hatte sich gefunden, die Farben waren seine Sprache geworden", kommentiert Nolde, „frei und glücklich ging es jetzt von Bild zu Bild." Jährlich entstanden sechzig bis achtzig Bilder, 1915 sogar achtundachtzig; von 1909 bis 1915 hat Nolde vierhundertvierzig Gemälde gemalt, das ist fast ein Drittel des Gesamtwerkes, das eintausenddreihundertfünfzig Gemälde aus einem Zeitraum von fünf Jahrzehnten umfaßt. Hinzu kommt das umfangreiche Werk der Aquarelle, Zeichnungen und der Graphik.

Gleichsam als Komplementär-Bilder zu den biblischen Themen malte Nolde im Winter 1910/11 Szenen aus dem Nachtleben Berlins. In den Kabaretts, Tanzlokalen und im Eispalast zeichnete er mit schwarzer Tusche, Aquarell und farbigen Tinten Stepptänzer und elegante Tanzpaare, Herren im Frack und Damen in verwegenen Roben, Paare am Weintisch, im roten Salon. „Ich zeichnete das Licht der Säle, den Oberflächenflitter, die Menschen alle, ob schlecht, ob recht, ob Halbwelt oder ganz verdorben... viel Augenreiz war allenthalben." Außer Aquarellen und Zeichnungen entstanden große Gemälde: „Am Weintisch", „Im Nachtcafé", „Publikum im Kabarett", „Gesellschaft" und mehrere Tanzbilder. Nolde hat die Berlin-Bilder nur in dem einen Winter gemalt, dennoch sind sie in seinem Werk nicht isoliert; die hier manifestierten Eindrücke und Erfahrungen bleiben Bestandteil seines Schaffens, bis hin zu den „Ungemalten Bildern" aus der Zeit des Malverbotes.

Ähnliches gilt für seine Bilder aus dem Hamburger Hafen, die wenige Monate vor den Berlin-Bildern entstanden sind. Nolde hatte sich „Unter den

Vorsetzen" in einer billigen Pension über einer Matrosenkneipe einquartiert. Er fuhr mit den Pinassen der Hafenarbeiter mit und ließ sich treiben im Gedränge der Landungsbrücken; das großartige Panorama der Hafenlandschaft, ihr lärmender Rhythmus versetzten ihn in Begeisterung. „Es war ein Untertauchen des ganzen Menschen in Spannung und Arbeit", schreibt Nolde über diese Zeit. Neben Ölbildern und der berühmten Serie der Hamburger Radierungen entsteht eine Folge großer Tuschpinselzeichnungen. Hier zeigt der vielbewunderte Kolorist, daß er auch ein hervorragender Zeichner war, der das strenge Medium des Schwarz und Weiß virtuos beherrscht, der es versteht, in wenigen Strichen mit Tusche und Pinsel den qualmenden Hafenschlepper in eine makellose zeichnerische Form zu übersetzen, die an Ostasiatisches erinnert. Doch die Variationen der Motive reichen bis zu bildhaft dichten Darstellungen, in denen wir hinter dem Zeichner wiederum den Maler Nolde erkennen, der die Arbeitswelt des Hafens als dramatische Szene erlebt, in der Spannung zwischen Hell und Dunkel, Licht und Finsternis, „mit wenig Sonne nur".

1910/11 entstehen auf Alsen zwanzig „Herbstmeere". Er malt „Feriengäste", „Leute im Dorfkrug", die „Landschaft mit jungen Pferden" und frei erfundene, dichterische Bilder: das geheimnisvolle „Trio", eine „Begegnung am Strand", „An der Peripherie", das „Meerweib". Nach Studien im Berliner Völkerkundemuseum entstehen Stilleben mit Masken und exotischen Figuren, es sind streng gebaute, fast statische Kompositionen. Gegensätzlich zu diesen malt er ekstatisch bewegte Tanzbilder: „Wildtanzende Kinder", „Tanz um das Goldene Kalb", die dionysischen „Kerzentänzerinnen", tanzende Zigeunermädchen in Granada und die Tänze der Mary Wigman und Palucca.

1913 fuhr Nolde als Mitglied der „Deutsch-Neuguinea-Expedition" in die Südsee; er folgte der Sehnsucht nach den Ursprüngen, wo „Urwesen" und „Urnatur" noch unzerstört, Natur und Mensch noch vereint sind. Ein Jahr ist er unterwegs gewesen, sechs Monate im Inselreich der Südsee. Er malt die „Tropensonne", „Papuajünglinge", „Neuguinea-Frauen", neunzehn Gemälde, dazu viele Aquarelle und Skizzen. Aus Käwieng schreibt er über die Begegnung mit den Eingeborenen, er habe das Gefühl, daß „nur sie noch richtige Menschen seien, wir aber etwas wie verbildete Gliederpuppen, künstlich und voll Dünkel". Im selben Brief geißelt er die Praktiken der Kolonialherren, der Kaufleute und Missionare, welche „die ganzen Urzustände und Urvölker" zugrunde richten. „Die Untergrabung und eifrige kulturelle Vernichtung der schwächeren Völker ist schlimm mitzuerleben... Sicher ist eines: Wir weißen Europäer sind das Unheil der farbigen Naturvölker." Eine Erkenntnis, die einen Schatten der Trauer über viele seiner Südseebilder wirft.

Ob mancher Äußerungen über die Verschiedenheit der Rassen, deren Vielfalt den Maler fasziniert hat, wurde Nolde bisweilen „Rassismus" vorgeworfen. Aber kann man einen Maler einen „Rassisten" nennen, der nach seiner Rückkehr im ersten Kriegsjahr – als selbst besonnene Geister wie Barlach und Liebermann im Sog nationalistischer Begeisterung für die „Kriegszeit" des Paul Cassirer Blätter wie „Jetzt wollen wir sie dreschen" zeichneten – die „Frierenden Russen", „Drei Sibirier", „Kosakenadel" und weitere Russenbilder gemalt hat, die seine tiefempfundene Zuneigung und Menschlichkeit widerspiegeln, der Christus und die Apostel als Juden gemalt hat, „wie es doch auch war, die Apostel als einfache jüdische Land- und Fischermenschen, ... als starke jüdische Typen, denn es waren gewiß nicht die Schwächlinge, welche sich zur revolutionären Lehre Christi bekannten".

Trotz weiter Reisen und einer die Grenzen und Zeiten überfliegenden Phantasie ist Nolde nicht ohne seine Heimat zu denken: das Land am Meer zwischen Tondern und dem Dorf Nolde, mit Ruttebüll, Utenwarf und Seebüll. Wer diese Landschaft kennt, findet sie in Noldes Bildern wieder. Auch seine Farben gibt es hier wirklich, das scharfe Grün der Wiesen, das Gelb der Rapsfelder, das tiefe Blau der Seen, Flüsse und Sielzüge, und über dem flachen Land das Licht des weiten Himmels, der besonders im Herbst in den langen Morgen- und Abenddämmerungen, mit den wandernden Wolken in einer Fülle von Farben leuchtet, deren Skala von blassem Grün bis Dunkelviolett und Blau, von Gelb, Braun, Orange bis zu glühendem Rot reicht; das Licht verwandelt alles in ein unwirkliches Farbenmeer. In seinen Notizen finden wir den Satz: „Die Natur kann dem Künstler, wenn er sie lenkt, eine wunderbare Helferin sein; aber Kunst oder Künstler ist sie nicht, das ist er nur selbst." Es gibt, besonders unter den Aquarellen, Darstellungen der Landschaft, in denen die Beziehung zur Wirklichkeit im Spiel der fließenden Farben fast aufgehoben scheint. Sind es Wolken, Berge oder das Meer?

Die Aquarelle gehören zu den Höhepunkten im Werk Noldes, sie stehen ebenbürtig, manchmal sogar überlegen neben seinen Gemälden. Die Technik der Aquarellmalerei kam seinem Streben nach Unmittelbarkeit und Spontaneität besonders entgegen, und sie war wunderbar geeignet, seine Idee zu verwirklichen, daß jedes Bild seine eigene Form finden, sich gleichsam aus sich selbst schaffen müsse, ohne vorgedachten Formenkanon, unter bewußtem Verzicht auf Theorien, Systeme, Gesetze. Er scheut die „Gedankenstörung" und mißtraut der Kontrolle durch den Verstand, der „will immer klüger sein als der Künstler".

Manche seiner Aufzeichnungen erinnern an Gedanken der deutschen Romantik: „Ich wollte im Malen auch immer, daß die Farben durch mich als Maler auf der Leinwand sich so folgerichtig auswirkten, wie die Natur selbst ihre Gebilde schafft, wie Erz und Kristallisierungen sich bilden, wie Moos und

Algen wachsen, wie unter den Strahlen der Sonne die Blume sich entfalten und blühen muß."

Andererseits hat Nolde mit der Technik der Aquarellmalerei viel und bewußt experimentiert. So berichtet er von der unendlichen Mühe, mit der er sich durcharbeitet „zu der freieren, breiten und flüssigen Darstellung, die ein besonders gründliches Verstehen und Eingehen auf die Art der Papiere und die Möglichkeiten der Farbe erfordert". Dieses Experimentieren mit den Möglichkeiten des Aquarells wurde oft zum Wechselspiel zwischen äußerster Konzentration im Einsatz der künstlerischen Mittel und einem mehr meditativen Verhalten, wenn die Farben gleichsam wie von selbst den träumerischen Gedanken des Malers entgegenkommen.

1913 hatte Nolde an der Wiedau, dem größten der Flüsse an der Westküste, ein kleines Bauernhaus mit etwas Land erworben, er nannte es „Utenwarf"; 1916 ließ er sich hier nieder. Obgleich er jeden Winter nach Berlin zog, denn er mochte die Anregungen der Großstadt nicht missen, sind seitdem hier und später im nahen Seebüll fast alle seine Bilder entstanden. Zwischen Zeiten intensiver künstlerischer Arbeit lagen solche des Ausruhens und der Entspannung, in denen er als Fischer und Jäger lebte oder sich im Boot an den schilfbewachsenen Ufern des Flusses treiben ließ. Als das Land mit Tondern, Utenwarf und dem Dorf Nolde 1920 an Dänemark kam, wurde er dänischer Staatsbürger. Doch als die Dänen mit dem Bau von Deichen und Schöpfwerken eine radikale Veränderung der urtümlichen Landschaft einleiteten, zog er wenige Kilometer südwärts über die nahe Grenze, wo er auf einer hohen alten Warft nach eigenen Entwürfen das Haus Seebüll baute. Es erhebt sich wie ein Kastell abwehrend, eigenwillig, weithin sichtbar in der flachen Landschaft. Hier lebte Nolde seit 1927, nur für wenige Freunde erreichbar.

Zehn Jahre später wurde das abgelegene Haus tatsächlich zur Fluchtburg, in welcher der Maler wie ein Verbannter lebte, Schutz suchend vor den Angriffen der Nationalsozialisten. Seine Bilder in den Museen wurden beschlagnahmt, er erhielt Ausstellungsverbot, schließlich wurde ihm auch das Malen verboten. In diesen dunklen Jahren hat Nolde den Drohungen zum Trotz in Seebüll viele hundert kleine Aquarelle geschaffen, die er seine „Ungemalten Bilder" nannte. Sie entstanden in einem abgelegenen Raum seines Hauses, nur wenige vertraute Freunde wußten davon. Wegen der Kontrollen durch die Gestapo wagte er nicht mit Ölfarben zu malen, der Geruch hätte ihn verraten können. Er malte auf Resten von Japanpapier oder benutzte die Rückseiten zerschnittener älterer Aquarelle, denn auch die Beschaffung von Material war ihm verwehrt, seit er aus der „Reichskammer" ausgestoßen war. Die Blätter sind kaum größer als die Fläche einer Hand, sie ließen sich leicht verbergen. Die Arbeit an den „Ungemalten Bildern" begann 1938, zwischen 1941 und 1945 wurden sie zu seinem fast einzigen Ausdrucksmittel.

In der ihm auferlegten Abgeschiedenheit tauchen die Erlebnisse und Gestalten seines Lebens wieder auf. „Ich glaube jeden guten Bekannten, Freundin oder Freund, noch einmal sprechen zu müssen, und alle, fast alle sind ja längt schon tot", notiert er auf einem der Zettel, denen er damals seine Gedanken anvertraute. Die Grenzen von Raum und Zeit, zwischen Erlebtem und Erfundenem, Geträumtem und Gedachtem scheinen aufgehoben. Die kleinen Blätter umfassen das ganze Theatrum mundi, von blühendem Leben, Tanz und Spiel bis zur Schwere und Verlassenheit des Altseins, nächtliche Wesen, Kobolde, Nixen, Wikinger und Riesen, und immer wieder zeitlose Paare, Mann und Weib, Bruder und Schwester, Alter und Jugend, Gottheit und Teufel. Die Bilder entstehen ohne Vorzeichnungen und ohne vorgefaßte Absicht meditativ im Umgang mit den Farben, die Gegenstände treten aus den Formen und Klängen der Farben hervor. „Es ist ganz wunderbar, wenn Gestalten zum Bild geboren werden, oft ganz schnell, der Maler selbst den Vorgang kaum fassend", notiert er am 24. Februar 1944. Figürliche Themen überwiegen, nur etwa ein Zehntel der Blätter sind Landschaften, vor allem Meerbilder, Berge und „Romantische Landschaften" – auch die Natur ist Bestandteil seiner Träume und seiner Erinnerung.

Diese im achten Jahrzehnt seines Lebens entstandenen Aquarelle sind wie eine Krönung und Zusammenfassung seines Werkes. Nach 1945 hat Nolde einen Teil der „Ungemalten Bilder" ins große Format des Ölbildes übertragen, „wenn ich sie alle malen sollte, müßte meine Lebenszeit mehr als verdoppelt werden".

Am 13. April 1956 ist Nolde im Alter von neunundachtzig Jahren in Seebüll gestorben. Am Rande seines Blumengartens hat er neben seiner Frau Ada die letzte Ruhestätte gefunden. Sein Testament enthält die Urkunde zur Errichtung der „Stiftung Seebüll Ada und Emil Nolde".

# GOTTFRIED BENN
## 1886–1956

Von
Bruno Hillebrand

Die Grundlagen seiner Erziehung waren christlich und humanistisch – bis er sich abwandte von aller Dogmatik des Religiösen und Bildungsbürgerlichen. Bis 1912 ist nichts Auffälliges zu berichten – dann erschien, wie eine Initialzündung, der Gedichtband „Morgue". Gottfried Benn galt mit einem Schlag als lyrischer Revolutionär. Ein metaphysischer Rebell war in die Szene getreten, kein sozialistischer. Das war *seine* Abrechnung mit dem verlogenen Wertehaushalt der Epoche: „Die Krone der Schöpfung, das Schwein, der Mensch." Das war keine eigenwillige Opposition, das war eine Explosion angestauter Widersprüche und Enttäuschungen. Die Erziehungsnormen zerfielen im Verbund mit den vermittelten Inhalten und setzten entsprechende Energien frei. Wer so bedingungslos Weltanschauungen in die Luft gehen läßt, muß sich vorher zutiefst mit ihnen eingelassen haben.

Am 2. Mai 1886 wurde Gottfried Benn in Mansfeld bei Putlitz, einem kleinen neumärkischen Dorf geboren. Die Vorväter waren Bauern, Vater und Großvater protestantische Pfarrer in diesem *grausigen, kahlen* Flecken, wohin es die Mutter verschlagen hatte aus der heiteren Gegend des Neuchâteler Sees. So beschreibt es Benn. Unbegreiflich sei ihm immer gewesen, wie sie es aushalten konnte in diesem flachen, öden Land. Bald nach der Geburt zog die Familie mit ihren Kindern nach Sellin in der Neumark. Voller Heimweh denkt der Dichter ein Leben lang an diese Kindheit zurück. Hier, in einem Dorf mit siebenhundert Einwohnern, wuchs er auf, sprach Platt mit den Dorfjungen, fuhr auf den Erntewagen in die Felder, auf die Wiesen zum Heuen, hütete die Kühe. Das große Pfarrhaus mit dem blühenden Garten, die Weite des Landes, das ungebrochene Bewußtsein der Kindheit, das bleibt in der Erinnerung. Das sei auch heute noch seine Heimat, schrieb später der fast Fünfzigjährige in „Kindheitserde, unendlich geliebtes Land".

Es ist ein Garten, den ich manchmal sehe
östlich der Oder, wo die Ebenen weit,
ein Graben, eine Brücke und ich stehe
an Fliederbüschen, blau und rauschbereit.

Es ist ein Knabe, dem ich manchmal trauere,
der sich am See in Schilf und Wogen ließ,
noch strömte nicht der Fluß, vor dem ich schauere,
der erst wie Glück und dann Vergessen hieß. („Epilog 1949")

1896 bis 1903 besucht Benn das Gymnasium in Frankfurt an der Oder – *zum Glück ein humanistisches.* So kamen in ihm die großen Strömungen abendländischer Geisteswelt noch einmal zusammen und bildeten jenen Erlebnisfundus, den eine ebenso breitstreuende wie tiefgründige Tradition über ein Jahrtausend garantiert hatte. Daß dieser Fundus sich relativierend zersetzte, war dann kein Individualerlebnis, auch hier stand Benn in der Verkettung historischer Ereignisse, im Spannungsfeld jener Antinomien, die wir geistesgeschichtlich den Modernismus nennen. Das Religiöse schlug um in die Sakralisierung der Kunst, die humanistische Tradition wurde durchlöchert von den Zweifeln naturwissenschaftlich trainierter Gehirne. Von beiden Richtungen wurde Benn fundamental geprägt. Die eine erreichte ihn, wie viele seiner Zeitgenossen, durch die Vermittlung Nietzsches, in erster Linie durch dessen Kunstmetaphysik, der anderen Richtung lieferte er sich geradezu zwanghaft aus, indem er gegen den Willen des Vaters das Studium der Naturwissenschaften durchsetzte.

Programmatisch gibt Benn 1931 eine öffentliche Erklärung ab. „Da meine Väter über hundert Jahre zurück evangelische Geistliche waren, durchdrang das Religiöse meine Jugend ganz ausschließlich ... So gewiß ich mich früh von den Problemen des Dogmas, der Lehre der Glaubensgemeinschaft entfernte, da mich nur die Probleme der Gestaltung, des Wortes, des Dichterischen bewegten, so gewiß habe ich die Atmosphäre meines Vaterhauses bis heute nicht verloren: in dem *Fanatismus zur Transcendenz,* in der Unbeirrbarkeit, jeden Materialismus historischer oder psychologischer Art als unzulänglich für die Erfassung und Darstellung des Lebens abzulehnen. Aber ich sehe diese Transcendenz ins Artistische gewendet, als Philosophie, als Metaphysik der Kunst. Ich sehe die Kunst die Religion dem Range nach verdrängen. Innerhalb des allgemeinen europäischen Nihilismus, innerhalb des Nihilismus aller Werte, erblicke ich keine andere Transcendenz als die Transcendenz der schöpferischen Lust." Das also war die eine Richtung.

Die andere wurde ihm vermittelt als Student der Kaiser-Wilhelm-Akademie in Berlin: 1905 bis 1911. „Eine vorzügliche Hochschule, alles verdanke ich ihr! Virchow, Helmholtz, Leyden, Behring waren aus ihr hervorgegangen ... Rückblickend scheint mir meine Existenz ohne diese Wendung zu Medizin und Biologie völlig undenkbar. Es sammelte sich noch einmal in diesen Jahren die ganze Summe der induktiven Epoche, ihre Methoden, Gesinnungen, ihr Jargon, alles stand in vollster Blüte, es waren die Jahre ihres höchsten Triumphes, ihrer folgenreichsten Resultate, ihrer wahrhaft olympischen Größe. Und eines lehrte sie die Jugend, da sie noch ganz unbestritten herrschte: Kälte des Denkens, Nüchternheit, letzte Schärfe des Begriffs, Bereithalten von Belegen für jedes Urteil, unerbittliche Kritik, Selbstkritik, mit einem Wort die *schöpferische Seite des Objektiven.* Die kommenden Jahrzehnte konnte man ohne sie nicht verstehen, wer nicht durch die naturwissenschaftliche Epoche hindurchgegangen war, konnte nie zu einem bedeutenden Urteil gelangen, konnte gar nicht mitreifen mit dem Jahrhundert – Härte des Gedankens, Verantwortung im Urteil, Sicherheit im Unterscheiden von Zufälligem und Gesetzlichem, vor allem aber die tiefe Skepsis, die Stil schafft, das wuchs hier" („Lebensweg eines Intellektualisten").

Feste, unbeugsame Darstellungen dieser Art sind das Ergebnis solcher Erziehung. Benns Prosa, vor allem die Essays und Reden bewegen sich immer zum Grenzpunkt äußerster Stilisierung hin. Die lyrische Sprache ist durchlässiger, weniger apodiktisch, die Metaphern eröffnen eine weittragende Transparenz. Das Werk Gottfried Benns ist gekennzeichnet von der eminenten Spannung zwischen idealistischer Verwurzelung einerseits und materialistischer Schulung andererseits. Er trug diese Spannungen in sich aus, setzte sie um in Verse, reflektierte den Hintergrund in seinen Prosaschriften. So wurde er zum Repräsentanten einer Generation, die man oft genug als die verlorene oder auch zerbrochene apostrophiert hat. Sein poetischer Start vor dem Ersten Weltkrieg ist das Ergebnis einer tiefgreifenden Erschütterung, das Protokoll eines antagonistisch strukturierten Bewußtseins, der Notruf innerster Existenz, ist also keine intellektuelle Kalkulation. Der Revolutionär als Modedichter ist eine spätere Erfindung. Was sich zu Beginn des Jahrhunderts im Brief des Lord Chandos schon ankündigte, ist jetzt manifest: Die falschen Wörter werden wie die falschen Werte in die Luft gesprengt. Immer riskiert der wahre Poet sich selbst, hier tut er es mit einem Extremmaß an Substanz und Potentialität. Hier wird nicht einfach an einem privaten Schicksal gelitten, an einer kleinen Liebe, einem kleinen Leid, am großen Unverstandensein in dieser fremden Welt.

Die Symptome der Bewußtseinskrise seiner Zeit kulminierten im poetischen Wahrnehmungszentrum des Arztes und Dichters Gottfried Benn. Von der Wucht des Zusammenstoßes heterogener Welten zeugen die frühen Gedichte. Sie erfreuen sich bis heute keiner besonderen Beliebtheit. Und doch sind sie das maßgebliche Kriterium, beurteilt man das dichterische Werk als Ganzes. Nur die Provokation, der unerbittliche Aufriß der gesamten Grundlagenkrise rechtfertigt die später folgende Versöhnung im Ästhetischen. Die sanften, trauernden, zu Gemüte gehenden Verse des mittleren und späten Benn zu isolieren, kommt kulinarischem Genuß gleich. Die schöne Form ist der Erfahrung des Chaos entwachsen, erhebt sich über ein fundamentales Leiden, wird der Verneinung entgegengesetzt. Und die Verneinung ist *das* Signum des künstlerischen Modernismus, ist die konsequente Anerkennung des Nihilismus aller Werte, die durch historischen Verschleiß wertlos geworden sind. Das heißt, sie wirken nicht mehr, weil ihre normsetzende Kraft verbraucht ist. Der Einfluß Nietzsches auf diese literarische Generation kann gar nicht überschätzt werden. Für Gottfried Benn bedeutete die Umwertungsphilosophie Nietzsches die Achse abendländischer Metaphysik: Die religiös gebundenen, durch die Aufklärung säkularisierten, gesellschaftsethisch ausgerichteten Werte wurden transformiert in den formalen Bereich der Künste. In äußerster Konsequenz werden der Kunst Funktionen des Religiösen zugeschrieben. Gottfried Benn stand fest in dieser Tradition, die ins 18. Jahrhundert zurückreicht. Die Sakralisierung des Formalen erreichte mit ihm einen Höhepunkt in Deutschland. *Gott ist Form.*

Das bedeutet: Es geht der Kunst um die Sinnfrage, es geht ihr um die Wahrheit. Das ist ihr ethischer Auftrag, ausgerichtet auf Klärung, Klarstellung, gerichtet gegen Verlogenheit. Der medizinische Schock des Anfangs, der zugleich ein soziales Schockerlebnis war, die bedingungslose Skepsis hinsichtlich der traditionellen Sinnfrage, die bittere Konstatierung menschlichen Elends, das zugleich ein physisches und metaphysisches ist, die Auflehnung gegen Verfall und Sterblichkeit, ein trotzig versagtes Mitleiden, nicht dem anderen versagt, dem sogenannten Mitmenschen, sondern sich selbst versagt als poetische Stilblüte – die als Wucherung immer noch die Literatur der Zeit durchzog –, dieser Stoß war gerichtet gegen schwärmerischen Leerlauf, der mit dem Anruf Gottes und der Menschheit die metaphysische Abgewracktheit zu überwölben trachtete: „Gott – Als Käseglocke auf die Scham gestülpt" („Der Arzt").

Hier diese Reihe sind zerfressene Schöße
und diese Reihe ist zerfallene Brust.
Bett stinkt bei Bett. Die Schwestern wechseln stündlich.

Komm, hebe ruhig diese Decke auf.
Sieh: dieser Klumpen Fett und faule Säfte
das war einst irgendeinem Manne groß
und hieß auch Rausch und Heimat. –
(„Mann und Frau gehn durch die Krebsbaracke")

Die ärmsten Frauen von Berlin
– dreizehn Kinder in anderthalb Zimmern,
Huren, Gefangene, Ausgestoßene –
krümmen hier ihren Leib und wimmern.
(„Saal der kreißenden Frauen")

Im Grunde haben auch diese Gedichte den bohrenden Habitus des Fragens nicht verloren. Sie fragen nur an der Grenze einer unerbittlichen Radikalität und versagen sich die Antwort. Hier bricht eine religiöse Sinnwelt vollends zusammen, die seit der Aufklärung in die Krise geraten war. Restaurative Bemühungen in diesem Grabenkrieg werden angesichts der Unversöhnlichkeit der Fakten ihr eigenes Opfer. Die frühen Gedichte signalisieren die extremen Spannungen, die das Aggregat Seele in dem Psychiater und späteren Haut- und Geschlechtsarzt Benn erzeugt. Der sogenannte Geist ist nichts mehr wert, ist Makulatur philosophischer Kompendien, ist aufgegangen in den Sprechblasen humanistischer Sonntagsredner.

> Ihr sprecht von Seele – Was ist eure Seele?
> Verkackt die Greisin Nacht für Nacht ihr Bett –
> („Der Arzt")
>
> Ich brülle: Geist enthülle dich!
> Das Hirn verwest genauso wie der Arsch!
> („Fleisch")

Inzwischen hatten die Materialschlachten des Ersten Weltkriegs Europa aus dem Schlaf geholt. Gottfried Benn war als Militärarzt in das besetzte Brüssel beordert worden. Er hatte Dienst in einem Prostituiertenkrankenhaus, lebte in einem konfiszierten Haus allein mit seinem Burschen, hatte wenig Dienst, durfte in Zivil gehen, lebte ein Leben zwischen Trance und Wirklichkeit, schrieb keine Kriegsgedichte. Realistische Spontanreaktionen gehörten nicht zu Benns literarischem Fach. Er ging die andere Richtung, vielfach kritisiert wegen ihrer irrationalen Introversion. Damals entstand die frühe Prosa, jene Rönne-Novellen, die zum Besten gehören, was die Zeit literarisch hervorgebracht hat. Daß diese Bewußtseinsprosa ein Vorgriff war auf Joyce, hat Benn später selbst erstaunt zur Kenntnis genommen. Das Generalthema der Neuzeit, die Erkenntniskrise, zurückreichend zu Descartes und Kant, ist hier Sprache geworden in einem fast autonomen Sinne. Nicht beschreibend, nicht von außen einkreisend mit Handlung und Figuren. Aufbrechend als innerer Zustand, evoziert diese Prosa die Unfähigkeit des Subjektes, mit der Welt der Objekte in Beziehung zu treten. Rönne, ein junger Arzt, ist handlungsunfähig geworden. Zerfallen ist die Rinde, wie es heißt, die Hirnrinde, Ort des Verstandes und der Kategorien. Sie greifen nicht mehr, diese Werkzeuge der Vernunft, begreifen nicht mehr, was denn tatsächlich die Wirklichkeit ist. Wahrheit und Schein sind nicht mehr auseinanderzuhalten. „Wer glaubt, daß man mit Worten lügen könne, könnte meinen, daß es hier geschähe." Die Paradoxie verrät eine tiefere Logik. Rational ist Wirklichkeit nicht deutbar, nicht per Kausalnexus und Kategorialsystem.

Diese Krise ist Benns Lebenskrise, ist keine Erfindung. Er hat das in seinen autobiographischen Schriften eindringlich vermittelt. Auch hier erlebt der Dichter symptomatisch die Krankheit seiner Zeit, setzt sie um in poetische Strukturen von komplexer Tragfähigkeit. Diese lyrische Prosa läßt die eigene Existenz dokumentarisch aufgehen in einer fiktionalen Bilderwelt, die kraft ihrer ästhetischen Dimension der logischen wie empirischen Wirklichkeit überlegen ist. Es wird nicht erzählt, weil es nichts mehr zu erzählen gibt. Erzählen geht zeitlich vor, erzeugt räumliche Phantasie, setzt den Glauben voraus an sinnvolle Koordinaten des Lebens und der Realität. Alles das ist nicht mehr da. Benns Prosa – und das gilt bis zum Schluß, über „Weinhaus Wolf", über den „Roman des Phänotyp", über den „Ptolemäer" bis zum „Radardenker" – verdichtet im äußersten Sinne existentielle Erfahrung, erzeugt Selbst- und Weltbewußtsein dessen, der schreibt. Er selbst ist die Welt, und sein Bewußtsein ist Sprache. Die Perspektive ist nach innen zentriert. Außenorientierung fällt fort. Wenn Ich und Welt nicht feststehen, sucht Sprache Orientierung, leistet innere Vermessungsarbeit, setzt Zeichen bedingungsloser Introversion. Der Akt des Schreibens ist ein Schöpfungsvorgang: Ich schreibe, also bin ich. Gerade dann, wenn Ich und Welt sich aus gemeinsamer Verankerung gelöst haben, wenn Subjekt und Objekt zerfallen sind in ihrer Verbindungsstruktur, wenn Erkennen und Erkanntes nicht mehr zueinanderpassen, wird künstlerisches Schaffen zum Fluchtpunkt letzter Identität.

Das ist die Achse, um die sich alles dreht in diesem Werk: Der Verneinung der Realität, der politischen, ökonomischen, wissenschaftlichen, insgesamt im Verlauf der Geschichte, dieser Verneinung der Außenwelt wird die halluzinatorisch geschaffene Innenwelt entgegengesetzt. Visionär erstehen die Gegenbilder aus Mythos, Traum und Süden. Rönne ist der Prototyp des Rauschkomplexes. In immer neuen Schüben von Halluzinationen erschafft er sich selbst. Bewußtseinssteigerung wird hier zum zentralen Prinzip des Lebens. Diese *mystische Partizipation* zerbricht die Klammern des Verstandes. Das Zauberwort heißt *Überhöhung*. Nun geschehen die Dinge ihm, der sich geöffnet hat bis in die untersten Schichten des Bewußtseins. Die Lösung des Kategorialen ermöglicht den Auftrieb prälogischer Schichten, bedeutet Erlösung, wird zur Epiphanie stilisiert – das Stichwort heißt *Verklärung*. Benns frühe Prosa und Lyrik weisen diesen Weg. Die Essays greifen später das Thema auf, führen diskursiv aus, was bildhaft-evokativ schon da ist. Bis zum Schluß sieht Benn das dionysische Prinzip des Rauschhaften als Grundlage seiner Ästhetik an. Weitgehend greift er dabei auf Formulierungen der Frühzeit zurück. So kommt es zu den statischen Manifesten, die wie gehämmert dastehen in byzantinischer Unantastbarkeit. Man muß sie zurückverfolgen in jenen frühen Zustand, als die poetische Ausformung eigener Existenz mit dem kritischen Zeitgeist noch korrespondierte. Das war kein Alleingang in dieser Zeit irrationaler Strömungen. Eine Welle literarischer Einflüsse, von der Tiefenpsychologie, Philosophie, Anthropologie, Paläontologie bis zur Ethnologie, trägt die Entwicklung des frühen und mittleren Werkes.

Gottfried Benn war ein vagabundierender Leser, die Informationen, die er an sich zog, gingen nahtlos auf in seinen Metaphern und Thesen. Zitate, Paraphrasen, Ideen, Bilder und Pointen, alles wurde in Richtung eigener Ausdrucksfindung gedrängt, wurde collagiert, montiert, in jene Tonlage gebracht, die spezifisch ist und unverkennbar für diesen Dichter. Auch das sind Zeichen literarischer Moderne. Immer kommt es darauf an, was ein Künstler aus den Zeitströmungen macht, aus dem, was gleichsam in der Luft liegt. Benn hat das oft genug betont. Quer durch die Historie, vom Heiligen bis zum Banalen reicht die Materialskala, auf die zurückgegriffen wird. „Der Lyriker kann garnicht genug wissen, er kann garnicht genug arbeiten, er muß an allem nahe dran sein, er muß sich orientieren, wo die Welt heute hält, welche Stunde an diesem Mittag über der Erde steht. Man muß dicht am Stier kämpfen, sagen die großen Matadore, dann vielleicht kommt der Sieg" („Probleme der Lyrik"). Soviel als Hinweis auf die Arbeitsmethode, auf die Betonung von Aktualität im Zusammenhang eines zeitlosen Themas. Aber auch im Hinblick auf die Frage, wie das Syndrom entartete im Hitler-Faschismus, den Gottfried Benn zu Anfang bejahte – aus politischer Unkenntnis und irrationaler Disposition. An die Maxime, daß der Dichter gar nicht genug wissen kann, hat sich Benn 1933 nicht gehalten.

Wir haben heute den Abstand: Der Mißbrauch tiefgründender Erlebnispotentiale durch den Nationalsozialismus steht außer Frage. Die Pervertierung des Chiliasmus war eine Wurzel des „Tausendjährigen Reichs". Geschichtsphilosophisch schlägt das uralte Hoffnungsthema am Ende um in die Negation. Historisch ist festzuhalten: es prägen die Erlösungsträume die Menschheitsgeschichte, solange und soweit unser Blick zurückreicht. Die Paradiese und Utopien, die Heilslehren und die Verwandlungsmythen – was wäre die Literatur ohne sie? Immer stehen die Bilder der Dichter für die Unerlöstheit des Menschen. Das also ist nicht neu. Immer und überall bricht Hoffnung durch auf Erlösung. Neu ist die Autarkie der Selbsterlösung seit Nietzsche, diese emanzipierte Eschatologie, die sich auf nichts mehr beruft, das ontologisch abgesichert ist. Aus diesem Geiste entstand die Ästhetik produktiver Steigerung. Nietzsche nannte sie die Physiologie der Kunst. Wobei der Begriff keineswegs nur den Kunstwerken zuzuordnen ist. Benn spricht von einer *hyperämischen Metaphysik* – am Ende aller religiösen Ausformungen und Inhalte, aller philosophischen Hypostasen bleibt die vermehrte Blutfülle im Gehirn. Das phallische Prinzip des Kopfes ist das Ende der metaphysisch ausgerichteten abendländischen Philosophie. Das Gesetz von der *produktiven Hyperämie* setzte kulturgeschichtlich einen Schlußpunkt.

Benns Visionen sind auch nur ein Gleichnis. Angefüllt sind die Gedichte und frühen Prosastücke mit Süden, Licht und Meer, die Motive lassen sich sammeln und entsprechend einordnen, hier der Mythos mittelmeerisch orientalisch, dort polynesisch, aufgereiht Inseln, Gärten, Küsten, Blüten, Segel – alles nur Reizwörter für das Gehirn, evokationsträchtiges Traumvokabular. Dieser Süden ist nur scheinbar die Mediterranée, dieses Blau ist nur scheinbar das Meer, und die Trümmer, aus Marmor, Porphyr, Granit, die der Dichter besingt, sind nur der Schein vergangener, einheitlicher Kulturstufen. Die rauschhafte Wirklichkeitsherstellung mittels südlicher Visionen ist ein poetisches Phänomen, kein Religionsersatz. „Worte, Worte – Substantive! Sie brauchen nur die Schwingen zu öffnen und Jahrtausende entfallen ihrem Flug." Das steht am Anfang der Bennschen Poetik, und es wird Gültigkeit haben bis zum Ende. Etwa Blau als das *Südwort schlechthin.* Von der Romantik über den Symbolismus reicht dieser Glaube an die Kraft des schöpferischen Wortes, an die Magie der Sprache, an ihre endogenen Möglichkeiten, Möglichkeiten der Welterlösung am Anfang und der Selbsterlösung am Ende. Dann war der Bewegung der Schwung ausgegangen – nach dem Zweiten Weltkrieg war dieser Glaube nur ein Relikt noch aus altvergangener Zeit. Auch der *Wallungswert* war entwertet, die Hyperämien waren selten geworden, in jedem Falle entmythisiert. Die *Zusammenhangsdurchstoßung* mittels Sprache, auf die Benn bis zum Schluß gesetzt hatte, war auch schon überholt, spätestens seit Wittgenstein. Ein letztes Sakralphänomen hatte abgedankt – das innere Traumvokabular, das eine Lesergeneration in Rausch versetzt hatte, getragen von schmelzenden Rhythmen, von Melos und Reim, zog nicht mehr. In den fünfziger Jahren noch war es eine Droge gewesen.

Viele dieser Gedichte waren zur Zeit des Nationalsozialismus geschrieben worden, für die Schublade, wie man sagte, Benn hatte seit 1938 Publikationsverbot. Überhaupt entstanden in diesem Zeitraum wichtige Teile des Werkes, manifestartige Prosastücke wie „Weinhaus Wolf" (1936) oder der „Roman des Phänotyp" (1944). Die geistige Position wird überprüft, ausgebaut und gefestigt. Der Autor zieht Bilanz. Die Geschichte, die er so gründlich verachtete, hatte ihn erreicht. Kämpferisch stellte sich Benn den Verhältnissen entgegen. Nachdem er zunächst den Nationalsozialismus bejaht hatte, erreicht ihn die Einsicht in das Wesen des Faschismus um so vehementer. Die Angriffe gegen Benn beginnen schon im Jahre 1933. Literarisch wie beruflich wird er boykottiert. Der NS-Ärztebund streicht ihn von der Liste attestberechtigter Ärzte. Seit 1917 war Benn als Facharzt mit Praxis in Berlin niedergelassen, lebte zurückgezogen, unauffällig, verdiente nicht viel, behandelte die Armen umsonst, gab wenig Anlaß zu Feindschaften. Die Attacken gegen ihn wurden aus literarischen Kreisen gesteuert. Neid oder Rache – 1932 war Benn in die Preußische Akademie der Künste gewählt worden –, vor allem aber waren es ideologische Differenzen, die hier zum Austrag kamen. Abgründe trennten ihn und sein Werk vom völkischen Kitsch. Gottfried Benn war über die Zielsetzung der Machthaber nicht informiert gewesen, weder hatte er „Mein Kampf" gelesen, noch kannte er die Parteiprogramme, aber er kannte die Literatur seiner Zeit und hatte unbestechlich sein Urteil über sie gefällt. Bei der Umfunktionierung der Akademie durch die Nazis, kurz nach der Machtergreifung, bricht die Fehde dann aus. Oskar Loerke notierte damals in sein Tagebuch: „Benn nahm Anmaßung und Feindlichkeit wahr. Er meinte, wir würden nicht nur ausgeschaltet, sondern auch körperlich vernichtet werden."

Dennoch glaubte Benn an die geistige Erneuerung Deutschlands und stellte damit seinen konstitutiven Geschichtspessimismus auf den Kopf. Die brutalen Methoden des Regimes ignorierte er, bis es nicht mehr ging. 1934 zeigte ihm die Abrechnung Hitlers mit der SA, was er bis dahin idealistisch verdrängt hatte. An Ina Seidel schreibt er im August: „Ich lebe mit vollkommen zusammengekniffenen Lippen, innerlich und äußerlich. Ich kann nicht mehr mit. Gewisse Dinge haben mir den letzten Stoß gegeben. Schauerliche Tragödie! Das Ganze kommt mir allmählich vor wie eine Schmiere, die fortwährend ‚Faust' ankündigt, aber die Besetzung langt nur für ‚Husarenfieber'. Wie groß fing das an, wie dreckig sieht es heute aus. Aber es ist noch lange nicht zu Ende." 1935 nimmt Benn als Militärarzt seinen Dienst bei der Heeressanitäts-Inspektion in Hannover auf. Nostalgisch nennt er diesen Rückzug eine *aristokratische Form der Emigrierung.* Die äußere Existenz hatten ihm die Nazis entzogen – Benn kontert mit dieser spezifischen Form der *inneren Emigration.* 1936 liefert ein anonymer Schreiber im SS-Wochenblatt „Das Schwarze Korps" einen rüden Angriff gegen Benn, unter Hinweis auf dessen frühe Lyrik. Der Artikel wird in der Regime-Zeitung „Der Völkische Beobachter" am nachfolgenden Tag abgedruckt und damit in die deutsche Öffentlichkeit gebracht. Von „Ferkelei" und „widernatürlichen Schweinereien" ist die Rede. Benn muß sich vor seinem General rechtfertigen, daß er kein „Schwuler" ist. Die Wehrmacht deckt ihn. Die Angriffe gehen weiter, bis das Schreibverbot der Reichsschrifttumskammer ausgesprochen ist – jetzt erst sind die Verfolger, die ihn als „Kulturbolschewisten" und „Rasseschänder" eingestuft hatten, am Ziel. In seinen Briefen gibt Benn – wie so oft noch im Krieg und nach Kriegsende – seiner Mutlosigkeit Ausdruck. Müdigkeit und Depression werden zunehmend zum Thema seiner privaten Mitteilung.

„Unerträglich doch manchmal das alles! Kaum ein Tag ohne die schlimmsten Dinge. Daß man das alles immer weiter durchführt, sogar noch Angst hat vor dem Aufhören des Ganzen, ist eines der Rätsel mehr", schreibt er an seinen Brieffreund Dr. Oelze, mit dem er seit 1932 in Kontakt steht. Bis 1956 werden es siebenhundert Briefe sein, eine Autobiographie auf Korrespondenzbasis. Hier ist verzeichnet, was den Dichter und sein Werk ausmacht. Die Tragik eines Zeitalters als Protokoll des geistigen Widerstandes, gerichtet gegen Barbarei und Lüge. Das Wort Humanität ist Benn schon lange vergangen, ebenso unbrauchbar geworden wie der Begriff Geschichte. „Verwirklichung von Geist im Leben ist nicht mehr." „Weinhaus Wolf" ist die Dokumentation einer radikalen Desillusionierung. Alle diese Gedanken sind im

Briefwechsel vorgezeichnet, sind die Niederschrift eines tagtäglich erfahrenen Leidens. Seit der Geist das Leben verlassen hat, blieb enthumanisierte Geschichte als brutales Instrumentarium zurück, faktizitär ausgerichtet auf Handeln, Machtakkumulation, abgesichert durch Mord. „Handeln ist Kapitalismus, Rüstungsindustrie, Malplaquet – Borodino – Port Arthur –: einhundertfünfzigtausend Tote, zweihunderttausend Tote, zweihundertfünfzigtausend Tote, – niemand kann die Geschichte mehr anders sehen denn als die Begründung von Massenmorden: Raub und Verklärung –: der Mechanismus der Macht."

Geschrieben in den Jahren 1935 bis 1938, gerichtet gegen den Nationalsozialismus, begründet in lebenslanger Erfahrung. Benn vertritt keine Tagesmeinung, sondern gründlich erwogene Thesen, die ihm die Geschichtssituation aufzwingt. Und er bleibt dabei. 1946 formuliert er mit sarkastischer Schärfe noch einmal sein vernichtendes Urteil über das Faktum Geschichte: „Jeder aber *weiss*, sie ist reiner Mord und Totschlag von jeher und in aeternum und es hat gar keinen Sinn, sie mit moralischen und intellectuellen Vokabeln zu verzieren. Man höre endlich mit dieser Geschichts*philosophie* auf, diesem unsauberen Feigenblatt vor dem filzläusebepackten Unterleib des Pithekanthropos" (an Oelze). Dagegen also setzte Benn sein *Artistenevangelium*, Nietzsches Botschaft von der Kunst als der einzigen metaphysischen Tätigkeit, nach Benns Deutung: die letzte geistige Transzendenz. Er glaubte noch an den Mythos vom Geist und der ihm zugeordneten *Gestaltungssphäre*, und er scheute sich nicht, die Menschen einzuteilen in Verbrecher und Mönche: „einmal der Handelnde und einmal der Tiefe, einmal das Leben und einmal der Geist". Die formale Wahrheit der Kunst am Ende eines langen Geschichtsweges – das ist Benns *Fazit der Perspektiven*, die zurückreichen quer durch die Geschichte des Geistes bis zu jenem mythischen Anfang in der Genesis. Es ist der Schöpfungsmythos, der von Benn noch einmal aufgegriffen und ins Artistische transformiert wird. Denn wieder ist die Erde wüst und leer, nur der Geist der Kunst schwebt über den Wassern. Als Gottfried Benn am 7. Juli 1956 in Berlin stirbt, ist es mit diesem Mythos endgültig zu Ende.

Von seinem Leben ist in aller Kürze noch zu berichten: Tod von drei Frauen, verheiratet, unverheiratet, zwei davon starben durch Selbstmord, einmal depressiv, ein anderes Mal durch die russische Invasion bedingt. Schicksale privater Art, die er mit vielen teilte. Literarisch: Der frühe Ruhm und, nach einer Zeit des Vergessens, der späte 1947 – spöttisch spricht Benn von einem Comeback. 1951 bekommt er den Georg-Büchner-Preis der Deutschen Akademie für Sprache und Dichtung, die höchste literarische Auszeichnung im Lande. Der Nobel-Preis blieb aus, Gerüchte, daß er im Gespräch sei, kamen Benn noch zu Ohren. Für diese Auszeichnung schrieb er wohl doch nicht volkstümlich genug. „Auch bin ich der Meinung, es ist besser und anständiger, bis zum Schluß seiner Produktion hart zu bleiben, statt milde, reif und familienhaft zu werden... Ich bin mir völlig klar darüber, daß ich mir durch diese neue Publikation Anhänger verscherze und Chancen äußerer Art nehme (Preise usw.), aber wenn etwas aus echter produktiver Substanz und menschlicher Notwendigkeit stammt und strömt, wäre es feige, zurückzuschrecken." So an den Verleger 1952. Und an Freund Oelze im selben Jahr: „Es zieht sich doch eine Linie von: *Die Krone der Schöpfung, das Schwein, der Mensch* bis zu dem letzten Siegel: *im Dunkel leben, im Dunkeln tun, was wir können –.*" Das Bundesverdienstkreuz I. Klasse nimmt er an, trägt es aber nicht. *Ablehnen wäre Angeberei.* Zutiefst verachtete er jede Form von Publicity. Insofern war er, als einer der Hauptvertreter des Modernismus, ein sehr unmoderner Literat. Bescheiden und selbstbewußt, kritisch und hart – sich selbst gegenüber. Wie er verschiedentlich schreibt, steht hinter jedem seiner Worte das ganze innere Leiden der Person, die Treue zu sich selbst, zu einem unbeirrbaren Prinzip der Wahrheit. „Die wenigen Jahre, die ich vielleicht noch lebe, werde ich zu keiner Konzession meiner mein Leben lang verfolgten extremen Richtung bereit sein."

„Doppelleben" heißt die von ihm selbst geprägte autobiographische Formel. Das Buch, das 1949 erschien, ist eine ehrliche Bilanz, nicht erzählt, weil es nichts zu erzählen gibt, vielmehr montiert, collagiert, wie es bei diesem Dichter nicht anders der Fall sein kann. Das Leben läßt sich nicht mehr erzählen – biographische Überblicke simulieren Zusammenhänge, die einer vergangenen Zeit angehören. Doppelleben – was heißt das? Nüchtern notiert ein Brief von 1949 die Antwort: „Meine ärztliche Praxis, die mir bisher keine Instanz nehmen konnte, gibt mir die äußere Möglichkeit, dem inneren Gesetz zu leben."

Emil Nolde: Im Café. Tuschzeichnung, 1910. –
Hohe Sturzwelle. Aquarell, um 1930. Seebüll, Sammlung der Nolde-Stiftung

Gottfried Benn

# ALFRED KUBIN
## 1877–1959

Von
Christoph Brockhaus

Alfred Kubin – ein Deutscher, ein großer Deutscher? Geboren wurde er am 10. April 1877 in der nordböhmischen Kleinstadt Leitmeritz, heute Litoměřice, Kindheit und Schulzeit verbrachte er von 1880 bis 1892 abwechselnd in Salzburg und in Zell am See, eine (wenig ergiebige) Photographenlehre von 1892 bis 1896 in Klagenfurt, das kurze (und keineswegs erfüllende) Kunststudium 1898/99 bei Schmid-Reutte und Gysis und die ersten Künstlerjahre bis 1906 in München und den Rest seines langen Lebens auf dem hochgelegenen, einsamen Landsitz Zwickledt in Oberösterreich, jenseits des Inns bei Passau. Deutschsprachig freilich und nicht nur im geographischen Sinne ein Grenzgänger, künstlerisch allemal auch ein Einzelgänger trotz Mitgliedschaft in Münchner Künstlergruppen vor dem Ersten Weltkrieg („Maultrommel" und „Sturmfackel", „Phalanx", „Neue Künstlervereinigung München" und „Blauer Reiter"), entziehen sich Biographie und Werk nicht zuletzt unter den politischen Geschicken dieses Jahrhunderts einer eindeutigen Zuordnung. Immer eine Sonderrolle einnehmend, schon zwischen Symbolismus und Jugendstil in seinen Münchner Jahren und im Zusammenhang mit dem Expressionismus und dem Surrealismus danach, darf Alfred Kubin zweifellos eine hervorragende Bedeutung als Zeichner und eine große Begabung als Schriftsteller dieses Jahrhunderts im deutschsprachigen Raum zuerkannt werden. Es nimmt aber auch nicht Wunder, daß Zeitphasen und Teile seines Werkes heute in die tschechoslowakische, deutsche und österreichische Kunst- und Kulturgeschichte eingegangen sind.

Als Kubin am 20. August 1959 im Alter von zweiundachtzig Jahren in Zwickledt starb, lag zwar gerade das zwei Jahre zuvor erschienene, von Kurt Otte erarbeitete und von Paul Raabe zusammengestellte Sammelwerk „Alfred Kubin – Leben, Werk, Wirkung" mit allen bis dahin veröffentlichten Werken von und über den Künstler vor. Wie umfangreich und vielseitig aber das hinterlassene Lebenswerk tatsächlich war, stellte sich erst heraus, als der Nachlaß aufgeteilt und in öffentliche Sammlungen, das Oberösterreichische Landesmuseum in Linz und die Graphische Sammlung Albertina in Wien – das Kubin-Archiv von Kurt Otte befindet sich seit 1971 in der Städtischen Galerie im Lenbachhaus in München, die Bibliothek Kubins in Zwickledt wurde öffentlich zugänglich – verbracht wurde. Das Gesamtwerk Kubins umfaßt etwa viertausend freie Handzeichnungen, von denen sich etwa die

Hälfte zu je gleichen Teilen in den Sammlungen von Wien und Linz befinden, die andere Hälfte weitgehend in öffentlichen und privaten Sammlungen in Deutschland, Österreich und der Tschechoslowakei; über zweihundert Lithographien (und nur vier Radierungen), zumeist als Strichätzungen im Umdruckverfahren hergestellt, viele davon in Linz aufbewahrt; etwa zweitausenddreihundert als Federzeichnungen angelegte Illustrationen (auch in Linz und München) zu beinahe hundertfünfzig Büchern (weitgehend in München und Zwickledt; publiziert von Alfred Marks); Tausende von Bleistiftskizzen und Bleistiftzeichnungen zu den ausgeführten freien Handzeichnungen und Illustrationen; mehr als einhundert Skizzen- und Tagebücher (so in Linz und München); abgesehen von den zahlreichen Mappenwerken und Bildbänden mit Reproduktionen nach Federzeichnungen und Lithographien das schriftstellerische Werk mit dem phantastischen Roman „Die andere Seite" (1908/09) und den zwei Bände füllenden, im wesentlichen zwischen den beiden Weltkriegen entstandenen, teilweise illustrierten Texten zu Leben und Werk, Kunst und Kultur und zu Zeitfragen; schließlich Tausende von Briefen – zum Teil publiziert –, die durchaus von hohem literarischen Wert sind.

Die kostbare Graphiksammlung des Künstlers mit weit über eintausend Zeichnungen und Drucken vom 16. bis zum 20. Jahrhundert, die nicht zuletzt aufschlußreich für die Anregungen des Zeichners Kubin sind, ging zum größten Teil nach Linz und mit den künstlerisch wichtigsten zweihundert Blättern – auch zwanzig Zeichnungen von Paul Klee – in die Albertina nach Wien.

Wenngleich das gesamte für den Druck bestimmte Werk Kubins heute in öffentlichen Sammlungen zugänglich geworden ist und wichtige Teile seines zeichnerischen Werkes zu Lebzeiten des Künstlers und danach in Ausstellungen immer wieder gezeigt und in Publikationen verbreitet worden sind, so wird es gleichwohl noch großer Anstrengungen bedürfen, bis ein fundiertes Gesamtbild der Leistung Kubins geboten werden kann. Hier soll versucht werden, Grundzüge zu Künstler und Werk zu skizzieren.

Wer in des Künstlers Prosaband „Aus meinem Leben" jenen Brief an Wilhelm Hausenstein aus dem Jahre 1921 mit der Beschreibung über den so gänzlich geregelten Tagesablauf liest, der meint gar, von einem biedermeierlichen Künstler zu hören: Zeichnen vom frühen Morgen bis zum Nachmittagstee – unterbrochen nur von der stets gespannt erwarteten Post und dem Mittagessen –, dann der Spaziergang an den Gehöften vorbei und den Feldern entlang, mit kurzen Plaudereien mit den Nachbarn und dem Skizzenbuch in der Tasche, abends schließlich die Lektüre von Literatur, Philosophie oder Kunstgeschichte und – solange es die Augenkraft erlaubt hat – bis zur Mitte der fünfziger Jahre hinein die Erledigung der umfangreichen Korrespondenz; in diesem alten und winters nicht gerade bequemen Haus mit dem schlicht und zweckmäßig eingerichteten Atelier, das bis heute unverändert erhalten ist, hat die oft kränkliche Frau des Künstlers, die Schwester des Literaten O. A. H. Schmitz, bis zu ihrem Tod 1946 Kubin verständnisvoll umsorgt und Gäste, Schriftsteller und Künstlerfreunde, Verleger und Verehrer von des Zeichners Kunst betreut.

Warum dieser Rückzug in die selbstgewählte Einsamkeit, diese Abstinenz vom großstädtischen, politisch und sozial bewegenden Leben, warum diese Konzentration auf den Selbstausdruck und das beschränkte Wirken auf den Kreis der „Zauberlehrlinge", wie es der Künstler nicht anders gewollt hat? Paul Klee, dem die Anerkennung seiner Kunst durch Kubin sehr wichtig war, notiert 1915 in seinem Tagebuch: „Die äußere Lebensführung eines Künstlers vermag manches über den Charakter seines Schaffens auszusagen", und dazu: „Ein dritter Fall ist Kubin. Er floh diese Welt, weil er es psychisch nicht mehr machen konnte. Er blieb halbwegs stecken, sehnte sich nach dem Kristallinischen, kam aber nicht los vom zähen Schlamm der Erscheinungswelt. Seine Kunst begreift diese Welt als Gift, den Zusammenbruch ... er ist halblebendig, lebensvoll im Destruktiven." Die Beobachtung ist teilweise richtig, doch muß man diese Kürzel ein wenig ausführen und korrigieren: Kubin floh die Großstadt, weil er zusätzlich zu seinen persönlichen Problemen, die Anerkennung durch seinen Vater zu gewinnen, das Großstadtleben zu bewältigen und seine künstlerische Weiterentwicklung zu finden, die Integration in die kulturellen Kreise Münchens nicht bewältigen konnte. Zwar ist Kubin zeichnerisch „vom zähen Schlamm der Erscheinungswelt" ausgegangen und hat dafür zunächst mythische Bilder geprägt und dann verstärkt groteske Ausdrucksformen und allegorische und märchenhafte Einkleidungen gefunden, stets auf der Suche nach dem Kristallinischen, im Destruktiven lebensvoll oder gar befangen aber ist er nicht geblieben: Er hat – schon im zweiten Jahrzehnt – neben den gewalttätigen, irrwitzigen Zügen des Lebens im Zeichnen und Denken die wunderlichen und wunderbaren, auch versöhnlichen Elemente entdeckt: durch Literatur, in der Natur, bei Tier und Mensch, in sich. Weil ihn die Grausamkeit des Schicksals und eigene nervliche Empfindsamkeiten in seinem Gleichgewicht gefährdet haben, mußte er die Abgeschiedenheit des Lebens und die äußerliche Ordnung und Regelmäßigkeit des Alltags suchen und konnte gestalterisch seine Ängste sublimieren. Aber sein Künstlertum ist zu keinem Zeitpunkt im subjektivistisch krankhaften Pathogramm steckengeblieben, sondern stets durch intellektuelle Einsicht zu Allgemeingültigkeit ausgereift. In ernsthaften psychischen Ausnahmezuständen, die auf die Frühzeit bis 1904 und wenige nachfolgende Episoden beschränkt blieben, hat Kubin gar nicht gearbeitet. Ansonsten hat er, wie die zahlreichen Entwürfe zu Zeichnungen und Texten zeigen, seine Werke sorgfältig vorbereitet und es erreicht, Wesentliches von den inspirativen Funken in der endgültigen Fassung seiner Arbeiten festzuhalten, Bewegendes in der nervösen Strichstruktur zu bannen. Dies gehört zu den bestechenden Qualitäten seiner Kunst.

Viele Menschen haben sich in Krisenzeiten hilfesuchend an Kubin gewendet. Sie glaubten, bei einem Menschen Rat einholen zu können, der selber von Krisen heimgesucht worden ist und dennoch sein seelisches Gleichgewicht immer wieder finden konnte. Der Künstler ist – soweit ihm die Kraft gegeben war – feinfühlig auf andere Menschen eingegangen. Gleichwohl war er der Überzeugung, daß der Mensch seine innere Sicherheit nicht im Kollektiv, sondern nur in sich selber finden kann. So teilt er einem Freund in einem Brief aus dem Jahre 1943 mit: „Es ist ja seltsam, wie viel an mich z. Zt. geschrieben wird. Ich erkenne da die aufgescheuchte Seele des armen gehetzten Menschen, der sich angstvoll anklammern möchte, noch nicht ahnend, daß solche Krise jeder für sich und bei sich – einsam also – austragen muß, so er überhaupt seines Wesens ‚versichert' sein will."

Mit seiner Kunst hat sich Kubin an einen Kreis von Menschen wenden wollen, die „unter einer ganz bestimmten geistigen Einstellung" sein Werk betrachten sollten. In einer Einführung zu seiner Ausstellung 1926 bei Hans Götz in Hamburg gesteht er, daß sein Streben „vielleicht einen etwas sonderlingshaften Charakter" zeige; gleichwohl enthalte es „durchaus allgemeine Werte", die in „rein innerlich geschaute(n) Formen, Gestalten und Geschehnisse(n)" zum Ausdruck kämen. Er wünsche sich daher einen Betrachter, der seine Blätter „nicht nur genießend oder kritisch" ansehe, sondern „wie durch geheime Berührung angeregt... seine Aufmerksamkeit auch der bilderreichen Dunkelkammer des eigenen träumerischen Bewußtseins zuwenden" würde.

Große Resonanz hat Kubin schon zu Lebzeiten vor allem bei Künstlern und Schriftstellern und einem Kreis von Liebhabern seiner Kunst gefunden, die ihn auch als Verleger – Hans von Weber, Georg Müller, Reinhard Piper – oder als Sammler – Max Morgenstern, Felix Grafe, Heinrich Stinnes, Kurt Otte – sehr gefördert haben.

Sein Lebenswerk hat für viele Menschen bis heute nicht an suggestiver Kraft verloren, weil in ihm die Fähigkeit zu einer psychogrammhaften Ausdrucksweise überzeugt. Damit ist jener Bereich gemeint, der zwischen Gegenstand und Inhalt, Form und Gedanke steht. Vermittlungen zwischen Gegensätzen herzustellen und Unvereinbarkeiten zwischen Verstand und Empfindung gestaltend aufzuheben, ist zugleich Thema und Leistung von Kubins Werk. Aus diesem Grund geht es dem Künstler auch nicht um eine formale oder inhaltliche Präzisierung bestimmter Motive, sondern darum, den grenzenlosen Strom psychischen Erlebens von der geringsten Erregung bis zur triebhaften und übermächtigen Erschütterung auszuloten. Jedes Thema beinahe kann dem Künstler recht sein; es muß nur die Möglichkeit eröffnen, die Welt als Vorstellung der Seele darzustellen. Kubin möchte zeigen, daß das Leben von geheimen Kräften getrieben wird, die gleichermaßen in Schöpfer und Geschöpf Gestalt annehmen. Das Leben offenbart dem inneren Auge des Künstlers einmal dämonische, einmal lichte Züge, zeigt sich spukhaft und rätselhaft, phantastisch und grotesk, aber auch von einer humorvollen Seite. Die Kunst Kubins reicht insgesamt vom Trivialen zum Erhabenen, vom Vorgegebenen zum Visionären und von der Weltanschauung bis zur Weltaneignung.

Bevor Kubin, ausgestattet mit einem ausgeprägten eidetischen Gedächtnis, auf andere Künstler und die Öffentlichkeit hat ausstrahlen können, hat er selber Anregungen aufgegriffen. Die Grundlagen seiner Weltanschauung verdankt er den Werken Schopenhauers und Nietzsches, Bachofens, Weiningers und Klages', die seiner Kunst zuerst Klinger und dann Bosch und Bruegel, Goya und Callot, Redon, Ensor und Rops, später besonders Klee, den altdeutschen Meistern, Daumier und Rembrandt, Vertretern der Karikatur und der populären Druckgraphik des 19. Jahrhunderts. Originelle Umsetzungen literarischer Stoffe gelangen ihm durch die Lektüre von romantischen, symbolistischen und neuromantischen Schriftstellern.

Inspirationsquellen seiner Kunst sind stets neben Philosophie, Kunst und Literatur aber auch die Natur und vor allem autobiographische Erlebnisse. Wer fragt nicht nach dem Menschen Kubin, wenn er seinen Roman oder seine Erzählungen und Essays liest und seine Zeichnungen betrachtet? Ja selbst dort, wo Kubin über und an andere schreibt, wo er eine Beobachtung zeichnet, sagt er bisweilen mehr über sich als über den Gegenstand seiner Gestaltung aus. Kubin hat niemals ein Drang zur Objektivierung oder Abstraktion getrieben, sondern immer das Verlangen, der eigenen Weltsicht gestalterisch habhaft zu werden, seinen subjektiven Empfindungen, Bildvorstellungen und Gedanken unverzüglich Ausdruck zu verleihen. Er hat deshalb auch nicht seine Kunst anhand einiger weniger Motive durch formale Präzisierung weiterentwickelt, sondern seine Grundthemen motivisch stets erweitert und stilistisch dem Wandel seiner Auffassung angepaßt. Er hat so einen ungeheuer weiten Bilderkosmos entworfen, der von kaum einem Künstler dieses Jahrhunderts übertroffen worden ist und der auf einem entsprechend großen Anregungsbereich basiert.

In dem Essay „Aus halbvergessenem Lande" aus dem Jahre 1926, der den Titel eines Buches über Dalmatien trägt, das dem jungen Kubin einen nachhaltigen Eindruck machte, berichtet der auf seine Kindheit und Jugend zurückblickende Künstler von Stoffen, die ihn als Zeichner beeinflußt haben. Er nennt Bilder- und Märchenbücher, Kalender und illustrierte Zeitschriften,

Reise- und Abenteuergeschichten, Legendenbücher und Naturgeschichten, aber auch zahlreiche Erlebnisse in und um die Kleinstädte seiner Kindheit und die Fähigkeit seiner Phantasie, Gesehenes und Erlebtes umzubilden. Und er faßt zusammen: „Im ganzen kann ich feststellen, daß die schier unübersehbare Fülle zeichnerischer Motive bei mir auf eine verhältnismäßig geringe Anzahl jugendlicher Eindrücke zurückgeht, die immer wieder nach Gestaltung drängen. Neue Erlebnisse berühren mich auch heute noch innerlich am stärksten, wo ich Ähnlichkeiten mit längst Vergangenem wiederzuerkennen glaube."

Zu diesen frühen Eindrücken, die sich später im Werk niedergeschlagen haben, gehören weniger Einzelerlebnisse als Grunderfahrungen: das Leben und Treiben in der Kleinstadt, auf dem Dorf und auf dem Lande, besonders die Aufmerksamkeit gegenüber absonderlichen Menschen, der Tierwelt und abgelegenen Orten, das Aufsehen erregende Militär, die Erschütterung über Todesfälle. Sensationen des kleinbürgerlichen Alltags prägen sich dem Bildgedächtnis ein, wiederholen sich später und finden ihren Niederschlag in zahlreichen Werken, in Zeichnungen und Erzählungen.

Die Lektüre von Märchenbüchern und Legenden setzt erst in den zwanziger Jahren wieder ein und findet dann in Illustrationen und Zeichnungen ihre Verarbeitung. Kontinuierlicher läßt sich die frühe Beeindruckung durch Bücher über ferne Länder im Werk verfolgen und verbindet sich teilweise mit den Erlebnissen der eigenen wenigen Reisen zu Beginn dieses Jahrhunderts nach Südfrankreich, Oberitalien und – wichtiger – nach Bosnien und Dalmatien: Der Orientalismus verkörpert im Bild wie im Roman die Vorstellung vom Leben als Traum und bleibt selbst dort literarisch, wo Reiseskizzen in die Gestaltung einfließen. Der Orientalismus ist weitgehend identisch mit Haremszenen und fremdartigen Straßen, Gebäuden, Menschen und Tieren. Im Exotismus Asiens und der Südsee findet er mehr eine thematische Erweiterung als eine differenzierte Unterscheidung.

Mit der geographischen Ferne verknüpft sich auch die Vorstellung vom Leben als einem Abenteuer, der Kubin zeitlebens verhaftet blieb und für die er verschiedene Ausdrucksformen gefunden hat: vor allem in den zahlreichen Fischfang- und Jagdszenen, die sich bis in die zwanziger Jahre hinein vorwiegend in exotischer Umgebung, später in der eigenen Nachbarschaft ereignen. Die Auslieferung des Menschen an die Gefahren der Natur wird durch die Entdeckung ihrer Geheimnisse belohnt. Durch Spiel, Bücher und Zeichnungen ist auch diese Thematik seit der Kindheit vorbereitet. Gerade hier zeigt sich ein allgemeiner Zug der Gestaltungsweise Kubins deutlich, nämlich die Erweiterung der Realität ins Phantastische, Gigantische: Fische, Wiesel, Vögel und Insekten geraten zu Phantomen. Die eigene Phantasiebildung verbindet sich in ihnen mit bestehenden literarischen und bildnerischen Vorlagen.

So vielfältig die Anregungen zu Kubins Werk auch gewesen sind, mögen sie aus der eigenen Lebensgeschichte, Literatur und Philosophie, Geschichte und Naturgeschichte, der Kunstgeschichte und der eigenen Kunstsammlung stammen, so einheitlich und originell ist doch fast stets die schöpferische Aneignung. Jede Auseinandersetzung mit dem fremden wie mit dem ureigenen Stoff – und Kubin war in höchstem Maße auch motiv- und formschöpferisch – gilt einer Kernfrage: Was läßt sich Neues finden an Seelenregungen, Handlungsmotivationen, geheimen Kräften im Menschen, im Tier, in der Natur, in übermenschlichen Kräften? Weil der Künstler stets nach dem Unsichtbaren gesucht hat, um ihm Gestalt zu verleihen – nicht, um es erklären zu können –, ist das Rätselhafte zum eigentlichen Thema seines Werkes geworden. Mit einer nur selten versiegenden Phantasie und einer einzigartigen Fähigkeit zur psychologischen Betrachtung begabt, hat er in fleißiger, sorgfältiger Arbeit und feinfühliger Besinnlichkeit seinen eigenen Seelenkosmos geschaffen.

Es gibt kaum ein Thema in seinem Werk, das nicht schon in den ersten Münchner Jahren entdeckt worden wäre. Im Laufe der Jahre wächst ein jedes aus, wird zeichnerisch verfeinert, geistig durchdrungen, und in diesem Verlauf dominiert einmal das Weltanschauliche, ein andermal die Weltaneignung. Seelenporträt ist jedes Werk zuallererst. Selbst in Werken, die äußerlich einen Handlungsablauf darstellen, bleibt die Aktion schemenhaft, kann mit dem Verstand nicht vollends nachvollzogen werden, stellt sich das Sinnbild einer inneren Kraft bald in den Vordergrund. Jedes Menschen-, Tier-, Schicksalsporträt, jedes Naturstück, jeder Mythos, jedes literarische Bild ist letztlich eine Allegorie des Lebens. In der Allegorie verwandelt sich der tote Gegenstand und der Gedanke zu Leben und erscheint personifiziert. Die bildlichen Vorgänge von Tag- und Nachtträumen werden als Prozesse – nicht unbedingt als Themen – in die eigene Gestaltung übernommen. Kubins Werk enthält die feinsten Abstufungen der Wirklichkeitsebenen zwischen der direkten Übertragung sinnlicher Wahrnehmung bis zur übersinnlichen Fiktion. Die Bilder dieser Ebenen sind nicht nur gleichwertig, sondern Ausdruck einer einzigen Kraft: der Phantasie. „Auf dem Grunde der Dinge ist alles Phantasie", beginnt Kubin sein „Bekenntnis" von 1924. Die ganze Welt der Wahrnehmung und der Gedanken bedeutet ihm eine Emanation der göttlichen Phantasie. „Der Künstler ist nur eine Ausstrahlung unter unzähligen der göttlichen Einbildungskraft." In der Welt der Phantasie ist jede Verbindung von Gegenständen und Gedanken möglich. Entsprechend gestaltet der Künstler: Bei gleichen Themen können die Motive wechseln, dasselbe Motiv gewinnt in neuer Umgebung eine andere Bedeutung. In immer neuen Variationen erscheinen Mischwesen aus Mensch und Pflanze, Mensch und Tier, Mensch und überirdischer Macht. Im fahlen Licht der Bildräume, im feinen Netz der Striche verbinden sich die Gegensätze, die logisch nicht aufschlüsselbar, einfühlend aber nachvollzogen werden können.

Die Gegenwärtigkeit des Bildes ist ein „Siegelabdruck der Seele" des Künstlers. Mythisches, Historisches, Augenblickliches gerinnt zu sinnbildlichen Zustandsbildern, die hinter der Erscheinungswelt zu finden sind. Kubin hat mehr das Bedrohliche, Erschreckende, Bestürzende entdeckt, weniger das Harmonische. Dies erst im Alter und künstlerisch nur durch die Natur: vor allem in der urwüchsigen Landschaft des Bayerischen Waldes und des Böhmerwaldes.

„Als Schauender hingegeben, als Zeichner tätig, zerlege ich die Vision, baue sie von neuem auf und versuche, so gleichsam ein geklärtes Traumbild zu formen", lautet eine der wichtigsten Aussagen des Künstlers zum eigenen Schaffen. Sie besagt nämlich, daß der Zeichner nicht selten in halbbewußten Zuständen seine Bildideen findet (Skizzen) und diese dann mit Entschiedenheit, Überlegung und Sorgfalt „auszeichnet". Manche Skizze ziehen wir deshalb dem ausgeführten Blatt vor, weil sie die Ursprünglichkeit einer Bildidee unvermittelter, das heißt ohne motivisches Beiwerk zum Ausdruck bringt.

Avenarius hat schon in seinem Kubin-Essay von 1903 beobachtet, daß der Zeichner zu den wenigen Künstlern zählt, die in der Lage sind, „traummäßig" zu gestalten. Er meint damit die Fähigkeit, visionäre Vorgänge des Traumgeschehens von seinem unbewußten Bereich in die bewußte Gestaltung überführen zu können, und zwar glaubhaft. Dies gilt nun weniger für die (seltene) Verarbeitung von nächtlichen Traumbildern, sondern für andere halbbewußte Vorstellungsbereiche. Tatsächlich läßt sich die für Kubin typische Gestaltungsweise der beinahe grenzenlosen Kombination von Motiven und deren ständiger Bedeutungswandel nicht anders erklären als mit den Mechanismen der Traumarbeit, die Freud in seiner „Traumdeutung" (1900) als Wesensmerkmale des unbewußten Denkens und des Phantasierens beschreibt und gliedert in Verdichtung, Verschiebung, Rücksicht auf Darstellbarkeit und sekundäre Bearbeitung.

Zur Unmittelbarkeit des seelischen Ausdrucks im Werk Kubins tragen aber nicht nur die bisweilen erfinderischen Motivgestaltungen bei, sondern ganz entschieden auch der Umgang mit Werkzeug und Material. Der Zeichner hat besonders solche Papiersorten geschätzt, die strapazierfähig waren wie das alte, pergamentartige Katasterpapier, das die Tusche derartig aufsaugt, „daß die Zeichnung mit der Unterlage förmlich verwuchs". „Es ginge ihm arg gegen den Strich, ja wäre ihm wohl überhaupt unmöglich", schreibt Kubin, „auf dem nächstbesten kalkigweißen Maschinenpapier sein bestes zu geben, während die unregelmäßige Körnung, der graue oder bräunliche Ton alten Papiers ihm die Finger heiß macht." Es läßt sich kaum eine freie Handzeichnung – im

Alfred Kubin

Alfred Kubin: Illustration in seinem phantastischen Roman „Die andere Seite", 1909

Alfred Kubin: Ameisenstraße. Lavierte Zeichnung, 1900/01. – Partie am Inn nächst Neuburg. Lavierte Zeichnung, 1934. Wien, Graphische Sammlung Albertina

Max von Laue im Jahr 1954

Gegensatz zur Illustrationszeichnung – finden, die auf ganz weißem Papier angelegt ist. Die zumeist leicht gräulichen Tönungen harmonieren mit der zwielichtigen Atmosphäre des Strichnetzes.

Unter den Tuschen hat Kubin chinesische Sorten bevorzugt und vorwiegend selber angerieben. Im Frühwerk haben zunächst Kohle- und Kreidestifte, dann Buntstifte die Feder- und Pinselzeichnungen ergänzt. Seit 1907/08 dominiert die Stahlfeder gegenüber dem Gebrauch von Rohr- und Kielfedern, die wiederholt seit den zwanziger Jahren Verwendung finden. Auf die Pinselzeichnung greift Kubin kurzfristig in den dreißiger Jahren wieder zurück und gleichzeitig auf seine Farbspritztechnik aus der Frühzeit zwischen 1899 und 1904. Er hat die „Unerschöpflichkeit der Wirkung" der Feder hervorgehoben und geschrieben: „Sie sichert uns durch elastische Schmiegsamkeit die unmittelbare Übertragung nicht nur der Vorstellung, sondern auch der sie begleitenden, unsagbar intimen Erregung." In den besten Federzeichnungen gelingt es dem Zeichner, wie in einem „Zwischenreich der Dämmerung" (Kubin) seine eigene seelische Erregung mit anhaltender Intensität und vibrierenden Strichen im Bild zu bannen.

Alfred Kubin gilt den einen mehr als Schriftsteller, andere geben dem Illustrator (unter anderem zu Poe, E. T. A. Hoffmann und Hauff, Trakl, Scheerbart, Dostojewski) das größere Gewicht, und wieder andere stellen das quantitativ überragende zeichnerische Werk an den Anfang. Es ist wohl müßig, über den Stellenwert der einen oder anderen Kunstgattung bei Kubin zu streiten: Dem einen erschließt sich dieser, dem anderen jener Werkteil besser. Bedenkenswerter erscheint vielmehr die Frage, in welcher Beziehung bei Kubin, der sicherlich zu den hervorragenden Mehrfachbegabungen der deutschen Kunst dieses Jahrhunderts zählt, das Schreiben, Zeichnen und Illustrieren zueinander stehen. Die Gemeinsamkeit dieser drei schöpferischen Bereiche liegt, so scheint mir, in dem spezifischen Bilddenken Kubins.

Allein mit dem Wissen um seine zeichnerische Begabung beginnt der Künstler 1898 in München das Zeichenstudium. Umgeben von Künstlern und Literaten und unzufrieden mit dem akademischen Unterricht, versucht sich Kubin schon bald im schreibenden Medium und bekennt, nicht genau zu wissen, ob er eher Zeichner oder Schriftsteller werden solle. In mehreren Anläufen kristallisiert sich die Konzeption zu seinem Roman, der den Untergang des zugleich nahen und fernen Traumreiches der Stadt Perle – man könnte auch sagen, der habsburgischen Monarchie – im Namen der Zivilisation und des Fortschrittsglaubens zum Inhalt hat, heraus. Den Ausschlag gibt nicht zuletzt – wenngleich indirekt – Gustav Meyrink: Kubin illustriert das erste Kapitel des „Golem", und als Meyrink beim Schreiben ins Stocken gerät, entschließt sich Kubin, selber einen Roman zu schreiben und die bereits vorhandenen Illustrationen in das eigene Werk einzubeziehen. So entsteht „Die andere Seite" aus älteren Textfragmenten und Illustrationen zu einem fremden Werk. Textbilder Meyrinks werden also in Illustrationen umgesetzt und diese anschließend betextet. Betrachtet man die Textentwürfe zur „Anderen Seite" (Linz), dann zeigt sich folgende Romanstruktur: Sie besteht zum großen Teil aus Einzelbildern, die teilweise bereits aus früheren Zeichnungen Kubins bekannt sind und bei der endgültigen Niederschrift in einen wenig aktionsreichen Handlungsablauf integriert sind. Die Stärke des Romans liegt denn auch weniger in der Darstellung des erzählerischen Rahmens (zum Beispiel die Reiseschilderung) als in der Einbindung additiv konzipierter Bildvorstellungen in einen atmosphärisch einheitlichen Rahmen: Bilder der äußeren und der inneren Wahrnehmung reihen sich aneinander oder vermischen sich – oft unmerklich – auf der Ebene der Traumrealität. Diese setzt Kubin symbolisch als Stilmittel ein, um die Vision wirklich und die Wirklichkeit visionär erfahrbar zu machen. Er erkennt das Dasein in dem Zusammenspiel verschiedener Realitätsebenen und findet beim Schreiben wie beim Zeichnen dafür einen adäquaten Stil. Der gemeinsame Ausgangspunkt für die literarische, zeichnerische und illustrative Arbeit liegt also in der Erfindung oder Verarbeitung von Bildern, die dieses Zusammenspiel veranschaulichen.

Seit der Veröffentlichung des Romans arbeitet Kubin an Zeichnungen und Illustrationen nebeneinander her, und zwar kontinuierlich und unter Einhaltung der Gemeinsamkeiten von Illustration und Zeichnung einerseits und der Berücksichtigung ihrer funktionalen Unterschiede andererseits. Dies wird besonders deutlich in einigen Kompositionen, die sowohl als freie Federzeichnung als auch als Illustration angefertigt wurden. Grundsätzlich gilt die Beobachtung, daß Kubin – entsprechend der „Niederschrift" erster Bildideen – zwischen Skizzen zu Zeichnungen und denen zu Illustrationen stilistisch nicht unterscheidet, daß ferner der Federduktus, scheinbar rasch hingezeichnet und unregelmäßig, durchaus die gleiche Handschrift verrät.

Bei genauerem Hinsehen aber ist die Illustrationszeichnung schon in der Federführung zumeist und bewußt „flüchtiger" und lichter im Charakter, oder, wie es Peter Halm einmal formuliert hat: „Das Abkürzende und Andeutende der Zeichnung gibt der Phantasie jene Anregung zum Mitbilden und Weiterdenken, die der Leser aus der Erzählung empfängt." Die entscheidenden Unterschiede zwischen Zeichnungs- und Illustrationsstil erschließen sich über eine Detailbeobachtung: Die freie Zeichnung ist strenger, abgeschlossener komponiert und häufig durch eine Umrißlinie gerahmt, laviert, aquarelliert und – in Analogie zur Aquatintatechnik – gespritzt, so daß die Linie in ihrer „schreibenden" Wirkung zurücktritt; Faktoren, die insgesamt die bildhaft-malerische Auffassung der Zeichnung unterstreichen. Die Illustrationszeichnung dagegen ist vorzugsweise offen zu den Rändern hin und verdichtet sich selten zu geschlossenen Flächen, um sich dadurch dem Charakter des Textspiegels anzupassen, zu ihm eine Beziehung aufzunehmen. Sie demonstriert schon in der Anlage ihre dienende, paraphrasierende Aufgabe und erfüllt damit einen Grundsatz jeder Illustrationskunst.

In seinem Essay „Wie ich illustriere" von 1935 und in einem Interview mit Heinz Kindermann von 1952 schildert Kubin sehr anschaulich die Probleme des Illustrierens und hebt dabei einen weiteren Grundsatz seiner Illustrationskunst hervor: die Fähigkeit nämlich, sich zuerst vollkommen einfühlend – er nennt es die „feminine Komponente" – in den Text zu vertiefen, dann aber aus der Spannung von Identifikation und Stellungnahme heraus – durch „eine sehr männlich-handwerkliche Gefühlslage" – die Gestaltung zu gewinnen. Es ist ihm in den meisten Fällen gelungen, sowohl dem Text als auch der eigenen Auffassung Ausdruck zu verleihen. Im Atmosphärischen (Stil) nähert er sich dem Charakter des Textes an, in der Motivwahl macht er sich nicht selten von den Sprachbildern frei und gelangt auf diese Art zu einer Illustrationsweise, die sich von Werk zu Werk unterscheidet. Dieser Wechsel im Illustrationsstil ist nur zum Teil das Ergebnis von Kubins allgemeiner künstlerischer Entwicklung; wichtiger erscheint in diesem Zusammenhang die Fähigkeit, auch stilistisch jedem Werk neu zu begegnen und Erreichtes modifizieren zu können. Leicht ist Kubin das Illustrieren nicht immer von der Hand gegangen. Und er hat – wie Menzel, den er sehr schätzte – die Gefahr gesehen, daß die Illustrationszeichnung den Zeichnungsstil ungewollt verändern kann. Die Genialität des Kubinschen Illustrationsstils haben zahlreiche Zeitgenossen erkannt und viele Künstler weiter tradiert, so Rolf von Hoerschelmann, Richard Seewald, Josef Hegenbarth, Hans Fronius, Roland Peter Litzenburger und Hanna Nagel, um nur einige Namen zu nennen. Und es kann kein Zufall sein, daß sein Zeichnungsstil phasenweise etwa bei Klee und Grosz, Gleichmann und Wols einen tiefen Eindruck hinterlassen hat.

Den entscheidenden Ansatz zu einer Verfremdungs-Ästhetik, die später von Marcel Duchamp entwickelt wurde, findet man schon in sprachlicher Form in Kubins Roman, wo es heißt: „Einer überraschenden Art des Staunens wurde ich fähig. Herausgerissen aus dem Zusammenhang mit anderen Dingen gewann jeder Gegenstand eine neue Bedeutung." Und in der Tat hat Kubin vor dem Hintergrund einer phantastisch-neuromantischen Tradition in diesem Werk sowohl sprachlich als auch zeichnerisch mit einer neuartigen Kombinatorik von Motiven und Stilen, deren Bedeutungen ständig wechseln und auf der Folie des Traumdenkens glaubhaft erscheinen, wesentliche Impulse für Dada und Surrealismus eröffnet. Im Gesamtwerk Kubins kann „Die andere Seite", im Herbst 1908 in wenigen Monaten „im Wendepunkt einer seelischen Entwicklung" geschrieben und illustriert, gleichrangig neben den wichtigsten Zeichnungen bestehen. Dieses Werk blieb für alle späteren Schaffensjahre tragfähig. „Eine Erlebnisreihe und eine Weltanschauung" hat Kubin es einmal in einem Brief an Herbert Lange genannt, und dann: „Im gewissen Sinn bin ich anschaulich auch niemals darüber hinausgekommen – es ist eben Schicksal, und die Jahrzehnte, welche nach Abschluß des Bandes für mich noch kamen, brachten in einigen Beziehungen Klärung, in keiner Totalberichtigung. Deshalb deckt sich auch meine bildkünstlerische Arbeit, geistig aufgefaßt, mit den Visionen dieses sonderbaren Buches" – und mit der Überarbeitung der Zeichnungen zur „Anderen Seite" zu Beginn der fünfziger Jahre schloß Kubin seine illustrative Tätigkeit ab. Und mit dem Abgesang an die alte Monarchie, an die falschen Wertordnungen der Gründerzeit und dem Zweifel an der Macht von Ratio und Technik hat er schon damals als Einzelgänger zugleich als Alternative den Weg für Spontaneität, Offenlegung auch der bis heute weithin verdrängten seelischen Bedrängnisse, Direktheit und Unverwechselbarkeit des künstlerischen Ausdrucks geebnet – Aufgaben, die wesentliche Strömungen der Kunst unseres Jahrhunderts bestimmt haben: im Expressionismus, bei Dada und im Surrealismus, und nach 1945 zuerst im Informel und zuletzt beim „Neo-Expressionismus".

# MAX VON LAUE
## 1879–1960

Von
Armin Hermann

Im Scherz hat Max Planck einmal gesagt, daß der Jahrgang 1879 für die Physik besonders prädestiniert gewesen sei: 1879 seien Einstein, Laue und Hahn geboren – und auch die im November 1878 zur Welt gekommene Lise Meitner müsse man diesem Jahrgang zurechnen. In der Tat ist es kein Zufall, daß sich am Ende des 19. Jahrhunderts viele begabte junge Menschen dem Studium der Naturwissenschaften zuwandten. Die Zeitgenossen sprachen von dem kommenden „naturwissenschaftlichen Zeitalter", und zur Gestaltung dieser Zukunft fühlten gerade die Besten sich aufgerufen. Bald würde man endgültig wissen, „was die Welt im Innersten zusammenhält". Damit aber nicht genug: Durch Anwendung der Naturerkenntnis in der Technik würden die materiellen Lebensverhältnisse besser als je zuvor und der Mensch selbst edler und glücklicher.

Kein Zufall ist es auch, daß Einstein, Laue, Hahn und Meitner jahrelang neben- und miteinander in der Reichshauptstadt wirkten. Bis zum Einbruch des Nationalsozialismus war Berlin Weltzentrum der naturwissenschaftlichen Forschung; hier gab es mehr Physiker und Chemiker als irgendwo sonst. Insbesondere Max von Laue hat die Forschungseinrichtungen der Stadt und besonders die Universität als „seine eigentliche geistige Heimat" betrachtet. Vom Ende des Ersten Weltkrieges an hat er hier sein ganzes Leben verbracht, abgesehen nur von den Jahren 1944 bis 1950, in denen die politische Lage ein Wirken in Berlin ausschloß.

Die prägenden Eindrücke empfing der junge Max von Laue am Protestantischen Gymnasium in Straßburg, wo er im März 1898 das Abiturientenexamen ablegte. Zuvor hatte Laue – am 9. Oktober 1879 in Pfaffendorf bei Koblenz geboren – Schulen in Posen und Berlin besucht. Der Vater war als hoher Beamter in der Militärverwaltung tätig, was für die Familie mehrfache Versetzungen mit sich brachte.

In seinem kurzen (1944 verfaßten und 1951 ergänzten) Lebensrückblick hat Max von Laue von seinen Lehrern am Straßburger Gymnasium in Ausdrükken der Dankbarkeit und Anerkennung, ja der Bewunderung berichtet: Das „wissenschaftliche Denken" habe er vom Professor der Mathematik und Physik gelernt, noch wichtiger aber sei für ihn die Berührung mit der griechischen Sprache und Kultur gewesen: „Die Freude am reinen Erkennen holt man sich, von Ausnahmen abgesehen, eben doch nur bei den Griechen."

Bestärkt in dem Vorsatz, sich der Wissenschaft um ihrer selbst willen zu widmen, wurde Laue durch die Lektüre der zweibändigen „Vorträge und Reden" des berühmten (1894 verstorbenen) Hermann von Helmholtz: „Ich las auch die akademischen Festreden und schwelgte in dem Gedanken, später als Student selbst eine Universität beziehen zu können. Am allermeisten aber liebte ich die wundervolle Selbstbiographie, die Helmholtz als Tischrede zu seinem siebzigsten Geburtstag gegeben hat."

„Ein jeglicher muß seinen Helden wählen", so heißt es, „dem er die Wege zum Olymp sich nacharbeitet": In den ersten, in Straßburg und Göttingen verbrachten Semestern schwankte Laue noch zwischen Mathematik, Physik und Chemie. Er entschied sich schließlich für die theoretische Physik, der auch Helmholtz' besondere Neigung gegolten hatte, und sein Entschluß wurde unumstößlich, als er in Berlin Max Planck begegnete. Noch mehr bedeutet als die Verbindung mit den gleichaltrigen Freunden aus dem „guten Physiker-Jahrgang 1879" hat ihm die Beziehung zu dem zwanzig Jahre älteren Max Planck, die sich vom Lehrer-Schüler-Verhältnis später zur engen geistigen Freundschaft entwickelte.

1903 promovierte Laue bei Max Planck, und zwei Jahre später wurde er dessen Assistent. Die Dissertation „Über eine Beugungserscheinung, welche bei den Interferenzen an planparallelen Platten auftritt" war sein erster Beitrag zur theoretischen Physik. In diesem in Deutschland besonders rasch aufblühenden Fach ging es zunächst darum, mit mathematischen Methoden physikalische Phänomene zu erfassen, dann aber auch, je länger, je mehr, um die Behandlung der großen Grundlagenprobleme der Physik und der gesamten Naturwissenschaften. Die theoretische Physik erfüllte also in gewissem Sinne, was die Philosophie früherer Jahrhunderte versprochen hatte, und das war es gerade, was Laue anzog: „Erst in den Universitätsjahren wurde ich reif, Philosophie zu verstehen. Sie hat mein Dasein von Grund aus umgestaltet; selbst die Physik scheint mir seitdem ihre eigentliche Würde nur daher zu beziehen, daß sie ein wesentliches Hilfsmittel der Philosophie abgibt."

Deutlich zeigte sich diese Seite der theoretischen Physik, als im Jahre 1905 Albert Einstein mit seiner Speziellen Relativitätstheorie hervortrat. Einstein wirkte damals als „Experte III. Klasse" am Schweizer Patentamt in Bern und war in der wissenschaftlichen Welt ein Unbekannter. Als erster wurde Planck aufmerksam. Max Planck war „theoretischer Berater" der Zeitschrift „Annalen der Physik", und die im Band 17 abgedruckte Arbeit Einsteins mit dem bescheidenen Titel „Zur Elektrodynamik bewegter Körper" hat ihn fasziniert.

Das starke Interesse des Professors stimulierte den Assistenten. „Fremdartig mutete mich die Transformation von Raum und Zeit an", berichtete Laue, „und die Skrupel, welche andere später laut geäußert hatten, sind mir keineswegs erspart geblieben." Im Sommer 1906 fuhr er in den Semesterferien von Berlin in die Schweiz, um Einstein kennenzulernen und mit ihm zu diskutieren.

Im Juli 1907 trat Laue mit einem empirischen Beweis der Speziellen Relativitätstheorie hervor. Für die Lichtgeschwindigkeit im strömenden Wasser gab es seit 1851 eine Formel von Fizeau, die unzweifelhaft richtig war, die aber bisher noch nicht aus den Prinzipien wirklich hatte abgeleitet werden können. Laue zeigte nun, daß sich die Formel ganz einfach aus dem Einsteinschen „Additionstheorem der Geschwindigkeiten" ergibt.

So wurde Laue zu einem der ersten Experten auf dem neuen Gebiet. Als Einstein aus Zeitmangel absagte, wurde Laue vom Verlag Vieweg in Braunschweig um eine zusammenfassende Darstellung gebeten. Laues „Relativitätstheorie", die erste Monographie zum Thema, hat viele Auflagen erlebt und den Namen des Verfassers bekannt gemacht.

1906 hatte sich Laue in Berlin bei Planck habilitiert. 1909 ging er als Privatdozent zu Arnold Sommerfeld nach München. Neben dem großen, von Röntgen geleiteten Physikalischen Institut gab es hier noch das Institut für theoretische Physik. Hier scharte Sommerfeld einen Kreis begeisterter Schüler um sich.

„Wissenschaft entsteht im Gespräch", hat Werner Heisenberg konstatiert. Die gleiche Erfahrung konnte auch Laue (noch vor Heisenberg) machen. Im Gespräch mit dem jungen Doktoranden Peter Paul Ewald kam Laue auf die Idee, man müßte einmal Röntgenstrahlen durch Kristalle gehen lassen. Wenn erstens die Kristalle regelmäßig aus Molekülen oder Ionen aufgebaut seien, zweitens Röntgenstrahlen den Charakter kurzer elektromagnetischer Wellen hätten und drittens gewisse plausible Annahmen über die Wellenlänge und die Molekülabstände im Kristall zuträfen, dann sollten sich eigentlich Interferenzerscheinungen erwarten lassen. Auf Anregung Laues begannen am 21. April 1912 Walther Friedrich und Paul Knipping die Versuche. Die Durchstrahlung eines Kupfersulfatkristalles lieferte auf einer hinter dem Kristall aufgestellten photographischen Platte regelmäßig angeordnete Schwärzungspunkte: das erste der heute so genannten Laue-Diagramme. „Ihr Experiment gehört zum Schönsten, was die Physik erlebt hat", gratulierte Einstein. So ähnlich haben damals wohl alle Physiker empfunden. Im wahrsten Sinne des Wortes begann man in den Aufbau der Materie „hineinzuleuchten".

Die Röntgenstrahlen wurden zu einem mächtigen und zugleich eleganten Werkzeug zur Erforschung des Kristallbaus. Heute sind etwa fünftausend Wissenschaftler mit Strukturproblemen beschäftigt. Auch sehr komplizierte Strukturen anorganischer und organischer Substanzen, bis hin zur berühmten DNS (Desoxyribonukleinsäure), des Trägers der Erbanlagen, konnten seither aufgeklärt werden.

Laue selbst wurde kein Strukturforscher. Ihn interessierten nur die „großen, allgemeinen Prinzipien", ihm war nur „das Absolute" wichtig, nicht die spezielle Form, in der die Materie ausgeprägt ist.

1912 erhielt Laue eine außerordentliche Professur an der Universität Zürich. 1914 wurde er als Ordinarius nach Frankfurt berufen, und im gleichen Jahr schon erhielt er den Nobelpreis für Physik. Der Zufall wollte es, daß 1914 auch der Vater Laues, der inzwischen in den Generalsrang aufgestiegen war, durch Aufnahme in den erblichen Adelsstand hoch ausgezeichnet wurde. So verwandelte sich innerhalb kurzer Zeit der in der Öffentlichkeit unbekannte Privatdozent Max Laue in den berühmten Nobelpreisträger Professor Max von Laue.

Nach dem Ersten Weltkrieg strebte Max von Laue zurück nach Berlin. 1919 wurde er neben Planck Ordinarius für theoretische Physik an der Universität, es folgte der Ruf an die Akademie als (nebenamtliches) ordentliches Mitglied und an das Kaiser-Wilhelm-Institut für Physik zum Mitdirektor und Stellvertreter Einsteins. Obwohl dieses Institut damals nur im juristischen Sinne existierte (nicht als wirkliches Gebäude), haben Einstein und Laue eine für die Physik segensreiche Tätigkeit entfaltet. Bis die Aufgabe von der neugegründeten Notgemeinschaft der Deutschen Wissenschaft (der heutigen Deutschen Forschungsgemeinschaft) übernommen wurde, waren sie es, die – nach Prüfung der Anträge – für besonders wichtige Forschungsprojekte Geldmittel zur Verfügung stellten. So haben sie zum Beispiel die Arbeiten von Peter Debye in Leipzig und Max Born in Göttingen finanziell gefördert.

Im „goldenen Zeitalter der deutschen Physik" hat Max von Laue eine fruchtbare Forschungstätigkeit entfaltet. Die Stelle des „theoretischen Beraters" an der Physikalisch-Technischen Reichsanstalt brachte ihn in den erwünschten engen Kontakt zur physikalischen Wirklichkeit. Zum Gespräch, aus dem Wissenschaft entsteht, hat er auch durch die Organisation des berühmten Physikalischen Kolloquiums beigetragen, das von fast allen Berliner Kollegen regelmäßig besucht wurde.

Das Wort von Bert Brecht, daß die Theologen das Glockenläuten hätten, die Physiker aber ihr Lachen, hat keiner so bestätigt wie er: Aus einer geistigen Anspannung befreite sich Laue mit einem dröhnenden Lachen; bei den „Nachsitzungen", die sich regelmäßig dem Laue-Kolloquium anschlossen, signalisierte es, daß der gemütliche Teil begonnen hatte. Das Lachen kam bei Laue aber nicht nur aus dem Intellekt: Er war ein kraftvoller und fröhlicher Mensch. Von manchen gemeinsamen Bergtouren mit Freunden und Kollegen erinnerte sich Lise Meitner, daß „Laue überhaupt nicht mehr aus dem Scherzen und Frohsein herauskam".

Neben dem Bergwandern im Sommer und den Skitouren im Winter liebte er („teuflisch", wie er selbst sagte) das Autofahren. „Wir waren jetzt im August drei Tage an der Ostsee und zu Pfingsten auf Rügen und in Mecklenburg", schrieb er 1931 an einen Kollegen: „Man lernt Deutschland doch nur dann kennen, wenn man ein Auto hat."

Ein anderer Kollege berichtete aus Anlaß des achtzigsten Geburtstages, daß er immer Angst gehabt habe, wenn sich Laue ans Steuer setzte: Aber glücklicherweise sei nie etwas passiert. Ein halbes Jahr später passierte es dann doch. Laue verunglückte auf der Avus in Berlin und starb an den Unfallfolgen am 24. April 1960.

Die ein Jahr nach seinem Tode erschienenen dreibändigen „Gesammelten Schriften und Vorträge" enthalten einundneunzig Originalbeiträge. Dazu kommt noch eine Reihe von Monographien, so über „Röntgenstrahl-Interferenzen" (1941), über „Materiewellen und ihre Interferenzen" (1944) und über „Theorie der Supraleitung" (1947).

Rechtfertigt dieses Œuvre, Max von Laue zu den „großen Deutschen" zu rechnen?

Er hat selbst seinerzeit für „Die großen Deutschen" über Albert Einstein und Heinrich Hertz geschrieben. Wie er es von seinem Fach her gewohnt war, wurden von ihm auch die Prämissen einer kritischen Prüfung unterzogen, und er hat untersucht, ob und inwieweit man tatsächlich von „historischer Größe" sprechen dürfe.

So wollen auch wir, wenn es nun um ihn selbst geht, die Frage stellen: Warum rechnen wir Max von Laue zu den großen Deutschen?

Auch seine größte Entdeckung, die Röntgenstrahl-Interferenzen, löste keine wissenschaftliche Revolution aus, jedenfalls keine im Sinne des heutigen Revolutionsbegriffes in der Wissenschaft. Sie bestätigte bereits vorhandene Vorstellungen – über die Struktur der Kristalle wie über die Natur der Röntgenstrahlen –, schuf jedoch kein neues „Paradigma". Und das gilt noch mehr von seinen anderen physikalischen Arbeiten: Sein Beweis für die Spezielle Relativitätstheorie und seine Beiträge zur Theorie der Supraleitung bildeten Bausteine für das Gebäude der Physik, aber neue Fundamente waren sie nicht. Noch unbekannte Grundgesetze zu finden, sei ihm versagt geblieben, hat er anläßlich seiner Aufnahme in die Preußische Akademie eingeräumt: „Gelang mir etwas, so lag es stets daran, daß ich mir getraute, aus *vorhandenen* Prinzipien selbst recht weitgehende Folgerungen zu ziehen und sie auf Dinge anzuwenden, für deren Deutung sie zunächst nicht aufgestellt waren."

Den Nobelpreis für Physik hat Max von Laue ganz zu Recht erhalten. Aber nicht jedem Nobelpreisträger können wir „historische Größe" attestieren. „Der große Mann ist ein solcher", hat Jacob Burckhardt gesagt, „ohne welchen die Welt uns unvollständig schiene, weil bestimmte große Leistungen nur durch ihn ... möglich waren und sonst undenkbar sind." In diesem Sinne ist durch seine wissenschaftliche Leistung Albert Einstein gewiß ein Großer und wohl auch Heinrich Hertz. Aber auf Max von Laue trifft das Burckhardtsche Kriterium kaum zu. Warum rechnen wir ihn dann doch zu den großen Deutschen?

Es war die charakterliche Größe, die Laue heraushebt. Als das dunkelste Kapitel der deutschen Geschichte begann, hat er keine Kompromisse gemacht, sondern ist den Nationalsozialisten mutig entgegengetreten. „Wie hab' ich mich mit jeder Nachricht von Dir und über Dich gefreut", schrieb Einstein an ihn am 23. März 1934: „Ich hab' nämlich immer gefühlt und gewußt, daß Du nicht nur ein Kopf, sondern auch ein Kerl bist."

Kraft zur Opposition schöpfte Laue aus dem Bewußtsein, zur internationalen Gemeinschaft der Physiker zu gehören. Er hatte vor 1933 mit vielen, auch ausländischen Kollegen freundschaftlichen Umgang gehabt; nach 1933 hielt er, so gut es ging, die Verbindung. Kamen Besucher aus dem Ausland, wurden ihnen Botschaften an die Freunde in der Emigration mitgegeben. Eigene Reisen ins Ausland benutzte er regelmäßig dazu, ausführlich zu berichten. Durch diesen Gedankenaustausch wußte Laue, daß er nicht allein stand mit seinem Urteil, und er lernte – was heute viel selbstverständlicher ist als damals – die politischen Ereignisse nicht nur vom nationalen deutschen Standpunkt aus zu beurteilen.

Wichtiger noch für Laue war aber etwas anderes: die Ethik des Königsberger Philosophen Immanuel Kant. „Ich habe nie ein philosophisches Kolleg gehört, aber mich viel und eingehend mit Kantischer Philosophie beschäftigt", schrieb er in seinem kurzen Lebensabriß: „Ich las anfangs die Darstellung Kuno Fischers in seiner Geschichte der Philosophie, später und dann immer von neuem Kants Kritik der reinen Vernunft, auch andere seiner Werke, vor allen die zur Ethik." Kants „Kritik der reinen Vernunft" war wichtig für seine wissenschaftliche Weltanschauung, die „Kritik der praktischen Vernunft" für seine menschliche Haltung. Der Maßstab für ihn war der Kategorische Imperativ: „Handle so, daß die Maxime deines Willens jederzeit zugleich als Prinzip einer allgemeinen Gesetzgebung gelten könne."

Sogleich nach der Machtübernahme entwickelten sich an der Akademie Auseinandersetzungen um Einstein. Als dieser seinen Austritt erklärte, gab einer der an der Spitze der „vornehmsten wissenschaftlichen Behörde des Staates" stehenden Gelehrten eine öffentliche Erklärung ab, in der es hieß, daß die Akademie keinen Anlaß habe, das Ausscheiden Einsteins zu bedauern.

Laue empfand die auf Wunsch der neuen Regierung zustande gekommene „Erklärung" als Schmach; er beanstandete, daß sie von einem Kollegen im Alleingang ohne Anhörung der Akademie und der zuständigen mathematisch-physikalischen Klasse (an deren Spitze Max Planck stand) verfaßt worden sei. Er bemühte sich, eine Gegenresolution zustande zu bringen.

Es kam zu einem Riesenkrach. Laues Antrag fiel durch. Planck war noch nicht aus dem Urlaub zurück; wahrscheinlich aber hätte auch er nichts mehr retten können. Die Akademie billigte die Erklärung.

Der „Fall Einstein" war damit erledigt. Laue ließ trotzdem nicht locker. Nachdem Planck wieder in Berlin war, verständigten sich die beiden Gelehrten. Als Klassensekretar gab Planck eine offizielle Erklärung zu Protokoll, in der er, in krassem Widerspruch zu dem, was in der Zeitung stand, Einsteins wissenschaftliche Leistungen auf eine Stufe mit denen Keplers und Newtons stellte. Damit hatte die Akademie gegenüber der Regierung wenigstens in einer Hinsicht den eigenen Standpunkt gewahrt.

Am 7. April 1933 erließ die Reichsregierung das berüchtigte „Gesetz zur Wiederherstellung des Berufsbeamtentums", das die Handhabe bot zur Entlassung der jüdischen und der politisch mißliebigen Beamten. So wurden unter der wahnwitzigen Parole, Deutschland groß zu machen, die Größten aus dem Lande gejagt.

Jetzt schlug die große Stunde von Johannes Stark. Der Nobelpreisträger des Jahres 1919 war längst zum Außenseiter in seiner Wissenschaft geworden. Seit dem Ende des Ersten Weltkrieges hatte er gegen alle neuen Ansätze in der Physik, die Relativitätstheorie und die Quantentheorie vor allem, ständig neue Angriffe gerichtet und diese als „jüdische Machwerke" diffamiert. „Was man nicht verstehen kann, sieht man drum als jüdisch an", hatten die Kollegen in den zwanziger Jahren gespottet. So durfte man 1933 nicht mehr sprechen.

Stark zur Seite stand der ihm geistesverwandte Philipp Lenard. Der Heidelberger Physiker hatte in den ersten Jahren des Jahrhunderts als der bedeutendste Fachvertreter im Lande gegolten und 1905 den Nobelpreis erhalten. Schmerzhaft jedoch mußte Lenard erfahren, daß Berühmtheit schnell welken kann; bald war in der Physik mehr von Einstein, Planck, Rutherford und Bohr die Rede als von ihm. Im Ersten Weltkrieg glaubte er die Engländer als die „Ehrabschneider" entlarvt zu haben, aber dann entdeckte er die Juden als die eigentlich Schuldigen. Diese „Einsicht" hatten ihm, wie er stolz registrierte, die Reden und Aufsätze Adolf Hitlers vermittelt.

So trafen sich Stark und Lenard in ihren Ressentiments. Lenard war 1933 bereits einundsiebzig Jahre alt und begnügte sich mit der Rolle der „grauen Eminenz". Gefährlich wurde er durch seine Beziehungen zu Hitler. Lenard und Stark beanspruchten, bei allen Besetzungen von Professorenstellen gefragt zu werden und versprachen, ihr Urteil „im Sinne der deutschen Erneuerung" abzugeben. Es sollten also nach ihrem Willen nur noch solche Physiker berufen werden, die wie sie entschlossen waren, den „Judengeist" aus der Wissenschaft auszumerzen.

Der Relativitätstheorie und der Quantentheorie, die zu den bedeutendsten intellektuellen Leistungen des 20. Jahrhunderts gehören, Leistungen, die zum größten Teil in Deutschland vollbracht worden waren, drohte als „jüdischen Geistesprodukten" die Verfemung. Stand nun, nach dem Rückfall in die politische Barbarei, auch auf dem Gebiet der Wissenschaft ein Rückschritt ohne Beispiel bevor?

Zum 1. Mai 1933 wurde Johannes Stark zum Präsidenten der Physikalisch-Technischen Reichsanstalt eingesetzt. Wie es in der Physik weitergehen sollte, mußte sich bald entscheiden. Johannes Stark meldete für die Physikertagung im September ein Grundsatzreferat an und erhob zugleich Anspruch auf das Amt des Vorsitzenden.

Noch aber stand der 1931 demokratisch von den Mitgliedern gewählte Max von Laue an der Spitze der Gesellschaft: „Für die Leitung der Verhandlungen auf der Physikertagung in Würzburg wünsche ich Ihnen alles Gute", schrieb Max Planck: „Wenn die Mehrheit wirklich so unvernünftig ist, Stark zum Vorsitzenden zu wählen, so wird sie es bald büßen müssen, und es hat vielleicht auch sein Gutes, wenn diese Klärung der Begriffe und die damit verbundene Erleuchtung recht frühzeitig kommt." Während sich der fünfundsiebzigjährige Planck schon mit dem „Physik-Führer Stark" abfinden wollte und sich, etwas krampfhaft, bemühte, die positiven Aspekte des scheinbar Unabwendbaren zu sehen, nahm Max von Laue die Herausforderung an. Er eröffnete den Kongreß mit einer sorgfältig vorbereiteten Rede über die genau dreihundert Jahre zurückliegende Verurteilung Galileis durch die Inquisition. Die Zuhörer verstanden, daß mit dem „Galilei", von dem er sprach, Einstein gemeint war: „Galilei [muß sich] bei den ganzen Prozeßverhandlungen innerlich die Frage gestellt haben: ‚Was soll das alles? Ob ich, ob irgendein Mensch es nun behauptet oder nicht, ob politische, ob kirchliche Macht dafür ist oder dagegen, das ändert doch nichts an den Tatsachen! Wohl kann Macht deren Erkenntnis eine Zeitlang aufhalten, aber einmal bricht diese doch durch!' Und so ist es ja auch gekommen. Der Siegeszug der Kopernikanischen Lehre war unaufhaltsam... Auch später gab es für die Wissenschaft manchmal schlechte Zeiten... Aber bei aller Bedrückung konnten sich ihre Vertreter aufrichten an der sieghaften Gewißheit...: Und sie bewegt sich doch!"

Unmittelbar danach ergriff Johannes Stark das Wort. Verärgert, mit poltrigen Sätzen kommentierte er die Ausführungen Laues. Dann fand er zum vorbereiteten Text seiner Rede zurück, die ihn in der neuen Würde als Präsident der Reichsanstalt präsentieren sollte. Viel war da von Verantwortung die Rede: Wie nun der Führer die Verantwortung für das deutsche Volk trug, wollte er für die Physiker die „Verantwortung" übernehmen. Für den Ausbau der Reichsanstalt entwickelte er gigantische Pläne. Hand in Hand damit sollte die Wissenschaft in Deutschland neu organisiert werden mit der von ihm beherrschten Reichsanstalt als Steuerungszentrum.

Die Rede hinterließ einen verheerenden Eindruck. Auch wer von den Kollegen womöglich Sympathien für das „Führerprinzip“ in der Wissenschaft besaß, lehnte den Anspruch Starks ab, dieser Führer zu sein. Stark wollte sich zum Vorsitzenden der Deutschen Physikalischen Gesellschaft wählen lassen und dann dieses Amt für immer mit dem des Präsidenten der Physikalisch-Technischen Reichsanstalt verschmelzen; dieser Plan hatte nun keine Chance mehr. Zum neuen Vorsitzenden wurde statt dessen ein Industriephysiker vorgeschlagen, der zugleich Vorsitzender der Deutschen Gesellschaft für Technische Physik war – ein geschickter Schachzug, denn die Zusammenführung von Universitäts- und Industriephysikern war ein altes Anliegen Starks. Stark zog seine Kandidatur zurück.

Die Schlappe ließ Stark keine Ruhe. Die beanspruchte wissenschaftliche Führerposition wollte er sich nun mit Hilfe seiner Beziehungen aufbauen. Er beanspruchte die Aufnahme in die Preußische Akademie, wo durch die „Säuberungen“ Plätze frei geworden waren. Wie im „Fall Einstein“ griffen die Behörden massiv ein.

Am 18. November 1933 erklärte sich der Physiker Friedrich Paschen „nach reiflicher Überlegung“ bereit, „den Antrag auf Wahl von J. Stark zum ordentlichen Mitglied der Akademie zu stellen, sobald die Regierung dies erneut fordert“. Am 30. November unterzeichneten Friedrich Paschen, Max Planck und ein dritter Kollege einen Antrag auf Ernennung Starks zum ordentlichen Mitglied der Preußischen Akademie. Die Verfasser ließen keinen Zweifel, daß sie die Wahl Starks nur gezwungenermaßen beantragten.

Wir dürfen fast als sicher annehmen, daß Planck und Laue eine Aussprache unter vier Augen miteinander führten. Wahrscheinlich vertrat Planck die Auffassung, daß man der Regierung nachgeben müsse: „Der Nationalsozialismus ist wie ein Sturm, der über unser Land braust“, so meinte er: „Wir können nichts tun, als uns beugen wie die Bäume im Wind.“ Widerstand hielt Planck für sinnlos, denn die Regierung habe genügend Mittel und Wege, ihr Ziel – und dann auf eine für die Akademie schmerzhaftere Weise – zu erreichen. Diesem Standpunkt, so ist zu vermuten, hielt Laue entgegen, daß es nicht um die Person Starks gehe, sondern um die Freiheit der Forschung. Auch wenn man unterliege, so sei es besser, überhaupt etwas getan zu haben, als kampflos die alten Ideale aufzugeben. Aber die Niederlage sei keineswegs besiegelt: Wenn man beherzt vorgehe, könne das auch auslösend und befreiend wirken.

Ob Laue wirklich so argumentiert hat, wissen wir nicht. Jedenfalls hat er so gehandelt. In der Sitzung der Preußischen Akademie am 14. Dezember 1933 sprach er sich entschieden gegen die Wahl von Johannes Stark aus: „Stark ist heute ein einflußreicher Mann für die Entwicklung der Physik; er will es sogar in allerhöchstem Maße sein … Benutzt nun Stark diesen angestrebten und zum Teil erreichten Einfluß zum Besten der Wissenschaft? Ich muß das vollkommen verneinen... Gegen die heutige Entwicklung in der Physik wettert er in Schriften und Vorträgen in einer wenig taktvollen, Persönliches und Sachliches, Wissenschaftliches und Politisches keineswegs trennenden Art. Aber selbst die tiefste Abneigung kann keine Rechtfertigung für die Art abgeben, mit welcher Stark über diese Dinge öffentlich spricht. Am schlimmsten aber sind zweifellos Starks Pläne über das physikalische Schrifttum. Er will einen Generalredakteur für alle in Deutschland erscheinenden physikalischen Zeitschriften eingesetzt haben, der bei jeder zum Druck eingereichten Arbeit die alleinige und endgültige Entscheidung hat, ob sie angenommen wird und in welche Zeitung sie kommt. Und dieser Generalredakteur soll an der Reichsanstalt angestellt, also Herrn Stark unterstellt sein. Nimmt man dann die geschilderte Einstellung Starks zur theoretischen Forschung hinzu, so besteht für den Fall, daß sein Plan gelingt, die größte Gefahr, daß theoretische Arbeiten in Deutschland überhaupt nicht mehr erscheinen können. Es ist somit unmittelbar die Freiheit der wissenschaftlichen Forschung bedroht."

Es gab eine heftige Diskussion. Schließlich wurde die Wahl auf die nächste Sitzung vertagt. An diesem 11. Januar 1934 zogen die Antragsteller ihren Antrag zurück, womit die Aufnahme Starks in die Akademie abgelehnt war. Das vorgesetzte Ministerium nahm den Entschluß ohne Kommentar zur Kenntnis.

Die Ansprüche Starks waren also, das zeigte sich jetzt, offenbar nicht identisch mit denen der Regierung. Später stellte sich heraus, daß Hitler an der Wissenschaft überhaupt kein Interesse hatte und daß auf diesem Felde viele Dienststellen des nationalsozialistischen Staates um Einfluß kämpften.

Laues Rede bei der Physikertagung in Würzburg und sein Auftreten in der Akademie bildeten einen Test auf die Absichten der Staatsführung. Das Ergebnis fiel günstiger aus als erwartet. Wenigstens in der Physik war die „Gleichschaltung" offenbar nicht absolut. Es gab Freiräume, und man brauchte nicht alles hinzunehmen.

Wie ein Winkelried hatte Laue der „Freiheit eine Gasse" gebahnt. Als Lenard mit seiner „Deutschen Physik" den Versuch unternahm, die nationalsozialistische Ideologie in der Wissenschaft zu etablieren, waren die Abwehrkräfte bereits mobilisiert, und er rief den fast einhelligen Widerstand der Kollegen hervor.

So wurde Laue zum Vorbild für viele junge Physiker. Zwar war Planck das allseits verehrte Oberhaupt der deutschen Wissenschaftler, und jeder wußte, wo er stand. Auch hat Planck es bei Gelegenheit (so einer persönlichen Intervention bei Hitler gegen die Entlassung der jüdischen Gelehrten) nicht an Deutlichkeit fehlen lassen. Aber Planck war alt und stand bei gesetzlosen Übergriffen der Regierung in seiner eingewurzelten Ehrfurcht vor der Staatsautorität den Ereignissen oft hilflos gegenüber. „Planck war ein tragischer und nicht ein romantischer Held, ein ‚braver' Mann und das Gegenteil eines Revolutionärs", meinte Peter Paul Ewald: „Die einzige Tellsfigur war Laue. Dies ist der Grund, den ich erst jetzt recht verstehe, warum Einstein es 1936 ablehnte, daß ich [auch] Planck und Sommerfeld, ebenso wie Laue, Grüße von ihm brächte." Auf einer Reise in die Vereinigten Staaten hatte Ewald Albert Einstein in Princeton besucht. Beim Abschied gab es folgenden Dialog: Einstein: „Grüßen Sie Laue." – Ewald: „Soll ich auch Planck und Sommerfeld grüßen?" – Einstein: „Grüßen Sie Laue."

Auch auf anderem Feld kämpfte Max von Laue gegen den Nationalsozialismus. Als langjähriges Mitglied im Verband ehemaliger Offiziere des Infanterie-Regimentes 138 erhielt er 1936 die Mitteilung, daß der Verband geschlossen in die SA-Reserve II überführt werde: „Ich habe das abgelehnt mit der Begründung, ich übernähme mit dem Beitritt unter Umständen Verpflichtungen, die ich mit meinem Gewissen nicht vereinbaren könne. Und das haben mir die Nazis mit Recht übelgenommen. Mit Recht; denn ich habe ihnen hier den Feind genannt, an dem sie, so hoffe ich zuversichtlich, eines nicht zu fernen Tages scheitern werden."

Als die Herrschaft der Nationalsozialisten zu Ende ging, war Max von Laue über fünfundsechzig Jahre alt. In den letzten Kriegsmonaten lebte er in Hechingen in Württemberg-Hohenzollern, wohin das Kaiser-Wilhelm-Institut für Physik verlagert worden war, dem er immer noch als stellvertretender Direktor angehörte. Obwohl er an den deutschen Arbeiten zur technischen Nutzung der Kernenergie nicht teilgenommen hatte, wurde er mit neun Kollegen, darunter Otto Hahn, Werner Heisenberg und Carl Friedrich von Weizsäcker, von den Alliierten neun Monate interniert.

Im Januar 1946 kehrten sie nach Deutschland zurück. Auch Max von Laue siedelte sich in Göttingen an, der unzerstört gebliebenen alten Universitätsstadt, und von Göttingen aus begann der Wiederaufbau der deutschen Wissenschaft.

Die Wissenschaftsabteilung der britischen Militärregierung bildete einen „wissenschaftlichen Beirat", und hier arbeiteten deutsche Gelehrte und britische Offiziere vertrauensvoll zusammen. Durch sein hohes persönliches Ansehen – bei seinen deutschen Kollegen und im Ausland – spielte Laue dabei eine besondere Rolle.

Im Herbst 1946 gründete er mit alten Kollegen die Deutsche Physikalische Gesellschaft in der Britischen Zone und beteiligte sich 1950 am Aufbau des Verbandes Deutscher Physikalischer Gesellschaften, aus dem dann die heutige Deutsche Physikalische Gesellschaft hervorging. Bei der Deutschen Forschungsgemeinschaft wurde er von den Physikern erneut zum Mitglied des Fachausschusses gewählt: Wie in den zwanziger Jahren im Kaiser-

Wilhelm-Institut für Physik und in der Notgemeinschaft der Deutschen Wissenschaft war er ein einflußreicher Gutachter, der mit seinem Urteil über die eingereichten Anträge die Entwicklung des Faches lenkte.

Im April 1951 ging Laue zurück nach Berlin. Er wurde Direktor des Instituts für physikalische Chemie und Elektrochemie, das früher zur Kaiser-Wilhelm-Gesellschaft gehört hatte und nun, unter den besonderen Bedingungen der Vier-Mächte-Stadt, zur Forschungshochschule Dahlem zählte.

Die Unterdrückung der Meinungsfreiheit in der sowjetisch besetzten Zone empörte den alten „Champion of Freedom", wie er in der Ehrendoktorurkunde der Universität Chicago genannt wurde, und er fühlte sich „gleich den meisten anderen Westberlinern" als „auf Vorposten stehend" gegen diese Ungeistigkeit.

Mit seinen alten Freunden und Kollegen unterzeichnete Laue im April 1957 das „Manifest der Göttinger 18" gegen die Ausrüstung der Bundeswehr mit Atomwaffen. Wie Einstein staunte auch Laue im Rückblick auf sein Leben, daß die „ehemals noch ziemlich harmlos erscheinende Wissenschaft", die sie so begeisterte, sich „zu einem Alptraum ausgewachsen" hatte und „alle erzittern" ließ. Sein Freund Otto Hahn erinnerte ihn oft an den 6. August 1945, als sie in der englischen Internierung über den Rundfunk die Nachricht vom Abwurf der Atombombe über Hiroshima hörten. Die erregte Diskussion wurde schließlich nachts um ein Uhr von Max von Laue beendet: „Als ich jung war, wollte ich Physik treiben und Weltgeschichte erleben. Die Physik habe ich getrieben, und daß ich Weltgeschichte miterlebt habe, wahrhaftig, das kann ich jetzt in meinen alten Tagen wohl sagen."

# CARL GUSTAV JUNG
## 1875–1961

Von
Alfred Ribi

„In ahnungsvoller Nähe erheben sich die größeren Höhen der Alpen, die Macht der Erde überwiegt sichtbarlich die Willkür des Menschen und bedrohlich lebendig hält sie ihn in ihrer Höhlung und zwingt ihm ihren Willen auf. Hier, wo die Natur größer ist als der Mensch, entgeht ihr keiner; die Kälte des Wassers, die Starrheit des Felsens, die Knorrigkeit und Zähigkeit der Waldwurzeln und die Schroffheit der Hänge bilden etwas in die Seele des dort Geborenen hinein, das unausrottbar lebendig wirkt; und es verleiht dem Schweizer Eigensinn, Standhaftigkeit, Schwerfälligkeit und Naturstolz, den man schon auf vielerlei Weise, günstig und ungünstig, ausgelegt hat als Unabhängigkeit oder als Trotzigkeit." So schildert C. G. Jung in einem Vortrag beim Geburtshaus von Paracelsus an der Teufelsbrücke bei Einsiedeln im Jahre 1929 (Gesammelte Werke, 15,11) dessen Umwelt. Diese Schilderung dürfte auch auf Jung selber zutreffen, der sich deshalb so in Paracelsus, seinen großen Landsmann und Vorgänger, einfühlen konnte, weil er ihm seelenverwandt ist. Wir haben noch nicht den historischen Abstand, um es beurteilen zu können, doch werden künftige Generationen wohl das Auftreten von C. G. Jung in der Geistesgeschichte des Abendlandes als ebenso revolutionäre Wende sehen wie dasjenige von Paracelsus in der damaligen Medizin. Für ihre bahnbrechenden und zukunftsträchtigen Ideen sind beide Männer stärkstens von der schweizerischen Landschaft und Eigenart geprägt und in ihrer Einmaligkeit nur auf dem hiesigen Boden gewachsen denkbar, obwohl beide Weltbürger waren, die die engen heimatlichen Grenzen mit ihrem weltumspannenden Geist sprengten. Paracelsus bedeutet für die Medizingeschichte der Renaissance eine radikale Abkehr von der sterilen akademischen Gelehrsamkeit seiner Zeit, die bis dahin in der scholastischen Auslegung der klassischen Autoritäten Genüge fand. Er stellte die Medizin auf die Basis der Mutter Natur, seine andere Mutter neben der Kirche. Damit war die Grundlage für die Entwicklung der modernen, empirischen und naturwissenschaftlichen Medizin gelegt, an deren Ende wir uns heute befinden.

„Was man der inneren Anschauung nach ist, und was der Mensch sub specie aeternitatis zu sein scheint, kann man nur durch einen Mythus ausdrücken. Er ist individueller und drückt das Leben genauer aus als Wissenschaft. Sie arbeitet mit Durchschnittsbegriffen, die zu allgemein sind, als daß sie der subjektiven Vielfalt eines einzelnen Lebens gerecht werden könnten" (Erinnerungen, Träume, Gedanken, 1961,10). Jungs Leben ist unabdingbar mit seinem *Werk* verknüpft. Er hat uns den Schlüssel zu beidem in seiner Autobiographie „Erinnerungen – Träume – Gedanken" hinterlassen, die er in seinem dreiundachtzigsten Lebensjahr schrieb und die erst Einblick in seinen inneren Werdegang und Lebensprozeß gibt. Eine äußere Biographie wäre ein Aneinanderreihen von mehr oder weniger zufälligen Daten und Fakten, die als persönliche Zufälligkeiten keinen Anspruch auf allgemeines Interesse erheben könnten. Der *Mythus eines Lebens* dagegen, seine innere, heilige Geschichte ist das Allgemeingültige und die Quintessenz des Menschen, das, was ihm als *Schicksal von innen* zustößt.

Es stellt sich nun die Frage, inwieweit der Mythus von Jungs Leben mit dem Mythus unserer Zeit und unserer Zukunft koinzidiert. Da Jungs Werk die wissenschaftliche Verarbeitung seines eigenen Mythus ist, kann es nur insofern Anspruch auf Allgemeingültigkeit erheben, als es auch den kollektiven Mythus unserer Zeit formuliert. In seiner Lebensmitte, nach dem Bruch mit Freud, und als er im Buch „Wandlungen und Symbole der Libido" (1912) den Schlüssel zu den Mythen der Völker gefunden zu haben glaubte, fragte sich Jung: „Aber in welchem Mythus lebt der Mensch heute?" – „Im christlichen Mythus, könnte man sagen" – „Lebst *du* in ihm?" fragte es in ihm. „Wenn ich ehrlich sein soll, nein! Es ist nicht der Mythus, in dem ich lebe". – „Dann haben wir keinen Mythus mehr?" – „Nein, offenbar haben wir keinen Mythus mehr". – „Aber was ist denn dein Mythus? Der Mythus, in dem du lebst?" – „Da wurde es unangenehm, und ich hörte auf zu denken. Ich war an eine Grenze gekommen" (Erinnerungen 174/5). Im Folgenden werde ich versuchen, den Mythus von Jung, so wie er aus den in seinen „Erinnerungen" mitgeteilten Träumen faßbar wird, aufzuzeigen.

C. G. Jung wurde am 26. Juli 1875 in der kleinen Gemeinde Kesswil am Bodensee geboren, von wo die Familie ein halbes Jahr später in die Pfarrei des Schlosses Laufen am Rheinfall in der Nähe von Schaffhausen zog. Die frühesten Erinnerungen stammen aus dieser Zeit und stellen „die Stationen eines unbewußten Entwicklungsganges" wie „die einzelnen Schoße eines unterirdischen, zusammenhängenden Rhizoms" dar. Zu ihnen gehört der *Kindertraum* aus dem dritten oder vierten Lebensjahr. Kinderträume, also die von Erwachsenen erinnerten frühesten Träume aus der Kindheit, sind von besonderer Bedeutung, indem sie ein Leben bis weit ins Erwachsenenalter in symbolischer Form vorwegnehmen. Sie enthalten bereits Fragen und Antworten zum Leben dieser Person, die das Auffassungsvermögen des Kindes weit übersteigen. Dies ist der Traum (Erinnerungen, 18):

„Im Traum stand ich auf der Wiese [hinter dem Hof des Mesmers]. Dort entdeckte ich plötzlich ein dunkles, rechteckiges, ausgemauertes Loch in der Erde. Ich hatte es noch nie zuvor gesehen. Neugierig trat ich näher und blickte hinunter. Da sah ich eine

Steintreppe, die in die Tiefe führte. Zögernd und furchtsam stieg ich hinunter. Unten befand sich eine Türe mit Rundbogen, durch einen grünen Vorhang abgeschlossen. Der Vorhang war groß und schwer, wie aus gewirktem Stoff oder aus Brokat, und es fiel mir auf, daß er sehr reich aussah. Neugierig, was sich dahinter wohl verbergen möge, schob ich ihn beiseite und erblickte einen zirka zehn Meter langen rechteckigen Raum in dämmerigem Lichte. Die gewölbte Decke bestand aus Steinen, und auch der Boden war mit Steinfliesen bedeckt. In der Mitte lief ein roter Teppich vom Eingang bis zu einer niedrigen Estrade. Auf dieser stand ein wunderbar reicher goldener Thronsessel. Ich bin nicht sicher, aber vielleicht lag ein rotes Polster darauf. Der Sessel war prachtvoll, wie im Märchen, ein richtiger Königssessel! Darauf stand nun etwas. Es war ein riesiges Gebilde, das fast bis an die Decke reichte.... Der Durchmesser betrug etwa fünfzig bis sechzig Zentimeter und die Höhe etwa vier bis fünf Meter. Das Gebilde war aber von merkwürdiger Beschaffenheit: Es bestand aus Haut und lebendigem Fleisch, und obendrauf war eine Art rundkegelförmigen Kopfes ohne Gesicht und ohne Haare; nur ganz oben auf dem Scheitel befand sich ein einziges Auge, das unbewegt nach oben blickte... Es herrschte aber über dem Kopf eine gewisse Helligkeit. Das Ding bewegte sich nicht, jedoch hatte ich das Gefühl, als ob es jeden Augenblick wurmartig von seinem Throne herunterkommen und auf mich zu kriechen könnte. Vor Angst war ich wie gelähmt. In diesem unerträglichen Augenblick hörte ich plötzlich meiner Mutter Stimme wie von außen und oben, welche rief: ‚Ja, schau ihn dir nur an. Das ist der Menschenfresser!' Da bekam ich einen Höllenschrecken und erwachte, schwitzend vor Angst."

Es handelt sich im Bild des Traumes um einen *inthronisierten unterirdischen Phallus,* also das Kultobjekt. Aus den Deutungen dieses Traumes, welche Jung selber und M.-L. von Franz (C. G. Jung, 1972) gegeben haben, und in Ergänzung dazu möchte ich die folgenden Themen hervorheben.

Der unterirdische Phallus symbolisiert zunächst die *Schöpferkraft des Unbewußten.* Jung erlebte die Seligkeit und die Qual des echt schöpferischen Menschen, dessen Leben nicht durch sein eigenes Wollen bestimmt wird, sondern durch die dämonische Kraft seines Schöpfertums. „Ich hatte alle Mühe, mich neben meinen Gedanken zu behaupten. Es war ein Dämon in mir, und der war in letzter Linie ausschlaggebend. Er überflügelte mich, und wenn ich rücksichtslos war, so darum, weil ich vom Dämon gedrängt wurde. Ich konnte mich nie aufhalten beim einmal Erreichten. Ich mußte weitereilen, um meine Vision einzuholen... Der Dämon und das Schöpferische haben sich bei mir unbedingt und rücksichtslos durchgesetzt" (Erinnerungen, 358/9). Von dieser Schöpferkraft zeugen nicht nur seine Gesammelten Werke von zwanzig Bänden nebst drei Briefbänden und dem Briefwechsel mit Freud sowie zahlreiche noch nicht edierte Seminarberichte, sie alle stellen nicht bloß die quantitative Seite dar, sondern die unerhörte Neuheit seiner Anschauungsweise, die das echte Genie kennzeichnet, indem es seinen Zeitgenossen die ewigen Tatsachen in einem völlig neuen Blickwinkel zeigt und damit weit über seinen eigenen Fachbereich hinaus befruchtend wirkt. M.-L. von Franz hat in ihrem Buch einige Beispiele erwähnt, wie sich Jungsches Gedankengut in anderen Wissensgebieten fruchtbar ausgewirkt hat (S. 156 ff).

Der größte Teil seiner Wirkung auf unsere Kultur ist aber wohl gar nicht äußerlich sichtbar, denn es sind die vielen Namenlosen, die, vom Jungschen Gedankengut ergriffen, es durch ihr Leben und Wirken weitertragen. Denn seine Gedanken sind keine Lehre in unserem Sinne, sondern *eine bestimmte Einstellung zum Leben* und die aus diesen Erfahrungen resultierenden Auffassungen, die jedem offenstehen. Jung wollte keine „Jünger" (Gesammelte Werke 7,187), keine Nachbeter, die mit seinen Ideen missionieren. Er eröffnet dem Menschen einen Weg zu sich selber, den jeder selber zu gehen und dessen Mühsale und Verantwortung jeder selber zu tragen hat. Daraus wird auch klar, daß er keinen Religionsersatz und keine neue Religion anbietet. „Der gläubige Mensch hat auch heute Gelegenheit, in der Kirche die Symbole zu leben. Man denke an das Erlebnis der Messe, der Taufe, an die Imitatio Christi und vieles andere. Aber ein solches Leben und Erleben des Symbols setzt die lebendige Anteilnahme des Gläubigen voraus, und die fehlt dem heutigen Menschen sehr oft... In solchen Fällen sind wir darauf angewiesen zu beobachten, ob nicht das Unbewußte spontan Symbole heraufbringt, welche das Fehlende ersetzen" (Erinnerungen, 146). Dieses unterirdische Reich des Phallus ist auch der Mutterboden aller religiösen Symbole, oder umgekehrt ausgedrückt ist dieses unterirdische Reich der Bezirk des Religiösen und des Numinosen. Keine religiöse Lehre oder Anschauung, die nicht ihre Wurzeln und ihre Primärerfahrung in diesem Reich hätte! Deshalb *spielt die Religion in der Jungschen Psychologie und Psychotherapie eine primäre Rolle.*

Für Jung war diese *Gotteswelt* als Kind sehr wichtig. Er fand sie nicht in der Kirche seines Vaters, eines evangelischen Pfarrers, dessen Lehren ihm hohl und bar der wirklichen Erfahrung vorkamen. Dagegen war ihm die *Natur erfüllt von den Gedanken ihres Schöpfers,* die darin sichtbaren Ausdruck gewonnen hatten. Der Phallus im Kindertraum weist auf diesen geheimnisvollen Bereich der Natur unter der Wiese des Mesmers, hinter dem reichgewirkten grünen Vorhang. Es ist der Bereich der *göttlichen Natur,* die sowohl bei Paracelsus als auch bei Jung für ihr Leben bestimmend wurde. Die Gotteswelt, wie Jung sie nennt, war voller Geheimnisse und mit Sinn und Ordnung erfüllt, so daß er als Junge sogar in Gefahr stand, darin zu versinken und darob seine Schulaufgaben zu vernachlässigen. Zeit seines Lebens fand er in der Natur Erholung und sein innerstes Selbst. Aber noch in einem anderen Sinn wurde sie für ihn lebensbestimmend: Einerseits hing seine Berufswahl in Richtung der Naturwissenschaften damit zusammen, wie ihm zwei Träume nahelegten (Erinnerungen, 89), andererseits ist ihm die innerste Natur sowohl für seine ureigenste Erfahrung wie auch als Richtschnur für die Therapie entscheidend geblieben. Das *Unbewußte* ist jene unsichtbare Natur im Menschen, die vom Treiben des Alltags und des äußeren Lebens relativ unberührt ist. Der Phallus verkörpert den *Geist der Natur,* einen Deus absconditus (verborgenen Gott), der im Verborgenen schafft und dem Menschen die *Träume* sendet. Die Alchemisten haben ihn als ihren versatilen und paradoxen *Geist Mercurius* bezeichnet. Er ist der geheimnisvolle Spiritus rector hinter aller *menschlichen Entwicklung* und dem *Schicksal.* Nach orthodoxer christlicher Auffassung kommt diese Funktion Gott, dem Dreieinigen, zu. Dieser ist nach gängiger Lehre die Verkörperung des Guten (summum bonum). Im Kindertraum war da anscheinend ein *geheimer Gegenspieler* zum christlichen Gott des Lichtes, nämlich ein Menschenfresser und zugleich ein Menschenzeuger, der seine nächste Parallele eher im indischen Gott Schiwa, dem Schöpfer und Zerstörer, findet. Die Gotteswelt des Knaben Jung war ebenso ruchlos wie dieser phallische Gott und stand im Gegensatz zur hellen Tagwelt, denn er hatte beobachtet, daß in ihr Vögel erfroren und verhungerten, Regenwürmer von Ameisen zu Tode gequält wurden und Insekten sich gegenseitig in Stücke rissen (Erinnerungen, 74). Nicht nur die vom Vater gepredigte gute und helle Welt gab es, sondern der Kindertraum kündete von einer *dunklen Gegenwelt* zur kollektiven christlichen. Jungs Jugendzeit war überschattet vom Wissen um das Geheimnis jener „anderen Welt", von der die Erwachsenen anscheinend nichts wußten oder wissen wollten. Dieser *Besitz an Geheimnis* isolierte ihn von seinen Kameraden, die nur das Durchschnittliche und Sichtbare anerkannten, er war dagegen durch den Kindertraum und alle die folgenden Erlebnisse mit der Gotteswelt „in die Geheimnisse der Erde eingeweiht" (Erinnerungen, 21). „Das Wissen um die Vorgänge des Hintergrundes hat meine Beziehung zur Welt schon früh vorgebildet. Im Grunde genommen war sie bereits in meiner Kindheit so, wie sie noch heute ist. Als Kind fühlte ich mich einsam, und ich bin es noch heute, weil ich Dinge weiß und andeuten muß, von denen die anderen anscheinend nichts wissen und meistens auch gar nichts wissen wollen ... Die Einsamkeit begann mit dem Erlebnis meiner frühen Träume und erreichte den Höhepunkt in der Zeit, als ich am Unbewußten arbeitete. Wenn ein Mensch mehr weiß als andere, wird er einsam" (Erinnerungen, 357/8).

Der Kindertraum weist bereits auf einen *geheimen Gegensatz in der ganzen Welt* hin. Für den Knaben war es zunächst der Gegensatz zwischen der Tagwelt und dem dunklen Geheimnis der Unterwelt. Je älter er wurde, desto mehr wurde ihm die *Gegensatznatur der Gottheit* zum Erlebnis, zuerst in der *Vision vom Basler Münster* (Erinnerungen, 42) – der Vater war 1879 Pfarrer in Klein-Hüningen bei Basel geworden –, in der er das Münster im strahlenden Sonnenschein und darüber den goldenen Thron Gottes sah, der diese schöne Welt geschaffen hatte – und der ... Nun kam etwas Furchtbares, das ihm die größte Sünde zu sein schien, gegen welches er sich nächtelang vergeblich sträubte, bis er erkannte, daß Gott auch diesen Gedanken, dieses Bild von ihm verlangte: Unter dem Thron fällt ein ungeheures Exkrement auf das bunte Kirchendach und zerschmettert die Kirche! Nach diesem ungeheuerlichen Bild spürte er eine unbeschreibliche Erleichterung und Erlösung statt der befürchteten Verdammnis, denn er hatte den Willen Gottes angenommen, der vom Menschen auch die Sünde will. Die *Ambivalenz des Gottesbildes,* welche er hier zum ersten Mal in seiner erschreckenden Realität als Zwölfjähriger erfahren hatte, fand einen ebenso emotionalen Ausdruck in seiner Spätschrift „Antwort auf Hiob" (1952).

Im Grunde genommen hatte das Problem der Gegensätzlichkeit im Gottesbild schon Freud ergriffen, der seine „Traumdeutung" (1900) unter das Motto „Flectere si nequeo superos, acheronta movebo" (Wenn ich die Oberen [die Götter] nicht zu beugen vermag, werde ich die Unterirdischen in Bewegung versetzen) (Virgil, Aeneis 7,312) stellte. Die Tragik Freuds besteht darin, daß er *keine religiöse Haltung zu den „Acherontes"*, den Mächten der Unterwelt, fand, sondern sie als biologische Triebe auffaßte. Damit hatte er sich den Zugang zur geistigen Seite des Problems verbaut, die Jung in seiner „Psychologie der Übertragung" (1946) und im „Mysterium Coniunctionis" (1955/56) fortführte. Mir gilt als sicher, daß Jung nicht im eigentlichen Sinne ein Schüler Freuds war. Beide waren von den „Acherontes" ergriffen und gingen wegen dieser Gemeinsamkeit von 1907 bis 1913 zusammen ein Stück des Weges, wobei Jung seine persönlichen Vorbehalte gegenüber der Lehre Freuds nie aufgab. Seinen persönlichen Voraussetzungen ist Jung trotz der Unterordnung unter die Erfahrung und väterliche Autorität Freuds nie untreu geworden.

Die geistige Seite hat Jung später als den *Archetypus* (Gesammelte Werke, 9,I) und die naturhafte als den *Instinkt* bezeichnet. Unter Archetyp versteht er angeborene Möglichkeiten der Auffassung, die überall regelmäßig wiederkehrende Bilder erzeugen können, denen numinose Qualität eignet. Unter Instinkt versteht er überall gleichmäßig vorkommende typische Verhaltensweisen, die angeboren sind (vgl. Gesammelte Werke, 8,156–158). Die Archetypen sind das geistige Korrelat der Instinkte. Diese beiden Pole sind zueinander komplementär, und wir sehen keine Möglichkeit, das eine auf das andere zu reduzieren (Gesammelte Werke, 8). Der unterirdische Phallus weist einerseits auf den Trieb, aber andererseits durch das ganze Ambiente der Inthronisation und das ihn umgebende Licht sowie das nach oben blickende Auge auf seinen Geistaspekt, der zur Bewußtwerdung führen möchte! Es handelt sich jedoch beim Phallus um einen *chthonischen* (erdhaften) *Geist* im Gegensatz zum Heiligen Geist der Trinität. Der Phallus ist nicht nur ein zum Christlichen gegensätzlicher Geist, sondern ein *heidnischer Naturgeist,* viel älter als das Christentum. Er ist, wie Merlin als dunkler Bruder des christlichen Helden Parzival, ein Sohn des Teufels und einer reinen Jungfrau, dessen Stimme noch nach seinem Tode unerlöst aus dem Walde tönt. „Man könnte sagen, daß das Geheimnis des Merlin von der Alchemie, vor allem in der Gestalt des Mercurius, weitergeführt worden ist. Dann ist es von meiner Psychologie des Unbewußten aufgegriffen worden und bleibt noch heute unverstanden! Weil den meisten Menschen das Leben mit dem Unbewußten schlechthin unverständlich ist. Es ist eine meiner eindrücklichsten Erfahrungen, wie fremd es den Menschen ist" (Erinnerungen, 232).

Über die Sexualität als Erdgeist hinaus weist der Phallus auf das *Problem des Eros,* der menschlichen Beziehung überhaupt. In Jungs Leben drückte es sich durch eine *unerhörte Liebesfähigkeit* zu den Menschen und in der *Compassio medici* (Mitgefühl des Arztes) aus, die er mit Paracelsus gemeinsam hat. Ein viel späterer Traum schildert (1914) die heilende Wirkung des Eros (Erinnerungen, 179):

„Eine ungeheure Kälte war aus dem Weltraum hereingebrochen. Doch am Ende des Traumes stand ein blättertragender, aber früchteloser Baum da, dessen Blätter sich durch die Einwirkung des Frostes zu süßen Weinbeeren voll heilenden Saftes verwandelt hatten. Ich pflückte die Trauben und schenkte sie einer großen harrenden Menge."

Dieser Traum weist nicht nur auf den bevorstehenden Weltkrieg, sondern auch auf den weltumspannenden Eros Jungs, wie er für den archaischen Medizinmann typisch war. Der ausgedehnte Briefwechsel zeigt, daß sich Jung nach seinen Kräften keinem menschlichen Problem verschloß.

Sein elftes Lebensjahr wurde eine Wende: Auf dem langen Schulweg zwischen dem Gymnasium in Basel und Klein-Hüningen „gab es einmal einen Augenblick, in dem ich plötzlich das überwältigende Gefühl hatte, soeben aus einem dichten Nebel herausgetreten zu sein, mit dem Bewußtsein, jetzt bin *ich.* In meinem Rücken war's wie eine Nebelwand, hinter der ich noch nicht war. Aber in jenem Augenblick geschah *ich mir.* Vorher war ich auch vorhanden, aber alles war nur geschehen. Jetzt wußte ich: Jetzt bin *ich,* jetzt bin ich vorhanden. Vorher hat es mit mir getan, jetzt aber wollte *ich.* Dieses Erlebnis schien mir ungeheuer bedeutsam und neu" (Erinnerungen, 38/9). Viel später, mit neunzehn oder zwanzig Jahren, hatte er einen Traum, der dieses Erlebnis verdeutlichte (Erinnerungen, 92/3):

„Es war Nacht an einem unbekannten Orte, und ich kam nur mühsam voran gegen einen mächtigen Sturmwind. Zudem herrschte dichter Nebel. Ich hielt und schützte mit beiden Händen ein kleines Licht, das jeden Augenblick zu erlöschen drohte. Es hing aber alles davon ab, daß ich dieses Lichtlein am Leben erhielt. Plötzlich hatte ich das Gefühl, daß etwas mir nachfolge. Ich schaute zurück und sah eine riesengroße schwarze Gestalt, die hinter mir herkam. Ich war mir aber im selben Moment bewußt – trotz meines Schreckens – daß ich, unbekümmert um alle Gefahren, mein kleines Licht durch Nacht und Sturm hindurch retten mußte. Als ich erwachte, war es mir sofort klar: Es ist das ‚Brockengespenst', mein eigener Schatten auf den wirbelnden Nebelschwaden, verursacht durch das kleine Licht, das ich vor mir trug. Ich wußte auch, daß das Lichtlein mein Bewußtsein war; es ist das einzige Licht, das ich habe. Meine eigene Erkenntnis ist der einzige und größte Schatz, den ich besitze. Er ist zwar unendlich klein und zerbrechlich im Vergleich zu den Mächten der Dunkelheit, aber eben doch ein Licht, mein einziges Licht."

Dies war nun die Ergänzung zum Kindertraum: Es gibt nicht nur das dunkle Geheimnis, die Gotteswelt, die Mächte der Dunkelheit, die Nebelwand, es gibt ein kleines Licht, dessen Träger der Mensch ist und mit dem er Helligkeit in die Urfinsternis trägt. Schon lange hatte den Jungen ein Problem beschäftigt, das er als *Persönlichkeit Nr. 1 und Nr. 2* bezeichnete. „Der eine war der Sohn seiner Eltern; der ging zur Schule und war weniger intelligent, aufmerksam, fleißig, anständig und sauber als viele andere; der andere hingegen war erwachsen, ja alt, skeptisch, mißtrauisch, der Menschenwelt fern. Dafür stand er vor der Natur, der Erde, der Sonne, dem Mond, dem Wetter, der lebenden Kreatur und vor allem auch der Nacht, den Träumen und was immer ‚Gott' in mir unmittelbar bewirkte" (Erinnerungen, 50). Das Ich war „etwas höchst Beschränktes; es unterlag allen möglichen Selbsttäuschungen und Irrtümern, Launen, Emotionen, Leidenschaften und Sünden, es erlitt mehr Niederlagen als Erfolge, es war kindisch, eitel, selbstsüchtig, trotzig, liebebedürftig, begehrerisch, ungerecht, empfindlich, faul, unverantwortlich usw." (Erinnerungen, 63). „In der Welt des Nr. 2 bestand immer ein hintergründiges Gefühl, daß noch etwas anderes als ich selber dabei war – etwa wie wenn ein Hauch aus der großen Welt der Gestirne und der endlosen Räume mich berührt hätte, oder wie wenn ein Geist unsichtbar ins Zimmer getreten wäre, Einer, der längst vergangen und doch immerwährend bis in ferne Zukunft im Zeitlosen gegenwärtig wäre. Peripetien dieser Art waren umschwebt vom Halo eines Numen" (Erinnerungen, 71). „Nr. 1 sah meine Persönlichkeit als einen wenig sympathischen und mäßig begabten jungen Mann mit ehrgeizigen Ansprüchen, unkontrolliertem Temperament und zweifelhaften Manieren, bald naiv begeistert, bald kindisch enttäuscht, im innersten Wesen als weltabgewandten Finsterling. Nr. 2 betrachtete Nr. 1 als eine schwierige und undankbare moralische Aufgabe, als eine Art durchzupaukendes Pensum, erschwert durch eine Reihe von Defekten, wie sporadische Faulheit, Mutlosigkeit, Depression, inepte Begeisterung für Ideen und Dinge, die niemand schätzt, eingebildete Freundschaften, Beschränktheit, Vorurteil, Dummheit, Mangel an Verständnis für andere Menschen, Unklarheit und Verworrenheit in weltanschaulicher Beziehung, weder Christ noch sonst etwas. Nr. 2 war überhaupt kein Charakter, sondern eine vita peracta, geboren, lebend, gestorben, alles in einem, eine Totalschau der menschlichen Natur selber; sich selber zwar mitleidlos klar, aber unfähig und wenig gewillt, wenn schon sehnsuchtsvoll, sich selber durch das dichte und dunkle Medium von Nr. 1 auszusprechen. Nr. 1 war, wenn Nr. 2 vorherrschte, in diesem enthalten und aufgehoben, wie umgekehrt Nr. 1 den anderen als ein finsteres Innenreich betrachtete. Nr. 2 empfand den möglichen Ausdruck seiner selbst als einen Stein, der vom Rande der Welt geworfen wurde und in nächtlicher Unendlichkeit lautlos versank. In ihm (Nr. 2) selber aber herrschte Licht wie in den weiten Räumen eines königlichen Palastes, dessen hohe Fenster sich auf eine sonnendurchflutete Landschaft öffneten. Hier herrschte Sinn und historische Kontinuität in strengstem Gegensatz zur zusammenhanglosen Zufälligkeit des Nr. 1-Lebens, das in seiner unmittelbaren Umgebung eigentlich keine Anknüpfungspunkte fand" (Erinnerungen, 91/2). Erst in seinem wissenschaftlichen Werk konnte er die beiden unvereinbaren Persönlichkeiten gültig beschreiben als „die Beziehung zwischen dem Ich und dem Unbewußten" (1916/28) und das Nr. 2 als „Selbst" im Gegensatz zum „Ich", dem Nr. 1. Die Tatsache einer dialektischen Beziehung zwischen Nr. 1 und Nr. 2 hatte schon jener Traum nahegelegt, und sie behielt ihre Gültigkeit durch sein ganzes Leben hindurch und in seinem Werk, was oft nicht beachtet wird.

Nach diesem Traum war ihm klar, daß er Nr. 2 hinter sich lassen mußte, um seinen Weg in die Welt und den Beruf zu finden, daß er es aber vor sich selber auch nicht verleugnen durfte. Anfang 1896 starb sein Vater. Nun erhoben sich schwerwiegende finanzielle Probleme für die Fortsetzung des Medizinstudiums. Doch rückblickend meint Jung, er „möchte die Zeit der Armut nicht missen" (Erinnerungen, 102).

Am 10. Dezember 1900 trat er am Burghölzli in Zürich seine Ausbildung und Laufbahn als Psychiater an. Ich „las mich durch die fünfzig Bände der ‚Allgemeinen Zeitschrift für Psychiatrie' hindurch, seit ihrem Anfang, um ... zu wissen, wie der menschliche Geist auf den Anblick seiner eigenen Zerstörung reagiert, denn Psychiatrie erschien mir als ein artikulierter Ausdruck jener biologischen Reaktion, die den sogenannten gesunden Geist im Anblick der Geisteskrankheit befällt" (Erinnerungen, 120). Diese *„persönliche Gleichung" des Arztes,* die er in die Beobachtung und Therapie der Kranken hineinbringt, war nicht nur damals, sondern ist noch heute eine unerhörte Neuigkeit. Sie blieb für Jungs ganze Tätigkeit bestimmend und fand ihren Ausdruck in der Forderung, daß der Arzt in der Lehranalyse seine eigene Seele zuerst erkennen und ernst zu nehmen lernen müsse. „Als Analysand muß der Arzt realisieren, daß die Analyse ihn selber angeht, daß sie ein Stück wirkliches Leben ist und keine Methode, die man auswendig (im wörtlichen Sinne!) lernen kann" (Erinnerungen, 138). Auch bei seinen späteren Reisen nach Afrika, Amerika und Indien war die Frage bestimmend, „was geschieht dem Psychologen Jung" dort, das heißt die Reaktion des Europäers außerhalb seiner eigenen Kultur (Erinnerungen, 276). Jungs psychiatrische Tätigkeit galt nicht wie zu jener Zeit üblich der Symptomatologie und Systematik der Geisteskrankheiten, sondern – eine ferne Wirkung des Kindertraumes – dem *Verstehen.* „In meinem Fall muß [das Karma] in erster Linie ein leidenschaftlicher Drang zu verstehen gewesen sein, welcher meine Geburt bewirkt hat" (Erinnerungen, 324). Die beiden Schriften „Über die Psychologie der Dementia praecox" (Schizophrenie) (1907) und „Der Inhalt der Psychose" (1908) zeugen davon. Seine Thesis „Zur Psychologie und Pathologie sogenannter okkulter Phänomene" (1902) war nicht nur ein zu seiner Zeit avantgardistischer Versuch, die *Parapsychologie* ernst zu nehmen und aus ihrem okkultistischen Schattendasein herauszuführen, sondern auch der Nachweis der *Autonomie des Unbewußten.* Letzterer Gesichtspunkt fand seine natürliche Fortsetzung in den „Studien zur Wortassoziation" (1904 ff.) (Gesammelte Werke, 2), die zur Entdeckung des *autonomen Komplexes* als einer Teilpersönlichkeit führte, der sich nicht nur als pathologisches Phänomen, sondern als *normaler Baustein der Psyche* entpuppte. Die Psyche steht ständig in Gefahr, in diese Teilpersönlichkeiten zu zerfallen, wie das in der *Dissoziation* bei der Schizophrenie geschieht. Die Komplexe können sich parapsychologisch als *Spuk* oder *Dämonen* manifestieren. Indem Jung, im Gegensatz zur orthodoxen Psychiatrie und Medizin, parapsychologische Phänomene, soweit sie sorgfältig beobachtet waren, ernst nahm, kam er zur Formulierung der *Synchronizität* (1952). Sie stellt das Prinzip eines Zusammenhanges zwischen einem äußeren Ereignis dar, das sich in der physikalischen Welt ereignet, und einem relativ gleichzeitigen (synchronistischen) inneren Ereignis psychischer Natur, welche jeden kausalen Zusammenhang entbehren, vielmehr durch das *Erlebnis des Sinnes koinzidieren.*

Die Schriften über die häufigste Psychose, die Schizophrenie, fanden im Werk „Symbole der Wandlung" (1912–1952) ihren Höhepunkt und Abschluß, in welchem er das Phantasiematerial vor dem Ausbruch einer Schizophrenie auf dessen archetypischen Hintergrund untersuchte. Ein Traum von 1909 hatte ihm die wesentlichen Einsichten über die Struktur der Psyche vermittelt (Erinnerungen, 163):

„Ich war in einem mir unbekannten Hause, das zwei Stockwerke hatte. Es war ‚mein Haus'. Ich befand mich im oberen Stock. Dort war eine Art Wohnzimmer, in welchem schöne alte Möbel im Rokokostil standen... Ich wunderte mich, daß dies mein Haus sein sollte und dachte: nicht übel!... Ich ging die Treppe hinunter und gelangte in das Erdgeschoß. Dort war alles viel älter, und ich sah, daß dieser Teil des Hauses etwa aus dem 15. oder aus dem 16. Jahrhundert stammte. ... Ich ging von einem Raum in den anderen und dachte: Jetzt muß ich das Haus doch ganz explorieren! Ich kam an eine schwere Tür, die ich öffnete. Dahinter entdeckte ich eine steinerne Treppe, die in den Keller führte. Ich stieg hinunter und befand mich in einem schön gewölbten, sehr altertümlichen Raum... (An den Backsteinsplittern) erkannte ich, daß die Mauern aus römischer Zeit stammten... (Unter einer Steinplatte im Boden führte eine schmale

Steintreppe in die Tiefe). Ich stieg hinunter und kam in eine niedrige Felshöhle. Dicker Staub lag am Boden, und darin lagen Knochen und zerbrochene Gefäße wie Überreste einer primitiven Kultur. Ich entdeckte zwei offenbar sehr alte und halb zerfallene Menschenschädel."

Jung kommentiert den Traum selber: „Es war mir deutlich, daß das Haus eine Art Bild der Psyche darstellte, das heißt meiner damaligen Bewußtseinslage mit bis dahin unbewußten Ergänzungen. Das Bewußtsein war durch den Wohnraum charakterisiert... Im Erdgeschoß begann bereits das Unbewußte. Je tiefer ich kam, desto fremder und dunkler wurde es. In der Höhle entdeckte ich Überreste einer primitiven Kultur, das heißt die Welt des primitiven Menschen in mir, welche vom Bewußtsein kaum mehr erreicht oder erhellt werden kann. Die primitive Seele des Menschen grenzt an das Leben der Tierseele." „[Der Traum] ging offenbar zurück bis in die Grundlagen der Kulturgeschichte, einer Geschichte aufeinander folgender Bewußtseinslagen. Er stellte etwas wie ein Strukturdiagramm der menschlichen Seele dar, eine Voraussetzung durchaus *unpersönlicher* Natur... Er gab mir die erste Ahnung eines kollektiven a priori der persönlichen Psyche... Erst später, bei vermehrter Erfahrung und zuverlässigerem Wissen erkannte ich die Funktionsweisen als Instinktformen, als *Archetypen.*" In den ETH-Lectures (1934) zeichnete Jung die Schichten der Persönlichkeit ähnlich einem geologischen Profil, bei welchem aus dem Zentralfeuer, dem Lebenstrieb selber, ein Vulkankanal durch alle Schichten hindurch bis zur individuellen Persönlichkeit, dem Ich, geht. Die tieferen Schichten verschiedener Individuen hängen zusammen und bilden das *Kollektive Unbewußte.*

Nach dem Bruch mit Freud 1913 stand es Jung selber bevor, durch alle diese historischen Schichten hindurch von einem Schrecken in den andern zu graben. Das ist ihm schicksalhaft zugestoßen in seiner Einsamkeit; eingeleitet wurde diese Nekyia (Unterweltsfahrt) wiederum von einem Traum (8. Dezember 1913) (Erinnerungen, 183):

„Ich fand mich mit einem unbekannten braunhäutigen Jüngling, einem Wilden, in einem einsamen, felsigen Gebirge. Es war vor Tagesanbruch, der östliche Himmel war schon hell, und die Sterne waren am Erlöschen. Da tönte über die Berge das Horn Siegfrieds, und ich wußte, daß wir ihn umbringen müßten. Wir waren mit Gewehren bewaffnet und lauerten ihm an einem schmalen Felspfad auf. Plötzlich erschien Siegfried hoch oben auf dem Grat des Berges im ersten Strahl der aufgehenden Sonne. Auf einem Wagen aus Totengebein fuhr er in rasendem Tempo den felsigen Abhang hinunter. Als er um die Ecke bog, schossen wir auf ihn, und er stürzte, zu Tode getroffen. Voll Ekel und Reue, etwas so Großes und Schönes zerstört zu haben, wandte ich mich zur Flucht, getrieben von Angst, man könnte den Mord entdecken. Da begann ein gewaltiger Regen niederzurauschen, und ich wußte, daß er alle Spuren der Tat verwischen würde. Der Gefahr, entdeckt zu werden, war ich entronnen, ... aber es blieb ein unerträgliches Schuldgefühl."

Der Traum ist ein Symptom der *Lebensmitte.* Jung hatte eine erfolgreiche Karriere als Psychiater hinter sich, war der Kronprinz in der psychoanalytischen Bewegung Freuds gewesen und hatte ein gewichtiges Buch über den Archetypus des Helden, „Symbole der Wandlung", geschrieben. Er war auf der Höhe seines Erfolges angelangt, von wo der Weg nur hinunter geht, um zu weiteren Höhen zu gelangen. Es ist der Augenblick der *Enantiodromie* (Umschlag ins Gegenteil), wie er auch beim sogenannten Puer aeternus (ewigen Jüngling) typisch ist. Siegfried ist die typische Gestalt des puer, des Sonnenhelden, der nach immer größeren Höhen und Taten strebt und sich nicht dem inneren Gesetz beugt, das ihn nach unten führen will. Deshalb ersteht dieser zu einseitig lichten Gestalt im primitiven Wilden ein dunkler Widersacher, der das Bewußtsein veranlaßt, jenen zu töten. Dieser Mord ist paradox, sowohl Schuld als auch Notwendigkeit. Der Traum markiert den *Umschlagspunkt nach innen,* nachdem sich Nr. 1 von Nr. 2 in der Pubertät losreißen mußte, um den Weg in die Welt hinaus zu suchen. Der Traum schaffte die inneren Voraussetzungen zur *Jenseitsreise,* wie sie den Schamanen geschieht, was Jung wiederum als genuinen Medizinmann ausweist. Die Auseinandersetzung mit dem Unbewußten beanspruchte die Jahre 1913 bis 1917. „Heute kann ich sagen: Ich habe mich nie von meinen anfänglichen Erlebnissen entfernt. Alle meine Arbeiten, alles, was ich geistig geschaffen habe, kommt aus den Initialimaginationen und -träumen. 1912 fing es an, das sind jetzt fast fünfzig Jahre her. Alles, was ich in meinem späteren Leben getan habe, ist in ihnen bereits enthalten, wenn auch erst in Form von Emotionen oder Bildern" (Erinnerungen, 196). „Als junger Mann war mein Ziel, etwas in meiner Wissenschaft zu leisten. Aber dann stieß ich auf diesen Lavastrom, und die Leidenschaft, die in seinem Feuer lag, hat mein Leben umgeformt und angeordnet. Das war der Urstoff, der's erzwungen hat, und mein Werk ist ein mehr oder weniger gelungenes Bemühen, diese heiße Materie in die Weltanschauung meiner Zeit einzubauen ... Die Jahre, in denen ich den inneren Bildern nachging, waren die wichtigste Zeit meines Lebens, in der sich alles Wesentliche entschied ... Meine gesamte spätere Tätigkeit bestand darin, das auszuarbeiten, was in jenen Jahren aus dem Unbewußten aufgebrochen war und mich zunächst überflutete. Es war der Urstoff für ein Lebenswerk" (Erinn., 203).

Die nächste wesentliche Etappe wurde wieder durch Träume angekündigt, in denen sich das Motiv wiederholte, daß neben seinem Haus ein Flügel oder Anbau stand, der ihm fremd war und über dessen Existenz er sich wunderte. Schließlich kam ein Traum, in welchem er in den unbekannten Flügel gelangte:

„Ich entdeckte dort eine wunderbare Bibliothek, die zum großen Teil aus dem 16. und aus dem 17. Jahrhundert stammte [cf. Erdgeschoß im Traum vom Haus]. Große dicke Folianten, in Schweinsleder gebunden, standen an den Wänden. Unter ihnen gab es etliche, die mit Kupferstichen von seltsamer Natur verziert waren und Abbildungen wunderlicher Symbole enthielten, wie ich sie noch nie gesehen hatte. Ich wußte damals nicht, worauf sie sich bezogen, und erkannte erst sehr viel später, daß es alchemistische Symbole waren. Im Traum erlebte ich nur eine unbeschreibliche Faszination, die von ihnen und der ganzen Bibliothek ausging" (Erinnerungen, 206).

Der Traum blieb vorerst unverstanden. Erst sehr viel später erkannte er, daß er sich auf die *Alchemie* bezog, deren Höhepunkt und Ende auf das 16./17. Jahrhundert fällt. Etwa fünfzehn Jahre später hatte er eine einigermaßen ähnliche Bibliothek gesammelt. Der Traum von 1926, in welchem es hieß, jetzt sei er im 17. Jahrhundert auf Jahre hinaus gefangen, nahm voraus, daß er über Jahre die Alchemie von Anfang an studieren mußte, wobei ihm seine Schülerin, die Altphilologin Marie-Louise von Franz, half. „Die Erfahrungen der Alchemisten waren meine Erfahrungen, und ihre Welt war in gewissem Sinn meine Welt... Durch die Beschäftigung mit den alten Texten fand alles seinen Ort: die Bilderwelt der Imaginationen, das Erfahrungsmaterial, das ich in meiner Praxis gesammelt, und die Schlüsse, die ich daraus gezogen hatte... Die Urbilder und das Wesen des Archetypus rückten ins Zentrum meiner Forschungen, und ich erkannte, daß es ohne Geschichte keine Psychologie und erst recht keine Psychologie des Unbewußten gibt" (Erinnerungen, 209). „Erst als ich die Alchemie kennen lernte, wurde es mir klar, daß das Unbewußte ein Prozeß ist und daß die Beziehung des Ich zu den Inhalten des Unbewußten eine eigentliche Wandlung oder Entwicklung auslöst. Im individuellen Fall ist der Prozeß an den Träumen und Phantasien abzulesen. In der Welt des Kollektiven hat er seinen Niederschlag vor allem in den verschiedenen Religionssystemen und in der Wandlung ihrer Symbole gefunden. Durch das Studium der individuellen und der kollektiven Wandlungsvorgänge und durch das Verständnis der alchemistischen Symbolik kam ich zum zentralen Begriff meiner Psychologie, dem *Individuationsprozeß.*" „Damit war ich endlich auf dem Boden angelangt, der meinen eigenen Erfahrungen der Jahre 1913 bis 1917 zugrunde lag; denn der Prozeß, durch den ich damals gegangen war, entsprach dem alchemistischen Wandlungsprozeß, von dem in ‚Psychologie und Alchemie' (1944) die Rede ist" (Erinnerungen, 213).

Doch ein anderes Problem zeichnete sich gegen Ende der Auseinandersetzung mit dem Unbewußten allmählich ab, die *Frage nach dem Ziel und Ende des Wandlungsprozesses.* 1916 zeichnete er das erste *Mandala.* 1918/19 zeichnete er fast täglich ein solches Kryptogramm seiner Seele. „Ich hatte das deutliche Gefühl von etwas Zentralem, und mit der Zeit gewann ich eine lebendige Vorstellung des Selbst. Es kam mir vor wie die Monade [Einheit], die ich bin und die meine Welt ist. Das Mandala stellt diese Monade dar und entspricht der mikrokosmischen Natur der Seele... Es wurde mir immer deutlicher: Das Mandala ist das Zentrum. Es ist der Ausdruck für alle Wege. Es ist der Weg zur Mitte, zur Individuation" (Erinnerungen, 199/200). Das Selbst ist jene Kraft, welche die Dissoziation in die Komplexe verhindert und letztere zu integrieren sucht in der seelischen Ganzheit. Im Traum von 1927 fand dieses Problem seine Zusammenfassung:

„Ich fand mich in einer Stadt, schmutzig, rußig. Es regnete und es war finster, es war Winter und Nacht. Das war Liverpool. Mit einer Anzahl... Schweizern ging ich durch die dunklen Straßen... Als wir auf das Plateau kamen, fanden wir einen weiten, von Straßenlaternen schwach erleuchteten Platz, in den viele Straßen einmündeten. Die Stadtquartiere waren radiär um den Platz angeordnet. In der Mitte befand sich ein runder Teich und darin eine zentrale Insel (die im Sonnenlicht erstrahlte). Dort wuchs ein einzelner Baum, eine Magnolie, übergossen von rötlichen Blüten. Es war, als ob der Baum im Sonnenlicht stünde und zugleich selbst Licht wäre. Meine Gefährten kommentierten das abscheuliche Wetter und sahen offenbar den Baum nicht..." (Erinnerungen, 201/2).

Liverpool ist nach Jungs Assoziationen der „pool of life". Von außen gesehen ist das Leben chaotisch und düster, unfreundlich und kalt. Das ist der eine Aspekt, den die Menge der Leute meist allein sieht, wenn sie nicht einem illusionären Optimismus huldigt. Aber es gibt darin eine geheime Ordnung, indem alles in der Mitte zusammenläuft. Und in dieser Mitte steht der alchemistische Sonnenbaum, ein Zentrum des Lebens und des Lichtes. Während in der ersten Lebenshälfte die Aufgabe darin besteht, daß ein Lichtträger mit seinem kleinen Licht gegen die Mächte der Dunkelheit kämpft, geht in der zweiten Lebenshälfte das Licht vom Zentrum aus.

Es stellt sich die Frage, wie manifestiert sich die Ganzheit außer in der abstrakten Form des Mandalas im einzelnen und in der Kulturgeschichte? Schon in „Psychologie und Alchemie" (1944) hatte er „in der alchemistischen Zentralvorstellung des Lapis, Steines [der Weisen], eine Parallelfigur zu Christus nachweisen können". Als er 1939 ein Seminar über die „Exercitia Spiritualia" des Ignatius von Loyola hielt, hatte er eines Nachts eine Vision, in der er den Crucifixus in helles Licht getaucht sah, wobei sein Leib aus grünlichem Gold bestand. Es handelt sich um eine *alchemistische Christus-Vision*, die ihm nahelegte, daß dem traditionellen Christusbild die *lebendige materielle Qualität* fehlte, welche die Alchemisten in ihrem „aurum nostrum" (*unser* Gold) fanden. In „Aion" (1951) ging er den sakulären Wandlungen des Christusbildes und seiner theriomorphen Symbolik als Fisch nach. Schon zwischen 1918 und 1926 hatte er sich ernsthaft mit den *Gnostikern* beschäftigt, die wie er der Urwelt des Unbewußten begegnet waren. Erst die Alchemie schlug eine Brücke von der Gegenwart zurück zu den bizarren Systemen der Gnostiker. Dort erkannte er den *Anthropos* als Selbst in menschlicher Form als den zentralen Archetypus, der in der Selbstbezeichnung Christi als „Menschensohn", aber auch im „wahren Menschen", im Homo altus oder maximus der chinesischen wie der abendländischen Alchemie eine entscheidende Rolle als Ziel des Wandlungsprozesses spielte. Beim Vergleich des christlichen mit dem alchemistischen Bild des Anthropos fiel jedoch die Einseitigkeit des ersteren auf. Es fehlt dem christlichen Bild die materielle und dunkle Seite. Dadurch war die *Ambivalenz des Gottesbildes,* die schon der Kindertraum nahegelegt hatte, zur unabweisbaren Aufgabe geworden. Ein Traum gab wieder den entscheidenden Anstoß (Erinnerungen, 221/2):

In einem ersten Teil erklärt sein längst verstorbener Vater ihm und zwei Psychiatern sehr gelehrt Stellen aus der Bibel. Dann ändert sich die Szene: Er und sein Vater hören in der gegenüberliegenden Scheune eine Art Poltergeist. Sie gehen in dieses Haus hinein und gelangen in die Ratshalle des Sultan Akbar, des „Herrn dieser Welt". Sein Thron im Zentrum ist ein riesiges Mandala mit vier Brücken zu den Galerien der Wand entlang, wo seine Räte und Philosophen saßen. Vom Zentrum führt eine steile Treppe an die Wand hinauf zu einer kleinen Türe, hinter der in einsamem Gemach Urias, der Feldherr König Davids [2. Sam. 11] wohnt. Dieser hat Urias um seines Weibes Bathseba willen schändlich verraten; er hatte seinen Kriegern befohlen, ihn im Angesicht des Feindes im Stich zu lassen. Jungs Vater sagt, nun werde er ihn in die höchste Gegenwart (highest presence) führen und kniet nieder und berührt mit der Stirn den Boden. Jung versucht es ihm nachzutun, doch kann er seine Stirne nicht ganz auf den Boden bringen, vielleicht ein Millimeter bleibt zwischen Stirn und Boden.

Die Psychiater im Anfangsteil stellen den beschränkten medizinischen Schatten dar, der nicht fähig ist, das religiöse Problem zu verstehen. Der Spuk ereignet sich in der Umgebung von Jugendlichen, wenn wesentliche Komplexe nicht integriert sind. Akbar ist wie König David der absolute Herrscher, der über jedem Gesetz steht. Aber sein getreuer Feldherr Urias, den er verraten und dem Feind preisgegeben hatte, ist eine Präfiguration des leidenden Gottesknechtes, der von Gott verlassen wird. Damit ist einerseits auf das Drama des gekreuzigten und verlassenen Gottessohnes und das Hiobproblem angespielt, andererseits auf die Tatsache, daß Urias höher wohnt als der Herrscher. *Diesem* kommt das Gottesattribut „highest presence" zu, nicht dem „göttlichen" Herrscher. *Vermöge seines kleinen Lichtes steht das Geschöpf um ein Weniges, aber Entscheidendes über seinem Schöpfer.* „Da eine Schöpfung ohne das reflektierende Bewußtsein des Menschen keinen *erkennbaren* Sinn hat, so wird mit der Hypothese eines *latenten* Sinnes dem Menschen eine kosmogonische Bedeutung zugedacht, eine wahrhafte raison d'être. Wenn dagegen dem Schöpfer der latente Sinn als bewußter Schöpfungsplan zugeschrieben wird, dann entsteht die Frage: Warum sollte der Schöpfer dieses ganze Weltphänomen veranstalten ... Wozu sollte Er neben seiner omniscientia [Allwissenheit] ein zweites, minderwertiges Bewußtsein erschaffen? gewissermaßen Milliarden von trüben Spiegelchen, von denen Er ja schon zum voraus weiß, wie das Bild sein wird, das sie wiedergeben können?" (Erinnerungen, 377). „Damit wird die Welt zum Phänomen, denn ohne bewußte Reflexion wäre sie nicht. Wäre der Schöpfer Seiner selbst bewußt, so brauchte Er keine bewußten Geschöpfe... Die Naturgeschichte erzählt uns von einer zufälligen und beiläufigen Wandlung der Arten durch Hunderte von Millionen Jahren und von Fressen und Gefressenwerden... Die Geistesgeschichte aber steht auf einem andern Blatt. Hier schiebt sich das Wunder des reflektierenden Bewußtseins ein, der zweiten Kosmogonie. Die Bedeutung des Bewußtseins ist so groß, daß man nicht umhin kann zu vermuten, es läge in all der ungeheuren, anscheinend sinnlosen biologischen Veranstaltung irgendwo das Element des Sinnes verborgen, welcher endlich den Weg zur Manifestation auf der Stufe der Warmblütigkeit und eines differenzierten Hirns wie zufällig gefunden hat, nicht beabsichtigt und vorgesehen, sondern aus ‚dunkelm Drange' erahnt, erfühlt, ertastet" (Erinnerungen, 341/2). „Soweit wir zu erkennen vermögen, ist es der einzige Sinn der menschlichen Existenz, ein Licht anzuzünden in der Finsternis des bloßen Seins. Es ist sogar anzunehmen, daß, wie das Unbewußte auf uns wirkt, so auch die Vermehrung unseres Bewußtseins auf das Unbewußte" (Erinnerungen, 329).

Mit diesen Gedanken war die äußerste Peripetie erreicht und das Wechselspiel zwischen dem dunklen Geheimnis in der Erde, das seiner Erlösung zu harren scheint, und dem kleinen Licht, das gegen den Sturm zu schützen ist, auf der letzten Stufe als *kosmisches Drama* erkannt. „Das Leben ist mir immer wie eine Pflanze vorgekommen, die aus ihrem Rhizom lebt. Ihr eigentliches Leben ist nicht sichtbar, es steckt im Rhizom. Das, was über dem Boden sichtbar wird, hält nur einen Sommer. Dann verwelkt es – eine ephemere Erscheinung. Wenn man an das endlose Werden und Vergehen des Lebens und der Kulturen denkt, erhält man den Eindruck absoluter Nichtigkeit; aber ich habe nie das Gefühl verloren für etwas, das unter dem ewigen Wechsel lebt und dauert. Was man sieht, ist die Blüte, und die vergeht. Das Rhizom dauert" (Erinnerungen, 11). Die Blüte, das einmalige Leben im vergänglichen Körper, vergeht, aber der Mythus als formativer Faktor des individuellen Lebens bezieht seine Kraft aus dem tiefen Rhizom, wohin unsere bewußte Einsicht nicht mehr reicht und das das geheime Leben der Menschheit durch die Jahrtausende darstellt.

Ungefähr eine Woche vor seinem Tode sah er in einem der letzten Träume auf einem hohen Sockel einen riesigen runden Steinblock sitzen. Zu Füßen des Steins war die Inschrift eingraviert:

„Zum Zeichen deiner Ganzheit und Einheit".

Am 6. Juni 1961 starb C. G. Jung friedlich in seinem schönen Heim in Küsnacht am Zürichsee; sein Leben hatte sich im wahrsten Sinne vollendet.

# HERMANN HESSE
## 1877–1962

Von
Siegfried Unseld

*Für Alexander Constantin*

„*D*ie Sache war so", schrieb Hermann Hesse 1925 rückblickend: „Von meinem dreizehnten Jahr an war mir das eine klar, daß ich entweder ein Dichter oder gar nichts werden wollte." Doch zu dieser Klarheit kam alsbald die für ihn schmerzhafte Einsicht, daß es für fast alle Berufe Unterricht oder Ausbildung gab, jedoch nicht für den Beruf des Dichters; Dichter zu sein, war ehrenvoll, Dichter werden zu wollen, aber schien lächerlich. Da der Dreizehnjährige eigensinnig blieb, war der Konflikt mit Elternhaus und Schule vorprogrammiert, der Weg in die „Verbannung" begann früh mit Strafen, Karzer und Ausbrüchen, führte zu Flucht- und Selbstmordversuchen und bis in jene Heilanstalt für Schwachsinnige und Epileptische im württembergischen Stetten, aus der der Fünfzehnjährige in einem Brief, den ich in der Intensität des Leidens und in seinem menschlichen Rang mit Franz Kafkas „Brief an den Vater" gleichstellen möchte, an seinen eigenen Vater schrieb: „Ich gehorche nicht, und ich werde nicht gehorchen." Drei Tage war er Kaufmannslehrling, dann lief er weg. Sein erstes Geld verdiente er als Buchhändler, später, der Überschwemmung mit Novitäten überdrüssig, als Antiquar, beide Tätigkeiten wurden für ihn zum Sprungbrett für die so frei schwebende Existenz eines Schriftstellers. Sie nahm er so ernst wie die damalige Absicht. Der Autor, der später von sich bekannte, daß er nichts geschrieben habe als das, was aus ihm „herauswollte", schuf ein Werk, das im gesamten als Konfession, als Darstellung seines Denkens und Lebens anzusehen ist, „Beschönigung nicht, Bekenntnis nur". Mit Recht konnte er seine Arbeiten als „Seelenbiographien" bezeichnen. „In allen handelt es sich nicht um Geschichten, Verwicklungen und Spannungen, sondern sie sind im Grunde Monologe, in denen eine einzige Person in ihren Beziehungen zur Welt und zum eigenen Ich betrachtet wird." In diesem Sinne war Hesses Werk von Anfang an „Spiel und Versuch", die eigenen Erfahrungen und die eigene Erlebniswelt zu bewältigen und zu ordnen. Eine neue Arbeit begann für Hesse immer in dem Augenblick zu entstehen, da ihm eine Figur sichtbar wurde, welche eine Zeitlang Symbol und Träger seines Erlebens, seiner Gedanken, seiner Probleme werden konnte. Insofern sind alle Hauptfiguren seiner Bücher Entwürfe seines Ichs, von Hermann Lauscher über Hermann Heilner, Harry Haller bis zu Josef Knecht, der in besonderer Weise als Dienender, Gehorchender und Aufbegehrender zur mythischen Figur des Hesse-Ichs geworden ist.

## Alemannisches Bekenntnis: Öffnung nach der Welt

Hesse hat auf die gemischte Nationalität seiner Abstammung großen Wert gelegt. Die Eltern seines Vaters waren Balten, russische Ostseeprovinzialen aus Estland. Der Vater kam in Reval zur Welt, wurde später Missionar in Indien und dann Redakteur einer Missionszeitschrift in Calw. Vom Vater, schrieb Hesse, „habe ich einen Teil meines Temperamentes geerbt, von ihm das Verlangen nach Unbedingtheit, zugleich die Anlage zur Skepsis, Kritik und Selbstkritik". Die Eltern der Mutter hatten zweifache Nationalität. Ihr Vater war Schwabe, die Mutter stammte aus Neuchâtel in der französischen Schweiz. Von der Mutter, meinte Hesse, habe er die „Leidenschaftlichkeit des Temperaments" geerbt, die heftige Phantasie, außerdem die musikalische Begabung. Es ist nie geklärt worden, welche Staatsangehörigkeit Hesse bei seiner Geburt am 2. Juli 1877 in Calw besaß. Er selber wußte es nicht, er vermutete, russischer Staatsbürger gewesen zu sein, denn sein Vater war russischer Untertan und hatte einen russischen Paß. Hesse erhielt jedenfalls in der sechsjährigen Baseler Zeit (1881 bis 1886) die Schweizer Staatsangehörigkeit. Weil er für seine Ausbildung in Maulbronn die württembergische Staatsangehörigkeit benötigte, erwarb er diese; er hat aber mit dieser unfreiwilligen Staatszugehörigkeit immer wieder gehadert, weil er sich dadurch der Willkür der deutschen Politik ausgeliefert fühlte. Erst 1924 wurde Hesse Schweizer Bürger. Von wenigen Reisen abgesehen, blieben die Stationen seines Lebens konstant. Calw, Basel, Calw, Maulbronn, Stetten, Cannstatt, wieder Calw, dann Tübingen (1895), Basel (1899), Gaienhofen (1904) und Bern (1912). Hesse wußte sich diesem Lebens- und Kulturkreis, der von Bern bis zum Schwarzwald, von Zürich und dem Bodensee bis an die Vogesen reicht, zugehörig. Er fühlte sich als Alemanne, und er versäumte nicht, im Jahre 1919 sein „Alemannisches Bekenntnis" abzulegen: „Dies südwestdeutsch-schweizerische Gebiet ist mir Heimat", und Heimat blieb ihm dieser Bereich. Heimisch gefühlt hat sich Hesse weder auf Reisen noch in deutschen Städten, „sondern immer nur da, wo Luft und Land, Sprache und Menschenart alemannisch waren". Ihm entsprach es, daß dieses „Alemannien" kein politisch abgegrenzter Staat mit Grenzen, Verträgen und Verpflichtungen war. Dieses Land, so schrieb er, hat vielerlei Fehler, Ecken und Winkel, „aber jedes alemannische Tal, auch das engste, hat seine Öffnung nach der Welt".

Durchaus als Alemanne hatte er sein Südweh, seine Sehnsucht nach warmen Landstrichen. Er reiste viel in Italien, einmal nach Indien, eine Reise, die ihn von seinen Vorstellungen her enttäuschte, ihm aber letztlich doch das Buch „Aus Indien" und das Ambiente für den „Siddhartha" brachte. Seit Mai 1919 lebte er in Montagnola im südlichen Tessin; im August 1931 bezog er dort ein ihm auf Lebenszeit zur Verfügung gestelltes Haus mit einem ausgreifenden Blick auf den Luganer See nach Italien hinüber; ein großer Garten bot ihm Gelegenheit, sein anderes alemannisches Talent anzuwenden, das Gärtnern, das Heranziehen und die Pflege von Früchten und Blumen und das Brennen verdorrten Abfalls, dessen Feuer diesem Gärtner, „kauernd wie ein Chinese, den Strohhut tief über den Augen", einen chymisch-symbolischen Kult im Dienste der Gottheit bedeutete, die „Rückverwandlung der Vielfalt ins Eine". Hier in Montagnola ist Hesse gestorben, am 9. August 1962; sein letztes Gedicht, am letzten Tag entstanden, galt dem „Geknickten Ast" eines Baumes in seinem Garten.

Hesse, dessen Genie Fleiß, Intensität des Lesens und Schreibens war, der – wie wir jetzt übersehen können – jeden äußeren und inneren Schritt seines Lebens in seinen Werken und in anderen Aufzeichnungen, vor allem in seinen Briefen dokumentierte, Hesse, der Literat sui generis, hatte nichts Literatenhaftes, Intellektuelles an sich. Wer ihm in den letzten Jahren begegnete, in seinem Haus oder Garten, im Arbeitszimmer oder in seiner Bibliothek, wo er gewöhnlich Besuche empfing, der konnte noch eine Ahnung von seiner früheren Existenz als vagabundierender Knulp, als leinengekleideter Köhler und Gärtner gewinnen; Hesse hatte immer mehr etwas von einem Naturwissenschaftler, einem Botaniker oder Zoologen als von einem Literaten. Vordringlich war freilich stets der Eindruck der Freundlichkeit, der Güte und Würde. Hesse hörte in der Unterhaltung gerne zu und erzählte dann und wann eine Erinnerung, aber nie kamen große Worte oder affirmative Botschaften über seine Lippen, eher Fragen und Gegenfragen, in denen er die Sicherheit seines Gesprächspartners erkunden oder ihn auch an seinen eigenen Aussagen zweifeln machen wollte. Hierin ähnelte Hesse mehr und mehr den Gestalten der alten Meister, die in seinen letzten Gedichten und Schriften gelegentlich auftauchen.

Als letztes Selbstporträt darf die Zeichnung des „Älteren Bruders" im Glasperlenspiel gelten. Knecht hatte chinesische Sprache und Literatur studiert, und da er bei seinen Lehrern mit diesem Studium auf Unverständnis stieß, erkundigte er sich nach dem „Älteren Bruder" und erfuhr, daß dieser Eremit zwar eine gewisse Achtung, ja, einen Ruhm genoß, jedoch mehr den eines kauzigen Outsiders als den eines Gelehrten. Knecht besuchte ihn: „Ein schmächtiger Mann, in graugelbes Leinen gekleidet, mit einer Brille über blauen, abwartenden Augen, erhob sich von einem Blumenbeet, über dem er kauernd verweilt hatte, kam langsam auf den Besucher zu, nicht unfreundlich, aber mit jener etwas linkischen Scheu, wie Zurückgezogene und Alleinlebende sie manchmal an sich haben." Knecht blieb eine Weile bei dem Älteren Bruder und ließ sich in die Schriften einweisen. Knecht hat später diese Lehrzeit als „Beginn seines Erwachens" bezeichnet, und Erwachen war für ihn eine jeweilige Erkenntnis seiner selbst und des Ortes, an dem er innerhalb der menschlichen Ordnung stand; als wichtigste Erfahrung notierte Knecht, er habe erkannt, daß Glaube und Zweifel zusammengehören, daß sie einander bedingen wie Ein- und Ausatmen.

## Identifikationsmodell „Steppenwolf"

„Du bist eine sehr unheimliche Kreuz- und Querspinne, caro Maestro", schrieb Hugo Ball an Hermann Hesse, „die ihre Fäden zu verschlingen und zu verknüpfen weiß, und Du bist außer dem Wolf auch ein feines Fuchsgetier, das seine unterirdischen Gänge hat und nicht leicht auszugraben ist." Hugo Ball mußte es wissen; er war, als er diesen Brief am 16. Februar 1927 schrieb, kurz vor dem Abschluß seiner Hesse-Biographie, die in enger Zusammenarbeit mit dem Dichter entstand und zu dessen 50. Geburtstag erscheinen sollte. Hesse selbst arbeitete in jener Zeit am „Steppenwolf", an dem Buch also, dessen Entstehungs- und Wirkungsgeschichte kennzeichnend ist für die Entstehung und die Wirkung aller Werke Hesses seit ihrem Erscheinen und bis zum heutigen Tag.

Als Hugo Ball diesen Brief schrieb, hatte Hesse die Steppenwolf-Gedichte geschrieben und in der „Neuen Rundschau" veröffentlicht und den Prosaband „Steppenwolf" samt „Tractat" vollendet; nun hatte er, um zum autobiographischen Bezug eine Distanz zu legen, ein „Vorwort des Herausgebers" geschrieben. Im S. Fischer Verlag in Berlin wurden die Manuskripte unterschiedlich aufgenommen, Samuel Fischer und Oskar Loerke waren begeistert von der Prosa, die Gedichte aber wollte Fischer nicht im Zusammenhang des Buches veröffentlicht sehen, sonst bestünde „Gefahr" für die Publikation; sie erschienen dann viel später und ohne Bezug auf den „Steppenwolf" mit dem Titel „Krisis. Ein Stück Tagebuch" in kleiner Auflage, sozusagen außerhalb der Öffentlichkeit.

Krisis ist vielleicht eine noch zu milde Umschreibung dessen, was Hesse in dieser Zeit mitzumachen und zu durchleiden hat. Er glaubt, in einer „Hölle" zu leben. Hesses erste Frau Maria hat einen Rückfall in ihre Nervenkrankheit, nachdem sich ihr älterer Bruder Fritz Bernoulli das Leben genommen hat, sie und auch ihr jüngerer Bruder müssen in eine Nervenklinik eingeliefert werden. Seine zweite Frau erkrankt an einer Lungentuberkulose und muß lange liegen. Eben als Hesse sechs Wochen lang „Tag und Nacht" in „eruptiver" Weise am „Steppenwolf" arbeitet, wünscht seine Frau Ruth die Scheidung.

Hesse selbst ist krank in Baden und Zürich, von Schmerzen geplagt, von psychoanalytischen Sitzungen nicht sonderlich erleichtert, einerseits einsam und isoliert, andererseits stürzt er sich in Fastnachts- und Maskenbälle: „Ich Steppenwolf, trabe und trabe". Unerkannt besucht er die Hesse-Veranstaltung eines literarischen Vereins und begegnet dabei „wieder dieser Isolierung, die mich zum Eremiten bestimmt und welche darin besteht, daß ich in mir ein unergründliches Verlangen trage, das Menschenleben ernst nehmen zu können, während alle anderen es nach einer geheimen, mir unbekannten Spielregel als amüsantes Gesellschaftsspiel betrachten und vergnügt mitspielen". Im Juni 1927 erscheint der „Steppenwolf", kurz vorher war Hesses Scheidung erfolgt, am 2. Juli, am Tage seines 50. Geburtstages, wird Hugo Ball in Zürich an Magenkrebs operiert, er stirbt nur Monate später; Hesse erkrankt erneut und schreibt den Zyklus „Verse im Krankenbett".

Der „Steppenwolf" ist aus einer Krise heraus entstanden. Die Krise eines Mannes um die Fünfzig wird in dieser Seelenbiographie dargestellt. Hesse hat das Buch für sich geschrieben, zu seiner eigenen Rettung, „nicht für jedermann, nur für Verrückte", wie es ausdrücklich heißt. Werden die Leser die rettenden oder nur die verrückten, zerstörerischen Elemente des Buches aufnehmen? Die Reaktion war sofort da. „Nur wenige" erkannten damals den Rang des Buches und seine zeitkritische Brisanz als eine vehement literarische Auseinandersetzung mit der spezifisch deutschen Form reaktionärer Bürgerlichkeit, die mit Dolchstoßlegenden und antisemitischen Feindbildern die Niederlage des Ersten Weltkrieges zu verdrängen versuchte und mit vollen Segeln auf den Nationalsozialismus zusteuerte. Für Thomas Mann stand dieser Roman sowohl inhaltlich als auch in seiner formalen Originalität „an experimenteller Gewagtheit dem ,Ulysses' und den ,Faux Monnayeurs' nicht nach". Die meisten Leser verstörte er, viele empfanden eine „finstere Abstoßungskraft", reagierten entsetzt und zwangen Hesse immer wieder Stellungnahmen ab. Es spricht für Hesse, daß er selbst souverän und sicher seine Dichtung und ihre Wirkung zu beurteilen vermochte.

1925 hatte er Kafkas ein Jahr zuvor erschienene Erzählung „Der Hungerkünstler" als „das echteste, innigste, duftigste Stück dieses Meisters und Königs der deutschen Sprache" gewürdigt: Die Parabel jenes Menschen, der aus der Welt austritt, um nur noch seiner Kunst zu leben, der in dem Gitterkäfig einer Zirkusmenagerie hungert, stirbt und weggekehrt wird, damit „Ordnung" herrsche, um einem jungen Panther Platz zu machen, der selbst im Käfig die Freiheit nicht vermißte und dessen „Freude am Leben" die Zuschauer kaum standzuhalten wußten. 1928 schrieb Hesse als Antwort auf Leserreaktionen zum „Steppenwolf" die Parabel „Vom Steppenwolf". Ein Menageriebesitzer hatte die Idee, den Steppenwolf, den Lupus campestris, auszustellen. Seit seinem Auftreten waren ja die „Meinungen darüber sehr geteilt". So wurde denn der Steppenwolf inmitten einer Tiermenagerie in einem kleinen Käfig, „den vormals ein leider früh verstorbener Panther" bewohnt hatte, ausgestellt. Nun konnte die gebildete Welt dieses Tier besichtigen, dem ja nichts heilig sei, das selbst Mozart und Goethe verspottete, unsere Bürgerwelt verhöhnte und das „auf einen Teil der Jugend ansteckend und aufreizend wirke". Wieder war die Meinung geteilt, das Tier gehöre seiner Gefährlichkeit wegen erschlagen, andererseits habe es nicht nur „Daseinsberechtigung" in unserer Welt, sondern „sogar eine moralische und soziale Mission". Sollte man nicht einen „Verein der Steppenwölfe" gründen? Weil der Steppenwolf einer bescheidwissenden Gouvernante aus seinem Käfig in die Hand beißt, soll es nun zu einem Prozeß kommen, und ein Gericht soll des Tieres „eigene Memoiren" prüfen.

Ablehnung oder Verehrung? Diese Alternative zieht sich durch die Wirkungsgeschichte des gesamten Werkes von Hermann Hesse, und dies bis zum heutigen Tag. Wie am Ende des „Steppenwolfs" Mozart lächelt, so hätte Hesse sicherlich gelächelt über die Idolatrie künftiger Hermann-Hesse-Gesellschaften, Vereine der Steppenwölfe, gelächelt über den Kult des Buches, die Steppenwolf-Band, das Steppenwolf-Theater in Chicago, das Steppenwolf-Café, die Steppenwolf-Buchhandlung. Doch dieses Buch, in einer Krise entstanden, hilft Lesern, die sich selbst in einer Krise befinden, und die Millionen Exemplare, in denen das Werk in der Welt verbreitet ist, haben immer wieder Leser getroffen, für die das Buch in der Tat zu einem Lehrbuch wurde, zu einem Lehrbuch der Selbstfindung. Für die enttäuschten Leser hat Hermann Hesse noch einmal 1941, als das Buch in Deutschland nicht mehr erscheinen konnte und nun in der Schweiz verlegt wurde, in einem Nachwort festgehalten: „Diese Leser haben ... ganz übersehen, ... daß über dem Steppenwolf und seinem problematischen Leben sich eine zweite höhere, unvergängliche Welt erhebt, und daß der ‚Tractat' und alle jene Stellen des Buches, welche vom Geist, von der Kunst und von den ‚Unsterblichen' handeln, der Leidenswelt des Steppenwolfes eine positive, heitere, überpersönliche und überzeitliche Glaubenswelt gegenüberstellen, daß das Buch zwar von Leiden und Nöten berichtet, aber keineswegs das Buch eines Verzweifelten ist, sondern das eines Gläubigen."

## Eigensinn

Ich bin auf die Entstehungs- und Wirkungsgeschichte des „Steppenwolfs" deshalb so ausführlich eingegangen, weil sich dieser Vorgang von Werk zu Werk immer wiederholt. Hesse schreibt aus einer persönlichen Krise heraus und trifft und hilft dem Leser in der eigenen Krise. Wer war dieser Mensch, wer war dieser so wirkungsreiche Schriftsteller? Ein Erlebnis hat sich für mich unvergeßlich eingeprägt. Nach einem Mittagessen in Montagnola, nach dem Kaffee in der Bibliothek erhob sich Hesse, weil er einen Brief beantworten müsse, den Brief eines Achtzehnjährigen mit der Frage: Was ist das Wichtigste im Leben? Er schaute mich an, ich schwieg. Darauf meinte er, gehen wir doch zu Konfuzius, der diese Frage beantwortet hat: „Treue zu sich selbst und Güte zu anderen."

„Eigensinn" ist einer seiner programmatischen Aufsätze aus dem Jahre 1919 überschrieben. Er ist sicher der an Aufschlüssen reichste Text: „Eine Tugend gibt es, die liebe ich sehr, eine einzige. Sie heißt Eigensinn." Die Tugenden, die von Menschen erfunden sind, haben als Ziel den Gehorsam. Auch der Eigensinn fordert Gehorsam. Während jedoch die erfundenen Tugenden die Menschen den Bedingungen der Umwelt anpassen und „Geld und Macht, die Erfindung des Mißtrauens" als erstrebenswert ansehen, ist Eigensinn Gehorsam gegen sich selbst und „Ungehorsam gegen Menschensatzung". „Der menschliche Herdensinn", schreibt Hesse, „fordert von jedermann vor allem Anpassung und Unterordnung." Dagegen hat sich Hesse ein Leben lang gewehrt, und alle seine Schriften sind Gegengifte gegen diese Forderungen. Aus dieser Haltung resultiert der im gesamten Werk Hesses durchgängige Protest, ja jene Revolte gegen das Bestehende, gegen überholte, leere Autorität, gegen das Normierte und gegen Mittelmäßigkeit, gegen Konsum, Eigennutz und Profit, gegen Staat und Bürgerlichkeit, gegen Kirche und Schule und immer wieder die Revolte des Sohnes gegen den Vater und dessen Erziehung zur Konformität und Anpassung, die Revolte der jüngeren Generation gegen die ältere. Man braucht nicht mehr zu fragen, worin die Aktualität Hesses in unserer Gegenwart besteht, warum in aller Welt und besonders in Krisenzeiten jüngere und ältere Menschen die Werke Hesses lesen. Wir haben heute die Probleme der Natur- und Umweltverschmutzung. Hesse hat sich immer wieder gegen die „nützlichen Kulturerscheinungen" ausgesprochen, die einen langen Schweif von verheimlichtem Elend hinter sich herzögen: „Hinter der Zivilisation hier ist die Erde voll von Schlackenbergen und Abfallhaufen . . ., während dagegen dafür, daß der Mensch die Violine erfunden, und dafür, daß jemand die Arien im Figaro geschrieben hat, keinerlei Preis gezahlt werden muß, Mozart und Mörike haben der Welt nicht viel gekostet, sie waren wohlfeil wie der Sonnenschein, jeder Angestellte in einem technischen Büro kommt teurer." Und wenn unsere Umwelt Kriegsdienstverweigerern kein Verständnis entgegenbringt, ruft Hesse ihnen zu, sie seien „das allerwertvollste Symptom der Zeit". Dieser Schriftsteller erreicht bei einer großen Schicht junger Menschen eine höchst erstaunliche, uns Hoffnung gebende Immunisierung gegen den Größenwahn der Technik, den Größenwahn des Nationalen, den Größenwahn von Ware und Geld.

Es kennzeichnet jedoch das Werk, daß sein Autor nicht nur in der Analyse verharrt, nicht nur im Protest und in der Verweigerung. In all seinen Werken, und zwar von allem Anfang an, von „Peter Camenzind" bis zu den letzten Prosastücken, schildert er mit einer Intensität und Konsequenz, wie sie kein anderes dichterisches Werk dieses Jahrhunderts aufweist, den Prozeß der Individuation, die Antwort auf die Frage: wie werde ich ich selbst. Dieses Ich-Werden, diese Entwicklung ist nur möglich durch Erziehung. Doch ist diese Erziehung nur mit Selbsterziehung zu bewirken. Mit fünfzehn Jahren begann Hesse bewußt und energisch seine eigene Selbsterziehung. Ihm, der sich nicht anpassen und doch nicht untergehen wollte, blieb gar nichts anderes übrig. In seinen frühen Werken stand noch die unberührte, unverdorbene Natur gegen die intellektualistische Zerrissenheit der Großstadt; im „Demian" ist es die Erziehung durch den Freund und durch die Frau. „Siddhartha" ist geradezu die Apotheose der Selbsterziehung, die Geschichte des Weges zum vollkommenen Dasein. Der „Steppenwolf" ist neben dem Buch der Lebens- und Künstlerkrise ein Erziehungsroman, und Humor ein Element dieser Erziehung, so wenn der drittletzte Satz lautet: „Einmal würde ich das Lachen lernen." Das „Glasperlenspiel" ist ganz dem Prozeß der Individuation gewidmet. Josef Knecht hatte dem Orden als Glasperlenspielmeister, als „Eichmeister geistiger Werte" gedient, er bestand jedoch auf dem Recht des Einzelnen, die Ordensregeln zu durchbrechen. Ganz konsequent zitiert der alte Josef Knecht die Verse eines Gedichtes aus seiner Schulzeit:

> Wir sollen heiter Raum um Raum durchschreiten,
> An keinem wie an einer Heimat hängen,
> Der Weltgeist will nicht fesseln uns und engen,
> Er will uns Stuf' um Stufe heben, weiten.

Knecht verläßt die pädagogische Provinz Kastalien, verläßt die abstrakte kastalische Geistigkeit mit dem sozialen Auftrag, Lehrer zu werden, Erzieher, um Menschen zu helfen, ihr Ich leichter zu finden. Er verläßt auch die vollkommene Lehre des Glasperlenspiels, den sublimen Kult, den „Inbegriff des Geistigen und Musischen", und als Lehrsatz bleibt ihm nur die Forderung: „Du sollst dich nicht nach einer vollkommenen Lehre sehnen, sondern nach einer Vervollkommnung deiner selbst."

Es ist auffallend, wie sehr sich Hesse in seinen Dichtungen, mehr noch in seinen Briefen, mit den Problemen einer „vollkommenen Lehre" auf den Gebieten des Politischen und Religiösen beschäftigt. Erstaunlich die essentielle Übereinstimmung der politischen Schriften mit den religiösen. Hier wie dort sieht sich Hesse als „Anwalt des Individuums". „Marx will die Welt

Carl Gustav Jung im Jahr 1960

Hermann Hesse im Jahr 1926

verändern, ich aber den einzelnen Menschen", schreibt er in einem Brief: „Er wendet sich an Massen, ich an Individuen." Diesen Einzelnen will Hesse schützen, ihn hellhörig und widerstandsfähig machen gegen Dogmen, Rezepte, Programme. „Nach meiner Erfahrung ist der ärgste Feind und Verderber der Menschen der auf Denkfaulheit und Ruhebedürfnis beruhende Drang nach dem Kollektiv, nach Gemeinschaften mit absolut fester Dogmatik, sei diese nun religiös oder politisch." Ein Mensch des Werdens und der Wandlungen zu sein, hat Hesse für sich ein Leben lang beansprucht. Er lebte außerhalb der Kirchen und Gemeinschaften. Es gab Zeiten, da er mehr mit dem Buddhismus als mit dem Christentum sympathisierte; doch immer wieder, unter sanftem oder lautem Protestieren, nahm er seine christliche Herkunft an; nicht so sehr die protestantische Kirche des Elternhauses, eher die römisch-katholische, aber auch nur mit Distanz, „sobald ich ihr näher trete, riecht sie wie jede menschliche Gestaltung nach Blut und Gewalt, nach Politik und Gemeinheit".

Er hielt nichts von Aktionismus, von direktem politischem Engagement des Schriftstellers. Der Schriftsteller ist allein, muß allein sein, weil er allein seinem Gewissen verantwortlich ist. Seine Aufgabe ist Analyse, Vorhersage, Warnung. Hesses politisches Urteil hat im Laufe der Jahrzehnte nie geschwankt. Er ist unter den deutschen Schriftstellern von Rang auch darin einzigartig, daß er nie gezwungen war, die Fahne zu wechseln. Er trieb keine Mimikry, seine Anpassung war eine Anpassung ans eigene Denken. Da die Deutschen ihre Revolution versäumt hatten und sie eine faschistische Diktatur erwartete, sah Hesse für diese deutsche Mitte nur eine einzige Lösung: Europa. Die europäische Idee leuchtete ihm ein, und vielleicht, so schreibt er einmal in einer Attacke gegen die Nazis, kann nur ein Europa den Frieden bringen. Doch auch hier betonte er, daß dieses Europa nicht durch Gewalt oder Revolution, sondern nur durch Überzeugung und durch Liebe entstehen könne. „Je weniger ich im ganzen an unsere Zeit glauben kann, je mehr ich das Menschentum verkommen und verdorren zu sehen meine", schrieb Hesse 1933, „desto weniger stelle ich diesem Verfall die Revolution entgegen und desto mehr glaube ich an die Magie der Liebe. Ich freue mich darüber, daß es auch schon im ‚Steppenwolf' steht: die Welt war nie ein Paradies, sie ist nicht früher ein Paradies gewesen und jetzt Hölle geworden, sondern sie ist immer und jederzeit unvollkommen und dreckig und bedarf, um ertragen und wertvoll zu werden, der Liebe, des Glaubens."

Dies alles erklärt hinreichend die Wirkung Hesses in unseren Tagen. Das widerlegt die wenigen „klassischen" Fehlurteile über Hesse, so Musil, der im Tagebuch notierte, Hesse sei ein „Großschriftsteller ohne schriftstellerische Größe", oder Alfred Kerr, der Hesse einen „skandalös harmlosen Schriftsteller" nannte, oder Gottfried Benn, der Hesse als „einen durchschnittlichen

Entwicklungs-, Ehe- und Innerlichkeitsromancier – eine typisch deutsche Sache" empfand. Das widerlegt auch gelegentliche zeitgenössische Meinungen, die die Dichtung Hesses als schönen Schein der Fiktion, als Literatur des Privatschmerzes abtun wollen und ihn als Autor einer „Science-fiction der Innerlichkeit" sehen und seinen Weg nach Innen als Flucht und Ausflucht, als Ersatzwelt verstehen. Hesses Weg nach Innen ist Sehen *und* Erkennen, ist Begreifen *und* Träumen, ist Ratio *und* Magie. „Wo Ratio und Magie eins werden" – so in einem seiner letzten Briefe vom Februar 1961 – „... da ist vielleicht das Geheimnis der Kunst." Indem er etwa im Glasperlenspiel über die Grenzen einer bewußt erfaßten Lebenswelt hinausträumt, schafft er nicht Ersatzwelten, er vollendet vielmehr seine Lebensrealität in der Utopie, und wir wissen heute aus dem Studium marxistischer Theoretiker, etwa von Ernst Bloch, daß Wirklichkeit ohne Utopie eine verkrüppelte Wirklichkeit ist. Hesse flieht nicht vor der Wirklichkeit, er überschreitet sie, denkend, träumend, dichtend. Er transzendiert Wirklichkeit. Transzendieren, diese bedeutende Maxime des späten Bertolt Brecht, war ein Lieblingswort des alten Josef Knecht. Transzendieren, das heißt auch, Grenzen überschreiten: Grenzüberschreitungen zu offenen, nicht fixierten Horizonten hin. Solche Grenzen überschreiten Hermann Lauscher, Peter Camenzind, Knulp, Emil Sinclair, Siddhartha, Klingsor, Klein und Wagner, Harry Haller und Josef Knecht. Sie alle sind Außenseiter, Heilige, Märtyrer, Ketzer und Rebellen. Sie kritisieren das, was ist. Sie bieten keine Lösungen, sondern individuelle Modelle, Lebensläufe, Phantasien des Möglichen.

Eben weil es im Werk Hesses keine Lösungen und keine Rezepte gibt, sondern weil Prozesse dargestellt werden, ist die Problematik seines Werkes aktuell und wird überdauern. Man kann sich auch fragen, ob das Offene und das Ungelöste seiner Probleme, die Unabweisbarkeit der gestellten Fragen für die Einzelnen, nicht eben den Rang dieses Werkes konstituieren. Weil sein Werk keine Fixierung zuläßt, keine Dogmatik als verbindlich erklärt, sondern weil die Figuren seiner Dichtung bereit sind zum Spiel, zum „Magischen Theater" des „Steppenwolfs", zur Phantasie, zum Aufbruch in immer neue Lebensbereiche, zu immer neuem Suchen, zu immer neuen Zielen, „wir wollen heiter Raum um Raum durchschreiten", bleiben Teile seiner Dichtung so lebendig und für uns aktuell, weil auch unsere Gesellschaft sich gegenwärtig in einem Aufbruch befindet, in einer Suche nach neuen Zielen.

Und wenn Hesse selbst ein Ziel hatte, so dieses: in seinen Werken und mit seinen Figuren neue Möglichkeiten des Menschseins zu entwerfen. Und wenn er eine Botschaft hatte, dann diese: Habe Mut zu deinem Eigensinn, sei so gebunden und so frei, wie Peter Camenzind und Josef Knecht dies empfanden. Hesse besaß diese Gebundenheit und Freiheit. Sein Schreiben und sein Denken, sein Handeln und sein Leben waren identisch.

# EDUARD SPRANGER
## 1882–1963

Von
Michael Löffelholz

Der Ruhm eines Praeceptor Germaniae, der ihn umgab, ist verhältnismäßig rasch verblaßt. Daran zeigen sich Brüche in der deutschen Geistesgeschichte seit seinem Tod 1963. Hinzu kommen das Schwinden eines persongebundenen Denktypus in der Philosophie, den Spranger, der Bildungsphilosoph und Pädagoge, bewußt kultiviert hatte, und die biographische Hypothek, mit der deutsche Philosophen belastet sind, die in der Vorgeschichte des Faschismus im Zenit ihrer Wirkung standen, zumal wenn sie sich als „politische Philosophen" verstanden wie er. Die Beobachtung abgerissener Fäden gilt auch für die wissenschaftsinterne Rezeption des großen literarischen Nachlasses, der seit einigen Jahren in Gesammelten Schriften zugänglich ist. Eine Bearbeitung, die seiner Bedeutung, besonders für Erziehungswissenschaft und Psychologie, entspräche, ist nicht so recht in Gang gekommen. Aber vielleicht wird die sich schärfer konturierende Orientierungskrise dazu bewegen, sich eines philosophischen Werks anzunehmen, das – selbst in einer solchen Krise entstanden, der der Jahrhundertwende – bereits einen Vorgriff auf Fragen unternimmt, die sich heute unabweisbar aufdrängen. Die nachbismarckische Intellektuellengeneration, zu der Spranger gehörte, war die erste in Deutschland, die sich den Herausforderungen durch die industriekapitalistischen Prozesse in ihren äußersten Folgen ausgesetzt sah. Die Auflösung traditioneller Institutionen, die Freisetzung der Individuen aus den ständischen Autoritäts- und Abhängigkeitsverhältnissen, die Mobilisierung materieller Interessen und auf der anderen Seite die Tendenz zur gesellschaftlichen Funktionalisierung, die technisch-strategische Verfügbarmachung der Menschen als Objekte von Großorganisationen, schließlich die anschwellende, programmatisch revolutionäre Arbeiterbewegung als Antwort auf die Verarmung breiter Schichten und auf die Labilität einer krisenträchtigen Wirtschaftsstruktur trafen mit der Legitimation des konstitutionellen Staates die soziale Existenz und Identität der Intelligenz aufs empfindlichste. Die Lebensveränderungen bewegten sich in einer Größenordnung, die das Gefüge der Wissenschaften und Theorien nicht unberührt lassen konnte.

In dieser Situation begann Eduard Spranger, der am 27. Juni 1882 in Berlin geborene Sohn eines Spielwarenkaufmanns, sein Studium der Philosophie an der Berliner Universität. Sie war ein intellektuelles Zentrum, blickte auf eine große, dem preußischen Staat verpflichtete Tradition geistes- und sozialwissenschaftlicher Forschung zurück und lag in einer Weltstadt, in der die aufbrechenden Diskrepanzen des öffentlichen und privaten Lebens sichtbarer waren als irgendwo sonst. Spranger fand hier akademische Lehrer, die ihn an die Probleme der jüngsten Moderne heranführten, allen voran Wilhelm Dilthey, den Wissenschaftstheoretiker und Lebensphilosophen. Seine kritizistische Position überzeugte den jungen Studenten rasch und inspirierte ihn früh zum eigenen Lebensentwurf. Erst Dilthey habe ihn, schreibt er 1902 seinem ehemaligen Gymnasiallehrer Borchardt, dem er lebenslang verbunden blieb und der sich 1939, als Jude vom Nationalsozialismus bedroht, das Leben nahm, mit der Existenz der Geisteswissenschaften vertraut gemacht und vom Zwang der Physik befreit. Seine künftige Weiterarbeit werde darin bestehen, dessen Grundgedanken des historischen Bewußtseins immer tiefer und lebendiger zu erfassen. Dazu erachte er es neben empirischer Forschung vor allem als wichtig, sich selbst im lebendigen Verständnis aller Erscheinungen des Lebens durch Betätigung auszubilden. Das allein mache den Inhalt der modernen Philosophie aus. Sie sei ein Leben, keine Lehre; sie könne nicht doziert, sondern nur vorgelebt werden.

Hinzu kam, was in den letzten Worten schon anklang, daß Spranger, der auf dem Gymnasium eine pädagogische „Leidenschaft" entwickelt hatte – es war die Zeit des Beginns der Jugendbewegung –, in Diltheys Wertschätzung der Pädagogik, der „Bildungslehre des Menschen", „als Blüte und Ziel aller wahren Philosophie" seine jugendlichen Neigungen bestätigt fand. 1904 bekennt er in einem Brief an Käthe Hadlich, eine aus einer Berliner Arztfamilie stammende, um zehn Jahre ältere Malerin, die über die Jahrzehnte hin seine geistige Vertraute blieb: „Wenn Erziehung nicht möglich ist, wozu sollte ich leben? Sie muß möglich sein, d. h., ich muß leben sub specie ihrer Möglichkeit... wie Hölderlin sub specie des Schönen lebte." Der ausführliche Briefwechsel mit ihr von 1903 bis 1960 ist als bedeutendstes biographisches Zeugnis erhalten, bisher jedoch nur stellenweise publiziert.

Aber die Diskussion an der Berliner Universität hatte auch ganz andere Schwerpunkte. Mit den ‚bedrohlichen' Entwicklungen im politischen und sozialen Bereich mußten sich die Wirtschafts-, Sozial-, Rechts- und politischen Wissenschaften und auch die Schulpädagogik auseinandersetzen. Sie waren damals hochaktuell. Und der in der Hauptstadt des Reiches im Angesicht von Militärparaden aufgewachsene, an einem berühmten Gymnasium, das schon Bismarck besucht hatte, in preußischem Geist erzogene junge Spranger war nicht der ‚Mann', der sich den, wie er es nannte, „brennenden Fragen der Zeit" entzogen hätte. Er hörte begeistert den Verfassungshistoriker Otto Hintze, der die einst von Treitschke betreute Vorlesung über Politik hielt, wurde von Friedrich Paulsen in die aktuelle schulpolitische Diskussion eingeführt und nahm die Positionen von Gustav Schmoller und Adolph Wagner auf, den Vertretern der historischen Schule in der Nationalökonomie. Später charakterisierte er sie im Sinne seiner Marxismuskritik als „ethische Sozialisten". So wurde er auf die brisanten Gegenwartsprobleme im Deutschen Reich aufmerksam. Er geriet freilich auch in den Bann preußisch-nationalen, bildungsbürgerlichen Zeitgeistes.

Aus der frühzeitigen, vielfach übersehenen politischen Motivation ergab es sich, daß er sich von Diltheys allseitig sich einfühlender historischer Lebensanschauung, die ihm zu ästhetisch, relativistisch und offen erschien, distanzierte. Er wollte, ihn fortführend, neue, auch politisch entschiedenere Akzente setzen mit einem praktischen Bezug zu den aktuellen gesellschaftlichen Fragen. Dabei kam ihm wiederum Diltheys Weltanschauungsphilosophie insofern zustatten, als sie es ihm ermöglichte, die politische Krise des Staates, mit dem er sich identifizierte, zugleich als eine des Geistes zu verstehen. Aus dieser Perspektive beobachtete er wie schon sein Lehrer ein normatives Vakuum bei den bürgerlichen Schichten. Gemeinsame ideelle Grundlagen schienen geschwunden, vom Tempo des Industrialisierungsprozesses niedergewalzt, Sinn- und religiöse Fragen verdrängt. Hierin sah er den wesentlichen „Makel" jener Zeit. Er wurde zum entscheidenden Anstoß für die Ausbildung seiner Philosophie. Die Lektüre der klassischen Schriftsteller, Kants, Fichtes, Goethes, Humboldts, hatte ihm die außerordentliche normative Produktivität dieser Epoche vor Augen geführt. Jener Idealismus habe sich nicht allein, schreibt er an Borchardt 1902, auf historisch-psychologische Analyse gestützt, sondern „auf ein Werte schaffendes und wollendes intellektuelles Bewußtsein, das zugleich einen geschichtsphilosophischen Gesichtspunkt enthalten" habe. An diese Idee der Humanität müsse die Gegenwart wieder Anschluß gewinnen. Staat und Schule seien „leer von diesen großen Glaubensmächten", formulierte er 1909 in seiner Antrittsvorlesung, nachdem er sich mit einem umfangreichen Buch über Humboldts Bildungsphilosophie habilitiert hatte. Der antihistoristische humanistische Erneuerungsversuch Sprangers hatte allerdings auch einen nur bei genauerem Hinschauen erkennbaren nationalkonservativ-bürgerlichen Beweggrund: Er richtete sich gegen den westlich-demokratischen materialistischen Humanismus der wachsenden Arbeiterbewegung, die mit der wilhelminischen Herrschaftsordnung zugleich den geistigen Führungsanspruch der Bildungsschichten bedrohte. Und so ist er von Anbeginn durch eine tiefe Ambivalenz gekennzeichnet.

Alle die genannten Motive gingen in Sprangers Lebensentwurf einer pädagogischen Philosophie in öffentlicher Verantwortung ein und blieben für seine Wirksamkeit maßgebend. Schon der erste Lehrauftrag für Philosophie und Pädagogik, den er 1909 in Berlin erhielt, war auf seine Grundidee zugeschnitten. Das gleiche gilt von den Lehrstühlen, die er dann in Leipzig (1911 bis 1920), Berlin (1920 bis 1946) und Tübingen (1946 bis 1952) innehatte. In

Berlin gehörte es nach 1920 zu seinen Aufgaben, ein pädagogisches Studium zu begründen. Rasch wurde er ein vor großen Auditorien sprechender Hochschullehrer, und in den zwanziger Jahren zählte er zu den einflußreichsten Vertretern des universitären Geisteslebens in Deutschland. Seiner Autorität ist er sich bewußt gewesen. „Denke daran, daß nach dem Tode von Troeltsch die geistige Führung des protestantischen Deutschland nun meine Aufgabe ist, bis ein anderer kommt und mich ablöst", schreibt er 1923 an Käthe Hadlich. 1925 nahm ihn gemeinsam mit Otto Hahn die Preußische Akademie der Wissenschaften auf.

Seine Karriere fiel in eine Zeit, in der sich aufgrund der gesellschaftlichen Weiterentwicklung gesteigerte Anforderungen an die Pädagogik ergaben. Fragen des Ausbaus und der Reform des Bildungswesens wurden zunehmend öffentliche Verhandlungspunkte. Zu den Umbildungsprozessen im Erziehungswesen während der ersten Jahrzehnte des Jahrhunderts und auch nach 1945 konnte Spranger durch Veröffentlichungen, Kommissionsmitgliedschaften, Tagungsbesuche, Vortrags- und Beratungstätigkeit – teilweise in heftiger Auseinandersetzung mit konträren Positionen, etwa den Volksschullehrerverbänden – maßgeblich beitragen.

Sein Wirken für die Professionalisierung der Pädagogik, die um 1900 noch von Philosophen, klassischen Philologen und Theologen mitbehandelt wurde, stützte sich auf die Aktivitäten der zeitgenössischen pädagogischen Reformbewegung, deren an klassische Pädagogen wie Rousseau und Pestalozzi anknüpfende, lebensdynamische Impulse er teilte. Zu deren führendem Vertreter, dem Münchner Schulreformer Georg Kerschensteiner, trat er 1912 in eine persönliche folgenreiche Beziehung. Sie ist heute in dem von Ludwig Englert herausgegebenen Briefwechsel (1912 bis 1932) dokumentiert. Im Zusammenhang mit der Etablierung der Pädagogik im Rahmen der traditionellen philosophischen Fakultät engagierte er sich bildungspolitisch vor allem in Fragen der Lehrerbildung. Das Konzept der nach 1926 in Preußen eingerichteten Pädagogischen Akademien, durch das die Volksschullehrerausbildung akademisiert wurde, jedoch außerhalb der Universität verblieb, ging wesentlich auf seine Beratertätigkeit beim preußischen Unterrichtsministerium seit 1917 zurück. Auch nach 1945 wurde er von mehreren Länderkultusministerien als Berater in Lehrerbildungsfragen in Anspruch genommen.

Das bildungspolitische Engagement des Philosophen war freilich in erster Linie auf die Ziele des Erziehungswesens gerichtet. Er erkannte, daß zu Beginn des Jahrhunderts das Mißverhältnis zwischen Bildungsideologie, schulischer und gesellschaftlicher Realität, zu der die Herausforderung durch die Arbeiterbewegung und ihre marxistische Programmatik gehörte, so groß geworden war, daß eine grundlegende Zieldiskussion dringlich wurde. Dies galt vor allem für den Bereich der Ausbildung der Arbeiterjugend. 1918 schreibt er an das preußische Unterrichtsministerium: „Mein organisatorisches Hauptinteresse gehört der Volksschule und den Lehrerseminaren, weil dort die größten Kulturprobleme und die fühlbarsten politischen Schwierigkeiten liegen." Die Freundschaft mit dem praxiserfahrenen Kerschensteiner, der sich dem berufspädagogischen Feld zugewandt hatte, findet hier ihre Begründung. Auf den klassischen Bildungsbegriff zurückgreifend führte Spranger ein Urteilskriterium in die schulische Diskussion wieder ein: die Idee der Humanität. Damit glaubte er einerseits der Fortentwicklung zu einer modernen Industriegesellschaft mit höheren Ansprüchen an die Selbstentscheidung der Individuen gerecht zu werden, andererseits ihren depersonalisierenden Auswirkungen entgegensteuern zu können. Er nahm den Humboldtschen Bildungsgedanken allerdings unter dem Zeichen einer Kritik an seiner Universalitätsidee auf, die nunmehr von Arbeiterbewegung und Lehrerschaft im Konzept der Einheitsschule vorgebracht wurde. So sehr er in seinen bildungstheoretischen Entwürfen von 1918 und 1920, die den zudem noch literarisch-ästhetisch akzentuierten Allgemeinbildungsgedanken zugunsten beruflich betonter realistischer Bildung für die breite dequalifizierte Bevölkerung einschränkten, den gesellschaftlichen Anforderungen und Gegebenheiten entsprach – er schuf damit eine entscheidende Voraussetzung für die Durchsetzung der Berufsschule im 20. Jahrhundert –, so sehr diente sein Bildungskonzept, das ein ständisch gegliedertes Schulsystem vorsah, wie es sich in Deutschland weiterhin behauptete, doch dazu, Bildungsprivilegien zu erhalten und die Arbeiterjugend gesellschaftspolitisch zu integrieren. In den kritischen Jahren politischer Umbildung nach 1917 geriet er deshalb mit seiner Konzeption ins Zentrum der Diskussion.

Spranger hat der frühen Grundidee einer pädagogischen Philosophie oder philosophischen Pädagogik, wie man will, in der Auseinandersetzung mit den politischen und kulturellen Prozessen der folgenden Epochen und in Fühlungnahme mit anderen zeitgenössischen Ansätzen in empirischen Wissenschaften, Philosophie und Theologie immer schärfere und umfassendere Konturen gegeben. Philosophisches Denken sollte Gesellschaft und Wissenschaft auf das Normproblem aufmerksam machen. Im Spätwerk stoßen wir auf Titel wie „Kann die Philosophie Europa retten?" (1948) oder „Die moralbildende Kraft in unserem Zeitalter" (1961). Sein normativ-philosophischer, kulturkritischer Impuls richtete sich immer eindeutiger gegen diejenigen wachsenden Tendenzen der kulturellen Entwicklung, die Adorno und Horkheimer in den vierziger Jahren, von materialistischen Voraussetzungen ausgehend, unter dem Begriff der instrumentellen Vernunft zusammenfaßten. Spranger nannte sie Ingenieurgeist. Schon 1913 bemerkte er, daß die positivistisch eingestellten Einzelwissenschaften nichts „über Sinn und Bedeutung des Erkannten, in seiner Beziehung zum Subjekt betrachtet oder vom Standpunkt des Ganzen aus", sagen wollten. Hier wurde er zum Antipoden Max Webers, des Neukantianers. Er traute es wissenschaftlich-philosophischer Anstrengung zu, Wertfragen zu klären, und er erwartete vom wissenschaftlichen Beruf, sich der Stellungnahmen zum Ganzen nicht zu entziehen.

Die Konturen seines Konzepts ergeben sich aus dem Modus der Anknüpfung an die große idealistische Philosophie. Die Produktivität jener Epoche erfuhr er als maßgebend, was sich in seiner Pädagogik dann als Lehre vom Klassischen im Sinn einer qualitativen Herausforderung an die Späteren niederschlug. Nun hatte sich mit den gesellschaftlichen Erfahrungen im 19. Jahrhundert einerseits ein empirisch-realistisches Denken, andererseits ein historisches Bewußtsein durchgesetzt, das die Relativität jener spekulativen Systeme und eine Divergenz von Leben und Erkennen realisierte. Die lebensphilosophische Grunderfahrung einer Unerreichbarkeit des Lebens für die Erkenntnis, eines Primats des Lebens, wurde von Spranger emphatisch geteilt. Jedoch veranlaßte sie ihn nicht dazu, den Tendenzen der Zeit zu folgen und den Erkenntnisbegriff zu restringieren: sei es auf Kausalprognosen oder logische Deduktion wie im Neukantianismus. Den verbreiteten Skeptizismus des Erkennens zu überwinden, wies ihm Dilthey den Weg: Als ganzheitliches Verstehen und als Selbstbesinnung vermöge es, seinerseits am Sinn der Wahrheit orientiert, am Leben und seinen immanenten Sinntendenzen teilzunehmen. Darüber hinaus ging er davon aus, daß Leben und Geschichte ein dynamischer Prozeß seien, in dem normative Ansprüche verschiedenster Art in stetem Konflikt liegen. Von der wissenschaftlichen Anstrengung, die die lebensimmanente Selbstbesinnung systematisch unter der Disziplin des Objektivitätsethos steigere, erwartete er einen vertieften Einblick in die Struktur dieser Konflikte. Dem hat sein Lebenswerk letztlich gedient: zu sagen, was Humanität sei – und sie in Tätigkeit und Begegnung zu leben. Seine Arbeit führte ihn bald dazu, einen einsinnigen Lebensbegriff kritisch zu überschreiten. Er gebot der philosophischen Analyse, nah am historischen Leben und am Stoff der empirischen Wissenschaften zu bleiben, und er hat sich selbst daran gehalten. Aber er richtete sich auch gegen die Illusion, wissenschaftliche Arbeit sei voraussetzungslos, subjektive Intentionen könnten aus ihr verbannt werden. Statt dessen komme es darauf an, daß die Forschungsergebnisse auf das Subjekt bildend zurückwirkten und ihm hülfen, die Egozentrik der Eingangsstandpunkte zu überwinden. Wenn er die Qualität wissenschaftlicher Ergebnisse im positiven Zusammenhang mit der Bildung der Forscherpersönlichkeit sah, so zeigt sich hier, daß für ihn Wissenschaft und Bildungsphilosophie konvergieren. In einem Brief an Edmund Husserl von 1918 wehrt er dessen Begriff einer „strengen Philosophie" für sich ab: „Dies ist nun…, wenn Sie so wollen, eine Ihrer Grundrichtung genau entgegengesetzte Organisation meines inneren Menschen: es enthält nichts von jenem Gesicherten, Definitiven, für alle Vorfindbaren und deshalb entgiltig zu Erledigenden... Damit stimmt die Hinwendung meines Interesses auf die Bildungsgeschichte und Bildungsprobleme überein, der Blick für die Stellen, an denen objektive Werte in den Zusammenhang eines sich entfaltenden historischen oder individuellen Lebens eintreten. Meine geistige Welt wurzelt in der Vermählung des Philosophischen mit dem Historischen und Pädagogischen."

Er war der Meinung, daß sich Erkenntnis auch in ihrer wissenschaftlichen Steigerung ihrer Grenzen bewußt sein müsse. Auch wenn sie sich wie ehedem an der Idee des Absoluten orientiere, könne sie einen überzeitlichen und ganz überindividuellen Standpunkt nicht mehr erreichen wollen. Sie bleibe an die Veränderungen historischer Lebensverhältnisse gebunden und könne auch das existentielle Moment der Handlungsentscheidung nicht ersetzen. Es wurde geradezu das zentrale Ziel Sprangers, die erkenntnistranszendierende, aber auch -anregende Qualität intuitiver Lebens- und Gewissenserfahrung freizulegen. Er gab diesem Phänomen den Namen des Metaphysischen oder Religiösen. Da ihm weniger an einer Philosophie der Erkenntnis der Welt als an einer der Sinndeutung, bei der es auf den Pol des Subjekts ankomme, lag – wie er gegenüber Nicolai Hartmanns Ontologie deutlich machte („Zwei Auffassungen vom Wesen der Philosophie", 1942) –, wurde die „Durcharbeitung" der großen religiösen Fragen ihre wichtigste Aufgabe. Sein elementares Verständnis davon drückt er in einem Brief an die Freundin 1912 aus: „Religion ist das, was dem Leben Sinn gibt. Deshalb lebt sie auf dem Grunde unseres Handelns und unserer Lebenserfahrung."

Von diesen kritisch-lebensphilosophischen Grundsätzen aus trieb er seine Analysen menschlicher Lebenszusammenhänge Schritt für Schritt voran. Es entstand ein faszinierendes, inhaltsreiches Deutungssystem, stringent und gleichwohl von fragmentarischem, wagnishaftem Charakter, stets in Fühlung mit der Bewegung der Zeit. Bedeutende Anstöße erhielt er von Zeitgenossen, dem Religionsphilosophen Troeltsch, den Phänomenologen Husserl und Scheler, dem Ontologen Hartmann, den Soziologen Durkheim, Simmel, Weber, Freyer und Mannheim, den Tiefenpsychologen Freud und Adler und dem Biologen von Uexküll. Er begann zunächst systematisch und arbeitete universale Sinnrichtungen menschlich-kulturellen Lebens heraus („Lebensformen", 1921). Mit der Typologie des Wirtschaftlichen, Politischen, Sozialen, Ästhetischen, Theoretischen und Religiösen, die auch als Grundlage seiner geisteswissenschaftlichen Motivationspsychologie und Pädagogik gedacht waren, bestätigte er die Ausdifferenzierung von Kulturbereichen in der Moderne. Die Grenzen einer überhistorischen flächenhaften Systematik bald erkennend, suchte er dann nach Wegen, um an die historisch-kulturelle Dynamik heranzukommen. Die Gegenwartsdiagnose, gestützt auf den Evolutionsgedanken und eine Kulturtheorie, die die Dialektik von subjektivem und objektivem Geist betonte, wurde fortan das Zentrum einer „existentiellen Geschichtsphilosophie", die er mit Troeltsch teilte.

Gegen starre biologistische Evolutionskonzepte, wie das Spenglers, wandte er ein, der eigentliche Gehalt der Weltgeschichte bestehe nicht in dem, was sich zyklisch wiederhole, sondern in den Renaissancen des scheinbar Abgelebten, das unverlierbare Bedeutung habe, und in dem durchaus Neuen, das in sittlicher Anstrengung erkämpft werden müsse („Die Kulturzyklentheorie und das Problem des Kulturverfalls", 1926). Er nannte deshalb sein Konzept der historischen Zeit eine Geschichtsphilosophie der Bildung. In den zwanziger Jahren beobachtete er schwerwiegende politische Probleme: Proletariat, Staatsverfassung und Imperialismus, denen er sich in seinen zeitdiagnostischen Essays immer wieder widmete. Als seine besondere Aufgabe sah er es dabei an, die Gegenwartskonflikte in ihren tieferen Dimensionen sichtbar zu machen, das heißt auf den religiösen Brennpunkt zuzuspitzen. Mit der Entwicklung zu einer Weltgesellschaft habe eine Auseinandersetzung aller noch lebenden Kulturen begonnen und sich „eine innere Beunruhigung über den Sinn unserer Kultur" verbreitet. „Jede große Kulturkrise zittert bis in die letzten Tiefen menschlicher Stellungnahmen zu Welt und Leben hinab", schreibt er 1926. Die Lebensbedingungen im Zeichen kapitalistischer Industrialisierung, „Kampf ums Dasein, Erwerb, Technik, organisatorischer Intellekt, sozialutilitarische Moral und zerstreuender Genuß", griffen aber das personale Zentrum der Menschen an und brächten das religiöse Wahrnehmungsorgan zum Verstummen.

Seine religionsphilosophischen Bemühungen wollten jene Tiefendimension unter den modernen Voraussetzungen wieder erschließen. Die ursprüngliche religiöse Intuition galt ihm dabei mehr als ihre theologische Drappierung. Der zeitgenössischen protestantischen, unter dem Einfluß von Karl Barth stehenden Theologie, die sich in den zwanziger Jahren in der Kirche durchsetzte und die idealistische Philosophie aus der Geschichte des Christentums zu verbannen suchte, begegnete der Protestant Spranger mit äußerstem Widerwillen. Den „Kampf gegen den Idealismus" (1931) abzuwehren, wurde seitdem ein leitendes Motiv. Dabei gab es durchaus Momente der Übereinstimmung in der Ablehnung eines monistischen Harmonieglaubens und eines „fahrlässigen Kulturoptimismus", die Spranger schon früh dem klassischen Idealismus vorgehalten hatte, und er nahm diese „Theologie der Krisis" besonders nach der Katastrophe des Faschismus ernst. Aber im Ganzen war und blieb die Divergenz der Positionen tiefgreifend. Spranger erteilte in der Humanismusdebatte nach 1945 der herrschenden Richtung in der evangelischen Kirche eine eindeutige Absage. „Ja, ich wiederhole", schreibt er 1952 einem ehemaligen Berliner Schüler, der sich zu ihr bekannte, „daß schon die Behauptung, ein Mensch könne überhaupt ‚von Gott her' reden, mir als unfromm erscheint ... Meine ganze persönliche Grundhaltung nämlich geht von dem genau Entgegengesetzten aus: von dem Sokratischen: ‚Ich weiß nicht'." Ein Standpunkt, der mit radikaler Transzendenz auftrumpfe und Mensch und Welt grundsätzlich mißtraue, könne gegenüber dem modernen Immanenzbewußtsein, der „Weltfrömmigkeit", auf die Dauer nicht bestehen. Er hielt diesen „Saltomortale ins Absolute" deshalb eher für ein Symptom der Kulturkrise als für ihre Lösung. Besonders scharf wandte er sich gegen die antiphilosophische Stoßrichtung dieser Theologie: „Ich sehe immer die Gefahr, daß den Menschen das Denken ausgetrieben werden soll. Auf eine höhere Stufe hebt man sie damit nicht" (Brief von 1952). Die von der philosophischen Aufklärung entdeckte Verantwortung und sittliche Würde des Menschen, den Sinn selbst zu suchen und „sein armes Ich durchzuarbeiten", hielt der Pädagoge nicht mehr für hintergehbar.

In der Historismusdebatte der Jahrhundertwende war es auch um den Geltungsanspruch des Christentums gegangen. Diese Grundfrage der Moderne hat ihn nie wieder losgelassen. Sein Versuch einer Apologie des Christentums rekurrierte, der Kirche einen dogmatischen Begriff der historischen Offenbarung vorhaltend, auf ein universales Moment menschlichen Lebens: die seelische Dialektik der inneren Erfahrung. Den Kern der Religion sah er in einer Erlösungssehnsucht, einem Überschuß der Innerlichkeit über die reale Welt hinaus. Sie entspringe einem Reinheitsideal, hinter dem die Menschen zurückblieben. In den Reservaten der Seele, dem Ich-Du-Verhältnis, der Einsfühlung, der Verwandlung, der Krafterlangung behalte die alte, sonst überwundene magische Denkweise ihr Recht („Magie der Seele", 1947). Von modischen neuromantischen Seelenmythen und Geheimlehren, auch von Rudolf Steiner, grenzte er sich allerdings ausdrücklich ab.

Spranger, Grenzgänger zwischen Philosophie und Theologie, schlug eine differenzierte Gratwanderung zwischen einer Weltfrömmigkeit mystischer Art, wie sie auch der idealistischen Philosophie zugrunde gelegen habe, und einer auf Kierkegaard zurückgehenden existentialistischen Weltabkehr ein. Er betonte Recht und Notwendigkeit sowohl einer monistischen als auch einer dualistischen Sichtweise. Der dialektischen Theologie trat er mit einem christlichen Humanismus entgegen, der die Spannung zwischen Humanismus und Christentum deutlich markierte, den Bruch aber für eine „Verfinsterung der Evangelischen Welt" hielt.

Sein Versuch, das Christentum als Lehre von der Innenwelterfahrung in der Orientierungskrise der Moderne neu zu interpretieren, lebte von Einsichten der Selbsterfahrung, von einer Tiefenpsychologie eigener Art. Mit dem lebensphilosophischen Konzept hatte er von Dilthey auch den Ansatz einer dynamischen Psychologie übernommen und gestaltete sie zusammen mit seiner

Pädagogik weiter aus. Gegenüber einer naturwissenschaftlich-empiristischen Auffassung war diese als geisteswissenschaftliche bekannt gewordene, energetische Ganzheitspsychologie zugleich eine verstehende, die sich in einer Linie mit Weber, Jaspers, Freud und Adler begriff. Er behauptete noch in späten Jahren mit einem gewissen Recht, die Prinzipien seiner Psychologie seien kaum je verstanden worden. Das empiristische Dogma, das erst neuerdings aufbrach, hat die Rezeption dieses Ansatzes in der Psychologie verhindert. Für ihn sind zwei Momente wichtig. Die Beziehung allen menschlichen Lebens auf Sinn, weshalb es nur im Zusammenhang mit Kultur und Geschichte als den Feldern menschlicher Sinntätigkeit angemessen betrachtet werden könne: In der menschlichen Person deckte Spranger eine feine Dialektik des Intim-Einsamen und des Objektiv-Gemeinsamen auf. Zum anderen vollziehe sich psychisches Leben in einer vertikalen Tiefendimension, die ein komplexes Geflecht von Bedeutungsambivalenzen, von Positiv- und Negativtönungen ausmache. Hier stand er der Psychoanalyse Freuds näher, als er einzugestehen bereit war, weil er dessen Materialismus abwehrte.

Das bedeutendste Ergebnis dieser Bemühungen war die „Psychologie des Jugendalters" von 1924, ein Buch, dem ein beispielloser Erfolg beschieden sein sollte und das einer ganzen Jugendgeneration sich zu verstehen half. In ihm greifen kultur- und geschichtsphilosophische, psychologische und pädagogische Motive in einmaliger Weise ineinander. Die zeitgenössische Jugendbewegung aufmerksam beobachtend und die Neuartigkeit dieser sozialen Erscheinung erkennend, wußte er um den Zusammenhang von Kultur- und Adoleszenzkrise. Diese Altersphase, der er eine zweite „innere Geburt" zuschrieb, nämlich die der eigentlichen normativen Motive, erschien ihm als das wichtigste Feld der Pädagogik. 1907 teilt er Hadlich mit: „Es liegt in meiner Natur, daß sich alles Ästhetische, Religiöse und Pädagogische für mich unlösbar verbindet mit der Liebe zu demjenigen Lebensalter, in dem der Mensch sich entscheidet, also 14 bis 20"; und in einem anderen Brief: „Nennen Sie mich einen Mystiker. Der Umgang mit einer Menschennatur, die tief und ursprünglich ist, kann mir zur größeren Offenbarung werden als ein Buch. Gerade Jugendliche haben diese Tiefe und Ursprünglichkeit; selten jedoch Kinder. Die Bildungsarbeit beginnt erst in den Jahren des Reifens. Solange ich selbständig denke, zieht mich deshalb alles zu dieser Lebensperiode hin." Zu seiner Jugendtheorie gehörte auch die Erkenntnis, daß Generationswirksamkeit und -konflikte für die normative Kulturerneuerung bedeutsam sind. 1953 brachte er seine Enttäuschung darüber zum Ausdruck, daß in der Generation, die Schelsky die skeptische nannte, eine Jugendbewegung trotz hinreichender Anlässe in der gesellschaftlichen Situation ausbleibe. Erst in den späten sechziger Jahren kam es dann zu einer Bewegung der studentischen Jugend, wie er sie lange vorher im Nachkriegsdeutschland erhofft hatte.

Sein pädagogisches System schloß sich den Ergebnissen philosophischer und psychologischer Arbeit unmittelbar an. Erziehung, als eines der Zwecksysteme, eine der Sinnaktivitäten im Ganzen des kulturellen Lebenszusammenhangs verstanden, habe ihre Grundlage in der spontanen Aneignung der Kulturobjektivationen durch die Heranwachsenden. Über ein bloßes Tradieren hinaus müsse es ihr vor allem darauf ankommen, die elementaren sinnschaffenden Kräfte, die innere Produktivität, in den verschiedenen Kulturbereichen zu höheren Qualitätsstufen herauszufordern. Diese erzieherische Kernleistung nannte er Erwecken. Besondere Bedeutung erlange sie vor dem Hintergrund der ambivalenten Kulturverhältnisse in der Gegenwart, wo die gesellschaftlich herrschenden Einflüsse durchaus störend auf die Personbildung wirkten („‚Das Leben bildet'. Eine geistesphilosophische Analyse", 1959). Allein persönlichen hilfreichen Begegnungen traute er es zuletzt zu, das intime Zentrum des Gewissens auszubilden und in geistigen und moralischen Konflikten positive Anstöße des Erwachens und der Befreiung auf dem Wege zu einer Moral jenseits der Konventionen zu vermitteln. Die nachgelassenen Briefe zeigen, wie intensiv er selbst sich seinen Mitmenschen zuwandte und jedem in seiner Individualität gerecht zu werden suchte.

Eine Darstellung des einst einflußreichen Werks bliebe in einem wichtigen Punkt unzulänglich, würde sie nicht nach seiner biographischen Belastung fragen. Die Forschungslage ermöglicht heute klare Aussagen dazu, auch wo es sich wie hier um zusammenfassende Einschätzungen handelt. Spranger geriet aufgrund seiner preußisch-nationalen Sozialisation im wilhelminischen Bürgertum in das Fahrwasser der sich von den westlichen Demokratien absetzenden überheblichen Ideologie des deutschen Sonderweges, wie sie in der Zeit des ersten Weltkrieges unter dem Namen der „Ideen von 1914" von der Intelligenz entwickelt wurde. Diese lebensphilosophisch abgestützte Idee eines organisch-ständischen obrigkeitlichen Staatssozialismus hatte manche Züge mit dem späteren Faschismus gemein. Während der Weimarer Zeit wurde sie von Spranger mit nicht nachlassender Beharrlichkeit vertreten. Darin liegt begründet, daß er als Deutsch-Nationaler der ersten deutschen Republik und ihrer geschichtlichen Verankerung durchaus entgegenarbeitete – zweimal, 1923 und 1930, hielt er auf den Reichsgründungsfeiern der Berliner Universität, „dem bevorzugten Schauplatz des wissenschaftlich drappierten Kreuzzuges gegen die Demokratie" (Litt, 1961), Festreden –, daß er den Aufstieg Hitlers und seiner Partei mit hoffenden Erwartungen bedachte und trotz der eindeutigen Ablehnung des Nationalsozialismus in seiner dann herrschenden Gestalt, die ihn bald in die innere Emigration trieb, sich nach 1933 zu Kompromissen bereitfand und konzeptionelle Übereinstimmungen zum Ausdruck brachte. In der wilhelminischen Epoche ein „konservativer Reformer", in der Weltkriegszeit ein „Gemäßigter", war er aufgrund der Entwicklung in den Revolutionsjahren 1918/19, der Versailler Demütigung und der Strukturschwächen der Weimarer Republik neukonservativ radikalisiert worden. Die Ausbildung in der preußisch-deutschen Historiographie bewirkte bei ihm, wie im Bildungsbürgertum allgemein, im Zusammenhang mit der Aufnahme von Themen der politischen Romantik eine Verklärung des halb absolutistischen Militär- und Beamtenstaats Bismarcks zur spezifisch deutschen Verfassungsform. Er schuf mit an einem Feindbild von den westlichen Emanzipationsbewegungen seit der Französischen Revolution, die mit einem ungebundenen, beliebigen Individualismus Familie, Volk und die ständische Hierarchie der Qualitäten zerstörten. Dieses schon in Tönnies' Soziologie angelegte antithetische Schema ging in seine Deutung der aktuellen Kulturprobleme ein. Von der deutschen Entwicklung erwartete er eine die westlichen Demokratien überbietende höhere Synthese emanzipatorischer Freiheit mit auch an preußischen Sekundärtugenden wie Disziplin und Dienstbereitschaft festgemachten Bindungen christlich-moralischer und kollektiv-institutioneller Art. Seine machtrealistische, heroische Geschichtsphilosophie eines „idealistischen Evolutionismus", die in Hegelscher Manier missionarisch ein Pathos des Allgemeinen vertrat, erblickte in der Gegenwart eine weltgeschichtliche Auseinandersetzung der „Volksgeister", welche auch die „tragisch-heroische Notwendigkeit des ‚wahren Krieges' im Fichteschen Sinne auszuhalten" erfordere. Kurz nach Ausbruch des ersten Weltkrieges schreibt er an Käthe Hadlich: „Macht ist nicht ethisch indifferent, sondern kann und soll den Gipfel der Sittlichkeit bedeuten." Und drei Tage später: „Überall nur Heroismus. Es ist eine Lust zu leben... Beklagenswert scheint mir der, der nicht mitsterben kann."

Andererseits darf nicht verkannt werden, daß Spranger sich doch zugleich an der humanistischen Aufklärungstradition orientierte und sich auf Grundeinsichten naturrechtlichen Denkens berief. Deshalb ergaben sich eindeutige Grenzen der Synkrisis mit dem Faschismus. Er verteidigte die Errungenschaften des Bürgertums und der Emanzipationsbewegungen, wo ein Rückfall dahinter drohte. „Wir können mit der Idee des Rechtsstaates nicht brechen, ohne in geradezu primitive Verhältnisse zurückzufallen", schreibt er 1926. Darum distanzierte er sich vom nationalsozialistischen Unrechtsstaat mit Terror, „Gesinnungsmacherei", Demagogie und Kollektivkult. Im April 1933 reichte er empört über die neue Hochschulpolitik und die öffentliche Denunzierung jüdischer Kollegen sein Rücktrittsgesuch ein. Wenige Monate später schreibt er an die Freundin: „Es ist nichts mehr von der Welt, in der wir lebten... Wir beide werden mit dem neuen Zeitgeist nicht mehr leben können, denn er ist ein Ellenbogengeist. Wir aber glauben an die Seele." Schon im Ersten Weltkrieg hatte er sich übrigens bald vom Hurrapatriotismus seiner akademischen Umwelt abgesetzt, weil er die Scheinhaftigkeit spürte und angesichts der Kriegswirklichkeit, der viele seiner Schüler zum Opfer fielen, erschrak. Nach 1945 bekannte er sich unmißverständlich zur Schuld der Deutschen und analysierte in vielen Arbeiten, allerdings ausdrücklich moralphilosophisch und nicht sozialgeschichtlich, die Ursachen des Versagens. 1961 schreibt er einem amerikanischen Pfarrer: „Gerade jetzt spielt aber auch der Eichmannprozeß. Wie wenig wir Deutschen beanspruchen können, Recht für uns zu fordern, dürfen wir nie vergessen."

Die Einsicht in die eigene Verstrickung in einen unheilvollen Nationalismus, der aus der gemeineuropäischen Tradition herausgeführt hatte, erzwang auch ein spätes Bekenntnis zur Demokratie. Die universalen Prinzipien, um die sein moralphilosophisches Denken seit Beginn gerungen hatte, konnte er nun unverstellter von partikularistischen Bindungen und deshalb klarer zum Ausdruck bringen. Sein preußisches Ethos und seinen durchaus konservativen Realismus hat er weiterhin vertreten. Eine stoische Philosophie asketischer Lebensführung empfahl er zuletzt gegen „die große Krankheit der modernen Gesellschaft". Utopisches Denken, das an den Endzwecken hänge und sich nicht auf die beschränkte Wirklichkeit einlasse, wies er stets ab. Gleichwohl kannte er entgegen seinem preußischen Sinn, der sie für das Heute verweigerte, die Idee der wahren Unendlichkeit und eine Sehnsucht nach dem ganz Anderen. Im Schmerz über den Verlust seiner Frau, die kurz vor ihm starb, sprach er vom metaphysischen Leid als der unendlichen Trauer über das Schicksal der Zeitlichkeit, und er schloß seine Reflexionen mit den Sätzen: „Gegeben aber ist uns das metaphysische Leid als eine Art Heimweh. Echtes Heimweh zu unterdrücken ist nicht möglich. Es ist aber auch nicht recht. Denn im Heimweh leuchtet etwas vom Adel, das heißt von der höheren Abkunft und der schönsten ‚Veredlung' der Menschenseele auf." Am 17. September 1963 ist Eduard Spranger in Tübingen gestorben.

# THEODOR HEUSS
## 1884–1963

Von
Hermann Rudolph

Größe hätte er sich wohl nie attestieren lassen, obgleich er über ein ausgeprägtes Selbstbewußtsein verfügte. Vermutlich hätte er sich einem solchen Ansinnen in der schwäbisch-kräftigen Weise verwehrt, die ihm auch zur Verfügung stand und von der ein Hauch sich prompt einstellt, wenn die Erinnerung an ihn beschworen wird. Aber da Theodor Heuss die Neuausgabe der „Großen Deutschen" 1956 mitherausgegeben, sich an der Auswahl der Dargestellten lebhaft beteiligt und in einem Einleitungs-Essay sich und den Lesern Rechenschaft über die Erwägungen gegeben hat, die ihn dabei geleitet haben – sehr nachdenkliche Überlegungen, noch durchaus im Schatten einer Vergangenheit, die mit dem Begriff der „Größe" einen fatalen, zur Skepsis veranlassenden Umgang gepflogen hatte –, ist die Frage kaum zu umgehen, unter welchen Vorzeichen er selbst in diesem Werk figuriert. War Theodor Heuss ein großer Deutscher? Daran kann im Ernst kein Zweifel sein. Aber in welchem Sinne kann und muß das Urteil für ihn gelten? Ihm selbst und seiner historischen Stellung gerecht zu werden, ist nicht so einfach, wie es den Anschein hat. Das Bild, mit dem er in die Nachkriegsgeschichte eingegangen ist, dieser rundliche, manchmal bis zur Harmlosigkeit harmonisierte Umriß des väterlich-großväterlichen Staatsoberhauptes – verdeckt es ihn nicht eher? Inwieweit ist Heuss gewesen, was er für die Deutschen wurde – zumal in seinen letzten Amtsjahren, in denen er im Kampf mit der eigenen Legende lag, zum Teil freilich diesen Kampf auch schon aufgegeben hatte? Schließlich: Heuss ist gewiß nicht vergessen. Aber auch fortdauernde Bekanntheit kann eine Form des Vergessens sein.

Mit dem Blick auf den ihm befreundeten Albert Schweitzer hat Theodor Heuss einmal mit Nachdruck darauf bestanden, daß er sich für „eine nicht auswechselbare Erscheinung dieses Aeon ... nie, nie gehalten" habe. In der Bemerkung spiegelt sich ein gutes Maß an Bescheidenheit, denn sie fiel zu einem Zeitpunkt, da er sich als Bundespräsident auf dem Höhepunkt seiner Popularität befand. Aber auf subtile Weise drückte sie auch sein sicheres Gefühl für die Eigentümlichkeit seines Wertes und seines Wirkens aus. Heuss hat an der Unverwechselbarkeit seiner Statur gewiß keinen Zweifel gehabt, aber er war sich im klaren darüber, daß er bei allen Leistungen und Fähigkeiten, die er für sich in Anspruch nehmen konnte, doch eigentlich keine Ausnahmeerscheinung war. Nichts lag ihm ferner, als sich für ein Original-Genie

Eduard Spranger im Jahr 1957

Theodor Heuss

Theodor Heuss mit dem Bundesinnenminister Robert Lehr und dem niedersächsischen Kultusminister Richard Voigt im Kreis von Trägern der Friedensklasse des Ordens Pour le mérite im Oktober 1952 – mit den Professoren von Laue, Hahn, Frisch, Spranger, Hartmann, Kaufmann, Bonatz und Warburg sowie dem Staatssekretär von Lex

Gustaf Gründgens vor dem Bild seiner Mutter, einem Gemälde von Fritz Reusing, in seiner Düsseldorfer Wohnung im Jahr 1948

auszugeben; selbst im obligaten Überschwang der Jugend ist er nicht der Verführung erlegen, sich dafür zu halten, und nachgerade herausfordernd immun ist er auch später dagegen gewesen. Er hat das Amt des Bundespräsidenten in unvergeßlicher Weise geprägt und Maßstäbe für alle Nachfolger gesetzt. Aber die Losungsworte, unter denen er es geführt hat, waren denkbar weit entfernt von jedem großen Anspruch: „Entkrampfung", die er den Deutschen zudachte, das eine, der Vorsatz, „mit sich selbst im reinen zu bleiben", das andere.

Im Rückblick ist dieser besondere Charakter seiner Wirkung deutlicher wahrzunehmen als in den Jahren, in denen sein Präsidentenruhm noch in voller Blüte stand. Leistung und Erfolg seiner Amtszeit sind zurückgetreten, wahrscheinlich über Gebühr; hervorgetreten ist ein exemplarisches Leben. In ihm spiegelt sich eine Epoche von kaum faßbarer Spannweite, voller Zeitenwenden, Brüche und Weltuntergänge, bestimmt von gewaltigen zivilisatorischen Fortschritten, aber auch von Konvulsionen, die ihresgleichen in der Geschichte suchen. Doch in diesem Leben bleibt das alles nicht toter Stoff, gelebte und abgetane Zeit, sondern nimmt Form an als ein gewiß höchst individueller, aber eben doch auch repräsentativer Umriß der Epoche. Was einem geistig beweglichen, politisch, historisch und künstlerisch empfänglichen Menschen in dieser Zeit zugänglich werden konnte, aber auch was ihm zustoßen konnte, wenn er an ihr teilnahm, „tätig wirkend und trotzig leidend" – wie Heuss selbstbewußt sein Verhältnis zu seiner Zeit umschrieb –, ist da in seltener Unmittelbarkeit und mit unverwirrtem Temperament aufgenommen worden. Vielleicht macht das die eigentliche Faszination dieses Lebens aus: daß hier die Offenheit für die Wechsel und Abenteuer des Zeitgeistes zusammenging mit einer in ihrer Grundstimmung gefestigten Natur.

Den Grund dafür haben eine Kindheit und Jugend gelegt, deren fortwirkende Ausstrahlung Heuss selbst in seinem schriftstellerisch vielleicht gelungensten Buch spürbar werden ließ, den Jugenderinnerungen „Vorspiele des Lebens" – es ist wohl nicht ganz zufällig und jedenfalls nicht ohne tiefere Bedeutung, daß sie an einer Wasserscheide seines Lebens und unserer Geschichte, im Frühsommer 1945, in einem Zuge niedergeschrieben worden sind. Der Schauplatz dieser Jugend war die württembergische Provinz – in Brackenheim, einem Landstädtchen in der Nähe von Heilbronn, ist Heuss am 31. Januar 1884 geboren, in Heilbronn selbst ist er aufgewachsen –, ihr Rahmen klein- und mittelstädtisches spätes 19. Jahrhundert, aber sie hat Erfahrungen und Einflüssen von bemerkenswerter Intensität und erstaunlicher Bildungskraft Raum gegeben.

Die entscheidende Rolle hat dabei das Elternhaus gespielt. Heuss hat es selbst ein „geistig lebhaft bewegte(s) und freigesinnte(s) Bürgerhaus" genannt und damit den Charakter dieses Einflusses umschrieben. Vor allem aber ist es der Vater gewesen, an dem sich die Persönlichkeit des Sohnes geformt hat. Er habe, so hat es Heuss in eindrucksvoller Formulierung ausgesprochen, als er seiner bei der Wahl zum Bundespräsidenten 1949 gedachte, „in die Seelen seiner Söhne die Legenden des Jahres 1848 gegossen, die mit der Familiengeschichte verbunden sind", und ihnen einen Begriff davon gegeben, „daß die Worte Demokratie und Freiheit nicht bloß Worte, sondern lebensgestaltende Werte sind". Zu der freiheitlichen Tradition des württembergischen Liberalismus, die aus der Teilnahme eines Ur-Großonkels an der Revolution von 1848 eine besondere Plastizität gewann, trat die schwäbische Geschichts- und Geisteslandschaft. Das alles ist Heuss in seiner Jugend Besitz geworden, aber es blieb für ihn weit mehr als Zuflucht für Sentimentalität oder Lokalstolz: Es war für ihn zeitlebens gegenwärtig als eine farbige, gestaltenreiche Lebens- und Herkunftswelt, die ihm Halt, Selbstbewußtsein und Heimat gab.

Aber diese Jugend in der Provinz war auch dem Neuen geöffnet, das sich in den Jahren um die Jahrhundertwende überall mächtig erhebt, in Kunst und Literatur, Wissenschaft und Politik – und in alledem und über diese Impulse hinausgehend im Verlangen nach einem neuen Fühlen und Erleben. Der junge Heuss hat sich durchaus als Teil dieser Bewegung gefühlt, die sich als „jung" und „modern" empfand. Das inspirierte schon das entschiedene Interesse an Literatur und bildender Kunst, das sich in seinen letzten Gymnasialjahren Bahn brach. Es bestimmte auch die ersten journalistischen Versuche, noch als Schüler. Es begleitete ihn in die Studienjahre in München, Berlin und wieder München, trug noch die Anfänge seiner beruflichen Laufbahn – und ganz hinter sich gelassen hat Theodor Heuss das Erlebnis dieser Aufbruchsstimmung, das Erlebnis einer ganzen Generation, nie.

Daß das Studium der Nationalökonomie galt, ist kein Widerspruch dazu. In der Wahl dieses Faches drückte sich vielmehr – neben der Unsicherheit über den künftigen Beruf, die sich für einen jungen Mann versteht, der sich zu vielem gerufen, aber zu noch nichts wirklich bestimmt fühlt – der Wunsch und der Willen aus, sich auf diese Epoche und ihre Probleme einzulassen. Sie entsprang der Erwartung, hier das Feld der Auseinandersetzung mit den drängenden Fragen der Gegenwart, mit Industrialisierung, Wirtschaft und, nicht zuletzt, der „sozialen Frage" zu finden. Dafür spricht der Lehrer, der für Theodor Heuss zum Mittelpunkt des Studiums geworden ist: Lujo Brentano, der liberale „Kathedersozialist", in ziemlich allen zeitgenössischen Diskussionen und Kontroversen eine eindrucksvolle Gestalt. Und dafür steht, daß die akademischen Jahre für Heuss zum Weg in den Journalismus wurden, der zugleich, in bewußter Entscheidung, ein Weg in die Politik war.

Der Mann, der das bewirkte, der als Leitbild über Heuss' Lehr- und Wanderjahren steht und für sein Leben von gar nicht zu überschätzender Bedeutung geworden ist, ist Friedrich Naumann, der Pfarrer und national-soziale Politiker; Theodor Heuss hat von ihm gesagt, daß er ohne ihn „nicht das wäre, was ich bin". Für Heuss bedeutet Naumann die Begegnung mit der Politik – Politik in der Gestalt, in der sie für ihn zum Gegenstand lebenslanger Faszination und zum Grundmotiv seiner eigenen politischen Tätigkeit wurde: als Ausdruck von nüchternem Realismus *und* ethisch-seelischer Anspannung, als Entsprechung von Sache *und* Person, als Antwort auf die historische Lage, die aus den Tiefen eines individuellen Schicksals kommt. Naumann war für Heuss weit mehr als ein bedeutender Politiker. Er war für ihn die „deutsche Gestalt" dieser Jahrhundertwende. Denn er sah in ihm den Mann, der sich den großen Mächten der Epoche, dem Nationalismus und der Industriegesellschaft mit ihren sozialen und kulturellen Problemen, gestellt und sich doch nicht an sie verloren hatte. Aber Naumann hat Heuss auch als Person tief beeinflußt. Es gehört zu der Rolle, die Naumann in seinem Leben gespielt hat, daß sich mit ihm auch seine Ehe mit Elly Heuss-Knapp verbindet. Heuss hat sie in Naumanns Haus kennengelernt, und die gemeinsame Verehrung und Anhängerschaft hat wohl den Boden dafür bereitet, daß aus dieser Bekanntschaft erst eine Freundschaft und dann eine Ehe wurde.

In Naumanns Umkreis hat Theodor Heuss in den Jahren vor dem Ersten Weltkrieg geistige und politische Statur gewonnen – aber es war, was Naumann wie Heuss kennzeichnet, eine eigene Statur. Es ist gewiß, vor allem, ein junger, begabter Journalist, der da sichtbar wurde – seit 1905 als Redakteur der „Hilfe", der von Naumann herausgegebenen Wochenschrift, dann, seit 1912, als Chefredakteur der „Neckar-Zeitung" im heimischen Heilbronn. Aber im Rückblick gesehen ist es mehr. Da ist nicht nur, praktisch von Anfang an, ein unverwechselbarer, erstaunlich sicherer Ton zu vernehmen, dazu ein Urteil, das die Jahre des Autors Lügen zu strafen scheint. Es ist schon *der* Heuss-Ton, jenes eigentümliche Hinsehen, Herangehen und Entfalten, das alle seine politischen, historischen und literarischen Arbeiten prägt, fast unverändert durch sein ganzes Leben hindurch: das Neben- und Ineinander von sinnlicher Anschauung und Bildung, von Unmittelbarkeit, schlichter Plausibilität bis hin zur Behäbigkeit und der Vielfühligkeit seiner Intellektualität. Wenn, nach dem bekannten Wort, der Stil der Mensch ist, dann war Heuss schon sehr zeitig der, der er werden sollte, sind schon in diesen Vorkriegsjahren die Elemente und Nuancen seiner Individualität in jener besonderen Mischung da, die seinen Eindruck und seine Ausstrahlung über alle Wandlungen der Zeit und seiner Position in ihr bestimmt haben.

Was letzteres angeht, so sind sie freilich nicht eben groß. Gewiß, Heuss' Standort in diesen Jahren befindet sich durchaus links von der Mitte, kritisch gegenüber Obrigkeitsstaat und preußischem Drei-Klassen-Wahlrecht, nicht ohne spürbare, freilich durch prinzipielle liberale Vorbehalte gebremste Sympathie gegenüber der Sozialdemokratie. Aber Heuss war nichts weniger als ein

Revolutionär, auch kein Unzeitgemäßer, und die kulturkritischen Zweifel an der Epoche haben ihn in einer Form erreicht, die die Übereinstimmung mit ihr nicht in Frage stellte, sondern sie gleichsam nach vorn hin, in eine Zukunft öffnete, die überall schon begonnen zu haben schien. Das gab diesem Lebensabschnitt die hoffnungsvolle und bewegte Stimmung, die der beste Teil dieser Epoche ist. Der Teilnahme an der Arbeit des 1907 gegründeten „Deutschen Werkbundes" hat Heuss wohl auch deshalb für sein Leben besondere Bedeutung beigemessen, weil er ein adäquater Ausdruck dieser Stimmung war, freilich auch in seiner halb künstlerischen, halb politisch-praktischen Ausrichtung Heuss' Interessen besonders entgegenkam.

Man muß sich diese, auf Stetigkeit auch in der gewünschten Veränderung angelegte Lebensperspektive vergegenwärtigen, um zu ermessen, welchen tiefen Einschnitt für Heuss – wie für seine ganze Generation – der Erste Weltkrieg bedeutet hat. Man muß sich erst recht auf diese Vorkriegsjahre besinnen, um zu begreifen, weshalb die Revolution von 1918/19 für ihn stets ein „Zusammenbruch" geblieben ist – noch in den Anfang der sechziger Jahre geschriebenen „Erinnerungen" hat er daran festgehalten – und der Demokrat Heuss der Weimarer Republik keineswegs mit Begeisterung, sondern lediglich mit der Entschlossenheit begegnet ist, die aus dem Desaster des Kaiserreichs geborene Herausforderung anzunehmen. Seine Haltung gegenüber der Republik war gleichwohl von Anfang an frei von jeder Zweideutigkeit, weit entfernt auch von dem befangenen Verhältnis zu ihr, das einen guten Teil des deutschen Bildungsbürgertums lediglich zu „Vernunftrepublikanern" werden ließ. Heuss hat sich entschieden für die Republik eingesetzt, sich bemüht, ihr Leben einzuhauchen, sie in der Gesellschaft, zumal ihren bürgerlichen Schichten und – nicht zuletzt – in der deutschen Geschichte zu befestigen. Er hat es mit nationalem Pathos getan, im Zeichen großdeutscher Hoffnungen – in einem Maße, das im Rückblick so irritiert wie es im Kontext des in der Tradition der Revolution von 1848 stehenden bürgerlich-demokratischen Empfindens Räson hatte: Nationalismus und Demokratie, die im Kampf um Weimar so folgenreich auseinanderfielen, sollten zusammengehen, die Republik als „nationale Demokratie" stabilisieren.

Die Weimarer Jahre sind recht eigentlich Heuss' Epoche gewesen: nicht nur, weil sie in die Mitte seines Lebens fallen, sondern auch, weil er seiner ganzen Entwicklung nach prädestiniert war, in diesem ersten Demokratie-Versuch der deutschen Geschichte eine, seine Rolle zu spielen. Und in der Tat wurde Heuss in diesem runden Dutzend Jahre zu einem Publizisten von Ruf, war er ein geschätzter Dozent an der „Deutschen Hochschule für Politik" in Berlin, ein begehrter Redner auf vielen Podien, rückte er auch in seiner Partei, der Deutschen Demokratischen Partei, in den Kreis der Personen auf, die früher oder später für Führungsaufgaben in Frage gekommen wären – und ein Politiker, der aus dem Vorstellungshorizont von Weimar dachte, seinem Typus nach zu Weimar gehörte, ist er auch nach dem Zweiten Weltkrieg geblieben. Aber es ist doch nicht zu übersehen, daß diese Jahre ihm trotz staunenswerten Fleißes und rastloser Aktivität etliches schuldig geblieben sind.

Am wenigsten galt das noch für den Autor Heuss, obwohl auch da vieles Gestalt nur im Maßstab des Zeitgenössischen gewann, kaum darüber hinaus – nicht zufällig war sein größter Erfolg jene rasch niedergeschriebene Streitschrift „Hitlers Weg", zu der sich Heuss später nur mit halbem Herzen bekannte, weil sie zwar immer noch hellsichtiger war als die meisten Äußerungen zum Nationalsozialismus, aber eben doch auch überdeutlich die Ahnungs- und Vorstellungslosigkeit bezeugte, mit der bürgerliche Politik diesem Phänomen damals gegenüberstand. Vor allem aber löste die Politik nicht ein, was Heuss sich von ihr mit guten Gründen versprochen hatte. Zumal der Parlamentarier, auf den in seinem Leben alles hindeutete, nicht zuletzt auch seine Eloquenz, kam nur ansatzweise zum Zuge: Zunächst scheiterte der ersehnte Einzug in die Nationalversammlung in Weimar, dann der Sprung in den Reichstag; die parlamentarische Laufbahn begann bescheiden in der Bezirksvertretung in Schöneberg. Erst 1924 wurde Heuss Mitglied des Reichstags. Daß die Weimarer Republik ihm die Entfaltung als Parlamentarier und Politiker nicht gebracht hat, die er von Jugend auf gewünscht hatte – schon der Vater hatte sie suggeriert, indem er das Wort prägte: „Der Dorle soll einmal ein Haußmann werden" (bezogen auf die Führer der damaligen württembergischen Demokraten Conrad und Friedrich Haußmann) –, hing auch mit innerparteilichen Querelen zusammen. Vor allem freilich sind es die Zeitläufe, die ihn um seine Chance gebracht haben: Nach einer Wahlniederlage 1928 erst 1930 wieder in den Reichstag gelangt, reichte seine Laufbahn als Volksvertreter nur noch dazu, Augenzeuge des Niedergangs des deutschen Parlamentarismus zu werden, 1933 dann auch noch – als einer der Abgeordneten, die dem Ermächtigungsgesetz zustimmten – Mit-Ausfertiger seiner Abdankungsurkunde.

Das Dritte Reich, das ihn sogleich aller Ämter und Funktionen beraubte, ihn auf eine schmale Redakteurs- und Schriftstellerexistenz zurückdrängte, auch dabei immer vom gänzlichen Schreibverbot bedroht, traf also einen Mann, der vom Zenit seiner politischen Möglichkeiten noch weit entfernt war. Wenn Heuss diese zwölf Jahre gleichwohl ohne Verbitterung überstand, dann verdankte er das zum einen seiner Frau, deren durch die Umstände unversehens freigelegte Fähigkeiten als Werbetexterin den Lebensunterhalt sicherten, zum anderen seinem eigenen Temperament, das ihn unverdrossen weiterarbeiten ließ. Aber dieses Überleben war noch tiefer, in der Breite seiner Begabung und seiner Interessen abgestützt. Der erzwungene Abschied von der öffentlichen Wirksamkeit forderte den historisch-biographischen Autor heraus, der in Heuss angelegt war, genährt durch ein ausdauerndes Interesse von Jugend an, erprobt in vielen Artikeln, Würdigungen und Porträts. Insofern waren die Biographien, die er in diesen Jahren schrieb – über Friedrich Naumann (1937), den Architekten Hans Poelzig (1938), den Zoologen Anton Dohrn (1940) und den Industriellen Robert Bosch (1945 beendet) –, ebenso wie die Porträts, die er vor allem für die „Frankfurter Zeitung" verfaßte – und die nach dem Krieg gesammelt als „Deutsche Gestalten" und „Schattenbeschwörungen" erschienen –, nichts weniger als Verlegenheitsarbeiten, obwohl zumeist Aufträge oder Anfragen den Anstoß für sie lieferten. Zusammen genommen ergeben sie wenn schon nicht ein geschlossenes Werk, so doch einen eigenen Lebensabschnitt in Heuss' Leben: Er ist geprägt von der Anstrengung, sich der historischen Fundamente seiner Welt und seiner Existenz zu vergewissern, um sie gegen die zerstörerischen Kräfte, die sie umbranden, festzuhalten und zu verteidigen.

Mit einiger Berechtigung mag man deshalb in der isolierten, scheinbar geruhsam-abseitigen Arbeit dieses Jahrzwölfts auch so etwas wie eine Vorbereitung auf die Aufgabe sehen, die auf Heuss nach dem Ende des Krieges wartete – jenen neuerlichen Weg in die Politik, der ihn schließlich zur nationalen Gestalt werden ließ. Heuss hat eine solche Wendung seines Geschicks keineswegs erwartet, gar ersehnt. Er dachte eher an eine historisch-wissenschaftliche Tätigkeit. Der Sog der Aufgaben und Forderungen, mit dem das wiedererstehende öffentliche Leben Männer wie Heuss in Ämter und Funktionen zog, ließ solchen Wünschen keine Chance. Aber es ist auch fraglich, wie ernst sie gemeint waren. In den Aufzeichnungen, mit denen Heuss den Zusammenbruch und die ersten Wochen danach begleitete, wie in den Reden, Artikeln und Aufsätzen, mit denen er bald darauf in die Öffentlichkeit trat, ist spürbar, wie sehr die ungeheure Anstrengung, die nun vor den Deutschen stand, ihn bewegte und umtrieb. Tatsächlich drängten nicht nur die Umstände, in denen ein Mann wie er einfach gebraucht wurde: Es drängten die Einsichten und Erfahrungen eines ganzen, mit der deutschen Geschichte dieses Jahrhunderts eng verbundenen Lebens darauf, den notwendigen Anfang mitzugestalten.

Die entscheidende Station ist dabei Heuss' Mitgliedschaft im Parlamentarischen Rat geworden. Denn bis dahin war er eher ein Mann des sich erst entwickelnden Parteilebens – Vorsitzender zunächst der liberalen Parteien in Süddeutschland, dann, 1947, zusammen mit dem Ostzonen-LDPD-Vorsitzenden Wilhelm Külz, des gesamtdeutschen Parteiversuchs „Demokratische Partei Deutschlands", schließlich, 1948, der FDP –, dazu – nach einem kurzen Zwischenspiel als Kultusminister von Württemberg-Baden – Landtagsabgeordneter in Stuttgart, Publizist und Autor, seit 1948 zudem Honorarprofessor an der Technischen Hochschule Stuttgart, aber nicht eigentlich einer von denen, die an den exponierten Stellen des deutschen Nachkriegsschicksals standen. In dem guten halben Jahr jedoch, in dem das Fünfundsechzig-Mitglieder-Gremium das Grundgesetz beriet, wurde Heuss zu einer Gestalt von überparteilichem Rang. Das hing auch mit dem Einfluß zusammen, den er auf einzelne Regelungen und Formulierungen nahm – etwa auf den Namen des künftigen Staates oder die Bundesversammlung als Wahlgremium für den Bundespräsidenten, die beide auf ihn zurückgehen –, ebenso mit der Vermittlerrolle, die er spielte. Aber vor allem waren es sein Auftreten und seine Reden, die ihn nun an die politische Rampe rückten. Denn sie waren es – neben denen von Carlo Schmid –, die die historische Signatur der Stunde begreifbar machten und das noch ganz vage, aus Absichten und Gesetzesartikeln bestehende Staats-Vorhaben auf die Höhe seiner Aufgabe hoben.

Heuss' Präsidentschaft war, ihrer inneren Logik, aber auch ihrer Wirkung nach, die Fortsetzung der Rolle, die ihm im Parlamentarischen Rat zugewachsen war, nun gleichsam vor der Öffentlichkeit des ganzen Volkes: als ein Mann von anerkannter Eigenständigkeit und persönlicher Respektabilität zu vermitteln, zu klären, zu integrieren, damit und dadurch Maßstäbe und Maß zu setzen. Aber zustande gekommen ist sie unter einem ganz anderen Zeichen: als Ergebnis eines parteitaktischen Manövers, Teil der Konfrontation, die die politische Anfangseinrichtung der neuen Republik beherrschte. Heuss' Kandidatur, von Konrad Adenauer eingefädelt, sollte die bürgerliche Koalition von Union, FDP und DP gegen die Möglichkeit einer Großen Koalition absichern, der viele auch in der CDU mit Sympathie gegenüberstanden. Heuss wurde denn auch erst im zweiten Wahlgang mit der mageren Mehrheit von dreizehn Stimmen gewählt. Doch vom ersten Augenblick seiner Präsidentschaft an hat Heuss diese Umstände seiner Wahl souverän hinter sich gelassen. So wenig zu bezweifeln ist, daß Heuss im parteipolitischen Spektrum dieser Jahre eher ein Mann der „altliberalen" FDP, jedenfalls aber der Adenauerschen Koalition und Politik war – und im wesentlichen blieb –, so offenbar ist, daß er in kürzester Zeit, über alle die Klüfte hinweg, die gerade in den Anfangsjahren der Bundesrepublik in ihrer politischen Landschaft aufklafften, zum Präsidenten aller Bürger geworden ist. Schon der siebzigste Geburtstag geriet fast zur Huldigung. Die Wiederwahl 1954 war dann schon keine Wahl im Wortsinn mehr, sondern Akklamation.

Theodor Heuss hat die Berufung in das höchste Staatsamt nicht als die „Krönung" seines Lebens angesehen, die manche seiner Freunde in ihr erblickten – am Ende seiner Amtszeit, in seiner Abschiedsansprache vor dem Bundestag, hat er das ausdrücklich noch einmal öffentlich zu Protokoll gegeben. Man mag solcher Betrachtungsweise Hochmut oder gar eine gewisse Koketterie unterstellen. Aber er ist nur die Konsequenz des Bildes, das Heuss von seiner Existenz hatte. Er sah sie zu sehr als Teilhaberin vieler Welten, zu tief eingesenkt in die Wege und Umwege seiner Welt- und Zeiterfahrung, als daß er ihre Erfüllung in der Wahrnehmung eines Amtes hätte sehen können. Vermutlich hat gerade das dazu beigetragen, daß er zu dem „Glücksfall" wurde, der bald in ihm erkannt wurde. Daß er sich nicht vom Amt vereinnahmen ließ, sondern vielmehr unter der Präsidenten-Toga immer auch die Privatperson erkennen ließ und seinerseits das Amt mit seiner notorischen Zivilität, seiner Menschlichkeit, seiner sehr persönlich gefärbten, ausgebreiteten Bildung formte – Dialekt und Anekdoten eingeschlossen –, prädestinierte ihn zur Identifikationsgestalt dieser frühen Jahre der Bundesrepublik. Ihr durch und durch ziviles, weil noch unter dem Schock vergangener politischer Exzesse stehendes, zutiefst unsicheres, aber nach Sicherheit süchtiges Lebensgefühl fand an ihm Halt, sah in ihm die Versicherung einer Lebensform, die ein neues Verhältnis zur Politik und zur Demokratie möglich machte.

Es ist wahr, daß Heuss als Bundespräsident „eher asketische Zurückhaltung" (Eugen Gerstenmaier) gegenüber der aktuellen Politik geübt hat. Er hat die geringen Kompetenzen, über die das Amt verfügt, kaum je offensiv, gar bis an die Grenze des Konflikts ausgelegt; wo er sie doch berührte – wie beim Streit um die Europäische Verteidigungs-Gemeinschaft 1952 –, hat er sogleich zurückgesteckt, als er den Widerstand Adenauers spürte. Das war auch eine politische Entscheidung. Heuss war sich im klaren darüber, daß die Auseinandersetzung mit dem Kanzler, zumal mit *diesem* Kanzler, die Möglichkeiten des Amtes, so wie er sie sah, schwächen mußte. Eine „Kraftprobe" zwischen Bundespräsident und Bundeskanzler, so hat er im Rückblick geurteilt, „wäre bei der dauernd ungesicherten Lage des Staates geschichtlich unsinnig gewesen". Aber diese Enthaltsamkeit hat eben auch damit zu tun – es gibt keinen Grund, das in Abrede zu stellen –, daß ihm der harte Kern des politischen Ehrgeizes fehlte.

Insofern hat auch seine Amtsführung – so viel Lob ihr ansonsten gespendet worden ist – den Verdacht genährt, daß er es eigentlich mit der Politik so ernst doch nicht gemeint habe, vielmehr im Grunde genommen ein politisch spazierengehender Bildungsbürger gewesen sei. Aber das Interesse, das Heuss immer an den Dingen jenseits der politischen Sphäre genommen hat, war stets mehr als der Auslauf für schöngeistige Neigungen. Für ihn war die Beschäftigung mit Kunst und Literatur, Geschichte und Kultur jener unverzichtbare, ganz nahe am Zentrum seines Selbstverständnisses stehende Lebensvollzug, in dem er sich seine Unmittelbarkeit, mehr noch: seine innere Freiheit immer von neuem erwarb. Das unermüdliche Sich-Anverwandeln von „Unpolitischem", Gewesenem und Gegenwärtigem, Nahem und Fernem schuf den Boden, auf dem Heuss, der Ideologien und Doktrinen nichts abgewinnen konnte, auch als Politiker stand. Gewiß war Heuss ein Bildungsbürger; er war es so gelassen, so ohne das obligate schlechte Gewissen, daß die hohe Empfindlichkeit, die geistige Vitalität und die nicht nachlassende intellektuelle Neugier oft übersehen wurden, die seine Bürgerlichkeit dagegen gefeit machten, in Selbstzufriedenheit und Biederkeit auszugleiten. Aber er war gleichsam ein Bildungsbürger in politischer Absicht. In fast rührender Weise bezeugt diesen tiefen Antrieb seine Vorliebe für einen unscheinbaren, nachgelassenen Schiller-Vers, den er immer wieder an entscheidenden Punkten seines Lebens und seiner politischen Laufbahn beschworen hat – in seiner Rede „Deutschlands Zukunft" 1919, in seinen Aufzeichnungen am 8. Mai 1945, dem Tag der Kapitulation, am Ende seiner Ansprache in der Schluß-Debatte des Parlamentarischen Rates, die zufällig auf den vierten Jahrestag der Kapitulation fiel –: „Stürzte auch in Kriegesflammen/ Deutsches Kaiserreich zusammen,/ Deutsche Größe bleibt bestehn!" Heuss hat das Fragment, wann immer er es verwendete, nur andeutend entschlüsselt; es genügte ihm, mit ihm auf den Elementarbereich des Sich-getroffen-Fühlens und Bewegtseins hinzuweisen, in dem für ihn das Politische begründet war.

Seine Bedeutung als Bundespräsident ist wohl nur dann angemessen zu begreifen, wenn man seine Amtsführung auch als den Versuch würdigt, durch Rede und Vorbild in diese Tiefendimension hinein zu wirken. Zumal seine großen Reden waren allesamt Stationen dessen, was Heuss in seiner ersten öffentlichen Ansprache nach dem Zusammenbruch den „schweren Weg der Selbstreinigung" genannt hat, „den wir gehen müssen". Sie richteten sich darauf, den zerstörten, zumindest erschütterten Unterbau der Politik auf neue Fundamente zu setzen. Aber nicht weniger gewichtig ist in ihnen das Ringen um Kontinuität, wo immer sie möglich und achtbar war – unternommen von einem, der von sich, in einer der letzten Reden im Amt, sagen konnte, daß er „das Zerbrechen der uns überkommenen, uns so oder so prägenden deutschen Geschichte tiefer erlebt habe als viele meiner Landsleute", und der doch selbst ein Stück integer durchgestandener, zum Beispiel der Kontinuität gewordener Geschichte verkörperte. Wenn vieles davon heute kaum mehr erinnerlich ist, so hat das gewiß damit zu tun, daß – was nicht zu bestreiten ist – viele dieser Anstrengungen und Absichten die Zeitläufe nicht überstanden haben. Aber zu einem guten Teil ist es auch die Folge davon, daß vieles, was in diesen frühen Jahren der Bundesrepublik strittig und fragwürdig war, längst zum Grundbestand der Republik gehört – auch und nicht zuletzt dank des Wirkens und der Wirkung des ersten Bundespräsidenten.

„Die äußere Freiheit der vielen", so hat Theodor Heuss einmal geschrieben, „lebt aus der inneren Freiheit der einzelnen." Das Wort faßt lapidar, in eindringlicher Zuspitzung zusammen, wie er Politik verstand, worin er den Kern dessen erblickte, was sie im Innersten bestimmt. Aber es ist mehr als eine brillante Formel, um ein Grundproblem aller Politik auf einen zutiefst liberalen, mit einem von Heuss gern gebrauchten Naumann-Begriff: „elementarliberalen" Nenner zu bringen. In ihm ist auch gegenwärtig, was Heuss selbst als Grundantrieb seines Lebens empfand. Er hat es am Schluß der Ansprache, mit der er sich 1959 am Ende seiner zweiten Amtsperiode von den Bürgern verabschiedete, in schöner Offenheit bekannt, und mit den gleichen Worten wenige Tage vor seinem Tod am 12. Dezember 1963 nochmals bekräftigt. Angelehnt an die Erinnerung an das „freundlich plätschernde Gewässer meiner frühen Kinderjahre", das „nie von den Wasserbautechnikern reguliert wurde", wünschte sich Heuss, daß die Menschen spüren, „daß ich selber auch nie reguliert wurde, sondern in dem Wechsel der Sachlage, der Aufgaben, sei es drinnen, sei es draußen, mir die innere Freiheit nie rauben ließ. Sie ist der köstlichste Besitz, den Gott dem Menschen als Möglichkeit geschenkt hat und den als Aufgabe zu begreifen seine Würde bestimmt".

# GUSTAF GRÜNDGENS
## 1899–1963

Von
Heinrich Riemenschneider

Am 10. Juli 1963 strahlte das Zweite Deutsche Fernsehen die Sendung „Zur Person" aus, die ein Interview zwischen Gustaf Gründgens, dem scheidenden Generalintendanten des Deutschen Schauspielhauses in Hamburg, und seinem Gesprächspartner Günter Gaus wiedergab. Im Verlaufe dieses Gesprächs, das in dem kleinen Haus, das Gustaf Gründgens in Funchal auf Madeira besaß, aufgenommen worden war, antwortete Gründgens auf die Frage von Günter Gaus: „Wie lange können Sie es aushalten, ohne zu spielen?" – „Jetzt glaube ich: lange." – „Länger als früher?" – „Länger als früher." – „Sind Sie ein bißchen müde?" – „Nein, absolut nicht müde. Es ist ein anderer Grund: Ich habe in den letzten Jahren immer zu viel gearbeitet und vergessen zu leben. Wenn ich jetzt diesen Einschnitt gemacht habe, so mache ich ihn, um vor Toresschluß noch rasch zu lernen, wie man lebt. Sehen Sie, mein Leben bestand darin: Das ist der Tag vor Faust und der Tag nach Faust, oder der Tag vor Hamlet und der Tag nach Hamlet. Irgendeinen entspannten Tag gab es eigentlich ganz selten. Und wenn ich von dem Intendantenberuf sprechen soll: Der hat absolut nie Ferien..."

Um vor Toresschluß noch rasch zu lernen, wie man lebt, hatte Gustaf Gründgens für den Herbst eine große Reise gebucht, die ihm vor allem die fernöstliche Welt erschließen sollte. Gewissenhaft, bis ins Detail gehend, bereitete er sich auf diese Reise vor. Er konsultierte seine Ärzte und ließ sich mit den für ihn lebensnotwendigen Schmerzmitteln versehen, auf die er wegen einer starken Arthrose der Halswirbelsäule und Gefäßerkrankungen nicht verzichten konnte. Guter Dinge und voller Freude begab er sich auf diese Reise. Um so bestürzender mußte dann die plötzliche Meldung von Gustaf Gründgens' Tod wirken, die am 7. Oktober 1963 zum beherrschenden Thema der internationalen Nachrichtenagenturen wurde. Auf den ersten Seiten verkündeten anderntags die Zeitungen in großer Aufmachung, daß der größte deutsche Theatermann auf den Philippinen in seinem Hotel in Manila gestorben sei. Rundfunk und Fernsehen strahlten Beiträge mit und über Gustaf Gründgens aus. An den Theatern in Berlin, Düsseldorf und Hamburg wurde Gründgens durch offizielle Trauerfeiern geehrt. Wie von unsichtbarer Hand geführt, fand sich eine riesige Gemeinde von Menschen, die das Theater lieben, zusammen, um einen Schauspieler zu betrauern, der alle in seinen Bann zu ziehen wußte, die je das Glück hatten, ihn auf der Bühne zu erleben.

Noch viele Wochen nach seinem Tode wurde an der Ursache seines Todes herumgerätselt. Und noch heute gilt er vielen als geheimnisumwittert. Nichts dergleichen ist richtig. Seinen Tod umgab auch nicht das geringste Geheimnis. Nach einem Tagesausflug mit seinem jugendlichen Reisebegleiter Jürgen Schleiß litt Gründgens nicht zuletzt durch das in Manila herrschende und für ihn kaum erträgliche Monsunklima wieder an einem seiner bekannten Migräneanfälle. Er zog sich auf sein Zimmer zurück und nahm nicht an dem vorgesehenen Bummel durch das abendliche Manila teil. Seinem Begleiter hatte er auf einem Briefumschlag folgende Worte geschrieben: „Ich habe, glaube ich, zu viel Schlafmittel genommen, mir ist ein bißchen komisch, laß mich ausschlafen." Gründgens hatte nichts anderes getan als das, was er schon seit seiner Berliner Intendantenzeit gemacht hat, wenn er Tabletten genommen hatte, nämlich einen Zettel zu schreiben und darum zu bitten, ihn schlafen zu lassen. Während seiner Theaterzeit heftete er diesen Zettel dann jeweils an die Tür, damit man ihn nicht störe. Dieses Mal waren die stark strapazierten Blutgefäße den klimatischen Anforderungen nicht mehr gewachsen, und Gustaf Gründgens starb hilflos in seinem Hotelzimmer an schweren Magen- und Lungenblutungen.

Mit Gustaf Gründgens war nicht nur der erste deutsche Schauspieler seiner Zeit abberufen worden, sondern auch der unbestechliche Regisseur und der hervorragende Theaterleiter. Er verband in dieser dreifachen Begabung Fähigkeiten, die ihn zum anerkannt größten deutschen Theatermann dieses Jahrhunderts machten. Gewiß hat das deutsche Theater viele Einzelbegabungen auf den verschiedensten Feldern des Theaters hervorgebracht, seien es hervorragende Schauspieler oder auch Regisseure, wie der epochemachende Max Reinhardt, oder die Vielzahl bedeutender Theaterleiter. Gustaf Gründgens überragt sie alle.

Am Anfang einer Kurzbiographie erinnert sich Gründgens, daß er als Kind zwei Wünsche hatte. Er wollte immer gerne Schmierseife abwiegen und Schauspieler werden. Für das letztere ergab sich für den am 22. Dezember 1899 in Düsseldorf Geborenen zunächst die Möglichkeit des Probierens in der elterlichen Wohnung, die an den Düsseldorfer Rhein-Wiesen in dem Stadtteil Oberkassel gelegen war. Dort und auch am Rhein probte er mit seiner um einige Jahre jüngeren Schwester Marita und mit Schulkameraden schon sehr gerne die selbst ausgedachten Schauspielszenen. Das Comenius-Gymnasium besuchte Gründgens bis 1916, um dann in ein katholisches Internat nach Mayen (Eifel) überzusiedeln, wo es ihn aber nicht lange hielt. Die nur einige Monate währende kaufmännische Lehre in einer Düsseldorfer Maschinenfabrik, auf der Vater Arnold Gründgens, selbst Kaufmann, bestanden hatte, machte Gründgens sehr viel Verdruß, so daß er seine Einberufung zum Militärdienst im Jahre 1917 als eine Art Erlösung ansah. Durch Erkrankungen vor dem Fronteinsatz geschützt, erlebte er das Kriegsende im Lazarett, von wo aus er sich auf Grund einer Anzeige in einem Armeeverordnungsblatt zum Fronttheater meldete, um so Mitglied der Volksbühne Saarbrücken zu werden, die dem Generalkommando unterstellt war.

Gustaf Gründgens' erster Bühnenauftritt fand anläßlich eines Gastspiels dieses „Fronttheaters" am 2. Oktober 1918 in Friedrichstal bei Saarbrücken statt, wo er in Ludwig Fuldas Stück „Jugendfreunde" die Rolle eines älteren Gelehrten spielte. Bereits im Februar 1919 gibt Gründgens im Saal eines großen Hotels einen Solovortragsabend, was schon für seine überaus starke Selbstsicherheit zeugt. Sein Organisationstalent, die Voraussetzung für eine Intendantenbegabung, zeigte sich schon in den Anfängen, als er auf eigenen Wunsch die Theaterkanzlei des „Fronttheaters" übernahm, das von Saarbrükken aus nach Thale im Harz verlegt wurde. Hier organisierte er verschiedene Vortrags- und Unterhaltungsabende und las zum ersten Mal Szenen des Mephisto aus Goethes „Faust". Obwohl Gründgens bis dahin noch keinerlei Schauspielunterricht gehabt hat, spiegelt sich sein unbändiger Wille, den Weg zum Theater zu gehen, in einem Text wider, den er einem Freund zum Abschied von Saarbrücken auf einer Fotopostkarte schrieb und der lautete: „Zum Aufbewahren bis ich berühmt bin. Mit dem Profil im griech'schen Stil beschenkte mich Natur."

Unmittelbar nach seiner Rückkehr wurde Gründgens nach bestandener Aufnahmeprüfung in die dem Düsseldorfer Schauspielhaus angeschlossene Hochschule für Bühnenkunst aufgenommen, wo Louise Dumont, die berühmte Ibsen-Darstellerin und Prinzipalin des Düsseldorfer Schauspielhauses, sowie Paul Henckels und Peter Esser seine Lehrer sein sollten. Von der am Düsseldorfer Schauspielhaus üblichen Praxis, begabte Schülerinnen und Schüler möglichst oft in kleineren Rollen einzusetzen, profitierte der ungemein ehrgeizige Gründgens vor allem durch seine enorme Lernfähigkeit, die ihn zum kurzfristigen Einspringen für erkrankte Kollegen geradezu prädestinierte. Seine später von Kritikern so oft erwähnte Selbstdisziplin befähigte ihn schon in der Ausbildung, starke Behinderungen wie seine Kurzsichtigkeit und ein leichtes Lispeln seinem unbedingten Willen, den Körper zu beherrschen, unterzuordnen, so daß sie ihn auf der Bühne nicht nur nicht behinderten, sondern vom Zuschauer nicht einmal empfunden wurden. Im Privatleben hingegen war Gründgens seines schlechten Sehens wegen gezwungen, eine Sehhilfe zu benutzen, der er sich in Form eines Monokels bediente. Dieses ungewöhnliche Auftreten eines monokeltragenden jungen Mannes in der Öffentlichkeit fand Gründgens damals äußerst attraktiv. Sein Selbstbewußtsein wurde durch die häufigen Rollenübernahmen am Düsseldorfer Schauspielhaus noch gestärkt. Aus dem ihm anhaftenden Gerechtigkeitsempfinden heraus fühlte er sich trotzdem in seinem künstlerischen Fortkommen fälschlicherweise vernachlässigt, da er sich schon für größere Bühnenaufgaben als die ihm in Düsseldorf gegebenen befähigt hielt.

Gründgens nutzt die nächste sich bietende Gelegenheit eines Engagements an das Stadttheater Halberstadt und weiter an die Städtischen Bühnen Kiel. Sein ihm angeborener Bühneninstinkt läßt ihn aber bald erkennen, daß er Düsseldorf zu früh verlassen hat. Mit seinen Lehrern Louise Dumont und Gustav Lindemann blieb er in ständigem Kontakt und Verhandlungen. Bat er anfänglich noch fast bedingungslos, nach Düsseldorf zurückkehren zu dürfen, so vermeldete er doch von Engagement zu Engagement voller Stolz seine erfolgreich absolvierten Rollen und knüpfte an seine Rückkehr nach Düsseldorf schon vorsichtig formulierte Bedingungen. Dies um so mehr, als er von Kiel aus nach einem kurzen Abstecher am Berliner Theater an der Kommandantenstraße von Erich Ziegel und Mirjam Horwitz 1923 an die Hamburger Kammerspiele engagiert wurde. Erich Ziegel, der Gründgens' Begabungen sowohl als Schauspieler und später auch als Regisseur offenlegte, muß als sein eigentlicher Entdecker und Förderer gelten.

In wenigen Jahren gelang Gustaf Gründgens der Aufstieg zum Star der Hamburger Theaterszene. Schon 1924 betraut ihn Ziegel mit nicht weniger als vierundzwanzig Rollen und auch mit Regieaufgaben. Die Hamburger sehen ihn als Grimaldi in Klingers „Die Zwillinge" oder als Palme in Kornfelds „Palme oder der Gekränkte", in den Strindberg-Stücken „Rausch" und „Nach Damaskus (II und III)" als den Adolphe und den Versucher. In Frank Wedekinds „Franziska" ist er der Herzog, und in Georg Kaisers „Kolportage" gibt er den Acke und übernimmt auch die Inszenierung, nachdem er einen Monat vorher sein Regiedebüt mit dem Stück „Gesellschaft ist Gesellschaft" von Octave Mirbeau gegeben hatte, in dem er gleichzeitig die Rolle des Cavier übernimmt. So nimmt es nicht Wunder, daß Gründgens auf ein Angebot des Düsseldorfer Schauspielhauses, das er durch einen Agenten erhält, seinen Lehrherren in einem Brief deutlich macht, wie glücklich er mit seinen Aufgaben in Hamburg ist, und schränkt ein, daß Düsseldorf aber die einzige Bühne wäre, an die er von Hamburg aus ginge, wenn dies sein Reengagement überhaupt zulassen würde.

In diese Zeit fällt das erste Zusammentreffen mit Erika und Klaus Mann sowie mit Pamela Wedekind, den „Dichterkindern", das sich zu einer regen Freundschaft zwischen diesen vier Menschen entwickelt. Gründgens glänzt als Regisseur und Schauspieler in Rollen wie der des Prinzen Pao im „Kreidekreis" von Klabund oder als Hettore Gonzaga in Lessings „Emilia Galotti" und als Oscar Wilde in Sternheims gleichnamigem Stück oder als Dr. Jura in Hermann Bahrs „Konzert" und auch in Shaws „Helden", wo er den Bluntschli gibt und gleichzeitig die Regie führt wie in Bahrs „Konzert". Erika und Klaus Mann und auch Pamela Wedekind sind voller Bewunderung für Gründgens;

seine begeisterte Darbietung der Hauptrolle in Sternheims „Snob" tut ein übriges dazu, die Freundschaft und persönlichen Beziehungen der vier noch zu vertiefen. Gründgens widmet Klaus Mann in den Blättern der Hamburger Kammerspiele einen Beitrag, der unzweifelhaft die offenkundige Zuneigung verrät, die Gründgens zu Klaus Mann gefaßt hat.

Der von den vier jungen Menschen getroffene Entschluß zu einer Doppelhochzeit reduziert sich 1925 auf die Heirat von Erika Mann und Gustaf Gründgens, da die Heirat zwischen Pamela Wedekind und Klaus Mann wegen der Verweigerung einer Großjährigkeitserklärung für Klaus Mann nicht vollzogen werden kann. Pamela Wedekind heiratet statt dessen zu seinem großen Leidwesen später den um viele Jahre älteren Bühnenautor Carl Sternheim. Im selben Jahr bringt Gründgens an den Hamburger Kammerspielen Klaus Manns Stück „Anja und Esther" als Regisseur heraus, in dem Erika und Klaus sowie Pamela und Gustaf auch die Darsteller sind. Dieses Stück von Klaus Mann wird ebenso wie sein nachfolgendes, „Revue zu Vieren", mit dem man in ganz Deutschland gastiert, von der Kritik arg verrissen, und selbst Gründgens muß als doch schon renommierter Schauspieler vor allem in Berlin herbe Kritik wegen seiner Mitwirkung hinnehmen. Hierin sind vor allem die Gründe des Bruchs zwischen Gründgens und Erika und Klaus Mann zu sehen, die 1927 zur Trennung und 1929 zur endgültigen Scheidung führen.

Hier zeigen sich auch in voller Deutlichkeit die unterschiedlichen Auffassungen über Beruf, Karriere und Privatleben. Dabei diente Gründgens sein Schwiegervater Thomas Mann als Vorbild, zu dem er ein ähnlich distanziertes Verhältnis hatte, wie es der „Zauberer" zu seinen eigenen Kindern hegte. Lediglich am Hochzeitstage seiner Tochter Erika mit Gründgens wollte er seinem Schwiegersohn etwas Nettes sagen, indem er die Schauspieler mit den Glühwürmchen verglich, die am Tage, wie alle anderen Insekten, recht unscheinbar erschienen, um dann aber am Abend wie Sterne hell aufleuchtend zu glühen. In dem von Klaus Mann 1932 – also schon vor dem Machtantritt der Nationalsozialisten – herausgegebenen Roman „Treffpunkt im Unendlichen" wird Gründgens mit der darin verwendeten Romanfigur des karrieresüchtigen Tänzers Gregor Gregori zum ersten Mal zur Zielscheibe der von Erika Mann geschürten aufkeimenden Antipathie, die sich dann in Klaus Manns Buch „Mephisto. Roman einer Karriere" fortsetzen sollte.

Max Reinhardt hatte Gründgens 1928 nach Berlin geholt. Hier mußte der Hamburger Bühnenstar, der dort schon mit riesigem Erfolg den Hamlet gespielt hatte, feststellen, daß jeglicher in der Provinz erworbene Ruhm in der Theatermetropole Berlin nicht zählte. Er selbst kommentierte das so: „Nach dem Abitur zurück in die Sexta." Doch Gründgens nahm die Herausforderung an und hatte schon im ersten Jahr mit der Verkörperung des Ottfried in Ferdinand Bruckners „Verbrecher" den ersten nachhaltigen Erfolg, obwohl

Berliner Publikumslieblinge wie Hans Albers, Lucie Höflich und Matthias Wieman seine Partner waren. Nicht zuletzt dieses ersten Erfolgs wegen war Gründgens nicht glücklich, da er spürte, wie er zunehmend in die Rollen der monokeltragenden Ganoven und zwielichtigen Lebemänner gepreßt wurde. Aus der Sicht des Theaterleiters war es sicher richtig, Gründgens dafür einzusetzen, aber der wollte Hamlet sein und klassische Rollen spielen.

Statt dessen setzt er sich in Berlin immer mehr im Regiefach durch, nachdem er vorher auch in Wien von Reinhardt mit zwei Regieaufgaben („Wann kommst Du wieder?" von Maugham und „Der Unwiderstehliche" von Géraldy/Spitzer) beauftragt worden war. Danach folgt eine verwirrende Vielzahl der verschiedensten Aufträge an Berliner Bühnen. Die Krolloper sieht ihn als Regisseur von drei Einaktern (Ravel, Milhaud, Ibert) mit Alexander von Zemlinsky am Pult und Caspar Neher als Bühnenbildner. Am Deutschen Theater inszeniert er „Zur gefälligen Ansicht" von Lonsdale und spielt selbst den Herzog. Mit Vicki Baums „Menschen im Hotel" im Theater am Nollendorfplatz erreicht er den Durchbruch und ersten spektakulären Regieerfolg für das gehobene Gesellschaftsstück. Das Deutsche Theater von Max Reinhardt sieht ihn 1930 nicht nur als Darsteller der klassischen Rolle des Orest in Goethes „Iphigenie auf Tauris", sondern auch mehrfach als Regisseur, wobei es in „Die liebe Feindin" von Antoine ein Wiedersehen mit seiner Exfrau Erika Mann gibt, die in dem Stück eine kleine Rolle spielt, mit der sie dank der von der Presse hoch gelobten Regie Gustaf Gründgens' viel Erfolg hatte. Das „8-Uhr-Abendblatt" urteilt, „daß dieses Stück zum Graziösesten, Amüsantesten und Erkenntnisreichsten zugerechnet werden muß, was in letzter Zeit auf europäischen Bühnen gesehen wurde".

Ein Vorfall, der die Gegensätze in der Berufsauffassung von Erika Mann und Gustaf Gründgens deutlich machte, war der Einfall von Erika Mann, nach wenigen Wochen die erfolgreiche Arbeit in Berlin abzubrechen, um mit ihrem Bruder Klaus eine größere Reise zu unternehmen. Der verständlichen Verärgerung von Gründgens über diesen Vorgang begegnet Klaus Mann in späteren Aufzeichnungen mit völligem Unverständnis. Die Schauspielerin, die dann für Erika Mann einspringen mußte, hieß Marianne Hoppe, die Gründgens 1936 heiratete. Neben einer glanzvollen Regie von Mozarts „Figaro" an der Krolloper mit Otto Klemperer am Pult war er im Theater am Kurfürstendamm mit „Alles Schwindel" von Marcellus Schiffer erfolgreich, um dann, dieses Mal an der Staatsoper, Mozarts „Cosi fan tutte" und Meyerbeers „Die Hugenotten" in Szene zu setzen. Auch der Film hatte sich seiner bemächtigt, wirkte er doch bis 1932 in nicht weniger als zwölf Filmen mit, um im selben Jahr mit Käthe Dorsch als Partnerin in dem Singspiel „Liselott" von Eduard Künneke in der Rolle des Herzogs von Orléans im Theater am Admiralspalast endgültig zum Berliner Bühnenstar zu avancieren.

Gustaf Gründgens in der Rolle Philipps II. in Schillers „Don Carlos“, einer eigenen Hamburger Inszenierung im Jahr 1962

Paul Hindemith zu Anfang der fünfziger Jahre

Aber immer noch fehlen die klassischen Bühnenrollen. Die Erfüllung dieses Zieles sollte er sich über seine Regieerfolge erzwingen. Noch einmal erarbeitet er sich an der Städtischen Oper Berlin mit Offenbachs „Banditen", die er selbst bearbeitet und in denen er die Rolle des Antonio spielt, einen einschneidenden Erfolg, der ihm wiederum die Regie von Richard Strauss' „Rosenkavalier" an der Staatsoper einbringt. Die „Vossische Zeitung" berichtete, daß Gustaf Gründgens mit dem Generalintendanten der Preußischen Staatstheater Heinz Tietjen Verhandlungen zwar nicht über den vakanten Intendantenposten am Staatsschauspiel, sondern um die Erweiterung der Regietätigkeit von Gründgens auf das Staatsschauspiel auszudehnen, geführt hatte.

Nicht ein Regieauftrag war das Ergebnis dieser Verhandlungen, sondern die erste große klassische Rolle des Mephisto in Goethes „Faust I" und „Faust II" mit Werner Krauss als Partner in der Rolle des Faust. Hier bewährte sich die Überzeugungskraft, die Gründgens auch in eigener Sache besaß, um den Intendanten des künstlerisch am Boden liegenden Staatstheaters davon zu überzeugen, daß er als Mephisto die richtige Besetzung darstellen würde. Selbst die verfehdeten führenden Berliner Theaterkritiker Alfred Kerr und Herbert Ihering bestätigten, daß hier ein völlig neuer Mephisto auf der Bühne gestanden hat, nicht mehr ein Mephisto der alten Schule, sondern ein engagierter Manager, ein Teufel, der zugleich gefallener Engel und Gegenschöpfer war. Die Kritiken sowohl für die „Faust I"-Inszenierung von Lothar Müthel am 2. Dezember 1932 als auch für die „Faust II"-Inszenierung am 21. Januar 1933 durch den Düsseldorfer Intendanten Gustav Lindemann am Preußischen Staatsschauspiel waren enthusiastisch und sollten als Zeichen für einen Neubeginn am Staatsschauspiel verstanden werden. Ihering machte anhand der „Faust"-Aufführungen den Tiefstand der Berliner Theater deutlich, nicht zuletzt deshalb, weil sich einige Kritiker vorher daran gestoßen hatten, daß ein Regisseur aus der sogenannten „Provinz", nämlich Gustav Lindemann, die Düsseldorfer „Faust"-Aufführung, die er mit Louise Dumont dort erarbeitet und 1932 zur Aufführung gebracht hatte, im Verein mit dem Bühnenbildner Teo Otto in Berlin neu kreierte.

Die Rolle des Mephisto sollte für Gründgens der Schlüssel zu allen weiteren Berliner Unternehmungen werden. Neun Tage nach der „Faust I"-Premiere übernahm Hitler die Macht in Deutschland und Goebbels sämtliche Theater im Reich. Nur die Preußischen Staatstheater blieben dem preußischen Ministerpräsidenten in der Person des Flieger-Generals Göring als oberstem Dienstherrn vorbehalten. Die in Eile ernannten und gleichberechtigten neuen Intendanten des Staatsschauspiels Dr. Franz Ulbrich aus Weimar und der Dichter Hanns Johst konnten den Vorstellungen, die der repräsentationssüchtige General von „seinem" Theater hatte, nicht entsprechen. Sie wurden schon nach wenigen Monaten wieder abgelöst, nachdem Göring vorher die

Nichtverlängerung des Vertrags von Gründgens rückgängig gemacht hatte. Es ist überliefert, daß auch Göring von der grandiosen Mephisto-Darstellung durch Gustaf Gründgens beeindruckt war. Wahrscheinlicher ist aber, daß die Schauspielerin und spätere Frau Hermann Görings, Emmy Sonnemann, maßgeblich an dem Vorschlag beteiligt war, Gründgens die Intendanz des Staatlichen Schauspielhauses anzutragen, da sie die Fähigkeiten ihres Kollegen Gründgens richtig einzuschätzen wußte. Gründgens nahm den an ihn ergangenen Auftrag ganz und gar nicht sofort und bedenkenlos an, sondern verhielt sich bewußt zurückhaltend, um sich zunächst mit Freunden, so auch mit dem Hamburger Intendanten Erich Ziegel und dessen Frau Mirjam Horwitz zu besprechen, die ihm unbedingt zur Annahme der Intendanz rieten, da sonst mit Sicherheit nur ein den Nationalsozialisten genehmer Mann die Intendanz übernehmen würde. Nach kommissarischer Übernahme der Leitung und der abgesicherten Zusage in der Gewährung der vollkommenen Freiheit der Spielplangestaltung und der Personalpolitik übernahm Gründgens 1934 die Intendanz des Preußischen Staatsschauspiels im klassischen Schinkelbau am Gendarmenmarkt.

Die bis zur Schließung aller deutschen Theater am 1. September 1944 währende Intendanz von Gustaf Gründgens, die auch durch seinen Eintritt in die Wehrmacht 1943 nicht unterbrochen worden ist, zeigt in einzigartiger Weise auf, über welch hervorragende Führungsqualitäten Gründgens verfügte, der sich selbst einen „verirrten Preußen“ genannt hat. Auch die überragenden künstlerischen, menschlichen und verdeckt gehaltenen politischen Fähigkeiten, die er besaß, in dieser Zeit unbedingt besitzen mußte, machten es möglich, daß sich das Schauspielhaus am Gendarmenmarkt inmitten einer Zeit des politischen Terrors den Namen „Die Insel“ erwerben konnte. Es ist bezeugt, daß hier vielen geplagten Menschen Trost durch einmalig vorgeführte Schauspielkunst zuteil wurde, die von keinerlei „Blut und Boden“-Stücken und auch nicht durch KdF-Mentalität getrübt wurde. Statt dessen wurden dort Stücke der Autoren Goethe, Schiller, Shaw, Shakespeare, Hebbel, Lessing, Dumas, Scribe, Sophokles, Pagnol und Büchner gegeben. Wenn man sich vor Augen führt, daß 1936 in Berlin noch 170000 Bürger jüdischer Abstammung lebten, bekommen die 1983 geschriebenen Sätze einer damals jungen in Berlin lebenden Jüdin eine ungeheure Aussagekraft dafür, was den jüdischen Mitbürgern dieses „Die Insel“ genannte Theater bedeuten mußte. So schrieb die nach dem Krieg in England wohnende Jüdin Edith Smil, der es 1939 noch gelang, nach Palästina zu fliehen: „In den Jahren 1934 bis 39 war das Staatstheater für mich und andere eine Insel abseits von den immer schrecklicher werdenden Zeitgeschehnissen. Von ganzem Herzen erlebten wir alles, was dort geboten wurde... Aber es hilft Ihnen zu zeigen, wie integriert unser Leben mit dem Staatstheater war aus der Zuversicht heraus, daß der Nazigeist es nicht verpestet hatte ... Das letzte Mal G. G. im Staatstheater (1939 Hamlet, der Verfasser) auch all die wunderbaren Schauspieler wie Walter Franck, Hermine Körner, Paul Bildt, Käthe Gold – ein ungemein schmerzlicher Abschied von dem Kulturkreis, dem ich mich zugehörig fühlte – und hinaus ins Unbekannte." 1943 widmete die deutschsprachige, in Palästina erscheinende Zeitung „Jedioth Hadashoth" unter dem Titel „Finale am Gendarmenmarkt" Gustaf Gründgens eine einzigartige Laudatio.

Die von Gustaf Gründgens noch gegen Kriegsende praktizierte Hingabe für den Erhalt einer Gemeinschaft von Künstlern, die nicht durch den Heldenverehrungsmythos der Nationalsozialisten gesteuert war, und sein mutiges Eintreten für gefährdete Kolleginnen und Kollegen, die aus rassischen oder auch aus politischen Gründen gefährdet waren, wie das Beispiel des 1943 durch Gründgens geretteten kommunistischen Schauspielers Ernst Busch bewies, halfen letztlich, ihn aus dem russischen Gefangenenlager zu befreien. Bei seinem ersten Wiederauftreten im Mai 1946 auf der Bühne des Deutschen Theaters im Ostsektor Berlins in der Rolle des Snob von Sternheim überschüttete das Berliner Publikum Gründgens mit nicht enden wollenden Ovationen. Der so disziplinierte Schauspieler Gründgens war durch diese Beifallskundgebungen dermaßen erschüttert, daß er völlig außer Fassung geriet und es ihm erst gegen Ende des Stückes gelang, sich voll und ganz auf seine Rolle zu konzentrieren. Gründgens gingen die Entwicklungen an den Theatern nach dem Kriege ein bißchen zu schnell. Sie knüpften seiner Meinung nach zu nahtlos an das Vergangene an. Er hätte allen Beteiligten eine längere Zeit der Bewußtseinsbildung zum Erfassen auch der neuen demokratischen Lebensform gewünscht. So freundlich ihn die russischen Theateroffiziere – die das Theatergeschehen im Ostsektor der Stadt vorantrieben – auch behandelten, so klar erkannte er, daß dieses Berlin nicht mehr sein Feld sein würde.

Schon 1947 folgte er dem Ruf seiner Heimatstadt Düsseldorf, um die Generalintendanz der dortigen Städtischen Bühnen zu übernehmen, die mit dem Opernhaus immerhin über vier Spielstätten verfügten. Trotz der Belastungen, die ihm durch die zusätzliche Leitung des Musiktheaters aufgebürdet waren, führte er das Düsseldorfer Schauspielensemble in kürzester Frist an die Spitze der deutschen Theater. Schon im November wartete er mit einer sensationellen deutschen Erstaufführung von Sartres „Fliegen" auf, in der auch seine frühere Ehefrau Marianne Hoppe (von der er 1946 geschieden worden war) in der Rolle der Elektra mitwirkte. Gründgens selbst führte Regie und spielte den Orest. Es folgten hervorragende Aufführungen wie „Die Möwe" von Tschechow, Jacques Offenbachs „Banditen", „König Oedipus" von Sophokles, Goethes „Tasso" und 1949 die Neuinszenierung von „Faust I", in dem er wiederum selbst den Mephisto spielte. Genau zu seinem 50. Geburtstag beschenkte er sich selbst und das Publikum mit seiner Darstellung des Hamlet.

Gründgens gelang es, sich wiederum ein Schauspielensemble aufzubauen, wie es in seiner Homogenität an keiner deutschen Bühne anzutreffen war. Hierfür stehen Namen wie Gisela von Collande, Heidemarie Hatheyer, Sybille Binder, Adelheid Seeck, Elisabeth Flickenschildt, Gerda Maurus, Käthe Gold, Solveig Thomas, Marianne Hoppe, Antje Weisgerber, Paula Denk, Horst Caspar, Fritz Kortner, Ullrich Haupt, Max Eckard, Ludwig Linkmann, Adolf Wohlbrück, Günther Lüders, Heinz Drache, Paul Hartmann, Gustav Fröhlich, Gustav Knuth, Paul Henckels, Richard Münch, Hermann Schomberg, die stellvertretend für viele andere genannt sein sollen. Gründgens wandte sich in Düsseldorf unbekannteren Autoren wie T. S. Eliot, Jean Cocteau, Christopher Fry, Jean Giraudoux, Thomas Wolfe, Wolfgang Hildesheimer und John Whiting zu. Mit „Faust I" gastiert er 1949 – es ist das erste Auslandsgastspiel eines deutschen Ensembles nach dem Krieg – beim Edinburgh-Festival. Nach langen und letztlich doch erfolgreich bestandenen Kämpfen, um eine neue Wirtschaftsform der Theater durchzusetzen, die frei von Zwängen durch vorgesetzte Kulturbehörden künstlerische und geschäftliche Entscheidungen zu treffen ermöglichte, erfolgte 1951 die Gründung der Neuen Schauspiel GmbH in Düsseldorf und damit die Trennung von Musiktheater und Schauspiel. Das neue Düsseldorfer Schauspielhaus (an der Jahnstraße) wurde 1951 mit einer Inszenierung von Schillers „Räubern" eröffnet, die Gründgens, der auch die Rolle des Franz übernahm, selbst besorgte. Die Musikfestspiele in Florenz sahen Gründgens als Inszenator der Opern „Macbeth"/Verdi, „Genoveva"/ Robert Schumann und „Wilhelm Tell"/Rossini. Um so härter mußte die Verantwortlichen die Entscheidung Gustaf Gründgens' treffen, Düsseldorf zu verlassen, um die Generalintendanz am Deutschen Schauspielhaus in Hamburg zu übernehmen.

Mit Ulrich Erfurths Inszenierung „Wallensteins Tod" eröffnete Gründgens, der auch die Hauptrolle spielte, das Deutsche Schauspielhaus in Hamburg, dem er als künstlerischer Leiter bis zum Ende der Spielzeit 1963 angehören sollte. Hamburg erlebte Gründgens noch in vierundzwanzig Eigeninszenierungen und dreizehn Hauptrollen. Allein die Zahl von sieben Uraufführungen und die deutsche Erstaufführung von John Osbornes „Der Entertainer" mit ihm selbst in der Hauptrolle widersprechen der Auffassung der Vorliebe von Gründgens für eine konservative Spielplangestaltung. Unter den Uraufführungen befanden sich neben Brechts „Die heilige Johanna der Schlachthöfe", „Das kalte Licht" von Zuckmayer, „Thomas Chatterton" von Hanns Henny Jahnn, „Nichts Neues aus Hollywood" von Curt Goetz, auch noch „Sappho" von Lawrence Durrell sowie vom selben Autor „Actis" und von Dieter Waldmann „Von Bergamo bis morgen früh". Gastspielreisen führten das Hamburger Ensemble nach Wien, Moskau, Leningrad und New York. Der Opernregisseur Gründgens inszenierte an der Mailänder Scala, bei den Salzburger Festspielen und an der Deutschen Oper am Rhein. Auch der Film bemächtigte sich nochmals des großen Darstellers in einer Verfilmung des Lustspiels „Das Glas Wasser" von Eugène Scribe und als Mephisto in der Verfilmung seiner eigenen „Faust"-Regie. Damit hat er in insgesamt zweiunddreißig Filmen mitgewirkt.

Gustaf Gründgens wurden viele Ehrungen zuteil, ihm wurden der Professorentitel und das Große Verdienstkreuz mit Stern verliehen. Bundespräsident Theodor Heuss sah in ihm einen verehrungswürdigen Schauspieler, und auch der spätere Bundespräsident Karl Carstens bekundete die unauslöschlichen Bühnenerlebnisse, die ihm durch Gründgens vermittelt worden sind. Die Gründgens-Ära bescherte dem Deutschen Schauspielhaus in Hamburg Weltniveau, das es vorher niemals besaß und seit dem Weggang Gründgens' nie mehr besessen hat. Gründgens besaß die Fähigkeit, ein Theaterfieber zu entfachen, von dem alle erfaßt wurden, die das Glück hatten, an den Aufführungen dieses Besessenen des Theaters teilhaben zu können. Seine letzte große Rolle, in der er den unglücklichen Spanierkönig Philipp in Schillers „Don Carlos" verkörperte, war trotz Hamlet, der Rolle, die er geliebt hat, und trotz Mephisto, der Rolle, die ihn berühmt machte, die Krönung seiner an Höhepunkten so reichen Darstellungskunst. Hier vereinigte sich die Ausstrahlung seiner Altersweisheit, die etwas von der gebündelten Kälte eines Laserstrahls an sich hatte, mit dem gebändigten Feuer seiner Schauspielkunst, die ein Kritiker so beschrieb: „Der König ein Eisberg, der einen speienden Vulkan überkrustet hat." Die Kritiker dieser „Don Carlos"-Aufführung ergingen sich in der Bewertung der Darstellung und der hohen Sprechkultur des Ensembles in Superlativen, wie sie wohl nie mehr über Klassiker-Inszenierungen zu lesen sein werden.

Henning Rischbieter hatte gemeinsam mit bedeutenden Theaterkritikern das Buch „Gründgens. Schauspieler, Regisseur, Theaterleiter" vorbereitet, das Gustaf Gründgens nach der Rückkehr von seiner Weltreise übergeben werden sollte. Sein unerwarteter Tod in Manila machte dieses Vorhaben zunichte. In der Einleitung dieses Buches heißt es: „Was einen Lebenden vor der Mitwelt rühmen sollte, wurde vom Tod überholt. Wir müssen es der Nachwelt übergeben, die ihm Kränze flicht. Dieses Buch berichtet wenig von dem Menschen Gustaf Gründgens. Er liebte es nicht, den Vorhang zu öffnen, hinter dem er sich selbst verbarg. Wir wollen nach seinem Tod nicht zudringlicher werden als zu seinen Lebzeiten. Dennoch hinterläßt er uns durch alle Gestalten hindurch, die er gespielt hat, durch alle seine Inszenierungen hindurch, durch die Kapitel der Theatergeschichte hindurch, die er als Intendant geschrieben hat, ein unverwechselbares Bild. Wie er war keiner. Nie wird einer wieder so sein ... Diesem Bild fehlt eines völlig: Verschwommenheit. Sein Lieblingswort war Klarheit. Von dieser Klarheit war sein Gesicht geprägt.

Er haßte das Dunkle, die Sucht, tief nicht zu sein, sondern zu scheinen, das Unkontrollierte, eben das Ungeklärte. Von Trance oder Gnade wollte er nichts wissen, um so mehr aber von Strenge und Zucht. Er sprach gern von Form, aber er war alles andere als ein Formalist. Es kam ihm niemals darauf an, einen Stil, seinen Stil auf der Bühne zu verwirklichen. Aber er ließ es nicht zu, daß Gestalten oder Stücke auf die Bühne kamen, die nicht Stil hatten: ihren Stil nämlich, den ihnen vom Autor mitgegebenen Stil. Er horchte in die Sprache hinein. Er sah Gebärden und Gänge, während er ein Stück las. Seine Einbildungskraft legte Flügel an und riß mit sich fort. Er war hellsichtig und hellhörig. Und er besaß den Eigensinn des großen Künstlers, der nicht ruht, bis einigermaßen verwirklicht ist, was er im Kopf hat. Er kannte auch die Verzweiflungen des großen Künstlers, der weiß, daß niemals etwas wirklich so wird, wie man es sich vorgestellt hat. Er hatte selbst eine harte Schule durchgemacht, und er bestand zeitlebens darauf, daß die Kunst der Bühne einer harten Schule bedarf. Ernst ist das Leben, heiter ist die Kunst? Nein, ernst ist vor allem die Kunst. Das Leben ist privat..."

# PAUL HINDEMITH
## 1895–1963

Von
Walter Gerstenberg

In den Lebenskreisen deutscher Musiker aus dem nachklassischen 19. Jahrhundert zeichnet sich ihre Verbundenheit mit jenen Landschaften ab, denen sie entstammen. Niemand wird darum Schumann oder Brahms Heimatkünstler nennen wollen, unüberhörbar aber ist, daß ihre geistige wie ihre regionale Herkunft aufeinander hinweisen. Gilt ähnliches für die Österreich-Deutschen Schubert und Bruckner, so auch für Max Regers Musik aus dem südöstlichen Deutschland. Richard Wagner hat zuerst solche produktiven Grenzen in seinem Lebenswerk überschritten, sein proklamiertes Deutschtum wird von der Welt anerkannt und aufgenommen. Damit wird die deutsche Musik international. Wagners literarisch-philosophisches Schöpfertum verbindet die Tragödie der griechischen Antike mit der Welt der mittelalterlich deutschen Mythologie, Sage und Geschichte. Von daher ist Wagners Musikdrama in die Maßstäbe und Proportionen einer europäischen Kunst hineingewachsen und hat sie verwirklicht, deklamatorisches Pathos schließt Musik und Sprache zusammen. Während Brahms, der um zwanzig Jahre jüngere Antipode, der Übermacht des Dramatikers Wagner ausgewichen ist und sich jeglichem Theaterspiel zeitlebens verschlossen hat, während Richard Strauss beide Seiten einbezieht, eine programmatisch aufgelockerte wortlose Instrumentalmusik mit der eines spiel- und szenengebundenen Theaters in der langen Reihe seiner Opern stützt und bestätigt, ist Hindemith auf eigenen Wegen dahin gekommen, seine primär vom Klang des Orchesters getragene Musik mit der Bühne zu koordinieren.

Paul Hindemiths Musikertum ist von seiner Tendenz her ins Universelle gerichtet: Kein anderer zeitgenössischer Komponist kommt ihm darin gleich. Es gibt schlechthin kein Gebiet der Musik, das er nicht im Verlauf von vier Jahrzehnten schöpferisch bedacht hätte. Natürlich wechseln die Akzente in diesem weitgespannten Konzert eines überquellend reichen Musikerlebens. Bei aller stilistischen Verschiedenartigkeit, die allein den geschichtlichen Gattungen der Musik zugehört, gilt für Hindemith das Wort Nietzsches: „Jeder Geist hat seinen Klang." Wie ein Motto steht es über den Stufen und Stationen seines kompositorischen Weges und ordnet sie einander zu.

Zu keiner Zeit ist Hindemith, weder im politischen noch im künstlerischen Sinne, ein Revolutionär oder Umstürzler gewesen. Gleichwohl wurde seine Musik in der Zeit der nationalsozialistischen Diktatur als kulturbolschewistisch und entartet diffamiert. Er war niederschlesischer Herkunft und stammte aus dem dortigen Handwerkertum: Der Vater war in Naumburg am Queis 1870 geboren und wurde dort in der Familientradition Töpfer und Tüncher, später auch Weißbinder, bis er sich nach geschäftlichen Mißerfolgen in Hanau niederließ und die aus dem oberhessischen Bauerntum stammende Josepha Warnicke, geboren 1868, heiratete. Paul, der Älteste, geboren am 16. November 1895, hatte zwei Geschwister, eine Schwester Toni und den Bruder Rudolf, der als Musiker und Cellist zeitweise Quartettpartner seines Bruders gewesen ist. Daß die Familie vom Großvater her protestantisch, von der Großmutter her dagegen katholisch gewesen ist, hat Paul Hindemith einmal als „nicht unwichtige Tatsache" angemerkt.

So sind Schlesien und Hessen die Landschaften, die Hindemith geprägt haben. Beide haben dazu beigetragen, Umrisse und Gehalte seiner Persönlichkeit zu formen. Aus Schlesiens reich begabter Bevölkerung kommen zahlreiche geistige Bewegungen der Neuzeit, wofür allein die Namen Lessing, Fichte und Schleiermacher sprechen mögen. Eine ursprüngliche Freude am Theaterspiel auf vielen Stufen tritt hinzu. Stark und ungetrübt ist die Neigung zur Lyrik, die in Eichendorff ihren reinen Ausdruck findet.

Aus Schlesien stammt auch die Freude an volkstümlicher Musik; daß die Zither das Lieblingsinstrument des Vaters war, die er mit großer Fertigkeit gespielt hat, ist verbürgt. Gewiß hat der Sohn von hier aus eine unbegreiflich weite und steile Bahn zur künstlerischen Meisterschaft zurückgelegt. Die finanziellen Mittel der Familie ließen für ihn lediglich den Besuch der Volksschule zu. Den Wert einer vertieften Bildung hat er in sich gesucht und gefunden. Ein solches Streben gehört zu den für Hindemith charakteristischen Eigenschaften. Viel später wird aus den Berliner Jahren berichtet, daß man ihn in der Untergrundbahn beim Studium einer lateinischen Grammatik habe beobachten können.

Der Zehnjährige kommt mit seinen Eltern in das der Stadt Hanau benachbarte Frankfurt am Main. Bis zur Übersiedlung nach Berlin (1927) sollte ihm diese ungemein rege Stadt eine zweite Heimat werden, öffnete sie ihm doch viele Wege ins Innere der Musik.

Für drei Jahre hat Anna Hegner den Knaben ins Geigenspiel eingeführt, ehe er im Jahr 1908 als Schüler des angesehenen Violinisten Adolph Rebner ins Hochsche Konservatorium aufgenommen wurde. In dieser Konzentration auf ein Streichinstrument äußert sich jene angeborene Instrumentalität im Musikertum Hindemiths, die er sich bis ins Alter bewahrt hat. Als er seine fachlichen Studien im Kontrapunkt, in der Komposition und im Dirigieren zu erweitern trachtet (1909), begegnet er in Arnold Mendelssohn und in Bernhard Sekles zwei in ihrer Verschiedenheit besonders befähigten und verantwortungsvollen Lehrmeistern. Mendelssohn hat den jungen Hindemith im

Kreis begabter Schüler an die geistigen Fundamente der Musik herangeführt, während Sekles, später Direktor des Hochschen Konservatoriums, als Komponist moderner Musik hervorgetreten ist. Der inneren und äußeren Förderung durch diese Lehrmeister ist sich Hindemith stets bewußt geblieben. So ist es schnell zu einem wechselseitig fruchtbaren Austausch gekommen. Erkannten die Lehrer die überragende musikalische Begabung Hindemiths, so dieser die starken Hände, die sie formen. Ein früher Tod hat beide Lehrer davor bewahrt, der nationalsozialistischen Verfolgung zum Opfer zu fallen; Mendelssohn starb im Februar 1933, im Jahr darauf Sekles.

Hindemiths Entwicklung fehlen die Züge des Genialischen. Seiner Fähigkeiten gewiß, hat er sich zu keiner Zeit für ein Wunderkind gehalten, vielmehr als Spieler oder Komponist die Entfaltung seiner Begabung wachen Geistes kritisch beobachtet. Ein halbes Jahrhundert später erteilt er heranwachsenden Musikern den Ratschlag: „Der Horizont eines kreativen Musikers kann nicht weitreichend genug sein. Sein Verlangen nach Kenntnis und Verständnis hat jede Phase seines Schaffens zu durchdringen ..., die Himmel zu stürmen, das muß der geringste seiner Ehrgeize sein."

Für den Zwanzigjährigen wird das Jahr 1915 schicksalhaft. Der Vater fällt als Soldat in der Champagne und hinterläßt die Familie in bedrängten wirtschaftlichen Verhältnissen. Im gleichen Jahr aber wird der jugendliche Paul Hindemith Konzertmeister im Frankfurter Opernorchester. Diese Tätigkeit hat ihn früh mit Oper und Opernwesen vertraut gemacht. Daß Spieler und Komponist zueinander gehören, ist für Hindemith selbstverständlich. Zu keiner Zeit hat er die Spaltung ihrer Berufe und Aufgaben für sich anerkannt. Von daher ist es zu erklären, daß er sich von Musikernaturen wie Bartók und Strawinsky besonders angezogen gefühlt hat, denn auch für sie gilt der alte Satz: „Executio est anima compositionis." In dieser These fließen Ströme der Erhaltung und Erneuerung ähnlich zusammen, wie sie Praxis und Reflexion fruchtbar konfrontieren. Schritt um Schritt, planmäßig und beharrlich, arbeitet Hindemith in jenen Jahren an sich und nähert sich der Musikvorstellung, die ihm vorschwebt. Obgleich er sich im Inneren als Musiker fühlt und hierauf sich konzentriert, haben Politik und Kriege, am stärksten aber die unheilvolle Ideologie des Nationalsozialismus in sein Dasein eingegriffen. Auf die Attitüde eines Virtuosen, der die Konzertsäle beherrscht, verzichtet Hindemith sein Lebtag, wendet sich dagegen intensiv der Vielgestalt kammermusikalischen Musizierens zu. Es liegt nahe, daß er als Komponist zuerst mit Werken dieses Genres an die Öffentlichkeit getreten ist. Zunächst war diese vielfach befremdet von dem rhythmischen Ungestüm und der dissonanten Härte der Stimmführung, die das Quartett an seine Herkunft aus der Polyphonie erinnern. Aufgeschlossene Hörer erkannten dies und waren bereit, ihr Ohr der Präzision in Hindemiths thematisch gebundener Musiksprache zu öffnen.

Während sich die internen Kammerkonzerte dieser Jahre in erster Linie auf den Frankfurter Raum beschränkt haben, drang Hindemith über Bühne und Theater in eine weitere Musikwelt. Für alles Sichtbare hatte Hindemith ein eigenes Organ; bis in die Spätzeit hinein war er ein begabter Zeichner mit oftmals absonderlich surrealistisch ironisierender Thematik. Unter der musikalischen Leitung von Fritz Busch hat das Württembergische Landestheater Stuttgart im Juni 1921 zwei einaktige Opern Hindemiths aufgeführt; das dritte, ein Triptychon abrundende Werk, „Die Sancta Susanna", überließ man, befremdet vom Text des expressionistischen Dichters August Stramm, der Frankfurter Oper für das Jahr 1922. Allein die Titel der beiden anderen Opern – „Mörder, Hoffnung der Frauen", Text von Oskar Kokoschka, „Das Nusch-Nuschi", ein Spiel für birmanesische Marionetten von Franz Blei – verraten etwas von dem exzentrischen, erotisch-frivolen Inhalt der Werke, die den Rahmen der konventionell „bürgerlichen" Oper sprengen. Gerade hieran aber scheint sich die musikalische Phantasie- und Formungskraft des jugendlichen Komponisten entzündet zu haben. Jedenfalls endeten die Uraufführungen in beiden Opernhäusern mit einem regelrechten Theaterskandal. Es spricht für Hindemiths Einsicht, daß er daraufhin die drei Einakter zurückgezogen hat; erst ein halbes Jahrhundert später, im November 1969, konnte das Landestheater Darmstadt diesen Bann durchbrechen.

Zum ersten Mal in Hindemiths Schaffen vereint das Triptychon, als Ganzes genommen, Orchester, Singstimme und Szene. Man könnte von einer Bühnensinfonie sprechen, die um den ewigen Zwiegesang von Mann und Frau kreatürlich kreist. Ehe noch ein Textwort erklingt, ahnt der Hörer, worum es den Autoren geht. Melodisch-rhythmische Schlagkraft der Themen und eine spezifisch, häufig chromatisch geschärfte Harmonik korrespondieren einander. Das Libretto der „Sancta Susanna" übertrifft seine Geschwister. Hier gelingt es Hindemith überzeugend, dramatische Vorgänge ins Musikalische zu übersetzen. Für den Komponisten war dies ein Blick in eine noch undeutliche Zukunft: ein abwägender Versuch, Musik und Mensch aufeinander zu beziehen, den Menschen zu musikalisieren, die Musik aber menschlich zu durchdringen.

In der Folge prägt Hindemiths Sinn für dichterisch ästhetische Qualitäten die Texte seiner Vokalkompositionen: Seit der „Jungen Magd" von Georg Trakl (1922) legt die Liste „seiner" Dichter hierüber Zeugnis ab. Rilkes tiefsinniger und beziehungsreicher Zyklus „Das Marienleben" hat den Komponisten in dieser Zeit nachhaltig beschäftigt; viel später, 1948, entzündet sich an diesem Werk jene Selbstkritik, die Hindemith seiner Musik gegenüber ergriffen hat. Vorerst aber gibt es von ihm keine Äußerungen hierüber. Man weiß, daß Opernpläne Hindemith seitdem stark bewegt haben. Auch für die tänzerische Sprache der Pantomime, in der ohne Worte eine Bühnenhandlung kulminiert, faßt Hindemith produktives Interesse. Kurze Zeit darauf wird es in der Dramaturgie seines „Cardillac" Gestalt annehmen.

Von anderen Dichtern, nämlich Bert Brecht und dem ganz andersartigen Gottfried Benn, hat sich Hindemith bald gelöst, und zwar aus freilich konträren politischen Gründen, die eine längere Zusammenarbeit nicht zuließen. So ist es dahin gekommen, daß sich Hindemith für die beiden großen Opern, deren Entwürfe ihn lange beschäftigt haben, selbst die Texte geschrieben hat (1938 „Mathis der Maler", 1954 „Die Harmonie der Welt").

Im Jahre 1923 hat Hindemith dank der finanziellen Großzügigkeit des Verlagshauses Schott und Söhne in Mainz den Dienst im Opernorchester quittiert und konnte sich fortan ganz seinem Schaffen widmen. Das freundschaftliche Verhältnis zu den Brüdern Ludwig und Willy Strecker – damals Leiter und Inhaber des Verlages – konnte durch die Wirren des Krieges zwar unterbrochen, niemals aber getrübt werden. So ist bis auf ganz wenige Ausnahmen Hindemiths musikalisches Lebenswerk bei Schott erschienen.

Die Befreiung von den Tagespflichten eines Orchestermitglieds erlaubt es Hindemith, sich intensiv neuen Aufgaben zuzuwenden, die damals an ihn herantraten. Auf Anregung und Initiative von Max Egon Fürst zu Fürstenberg haben im badisch schwarzwäldischen Donaueschingen von 1921 bis 1926 Kammermusikfeste stattgefunden, die programmatisch „der Förderung zeitgenössischer Tonkunst dienen" sollten. Max Egons musikalischer Helfer war dabei Heinrich Burkard, der Musikdirektor des Hauses. Dieser war durch ein zufälliges Zusammentreffen mit Hindemith in Berührung gekommen. In aller Eile mußte ein neues Ensemble gebildet werden, das spätere Amar-Quartett (mit den Brüdern Paul und Rudolf Hindemith an den Pulten von Bratsche und Cello), um neue Literatur in das Programm des Festes aufzunehmen. Dies für die moderne Musik besonders aufgeschlossene Ensemble hat sich bis 1931 für Hindemith eingesetzt und seinen Ruf in die musikalische Welt getragen.

Burkard und der aus Regers Schule kommende Kirchenmusiker Joseph Haas nahmen 1923 Paul Hindemith in den Arbeitsausschuß zur Vorbereitung der Donaueschinger Feste auf; hier konnten sich seine Ungebundenheit und geistig-musikalische Überlegenheit im Einklang mit seinem Organisationstalent frei entfalten; der Ruf Donaueschingens ging schnell über alle regionalen Grenzen hinaus. Wie von selbst knüpften sich Fäden zu verwandten künstlerischen Tendenzen im Weimarer Bauhaus; einer seiner führenden Männer, der Maler und Plastiker Oskar Schlemmer, urteilt über Hindemith, ihm gelinge „spielend absichtslos eine seelische Vertiefung, die alles, was er angreift, notwendigerweise bedeutend macht". Wenn man diese kluge Erkenntnis würdigt, darf man nicht übersehen, daß damit Hindemiths Musik von der in Thüringen früh erwachenden nationalsozialistischen Ideologie in gefährliche Nachbarschaft zu der „entarteten" modernen Kunst gerückt wurde.

1923 und 1924 verzichtet Hindemith darauf, mit eigenen Werken in Donaueschingen aufzutreten und bleibt als Bratschenspieler im Hintergrund. Dagegen erscheinen auf sein Drängen 1924 die Namen Schönberg und Webern auf dem Programm. Zum Werk seines Schülers Webern hat Schönberg eine Einführung geschrieben, in der er vor allem die knappe Diktion dieser Musik rühmt:

„Man bedenke, welche Enthaltsamkeit dazu gehört, sich so kurz zu fassen. Jeder Blick läßt sich zu einem Gedicht, jeder Seufzer zu einem Roman ausdehnen. Aber: einen Roman durch eine einzige Geste, ein Glück durch ein einziges Aufatmen auszudrücken: solche Konzentration findet sich nur, wo Wehleidigkeit in entsprechendem Maße fehlt."

Und dann bekennt Schönberg:

„Das Stück wird nur verstehen, wer dem Glauben angehört, daß sich durch Töne etwas nur durch Töne Sagbares ausdrücken läßt."

Anders, schlichter klingt die Selbstcharakteristik Hindemiths zwei Jahre früher: „Als Komponist habe ich meist Stücke geschrieben, die mir nicht mehr gefallen... Analyse meiner Werke habe ich nicht gegeben, weil ich nicht weiß, wie ich mit wenigen Worten ein Musikstück erklären soll." Busoni, damals schon ein „Altmeister" der Musik, hatte 1923 dem Fürsten zu Fürstenberg Sätze geschrieben, die den jugendlichen Hindemith zu illustrieren scheinen: „Donaueschingen hat nun einen vollen musikalischen Klang; es prangt als ein Tempel der Jugend und der Heiterkeit, die... von der Tonkunst unzertrennbar sein sollte."

Im Frühjahr 1924 schließt Hindemith mit Gertrud Rottenberg, der auch musikalisch hochgebildeten Tochter des Frankfurter Opernchefs Ludwig Rottenberg, die Ehe. Gertrud Hindemith, 1967 gestorben, hat fortan die wechselvollen Lebenswege ihres Mannes mit klugem Rat und mit großem Geschick begleitet.

Donaueschingen rückt für das gleiche Jahr die aktuelle Zwölftonmusik in ihren verschiedenen „Dialekten" in den Mittelpunkt; ein anderer Versuch gilt der Vierteltonmusik Alois Hábas. Weitere Vorgriffe in unerschlossene Bereiche richten sich zwei Jahre später auf die Problematik der mechanischen Musikreproduktion und, einigermaßen überraschend, auf die Reform einer vom alten Schlendrian befreiten Militärmusik. Außer Hindemiths op. 41, den sechs Variationen über das alte Soldatenlied „Prinz Eugen, der edle Ritter" (für ein stark besetztes Blasorchester), brachte eine Militärkapelle bei einem geselligen Begrüßungsabend in Donaueschingen Originalkompositionen angesehener seriöser Komponisten (Ernst Krenek, Ernst Pepping, Ernst Toch) zu Gehör.

Hindemiths Bemühen um eine neue Musik und um neue Hörerschichten greift weit aus. Die Anschauung, jede wahre Musik müsse eine ihr eigene

Aufgabe haben, überragt die bürgerlichen Formen von Konzert und Oper und ordnet die Musik in eine moderne Gesellschaft und ihre Arbeitswelt ein. Die Abgrenzung von Laientum und Berufsmusiker verliert durch intensiven Austausch an Gewicht und Bedeutung, ein Vorgang, der der Musik in Jugendverbänden und Schulen zugute kommt und sie historisch befruchtet: „Alte Musik" wird als Lied und Tanz ins Leben zurückgerufen. Dem Ehrenausschuß für Donaueschingen, dessen unumstrittener Führer Hindemith mehr und mehr wurde, haben F. Busoni, S. von Hausegger, M. Pauer, H. Pfitzner, F. Schreker und Richard Strauss angehört (der anfänglich an den Festen teilgenommen hat). Für einige Jahre sammeln sich in Donaueschingen, der entlegenen Kleinstadt, die progressiven Strömungen in der europäischen Musik.

Als sich trotz der fürstlichen Munifizenz die finanzielle Basis zu verengen droht, wird das Fest als „Deutsche Kammermusik Baden-Baden" in den bekannten Schwarzwaldort verlegt. Nach zwei scheinbar gegensätzlichen, für Hindemith jedoch charakteristischen Richtungen hin haben die beiden Baden-Badener Jahre (1927–1928) das bisherige Programm verlassen. Einmal sind es die Versuche, in Gestalt kabarettähnlicher oder burlesker Kurzopern von der Bühne Besitz zu ergreifen. Tiefer als solche Experimente greift Hindemiths Bemühen, eine tragfähige Brücke zur Jugendmusikbewegung von Fritz Jöde und dessen „Musikantengilde" zu schlagen. Vollkommen zu Unrecht und mißverständlich hat man diese Bestrebungen als pränazistisch verdächtigt. Jöde war bereits 1923 vom sozialistischen preußischen Kultusminister nach Berlin berufen worden, um die darniederliegende Musik in Schulen und Pädagogischen Akademien zu reformieren. Ein Jahrzehnt über (bis 1933) hat Jöde hier eine vorbildliche, pädagogisch-sozial orientierte Musikpflege verwirklicht. In den höheren Formen der Jugendbewegung nahm das alte deutsche Volkslied breiten Raum ein; diese Musik hat Hindemith angeregt, einige ihrer geistlichen und weltlichen Melodien in die eigene Kunst zu übernehmen. Überzeugend dokumentieren dies die beiden großen „historischen" Opern, die um Mathis, den Maler, und die um Kepler („Die Harmonie der Welt"). Zahlreiche Spiel- und Singmusiken aus Hindemiths op. 43–45 führen 1932 zum Höhepunkt des „Plöner Musiktages", in dem der Komponist den Lebensrhythmus dieser Internatsschule in Instrumental- und Vokalmusik auffängt.

Im Jahre 1930 ist der Festspielimpuls, der schon in Baden-Baden erlahmt war, vollends am Ende. Als „Neue Musik Berlin" kommt es zwar zu einigen Aufführungen, aber der Kreis der Verantwortlichen ist gelichtet. Die anonyme Weltstadt hat das Festspiel-Ideal nivelliert und entseelt.

Die überlegene Fähigkeit Hindemiths, die ihm zur Verfügung stehende Zeit produktiv zu nutzen, wird von den Eingeweihten bestaunt. Noch immer war ihm Frankfurt am Main der rechte Ort, die Fäden in der Hand zu halten.

Hindemiths Maxime, sich durch keine, wie auch immer gearteten Engagements von seinem „Hauptgeschäft" abdrängen zu lassen, hat sich für die Donaueschinger Jahre zumindest dreifach bestätigt. Der Liederkomponist findet in Rilkes Zyklus „Das Marienleben" einen Weg zu sich selbst, den er fünfundzwanzig Jahre später verlassen und verändert hat. In ähnlicher Tendenz hat er die große vieraktige Oper „Cardillac", Text nach E. T. A. Hoffmann von Ferdinand Lion (zuerst Dresden 1926 unter Fritz Busch), 1952 stark eingreifend neu gefaßt; unverändert bleibt allein die Serie der vier Konzerte aus op. 36, in denen sich kammermusikalische und konzertante Impulse überschneiden. Trotz dieser großen Erfolge in der Öffentlichkeit bewahrt sich Hindemith den kritischen Blick. Er sieht für die nächsten Jahre einen schweren Kampf um die neue Musik voraus, dann wird sich auch die seine bewähren müssen. „Ich glaube natürlich sicher daran, weiß aber ebenso gut, daß die Vorwürfe, die man der Mehrzahl der sogenannten modernen Musik macht, nur allzu berechtigt sind."

Inzwischen hatte sich Hindemiths Rang in der musikalischen Avantgarde derart befestigt, daß ihn das für moderne Strömungen offene preußische Kultusministerium, dessen künstlerischer „Referent für musikalische Angelegenheiten" seit 1918 der aus Busonis Schule stammende Pianist Leo Kestenberg war, zum Mai 1927 als Kompositionslehrer an die Hochschule für Musik nach Berlin berief.

Keineswegs leichten Herzens hat sich Hindemith von Frankfurt gelöst, hier vielmehr zunächst die ihm lieb gewordene Wohnung im Kuhhirtenturm behalten. Auf der anderen Seite erkannte er sofort die Möglichkeiten, die ihm gerade Berlin bot. Eine Weltstadt, für alle Künste und Wissenschaften offen, erwartete ihn, wie allein die Namen Max Liebermann, Einstein und Planck anzeigen; Schreker war Direktor der Musikhochschule, Klemperer leitete die sogenannte Kroll-Oper. Ihm hat Hindemith 1929 seine Berliner lustige Oper „Neues vom Tage", auf einen Text des Kabarettisten Marcellus Schiffer überlassen, ihm vor allem aber die Uraufführung eines Hauptwerkes aus den Berliner Jahren, nämlich des großen Oratoriums „Das Unaufhörliche" auf den Text von Gottfried Benn anvertraut. Die Uraufführung fand 1931 keinerlei Widerstand, im Unterschied zu dem anderen Hauptwerk jener Zeit, der breit angelegten Grünewald-Oper „Mathis der Maler".

Obgleich der Grundcharakter des Werkes vom Stoff und seiner dichterisch-musikalischen Ausführung her der deutschen Geschichte des Spätmittelalters verbunden ist, und obgleich sich Männer wie Wilhelm Furtwängler mit Hindemith solidarisch erklärten, bereit, leitende Positionen im deutschen Musikleben zur Verfügung zu stellen, hat der blinde Haß des Propagandaministers die Aufführung auf einer deutschen Bühne verhindert. So ist der 28. Mai 1938, der Tag der Zürcher Uraufführung der Oper, ein denkwürdiges Datum, nicht allein für Hindemith selbst, sondern allgemein für die Zustände im „tausendjährigen" Deutschen Reich.

Die freie Schweiz, die künftig für Hindemiths menschliche und künstlerische Existenz entscheidende Aufgaben übernehmen sollte, erhebt in diesem Konflikt erstmals ihre Stimme. Der leidenschaftliche Pädagoge und begnadete Musikant Hindemith hatte in der Berliner Hochschule ein begeistertes Echo gefunden. Er übt ein Lehramt aus, das er, wie kein anderer, Theorie und Praxis vereinbarend, ungemein ernst nimmt und geschichtlich verwurzelt.

1929 hatte die verheißungsvolle Zusammenarbeit mit Brecht in Baden-Baden ein schnelles Ende gefunden, und zwar in erster Linie durch die turbulente Aufführung des gemeinsamen „Lehrstücks". Der tiefere Grund der Trennung liegt darin, daß die kunstpolitischen Tendenzen beider Autoren einander widersprechen. Etwa gleichzeitig ist Hindemith erneut auf Gottfried Benn aufmerksam geworden, von dem er bereits einige Gedichte vertont hatte, und bat ihn schriftlich um einen umfangreichen Text. In kurzer Frist ist Benn dieser Einladung nachgekommen und übersandte den Entwurf zu einem Oratorium. „‚Das Unaufhörliche' ist kein Lehrstück, sondern mehr eine Dichtung", heißt es brieflich an Hindemith. Dieser stimmt sofort zu. In die Thematik der großangelegten Dichtung, welche um das „unaufhörliche" Spiel von Dauer und Veränderung in der Welt kreist, wuchs der Komponist schnell hinein; ihn begeistert die Fülle musikalischer Mittel und Formen, die ihm der Dichter bot. Ihm kommt es nicht auf den Vordergrund des menschlichen Daseins an, sondern auf die „ewige" Gesetzlichkeit im Laufe der Welt. Hindemiths Musik stieß damit in seelische und geistige Bereiche vor, die er bis dahin zwar erkannt, aber kaum erschlossen hatte (Uraufführung: Berlin, 21. November 1931, unter Otto Klemperer).

Die Tatsache, daß Gottfried Benn vorübergehend nationalsozialistischen Parolen erlegen ist, hat eine weitere Zusammenarbeit verhindert. Den Wunsch, von Benn auch ein Opernlibretto zu erhalten, mußte Hindemith unter diesen Umständen fallenlassen. Es ist ihm schwergefallen, sein eigener Textdichter zu werden. „Verlieren Sie bitte nicht die Geduld", schreibt er im Oktober 1933 an Schott, „durch mein langsames Arbeiten am Operntext. Es ist eine irrsinnig heikle Sache ..." Da er das Bild der Oper „Mathis der Maler" als Ganzes in sich trägt, kann er ihr eine Sinfonie vorausschicken, welche drei Hauptstationen ihrer Handlung umspielt: das Engelkonzert, die Grablegung, die Versuchung des hl. Antonius. Bei der Berliner Uraufführung (12. März 1934) unter Wilhelm Furtwängler fand die Sinfonie jubelnden Beifall, sehr zum Mißfallen der Partei, die insgeheim den Boykott der Oper beschlossen hatte.

Seit dem „Cardillac" (1926) hatte Hindemith als Opernkomponist, wenn man von zwei Nebenwerken geringeren Gewichts absieht, geschwiegen. Da er indes erkannte, wie sehr seine Kunst seitdem musikalisch und geistig gewachsen war, nicht zuletzt unter dem Eindruck des Lebens in Berlin, drängt es ihn wiederum zur Bühne: Dichtung und Musik, Aktion und Mensch vermittelnd zu konfrontieren. Über Jahre haben Hindemith solche Pläne beschäftigt: Autobiographische Momente und aktuelle geschichtliche Erkenntnis fließen darin zusammen. Im Kräftespiel von Politik und Kirche muß sich der Künstler als wahrer Exponent eines Volkstums und als dessen Inkarnation behaupten. Das ist die Lehre der neuentstehenden Oper „Mathis der Maler". Im Orchester, so besonders in der oft konzertierenden Abgrenzung der Instrumentengruppen, hat sich Hindemiths Musik entscheidend differenziert. Als spiritueller „Leitton" schwebt über dem Ganzen das ältere geistliche und weltliche Lied; seine Weisen finden sich in polyphonen Bearbeitungen wieder. Alle Dramatik in den politischen Ereignissen und menschlichen Begegnungen aber endet in Resignation: ein neuer Grundton im Gesamtwerk Hindemiths. Zwei Jahrzehnte später verklärt eine gleiche Sphäre die andere „historische" Oper Hindemiths, die um Johannes Kepler.

Daß der Komponist außer seinen beiden umfangreichen Werken, dem Oratorium und der Oper, in Berlin zahlreiche andere Musik geschrieben hat – für Orchester die bedeutenden Konzertmusiken op. 49 und op. 50, ferner das Philharmonische Konzert zum Jubiläum des gleichnamigen Berliner Orchesters –, ist erstaunlich. Einen ganzen Tag in der Woche widmet er seinen Studenten in der Hochschule, einen Abend der Volksmusikschule in Neukölln, die er im Sinne Fritz Jödes in den Dienst eines qualifizierten musikalischen Laienunterrichts stellt.

Seit der sogenannten Machtergreifung im Jahre 1933 verstärkte sich der Druck der Nationalsozialisten, Hindemith aus dem öffentlichen Musikleben wie aus dem Lehramt der Hochschule zu verdrängen. Mit der Berufung des pädagogisch wenig erfahrenen Musikers in eine Professur obersten Ranges hatte das Kultusministerium 1927 einen Schritt gewagt, der sich glänzend bewähren sollte. Während Hindemith als Komponist nicht selten Widerstand fand, war die begeisterte Zustimmung der Schüler dem genialen Lehrer ein Element, das ihn über viele Unbill aus trüben politischen Quellen hinwegtrug. Die der Hochschule inkorporierte kostbare Sammlung historischer Musikinstrumente, die bis dahin ein museales Dasein geführt hatte, fand schnell Hindemiths aktives Interesse: Dank seiner unvergleichlichen spieltechnischen Begabung hat er den Kosmos nahezu aller alten Instrumente zum Klingen gebracht und sie dem Musizieren zurückgewonnen. Hindemith, der Musikologe sui generis, hat hier wie später in New Haven und Zürich dem Theorieunterricht eine eigenständige „Unterweisung im Tonsatz" zugrunde gelegt (zwei Bände, 1937 und 1939).

Die zunehmende politische Verfolgung übt allmählich ihre Wirkung aus, so daß Hindemith die Freude an seinen universalen Berliner Aufgaben verlor. Mehr und mehr mußte er sich mit dem Gedanken vertraut machen, daß allein die Emigration als Ausweg offenblieb. So reichte er 1935 seiner Behörde ein längerfristiges Urlaubsgesuch ein, um sich in die Schweiz zurückzuziehen. Hier, in der Stille von Blusch (Wallis), fand er sich wieder. Unerwartete Aufträge trugen dazu bei. Die türkische Regierung erbat Vorschläge zur Reform des gesamten Musiklebens der Nation. Hindemith hielt sich wiederholt in Ankara auf, um praktisch mit der Musik und ihrer Rolle in der Türkei bekannt zu werden. Auch konnte er in dieser Periode einer Frühemigration zunehmend Konzertverpflichtungen als Bratscher oder Dirigent übernehmen. Sein internationales Ansehen befestigte sich hierdurch nochmals, über die Grenzen Europas hinaus.

Jährliche Reisen in die USA (1937 bis 1939) leiteten ein neues Kapitel in Hindemiths Lebensgeschichte ein. Dieser Abschnitt, der bis 1953 reichen sollte, hat für seine gesamte künstlerische Existenz eine gewiß veränderte, doch kaum geringere Bedeutung als zuvor die langen Jahre in der deutschen Heimat. Lag es seiner aktiven Natur ohnehin fern, Amerika als ein Buon retiro anzusehen – allein die wirtschaftlichen Verhältnisse hätten dies schwerlich zugelassen –: Sein Entschluß für die Emigration leitet eine Annäherung, vielleicht eine Verschmelzung der Musikkulturen ein, mit Hindemiths Worten: „Ich möchte die Erfahrung, in zwei verschiedenen musikalischen Kulturen gelebt und gearbeitet zu haben, nicht missen." Freilich, die Anfänge in den USA waren keineswegs einfach. Wie in seiner Jugend muß er sich wahrhaft emporarbeiten. Vorübergehend lehrt er gleichzeitig an drei verschiedenen Universitäten und Colleges, und nicht immer entspricht ihr Niveau dem seinen: „Wenn ich an einem Tage sieben Stunden in der fremden Sprache unterrichtet habe, weiß ich abends, was ich getan habe." Im April 1940 bringt endlich eine Berufung an die hochangesehene Yale University in New Haven eine Wende. Am Unterricht der begabten Schüler hat Hindemith eine impulsive Freude. Wie in Berlin gewinnt er daraus Erkenntnisse, die für sein Lehrbuch wichtig sind. Zwar verschlingt „das Erledigen der laufenden Schulfragen" wohl 95 Prozent seiner Zeit: die produktive musikalische Erfindungskraft aber kehrt zur Genugtuung des Komponisten zurück. Der Dirigent und Violaspieler findet in dem weiten Land viele Möglichkeiten, sich im Umgang mit alter oder zeitgenössischer Musik konzertierend bekannt zu machen. Hier in Yale bearbeitet er Claudio Monteverdis epochemachende Oper „Orfeo" (1607) als den Versuch einer Rekonstruktion (erste Aufführung der Bearbeitung Wien 1954); hier schließt er, nachdem ihn der Plan über viele Jahre beschäftigt hatte, die neue Fassung seines Liederzyklus „Das Marienleben" aus dem Jahre 1923 ab. Der Neuausgabe schickt er ein ausführliches Vorwort voraus, eine methodisch überzeugende Einführung in seine Musik. Darin legt er die Ursache der Selbstkritik dar und begründet sie als Ganzes und im einzelnen. Hatte es bereits 1922 geheißen: „Ich konstatiere mit Befriedigung, daß meine Sachen besser und einfacher werden", so 1935: „Ich bin selbst der Ansicht, daß meine Musik seit etwa sechs Jahren aus dem Zustand des Experimentierens heraus ist und daß man für eine gerechte Beurteilung meiner Absichten in erster Linie die Musik aus dieser Zeit berücksichtigen müsse." Als Spieler und als Komponist sei er ganz von unten auf durch die Praxis gelaufen.

Seit den frühen zwanziger Jahren hat Hindemith satztechnische Anlagen und Strukturen des Barocks in seine Musik übernommen – Imitation und Kanon, Fuge, Orgelpunkt und Ostinato, um nur sie zu nennen –: Die 1945 als „Ludus tonalis" erschienene Sammlung „kontrapunktischer, tonaler und spieltechnischer" Klavierstücke ist ein Summum dieser Prinzipien und markiert die Höhe der ihm vorschwebenden stilistischen Durchdringung.

Als endlich der Krieg ein Ende findet, schreibt Hindemith, 1946 amerikanischer Staatsbürger geworden, im gleichen Jahr zum Gedächtnis der Gefallenen ein umfangreiches nichtkirchliches Requiem auf Walt Whitmans Gedichte „When Lilacs Last in the Door-Yard Bloom'd" (deutsche Übertragung vom Komponisten) für einen anspruchsvollen großen Klangapparat. Das Niveau und die Spielkultur der amerikanischen Orchester haben Hindemiths Rückkehr zur Sinfonie und zum orchesterbegleiteten Instrumentalkonzert vorbereitet. Gerade in ihrer Vielseitigkeit waren die Ansprüche, die das amerikanische Musikleben stellte, seiner Natur entgegengekommen. Hier konnten sich Hindemiths Kräfte freier entfalten als in der eher reglementierten deutschen Heimat: Der Spieler und Dirigent im Konzert, der Pädagoge und Theoretiker in der Universität – sie sind Zweige, Blätter und Blüten am starken Stamm einer Musik, die sich in der Neuen Welt konsolidiert und befestigt hat. Obgleich ihn, als die Waffen verstummten, alte Freunde in Deutschland und solche Menschen, die es gern werden wollten, herzlich und dringlich, zuweilen wohl auch aufdringlich, gebeten haben, in die Heimat zurückzukehren, hat Hindemith sich nur zögernd von Amerika gelöst. Von 1947 bis 1950 ist er alljährlich in Europa, gibt Konzerte oder hält Kurse und Vorlesungen an Hochschulen.

Wie die Schweiz bei der Emigration eine hilfreiche Mittlerin gewesen war, so hat sie ihm 1953 das Tor zu einer ehrenvollen Rückkehr großzügig und liberal geöffnet. Die Universität Zürich nämlich übertrug Hindemith 1950 einen ad personam errichteten Lehrstuhl für Musiktheorie, Komposition und Musikpädagogik und befreite ihn zugleich für jedes zweite Jahr, das er Yale widmen wollte, von aller Lehrverpflichtung. Diese doppelte Belastung war jedoch selbst Hindemith zu schwer. Als daher das Ehepaar 1952 in Blonay (über dem Genfer See) ein ihm zusagendes Heim gefunden hatte, ist Hindemith im folgenden Jahr definitiv nach Europa zurückgekehrt und hat auf das Lehramt in Yale verzichtet.

Obgleich Spielen, Komponieren und Lehren den Dreiklang seines Wesens und Wirkens bilden, ist Hindemith 1957 auch von der Professur in Zürich zurückgetreten (der Universität hat er weiterhin als Honorarprofessor angehört). Die damit nach vielen Jahren erzielte Befreiung von allen Amtsgeschäften hat er doppelt genutzt: einmal in zahlreichen Orchesterkonzerten, vor allem aber konnte er sich nunmehr verstärkt wiederum seinem „Hauptgeschäft“, der Komposition, widmen. Hatte er in den Berliner Jahren Gestalt und Schicksal des Malers Grünewald in den Mittelpunkt einer Oper gestellt, war er seitdem von der historischen Person des universalen barocken Astronomen Johannes Kepler geheimnisvoll angezogen. Die Arbeit an diesem Opernplan mußte immer wieder unterbrochen werden: Jetzt endlich konnte sich der Librettist und Komponist ganz auf die Vollendung des Werkes konzentrieren. Mit der Münchner Uraufführung der „Harmonie der Welt“ im Jahre 1957 ziehen herbstliche Schatten über Hindemith auf: Ein orthodoxer musikalischer Fortschrittsglaube in Presse und Rundfunk weigert sich, Hindemith und sein Werk in seinen Kanon aufzunehmen. Dieser „Bewegung“ ist Hindemith energisch entgegengetreten, polemisch scharf im Todesjahr mit dem Vortrag „Sterbende Gewässer“ im Kreis der Ordensträger des Pour le mérite, dem er seit 1952 angehörte. Hindemith, einst „Tempelschänder“ und „Totengräber“ der deutschen Musik, rühmt darin deren „ehrwürdiges System“ und „ehrwürdige Tonalität“.

Thornton Wilders tiefsinnig zeitlose Dichtung vom Kommen und Gehen der Generationen „The Long Christmas Dinner“ (1931) faßt Hindemith viel später in einer kammermusikalisch subtilen einaktigen Oper zusammen („Das lange Weihnachtsmahl“, deutsche Textfassung vom Komponisten, Uraufführung Mannheim 1961). An die Stelle einer überragenden geschichtlichen Gestalt, um die eine Handlung kreist, ist der anonyme Mensch gerückt. Beide bindet ein gleiches Gesetz: Das Ethos der Musik ruft den Menschen auf.

Paul Hindemith ist am 28. Dezember 1963 in Frankfurt am Main gestorben.

# ALBERT SCHWEITZER
## 1875–1965

Von
Erich Gräßer

Auffallend an diesem langen, intensiv und zielbewußt gelebten Leben ist die Tatsache, daß schon die frühesten Kindheitseindrücke den Weg bestimmen, die Knabenerlebnisse den Menschen formen. Alles, was er geworden ist, war spätestens im Vierzehnjährigen schon fertig angelegt und wurde bruchlos bis übers neunzigste Lebensjahr hinaus entfaltet.

Der Grundakkord seiner Lebensmelodie ist der gottesdienstliche Sonntag, wie er sich dem Pfarrerssohn schon ab dem drittten Jahr in der kleinen Dorfkirche darbot: ein Zusammenspiel von Andacht, Feierlichkeit, Farbe und Klang. „Ich freute mich die ganze Woche darauf."

Die Kirche war „simultan", sie diente Katholiken wie Protestanten; die starken Empfindungen des Knaben dürften den Impressionen entsprochen haben, die der Dichter Hölderlin, Alemanne wie Schweitzer, etwa fünfzig Jahre zuvor in dem kleinen Gedicht „Der Sonntag" aneinanderfügte:

„Freundschaft, Liebe, Kirch' und Heilge, Kreuze, Bilder,
Altar und Kanzel und Musik. Es tönet ihm die Predigt..."

Während die Pfarrmagd, neben dem Kind in der Kirchenbank sitzend, sein allzu lautes Singen dämpfte, nahm er das Phänomen einer jenseits des Irdischen aufstrahlenden Welt mit allen Sinnen in sich hinein. Er erzählt davon: „Aus den Gottesdiensten, an denen ich als Kind teilnahm, habe ich den Sinn für das Feierliche und das Bedürfnis nach Stille und Sammlung mit ins Leben genommen... Es kommt gar nicht auf ein Verstehen des Feierlichen an, sondern auf das Erleben des Feierlichen... Der... Chor, in den ich hineinschaute, war für meine kindliche Phantasie der Inbegriff der Herrlichkeit... große metallene Leuchter mit majestätischen Kerzen;... zwei große goldfarbene Statuen... alles umflutet von dem Lichte... durch die Chorfenster... So wanderte mein Blick aus der Endlichkeit in die Unendlichkeit. Stille und Friede überkamen meine Seele." Aus diesen frühen, richtungweisenden Eindrücken formt sich eine Persönlichkeit von unvergleichlicher Ausstrahlungskraft, deren Eigenart vor allem darin besteht, daß die Wahrheiten des Evangeliums nicht nur gepredigt und geschrieben, sondern beispielhaft vorgelebt werden, wie es seine alte Bekannte Elly Heuss-Knapp 1955 noch in einem Brief an den Urwalddoktor nach Lambarene ausdrückt: „Wir sind so angelegt, daß uns die Wahrheiten des Evangeliums aufleuchten, wenn sie von einem Menschen gelebt werden; oft gibt das erst den Funken."

Bei Schweitzer sind Theorie und Praxis identisch. Das Denken wird durchs Leben bezeugt. Als Theologe predigt er Nächstenliebe und Barmherzigkeit – um sie später in Äquatorial-Afrika unter schwersten Bedingungen selbst zu üben. Als Philosoph gibt er sich nicht zufrieden damit, den Niedergang der Kultur in seiner Zeit zu beschreiben; er setzt diesem Verfall energisch ein neues ethisches Grundprinzip entgegen, das er „Ehrfurcht vor dem Leben" nennt, und er kämpft gegen die zerstörerischen Kräfte moderner physikalischer Forschung bis über sein achtzigstes Lebensjahr hinaus. Als Musiker entdeckt er Bach und macht ihn, theoretisch wie praktisch seine Werke interpretierend, in ganz Europa bekannt. Als Orgelkenner rettet er unzählige alte Orgeln, die neuerungssüchtige, fortschrittsgläubige Gemeinden abreißen wollen. Als Mediziner lebt er unter seinen Kranken, er baut ihnen menschenwürdige Unterkünfte und lehrt seinen europäischen Helferstab, dem üblicherweise verachteten und ausgebeuteten Objekt des Europäers, dem Schwarzen, als Bruder und Nächster zu begegnen.

Die außerordentliche Vielseitigkeit Schweitzers, welche in seinem Leben zu einer Einheit von Denken und Handeln verschmilzt, ist nur begreiflich aus seiner persönlichen individuellen Frömmigkeit heraus. Schweitzer steht in der Nachfolge Jesu als einer, der „von Haus aus Theologe ist, und bestimmt, auf Lebzeit Theolog zu bleiben" (Martin Buber). Die Grundeinstellung erwirbt er sich im elterlichen Pfarrhaus, in welchem er mit allen Fasern seines Herzens wurzelt, dessen herzensfromme, gütige und doch liberale Glaubenshaltung er sich lebenslänglich bewahrt. Noch mit achtundachtzig Jahren schreibt er an einen Freund: „Ich verehre den Jesus von Nazareth als meinen Führer im Leben. Durch ihn komme ich zur Geistigkeit des Frommseins ... Der Jesus von Galiläa, der aus dem Matthäusevangelium zu mir spricht, lehrt mich die tiefe Menschlichkeit und Frömmigkeit und hilft mir, Menschen auf diesen Weg zu bringen."

Geboren ist Albert Schweitzer am 14. Januar 1875 zu Kaysersberg im Elsaß, zweites Kind von fünf Geschwistern. Noch heute bietet sich diese kleine, mit Fachwerkhäusern und Balkonblumen geschmückte Stadt fast unverändert, und Schweitzers Geburtshaus, das „Häuschen mit dem Türmchen am oberen Ausgang des Ortes", ist noch zu finden. Im gleichen Sommer 1875 wechselte der Vater als Pfarrer nach Günsbach, einem Bauerndorf zwischen Colmar und Münster, wo er fünfzig Jahre lang, bis zu seinem Tod 1925, seßhaft blieb. Dieser Umstand machte Günsbach zur Heimat Albert Schweitzers; lebenslang fühlte er sich als Abkömmling des dortigen Pfarrhauses und seiner Bewohner. Von Günsbach aus wird er später, als Achtunddreißigjähriger, mit seiner Frau in den schwarzen Erdteil aufbrechen. In Günsbach wird er 1928 sein eigenes Haus errichten, nachdem der Goethepreis der Stadt Frankfurt am Main ihm dies finanziell ermöglicht.

Bedeutend und verpflichtend erschien ihm schon früh die „sehr glückliche Kindheit", welche er der gescheiten, strengen Mutter, dem warmherzigen Vater verdankte. Und dies tiefe Gefühl von Dankbarkeit führte den Einundzwanzigjährigen zu dem festen Entschluß, vom dreißigsten Lebensjahr ab „ein Christentum der Tat" zu verwirklichen auf dem Platz, den Gott ihm zeigen würde.

Seine Kindheitserlebnisse hat Schweitzer selbst beschrieben; sie charakterisieren den gewissenhaften und kritisch denkenden Knaben und lassen in Details schon den künftigen Ethiker erkennen. Besonders vielsagend ist die folgende Erinnerung, die ihm „unauslöschlich" eingeprägt bleibt: „Komm, jetzt gehen wir in den Rebberg und schießen Vögel!" beredete den Siebenjährigen ein Schulkamerad, worauf er zunächst einging, um nicht als Schwächling ausgelacht zu werden. Unter „furchtbaren Gewissensbissen" spannte der Pfarrerssohn seine Schleuder, wie der Freund es tat, „mir fest gelobend, danebenzuschießen. In demselben Augenblicke fingen die Kirchenglocken an, in den Sonnenschein und in den Gesang der Vögel hineinzuläuten... Für mich war es eine Stimme aus dem Himmel. Ich tat die Schleuder weg, scheuchte die Vögel auf... und floh nach Hause. Und immer wieder, wenn die Glocken der Passionszeit in Sonnenschein und kahle Bäume hinausklingen, denke ich ergriffen und dankbar daran, wie sie mir damals das Gebot: ‚Du sollst nicht töten' ins Herz geläutet haben."

Dies denkwürdige Erlebnis hat seinen Hintergrund: Das Leiden aller Leidenden, besonders auch der armen Tiere, beschäftigte Schweitzer seit frühester Kindheit; und dem Abendgebet „nur für Menschen" fügte er heimlich ein Zusatzgebet für alle lebendigen Wesen hinzu. Von dem Tage des Zeichenläutens an wagt er nun auch, sich von der Menschenfurcht zu befreien, und sucht, die Scheu vor dem Ausgelachtwerden zu verlernen, seiner innersten Überzeugung mehr zu vertrauen als der Meinung anderer – und dies, wie er selbst bezeugt, in seinem siebenten Jahre!

In die Aufgabe, Bruder zu sein, mündet für ihn jedes sonstige Tun. Daher weigert sich schon das Schulkind, besser gekleidet, besser ernährt zu werden als die Dorfbuben. Und es ist bezeichnend, daß ihn auch sein starkes musikalisches Erbe über den Klavierunterricht sehr bald auf die Orgelbank führt, und damit zum Dienst an der Gemeinde. „Neun Jahre alt, durfte ich zum ersten Male den Organisten im Gottesdienst vertreten."

Aus dem träumerischen, von vielen Fragen bewegten Grundschüler, dem Realschüler, der den drei Kilometer langen Schulweg nach Münster am liebsten allein macht, um sich an der schönen Natur zu berauschen, wird, nach dem Wechsel in den streng geführten Haushalt des Onkels zu Mülhausen, ein pflichtbewußter, disziplinierter junger Mensch, als Gymnasiast interessiert an der Tagespolitik, begabt vor allem für Geschichte und deutschen Aufsatz, der selbstkritisch seine schlechten Eigenschaften – er nennt Jähzorn und Spielleidenschaft – unter Kontrolle zu bringen bemüht ist und der auch Fächer, die ihm weniger liegen – er nennt Sprachen und Mathematik –, mit Willensstärke erarbeitet.

„Die Konfirmation war ein großes Erlebnis für mich." Auch in dieser Zeit wird Schweitzer von vielerlei Fragen umgetrieben. Warum fällt es so schwer, eigene Empfindungen anderen mitzuteilen, warum verschließen sich die Menschen voreinander? Warum reden sie statt dessen so viel Nichtssagendes? Gibt es ein „Recht auf Glück"? Wieso das viele Elend in der Welt? Warum haben besonders die Tiere viel Schmerz und Not auszustehen? Und muß der Verstand des Christen zurücktreten, wo es um Glaubensfragen geht?

Schweitzer gehört von Jugend an zu den eigenwilligen Selbst-Denkern. Das eigene Urteil bestimmt ihn weit mehr als gängige Ansichten, Überlieferung und Lehre. Das Christentum der Tat nennt er „erhaben über alles Geistige und Intellektuelle, über Philosophie und Theologie".

Sein Vorbild hierfür war die Einstellung des Vaters. Wir kennen sie besonders aus dessen kleiner Erzählung, gedruckt 1893 mit dem Titel „Eine Predigt ohne Worte": Während im Dorf die Frommen einen leidenschaftlichen Streit um liberale und konfessionelle Theologie ausfechten, bewährt sich eine schlichte Magd durch ihre Tat der Nächstenliebe und Barmherzigkeit.

Vielleicht hat der Sohn, Albert Schweitzer, diese schöne Erzählung im Gepäck mitgeführt, als er im selben Jahr, nach bestandenem Abitur 1893, bei welchem er noch immer besonders in Geschichte glänzte, die Universität Straßburg bezog. Er belegte, bis dahin nur durch sein vorzügliches Orgelspiel hervorgetreten, Theologie, Philosophie und Musikwissenschaft gleichzeitig.

Straßburg wird ihm, für die nächsten unermeßlich reichen zwanzig Jahre, zur Studien- und Wirkungsstätte, die ihm eine geistige Entwicklung ermöglicht, welche ihn weit über ein normales Brotstudium hinausführt. Es ist, als wäre die Zeit des Fragens in einer Überfülle des eigenständigen Antwortens aufgegangen.

Vom ersten Semester an fällt auf, wie dieser Student Quellenstudium und eigenes Urteil entschieden über die Thesen anderer stellt. Schon während der einjährigen Militärzeit, im Manöver, entdeckt er anhand des Neuen Testaments, daß die gängige Auffassung vom historischen Jesus, von der Geschichtlichkeit der Lebensberichte in den Evangelien, gewissenhafter Prüfung nicht standhält. Hartnäckig wird er diese Entdeckung künftig vervollständigen und zur eigenen Theologie ausbauen.

Eiserne Gesundheit und zielstrebige Arbeitsdisziplin ermöglichen es ihm, das Studium der drei gewählten Disziplinen konsequent und ohne Zeitverlust zu beenden, wobei sogar für seine Mitwirkung bei Kirchenkantaten und Passionen als Orgelspieler noch Raum bleibt. Diese Konzerte führen ihn zur intensiven Beschäftigung mit Johann Sebastian Bach und bestimmen seine Auffassung von dessen Werken.

In sein sechstes Semester fällt der wichtige Entschluß, der seine zweite Lebenshälfte bestimmt. An einem Pfingstmorgen im Elternhaus in Günsbach erwachend, überkommt ihn der Gedanke, ein Glücksbegünstigter zu sein, der von dem Empfangenen an weniger Begünstigte weitergeben müsse. Das Bibelwort „Wer sein Leben erhalten will, wird es verlieren" wird ihm persönlich bedeutsam, und er setzt sein dreißigstes Lebensjahr als Beginn eines unmittelbaren menschlichen Dienens bei sich fest. Niemand erfährt von seinem Plan. Mehrere Versuche, in Europa seine Idee zu verwirklichen, schlagen fehl. Weder der Dienst an Waisenkindern, an entlassenen Gefangenen oder verwahrlosten Familien erweist sich als erfolgreich. „Mein Sinn ging ... auf ein absolut persönliches und unabhängiges Handeln ... Daß sich diese Sehnsucht erfüllte, habe ich immer als eine große, stets aufs neue erlebte Gnade hingenommen."

1898 besteht Schweitzer sein theologisches Staatsexamen, das ihm ein Stipendium einbringt: in sechs Jahren soll der Grad des Lizentiaten erworben werden. Nun kann der junge Theologe sorgenfrei zunächst seine Philosophiestudien mit der Dissertation abschließen und wählt hierfür Kants Religionsphilosophie als Thema. In Paris, neben seiner Weiterbildung im Orgelspiel unter dem berühmten Widor, ohne weitere Literatur über Kant einzusehen, vergräbt sich Schweitzer in die Texte Kants, und dies so intensiv bei „ausgiebiger Nachtarbeit", daß er schon nach fünf Monaten die fertige Arbeit vorlegt und im Juli 1899 promoviert. Während diese Dissertation im gleichen Jahr noch in Druck geht, ist Schweitzer bereits mit der theologischen Lizentiatenarbeit beschäftigt und tritt – gleichzeitig – als Vikar sein erwünschtes Predigtamt zu St. Nikolai an.

Schweitzer empfindet es als unaussprechliches Glück, „das Evangelium predigen zu dürfen". Von den Predigten sind 300 durch seine spätere Frau registriert. Erhalten sind uns nur wenige.

Den zum Amt gehörenden Unterricht, die ungezählten Amtshandlungen bewältigt er, ohne seine Wissenschaft zu vernachlässigen. Besonderen Wert legt er darauf, daß die Religion Jesu als mit dem Denken *vereinbar* dargestellt wird: Keiner seiner Konfirmanden soll später in Versuchung kommen, die Religion zu Gunsten des Verstandes preiszugeben.

Ins Jahr 1908 fällt die Trauung seiner Freunde Elly Knapp und Theodor Heuss. Trautext ist Mt 5,13: „Ihr seid das Salz der Erde". Was Schweitzer den beiden zuspricht – er selbst steht bereits in der Ausbildung zum Arzt –, gilt in gleicher Weise für seine eigene Eheschließung fünf Jahre später: „Das höchste Glück in diesem Augenblick ist nicht, daß zwei Menschen sich innerlich geloben: Wir wollen füreinander leben, sondern daß dies in ihren Gedanken zugleich bedeutet: Wir wollen miteinander für etwas leben. Der Geist aber, auf den wir hinwirken, ist der Geist Jesu."

Die auf sechs Jahre befristete Stipendiatenzeit nimmt der Vikar wenig über zwei Jahre in Anspruch, so daß er im Juli 1900 bereits als Lizentiat der Theologie promoviert ist; auch die anschließende Habilitation ist in knapp zwei Jahren bewältigt! Themen sind das Abendmahl – nach Schweitzer als „Danksagungsfeier", als „Eucharistie", nicht im Sinne einer „Wandlung" aufzufassen – und „Das Messianitäts- und Leidensgeheimnis", eine kurze, aber geniale Studie, deren Intention Schweitzer so zusammenfaßt:

„Wir müssen der modernen Zeit die Gestalt Jesu in ihrer überwältigenden heroischen Größe vor die Seele führen... damit auch in unserem Christentum das Heroische wieder lebendig wird."

Ab dem 1. März 1902 ist Schweitzer als Privatdozent für Neues Testament tätig; seine pfarramtliche Tätigkeit übt er weiter aus, daneben hebräische Lektüre mit den Studenten des Collegium Wilhelmitanum, wo man ihn zum Stiftsdirektor ernannt hat. Wie sich so viele Aufgaben nebeneinander bewältigen lassen, wobei die Ferienmonate noch für Orgelstudien in Paris dienen müssen, erklärt Schweitzer mit dem lapidaren Satz: „Ich arbeitete konzentriert und ohne Hast."

Intensive Bachstudien bei Widor in Paris führen dort, wieder in Nachtarbeit, zu einem französischen Werk über Bach, weil Schweitzer die Unkenntnis seines Gastlandes über den Komponisten als Mangel empfindet, den er ausfüllen will, indem er Bach als „Dichter und Maler in Musik" interpretiert. „Vor allem geht er darauf aus, das Bildliche in Tonlinien zu zeichnen. Redet der Text von Nebeln... Winden... Flüssen... Wellen des Sees... von Sterbeglokken, die läuten, von dem Glauben, der in festen Schritten einherschreitet... von Engeln, die sich auf den Wolken des Himmels wiegen: so sieht und hört man dies alles in seiner Musik." 1905 gedruckt, brachte ihm das Bach-Werk in Frankreich eine unerwartete Anerkennung; um eine Übersetzung ins Deutsche gebeten, schrieb Schweitzer 1908 eine ganz neue, den deutschen Verhältnissen angepaßte Bach-Monographie. Und während er auch in den arbeitsreichsten Straßburger Jahren sein eigenes Musizieren nie vernachlässigt, ist es ihm eine besondere Freude zu erleben, wie aufgrund dieser beiden Werke die Pflege Bachscher Musik in Europa aufblüht.

Als im Jahr 1905 der Entschluß Albert Schweitzers bekannt wird, „ab dem dreißigsten Lebensjahre sich unmittelbar menschlichem Dienen zu weihen" und als Missionsarzt nach Afrika zu gehen (wohin er sich durch ein Pariser Missionsblatt berufen fühlte), da reagiert seine Umgebung verstimmt: Warum wurde niemand vorher ins Vertrauen gezogen? Bietet Straßburg nicht Aufgaben genug für einen so reich begabten Menschen? Kann er das Wirken unter den „Wilden" nicht solchen überlassen, die damit nicht, wie er, ihre Gaben und Kenntnisse brachlegen müssen? Könnte er nicht durch Konzerte Geld für die Mission einspielen und nach Afrika senden?

Schweitzer ist durch solches Unverständnis betroffen: „Es berührte mich merkwürdig, wie fern ihnen der Gedanke lag, daß ... die von Jesus verkündete Liebe ... einen Menschen aus seiner Bahn werfen könne – obwohl sie es im Neuen Testament lasen und es dort ganz in Ordnung fanden."

Doch unterwirft er sich solchen Diskussionen „als einer, der vom Idealismus Nüchternheit verlangt", der das Wagnis lange und nach allen Seiten überlegt hat. „Gesundheit, ruhige Nerven, Energie, praktischen Sinn, Zähigkeit, Besonnenheit, Bedürfnislosigkeit" glaubt er als notwendige Eigenschaften bei sich vorzufinden.

Als das Unvernünftigste erscheint freilich den Freunden, daß Schweitzer als Arzt in Afrika wirken will, was noch ein langes und beschwerliches Studium nötig macht. Nach so vielen Jahren des Dienens mit Worten möchte er jetzt aber die Religion der Liebe *mit der Tat* verwirklichen – und dies eben dort, „wo Ärzte das Notwendigste des Notwendigen waren"; obendrein hatte die Pariser Missionsgesellschaft, der sich Schweitzer anbot, Bedenken geäußert, er könnte als freisinniger Protestant unter den Heiden die „reine Lehre" verfälschen, die „Errettung von Seelen" vernachlässigen.

„Als ich dem Missionsdirektor Boegner meine Dienste anbot, eröffnete er mir die schweren Bedenken des Komitees gegen meinen theologischen Standpunkt. Als ich ihm versicherte, daß ich ‚nur als Arzt' kommen wollte, fiel ihm ein Stein vom Herzen."

Nun vergehen acht Jahre, bis er 1911 das medizinische Staatsexamen und danach sein praktisches Klinikjahr hinter sich bringt, in angespannter Tätigkeit: Denn weder sein akademisches Lehramt noch das Predigeramt hat Schweitzer dem neuen Studium zuliebe aufgegeben. Ja, noch mehr: seine umfangreichsten theologischen Werke entstehen zu jener Zeit.

Die Untersuchung der Leben-Jesu-Forschung fordert die Bewältigung von „Haufen von Büchern", die Schweitzer in seiner Wohnung stapelt. Er gibt ihr den Titel „Von Reimarus zu Wrede" (1906). Hundertfünfzig Jahre Forschungsgeschichte läßt Schweitzer am Leser vorbeiziehen, die rationalistische, die liberale und die moderne Theologie, wobei er nachweist, daß „das historische Fundament" in sich selbst zusammengefallen ist durch die tatsächlichen historischen Probleme, die sich trotz aller darauf verwandten Künstlichkeit nicht einebnen lassen: Der biographisch zu fassende Jesus läßt sich im Neuen Testament nicht auffinden. Wer es erzwingen will, bringt wohl ein Jesusbild des eigenen Zeitgeistes hervor, nicht aber den geschichtlichen Jesus. Die Evangelien haben uns die eschatologische Denkweise des frühen Judentums übermittelt, worein Jesu Gestalt aufs engste verflochten ist: Seine Worte und Taten sind in Erwartung des baldigst hereinbrechenden Weltendes zu verstehen. Das macht es unmöglich, „moderne Ideen in Jesus hineinzulegen". Zwischen Jesu apokalyptischer Eschatologie und unserer Gegenwart klafft ein Graben, der „nur gewaltsam" zu überbrücken ist.

Unter dem neuen Titel „Geschichte der Leben-Jesu-Forschung" ist das Werk 1913 in zweiter Auflage erschienen, um ein Drittel erweitert. Unmittelbar nach der Fertigstellung, während er aufs medizinische Examen zugeht, arbeitet Schweitzer an der „Geschichte der paulinischen Forschung" (1911), die von der Reformation bis in die Gegenwart führt.

Die Meinung, daß Paulus durch griechische Vorstellungen bestimmt sei, wird hier widerlegt und der Einfluß jüdischer Eschatologie auch auf Paulus nachgewiesen. Die dritte, eigentlich theologische Schrift dieser Jahre ist seine medizinische Dissertation „Die psychiatrische Beurteilung Jesu. Darstellung und Kritik", welche im Jahr von Schweitzers Ausreise erscheint und von neuem erhärtet, daß Jesu Vorstellungen nicht psychopathisch sind, sondern aus dem eschatologischen Judentum hervorgehen.

Jesus und Paulus: Schweitzer empfand sie als die starken beiden Pfeiler, die sein Lebensgebäude trugen. Der heroische Jesus bleibt der ehrfürchtig verehrte Herr, Paulus dagegen wird zum intimen Freund in der persönlich begriffenen Nachfolge.

Am Karfreitag 1913 reist Schweitzer mit seiner Frau Helene, geborene Breßlau, von Günsbach ab und führt den Bedarf seines künftigen Spitals in siebzig Kisten mit. Kaum in Lambarene am Ogowefluß angelangt, sehen sich die beiden schon von Kranken umlagert. „Wacker half meine Frau, die als Krankenpflegerin ausgebildet war, im Spitale mit." Täglich etwa vierzig Kranke! Der Leistung Helene Schweitzers, die sie jahrelang ihrer weit schwächeren Gesundheit abrang, wird viel zu wenig gedacht. Auch im Alter, nachdem sie, mit der einzigen Tochter Rhena, geboren 14. Januar 1919, jahrzehntelang von ihrem Mann getrennt, im Schwarzwald hatte zurückbleiben müssen, reist sie verschiedentlich wieder nach Lambarene, wo schließlich auch ihre Asche 1957 die letzte Ruhestätte findet. Das von Schweitzers Hand beschriftete Grabkreuz weist sie als Mitbegründerin des Spitals aus.

Schweitzer war achtunddreißig Jahre alt, als er in Lambarene eintraf. Auf zwei Jahre war dieser erste Aufenthalt berechnet, doch der 1914 ausbrechende Weltkrieg vereitelte eine Erholung in Europa. Alle kriegsbedingten Engpässe brachten das neuerrichtete Tropenspital jedoch nicht zum Erliegen; Mangel an Nahrung und Medikamenten, an Hilfskräften und Baumaterial wurde durchlitten und überbrückt. Während am Tage der weiße Urwalddoktor den furchtbaren Krankheiten der schwarzen Menschen alle Kraft widmet, dienen die Nachtstunden der wissenschaftlichen Arbeit.

Der Krieg, der seine Skepsis über die Ethik der europäischen Nationen bestätigt, gibt ihm den Impuls, mit der Kultur seiner Zeit kritisch abzurechnen, die keine echte Kultur mehr ist, da sie ihre Ethik verloren hat und somit ihre Orientierung. Die Katastrophe mußte kommen, urteilt Schweitzer, und sofern die Menschheit kein neues vollwertiges ethisches Prinzip annimmt, wird sie an sich selber scheitern. Aber welches Prinzip? Und wie sollte es lauten? Welt- und Lebensbejahung allein, christlichen Völkern aus ihrer Glaubenshaltung eigen, genügt nicht, solange sie oberflächlich bleibt und nicht im Denken begründet ist.

Im September 1915, auf einer Fahrt den Ogowe aufwärts, tritt Schweitzer urplötzlich, nach monatelangem vergeblichem Grübeln das Wort „Ehrfurcht vor dem Leben" vor die Seele. „Nun war ich zu der Idee vorgedrungen, in der Welt- und Lebensbejahung und Ethik miteinander enthalten sind!"

„Denken heißt, *etwas* denken." Der denkend gewordene Mensch erlebt die Nötigung, allem Willen zum Leben die gleiche Ehrfurcht vor dem Leben entgegenzubringen wie dem eigenen. Als gut gilt ihm: Leben erhalten, Leben fördern. Als böse: Leben vernichten, Leben schädigen.

Mit diesen, in Schweitzers Kulturphilosophie niedergelegten Gedanken (1923) hat er das entwickelt, was in früher Kindheit in ihm angelegt war. „Ethisch ist der Mensch nur, wenn ihm das Leben als solches, das der Pflanze und das des Tieres wie das des Menschen heilig ist. Durch die Ehrfurcht vor dem Leben werden wir in elementarer Weise fromm." Schweitzer als Tropenarzt litt schwer unter dem Wüten des Krieges in Europa, darunter, daß andere töteten, während er Leben zu retten versuchte. Nachdem die Arbeit im Spital, zunächst ihm verboten, dann wieder genehmigt, den Abschluß seines ethischen Hauptwerkes verzögert hatte, wurde er 1917 mit seiner Frau zunächst in ein Gefangenenlager in Frankreich verbracht; eine Interimszeit von sechs Jahren in Straßburg sollte folgen.

Es ist erstaunlich, wie sich aus den Mühsalen dieser Zeit, aus Hunger, Armut, Krankheit, seine Kräfte erneuern, eine umfangreiche Vortrags- und Konzerttätigkeit ihn durch ganz Europa führt, um letztlich Lambarene, für das sich Schweitzer verschuldet hatte, zu entlasten und das Spitalwerk fortzuführen.

Mehr als fünfzig Jahre, nur unterbrochen durch gelegentliche Erholungsaufenthalte in der Heimat, die konsequent seiner Schriftstellerarbeit, Vortragsreisen und Orgelkonzerten gewidmet sind, kann Schweitzer dank seiner über das tropische Klima triumphierenden Gesundheit in Lambarene wirken. Er faßt seine Arbeit von Anfang an als Sühne auf für die Gewalttaten und Grausamkeiten, welche Weiße, also „christliche" Kolonisatoren, in Jahrhunderten an den Schwarzen verübt haben.

Das Vertrauen der Missionare hat er bald gewonnen; durch ihre ausdrückliche Bitte um Mithilfe beim Gottesdienst fühlt er sich von seinem Versprechen entbunden und predigt mit großer Hingabe den schwarzen Menschen.

Das Tropenklavier mit Orgelpedal, Geschenk seiner Pariser Freunde, in der kargen Freizeit beharrlich genutzt, hilft ihm, im fernen Afrika sein Orgelspiel weiter zu vervollkommnen. „So kehrte ich nicht als ein zum Amateur gewordener Künstler, sondern im Vollbesitz meiner Orgeltechnik nach Europa zurück und durfte es erleben, als Künstler hier mehr zu gelten als vordem."

Heute steht das Tropenklavier in seinem Hause zu Günsbach.

Den Zweiten Weltkrieg verbringt Schweitzer bewußt in Lambarene. Rasch hat er vor dessen Ausbruch einen Europaaufenthalt nach wenigen Tagen abgebrochen, um von seinem Spital nicht abgeschnitten zu sein, da er die lange Kriegsdauer und den katastrophalen Kriegsausgang voraussah.

Allmählich, besonders in den fünfziger Jahren, wird die Welt auf ihn aufmerksam. Ruhm und Ehre in Form verschiedener Preise häufen Europäer und Nordamerikaner auf den bescheidenen Mann. Einer Einladung in die USA nachkommend, wird er durch die modernen Medien weltweit bekannt. Inzwischen ist „die Bombe" auf Hiroshima und Nagasaki gefallen. Schweitzer muß erleben, daß sich die Welt in weitere Atomtests verstrickt; und er versucht, in hohem Alter, fünf Jahre nach Verleihung des Friedensnobelpreises (1952), von Oslo aus in drei Radiovorträgen gegen den Wahnsinn der atomaren Aufrüstung anzugehen. Er richtet einen Appell an die Nationen, auf diesem gefährlichen Wege nicht weiterzuschreiten. Dies bringt ihm Kritik und Mißachtung ein und zeigt ihm, zu seiner großen Ernüchterung, wie wenig die Mächte dieser Erde bereit sind, sich von seiner Ethik der Ehrfurcht vor dem Leben in die Pflicht nehmen zu lassen.

An theologischen Werken sind vor dem Krieg noch zwei hinzugekommen: Die kleine Schrift „Das Christentum und die Weltreligionen", welche die Studien zur Kulturphilosophie 1923 begleitet, und als letztes sein wohl bedeutendstes Werk: „Die Mystik des Apostels Paulus" (1930), in dem er Paulus als den Schutzheiligen des Denkens im Christentum bezeichnet, der das Evangelium Jesu sachlich so zu Ende gedacht hat, daß kein anderer Weg mehr offensteht. In diesen Jahren hat Schweitzer aber auch seinem Wirken in Afrika ein Denkmal gesetzt. „Mitteilungen aus Lambarene" erscheinen zwischen 1924 und 1927, und „Zwischen Wasser und Urwald" wird 1929 für die Freunde und Gönner in Europa geschrieben.

Krönung seines praktischen Wirkens ist der Aufbau des neuen Spitals gewesen, das er 1927 drei Kilometer flußaufwärts anlegte, um jetzt zweihundert Patienten unterzubringen, während er am alten Ort nicht über vierzig beherbergen konnte. Monatelang als Baumeister im Einsatz rodete er den dortigen Urwald und konnte den Spitalbetrieb inzwischen zeitweilig anderen Ärzten überlassen.

Bis ins hohe Alter tätig, erlebt er dankbar den Erfolg und das Aufblühen seiner neuen Gründung. In den ersten Tagen des September 1965 läßt er sich ein letztes Mal durchs Spital fahren und stirbt am 4. September, neunzigjährig, einen raschen und leichten Tod ohne vorherige Krankheit.

Fragen wir nach Schweitzers Botschaft an unsere Generation, so ist es vorwiegend die ethische. „Die Ehrfurcht vor dem Leben", von der er sich, beispielgebend, bis zum Tode leiten ließ, sein „Grundprinzip des Sittlichen" ist im kirchlichen Raum sehr schnell vergessen worden, sofern es überhaupt jemals beachtet war. Noch immer hat das christliche Europa nur *den Menschen* im Blick, der sich die außermenschliche Welt „untertan machen soll". Erst heute, angesichts der schweren Krise, die der Mensch in seiner „Umwelt" heraufbeschwor, werden wir Schweitzers Appell zur Bewahrung der Schöpfung mit Betroffenheit gewahr.

Verwüstete Schöpfung – das heißt auch: verwüstete Menschen. Unser brutaler Umgang mit Pflanzen und Tieren, Entlaubung und Brandrodung herrlicher Wälder, Peinigung unserer „Nutztiere" in industrieller Haltung, in vielfach so sinnlosen Tierversuchen, verwüstet uns selbst als Menschheit und bringt letztlich den Tod über die Erde.

Hören wir jetzt Schweitzers Mahnung nicht, „allem Willen zum Leben die gleiche Ehrfurcht vor dem Leben entgegenzubringen wie dem eigenen", so könnte es eines fernen Tages für ein zweites christliches „Schuldbekenntnis" zu spät sein.

Wer sich von dieser Ethik „in die Pflicht nehmen lassen will", dem sei besonders seine kleine biographische Schrift „Aus meinem Leben und Denken" empfohlen, die er 1931 in Lambarene für einen über die wissenschaftlichen Arbeiten hinaus interessierten Leserkreis verfaßte, zu der Zeit, als das neue Spital erbaut war und von einem zuverlässigen Ärztekreis mitgetragen wurde. Auf den letzten Seiten dieses Buches zieht Schweitzer die Bilanz seiner damals 56 Lebensjahre:

„Schwer trage ich an der Last von Müdigkeit und Verantwortung, die seit Jahren ständig auf mir liegt... Mein Haar beginnt zu ergrauen. Mein Körper fängt an, die Strapazen, die ich ihm zumute, und die Jahre zu spüren. Dankbar blicke ich auf die Zeit zurück, in der ich, ohne mit meinen Kräften haushalten zu brauchen, rastlos körperliche und geistige Arbeit leisten durfte.

Als Wirkende und als Leidende haben wir ja die Kräfte von Menschen zu bewähren, die zum Frieden hindurchgedrungen sind, der höher ist als alle Vernunft."

# FRANZ SCHNABEL
## 1887–1966

Von
Lothar Gall

Zu einem die Zeit überdauernden Namen gelangen in der Wissenschaft am ehesten die Gründerväter einzelner Disziplinen, die die Fundamente gelegt haben, von deren Basis sich dann das Fach entfaltete. Das gilt im Hinblick auf die deutsche Geschichtswissenschaft etwa für Barthold Georg Niebuhr, der die moderne historische Methode mit entwickelt und sie als erster und schulebildend im Bereich der altrömischen Geschichte angewandt hat, oder für Leopold Ranke, der von dieser Basis aus die Geschichtsschreibung des neuzeitlichen Europa sogleich zu höchstem Rang führte. Die Nachgeborenen haben es da schwerer. Die einmal etablierte wissenschaftliche Disziplin pflegt sich im Zuge ihrer Entwicklung und Ausdifferenzierung mehr und mehr von den Leistungen einzelner Forscher abzulösen. Dieser erscheint, bei aller Produktivität und Originalität, zunehmend als Glied in der Kette, als Repräsentant und Erbe. Ja, man kann sagen, daß es in einem allgemein anerkannten wissenschaftlichen Fach mit langer Tradition Leistungen ganz besonderer Art bedarf, um über die spezifische Anonymität des Fachgelehrten hinauszukommen und einen festen Platz im allgemeinen Bewußtsein zu erlangen.

Bei Franz Schnabel, der erst verhältnismäßig spät, nach dem Zweiten Weltkrieg, im Alter von rund sechzig Jahren, zu einem großen, dann freilich national wie international kaum mehr bestrittenen Namen als Historiker kam, sind diese Leistungen nicht nur wissenschaftlicher, sondern auch moralisch-politischer Natur gewesen, wobei beides eng miteinander zusammenhängt. Wissenschaftlich gründeten diese Leistungen vor allem in der entschiedenen Frontwendung gegen die immer mehr vorherrschende Tendenz zur Spezialisierung und insbesondere auch gegen den Geist des Spezialistentums, in dessen oft überheblicher Selbstgenügsamkeit und Selbstzufriedenheit Schnabel eine der großen Gefahren nicht allein für jede wirklich schöpferische Wissenschaft, sondern für die moderne Kultur und Gesellschaft insgesamt sah. Die Entstehung, die Entfaltung und die Bedrohungen dieser Gesellschaft in allen ihren Erscheinungsformen herauszuarbeiten, war das letzte Ziel seiner großangelegten „Deutschen Geschichte im 19. Jahrhundert", die seit 1929 zu erscheinen begann. Daß er hierbei nicht stehenblieb, vielmehr in Auseinandersetzung mit dem heraufziehenden Nationalsozialismus daraus die praktischen Konsequenzen zog, macht das Andere, den moralisch-politischen Rang der Persönlichkeit und des Werkes aus. Er hatte es mit der Vertreibung von seinem Karlsruher Lehrstuhl und schließlich mit Publikationsverbot und scharfen, in der damaligen Situation leicht lebensgefährlichen Angriffen gegen seine Person zu bezahlen – Maßnahmen, die das Regime nur gegen sehr wenige seiner wie er nichtjüdischen Kollegen zu ergreifen Anlaß sah. Dem ausländischen Beobachter – und diesem Urteil schloß sich die deutsche Öffentlichkeit nach 1945 dann sehr rasch an – erschien Schnabel schon bald von den im Land Gebliebenen als eine Symbolfigur für ein „anderes" Deutschland, für das Deutschland der großen wissenschaftlichen Traditionen und einer liberalen Geisteshaltung, als Versprechen für eine bessere Zukunft. In einer Rede vor der Britischen Akademie der Wissenschaften nannte deren Präsident, der Historiker J. H. Clapham, am 12. Juli 1944, acht Tage vor dem Attentat auf Hitler, Schnabels Lebenswerk, die „Deutsche Geschichte im 19. Jahrhundert", „an encouraging fact": Von dem, was den Weg zum Dritten Reich geebnet und dessen „superstitions" ermöglicht habe, sei darin „no trace" zu finden. „I trust that he is still alive. He is a German whom I would gladly meet. It is my hope, as I end this excursus and this address, that there may exist and survive men enough like him to make possible both such meetings and a revival of honest German scholarship."

Schnabel, geboren am 18. Dezember 1887 in Mannheim, entstammte dem süddeutschen Bürgertum, und er ist von dieser Herkunft entscheidend geprägt worden, hat sich den damit zusammenhängenden Traditionen sehr bewußt geöffnet – unter den vielen Ehrungen seiner beiden letzten Lebensjahrzehnte hat er der Ehrenbürgerschaft seiner Vaterstadt stets den höchsten Platz eingeräumt. Hier, in Mannheim, einer ebenso modernen, von vielfältigen Aktivitäten erfüllten wie politisch liberalen und geistig-kulturell aufgeschlossenen Bürgerstadt, verbanden sich für ihn viele jener Elemente, von denen seiner Überzeugung nach eine gedeihliche Entwicklung Deutschlands entscheidend abhing: vor allem anderen Sinn für und Bedürfnis nach individueller Unabhängigkeit und Freiheit; dann die Bereitschaft, die Vielfalt individueller wie gruppenspezifischer Lebensformen zu achten; ferner der Wille zum Ausgleich und zum Dienst am Gemeinwesen; und schließlich und nicht zuletzt, dies alles übergreifend, ein Kulturideal, das in allen Lebensbereichen der Entfaltung der Individualität und der in jedem einzelnen steckenden Fähigkeiten und Möglichkeiten den höchsten Stellenwert einräumte – einschließlich dem, was dazu an materiellen, also wirtschaftlichen, sozialen und politischen Voraussetzungen zu schaffen war.

Es war das Kulturideal des Neuhumanismus, von dem Schnabel früh, in Elternhaus und Gymnasium, geprägt worden war und an dem er über alle ernüchternden Erfahrungen seines Lebens bis ins Alter stets festhielt: „Das humanistische Bildungsgut im Wandel von Staat und Gesellschaft" lautete das Thema einer seiner letzten größeren Arbeiten, einer für den Druck erwei-

Albert Schweitzer

Franz Schnabel

terten Festansprache vor der Bayerischen Akademie der Wissenschaften. In immer neuen Anläufen hat er den historischen, den politischen wie gesellschaftlichen Ort zu bestimmen gesucht, an dem sich der Humanismus im Verlauf des geschichtlichen Prozesses entfaltete und zu einer lebensbestimmenden Kraft wurde. Dieser Ort war für ihn nicht die Gelehrtenstube, die Einsamkeit einer nur für sich selbst lebenden Existenz, jener Raum „machtgeschützter Innerlichkeit", von dem Thomas Mann gesprochen hatte. Es waren für ihn die bürgerlichen Gemeinschaften der Städte zwischen Ständewelt und modernem Kapitalismus, in jener vergleichsweise kurzen Phase also, in der nach seinen Worten in einer noch ganz agrarischen Umwelt „Handel und Gewerbe die Anfänge einer urbanen Kultur pflanzten und andererseits das kapitalistische Denken noch nicht hereingetragen war, nur erst in einzelnen großen Häusern sichtbar wurde": „Die rechtliche Scheidung der Stände gehörte der Vergangenheit an", so umschrieb er es in der Akademierede, „und der Kampf der Klassen war hier noch nicht entbrannt, weil in dieser Kleinwelt Kapitalisten und Proletariat fehlten."

Das mochte ein idealisiertes, in manchem nostalgisch verklärtes Bild sein. Es bezeichnete jedoch sehr genau den lebensweltlichen Erfahrungshintergrund, von dem Schnabel, der Mannheimer Bürgersohn, ausging und von dem sein wissenschaftliches Lebenswerk wie seine politische Haltung entscheidend geprägt wurden. Wachsende Skepsis gegenüber der Moderne, gegenüber der „Vermassung" des Daseins und der Kommerzialisierung aller Lebensverhältnisse und aller menschlichen Beziehungen verband sich dabei mit einem Menschen- und Bürgerideal, das nicht auf die Trennung, sondern auf die Verbindung, die fruchtbare Synthese der verschiedenen Lebenssphären, Kultur und Wirtschaft, Gesellschaft und Politik, Individuum und Gemeinschaft, hin ausgerichtet war. In diesem Sinne sollte die Wissenschaft, auch und gerade die Geschichtswissenschaft, die Disziplin, zu deren Studium er sich als nachgeborener Sohn einer Kaufmannsfamilie schon früh entschloß, stets „dem Leben" dienen: nicht in „äußerliche(r) Rücksicht auf die Bedürfnisse des Tages", sondern, wie er es im Vorwort seiner „Deutschen Geschichte" ausdrückte, „in dem geistigen Sinne, der stets nach Zweck und Wert und nach dem Zusammenhang mit dem Ganzen frägt". „Nur eine geschichtliche Erkenntnis", formulierte er an anderer Stelle, „die ergriffen ist vom Leben und doch vom Leben sich nicht bestechen läßt, vermag... neue und vertiefte Einsicht in die Vergangenheit unseres Volkes zu erwerben und zu vermitteln."

Von da aus ergab sich für ihn ein doppeltes Lebensziel. Zum einen war er bestrebt, die wissenschaftliche Arbeit von vornherein und stets so anzulegen, daß sie imstande war, auch in die Breite, in den Kreis der Nichtfachleute hineinzuwirken, indem sie sich weniger von der „Logik der Forschung", von den sich aus der wissenschaftlichen Fachdiskussion ergebenden speziellen Fragestellungen, als von unmittelbaren Lebensproblemen, von dem Bedürfnis nach historisch fundierter Daseinsorientierung leiten ließ. Und zum anderen war es ihm darum zu tun, auch pädagogisch-praktisch mit dem Leben verbunden zu bleiben, die wissenschaftliche Arbeit nicht auf Archiv, Bibliothek und Schreibtisch zu beschränken, sondern sie zu verknüpfen mit einer sehr konkreten Tätigkeit, mit dem Beruf des Gymnasiallehrers – eine Kombination, die zum damaligen Zeitpunkt noch möglich war und von manchem erfolgreich vorgelebt wurde.

Schnabels Studium an der Universität des nahegelegenen Heidelberg hatte also formal wie inhaltlich eine ganz klare Richtung, und er brachte es von dieser Grundlage aus ebenso rasch wie erfolgreich zum Abschluß. Bereits 1910, im Alter von dreiundzwanzig Jahren, promovierte er bei Hermann Oncken, einem der führenden liberalen Historiker der Zeit, der später in München und dann in Berlin wirkte, mit einer Arbeit zum Thema „Der Zusammenschluß des politischen Katholizismus in Deutschland im Jahre 1848" – einem Problemzusammenhang, für dessen Behandlung Schnabel als ein süddeutscher Katholik aus einer bürgerlich-liberalen Umwelt nach Onckens Überzeugung besonders gute Voraussetzungen mitbrachte. Schnabel ist den Gegenstand sogleich in der Weise angegangen wie alle seine späteren Werke: stets, bei aller Detailkenntnis und eigenständigen Forschungsleistung, auf den größeren Zusammenhang abhebend, auch hier schon ein größeres, historisch interessiertes Publikum vor Augen, innere Beteiligung und Distanz miteinander verbindend.

Das war für eine Erstlingsarbeit in einer Zeit zunehmender Spezialisierung durchaus ungewöhnlich und nicht ohne Risiko. Niemand geringerer als Friedrich Meinecke, der vielgefeierte Autor von „Weltbürgertum und Nationalstaat" und schon damals einer der einflußreichsten Vertreter des Faches, hat ihn jedoch, selber gleiche Tendenzen verfolgend, in seiner Haltung nachdrücklich bestärkt. Schnabels Buch, das versuche, ein „den Problemen wirklich entschlossen nachgehendes Gesamtbild zu bieten", so Meinecke in der von ihm herausgegebenen „Historischen Zeitschrift", überrage „das Maß einer Anfängerarbeit" erheblich: „Es zeigt nicht nur ungewöhnliche Belesenheit, sondern auch geistige Beherrschung des Wissens, Klarheit, Geschmack und selbst zuweilen Glanz in der Darstellung und in der Charakteristik der Persönlichkeiten."

Mehr konnte sich ein junger Mann bei seinem Eintritt in die Wissenschaft nicht wünschen. Schnabel ist jedoch in seinem Entschluß dadurch nicht wankend geworden, zunächst jedenfalls den Schuldienst zu wählen, einmal um sich in der Praxis zu bewähren, dann aber auch, um möglichst bald jene Selbständigkeit auch der bürgerlichen Existenz zu gewinnen, auf die es ihm nicht aus materiellen Gründen – die Familie hatte Geld, und er selber war und blieb unverheiratet –, sondern aus dem Bedürfnis nach möglichst weitgehender Unabhängigkeit heraus so sehr ankam. Er hatte es stets, bei aller Kritik an vielen Entwicklungstendenzen des modernen bürokratischen Anstaltsstaates, als eine der großen kulturfördernden Leistungen dieses Staates angesehen, daß er wie die Justiz schließlich auch die Bereiche Bildung und Wissenschaft zu institutioneller wie personeller Unabhängigkeit gelangen ließ. Und es hat ihn dann mit dem größten Zukunftspessimismus erfüllt, wie eine wachsende Zahl, statt die darin liegenden Chancen zu nutzen, durch Anpassung und „Dienst im Gliede" (Theodor Mommsen) diese Unabhängigkeit und ihre schöpferischen Möglichkeiten nur zu bereitwillig preisgab. „Ruunt in servitutem", sie stürzen in die Knechtschaft – dieses von Tacitus dem Tiberius in den Mund gelegte Wort umschrieb für ihn eine der tiefsten Einsichten in die innere Gefährdung der Freiheit.

Er jedenfalls machte von jener durch den Staat gesicherten und garantierten Unabhängigkeit des beamteten Lehrers sogleich vollen Gebrauch. Ein hochbegabter Pädagoge, dem die Lehre, von der Mannheimer Schulklasse bis zum tausendköpfigen Auditorium an der Münchener Universität, stets und bis ins hohe Alter von großer Wichtigkeit war, lebte er daneben ganz der Wissenschaft, seinen weitgespannten historischen Interessen, die im Entscheidenden, im Kern durchgehend höchst eigenständigen Impulsen und Fragestellungen folgten. Im Zentrum stand hier von Anfang an der Aufstieg des Bürgertums und die Umgestaltung von Staat und Gesellschaft in seinem Sinne, eines Bürgertums freilich, das in dem schon angedeuteten Verständnis des Begriffs von dem mittelalterlich-ständischen Bürgertum der alten Städte ebenso weit entfernt war wie von dem zur Klasse erstarrten und verformten modernen kapitalistischen Besitzbürgertum. Dies verwies ihn, neben dem, wie er es sah, historischen Vorspiel im 16. Jahrhundert – dem er 1931 eine höchst anschauliche, Real- und Geistesgeschichte der Zeit vereinende „Quellenkunde" widmete –, vor allem auf das späte 18. und die erste Hälfte des 19. Jahrhunderts, auf das in solchem Verständnis eigentliche bürgerliche Zeitalter. In dessen Erforschung und Darstellung hatte er schon bald, wahrscheinlich bereits als Student, seine eigentliche Lebensaufgabe gesehen, der alles andere als Vorbereitung und Vorarbeit diente.

Es macht neben aller Begabung, neben aller immer wieder ins Auge fallenden Selbständigkeit der Betrachtungsweise und des Urteils die eigentliche Bedeutung des Mannes – und vielleicht eines der Hauptcharakteristika des großen Gelehrten überhaupt – aus, mit welcher Konsequenz, mit welcher Unbeirrbarkeit Schnabel an diesem wissenschaftlichen Lebensziel festhielt und wie sich in ihm Persönlichkeit und Werk, Selbstverständnis und wissenschaftliche Leistung verschmolzen. Nach der so erfolgreichen Erstlingsarbeit, der Heidelberger Dissertation, ist er über viele Jahre hin nur mit scheinbaren Gelegenheitsschriften an die Öffentlichkeit getreten, die sich noch dazu in ihrer Mehrzahl auf die badische Landesgeschichte beschränkten. Sieht man freilich genauer hin, so wird in den Spezialstudien – der Geschichte der Ministerverantwortlichkeit in Baden, den Monographien über Sigismund von Reitzenstein und Ludwig Liebenstein, zwei badischen Politikern an der Wende vom 18. zum 19. Jahrhundert, oder über die badische Verfassung von 1818 – rasch die allgemeine Fragestellung und Perspektive, das das Besondere und Spezielle Übergreifende sichtbar. Stets ging es darin um die großen, grundlegenden Fragen der Zeit, ja um säkulare Prozesse im Übergang von der Welt Alteuropas zur Moderne. So war es nur scheinbar ein großer Sprung, als 1929 der erste, historisch und thematisch weitausgreifende Band seiner „Deutschen Geschichte im 19. Jahrhundert" erschien, dem in den nächsten acht Jahren in raschem Tempo drei weitere starke Bände folgten.

Am Anfang hatte, wie nicht selten in der Entstehungsgeschichte großer wissenschaftlicher Werke – man denke etwa an Theodor Mommsens „Römische Geschichte" –, die Initiative eines einfallsreichen, über das bereits Bekannte und Bewährte hinausgreifenden Verlegers gestanden. Im Rahmen einer auf dreißig Bände angelegten „Geschichte der führenden Völker" hatte der Herder-Verlag auch einen Band über die deutsche Geschichte im 19. Jahrhundert geplant, und der damalige Leiter des Verlags, Hermann Herder, war nach der Lektüre eines ebenso knappen und konzisen wie blendend formulierten „Grundrisses" der Geschichte der neuesten Zeit, der Zeit seit dem Ausgang des 18. Jahrhunderts, den Schnabel 1923 zunächst als Schulbuch und dann auch als selbständige Schrift hatte erscheinen lassen, auf den Gedanken verfallen, ihm und nicht einer der Koryphäen des Fachs diesen Band anzutragen. Schnabel, der sich inzwischen an der Technischen Hochschule Karlsruhe habilitiert hatte und fast unmittelbar darauf, 1922, auf den dortigen Lehrstuhl für Geschichte berufen worden war – Hochschule und Ministerium hatten sich um den überaus erfolgreichen Schulmann bemüht und ihn nachdrücklich ermuntert –, war auf das Angebot sofort eingegangen. Traf es sich doch mit eigenen langgehegten Plänen. Allerdings hatte er gleich bemerkt, er werde angesichts der Fülle des Stoffs und der Vielzahl der zu behandelnden Gegenstandsbereiche und Probleme wohl zwei Bände benötigen.

Binnen weniger Jahre sind es fünf geworden – das Erscheinen des bereits gesetzten fünften Bandes über Nationalgedanken und Nationalbewegung hat Anfang der vierziger Jahre die nationalsozialistische Zensur verhindert –, und sie alle führten wie Heinrich von Treitschkes „Deutsche Geschichte im 19. Jahrhundert", die Schnabels Werk ersetzen wollte, nur bis an die Schwelle der Revolution von 1848. Das lag nicht zuletzt an der ungeheuren Fülle des historischen Stoffes, an der Tatsache, daß Schnabel sich von vornherein nicht auf die politische Geschichte im engeren Sinne beschränkte, sondern, stets weit ausgreifend, alle Lebensbereiche – die Künste und die Wissenschaften einschließlich der Ingenieurwissenschaften und der Technik, die religiösen Strömungen, die Entwicklung von Daseinsorientierung und Mentalitäten auf den verschiedenen Ebenen – miteinbezog. Aber es hatte doch auch innere Gründe, und diese erlangten während der Erarbeitung und der Niederschrift des Werkes immer größere Bedeutung.

Wenn Treitschke, Schnabels historiographischer Vorgänger auf diesem Feld, nicht mehr zu der Darstellung der eigentlichen Gründungsgeschichte des kleindeutschen Reiches von 1871, auf das bei ihm alles zulief, gekommen war, so hatte das vorwiegend pragmatische Ursachen: Es lag in erster Linie daran, daß die Quellenbasis noch allzu fragmentarisch und dünn war. Daß die Reichsgründung schließlich ein Werk des innenpolitischen Gegners der liberal-kleindeutschen Nationalbewegung gewesen war und daß von hier her ein Bruch durch das Ganze ging, hat Treitschke wenig beschäftigt und belastet. Anders Schnabel, für den das Auftreten Bismarcks und seine Erfolge schon früh einen tiefen und verhängnisvollen Einschnitt in der deutschen Geschichte markierten, den Beginn eines höchst problematischen Sonderweges, der immer weiter von der als Vorbild empfundenen westeuropäischen Entwicklung und politischen Kultur wegführte.

Als Schnabel mit seiner Darstellung begann, da hoffte er noch, als einer der wenigen deutschen Historiker der Zeit, die die Weimarer Republik entschieden bejahten, daß mit der Revolution von 1918/19 eine wirkliche Kurskorrektur eingeleitet worden sei und daß es vor allem gelingen werde, die durch den monarchischen Obrigkeitsstaat zusätzlich verhärteten und verstärkten sozialen Gegensätze wenn nicht aufzulösen, so doch auszugleichen und zwischen ihnen politisch zu vermitteln. Diese Hoffnung schwand dann jedoch immer mehr und machte einem wachsenden Pessimismus und einer zunehmenden Skepsis Platz, die sich schließlich, angesichts der in ihr offenbar doch vorherrschenden Tendenzen, mehr und mehr auf die Moderne überhaupt, auf die moderne Welt insgesamt ausdehnten.

Das aber bewirkte, daß das dynamische und optimistische, innerlich nach vorne orientierte Element seiner Darstellung zunehmend zurücktrat und einer Haltung Platz machte, der die Vergangenheit zwar keineswegs als ideal, aber in vielen Bereichen doch immer noch besser als die daraus erwachsende Zukunft erschien, für die also die Gewinn- und Verlustrechnung im historischen Prozeß immer weniger aufging. Daran ist das Werk auch jenseits der widrigen äußeren Umstände und der außerordentlichen Belastungen des Lehr- und Prüfungsbetriebes an der Universität München, wo Schnabel nach 1947 für mehr als anderthalb Jahrzehnte der einzige Vertreter seines Faches war, schließlich zum Stillstand und zum Erliegen gekommen: Zu groß und zu schmerzlich schien für den Bürgersohn die Distanz zwischen dem, was Bürgertum und bürgerliche Gesellschaft einst hatten sein sollen, und dem, was daraus in Deutschland schließlich geworden war. Und auch die Erfahrungen nach 1945 haben hier keinen Wandel mehr herbeigeführt; von den Bewertungen, die diese Jahre heute oft erfahren, war und blieb er weit entfernt.

So ist seine „Deutsche Geschichte" nicht nur Fragment geblieben, sondern dieser fragmentarische Charakter ist zugleich ein Zeugnis für die Verwerfungen der deutschen Geschichte geworden, ein Denkmal und Dokument für ihre uneingelösten Versprechungen. Schnabel war jedoch zu sehr Humanist, zu sehr Bürger in dem übergreifenden, idealistisch bestimmten Wortsinn, als daß er darin nicht zugleich, trotz aller Enttäuschungen und aller Skepsis, stets auch einen Aufruf, einen Appell gesehen hätte, die Beschwörung der Vergangenheit mit Blick auf eine bessere Zukunft. Und hierin, in diesem Ansatz und in dieser Perspektive, liegt in der Tat die fortdauernde Aktualität und Bedeutung des Werkes, auch wenn natürlich vieles in Einzelheit und Bewertung inzwischen überholt und durch neue wissenschaftliche Einsichten ersetzt worden ist. Es vermittelt bei aller Skepsis eine Sicht der deutschen Geschichte, die, mit Blick vor allem auf die Geistesgeschichte und die Geschichte der politischen Kultur, zuallererst nach ihren Möglichkeiten, nach ihren Zukunftschancen und nicht so sehr nach ihren, wie sich ein ums andere Mal gezeigt hatte, rasch vergänglichen äußerlichen Erfolgen fragt. „Der Historiker darf sich nicht zum ‚laudator temporis acti' machen", so hat Schnabel bis ins hohe Alter betont. Er müsse sich, unbeschadet der durch die seitherigen Erfahrungen nachhaltig bestätigten Goetheschen Einsicht, daß es zu allen Zeiten miserabel in der Welt zugegangen sei – und zugehen werde –, der Zukunft offenhalten, die allein das Leben ist, das Leben, der alle wahre Wissenschaft verpflichtet sei.

Das stand nur scheinbar im Gegensatz zu seiner oft formulierten Überzeugung, daß bestimmte Zeiten für die Entwicklung der Menschheit und des menschlichen Geistes offenbar besonders günstig gewesen seien. Im Gegenteil, indem der Historiker dies herausarbeite, so Schnabel, trage er dazu bei, den nicht selten beengenden, ja verformenden Druck historischer Traditionen zu lockern und durch wertorientierte geschichtliche Rückbesinnung frei zu machen für eine selbstverantwortliche Gestaltung der Zukunft. In diesem Sinne sei es völlig legitim, sich bei der historischen Betrachtung von Wertorientierungen leiten zu lassen und ihnen einen bestimmenden Einfluß auf die historische Traditionsbildung und Schwerpunktsetzung einzuräumen. „Alle jene historischen Phänomene, die zu unseren eigenen Wertideen irgendeine Beziehung besitzen", so formulierte er 1923 in einem Festvortrag vor der Karlsruher Studentenschaft, „haben einen geistigen Gehalt, um dessentwillen das Leben und die Gegenwart sie zu suchen verpflichtet sind." In diesen

„Wertbeziehungen der historischen Erscheinungen zur Gegenwart", die „verschiedenster Art" sein könnten, ruhten „die eigentlichen psychologischen Wurzeln des historischen Interesses".

Anknüpfend an Nietzsche, Bergson und Benedetto Croce war hier sehr klar und eindeutig das „erkenntnisleitende Interesse" (J. Habermas) formuliert, das dann auch der „Deutschen Geschichte im 19. Jahrhundert" zugrunde lag und ihr ihre innere Dynamik und ihren inneren Zusammenhalt jenseits aller Einzelheiten verlieh. In seinem Sinne hieß es in dem auf den 1. Juni 1933 datierten Vorwort zum zweiten Band mit Blick auf die „Zeit gewaltiger revolutionärer Umwälzungen", die eben jetzt, 1933, „in Deutschland zum Durchbruch gekommen" sei: „Die echten Werte der Vergangenheit können vorübergehend verdunkelt, niemals vernichtet werden. Denn wer lebt, geht zugrunde; aber die großen Träger des deutschen Staates und des deutschen Geistes haben mehr als nur gelebt."

In solchem, freilich nie zur historischen Distanzlosigkeit führenden unmittelbaren Gegenwartsbezug, der den Wertrelativismus des Historismus des späten 19. Jahrhunderts entschlossen übersprang, hat die große Mehrzahl seiner Zunftgenossen in der Weimarer Republik, zumal er positiv und nicht kritisch war, einen erheblichen Mangel gesehen, einen Rückfall in die Positionen der Geschichtsschreibung der Aufklärung. Er machte ihn nun, während die Vertreter einer scheinbar mehr objektivierenden Geschichtsbetrachtung mehrheitlich unbehelligt blieben, für das Regime auf Dauer untragbar, da sich die Vorzeichen, die Wertprämissen dieses Gegenwartsbezugs nicht änderten. Wie angesichts dessen die unmittelbare zeitgenössische Wirkung des Werkes, am Ende der Weimarer Republik und in den Anfangsjahren des Dritten Reiches, gewesen ist, läßt sich nur schwer abschätzen: Besprechungen in der Fachpresse erfolgten nicht selten verspätet und gelangten dabei gelegentlich, wie diejenige in der „Historischen Zeitschrift" 1935, zu grotesken Fehlurteilen über Anlage, Charakter und Zielsetzung des Ganzen; auch die Tageszeitungen hielten sich zunehmend zurück.

Rückblickend aber macht gerade der reflektierte, stets Distanz wahrende Gegenwartsbezug, der Versuch, wie Schnabel es im Vorwort des ersten Bandes umschrieb, „in großen Zügen eine Biographie des europäischen und des deutschen Menschen zu geben und die gegenwärtige Lage der europäischen Kultur und insbesondere des deutschen Volkes historisch zu deuten", die eindrucksvolle Geschlossenheit des Werkes aus. Nie ist es das Detail, der einzelne Vorgang und historische Ablauf als solcher, so intensiv ihnen nachgespürt und so farbig sie dargestellt werden, denen im Kern die Aufmerksamkeit gilt. Im Mittelpunkt steht vielmehr stets der große Lebenszusammenhang, gipfelnd in den beherrschend werdenden Gestaltungskonzeptionen in den verschiedenen Bereichen, den „vorherrschenden Tendenzen", wie Ranke es genannt hatte. So beginnt die Darstellung nach einem weitausgreifenden Überblick über die geschichtlichen „Grundlagen der modernen Welt" und den „Aufbau der deutschen Geschichte", über die Bedeutung von Französischer Revolution und Empire mit zwei großen Abschnitten über die „Grundlegung eines neuen Geistes" und die „Grundlegung eines neuen Staates". Die Ideenwelt Herders und seines Kreises, der Neuhumanismus und die Romantik als die Weltsicht und Lebensgefühl um die Jahrhundertwende bestimmenden Kräfte auf der einen, die Reformen Steins, Scharnhorsts, Humboldts und Hardenbergs als die den Staat und die staatlichen Institutionen in Deutschland beispielgebend umformenden Maßnahmen auf der anderen Seite – das sind die Fundamente, auf denen nach Schnabel das ganze 19. Jahrhundert gründet und aufbaut. Dabei steckt in der Reihenfolge zugleich eine deutliche Hierarchie: Entscheidend war für ihn in allem historischen Prozeß stets die vorherrschende bzw. vorherrschend werdende Perspektive, das Kategorien- und Wertsystem, von dem aus die Menschen und vor allem die führenden Gruppen einer Gesellschaft die Welt betrachteten. Bei aller unendlichen Vielgestaltigkeit historischer Vorgänge und Erscheinungen hatte Hegel seiner Überzeugung nach durchaus recht mit seiner Feststellung: „Ist erst das Reich der Vorstellung revolutioniert, so hält die Wirklichkeit nicht aus."

In solchem Sinne war seine Darstellung im Kern Geistesgeschichte, in der Schilderung der Grundlagen und bestimmenden Elemente der Ordnung von 1815 und der liberalen Gegenkonzeption und Gegenbewegung, der der zweite Band gewidmet war, ebenso wie in der souveränen Zusammenfassung der Wissenschafts- und Bildungsgeschichte im dritten und der Religions- und Kirchengeschichte im vierten Band. Mit dünnblütiger, etwa gar zu System und Dogma erstarrenden Ideengeschichte hatte das freilich nichts zu tun. Auch ging es Schnabel nur am Rande um Ausbildung und Entfaltung großer Ideenkomplexe, zentraler Leitideen als solcher, so viele Anregungen und Anstöße er vor allem Friedrich Meineckes Werken in dieser Hinsicht fraglos zu verdanken hatte. Im Zentrum stand für ihn stets der lebensweltliche Zusammenhang, und Kategorien wie Prinzipien für die Interpretation und Gestaltung der Wirklichkeit, so wichtig sie für deren tieferes Verständnis waren, waren von diesem Zusammenhang seiner Überzeugung nach nicht zu trennen. Im Gegenteil: Nur aus ihm waren sie erfaßbar und erklärbar, nur aus ihm ergab sich zugleich ihre sehr unterschiedliche Lebenskraft und praktische Wirksamkeit.

Von daher war Schnabel methodisch wie sachlich neuen Interpretationsansätzen und Deutungskonzepten gegenüber durchaus offen, solange sie nur an der Grundannahme der Rationalität im Sinne des inneren Zusammenhangs und der überindividuellen Erklärbarkeit des historischen Prozesses festhielten. So bemerkte er 1925, zu einem Zeitpunkt, an dem der Vorwurf der Nähe zum Marxismus innerhalb der etablierten Geschichtswissenschaft in Deutschland fast einem wissenschaftlichen Todesurteil gleichkam, zu Marx und seiner Bedeutung für die Geschichtswissenschaft: „Er fand, daß Rechtsverhältnisse und Staatsformen weder aus sich selbst, noch aus der sogenannten allgemeinen Entwicklung des menschlichen Geistes zu erklären sind, sondern aus den materiellen Lebensverhältnissen, auf denen sie beruhen, ohne daß sie ausschließlich aus ihnen entstehen müssen. So fand er, daß nicht die Dinge aus den Ideen, sondern die Ideen aus den Dingen zu erklären seien, und darum sagte er von sich, daß er die Hegelsche Philosophie von dem Kopfe, auf dem sie gestanden, wieder auf die Beine gestellt habe. Das Prinzip war neu und fruchtbar, und es beseitigte die Vergewaltigung des historischen Stoffes, wie sie mit Notwendigkeit aus Hegels Lehre sich ergeben hatte; das Prinzip des Karl Marx bereicherte die historische Wissenschaft mit neuen Mitteln und Wegen, auf denen man zu den Voraussetzungen und Gründen geschichtlicher Vorgänge vordringen konnte."

Für Schnabel selber freilich, für seine historiographische Praxis blieb der Königsweg die Mentalitäts- und Theoriegeschichte, die Geschichte der leitenden Vorstellungen und übergreifenden Konzeptionen und der großen Ideensysteme. Sie hat er mit größter Meisterschaft entfaltet, dabei alles verarbeitend, was sich ihm an Ergebnissen einer weitverzweigten Forschung auf dem Gebiet der politischen Geschichte im engeren Sinne, der Kultur- und Wissenschaftsgeschichte, auch der Wirtschafts- und Sozialgeschichte darbot. Daß er es dabei stets zugleich mit Werthaltungen zu tun hatte, denen er bei aller Zurückhaltung und sehr bewußt angestrebten Distanz nicht gleichgültig gegenüberstand und gegenüberstehen konnte, hat ihn schließlich in einer Zeit, die sich so gar nicht in die von ihm gezeichneten Kontinuitäten und Entwicklungslinien fügte, nicht nur äußerlich in schwierigste Verwicklungen geraten lassen, sondern auch innerlich. Das „victrix causa diis placuit, sed victa Catoni" des Lukan, das er im Alter gern zitierte, war in Wahrheit seine Sache nicht. In dem aufstrebenden und aufsteigenden, sich zur Nation entfaltenden und deren Schicksal schließlich bestimmenden Bürgertum hatte er den heimlichen Helden des historischen Prozesses gesehen. Dessen innere Schwäche war ihm durchaus bewußt, und die vielfältigen Niederlagen und Rückschläge, die dieses Bürgertum erlebte und teilweise mit eigener Hand herbeiführte, schienen ihm historisch keineswegs überraschend. Aber seine so sehr dem Leben verbundene, auf das Leben, auf Gegenwart und Zukunft zielende Geschichtsschreibung hatte doch immer das Ziel gehabt, dieser Schwäche entgegenzuwirken, das Bürgertum über seine ursprünglichen Ideale und wahren Stärken aufzuklären und damit zur Kurskorrektur und zu entschlossenem Handeln aufzurufen. Daß statt dessen die Nation unter tätiger Mithilfe eines nicht kleinen Teils des Bürgertums in eine politische Katastrophe bis dahin unbekannten Ausmaßes hineinsteuerte und daß danach von einer wirklichen Rückbesinnung und einem ehrlichen Neubeginn, so wie er die Dinge sah, keine Rede sein konnte, drückte dem Ganzen letzten Endes, so groß der wissenschaftliche Ertrag im einzelnen war und so sichtbar auch der Ruhm, der jetzt davon auf den Autor ausging, den Stempel der Vergeblichkeit auf. Nach Fertigstellung des dann nicht mehr erschienenen fünften Bandes über die Entstehung und Entfaltung der nationalen Bewegung bis zum Vorabend der Revolution von 1848 hat Schnabel denn auch keine Zeile mehr an dem Werk geschrieben und wissenschaftlich seither sozusagen vor allem, auch in dem meisten, was er noch veröffentlichte, von dessen Zinsen gelebt.

Das war, da das Kapital einen gewaltigen Stock bildete, unendlich viel, und fünfzehn Jahre lang, von 1947 bis 1962, hat Schnabel von dieser Basis aus in München, der größten deutschen Universität, eine breite Wirksamkeit entfaltet, das Bild der neueren Geschichte und vor allem die Art der historischen Betrachtungsweise in Hunderten von Schülern und über sie und über eine breite Vortragstätigkeit, nicht zuletzt im Rundfunk, in noch viel weitläufigeren Dimensionen geprägt. Aber ein Neuansatz, was sein Lebenswerk, sein Lebensziel anging, ist ihm inhaltlich nicht mehr gelungen. Er wurde sich selbst, nüchtern und klarsichtig, wie er stets war und blieb, historisch. Seine Erwartungen und Hoffnungen, die einst der großen und ständig wachsenden sozialen Gruppe des Bürgertums, einer von ihm inhaltlich bestimmten Demokratie gegolten hatten, richteten sich zunehmend auf kleine Eliten im humanistischen Geist gebildeter Menschen. Ihnen sollten auch die Universitäten vorbehalten bleiben, deren Entwicklung zur Ausbildungsstätte für immer größere Zahlen und für immer breitere Kreise der Bevölkerung er mit größter Skepsis gegenüberstand. Wie der alte Jacob Burckhardt, mit dem ihn auch sonst manches verband, setzte auch er den vorherrschenden bzw. sich mehr und mehr durchsetzenden Tendenzen seiner Zeit zunehmend eine konservativ-aristokratische Grundhaltung entgegen.

Die Geschichte der eigenen Zeit erschien letzten Endes, in der Gesamtbilanz, als eine Geschichte des Abstiegs und Verfalls. Mit modischem Kulturpessimismus hatte das nichts zu tun, auch wenn in der öffentlichen Wirkung sicher ein Element davon eine Rolle spielte. Es verband sich vielmehr mit der schon früh erworbenen und vertretenen Überzeugung, daß nur naiver Fortschrittsoptimismus oder auch Fortschrittspessimismus von linearen Prozessen in der Geschichte ausgehe. In Wahrheit sei die Geschichte stets von Wellenbewegungen, von Aufstieg und Niedergang bestimmt gewesen, und jedes Wellental enthalte von daher zugleich den Trost der Erwartung neuerlichen Aufstiegs. In diesem Sinne zog Schnabel einerseits eine direkte Linie von der Wilhelminischen Zeit bis in seine unmittelbare Gegenwart, vermittelte aber andererseits seinen meist jugendlichen Hörern stets den Eindruck, daß es ganz bei ihnen liege, diese Entwicklung durch kritische Rückbesinnung und bewußte Neuorientierung zu durchbrechen. So ging von ihm – und das hatte sicher einen nicht geringen Anteil an der ungewöhnlichen Anziehungskraft und dem außerordentlichen Erfolg seiner Lehrveranstaltungen – bei aller Skepsis und bei allem Pessimismus doch eine im buchstäblichen Sinne „begeisternde" Wirkung aus.

Zu einem „Kathederstar" in der fragwürdigen Bedeutung des Wortes ist Schnabel darüber nie geworden. Aber der unübersehbare und höchst ungewöhnliche Einfluß, den er auf diese Weise weit über sein Fach hinaus in Universität und Öffentlichkeit gewann, versöhnte ihn doch mit vielem: mit den bitteren Erfahrungen der Vergangenheit und auch mit dem fragmentarischen Charakter seines wissenschaftlichen Lebenswerkes, der nun mehr und mehr vorwiegend äußerlicher Natur schien, die Frage des ursprünglich ins Auge gefaßten Zeitraums und nicht die innere Einheit und Geschlossenheit des Ganzen betraf – die scharfe Betonung der Zäsur, die das Auftreten Bismarcks für die weitere historische Entwicklung bedeutete, tat ein übriges, die innere Einheit, den Epochencharakter der Zeit vom ausgehenden 18. Jahrhundert bis zur Revolution von 1848 zu unterstreichen.

Gerade weil die Lehre für Schnabel so zentrale Bedeutung erlangte, bildete dann die in der deutschen Universitätsgeschichte beispiellose Zusage des bayerischen Kultusministeriums bei seiner Berufung im Jahre 1947, er könne einst das Datum seiner Emeritierung, der Entpflichtung von der Lehre, selbst bestimmen, für ihn eine sehr schwere Hypothek. Er hat die Entscheidung bei langsam doch nachlassenden Kräften und ständiger Vermehrung der Aufgaben in einer stark wachsenden Universität, in der er der einzige Vertreter seines Faches war und blieb, lange vor sich hergeschoben. Erst 1962, im Alter von fast fünfundsiebzig Jahren, drei Jahre vor seinem Tode am 25. Februar 1966, hat er schließlich seinen Lehrstuhl aufgegeben, bis zuletzt getragen von der Überzeugung, daß es in der Geschichte auf den einzelnen, auf die Individualität entscheidend ankomme, auch und vor allem im geistigen Leben.

Das war das Pathos des Humanismus, das ihn stets leitete und ihn, unbeschadet aller Erfahrungen und ohne sich je etwas vorzumachen, vor Resignation und Schlimmerem bewahrte. Es war das, was Thomas Mann einmal „die rettende Ehrfurcht des Menschen vor sich selbst" genannt hat. Sie verlieh ihm, dem Gelehrten und akademischen Lehrer von internationalem Rang, etwas, was sich mit großen wissenschaftlichen Leistungen nicht zwingend, ja eher selten verbindet: persönliche Größe, Vorbildlichkeit der individuellen Existenz. Hinter dem Werk, hinter der Aufgabe zurückzutreten, war dabei seine Devise und zugleich Frucht einer alten humanistischen Erkenntnis: daß der Mensch sich nicht selbst meinen dürfe, wenn er ganz er selbst werden wolle.

# KONRAD ADENAUER
## 1876–1967

Von
Hans-Peter Schwarz

Adenauers Zeitgenossen sind vergleichsweise rasch bereit gewesen, dem alten Staatsmann, der die Bundesrepublik vierzehn Jahre lang mit Würde, Zielklarheit, Raffinesse und geschmeidiger Härte regiert hat, das Attribut geschichtlicher Größe zuzubilligen. Auf die Frage des Allensbacher Instituts, welcher „große Deutsche" am meisten für Deutschland geleistet habe, nennen schon im Jahr 1956 vierundzwanzig Prozent den Namen Adenauer, siebenundzwanzig Prozent denken an Bismarck. Acht Prozent sind noch immer der Meinung, daß Adolf Hitler an erster Stelle genannt werden müßte.

Heute, mehr als ein Vierteljahrhundert später, gerät Bismarck zunehmend in Vergessenheit. Nicht so Adenauer. Die des historischen Erinnerungsvermögens sonst eher unfähigen Westdeutschen sind immer noch mit stattlichen Mehrheiten überzeugt, daß Adenauer der Größte sei. Neununddreißig Prozent denken im Jahr 1983 bei derselben Frage an Adenauer, elf Prozent halten an Bismarck fest. Der „kräftige Ruinierer" Adolf Hitler ist inzwischen verdientermaßen zur großen historischen Negativfigur geworden, mit der man den Kindern Angst macht, und auf ein Prozent abgesunken.

Nun ist des Volkes Stimme nicht Gottes Stimme. Doch wer es nicht schafft, bereits zu Lebzeiten von einer breiten Öffentlichkeit als ganz überragend angesehen zu werden, hat kaum Aussicht, in der kühlen Säulenhalle historischen Nachruhms auf längere Zeit Kränze zu erhalten. Im Fall Adenauers ist es übrigens nicht nur das eigene Volk, das ihn gegenwärtig den ganz bedeutenden Staatsmännern zurechnet. Die qualifizierte öffentliche Meinung zumindest des westlichen Auslands bewertet ihn ähnlich.

Zweifellos ist bei der Hochschätzung des ersten Bundeskanzlers ein massenpsychologischer Vorgang zu beobachten, der mit der einstigen Bewunderung für Bismarck manches Gemeinsame hat. So wie diesen der Glanz des „Reichsgründers" umgab und sogar das Zerbrechen des Reiches noch ein bis zwei Dekaden überdauerte, wird auch Adenauer als „Gründungskanzler" verstanden. Gewiß: Die Gestalt Bismarcks sprengt gewissermaßen den Rahmen neuerer deutscher Geschichte, an dem doch eher mittelmäßige Staats-Handwerker ihre Spuren hinterlassen haben. Ihn kennzeichnen im Sinn Jacob Burckhardts „Einzigkeit, Unersetzlichkeit", die notwendigen Merkmale echter Größe. Daß ohne ihn alles ganz anders verlaufen wäre, ist so gut wie sicher.

Ob indessen Adenauer trotz seiner bedeutenden Leistungen beim Aufbau der Bundesrepublik Deutschland wirklich unersetzbar gewesen wäre, mag man immerhin fragen. Er hat zwar bereits an der Gründung des „Weststaates" 1948/49 als Vorsitzender der CDU in der britischen Zone und als Präsident des Parlamentarischen Rats maßgebenden Anteil gehabt, aber dieser wäre auch ohne ihn geschaffen worden. Dasselbe gilt für die Grundanlage bundesdeutscher Außenpolitik, die mit dem Stichwort Westbindung zu umschreiben ist. Auch dazu gab es damals wie später gar keine vernünftige Alternative. Die parlamentarische Demokratie des Grundgesetzes hätte wohl auch ohne ihn überlebt, obschon es ein unschätzbarer Beitrag zur Stabilisierung dieser in Deutschland zuvor umkämpften Staatsform war, daß er mit der CDU eine starke Mitte-Rechts-Partei zum Erfolg führte, die voll auf dem Boden der Demokratie stand. Zwar ist es schwer vorstellbar, wie die bürgerliche Gesellschaft der Bundesrepublik ohne seine vierzehnjährige Kanzlerschaft so beispiellos aufgeblüht wäre, aber man kann mit guten Gründen bezweifeln, ob die Westdeutschen zu irgendeinem Zeitpunkt nach 1949 bereit gewesen wären, mehrheitlich für eine sozialistische Demokratie zu votieren – den großen Traum aller Linksintellektuellen. Am seinerzeitigen demokratischen Sozialismus Schumacherscher Prägung störten doch sehr die rechthaberische Aufdringlichkeit der Ideologie, der penetrant egalitäre Ruch, dessen bürokratische Elemente, doch auch die furchteinflößende Kombination des Nationalen mit dem Sozialistischen.

Dennoch: Unsicherheiten über die innere und äußere Entwicklung der Nachkriegsdemokratie waren wohlbegründet. War eine Demokratie stabil, in der noch im Jahr 1956, wie eben erwähnt, acht Prozent der Bürger Adolf Hitler den größten Deutschen zu nennen geruhten? War eine Gesellschaft stabil, die an die zehn Millionen Vertriebener und Flüchtlinge zu integrieren hatte, von den sonstigen scharfen sozialen Spannungen ganz abgesehen? Erst recht mochten aus dem Knäuel heilloser Verwicklungen, für die bald der betuliche Ausdruck „deutsche Frage" gefunden wurde, die schlimmsten neuen Verrücktheiten und Krisen sich aufbauen. Was war nicht alles zu lösen oder wenigstens in die Tiefkühltruhe der Geschichte zu schieben: die Teilung des Landes, die Unterdrückung von achtzehn Millionen Deutschen, das Berlin-Problem, das Schicksal der geraubten Ostprovinzen, die Saarfrage, die Problematik der nationalen Identität! Wie viele Verklemmungen, Mißgriffe, schwer korrigierbare Fehlgriffe mochten sich daraus ergeben, daß die Bundesrepublik (bis 1955 formal eine Art Protektorat der Westmächte) ein Spielball der internationalen Politik war: Objekt russischer Drohungen und Verlockungen, in ständiger nervöser Unsicherheit aufgrund der wie immer schwer zu kalkulierenden Tendenzen der amerikanischen Weltmacht, beunruhigt durch Frankreich, das sich bald zu schwach, bald zu stark fühlte, meist beides gleichzeitig, und ausgesetzt auch dem nüchternen Egoismus überlegener britischer Staatskunst!

Wenn Adenauer als großer Staatsmann verstanden wird, so vor allem deshalb, weil er mit der Gesamtheit dieser Belastungen souverän fertig geworden ist. Seine große Leistung erhellt gerade aus dem Umstand, daß man im nachhinein sehr rasch vergessen durfte, was alles hätte schiefgehen können. Die großen Tendenzen der europäischen Nachkriegspolitik, doch ebenso die Trends der westdeutschen Innenpolitik drängten zwar in die Richtung, die die Entwicklung tatsächlich genommen hat. Aber das alles mußte in unendlicher Arbeit, mit dem Gefühl für die großen Linien wie für das kritische Detail konkret ausgestaltet, stabilisiert, im öffentlichen Bewußtsein verankert, nach innen und außen legitimiert werden. In einem Volk und auf einem Kontinent, deren neueste Geschichte nicht durch ein Übermaß an politischer Vernunft gekennzeichnet waren, hat er es geschafft, für schwierigste Fragen vernünftige Lösungen zu finden und die Deutschen wie das Ausland zur Erkenntnis geführt, daß das Vernünftige nützlich, aber auch moralisch annehmbar sei.

So war er der große Stabilisierer. Kein Metternich der zweiten Hälfte des 20. Jahrhunderts allerdings: Von diesem unterscheidet ihn das Flair für die Tiefenströmungen der Gesellschaften, ebenso die für einen alten Mann ganz erstaunliche Freude an großzügigen neuen Entwürfen, vor allem aber seine demokratische Grundeinstellung. Er wußte, daß man Stabilität nur mit den Mehrheiten der Völker erringen kann und nicht gegen diese, wußte jedoch auch, wie man sich diese Mehrheiten verschafft. Dennoch hat er erkannt, daß die seit Jahrzehnten umgetriebenen Deutschen politisch zur Ruhe kommen mußten – die Deutschen, aber auch ganz Europa, und er hat dafür die erforderlichen Formen schaffen helfen.

Es war schon ein verblüffender Vorgang: das neue Deutschland, gestaltet und repräsentiert von einem Staatsmann, der, geboren am 5. Januar 1876, in Köln zur Schule ging, als Bismarck in Berlin Reichskanzler war. Dieser erstaunliche alte Mann hat sein Land auf den Weg einer diesmal mit den liberalen, weltweiten Zeittendenzen in Einklang befindlichen Modernität geführt. Unter ihm hat das Volk mit der Demokratie seinen Frieden gemacht, hat auch die Kunst des Sich-Einfügens in die Bedingtheiten des internationalen Systems gelernt. Das ist wohl nur deshalb so scheinbar widerstandslos gelungen, weil Adenauer den damals immer noch autoritätshungrigen Deutschen bewies, daß parlamentarische Demokratie und autoritative Führung keine Gegensätze sind und daß man ein friedliches, kooperatives Mitglied der Staatengesellschaften werden kann, ohne deshalb auf Würde und gemessenen Stolz zu verzichten. So hat er die neue Zeit aus der Substanz des alten Deutschland gestaltet und international akzeptabel gemacht.

Knappe zehn Jahre nach den Großtaten deutschen Berserkertums hatte er die großen westlichen Demokratien so weit, in einem wirtschaftlich dynamischen, selbstbewußten deutschen Kernstaat einen Partner zu akzeptieren, der im europäischen Interesse als notwendig, nützlich, verläßlich, als Garant von Frieden und Stabilität erschien. Es gelang ihm sogar, Verständnis dafür zu finden, daß die Bundesrepublik ihre unerfüllten nationalen Aspirationen in die neue Gemeinschaft einbrachte und diese darauf verpflichtete.

Wie alle Großen, denen nach harter Arbeit Erfolg zuwächst, durfte er nicht nur das ernten, was er selbst gepflanzt, sondern auch das, was andere gesät haben. Bald hat ihm die deutsche und außerdeutsche Öffentlichkeit alles gutgeschrieben, was in einem großen Kraftakt des ganzen Volkes und nicht zuletzt dank politischer Vernunft der Westmächte binnen kürzester Zeit erreicht worden ist. Er personifizierte alles Gute jener Jahre: Wiederaufbau und Wiederaufstieg, Wohlstand und innere Befriedung, Modernisierung und Stabilisierung, Friede in Westeuropa und europäisch-atlantische Gemeinschaft.

Die Neigung der öffentlichen Meinung, das neue Deutschland auch in einer Person verkörpert zu sehen, war überstark. Man versteht Sympathie und Vertrauen, die dem soliden, nüchternen, verständigungsbereiten, bürgerlichen Adenauer entgegengebracht wurden, nur dann ganz, wenn man das Bedürfnis in Rechnung stellt, den immer noch über Europa liegenden Schatten des Führers und Reichskanzlers durch den Glauben an einen neuen Kanzler zu bannen, der groß und gut zugleich ist. Kontrastfiguren wirken immer am stärksten.

Nun war und ist auch Adenauer nicht unumstritten. Welcher Politiker von Rang wäre das auch schon! Soweit man sich an den Kanten dieses harten Mannes gerieben hat, ist das freilich weitgehend vergessen. Jeder Kanzler bringt neue Züge zum Vorschein, die auf ihre Weise Mißfallen erregen, und die Unbequemen sind nicht die schlechtesten.

Sofern die Kritik am ersten Bundeskanzler tiefer ansetzte, weil manche in der Wiederherstellung einer bürgerlichen Gesellschaft eine Gefahr für die Demokratie sahen, sind die Besorgnisse vom Zeitlauf rasch zerstreut worden. Auf dem Kampfplatz der Innenpolitik hat sich der Streit um Adenauer längst gelegt. Man weiß heute, daß die bundesdeutsche Demokratie ein recht robustes Gebilde ist, das die politischen Künste der gegensätzlichen Parteien aushalten kann. Da die Öffentlichkeit inzwischen die Rezepte unterschiedlichster Art kennenlernen konnte, ist eine ruhigere Einschätzung derjenigen des ersten Bundeskanzlers eingetreten. Sie schneiden im Hinblick auf wirtschaftlichen und sozialpolitischen Erfolg, Daseinszufriedenheit, Rechtssicherheit, Kultiviertheit zumindest nicht schlechter ab als die anderer.

Die fundamentalen Zweifel und Kontroversen bezüglich der Leistung Adenauers setzen aber immer wieder dort ein, auch in der wissenschaftlichen

Forschung, wo es um die Grundanlage seiner Außen- und Deutschlandpolitik geht. Ist nicht das eigentliche Lebenswerk Adenauers – der Aufbau einer den Provisoriumscharakter rasch abstreifenden, zugleich ganz und gar westlich orientierten Bundesrepublik – auch seine eigentliche Todsünde gewesen? Muß man ihm nicht auch noch nachträglich die vernünftige Zurückhaltung in der nationalen Frage zum Vorwurf machen? Hat er den mächtigen Strom der deutschen Geschichte nicht vorschnell und vielleicht allzu besorgt in einen Seitenkanal lenken helfen, der zwar dem Transport von Gütern, der Ansiedlung von Industrien und der materiellen Wohlfahrt der Anwohner durchaus dienlich ist, aber die kraftvolle Schönheit und Weite der alten Stromlandschaft doch schmerzlich vermissen läßt? Und werden sich seine Formeln für die Sicherheit der Bundesrepublik – Westintegration, NATO-Allianz, Friede durch Abschreckung – wirklich in Krisen- oder gar Kriegssituationen bewähren?

Die großen Mehrheiten haben sich von derlei Zweifeln freilich nicht beirren lassen, erst recht nicht Adenauer selbst, der durchaus wußte, daß er eine grundlegend neue außenpolitische Tradition begründete: die Tradition deutscher Westbindung, in der er nach allen Erfahrungen eines langen Lebens und mit Blick auf das nach dem Zweiten Weltkrieg völlig veränderte europäische Staatensystem so etwas wie die Staatsräson der Bundesrepublik erkannt hat.

Wie fähige Politiker allemal, wußte er für seine grundlegenden Vorstellungen stets eine Vielzahl mehr oder weniger subtiler Begründungen zu geben. Wer seine Staatspapiere studiert, ist von der Differenziertheit dieses Denkens immer wieder beeindruckt. Aber im Kern waren es doch nur ein paar schlichte Erkenntnisse des gesunden außenpolitischen Menschenverstandes, die er der Öffentlichkeit so beharrlich vor Augen rückte, bis sich sogar die Opposition seiner Lagebeurteilung annäherte.

Deutschland, auch ein wiedervereinigtes Reich, mußte sich, so sah er es, dauerhaft mit dem Westen verbinden. Die autonome Außenpolitik einer Großmacht in prekärer Mittellage hatte zweimal ins Unheil geführt. Sie war für den reduzierten deutschen Kernstaat erst recht nicht mehr gangbar. Sicherheit und Prosperität, vor allem auch der Bestand der Demokratie selbst, schienen nunmehr nur noch in einem System engster Einbindung in die Gemeinschaft der westlichen Demokratien gewährleistet. Sicherheit in Abhängigkeit, gewiß! Aber gab es dazu eine Alternative, wenn man wieder emporkommen, die Gegensätze zu Frankreich und Großbritannien dauerhaft überwinden wollte? Nie mehr Isolierung also, nie mehr Einkreisung durch Rußland und Frankreich gleichzeitig! Von solchen Überlegungen ließ sich Adenauer leiten, der noch den französischen Flottenbesuch in Kronstadt und die britisch-französische Entente erlebt hatte, dem aber vor allem eine heillo-

Konrad Adenauer im Kabinett im Jahr 1954

Konrad Adenauer mit Charles de Gaulle in Bonn während des französischen Staatsbesuchs im September 1962

se Angst vor einem Wiederaufleben des Kontrollsystems von Potsdam in den Knochen saß. Kein Wunder, daß er sich von der Vision der Vereinigten Staaten von Europa faszinieren ließ, selbst wenn diese nur die Form staatenbundlicher Zusammenarbeit annehmen sollte.

Daß die westlichen Siegermächte unter den Bedingungen des Ost-West-Konflikts die Bundesrepublik ohnehin nur dann wieder aufkommen lassen würden, wenn sie sich verläßlich in die westliche Staatengemeinschaft einfügte, war für Adenauer gleichfalls eine Tatsache, der sich alles unterzuordnen hatte. Auch das sprach für Integration, wie das große Schlagwort der fünfziger Jahre lautete. Integration auf allen Ebenen und in allen Schlüsselbereichen: Europarat und Montanunion, EVG und EWG, NATO und Europäische Union, schließlich Zweibund mit Frankreich.

Zu den großen Grundwahrheiten Adenauers gehörte auch der unablässige Hinweis auf die russische Gefahr. Er hat den Begriff des Erbfeindes klugerweise vermieden, hat sich nach Aufnahme der diplomatischen Beziehungen mit Moskau im Jahr 1955 auch zunehmend um eine gewisse Normalisierung bemüht. Aber daß die Sowjetunion der große Feind war, hat er immer erkannt und häufig ausgesprochen. Eine europäische Weltmacht, die die Völker an ihrer westlichen Peripherie unterdrückt, die mitten in Deutschland unter Waffen steht, der Ostzone ein von den meisten Bewohnern abgelehntes Staats- und Gesellschaftsmodell aufzwingt, Berlin umklammert, an einer Ideologie globaler Ausdehnung festhält, Westeuropa mit überstarkem konventionellen Offensivpotential und überschweren Kernwaffen bedroht – wenn es irgendwann in der deutschen Geschichte einen gefährlichen Feind gab, dann diesen! Adenauers Antwort glich derjenigen, die die Oranier in ähnlich bedrohter Lage erst gegen die spanische Hegemonialmacht und dann gegen Frankreich zu Zeiten Ludwigs XIV. gegeben hatten: Mitwirkung an einem System weitgespannter Allianzen, um die überstarke Großmacht in Schach zu halten, vielleicht sogar zurückzudrängen.

Dabei hat er schon früh erkannt, daß fast alles von den Amerikanern abhing. Schutzlos, wie die Bundesrepublik war, reichte ein Bündnissystem alten Stils nicht aus. Bonn mußte bestrebt sein, mangels eigener Stärke die Alliierten physisch im Land zu halten, vor allem die amerikanische 7. Armee. Das erforderte freilich einen gewichtigen eigenen Verteidigungsbeitrag, es gebot die militärische Integration, und es zwang gebieterisch dazu, im Interesse der Abschreckung Kernwaffen in der Bundesrepublik zu stationieren. Die Nachteile und Paradoxien einer auf stärkere Schutzmächte gegründeten Militärpolitik hat auch Adenauer nie übersehen. Aber wer sich davor fürchtet, die Amerikaner, Briten und Franzosen als Verbündete im Land zu halten, wird eben – so meinte er – früher oder später die Russen ins Haus bekommen.

Derlei grundlegende Auffassungen sind im Lauf der vierzehnjährigen Kanzlerschaft zu einer Art außenpolitischer Doktrin zusammengewachsen. Adenauer hat sich allerdings vor künstlicher Systematisierung gescheut, er wußte auch gut, daß die Kompliziertheiten der deutschen Position und des europäischen Staatensystems nur evolutionär zu bewältigen waren. Große Neukonstruktionen verboten sich. Aber im Lauf der erregenden außenpolitischen Grundsatzdebatten hat er doch ein Geflecht von Argumentationslinien entwickelt, die miteinander verbunden waren und seither zum grundlegenden Bestand des Konzepts bundesdeutscher Westbindung gehören.

Wenn dieses Konzept vielfach auf Kritik gestoßen ist, so vorwiegend aus drei Gründen. Viele derer, die geistig noch in der Staatenwelt der Zwischenkriegszeit lebten, konnten damals nicht so recht an die sowjetische Fähigkeit und Entschlossenheit glauben, das ost- und mitteleuropäische Nachkriegsimperium auf lange Zeit zusammenzuhalten. Sie haben übrigens auch Zweifel an der amerikanischen Bereitschaft zum dauerhaften militärischen Engagement in Europa geäußert, und sie mißtrauten der Fähigkeit Frankreichs, ein Verhältnis loyaler Partnerschaft einzugehen. War es also nicht klüger, den ohnehin schon latent vorgegebenen Entwicklungstendenzen zuvorzukommen und ihnen durch eigene Diplomatie nachzuhelfen? Ein gewisses Anknüpfen an alte außenpolitische Strategien der Mittellage, des Ausgleichs, auch des Ausspielens der Großmächte gegeneinander wäre dabei freilich unerläßlich gewesen.

In eben dieser Nostalgie nach der „Welt von gestern" und im Zurückstreben nach der vertrauten Mittellage sah Adenauer aber einen grundlegenden Fehlansatz. Er hat die positiven Entwicklungsmöglichkeiten im sowjetischen Imperium skeptischer eingeschätzt, während er hinsichtlich der Tendenzen im Westen hoffnungsvoller war – beides erwies sich als richtig. Er hätte es aber immer für einen Gipfel der Torheit gehalten (und sagte dies auch), aus freien Stücken eine Situation herbeizuführen, in der die schwachen westeuropäischen Demokratien das Risiko liefen, sich ohne Schutz durch die in Europa präsente amerikanische Weltmacht dem bis an die Zähne bewaffneten russischen Giganten gegenüberzusehen. Sein Gefahrensinn war zeitlebens so gut entwickelt, daß er über den Kinderglauben, Rußland würde sich nicht ausdehnen, wenn es dies ohne Risiko tun könne, nur den Kopf zu schütteln pflegte. Er glaubte aber auch nicht daran, daß ein wiederhergestelltes blockfreies Deutschland fähig wäre, die immer noch durch Mißtrauen gekennzeichneten Beziehungen zu Frankreich und zu England auf Dauer zu entkrampfen. Das verhängnisvolle Gegeneinander würde dann bald wieder einsetzen.

Die zweite Linie der Kritik an seinem Konzept zielte darauf, daß der Kurs bedingungsloser Westbindung mit innerer Logik zur Wiederbewaffnung der Bundesrepublik und zur Entfaltung modernster Waffensysteme auf deutschem Boden führen mußte. Ist das angesichts der jüngsten deutschen Vergangenheit überhaupt zulässig? So lautete das feine moralische Argument, auf das er dabei zu antworten hatte. Doch die realpolitischen Argumente waren noch ernster zu nehmen. Würde Rußland die Wiederbewaffnung hinnehmen? Und ist es nicht ein Verstoß gegen die außenpolitische Klugheit, beim Scheitern der Abschreckung einen Atomkrieg zu riskieren, der das Land verwüsten würde?

Das moralische Argument hat er nie gelten lassen. Abschreckung im Bündnis der freiheitlichen Demokratien konnte, so sah er es, nur von Böswilligen als Wiederauflage des Hitlerschen Militarismus verstanden werden. Kein Volk, das seine fünf Sinne zusammen hat, wählt die freiwillige Unterwerfung unter den totalitären Gegner aus bloßem Schuldgefühl oder wegen moralischer Skrupel. Einzelne mögen für ihre Sünden büßen. Eine von Kollektivschuld bestimmte Außenpolitik schien ihm töricht.

Die Gefahr gewaltsamer sowjetischer Reaktionen gegen die Wiederbewaffnung hat auch er ernst genommen. Das kalkulierte Risiko schien ihm aber tragbar. In der Tat hat sich gezeigt, daß das Vertrauen auf die damalige amerikanische Überlegenheit begründet war.

Daß die Abschreckung im Bündnis ungünstigenfalls zum Krieg in Deutschland führen konnte, wußte er freilich genausogut wie seine Kritiker. Aber die Alternative wäre das Streben nach einem neutralen Status Deutschlands oder der Bundesrepublik gewesen mit allen Risiken tiefgreifender Erschütterungen des sich eben erst mühsam stabilisierenden europäischen Staatensystems und mit der leicht vorhersehbaren Gefahr sowjetischer Hegemonie. Der Hinweis fiel nicht schwer, daß der neutrale Status allein weder die Freiheit noch den Frieden sichert: Das neutrale Belgien mußte dies im Ersten Weltkrieg ebenso erfahren wie die neutralen Staaten Dänemark, Norwegen, die Niederlande und erneut Belgien im Zweiten. Wenn die Elefanten tanzen, leidet das Gras. Daß sich ein Land von so zentraler strategischer und wirtschaftlicher Bedeutung wie Deutschland aus dem Machtkampf der Weltmächte heraushalten könnte, schien ihm undenkbar. Es galt eben, eindeutig und einseitig Partei zu ergreifen.

Der dritte und heftigste Einwand galt den deutschlandpolitischen Implikationen dieses Konzeptes. Gab die Bundesrepublik damit nicht die Deutschen in der Ostzone auf lange Zeit ihren kommunistischen Herren preis? Gegen diese Kritik der nationalen Opposition konnte Adenauer nur antworten, daß auch er langfristig auf die Befreiung der Irredenta hinarbeite. Die Konstellation erlaube aber keine aktivistische Deutschlandpolitik der Bundesrepublik, wolle diese nicht Gefahr laufen, sich zwischen allen Stühlen wiederzufinden.

Darüber mochte man nun noch mit guten Gründen rechten. Letztlich war es in den fünfziger Jahren eine Frage des politischen Urteilsvermögens, wie weit Bonn gehen konnte und wieviel den Westmächten ohne Gefahr für den eigenen Bestand zuzumuten war. Aber die Kritik der nationalen Publizistik, der Opposition und – verschwiegener, doch durchaus vorhanden – auch manches Parteifreundes Adenauers war sehr viel giftiger. Sie speiste sich aus dem Verdacht, daß es dem Kanzler mit der Wiedervereinigungspolitik überhaupt nicht recht ernst sei.

Obschon neu in politischen Spitzenpositionen, war er dennoch ein Mann mit Vergangenheit. Während der siebenjährigen Besetzung durch westalliierte Truppen in den Jahren 1918 bis 1926 hatte Adenauer, als Kölner Oberbürgermeister damals eine Art ungekrönter „König des Rheinlandes", im Interesse seiner Stadt eine eigene, eigenwillige, in manchem auch nicht ganz durchsichtige Rheinpolitik betreiben müssen. Seither wurde ihm von Nationalisten jeglicher Couleur, nach 1945 auch von kommunistischer Seite, der Separatismusvorwurf unter die Nase gerieben. Hatte er nicht schon einmal in der Stunde der Not des Reiches allzuschnell die Bereitschaft signalisiert, sich aus dem gemeinsamen deutschen Schicksal herauszustellen? Hatte er – Ur-Kölner, der er nun einmal war – überhaupt Antennen für das Deutsche Reich, den deutschen Osten, die preußischen Kernlande? Ging sein Blick nicht viel zu einseitig nach Westen, hin zu den Regionen des einstigen Karolingerreiches?

Die Forschung hat sich denn gerade dieser Zusammenhänge ziemlich intensiv angenommen. Zwar liegt die Entwicklung der politischen Vorstellungen Adenauers in den Jahrzehnten vor dem Ende des Ersten Weltkrieges (immerhin zweiundvierzig Jahre seines Lebens) noch größtenteils im Dunkeln. Nach allem, was wir gegenwärtig wissen, ist aber davon auszugehen, daß dieser Kölner des Jahrgangs 1876 von der damals auch im Rheinland vorherrschenden Begeisterung über die Reichsgründung genauso angesteckt war wie die meisten anderen seiner Mitbürger auch. Für die jungen Männer der wilhelminischen Generation ist das Deutsche Reich die gleichsam natürliche Ordnung gewesen, hinter die keiner zurückwollte.

Davon zu unterscheiden ist allerdings die Einstellung zu Preußen. Später hat Adenauer häufig kritisiert, es sei einer der schlimmsten Fehler des Wiener Kongresses gewesen, statt Preußen um Sachsen zu erweitern und so sein Schwergewicht im Osten zu verankern, diesem die wirtschaftlich und politisch fortschrittlicheren Rheinlande zu inkorporieren. Mag sein, daß er schon vor dem Ersten Weltkrieg so gedacht hat. Viele Rheinländer waren damals der Meinung, den alten preußischen Provinzen voran zu sein, ließen sich allerdings zugleich vom militärischen Glanz des Borussentums faszinieren. Auch die Erinnerung an den Kulturkampf mag sich ausgewirkt haben.

Sicher ist jedenfalls, daß der Kölner Oberbürgermeister in der fluiden Situation um die Jahreswende 1918/19 bei denen zu finden war, die dem Gedanken einer „Westdeutschen Republik" im Rahmen des Reiches manches abgewinnen konnten – sowohl hinsichtlich der ungewissen Zukunft der Revolution in Berlin als auch mit Blick auf die internationale Lage. Doch er blieb vorsichtig und rückte von den Ideen ab, als sich die verfassungspolitische Entwicklung klärte. Daß Adenauer damals in Verbindung mit den Engländern zur Abwürgung des Separatismus in Köln beigetragen hat, ist gleichfalls sicher, und ein entsprechender „Persilschein" des seinerzeitigen britischen Militärgouverneurs Lord Clive hat dem 1933 Abgesetzten bei seiner Auseinandersetzung mit den Nationalsozialisten gute Dienste geleistet.

Als der französische Einfall ins Ruhrgebiet erneut eine Zwangslage herbeiführte, schien die Idee einer „Westdeutschen Republik" als rein staatsrechtlicher Gegenentwurf zu den sehr viel weitergehenden französischen Vorstellungen ebenso attraktiv wie die früher schon von Adenauer erwogenen Vorstellungen der Wiederherstellung eines schwerindustriellen Verbundsystems zwischen dem deutschen Westen, Lothringen, Luxemburg und Belgien. Und ähnlich wie die Reichsregierung Stresemann hat auch Adenauer zeitweilig geprüft, ob die Notlage des Ruhrkampfs nicht eine zeitweilige Getrenntentwicklung des Rheinlandes erfordere. Während er sich einerseits vehement gegen die „Versackungstheorie" der Reichsregierung zur Wehr setzte, hat er andererseits doch bis zum Abklingen der Krise vorsichtige Sondierungsgespräche mit französischen Vertretern geführt.

Was sich aus der bisherigen Forschung herausschält, ist jedenfalls nicht die Gestalt eines reichsvergessenen Separatisten, wohl aber eines Politikers, der für die außenpolitischen Probleme des deutschen Westens naturgemäß besonders aufgeschlossen war und in schwieriger Lage für die unterschiedlichsten Alternativen zur Bewältigung der Schwierigkeiten offen gewesen ist. Zweifellos gehörte er in der Weimarer Republik zu denen, die eine langfristige Verständigung mit Frankreich nicht nur für nötig, sondern auch für möglich hielten. Das verlangte nach neuartigen Formen der Zusammenarbeit. Eine Stärkung der Stellung des Westens mochte „die außenpolitische Haltung Deutschlands in ihrem friedensfreundlichen Geiste beeinflussen", wie er am 1. Februar 1919 in der später vielbeachteten Grundsatzrede im Hansasaal des Kölner Rathauses erklärte. Das alles war kein Aussteigen aus dem Reich, sondern Ausdruck des Bemühens, die Berliner Außenpolitik stärker an den Interessen des deutschen Westens auszurichten.

In gewisser Weise wiederholte sich die Geschichte nochmals nach dem Zusammenbruch im Zweiten Weltkrieg. Erneut sah sich Adenauer veranlaßt, in erster Linie um das Überleben jener Gebiete besorgt zu sein, für die er unmittelbare Verantwortung trug: als Vorsitzender der CDU in der britischen Zone, als Präsident des Parlamentarischen Rats, als Bundeskanzler. Wiederum entsprang seine vorwiegend die Interessen des deutschen Westens berücksichtigende Politik in erster Linie einer Zwangslage, die nicht von ihm geschaffen war. Und wieder mußte er experimentieren, diesmal sogar in großem Stil und mit weitreichender geschichtlicher Verantwortung. Daß er dabei auf Vorstellungen zurückgriff, von deren Nützlichkeit er sich in den Krisenjahren 1918 bis 1924 überzeugt hatte, ist schon oft betont worden. In erster Linie aber orientierte er sich erneut an den Bedingungen des internationalen Systems, die nach dem Zweiten Weltkrieg bekanntermaßen in Deutschland ungleich ungünstiger waren als nach dem Ersten.

Sprach unter den gegebenen Umständen nicht alles für ein evolutionäres Vorgehen, für eine Lösung der Probleme in Etappen? Erst Wiedererlangung der Souveränität für den deutschen Kernstaat, die Bundesrepublik, um zu verhindern, daß Deutschland insgesamt, einschließlich der Westzonen, erneut zum Spielball der Großmächte würde. Zugleich Entwicklung fester Bündnisstrukturen mit den Westmächten, damit diese einerseits die Bundesrepublik und Berlin vor den Russen schützten, andererseits aber auch, um diese auf eine langfristige Wiedervereinigungspolitik festzulegen. Erst mußte der Westen insgesamt wieder erstarken, erst mußte die Bundesrepublik zum Machtfaktor eigenen Gewichts geworden sein. Dann könnte es unter günstigen Umständen zu einer weiteren Phase kommen: zur Zurückdrängung der Sowjetunion durch Verhandlungen.

Dieses Konzept schien um so plausibler, als die schwungvolle europäische Einigungsbewegung in den frühen fünfziger Jahren die Aussicht eröffnete, den säkularen deutsch-französischen Gegensatz ein für allemal zu überwinden und dank des Gewichts eines europäischen Staatenbundes eine von Grund auf veränderte außenpolitische Konstellation herbeizuführen.

Dieser Kalkül hat aus vielen Gründen nicht bis zur Phase der Wiedervereinigung geführt. Aus der Sicht der nationalen Kritiker Adenauers waren aber sowohl seine Verweise auf die ausweglose Zwangslage wie auf die europäischen Möglichkeiten nur Ausflüchte eines in der Wolle gefärbten „Rheinbundpolitikers", für den die asiatische Steppe schon bei Magdeburg begann.

Nach allem, was uns heute an Quellen zugänglich ist, wird man es Adenauer aber abnehmen müssen, daß es ihm mit der Wiedervereinigung ebenso ernst war wie den meisten Politikern, die damals in Bonn das Sagen hatten, ebenso ernst auch wie der deutschen Öffentlichkeit. Während sich aber diejenigen, die nicht die letzte Verantwortung trugen, aufs Fordern und Wünschen verlegen konnten, wollte der Kanzler in dem verminten Gelände der Nachkriegsjahre keinen Husarenritt riskieren. Die gesamtdeutsche Balladenpolitik überließ er anderen.

Doch läßt die Zähigkeit, mit der er die deutschlandpolitischen Positionen selbst durch die existenzgefährdende Berlin-Krise hindurchrettete, die Zähigkeit auch, mit der er um den Preis eines Kriegsrisikos die Freiheit Berlins verteidigt hat, den Schluß zu, daß er die nationale Verpflichtung stärker empfunden hat, als dies damals von großen Teilen der Öffentlichkeit angenommen wurde. Er war im Bismarck-Reich groß geworden und wollte nicht als Bundeskanzler eines westdeutschen Teilstaates in die Geschichte eingehen, der auf das Deutsche Reich freiwillig oder auch nur gezwungenermaßen verzichtete. Freilich sah auch er klar voraus, daß die „Realitäten" der Lage Deutschlands früher oder später dazu zwingen würden, eine Reihe garstiger Kröten zu schlucken. Er für seine Person hat das aber letztlich zu vermeiden gewußt.

In dieser Hinsicht fühlte er sich durchaus zwiespältig, wenn man ihn als eine Art „Gründungskanzler" der Bundesrepublik feierte und diese selbst als gleichsam letztes Wort der deutschen Geschichte betrachtete. Viel stärker als viele damals sahen, ist er ein Mann des Übergangs gewesen: Seine Aktivität galt zwar ganz dem Wohl der Bundesrepublik Deutschland, auf deren Verfassung er den Eid abgelegt hatte, aber er verstand diese als deutschen Kernstaat, als Rechtsnachfolgestaat des Deutschen Reiches, und sein Blick ging oft in eine fernere Zukunft, da die Teilung, in welchen staats- und völkerrechtlichen Formen auch immer, überwunden sein würde. In dieser Hinsicht war er für den unentschiedenen Geisteszustand in der damaligen Bundesrepublik durchaus repräsentativ und von der Mehrheitsmeinung viel weniger entfernt, als die von nationaler Frustration ausgehende Kritik wahrnehmen wollte.

Allerdings war und blieb er immer und in erster Linie ein Realist von hohen Graden. Er war zu keinem Zeitpunkt geneigt, Sicherheit und Wohlfahrt des ihm anvertrauten Staates durch den Schornstein gesamtdeutscher Illusionen zu jagen.

In vielem gleicht er den großen Bürgermeistern, die sich am Ende des Dreißigjährigen Krieges rastlos in die Aufgabe stürzten, ihrer Stadt wieder einen gesicherten Platz inmitten der Großmächte zu verschaffen und so auch die Basis für den wirtschaftlichen Wiederaufstieg zu legen. Otto von Guericke von Magdeburg kommt dabei in Erinnerung, mit dem Adenauer auch das Erfinder-Hobby gemeinsam hat, oder Johann Rudolf Wettstein von Basel. Überhaupt wird man Adenauer nur richtig verstehen, wenn man ihn als vollendete Ausprägung eines Politiker-Typs begreift, wie er allein in den Spitzenpositionen der großen deutschen Städte reifen konnte. Er ist zeitlebens der große Bürgermeister par excellence, und in dieser Hinsicht zugleich die überzeugendste Inkarnation zähen, kräftigen Stadtbürgertums, das mit ihm erstmals in der deutschen Geschichte die Chance zur Gestaltung großräumiger Zusammenhänge erhalten und kraftvoll wahrgenommen hat.

Ein bemerkenswerter Vorgang! Die Feudalaristokratie, zuletzt geschichtlich gefordert im verholzten Junkertum des Reichspräsidenten von Hindenburg und in den übervorsichtig finassierenden Generalen von Reichswehr und

Wehrmacht, hat abgewirtschaftet. Der populistische Totalitarismus eines Demagogen „aus der Tiefe des Volkes" hat in Trümmer, Schuld und Fremdherrschaft geführt. Der Typ des kommunistischen Funktionärs wird dort abgelehnt, wo die Deutschen die Freiheit zur Selbstbestimmung haben. Auch die sozialdemokratische Führungsschicht ist weder mehrheitsfähig, noch entspräche sie dem erneuerten bürgerlichen Zeitalter, das seit 1948 in Westeuropa heraufzieht. Im entscheidenden Moment kann sich auch der klassische Typ des bürgerlichen Parlamentariers nicht durchsetzen. Zum Zuge aber kommt ein Mann, dessen Haftwurzeln tief in die städtisch-bürgerliche Geschichte Deutschlands zurückreichen, der in einer stolzen Großstadt gelernt hat, wie man vernünftige und freiheitliche Politik macht.

Es ist sicher richtig, daß Adenauer in den Jahren 1946 bis 1949 seinen politischen Aufstieg als Parteiführer vollzieht, der er früher nie gewesen ist. Er bringt auf Anhieb das Kunststück fertig, die heterogene CDU zur stärksten politischen Kraft zu machen, ein Gravitationsfeld für alle Kräfte der Mitte und der demokratischen Rechten. Fast spielend, so scheint es, bindet er die disparatesten Kräfte zusammen: Katholiken und Protestanten, Liberale und Konservative, Kapital und Arbeit, industrielle und agrarische Interessen.

Auch in der parlamentarischen Arbeit fühlt er sich durchaus zu Hause, erst im Landtag von Nordrhein-Westfalen, dann im Deutschen Bundestag. Wie bei den großen preußischen Bürgermeistern der Bismarckzeit, Miquel, von Forkenbeck, Wermuth, Hoberg, wie in der Weimarer Zeit bei Hans Luther, erweist sich auch bei ihm die verantwortliche Tätigkeit an der Spitze einer Großstadt als ideale Vorbereitung fürs Parlament oder ein Regierungsamt. So meistert er auch den parlamentarischen Betrieb. Aber im innersten Wesenskern bleibt er der Oberbürgermeister. Als Kanzler regiert er nach Grundsätzen und Herrschaftstechniken, die er sich in mehr als einem Vierteljahrhundert rastloser Kölner Stadtpolitik angeeignet hat. Wer die Eigenart seines bürgerlichen Selbstverständnisses begreifen möchte, findet hier den Schlüssel.

Die Geschichte seines Aufstiegs aus kleinen Verhältnissen zur begehrten Spitzenposition der rheinischen Metropole, mit sechshundertfünfzigtausend Einwohnern die zweitgrößte Stadt Preußens, ist oft schon nacherzählt worden, obschon wir über die innere Entwicklung dieses erfolgreichen Mannes bisher nur Bruchstückhaftes wissen.

Das Klima einer wirtschaftlich, kulturell, bald auch wissenschaftlich blühenden, wieder einmal in vollem Aufstreben begriffenen alt-jungen Großstadt stimuliert. Natürlich wirkt die Prägung durch das pflichtbewußte Elternhaus stark, desgleichen das vielschichtige Kölner Milieu jener Jahrzehnte. Aber entscheidend für sein Weltbild und für seine Art, mit allen Aufgaben fertig zu werden, ist die Berufserfahrung, die er in den Jahren eines raschen Aufstiegs zwischen 1906 und 1917 und dann als Oberbürgermeister bis 1933 sammeln kann. Die Tätigkeit des Preußischen Staatsrats, dem er zwischen 1921 und 1933 vorsteht, eröffnet weiteren Einblick in die größeren Zusammenhänge, verschafft ihm über die maßgebenden Persönlichkeiten in Preußen und im Reich ein Urteil aus erster Hand und läßt ihn die Probleme des Gesamtstaats noch besser verstehen. Hinzu kommen die vielfältigsten Funktionen in Aufsichtsräten, Ehrenämtern in der westdeutschen Gesellschaft, weitgespannte gesellige Inanspruchnahme. Das dank der rheinischen Bürgermeisterverfassung außerordentlich selbständige Amt an der Spitze einer gleichfalls selbstbewußten Stadt macht ihn zu dem, was er ist, als die Zufälle der deutschen Geschichte ihn 1949 ganz an die Spitze führen.

Hier bildet er also sein bemerkenswertes Fingerspitzengefühl für die Zusammenhänge zwischen Wirtschaft und Politik aus, hier entdeckt er sein Talent für die Verwaltung, hier gewinnt er Verständnis für das unauflösliche Ineinander von Innen- und Außenpolitik, sammelt erste Erfahrungen mit Verhaltensstil und Verhandlungsweise von Briten und Franzosen und eignet sich jene intime Personalkenntnis quer durch die Bereiche der Gesellschaft an, ohne die seine zweite Blitzkarriere schwer vorstellbar wäre. Hier gewinnt er aber auch jene Reputation, von der er 1945 bis 1949 gleichfalls in reichem Maß zehren kann.

Nach guter Bürgermeisterart ist er Konkretist und Pragmatiker. Zeitlebens behält er den scharfen Blick für das juristische und administrative Detail. Er hält auf Ordnung, Disziplin, auch Selbstdisziplin, und verabscheut alles Chaotische, Schweifende, Romantische. „Wissen Sie", hört später einer der mit ihm vertrauten Journalisten, „welches Buch ich als Nummer eins auf den Index setzen würde? Den Faust!"

Zugleich aber plant und kalkuliert er auch im großen Stil. Keine Routine, kein traditionalistisches Vor-sich-her-Wursteln. Er ist ein ausgeprägter Neuerer. Wie alle bedeutenden Bürger verbindet er realistische Vorsicht mit Wagemut, großzügigen Entwürfen, unbürokratischem Gestaltungswillen. In diesem Geist setzt er nach dem Ersten Weltkrieg in Köln den Grüngürtel durch, holt die Fordwerke in die Stadt, baut das Messegelände aus, und so läßt er sich als Kanzler seit 1949 auf abenteuerlich moderne europäische Projekte ein: die Montanunion, die EVG, die EWG, die Idee eines deutsch-französischen Zweibundes.

Auch Freude am Repräsentieren, am Prunk, an der Selbstdarstellung gehören zu diesem Oberbürgermeisterstil, der in der Kanzlerdemokratie fortlebt. Darin äußert sich unbändiger Stolz: Stolz des Bürgers auf seinen persönlichen Erfolg, auf Besitz, Bildung, eigene Fachkompetenz, geistige und materielle Souveränität. Er preist die berufliche Leistung, bejaht die Modernität auf den Feldern von Technik, Wirtschaft, Verkehr, glaubt an die Berge versetzende Kraft der individuellen Tüchtigkeit und an die allzeit präsente Energie des

Schaffenden. Andererseits haßt er alle Gewalten, die Gestaltungsfreude und Unabhängigkeit einschnüren wollen: die Bürokratie, sofern er sie nicht selbst instrumental nützen kann; den organisierten Schlendrian in jeder Form; die bedenklichen, nicht selten gestaltungs-unwilligen und traditionalistischen Parteigremien und Fraktionen, sofern sie ihm nicht zu Willen sind.

Man geht nicht fehl mit der Feststellung, daß seine Tugenden und auch die bisweilen störenden Verhaltensweisen dieses Mannes die Wesensart des talentierten Aufsteigers kennzeichnen. Adenauer wird ein exemplarischer Bürger, weil ihn das Bürgertum akzeptiert – ihn, einen Mann ohne bemerkenswerten Familienhintergrund und ohne Vermögen. Die tüchtigen „homines novi" sind meist die zuverlässigsten Garanten der Ordnung, die sie vorfinden. Sie haben Biß, sie kennen keine trägen Selbstzweifel an den Werten ihrer Klasse. Sie neigen dazu, ihre Art, das Leben zu meistern, die sich so offenkundig bewährt hat, als generelles Prinzip der Gesellschaftsordnung zu betrachten. Zupackend, aber auch flexibel, wie sie ihren eigenen Weg gemacht haben, reagieren sie in Krisenlagen des von ihnen geleiteten Gemeinwesens gleichfalls dynamisch, aber auch listig und jedenfalls realistisch. Sie sind, wenn es sein muß, opportunistisch, knochenhart, ungemütlich und durchweg unsentimental. In ihrer Misere der Jahre nach 1945 hätte sich die deutsche bürgerliche Gesellschaft keinen fähigeren Sachwalter ihres Daseinsstils und ihrer Interessen wünschen können.

Bürgertum, auch das Konrad Adenauers, ist nie ohne Selbstsucht. Wer nicht auch Egoist ist, bringt weder sich selbst noch seine Familie weit – und das Familienbewußtsein ist für Adenauer ebenso natürlich wie sein politischer Gemeinschaftssinn. Zwar weiß er den Besitz zu schätzen und mißtraut jederzeit armen Schluckern und Sozialisten, die lieber ans Umverteilen als ans Werteschaffen denken. Aber er ist mehr als ein Bourgeois, der allein in der Kategorie des individuellen und des Klasseninteresses zu denken vermag. Dazu versteht er sich viel zu sehr als ein Mann der Öffentlichkeit.

Gerade in den Aufstiegsphasen der deutschen Geschichte überträgt der Bürger sein individuelles Unabhängigkeits- und Erwerbsethos doch vielfach auf die eigene Stadt und den weiteren staatlichen Verband: heilsame Folge einer noch vergleichsweise weitgehenden städtischen Autonomie, religiös geprägtes Verantwortungsbewußtsein gewiß auch, Ausdruck nationalen Identitätsgefühls und nicht zuletzt Einsicht des gesunden Menschenverstandes.

Sollen Stadt und Staat blühen, dann muß es allen halbwegs gut gehen! Unversöhnliche Spannungen sind auszugleichen, sonst versinkt die Ordnung im Klassenkampf! Das gilt für die Stadt, für den ganzen Staat, es gilt sogar – wie Adenauer seit dem Ersten Weltkrieg genau weiß – für ganz Europa. Staatsgesinnung, Patriotismus, Europäertum sind somit keine Gegensätze: Sie entspringen letztlich derselben Wurzel.

Das höchste aller öffentlichen Güter ist diesem Bürgertum die vom Rechtsstaat garantierte Freiheit. Das Freiheitspathos verstärkt sich noch, als Adenauer im Dritten Reich den totalen Staat als existentielle Gefährdung erfährt – Gefährdung aller, aber auch der eigenen Person und Familie. Seine Daseinserfahrung gewinnt 1933–1945 so etwas wie shakespearsche Tiefe. Von hier an datiert sein kalter Haß gegen alle Systeme totalitärer Unfreiheit, aber auch seine Skepsis gegen den Menschen.

Von der Vernunft der Menge hält er nicht viel. Der Sieg Hitlers war in seinen Augen nicht zuletzt das Resultat der Massendemokratie. Aber er weiß, daß alle anderen Staatsformen noch schlechter sind als die Demokratie. Es kommt eben darauf an, daß vernünftige Leute die rechte Politik überzeugend darstellen, dann mögen auch die aufgewühlten Deutschen zur Vernunft kommen. So respektiert er den Volkssouverän, so umwirbt er die parlamentarischen Mehrheiten und tut sein Bestes, nach dem Krieg eine verantwortungsbewußte Partei aufzubauen. Doch von der Qualität parlamentarischer Mehrheitsmeinungen oder von Mehrheitsmeinungen in der Wählerschaft denkt er nicht hoch.

Letzten Endes fühlt er sich – auch das ein altdeutscher Zug – nur seinem Amt und seiner vernünftigen Urteilskraft verpflichtet. Dementsprechend legt er seine Amtszuständigkeiten extensiv aus und verteidigt sie dickköpfig gegen jeden Eingriff Unzuständiger. Die Idee, eine Politik für recht zu halten oder gehorsam zu exekutieren, bloß weil eine Wählermehrheit oder eine Parteitagsmehrheit dafür ist, kommt ihm nie. Er sucht das immer lästige Mehrheitsproblem zu lösen, indem er sich trickreich, mit zäher Überzeugungskraft, durchaus leidenschaftlich, aber, wenn es sein muß, auch unter Einsatz demagogischer Künste tragfähige eigene Mehrheiten schafft.

Ganz besonders hoch entwickelt ist sein bürgerlicher Gefahreninstinkt. Er weiß, daß man sich in der Politik wie in einem Dschungel bewegt. Naives Zutrauen ist nie die Art des echten Bürgers gewesen, erst recht nicht die Adenauers. Schon den Freunden traut er nicht recht, erst recht nicht den Feinden.

Moralische Grundsätze müssen zwar gelten, da die Ordnung ohne sie zusammenbrechen würde. Aber abstrakte Moralität oder moralisierende Politik sind ihm ein Greuel und Gegenstand ständigen Spotts. Das Interesse eines Volkes am Überleben, an seiner Wohlfahrt, an einem Optimum an Selbstbestimmung haben einen ebenso hohen Rang wie allgemeine ethische Grundsätze. Bei Konflikten zwischen Interessen und Grundsätzen ist eine vernünftige Güterabwägung erforderlich, wobei Sicherheit und Nutzen ebenso schwer wiegen wie die Erfordernisse der Sittlichkeit.

Das gilt auch für die Grundfragen von Krieg und Frieden. Friedenssicherung erscheint als selbstverständliche Bürgerpflicht. Aber Bosheit, brutale Machtpolitik und Aggressivität waren zu allen Zeiten Herausforderungen friedlicher Bürgerexistenz. Ihnen gegenüber verläßt man sich nicht auf Unterwerfung, sondern auf Diplomatie, Bündnisse, eigene Machtentfaltung, notfalls auf Kampfbereitschaft. Wo Gewalt im Spiel ist, gibt es, wie er seit dem Ersten Weltkrieg weiß, keine einfachen Antworten. Klugheitsregeln und moralische Erfordernisse, Gesichtspunkte der Verhältnismäßigkeit und der politischen Verträglichkeit gewaltbezogenen Handelns müssen gleicherweise Berücksichtigung finden.

Diese vernünftige Bürgerlichkeit verbindet sich ziemlich zwanglos mit religiös geordneter Daseinsführung. Die Bischöfe und Pfaffen sollen zwar nicht ins weltliche Regiment hereinreden (in diesem Punkt hat Adenauers kühle Distanz zu klerikalem Machtanspruch etwas durchaus Lutheranisches), aber die Kirche verdient Gehör, wo es um die existentiellen Grundfragen geht, nicht zuletzt um Lebensführung und Erziehung. Bürgerliches Wertsystem und christliche Sittenlehre erscheinen nicht als Gegensätze, sie stützen einander. Das Alltagsverhalten dieses liberalen, aber zugleich regelmäßig praktizierenden Katholiken, der sich jedoch auch die Werte der anderen Konfession unbefangen aneignet, ruht auf einem wenig diskutierten, aber durchaus lebendigen Fundus religiös begründeter Wahrheiten. Zweifel am metaphysischen Grund des sittlichen Weltgebäudes mögen zwar nie ganz verstummen (wie sollten sie auch im 20. Jahrhundert!), aber öffentliches, aufklärerisches Infragestellen der geistlichen Wahrheiten wäre diesem liberal-konservativen Typ deutscher bürgerlicher Kultur verächtlich erschienen.

In sein Innerstes ließ dieser selbstbewußte Mann nur wenige hereinsehen. Seine Ehen waren allem Anschein nach glücklich und wurden in beiden Fällen durch frühzeitigen Tod beendet. Er hat den Verlust nur überwunden, indem er sich in die Arbeit stürzte. Sie hat ihn befriedigt, auch wenn er Freunden gegenüber dann und wann über die unmenschliche Last stöhnte.

Im Pantheon deutscher Geschichte jedenfalls ist er nicht nur aufgrund seiner politischen Leistung, sondern auch als Typus denkwürdig. Seine Kanzlerschaft war der geschichtlich verspätete Triumph altdeutscher Bürgerlichkeit. Ein Weltverständnis und ein Daseinsstil, die seit den Tagen des Mittelalters in Deutschland immer wieder hohe Leistungen hervorbrachten, ohne daß aber bürgerliche Mentalität das ganze Reich hätte durchdringen und gestalten können – sie bewährten sich erneut, glanzvoll, anspruchsvoll und vielleicht zum letzten Mal.

Konrad Adenauer ist am 19. April 1967 in Rhöndorf gestorben.

# OTTO HAHN
## 1879–1968

Von
Fritz Krafft

Otto Hahn – dieser Name ist über die Naturwissenschaften hinaus zu einem Begriff geworden, verknüpft mit Schlagwörtern wie: Träger des Nobelpreises für Chemie (1944) und des Enrico Fermi-Preises (1966) – und vieler anderer Ehrungen; Begründer der Radiochemie in Deutschland und Entdecker mehrerer radioaktiver Elemente (vielmehr: Isotope); Entdecker der Kernspaltung des Urans und Vater (oder: Begründer) des Atomzeitalters; langjähriger Direktor des ruhmreichen Kaiser-Wilhelm-Instituts für Chemie in Berlin-Dahlem; Neugründer der Kaiser-Wilhelm-Gesellschaft nach dem Zweiten Weltkrieg als Max-Planck-Gesellschaft, die der deutschen Wissenschaft wieder zu internationalem Ansehen verhalf; standhafter Nazigegner und Fürsprecher bedrohter jüdischer Kollegen im Dritten Reich; erster engagierter Gegner einer militärischen Nutzung der Kernenergie usw. usw. Unsere an Leitfiguren so arme Zeit scheint in ihm einen Heros gefunden zu haben, ein Beispiel, welches das eigene schlechte Gewissen beruhigt, ein herausragender Naturwissenschaftler, der Mensch geblieben ist. Die Faszination des Nobelpreises mit der Konzentration von Leistungsansprüchen auf eine einzelne Persönlichkeit tut ein übriges.

Otto Hahn hatte sich allerdings gegen ein solches Herausheben und Heroisieren seiner Persönlichkeit selber gesträubt – aufgrund seiner liebenswürdigen und verbindlichen Art vielleicht nicht immer mit dem nötigen Nachdruck, ganz abgesehen davon, daß ihm das, was er dazu sagte, dann als übertriebene Bescheidenheit ausgelegt wurde –; und er wäre sicherlich nicht damit einverstanden gewesen, auch wenn er noch ein Kind seiner, das heißt der Wilhelminischen Zeit war, die insbesondere in der Kaiser-Wilhelm-Gesellschaft und an ihren alten Instituten noch lange nachwirkte.

Die Vorbildlichkeit, die durch eine bewußte oder unbewußte Konzentrierung positiv gewerteter Leistungen und Haltungen auf seine Person erreicht werden soll und ihn damit eigentlich einer Vergleichbarkeit entrückt, führt denn auch langsam in der in anderer Umgebung aufgewachsenen jüngeren Generation zu Gegenreaktionen: Ebenso unreflektiert und gänzlich unsinnig hat man neuerdings sogar das Attribut ‚Massenmörder‘ auf ihn angewendet – wie es unlängst im Vorfeld der Feiern zum hundertsten Geburtstag von Albert Einstein, Max von Laue, Otto Hahn – und Lise Meitner – an der Gedenktafel zur Entdeckung der Kernspaltung durch Otto Hahn und Fritz Straßmann am ehemaligen Gebäude des Kaiser-Wilhelm-Instituts für Chemie in Berlin-Dahlem zu lesen stand. Man denkt dabei weniger an seine Mitwirkung an der Entwicklung und Erprobung von Giftkampfgasen unter Fritz Haber während des Ersten Weltkrieges, als aus den Reihen der Naturwissenschaftler allein ein Hermann Staudinger einen solchen Auswuchs des damaligen allgemeinen Patriotismus verurteilte, sondern vielmehr an die Entdeckung der Urankernspaltung Ende 1938, die die Entwicklung von Atombomben ermöglichte und damit eine neue Qualität der Ambivalenz naturwissenschaftlich-technischer Entwicklungen eröffnete – ohne zu wissen und zu bedenken, daß diese Leistung keine geniale ‚Erfindung', sondern die ‚Entdeckung' eines in der Natur (wenn auch auf der Erde kaum spontan, sondern nur „induziert", wie man ursprünglich sagte) ablaufenden Vorganges war, die zudem nicht ihm alleine, sondern zu großen Teilen auch Fritz Straßmann und sicherlich zu einem guten Teil auch Lise Meitner, mit der er jahrelang seit 1907 zusammengearbeitet hatte, bevor sie kurz vor dem letzten Erkenntnisschritt Mitte Juli 1938 zur Emigration gezwungen worden war, zu verdanken ist – zudem wäre sie wohl über kurz oder lang mit anderen, physikalischen Methoden auch von anderer Seite gemacht worden; und ohne auch zu bedenken, daß alle drei in keiner Weise an einer wie auch immer gearteten technischen Auswertung der bei der Kernspaltung freiwerdenden Energien mitgewirkt haben.

Lise Meitner hatte ein entsprechendes Angebot von britischer und amerikanischer Seite für sich strikt abgelehnt, obgleich sie ja 1938 Deutschland als „Jüdin" illegal hatte verlassen müssen und im schwedischen Exil im Gegensatz zu anderen emigrierten Physikern unter äußerst bescheidenen Lebens- und Arbeitsbedingungen lebte. Otto Hahn und Fritz Straßmann sowie die anderen Mitglieder der chemischen Abteilung des Kaiser-Wilhelm-Instituts für Chemie konnten sich auf die chemische Aufklärung der Spaltprodukte beschränken. Sie bedurften deshalb nach dem Zusammenbruch des Dritten Reiches auch nicht einer Rechtfertigung und nachträglichen persönlichen Be- und Umwertung ihrer Tätigkeit wie etwa Erich Bagge, Walter Bothe, Kurt Diebner, Paul Harteck, Werner Heisenberg und andere in Deutschland und die vielen großen und kleinen Physiker, Chemiker und Techniker, die in den USA, in Großbritannien und in der UdSSR an einer vorerst als Waffe zu verwendenden technischen Nutzung intensiv gearbeitet hatten und seitdem weiterhin arbeiten. Beide fühlten sich aber – allerdings nicht so sehr als Entdecker der Kernspaltung denn als naturwissenschaftliche Fachleute, welche die Gefahren beurteilen können – verantwortlich für eine breitgestreute Information über die Gefahren bei einer unsachgemäßen oder waffentechnischen Nutzung der Kernenergie. Otto Hahn hatte als gerade ausgezeichneter Nobelpreisträger und Präsident der Max-Planck-Gesellschaft sowie durch seine auch während der nationalsozialistischen Herrschaft im Dritten Reich unter Beweis gestellte ideologisch und politisch integre Haltung auch die herausgehobene Stellung und das internationale und nationale Ansehen, um seinem Anliegen den nötigen Nachdruck verleihen zu können. Schon in seiner Nobelpreisrede hatte er Ende 1946, noch unter dem Schock der Bomben auf Hiroshima und Nagasaki, von denen er während seiner Internierung in England erfahren hatte, vor einer weiteren militärischen Verwendung der Atomenergie gewarnt; und in den folgenden Jahren hat er durch Veröffentlichungen, Reden und Gespräche immer wieder in dieser Richtung zu wirken versucht – aus der Überzeugung heraus, daß der Naturforscher zwar uneingeschränkt die Geheimnisse der Natur aufzudecken, dann allerdings Politiker und Öffentlichkeit auch über die ambivalente Nutzbarkeit naturwissenschaftlich-technischer Erkenntnisse und ihre Gefahren in aller Offenheit und ohne Rücksicht auf nationale, wirtschaftliche und politische Interessen aufzuklären habe, um ihnen Entscheidungskriterien über diese Interessen hinaus zu liefern. In der Eröffnungsrede zur Hauptversammlung der Max-Planck-Gesellschaft des Jahres 1954 richtete er in diesem Sinne einen Appell an die im Auditorium versammelten höchsten Repräsentanten der Wissenschaft und der Politik der Bundesrepublik. Während Werner Heisenberg im selben Jahr auf Drängen Konrad Adenauers einen Rundfunkvortrag über Nutzungsmöglichkeiten der Kernenergie abgesagt hatte, weil die Bundesregierung Unruhen während der Debatten um die Ratifizierung des Vertrags über die Europäische Verteidigungsgemeinschaft befürchtete, hatte Hahn im Zusammenhang mit der damaligen Diskussion um eine mögliche ‚Kobaltbombe', die eine jahrzehntelange radioaktive Verseuchung zur Folge haben würde, einen Aufsatz „Cobalt 60 – Angst oder Hoffnung" kursieren lassen, der durch Vermittlung des niedersächsischen Ministerpräsidenten Hinrich Kopf unter Abänderung des Programms am Sonntag, dem 14. Februar 1955, im frühen Abendprogramm als Rundfunkvortrag über die deutschen, dänischen und norwegischen Sender ausgestrahlt wurde (wenig später sendete die BBC auch eine englische Fassung). Auf Hahns Initiative ging dann auch die Mainauer Erklärung der Nobelpreisträger von 1955 zurück, der sich insgesamt 51 Preisträger aus aller Welt anschlossen, sowie die Göttinger Erklärung der 18 Atomwissenschaftler vom 12. April 1957 gegen eine atomare Aufrüstung der im Aufbau begriffenen Bundeswehr, die zu harten Auseinandersetzungen mit dem damaligen Verteidigungsminister Franz Josef Strauß führte.

Es ist müßig, Otto Hahn und anderen vorzuwerfen, sie hätten die Ambivalenz früher erkennen, davor warnen oder gar eine Publikation ihrer Entdekkungen unterlassen müssen. Einem solchen Vorwurf liegen Erkenntnisse zugrunde, die sich erst im nachhinein ergaben und die die Problematik einer generellen Verantwortung auch des Naturforschers für sein Handeln und dessen Folgen überhaupt erst bewußt werden ließen. Rückblickend können wir daraus lernen. Das Ergebnis dieses Lernprozesses jedoch zurückprojizieren zu wollen an den Ausgangspunkt, wäre unhistorisch und anachronistisch. Einer rückwirkenden Wertung sollte man sich enthalten, dafür aber Otto Hahn dankbar sein, daß er zu diesem Lernprozeß nicht unwesentlich beigetragen hat. – Übrigens sind Otto Hahn und Fritz Straßmann wohl die einzigen Atomforscher auf der Welt gewesen, die ihre Ergebnisse auch in der Zeit von 1939 bis 1945, unberührt von einer diesbezüglichen Kritik im eigenen Lande, uneingeschränkt veröffentlicht haben.

Ebenso falsch, wie es ist, ihm den Mangel an Einsichten vorzuwerfen, die noch unzeitgemäß waren, ist es aber auch, ihm einseitig wissenschaftliche Leistungen zuzuschreiben, die er nicht allein erbracht hat und erbringen konnte, oder den Mut überzubetonen, der auch aus der Zeit heraus ganz normal gewesen wäre, wenn sich alle oder doch mehr Deutsche während des Dritten Reiches in entsprechenden Positionen menschlich normal und tolerant verhalten hätten. Er hat zwar selber keine Schritte unternommen, die ihn und seine Familie direkt gefährdet hätten, aber er allein wußte etwa davon, daß sein Mitarbeiter Fritz Straßmann 1943 für einige Monate eine Jüdin in seiner Wohnung versteckt hielt. Seine politisch liberale Einstellung hatte ja überhaupt erst ermöglicht, daß Lise Meitner als (ausländische) Jüdin noch nach 1933 am Kaiser-Wilhelm-Institut für Chemie, dessen Direktor er seit 1926 de facto und seit 1928 de jure war, verbleiben und auch Fritz Straßmann hier unbehelligt (wenn auch anfangs ohne Anstellung) arbeiten konnte, obgleich er nicht bereit war, einer NS-Organisation beizutreten – daß also inmitten eines Kreises keineswegs nur politisch desinteressierter oder im Sinne der NS-Ideologie falsch denkender Mitarbeiter das Dreierteam entstehen und zusammenbleiben konnte, das sich ab Ende 1934 mit Untersuchungen beschäftigte, die Ende 1938 Otto Hahn und Fritz Straßmann zum chemischen Nachweis der Urankernspaltung führten. Voraussetzung war allerdings gewesen, daß das Hahnsche Institut von einem vorwiegend von der chemischen Großindustrie finanzierten Trägerverein unterhalten wurde, so daß die Verordnungen des „Gesetzes zur Wiederherstellung des Berufsbeamtentums" vom 7. April 1933 nicht angewendet zu werden brauchten. Die sofort weltweit anerkannte und angewendete Entdeckung gewährte dann Hahn und seinem Institut einen etwas größeren Freiraum, während zuvor er und das Institut gerade dieser Haltung wegen innerhalb der Kaiser-Wilhelm-Gesellschaft mehr und mehr in Mißkredit geraten waren.

Große Wunderdinge darf man allerdings auch für diesen Bereich nicht erwarten. Die Wissenschaft hatte sich nach dem Ersten Weltkrieg noch stärker aus dem politischen Leben zurückgezogen, und die meisten ihrer Vertreter nahmen eine bewußt apolitische Haltung ein. Am Tag des Judenboykotts und während der ersten Auswirkungen des „Arierparagraphen" des genannten

Otto Hahn

Otto Hahn und Fritz Straßmann im Deutschen Museum bei der Erklärung ihrer zur Entdeckung der Kernspaltung führenden Versuche von 1938

Gesetzes, dem gemäß alle Beamten und öffentlichen Angestellten mit jüdischem „Blutsanteil" (und solche mit nicht genehmer politischer Einstellung) ihres Amtes enthoben wurden, war Otto Hahn seit Februar auf einer längeren Vortragsreise durch Nordamerika. Hier wurde er mit den amerikanischen Presseberichten über Judenverfolgung und -diskriminierung konfrontiert – und widersprach in Interviews ihrem Inhalt: Bei in Haft behaltenen Juden könne es sich nur um Kommunisten handeln; die Auswüchse würde Hitler schnell in den Griff bekommen; er sei zwar kein Anhänger Hitlers, sehe aber die Notwendigkeit seiner vorübergehenden Machtausübung; die Lage werde sich bald normalisieren. Erst die brieflichen Berichte seiner befreundeten Kollegen aus Berlin über das Geschehen an den deutschen Universitäten, Krankenhäusern und an den Kaiser-Wilhelm-Instituten, das zur Amtsenthebung jüdischer Professoren, Ärzte und Mitarbeiter führte, und die Reaktionen darauf in der amerikanischen Öffentlichkeit veranlaßten ihn dann, am 4. Mai seine Betroffenheit in einem Brief an den Präsidenten der Kaiser-Wilhelm-Gesellschaft, Max Planck, auszudrücken, mit der dringenden Bitte, um des Ansehens der deutschen Wissenschaft willen zu intervenieren; am 29. Mai suchte er in Washington mit demselben Anliegen den deutschen Botschafter auf. Er selber sagte den im Anschluß an seine Vortragsreise geplanten Aufenthalt im Westen der Staaten ab und kehrte auf dringende Bitten seiner Berliner Freunde Ende Juni nach Deutschland zurück. Fritz Haber, selber Jude, aber wegen seiner Verdienste um die Giftgasentwicklung im Ersten Weltkrieg und die gemeinsam mit Carl Bosch entwickelte Ammoniaksynthese als „Vaterlandsheld" gefeiert und deshalb noch nicht selber betroffen, hatte sein Amt als Direktor des Kaiser-Wilhelm-Instituts für Physikalische Chemie und Elektrochemie zur Verfügung gestellt, weil er keine andere Behandlung hatte erfahren wollen als seine entlassenen jüdischen Mitarbeiter; das Institut war weitgehend verwaist. Fritz Haber und Max Planck baten deshalb Hahn, nach seiner Rückkehr die Leitung dieses Instituts vorübergehend mit zu übernehmen – damit es der Wissenschaft und Forschung erhalten bliebe (selbst wenn es dann zu einem „nationalsozialistischen Musterinstitut" wurde, wie er es später bezeichnete). In der Zeit der Interimsleitung bemühte Otto Hahn sich, für die betroffenen jüngeren Kollegen am Institut wenigstens eine finanzielle Abfindung beim Präsidenten zu erwirken, um ihnen eine Überbrückung der Zeit bis zur Wiedereingliederung an anderer Stelle zu ermöglichen. Weiterhin schlug er Max Planck eine Solidaritätsbekundung aller „arischen" Professoren und wissenschaftlichen Mitglieder der Gesellschaft zugunsten der jüdischen Kollegen vor – doch versagte ihm Planck die Unterstützung, weil der Erfolg höchst unsicher sei und es wohl überhaupt nicht dazu kommen werde, weil zu viele bereits die freigewordenen Stellen innehätten oder darauf spekulierten. Ohne Unterstützung des Präsidenten mußte Hahn den Plan dann aufgeben. Es ist wiederum müßig zu spekulieren, ob er mit einer solchen geschlossenen Aktion Mitte 1933 noch etwas hätte ausrichten können. Die an einigen Universitäten vereinzelt und unkoordiniert versuchten Solidaritätsbekundungen waren jedenfalls ohne Erfolg geblieben.

Erwähnung verdient in diesem Zusammenhang noch die von Otto Hahn gemeinsam mit Max Planck durchgeführte Fritz-Haber-Gedächtnisfeier am 29. Januar 1935, die von der politischen Führung als Affront aufgefaßt wurde, weswegen die Feier zwar nicht verboten, allen Professoren und Mitgliedern wissenschaftlicher Gesellschaften und Vereine aber unter Androhung von Amtsenthebung oder Ausschluß untersagt wurde, daran teilzunehmen. Im Gegensatz zu anderen Professoren hatte Hahn diese Androhung allerdings nicht betroffen, da er bereits am 31. Januar 1934 der Philosophischen Fakultät der Friedrich-Wilhelm-Universität seinen Austritt zum Ablauf des Wintersemesters mitgeteilt hatte, mit der Begründung, daß seine Stellung als Direktor des Kaiser-Wilhelm-Instituts für Chemie und als Mitglied der Preußischen Akademie (in die er 1924 gewählt worden war) ihn so stark in Anspruch nehme, daß es ihm richtig erscheine, seine „Arbeit auf diese Aufgaben zu beschränken"; im übrigen bleibe ihm als Akademiemitglied die Möglichkeit, an der Universität Vorlesungen zu halten (wie er sie für die beiden folgenden Semester auch noch ankündigte).

Otto Hahn hat seine politische Integrität auch in der Folgezeit noch vielfach unter Beweis gestellt. Es will schon etwas heißen, wenn Albert Einstein, der tief enttäuscht und verbittert über Deutschland und die dort geschehenen Greuel war und von Deutschland und den Deutschen auch nach dem Kriege nichts mehr wissen wollte, ihm am 28. Januar 1949 schrieb: „Sie gehören zu den wenigen, die in den bösen Jahren anständig blieben und alles getan haben, was in ihren Kräften stand." Immerhin wurde Otto Hahn im Frühjahr 1943 auch zum Ausländischen Mitglied der Schwedischen Akademie gewählt – worüber er damals seinem Bruder schrieb: „Ich freue mich sehr darüber; denn die Schweden sind recht zurückhaltend, besonders seit den letzten zehn Jahren." Auch die Reservierung des Nobelpreises für Chemie für das Jahr 1944 – von der er übrigens durch eine vertrauliche Mitteilung schon damals erfuhr – war wohl mit aufgrund dieser seiner Einstellungen ausgesprochen worden. Eine öffentliche Wahl oder Bekanntgabe hätte ihn 1944 allerdings selber stark gefährdet; zumindest wäre ihm durch die NS-Führung eine Annahme verboten worden (wie allen Laureaten, seit Carl von Ossietzky 1936 im KZ der Friedenspreis zuerkannt worden war). Die offizielle Bekanntgabe erreichte Otto Hahn im November 1945 auf dem Landsitz Farmhall bei Cambridge in England, wo er mit neun weiteren führenden deutschen Atomforschern bis Anfang 1946 interniert war, so daß er den Preis erst im Dezember 1946 entgegennehmen konnte.

Bemerkenswert ist der Zeitpunkt der Verleihung (1945) und der Überreichung (1946). Otto Hahn war nämlich schon mehrmals für einen Nobelpreis vorgeschlagen gewesen – erstmals 1914 durch Adolf von Baeyer (München), mit dessen Sohn Otto Lise Meitner und Otto Hahn damals seit 1910 über magnetische Spektren von β-Strahlen arbeiteten, für die Untersuchungen des ‚Mesothor'; dann erneut 1923 durch Bernhard Naunyn (Baden-Baden) für die chemische Erforschung radioaktiver Elemente; 1924 durch Heinrich Goldschmidt (Oslo) für die Verdienste um die Radiochemie und die Entdeckung radioaktiver Elemente, und zwar gemeinsam mit Lise Meitner; mit ähnlichen Begründungen wurden beide auch in den folgenden Jahren mehrmals gemeinsam für einen Chemiepreis vorgeschlagen; stets war nach Meinung des Nobelkomitees der Preis aber bereits für ähnliche Untersuchungen verliehen worden, von deren Ergebnissen die Hahn(-Meitner)schen sich nicht genügend abhöben. Während Hahns Entdeckung der Kernisomerie an Uran Z von 1921 dann ein bis weit in die dreißiger Jahre von der Kernphysik unbeachteter Einzelfall geblieben war, hatte die Entdeckung des „Zerplatzens" schwerer Atomkerne nach dem Beschuß mit Neutronen beide Voraussetzungen erfüllt: Die Erscheinung war vollkommen unerwartet und unähnlich allem bis dahin Bekannten; und sie wurde sogleich nach ihrer Publikation Anfang 1939 in aller Welt diskutiert, bestätigt und weiter untersucht. Wann und von wem zuerst und wie oft der Vorschlag gemacht worden war, der dann zur Reservierung für den Preis des Jahres 1944 führte – als für die Schweden das Ende des Dritten Reiches absehbar erschien –, und ob Lise Meitner oder Fritz Straßmann dabei mit genannt worden waren, bleibt vorerst Geheimnis des Nobelkomitees.

Manche mögen es als ungerecht empfinden, daß Hahn gerade für diese Entdeckung allein einen ungeteilten Nobelpreis erhielt. – Lise Meitner hatte ihn im Herbst 1934 erst überreden müssen, nach langen Jahren wieder eine gemeinsame Untersuchung zu beginnen, nämlich die Aufklärung der von Enrico Fermi entdeckten angeblichen ‚Transurane', wofür sie bald zur Ergänzung der von ihnen vertretenen Fachgebiete der Kernphysik und Radiochemie den analytischen Chemiker Fritz Straßmann heranzogen (und ab 1935 anstellten); und diese enge Zusammenarbeit erbrachte den Nachweis mehrerer scheinbar isomerer Reihen von Zerfallsprodukten mit Neutronen beschossenen Urans und Thoriums, die vorerst als ‚Transurane' angesehen worden waren, bis sie sich ab November 1938 (nach der Emigration Lise Meitners, die durch intensiven Briefverkehr aber mit Hahn und Straßmann in Verbindung blieb) durch komplizierte chemische Operationen nach und nach als Spaltprodukte geringeren Atomgewichts erweisen ließen; der Informationsvorsprung ermöglichte dann zuerst Lise Meitner gemeinsam mit ihrem Neffen Otto Robert Frisch, der ebenfalls hatte emigrieren müssen, unter Zugrundelegung des Tröpfchenmodells des Atomkerns die theoretische Deutung des von letzterem ‚Spaltung' („fission") genannten Prozesses. Der Enrico-Fermi-Preis für das Jahr 1966 wurde denn auch entsprechend allen dreien für ihre „Arbeiten, die zur Entdeckung der Kernspaltung führten", gemeinsam verliehen. – Die nach dem Zusammenbruch daniederliegende, geteilte deutsche Nation empfand sich damals jedenfalls als mit ausgezeichnet: Wenigstens die deutsche Wissenschaft schien international noch etwas zu gelten (von den Auswirkungen der Atombombenabwürfe war noch wenig bekannt; und die bekanntgewordenen Zahlen der unmittelbar Getöteten konnten die durch die gerade ertragenen Bombenopfer selber leiderfahrenen Deutschen noch nicht sehr beeindrucken). Und Otto Hahn, der als Mensch und unter den Atomforschern bereits seit dem Beginn seiner Forschertätigkeit auch als Wissenschaftler hohes Ansehen genoß, schien dadurch der berufene Repräsentant dessen geworden zu sein, von dem man zuallererst ein phönixartiges Auferstehen aus der Asche erhoffte.

Er stellte sich dieser Aufgabe. Nach der Internierung kehrte er nicht an sein 1944 nach Tailfingen (1948 dann endgültig nach Mainz) verlagertes Kaiser-Wilhelm-Institut für Chemie zurück, sondern nach Göttingen in die britische Zone, wohin die Generalverwaltung der Kaiser-Wilhelm-Gesellschaft von Berlin her evakuiert worden war. Er wurde hier in Ablösung des fast neunzigjährigen Ehrenpräsidenten Max Planck, der die Geschäfte der nominell nicht mehr bestehenden Kaiser-Wilhelm-Gesellschaft interimistisch führte, einstimmig zum Präsidenten gewählt und führte von Göttingen aus die Reste der in den Westzonen befindlichen oder dorthin verlagerten Kaiser-Wilhelm-Institute in zähen Verhandlungen mit den Besatzungsmächten wieder zur dann Max-Planck-Gesellschaft genannten Einheit zusammen, die zuerst in der britischen, dann in der amerikanischen und schließlich sogar in der französischen Zone genehmigt wurde. Unter seiner Präsidentschaft und durch seinen hohen persönlichen Einsatz konnte diese Institution dann tatsächlich wesentlich dazu beitragen, der deutschen Wissenschaft nach dem Kriege wieder zu hohem internationalen Ansehen zu verhelfen. 1960 legte Hahn das Amt nieder, am 28. Juli 1968 verstarb er in Göttingen – wenige Monate vor Lise Meitner, seiner langjährigen Weggenossin in der Wissenschaft.

Damit nahm ein ungewöhnlich langes und ungewöhnlich erfülltes Leben seinen Abschluß. Der Weg dorthin hatte oftmals eine unerwartete Wendung erfahren und war oftmals begünstigt gewesen durch „glückliche Umstände", wie Walther Gerlach sie in seiner Biographie nannte, um den Begriff Zufall zu vermeiden, „weil dazu seine Art gehörte, sich in sie aufgeschlossen einzufügen und sie für sein Werden zu nützen und zu gestalten".

Am 8. März 1879 in Frankfurt geboren, wo seine Eltern einen Glasereibetrieb besaßen, konnte er nach dem Besuch der Oberrealschule seinen Vater, der gern gesehen hätte, wenn er Architekt geworden wäre, davon überzeugen, daß er für ein Chemiestudium besser geeignet sei – als Primaner hatte er Chemievorlesungen im Frankfurter Physikalischen Verein gehört. Das 1897 in Marburg begonnene Studium der organischen Chemie war dann nach seinen eigenen Aussagen zunächst geprägt von Kneipen, Romanzen, Streichen und großer Sorglosigkeit. Seine diesbezüglichen Schilderungen empfindet man heute fast als ein schlechtes, unzeitgemäßes Klischee. Intensiv arbeitete er erst Sommer 1900 bis Sommer 1901 an seiner Dissertation „Über Bromderivate des Isoeugenols". Am 24. Juli 1901 wurde er mit der Note ‚magna cum laude' zum Doktor promoviert und diente dann ab Oktober als Einjährig-Freiwilliger in Frankfurt. Danach holte ihn Theodor Zincke als Vorlesungsassistenten nach Marburg zurück, ohne daß Hahn diese Jahre allerdings für irgendwelche wissenschaftlichen Arbeiten genutzt hätte. Eine wissenschaftliche Laufbahn hatte er auch gar nicht ins Auge gefaßt; vielmehr nahm er Zinckes Empfehlung freudig an, als die chemische Fabrik Kalle & Co. in Wiesbaden-Biebrich einen jungen Chemiker suchte. Da dieser aber auch gelegentlich für Auslandsmissionen eingesetzt werden sollte, wurden gute Fremdsprachenkenntnisse erwartet, die Otto Hahn sich in England erwerben wollte. Sein Lehrer riet ihm, den Aufenthalt dort auch zu nutzen, um noch etwas Chemie hinzuzulernen, und vermittelte ihm einen Arbeitsplatz bei Sir William Ramsay in London, dem damals weltberühmten Entdecker der Edelgase. Die Eltern finanzierten auch diesen Studienaufenthalt, der jetzt aber von Hahn sehr intensiv genutzt wurde und ihn binnen kurzer Zeit vom organischen Chemiker zum Radiochemiker „transmutieren" ließ, wie er sich auszudrücken pflegte: Er sollte aus etwa hundert Gramm Bariumsalz mit den von Marie Curie entwickelten radiochemischen Methoden die enthaltenen zehn Milligramm Radium herauslösen und das Atomgewicht bestimmen – und fand schließlich eine bis dahin unbekannte Substanz, die er „Radiothor" nannte. Diese Entdeckung machte ihn mit einem Schlage bekannt, wenn auch nicht berühmt; denn die eigentlichen Fachleute auf dem Gebiet radioaktiver Elemente, Bertram B. Boltwood und Ernest Rutherford, blieben höchst skeptisch – wie gegenüber allem, was in den letzten Jahren aus dem Institut Ramsays hervorgegangen war. Boltwood schrieb Rutherford, daß er überzeugt sei, daß es sich bei der angeblich neuen Substanz „nur um eine neue Verbindung von Thorium X und Dummheit" handele. Die Nachricht über die Entdeckung war vom Ramsayschen Institut auch mit zu großer Publicity verbreitet worden.

Ramsay war jedoch überzeugt – von dem experimentellen Geschick des Entdeckers und von der Entdeckung – und überredete am Ende des Volontärjahres Otto Hahn, statt in die Industrie zu gehen bei der Wissenschaft zu bleiben, und empfahl ihn an Emil Fischer, den Direktor des Chemischen

Instituts der Berliner Universität, der ihm auch einen Arbeitsplatz in Aussicht stellte. Da Hahn jedoch in Berlin als Radiochemiker auf sich allein gestellt gewesen wäre, vereinbarte er mit Fischer, daß vorerst eine gründlichere Ausbildung in den Methoden dieses jungen Fachgebietes anzustreben sei, und meinte, daß dieses am besten bei seinen bisherigen Kritikern selbst geschehe. Eine Anfrage Fischers bei Rutherford in Montreal erbrachte dort einen Laborplatz, und die Eltern finanzierten auch noch dieses zusätzliche Studienjahr. In Montreal erlernte Hahn hauptsächlich die Methoden der ‚Radiophysik', speziell die Nachweismethoden für Alphastrahlung – die er später in Zusammenarbeit mit Lise Meitner um solche zum Nachweis von Betastrahlung erweiterte. Er konnte Rutherford nicht nur von der Richtigkeit seiner Londoner Ergebnisse überzeugen, sondern mit dem „Radioactinium" eine weitere neue Substanz nachweisen. Im Sommer 1906 kehrte er, jetzt auch von Rutherford wärmstens empfohlen, zu Emil Fischer nach Berlin zurück.

Dieser war zwar dem „neumodischen" Fach gegenüber höchst skeptisch, räumte aber Hahn eine Arbeitsmöglichkeit in der ehemaligen Holzwerkstatt im Souterrain des Instituts ein. Da Radiochemie jedoch kein Unterrichtsfach war, konnte er ihm keine Stelle geben. Auch nach der Habilitation für Radiochemie, die Fischer Mitte 1907 gegen manchen Unmut in der Fakultät durchziehen konnte, blieb der Privatdozent auf die Unterhaltszahlungen durch die Eltern angewiesen. Erst als nicht zuletzt durch die intensiven Bemühungen Fischers im Herbst 1912 das neue Kaiser-Wilhelm-Institut für Chemie in Berlin-Dahlem errichtet war, wurde Otto Hahn Mitglied der Kaiser-Wilhelm-Gesellschaft und erhielt, wieder auf Betreiben Emil Fischers, eine eigene kleine Abteilung für Radioaktivität im Institut zugeteilt. Anfangs ging Lise Meitner als Gast mit in diese Abteilung – sie hatte als Vorlesungsassistentin von Max Planck ein bescheidenes Auskommen –, 1913 erhielt sie eine ebenfalls vorerst befristete Anstellung als Mitglied, ab 1917, wieder auf Betreiben Emil Fischers, mit einer eigenen kleinen Abteilung, um Institut und Abteilung vor dem Zugriff der Militärs zu schützen, da Hahn wie andere Institutsmitglieder im Fronteinsatz war. Nach dem Kriege dehnte sich die etatmäßig zusammengefaßte „Abteilung Hahn-Meitner" immer weiter aus. Hahn wurde 1924 nach der Ablehnung eines Rufes an die Technische Hochschule Hannover zum Zweiten Direktor des Instituts ernannt. 1921 war Ernst Beckmann als Direktor und Leiter der Abteilung für Anorganische und Physikalische Chemie ausgeschieden; und nach dem Ausscheiden des Leiters der Abteilung für Organische Chemie wurden Hahn 1926 die Geschäfte des Direktors übertragen. Da man sich auf keinen Nachfolger einigen konnte, gelang es schließlich, Hahn auch zum Direktor zu machen, so daß ab 1929 das Institut nur noch aus der Chemischen Abteilung Otto Hahns und der Physikalischen Abteilung Lise Meitners bestand. Die 1921 als Trägerin neugegründete

„Emil-Fischer-Gesellschaft" gewährleistete darüber hinaus eine relativ große Unabhängigkeit und eine vergleichsweise großzügige Ausstattung mit Personal- und Sachmitteln, die Hahn mit von den Mitarbeitern nicht immer gutgeheißener Sparsamkeit und durch Aufteilung von Stellen noch weiter zu strekken wußte.

Ein „glücklicher Umstand" war die Möglichkeit, neuerrichtete Räume zu beziehen, aber auch insofern gewesen, als die Holzwerkstatt durch den jahrelangen noch relativ ungeübten Umgang mit radioaktiven Substanzen allmählich so verseucht war, daß schwache Aktivitäten gar nicht mehr gemessen werden konnten, während die dabei gewonnenen Erfahrungen dann zu Vorsichtsmaßnahmen führten, auf deren Einhaltung durch die Mitarbeiter später vor allem Lise Meitner achtete, so daß das Institut und besonders die Meitnersche Abteilung, in der die Untersuchungen durchgeführt wurden, die zum Nachweis der Kernspaltung führten, praktisch ohne radioaktive „Infizierung" blieb und hier bis zuletzt auch mit schwachradioaktiven Substanzen ungestört gearbeitet werden konnte.

Neben einer ungewöhnlichen Konzentrationsfähigkeit auf ein sich gestelltes Problem – ohne daß dabei die angenehmen Seiten des Lebens zu kurz kommen mußten – und der wahrscheinlich aus der Handwerkstradition seiner Familie stammenden und aus der anfänglichen Zwangslage heraus entwickelten Gabe, mit einfachsten Mitteln in experimentelles Neuland vorzustoßen und jede Abweichung des experimentellen Befundes von den Erwartungen äußerst kritisch zu prüfen (woraus sich allerdings eine große Skepsis gegenüber der auch an seinem Institut seit den späten dreißiger Jahren allmählich von den jüngeren Mitarbeitern eingeführten Automatisierung der Auswertung ergab), zeichnete Otto Hahn insbesondere das Fehlen einer Überschätzung der eigenen Fähigkeiten und die daraus resultierende Bereitschaft zur Gemeinschaftsarbeit im wissenschaftlichen Bereich aus. Walther Nernst hatte als Zweitgutachter bei der Habilitation 1907 noch bemängelt, daß Hahn seine damals vorliegenden Arbeiten stets unter Anleitung und Mitwirkung namhafter Forscher wie Ramsay und Rutherford ausgeführt habe; er hätte „es lieber gesehen, wenn der Herr Kandidat auch irgendwelche auf eigene Initiative hin ausgeführten Arbeiten aufweisen könnte" – die Untersuchungen des Sommers und Herbstes 1907, die zur Entdeckung weiterer neuer Substanzen (Mesothor I, Mesothor II und – unabhängig von Boltwood – „Ionium") führten und gerade diesen vermeintlichen Mangel augenscheinlich behoben, hatten noch keine Ergebnisse erbracht. Die Erfahrungen aus Montreal hatten andererseits aber auch deutlich gemacht, daß ihm Rat und Unterstützung eines auf dem Gebiet der Radioaktivität vorgebildeten Physikers, der er selber nicht war, fehlte. Einen solchen gab es in Berlin aber nicht – bis der Experimentalphysiker Heinrich Rubens ihm mit Lise Meitner eine gleichaltrige junge

Dame vermitteln konnte, der in Wien Einblicke in die neue Physik verwehrt worden waren und die deshalb für kurze Zeit zu Max Planck nach Berlin gekommen war, hier aber wie in Wien auch experimentell arbeiten wollte, bei Rubens jedoch keinen geeigneten Arbeitsplatz erhalten konnte. In der Hahn von Emil Fischer zur Verfügung gestellten Holzwerkstatt im Souterrain konnte sie dann mit diesem zusammen arbeiten, weil hier ein separater Eingang vorhanden war, so daß sie das Chemische Institut nicht zu betreten brauchte, zu dem Damen der Zutritt vor der gesetzlichen Regelung des Frauenstudiums (1908) verboten war. So konnte es zu der bis in die frühen zwanziger Jahre ausschließlich praktizierten und 1934 teilweise wiederaufgenommenen engen wissenschaftlichen Zusammenarbeit auf der Grundlage einer auch engen menschlich-freundschaftlichen Beziehung kommen, die aufgrund ihrer Erfolge fast sprichwörtlich berühmt wurde und zu der beide gleichermaßen von ihrem Fachgebiet her beitrugen – die Kernphysikerin Lise Meitner mit einem besonders scharfen Blick für die Stellung eines Problems und seine Einordnung in das System der anerkannten Theorien und Naturgesetze.

In diesem Sinne ließen sich etwa auch die Anteile an den gemeinsamen Untersuchungen und Entdeckungen ab 1907 verteilen: Entwicklung von Methoden zur Identifizierung von betastrahlenden Substanzen, von denen sie zahlreiche neue fanden; Anwendung des 1908 von Hahn entdeckten „radioaktiven Rückstoßes" zum Auffinden und Abtrennen neuer Zerfallsprodukte; Nachweis der Muttersubstanz des Actiniums als neues Element (Nr. 91, genannt Protactinium), der Lise Meitner 1917/18 gelang, als Hahn nur brieflich mit ihr in Verbindung stand; Aufklärung von Zerfallsreihen, insbesondere nachdem Frederick Soddy 1913 den Begriff „Isotopie" geprägt hatte, demzufolge die vielen nur aufgrund ihrer radioaktiven Eigenschaften identifizierten Substanzen chemisch identisch mit bekannten Elementen sind und sich nur durch das Atomgewicht unterscheiden – „diesen Mut Soddys hatte ich nicht", meinte er später. Weitere Arbeitsgebiete Otto Hahns, die er mit anderen Mitarbeitern verfolgte, waren die geologische Altersbestimmung von Gesteinen aufgrund von Halbwertszeiten und Mengen von Folgeprodukten radioaktiver Isotope (des Rubidiums und Strontiums, aber auch der Radiumreihe), die Entwicklung und Anwendung neuer radiochemischer Methoden – nach seinem Lehrbuch „Applied Radiochemistry" (1936) wurde im englischsprechenden Raum eine ganze Generation von Radiochemikern ausgebildet – sowie ab 1939 die Bestimmung und Untersuchung von Spaltprodukten besonders des Urans und Thoriums und von ersten wirklichen Transuranen.

In diesen Gemeinschaftsarbeiten kündigt sich bereits der Stil gegenwärtiger Naturforschung an. Otto Hahn verkörpert damit auch den Übergang von der alten, besonders in Deutschland wilhelminisch-autoritär geprägten Naturforschung zu der neuen, gemeinschaftlich betriebenen, in welcher der kluge

Leiter nur „primus inter pares“ ist – und häufig genug als solcher durch Verwaltungs- und Repräsentationspflichten (denen Hahn allerdings sehr gern nachging) von der eigentlichen Forschung zu sehr abgehalten wird, dadurch aber anderen die Möglichkeit und den Freiraum für Forschungsarbeiten schafft, an denen der Leiter nurmehr ideell partizipiert. Das Kaiser-Wilhelm-Institut für Chemie in Berlin-Dahlem wurde so ab den späten zwanziger Jahren zwar noch keine Institution moderner Großforschung. Aber die Tätigkeit Otto Hahns bei seinem täglichen Rundgang durch die Labors glich schon mehr der eines simultan spielenden Schachgroßmeisters – der gelegentlich dabei auch eine Partie verlieren darf.

# KARL BARTH
## 1886–1968

Von
Eberhard Busch

Karl Barth war *Schweizer.* Er ist, übrigens verwandt mit dem anderen Sohn seiner Heimatstadt, Jacob Burckhardt, am 10. Mai 1886 in Basel geboren und am 10. Dezember 1968 daselbst gestorben. Daß er in der Mitte seines Lebens als Doppelbürger auch einen deutschen Paß besaß, ist immerhin mehr als eine Äußerlichkeit. Seit seinem Studium war er besonders gerade mit Deutschland verbunden. Hier, während seines 14jährigen Wirkens in diesem Land, bekam sein Name Weltruf. Hier, nicht in seiner Heimat, fand sein Werk auch die stärkste Resonanz. Insofern darf er auch zu den „großen *Deutschen*" gezählt werden.

Früh zeigten sich in seinem Charakter zwei verschiedene Seiten, die lebenslang in ihm stritten, sich wohl auch ergänzten: die „männliche", vom spöttisch-ironischen Basler Gelächter begleitete Lust am Streit und eine kindlich-vergnügte, freundlich lächelnde Heiterkeit. Der *Kämpfer* lebte sich zunächst aus in Bleisoldatenspiel und Straßenschlachten, bei denen er der Erste sein mußte. Noch als reifer Mann konnte er auf den Widerspruch, er wolle immer recht haben, antworten: „I *ha* halt au immer rächt!" Schon der Zehnjährige sublimierte indes seinen Drang in verschlingender Lektüre der Taten Napoleons und der Werke Schillers, die ihn bald zu eifriger Anfertigung ähnlich freiheitsdürstender eigener Dramen stimulierten. Rechthaberisch war er aber eigentlich nicht. Doch galten ihm „Toleranz", Neutralität, Kompromißwesen nie unbedingt als Tugenden. Er war ein Mann leidenschaftlicher Sachlichkeit, der auf Entscheidungen drängte. Gezaudert habe er nie, sagte er im Alter. Er liebte es, heiße Eisen anzupacken, und fühlte sich im Sturme wohl. Jemand nannte seine Nase sein charakteristisches Organ; er *hatte* eine Spürnase, geschätzt und gefürchtet wegen ihrer Fähigkeit, Gefahren zu „wittern", um ihnen schon in ihren Anfängen entschlossen zu widerstehen.

Aber dann die andere, die *sanfte* Seite, die nach Frieden verlangte und das Schöne liebte! Sie wurde früh angerührt durch eine intensive Begegnung mit der Musik Mozarts. Auch in seinen späteren, immens arbeitsreichen Jahren pflegte er täglich zuerst diesem Einen zu lauschen. „Er spielt und hört nicht auf zu spielen", obwohl er nicht nur um Licht, sondern auch um Schatten wisse. Aber „das Subjektive wird bei ihm nie Thema", im Unterschied zu Beethoven, aber ähnlich wie beim Maler Botticelli. „Nicht komponiert, *gehört* hat er zuerst." Das kindliche Hingegebensein an eine große, schöne, geheimnisvolle Sache, das sich darum nicht selbst wichtig und gar tragisch nehmen muß, entsprach seiner Art und prägte sein Denken. Heiterer Humor, „das Gegenteil von aller Selbstbestaunung", war ihm eine Tugend.

Dieser „Mensch mit seinem Widerspruch" wurde nun ebenfalls schon früh in die Welt des christlichen Glaubens hineingenommen. „Unverlöschlich" prägte sich ihm „die heimelige Selbstverständlichkeit" ein, in der die von Mutter Anna, geborene Sartorius, gesungenen Kinderlieder A. Burckhardts von den Jesusgeschichten redeten, als ob sie „sich zufällig gerade heute morgen in Basel abspielten". Vom Vater Fritz Barth, der 1889 Theologieprofessor in Bern wurde und durch den die Familie mit dorthin kam, fand er sich ebenso „mit freundlichem Ernst geleitet". Unvergeßlich, wie er einen Palmsonntag lang auf den Einzug Jesu in Bern wartete! Das Ausschauhalten nach Ihm selber blieb ihm. Unvergeßlich auch, wie er als Bub seine Spardose für einen Kranken opfern mußte, genötigt durch das väterliche Bibelzitat: „Wer da weiß, Gutes zu tun, und tut's nicht, dem ist's Sünde." Auch das blieb ihm: die Ausrichtung auf den Mitmenschen. An seinem Konfirmationstage beschloß er, Theologe zu werden, aus purer Neugier!

Nach dem Besuch der „Freien Schule" in Bern begann er 1904 dort sein Studium, zunächst mehr in Atem gehalten durch ein munteres Verbindungsleben und durch eine große Liebe: Rösy Münger hieß sie (gestorben 1925). Ihr Bild trug er bis ins Alter bei sich. Innerlich rebellierend, fügte er sich jedoch dem väterlichen Spruch: „Elternwille ist Gotteswille", und löste die Verbindung mit ihr. Wohl zutiefst von diesem nie verwundenen Bruch her fiel ein Schatten auf seine spätere, 1913 geschlossene Ehe mit Nelly Hoffmann (gestorben 1976)... Ernstlich zu studieren begann er erst, als er in Berlin Adolf von Harnack und in Marburg Wilhelm Herrmann zu Füßen saß. Im Gegensatz zu seinem „positiv-bibelgläubigen" Vater wurde er nun im Gefolge dieser Lehrer ein überzeugter Anhänger und Verfechter der damals modernen, liberalen Theologie, dem Immanuel Kant und Friedrich Schleiermacher als die Leitsterne leuchteten.

Als solcher arbeitete er nach Studienabschluß ein Jahr in Marburg als Hilfsredakteur bei der führenden Zeitschrift dieser Theologie „Christliche Welt", bevor er im Herbst 1909 Hilfsprediger der Deutschschweizer Gemeinde in Genf wurde. Er predigte dort auf der alten Kanzel Calvins. Und obwohl er das ziemlich unorthodox tat, begann ihm hier der Genfer Reformator doch neue Fragen und Einsichten zu eröffnen. Später wurde ihm gerade dieser Mann in seiner Verbindung von Konzentration und Weite zum Muster eines exemplarischen Theologen, dessen Bild neben dem Mozarts in seiner Studierstube hing.

Im Juli 1911 trat er das Pfarramt in der aargauischen Bauern- und Arbeitergemeinde Safenwil an, mit dem Geständnis: „daß ich Pfarrer bin, weil ich von

Gott reden *muß.*" In seinen von ihm sehr ernst genommenen Predigten trat bald der Gedanke hervor, daß die Kirche unbedingt der Ort sein muß, „wo die Wahrheit geredet wird". Sie dürfe sich darum nicht scheuen, „gegen den Strom zu schwimmen". Das sei freilich ihre Not, wenn man hier durch Phrasen „eingelullt, statt geweckt" werde.

Schon nach kurzer Zeit verbündete sich Barth mit den schwer benachteiligten Arbeitern seiner Gemeinde, schulte sie, gründete drei Gewerkschaften und wurde selbst Sozialist, von seinen Arbeitern „Genosse Pfarrer", von seinen Gegnern „der rote Pfarrer" genannt. Damit *schwamm* er gegen den Strom, zunächst in der damaligen Christenheit. Er tat es in grundsätzlicher Überlegung: „Weil ich an Gott und sein Reich glauben möchte, stelle ich mich dahin, wo ich etwas von Gottes Reich zum Durchbruch kommen sehe", und das sei gegenwärtig, zu ihrer Beschämung, nicht die Kirche, trotz ihrer Religion, sondern, trotz seiner Religionslosigkeit, der Sozialismus in seiner Hoffnung auf eine neue, gerechte Gesellschaft und in seiner praktischen Solidarität mit den Entrechteten. Der Atheismus der Sozialisten sei das Gericht über eine Kirche, die es seit je versäumt habe, sich an den von Jesus gepredigten „solidarischen, sozialen Gott" zu halten.

Das Einschwenken seiner liberalen Lehrer wie der deutschen Sozialisten auf die Kriegslinie wurde ihm 1914 zur „Götterdämmerung", in der ihm „eine ganze Welt", die er „bis dahin für grundsätzlich glaubwürdig gehalten hatte, bis auf die Grundlagen ins Schwanken" kam. Er schrieb: „Das ewige vermeintliche Schmausen..., diese verblendete Unart der Religion, muß einmal aufhören, um einem ehrlichen, grimmigen Suchen, Bitten und Anklopfen Platz zu machen." Er selbst geriet in ein höchst unruhiges Suchen, zusammen mit seinem Freund E. Thurneysen. Die Begegnung mit dem christlichen Außenseiter Chr. Blumhardt wurde ihm da zur Klärung, daß „das Eine Notwendige" jetzt „ganz neu zu lernen" sei. „Es wird sich vor allem darum handeln, daß wir Gott überhaupt wieder als Gott anerkennen. Das ist eine Aufgabe, neben der alle kulturellen, sozialen und patriotischen Aufgaben ein Kinderspiel sind."

Die nun einsetzende Wende, die man schon die „kopernikanische Wende der protestantischen Theologie" genannt hat (H. Berkhof), hat er nachmals bescheiden so umschrieben: da „bin ich allmählich auf die Bibel aufmerksam geworden". Im Sommer 1916 begann er unter einem Apfelbaum den „Römerbrief" des Paulus zu studieren, in der betroffenen Erkenntnis, die er in der Kirche verschüttet glaubte: „Das kleine Sätzlein: Gott ist! bedeutet eine Revolution." Daraus entstand ein Buch, das nach Kriegsende erschien. Ein 1919 im thüringischen Tambach gehaltener Vortrag, der seinen Namen schlagartig in Deutschland bekannt werden ließ, machte ihm selbst bewußt, das Gesuchte noch nicht gefunden zu haben. Binnen kurzem schrieb er „wie betrunken" den „Römerbrief" noch einmal neu, mit dem er, wie er später sagte, unbeabsichtigt an einer Glocke gezogen hatte, die weitum gehört wurde. Er fand bei Paulus „etwas Uraltes, Urorientalisches, undefinierbar Sonniges, Wildes, Originelles". „Etwas Wildes", Expressionistisches kennzeichnete Aussage und Stil auch seines Redens. In Safenwil ging die Sage um, es habe damals ein Blitz aus heiterem Himmel zum offenen Fenster in seinem Schreibtisch eingeschlagen.

Das Buch war eine flammende Absage an das Christentum der letzten Jahrhunderte, für das Gott nur bedeutet habe, „in etwas erhöhtem Ton vom Menschen zu reden". Was Barth dem entgegenstellte, war keine neue Methode. Das hätte für ihn nur geheißen, „einen Kranken zur Abwechslung von der einen auf die andere Seite zu legen". Seine Neuerkenntnis faßt sich prägnant in dem Satz zusammen: „Gott ist Gott". Das sagt, daß sich Gott allen Definitionen, „Be-griffen", Standpunkten und Methoden entzieht. Er ist nicht etwas am Menschen, nicht aus ihm zu erheben, sondern sein unverfügbares Gegenüber, doch auch nicht als „Jenseits" definierbar, sondern ist „das Jenseits des ‚Diesseits' und des ‚Jenseits'". Gerade Religion und Moral, die ihn begreifen zu *können* und begriffen zu *haben* glauben, begreifen ihn nicht. Erkannt wird er, wo er nicht be-griffen wird, wo der Mensch nur Mensch ist, nur „Einschlagtrichter" eines „senkrecht von oben" begegnenden Widerfahrnisses.

Die Dialektik, von Gott reden zu *müssen,* ohne von ihm reden zu *können,* gab Anlaß, daß dieser Art Theologie bald „von irgendeinem Zuschauer" der Name „dialektische Theologie" angehängt wurde. Um diese Theologie sammelte sich schnell ein Kreis ähnlich bewegter junger Theologen: neben Thurneysen R. Bultmann, F. Gogarten, E. Brunner, G. Merz, in einigem Abstand auch P. Tillich. In der Zeitschrift „Zwischen den Zeiten" schuf sich dieser Kreis sein Sprachrohr. Barth war unterdes, im Herbst 1921, zum Professor für reformierte Theologie nach Göttingen berufen worden. In exegetischen und theologiegeschichtlichen Vorlesungen, dazu in einer Fülle von Vorträgen suchte er sofort in unerhörtem Arbeitstempo die im „Römerbrief" entdeckte Basis der Erkenntnis zu festigen, zu entfalten, auszuweiten, auch zu korrigieren, dazu in allerhand Auseinandersetzungen abzugrenzen. Würdig und denkwürdig war dabei der Disput mit seinem Lehrer Harnack. Zwei Zeitalter standen sich in ihnen gegenüber, die beide sehr wohl verstanden, warum sie den jeweils anderen nicht verstehen „konnten" – nämlich in der Frage, ob die Theologie eine einem allgemeinen Wissenschaftsbegriff verpflichtete oder eine strikt kirchliche Disziplin ist. Als Barth 1925 Systematiker in Münster wurde, trat ihm das Problem des Katholizismus ins Bewußtsein. Er empfand die herrschende protestantische Stellung zum Katholizismus als „unmöglich, weil dabei teils zuviel Notwendiges preisgegeben wird, was wir mit den Römischen gemeinsam behaupten müssen, teils zuviel Römisches stillschweigend übernommen wird, wodurch dann der Gegensatz zu einem zufälligen wird".

Der Wandel in Barths Denken in den zwanziger Jahren war im Kern eine folgerichtige Entfaltung der „Römerbrief"-Erkenntnis. Denn jene spröde Formel „Gott ist Gott" begann sich nun von innen her zu öffnen, und die Negation in diesem Grund-Satz, die alles menschliche Definieren Gottes ausschließt, fing an, durch die positive Erkenntnis überholt zu werden: daß Gott dann also nur erkannt wird, wenn er sich selbst definiert, wenn er vorgängig von sich aus zu uns redet. So wurde nun, statt abstrakt „Gott", vielmehr präzis „das an den Menschen gerichtete Wort Gottes" Zentrum seiner Theologie. Dieses neue Zentrum eröffnete eine fruchtbare Neuerschließung der Reformation, auch des altkirchlichen Dogmas, sogar der altprotestantischen Orthodoxie, während sich die Front gegenüber dem Neuprotestantismus, besonders Schleiermacher verschärfte, dessen denkerisches Format Barth jedoch vorbildlich blieb. In diesem Sinn begann er 1927, eine „Christliche Dogmatik" mit einer „Lehre vom Worte Gottes" vorzulegen, deren Erscheinen er indes abbrach, da er sich seiner Sache noch nicht klar genug war.

Inzwischen folgte er einem Ruf nach Bonn (1930), das durch ihn zur Hochburg evangelischer Theologie wurde, von Hörerscharen aus dem In- und Ausland erstrebt. Er war auf dem Höhepunkt seines Schaffens und gewann durch seine Ausstrahlung eine Vielzahl von Schülern. Der junge Bonhoeffer berichtete, Barth stehe „noch jenseits seiner Bücher. Es ist da eine Offenheit für den Einwand, der auch auf die Sache zielen soll, und dabei eine derartige Konzentration und ein ungestümes Drängen auf die Sache, der zuliebe man stolz oder bescheiden, rechthaberisch oder völlig unsicher reden kann". Aus einem Seminar erwuchs ein Buch über Anselm von Canterbury, das er unter allen „mit der größten Liebe geschrieben zu haben" meinte. Unterm Schreiben wurde er sich dessen gewiß, daß theologisches Denken im „*Nach*denken des vorgesagten und vorbejahten Credo" bestehe, im fragenden Suchen nach einem Verstehen, *inwiefern* das im Glauben als wahr Bejahte wahr ist.

Nun fand er sich gerüstet, noch einmal mit dem Verfassen einer eigenen Dogmatik einzusetzen. Es entstand *das* große theologische Werk des Jahrhunderts, über dem der Revolutionär von einst zum „Kirchenvater" der Epoche reifte – ein Werk, dem Rang nach der „Summa" des Thomas von Aquin und der „Institutio" Calvins vergleichbar, beide an Umfang noch beträchtlich übertreffend. 1932 erschien der erste der zwölf voluminösen Bände der „Kirchlichen Dogmatik", die er 1967 mit dem Geständnis abbrach, daß das „opus magnum" ein „opus imperfectum" bleibe, den unvollendeten „Domen des Mittelalters" ähnlich. Die Riesenleistung war nicht möglich gewesen ohne die Mithilfe seiner großen Gesprächspartnerin Charlotte von Kirschbaum.

Barth bewies in seiner Dogmatik eine fabelhafte Fähigkeit, „dasselbe immer wieder anders" zu sagen. Das Geheimnis seiner fruchtbaren Schaffenskraft liegt schon darin, daß nach seiner Meinung überhaupt ein Theologe „heute keineswegs von den Zinsen eines gestern angesammelten Kapitals leben kann, sondern darauf angewiesen ist, jeden Tag, ja zu jeder Stunde mit dem Anfang anzufangen. Fortfahren heißt in der theologischen Wissenschaft immer: noch einmal mit dem Anfang anzufangen." Seine Dogmatik will nicht Entfaltung eines feststehenden Prinzips sein, sondern das Begehen eines Wegs, auf dem einer lebendig-bewegten „Sache" gefolgt wird. Sie will auch kein geschlossenes System erstellen, sondern weist ins Offene, im Wissen, daß alle Menschenworte keine letzten, sondern nur vorläufige sein können. Sie hat an jedem Punkt das Ganze vor Augen und redet vom Ganzen immer nur in einer bestimmten Konkretion. „Allgemeinheiten sind gefährlich", war einer seiner Lieblingssätze. Daß gerade die Theologie Anlaß hat, ihre Sache auch *schön* zu sagen, dafür hat er den Beweis erbracht. Theologie hat für ihn zugleich sehr wohl auch etwas mit „Logik" zu tun. Auf die Frage, welche Bedeutung die Vernunft für ihn habe, antwortete er: „Ich gebrauche sie." Den Heiligen Geist nannte er „den intimsten Freund des gesunden Menschenverstands".

Dabei ist das Bild von den Domen treffend. Seine Theologie ist gottesdienstliche Theologie. Man befindet sich in ihr nicht auf dem Markt, sondern in der Kirche. Und man befindet sich doch nicht in einem Elfenbeinturm, sondern in einem Haus mit offenen Türen und Fenstern. Seine Lehren wollten nicht zeitbedingt sein, aber sie sind ständig auch Reden in ihre jeweilige Zeit hinein. Zugleich hat diese Dogmatik die Fülle zuerst der biblischen Aussagen und dann auch, irenisch-kritisch, die der christlichen Geschichte präsent und läßt sie so neu reden, daß sie zukunftsweisend werden, dazu auch die Traditionen der verschiedenen Konfessionen, und das derart, daß das Werk, dessen Verfasser bewußt ein Reformierter war, eine wahrhaft ökumenische Dogmatik ist. Er wurde dabei nie unkritisch gegenüber der „Kirche", während er zugleich offen auch auf Stimmen außerhalb der Kirche horchen konnte. Wiederum bestätigte das, was er jeweils sagte, so wenig hergebrachte und herrschende Denkgewohnheiten, daß kaum ein Kapitel nicht alsbald heftig umstritten war und ausgiebige literarische Debatten auslöste.

Der sachliche Fortschritt der „Kirchlichen Dogmatik" über die „Christliche Dogmatik" hinaus war der, daß Barth an der Stelle, wo er dort vom „Wort Gottes" redete, nun von der Person Jesu Christi redet, in dem ja nach Joh. 1,14 Gottes Wort verkörpert ist. „Ich bin auf einem langen Weg (oder Umweg) dazu gekommen, besser und besser einzusehen, daß das Wort Joh. 1,14 das Zentrum und Thema aller Theologie und eigentlich selbst die ganze Theologie in nuce ist." Man nannte ihn darum einen „Christozentriker". Er war es, indem er in

Ablehnung aller „natürlichen Theologie" alle Erkenntnis aus der Offenbarung zu schöpfen suchte, und das nicht mehr in Antithesen und Paradoxien, sondern in Relationen und Analogien zu ihr. Er war es, indem er Jesus Christus verstand als die Erfüllung eines von Gott mit dem Menschen geschlossenen Bundes, als das gnädige und gebieterische Jawort des „menschenfreundlichen" Gottes zu seinem durch eigene Schuld vom „Nichtigen" bedrohten Geschöpf. Theologie wurde Barth von da aus zunehmend zur „The-anthropologie", die ausblickt auf das Miteinander des freien Gottes und des freien Menschen. Und die Kirche verstand er von daher als herausgerufen – nicht zu einer sakramentalen Heilsmittlerin, sondern dazu, auf jenes Jawort Gottes eine tätige Antwort zu geben und damit dessen Zeuge unter den Menschen und für sie zu sein.

Nur der Anfang der Dogmatik entstand in Bonn. Zu Beginn der Hitlerherrschaft 1933, die Barth sogleich ablehnte, war er noch mehr erschrocken über das breite Ausmaß, in dem die Christen sie als „neue Gottesstunde" verkündigten. Dagegen rief er zum strikten Ernstmachen mit dem ersten Gebot wider „andere Götter" auf. In seiner sofort massenhaft verbreiteten Schrift „Theologische Existenz heute" vom Juni 1933 verlangte er, gerade jetzt Theologie zu treiben, „als wäre nichts geschehen", das heißt so, daß sie die „Stunde" des Führer-Regimes als für sie völlig unverbindlich ansieht. Das Wort vom „Widerstand" in einer anderen Schrift machte schon 1933 die Runde: „Schlagt auf ihre Speere, denn sie sind hohl!" Barth wandte sich nicht nur gegen die „Deutschen Christen", die die Christusbotschaft mit dem Gerede von „Volk, Blut und Rasse" überschwemmten, sondern ebenso gegen die breite kirchliche „Mitte", die zwar die Kirche von dieser Flut freihalten wollte, aber zugleich zur neuen Herrschaft im politischen Raum ein christliches Ja geltend machte. Sein Ruf zur Entscheidung führte zu Scheidungen. „Wir haben einen anderen Gott", schmetterte er bei einer Kirchenführer-Versammlung in Berlin einem ins Gesicht. Der Kreis der „dialektischen Theologie" zerbrach nun auch, so wie ihre Zeitschrift „Zwischen den Zeiten". 1934 schrieb Barth gegen seinen einstigen Freund E. Brunner ein Heft mit dem blanken Titel „Nein!".

Sein Ruf wirkte aber mindestens ebenso sammelnd. Er war mit Martin Niemöller, Dietrich Bonhoeffer und anderen maßgeblich daran beteiligt, daß sich eine von der Nazi-Ideologie und -Hörigkeit „freie" und ihr widerstehende „Bekennende Kirche" bildete. Sie konstituierte sich auf der ersten Bekenntnissynode der Deutschen Evangelischen Kirche im Mai 1934 in Wuppertal-Barmen. Ihre bekenntnismäßige „Erklärung" stammt von Barth – mit ihrer für viele klärenden Wegweisung, daß neben dem „einen Wort Gottes" nicht „auch noch andere Ereignisse und Mächte, Gestalten und Wahrheiten" für die Kirche und ihren Dienst normative, verpflichtende Kraft haben und daß es

Karl Barth im Jahr 1957

Karl Jaspers

keine „Bereiche unseres Lebens" gebe, in denen wir außer Christus „anderen Herren zu eigen" sind. Die Verweigerung des Beamteneids auf Hitler (Ende 1934) führte zu Barths Vertreibung aus Deutschland. Hier ließen ihn freilich auch führende Vertreter der „Bekennenden Kirche" im Stich, die sich weithin wieder auf jene kirchliche „Mitte" zurückpendelte. Diese empfanden Barth als zu radikal, während dieser umgekehrt sie wegen ihres Schweigens zum staatlichen Unrecht angriff.

Er wurde alsbald Theologe in seiner Heimatstadt Basel, wo er für den Rest seines Lebens wohnte und wirkte. Von da aus intensivierte er seine Kontakte zu Christen in nicht-deutschsprachigen Ländern, um sie für eine Standfestigkeit im Sinn der „Barmer Erklärung" zu gewinnen: durch Reisen nach England, Frankreich, Holland, Dänemark, der Tschechoslowakei, Ungarn und Rumänien. Besonders blieb er mit den deutschen Kirchen verbunden, tröstete die Angefochtenen und rüttelte an den Nachgiebigen. Sein Versuch, den im deutschen Kirchenkampf erkannten Entscheidungsernst auch den Schweizer Kirchen zu vermitteln, scheiterte weitgehend. Die in schottischen Vorlesungen gefundene Formel von einem der Kirche auch gebotenen „politischen Gottesdienst", dazu die in der Schrift „Rechtfertigung und Recht" vorgetragene Lehre vom Ruf des in der Kirche verkündigten Evangeliums nach einer entsprechenden menschlichen Gerechtigkeit im staatlichen Raum bildeten seit 1938 das Fundament für Barths entschiedenes Eintreten für einen politisch-militärischen Widerstand gegen Nazi-Deutschland. Der deutsche Antisemitismus war ihm der erste Grund für die Notwendigkeit solchen Widerstands. So stand er gegen die verbreitete hitlerduldsame Anpasserpolitik, gegen die er damit ein Zeichen setzte, daß er 55jährig noch Soldat wurde. Die offizielle „Bekennende Kirche" brach deshalb mit ihm. Die Schweizer Regierung verbot seine politischen Äußerungen.

Als sich die deutsche Niederlage abzeichnete, schwamm er erneut gegen den Strom, jetzt gegen den um sich greifenden Deutschenhaß. Seit 1944 warb er für Freunde der Deutschen, „Freunde trotz allem". Ein Jesuswort umschrieb er damals so: „Her zu mir, ihr bösen Hitlerbuben und -mädchen, ihr brutalen SS-Soldaten, ihr Herdenmenschen alle, die ihr nun so lange geduldig und dumm hinter eurem sogenannten Führer hergelaufen seid! Gerade mit euch will ich jetzt vom Nullpunkt her neu anfangen! Ich bin für euch! Ich bin euer Freund." In Gesprächen mit deutschen Emigranten und Vorträgen focht er für ein nach dem Krieg nötiges deutsches Erlernen der Demokratie von unten her und wider ein Wiederanknüpfen an den obrigkeitshörigen Geist der Vorkriegszeit. Mit zwei Gastsemestern in Bonn 1946/47 suchte er zum geistigen Neuaufbau beizutragen.

Enttäuscht von den restaurativen Kräften, die er dort in Kirche und Gesellschaft die Oberhand gewinnen zu sehen meinte, zog er sich aber dann von dort zurück und wandte sich nun für einige Zeit in intensiver Mitarbeit der Ökumene zu. Auf der ersten Weltkirchenkonferenz 1948 in Amsterdam hielt er das eröffnende Referat, mit einem diesmal vor selbstgefälligem Aktivismus warnenden Votum: „Wir werden es nicht sein, die diese böse Welt in eine gute verwandeln. Gott hat seine Herrschaft über sie nicht an uns abgetreten. Daß wir inmitten der politischen und sozialen Unordnung der Welt seine Zeugen seien, ist alles, was von uns verlangt ist." Daß die Kirche damit allerdings Zeuge einer großen Hoffnung ist, in der sie „den kommenden König schon jetzt in seinen hungrigen, durstigen, fremden, nackten, gefangenen Brüdern zu erkennen weiß", dafür setzte er sich in der Vorbereitung für die zweite Weltkirchenkonferenz in Evanston ein.

Ohnehin meinte er, daß nur eine Christenheit, die ihrer ureigensten Sache streng zugewendet ist, unfehlbar ein Licht für die Welt sein wird. Gerade wenn sie nicht Wetterfahne ist, wird sie Kompaß sein. Auch in der Folge machte er sich jedenfalls durch politische Zwischenrufe bemerkbar. Den Kalten Krieg hielt er für einen ideologischen Konflikt, in dem die Kirche keinen Anlaß habe, Partei zu ergreifen; ihr Weg sei der der Freiheit zwischen den Fronten und der der Versöhnung, die nicht die andere Seite verteufelt, um die Schäden auf der eigenen Seite zu verdecken. Durch seine Haltung hat er viele Christen in Ostländern getröstet, nicht ohne manche auch dort vor ideologischer Anpassung zu warnen. Im Nein zur westdeutschen Wiederbewaffnung verband und verstand er sich mit M. Niemöller und G. Heinemann. Und mit A. Schweitzer verwarf er die Atomrüstung, die er eine „Verleugnung aller drei Artikel des Glaubens" nannte. „Die Menschen im Westen und Osten sollen aufstehen gegen den Wahnsinn, der in dieser Sache im Gange ist. Es geht ums Leben." Bundespräsident Heuss verhinderte deswegen die Verleihung des Frankfurter „Friedenspreises" an ihn. In einer Schweizer Pressekampagne wurde er gleichzeitig als „Kommunist" verfemt.

Doch galt seine Hauptmühe alle die Jahre der Weiterarbeit an der Dogmatik. Schmunzelnd konnte er sagen: der liebe Gott lasse ihn darum so lange leben, weil die Engel selbst auf den Fortgang der Sache gespannt seien. Einen „Hieronymus im Gehäuse", wie er bei Dürer zu sehen ist, nannten ihn Anhänger respektvoll. Er verstand sich lieber als „Gottes fröhlichen Partisan". Noch sein letzter, Fragment gebliebener Band, in dem er die Säuglingstaufe bestritt, geriet ihm zum Plädoyer für eine neue Kirche, die „als eine kleine, sehr unansehnliche Fremdlingschaft, aber dafür als eine von viel Ballast befreite und so mobile Bruderschaft inmitten der Völker, der Gesellschaft, der Staaten existieren müßte und dürfte".

1962 trat er vom Lehramt zurück in einen tätigen „sogenannten Ruhestand". Während einer glanzvollen Reise durch die USA rief er auf zu einer „Theologie der Freiheit", die die Willkür (liberty) entmythologisiert und der

Freiheit (freedom) eine Gasse macht, „zu der uns der Sohn (Gottes) freimacht und die als seine Gabe die eine, wahre, menschliche Freiheit ist". Ein letzter Höhepunkt war 1966 seine Reise zu Gesprächen im Vatikan und mit Paul VI. – eine Krönung seiner langen Verständnisbemühung mit dieser Kirche, in der er seinerseits die verständigsten Interpreten gefunden hatte und in der seine Theologie unterschwellig in der Erneuerung durch das zweite Vatikan-Konzil wirksam geworden war. Er revidierte Luthers Urteil: „Der Papst ist nicht der Antichrist", meinte aber, daß nur eine auf jeder Seite sich vollziehende *Erneuerung* der Weg zur *Einheit* der getrennten Christen sei.

Er erreichte ein gesegnetes Alter, in dem er auf eine bewegte Nachkommenschaft von Kindern und Kindeskindern schauen konnte, von denen auch einige Theologen geworden sind; einen noch jungen Sohn verlor er durch einen Bergunfall. Im Alter mußte er auch viel leiden, körperlich und seelisch. Doch blieb sein Glauben und Hoffen ungebrochen. Bekümmert über die von ihm so gesehene Schwäche der Theologie der jüngeren Generation, die er zornig eine von „Gartenzwergen" nannte, hielt er doch Ausschau nach einer neuen, auch gegenüber der seinigen neuen, anderen, besseren „Theologie des Geistes". Eine der für ihn bezeichnendsten Anekdoten ist seine Antwort auf die ihm einmal gestellte Frage, ob man im Himmel gewiß auch seine Lieben wiedersehen werde. Darauf er: „Machen Sie sich darauf gefaßt, nicht nur Ihre Lieben!" Darin steckt alles: sein Nein und sein Ja, sein Widerspruchsgeist und sein liebenswürdiger Humor, sein Korrigieren verkehrter Fragestellung und sein Öffnen für immer noch weitere Horizonte, sein kindlicher Glaube und sein drängendes Hoffen, sein Geltendmachen vergessener Wahrheiten und sein aus Gottes Ja genährtes Ja zugunsten der Menschen.

Er war noch zuletzt einer, dem der lebenslang vielfach erfahrene Widerspruch gegen seine pointierten Meinungen nicht tief unter die Haut ging, dem eher die ihm doch auch vielfach zuteil gewordenen Ehrungen zu schaffen machten. Von seinen zahlreichen Ehrendoktorhüten und weiteren Auszeichnungen meinte er, die müsse er im Himmel, wenn er überhaupt dorthin komme, gleich an der Garderobe abgeben. Seine Anhänger, die „Barthianer", ließ er grüßen: Er *selbst* sei *keiner!* Im Blick auf eine Fülle von Werken sagte er zuletzt, daß die vier biblischen „Wörtlein: ‚Meine Gnade genügt dir' viel mehr und sehr viel Besseres sagen als der ganze Papierhaufen, mit dem ich mich da umgeben habe. Sie genügen – was ich von meinen Büchern von ferne nicht sagen könnte". Was er seit Safenwil auf dem Kreuzigungsbild von Matthias Grünewald an seinem Schreibtisch vor sich hängen sah, das wollte er selber sein: einer, der wie jener Johannes mit langem Finger von sich fortweist – nicht in die leere Luft, sondern auf den Herrn und Heiland der Welt.

Ende November 1968 sagte er in einem Interview: „Das letzte Wort, das ich als Theologe und auch als Politiker zu sagen habe, ist nicht ein Begriff, sondern ein Name: Jesus Christus. Um was ich mich in meinem langen Leben bemüht habe, war in zunehmendem Maße, diesen Namen hervorzuheben und zu sagen: dort! ... Dort ist alles, was ich in meinem Leben in Schwachheit und Torheit probiert habe. Aber dort ist's." Das *war* sein „letztes" öffentliches Wort. Am Abend des 9. Dezember sagte er seinem langjährigen Freund Thurneysen am Telefon: „Nur ja nicht die Ohren hängen lassen! Nie! Denn ‚es wird regiert'." Das ist sein letztes bekanntes mündliches Wort, bevor er in der folgenden Nacht im Schlaf friedlich mit gefalteten Händen entschlief. Am nächsten Morgen fand man auf seinem Tisch das Manuskript eines Vortrags, dessen Niederschrift er zuvor am späten Abend mittendrin abgebrochen hatte, und darin heißt es – und das ist sein letztes schriftliches Wort: „‚Gott ist kein Gott der Toten, sondern der Lebendigen.' ‚Ihm leben sie alle' – von den Aposteln bis zu den Vätern von vorgestern und gestern ..." Für die Christenheit gehört er selbst zu diesen Vätern.

# KARL JASPERS
## 1883–1969

Von
Kurt Salamun

Obwohl Karl Jaspers zusammen mit Martin Heidegger als einer der beiden großen deutschen Existenzphilosophen gilt und die Auflagenzahl seiner Werke die Millionengrenze bereits lange überschritten hat, wurden seine Gedanken in der deutschen akademischen Philosophie bisher nur wenig rezipiert und weiterdiskutiert. Daß Jaspers nicht wie Heidegger eine akademische Schülergeneration hinterlassen hat, die seine Philosophie an den deutschen Universitäten weitervermittelt hätte, hängt nicht zuletzt damit zusammen, daß er 1948 seine akademische Wirkungsstätte an der Universität Heidelberg verließ und eine Berufung an die Universität Basel annahm. Dies wurde ihm von vielen seiner Kollegen übelgenommen, die darin eine bequeme Flucht vor den Nachkriegsproblemen Deutschlands sahen. Vielleicht ist aber auch Jaspers' Philosophieverständnis dafür verantwortlich, daß er keine Schülergeneration hervorbrachte. Er war nämlich der Überzeugung, man könne Philosophie nicht als exaktes, inhaltliches Wissen in Form einer Lehre direkt vermitteln, sondern ihr komme primär die Funktion eines indirekten Appells an individuelle Einstellungen und Lebenshaltungen zu.

Wie vielseitig Jaspers in seinem Denken war, zeigt ein Blick auf seine Lebensgeschichte und geistige Entwicklung. Am 23. Februar 1883 in Oldenburg geboren, interessierte er sich nach Absolvierung des humanistischen Gymnasiums zunächst für Jurisprudenz, Kunstgeschichte und Philosophie, begann mit einem Jura-Studium und wechselte schließlich zum Studium der Medizin. Der Studienwechsel wurde durch einen Umstand mitbestimmt, der für sein gesamtes Leben und auch für sein späteres Philosophieren von entscheidender Bedeutung war: Er mußte als Achtzehnjähriger erfahren, daß er an einer äußerst seltenen, unheilbaren Lungenkrankheit (Bronchiektasen) litt, weshalb ihm von damaligen Kapazitäten in der Medizin nur eine sehr geringe Lebenserwartung zugesprochen wurde. Daß er doch sechsundachtzig Jahre alt wurde, verdankte er einer eisernen Lebensdisziplin und der Tatsache, daß er selbst Behandlungstechniken entwickelte, mit denen er die lebensbedrohenden Folgen der Krankheit immer wieder einzudämmen vermochte. Nach Abschluß des Medizin-Studiums arbeitete Jaspers sechs Jahre lang als Psychopathologe an der Psychiatrischen Universitätsklinik in Heidelberg. Er veröffentlichte in dieser Zeit neben kleineren Studien (über Eifersuchtswahn, Trugvorstellungen u. a.) ein umfangreiches Lehrbuch (Allgemeine Psychopathologie, 1913), das unter dem leitenden Gesichtspunkt der Verstehen-Erklären-Dichotomie die Reichweite und Grenzen der damaligen Forschungsansätze in der Psychiatrie abstecken und die Psychiatrie als eine eigenständige Wissenschaftsdisziplin mit klar formulier- und überprüfbaren Methoden ausweisen sollte. Die Bedeutung dieses Buches für die wissenschaftstheoretische Diskussion in der Psychiatrie wird unter anderem daran deutlich, daß Jaspers bis ins hohe Alter Ehrenmitgliedschaften von Psychiatrischen Gesellschaften verliehen erhielt, obgleich er schon lange nichts mehr mit der Psychiatrie zu tun hatte.

Nach seiner psychiatrischen Tätigkeit lehrte Jaspers als habilitierter Psychologe an der Universität Heidelberg, wo er dann 1921 Ordinarius für Philosophie wurde. Noch als Psychologe veröffentlichte er ein Buch (Psychologie der Weltanschauungen, 1918), in dem bereits zentrale Gedanken seiner späteren Existenzphilosophie enthalten sind. In diesem Werk wird Kritik an einseitig-rationalen, objektiven Weltbildern (den rationalen „Gehäusen") und an weltanschaulichen „Systemen" geübt. Jaspers vertritt dort aus der Perspektive einer verstehenden Psychologie die Annahme, daß es ein elementares menschliches Bedürfnis nach Einheit, Geschlossenheit, Geborgenheit, Ruhe und Sicherheit gibt, das immer wieder notwendig zur Ausbildung von objektiven Weltbildern, allgemeinverbindlichen Regeln und Geboten, gesellschaftlichen Institutionen usw. führt. Der Prozeß des Gehäusebildens ist einerseits eine anthropologische Grundkonstante, denn jeder Mensch muß sich in Form eines Weltbildes ein Gehäuse formen; er benötigt eine objektive Weltanschauung mit halbwegs stabilen und klaren Kategorisierungsrastern, die ihm im Denken und Handeln eine gewisse Sicherheit verleihen und aus deren Perspektive er die Wirklichkeit interpretieren kann. Auf der anderen Seite erwachsen aus der Gehäusebildung aber auch so negative Tendenzen wie ein einseitiges Zweckdenken, die Verabsolutierung des objektivierenden Verstandesdenkens sowie ein geschlossenes Weltbild, das die Befangenheit in unflexiblen, statischen Denkmustern bedingt und den Eindruck vermittelt, endgültige Kategorien zur Welterklärung und fertige Rezepte zur Bewältigung aller Lebensprobleme zu besitzen. Jaspers rezipiert in dieser Kritik an den rationalen, objektiven Weltbildern nicht nur Gedanken, die Max Weber bei der Analyse des immer mehr Lebensbereiche erfassenden Rationalisierungsprozesses geäußert hat, sondern auch antirationalistische Denkmotive, wie sie in der Lebensphilosophie von Friedrich Nietzsche, Wilhelm Dilthey und Georg Simmel sowie im Philosophieren Søren Kierkegaards anzutreffen sind. Von dort her erscheinen die rationalen Gehäuse der Weltbilder gleichsam als Zwangseinrichtungen, welche die Fülle des menschlichen Lebens und die Unendlichkeit der menschlichen Existenz in universale, abstrakte Schemata pressen und darin erstarren lassen. Sie vermitteln ein fixierendes Totalwissen, das eine Art von Sicherheit und Gewißheit verleiht, die alle kreativen Frageantriebe und dynamischen Lebensimpulse abtötet. Die Gehäuse der objektiven Weltanschauungen unterbinden die menschliche Spontaneität, Freiheit und Selbstverwirklichung, sie kapseln den Menschen gegenüber existentiellen Grundstimmungen (Angst, Einsamkeit, Verzweiflung usw.) und Prozessen existentieller Selbstreflexion ab und verhindern die ehrliche Auseinandersetzung mit den „Grenzsituationen" des menschlichen Lebens.

Das existenzphilosophische Hauptwerk von Jaspers erschien 1932 unter dem Titel „Philosophie" (Bd. I: Philosophische Weltorientierung, Bd. II: Existenzerhellung, Bd. III: Metaphysik). Zu den darin entwickelten Hauptgedanken gehört ein Menschenbild, dem zufolge der Mensch ein Wesen ist, das neben seinem empirisch-rational aufweisbaren Ich noch eine Dimension der ungegenständlichen Eigentlichkeit (der Existenz, des eigentlichen Selbstseins, der Freiheit) besitzt, die sich dem Zugriff des objektivierenden, wissenschaftlichen Denkens prinzipiell entzieht. Dieser Gedanke, der auf Einflüsse von Nietzsche, Kant und Kierkegaard zurückgeht, wird in der differenzierten inneren Systematik von Jaspers' Werken immer wieder auf verschiedene Weise angesprochen, versteht er doch sein Philosophieren primär als „Erhellung" der eigentlichen Dimension des Menschseins und als Appell an jeden einzelnen, dieses Menschsein auf seine jeweils unvertretbare Weise zu verwirklichen.

Das implizite philosophisch-anthropologische und ethische Konzept, das die zentrale Rahmenvorstellung der gesamten Philosophie von Jaspers bildet, läßt sich folgenderweise zusammenfassen: In Analogie zu traditionellen philosophisch-anthropologischen Auffassungen, die den Menschen als ein Wesen deuten, das durch verschiedene miteinander in Wechselbeziehung stehende Seinsschichten oder Seinsstufen (wie: Körper-Seele-Geist oder Körper-Leib-Seele-Geist) gekennzeichnet ist, unterscheidet er vier Verwirklichungsdimensionen des Menschen: das bloße Dasein, das Bewußtsein überhaupt, den Geist und die Existenz. Das bloße Dasein, die unterste menschliche Seinsschicht, auf der die anderen aufbauen, ist die trieb- und instinktbedingte, körperlich-vitale Ebene. Das Bewußtsein überhaupt stellt die Verstandesdimension dar, die mit ihren logischen Regeln und Verstandeskategorien ein intersubjektives, allgemeingültiges Denken ermöglicht. Die dritte menschliche Seinsweise in Jaspers' philosophisch-anthropologischem Konzept ist die Dimension des Geistes, das heißt der Sinnvorstellungen und Ideen. Als Träger von Ideen schafft sich der Mensch Sinnzusammenhänge, er gestaltet und ordnet seine Erfahrungen und Sinneseindrücke nach umfassenden Wertvorstellungen und weltanschaulichen Orientierungsrahmen. Diese dienen ihm als ordnende Sinnbezüge für die Vielfalt der Erfahrungen. Die drei bisher genannten Seinsweisen machen den Menschen als empirisch-rational erfahrbares Wesen aus, in denen er von den verschiedenen Wissenschaftsdisziplinen erforschbar ist. Darüber hinaus unterscheidet Jaspers noch eine weitere menschliche Seinsweise, die Existenz. Sie ist dem wissenschaftlichen, objektivierenden Denken unzugänglich. „Der Mensch ist grundsätzlich mehr, als er von sich wissen kann." In dieser transobjektiven Dimension kann der Mensch seine Existenz bzw. sein unvertretbares, eigentliches Selbstsein verwirklichen, er vermag dabei ganz „er selbst" zu werden. Der „Aufschwung" von den drei objektiv zugänglichen Seinsweisen zur nicht objektivierbaren Existenz ist nicht bewußt planbar; er kann nur von jedem einzelnen in erfüllten Augenblickserlebnissen des eigenen Lebensvollzugs erfahren werden, ohne daß darin Erlebtes adäquat mitteilbar wäre.

Die Verwirklichung der Existenz ist in diesem Konzept notwendig an das Erleben von Grenzsituationen und an die zwischenmenschliche Kommunikation gebunden. Die Begriffe der Grenzsituation und der Kommunikation sind bei Jaspers in persönlichen Erlebnissen begründet. Steht letzterer im Zusammenhang mit der besonders glücklichen Ehe, die er mit der Schwester eines Studienfreundes, Gertrud Meyer, die er 1910 heiratete, geführt hat, erweist sich der Begriff der Grenzsituation als Resultat des Erlebens der Krankheit, gegen die er permanent ankämpfen und aufgrund der er oftmals im Bewußtsein der Möglichkeit des nahen Todes leben mußte. Jaspers vertritt wie die meisten anderen Existenzphilosophen die Ansicht, das menschliche Leben sei notwendig situationsgebunden. Der Mensch findet sich jeden Augenblick seines Lebens in eine Situation gestellt. Er kann aus dieser Situation zwar oft heraustreten, indem er sie nach seinen Vorstellungen und Plänen verändert, aber er tritt damit wiederum nur in eine neue Situation ein. Unter den Situationen, die das menschliche Leben bestimmen, gibt es auch solche, über die wir grundsätzlich nicht hinauskönnen, die „Grenzsituationen". Das sind Situationen, in denen das empirisch-rationale Wissen mit seiner Erklärungskraft scheitert und alle eingeübten Verfahren zur Bewältigung von Situationen versagen. Die Grenzsituationen sind unaufhebbar und mit der Endlichkeit des menschlichen Daseins unvermeidlich mitgegeben. Als einzelne Grenzsituationen werden genannt: Kampf, Tod, Zufall, Schuld, Leiden und die unabänderliche Tatsache, daß der Mensch ein geschichtliches Wesen ist, aus seiner individuellen historischen Bestimmtheit und der prinzipiellen Situationsgebundenheit nie heraustreten kann. Das Erfahren von Grenzsituationen kann den Menschen auf die nicht-objektivierbare, existentielle Dimension seiner Innerlichkeit verweisen, in der er einen letzten transzendenten Halt gewinnt und von der aus er der Erschütterung durch die Grenzsituation standzuhalten vermag. Im Erleben des Scheiterns in Grenzsituationen setzt ein Selbstreflexionsprozeß ein, der ein Vergewissern der eigenen Seinsmöglichkeit und damit zugleich auch Bedingung für die eigentliche

Selbstverwirklichung ist. Es entsteht ein neues Seinsbewußtsein, das von Lebenseinstellungen begleitet ist wie: einer tieferen Heiterkeit und Gelassenheit angesichts des Todes, Tapferkeit im Leiden, Liebe und Offenheit im Kampf, Verantwortungsbewußtsein in Anbetracht der Grenzsituation der Schuld.

Neben der Vorstellung, der Mensch könne im Erleben von Grenzsituationen seine unvertretbare Existenz verwirklichen, spielt in Jaspers' Existenzphilosophie das Konzept der Selbstverwirklichung in der Kommunikation eine wichtige Rolle. In existentieller Kommunikation mit einem anderen Menschen vermag der Mensch ebenfalls ganz „er selbst" oder „Existenz" zu werden. Das Gelingen dieser Kommunikation sieht Jaspers an gewisse Einstellungen und Werthaltungen gebunden, die man auch als normativ-ethische Voraussetzungen einer existentiellen Kommunikation betrachten kann: den Mut zur meditativ-schöpferischen Einsamkeit und Selbstbesinnung; den Willen zur Offenbarkeit als der Bereitschaft, sich von anderen Menschen ohne tarnende Rückversicherungen in seinen eigenen Ansichten und Überzeugungen in Frage stellen zu lassen; die Bereitschaft zu einem nicht-egoistischen Engagement für andere; die Einstellung, einen anderen Menschen in der Möglichkeit seiner Selbstverwirklichung als prinzipiell auf gleichem Niveau stehend anzuerkennen. Während diese ethischen Bestimmungen humane Wertstandards ersichtlich machen, verweist die Annahme, der Mensch müsse bei der Verwirklichung seiner Existenz in den Grenzsituationen und in der existentiellen Kommunikation auch auf „Transzendenz" bezogen sein, auf säkularisierte religiöse Denkmotive in Jaspers' Philosophie.

Jaspers erwarb sich mit seiner Existenzphilosophie einen großen internationalen Bekanntheitsgrad, der sicherlich wesentlich dazu beitrug, daß er zusammen mit seiner Frau, die Jüdin war, die NS-Ära in Deutschland relativ unbehelligt überstand. Er wurde zwar zwangspensioniert und mit einem Publikationsverbot belegt, konnte während der Zeit der NS-Herrschaft aber intensiv an verschiedenen Projekten arbeiten. So entstand in dieser Zeit der umfangreiche erste Band einer philosophischen Logik (Von der Wahrheit, 1947), in der die Lehre vom Umgreifenden entwickelt ist und der Einfluß Kants sowie der spekulativen Seinsmetaphysik (Plotin, Schelling, Hegel) auf Jaspers' Denken besonders deutlich wird. Das Umgreifende ist für Jaspers das eine, alles umfassende, ungegenständliche Sein, das sich in verschiedene Weisen aufspaltet, sobald man es philosophisch zu erhellen trachtet. Die Weisen des Umgreifenden (Dasein, Bewußtsein überhaupt, Geist, Existenz, Welt, Transzendenz) gelten als ungegenständliche „Räume", in denen das Sein in unterschiedlichen Erscheinungsformen gegenwärtig wird, ein Gedanke, an dem Ähnlichkeiten zu Kants transzendentaler Fragestellung nach den Bedingungen der Möglichkeit der Konstitution der Gegenstände und ihrer Erfahrung offensichtlich sind. Auf die mystisch-spekulativen Denkmotive, die mit dem Begriff des Umgreifenden verbunden sind, kann hier ebensowenig näher eingegangen werden, wie auf das Pluralitätsideal, das in dieser Lehre bei der Erörterung der Wahrheitsfrage und der gegenseitigen Beziehungen der Weisen des Umgreifenden zutage tritt. Dieses Pluralitätsideal und weitere liberale Wertvorstellungen, die im Kontext dieser Lehre mit dem Vernunftbegriff verknüpft sind, fanden dann in Jaspers' politischer Philosophie einen noch deutlicheren Niederschlag.

Jaspers wandte sich nach 1945 – nicht zuletzt unter dem Eindruck des Erlebens der Terrorherrschaft des Nationalsozialismus – aktuellen politischen Fragen zu und wurde zu einem oft heftig angegriffenen politischen Schriftsteller, dessen nonkonformistische Meinungen und öffentliche moralische Appelle bei politischen Instanzen häufig Anstoß erregten. Ein zentraler Gedanke seiner politischen Philosophie liegt in der Forderung nach einer radikalen moralischen und politischen Umkehr. Dieser Gedanke steht als Leitmotiv bereits hinter den kritischen Reflexionen zur Schuldfrage des deutschen Volks am NS-Regime, die er gleich nach dem Zweiten Weltkrieg anstellte.

In der 1946 erschienenen Schrift „Die Schuldfrage" nimmt er zum damals oft sehr pauschal erhobenen Vorwurf einer Kollektivschuld des deutschen Volks Stellung, indem er folgende differenzierende Sichtweise vorschlägt: Man müsse von einer kriminellen Schuld sprechen, diese betreffe alle Deutschen, die Verbrechen in der NS-Ära begangen haben und die durch die Gerichte der Siegermächte und durch neu errichtete deutsche Gerichte abzuurteilen seien; daneben gelte es aber noch zwischen einer politischen, einer moralischen und einer metaphysischen Schuld zu unterscheiden, an der alle deutschen Staatsbürger, die unter dem NS-Regime gelebt haben, in einem unterschiedlichen Ausmaß Anteil haben. Die politische Schuld liege darin, daß die Errichtung und das zeitweise Funktionieren des NS-Staates in Deutschland überhaupt möglich war; sie impliziere für alle deutschen Staatsangehörigen die gemeinsame Haftung für die vom NS-Staat verursachten Schäden und deren materielle Wiedergutmachung. Während die kriminelle und die politische Schuld durch Bestrafen der Schuldigen und durch Reparations- und Friedensverträge mit den von Hitlerdeutschland angegriffenen Staaten abgebüßt werden könne, lasse sich die moralische und die metaphysische Schuld weder durch Strafen und Wiedergutmachungsverträge noch durch schmeichelnde und unterwürfig-würdelose Schuldbekenntnisse gegenüber den Siegermächten tilgen. Das Bewältigen dieser beiden Formen von Schuld könne nur von jedem einzelnen Deutschen und vom deutschen Volk insgesamt in einem Prozeß der „inneren Wandlung" und der radikalen „Umkehr" der moralischen und politischen Denkungsart geleistet werden.

Die existenzphilosophische Kategorie der Grenzsituation auf den historisch-politischen Bereich übertragend, deutet Jaspers die NS-Herrschaft als eine Grenzsituation des deutschen Volks, das aus seinem moralischen und politischen Scheitern heraus aber auch die Chance habe, eine beispielgebende moralische und politische Umkehr zu vollziehen. Voraussetzung dafür sei ein ehrlicher Selbstreflexionsprozeß, bei dem die NS-Vergangenheit nicht verdrängt, sondern die historischen, sozialen, wirtschaftlichen und psychischen Voraussetzungen der Entwicklung zum NS-Regime in einem „inneren Handeln" aufgearbeitet würden. Dieser Reflexionsprozeß, den jeder einzelne bei gleichzeitigem Prüfen seines individuellen Schuldanteils leisten müsse und der zugleich auch ein öffentlicher Diskussions- und Aufklärungsprozeß sein solle, wird als notwendige Bedingung für den Aufbau eines neuen deutschen, demokratischen Staatsgebildes angesehen. Von den Zielen, die Jaspers mit der Idee der Umkehr verbindet, sind die wichtigsten: die radikale Abwendung von allen Relikten der NS-Ära, die Abkehr von oligarchischen und obrigkeitsstaatlichen Denkformen sowie der Bruch mit der Tradition nationalstaatlichen Denkens, das im Deutschland der Bismarck-Ära so stark ausgeprägt worden war. Daß diese Ziele in der neu gegründeten Bundesrepublik nicht in dem Maße verfolgt wurden, wie er es sich vorstellte, zeigt die teilweise recht scharfe Polemik in dem Buch „Wohin treibt die Bundesrepublik?", 1966. Dort prangert Jaspers neben Oligarchisierungstendenzen im Parteienstaat auch an, daß der Bruch mit dem „nationalsozialistischen Verbrecherstaat" nicht radikal genug vollzogen worden sei (besonders nicht im Justizwesen). Sein Entschluß, 1948 einen Ruf an die Universität Basel anzunehmen, war nicht zuletzt von der Enttäuschung motiviert, daß bei der Errichtung des neuen demokratischen Staates die Chance zur radikalen moralisch-politischen Umkehr nicht genutzt wurde.

Zu den für die etablierten politischen Kräfte und Parteien unbequemen Ansichten, die Jaspers als politischer Schriftsteller und Philosoph nach 1945 öffentlich äußerte, gehört das frühe Eintreten für die Anerkennung der Oder-Neiße-Grenze und der DDR als eines eigenen deutschen Staates, die Kritik an den Notstandsgesetzen und die scharfe Stellungnahme zur Debatte um die Verjährung von NS-Verbrechen im Bundestag im Frühjahr 1965. In seiner Kritik an Entwicklungstendenzen zum Obrigkeitsstaat und zur Parteienoligarchie in der BRD, die nicht wenige Parallelen zu Robert Michels kritischer Analyse der Funktionärsoligarchien im Parteienstaat aufweist, plädierte er wiederholt für eine parteiungebundene, spontane Willensbildung im Volk, womit er manche basisdemokratischen Argumente vorwegnahm, die in der Bundesrepublik dann wenige Jahre später von der außerparlamentarischen Opposition der Neuen Linken vertreten wurden. Wenngleich hier offensichtlich kein direkter Einfluß vorliegt, bereitete Jaspers durch die Artikulation seines Unbehagens an der zur Erstarrung der politischen Prozesse neigenden Parteiendemokratie in der Bundesrepublik zumindest einen geistigen Resonanzboden für die spätere linke Kritik.

Das Denkmotiv von der Grenzsituation und der notwendigen Umkehr findet sich in Jaspers' politischem Denken nicht nur in bezug auf das deutsche Volk und dessen negatives Grenzerlebnis des Nationalsozialismus. Im Buch „Die Atombombe und die Zukunft des Menschen", 1958, wird die These vertreten, daß sich die gesamte Menschheit in einer Grenzsituation befinde. Dies aufgrund von zwei in der Gegenwart bestehenden Gefahren, die es in der bisherigen Menschheitsgeschichte noch nie gegeben habe: (a) der Möglichkeit der totalen Selbstvernichtung der Menschheit durch den Atomkrieg und (b) der Möglichkeit der Errichtung eines weltweiten totalitären Herrschaftssystems, in dem alles, was eigentliches Menschsein bedeutet (Freiheit, Menschenwürde, liebende Kommunikation), zunichte gemacht wird. Um diese universale Grenzsituation bewältigen zu können, bedürfe es nicht nur ihres Bewußtwerdens und ihrer existentiellen Aneignung durch möglichst viele Menschen. Auch vernünftige Staatsmänner sollen eine Vorbildfunktion ausüben und die universale Umkehr in die Wege leiten. Ihr politisches Ziel müsse ein Weltfriedenszustand sein, wobei sich Jaspers auf die Idee einer Weltrepublik und einer Föderation aller Staaten beruft, wie sie Kant in der Schrift „Zum ewigen Frieden" erwogen hat. Ebenso wie Kant lehnt er einen Weltstaat mit zentraler militärischer Gewalt wegen der damit verbundenen freiheitsfeindlichen, totalitären Implikationen ab. Daß ein Weltfriede unter menschenwürdigen Bedingungen notwendig an die Idee der liberalen Demokratie und die Realisierung der damit zusammenhängenden Wertvorstellungen gebunden sein muß, wird auch an seiner Totalitarismuskritik deutlich, die – in vielem den Totalitarismusanalysen seiner Schülerin Hannah Arendt ähnlich – eine Fülle von wertvollen Einsichten in ideologische Denkstrukturen und Herrschaftspraktiken diktatorischer Systeme enthält. In bezug auf die angestrebte friedliche Weltordnung gibt Jaspers keine institutionellen Richtlinien, sondern verweist primär auf moralische Einstellungen und Perspektiven, an denen zum Unterschied von der bisherigen kurzsichtigen Interessen- und Machtpolitik eine neue, vernünftige Politik orientiert werden müsse. Viele dieser Perspektiven gleichen Prinzipien, die schon sein großes Vorbild Max Weber als notwendige Voraussetzung für den „Beruf der Politik" angesehen hat (Wahrhaftigkeit, Illusionslosigkeit, Distanzfähigkeit und so weiter). Statt der intimen Ethik der zwischenmenschlichen Kommunikation, die in seiner Existenzphilosophie zentral ist, stellt Jaspers in seiner politischen Philosophie eine Ethik der universalen Kommunikation und Verständigung zwischen allen Menschen ins Zentrum seiner Denkbemühungen.

Die Geschichtsphilosophie, die er in dem Buch „Vom Ursprung und Ziel der

Geschichte", 1949, entwickelt, steht ebenfalls im Dienste des Ziels der universalen Kommunikation und der Bewältigung der weltweiten Grenzsituation, das heißt der Gefahr der atomaren Menschheitsvernichtung und des Totalitarismus. Darin wird die These vertreten, daß es in der bisherigen Menschheitsgeschichte einen Zeitabschnitt, von ca. 800 bis 200 vor Christus, gegeben hat, in dem in China, Indien und dem Abendland annähernd gleichzeitig ein geistiger Bewußtwerdungsprozeß eingesetzt habe, von dem die Menschen in den verschiedenen Kulturkreisen bis in die Gegenwart geprägt worden sind. Diese „Achsenzeit der Weltgeschichte" gelte es wieder ins Bewußtsein zu heben, damit für alle Völker ein gemeinsamer Rahmen geschichtlichen Selbstverständnisses entstehen und der engstirnige Partikularismus und Ausschließlichkeitsanspruch politisch-weltanschaulicher Positionen in der Gegenwart abgebaut werden könne.

Für Jaspers gehört es zu den unerläßlichen Aufgaben des Philosophen, sich in einem permanenten Reflexionsprozeß sowohl mit der Wissenschaft als auch mit der Religion auseinanderzusetzen. Dabei vertritt er in seinen religionsphilosophischen Überlegungen, die in den beiden Büchern „Der philosophische Glaube", 1948, und „Der philosophische Glaube angesichts der Offenbarung", 1962, enthalten sind, den Standpunkt eines offenen, philosophischen Glaubens als Gegensatz zu jedem an Dogmen fixierten, religiösen Offenbarungsglauben. Viele Einwände gegen die Religion stehen dabei in der Tradition eines aufklärerischen, religionskritischen Denkens, das in der Religion primär die Verleugnung der Vernunft und die Preisgabe der Freiheit gegenüber einer unüberprüfbaren, absoluten Autorität sieht. Jaspers' Kritik richtet sich besonders gegen den Absolutheits- und Ausschließlichkeitsanspruch von religiösen Glaubenswahrheiten, der in krassem Gegensatz zu seinen liberalen Idealen der Pluralität, Freiheit und Kommunikation steht. Seine teilweise scharfe Religionskritik bedeutet aber keineswegs, daß er die Existenz Gottes prinzipiell leugnet und einen konsequent atheistischen Standpunkt vertritt. Allerdings ist der Gott, den er als Philosoph zu akzeptieren bereit ist, ein verborgener Gott (deus absconditus), den er zumeist auch gar nicht „Gott" nennt, sondern „die Transzendenz". In mancher Hinsicht der dialektischen Theologie nahestehend, lehnt er jede inhaltliche Bestimmung der Transzendenz aus der Überzeugung ab, daß Transzendenzerfahrungen nicht verallgemeinerbar und in Denk- und Sprachkategorien erfaß- und ausdrückbar sind. Aus seiner Sicht lebt der Mensch in permanenter Spannung auf den unbekannten Gott oder die Transzendenz hin. Er ist sich gewiß, daß es Gott gibt, über das „was" und „wie" der Transzendenz kann und darf man sich jedoch kein Bild machen. Vom Standpunkt des philosophischen Glaubens gilt es die ursprüngliche, philosophische Substanz des biblischen Glaubens aus den fixierenden, objektiven Erscheinungsformen von dogmatischen Glaubensaussagen, Offenbarungsreligionen, theologischen Lehrmeinungen, Kulten, kirchlichen Institutionen usw. herauszulösen und die überkonfessionellen, existentiellen Gehalte der Bibel und auch der anderen Religionen wieder zur Geltung zu bringen. Zu den existentiellen Grundwahrheiten der Bibel gehört zum Beispiel auch das Leben von Jesus, von dem für jedermann wichtige Impulse für die eigene Lebensgestaltung ausgehen können. Die Bedeutung von Jesus liegt für den philosophisch Glaubenden nicht wie für den christlichen Offenbarungsglauben in der Göttlichkeit Christi, sondern in dem Umstand, daß Jesus neben Sokrates, Buddha und Konfuzius einer der maßgebenden Menschen in der bisherigen Menschheitsgeschichte gewesen ist, der existentielle Möglichkeiten des Menschseins (das Ethos der Liebe, die Leidensfähigkeit und Leidenswahrhaftigkeit) auf einzigartige Weise verwirklicht hat. Mit den religionsphilosophischen Gedanken von Jaspers haben sich prominente Theologen (Karl Barth, Rudolf Bultmann) kritisch auseinandergesetzt.

Welche ungeheure Arbeitsleistung Jaspers trotz der Beeinträchtigung durch seine Krankheit im Laufe seines Lebens – er starb am 26. Februar 1969 in Basel – vollbrachte, zeigen nicht nur die große Anzahl von philosophischen Werken, die er publiziert hat, sondern auch die Projekte, die er nicht zu vollenden vermochte und zu denen sich in seinem Nachlaß umfangreiches Material fand. Dazu zählen besonders das Projekt einer philosophischen Logik, von dem bloß ein Band (Von der Wahrheit, 1948) erschienen ist, sowie das Konzept einer Weltgeschichte der Philosophie, von der er zu seinen Lebzeiten ebenfalls nur mehr einen Band (Die großen Philosophen, 1958) veröffentlichen konnte.

# WALTER GROPIUS
## 1883–1969

Von
Winfried Nerdinger

In einem Brief von 1915 an seine Mutter, die sich gegen seine Heirat mit Gustav Mahlers Witwe Alma gewandt hatte, zeichnete der zweiunddreißigjährige Walter Gropius ein treffendes Bild seiner Person: „Erinnere Dich, wie ich Konventionen gehaßt, mich gegen sie aufgebäumt habe, wie ich der faden, großen Gesellschaft aus dem Wege ging, nur positive Menschen suchte, wie ich statt Examen zu pauken, wirklich etwas fürs Leben zu lernen versuchte... Ihr wolltet mich glauben machen, mein Fleiß allein hätte mich vorwärts gebracht, aber der wars nicht – auch ein Kuli hat ihn –, sondern eine starke, immer greifbarer werdende Idee, ein tiefer Gedanke, der mir solche Stärke, solchen Mut gegeben hat, daß ich selbst oft ganz erstaunt mich betrachtete. War es denn nicht ganz natürlich, wenn ich im Vertrauen auf diese Kraft ausging, entsprechende Konsequenzen zu ziehen und meinen Gedanken – sei es auch gegen ganze Massen herzensträger Mitmenschen – Gestalt zu geben." Dieser unbedingte Glauben an eine große Idee und seinen eigenen richtigen Weg, den Gropius bis an sein Lebensende fast missionarisch propagierte, charakterisiert den neben Le Corbusier wohl einflußreichsten Architekturlehrer des 20. Jahrhunderts.

Die Wahl, Architektur zu studieren, erscheint anfangs allerdings nur aus der Familientradition begründet, denn der am 18. Mai 1883 in Berlin geborene Großneffe des berühmten Schinkelschülers Martin Gropius, Erbauer des Leipziger Gewandhauses und des Berliner Kunstgewerbemuseums, brach schon nach fünf Semestern sein Studium ab, absolvierte das obligate Einjährige bei den Husaren, bearbeitete einige kleine Aufträge für einen Onkel in Pommern, und ging dann für fast ein Jahr nach Spanien, wo er mit Kunstgeschäften ziemlich Schiffbruch erlitt. Über den reichen Hagener Kunstmäzen Karl Ernst Osthaus erhielt er jedoch 1908, ein Jahr nach Gründung des Deutschen Werkbundes, eine Stelle im Berliner Architekturbüro von Peter Behrens, mit dem er im folgenden Jahr zum Studium von Industrieanlagen nach England reiste und dem er die entscheidenden Prägungen seines Lebens verdankte.

Bei Behrens, der soeben die gesamte Formgebung für den Elektrokonzern AEG übernommen hatte, lernte Gropius nicht nur eine neue einheitliche Gestaltungsweise vom Elektrokessel bis zum Fabrikgebäude kennen, sondern hier wurde er auch mit den geistigen Grundlagen, Problemen und Zielen einer zeitgemäßen „Industriekunst" bekannt, die seinem Denken als Richtschnur dienen sollten. Zur Lösung der kardinalen Frage aller zeitgenössischen Gestaltungsarbeit, wie aus den neuen Materialien Glas, Eisen und Beton sowie dem Einsatz von Maschinen wieder Kunst geschaffen werden könne, hatte sich schon Behrens an der Lehre des österreichischen Kunsthistorikers Alois Riegl orientiert, der im Kunstwerk „das Resultat eines bestimmten, zweckbewußten Kunstwollens" erblickte, das sich „im Kampf mit Gebrauchszweck, Rohstoff und Technik" durchsetze. Im Gegensatz zur sogenannten materialistischen oder mechanistischen Auffassung Gottfried Sempers, nach der Kunst in der Verfolgung eines Zwecks aus den Gesetzen von Material und Technik gleichsam von selbst entstehe, unterschied Riegl – und ihm folgten hier Behrens und Gropius – zwischen einer „Kunstform" und einer reinen Konstruktions- oder „Technikform". Letztere müsse gegen ihren Widerstand durch den Willen des Künstlers mit der „Kunstform" zusammengezwungen werden, um dem Kunstwollen Ausdruck zu geben.

Riegls Kunstwollen-Theorie, hinter der wieder die von Gropius auch direkt rezipierte Lehre Nietzsches von der wahren Kultur als Einheit des Stils steht, ist Angelpunkt seiner Architektur- und Weltauffassung: Während in früheren Zeiten aus der Einheit des Lebens, Arbeitens und Wollens alle Erscheinungen von einem einheitlichen Gestaltungsprinzip, das wir rückblickend als Stil der Zeit erkennen, durchdrungen gewesen seien, sei im Zeitalter des Materialismus und Individualismus diese Einheit verlorengegangen. Der Gestaltungswille der vielen müsse deshalb wieder in *einem* Gedanken oder Ziel gesammelt werden. In den neuen „Riesenaufgaben der Zeit, den gesamten Verkehr – die ganze materielle und geistige Menschenarbeit – organisatorisch zu bewältigen", sah Gropius ein solches Ziel, einen sozialen Willen oder auch ethischen Mittelpunkt der Gegenwart, aus dem „der Kunst wieder geistiger Stoff zur symbolischen Darstellung in ihren Werken zugeführt" werde. In der symbolischen Gestaltung der neuen Bauaufgaben – Fabriken, Bahnhöfe, Warenhäuser etc. – könne der Künstler durch seinen „Willen zur Form" einen neuen monumentalen Stil für die Gegenwart entwickeln. Diese Suche nach einer neuen Einheit und der Glaube an eine daraus resultierende Totalgestaltung aller menschlichen Produkte bestimmten sein Denken und Handeln bis an sein Lebensende.

Der von Nietzsche genährte Glaube an die führende und erzieherische Rolle des Künstlers bei der Gestaltung einer neuen „deutschen Cultur" erklärt auch das Sendungsbewußtsein des jungen Walter Gropius: Er wollte die neuen Bauorganismen „entsprechend den Lebensformen der Zeit in einem neuen Stil der Zeit" ausdrücken, wodurch er im Sinne der „Unzeitgemäßen Betrachtungen" zum großen Erzieher der Deutschen geworden wäre. In anonymen Fabrikgebäuden, Betonsilos oder Industrieanlagen, die er für das „Deutsche Museum für Kunst in Handel und Gewerbe" von Karl Ernst Osthaus in einer

Walter Gropius

Walter Gropius: Fagus-Werk in Alfeld, 1911. – Bürogebäude der Werkbundausstellung in Köln, 1914

Foto-Wanderausstellung zusammenstellte, sah er eine Monumentalität und Kraft, die ihm vergleichbar mit ägyptischen Pyramiden und griechischen Tempeln schien. In Vorträgen und Publikationen propagierte er deshalb in den Jahren vor dem ersten Weltkrieg den „stilbildenden Wert industrieller Bauformen"; von hier müsse eine neue Entwicklung der Form ihren Ausgang nehmen, wodurch allmählich das Ausdrucksbild aller gemeinsamen Lebensäußerungen an Einheitlichkeit gewänne, und „damit wäre dann der Weg zu einem Stil gefunden, der schließlich bis in die letzten Verzweigungen des menschlichen Kunstschaffens hinabreicht".

Mit diesem Ziel löste sich Walter Gropius 1910 von Behrens, bei dem er noch das erste Beispiel einer symbolhaften Gestaltung neuer Bauaufgaben, die AEG-Turbinenfabrik, miterlebt hatte, die als Kathedrale der Arbeit, als dorischer Tempel der Neuzeit gefeiert wurde. Bei seinem ersten Bau als selbständiger Architekt, der Schuhleistenfabrik Fagus in Alfeld bei Hannover, ging Gropius jedoch über diese symbolische Gestaltungsweise hinaus.

In einer bis dahin in der Architekturgeschichte nicht gekannten Radikalität riß er gleichsam den ganzen Baukörper auf, trennte die Trag- oder Skelettkonstruktion von den rein wandabschließenden Teilen, hängte große, durchgehende Glas-Eisenfenster frei vor die Fassade und visualisierte die hier zugrundeliegende künstlerische Absicht, indem er diese „Vorhang"-Wand stützenfrei um die Gebäudeecke zog. Ein jahrtausendealtes Baugesetz, daß nämlich die Ecken eines Bauwerks besonders zu verstärken und zu betonen sind, um dem Bau einerseits konstruktive Stabilität zu geben und um ihn andererseits als räumliches Gebilde zu präsentieren, war damit umgestoßen worden. Durch die Stabilität der neuen Baumaterialien, die im inneren Konstruktionssystem, im Tragskelett steckte, hätte längst auf diese äußeren Festigkeitsverweise verzichtet werden können, jedoch erst Gropius zog die Konsequenz einer radikalen Trennung von Skelett und Raumabschluß, aber nicht etwa um Materialien und Konstruktion einfach zu zeigen, sondern um diese in ihrem Wesen künstlerisch auszudeuten, indem er sie als räumlich-architektonische Qualitäten einsetzte. Während Behrens an der Turbinenfabrik noch versuchte, durch symbolische Formen mit den neuen Materialien Glas, Eisen und Beton die traditionellen Wirkungen und Seherlebnisse der abendländischen Architektur zu erreichen, gab Gropius diese äußerliche Symbolik völlig auf und gestaltete architektonische Formen, an denen Konstruktion und Material in ihrem Wesen ablesbar wurden.

Als er den Auftrag erhielt, für die große Ausstellung des Deutschen Werkbundes 1914 in Köln ein Büro- und Fabrikgebäude zu bauen, ging er noch einen Schritt weiter: Künstlerische Überhöhung von Material und Konstruktion sowie Knappheit, Wucht und Strenge, mit denen nach seiner Vorstellung der neue kommende „monumentale Stil" gekennzeichnet war, verbanden sich hier mit klassischen Kompositions- und Proportionsprinzipien und machten den Baukomplex zum ersten Beispiel des von ihm gesuchten neuen Stils, der wieder alle Lebensbereiche umfassen und einer einheitlichen Kultur des Maschinenzeitalters Ausdruck geben sollte.

Mit diesem Versuch einer Verschmelzung von klassischer Architekturauffassung mit der Monumentalität der neuen Bauaufgaben im Sinne des Werkbund-Programms einer Veredelung und Durchgeistigung technischer Arbeit und ihrer Produkte wurde Gropius am Vorabend des Ersten Weltkriegs berühmt. Henry van de Velde empfahl ihn deshalb als seinen möglichen Nachfolger an die Kunstgewerbeschule in Weimar. Darauf entwickelte Gropius 1916 in einem Schulkonzept, wie seine Vorstellungen von einer einheitlichen Gestaltung gelehrt und vermittelt werden könnten: Wie in einer mittelalterlichen Bauhütte sollten alle in einer Arbeitsgemeinschaft zusammenkommen, um aus „gleich geartetem Geist heraus" ihr Werk zu verrichten, dann müsse „das Ausdrucksbild unserer modernen Lebensäußerungen an Einheitlichkeit gewinnen, um sich wieder in kommenden Tagen zu einem neuen Stile zu verdichten".

Während Gropius hier noch die englischen Reformideen aus der zweiten Hälfte des 19. Jahrhunderts mit moderner Industrie und Technik verknüpfen wollte, führten das Erlebnis des Krieges, die Revolution sowie die Gründung eines neuen Staates 1918/19 zum Verlust seines Glaubens an die Entstehung einer einheitlichen Kultur aus dem Geist des Maschinenzeitalters. Er wurde Mitglied im revolutionären Berliner Arbeitsrat für Kunst, und wie die meisten der dort versammelten Künstler glaubte auch er, daß das Industriezeitalter für Deutschland vorbei sei, die Zukunft könne nur im Handwerk liegen. In Abwendung vom Materialismus, der zum Krieg geführt habe, müsse nun eine Wendung nach innen, zum Geistigen erfolgen, als dessen höchsten Ausdruck er – in Anlehnung an Oswald Spengler – die Gotik sah. Das alte Leitbild einer Einheit der Kultur wurde nun im Bild der alle Künste vereinigenden Kathedrale beschworen – die Gotik als Rettung im Untergang (des Abendlandes) – und erhielt durch den politischen Umschwung auch eine neue Dimension: Ein zentrales kulturpolitisches Thema im neuen Staat war die Einheitsschule, mit der die alten Klassenschranken überwunden werden sollten. Ihr entsprach die Idee einer Einheit von Kunst und Volk sowie die Aufhebung der Trennung von angewandter und freier Kunst.

Gropius faßte diese Vorstellungen zusammen; als er im April 1919 nach Weimar berufen wurde, vereinigte er Kunstgewerbeschule und Akademie zum „Staatlichen Bauhaus" und beschwor in einem berühmt gewordenen Manifest die Vereinigung aller Künstler zum Einheitskunstwerk, dem gemeinsam zu errichtenden Bau. Ausgehend vom Handwerk sollte in einer „verschworenen Gemeinschaft", in einer Bauhütte wieder wie im Mittelalter eine Lebens- und Kultureinheit entstehen, und aus dieser Keimzelle sollte der neue Künstler-Mensch erwachsen, der die Entfremdungen des Zeitalters überwinden könnte. Mit dieser visionären Idee vom Aufbau einer neuen Welt, auf der Basis einer einheitlichen Lehre und Gestaltung, gewann Gropius in den folgenden Jahren eine Reihe berühmter Künstler wie Lyonel Feininger, Paul Klee, Oskar Schlemmer oder Wassily Kandinsky als sogenannte Formmeister für das Bauhaus. Zusammen mit den Werkmeistern unterrichteten sie jeweils gemeinsam in einer Werkstätte, denn nach Gropius' Auffassung konnte noch kein einzelner Lehrer Handwerk *und* Kunst vermitteln. Der Studierende sollte also von der praktisch-handwerklichen und der theoretisch-künstlerischen Seite gleichzeitig geformt und zu einem einheitlichen, ganzheitlichen Künstler-Menschen erzogen werden. Ein gemeinsamer Vorkurs für alle Studenten als Einübung in die Grundelemente künstlerischer Gestaltung unterstützte diese Bauhausidee wirksam. Auch als sich mit der allmählichen Konsolidierung der Wirtschaft das Schwergewicht wieder vom Handwerk auf die Industrie verlagerte, blieb dieses Erziehungskonzept erhalten.

1923 trat das Bauhaus mit einer großen Ausstellung, die Gropius programmatisch unter den Titel „Kunst und Technik eine neue Einheit" stellte, zum ersten Mal vor die Öffentlichkeit und bestätigte seinen Ruf als Erprobungsstätte, als Laboratorium für avantgardistische Experimente in allen Bereichen der Umweltgestaltung. Immer konkreter bezog sich die Bauhausarbeit in der Folge auf eine Erforschung gestalterischer Grundprinzipien und deren Anwendung entsprechend den Bedingungen industrieller Produktion. Die Zusammenarbeit mit der Industrie, aus der bald auch eine wichtige finanzielle Unterstützung für das Bauhaus erwuchs – verschiedene Produkte gingen in Serienproduktion –, wurde dabei besonders von Gropius gefördert, der Aufträge für sein privates Architekturbüro über die Bauhauswerkstätten abwickelte und damit einen in Deutschland einmaligen Bezug zur Praxis ermöglichte. Das Schwergewicht von Gropius' Tätigkeit lag jedoch auf der Verbreitung seiner Ideen. Unermüdlich reiste er in den 20er Jahren quer durch Europa, propagierte die Bauhausidee und trug ohne Zweifel am meisten zur Verbreitung und Durchsetzung einer neuen technisch-funktionalen Gestaltung aller Lebensbereiche bei. Damit wurde jedoch das Bauhaus auch zur Zielscheibe aller Angriffe, besonders aus dem konservativen, nationalen Lager. Als die völkische Partei im thüringischen Landtag 1924 die Mehrheit bekam, wurde das Bauhaus trotz einer internationalen Solidaritätskampagne derartig eingeengt, daß Gropius mit allen Lehrern und Studierenden Anfang 1925 nach Dessau umzog, wo ihm von Bürgermeister Hesse eine neue Wirkungsstätte angeboten und Aufträge versprochen wurden. Mit dem Neubau des Bauhausgebäudes lieferte er noch einmal einen wegweisenden Beitrag zur Architektur des 20. Jahrhunderts. Die nach Funktionen differenzierten Baukörper sind asymmetrisch angeordnet, aber vollendet zu einer Einheit ponderiert. Die gewaltige Glasfläche des Werkstättentraktes wirkt noch heute wie ein Symbol für die gleichsam von innen heraus leuchtende Erneuerungskraft der Bauhausidee.

Mit der zunehmenden Hinwendung zur Industrie erhielt Gropius' altes Ideal einer gestalterischen Einheit für alle Lebensbereiche eine neue Bedeutung. Er glaubte, daß aus einer wissenschaftlichen Erforschung der Lebensgewohnheiten und des Bauprozesses einerseits Gesetzmäßigkeiten für den architektonischen Entwurf gefunden und andererseits eine typisierte, fließbandartige Bauproduktion und damit eine „Einheit in der Vielfalt" geschaffen werden könnten. Das gesamte Bauwesen, das sich in seiner Struktur seit Jahrtausenden kaum verändert hatte, sollte gleichsam revolutioniert und auf die Ebene der Automobilproduktion gebracht werden. Hinter dieser Technikfaszination stand auch ein wirkliches soziales Engagement: Durch Typisierung und Vorfertigung, die Gropius beim Bau der Siedlung Törten-Dessau erstmals in größerem Umfang einsetzte, sollte eine Verbilligung der Mieten erreicht werden; durch strenge Orientierung des Entwurfs an den „erforschten" Leitideen Licht-Luft-Grün sollten die Bewohner aus den alten dunklen und gesundheitsschädlichen Mietwohnungen „befreit" werden. Vom wissenschaftlich erforschten Bauen und Wohnen, das er bald auch auf den Städtebau ausdehnte, erhoffte sich Gropius eine durchgreifende Veränderung des ganzen Lebens, ohne daß er allerdings die Gefahren dieser rein von einer instrumentellen Vernunft bestimmten Rationalisierungsideologie erkannte oder erkennen konnte.

Bei mehreren Aufträgen experimentierte er gleichsam mit einzelnen Aspekten seines neuen Ideals: Das Arbeitsamt in Dessau ist eine bis ins Detail aus der Analyse der Funktionsvorgänge entstandene architektonische Lösung; die beiden Häuser für die Werkbundausstellung am Weißenhof in Stuttgart 1927 demonstrieren Fertigbauweise und Trockenmontage, und die Siedlung Dammerstock bei Karlsruhe ist eine rigorose städtebauliche Umsetzung von Belichtungs-, Besonnungs- und Wohndiagrammen in Zeilenbau. Eine Synthese seiner Architektur- und Bauhausideen suchte Gropius im Entwurf eines Totaltheaters, das er 1927 für Erwin Piscator entwickelte, im Laufe seines Lebens mehrfach modifizierte, jedoch nie ausführen konnte. Hier wollte er einerseits das Zusammenwirken aller Künste mit der Technik demonstrieren und andererseits die verschiedenen Experimente am Bauhaus mit Theater, Licht, Kinetik oder Raumstrukturen in einer universalen „Raummaschine" zusammenfassen, in der die Besucher durch Filmprojektionen oder Bühnenbewegungen „total" ins Geschehen einbezogen werden sollten. An diesem Ansatz zu einer totalen Erfassung des Menschen wird das von Alexander Schwab scharfsichtig erkannte „Doppelgesicht der modernen Architektur, die autokratisch und demokratisch" zugleich sein kann, besonders deutlich.

Um sich wieder ganz dem Bauen widmen zu können, verließ Gropius sogar Anfang 1928 das Bauhaus und ging bezeichnenderweise zuerst für drei Monate in die USA, um dort die Rationalisierungstechniken in der Bauwirtschaft zu studieren. Wahrscheinlich angeregt durch den amerikanischen Hochhausbau, gewannen Wohnhochhäuser in seinen städtebaulichen Planungen zunehmend an Bedeutung, da er sich davon nicht nur eine Verbilligung des Wohnens, sondern auch eine Durchgrünung der Stadt erhoffte, womit er den alten Gegensatz von Stadt und Land aufheben wollte. Höhepunkt einer solchen berechneten Wohnhochhausplanung waren seine Entwürfe für die große Siedlung Haselhorst bei Berlin, mit denen er die wirtschaftlichen und gestalterischen Vorteile von zehngeschossigen Wohnscheiben gegenüber Mittel- oder Flachbebauung demonstrieren wollte. Damit trat er, auch publizistisch, besonders in Gegensatz zu Ernst May und dessen Flachbausiedlungen für das „Neue Frankfurt".

In einem großen soziologischen Entwicklungsmodell der menschlichen Gesellschaft zu einer genossenschaftlichen Lebensform fand Gropius Ende der 20er Jahre zu einem umgreifenden Konzept für seine Planungen. Als ein besonderes Kennzeichen dieser neuen kommenden Lebensform mit kleinen flexiblen Familien sah er Gemeinschaftseinrichtungen für Essen, Kinderversorgung oder Freizeit, denen wieder kleine, aber perfekt organisierte Wohnungen entsprachen. Auf der Werkbundausstellung in Paris 1930 zeigte Gropius in Zusammenarbeit mit drei ehemaligen Bauhausmeistern, Moholy-Nagy, Marcel Breuer und Herbert Bayer, solche beispielhaft eingerichteten Gemeinschaftsräume, gleichsam als Modell neuen Wohnens und Lebens, und erntete dafür seinen größten internationalen Erfolg.

Auf diesem Höhepunkt, mit dem sich auch eine gewisse Durchsetzung der neuen Bauideen verbindet, brachte die Wirtschaftskrise in Deutschland einen gewaltigen Rückschlag. Gropius beteiligte sich zwar noch an zahlreichen Wettbewerben, hatte aber fast keine Aufträge mehr. Mit der sogenannten Machtübernahme 1933 durch die Nationalsozialisten wurde er als Exponent einer als undeutsch verachteten Architektur und als Gründer des „bolschewistischen" Bauhauses diffamiert. Er nutzte deshalb ein Theater-Symposium 1934 in Rom, um sich von da nach London abzusetzen, wo ihm der Fabrikant Jack Pritchard nicht nur eine Wohnung zur Verfügung stellte, sondern auch mit kleinen Aufträgen ein Einkommen sicherte. Das Neue Bauen war zwar in England noch nicht so entwickelt wie in Deutschland, aber doch bekannt genug, daß der Bauhaus-Gründer zu zahlreichen Vorträgen eingeladen wurde und eine Ausstellung im Royal Institute of British Architects erhielt. Bald gehörte er zu dem kleinen Kreis von Avantgarde-Architekten und konnte mit

Maxwell Fry eine Bürogemeinschaft gründen. Sie bauten auch zusammen einige Privathäuser, ihre meisten Entwürfe kamen jedoch nie über das Projektstadium hinaus. Eine Ausnahme ist nur das Village-College in Impington, Cambridgeshire, das 1936 nach den Ideen von Henry Morris als Erziehungs- und Kulturzentrum im ländlichen Gebiet errichtet wurde. Nikolaus Pevsner würdigte es später als „eines der besten Gebäude in England in dieser Zeit, wenn nicht das beste".

Gerade als er sich in England einigermaßen etabliert hatte, erhielt er den Ruf als Leiter des Graduiertenkurses an die School of Architecture der Harvard Universität. Da inzwischen die Verbindungen nach Deutschland, die er anfänglich immer noch aufrechterhalten wollte, völlig abgebrochen waren, ging er Anfang 1937 nach Harvard, wo er bis 1952 unterrichtete. Gropius' Ideen waren allerdings nur zum Teil in ein Land mit andersartigen wirtschaftlichen und sozialen Bedingungen und eigener Architekturtradition übertragbar. Zwar proklamierte er wieder die Arbeitsgemeinschaft der gotischen Bauhütte, aber das Schwergewicht seiner Lehre lag auf der Suche nach einer gemeinsamen „visuellen Sprache", nach einem „Generalnenner der Zeit", über den wieder ein gemeinsamer Ausdruck gefunden werden könne. Auf dieser Grundlage und durch engen Praxisbezug sollten wieder Architekten mit Blick für das Ganze und nicht kunsthistorisch verbildete Spezialisten ausgebildet werden; soziale oder gesellschaftspolitische Fragestellungen spielten kaum mehr eine Rolle. Dem Curriculum von Harvard schlossen sich nach und nach fast alle Architekturschulen in den USA an, und über seine Schüler, die bald selbst wichtige Lehrpositionen einnahmen, wurde Gropius zu einem der einflußreichsten Architekturlehrer.

Ähnlich erfolgreich verliefen seine weitere Karriere als Architekt und die Propagierung des Bauhausgedankens in Amerika. Gropius verstand es, eine Reihe seiner Bauhausfreunde nachzuholen, mit denen er schon 1938 eine große Bauhaus-Ausstellung am Museum of Modern Art in New York organisierte. Moholy-Nagy gründete ein New Bauhaus in Chicago, Breuer kam zu Gropius nach Harvard, Albers lehrte schon seit 1934 am Black Mountain College, zu ihm kam Schawinski; Gropius aber hielt lange Zeit alle Fäden zusammen, beteiligte die Künstler an seinen Aufträgen, vermittelte Beziehungen, Ausstellungen und Positionen, so daß sich die Bauhausidee nicht nur über die ganze Welt verbreitete, sondern noch zu seinen Lebzeiten eine fast legendäre Bedeutung bekam. Seine Position als Architekt begründete Gropius in den USA schon 1938 mit dem Bau eines eigenen Hauses in Lincoln/Massachusetts, das er zwar programmatisch mit allen Kennzeichen moderner Architektur vom Flachdach bis zum Fensterband konzipierte, das aber ganz aus Materialien erstellt wurde, die ortsüblich und leicht erhältlich waren. Aufgrund der Wohnlichkeit wie Besonderheit des Hauses sowie seiner Stellung als renommierter Harvardprofessor erhielt er in den wenigen Jahren vor dem Zweiten Weltkrieg schon zahlreiche Aufträge für Villenbauten. Nach Kriegsende schloß er sich mit einer Gruppe junger Architekten, darunter einige seiner Schüler, im Architekturbüro TAC (The Architects Collaborative) zusammen. Gropius betonte zwar, daß TAC nach seinem Ideal des Teamwork geformt sei, aber letztlich brachte doch nur sein berühmter Name große Aufträge – wie das Pan Am Building oder die Rosenthalfabriken – ins Büro, die er allgemein betreute, deren Qualität aber nie mehr an den Rang seiner frühen Meisterwerke anknüpfen konnte. Bis zu seinem Tod am 26. Februar 1969 in Boston (Mass.) wurde er dagegen immer mehr zum international gefeierten Philosophen der modernen Architekturbewegung, deren Ziel einer Gestaltung aus dem Geist der Gegenwart zu einer neuen Einheit in der Vielfalt er unermüdlich verkündete.

# THEODOR W. ADORNO
## 1903–1969

Von
Hauke Brunkhorst

Am 11. September 1903 wurde Adorno in Frankfurt geboren. Der Vater, Oscar Wiesengrund, jüdischer Herkunft, war Weingroßhändler, die Mutter Maria, geb. Carelli-Adorno della Piana, Italienerin und katholisch, war vor ihrer Heirat Sängerin, die Tante Agathe, die zur Familie gehörte, Pianistin. „Teddy“, wie er schon bald genannt wurde und wie ihn seine Freunde später immer anredeten, war das einzige, viel geliebte, vom musischen Einfluß der beiden Frauen, die er seine „Mütter“ nannte, tief geprägte Kind.

Die Familie wohnte in Frankfurt und hatte ein Haus in Amorbach, wo sie die Ferien verbrachte. Als der Verjagte nach dem Krieg nach Europa zurückkehrte, fühlte er sich beim Gang durch die nächtlichen Straßen des befreiten Paris an Amorbach erinnert: „Der Unterschied zwischen Amorbach und Paris ist geringer als zwischen Paris und New York.“

Adornos Jugend gleicht dem Klischee des frühreifen Genies. Er überspringt vor dem Abitur eine Klasse und wird doch vom Mündlichen befreit, schon während der Schulzeit liest er Woche für Woche zusammen mit dem vierzehn Jahre älteren Redakteur der Frankfurter Zeitung, Siegfried Kracauer, die „Kritik der reinen Vernunft“, noch vor dem Studium, das er, knapp einundzwanzigjährig, mit der Promotion 1924 abschließt, hat er Lukács' „Theorie des Romans“ und Blochs „Geist der Utopie“ gelesen, in der Antrittsvorlesung, der neben der Habilitation eine langjährige Tätigkeit als Musikkritiker und das Musikstudium in Wien vorhergeht, entwickelt er bereits den Kern seiner späteren Philosophie. Das Stichwort „Treibhauspflanze“ der „Minima Moralia“ reflektiert die Erfahrungen des jugendlichen Genies.

„Wer früh reift, lebt in der Antizipation. Seine Erfahrung ist apriorisch, ahnende Sensibilität, die an Bild und Wort ertastet, was Ding und Mensch später erst einlösen. Solche Antizipation, gesättigt gleichsam in sich selber, zieht von der Außenwelt ab und verleiht dem Verhältnis zu dieser leicht die Farbe des neurotisch Spielerischen. ... Nachträglich erst macht er Situationen, Ängste, Leidenschaften ... mit krasser Gewalt durch, und sie verwandeln sich, im Konflikt mit seinem Narzißmus, ins krankhaft Verzehrende. ... Nicht umsonst warnen die Handschriften Frühreifer durch infantile Züge. Sie sind ein Ärgernis der naturhaften Ordnung, und hämische Gesundheit weidet sich an der Gefahr, die ihnen droht, so wie die Gesellschaft ihnen als sichtbarer Negation der Gleichung von Erfolg und Anstrengung mißtraut.“

In den 20er Jahren beginnen die für Adorno wichtigsten intellektuellen Freundschaften, die zu Walter Benjamin, dem er entscheidende Motive verdankt, und die zu Max Horkheimer, mit dem er über weite Strecken Wort für Wort gemeinsam von 1942 bis 1944 im kalifornischen Exil die „Dialektik der Aufklärung" schreibt. Das Kapitel über den „Begriff der Aufklärung", der zweite Exkurs über de Sade und Kant und die Thesen zur „Kulturindustrie" dienen dem Nachweis des instrumentellen Charakters der theoretischen, der praktischen und der ästhetischen, in der Kulturindustrie ironisch auf ihren Begriff gebrachten Vernunft. Die „Elemente des Antisemitismus", unter Mitarbeit Leo Löwenthals entstanden, gehen dem engen Zusammenhang von Judenhaß und der Vernichtung des Nichtidentischen nach. Als eine solche gehört die Barbarei zur „Urgeschichte der Subjektivität", die der erste Exkurs über „Odysseus oder Mythos und Aufklärung" freilegt. Für Horkheimer und Adorno ist Aufklärung mit Webers Begriff der Entzauberung und Rationalisierung umfangsgleich. Wie Weber in der ‚beruflichen' Askese des archaischen Zauberers den Beginn der Rationalisierung erblickt, so ist für die „Dialektik der Aufklärung" schon der Mythos Aufklärung. Das hat bei Horkheimer und Adorno freilich anders, zumindest direkter als bei Weber die geschichtsphilosophische Pointe, daß die Aufklärung vom Bann des Mythos nie ganz loskommt, am Ende, an Nietzsches „Ewige Wiederkehr" erinnernd, in ihrer Vollendung in Mythos zurückzufallen droht.

1933 erhält Adorno als einer der ersten Berufsverbot, 1934 geht er nach England und setzt seine Studien in Oxford fort, 1937 kommt er zum letzten Mal nach Frankfurt, im selben Jahr fährt er nach New York, wo er Mitglied von Horkheimers „Institut für Sozialforschung" wird und zunächst als Leiter des musikalischen Teils des von Paul Lazarsfeld geleiteten „Radio Research Project" arbeitet.

Die Erfahrung des Exils ist vielschichtig und ambivalent. Ihr unmittelbarstes theoretisches Dokument ist das Kapitel über die „Kulturindustrie" in der „Dialektik der Aufklärung". Die persönliche Distanz, die Adorno zu Amerika empfand, läßt kaum extremer sich vorstellen als in den ersten Zeilen eines späten Aufsatzes über „Wissenschaftliche Erfahrungen in Amerika":

„Daß ich, vom ersten bis zum letzten Tag, mich als Europäer empfand, habe ich nie verleugnet. An der geistigen Kontinuität festzuhalten, war mir selbstverständlich und artikulierte sich mir in Amerika rasch genug zu vollem Bewußtsein. Ich erinnere mich noch des Schocks, den mir eine Emigrantin wie wir in der New Yorker Anfangszeit bereitete, als sie, Tochter aus sogenanntem guten Hause, erklärte: ‚Früher ist man ins philharmonische Konzert gegangen, jetzt geht man ins Radio City.' In nichts mochte ich es ihr gleichtun."

Aber Adorno hat auch das *andere* Extrem erfahren:

„Nach einer zivilisationsfeindlichen Tradition, die älter ist als Spengler, glaubt man sich dem anderen Kontinent überlegen, weil er nichts als Eisschränke und Autos hervorgebracht hätte und Deutschland die Geisteskultur. Indem jedoch diese fixiert, sich zum Selbstzweck wird, hat sie auch die Tendenz, von realer Humanität sich zu entbinden und sich selbst zu genügen. In Amerika aber gedeiht in dem allgegenwärtigen Für anderes, bis ins keep smiling hinein, auch Sympathie, Mitgefühl, Anteilnahme am Los des Schwächeren. Der energische Wille, eine freie Gesellschaft einzurichten, anstatt Freiheit ängstlich nur zu denken und selbst im Gedanken zu freiwilliger Unterordnung zu erniedrigen, büßt sein Gutes nicht darum ein, weil seiner Realisierung durchs gesellschaftliche System Schranken gesetzt sind. Hochmut gegen Amerika in Deutschland ist unbillig. Er nutzt nur, unter Mißbrauch eines Höheren, den muffigsten Instinkten."

1949 kommt er nach Deutschland zurück. „Ich wollte einfach dorthin zurück, wo ich meine Kindheit verbracht hatte... Spüren mochte ich, daß, was man im Leben realisiert, wenig anderes ist als der Versuch, die Kindheit einzuholen." Zunächst steht Adorno im Schatten des patriarchalen Freundes Horkheimer. Erst 1956 wird er Ordinarius, 1959 Direktor des „Instituts für Sozialforschung", 1963 und 1965 wird er zum Vorsitzenden der „Deutschen Gesellschaft für Soziologie" gewählt. Sein Beitrag zur demokratischen Korrektur der restaurativen Kultur des CDU-Staats in der Nachkriegsära ist kaum zu überschätzen, sein Einfluß auf die Entstehung der Studentenbewegung in den 60er Jahren weniger direkt, auch wenn Hans-Jürgen Krahl einer seiner authentischsten Schüler war, dafür um so entschiedener indirekt, Folge der objektiven Tendenzen seines Denkens. In doppelter Frontstellung gegen Existentialismus und Positivismus hat er als Philosoph und Kulturkritiker den Heideggerschen „Jargon der Eigentlichkeit" erbittert bekämpft, als Soziologe mit Popper und Albert auf der Gegenseite, in Frankfurt unterstützt von Habermas, den „Positivismusstreit" der 60er Jahre ausgefochten. Die wichtigsten philosophischen Werke jener Zeit sind die „Negative Dialektik" und die „Ästhetische Theorie". In ihnen hat Adorno versucht, die pessimistischen Implikationen und Aporien der „Dialektik der Aufklärung" radikal zu Ende zu denken, Auswege zu bahnen. Wie Herbert Schnädelbach gezeigt hat, ist es sinnvoll, von einem Komplementärverhältnis zwischen „Negativer Dialektik" und „Ästhetischer Theorie" auszugehen – und nicht beide Werke als Schritte desselben Wegs zum Ästhetischwerden der Theorie zu deuten. Das Interesse der „Negativen Dialektik" ist genuin philosophisch. Ihr geht es um die methodisch-diskursive Konstruktion „begrifflicher Mimesis" im Unterschied zum Ausdrucksmodell der „künstlerischen Mimesis" in der „Ästhetischen Theorie". „Ohne Willkür und Gewalt, ganz aus der Fühlung mit den Gegenständen heraus" hat Adorno die ästhetische Mimesis in seinem letzten

Werk zu evozieren gesucht: „So scheint ein Nashorn, das stumme Tier, zu sagen: ich bin ein Nashorn. Die Rilkesche Zeile ‚denn da ist keine Stelle,/ die dich nicht sieht'/... hat jene nicht signifikative Sprache der Kunstwerke in kaum übertroffener Weise kodifiziert: Ausdruck ist der Blick der Kunstwerke... Der Ausdruck der Kunstwerke ist das nicht Subjektive am Subjekt, dessen eigener Ausdruck weniger als sein Abdruck; nichts so ausdrucksvoll wie die Augen von Tieren – Menschenaffen – die objektiv darüber zu trauern scheinen, daß sie keine Menschen sind. Indem die Regungen in die Werke transponiert werden, die sie vermöge ihrer Integration zu ihren eigenen machen, bleiben sie im ästhetischen Kontinuum Statthalter außerästhetischer Natur; sind aber als deren Nachbilder nicht länger leibhaftig." Kurz vor Vollendung seiner „Ästhetischen Theorie" stirbt ihr Autor am 8. August 1969 während eines Urlaubs im Schweizer Wallis.

Bündig ist die Frage nach dem Neuen, das Adornos einzigartige Stellung im philosophischen Diskurs begründet, zu beantworten. Es ist die Idee einer negativen Dialektik. Ihr geht es um die Rettung des Nichtidentischen vor dem alles überwältigenden Zugriff des identifizierenden Denkens. Weniger leicht fällt es, zu sagen, was damit gemeint und ob es wahr sei.

In der ersten Generation der Frankfurter Schule (Adorno, Benjamin, Horkheimer, Marcuse), die *als* Schule nur in den Jahren des New Yorker Exils existiert hat, war es üblich, die Geschichte der Philosophie in zwei große Abschnitte einzuteilen, die Periode vor und die nach Hegels Tod. Diese Einteilung kann uns helfen, Adornos *einzigartige* Stellung im philosophischen Denken näher zu bestimmen.

Es ist die kompromißlose *Negativität* seines Begriffs von Dialektik, die ihn von den großen affirmativen Dialektikern Platon und Hegel *trennt.* Für den falschen Zustand der Welt gibt es keine Rechtfertigung. Die konstruktive nannte Adorno verächtlich „sich duckende Kritik". Auch die gewitzte Dialektik, die gerade durch die Zerrissenheit und die Negativität des Weltlaufs hindurch dessen Vernunft erweisen wollte, verfehlt angesichts „vollendeter Negativität" ihr Ziel, die schließliche Versöhnung der Gegensätze. Zeit seines Lebens hat er jede Verklärung des Bestehenden als „erpreßte Versöhnung" und „verruchte Affirmation" denunziert. Das berühmte, Hegel verkehrende Diktum aus den „Minima Moralia", geschrieben 1944: „Das Ganze ist das Unwahre", bedeutet eigentlich, daß dialektisches Denken, die Bestimmung des Wahrheitsmoments selbst noch im Unwahren, unmöglich geworden ist. Aus Dialektik wird dann *Paradoxie.*

Das nun scheint Adorno mit der Periode nach Hegels Tod zu verbünden, vor allem mit Praxisphilosophen wie Kierkegaard, über den er sein erstes publiziertes Buch schrieb, oder mit Sartre und Merleau-Ponty. Wenn das Denken die Widersprüche des wirklichen Lebens nicht mehr vereinen kann und will, so bleibt ihm die Möglichkeit, sie in paradoxen Konstruktionen auszudrükken, sie ohne Verklärung und Glättung beim Namen zu nennen. Aporetisch endet deshalb Adornos radikalstes Buch, die „Minima Moralia". Aporetisch war es von Anbeginn an. „Lehre vom richtigen Leben" wollte es ganz traditionalistisch sein, doch schon wenige Zeilen später findet sich die Feststellung, daß es kein „Leben ... mehr gibt". Konsequent dementiert der oberste Grundsatz dieser Lehre vom richtigen Leben deren Möglichkeit: „Es gibt kein richtiges Leben im falschen." So bleibt Adorno nurmehr die Benjaminische „Hoffnung um des Hoffnungslosen willen". „Zum Ende" erinnert die Idee einer zwanglosen Vereinigung von Subjekt und Objekt, Denken und Gegenstand, Begriff und Sache dergestalt, daß der Begriff die Sache nicht „unter sich begräbt", wie es in der „Negativen Dialektik" heißt, vielmehr das Nichtidentische an ihr gelten läßt, noch einmal an die dialektische Denkfigur des Umschlags vollendeter Negativität in ihr Gegenteil. Doch diese Erinnerung traut sich den Begriff einer immanenten Konstruktion des möglichen Anderen so wenig mehr zu wie den Glauben an den Messias, die Erlösung von außen. „Philosophie, wie sie im Angesicht der Verzweiflung einzig noch zu verantworten ist, wäre der Versuch, alle Dinge so zu betrachten, wie sie vom Standpunkt der Erlösung aus sich darstellten ... Perspektiven müßten hergestellt werden, in denen die Welt ähnlich sich versetzt, verfremdet, ihre Risse und Schründe offenbart, wie sie einmal als bedürftig und entstellt im Messianischen Lichte daliegen wird. Ohne Willkür und Gewalt, ganz aus der Fühlung mit den Gegenständen heraus solche Perspektiven zu gewinnen, darauf allein kommt es dem Denken an. Es ist das Allereinfachste, weil ... die vollendete Negativität, einmal ganz ins Auge gefaßt, zur Spiegelschrift ihres Gegenteils zusammenschießt." Das ist, in einer leicht ästhetizistischen Wendung auf das, was plötzlich aufblitzt, „zusammenschießt", die aus der jüdisch-christlichen Mystik überlieferte dialektische Denkfigur des Umschlags. Doch gerade dieser Umschlag läßt sich nicht mehr *denken*. Deshalb fährt Adorno fort: „Aber es ist auch das ganz Unmögliche, weil es einen Standort voraussetzt, der dem Bannkreis des Daseins, wäre es auch nur um ein Winziges, entrückt ist, während doch jede mögliche Erkenntnis nicht bloß dem was ist erst abgetrotzt werden muß, um verbindlich zu geraten, sondern eben darum selber auch mit der gleichen Entstelltheit und Bedürftigkeit geschlagen ist, der sie zu entrinnen vorhat."

So entschieden dieser Satz Hegel verabschiedet, so offensichtlich ist die Verwandtschaft des „Nichtidentischen" mit den Hauptströmungen der zweiten, nachhegelschen Periode. Im Kontingenten und Zufälligen, das „die Allherrschaft des Geistes Lügen" strafe, sieht Adorno den „Schatten des Nichtidentischen", „die verstümmelte, abstrakte Gestalt des An sich". Adorno ist

Materialist. Er setzt den Akzent auf „die Unauflöslichkeit eines empirischen, nichtidentischen Moments", auf das „faktische Substrat", das „Nichtbegriffliche, in Identität nicht Einzuschmelzende". Das identifizierende Denken erpreßt Versöhnung, will „alles sich gleich machen". Darin ist die Aufklärung selbst noch dem mythischen „Bann" verfallen: „Was sich selbst gleichbleibt, die reine Identität, ist das Schlechte; zeitlos das mythische Verhängnis. Philosophie war, als dessen Säkularisation, sein Sklave, indem sie mit gespenstischem Euphemismus das Unveränderliche ins Gute umdeutete." Dagegen beharrt Adorno auf Historizität und Geschichtlichkeit. „Wahrheit... hat als solche einen Zeitkern." Einmal dem herrschaftlichen Zugriff des identifizierenden Denkens entkommen, verlöre selbst noch der Zufall, das blinde Geschick, seinen Schrecken. Denn was „einem zufällt, darüber hat man keine Gewalt". Und „dem Denken", das dem „Verblendungszusammenhang" „entronnen wäre, würde das Kontingente zu dem, woran es sich stillt und worin es erlischt". Adornos Utopie ist immer ein herrschaftsfreies Verhältnis der Menschen zur äußeren Natur. Mit der Auflösung der Gewalt über die Natur freilich wäre zugleich die Natur denaturiert: Sie hätte die Augen aufgeschlagen, wäre „so wenig blinde Natur... wie unterdrückte". Die Intersubjektivität des Sozialen ist für Adorno stets nur ein Grenzfall der Beziehung von Subjekt und Objekt. So wie Naturbeherrschung in der manipulativen Herrschaft von Menschen über Menschen sich fortsetzt, so denkt er auch die Idee einer Versöhnung zwischen den Menschen als zwanglose Wechselseitigkeit von Subjekt und Objekt, zwischen Menschen, insofern sie identische Subjekte und insofern sie Nichtidentisches, „diffuse Natur" sind: „Frei", so endet das berühmte Kant-Kapitel der „Negativen Dialektik", „sind die Subjekte... soweit, wie sie ihrer selbst bewußt, mit sich identisch sind; und in solcher Identität auch wieder unfrei, soweit sie deren Zwang unterstehen und ihn perpetuieren. Unfrei sind sie als nichtidentische, als diffuse Natur, und doch als solche frei, weil sie in den Regungen, die sie überwältigen – nichts anderes ist die Nichtidentität der Subjekte mit sich –, auch des Zwangscharakters der Identität ledig werden."

Billiger, weder als herrschaftsfreier Kommunikationszusammenhang der Menschen untereinander noch als romantischer Naturalismus, als fetischisierte Ursprünglichkeit ist Versöhnung bei Adorno nicht zu haben. Natürlich weiß er, daß es einer solchen, stets nur konjunktivisch gefaßten, herrschaftsfreien Philosophie ergeht wie dem Hasen mit dem Igel: Die Aporie ist immer schon da: „Philosophie ließe, wenn irgend, sich definieren als Anstrengung, zu sagen, wovon man nicht sprechen kann: dem Nichtidentischen zum Ausdruck zu helfen, während der Ausdruck es immer doch identifiziert."

Die Produktivität dieses Widerspruchs entwickelt Adornos ganzes Werk, das von der Erkenntnistheorie und Geschichtsphilosophie über die empirische Sozialforschung und die Musiksoziologie bis zur ästhetischen Theorie reicht, das sich in großen systematischen Werken wie der „Dialektik der Aufklärung" oder der „Negativen Dialektik" ebenso souverän entfaltet wie in Essays, Vorträgen oder in der literarischen Form des Aphorismus. Marcuse hat ihn in einem Interview, in dem er die Helden der frühen Kritischen Theorie um Max Horkheimer Revue passieren läßt, einmal so beschrieben: „Dann gab es Adorno – ein Genie. Ich muß ihn ein Genie nennen, weil ich nie wieder jemanden kennengelernt habe, der so sehr gleichermaßen zu Hause war in der Philosophie, der Soziologie, der Psychologie, der Musik oder wo auch immer – es war absolut verblüffend. Was er sagte, konnte ohne jede Veränderung gedruckt werden: es war immer vollkommen druckreif."

Seit der Frankfurter Antrittsvorlesung des Achtundzwanzigjährigen vom 7. Mai 1931 über „Die Aktualität der Philosophie" war die These klar: Die Hegelsche „Idee", nämlich die Vernunft des Wirklichen, „ist für die Philosophie verloren und damit deren Anspruch auf die Totalität des Wirklichen im Ursprung getroffen". Einzig als polemische „Mikrologie" ist sie dann noch möglich. Die „Hoffnung..., einmal zur richtigen und gerechten Wirklichkeit zu geraten", findet sie nur mehr in „Spuren und Trümmern". Ihr geht es um das je konkrete Einzelne; die Philosophie des Nichtidentischen ist eine *konkrete* der *Sache selbst.* Gegen die „siegreiche", in Hegel kulminierende „philosophische Tradition": „Die Erhebung der Einheit zur Philosophie", rechnet die negative Dialektik die „Kosten des Vielen" auf. Totalität, die Einheit des Geistes, so der späte Adorno, ist „desto schlechter, je gründlicher sie des Vielen sich bemächtigt. Ihr Lob spendet ihr der Sieger, der auch als einer des Geistes auf den Triumphzug nicht verzichtet." Auch wenn für Adorno, durchaus orthodox marxistisch, das „durchs Einzelne und Viele sich Verwirklichende" „die eigene Sache der Vielen" ist, so hat er doch *den* Vielen das Vermögen zu ihrer Sache bestritten, der revolutionären Energie ebenso wie der kommunikativen Vernunft der Vielen gründlich mißtraut. Nicht nur zeitgeschichtliche und biographische Erfahrungen sind Grund dieses Mißtrauens. *Dem* Vielen kommt auch systematisch ein Vorrang vor *den* Vielen zu. Adorno selbst hat ihn auf die Formel vom „Vorrang des Objekts" gebracht. Das heißt auch: was *den* Vielen durch das Prinzip einer „verwilderten Selbstbehauptung" angetan wird, ist nur ein abkünftiger Modus der Bemächtigung *des* Vielen durch Subsumtion unters Identitätsschema. Aus der Perspektive der „geschundenen Natur" und in dem Bemühen, der „Natur" „beizustehen und auf der armen Erde ihr zu dem zu helfen, wohin sie vielleicht möchte", verwischen die Unterschiede zwischen den und dem Vielen.

Der Versuchung freilich, diese Perspektive metaphysisch oder ontologisch, und sei es in einer „Ontologie... des Nichtontologischen" zu „verherrlichen", hat Adorno widerstanden. Die „Stellung des Gedankens zum Glück", die er gegen die Hegelsche ‚zur Objektivität' stark macht, kann sich der eigenen Objektivität einzig *negativ* vergewissern. „Die Stellung des Gedankens zum Glück wäre die Negation eines jeglichen falschen. Sie postuliert, schroff wider die allherrschende Anschauung, die Idee von der Objektivität des Glücks, wie sie negativ konzipiert war in Kierkegaards Lehre von der objektiven Verzweiflung." So wie Adornos Begriff des Subjekts dem Freudschen Ich geschuldet ist, so ist seine Idee des Glücks, stets am Paradigma äußerer, körperlicher Glücks-Zustände orientiert, ganz freudianisch. Die hedonistische Utopie vollständiger Triebbefriedigung ist in der Tat der *materialistische Kern* von Adornos Ideen der Versöhnung und Erlösung. „Nur wer es vermöchte, in der blinden somatischen Lust, die keine Intention hat und die letzte stillt, die Utopie zu bestimmen, wäre einer Idee von Wahrheit fähig, die standhielte." Schon in den „Fragmenten über Wagner", Ende der 30er Jahre, hatte Adorno behauptet, „daß der Anspruch der Lust, wäre er jemals zuende gedacht, eben jene autonome, sich gehörende und ihr eigenes Leben verdinglichende Person sprengen würde, die verblendet glaubt, im Besitz ihrer selbst Lust zu finden, und der dieser Besitz Lust gerade entzieht". Unmißverständlich auch die „Negative Dialektik": „Das dämmernde Freiheitsbewußtsein nährt sich von der Erinnerung an den archaischen, noch von keinem festen Ich gesteuerten Impuls ... Ohne Anamnesis an den ungebändigten, vor-ichlichen Impuls, der später in die Zone unfreier Naturhörigkeit verbannt ist, wäre die Idee von Freiheit nicht zu schöpfen, welche doch ihrerseits in der Stärkung des Ichs terminiert."

Adornos Utopie will das *Wahrheits*moment der unsublimierten „Regungen", noch das der infantilen Regression retten. Von der Freudschen Trieb-Sublimierung heißt es einmal, daß es sie „wahrscheinlich gar nicht gibt". Das aber ist nur eine ebenso düstere wie radikale Konsequenz jener vielzitierten ‚Definition' psychoanalytischer Wahrheit aus den „Minima Moralia": „An der Psychoanalyse ist nichts wahr als ihre Übertreibungen." Die praktische Konsequenz dieser Wahrheitsdefinition ist der „erste und einzige Grundsatz der Sexualethik: der Ankläger hat immer unrecht". Mit der „heftigen", „freiflutenden", „blinden" Lust, mit dem instinkthaft passiven Überwältigtwerden verbindet sich ein Wahrheits*anspruch,* der in der *Objektivität* und *Wirklichkeit* des früh erfahrenen Glücks gründet. Paradigma dieser Erfahrungen sind Adorno mit Freud die Kinderwünsche – deshalb immer wieder die Metapher des „Stillens".

Um diesen Wahrheitsanspruch der inkommensurablen, „nichtidentischen" Sehnsüchte und Regungen *auszudrücken* und *geltend* zu machen, ist Adorno freilich auf das in der *Kunst* verkörperte *Wahrheitspotential* verwiesen. Theorie wird ästhetisch. „Soweit sie im Medium des Begriffs die von diesem verdrängte Mimesis erretten möchte", „ist Philosophie insgesamt mit der Kunst alliiert". Auch diese Idee des letzten großen, durch den Tod unterbrochenen Werkes zur „Ästhetischen Theorie" hat der junge Adorno schon 1932 in einem Aufsatz „Zur gesellschaftlichen Lage der Musik" entwickelt: „Die Aufgabe der Musik als Kunst tritt... in... Analogie zu der der gesellschaftlichen Theorie." Die „Lösungen" solcher Musik „stehen Theorien gleich". Seit jener Zeit hat er die von ihm immer betriebene „philosophische Sprachkritik" als „beginnende Konvergenz von Kunst und Erkenntnis" verstanden wissen wollen.

Das Interesse an der anderen Wahrheit der Kunst verbindet Adorno mit seinem Antipoden Heidegger. Nicht freilich sein Begriff des authentischen Kunstwerks. Adornos Modernismus entfernt sich ums Ganze vom bodenständigen ästhetischen Biedersinn des Freiburger Philosophen. Der Schüler Schönbergs aus dem Wien der 20er Jahre bewegt sich hier sicher in den Bahnen Baudelaires, Nietzsches und des Freundes Walter Benjamin. Schon Adornos früher Begriff der Philosophie als „Deutung" – in Abgrenzung zur wissenschaftlichen „Forschung" – ist vom modernen Ästhetizismus, jenem plötzlichen „Scheinen des Scheins" (Nietzsche), der augenblicklich die Welt verändert, durchdrungen. Die Deutung des Rätsels, das der „brüchige" „Text" aus „Spuren und Trümmern" dem Philosophen aufgibt, sucht nicht wie die Forschung das Wesen hinter der Erscheinung zu ergründen; die deutende Rätselauflösung will nicht das „Rätsel als Abbild eines dahinter liegenden Seins" verstehen, sie sucht vielmehr die „Rätselgestalt" selbst „blitzhaft", „jäh und augenblicklich" zu „erhellen", um sie „aufzuheben" und zu „verzehren", das Rätsel zu „zerstören". Die Trümmer der unwiderbringlich zerfallenen ‚Seinstotalität' (Lukács), deren „singuläre und versprengte Elemente", sollen gleichsam experimentell in „wechselnden Versuchsanordnungen" in „wechselnde Konstellationen" gebracht werden; so lange, bis sie plötzlich „zur Figur zusammenschießen, aus der die Lösung hervorspringt". Indem sie die Frage zum Verschwinden und – mit Hilfe experimenteller „Modelle" – etwas radikal Neues „in schlagender Evidenz" hervorbringt, vermag Philosophie „an jenen harten Fragen ihre Leuchtkraft... zu entzünden". Beispiele eines solchen Verfahrens sind Adorno gleichermaßen die Marxsche Theorie, die Psychoanalyse Freuds und die Musik Schönbergs und Alban Bergs. Diese wendet sich, nicht anders als jene Wissenschaft, „gegen die konventionelle Formensprache..., zerfällt deren Oberflächenzusammenhänge und baut aus den Partikeln des musikalischen Ausdrucks musikalisch-immanent eine neue Sprache". Es entsteht ein postidealistischer, dialektischer „Musikstil der Freiheit".

Adornos Programm eines *dialektischen Konstruktivismus* will sich als „exakte Phantasie" ganz auf das funktionalistisch geprägte Material der Wissenschaft beschränken – um etwas ganz anderes daraus zu machen. Die

Walter Gropius: Bauhaus in Dessau, 1925/26. – Walter Gropius und The Architects Collaborative: Museumsgebäude des Bauhaus-Archivs in Berlin nach einem Entwurf von 1964, 1976 – 1978

Theodor W. Adorno

philosophische Deutung sprengt mit den Mitteln der wissenschaftlichen Forschung deren Rahmen. „Wollte man die Kantische Frage umformulieren", schreibt er ein Jahrzehnt später, „sie könnte heute wohl nur lauten: *wie ist ein Neues überhaupt möglich?*" Zur selben Zeit, als Max Horkheimer seine Idee einer kritischen Theorie der Gesellschaft entwickelt, die Philosophie und Wissenschaft zu einer empirisch kontrollierten, falsifizierbar gewordenen Sozial- und Geschichtsphilosophie, durchaus im Interesse einer *Verwissenschaftlichung der Philosophie*, verknüpft, hatte Adorno bereits eine Alternative parat, die einer *Ästhetisierung der Philosophie* mit den konstruktivistischen Mitteln der Wissenschaft. Dabei wird das gegen die Metaphysik gerichtete, sinnkritische Potential der Wissenschaften durchaus ernst genommen. Adornos Ästhetisierung ist nicht minder experimentell und fallibel gemeint als Horkheimers Programm einer Verwissenschaftlichung der Philosophie. Stets hat Adorno daran festgehalten, daß, wo immer die Philosophie „der Wissenschaft die kalte Schulter zeigt", sie „buchstäblich ihre Raison, die Vernunft einbüßt". „Versuchsanordnung", „Konstellation" und „Konstruktion", die, wenn sie zur Figur zusammenschießen, die Wirklichkeit entschlüsseln, sind, fast wie bei Brecht, „Instrumente der menschlichen Vernunft selbst, ... Modelle, mit denen die ratio prüfend, probierend einer Wirklichkeit sich nähert, die dem Gesetz sich versagt".

Das Nichtidentische, dem Kunst wie wahre Erkenntnis, dem Kunst *als* Erkenntnis und Erkenntnis *als* gleichsam ästhetische Erfahrung zum Ausdruck verhelfen, ist stets auch die Abweichung von der Norm, *Rebellion gegen das Normative.* „Die Plötzlichkeit" der künstlerischen wie der philosophischen „Intuition mißt sich am Widerstand gegen soziale Kontrolle, die den Gedanken aus seinen Schlupflöchern aufscheuchen möchte". In authentischer Kunst und kritischer, negativistischer Theorie „explodiert das unbewußte, den Kontrollmechanismen nicht ganz botmäßige Wissen und durchschlägt die Mauer der konventionalisierten und ‚realitätsgerechten' Urteile". „Einzig die aufblitzenden Erkenntnisse sind gesättigt mit Erinnerung und Vorblick." Das ist für Adorno das Wahrheitsmoment noch an Bergsons lebensphilosophischem Begriff der Intuition. In diesen wendet sich das Nichtidentische „passiv-spontan", „in der Tat ‚ichfremd'" „für einen Augenblick gegen die Apparatur ..., über deren Schatten Denken allein nicht zu springen vermag". Und an anderer Stelle heißt es: „Die einzige geistige Kommunikation zwischen dem objektiven System und der subjektiven Erfahrung ist die Explosion, welche beide voneinander reißt, um mit ihrer Stichflamme sekundenweise die Figur zu beleuchten, die sie mitsammen bilden."

Worauf es Adornos *ästhetischem Materialismus* in letzter Instanz anzukommen scheint, ist *nicht* die Idee einer gelungenen, nicht-repressiven Sublimierung der „mimetischen Impulse", des Unbewußten, der „Regungen", die das Ich „überwältigen", der „blinden somatischen Lust". Das unterscheidet ihn von seinem Mitstreiter Herbert Marcuse und dessen Utopie einer gelungenen, nicht-repressiven Sublimierung. Adornos Idee der Versöhnung ist ganz ohne Stabilität, taugt nicht zur „sozialen Integration" – ein Ausdruck, den Adorno gehaßt hat. Sie ist das Gegenteil von Sublimierung: *Dialektik ohne Mitte,* ganz durch die Extreme hindurch. Der „gelungene Ausdruck des Subjekts" ist „polemische Offenbarung", „unverstellter Ausdruck" des Nichtidentischen. Vorstellbar, wenn überhaupt, ist so etwas nur als plötzlich aufblitzendes *Moment* in einer eigentümlich „passiven Aktivität" (Sartre), die dem Erkennenden ebenso wie dem Künstler eignet.

„Der Erkennende wird im Moment der Intuition überwältigt und aus dem Einerlei des bloßen Subsummierens herausgerissen... In den Intuitionen besinnt sich die ratio auf das, was sie vergaß, und in diesem von ihm freilich kaum intendierten Sinn hat Freud recht, wenn er dem Unbewußten eine eigene Art von Rationalität zuschreibt." Daß er auf der *Rationalität* noch des impulsiven Ausbruchs aus dem „stahlharten Gehäuse" „rationaler Ordnungen" (Weber) beharrt, unterscheidet Adorno selbst in seinen ‚irrationalsten' Zügen von jeder Form einer irrationalistischen Verabschiedung der Aufklärung. Durch den extremsten Widerspruch hindurch, indem sie schockartig in ihren absoluten Gegensatz zurückgeht, ohne ihn doch unter sich zu begraben, muß die Vernunft, ohne die alles verloren wäre, heute verteidigt werden.

Versöhnung ist der „Negativen Dialektik" „Reflexion der Differenz". „Chiffren menschlicher Freiheit" nennt Adorno die „spezifischen Differenzen der einzelnen". Und eines der schönsten Zitate aus einem Aufsatz über Veblens Kultursoziologie, erschienen erstmals in englischer Sprache Ende der 30er Jahre in Horkheimers „Zeitschrift für Sozialforschung", thematisiert die Erfahrung der „Differenz" aus einer Perspektive, die sich wie ein Vorgriff auf die neue Frauenbewegung liest: „Hoffnung zielt nicht darauf, daß die verstümmelten Sozialcharaktere der Frauen den verstümmelten Sozialcharakteren der Männer gleich werden, sondern daß einmal mit dem Anblick der leidenden Frau der des tatenfrohen, tüchtigen Mannes verschwindet; daß von der Schmach der Differenz nichts überlebt als deren Glück."

Es ließen sich ohne große Schwierigkeiten weitere Motive finden, die den Bruch Adornos mit der klassischen Dialektik belegen.

In vielem ist sein Denken repräsentativ für eine Bewegung des Geistes, die von Kierkegaard bisweilen über Marx und Freud, immer über Nietzsche, bis zu Heidegger auf der rechten und Bataille, Foucault und Derrida auf der linken Seite reicht. Adorno, ein anarchistischer Ursprungsphilosoph? Ein materialistischer Heidegger? Eine Mischung aus Bataille und Benjamin als wohlbestallter Professor im Nachkriegsdeutschland? – Wohl doch nicht. Der Grund ist leicht benannt und läßt uns Adornos *einzigartige* Stellung zwischen allen

Stühlen des nachhegelschen Denkens erst erkennen. Was ihn von Nietzsche und Heidegger ebenso wie von den Post- und Neostrukturalisten *trennt*, ist, daß er bei aller Negativität doch *Dialektiker* in einem ganz orthodoxen, von Hegel, selbst noch von Platon überlieferten Sinn geblieben ist. Alles Pathos des Neuen ist bei ihm keineswegs dem totalen Bruch, Heideggers Programm einer *Zertrümmerung* und *Destruktion* der Metaphysik verwandt; die negative Dialektik bleibt dem Dialektischen einer *Aufhebung* der Metaphysik durch das kritische Extrem: den Gedanken äußerster Negativität hindurch, verpflichtet. Gegen die falsche Totalität will sie die Wahrheit des vergehenden Absoluten festhalten, das mit der Kraft zur Verklärung und Rechtfertigung des negativen Weltlaufs auch den zwanghaften Zug herrschaftlicher Integration verloren hätte. Negative Dialektik, so lautet ihr letzter Satz, „ist solidarisch mit Metaphysik im Augenblick ihres Sturzes". Der gänzlich seiner triumphalen Pracht, die kaum seine Komplizenschaft mit der blinden Naturgewalt der Sieger verdeckt, entledigte Idealismus entblößt im Augenblick seines Sturzes die eigentliche, von Herrschaft freie Wahrheit. Das ist der materialistische Kern unter der verklärenden Hülle des Idealismus. Adornos Kritische Theorie will die Vernunft nicht verabschieden, sie geht nicht, wie Heidegger schon in „Sein und Zeit", auf Ursprünge hinter der Alternative von Rationalismus und Irrationalismus zurück. Bei aller Dialektik bleibt sie eben *als* Dialektik Aufklärung, parteilich für Vernunft. Das Leiden der Gegenwart ist ein „Mangel an Rationalität", nicht „deren Übermaß". Der Begriff ist auch die *Grenze* einer Ästhetisierung der Philosophie. Kunst, zumal die Musik mag als „vollkommene Entfremdung" von der falschen Totalität „Aussage des Unaussagbaren" sein. Doch Theorie und Philosophie ist nicht unmittelbar Kunst. Sie bleibt, um den Preis der Verdinglichung, des „Rückschlags in Mythologie", an die Bahn des diskursiven und begrifflichen Denkens gebunden. „An ihr ist die Anstrengung, über den Begriff durch den Begriff hinauszugelangen." Ihr Programm bleibt das genuin Dialektische einer *vernünftigen Kritik* nicht allein des beschränkten Verstandes, vielmehr, radikaler als Hegel, das der Schranken der Vernunft selbst. Negative Dialektik soll die „Vernunft zur Vernunft" bringen.

Darin bereits, nicht erst in der allzu dogmatischen Fixierung aufs „Tauschprinzip" und „Wertgesetz" der Marxschen Lehre, ist sie orthodoxer Hegelmarxismus: „daß die verdinglichte und rationalisierte Gesellschaft... zu einer menschenwürdigen werden könnte, nicht, indem sie auf ältere, vorarbeitsteilige Stadien regrediert, sondern indem sie ihre Rationalität auf sich selbst anwendet..., der Male von Unvernunft heilend noch an ihrer eigenen Vernunft innewird, aber auch der Spur des Vernünftigen am Unvernünftigen...: die Wunde schließt der Speer nur, der sie schlug." Nur weil Adorno als Dialektiker unterstellt, daß noch die instrumentelle Vernunft der Selbsterhaltung, insofern sie *vernünftig* ist, mehr ist oder doch: zu einem Anderen *wird,* als *bloße* Selbsterhaltung, bleibt die Negation nicht gänzlich unbestimmt, das „Potential der Freiheit" bestimmbar: „Selbsterhaltung... verlangt, in ihrer Geschichte, mehr als den bedingten Reflex und bereitet damit vor, was sie schließlich überschritte." In der *immanenten* Kritik des Gewissens enthüllt sich der negativen Dialektik die kommunikative des moralischen Bewußtseins: „Erst an der repressiven Gestalt (des Gewissens) bildet sich die solidarische, die jene aufhebt". „Individualität ist sowohl Produkt des Drucks wie das Kraftzentrum, das ihm widersteht." „Wahrheit jenseits des Identitätszwangs" wäre „nicht dessen schlechthin Anderes..., sondern durch ihn vermittelt". In „der Verinnerlichung gesellschaftlichen Zwangs zum Gewissen" setzt sich *nicht* einfach, gradlinig, eindimensional der blinde Naturzwang, die zwanghafte Mimesis der Naturbeherrschung fort: „Vielmehr reift" in ihr „mit dem Widerstand gegen die gesellschaftliche Instanz, der jene am eigenen Prinzip kritisch mißt, ein Potential heran, das des Zwangs ledig wäre. Kritik des Gewissens visiert die Rettung solchen Potentials, doch nicht im psychologischen Bereich, sondern in der Objektivität eines versöhnten Lebens von Freien." Denn, daran läßt der Hegelianer Adorno keinen Zweifel: „Die Freiheit, auf die (das Individuum) für sich hoffen muß, könnte nicht bloß seine eigene, sie müßte die des Ganzen sein."

*Dialektik* ist für Adorno stets *Vermittlung von Subjekt und Objekt.* Seine Idee der Freiheit ist die der zwanglosen Vereinigung von Verschiedenem mit der Betonung auf Individualität und Differenz. Noch das genuin *gesellschaftliche* Potential der Freiheit bestimmt er als *Grenzfall einer Beziehung von Subjekt und Objekt,* des Ichs zu den Regungen, die es überwältigen. Darin hat sich die spätere Kritische Theorie (Habermas) von ihrem genialsten Vor-Denker getrennt. Wer dieser Entwicklung zu einer Theorie der kommunikativen Vernunft wohlgesonnen ist, kann sagen, daß sein Schüler Habermas Adorno vom Kopf auf die Füße gestellt habe. Wenigstens haben sich die Verhältnisse umgekehrt: Adornos Idee einer Versöhnung von Gesellschaft und Natur erscheint nunmehr als *Grenzfall* eines *sozial* bestimmten Potentials der kommunikativen Freiheit verständigungsorientiert handelnder Individuen, als Grenzfall zwangloser Intersubjektivität.

*Vermittlung* ist der negativen Dialektik eine *ohne Mitte;* Schräglage, nie sicher, ob es aufwärts geht oder abwärts. „Radikal" hat sie jeden „Moderatismus" rechts unter sich, im Bildungsbürgertum zurückgelassen. Sie „ereignet sich durch die Extreme hindurch in ihnen selber". Der ausgewogenen Harmonie der Kathedrale aus der Vorrede Hegels zur Rechtsphilosophie hält sie entgegen, was Adorno in Seminaren den Studenten mit auf den Weg gegeben haben soll: „Alle Wege führen nach Rom, nur nicht der goldene Mittelweg." Ständig bewegt sich diese Dialektik zwischen den antinomischen Polen hin und her. Die selbsterhaltende Vernunft und nur sie verleiht der Ich-Identität die Kraft des Widerstands, ohne die sie „ihr Anderes", die von atomistischer Partikularität verschiedene Individualität verfehlen würde. Und doch ist es gerade die Vernunft, die im „gegenwärtigen Zustand" „zerstörend", selbstdestruktiv ist: „Identitätsverlust um der abstrakten Identität, der nackten Selbsterhaltung willen". In äußerster Ambivalenz zur inneren Antinomie der Kulturindustrie zugespitzt erscheint diese Perspektive im letzten Satz eines im Exil geschriebenen Essays „On Popular Music": „To become transformed into an insect, man needs that energy which might possibly achieve his transformation into a man."

Das *Telos* dieser Dialektik ist die Erkenntnis der „Sache selbst". Sie macht noch einmal den im ‚postideologischen' Zeitalter ohnmächtig gewordenen platonischen Begriff einer *intuitiven Vernunft* gegen die zur instrumentellen verhärtete operative stark. Sie will schließlich erkennen, was ist. Indem sie sich den Blick weder durch die Vorurteile des gesunden Menschenverstands, die operative Vernunft des identifizierenden und klassifizierenden Subjekts verstellen läßt *noch* blind sich der Führung des Objekts unterwirft, hofft sie, dem Nichtidentischen, nämlich „der eigenen Identität der Sache gegen ihre Identifikationen" zum Ausdruck helfen zu können. Dazu muß sie – dialektisch – von den Instrumenten der operativen Vernunft so Gebrauch machen, daß ein Text lesbar wird, der den instrumentellen Rahmen sprengt. Das ist das frühe Programm der Philosophie als Deutung. Als durchaus methodische Deutung ist negative Dialektik kritische Hermeneutik auf dem Weg zur Sache selbst. Sie vermittelt sich in sich durch das eine Extrem, die Vorurteile der instrumentellen Rationalität, die sie zu einem Muster, einer Konstellation von Begriffen so lange – exegetisch – auseinanderlegt und zusammensetzt, bis die Sache selbst als das in sich vermittelte andere Extrem erscheint, als Natur, die die Augen aufschlägt.

# LUDWIG MIES VAN DER ROHE
## 1886–1969

Von
Franz Füeg

Der Amerikaner Frank Lloyd Wright, Le Corbusier, Ludwig Mies van der Rohe und Alvar Aalto haben die Architektur des 20. Jahrhunderts am stärksten beeinflußt. Weltweit durchgesetzt hat sich jene von Mies, das aber meist in einer banalen Weise, die den Ansprüchen des Urhebers zuwiderläuft.

Gemeinsam ist den vier Architekten die ursprüngliche Bindung an die Architektur des 19. Jahrhunderts – bei den Europäern an den Neuklassizismus –, eine handwerkliche Schulung und die Durchsetzung einer neuen Raumauffassung in der Architektur.

### Das Herkommen

Ludwig Mies, geboren am 27. März 1886 in Aachen, lernte bei seinem Vater, Maurermeister und Steinmetz, was Stein und Mauer sind. Mit dem Zeichnen von Stuckornamenten erwarb er sich die spätere Fähigkeit, die schönsten Architekturzeichnungen zu schaffen. Neunzehnjährig ging er nach Berlin, arbeitete dort kurz bei einem Spezialisten für Holzkonstruktionen und lernte dann beim bedeutenden Möbelentwerfer Bruno Paul. 1907 wurde das erste Haus nach seinen Plänen gebaut. 1908 bis 1910 war er bei Peter Behrens im Büro und auf Baustellen. Dort traf er auch Walter Gropius und Le Corbusier, der 1910 für einige Monate zu Behrens kam.

Behrens war mehr als jeder andere seiner Generation das Ideal des Architekten, der die Lebensformen der industriellen Gesellschaft mitbestimmte. Er war Architekt, Maler und Gestalter von industriellen Produkten. Bei der Turbinenfabrik der AEG in Berlin, die 1908 bis 1909 gebaut wurde, sind das Stahlskelett zur Schau gestellt und die Zwischenräume mit Glas ausgefacht.

Was Mies bei den verschiedenen Handwerkern und Architekten gelernt hat, sind wohl die Präzision der handwerklichen und industriellen Herstellung, die Strenge der Mittel, Reinheit der Form, Perfektion der Proportionen, Eleganz der Details und Würde des Ausdrucks.

Ludwig Mies, der später seinem Namen jenen der Mutter, van der Rohe, anfügte, machte sich 1911 selbständig, baute die zweite Villa und ging 1912 für ein Jahr nach Den Haag. Dort entwarf er für Helene Kröller, die Eigentüme-

Haus und Kunstgalerie Kröller-Müller in Den Haag. Entwurf, 1912

rin der Kröller-Müller-Sammlung für moderne Kunst, Haus und Galerie. Er lernte die strenge Ordnung und schöne Kraft der holländischen Backsteinbauten kennen, und der Aufenthalt brachte ihn den Bauten von Hendrik Petrus Berlage nahe. In Berlages Schriften begegnete er den Theorien vom „ehrlichen" Ausdruck des Baustoffs und der Baugestalt, von der sozialen Verantwortung des Architekten und der kosmischen Dimension der Architektur.

Diese Theorien finden später einen Niederschlag in Schriften von Mies. So durchsichtig und auf das Wesentliche reduziert wie seine späteren Bauwerke und Zeichnungen sind die geschriebenen Gedanken. Was vom Theosophen Berlage nicht herkommt, fand er vielleicht an seinem Geburtsort, der alten Kaiserstadt Aachen: die Philosophie von Augustinus und der Hochscholastik des Thomas von Aquin, die er zitierte, wenn er Schlüsselgedanken zur Architektur geäußert hat. Im Denken von Mies findet sich die Rationalität der Scholastik. Die Kategorien Akt und Potenz des Thomas, die auf Aristoteles zurückgehen, betreffen das Verhalten der Wirklichkeit zur Möglichkeit. 1927 schrieb Mies in einem Brief über die Form in der Architektur:

> „Form als Ziel mündet immer in Formalismus.
> Denn dieses Streben richtet sich nicht auf ein Innen, sondern auf ein Außen.
> Aber nur ein lebendiges Innen hat ein lebendiges Außen.
> Nur Lebensintensität hat Formintensität.
> Alles Wie wird getragen von einem Was.
> Das Ungeformte ist nicht schlechter als das Übergeformte.
> Das eine ist nichts, und das andere ist Schein.
> Wirkliche Form setzt wirkliches Leben voraus.
> Aber kein Gewesenes und auch kein Gedachtes.
> Hier liegt das Kriterium.
> Wir werten nicht das Resultat, sondern den Ansatz des Gestaltungsprozesses.
> Gerade dieser zeigt, ob vom Leben her die Form gefunden wurde, oder um ihrer selbst willen.
> Deshalb ist mir der Gestaltungsprozeß so wesentlich.
> Das Leben ist uns das Entscheidende."

Stets hat Mies in dieser Weise gedacht und nach diesen Maximen gearbeitet. Nie findet sich in seinen Schriften etwas zu seiner Person und zu Fragen der Zeit und Gesellschaft, soweit es über die Beschäftigung mit Architektur hinausgeht.

1913 ist er wieder in Berlin, und dort entsteht 1914 eine weitere Villa. Wie die zweite von 1911 und der Entwurf für Helene Kröller zeigt sie den Einfluß von Karl Friedrich Schinkel. Mit der Übernahme neuklassizistischer Bauformen steht Mies nicht allein. Bei Adolf Loos in Wien, Le Corbusier in La Chaux-de-Fonds und Aalto am Volkshaus in Iyväskylä finden sich Parallelen. Der europäische Ausgangsort zu dem, was heute Moderne Architektur genannt wird, ist der Klassizismus des ersten Drittels des 19. Jahrhunderts.

## Moderne Architektur

Dann nahmen neue Bewegungen Einfluß. Die Biographie von Mies van der Rohe aus dieser Zeit ist allerdings lückenhaft. Aus dem Vergleich zwischen Ereignissen, von denen nicht bekannt ist, wie er mit ihnen in Kontakt kam, und seinem Werk darf aber vermutet werden, was ihn auf Dauer beeinflußt hat. 1910 und 1911 wurde zum erstenmal in Europa, in Berlin, das Werk von Wright veröffentlicht. Eine Wirkung ist beim Entwurf für Helene Kröller

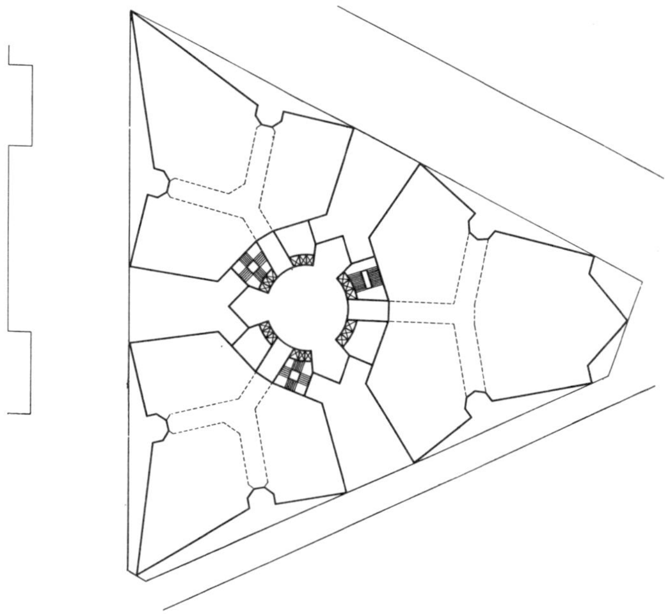

Grundriß des Bürohochhauses Friedrichstraße in Berlin. Entwurf, 1919

Ludwig Mies van der Rohe

Ludwig Mies van der Rohe: Apartement-Hochhaus am Lake Shore Drive in Chicago, 1948 – 1951. – Verwaltungsgebäude Seagram an der Park Avenue in New York, 1954 – 1958

Ludwig Mies van der Rohe: Deutscher Pavillon auf der Weltausstellung in Barcelona, 1929. – Verwaltungsgebäude Krupp in Essen, Modell des Entwurfs, 1960 – 1963. – Crown Hall des Illinois Institute of Technology in Chicago, 1950 – 1956

Ludwig Mies van der Rohe: Reihenfamilienhäuser mit Wohnhöfen in der Wohnsiedlung Lafayette Park in Detroit, 1955 – 1963

sichtbar. Die Arbeit während des Krieges liegt im Dunkeln, viele Zeichnungen wurden zerstört. Phantastische Glasarchitekturen, utopische Zeichnungen von Paul Scheerbart und anderen in Berlin, könnten die Anregung zu den Glashausentwürfen von 1919 bis 1922 gegeben haben. Sie zeigen auch den Bruch mit dem Neuklassizismus an. Es sind zunächst Hochhäuser ohne rechten Winkel im Grundriß und mit dramatischen Brechungen des Lichtes im Glas. Damit diese Wirkung nicht gestört wird, sind die Gebäudeteile, die das Haus tragen, hinter den Glaswänden im Inneren gedacht, weil sich nur so das Spiel von Durchsicht und Reflexen, Auf- und Gegenlicht auf den Fassaden frei entfalten kann.

1922 kamen Théo von Doesburg, der Begründer und Wortführer der „Stijl"-Bewegung, aus Holland und Lasar Markowitsch Lissitzky, der Suprematist, aus Moskau nach Berlin. Kurz nach diesen Besuchen, 1923, entstand der Entwurf für ein Landhaus in Backstein. Was Mies schon beim Architekten Wright gesehen haben dürfte und nun die Maler van Doesburg und El Lissitzky vortrugen, verwirklichte er in diesem Entwurf. Wie bei den Malern sind die

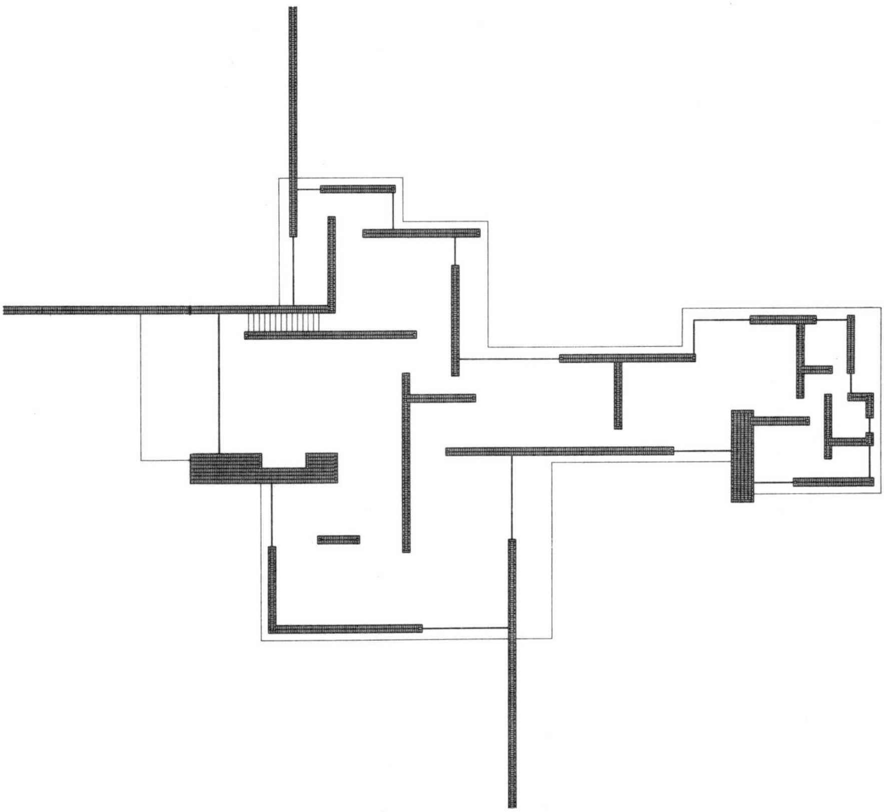

Grundriß des Landhauses aus Backstein. Entwurf, 1923

einzelnen Elemente im Grundriß nicht mehr direkt verbunden, sondern durch Zwischenräume zusammengehalten. Architektonisch ausgedrückt: die Räume sind nicht geschlossen und nur durch kleine Öffnungen miteinander verbunden; sie fließen vielmehr weiträumig ineinander, und das sowohl im Innern des Hauses als auch zwischen Innen und Außen. Löcher in den Mauern für Türen und Fenster finden sich nicht mehr. Geschlossene Mauern und Offenes sind voneinander abgesetzt.

Mit den Glashochhäusern und dem Landhaus hat Mies wesentliche Gestaltelemente, mit denen der Begriff Moderne Architektur bestimmt werden kann, auf dem Papier verwirklicht.

## Der Barcelona-Pavillon: ein Prototyp der Modernen Architektur

Alle Erfahrungen aus diesen Projekten, den gebauten Villen seit 1923 und Möbelentwürfen kristallisieren sich im Deutschen Pavillon der Weltausstellung 1929 in Barcelona. Das Gebäude ist auf eine künstliche Terrasse gesetzt.

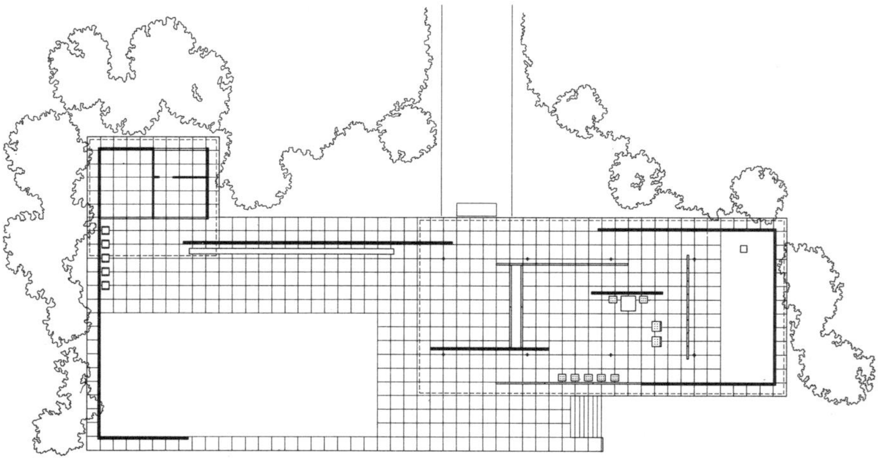

Grundriß des Deutschen Pavillons auf der Weltausstellung in Barcelona

Kreuzförmige, schlanke Stahlstützen tragen das schwere Dach. Die nichttragenden Wände sind von diesen tragenden Teilen getrennt. Wie beim Landhaus in Backstein schließen auch hier die Wände nicht ab, sondern lassen die

Räume ineinanderfließen. Der Theorie des „Stijl" entsprechend werden die Oberflächen der Wände und des Bodens unterschieden: Die Terrasse und der Boden im Haus sind mit beigefarbenen, geschliffenen Travertinplatten belegt. Die Außenwände sind mit poliertem Travertin, die frei im Pavillon stehende Wand mit Onyxplatten, die Wände um das kleine Bassin mit grünem Marmor und jene des großen mit schwarzem Glas verkleidet. Die eine quergestellte Wand besteht aus flaschengrünem Glas. Die Doppelwand hat geätztes Glas und eine Lichtquelle im Zwischenraum. Die übrigen Gläser sind matt getönt und die Stahlstützen verchromt.

Im Gegensatz zum Anspruch preziöser Repräsentation, dem der Pavillon ausschließlich zu dienen hatte, ordnet er sich bescheiden dem historischen Bau im Westen und dem sanft ansteigenden Hügel auf der Nordseite unter.

Der Pavillon ist ein exemplarisches Bauwerk des 20. Jahrhunderts, an dem sich Wesentliches manifestiert, was der Modernen Architektur eigentümlich ist. Zugleich ist er ein klassisches Werk, weil Bewegung und Ruhe, Spannung und Harmonie in eins gehen.

### Die Weißenhofsiedlung in Stuttgart

Nicht alle Werke zeigen den fließenden Raum des Barcelona-Pavillons. Die von 1928 bis 1937 entworfenen Verwaltungsbauten sind trotz der großflächigen Glasfassaden Baukörper, die die Straßenräume nicht durch die Gebäude fließen lassen, sondern sie begrenzen.

Gleiches gilt für die Weißenhofsiedlung (1925–1927). Das Interesse ist hier vor allem auf das einzelne Gebäude gerichtet. Die Ursache dafür dürfte aber nicht bei Mies liegen, sondern im Wunsch der Behörden, die Häuser einzeln verkaufen zu können, denn der erste Entwurf hatte einen anderen räumlichen Habitus als die gebaute Siedlung.

Im Rückblick wird die Urteilsfähigkeit von Mies deutlich, der Architekten zur Mitarbeit berief, die zu den wichtigsten ‚Modernen' der zwanziger Jahre gezählt werden müssen: Le Corbusier, den Belgier Victor Bourgeois, die Holländer J. J. P. Oud und Mart Stam und die Deutschen Peter Behrens, Richard Döcker, Josef Frank, Walter Gropius, Ludwig Hilberseimer, Hans Poelzig, Hans Scharoun, Bruno und Max Taut.

Die Weißenhofsiedlung ist das Resultat radikaler Experimente. Die Mehrfamilienhäuser sind nach dem Vorbild der Holländer zu einem Gegenstand der Architektur erhoben und das Ergebnis einer besonderen sozialen Verpflichtung. Die Bauten sind weiße Kuben von zurückhaltend rhythmischer Strenge und ohne Symmetrieachsen. Den Architekten und einigen Kritikern wurde bewußt, daß hier von einem neuen Stil gesprochen werden durfte.

FRANZ FÜEG

## „Das Wesen der Dinge"

Von 1926 bis 1934 beschäftigte sich Mies mit verschiedenen Ausstellungen. Sie waren für ihn ein Laboratorium, in dem er seine Ideen und Vorstellungen vom Raum und die Wahl und Kombination von Baustoffen und Farben weiterentwickelt hat. Die ausgestellten Gegenstände erzielten die starke Wirkung nicht nur durch sich selber, sondern auch durch die bewegte Ruhe des sie umgebenden Rahmens. Wir kennen heute noch die Wirkung der von Mies entworfenen Möbel in seinen Räumen. 1926 entstand der MR-Stuhl und 1929 der Barcelona-Sessel. Beide sind ein Signum für die Jahre des großen Umbruchs in der Architektur, für das große Experimentierfeld dieser Zeit und für die Eleganz und Kraft, die sich in den Arbeiten von Mies ausdrücken.

Wiederholt hat Mies seine Gedanken zur Architektur in knappen, scheinbar einfachen und klaren, aber im Kern eher suggestiven Worten formuliert. Er spricht von „neuen Werten" und vom „Wesen der Dinge", ohne genau auszudrücken, was er darunter versteht. Aus dem Zusammenhang darf geschlossen werden, daß er vor allem architektonische, nicht philosophische oder soziale „Werte" und „Wesen der Dinge" gemeint hat. Mies scheint auch kein politischer Mensch gewesen zu sein. Alle Antworten suchte er mit der Hilfe von Architektur zu geben. „Nur Fragen, die das Wesen der Dinge betreffen, sind sinnvoll. Die Antworten, die eine Generation auf diese Fragen findet, sind ihr Beitrag zur Architektur." Was dies für Mies bedeutet, kann aus seiner Werkstattarbeit erfahren werden. Unausgesetzt versuchte er, durch die Form dem Baustoff eine Ausstrahlung zu geben, mit der Form des Stuhls das „Wesen" des Sitzens zu erfahren, Gebäude und Möbel dergestalt in die umgebenden Räume zu setzen, um eine neue Raumqualität zu schaffen, Pflanzen zu wählen, mit denen diese Qualität noch gesteigert wird, jeder Linie – ob gerade oder gebogen – die höchste Spannung zu verleihen.

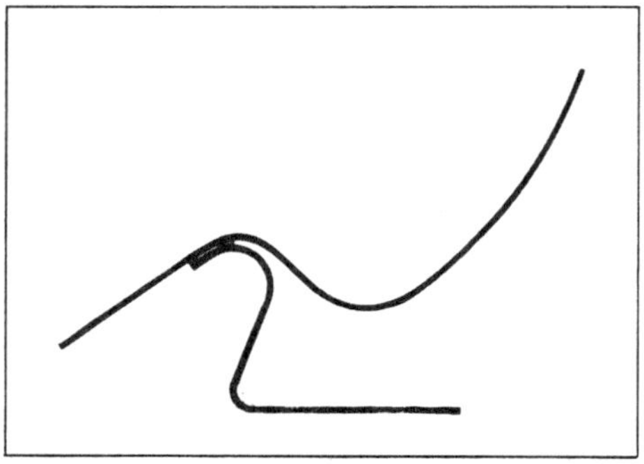

Liegestuhl. Entwurf, 1931

## Das Bildhafte des Raumes

In den zwanziger Jahren haben Maler und Bildhauer die Entwicklung der Architektur stark angeregt. Der Neigung, Bauwerke zu „entmaterialisieren",

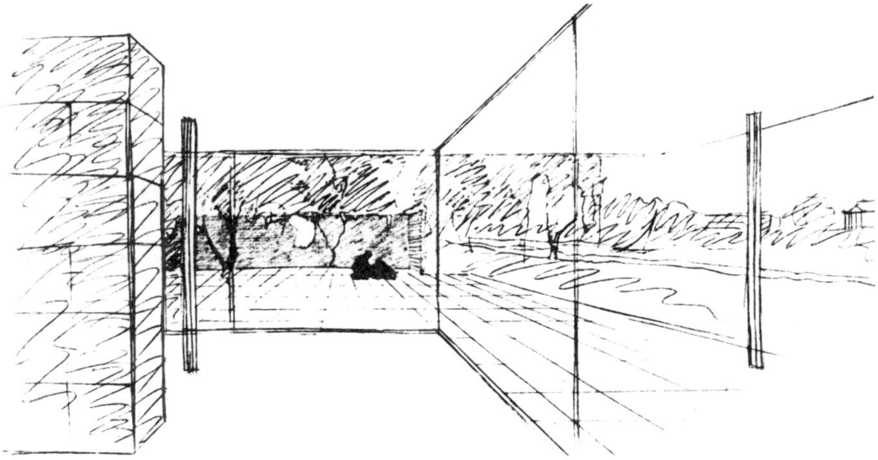

Haus Hubbe in Magdeburg. Entwurf, 1935

stand jene gegenüber, sie „bildhaft" zu machen: Die ineinanderfließenden Räume sollen räumliche Bilder erzeugen.

Seit 1931 beschäftigte sich Mies mit eingeschossigen Einfamilienhäusern, denen er einen oder mehrere von geschoßhohen Mauern umschlossene Höfe hinzufügte; diese verstand er als die Fortsetzung von Innenräumen. Die Entwürfe der Hofhäuser gehören zu den schönsten. Erst um 1960, in Detroit, konnte er einen Entwurf verwirklichen. Mies war eine mönchische Natur von innerer Dynamik und äußerer Gelassenheit und Distanz. Vielleicht waren ihm deshalb die Hofhäuser so angemessen, und kein anderer hat das Innere mit dem Hof so delikat verbunden. Nicht nur die Räume des Bauwerks, sondern auch Möbel, bildnerische Werke und Pflanzen gehören zu dieser Architektur.

In den Zeichnungen und Fotomontagen sind die Bilder und ihre Rahmen sichtbar gemacht. Nicht mehr die Einfassung eines Loches in der Mauer, eines Fensters, schafft die Umrahmung, sondern der ganze Raum. Der architektonische Raum wird zum Bildraum, in den Wände, Stützen, Möbel, Wandmalereien, Skulpturen, Bäume und Sträucher als eine bewegte Szenerie gesetzt sind. Ein entscheidendes Bauelement für diesen Bildraum sind großflächige Glaswände. Scheinbar leicht sind die Zeichnungen hingeworfen; sie geben aber nicht nur genau wieder, was der Verfasser sich als Raumfolge vorgestellt hat, sondern auch die Materialien, mit denen er sie zu schaffen dachte: Backstein, Naturstein, Stahl, Glas, Plattenbeläge, Rasen, Möbel und die Art der Bäume und Sträucher. Die Zeichnungen und Montagen zeigen vorzüglich, wie Mies seit etwa 1929 architektonische Räume sah und entwarf. Den Betrachter leiten sie an, wie er die späteren Bauten in den USA anzuschauen hat: als Teile eines größeren Raumes, der fließend ist und seine Begrenzung erst im entfernteren Raumganzen findet.

## Chicago

1930 übernahm Mies, nach Walter Gropius, die Leitung des ‚Bauhauses'. Unter dem Druck der Nazis mußte er die Schule von Dessau nach Berlin verlegen. Dort wurde sie zwei Jahre später von den Machthabern geschlossen. Drei Monate lang bemühte sich Mies um die Wiedereröffnung und bekam endlich die Bewilligung dafür; dann aber beschloß er im Einverständnis mit anderen Lehrern, die Schule aufzulösen.

Weil seine Architektur von den Nationalsozialisten verfemt wurde, kam er nach 1934 nicht mehr zum Bauen. Als einer der wenigen nichtjüdischen Architekten verließ er im Sommer 1937, nach Gropius, Deutschland. Weder Auftrag noch Anstellung erwarteten zunächst den Einundfünfzigjährigen in den USA. 1938 wurde ihm die Leitung der Architekturabteilung des Armour Institute of Technology angeboten, das heute Illinois Institute of Technology heißt. Als Mies die vollständige Lehrfreiheit zugesichert wurde, nahm er die Ernennung an.

Das wichtigste Arbeitsfeld wurde nun Chicago. Dort konnte er an eine Tradition anschließen, die Chicago im letzten Fünftel des 19. Jahrhunderts zu einem Brennpunkt der Architekturentwicklung werden ließ und von der stärkste Wirkung auf die Architektur des 20. Jahrhunderts ausging. Die neue Bauform war das Hochhaus. Seine Bautechnik wurde hier sowohl mit den herkömmlichen Baustoffen Natur- und Backstein als auch mit Eisen- und Eisenbetonskeletten weiterentwickelt. Gleichzeitig entstanden nicht nur historisierende Architekturen, ornamentarme Monumente, sondern auch eine Architektur, die vorwiegend von ihrem bautechnischen Aufbau bestimmt wurde. Die Vielfalt im Formalen erinnert an die Architektur am Ende unseres Jahrhunderts. Die „Schule von Chicago" und ihr Einfluß vor allem im Osten der USA ließ eine Bauindustrie entstehen, die den Intentionen der Architekten und Ingenieure entgegenkam. So fand Mies eine Tradition in vielfachem Sinn vor, an die er anschließen konnte. Seine Schule wurde darum bald die „Zweite Schule von Chicago" genannt.

## Neue Elemente des fließenden Raumes

Oft ist gesagt worden, Mies habe in den USA nicht mehr subtil modulierte Räume, sondern vorwiegend einfache Kuben geschaffen. Diese Meinung gründet auf einer Täuschung. Zwar ist Mies in den wichtigsten Entwicklungslinien stets von der großen zur einfacheren Bewegung gegangen und folgte damit seinem 1923 geprägten Aphorismus „Weniger ist mehr". Aber alle bisher bekannten Gestaltelemente wendet er auch in den USA an, und er bringt neue dazu.

Das Hochhaus ist eine neue geometrische und städtebauliche Dimension, und der fließende Raum erhält damit andere Eigenschaften. Die Hochhäuser von Mies sind Kuben, gewiß; sie stehen aber, wie ursprünglich die Wohnbauten am Lake Shore Drive in Chicago (1948–1951), zueinander und zu den anderen Hochhäusern solcherart in Beziehung, daß sich die Außenräume, die sie bilden, bei der Bewegung des Betrachters ständig verändern und bei jeder Veränderung des Standorts eine kraftvolle Eleganz bewahren. Das Seagram-Gebäude in New York (1954–1958) ist nicht als isolierter Turm gedacht, sondern als ein Glied in der Reihe anderer Wolkenkratzer, die sich wie eine riesige begehbare Stadtskulptur im wechselnden Licht darstellt.

Im Gegensatz zu den Hochhäusern der „Ersten Schule von Chicago" setzt Mies die Kuben der Hochhäuser auf freistehende Stützen, weil ein Hochhaus an Schwere verliert und Eleganz gewinnt, wenn das Eingangsgeschoß möglichst offen bleibt und etwa die doppelte Höhe eines normalen Obergeschosses aufweist. Das freie Erdgeschoß ist zudem der Teil eines Raumes, der von den Baumassen der Umgebung, den Straßenräumen und der Naturlandschaft mitgebildet wird.

Wir nehmen solche Elemente eines Formrepertoirs heute als selbstverständlich hin und übersehen, daß Mies grundlegende Erkenntnisse entweder ganz neu oder als Variante historischer Vorbilder hinzugewonnen hat. Das Stützengeschoß erhielt eine Bedeutung nicht nur bei Hochhäusern, sondern auch bei niedrigeren Bauten, wie etwa bei den Projekten für das Theater in Mannheim (1952/53) oder das Verwaltungsgebäude Krupp in Essen (1959–1963).

## Die Plattform

Jedes Haus steht auf einem Baugrund, und eine architektonische Frage ist der Übergang vom Gelände zum aufstrebenden Gebäude. Auf diese Fragen hat Mies Antworten gegeben, die für sein Werk typisch sind.

Nur in zwei Entwürfen läßt er den bewegten Baugrund unverändert unter dem Haus. Sonst erheben sich seine Bauten immer von einem ebenen Terrain. Wo das Gelände dieses nicht zuläßt, wird das Haus auf eine künstliche Terrasse, eine Plattform gesetzt – ein wiederkehrendes Merkmal klassischer Architektur. Diese Trennung von Grund und Haus gibt der Architektur Ruhe, Erhabenheit und Distanz.

Auch bei den Terrassen allein finden sich diese Eigenschaften. Mauern und flach geneigte Treppen grenzen sie gegen die Umgebung ab. Beim Barcelona-Pavillon herrscht die Asymmetrie der Plattform vor, bei den Arbeiten in den USA die Symmetrie. Die drei Stufen an der Park Avenue genügen, um den

Platz, den die Plattform immer auch bildet, von der Straße wegzurücken. Noch stärker wirkt die Distanziertheit der Nationalgalerie in Berlin (1962–1969), bei der sich die eigentlichen Museumsräume im Geschoß unter dem Platz befinden und nur die Halle für wechselnde Ausstellungen auf ihm steht. Kontrastreich sind das Verbindende des fließenden Raumes und die Wirkung des Distanzierten verbunden. Der Vergleich mit griechischen Tempeln drängt sich auf. Bücher aus der Bibliothek von Mies lassen vermuten, daß er sich von ihnen inspirieren ließ.

Haus Mies van der Rohe in Tirol. Entwurf, 1933/34

Ein Sonderfall ist die künstliche Plattform, die den ebenerdigen Zugang mit einem höher gelegenen Eingang verbindet. Der Lauf der Treppen und des Steigens wird unterbrochen, und die Plattform ist wie eine schwebende Plastik, die den Grund mit dem Haus rhythmisch verbindet; so bei der Crown Hall in Chicago.

Neben den vom natürlichen Grund scheinbar losgelösten Bauten finden sich andere – immer ein- bis dreigeschossige –, die wie aus dem Erdreich wachsen, also keinen oder nur einen unscheinbaren Sockel aufweisen. Aber immer ist das umgebende Gelände eben.

## Vielfalt in der Einheit: die Bedeutung des Details

Das Zusammenspiel von Baustoffen, der mit ihnen geschaffenen Bauelemente und deren Proportionen ist das vordergründigste Thema, wenn über die Arbeiten von Mies gesprochen wird. Dem Wort „vordergründig" darf keine abwertende Bedeutung gegeben werden, denn ohne die Vollkommenheit dieses Zusammenspiels könnten die Bauten schlecht bestehen. Im Laufe einer Arbeit hat Mies stets versucht, zu reduzieren und aus der Vereinfachung architektonische Vielfalt zu gewinnen. Nicht im überquellenden Angebot ist dieser Reichtum zu entdecken, sondern in der Beschränkung. Alle Lösungen sind das Resultat langdauernden Suchens. Ständig wurden Fassadenentwürfe zeichnerisch variiert, um die zunächst verborgenen Möglichkeiten zu entdekken. Aus ersten Annahmen wurden Lösungen entwickelt, dann Annahmen verändert und neue Varianten gesucht.

Zum Studium der Fassaden diente die Zeichnung, zum Studium der Baukörper, Innenräume und der Details das Modell. Alle wichtigen Details wurden in natürlicher Größe modelliert.

Das Entscheidende in der Architektur besteht nicht in der Summe der einzelnen Teile, sondern in ihren Zusammenhängen, beim Detail also das Verbinden verschiedener Bauteile: der Anschluß der Backsteinmauer etwa an eine Stahlstütze, die Verbindung von Dach und Fassade durch das Dachgesims, die Verbindung einer Stütze mit dem Boden oder des Glases mit dem Fensterrahmen. Selbst kleinste Veränderungen des Details können den Charakter der gesamten Architektur beeinflussen.

Das darf aber nicht zu dem Glauben führen, alles sei bei Mies vom Detail her geschaffen. Damit könnten die vielfältigen Überlagerungen von Gestaltelementen, die für die Gesamterscheinung eines Bauwerks oder einer Gebäudegruppe charakteristisch sind, nicht erklärt werden. Vielmehr sind Details und Gesamterscheinung Fragen der unmittelbaren Wechselbeziehung zwischen dem Einzelnen und dem Ganzen, dem Kleinen und Großen, der Konstruktion und der Form, der Form und dem Leben.

Mies hat im Laufe seiner Arbeit Prinzipien entwickelt, die er nach vielen Versuchen aber verwarf, wenn ihm das eine bessere Lösung erlaubte. Behinderte ihn die geometrische Ordnung eines Rasters, verließ er sie aus einem genau einsichtigen Grund. Oder fehlte aus ästhetischen Gründen ein wichtiges Bauelement, setzte er es ohne konstruktiven Grund auf, zum Beispiel Doppel-T-Profile auf Stützen, um die Form zu wiederholen, die auf Fensterrahmen zur Windversteifung nötig ist. Diese fiktiv-tektonische Gliederung findet sich auch bei Schinkel. Aber das Vorgehen wird nie verdeckt, sondern bleibt einsichtig.

## Industrielles Bauen: was so aussieht

Mies hat die industriellen Möglichkeiten, die sich ihm in den USA anboten, ausgeschöpft und selber die industriellen Methoden beeinflußt. Zum industriellen Bauen, das mit möglichst wenig Handarbeit auskommt, hat er aber, so scheint es, kein uneingeschränktes Vertrauen gewonnen. Seine Bauten erwecken zwar den Eindruck, als seien sie industriell hergestellt, und er hat mit Vorzug industriell gefertigte Teile verwendet. Seine Detaillösungen verlangen aber oft viel handwerkliche Arbeit, die zudem von jener Präzision sein mußte, wie sie sonst nur die Maschine schaffen kann.

Es ist bloß zu vermuten, warum Mies den Schritt zum industriellen Bauen nicht uneingeschränkt gegangen ist. 1924 beschrieb er mit erstaunlicher Weitsicht die Gründe, Möglichkeiten und Folgen dieser Herstellungsweise. Als erste Voraussetzung für das industrielle Bauen nannte er die Materialfrage: „Es muß und wird unserer Technik gelingen, ein Baumaterial zu erfinden, das sich technisch herstellen und industriell verarbeiten läßt, das fest, wetterbeständig, schall- und wärmesicher ist." Der Stoff, der alle diese Eigenschaften in dem notwendig umfassenden Sinn besitzt, ist aber noch nicht gefunden. Vielleicht sagte er deshalb 1956 Alfons Barth, er verstehe den Backstein noch immer als das modernste Bauelement.

## Mietwohnungen

Das kühle und elegante Äußere der Bauten läßt oft die Raumqualitäten des Inneren vergessen, gleichgültig ob es sich um Großräume oder um preisgünstige Wohnungen handelt. Die Architektur erweckt immer den Eindruck, auch finanziell kostbar zu sein. In Deutschland wie in den USA hat Mies aber Mehrfamilienhäuser für einen bescheidenen Lebensstandard gebaut. In den USA sind sie aus einem harten wirtschaftlichen Wettbewerb hervorgegangen. Mies plante für Generalunternehmer, die mit anderen im Konkurrenzkampf standen, bei dem mit Vorzug nur das billigste Projekt eine Chance hatte.

Es gibt keine schwierigere Aufgabe, als kostengünstige Wohnungen von hoher Qualität zu schaffen. Mies ist das gelungen. Und das trotz der weiteren Schwierigkeit, die Grundrisse in die strenge Geometrie der Stützenanordnung einzufügen. Die Proportionen der Eingangshallen, Korridore und der Zimmer sind in hohem Maße ausgewogen und die Wohnräume für eine vielfältige Anordnung der Möbel geplant. Die Küchen liegen neben dem Eingang und sind gewöhnlich über den Eßplatz belichtet. Wenn die Schlafzimmer nicht direkt vom Wohnungseingang, sondern über den Wohnraum zugänglich sind, dann schließt an den Wohnraum ein zweiter, kleiner Korridor an, der vom Wohnraum peripher erreicht wird.

Alle Einzelheiten der Wohnungen, wie Lage der Türen und Einbauschränke, Raumübergänge vom Korridor zum Wohnraum, Einrichtungen von Küche, Bad und WC sind das Ergebnis einer langdauernden Planung, die über viele Versuche führte. Jede Wand im Inneren ist gleich sorgfältig wie die Fassaden geplant. Lösungen, die zufällig scheinen, gibt es keine.

Zur langen und pedantischen Planung kam, daß Mies viel Zeit brauchte, um ein Problem völlig einzusehen. Er sei, sagen Mitarbeiter, stundenlang über einer scheinbaren Kleinigkeit gesessen, ohne den Bleistift in die Hand zu nehmen, um die Sache zu erschauen und zu bedenken.

Die preisgünstigen Wohnungen, die Mies in den USA gebaut hat, finden sich meist in langgestreckten Hochhäusern. Ihre Architektur zeigt Grenzen an. Das spannungsreiche Spiel der Proportionen zwischen dem Einzelnen und Ganzen beim schlanken Hochhaus verliert sich beim Scheibenhochhaus fast vollständig und weicht der Eintönigkeit.

## Lafayette Park: die Summe einer Architektur

Zusammen mit schlanken Hochhäusern hat Mies in Chicago, Toronto und Montreal städtische Plätze geschaffen, die seiner Raumvorstellung entsprachen. Den Platz beim Seagram-Gebäude nahmen andere Architekten zum Vorbild, um Straßenschluchten in Manhattan durch Plätze und Grünanlagen zu öffnen.

Mies hat indes nur eine größere städtebauliche Anlage geschaffen, die Wohnsiedlung Lafayette Park in Detroit (1955–1963) für siebentausend Bewohner. Ein- und zweigeschossige Reiheneinfamilienhäuser und Hochhäuser mit Ein- und Zweizimmerwohnungen sind – einen Kilometer vom Stadtzentrum entfernt – trotz hoher Wohndichte ins Grüne gesetzt, das mit der scheinbar freien Pflanzung von Sträuchern, hoch- und niederstämmigen Bäumen die bewegt strenge Anordnung der Bauten überspielt. Durchgangsstraßen finden sich nur am Quartierrand; zu den Wohngruppen mit Parkplätzen führen Sackstraßen. Die Fußgänger sind vom Fahrverkehr getrennt, und ihre Wege liegen einen Meter höher.

Wesentlich hatte Ludwig Hilberseimer mitgearbeitet. Doch ist zu vermuten, die räumliche Anordnung sei von Mies beeinflußt: Es ist der fließende Raum des Barcelona-Pavillons, aber mit einer Folge von asymmetrischen *und* symmetrischen Anordnungen. Zum ersten und einzigen Mal hat Mies den fließenden Raum zudem nicht nur in der Horizontalen, sondern auch in der Höhe geschaffen. Als Mittel dazu dienten ihm ein Meter hohe Böschungsmauern und Freitreppen aus Beton, zwei Meter hohe Hofmauern aus Backstein, ein- und zweigeschossige Flachbauten, zweiundzwanzig- bis vierundzwanziggeschossige Hochhäuser und verschieden hohe Sträucher und Bäume.

Diese Elemente sind, trotz Wiederholung gleicher Raumgebilde, zu einer Folge sich ständig ändernder Raumerscheinungen verbunden. Aller Raum ist im Zustand des Übergangs. Die äußere Form der Siedlung ist den Reliefs des Franzosen Jean Gorin verwandt, der nach den Prinzipien des „Stijl“ gearbeitet hat. In der Architektur kann aber die Form nicht gleicherweise unabhängig sein wie in der Kunst. So verstand es Mies: „Städte sind Instrument des Lebens. Sie haben dem Leben zu dienen, sind vom Leben her zu messen und auf das Leben hin zu planen."

Nach dem Tod von Herbert Greenwald, des Generalunternehmers, für den Mies auch die preisgünstigen Mietwohnungen geplant hatte, wurden mehrere Bauten nach dem städtebaulichen Plan von Mies und Hilberseimer durch andere Architekten ausgeführt.

## Der schmale Grat

Mies hat in den USA außerordentlich viel gebaut. Sein Büro blieb jedoch klein; er arbeitete mit anderen Architekturbüros und mit Generalplanern zusammen. Die Planungsmethode in den USA kam seiner Arbeitsweise entgegen. Der Architekt hat alle Ausführungspläne zu erstellen, bevor der Generalunternehmer die Kosten ermittelt und mit den Bauarbeiten begonnen wird. Hat der Bauherr die Kosten genehmigt, darf an den Plänen nichts mehr geändert werden, es sei denn, die Änderung werde vom Bauherrn gewünscht und bezahlt. Mies hatte viel Prestige bei privaten Bauherrn, öffentlichen Institutionen und Generalunternehmern. Viele benutzten ihn als Aushängeschild, und er hat das Vertrauen mit Qualität auf seine Weise belohnt.

In keinem anderen Land haben die verschiedenen Architekturrichtungen gleichzeitig ihre Chance wie den USA. Deswegen bestimmen ihre Werke nie die gesamte Erscheinung einer Stadt innerhalb derselben Epoche; sie bleiben ein Beispiel unter vielen anderen. Das gilt für Wright wie für Mies und für alle bedeutenden Architekten vor und nach ihnen.

Auch Qualität ist immer nur etwas einzelnes, Einmaliges und darum Isoliertes. In einem Brief schrieb Mies 1956: „Hohe Dinge sind niemals leicht. Die Erfahrung lehrt uns, daß sie so schwer sind, wie sie selten sind." Das architektonische Gesicht unserer Zeit wird vom Durchschnitt bestimmt und von dem, was darunter liegt. Hohe Qualität schaffen, ist immer ein Weg auf einem schmalen Grat, auf dem jeder Schritt zur Seite sich verhängnisvoll auswirken kann. Das gilt für Mies ganz besonders, weil er stets versucht hat, an Grenzen zu kommen. Wie verhängnisvoll der Schritt zur Seite ist, zeigt die schlecht verstandene Nachahmung seiner wie aller Baukunst, die einer Architekturrichtung beispielhaft vorangeht. Die Erfindung und ihre Nachahmung fallen in die Leblosigkeit, wenn die Arbeit nicht von einem anschauenden Denken geleitet ist. Im Schlußteil der Antrittsrede am Armour Institute of Technology 1938 fließt vieles von dem Denken zusammen, das Mies van der Rohe geleitet hat:

„Geben wir zu, daß das mechanistische Ordnungsprinzip die materialistischen und funktionalistischen Faktoren des Lebens überbetont, da es weder unserer Empfindung, daß die Mittel dem Zweck untergeordnet sein müssen, noch unserem Bedürfnis nach Würde und Wert gerecht wird. Das idealistische Ordnungsprinzip jedoch, mit seiner Überbetonung des Idealen und Formalen, befriedigt weder unser Interesse an der einfachen Realität noch unseren praktischen Sinn.

So berufen wir uns auf das organische Ordnungsprinzip als das Mittel, die erfolgreiche Beziehung der Teile untereinander und zum Ganzen zu verwirklichen.

Und hier werden wir Stellung beziehen.

Der lange Weg vom Material durch Funktion zu schöpferischer Arbeit hat nur ein einziges Ziel: Ordnung zu schaffen in der verzweifelten Verwirrung unserer Zeit.

Denn wir müssen Ordnung haben, einem jeden Ding den ihm zugehörigen Platz weisend und das Seine zubilligend nach seiner Natur.

Dies möchten wir so vollendet tun, daß die Welt unserer Schöpfungen von innen heraus zu blühen beginnt.

Mehr wollen wir nicht; mehr können wir nicht.

Nichts kann das Ziel und die Bedeutung unserer Arbeit besser ausdrücken als die tiefen Worte des heiligen Augustin: ‚Schönheit ist der Glanz des Wahren'."

Mies van der Rohe starb am 17. August 1969 in Chicago.

# MAX BORN
## 1882–1970

Von
Friedrich Hund

Max Born wurde am 11. Dezember 1882 in Breslau geboren. Er gehörte damit einem Jahrgang an, dessen Jugend in eine Zeit großer Umwälzungen der Physik fiel. Diese Wissenschaft war dabei, in das Innere des Atoms einzudringen. Neue Strahlen, die Sonden in den Bau der Atome abgeben konnten, wurden entdeckt; den Kathodenstrahlen, die schon einigermaßen bekannt waren, folgten 1895 die Röntgen-Strahlen und 1896 die Radioaktivität. Neue Bausteine der Atome wurden erkannt, 1897 das Elektron, 1911 der Atomkern. Was wir heute klassische Physik nennen, war im 19. Jahrhundert in Stil und Methode festgefügt worden, sie erwies sich jedoch als nur in einem gewissen, wenn auch sehr großen Bereich anwendbar. Bei Überschreitung dieses Bereiches wurden ganz neue Prinzipien der Naturbeschreibung nötig und auch gefunden; damit wurden neue Stufen des Denkens erstiegen. Die Überschreitung zum atomar Kleinen führte zur Quantentheorie, die Überschreitung zum Schnellen zur Relativitätstheorie, die zum Großen und Schweren zu einer Theorie der Gravitation. In allen drei Fällen zeigte es sich, daß das Geschehen nicht mehr auf den gewohnten Bereich (durch Vergrößerung, Verkleinerung, Zeitraffung) treu abbildbar war und daß es damit „unanschaulich" wurde. Born hat sich kurze Zeit an der Entwicklung der Relativitätstheorie beteiligt; seine große Leistung wurde sein Beitrag zur Quantenmechanik und zu ihrer physikalischen Deutung; sein lebenslanges Streben galt der Erklärung der Eigenschaften der Stoffe.

Wichtig für ein Menschenleben sind die Zeitgenossen. Wenig älter als Born waren Otto Hahn, Entdecker der Spaltung der schweren Atomkerne, Albert Einstein, Entdecker der Lichtquanten und Begründer der Relativitätstheorie, Paul Ehrenfest, Förderer und Kritiker der frühen Quantentheorie. Gleichaltrig war James Franck, der experimentell den Bau der Atome erforschte. Wenig jünger war Peter Debye, erfolgreich beim Bau der Materie, war Robert Pohl, einer der Vorläufer der modernen Festkörperphysik, war Niels Bohr mit seiner tiefen Einsicht in die neuentdeckte Dynamik des Atoms. Sie alle haben in Borns Leben eine wichtige Rolle gespielt.

Über seinen Werdegang hat er selbst in einem Buch berichtet. Die Familien von Vater und Mutter, beide jüdisch, aber dem deutschen Leben voll eingefügt, prägten ihn in verschiedener Weise. Nach dem frühen Tod der Mutter blieb der Haushalt in den Händen ihrer Familie, und diese Familie Kauffmann gab den Rahmen für Borns Kindheit ab. Die Verwandten, wohlhabende Industrielle, lebten auf großem Fuße und verkehrten mit berühmten Leuten. Ein Sommerhaus bei Breslau und ein Ferienhaus im schlesischen Gebirge gehörten dazu. Im Ganzen war es eine verwöhnte Kindheit und Jugend, doch auch getrübt durch Kränklichkeit. Der Verweichlichung entging Born; er wurde körperlich recht geschickt. Der Familie des Vaters gedachte er mit Stolz. Unter den Verwandten waren Ärzte im oberschlesischen Raum. Der Lebensstil war einfacher. Der Vater, anerkannter Erforscher der menschlichen Anatomie, erreichte nicht ganz die äußere Stellung, die seiner Leistung entsprochen hätte. Er starb, ehe der Sohn zu studieren anfing, konnte ihm aber noch zu einem breit angelegten Studium raten.

Von Geldsorgen frei, konnte Born studieren, was er wollte und wo er wollte. Er begann damit 1901, die Winter in Breslau, die ersten Sommer in Heidelberg und Zürich. Als späteren Beruf dachte er sich, vielleicht etwas unbestimmt, den eines Ingenieurs; aber das lag ja noch fern. Die Mathematik geriet erst allmählich in den Mittelpunkt des Studiums, die Physik spielte noch eine geringe Rolle. Zum Studium gehörten auch Reiten, Tennisspiel und Tanzen, Wanderungen, Kennenlernen interessanter Menschen, besonders auch das Klavierspiel, das er mit Ernst betrieb.

Die unbeschwerte freie Form des Studiums änderte sich, als er 1904 nach Göttingen ging. In den mathematischen Wissenschaften gehörte diese Universität in den ersten Rang. Mit Felix Klein, David Hilbert, Hermann Minkowski war eine einmalige Vertretung des Faches Mathematik gegeben. Klein verstand es, das Gemeinsame der verschiedenen Zweige des Faches deutlich zu machen; sein Wirken als Organisator hat den wissenschaftlichen Einrichtungen in Göttingen, besonders nach den Anwendungen der Mathematik und der Physik hin, eine große Breite verschafft. Hilbert galt als einer der ersten Mathematiker der Welt, und Minkowskis Spannweite reichte von abstrakter Zahlentheorie bis zu Gedanken in Richtung der Relativitätstheorie. Sehr begabte Studenten saßen in den Seminaren, und Born genoß diesen Kreis Gleichstrebender. Zu den Professoren fand er Kontakt; er wurde bald Hilberts privater Assistent. Daß jedoch seine Dissertation eine Anwendung mathematischer Methoden auf ein Problem der Elastizität wurde, lag an etwas zufälligen Umständen; das Hauptfach der Promotion war aber noch die Mathematik.

Doch nunmehr suchte Born Weiterbildung in der Physik. Ein Studienaufenthalt im englischen Cambridge und im heimatlichen Breslau gab Gelegenheit zu experimentell physikalischer Arbeit. Einsteins Abhandlung über Relativitätstheorie, auf die Born erst jetzt stieß, veranlaßte eine fachliche Frage an Minkowski. Dieser war gerade mit einer mathematischen Vervollkommnung dieser Theorie beschäftigt, spürte wohl auch den wissenschaftlichen Ernst, der hinter Borns Frage steckte; jedenfalls lud er ihn ein, wieder nach Göttingen zu kommen und mit ihm zu arbeiten. Minkowskis Tod verhinderte die geplante Zusammenarbeit. Doch Borns Arbeitsgebiet verlagerte sich auf die Relativitätstheorie; seine Habilitationsschrift konnte der Mathematik oder der Physik zugerechnet werden; seine Probevorlesung über Atommodelle war aktuelle Physik.

So war Born nun Physiker geworden. Die nächsten Jahre brachten Anregungen durch die Gastvorlesungen, die jährlich wechselnd bedeutende ausländische Mathematiker und Physiker in Göttingen hielten. Die von H. A. Lorentz hat Born ausgearbeitet und in Druck gegeben. Der nächste Gast, A. A. Michelson, verschaffte ihm eine Einladung nach Amerika. Er hielt in Chicago Vorlesungen über Relativitätstheorie; doch Arbeiten im Laboratorium ließen ihn ahnen, welche Möglichkeiten für die theoretische Physik die Ergebnisse der Spektroskopie eröffnen könnten. Nach Göttingen zurückgekehrt, näherte er sich der Atomphysik. Das Arbeitsgebiet von W. Voigt, dem Professor für theoretische Physik, waren die Eigenschaften der Kristalle, und jüngere Göttinger Physiker fingen an, über den Zusammenhang dieser Eigenschaften mit den Kräften zwischen den Atomen nachzudenken. Zusammen mit Th. v. Kármán fand Born eine Theorie der Schwingungen und der spezifischen Wärme fester Körper. Sie machte ihn in der Fachwelt bekannt.

Die freundschaftlichen Beziehungen Borns zu jungen talentierten Physikern waren jetzt sehr eng; er lebte auch mit solchen in einer Wohngemeinschaft. Zeiten strenger Arbeitsdisziplin wechselten mit großen Reisen und fröhlichen Festen in den kultivierten Häusern Göttinger Professoren. Born wurde in Göttingen heimisch, er konnte noch nicht wissen, wie viel mehr noch ihm später Göttingen Heimat werden sollte. In das Jahr 1913 fiel seine Heirat mit Hedwig Ehrenberg. Im Jahre 1914 kam Debye als Professor der theoretischen Physik nach Göttingen. Debye und Born hatten ähnliche Beiträge zum Bau der Materie geliefert; dabei war Debye schneller zu Ansehen gelangt. Beide arbeiteten auf ihrem Gebiet weiter; Born begann sein Buch „Dynamik der Kristallgitter" zu schreiben.

Im Jahre 1915 wurde Born als außerordentlicher Professor an die Universität Berlin berufen; dort war Planck die alleinige Vertretung dieses Fachs zuviel geworden. Mit der Annahme des Amtes kam Born in einen neuen Kreis angesehener Kollegen: Planck, Einstein, Nernst, Haber. Mit Einstein bahnte sich eine lebenslange Freundschaft an; der veröffentlichte Briefwechsel zeugt von ihrer Herzlichkeit. Es war Krieg, und Borns Einberufung zum Heer brachte neue Aufgaben, bald waren es Methoden der Ortung feindlicher Geschütze durch Messung des Schalles. Die Tätigkeit füllte nicht die ganze Zeit aus, sie brachte Born mit Kollegen gleicher wissenschaftlicher Interessen zusammen. Abhandlungen über die Kräfte zwischen Atomen in Kristallgittern konnten verfaßt werden.

Max Born zu Anfang der sechziger Jahre

Erich Heckel im Jahr 1952

Erich Heckel: Gläserner Tag. Gemälde, 1913. München, Bayerische Staatsgemäldesammlungen

Erich Heckel: Der Hafen von Marseille. Gemälde, 1926. Gaienhofen, Nachlaß Erich Heckel. –
Zwei Männer am Tisch. Gemälde, 1912. Hamburg, Kunsthalle

Bald nach Kriegsende erhielt Born den ordentlichen Lehrstuhl für theoretische Physik in Frankfurt am Main. Dieser war mit einem Laboratorium verbunden, in dem experimentiert werden konnte. Einige seinen eigenen Forschungen dienende Versuche leitete er selbst. Aber er gab auch O. Stern und W. Gerlach Gelegenheit zu ihrem berühmten Experiment; es stützte die damaligen Ansätze der Quantentheorie, indem es diskrete Zustände eines Atoms nachwies, wo die klassische Physik ein Kontinuum von Zuständen erwarten ließ. Zur Finanzierung dieser Untersuchung mußte Born durch populäre Vorträge über die damals sehr gefragte Relativitätstheorie und durch Abfassen eines Buches darüber beitragen.

Die Frankfurter Zeit war kurz. Die Berufung nach Göttingen 1921 als Nachfolger Debyes, der nach Zürich gegangen war, wurde die große Gelegenheit in Borns wissenschaftlichem Leben. Der Weltruf der Göttinger Mathematik war ungebrochen; auch hatte Debye Göttingen in der Physik in die erste Reihe der deutschen Universitäten gerückt. Born erreichte, daß gleichzeitig mit ihm James Franck, der auch ein für die Bestätigung der Quantentheorie wichtiges Experiment durchgeführt hatte, auf einen Lehrstuhl der Experimentalphysik berufen wurde. So war mit Born, Franck und Pohl, der die andere Professur für Experimentalphysik inne hatte, eine erstklassige Vertretung der Physik erreicht. Daneben war die Breite der Anwendungen seit Kleins Wirken gewährleistet. Von den Mathematikern interessierte sich Hilbert, der mit Born ein Seminar abhielt, sehr für die modernen Entwicklungen der theoretischen Physik; an allgemeiner Relativitätstheorie und Quantentheorie hat er mitgewirkt. R. Courant lehrte und erforschte eine Art Mathematik, die später für die Physik sehr wichtig werden sollte. Göttingen war ein von begabten Studenten und angehenden Forschern bevorzugter Studienort. So waren die Aufgaben des Amtes für Born nicht gering. Die galoppierende Inflation behinderte manches. Im privaten Bereich war Born durch seine Frau entlastet, die neben der geistigen Atmosphäre des Hauses, die sie schuf, auch das Familienvermögen geschickt zu verwalten wußte. Für die Studenten und für finanzielle Nöte des Instituts fand Born einen amerikanischen Spender und einen tüchtigen Industriellen im Ruhrgebiet.

In Borns Forschungen vollzog sich jetzt ein Wandel von der Dynamik der Kristallgitter, in der die Ansätze zur Quantentheorie nur am Rande benützt wurden, zu ganz zentralen Fragen dieser im Entstehen begriffenen neuen Physik. Als Beitrag zur „Encyklopädie der mathematischen Wissenschaften" erschien 1923 die „Atomtheorie des festen Zustandes"; die ersten Mitarbeiter Borns in Göttingen seufzten noch unter den Korrekturen des umfangreichen Werkes mit den komplizierten Formeln. Auch vergab Born noch weiterhin einige Doktorarbeiten über den Aufbau und die Eigenschaften der Kristalle. Aber daneben bildete sich so etwas wie eine Göttinger Schule der Quantentheorie. Für sie war das enge Verhältnis zwischen Born und Franck wichtig. Sehr verschieden war der Stil, in dem sie Physik trieben; Franck hatte ein intuitives qualitatives Verständnis dafür, wie die Quantentheorie im Bau der Atome und bei den Vorgängen zwischen den Atomen wirkte, er pflegte seine Gedanken im Gespräch mit theoretischen Physikern zu klären, mit Born selbst oder mit dessen Mitarbeitern, die dabei viel lernten; Borns Bestreben jedoch war, intuitive Vorstellungen in die Präzision und in die Folgerichtigkeit der mathematischen Fassung zu heben.

Beide, Born und Franck, waren mit Bohr in Kopenhagen eng verbunden. Bohr kam in jenen Jahren oft nach Göttingen. Die abendfüllenden Vorträge, die er 1922 während zweier Wochen in Göttingen hielt und zu denen die Hörer von weit her kamen, sind als „Bohr-Festspiele" in die Geschichte der Quantentheorie eingegangen. Sie haben wohl manchen für dieses Gebiet gewonnen, der sonst vielleicht anderes getan hätte; jedenfalls haben sie die Göttinger zu einer tiefer gegründeten Einsicht in die neue Art der Naturbeschreibung geführt.

Der Höhepunkt in Borns Göttinger Zeit war dann die Quantenmechanik von 1925; über die Wege zu ihr und ihren Inhalt wird noch zu sprechen sein. Ein Triumph für Born war seine anschließende Reise durch die Vereinigten Staaten. Er war ein berühmter Mann geworden. Ein Strom von Ausländern kam daraufhin für kürzere oder längere Zeit nach Göttingen, und Born wurde über seine Kraft beansprucht. Er war ja nicht von fester Gesundheit. Vorher schon mußte er manchmal die Arbeit unterbrechen; der Assistent mußte ihn gelegentlich in der Vorlesung vertreten. Doch jetzt trat eine Erschöpfung ein, die ihn zu einer längeren Pause zwang.

Von den Göttinger Mitarbeitern seien einige genannt. Zu den frühen gehörte W. Pauli; er trug später vieles zur Theorie des Atoms und zur Weiterbildung der Quantentheorie bei, wofür er auch den Nobelpreis erhielt. W. Heisenberg, der den entscheidenden Schritt zur Göttinger Quantenmechanik tat, erhielt auch diese Auszeichnung. E. Fermi, auch späterer Nobelpreisträger, hat einen großen Namen in der Physik des Atomkerns, E. Hückel wurde durch Beiträge zur Quantenchemie, C. Hermann durch solche zur Kristallographie bekannt, P. Jordan hat die Göttinger Quantenmechanik mitgeschaffen, J. Frenkel und W. Fock wurden bedeutende russische Physiker. In andere fruchtbare Tätigkeiten gingen G. Heckmann als Pädagoge der sokratischen Methode und als Mahner zur politischen Vernunft, O. F. Bollnow als Philosoph der einfachen Grunderfahrungen. Spätere Mitarbeiter waren: W. Heitler, einer der Begründer der Quantenchemie, L. Nordheim, der zur Elektronik der Metalle und Halbleiter beitrug. R. Oppenheimer und E. Teller, die an der amerikanischen Atombombe mitarbeiteten, L. Rosenfeld, der als Mitarbeiter Bohrs, V. Weißkopf, der durch seine vielseitige organisatorische Wirksamkeit bekannt wurde, die Nobelpreisträger Maria Goeppert-Mayer (Kernphysik), M. Delbrück

(Molekularbiologie). Ein ansehnlicher Kreis. Die wenigen, die noch leben, werden außer den wissenschaftlichen Anregungen auch die glückliche menschliche Atmosphäre nicht vergessen, zu der das Haus Born mit Frau Born und die beiden Francks beitrugen, die Institutsgemeinschaft, die fröhliche Feste feierte, in Aufführungen die Professoren nicht immer schonte und auch sonst harmlosen Unfug trieb.

Schon vor 1933 sah Born ziemlich klar, was da heraufzog. Sein rascher Entschluß, Deutschland zu verlassen, war innerlich vorbereitet. Im englischen Cambridge fand er zunächst eine zeitlich befristete Tätigkeit, kurze Zeit war er in Indien. Für die Kinder war diese Zeit eine schwere Beeinträchtigung ihrer Ausbildung. Im Jahre 1936 wurde Born die theoretisch-physikalische Professur in Edinburgh angeboten. Die Wirkungsmöglichkeiten waren nicht die, die er in Göttingen gehabt hatte; Edinburgh hatte nicht so engen Kontakt zu den wissenschaftlichen Zentren der Welt. Aber Born gelang es, dort einen Mittelpunkt der theoretischen Forschung zu schaffen, nicht der ganz zentralen Fragen der Naturbeschreibung, aber doch des Aufbaues und der Eigenschaften der Materie. Er fand auch dort begabte Schüler, auch Mitverfasser eines Buches über die kinetische Theorie der Flüssigkeiten sowie einer erweiterten Auflage seines Lehrbuches der Optik und einer Neufassung der Dynamik der Kristallgitter. Er erlebte auch, wie seine früheren Arbeiten über den atomaren Aufbau der festen Körper wieder aktuell wurden. Er und Frau Born haben den Aufenthalt in Schottland als glückliche Zeit angesehen.

Im Alter von siebzig Jahren trat Born vom Lehramt zurück, und bald zogen die beiden Borns nach Bad Pyrmont, also in die Nähe Göttingens. 1953 ernannte ihn die Stadt Göttingen zusammen mit Franck und Courant zum Ehrenbürger, 1954 wurde der Nobelpreis eine späte Anerkennung seines wissenschaftlichen Werkes. Born konnte an der Herausgabe seiner wichtigsten Abhandlungen durch die Göttinger Akademie der Wissenschaften mitwirken. Im Kreise der Göttinger Physiker konnte er seinen 80. Geburtstag feiern. Mit seiner Emeritierung hat er bewußt sein Mitwirken an der aktuellen Physik beendet. Er sah eine neue wichtige Aufgabe. Im Kriege hat er sich aus der Arbeit an Waffenprojekten herausgehalten. Er hat auch nicht Verbindungen zu Mächtigen gesucht. Er wußte aber, daß die moderne Physik die Welt verwandelt hat, daß damit uns allen eine größere Verantwortung für die Zukunft auferlegt worden ist. Er sah seine Aufgabe darin und hat für diese Aufgabe gewirkt, die Gefahren ins allgemeine Bewußtsein zu heben, die durch die Fortschritte der Physik entstanden sind. Er hat, trotz gelegentlicher Kränklichkeit, ein hohes Alter erreicht und war bis zuletzt vielseitig interessiert. Am 5. Januar 1970 ist er in Göttingen gestorben.

Borns hervorragende Leistung auf dem Gebiet der Physik war seine Mitwirkung an der Entstehung der Quantenmechanik. Die gewohnte „klassische"

Mechanik ist auf einen sehr großen Bereich der Erfahrung anwendbar, mit Fallen, Werfen, Schieben beginnend bis zu den Bewegungen der Himmelskörper, also auf einen Bereich, der sich vom kleinsten Staubkorn bis zu astronomischen Systemen erstreckt. Dieses weltweit große und mikroskopisch kleine Geschehen ist nämlich gedanklich auf einen überschaubaren Bereich abbildbar und gehorcht den gleichen physikalischen Gesetzen wie der gewohnte Bereich; man kann es darum „anschaulich" nennen. Das Geschehen im Atom jedoch ist nicht mehr abbildbar; es bedurfte einer neuen Physik, der „Quantenmechanik". Während vorher das Atom ein widerspruchsvoller Begriff war, machte sie das Atom denkmöglich. Sie führte die Regeln der Chemie auf physikalische Prinzipien zurück, und sie wurde die Grundwissenschaft für ein Verständnis der Eigenschaften der Stoffe. An ihrer theoretischen Gestaltung haben viele mitgewirkt; Planck, Einstein, Bohr, Sommerfeld, Pauli, Heisenberg, Born, Jordan, Dirac, de Broglie, Schrödinger mögen genannt sein. Borns Beiträge fallen in die Jahre 1921 bis 1925. Diese seine Anstrengungen waren zeitlich umrahmt von einem allgemeinen Thema, der Erforschung des atomaren Baues der Materie, besonders der Zurückführung der elastischen, elektrischen, magnetischen, optischen und thermischen Eigenschaften der Kristalle auf Kräfte zwischen den Atomen.

Borns erste wissenschaftliche Veröffentlichung nach der Dissertation folgte noch einem damals bei den Göttinger Mathematikern herrschenden Interesse an der Relativitätstheorie. Der aus der klassischen Mechanik stammende Idealfall des starren Körpers mußte modifiziert werden, und Born fand eine in die relativistische Mechanik passende Möglichkeit. Sie bedurfte noch einer Erweiterung; diese wurde in der anschließenden Diskussion auch erreicht.

Borns Untersuchungen zur Dynamik der Kristalle füllten die Jahre 1912 bis 1921. Er studierte zusammen mit Th. von Kármán die möglichen Schwingungen in einem Kristall; dies führte die beiden Autoren zu einer Erklärung der Abhängigkeit der spezifischen Wärme von der Temperatur. Born führte dann in allgemeiner und erschöpfender Weise die Eigenschaften der Kristalle auf Kräfte zwischen den Atomen zurück. Er prüfte auch die spezielle Hypothese, daß die Kristalle vieler einfacher Stoffe aus Ionen, elektrisch geladenen Atomen, bestehen, daß also jene Kräfte und damit die Kohäsion dieser Stoffe im wesentlichen elektrostatischer Natur seien. Auch Eigenschaften von Flüssigkeiten, deren Molekeln elektrische Ladungen enthielten, wurden theoretisch und im Frankfurter Laboratorium auch experimentell untersucht. Eine ausführliche und in den Einzelheiten genau durchgeführte Zusammenfassung gab Born 1915 in der „Dynamik der Kristallgitter" und erweitert 1923 in der „Atomtheorie des festen Zustandes". Intuitives Erfassen des Typischen war Born nicht fremd; doch genügte es ihm nicht. Er war bei komplizierteren Erscheinungen erst zufrieden mit einem folgerichtigen mathematischen Verfahren, das bis zu einer beliebigen Annäherung getrieben werden konnte. So kam es, daß gelegentlich andere mit einfachen intuitiven Betrachtungen ihm zuvorkamen und seine strengen Methoden erst später gewürdigt wurden.

Seit der Übersiedlung nach Göttingen wandte sich Born den Grundfragen der Quantentheorie zu. Diese von Planck 1900 begründete Theorie erfuhr 1913 durch Bohr eine neue Wendung. Aus einem allgemeinen, mit klassisch physikalischen Vorstellungen nicht verständlichen Gesetz der in den Spektren von den Atomen ausgesandten Frequenzen las Bohr heraus, wie einzelnes aus den Spektralfrequenzen ablesbares Verhalten der Elektronen im Atom mit Eigenschaften eines klassisch vorgestellten Atommodells „korrespondierte", aber nicht übereinstimmte. Er las also heraus, wie die noch zu erforschende Dynamik des Atoms beim Übergang zu größeren Dimensionen in die bekannte klassische Mechanik einzumünden hatte. Quantenansätze, die spezielle Ausgestaltungen dieses „Korrespondenzprinzips" waren, erklärten das Spektrum des Wasserstoffatoms, führten aber sonst nur zu Teilerfolgen.

Born sah, daß das alles noch von einer mathematisch konsistenten Theorie weit entfernt war, und er fing an, eine solche zu suchen. Für das mathematische Verfahren konnte die in der rechnenden Astronomie ausgebildete „Störungstheorie" ein Vorbild sein. Die Abweichungen des komplizierten wirklichen Systems von einem einfacheren mathematisch beherrschbaren System wurden als „Störungen" angesehen und ihr Einfluß auf das wirkliche System in Näherungsrechnungen erfaßt. Born ging in mehreren Schritten vor. In einem ersten wurde die Störungstheorie den besonderen Verhältnissen im Atom angepaßt (1922). Ein Seminar, an dem auch Mathematiker teilnahmen, behandelte die Methoden der Astronomen. In einem zweiten Schritt rechneten Born und Heisenberg (1923) die Strahlungsfrequenzen des zweiteinfachsten Atoms, des Heliumatoms, auf der Grundlage der bisherigen Quantenansätze aus. Die Ergebnisse widersprachen ganz deutlich den gemessenen Werten. Auch bei anderen Atomen überzeugten ihre Rechnung Born und Heisenberg vom Versagen der Ansätze. Wie weit diese Ansätze doch noch gültig waren und wie weit sie reichten, zeigte (gewissermaßen im logischen Experiment) ein dritter Schritt, eine im Winter 1923/24 gehaltene Vorlesung Borns, aus der das Buch „Vorlesungen über Atommechanik I" hervorging. Born ging nun daran (1924), im vierten Schritt, den er einen ersten Schritt zu einer Quantenmechanik nannte, die mathematischen Formeln im einzelnen so abzuändern, daß er da, wo die Rechnung einer noch zu klassischen Vorstellung entsprach, eine von den Spektralgesetzen nahegelegte Übertragung in quantentheoretischer Richtung vornahm. Er kam nicht ganz ans Ziel.

Das Ziel wurde erreicht mit einer Ergänzung von Borns mathematischer Phantasie durch die physikalische Phantasie Heisenbergs. Der holte (1925) aus dem genannten Gesetz der Spektren noch mehr an „Korrespondenz" von klassischem und quantentheoretischem Verhalten heraus. Er entwarf so die überzeugende Grundidee einer „Quantenmechanik". Born konnte sogleich manche Formulierungen Heisenbergs einfacher und in Begriffen, die den Mathematikern bekannt waren, ausdrücken und damit Verallgemeinerungen ermöglichen. Born, Heisenberg und Jordan erreichten so eine gültige, folgerichtige mathematische Ausgestaltung des Heisenbergschen Entwurfs, eben die „Göttinger Quantenmechanik".

Kurz darauf kam überraschend ein ganz anderer Zugang zur Quantenmechanik. Schon vor einiger Zeit (1923) hatte L. de Broglie die Idee Einsteins, daß im Phänomen Licht in nicht vorstellbarer Weise Wellen und Teilchen nebeneinander existierten, vom Licht auf die Materie übertragen. E. Schrödinger machte (1926) aus der Vorstellung, daß die Materie auch einen Wellenaspekt hat, eine „Wellenmechanik"; sie erwies sich als der Göttinger Quantenmechanik mathematisch äquivalent. Es fehlte nun noch ein physikalisches Verständnis dieser Formalismen. Dazu tat Born den ersten Schritt. Er sah, daß Schrödingers Fassung auch die Behandlung aperiodischer Vorgänge erlaubte, was die Göttinger Fassung wegen der Herkunft von den Spektralgesetzen zunächst nicht konnte. Dem Stoß eines Elektrons auf ein Atom entsprach im Wellenaspekt die Streuung einer Welle am Atom. Die von der Streurichtung abhängige Intensität der Streuwelle deutete Born nun im Teilchenaspekt als Wahrscheinlichkeit des Auftretens eines abgelenkten Elektrons in dieser Richtung. Die Wahrscheinlichkeit breitet sich im Einklang mit dem Kausalgesetz aus, aber das Auftreten einer Partikel an einer Stelle zu einer Zeit folgt einem Wahrscheinlichkeitsgesetz. Eine die Göttinger Quantenmechanik und die Wellenmechanik als Spezialfälle enthaltende übergreifende Theorie wurde dann bald von Dirac und Jordan aufgestellt und von Heisenberg und Bohr physikalisch verstanden. Die Göttinger Form der Quantenmechanik fand in dem von Born und Jordan verfaßten Buch „Quantenmechanik II" eine abschließende Darstellung.

Born half, die nunmehr gewonnene physikalische Deutung der neuen Theorie durchzusetzen, und er regte Anwendungen auf Molekeln, Chemie und Festkörper an. In Edinburgh dehnte er seine früheren Arbeiten über die Eigenschaften der kondensierten Materie weiter aus; ihn interessierte die das Schmelzen bedingende Instabilität der Kristallgitter und eine kinetische Theorie der Flüssigkeiten.

Begabung, zielstrebigen Willen und großen Fleiß zeigt dieses Lebenswerk. Breites mathematisches Wissen und hochrangiges Können, Streben nach Klarheit und mathematischer Konsequenz machten aus physikalischer Intuition strenge Wissenschaft. Die, die seine Mitarbeiter sein durften, waren dankbar, daß er ihnen viel Freiheit ließ, auf ihren vielleicht anderen Denkstil einging. Sie spürten aber auch, wie er für sie und ihren wissenschaftlichen Weg sich verantwortlich fühlte.

# ERICH HECKEL
## 1883–1970

Von
Paul Vogt

Als Erich Heckel am 21. Januar 1970 in Radolfzell starb, gehörte er zu den letzten, hochgerühmten Vertretern jener außerordentlichen Generation der um 1880 Geborenen, deren Kunst das Antlitz unseres Jahrhunderts entscheidend geprägt hat.

Schon damals war die Anteilnahme an seinem Werk von historischer Distanz bestimmt, standen doch die Verdienste des Künstlers und seiner Altersgefährten längst außer Frage. Wer von ihnen die schweren Jahre nach 1933 überlebt hatte, sah sich plötzlich zu den Klassikern des Jahrhunderts gezählt. Die späten Ehrungen galten einer historischen Persönlichkeit, dem expressionistischen Revolutionär, der sich nach einer bedrückenden Zeit der Erniedrigung, Verfolgung und Beschränkung seiner künstlerischen Freiheit, in der man ihn des Verrats an der Kunst bezichtigt hatte, ebenso unversehens zum Symbol internationaler Geltung deutscher Kunst erhoben sah.

Gewiß, es war eine besondere Stunde, zu der die jungen Maler der Dresdner „Brücke" – außer Erich Heckel E. L. Kirchner, K. Schmidt-Rottluff, M. Pechstein, O. Mueller und, wenigstens zeitweilig, E. Nolde – am Beginn des Jahrhunderts angetreten waren, eine Stunde, in der in Europa die bis dahin geltenden ästhetischen, formalen und inhaltlichen Regeln der Kunst in Frage gestellt schienen.

Dennoch ging der Bruch in Wirklichkeit nicht so tief, wie das zu jener Zeit scheinen mochte. Gerade in Deutschland hatte die Umsetzung expressiver Anschauungen und Empfindungen zum Bild durchaus Tradition. So wird man Erich Heckel ungeachtet seiner stürmischen Frühzeit, seiner revolutionären Gedankengänge, die er mit seinen Freunden teilte, seines kompromißlosen Einsatzes für die Ziele einer aggressiv agierenden Jugend ebenso als Neuerer wie als Teil der deutschen Tradition ansehen müssen, in der Nachfolge des deutschen Naturlyrismus, in den romantischen Zügen, in dem Bestreben, aus dem Erfühlten nicht Form, sondern Ausdruck zu gewinnen, in der Anerkennung der Vorrangigkeit der Idee vor der Ausführung, der Herrschaft des Instinkts über den Intellekt.

Heckel hat unter den Malern der „Brücke" eine besondere Stelle eingenommen. Er war die eigentliche Integrationsfigur der Gemeinschaft, ausgleichend, doch zugleich anspornend durch die Kühnheit seiner Argumente, vermittelnd, ohne Konzessionen zu machen, Freund seiner Freunde, deren Los er mit ihnen trug. Dabei hatte er es nicht leicht, sich vor der Öffentlichkeit mit seiner – sieht man von dem Überschwang der ersten „Brücke"-Jahre einmal ab – stilleren, besonnenen und ein wenig distanzierteren Malweise gegen die genialischen Ausbrüche Kirchners, die oft harte Monumentalität eines Schmidt-Rottluff, das farbschwere Allgefühl eines Nolde zu behaupten. Denn weit mehr noch als seine Mitstreiter verstand er Kunst als moralische Aufgabe, als Antwort des schöpferischen Individuums auf die drängenden Probleme der Zeit, auf die Frage nach der sich verändernden Position des Menschen.

Solche Künstler, die Geschichte lehrt es, gelten hierzulande leicht als verdächtig. Man überhört ihren stilleren Ton gegenüber dem revolutionären Pathos, man ordnet sie nur unter Schwierigkeiten ein, da sie sich der bequemen Etikettierung entziehen. So hat es langer Zeit bedurft, ehe die Mär von dem bestimmenden Einfluß Kirchners auf Heckels Frühwerk allein von den Bildern her widerlegt werden konnte. Ein objektiver Vergleich vermag die Gleichwertigkeit der bildnerischen Argumente, die bei verwandter Intensität des Schaffens die Menschlichkeit Heckels, seine vom dramatisch Anarchischen zum Lyrischen tendierende Kunst stets spüren läßt, leicht beweisen, ohne Kirchners Rang dadurch zu schmälern. Sein besonderer Rang liegt darin, daß er in der wichtigsten Periode deutscher Kunst zwischen 1910 und 1914 das Maß behalten, die Forderung nach dem Gesetzlichen in der neuen Bildordnung nicht aus den Augen verloren, seine Malerei vom ekstatischen Rhythmus im Spätwerk zum Zeichen verdichtete: eine organische Verbindung zwischen Früh- und Alterswerk, die man zu oft übersehen hat.

Heckel, in Döbeln an der Mulde am 31. Juli 1883 als Sohn eines Eisenbahn-Bauingenieurs geboren, verbrachte seine Jugendjahre dank des durch den väterlichen Beruf bedingten häufigen Ortswechsels in einer Reihe kleinerer und größerer Städte des Königreiches Sachsen. Erst in Chemnitz, in das die Familie endgültig übersiedelte, fand er bis zum Abitur eine feste Bleibe. Am dortigen Gymnasium lernte er auch den um ein Jahr jüngeren Müllerssohn Karl Schmidt aus Rottluff kennen, mit dem ihn dank gemeinsamer Neigungen eine lebenslange Freundschaft verband. In dieser Stadt stieß er auch bald auf jene Quellen, die seine außerordentliche Sensibilität und besondere Geistigkeit mitbestimmten und prägten: Ein von älteren Schülern gegründeter Lesezirkel eröffnete ihm das Abenteuer der zeitgenössischen Literatur. Das Interesse an ihr hat er bis ins hohe Alter beibehalten. Ibsen, Strindberg, Dostojewski, Nietzsche und andere von der „guten Gesellschaft" nicht unbedingt geschätzte Schriftsteller wurden ihm so früh vertraut. Wir werden ihren Einfluß in seiner Malerei wiedererkennen.

Auch die ersten bildkünstlerischen Versuche datieren in jene Schulzeit. Allerdings hat sich von den Gemälden und Zeichnungen des Abiturienten Heckel so gut wie nichts erhalten.

Heinrich Brüning während einer Rede am 11. März 1932 im Berliner Sportpalast

Heinrich Brüning im Salonwagen des Sonderzugs von Paris nach London zur Sieben-Mächte-Konferenz im Juli 1931 – mit: Philippe Berthelot, Paul Hymans, Julius Curtius, Aristide Briand, Pierre Laval und André François-Poncet

Das Studium der Architektur an der Technischen Hochschule in Dresden 1904 wurde zum Ansatzpunkt für die Laufbahn als Künstler. Ein verständnisvoller Lehrer wie Fritz Schumacher, der die kühnen Zeichnungsversuche des jungen Studenten als erste Schritte einer großen Begabung erkennt, die Freundschaft zu E. L. Kirchner und Fritz Bleyl, die er durch seinen Bruder kennenlernt, die Auseinandersetzung mit Kunstwerken der Vergangenheit und Gegenwart in den Dresdner Museen und Kunstgalerien im gleichgesinnten Kreis bildeten die Voraussetzung zu dem bald gefaßten Entschluß, Maler zu werden. 1905 schloß sich auch Karl Schmidt-Rottluff dem entstehenden Freundeskreis an. Im selben Jahr noch gründeten die vier Studenten, einig in der zukunftsfrohen Vision von einer neuen, ursprünglichen und unverbildeten Kunst, die Gemeinschaft „Brücke", die Keimzelle des mitteldeutschen Expressionismus, in dem dieser ausdrucksmächtige Stil zum ersten Male in Gestalt und Geist für uns faßbar wird.

Die anfangs mehr intellektuelle Revolte – ist es nicht bezeichnend, daß sich unter ihnen kein „Künstler" befand? – gewann rasch erste Substanz. Sie nährte sich aus der geistigen Verwandtschaft zu van Gogh und Munch, bezog die literarischen Quellen der Zeit mit ein (hier erkennen wir sehr deutlich Heckels Einfluß) und blickte mit wachem Interesse hinüber zur Ursprünglichkeit exotischer Kunst, zu deren Quellen ja auch ein Maler wie Gauguin aufgebrochen war. Bereits in jenen ersten stürmischen Jahren des Aufbruchs, als Kraft noch gegen Radikalität stritt, Intensität sich gegen Exhibitionismus durchzusetzen suchte, Empfindung sich gegen den ungezügelten Aufschrei zu behaupten hatte, als die jungen Autodidakten allmählich begriffen, daß ihre Revolution, sollte sie Bestand haben, nicht literarischer oder intellektueller, sondern bildnerischer Natur sein mußte, werden bezeichnende Eigenheiten Heckels für uns sichtbar. Man bemerkt sie trotz mannigfacher stilistischer Übereinstimmung mit den Frühwerken der „Brücke"-Freunde vor allem vor dem Hintergrund von Kirchners leidenschaftlicher und von übersteigertem Selbstgefühl getragenen Aggressivität, deren Elan die Gruppe immer wieder mitriß. Es ist schon damals ein besonderes Merkmal der Kunst Heckels gewesen, daß sie „noch in der Erregung eine geheime Überlegsamkeit bewahrt", wie es Haftmann treffend ausgedrückt hat.

Der hier zutage tretende Abstand entspricht dem hohen Maß bildnerischer Intelligenz, einer mehr auf Form als auf Anarchie gerichteten Sehweise, einer stärker idealistischen Grundhaltung gegenüber der realistischen, die Kirchner vertrat. Man wird dies zum besseren Verständnis der Kunst Heckels festhalten müssen.

Die Jahre zwischen 1905 und 1910 sind durch ein enges Miteinander der Gemeinschaft, durch gemeinsame Reisen und gemeinsames Arbeiten unter gegenseitiger Kritik und Anregung gekennzeichnet. Mit der Übersiedlung aus dem konservativeren Dresden, in dem die jungen Maler in ihren Vorortateliers und auf zahlreichen Abstechern in die sächsische Landschaft ein recht freies Bohemeleben geführt haben, in die gespanntere geistige und künstlerische Atmosphäre der Reichshauptstadt 1911 trat Heckels Kunst in ihre entscheidende Phase ein. Der Elan des leidenschaftlichen Aufbegehrens gegen traditionelle Ordnungen wandelte sich mehr und mehr zum Bemühen um Form als Träger von Ausdruck und Empfindung, um den lyrisch-expressiven Wert der Farbe. Wohl erschien auch Heckel damals noch die „Idee" als vorrangig gegenüber der von den französischen Altersgefährten geforderten „peinture", doch gelang es ihm zusehends, die Identität zwischen Form und Gehalt, das heißt zwischen Ausdruckswollen und Bildkomposition überzeugend herzustellen. Die äußere Realität wurde nicht aufgegeben, wie dies der Münchener Kreis um Kandinsky anstrebte, verlor jedoch in dem Maße an Bedeutung, als ihr das „Universum des Innern" (Franz Marc) als übergeordnete Wirklichkeit entgegengesetzt wurde. Folgerichtig übertraf die Ausdrucks- und Mitteilungsfähigkeit der Farbe fortan deren sinnlichen Wert: Malerei erwies sich als legitime Möglichkeit des Selbstausdrucks wie der Mitteilung aus der Empfindungswelt des Menschen.

Heckels Sensibilität äußerte sich in den hochexpressionistischen Werken jener Jahre in einem schmerzlich erregten Lebensgefühl, in einem Ernst, der tragische Züge annehmen konnte. In den Werken der Weltliteratur suchte er die Parallelen zur eigenen Bewußtseinssituation, um deren Deutung sich die Expressionisten ja stets bemüht haben. Daß er dabei die russischen Schriftsteller bevorzugte – nur Jean Paul macht eine Ausnahme –, ist bezeichnend. Stärker als anderswo stieß er bei ihnen auf gleichgerichtete Empfindung, auf verwandte Situationen zu jenen menschlichen Spannungen, an denen die Künstlergemeinschaft „Brücke" damals langsam zerbrach und die Freundschaft zu Kirchner starken Belastungsproben ausgesetzt war. Die asketische Haltung jener Jahre, gefördert durch die lange und schwere Krankheit seiner Frau Siddi, die er 1911 geheiratet hatte, fand auch in der Druckgraphik Resonanz. Im Mittelpunkt der oft gemeinsamen Themenstellung von Gemälde und Druck steht der Mensch, nicht als Individuum, sondern als Metapher, als Gleichnis für persönliches Erleben: geheime Selbstdarstellungen des Malers. Dennoch sollten wir über solchen dunkleren Werken nicht die zweite, lichtere Seite der Kunst Heckels übersehen. Schmerz und Erlösung lagen bei diesem Künstler stets nahe beieinander. Leid und seelischer Bedrückung wird eine Welt der Harmonie und Vollendung entgegengesetzt, ein Dualismus, der sein Werk wie das Streben nach erlösendem Ausgleich der Spannungen durchzieht.

Mit dem Ende des Weltkriegs, den der Maler als Sanitätssoldat vornehmlich in Flandern verbracht hat – aus dieser Zeit datiert die Bekanntschaft mit Max

Beckmann, vermittelt durch den Berliner Kunsthistoriker Kaesbach, der beider Vorgesetzter war, sowie die persönliche Beziehung zu James Ensor –, neigte sich auch die hohe und spannungsvolle Zeit des deutschen Expressionismus ihrem Ende zu. Die zwanziger Jahre sollten unter anderen Vorzeichen stehen. Das treibende Fieber der künstlerischen Aggressionen war erloschen, das revolutionäre Pathos klang vor dem Hintergrund des Kriegserlebens hohl. Die bis dahin mit Leidenschaft verfochtene These, daß allein die Stärke der Emotion die Qualität des Kunstwerks bestimme, wurde nun von jenen in Frage gestellt, die ihrer eigenen Emotionen müde geworden waren. Der Expressionismus als Imperativ des Ungestümen endete; lediglich die von ihm bewirkte Blickverschiebung auf die Wirklichkeit behielt ihre Bedeutung. Die Zeichen der Zeit lassen sich bei Heckel nach 1920 leicht nachweisen. Landschaften wie Figurenbilder zeigen die Umorientierung auf die neue Realität, auf größere Naturnähe. Die Dämpfung des bisherigen Überschwangs, die Milderung der formensprengenden Spannungen, der Verzicht auf expressives Ausdrucks- und Mitteilungswollen bedeuteten gerade für Heckel keinen Bruch im bisherigen Werdegang. Es ging bei ihm eher um die Neubewertung längst innegehaltener Positionen. Deutlicher als zuvor trat allerdings nun das Individuum hinter dem Werk zurück, ein umfassendes Allgefühl ersetzte die Vorstellung vom genialischen Über-Ich des Expressionismus, wie es Kirchner so exemplarisch vorgelebt hat. Werk und Persönlichkeit erreichen bei Heckel Übereinstimmung auf hoher Ebene.

Zu diesem Zeitpunkt setzte in der Öffentlichkeit eine Reaktion ein, die nicht nur Heckel vor eine neue Situation stellte. Sammler und Kritiker hatten sich allmählich an das Künstlerbild des Expressionismus gewöhnt, getragen vom geheimen, dennoch legitimen Interesse einer Gesellschaft im Umbruch an den Zerstörern überlieferter Tradition und Substanz. Sie empfanden die Rückbesinnung auf eine gemäßigtere Schaffensweise, die Wiederannäherung an die Natur als Affront gegenüber der Aufbruchsstimmung des Jahrhundertanfangs. Heckel sah sich nun einerseits von vielen Freunden als einer der großen Maler des 20. Jahrhunderts anerkannt, doch zugleich immer wieder mit seinem stürmischen Jugendwerk konfrontiert, an dem alles Entstehende gemessen und nicht selten verworfen wurde, ein Mißverständnis, unter dem außer ihm auch zahlreiche seiner Altersgefährten gelitten haben.

Sicher ist der Unterschied zwischen den Werken vor dem Ersten Weltkrieg und denen der zwanziger wie der folgenden Jahre eklatant. Die durch geistige Spannung und expressives Pathos ausgezehrte Körperlichkeit findet zu klassisch anmutenden Proportionen zurück, schön modellierte Figurengruppen schließen sich in spröder Anmut zusammen. Die Enthaltsamkeit des Künstlers im Stofflichen enthebt sie der Gefahr, süßlich zu wirken, zumal der Farbauftrag spürbar zurückhaltender, jedoch sehr viel differenzierter geworden ist und sich auf feinste Abstufungen gedämpfter und gebrochener Töne stützt. Die Verinnerlichung mündet in idealistische Gestimmtheit, Maß, Ordnung und Harmonie des Bildes entsprechen den Anschauungen des gereiften Malers.

Erich Heckel hat seine Heimat zu jener Zeit stets in Berlin gesehen, wo er zahlreiche Freunde besaß, die mit ihm seine künstlerischen und literarischen Interessen teilten, darunter neben Künstlern, Sammlern und Kunsthändlern auch eine Reihe moderner Literaten, die ihn als aufgeschlossenen und sachkundigen Gesprächspartner schätzten. Er hat auch im Alter noch mit Dankbarkeit jener anregenden Zeitspanne gedacht, die Berlin im Zentrum des europäischen Kunst- und Geisteslebens sah.

Dennoch sind die zwanziger Jahre eigentlich die der Reisen gewesen. Heckel hat damals Europa bereist und ein orbis pictus seines visuellen Erlebens zusammengetragen, das in vielem dem Kokoschkas ähnelt. Neue Kompositionsformen suchten dem Anspruch des veränderten Sehens gerecht zu werden: der Blick von hoher Warte oder aus der Vogelperspektive, die weite Sicht über die vielfältigen Erscheinungsformen der wechselnden Landschaften. Im Aquarell wie im Gemälde spiegelt sich die Intensität des Sehens und Erlebens, das wiederhergestellte Vertrauen zwischen Künstler und Welt.

In diese für ihn glückliche und schaffensreiche Zeit brachen jäh die dunklen Jahre nach 1933 herein. Heckel ist von keiner Diffamierung verschont geblieben, die im Dritten Reich den führenden Künstlern der Moderne gegenüber an der Tagesordnung waren. Seine Werke hingen in der Ausstellung „Entartete Kunst", siebenhundertneunundzwanzig Arbeiten wurden in den Museen beschlagnahmt, ein großer Teil davon zerstört. Nur das Malverbot blieb ihm dank der Fürsprache eines einflußreichen Freundes erspart. So gab ihm der Besitz der Materialkarte, die allein den Künstler zur Beschaffung seiner Mittel berechtigte, die Möglichkeit, jenen zu helfen, die noch ärger betroffen waren als er.

Die Nachricht vom Freitod des alten Freundes E. L. Kirchner traf Heckel hart. Waren auch die Begegnungen seltener geworden, so hatte das doch die inneren Bindungen der zwei Gefährten der ersten Stunde nicht gelöst. Der Künstler hat sich allerdings auch später über ihr oft spannungsvolles Miteinander nicht äußern gemocht und statt dessen auf das symbolhafte Bild „Der Freund" (Roquairol) von 1917 verwiesen, das er dieser Freundschaft gewidmet hat.

Ebenso schweigsam blieb er auch bei Fragen nach den Ereignissen und Erlebnissen zur Zeit des Dritten Reiches. Er verließ Berlin nun immer häufiger, obwohl er die Anonymität zu schätzen wußte, die die Weltstadt ihm trotz aller Bedrückungen als Zuflucht bot. Reisen richteten sich nach Süddeutschland und Österreich; Sommer für Sommer suchte er Osterholz an der Flensburger Förde auf, das nun zu einer Art Refugium wurde. Seine Wandmalereien im dortigen Atelier sind erst nach dem Zweiten Weltkrieg in gedankenloser Weise vernichtet worden.

Im Mittelpunkt des Schaffens stehen weiter die Schilderungen der unberührten Landschaft, in die er hin und wieder jugendliche Körper einfügte, so, als sei Arkadien nicht ferne. Eine Flucht aus den bedrängenden Ereignissen der Zeit? Vielleicht, denn allein in einigen symbolhaften Figurenbildern rührt er an den dunklen Ernst der Stunde, an persönliche Verluste, wie den Tod des Bruders. Eine direkte Reaktion auf die politische Willkür suchen wir bei ihm wie bei den meisten Expressionisten vergebens.

Vor allem bei den Landschaften jener Zeit fühlen wir uns an das Wort von Cézanne erinnert, daß Kunst eine Harmonie parallel zur Natur sei – nie hat Heckel reine Abbilder des Gesehenen geschaffen. In seinen Arbeiten waltet die Distanz der geprägten Form. Beruhigt, ohne kraftlos zu sein, sensibel, ohne gefühlvoll zu wirken, entwickelt sich allmählich aus dem reifen Werk das des Alters, das in der Landschaft am Bodensee seine letzte Vollendung und seinen Abschluß gefunden hat. Der Verlust des Berliner Ateliers 1944 durch den Bombenkrieg, dem unersetzliche Arbeiten zum Opfer fielen, mag ihm den Entschluß zur Umsiedlung nach Hemmenhofen, in die Nähe des Freundes Kaesbach erleichtert haben. Hier erlebte er das Ende des Krieges, hier wurde ihm nun auch die längst verdiente Rehabilitierung zuteil. Die Kunstakademie in Karlsruhe verpflichtete den damals Sechsundsechzigjährigen 1949 als Lehrer, eine Aufgabe, der Heckel mit großer Freude und Einfühlungsvermögen in die Probleme einer um vieles jüngeren Generation bis 1955 nachgekommen ist. Weniger seine Handschrift als sein künstlerisches und menschliches Vorbild haben ihm einen bedeutenden Ruf als Mentor eingetragen.

In einer Synthese des Werdenden mit dem Gewesenen reifte in der stillen Landschaft am Bodensee sein Werk zu letzter Altersklarheit heran. War das noch Expressionismus? Sicher nicht im strengen Sinne des Wortes. Die Werke jener Jahre entsprechen dem veränderten Wirklichkeitserleben des Malers. Heckel war schon in den dreißiger Jahren auf die bildnerische Funktion der Hieroglyphe gestoßen, „dieser unnaturalistischen Formung des inneren Bildes der sichtbaren Welt" (E. L. Kirchner). Er fand sie in der Wahl und Bestimmung jener Formelemente, die für ihn das Erlebnis „Wirklichkeit" am treffendsten kennzeichnen konnten, wie in den linearen Strukturen einer Landschaft, dem geschwungenen Umriß der Wolken, den Konturen eines Berges. Mit ihnen gewann er Abstand von der Realität, ohne diese aufzugeben, indem er ihr sein Formgesetz aufprägte. Außerdem hatte er schon früh eingesehen, daß es nicht seiner Art gemäß war, unmittelbar vor der Natur zu malen. Nur die Zeichnungen sind vor dem jeweiligen Objekt entstanden, doch enthalten auch sie keine Details, sondern lediglich die kompositorischen Akzente der späteren Arbeit. Das Bild selbst entstand stets im Atelier, aus innerer Anschauung, gestützt auf die zeichnerische Notiz. Gewiß fehlt dadurch die sonst so forcierte Frische der spontanen Reaktion; um so höher wiegt der Wert der Bildordnung. Erinnern wir uns eines Zitats von Paul Gauguin: „Besser ist's, aus dem Gedächtnis zu malen, so wird Ihr Werk wirklich das Ihre sein und Ihre Sinnesempfindungen, Ihre Intelligenz und Ihre Seele werden alsdann im Auge des Betrachters auf die Nachwelt kommen."

Es ist die Empfindung für die ruhende Vielfalt in der Fülle der Erscheinungen, die die Arbeiten der letzten Jahre prägt, von denen manche in ihrer verhaltenen Distanz und kühlen Farbhelle ostasiatischer Kunst nahe scheinen. Es sind Werke, die von Demut und tiefer Scheu, von Sehnsucht nach letzter Erkenntnis sprechen.

Erich Heckels frühzeitiger Verzicht auf die von den Expressionisten fast zwanghaft betriebene Selbststilisierung als „Wilder" ist eine Folge der Zügelung des Instinkts durch den Intellekt, der Forderung nach Bildarchitektur an Stelle hemmungslosen Ausdruckswollens, dem Bestreben nach der Ordnung der bildnerischen Mittel, nicht nach deren Sprengkraft. All dies bedeutet die bewußte Wiederanknüpfung an malerische Tradition und die Anerkennung ihrer Gesetze, den Ausdruck eines tiefen Einverständnisses zwischen Mensch und Welt. In einem Augenblick, da die Ästheten und die sozial engagierten unter den Künstlern einander mit tiefem Argwohn betrachten, so hat es Arnold Gehlen formuliert, tut es gut zu wissen, daß man ästhetische Wirkung und menschliche Verpflichtung, Brillanz der Handschrift und Moralität miteinander vereinen kann. Heckels Werk beweist es.

# HEINRICH BRÜNING
## 1885–1970

Von
Rudolf Morsey

Westfalen hat im 19. und 20. Jahrhundert nur wenige Persönlichkeiten hervorgebracht, die das Prädikat Staatsmann verdienen. Klein ist auch die Zahl derjenigen westfälischen Politiker und Parlamentarier, die in Berlin an die Spitze eines Ressorts im Reich oder in Preußen gelangten. Von den zwanzig Reichskanzlern zwischen 1871 und 1933 stammten zwei aus Westfalen: Heinrich Brüning und sein Nachfolger Franz von Papen.

Der aus Münster gebürtige Heinrich Brüning hat nach Abschluß seiner Schulzeit seine engere Heimat nur noch besuchsweise wiedergesehen. Sein beruflicher und politischer Aufstieg erfolgte in Berlin, sein späteres Emigrationsschicksal führte ihn durch halb Europa und schließlich in die USA. In seinen „Memoiren 1918–1934", die 1970 postum erschienen sind, hat sich Brüning über Herkunft und Jugend, über seine geistige Prägung und den privaten Bereich seines Wirkens ausgeschwiegen. Zurückhaltung und Verschlossenheit blieben ihm eigen.

Heinrich Brüning entstammte einer eingesessenen katholischen Familie. Sein Großvater Bernhard Anton Brüning kam von einem Bauernhof in Kinderhaus vor den Toren Münsters in die Stadt, wo er eine Tabak- und Essigfabrik aufbaute. Er heiratete 1811 die Tochter einer alten Familie aus der Goldschmiedezunft. Deren Sohn Friedrich Wilhelm arbeitete nach dem „Einjährigen" als Feinmechaniker zwei Jahrzehnte lang in Wien. Nach Münster zurückgekehrt, teilte er sich mit seinem Bruder das väterliche Unternehmen, übernahm die Essigfabrikation und eröffnete einen kleinen Weinhandel. 1873 heiratete er Bernardine Beringhoff aus Münster, die Tochter einer alten Osnabrücker Familie. Aus dieser Ehe stammte Heinrich Brüning, mit vollem Vornamen Heinrich Aloysius Maria Elisabeth. Er wurde am 26. November 1885 geboren und war das jüngste von sechs Kindern; drei starben in jungen Jahren.

Heinrich Brüning zählte erst anderthalb Jahre, als sein Vater starb, der einen bescheidenen Wohlstand hinterließ. So wuchs Heinrich ohne väterliche Erziehung heran. Der ältere Bruder Hermann Joseph gewann großen Einfluß auf den Lebensweg des jüngeren. Er wirkte später als Missionsgeistlicher in Übersee und in den Jahren vor Ausbruch des Ersten Weltkriegs als Seelsorger in England. Die Schwester Maria trat als Fürsorgerin in den Dienst der Stadt Münster. Alle drei Geschwister blieben unverheiratet.

In Heinrich Brüning dominierte das schwerblütige Erbe der Eltern. Er wurde mit sieben Jahren durch einen Unfall verletzt und bedurfte jahrelangen Trainings, um wieder gesund zu werden. Mit Energie und Zähigkeit, Grundzügen seines Charakters, vermochte er bis in sein Alter hinein zahlreiche Unfälle und Krankheiten zu überstehen. Die Schulzeit in dem traditionsreichen Gymnasium Paulinum in Münster bereitete ihm keine Schwierigkeiten. Die Ferien verbrachte er häufig bei Bekannten in der Normandie.

Brüning war von Haus aus katholisch-konservativ geprägt. Nach seinem Abiturzeugnis von 1904 hatte er die Absicht, Rechtswissenschaft zu studieren. Das tat er jedoch nur ein Semester lang, und zwar in München. Anschließend wechselte er an die Reichs- und Grenzlanduniversität Straßburg und studierte dort Philosophie und Geschichte, zunächst bei Friedrich Meinecke, sowie Germanistik und Staatswissenschaften.

Dank des Stipendiums einer Familienstiftung in Münster konnte Brüning seine Ausbildung unbeschwert von Prüfungssorgen und Berufswahlproblemen fortsetzen. In Straßburg trennte er sich von der farbentragenden katholischen Studentenverbindung Badenia. Geräuschvolle Geselligkeit lag dem stillen und skeptischen Studenten nicht. Durch den Historiker Martin Spahn wurde Brüning in seiner preußischen und nationalen Haltung bestärkt.

Schon als Student entwickelte er sich zu einem „gebildeten Bürger": von humanistischer Prägung, mit Sprachkenntnissen, Verständnis für Musik und Baukunst sowie literarischen Interessen. In dieser Zeit allerdings verstärkte sich eine schwermütige Unentschlossenheit, verbunden mit der Neigung, jeden Entschluß zu komplizieren. 1911 mußte er buchstäblich dazu gezwungen werden, in Straßburg die Staatsprüfung für das höhere Lehramt abzulegen. Anschließend setzte er seine Studien fort, vor allem in der Nationalökonomie, weswegen er 1913 nach Bonn übersiedelte. Brüning gehörte zu den Förderern ökumenischer Zusammenarbeit.

Gedrängt von seinem älteren Bruder Hermann Joseph, der inzwischen als Seelsorger im britischen Industriegebiet Lancashire wirkte, verbrachte Brüning den größten Teil der Jahre 1911 bis 1913 in London und Manchester. Dort lernte er insulare Mentalität, angelsächsischen Parlamentarismus und konservative Tradition bewundern. Er spielte mit dem Gedanken, über eine Tätigkeit als Journalist (Auslandskorrespondent) zum Theoretiker einer interkonfessionellen konservativen Volkspartei werden zu können. Das Manuskript einer volkswirtschaftlichen Dissertation war bei Kriegsausbruch 1914 fast abgeschlossen.

Der neunundzwanzigjährige Student meldete sich sofort als Kriegsfreiwilliger, obschon er wegen Kurzsichtigkeit vom Militärdienst befreit gewesen war. Ende 1914 gelang es ihm, „kriegsverwendungsfähig" geschrieben zu werden. Als Berufsziel stand in seinem Soldbuch: Privatdozent. Als Schritt auf dieses

Ziel hin wurde Brüning 1915 während eines Urlaubs in Bonn zum Dr. phil. promoviert. Das Thema seiner Dissertation, die von dem Nationalökonomen Heinrich Dietzel mit „magna cum laude" bewertet wurde, lautete: „Die finanzielle, wirtschaftliche und gesetzliche Lage der englischen Privateisenbahnen unter Berücksichtigung der Frage ihrer Verstaatlichung". Danach war das privatwirtschaftlich organisierte englische Eisenbahnsystem dem deutschen Staatsbahnsystem überlegen (eine Erkenntnis, von der Brüning später abrückte).

Entscheidend haben ihn dreieinhalb Jahre Fronteinsatz und Kriegserlebnis geprägt. Seit Ende 1915 Leutnant der Reserve in einer Maschinengewehr-Scharfschützen-Abteilung entwickelte er eine bisher unbekannte Aktivität und Belastungsfähigkeit. Der Reserveoffizier bewunderte Hindenburg und Ludendorff; er lehnte die mit dem Namen Erzbergers und mit der „Friedensresolution" vom Juli 1917 verbundene Politik des Zentrums ab. Brüning wurde zweimal verwundet und mit dem Eisernen Kreuz I. Klasse ausgezeichnet.

Der revolutionäre Umsturz vom 9. November 1918 bedeutete für ihn, der von seiner Truppe zum „Vertrauensrat" gewählt wurde, den Zusammenbruch seines Weltbildes. Nur zögernd vermochte sich der inzwischen dreiunddreißigjährige stellenlose Akademiker in der neuen republikanischen Wirklichkeit zurechtzufinden. Sein Pessimismus verstärkte sich, eine Sehnsucht nach Wiederherstellung der alten „Ordnung" blieb ihm seitdem eigen. Am 5. Dezember 1918 richtete Brüning eine Bewerbung an den Magistrat der Stadt Münster um eine Anstellung als „Volkswirtschaftler".

Obwohl diese Anfrage keinen Erfolg hatte, lehnte Brüning im Dezember 1918 das Angebot seines Doktorvaters Dietzel für eine Habilitation ab. „Ich kann in dieser Zeit, in der unser Volk aufgewühlt und unsicher in die Zukunft blickt, nicht an einem Katheder stehen. Ich muß unter die Menschen gehen, die in Bedrängnis sind!" In dieser Begründung kam eine entscheidende Zielsetzung seines Lebens zum Ausdruck: Menschen helfen zu können, durch eigenes Vorbild und durch politisches Mitgestalten.

Anfang 1919 ging Brüning nach Berlin und schrieb dort für Reichspostminister Johann Giesberts (Zentrum) in dessen Eigenschaft als Mitglied der deutschen Friedensdelegation eine Darstellung über die Finanzsituation des Reiches. Im März 1919 gelangte er in das „Sekretariat sozialer Studentenarbeit" Carl Sonnenscheins, des Berliner „Weltstadtapostels". Brünings Aufgabe bestand darin, entlassenen Soldaten beim Übergang in Studium und Beruf zu helfen und ihnen gleichzeitig soziales Verständnis zu vermitteln. Diese Tätigkeit wurde zum Sprungbrett in das politische Leben: Anfang September 1919 wechselte er in das neu errichtete preußische Wohlfahrtsministerium über, als persönlicher Referent des Wohlfahrtsministers Adam Stegerwald.

Bei diesem Zentrumspolitiker, der damals den Zusammenschluß aller nichtsozialistischen Gewerkschaften in einem christlich-nationalen Gewerkschaftsbund vorbereitete, lernte Brüning das politische Handwerk und die Verknüpfung von politischer und gewerkschaftlicher Arbeit. Seinen entsprechenden Einstand leistete er im Spätherbst 1920 durch Mitarbeit an Stegerwalds „Essener Programm", konzipiert als Grundlage einer neuen, interkonfessionell und antisozialistisch ausgerichteten Sammlungspartei. Um deren Zustandekommen zu fördern, übernahm Brüning Ende 1920 die Funktion eines hauptamtlichen Geschäftsführers des von Stegerwald geleiteten interkonfessionell-christlichen Deutschen Gewerkschaftsbunds (DGB). 1921 gehörte er zu den Mitbegründern der Berliner Tageszeitung des DGB, „Der Deutsche".

In der Folgezeit bekundete Brüning zunehmende Wertschätzung für die preußische Staatsidee und deren Repräsentanten. Auf dem ersten Deutschen Studententag in Göttingen 1920 formulierte er in seinem Referat über die Not der Akademiker den Satz: „Die Zeit braucht ein hartes Geschlecht." Brüning erkannte die Notwendigkeit, die Weimarer Republik in breiteren Volksschichten zu verankern und sah in der Schaffung eines idealisierten „deutschen Volksstaats", einer „deutschen Volksgemeinschaft", die Vorstufe für die Heranbildung einer „christlichen Demokratie".

Während des Ruhrkampfs 1923 hat der Geschäftsführer des DGB durch Kontakte zu Berliner Militärs und Gewerkschaftern im besetzten Gebiet mit dazu beigetragen, den passiven Widerstand zu organisieren. 1924 begann Brünings politischer Aufstieg. Es bedurfte allerdings einiger Anstrengungen von Stegerwald und Felix Porsch (den Vorsitzenden des Schlesischen Zentrums), die auch Brünings Mutter einschalteten – sie starb wenige Wochen später –, um den eigenwilligen Westfalen zur Annahme einer Kandidatur für den Reichstag zu bewegen. Brüning wurde im Wahlkreis sieben, Breslau, in den Reichstag gewählt. Rasch identifizierte sich der Zentrumsabgeordnete mit seinen Wählern, insbesondere im Waldenburger und Neuroder Kohlenrevier.

Im Reichstag machte sich Brüning einen Namen als Sprecher in finanz- und steuerpolitischen Fragen. Eine „Lex Brüning" von 1925 begrenzte das Aufkommen der Lohnsteuer auf eine bestimmte Höhe. Seine Kritik galt dem Finanzgebaren mancher Finanzminister – insbesondere der 1927 von Heinrich Köhler (Zentrum) durchgesetzten Erhöhung der Beamtenbesoldung – und der wachsenden Auslandsverschuldung, aber ebenso der protzigen Lebenshaltung von „Neureichen" und Inflationsgewinnlern. Die Erinnerung an die verheerenden Folgen der Inflation von 1923 begleiteten Brüning als Trauma in seine Regierungstätigkeit. Der nach außen hin wenig hervortretende Abgeordnete, der von 1928–1930 auch dem Preußischen Landtag angehörte, pflegte Querverbindungen zu Mitgliedern des Deutschen Gewerkschaftsbundes in der DVP und DNVP.

Brüning verfügte über eine politische Kombinationsgabe, eine Art, „um die Ecke zu denken", die, und zwar nicht nur wegen ihrer pessimistischen Grundhaltung, mehr gefürchtet als geschätzt war. Seine Schweigsamkeit und Zurückhaltung taten ein übriges, den Kontakt mit ihm nicht gerade zu erleichtern. Unbestrittene Kenntnisse, persönliche Anspruchslosigkeit und politische Sachbezogenheit verschafften ihm Einfluß und Ansehen. Diese Eigenschaften bildeten 1930 die erste Voraussetzung für seine Berufung zum Reichskanzler. Die zweite lag in seiner Stellung als Vorsitzender der Zentrumsfraktion des Reichstags seit dem 5. Dezember 1929. Der neue Fraktionschef legte im Januar 1930 sein Amt als Geschäftsführer des DGB nieder.

Zum Jahresende 1929 war Reichspräsident v. Hindenburg durch den Volkskonservativen Gottfried R. Treviranus auf Brüning aufmerksam gemacht worden. Die Umgebung des Reichspräsidenten, und hier vor allem der einflußreiche General Kurt von Schleicher, hielt den Zentrumspolitiker für geeignet, eine stärker nach rechts orientierte Regierung zu führen. Sie sollte nicht mehr von den Vollmachten des zur Mehrheitsbildung unfähigen Reichstags abhängig sein, sondern sich auf diejenigen des Reichspräsidenten („Präsidialregierung") stützen.

Nach dem Rücktritt des wenig homogenen Kabinetts der Großen Koalition (seit 1928) unter Hermann Müller (SPD) – dessen Vorgeschichte und Ablauf die Krise des Parlamentarismus offenkundig machten – am 27. März 1930 wurde der vierundvierzigjährige Zentrumspolitiker zum Reichskanzler eines „Hindenburg-Kabinetts" ernannt (30. März): gerufen und gedrängt, aber zugleich durchdrungen von dem Bewußtsein, die für seine Aufgabe erforderlichen Fähigkeiten und Kräfte zu besitzen. Acht Tage vor seiner Ernennung hatte er in Köln erklärt: „Wir wollen nicht, daß von den letzten Mitteln der Verfassung, des Artikels 48, Gebrauch gemacht wird, solange wie wir noch die eine Hoffnung haben, daß das Parlament und die Parteien ihre Mission nicht selbst verleugnen."

Daß es Brüning gelang, sein Kabinett so rasch zu bilden, lag daran, daß er nur drei Minister aus der Regierung seines Vorgängers auszuwechseln brauchte, für die ihm Hindenburg gleich zwei Nachfolger oktroyierte: den Landwirtschaftsminister Martin Schiele (DNVP) und Treviranus als Minister für die besetzten Gebiete.

Schon am 1. April 1930 brachte der Kanzler vor dem Reichstag zum Ausdruck, daß seine Regierung an keine Koalition gebunden sei und das Ziel habe, „die nach allgemeiner Auffassung für das Reich lebensnotwendigen Aufgaben in kürzester Frist zu lösen". Wenn Brüning fortfuhr, es werde der letzte

Versuch sein, die Lösung zusammen mit dem Parlament zu suchen, so deutete diese Warnung bereits an, daß er entschlossen war, seine Ziele auch dann zu verwirklichen, wenn sich dafür keine Mehrheit finden würde. Er besaß für diesen Fall die Zusicherung des dreiundachtzigjährigen Hindenburg, zeitweise mit Hilfe der präsidialen Notverordnungs-Vollmachten regieren zu können.

Brüning übernahm das Amt des Reichskanzlers zu einem Zeitpunkt, in dem eine Staats- und Wirtschaftskrise zusammentrafen und die Folgen der Weltwirtschaftskrise nach Deutschland übergriffen. Der politische Spielraum der Regierung war begrenzt durch den soeben erst in Kraft getretenen Young-Plan und ein erhebliches Defizit im Reichshaushalt. Infolge der Verpflichtungen des neuen Reparations-Vertrags mußte das Reich (neben hohen Zahlungen und deren Transfer in Form von Devisen) die Parität seiner Währung unverändert lassen, um den Gläubigerstaaten den unverminderten Wert der deutschen Zahlungen zu garantieren. Die Reichsregierung durfte weder die Währung abwerten noch deren Stabilität durch aktive Konjunkturpolitik zur Arbeitsbeschaffung (Kreditausweitung) gefährden, weil man davon inflationäre Folgen erwartete.

Zur ersten Machtprobe mit dem Parlament kam es Mitte 1930. Als der Reichstag eine Deckungsvorlage der Regierung ablehnte, ließ der Kanzler sein Sanierungsprogramm mittels präsidialer Notverordnung verkünden. Am 18. Juli setzte eine knappe Mehrheit des Reichstags, bei der sich die SPD mit KPD und NSDAP zusammenfand, diese Notverordnung außer Kraft. Daraufhin veranlaßte Brüning die Auflösung des erst 1928 gewählten Parlaments.

Die Neuwahl vom 14. September 1930 mit ihrem „Erdrutsch" zugunsten der Nationalsozialistischen Deutschen Arbeiterpartei und der Kommunisten veränderte die politische Landschaft. In der Folge mußte die Regierung mit Hilfe präsidialer Notverordnungen arbeiten, deren Außerkraftsetzung die SPD durch Stimmenthaltung verhinderte („Tolerierungskoalition"). In Konsequenz dieser Politik wurde und blieb der Reichskanzler, der sich zunächst von der Reichswehr gestützt wußte, allein vom Vertrauen des alten Reichspräsidenten abhängig. Dadurch erlangte dessen Umgebung zunehmenden Einfluß.

Brüning suchte zunächst durch Erfüllung des Young-Plans Vertragstreue zu beweisen und durch rigorose Sparsamkeit die Reichsfinanzen zu sanieren. Auf diese Weise sollte die außenpolitische Handlungsfähigkeit des Reiches wiedergewonnen werden, die Brünings oberstes, sein „nationales" Ziel war. Das Massenelend – im Frühjahr 1930 gab es bereits drei Millionen Arbeitslose – sollte den Westmächten die Unfähigkeit des Reiches demonstrieren, weiterhin Reparationen leisten zu können; bis zum Auslaufen der Wirtschaftskrise, etwa 1934, gelte es, „durchzuhalten", um die als schicksalhaft empfundene „Reinigungskrise" zu bestehen und ein dadurch innerlich konsolidiertes und wirtschaftlich wiedererstarktes Deutschland als stärkste Macht des Kontinents aus der Talsohle der weltweiten Krise herauszuführen.

Diesem außenpolitischen Primat („Befreiung") blieb Brünings krisenverschärfende, prozyklische Wirtschafts- und Finanzpolitik untergeordnet. Dem Kanzler ging es um die „tatsächliche Anpassung an die Armut der Nation", die über ihre Verhältnisse gelebt habe. Mit Hilfe der auch von der Reichsbank geforderten Deflationspolitik – einer Anpassung an die gesunkenen Löhne und Preise im Weltmarktmaßstab – sollte sich die Wirtschaft gesundschrumpfen und die erhoffte Streichung der Reparationen weitere Revisionen des Versailler Vertrags nach sich ziehen. Eine Kreditausweitung zur Arbeitsbeschaffung sollte erst dann erfolgen, wenn der Tiefpunkt der Krise durchschritten war. Von dem anschließenden Wiederaufschwung der Wirtschaft und den bis dahin erreichten außenpolitischen Erfolgen erwartete Brüning einen Rückgang der radikalen Parteien im Gefolge einer innenpolitischen Konsolidierung.

Brünings Politik stand und fiel mit der Entlastung durch außenpolitische Erfolge. Diese aber stellten sich zunächst nicht ein. Im März 1931 führte der Fehlschlag einer Zollunion mit Österreich zu einem Abzug ausländischen Kapitals. Es kam zum großen Bankenkrach. In dessen Gefolge gelang es im Juli, vom amerikanischen Präsidenten Hoover ein Zahlungsmoratorium für die deutschen Reparationen zu erreichen. Der Reichskanzler benutzte diese Frist, um auch durch internationale Sachverständige die Zahlungsunfähigkeit des Reiches feststellen zu lassen.

Im Oktober 1931 mußte Brüning auf Drängen Hindenburgs sein Kabinett umbilden. Als Ergebnis einer stärkeren Rechtsorientierung übernahm der Kanzler zusätzlich das Außenministerium. Er fand in zunehmendem Maße in London und Washington Verständnis und Entgegenkommen für die deutschen Revisionsforderungen. Das aber lag nicht im Sinne seiner innenpolitischen Gegner, denen er nicht weit genug auf Rechtsaußenkurs ging.

Obwohl im Frühjahr 1932 mehr als sechs Millionen Arbeitslose das Ausmaß der Krise signalisierten, hielt Brüning an seiner Spar- und Deflationspolitik fest, da er das Ziel der „Befreiung" des Reiches näherrücken sah. Dabei wußte der Reichskanzler seit dem Herbst 1931, daß er sich auf den inzwischen senilen Reichspräsidenten nicht mehr verlassen konnte, der auf Druck seiner Umgebung (General von Schleicher, Oskar von Hindenburg, der Sohn und Adjutant des Reichspräsidenten, und Staatssekretär Otto Meissner) immer ungeduldiger auf eine Ausbootung der SPD aus der Regierung in Preußen und auf Bildung eines reinen Rechtskabinetts im Reich drängte. Hindenburg sah sich in eine Frontstellung gegen die ihm nahestehenden „nationalen" Kräfte gedrängt und machte es Brüning zudem zum Vorwurf, daß es diesem nicht gelang, die Rechtsparteien für seine Wiederwahl zu gewinnen.

Als der Reichspräsident am 10. April 1932 erst im zweiten Wahlgang über Hitler siegte, seine Mehrheit aber – in grotesker Umkehrung der Situation bei seiner ersten Wahl 1925 – aus Anhängern der demokratischen Parteien bestand, kam es zum Bruch. Dabei spielten Differenzen über die Verwendung der „Osthilfe" für den verschuldeten ostelbischen Großgrundbesitz und über das Hindenburg abgerungene Verbot der SA eine Rolle. Der Reichspräsident wollte auch nicht länger die „unpopuläre Politik" Brünings verantworten.

Der Entzug des präsidialen Vertrauens am 29. Mai 1932 – in ungewöhnlich schäbiger Form – bedeutete den Sturz des Reichskanzlers, der am folgenden Tage mit dem Gesamtkabinett demissionierte. Brüning hatte drei Wochen zuvor im Reichstag vergeblich – in erster Linie auf Hindenburg gezielt – geradezu beschwörend gefordert, „nicht den schwersten politischen Fehler zu machen, den zu machen irgend jemand im Augenblick in der Lage wäre", und nicht die Ruhe zu verlieren, die „an den letzten hundert Metern vor dem Ziele das absolut Wichtigste ist".

Dieser Reichskanzler der „Weltkrisenzeit" (G. R. Treviranus) ist politisch gescheitert. Die hungernden und radikalisierten Volksmassen standen längst im antidemokratischen Lager. Brüning hat die Gefahr des Nationalsozialismus unterschätzt. Er sah in dieser Massenbewegung ein zwar lärmendes, aber außenpolitisch eher nützliches „nationales Potential", das durch staatspolitische Mitarbeit in das „Joch der Verantwortung" gebracht werden müsse. Der Zentrumspolitiker hat seinen Sturz mit einem Übermaß von Resignation hingenommen.

Nach einem Urteil des Publizisten Eduard Stadtler von 1931 war Brüning – den er aus der gemeinsamen Straßburger Zeit kannte – der „Typ des westfälischen katholischen Intellektuellen", der es nicht liebte, „sich zur Schau zu stellen". Wenn Stadtler weiter von der „bewunderungswürdigen seelischen Zähigkeit" und dem „außerordentlichen Geschick in der Einzelberatung, taktischer Gewandtheit und Undurchdringlichkeit", von „unermüdlichem Fleiß und stupender Klugheit" sprach, so waren damit Haupteigenschaften Brünings getroffen. Sie konnten seinen Fraktions- wie Kabinettskollegen und der hohen Bürokratie in Berlin das Leben sauer machen. Der Zentrumspolitiker schätzte es nicht, seine Gefühle sichtbar werden zu lassen und handelte nach der Devise „Mehr sein als scheinen".

Brüning war sechsundvierzig Jahre alt, als er die Reichskanzlei verließ, krank vor Ärger und Erschöpfung. Dennoch konnte er sich nicht entschließen, die Hintergründe seines Sturzes durch Hindenburg zu enthüllen. Der Exkanzler gehörte zu denjenigen Zentrumspolitikern, die im Herbst 1932 eine Mehrheitsbildung zwischen seiner Partei und den Nationalsozialisten befürworteten, um die braune Bewegung in staatspolitische Verantwortung zu bringen. Er überschätzte weiterhin den Einfluß des gemäßigten Flügels innerhalb der NSDAP um Gregor Strasser.

Nachdem Hitler am 30. Januar 1933 zum Reichskanzler ernannt worden war, billigte Brüning die Entscheidung der Zentrumsführung, sich nicht auf ein dubioses Angebot Hitlers einzulassen, das darauf hinauslief, nachträglich in die Regierungskoalition einzusteigen. Im Wahlkampf vor der Reichstagsneuwahl (vom 5. März 1933) erhielt Brüning, der die alte Devise der Zentrumspartei „Für Wahrheit, Recht, Freiheit" zeitgemäß interpretierte, jubelnde Zustimmung.

Um so härter traf ihn die Forderung der neuen Regierung nach einem Ermächtigungsgesetz. Dagegen opponierte er in seiner Fraktion vergeblich, nachdem Hitler in Vorverhandlungen beruhigende Zusagen gemacht hatte. Am 23. März stimmte auch Brüning dem Gesetz in der Hoffnung zu, damit einen sofortigen Zerfall des Zentrums und ein offenes Terrorregime verhindern zu können. In einem Gespräch mit dem Reichskanzler am 17. Mai konnte er ihn dazu bewegen, eine noch am gleichen Tag im Reichstag abgegebene Erklärung zur außenpolitischen Lage vorsichtiger zu formulieren. Der Exkanzler, der einen Präventivkrieg durch Polen befürchtete, wollte mit der einmütigen Zustimmung des Reichstags zu Hitlers Außenpolitik das Ausland vor militärischem Eingreifen warnen.

Seit dem 5. Mai 1933 war Brüning Vorsitzender der Zentrumspartei in der Nachfolge von Prälat Ludwig Kaas, der von einer Reise nach Rom nicht zurückkehrte. Dem neuen Parteichef blieb am Ende eines kurzen Opfergangs allerdings nichts anderes übrig, als am 5. Juli durch Selbstauflösung des Zentrums dessen gewaltsamer Zerschlagung zuvorzukommen. Damit war Brünings politische Arbeit endgültig gescheitert. Der Exkanzler wurde von der Gestapo überwacht und mußte wiederholt seinen Aufenthaltsort wechseln. Trotz tiefer Besorgnis über die Zukunft Deutschlands hoffte er weiterhin auf Hindenburg und die Reichswehr.

Im Mai 1934 gewarnt, daß seine Freiheit bedroht sei, entzog sich Brüning einer drohenden Verhaftung durch Emigration. Am 21. Mai 1934, Pfingstmontag, wurde er von dem Berliner Eugeniker Professor Hermann Muckermann nach Emmerich gefahren und von dem Organisten der dortigen Pfarrei St. Aldegundis über die Grenze nach Holland gebracht. Nur fünf Wochen später erfolgte die erste Mordwelle des Hitler-Regimes im Zusammenhang mit dem Röhm-„Putsch".

Für Brüning begannen Jahre bitterer Not und Einsamkeit. Er reiste zunächst ziellos in Westeuropa umher. Über Großbritannien und die Schweiz, wo er 1934/35 die erste Fassung seiner Memoiren diktierte, gelangte er in die Vereinigten Staaten. 1939 übernahm er an der Harvard Universität in Cambridge eine Professur für Staatswissenschaften. Bis dahin traf er sich regelmäßig im benachbarten Ausland mit deutschen Freunden, auch mit seiner Schwester Maria.

In London und Washington warnte Brüning – vergeblich – vor der Gefahr eines Kriegsbeginns durch Hitler. Später scheiterte sein Bemühen, den Plänen Carl Goerdelers Echo zu verschaffen. Im Dezember 1939 schließlich mißlang seine Absicht, Präsident Roosevelt zu einem allgemeinen Friedensappell zu veranlassen. Spätere Versuche, vor allem über Kriegsminister Henry L. Stimson, der während der Kriegsjahre seine schützende Hand über ihn hielt, Vertretern deutscher Oppositionsgruppen in Washington Gehör zu verschaffen, hatten den gegenteiligen Effekt: Der Exkanzler wurde von linksstehenden deutschen Emigranten in den USA massiv angegriffen.

Daraufhin zog sich Brüning völlig zurück. Er enthielt sich jeder Stellungnahme über das Hitler-Regime, um seinem Vaterland, zwischen dessen Führung und der Masse der Bevölkerung er trennte, keinen Schaden zuzufügen. Sein Schweigen wurde von vielen Emigranten, auch aus seinem eigenen politischen Lager, nicht verstanden und teilweise kritisiert. Brüning distanzierte sich von allen Bestrebungen, die darauf hinausliefen, eine exilregierungsähnliche Körperschaft zu bilden. Er war von dem Ausmaß deutschfeindlicher Äußerungen mancher Emigranten betroffen.

Mit Sorge verfolgte der Exkanzler den Gang der alliierten Nachkriegsplanung in bezug auf Deutschland und wies die amerikanische Regierung auf die Gefahr des bolschewistischen Vordringens nach Mitteleuropa hin. Die Kriegspropaganda linksgerichteter deutscher Emigranten machte er mit für die Rachepolitik der Siegermächte verantwortlich. Er suchte in der Stille für sein Heimatland und dessen späteren Wiederaufbau zu wirken, offensichtlich auch als einer der Initiatoren des Marshall-Plans.

Brüning, der erst 1948 (und dann wieder 1950) nach Deutschland reisen konnte, begrüßte die Gründung der CDU, die seinen früheren parteipolitischen Vorstellungen entsprach. Er entwickelte eine umfangreiche karitative Hilfstätigkeit und schrieb zahllose „Persilscheine" für ehemalige Mitglieder und Mitläufer der NSDAP.

Erst nach langem Zögern folgte Brüning 1951 dem Angebot der Düsseldorfer Kultusministerin Christine Teusch – seiner früheren Fraktionskollegin im Reichstag –, eine neugeschaffene Professur für Politische Wissenschaft an der Universität Köln zu übernehmen. Bis 1955, zeitweise durch Lehrtätigkeit in Harvard, aber auch durch Krankheit unterbrochen, lehrte Brüning in Köln. Ob die Schwierigkeiten der Akklimatisierung des einsam gewordenen Junggesellen mehr dazu beigetragen haben, daß er in Deutschland nicht wieder heimisch werden konnte, oder die Nähe der Bundeshauptstadt, von wo aus er sich

Hans Scharoun im Jahr 1965

Hans Scharoun: Architekturskizze. Lavierte Zeichnung, 1939. Berlin, Akademie der Künste, Scharoun-Archiv. – Konzerthaus des Berliner Philharmonischen Orchesters, 1960 – 1963

beargwöhnt fühlte, läßt sich schwer entscheiden. Angebote zur Übernahme eines Bundestagsmandats lehnte er ab.

Ein krankhaft gesteigertes Mißtrauen gegen „Bonn" seit der Jahreswende 1949/50 stand in Zusammenhang der immer kritischer werdenden Beurteilung Adenauers und dessen westeuropäischer Integrationspolitik. Als Brüning am 2. Juni 1954 vor dem Düsseldorfer Rhein-Ruhr-Klub für eine weniger „dogmatische" Außenpolitik eintrat, gab es Schlagzeilen. Die Pressepolemik, in die er sich verstrickt sah, erleichterte ihm den Entschluß, 1955 in die USA zurückzukehren, zumal er nach dem Tode seiner Schwester keine Angehörigen mehr besaß. In Norwich/Vermont verbrachte er die letzten fünfzehn Jahre seines Lebens. Dort starb er am 30. März 1970. Seine Grabstätte fand er in seiner Heimatstadt Münster, deren Ehrenbürger er seit 1932 war.

Heinrich Brüning, den eine kurze politische Laufbahn steil aufwärts geführt hatte, die dann ebenso rasch endete, suchte in den zwei Jahren seiner Reichskanzlerschaft soviel wie möglich von dem zurückzugewinnen, was 1918 verlorengegangen war: Monarchie, Preußentum, militärische Gleichberechtigung, die alten Reichsgrenzen und wirtschaftliche Sicherheit. Um die Machtstellung des Reiches wieder aufzurichten, nahm er im Zeichen einer weltweiten Wirtschaftskrise eine zeitweilige Außerkraftsetzung der parlamentarischen Demokratie und Massenverelendung in Kauf. Er versprach sich positive Auswirkungen von einer durchgreifenden „Reinigungskrise", verbunden mit einer befristeten politischen Not- und Erziehungsdiktatur.

Die stärkste von Brüning ausgehende Wirkung während seiner Reichskanzlerzeit war das von ihm verkörperte Ethos der Selbstlosigkeit und sein aufopfernder Einsatz für das Gemeinwohl. Sein verzweifelter Kampf für die Sicherung des Rechtsstaats vermochte allerdings die Weimarer Instabilitätsrepublik nicht vor dem konzentrischen Ansturm verfassungsfeindlicher Kräfte zu retten.

# HANS SCHAROUN
## 1893–1972

Von
Achim Wendschuh

„Ein selbständiger Architekt soll sich nicht von Sensationen, sondern von Reflexionen leiten lassen", schrieb der Siebzehnjährige über eine seiner frühen und erstaunlich professionellen Zeichnungen.

Der Satz steht am Beginn des Arbeitslebens von Hans Scharoun wie ein Prinzip. Er wurde zum Prinzip, das ihn sein Leben lang begleiten sollte. Mit solcher Lebenslinie war gleichermaßen Prinzipielles eng verknüpft: Die ersten Skizzen jeweils, spontan notiert und vorbedacht, enthalten schon das Wesentliche, und die oft spontanen, knappen Äußerungen im Gespräch, die Wortformungen im Geschriebenen treffen die Sache, die er meint, genau. Seine beziehungsreiche Denkwelt ist untrennbar verbunden mit der Kontinuität in der Entwicklung des gezeichneten und des gebauten Werkes.

Hans Scharoun wurde am 20. September 1893 in Bremen geboren. Urgroßvater Václav Šaraun war gegen Ende des 18. Jahrhunderts aus Solnice in Böhmen ausgewandert. 1816 hatte er das Bremische Bürgerrecht erworben, wobei – der Sprache angepaßt – Scharoun eingetragen wurde. Die Mutter entstammte einer alten Lüneburger Handwerkerfamilie. Der Vater, Kaufmann in Bremen, übernahm die Direktion der Karlsburg-Brauerei in Bremerhaven, wohin die Familie im Jahre 1894 übersiedelte. Er starb 1911, fünfzigjährig. Der ältere und auch der jüngere Bruder kehrten aus dem Ersten Weltkrieg nicht zurück. In Bremerhaven also verbrachte Hans Scharoun seine Kindheit und seine Jugend.

Hafen und Stadt, deren überall gegenwärtige Verflechtungen, das „Erlebnis Bremerhaven" waren „von großer und nachhaltiger Wirkung auf den Knaben", erinnerte er sich Jahrzehnte später, und zugleich wies er auf die Tradition Bremens, die nicht geringer auf ihn eingewirkt habe. Zeichenstift und Feder nahm er gerne zur Hand, selbst die Ränder seiner Schulhefte waren ihm gut genug zum Skizzieren oder zum Entwerfen. Wie solche – wie sich deutlich zeigte – außergewöhnlichen zeichnerischen Fähigkeiten beim Vater eher Skepsis, bei der Mutter jedoch Verständnis fanden, so erfuhr sein eindeutiges Interesse für das Bauen jedenfalls Förderung bei der benachbarten Familie des Baumeisters Georg Hoffmeyer. Möglichkeiten, im Baubüro sich zu beschäftigen oder auf dem Bauhof handwerkliche Kenntnisse zu erwerben, nutzte er noch während seines Studiums.

Nach dem Abitur, 1912, hatte er in Berlin mit dem Architekturstudium begonnen, dessen formelhafte Erstarrung ihn ziemlich bald enttäuschte, obwohl er für seine Studienarbeiten mehrfach Auszeichnungen erhielt. Aktuelle Realität war, was er wollte. 1913 nahm er zum ersten Male teil an einem öffentlichen städtebaulichen Wettbewerb, bevor das Studium unterbrochen wurde durch den Krieg. Gleichwohl entstand in diesen Jahren in gewisser Weise eine förderliche Weiterführung.

Paul Kruchen, einer der Hochschulassistenten, hatte ihm schon in seinem Privatbüro in Berlin die Mitarbeit an Bauaufträgen ermöglicht. Im Kriege leitete Kruchen Bauberatungsämter in Ostpreußen, und dort, zuerst in Gumbinnen, danach in Insterburg, ergaben sich für Hans Scharoun erneut und reichlich Möglichkeiten zur Erweiterung der praktischen Bauerfahrung. Nach der Auflösung der Militärdienststellen, im Frühjahr 1919, galt es dann, das Leben neu einzurichten. Inzwischen war er fünfundzwanzig Jahre alt geworden.

Das Studium sollte abgeschlossen werden, sobald als möglich, doch es gab Hindernisse. Auch der Hinweis auf seine Bauerfahrungen der vergangenen vier Jahre und auf seine Studienerfolge konnte die Bedingung nicht aufheben, wonach vor Eintritt in die Oberstufe zuerst das Vorexamen abzulegen war. Kurz entschlossen fuhr er zurück nach Insterburg und übernahm das Büro von Kruchen als freier Architekt.

Die Provinz im Osten hatte im Kriege erheblich gelitten. Den Wiederaufbau des Landes wollte Scharoun aber nicht nur in bautätiger Mitwirkung sehen. Mit Freunden gründete er den Kunstverein von Insterburg – zum ersten Mal wurden in Ostpreußen auch Werke der ‚Brücke' bekannt. Dem Königsberger Schauspielhaus schlug er einen Zyklus zeitgenössischer Dramen vor. Er hielt Vorträge, er zeichnete – und er blickte nach Berlin.

Berlin war seit Herbst 1918 lebendiges Zentrum voller euphorischer Aktivitäten, und all jene richteten ihre Blicke und Hoffnungen dorthin, die am politischen und am kulturellen Leben teilhatten. Die geistigen Auseinandersetzungen um eine neue Wirklichkeit, die Suche nach der Form für eine friedvolle und harmonische Menschengemeinschaft und ihre Darstellung bewegte allen voran die Künstler. Auch nach Insterburg trugen die Flugschriften und Aufrufe vom ‚Arbeitsrat für Kunst' die Botschaft: „Zusammenschluß der Künste unter den Flügeln einer großen Baukunst ist das Ziel". Bruno Taut hatte im ‚Architekturprogramm' geschrieben: „Unmittelbarer Träger der geistigen Kräfte, Gestalter der Empfindungen der Gesamtheit, ... ist der Bau." Hans Scharoun suchte die Verbindung, und er wurde eingebunden in den Kreis der ‚Freunde im Werk' um Bruno Taut; ‚Unbekannte Architekten', die sich gegenseitig „und nichts verständnislosen Blicken aussetzend" ihr „Weltbild" schrieben und zeichneten. Adolf Behne und Walter Gropius standen dem Kreis nahe, Behne bald kritisch, Gropius skeptisch. In der Mai-Ausstellung des Arbeitsrates 1920 ‚Ruf zum Bauen' waren die als ‚Gläserne Kette' bekannt gewordenen Brieffreunde mit Zeichnungen und Aquarellen noch einmal öffentlich versammelt, noch brannte das enthusiastische Feuer. „Schlag auf das geistige Auge, daß Formen, ursprüngliche, quicklebendige, wie Funkenfontänen sprudeln", schrieb Scharoun aus Insterburg und: „Der Mensch sei Mittelpunkt, Erstrebtes um sich wölbend gleich dem Firmament." – Visionen, die vierzig Jahre später in der Berliner Philharmonie Gestalt wurden, gebaute Imagination. – Es war noch ein weiter Weg.

Die „Überzeugung, daß die politische Umwälzung benutzt werden muß zur Befreiung der Kunst von jahrzehntelanger Bevormundung", war bald der Enttäuschung über das Mißlingen und der Resignation gewichen. Das Programm des Arbeitsrates, die Verknüpfung von Kunst und Gesellschaft, war gescheitert, die visionär-utopischen Impulse verloren sich im Zwang zur Realität. – Dennoch, das Feuer dieser kurzen Epoche hatte Quellen erschlossen, aus denen nun den Einzelnen Kraft zufließen konnte für die Entfaltung und für die Reife dessen, was sie ‚Ruf zum Bauen' genannt hatten, und es gab Zeichen für die Überwindung von Resignation, für die Weiterführung in einer neuen Qualität.

Scharouns Denken und Arbeiten ging aus vom „Aspekt des Sinnlich-Dynamischen", für ihn begann hier „das Thema des Organischen Bauens, welches in der Folge durch Hugo Härings denkerische Arbeit das Fundament erhielt". Kein Vorbild war in der Baugeschichte, aus der eigenen Kraft heraus mußte die ‚Verwirklichung des Neuen Baugedankens' entwickelt werden.

Scharoun lebte und arbeitete weiter in Ostpreußen. 1920 hatte er Anna Maria Hoffmeyer geheiratet, eine der Töchter des nachbarlichen Förderers aus Bremerhaven. Die Isolierung in der Provinz, auch dadurch ausgelöste Selbständigkeitsbestrebungen, waren allenthalben spürbar. Er wollte keine Isolierung, beständig lebte er mit dem Blick nach Berlin.

Neben Wohnungsbauten, die in Ostpreußen immerhin ausgeführt werden konnten, waren es nun Wettbewerbsentwürfe, also Programme, aber auch eine Reihe von aquarellierten imaginären Entwürfen, in denen er seine Formvorstellungen und seine Überlegungen auszudrücken wußte. Mit einem Ankauf beim Wettbewerb für das Hochhaus am Bahnhof Friedrichstraße wurde ihm in Berlin erste öffentliche Anerkennung zuteil. Sein Entwurf zum international ausgeschriebenen Wettbewerb für das Verwaltungsgebäude der ‚Chicago Tribune' jedoch blieb Skizze. Der Auslober hatte gefordert, das eindrucksvollste Bauwerk der Welt zu schaffen. Die Lösung primär in optisch-repräsentativer Signifikanz suchen zu sollen, war nicht seine Sache. Seine Auffassung, wie sie festgehalten ist in der Skizze aus dem Jahr 1922, markiert einmal mehr die Wandlung von der expressiven Formensprache in eine dynamische, den Entwürfen von Erich Mendelsohn aus dieser Zeit augenscheinlich verwandt. Scheinbare Verwandtschaft aber, denn nicht Geschwindigkeit und Großstadtrhythmus suchte Scharoun in den Bauformen zu reflektieren; er suchte nach der inneren Begründung für die Gestalt.

Adolf Behne war ihm dabei ein verständnisvoll kritischer Begleiter. Scharoun hatte ihm Zeichnungen geschickt und im Juni 1923 erläuternd geschrieben: „Auch hier, wie bei allen anderen Entwürfen glaube ich jede Linie, Fläche und Form aus der Notwendigkeit inneren Wesens ableiten zu können ohne Anwendung irgendeiner Theorie", und „daß alle diese Dinge Folgen eines Gedankenganges über Aufbau und Organisation einer Stadt sind, die ich vor längerer Zeit mir machte". Zum Gespräch, das beide wünschten, kam es in diesen Jahren nicht. Aus Sorge, es könnten Unklarheiten und Mißverständnisse entstehen, war Scharoun auch wenig geneigt, Arbeiten zur Bauhausausstellung 1923 nach Weimar zu schicken. „Alles, was mich reizen würde, wäre", schrieb er an Behne, „einen meiner Gedanken einmal verkörpert zu sehen und an einem dieser verkörperten Gedanken zu zeigen, was ich will."

Vier Jahre mußten noch vergehen, bis die Gelegenheit zum Bauen kam. Es waren Ausstellungsbauten, 1927, in Liegnitz und am Weißenhof in Stuttgart. Die vollkommene Verkörperung seiner Gedanken zu zeigen, ließen freilich die realen Bedingungen nicht zu. Im Wohnheim auf der Breslauer Werkbund-Ausstellung 1929 dagegen konnte er seine Gedanken weitgehend verwirklichen. Aus der Verbindung von Hotel und weltoffenem Wohnen – „auf einem wesenhaften Ordnungsprinzip beruhend" – ergab sich zwangsfrei die gestalterische Lösung. Mit dem Haus in Breslau konnte er sein Neues Bauen vorstellen, und es wurde gewürdigt, was er wollte. – Er ging seinen Weg weiter, abseits von den bekannten und von anderen Wegen, aber immer im Wissen um deren Nähe und nie die Wirklichkeit aus dem Blick verlierend.

Auf Anregung von Adolf Rading berief Oskar Moll im November 1925 Hans Scharoun – er war zweiunddreißig Jahre alt – an die Staatliche Akademie für Kunst und Kunstgewerbe Breslau; zugleich begann eine lebenslange Freundschaft mit Rading und Moll. In der Antrittsvorlesung sprach Scharoun über die Notwendigkeit einer „Neueinstellung gegenüber den Dingen der Baukunst", hergeleitet aus dem ständigen Wandel im Verlauf der kulturellen Epochen; ein Grundsatz, aus dem er auch später seine Gedanken immer wieder entwickelt hat. Anregung und Gespräche suchte er auch am Bauhaus in Dessau, weil er dort Verwandtschaft sah, obwohl die Methoden der Breslauer Akademie und seine eigenen Vorstellungen von den Tendenzen des Bauhauses abzugrenzen wären. In Breslau hätte sich eine ausreichende materielle Existenz vielleicht sogar begründen lassen – für die Inhaber von Lehrämtern bestand Residenzzwang –, aber das Leben, das er suchte, fand in Berlin statt. Im Frühjahr 1926 gelang es dann auch, zusammen mit Rading und wieder mit

Kruchen ein Büro in Berlin einzurichten und von da an neben der Breslauer Tätigkeit zu unterhalten. Endlich am zentralen Ort, konnte er nun am Geschehen wirklich teilnehmen.

Zwei Jahre vorher hatten sich in Berlin einige jüngere Architekten zu einer Interessengemeinschaft zusammengefunden, im ‚Zehnerring', „um unsachliche und behördliche Widerstände zu bekämpfen und um für eine neue Baugesinnung einzutreten". Sie trafen sich immer bei Mies van der Rohe, berichtete Hugo Häring. Häring war damals Sekretär der Vereinigung, die einer Loge ähnlich und kein Verein war, die keinen Vorstand hatte und deren Wirkungskreis zu erweitern gerade betrieben wurde. Scharoun kam zur rechten Zeit, um nach der Gründungsversammlung im Mai 1926 der Vereinigung beizutreten, die sich dann ‚Der Ring' nannte. – Der äußere Anlaß für den Zusammenschluß im ‚Zehnerring' war die restriktive Baupolitik des Stadtbaurates von Berlin bis 1924, Ludwig Hoffmann. 1926 wurde Martin Wagner Hoffmanns Nachfolger. Gemeinsam mit ihm konnte nun die jüngere Architektengeneration ihr Neues Bauen beweisen. Unter ihrer Mitwirkung entstanden neben anderen Bauten auch eine Reihe von Großsiedlungen, darunter die ‚Siedlung Siemensstadt' zwischen Charlottenburg und Spandau.

„Der Stadt Berlin scheint es gelingen zu sollen, sogar das wirre Kraftgenie Scharouns in den Dienst ihrer praktischen Wohnungsfürsorge zu stellen", bemerkte 1929 Werner Hegemann zur Bebauung in Siemensstadt. Scharoun entwarf den Plan, dessen klare, tragende Idee der Zeilenbau war, ganz den Erkenntnissen der Zeit verbunden, aber auch eine städtebauliche Vorstellung andeutend, die ihn Jahrzehnte später am gleichen Ort noch einmal und grundsätzlich intensiv beschäftigte: der Bandstadtgedanke. Dreißig Jahre später erläuterte er den Gedanken am Beispiel der spezifischen Struktur des gesamten, durch die Siemenswerke bestimmten Wirtschaftsgebietes. „Der Spree folgt das Wirtschaftsband, dann Eisenbahn und Hauptverkehrsstraße. Weiter das Wohnband und zwischen diesem und dem Spandauer Schiffahrtswege das Band der Erholung mit dem großzügig ... angelegten Volkspark Jungfernheide als Kernstück." Nach der Fertigstellung der Siedlung bezog er selber eine der Wohnungen. Seine Lehrtätigkeit in Breslau hatte 1932 mit der Auflösung der Akademie infolge der Brüningschen Notverordnungen ein abruptes Ende gefunden.

Hans Scharoun wohnte seitdem immer inmitten von Wohngebieten, die er für viele Menschen geplant und gebaut hatte. Die Wohnung am Jungfernheideweg war seiner Frau Änne und ihm Heimstatt für nahezu drei Jahrzehnte. Er besaß nie ein eigenes Haus, er brauchte keine Repräsentation. Große Reisen unternahm er auch in späteren Jahren nicht, und Urlaub machte er nicht. – Musik liebte er, am Theater war er immer interessiert, alle künstlerische Aktualität war ihm stets vertraut. Ein Glas Rotwein mochte er bei der Arbeit ebenso wie beim Gespräch, das zu vertiefen er schätzte, Humor erwartend und sich amüsierend über gelungene Wortspiele. Ordentlichen Labskaus ließ er nicht stehen, und ohne Zigarre ist Hans Scharoun nicht vorstellbar. Er studierte, er las, und er zeichnete. Sein Leben war Arbeit. Wohnen und Arbeiten verbanden sich ihm zur untrennbaren Einheit, die er gerne lebte im „Raum der Mitte", in dem nicht mehr wie im mittelalterlichen Haus das Herdfeuer die Mitte einnimmt, sondern der Arbeitsplatz oder ein Ort, „wo sich das Gespräch und Freundschaft entwickeln, aus welchem Gemeinschaft sich bildet", wie Heinrich Lauterbach, ein anderer der lebenslangen Freunde, sich erinnerte.

Im Siedlungswohnungsbau lagen zweifellos die wesentlichen Bauaufgaben der zwanziger Jahre. Scharoun beschrieb rückblickend den Wohnungsbau dieser Zeit als Aufgabe, die auf sozialen Forderungen basierend ähnlich der Aufgabe gewesen sei, die die Wohnung als Teil des sozialen Gefüges der mittelalterlichen Stadt hatte, allerdings auf einer anderen Ebene. Wohnungsbau als soziale Aufgabe wollte er verstanden wissen „als Antwort auf eine von der Zeit gestellte geistige Aufgabe, die ‚Sozialismus als geistig bewegende Kraft' lautet und zunächst und vordringlich am Thema der Wohnung behandelt wird". Aufregend und erregend sei es für ihn gewesen, in den zwanziger Jahren den Durchbruch einer gewaltigen geistigen Kraft – in der ganzen Welt – mitzuerleben.

Die Jahre vor 1933 waren ausgefüllt mit Arbeit an Wettbewerben, sie brachten so gut wie keine Erfolge. Außer den Siemensstädter Wohnzeilen entstanden wenige Geschoßwohnbauten in Berlin und in Spandau und zwei Einfamilienhäuser, darunter das lichtdurchflutete, heitere Haus Schminke in Löbau. Auffallend ist jedoch eine außergewöhnlich umfangreiche Entwurfstätigkeit für weitere Objekte, fast ausschließlich Wohnungen, die ungebaut blieben. Die seit 1929 schwelende Wirtschaftskrise hatte mit ihren anhaltenden Folgen alle Bereiche des Lebens erfaßt, auch die öffentlich geförderte Bautätigkeit kam zum Erliegen.

In der Folge des politischen Machtwechsels und der Gleichschaltung in den Jahren 1933 und 1934 änderte sich das Leben einschneidender. Scharoun war von öffentlichen Aufträgen und von größeren Bauaufgaben ausgeschlossen, wie alle, die dem Neuen Bauen verschrieben waren und nicht bereit waren, sich dem NS-Staat anzupassen. Er blieb in Berlin, zurückgezogen in privatere Bereiche, hatte Freunde, auf die er sich verlassen konnte und für die er Häuser bauen konnte, mit geringen Mitteln, die meisten in der Umgebung der Stadt. Mehrere Einfamilienhäuser entstanden bis 1939. Der Gartenarchitekt Hermann Mattern war einer der Bauherren und ebenfalls einer der Freunde, der in wiederholter gemeinsamer Arbeit ihm verbunden blieb.

In solchen Zeiten eine Baugenehmigung zu erhalten für Entwürfe von der

Hand und von der Haltung Scharouns war nicht einfach. Oft gelang das nur durch trickreiche Darstellung und wortgewandte Erläuterungen, vielfach mußte geändert werden. Die Situation erschwerte außerdem ein aus der Beschäftigung mit dem Einfamilienhaus entstehender, gegen die herrschenden Verordnungen sich entwickelnder und nicht zuletzt in der zwangsweisen Aussperrung begründeter Wandel. Eine andere, viel enger erlebte Beziehung zur Landschaft und die Möglichkeit, das Individuelle gezielt einzubeziehen, brachten neue Erfahrungen. Sie führten zur Loslösung vom rechten Winkel, zur Anwendung einer freien Gestaltung im Grundriß unter Einbeziehung des gesamten Umraumes. Nicht willkürlich, sondern aus menschlich und landschaftlich bedingten Forderungen sollten Orte so eingeräumt werden, „daß sich der Raum aus der Struktur, aus den Bezügen der Orte untereinander und mit den Bezügen der Orte zur Umwelt ergab". Die Erkenntnisse, aus denen das Haus in Breslau seine Gestalt erhalten hatte, waren weiterentwickelt. Die Geschosse in ihren durchgehenden Ebenen auflösend, das Neben- und Übereinander einbeziehend und sich öffnend zum Außenraum, wurde das Haus und seine Struktur insgesamt als wesenhaft Ganzes betrachtet. „Das Haus wurde sodann im Sinne Hugo Härings als ein Wohnleib, als Hülle für die Wohnvorgänge gebildet und so entstand die Gestalt – im Sinne des Organwerkes."

Mit Kriegsbeginn endete auch die private Bautätigkeit. Wieder entstanden Zeichnungen und Aquarelle, fast jeden Tag, Räume und Raumhüllen visionärer Vorstellungen, „aus Selbsterhaltungstrieb und auch aus dem Zwang, sich mit der Frage der kommenden Gestalt auseinanderzusetzen". – Zur existentiellen Bedrängnis, zur Sorge um die alltägliche Gegenwart trat die beginnende, später bedrückende Krankheit seiner Frau. Dennoch widerstand er jeder Resignation. Seine Aquarelle strahlen Zuversicht aus, sie sind von kraftvoller Phantasie, von großzügiger Leichtigkeit in der Vision – und mit heiterer Farbgebung weisen sie trotz aller Trümmer hoffnungsfroh in einen neuen Frühling.

Wenige Tage nach dem Zusammenbruch des NS-Staates wurde Scharoun die Leitung der Abteilung für Bau- und Wohnungswesen im Magistrat von Groß-Berlin aufgetragen, überraschend, wie er berichtete. Er war nun zweiundfünfzig Jahre alt. – Während des Krieges schon hatte er sich mit einer Gruppe jüngerer Architekten regelmäßig getroffen. Sie fanden sich wieder, und sie begannen gemeinsam, einen neuen Arbeitsbereich aufzubauen. Es entstand das Planungskollektiv; Ebert, Friedrich, Herzenstein, Lingner, Scharoun, Seitz, Selmanagić und Weinberger gehörten dazu. Scharouns Tätigkeit als Stadtrat in den ersten sieben Monaten dokumentiert der umfangreiche Bericht vom Dezember 1945. Die Stadt möglichst bald wieder mit Leben zu erfüllen, war sein erstes Ziel. Gelegenheiten zu internationalen Begegnungen und für die internationale Aussprache einzurichten, sollte ein weiterer Schritt sein, damit Berlin wieder einen Platz unter den Großstädten erhalten könne. Solche Vorstellungen standen allerdings einigermaßen im Gegensatz zur Stadtpolitik der Alliierten. Es gelang trotzdem, die Besatzungsmächte zu interessieren, das Problem der ‚Neuen Stadt' am Beispiel Berlins zu studieren und dann die Überlegungen, die Arbeitsergebnisse und die Vorschläge des Planungskollektivs auch öffentlich darzustellen in der Ausstellung ‚Berlin plant – Erster Bericht' im September 1946, die eine gemeinsame Leistung des Kollektivs war. Der Bandstadtgedanke war aufgenommen und übertragen auf die Gesamtstadt. „Das was blieb, gibt uns die Möglichkeit, eine Stadtlandschaft daraus zu gestalten", so Scharoun in seinem Eröffnungsvortrag. „Die Stadtlandschaft ist für den Städtebau ein Gestaltungsprinzip, um der Großsiedlungen Herr zu werden. Durch sie ist es möglich, Unüberschaubares, Maßstabloses in übersehbare und maßvolle Teile aufzugliedern und diese Teile so zueinanderzuordnen wie Wald, Wiese, Berg und See in einer schönen Landschaft zusammenwirken. So also, daß aus Natur und Gebäuden, aus Niedrigem und Hohem, Engem und Weitem eine neue lebendige Ordnung wird." Und „Ausgangspunkt muß die Schaffung sozialer Zustände werden". – Als Utopie wurde der Plan abgetan. Wohnungen zu schaffen, war vordringlich. Nach den ersten freien Wahlen in Berlin im Oktober 1946 und mit dem beginnenden parteipolitischen Arrangement endete Scharouns Tätigkeit als Stadtrat.

Bereits im August 1945 war er eingeladen worden zu Vorlesungen an der Technischen Hochschule Charlottenburg. Von der Wiedereröffnung der Hochschule im April 1946 an folgte dann eine kontinuierliche Lehrtätigkeit bis zur Emeritierung als Ordinarius für Städtebau 1958. Vorhandene und erneut betriebene Spezialisierungstendenzen an den Technischen Hochschulen sah auch er als Gefahr, der er eine universale und formhaft anschauliche Ausbildung entgegensetzen wollte, besonders in der Lehre vom Städtebau als einer neuen Studienrichtung. Das neu gegründete Institut für Städtebau sollte dafür eine breitere Basis sein. Neben den Vorlesungen, gleichfalls wöchentlich, fanden Kolloquien statt; Gespräche, in denen zum Fragen aufgefordert war; oft die bessere Möglichkeit, Zugang zur komplexen Denkwelt Hans Scharouns zu finden, denn er sprach leise, mit knappen, hilfreichen Gesten zwar, auf den entfernteren Plätzen im Hörsaal aber schwer verständlich. Das Ziel war, den Blick zu schulen für „die Entwicklung nicht organisierter, sondern organischer Gebilde, die nicht befehlsweise entstehen, sondern planmäßig aus ihren eigenen Kräften heraus sich entwickeln". – Es ergab sich daraus keine Scharoun-Schule. Davon zu sprechen, hätte allenfalls Scharouns Erstaunen bewirkt. In mancher der zum Nachdenken und Weiterdenken auffordernden Aussagen allerdings sehen auch Jüngere die heute immer noch bestehende Aktualität und Zukunftsorientierung.

1947 an die Deutsche Akademie der Wissenschaften in Berlin-Ost berufen, gründete Scharoun dort das Institut für Bauwesen, dem er übergeordnete Aufgaben zumaß und das vornehmlich der Grundlagenforschung dienen sollte. Eine praktische Wirkung konnte das Institut indessen nicht entfalten. Außer einem umfangreichen Organisations- und Arbeitsplan blieb die ‚Wohnzelle Friedrichshain', Plan und Beispiel für den Wiederaufbau eines zerstörten Stadtteils in Berlin, das einzige sichtbare Ergebnis. In der beginnenden Verhärtung der politischen Verhältnisse nach der Währungsreform von 1948 wurden bestehende Differenzen offenkundig. Mit der Eingliederung des Instituts in die im Ostteil der Stadt gelegene Bauakademie 1951 endete Scharouns Tätigkeit an der Akademie der Wissenschaften.

Er widmete sich nun ganz der Lehre und der Entwurfsarbeit, zusammen mit Assistenten und Mitarbeitern, in den Räumen seines Instituts an der Technischen Universität. Allein in den fünfziger Jahren waren es mehr als zwanzig Wettbewerbe, an denen gearbeitet wurde. Von den erfolgreichen Arbeiten führte nur eine zum Bauen – und wiederum, wie zwanzig Jahre vorher, waren es noch einmal fast ebenso viele Objekte, die ungebaut blieben. Für die ‚Liederhalle' in Stuttgart, in einem der ersten großen Wettbewerbe nach dem Krieg, 1949, erhielt Scharoun den ersten Preis, aber nicht die Ausführung. Der bereits begonnene Bau für das Staatstheater in Kassel, Wettbewerbserfolg 1952 gemeinsam mit Hermann Mattern, wurde aus ihren Händen genommen, wegen Gründungsschwierigkeiten, wie es hieß, und statt dessen ein anderer Theaterbau nach offenbar schon fertigen Plänen ausgeführt. Die Planungsarbeiten für das Gebäude der Berliner Philharmonie, Wettbewerbserfolg 1956, mußten unterbrochen werden. Zunächst war Unverständnis zu überwinden, und es waren Standortfragen zu klären. Mit dem Bau wurde 1960 am Kemperplatz begonnen. – Zehn Jahre nach Kriegsende, erst in seinem siebenten Lebensjahrzehnt, waren größere Bauvorhaben in der Ausführung, Wohnbauten in Stuttgart und ‚Wohngehöfte' in der Berliner Großsiedlung Charlottenburg-Nord. Und erst mit Schulbauten in Lünen und in Marl ergaben sich Möglichkeiten, Vorstellungen zu bauen – zum Teil wenigstens –, die er Jahre vorher als Beitrag zum Darmstädter Gespräch 1951 in Wort, Plänen und am Modell vorgetragen hatte. „Die Gestalt der Schule will organhaft das Wesen des Schullebens spiegeln. Deshalb kann unser Ordnungsgefüge nicht additiven Prinzips sein … Es sind vielmehr die Schulteile die Glieder eines Ganzen, und sie wirken zusammen, wie Organe im Organismus und Organismen in der Ganzheit zusammenwirken." Das war auf die Darmstädter Schule bezogen. Damit ist zugleich das komplexe, auf Ganzheit und Wesenhaftes ausgerichtete Prinzip im planerischen Denken Hans Scharouns umschrieben.

Die öffentlichen Ehrungen im Jahre 1954 zeigen an, daß die Bedeutung Scharouns als Baumeister, Lehrer, Stadtgestalter erkannt war. Er gehörte zum Kreis der Gründungsmitglieder der Akademie der Künste, und er war ihr erster Präsident. In der Zeit seiner Präsidentschaft von 1955 bis 1968 wurde die Institution „zu einer die Kräfte potenzierenden und in die Breite und Tiefe wirkenden Einrichtung". Diese Wirkung entsprach seinen Vorstellungen von der „Sammlung und Vereinigung von Architekten, Künstlern und anderen Persönlichkeiten, die an der Entwicklung einer neuen Gestalt der Gesellschaft mitzuarbeiten geeignet und bereit erscheinen", wie Heinrich Lauterbach schrieb. Die Neugründung der Akademie war zugleich auch ein Ergebnis seiner wiederholten Bemühungen, für internationale Begegnungen und für die internationale Aussprache ein Forum einzurichten. Die Universität Stuttgart ehrte ihn 1954 mit der Ehrendoktorwürde, und die Hamburger Universität mit dem Fritz-Schumacher-Preis. In seinem Vortrag aus diesem Anlaß deutete er seinen Begriff von Urbanität, sich beziehend auf den Dualismus ‚Landschaft – Stadtschaft'. Die Stadt sei wesenhafter Ausdruck des zeitbedingten Auftrages an den Menschen, an der Schöpfung „der zweiten natürlichen Welt" mitzuarbeiten. Stadtschaft sei „Bekämpfung der Naturferne und ist der Versuch, ein Ganzes zu wahren, damit das Ganze den Menschen wahrt".

Im städtebaulichen Ideenwettbewerb ‚Hauptstadt Berlin' 1958 ist Scharouns Vorstellung zur Wirklichkeit ‚Stadt' dargestellt. Leitgedanken für ein ‚wesenhaft differenziertes' Strukturgefüge in der Mitte Berlins werden mit dem Plan formuliert. Wieder wird der Bandstadtgedanke bestimmendes Element. – Mit der vermauerten Teilung der Stadt 1961 brach schließlich jegliches öffentliche gesamtstädtische Planungsdenken ab. Das mußte Scharoun akzeptieren, wenn sein auf Ganzheit bezogenes Denken dem auch entgegenstand. Die ‚Neue Stadt' als Organform zu bilden, war seine Vorstellung, und es war sein Anliegen, Bewußtsein zu bilden für die Bedeutung der Struktur in Raum und Zeit, die „übergeordnet und ordnend helfen (könne), zur Sinngebung auch der Großstadt zu führen".

„Wir wissen von keiner Welt als in dem Bezug auf den Menschen", unter dieses Goethewort stellte Scharoun die Abhandlung über ‚Struktur in Raum und Zeit'. Sie kann als Ausdeutung von Grundsätzlichem in seinen nach Ursprung forschenden Überlegungen gelten oder, um seine Wortform zu gebrauchen, als Versuch der „Urfindung", die vorausgehen muß vor Erfindung. „Wandlungen mutativen Charakters" und „Struktur als Ordnungsprinzip", das eingebunden ist in die Abhängigkeit von (Kultur-)Raum und Zeit(-Bedingungen), werden ihm zum Richtwert für planerisches Denken, zur geistigen Grundlage des Bauens. Der Begriff setzt die Anerkennung des ‚genetischen Prozesses' im Sinne Hugo Härings voraus, er schließt den ‚Vorgang' ein: Wohnen statt Wohnung, und die Forderung nach wesensgemäßer Anwendung von Werkstoff und Konstruktion. Gestaltfindung statt Gestaltanweisung ist gefordert, eine der wesentlichsten Maximen des ‚Neuen Bauens'.

Im letzten Lebensjahrzehnt drängten sich die großen Bauaufgaben. Wiederum entstanden Wohnungsbauten in Stuttgart und in Berlin; gleichzeitig das Stadttheater in Wolfsburg, das Deutsche Schiffahrtsmuseum in Bremerhaven, die Deutsche Botschaft in Brasilia, das Institutsgebäude der Architekturfakultät in Berlin und vor allem der Neubau der Staatsbibliothek, gegenüber der Nationalgalerie von Mies van der Rohe und gegenüber der Philharmonie am Kemperplatz in Berlin.

1963 war das Gebäude für das Philharmonische Orchester vollendet. „Dies ist Ihr Tag, Hans Scharoun, Baumeister der Philharmonie", so eröffnete Adolf Arndt, Senator für Wissenschaft und Kunst als Bauherr, aber auch als verstehender Freund und Förderer das Haus, das in kurzer Zeit Weltgeltung errang. Weltgeltung, erwachsend aus dem Füreinander von Raum und bedeutendem Orchester, beide miteinander dem Musizieren, dem Erlebnis von Musik dienend. Raum, aus gestaltender Phantasie, dessen Wesen und Wirkung Adolf Arndt in seiner Eröffnungsrede einfühlsam und eindrucksvoll beschrieb: „Aus dem Vorgang des Musizierens erfahren – ‚Erlebtes um sich wölbend gleich dem Firmament' – umfängt hier in schwingenden Formwellen das Rund der Hörerschaft seine geistige Mitte, um jeden für sich gleich gelten zu lassen und alle in die freie Teilnahme an der Gemeinschaft des Ganzen einzubeziehen ... Was hier beginnt, ist das Wirklichwerden eines gesellschaftlich Neuen, das dem Freiheitlichen in mitmenschlichem Beieinander Gestalt schenkt."

Hans Scharoun stand im siebzigsten Lebensjahr. Im Gebäude der Philharmonie und wenige Jahre später in den Entwürfen und beim Bau der Staatsbibliothek konnte er unwiederholbare Räume schöpfen, Räume, die kein Vorbild haben, deren Wirklichkeit jeden, der eintritt, in Freiheit gefangennimmt; deren gebaute Vielfalt die Sinne unwillkürlich und beglückend erfaßt, so wie die Sinne eine lebendige Landschaft erfassen, Harmonie empfindend, Distanz und Beziehung erfahrend, Orte findend für Selbstbesinnung und für Gemeinsamkeit, sich führen lassend in Engem und Weitem, in Schattigem und Strahlendem. Alle Hast fällt ab, man fühlt sich eingeladen, zu verweilen in einer neuen Welt, einer „zweiten natürlichen Welt", in der „Stadtschaft", deren Gestalt zu suchen Hans Scharoun als seinen Auftrag angesehen hat und dessen Vollzug gültig in unserer Gegenwart besteht, wirksam, dauerhaft und zukunftweisend.

Es waren die letzten Jahre seines Lebens. Nur im Raumgefüge der Philharmonie konnte er einhergehen, konnte er Musik im Mittelpunkt erleben und sich freuen an der Freude vieler Menschen. Die Bauten in Wolfsburg, in Bremerhaven und die Staatsbibliothek in Berlin mußten von Mitarbeitern zu

Ende geführt werden. Das Institut für Musikforschung mit Instrumentenmuseum, einer der Ergänzungsbauten zum Philharmoniekomplex, ist noch nicht eröffnet. Mit dem Bau des anderen, des Kammermusiksaales, wurde gerade begonnen, und die Diskussion um die Gestalt des Kulturforums am Kemperplatz – Chance für Berlin, einen geschlossenen, unverwechselbaren und gemäßen Ort einer von Hans Scharoun geprägten Stadtstruktur sich einzurichten – ist nicht beendet. – Seine zweite Ehefrau, die Journalistin Margit von Plato, war ihm in den gemeinsamen Jahren seit 1960 in andauernder Mithilfe eine unermüdliche wie unentbehrliche Partnerin. Wohnen und arbeiten unter einem Dach, im „Raum der Mitte" mit dem Arbeitstisch im Zentrum des Geschehens, war beiden die selbstverständliche Wirklichkeit des Alltags.

Unter den erneuten Ehrungen, die ihm nationale und internationale Institute und Verbände erwiesen, auch die Stadt Berlin mit der Ehrenbürgerschaft 1969, hat besonderen Rang die Verleihung des ‚Praemium Erasmianum 1970' der Niederlande. In seinen Dankesworten beruft sich Scharoun auf den Humanismus des Erasmus von Rotterdam, der auch heute unser Anliegen sei: „So ist es heute unser Wunsch, daß es zu keiner zu frühen Erstarrung der lebenskräftigen Bewegung, der lebendigen Wandlung kommen möge, zu keiner voreiligen Perfektion – auch nicht im Bereich des Technischen. Daß vielmehr statt Perfektion Improvisation gelten möge, die den Weg der Entwicklung offen hält."

Hans Scharoun starb am 25. November 1972 in Berlin.

Er hat Vorschläge gemacht, spät wurden sie angenommen und bedeutende bestehen, selbstverständlich und bewährt. Aber das Werk – eingebunden in den „lebendigen Wandel" – ist nicht vollendet. So ist der Wunsch am Ende seines erfüllten Lebens zugleich auch die Aufforderung, weiterzuarbeiten, mitzuarbeiten am Wirklichwerden der „zweiten natürlichen Welt" in freiheitlicher und mitmenschlicher Gestalt, nicht von Sensationen, sondern von Reflexionen sich leiten lassend, denn, und dies sei die noch immer lebendige Aufgabe Europas, das „Wesentliche der Baukunst – wie der Kunst überhaupt – ist ja die Sinndeutung des Lebens der Menschheit und deren gestaltgewordenes Ergebnis".

# HANS KELSEN
## 1881–1973

Von
Robert Walter

Man hat Hans Kelsen „den Juristen des zwanzigsten Jahrhunderts" genannt und mit diesem Ehrentitel zwar ein wichtiges Element seiner wissenschaftlichen Persönlichkeit hervorgehoben, diese damit aber doch nicht vollständig und nicht ganz kennzeichnend erfaßt. Denn Kelsen war nicht nur ein großer Jurist, dem die Dogmatik des Völkerrechts, des Staatsrechts und des Verwaltungsrechts Wichtiges verdankt, sondern ein wissenschaftlicher Denker, der – von seinem Fachgebiet ausgehend – in viele weitere Bereiche der Sozialwissenschaften vordrang und sie durch originelle Beiträge bereicherte. Dies konnte ihm gelingen, weil er eine geradezu unerschöpfliche Arbeitskraft mit einem durchdringenden kritischen Verstand vereinigte und ihm das Schicksal mehr als sechs Jahrzehnte für das Schaffen seines vielfältigen wissenschaftlichen Lebenswerkes vergönnte. Mit seiner *Rechtstheorie,* der *Reinen Rechtslehre,* hat Kelsen die Rechtswissenschaft neu in der Philosophie verankert und gelehrt, wie das positive Recht mit einem neuen – gereinigten – Begriffsapparat exakter zu erfassen ist. In seinen *Schriften zur politischen Theorie* hat er Entstehung, Inhalt und Tragweite politischer Ideen durchleuchtet; seine *philosophischen* und *soziologischen Untersuchungen* dringen in die bestehenden Deutungen der Welt ideologiekritisch ein und führen ihn zur Einsicht in die *Grundformen des menschlichen Denkens;* die Arbeiten zur *Theorie der Gerechtigkeit* zeigen – unter besonderer Berücksichtigung der griechischen Philosophie – die Fülle von Versuchen auf, das zu bestimmen, was man „Gerechtigkeit" oder „Naturrecht" nennt, aber auch das Scheitern aller dieser – vielfach von den größten Geistern unternommenen – Anstrengungen.

Nach einem Blick auf das Leben Kelsens sollen die skizzierten Richtungen seines wissenschaftlichen Werks etwas genauer dargeboten werden.

Der Beginn von Kelsens Wirken fällt in die Zeit der ausgehenden Donaumonarchie, in der sich in der Haupt- und Residenzstadt Wien eine vielfältige wissenschaftliche Kultur entfaltet und „den letzten Glanz der Märchenstadt" (Friedländer) mitträgt, aber gleichzeitig auch kritisch durchleuchtet. Sein Wirken setzt sich in der Zwischenkriegszeit in Österreich fort, findet aber auch nach dem Verlust dieser geistigen Heimat in den Vereinigten Staaten, die ihm zu einer zweiten Heimat werden, kein Ende, sondern eine fruchtbare Fortführung. Längst war ja auch Kelsens Lehre in alle Welt gedrungen und die

Reine Rechtslehre als *„Wiener Schule der Rechtstheorie"* Gegenstand wissenschaftlicher Bemühungen von Juristen aller Kontinente geworden.

Die in der zweiten Hälfte des 19. Jahrhunderts aufblühende Kaiserstadt Wien erlebte einen Bevölkerungszuwachs aus allen Gebieten des großen Reiches. Daher stammt die Wiener Volksweisheit, daß die echten Wiener nicht aus Wien stammen. Dies trifft auch auf Kelsen zu; sein Vater stammte aus einer jüdischen Familie, die in Brody, einem Ort des ehemaligen österreichischen Galizien, beheimatet war. Von dort wanderte er zunächst nach Prag aus, wo er sich verehelichte und wo ihm am 11. Oktober 1881 als erstes Kind Hans Kelsen geboren wurde. Schon drei Jahre später übersiedelte die – deutschsprachige – Familie Kelsen nach Wien, wo der Vater eine Fabrik aufzubauen begann. Die Volksschule besuchte Hans Kelsen bereits in Wien. Danach absolvierte er das Akademische Gymnasium, eine herausragende Lehranstalt, in der vor allem auch die klassischen Sprachen gepflegt wurden. Kelsen fühlte sich zu diesen weniger hingezogen als zu Philosophie, Mathematik und Literatur. Von diesen Interessengebieten ist bloß die Mathematik später ohne konkrete Auswirkungen geblieben, doch mag diese Wissenschaft Kelsen wegen ihrer exakten Methode angezogen und ihn diesbezüglich auch beeinflußt haben. Über das Studium des griechischen Geisteslebens – insbesondere der Lehre Platos – ist aber Kelsen auch zur zunächst ungeliebten griechischen Sprache zurückgekehrt, die er bis in sein hohes Alter beherrschte.

Nach der Matura absolvierte Kelsen den vorgeschriebenen einjährigen Militärdienst und wandte sich dann – eher aus Vernunft als aus Neigung – dem juristischen Studium an der Wiener Fakultät zu. Dort beeindruckten ihn im besonderen die rechtsphilosophischen Vorlesungen von Leo Strisower und jene des Staatsrechtslehrers Edmund Bernatzik. Durch Strisowers Vorlesung angeregt, entstand seine erste Publikation über die „Staatslehre des Dante Alighieri", die im Jahr 1906, dem Jahr der Promotion Kelsens zum Doktor juris, erschien. Kelsen hat sie später als „nicht mehr als eine unoriginelle Schülerarbeit" bezeichnet und hinzugefügt, daß es freilich das einzige seiner Bücher gewesen sei, das keinerlei ablehnende Kritik erfuhr.

Es mag sein, daß Kelsen schon während seines Studiums die Notwendigkeit eines neuen rechtstheoretischen Fundaments ahnte. Einer seiner frühesten und bedeutendsten Schüler – Alfred Verdross – hat die damalige Situation an der Wiener Juristenfakultät nämlich so gekennzeichnet, daß es zwar ausgezeichnete Fachvertreter gegeben habe, man jedoch eine Theorie vermißte, die alle einzelnen Wissenschaftsgebiete zusammenhielt. Hans Kelsen sollte sie später vorlegen. Vorläufig aber war es noch nicht soweit. Kelsen absolvierte den für die Juristenausbildung üblichen einjährigen Gerichtsdienst, schrieb einige verfassungsrechtliche Arbeiten und konnte dann zu einem Studienaufenthalt nach Heidelberg reisen, wo der (aus Wien stammende) damals führende deutsche Staatsrechtslehrer Georg Jellinek wirkte. Inzwischen war jedoch die Familie Kelsens – nach Krankheit und Tod des Vaters – in finanzielle Schwierigkeiten geraten, und er mußte trachten, eine entsprechende Berufsstellung zu erlangen. Es fügte sich günstig, daß Ernst Seidler (der spätere Ministerpräsident), der – neben seiner Tätigkeit im Ministerialdienst – die Professur für öffentliches Recht an der Exportakademie (der späteren Hochschule für Welthandel und jetzigen Wirtschaftsuniversität Wien) innehatte, eines Vertreters bedurfte. So wurde Kelsen, der inzwischen schon lange an seiner Habilitationsschrift gearbeitet hatte, 1911 „provisorischer Konzeptsadjunkt" an der Exportakademie. Im selben Jahr erschien auch seine – die Reine Rechtslehre begründende – Habilitationsarbeit über „Die Hauptprobleme der Staatsrechtslehre". Bald darauf wurden Adolf Merkl und Alfred Verdross – die später bedeutenden Gelehrten – seine Schüler und bildeten den Kern jener Gelehrtenverbindung, die man später die „Wiener Schule der Rechtstheorie" nannte.

Im Ersten Weltkrieg hatte Kelsen von 1914 bis 1918 Militärdienst zu leisten, wobei er vorwiegend für administrative Aufgaben herangezogen wurde. Seine letzte – und auch wichtigste – Tätigkeit in diesem Bereich war die eines juristischen Beraters des k. u. k. Kriegsministers. Als solcher arbeitete er – im Auftrag des Kriegsministers – an einer Reform der Verfassung der Monarchie; zu einer solchen ist es freilich nicht mehr gekommen.

Während dieser Zeit, nämlich 1917, wurde Kelsen außerordentlicher Professor an der Universität Wien und nach dem Tod von Edmund Bernatzik 1919, als dessen Nachfolger, ordentlicher Professor.

Nach dem Krieg erwuchs Kelsen eine verfassungspolitische Aufgabe von großer Bedeutung; er wurde von Staatskanzler Renner als Konsulent für die Ausarbeitung der neuen Verfassung Österreichs herangezogen. So wurde er zum wichtigsten Redaktor der Bundesverfassung 1920, die bis 1933 und dann wieder ab 1945 die rechtliche Grundlage Österreichs bildet. Dabei erwies sich der Gelehrte Kelsen als geschickter Verfassungspolitiker. Er erstellte nämlich nicht nur einen Entwurf, sondern mehrere Varianten, manche von ihnen für jeweils verschiedene politische Positionen, so daß schließlich (fast) nur mehr Entwürfe in Diskussion standen, die alle von Kelsen stammten, was verständlicherweise – trugen doch alle seine „Handschrift" insbesondere in Sprache und System – den schließlich erreichten Kompromiß der politischen Kräfte erleichterte.

Besondere Aufmerksamkeit hat Kelsen dem Ausbau der Verfassungsgerichtsbarkeit zugewendet. Zwar gab es im früheren Reichsgericht ein Vorbild; doch wurde der Verfassungsgerichtshof mit weitreichenderen Kompetenzen ausgestattet und insbesondere auch als Gesetzesprüfungsgericht eingesetzt. Diese Einrichtung – vorerst rechtspolitisch aufs heftigste umstritten – ist für die Rechtsentwicklung vieler Staaten zum Vorbild geworden. Kelsen wirkte an diesem Gerichtshof bis 1929 als Richter.

1930 verließ Kelsen – nach leidenschaftlichen persönlichen Angriffen und politischen Benachteiligungen – Wien, um einem Ruf an die Universität Köln zu folgen. Sein Lebensweg führte ihn – nach nur kurzen Lehrtätigkeiten in Köln, Prag und Genf, welche die Lehre und Theorie des Völkerrechts stärker in den Vordergrund treten ließen – in die Vereinigten Staaten (1940), wo er schließlich an der Universität Berkeley (Kalifornien) eine dauernde Bleibe fand. Wenn auch in den Jahren seines Lebens in den USA zunächst das Völkerrecht einen Hauptteil seiner Arbeit bildete, so konnte er allmählich doch wieder auf allen Gebieten weiterwirken. Dies wird nicht zuletzt darin deutlich, daß nach Kelsens Tod noch wichtige Manuskripte fertig vorlagen.

Als Hans Kelsen an seinem neunzigsten Geburtstag nochmals – wie bereits mehrfach früher – eine Festschrift überreicht wurde, konnte er auf ein Werk von über sechshundertfünfzig Publikationen in vierundzwanzig Sprachen zurückblicken, auf zahlreiche wissenschaftliche Ehrungen, wie elf Ehrendoktorate, sowie höchste Anerkennung in seiner alten Heimat, die – über alle früheren politischen Gegensätze hinweg – ihn wie kaum einen anderen Gelehrten auszeichnete, nicht zuletzt dadurch, daß aus Anlaß des neunzigsten Geburtstages von der Republik Österreich ein Hans Kelsen-Institut als Stiftung gegründet wurde, welches das Werk Kelsens weiterzupflegen berufen ist. Es hat 1979 Kelsens letzte zusammenfassende rechtstheoretische Arbeit, die „Allgemeine Theorie der Normen", postum herausgegeben.

Kelsen war und blieb – dies muß zu seiner Persönlichkeit noch gesagt werden – auch nach den zahlreichen Angriffen, die er zu bewältigen hatte und nach vier Emigrationen – ein typischer Wiener; als solchen kennzeichneten ihn seine besondere persönliche Freundlichkeit und sein großer Charme, Eigenschaften, die nur scheinbar einen Kontrast zu seiner ehernen Härte in sachlichen Fragen und der Schärfe mancher seiner wissenschaftlichen Auseinandersetzungen bilden. Der Wiener Kelsen wußte, daß man sich – im Leben – „auch vertragen können (muß)", daß es aber in der Wissenschaft nur auf die Wahrheit ankommen und daher dort keine Kompromisse geben kann. Deshalb wollte Kelsen – obgleich politisch keineswegs neutral – sich auch keiner politischen Richtung anschließen und schrieb: „Stärker als diese Sympathie war und ist mein Bedürfnis nach parteipolitischer Unabhängigkeit in meinem Beruf. Was ich dem Staat nicht zubillige: das Recht, die Freiheit der Forschung und Meinungsäußerung zu beschränken, kann ich auch einer politischen Partei, durch freiwillige Unterwerfung unter ihre Disziplin, nicht einräumen."

Am 19. April 1973 starb Kelsen in Berkeley.

Die Rechtswissenschaft der ganzen Welt kennt Hans Kelsen als den *Begründer und Hauptvertreter* einer neuen Rechtstheorie: Der *„Wiener rechtstheoretischen Schule"* oder *„Reinen Rechtslehre"*. Was war das Neue an dieser Richtung, die – wie Kelsen im Vorwort zur Reinen Rechtslehre (1934) schreibt – „neben Anerkennung und Nachahmung" auch „Widerstand von einer in der Geschichte der Rechtswissenschaft fast beispiellosen Leidenschaftlichkeit" ausgelöst hat? Eine Skizze des wissenschaftsgeschichtlichen Hintergrunds, aus dem die Reine Rechtslehre erwuchs, kann jene Wendung zeigen, die sie der Rechtstheorie zu geben unternahm:

Das 18. Jahrhundert wird auf dem Gebiet der Rechtstheorie von der *rationalistischen Naturrechtslehre* beherrscht. Diese wollte aus der menschlichen Vernunft – der sogenannten „praktischen Vernunft" – die „natürlichen Rechtsregeln" gewinnen, an die sich die erlassenen („positiven") Rechtsregeln halten sollten oder müßten. Die vielfach imponierenden Bemühungen dieser Richtung waren letztlich zum Scheitern verurteilt. Wissenschaftlich zwingend hätte man mittels der „praktischen Vernunft" nur dann unabweislich gültige Rechtsregeln gewinnen können, wenn man rational oberste Werte erkennen könnte. Daß dies nicht der Fall ist, hat viel später der „Werturteilsstreit" (Max Weber) besonders deutlich gemacht. Damals erwiesen sich aber bereits die aus der Vernunft gewonnenen Regeln als divergent und auch als nicht übereinstimmend mit dem erlassenen Recht.

Daher brach im 19. Jahrhundert das Zeitalter des *Rechtspositivismus* an. „Der Traum des Naturrechts war ausgeträumt" (Bernhard Windscheid, 1854), und die Rechtswissenschaft wollte „nicht mehr täuschenden Bildern ... nachjagen, sondern die nüchterne Wirklichkeit ... zu fassen suchen" (Max von Seydel, 1873). Diese „nüchterne Wirklichkeit" war das von Menschen für Menschen gesetzte, das positive Recht. „Denn wir wollen und können nur das positive Recht als Recht anerkennen", schreibt Karl Bergbohm im Jahre 1892.

Das, was die Reine Rechtslehre Kelsens zu ihrem Gegenstand zu machen unternahm, war genau das, was auch in der aufgezeigten wissenschaftlichen Entwicklung als der „eigentliche Gegenstand" der Rechtswissenschaft herausgearbeitet worden war: das positive Recht. Insoweit steht die Reine Rechtslehre in der wissenschaftlichen Tradition. Aber sie konnte – und darin liegt die entscheidende Wende, die sie gebracht hat – methodisch nicht auf jenen Bahnen weiterschreiten, die der ältere Rechtspositivismus eingeschlagen hatte; sie mußte zeigen, wie eine Rechtswissenschaft vom positiven Recht methodisch möglich ist und so zum *„kritischen Rechtspositivismus"* (Verdross) werden.

Das, was der ältere Positivismus nicht erkannt hatte, war, daß man das Recht – als System von Sollensanordnungen – nicht aus einem Sein – der effektiven sozialen Autorität – ableiten konnte: Sein Anliegen, einen eindeutigen Erkenntnisgegenstand zu gewinnen, war zweifellos methodisch zutreffend, jedoch vermochte er es nicht, die Normativität seines aus Normen bestehenden Gegenstandes zu begründen: Denn die Macht, die die Regeln setzte, ist etwas Tatsächliches, ein Gegenstand des Seins – die Verbindlichkeit von Regeln aber ein Gegenstand des Sollens. Ist nun evident, daß aus dem Umstand, daß etwas ist, nicht abgeleitet werden kann, daß etwas sein soll, dann ist auch die Unmöglichkeit, das Recht, das gelten soll, aus der faktischen Macht abzuleiten, offenbar. Mit der Annahme, daß die Anordnungen der sozialen Macht als positives Recht verbindlich sind, hatte der ältere Positivismus – obgleich er in strikter Ablehnung naturrechtlicher Gedanken entstanden war – selbst einen gewissermaßen naturrechtlichen Akzent – eines Naturrechts des Stärkeren – gewonnen.

Die schwierige – der Reinen Rechtslehre aufgegebene – Frage war somit die *Kantianische Frage,* welcher Weg für die Rechtswissenschaft noch *offen* ist, *wie Rechtswissenschaft denn betrieben werden könne, ohne den normativen Sinn des Erkenntnisgegenstandes zu verleugnen und ohne die Grenzen der wissenschaftlichen Erkenntnis zu überschreiten.* Diese Problematik löste Hans Kelsen mit seiner *Lehre von der Grundnorm:* Diese Grundnorm muß von jedem als Annahme seiner wissenschaftlichen Bemühungen *vorausgesetzt* werden, der die Anordnungen der sozialen Autorität – ihrem intentionalen Sinne nach – als Sollensanordnungen deuten *will.* Diese Annahme ermöglicht also die Beschreibung dieser Anordnungen so, *als ob* sie gälten. Die Grundnorm – eine transzendentale Voraussetzung – macht somit eine exakte und normative Rechtswissenschaft möglich.

Weil die Reine Rechtslehre aber die Grundnorm voraussetzt, beantwortet sie die – von keiner Wissenschaft zu beantwortende – Frage, ob man einer effektiven Ordnung gehorchen oder ob man gegen sie revoltieren soll, nicht. Sie erweist in diesem Punkte ein weiteres Element ihrer Reinheit: Ihre – unverständlicherweise vielfach verkannte – Distanz zur politischen Macht.

Wenn oftmals gesagt wurde, daß die Reine Rechtslehre eine Theorie des positiven Rechts ist, so sei dies dahin verdeutlicht, daß sie eine Theorie des positiven Rechtes sein *will,* also ihr *gewählter* Erkenntnisgegenstand das positive Recht ist.

Die Wahl des „positiven Rechts" zum Erkenntnisgegenstand ist freilich nicht willkürlich. Zunächst ist eines wesentlich: daß ein Interesse an der Kenntnis dieser Systeme – mag man sie bejahen, mag man sie verwerfen – besteht. Daran konnte man auch zur Zeit der Naturrechtslehre nicht vorbeigehen. Und wenn man heute oft – wie vielfach in der Geschichte der Rechtswissenschaft – den Erkenntnisgegenstand „positives Recht" zwar anerkennt, aber mit naturrechtlichen Prinzipien „aufputzt", so verzichtet man auf eine wissenschaftliche Grundanforderung: die klare Angabe und Abgrenzung des behandelten Gegenstandes.

Für Kelsen gab es freilich für die Festlegung des positiven Rechts als Objekt rechtswissenschaftlicher Forschung einen zweiten – vom ersten durchaus trennbaren – Grund: daß er die Möglichkeit, ein Naturrecht wissenschaftlich zu erkennen, verneinte. Dabei genügte es Kelsen nicht, einfach die wertrelativistische Position zu beziehen und von dieser aus alle Versuche einer Naturrechtsbegründung ohne weiteres zurückzuweisen. Er nahm vielmehr alle Bemühungen einer objektiven Naturrechtsableitung oder Gerechtigkeitsbegründung durchaus ernst und zeigte – in einem gewaltigen Gang durch die Geschichte der Philosophie – bezüglich aller wesentlichen Versuche auf, daß sie, weil methodisch verfehlt, inkonsistent oder widerspruchsvoll, nicht zum Ziel führen (Was ist Gerechtigkeit?, 1953).

Das weitere Bemühen Kelsens – nach Festlegung und Ableitung des Erkenntnisobjekts – mußte auf die Herausarbeitung eines Instrumentariums gerichtet sein, das es ermöglicht, den gewählten Gegenstand, das positive Recht, so genau als möglich darzustellen. Kelsen bildete zunächst den *Zentralbegriff* der *Rechtsnorm*, als der einzelnen Anordnung des Rechts, die von der Rechtswissenschaft im *Rechtssatz* beschrieben wird. Als Funktion der Rechtsnorm wurde zunächst das *Gebieten* erkannt. Rechtsnormen gebieten menschliches Verhalten und knüpfen, falls dem Gebot nicht gehorcht wird, eine Sanktion an das Zuwiderhandeln. Später wird auch die *ermächtigende Funktion* von Rechtsnormen erkannt und dargestellt; diese Rechtsnormen ermächtigen zur Schaffung anderer Normen; auch der mögliche *erlaubende* und *derogierende* Inhalt von Rechtsnormen wird von Kelsen im Zuge der Entwicklung seiner Lehre beschrieben.

Besonders wichtig für die Ausgestaltung der Reinen Rechtslehre war die, zunächst von dem Kelsen-Schüler Adolf Merkl aufgezeigte und dann von Hans Kelsen in sein System übernommene Einsicht in den stufenförmigen Aufbau des Rechts *(Lehre vom Stufenbau der Rechtsordnung)*. Jede Rechtsordnung, im besonderen Maße die hochentwickelten Rechtssysteme, zeigt nicht nur Anordnungen von verschiedenem Inhalt, sondern auch von verschiedener Form. Die verschiedenen Formen stehen nicht gleichrangig nebeneinander, sondern entstehen auseinander und bilden so höhere und niedrigere Schichten des Rechts. Aber auch in der Kraft, andere Rechtsvorschriften aufzuheben (ihnen zu derogieren), unterscheiden sich die einzelnen Rechtsformen und bilden so eine Pyramide höherer und niedrigerer Rechtsformen (z. B. Verfassung – Gesetz – Verordnung – Urteil).

Ein im Rahmen der Reinen Rechtslehre behandeltes wichtiges Thema war das der *Rolle der Interpretation*. Eine exakte Rechtstheorie, wie sie von Kelsen angestrebt wurde, mußte klarstellen, daß eine wissenschaftliche Interpretation nicht mehr tun kann, als Recht zu erklären; führt diese Erklärung zu keinem eindeutigen Ergebnis, so kann es nicht der Rechtswissenschaft zukommen, eine Lösung als „richtig" zu erklären, sondern nur dem zur Vollziehung des Rechts ermächtigten Organ, die ihm „richtig" erscheinende Lösung zu wählen. Wie weit rechtswissenschaftliche Interpretation zu einem eindeutigen Ergebnis führt, bleibt verständlicherweise umstritten. Daß aber das angeführte Problem besteht und prinzipiell in dem von Kelsen exponierten Sinne zu lösen ist, erscheint kaum mehr streitig.

Es kann nicht im einzelnen gezeigt werden, wie sich die *Reine Rechtslehre* bei der dogmatischen Arbeit auf den verschiedenen Gebieten der Rechtsdogmatik bewährt hat. Doch kann etwa auf die Lehre des Völkerrechts verwiesen werden, die Kelsen eingehend gepflegt und durch die Gedanken der Reinen Rechtslehre bereichert hat. Als Beispiel sei auf Kelsens „Principles of International Law" verwiesen, die 1966 in zweiter Auflage erschienen sind, sowie auf Kelsens Werk „The Law of the United Nations", das 1966 in sechster Auflage erschien. Dabei ist vor allem auch interessant, daß die Reine Rechtslehre mit ihrer Einsicht in den stufenförmigen Aufbau des Rechts das Völkerrecht, das oftmals als ein mit den staatlichen Rechtsordnungen gar nicht zusammenhängendes System erschien, unschwer mit dem Staatsrecht in ein einheitliches Rechtsgefüge zusammenfasssen konnte. Um den Ausbau in diese Richtung hat sich der Kelsen-Schüler Alfred Verdross besonders verdient gemacht (Die Verfassung der Völkerrechtsgemeinschaft, 1926).

Eine wichtige Rolle in Kelsens Schaffen spielt die *politische Theorie.* Er hat diese – seinem erkenntniskritischen Standpunkt entsprechend – nie in dem Sinne aufgefaßt, daß ein Vertreter der Wissenschaft – etwa gar im Namen dieser – eine politische Heilslehre zu verkünden berufen sei. Vielmehr hat er es als wissenschaftliche Aufgabe angesehen, die in der politischen Diskussion vertretenen Positionen möglichst klar zu erfassen und zu analysieren, d. h. insbesondere die Entstehungsbedingungen der politischen Theorien klarzustellen und ihren Inhalt auf möglichst präzise Grundgedanken und Grundwertungen zurückzuführen, ihre Konsequenzen zu prüfen und ihr Verhältnis zu anderen politischen Gedankengebäuden klarzustellen. Typisch für diesen Stil des Denkens auf dem Gebiet der politischen Theorie ist Kelsens schmales Bändchen über „Wesen und Wert der Demokratie" (1920), das zu Recht ein „Klassiker" geworden ist. Kelsen führt darin den Gedanken der Demokratie auf den Wert der Freiheit des Einzelnen innerhalb der staatlichen Ordnung zurück und zeigt, inwieweit die Staatsform der Demokratie das leisten kann, was sie erstrebt. Obgleich Kelsen persönlich die Demokratie bejahte, zeigt er – ganz seinem unbestechlichen wissenschaftlichen Blick folgend – ebenso klar die (ideologischen) Fiktionen der herrschenden Demokratielehre auf, wie auch jene Probleme, die eine demokratische Staatsstruktur allein nicht zu lösen vermag.

Es ist nicht zu verwundern, daß eine zweite politische Idee das Denken Kelsens über Jahrzehnte beschäftigte: die *Idee des Sozialismus* in ihren verschiedenen Ausprägungen. Daß für den Juristen Kelsen dabei auch das Verhältnis des Sozialismus zum Staat von Bedeutung war, zeigt schon der Titel seiner ersten eingehenden Untersuchung: „Sozialismus und Staat" (1920). Auf eine ganz kurze Formel gebracht, kann man sagen, daß Kelsen den *Marxismus* – selbstverständlich nicht aus einem Vorurteil, sondern nach eingehender Untersuchung – deshalb ablehnte, weil er das nicht zu leisten vermag, was er zu geben verspricht: die Freiheit und das Wohlergehen der Menschen ohne Staat. Der Skeptiker Kelsen bezweifelte, daß eine erwünschte Sozialordnung ohne den Einsatz staatlicher Mittel hergestellt werden könne und daß die Menschen jemals ohne „Staat" und das heißt für ihn: ohne eine das soziale Gefüge regelnde Ordnung, auskommen könnten. Die – als Titel einer Untersuchung auftauchende – Frage „Marx oder Lasalle" (1924) wurde daher von Kelsen dahingehend beantwortet, daß der „Staatssozialismus" Lasalles ein möglicher Weg zum Sozialismus sei, nicht aber der Utopismus von Marx. Es genügt hier zu bemerken, daß jeder aus dem Verlauf der Geschichte heute zu erkennen vermag, daß eine staatliche Ordnung – in höherem oder geringerem Ausmaß – ein sozial ausgleichendes System verwirklichen kann, eine andere Realisierung – außerhalb einer staatlichen Organisation – aber nirgends sichtbar geworden ist!

Die politische *Idee des Föderalismus*, mit der sich Kelsen ebenfalls früh zu beschäftigen beginnt, wird von ihm aller mythischen Umhüllungen entkleidet und als eine bestimmte *Form der Dezentralisation* erfaßt (vgl. z. B. das entsprechende Kapitel in Kelsens großer „Allgemeiner Staatslehre", 1925, S. 163 ff).

Ein Gebiet, mit dem sich Kelsen zeit seines Lebens aufs intensivste befaßt hat, waren die verschiedenen philosophischen Deutungen der Welt, insbesondere die *Weltauffassung der Griechen;* nicht nur, wie sie sich in ihrer großen Staatsphilosophie findet, sondern auch wie sie sich in ihrer Religion und Dichtung zeigt. Die Auseinandersetzung mit diesen Gedanken beginnt Kelsen bereits zur Zeit seiner Wiener Professur und setzt sie bis in sein hohes Alter fort. Allmählich konzentriert sich diese Arbeit immer stärker auf das Werk Platos, so daß jedenfalls für Kelsens Arbeit das gilt, was manchmal für alle Philosophie angenommen wird: daß sie nämlich eine ununterbrochene Auseinandersetzung mit Plato sein müsse.

Der Dialog, den Kelsen in seinen Arbeiten mit der griechischen Philosophie führt, ist nicht bewundernd-deskriptiv, sondern bohrend-analytisch. Nicht danach, was der Inhalt der Lehren ist, wird gefragt, sondern ob oder unter welchen Voraussetzungen sie „richtig" sind und weshalb sie gerade jenen Inhalt haben, der uns entgegentritt. Kelsen bewundert den ehrwürdigen Plato, aber er tritt ihm ebenbürtig als kritischer Denker gegenüber, um zu erkennen, wie es um seine Lehren steht, was sie uns sagen, wohin sie führen und was hinter ihnen verborgen ist. Kelsen ist zweifellos von Plato fasziniert, aber „der Zauber Platos" (Popper) nimmt ihn nicht gefangen.

Von seinen umfassenden Arbeiten über das griechische Geistesleben veröffentlichte Kelsen nur kleine Teile – insbesondere Auseinandersetzungen mit der platonischen Gerechtigkeitslehre – und ließ manches in andere Arbeiten einfließen. In seinem literarischen Nachlaß finden sich daher reiche Schätze lebenslangen Bemühens. Das mit der Betreuung des literarischen Nachlasses Kelsens betraute Hans Kelsen-Institut in Wien befaßt sich damit, diese Früchte langen Nachdenkens der wissenschaftlichen Welt vorzulegen. Zunächst wird Kelsens Werk über die platonische Philosophie publiziert werden, das nach einer Einleitung aus den Teilen „Die platonische Liebe", „Die platonische Wahrheit" und „Die platonische Gerechtigkeit" besteht und insgesamt eine kritische Auseinandersetzung mit der Sozialphilosophie Platos darstellt. Manches andere könnte dem noch folgen.

Auf verschiedenen Gebieten hatte sich Kelsen immer wieder mit Problemen des normativen Denkens auseinandergesetzt. Dies führte ihn auch zu der – mit dem Problem der Gerechtigkeit innig verbundenen – Frage nach den *Grundformen des menschlichen Denkens.* Kelsen machte sich dieses Thema nicht leicht. Er drang in Gebiete vor, die Juristen kaum vor ihm betreten hatten, vor allem in die *Ethnologie.* Auf der Basis umfangreichen ethnologischen Materials und auf der Grundlage des ihm bekannten griechischen Geisteslebens – Religion, Dichtung und Philosophie der Griechen – entstand zunächst in dem Werk „Vergeltung und Kausalität" (1941) seine *Hauptthese:* Das menschliche Denken zeigt *zwei Grundformen* des Vorgehens, zwei wesentlich verschiedene Prinzipien seines Verfahrens, nämlich nach dem *Gesetz der Kausalität* einerseits und nach dem *Gesetz der Vergeltung* andererseits, wobei das Denken nach dem Prinzip der Vergeltung dem nach der Kausalität historisch vorgeht und dieses beeinflußt. Diese Unterscheidung ist für Kelsen der Ausgangspunkt für die Differenzierung von *Natur und Gesellschaft* und von *Naturwissenschaft* als *Kausal-*, *Gesellschaftswissenschaft* als *Norm-* (Vergeltungs-/Zurechnungs-)*wissenschaft.* Die Bedeutung dieser Unterscheidung des menschlichen Denkens, die man gewiß a priori leicht vorauszusetzen geneigt sein mag und die auch Kelsen immer wieder als evident annahm, wird von ihm auch in ihrer faktisch-historischen Dimension – in der Geschichte der Entwicklung des tatsächlichen menschlichen Denkens – als grundlegend aufgewiesen. Dazu bedurfte er freilich nicht nur eines immensen – wenn auch notwendigerweise nie vollständigen – Überblicks über das menschliche Denken seit der Frühzeit, sondern auch der für Kelsen typischen geistigen Kraft, durch die vielfältigen Umhüllungen und Verschleierungen der Produkte des menschlichen Denkens hindurch zum Kern, zum wahren geistigen Gehalt der jeweiligen Phänomene vorzudringen. Kelsens Leistung auf diesem Gebiet hat noch kein angemessenes Echo gefunden, was nicht verwundert, wenn man des Umstandes gedenkt, daß Kelsen hier nicht auf dem Gebiet einer seiner Wissenschaften geblieben ist, sondern bewußt „quer durch die Wissenschaftsbereiche" gedacht hat, weil – wie er im Vorwort schreibt – „die gegenseitige Isolierung der einzelnen Fachdisziplinen deren Wert für das Ganze der Erkenntnis in Frage zu stellen droht".

# MAX HORKHEIMER
## 1895–1973

Von
Gunzelin Schmid Noerr

Kritische Theorie, wie sie Max Horkheimer während der dreißiger Jahre dieses Jahrhunderts entwickelt hat, ist keine lebensferne Kathederphilosophie, sondern knüpft an individuelle und alltägliche Leidenserfahrungen und das Interesse an der Aufhebung gesellschaftlichen Unrechts an. Deshalb sind ihre Lehren weder von den jeweiligen Erfahrungsgehalten, auf die sie sich beziehen, noch vom Gewebe ihrer Herleitung einfach ablösbar. Ihre Wahrheit bleibt an Konstellationen der Realität gebunden. Dessen eingedenk grenzt sich Kritische Theorie von zwei entgegengesetzten Formen des philosophischen und wissenschaftlichen Selbstverständnisses ab: Die eine Denkweise dünkt sich unabhängig von solchen Konstellationen. Die andere ist sich ihrer zwar bewußt, weicht diese Einsicht aber zu der allgemeinen Feststellung auf, Geistiges und Materielles entsprächen einander. Demgegenüber spürt die Kritische Theorie der Abhängigkeit des Bewußtseins vom gesellschaftlichen Sein mit dem Ziel nach, sie aufzuheben. Sie ist also einerseits kritische Unruhe gegenüber allen vermeintlichen ersten und letzten Gewißheiten, gegenüber allem Denken, das seine eigene Bedingtheit vergessen hat. Andererseits hält sie am emphatischen Wahrheitsbegriff ihrer philosophischen Tradition fest und vermeidet es, sich in einen unentschiedenen Relativismus aufzulösen, dem alles gleich wahr oder gleich falsch wäre.

Sie nimmt damit einen ideologiekritischen Ansatz auf, den bereits Hegel und Marx in die Philosophie und die Sozialwissenschaften eingeführt hatten, wendet ihn aber selbst noch einmal sowohl gegen idealistisches Systemdenken als auch gegen die dogmatische Erstarrung des nachmarxschen Materialismus als auch gegen den wissenssoziologischen Relativismus. Sie bewahrt den authentischen Begriff von Ideologie als dem durchschaubar gewordenen falschen Bewußtsein. Kritik ist keine Frage der richtigen Gesinnung, die von außen zur Analyse hinzutritt, sondern resultiert aus dem rückhaltlosen Bezug aufs analysierte Material. Daran läßt sich die Einheit der Kritik in der Zerrissenheit ihres Gegenstandes: der bürgerlichen Gesellschaft, ablesen. Ihr allgemeines Vorhaben besteht darin, angesichts eines als universell diagnostizierten Verblendungszusammenhangs auf der Instanz und dem Ziel einer nicht instrumentalistisch verkürzten Vernunft zu beharren.

Diese Einstellung hatte den Juden Horkheimer, Professor für Sozialphilosophie und Direktor des Instituts für Sozialforschung in Frankfurt am Main, gleich zu Beginn der nationalsozialistischen Machtergreifung in die Emigration über Genf und Paris nach New York getrieben. Nachdem er dort im Exil ein Jahrzehnt lang philosophische und sozialwissenschaftliche Forschungen betrieben hat, sieht er sich schließlich einer der dunkelsten aller politischen Konstellationen dieses Jahrhunderts gegenüber. Es ist die Zeit des siegreichen Faschismus, der in Deutschland und auch außerhalb allerorten aufkeimt, der die Welt erst mit seiner Politik, dann mit seinem Krieg überzieht. Keine wirksamen Kräfte scheinen ihm mehr entgegenzustehen, an die sich begründete Hoffnungen auf die künftige Einrichtung eines vernünftigen gesellschaftlichen Zustands knüpfen ließen. Fataler noch: Die politischen und militärischen Gegner des Faschismus, der westliche Kapitalismus der Monopole und der östliche Sozialismus der Bürokratien scheinen nur verschiedene Wege hin zu einem einzigen, gattungsgeschichtlich unwiderruflichen Ziel: der unerbittlichen Verwaltung des einzelnen durchs Kollektiv, der Abschaffung des Subjekts zu sein.

Solche Überlegungen führen Horkheimer dazu, seine bislang formulierten vernunftkritischen Annahmen weiter zu radikalisieren und geschichtsphilosophisch auszuweiten. Im Winter 1941/42 schreibt er den Aufsatz „Vernunft und Selbsterhaltung", der zunächst unter dem düsteren Titel „The End of Reason" in der letzten Nummer des letzten, englischsprachigen Jahrgangs der von ihm herausgegebenen „Zeitschrift für Sozialforschung" erscheint, bald danach auf deutsch in der Gedächtnisschrift des Instituts für seinen Mitarbeiter Walter Benjamin, der vor der drohenden Auslieferung an die Nationalsozialisten in die Selbsttötung geflüchtet war. Das Ende der Vernunft sieht Horkheimer nicht allein in einer ihr äußerlichen Überwältigung durch die moderne Barbarei, vielmehr als das Ergebnis eines ihr immanenten Zersetzungsprozesses, für den die faschistische Zwangsordnung selbst nur ein Symptom ist. Seit der Antike galt die Vernunft als Organ, durch das die ewige Ordnung des Seins erkannt wurde. Aber entgegen dieser Auffassung reduzierten aufgeklärte Denker die Vernunft immer wieder auf ein bloßes Mittel der Beherrschung äußerer und innerer Natur zum Zweck gesellschaftlichen Wohlergehens. Ob im Gewand der protestantischen Ethik oder in dem ihrer katholischen Gegenspieler, der glaubenserneuernden Orden, oder schließlich in dem der frühbürgerlichen Massenbewegungen, zuletzt ging es immer um die Verinnerlichung der neuen Ordnung und damit um die Auslieferung der Individuen an die nicht mehr in Frage zu stellenden Imperative der Herrschaft. Die Krise in der globalen Entwicklung der Naturbeherrschung wird erreicht mit der Ablösung des Konkurrenzkapitalismus durch den der Monopole und mit ihren Folgen, der Errichtung des autoritären Staates, dem Zerfall sprachlicher Verständigung in der industrialisierten Kultur, dem Verschwinden der Kindheit, dem Auslöschen des subversiven Moments in der Sexualität, dem

Ende des souveränen Individuums. Dieses konnte einst das Prinzip seiner Selbsterhaltung als Autonomie ausgeben. Aber dieser Schein ist gewichen. Jetzt ist Heteronomie der Herrschaft angemessener, und „der Selbsterhaltung entschwindet ihr Subjekt".

Seit den Anfängen des aufgeklärten und aufklärenden, gegen Angst und Aberglauben gerichteten Denkens hat kritische Vernunft, wie Horkheimer zeigt, in immer neuen Schüben die Welt entzaubert und die Begriffsfetische zerstört. Zuletzt aber hat sie sich selbst, zusammen mit den bürgerlichen Fortschrittsideen der Freiheit, Gleichheit und Brüderlichkeit, mit dem Begriff des Menschen, als einen solchen Fetisch verdächtigt und verabschiedet. Aber die Paradoxie einer sich selbst dementierenden Vernunft wird in der modernen positivistischen Wissenschaft, begleitet von einer skeptizistischen Ethik und einer manipulativen Massenkultur, dadurch verschleiert, daß der emphatische Anspruch der Vernunft zurückgenommen wird. Die Vernunft zieht sich auf jenes utilitaristisch-instrumentelle Prinzip der Selbsterhaltung zurück, dem sie einst ihre Geburt aus den animalischen Instinkten verdankte. Als ökonomisch optimale Erfüllung der durch Herrschaftsinteressen gesetzten Zwecke, als Koordination der Mittel, macht sie sich blind gegenüber ihrem eigentümlichen Begriff, die Wirklichkeit bei ihrem Namen zu nennen.

Die traditionelle Philosophie hat, darauf insistiert Horkheimer, als begriffliche Selbstkritik weitgehend bloß vorexerziert oder nachvollzogen, was sich in Wirklichkeit im Lauf der Geschichte durchgesetzt hat. Theoretische Dichotomien und Aporien haben ihre historisch-praktischen Ursprünge und Lösungen. Das ist der Grundzug seiner materialistischen Argumentation gegenüber der Entwicklung und den Widersprüchen in der Philosophie- und Wissenschaftsgeschichte. Rein argumentative Lösungen sind hier kaum zu erwarten. Denn die Ideologiekritik der fragmentierten und instrumentellen Vernunft erkennt dieser eine gesellschaftlich verankerte Macht zu, angesichts derer jedes Festhalten an überkommenen wertsetzenden Ansprüchen der Philosophie als schwächliche oder überspannte, jedenfalls künstliche Metaphysik-Renaissance erscheinen müßte. Positivismus und neue Ontologie sind, wie Horkheimer vor allem in seinem Buch „Eclipse of Reason", New York 1947, – deutsch erst 1967 unter dem Titel „Zur Kritik der instrumentellen Vernunft" erschienen – ausführt, die beiden sich bekämpfenden, aber durchaus verwandten Hauptströmungen zeitgenössischen Denkens. Sie führen in die komplementären Sackgassen einer entleerten Methodologie oder einer autoritären Dogmatik. Als Wissenschaftsgläubigkeit oder als diverse Formen modernen Aberglaubens werden sie durch kulturindustrielle Techniken der Massenmanipulation im Alltagsbewußtsein wirksam. Sie schreiben die Macht des Bestehenden fest und entziehen jeder Idee seiner vernünftigen Transzendierung den Boden.

Freilich war es auch einer gegenüber den Chancen der Vernunft-Aufklärung illusionslos gewordenen Kritischen Theorie zu Beginn der 40er Jahre kaum noch möglich, an der Aussicht auf die Verwirklichung jener utopischen Idee irgendwie festzuhalten. Ja, im Rückblick mußte die in der Tradition der Marxschen ökonomischen Geschichtstheorie stehende Einbindung der Kritischen Theorie in gesellschaftsverändernde Praxis selbst als betrogene Hoffnung, wenn nicht gar als substanzlos gewordenes Anhängsel erscheinen.

Allerdings hatte sich Horkheimer immer schon, bei aller sozialen Parteilichkeit der Theorie, einer organisatorischen Verpflichtung durch eine politische Partei verweigert. Diese Einstellung läßt sich zurückverfolgen bis zu seinen frühesten politischen Äußerungen als junger Betriebsleiter in der väterlichen Kunstbaumwollfabrik bei Stuttgart, als Soldat während des Ersten Weltkriegs, an dessen Front er freilich nicht mehr geschickt wurde, und als Student während der daran anschließenden Zeit der Novemberrevolution und der Räterepublik in München. In der Fabrik erfährt er die persönlichkeitszerstörenden Lebens- und Arbeitsverhältnisse der Arbeiter und sich selbst, mit all seiner Sehnsucht nach Liebe und Wahrheit, als Nutznießer der Ausbeutung. In München sieht er politische Bewegungen, ihre Spontaneität, ihren Kampf und ihre Niederlage. Sie verweisen auf gesellschaftliche Kräfte, die jenen individuellen Widerspruch aufzuheben versprechen. Horkheimer versucht sich vorübergehend als schriftstellernder Bohemien im Geist des expressionistischen Aufschreis gegen den Krieg und, nach dem Zusammenbruch, gegen die blutige Kontinuität von alter und neuer Ordnung. Er schreibt Novellen – sie werden erst etwa 60 Jahre später unter dem Titel „Aus der Pubertät" veröffentlicht –, deren Helden sich der Anpassung verweigern und in verstiegenen Sehnsüchten verzehren. Er liest, neben älteren Klassikern wie Voltaire, Cervantes und Swift, Döblin und die jüngeren Autoren der Buchreihen „Der rote Hahn" und „Der jüngste Tag" sowie an Zeitschriften Wilhelm Herzogs „Forum" und vor allem Franz Pfempferts „Aktion". Über die letztere schreibt er am 27. 2. 1919 an Rosa Riekher, seine spätere Frau, die er Maidon nennt: „Lies sie bitte (die Aktion) von Anfang zu Ende, ohne eine Zeile auszulassen, sie gibt einen guten Grundriß zu unserer politischen Anschauung." Der Zusammenbruch der bürgerlichen Welt des 19. Jahrhunderts in den Greueln des Weltkriegs und die Zerschlagung einer möglichen sozialistischen Neuordnung zu Beginn der Ersten Republik sind die ursprünglichen Anstöße der Kritischen Theorie: ihrer Sehnsucht nach einem gegenüber der schlechten Totalität „ganz Anderen", aber auch ihres Konservativismus im Rückverweis auf eine bessere bürgerliche Vergangenheit. Die bürgerliche Gesellschaft am Maßstab ihrer eigenen, uneingelösten Ansprüche zu messen, ist das ursprüngliche Kritik-Modell der Kritischen Theorie.

Horkheimer geht sein weiteres Studium in Frankfurt am Main zunächst eher beiläufig an, unter Schopenhauerischem Mißtrauen gegenüber der Universitätsgelehrsamkeit, das er sich zeitlebens bewahren sollte. Er besucht Vorlesungen zur Gestaltpsychologie, Nationalökonomie und Philosophie. Die Förderung durch seinen philosophischen Lehrer Hans Cornelius sowie später die Freundschaft mit dem Theologen Paul Tillich bestärken ihn dann in der Wahl einer akademischen Karriere. Aus dieser Zeit datiert auch die Freundschaft mit dem Philosophen und Musiktheoretiker Theodor W. Adorno, die neben der seines Jugendfreundes, des Ökonomen Friedrich Pollock, für Horkheimer und sein Werk ein Leben lang bestimmend werden sollte. In seiner Dissertation (1923) und in seiner Habilitationsschrift (1925) befaßt er sich mit Problemen der Kantischen „Kritik der Urteilskraft" unter den Aspekten der Gestaltpsychologie und der Transzendentalphilosophie von Cornelius. Als Privatdozent hält er Vorlesungen vor allem zur Philosophiegeschichte der Neuzeit.

Daneben arbeitet er an einem Aphorismenband, der unter dem Titel „Dämmerung. Notizen in Deutschland" erst 1934 in Zürich erscheint. Der Titel klingt nicht zufällig an Nietzsche an, der, neben den großen Anti-Akademikern des 19. und beginnenden 20. Jahrhunderts, Schopenhauer, Marx und Freud, und schließlich neben den großen Akademikern der deutschen Philosophie, Kant und Hegel, und gegen diese, zu den theoriegeschichtlichen Bezugspunkten der Kritischen Theorie zählt. In den Aphorismen der „Dämmerung" versucht Horkheimer zum ersten Mal, diese disparaten Stränge zu einer neuartigen, ebenso historisch bestimmten wie anthropologisch tiefgreifenden wie kulturtheoretisch verbreiterten Kapitalismus-Analyse zusammenzuführen. Ihre kritische und zugleich synthetische Kraft entspringt aus der in der philosophischen Tradition schon angelegten Idee einer vernünftig eingerichteten Menschheit, deren Chancen er am Stand der politischen, ökonomischen und sozialen Entwicklung mißt. Er dechiffriert die philosophische Anstrengung des Begriffs, die gesellschaftliche Zerrissenheit zu versöhnen, als bloß „abstrakte Negation", die in einer isolierten geistigen Sphäre verbleibt. Er konkretisiert die philosophische Kritik klassentheoretisch. Nur im Spiegelbild einer derartigen „bestimmten Negation", nicht in direktem, positivem Zugriff, läßt sich nach Horkheimer die leitende Idee einer zukünftig möglichen, objektiv gewordenen Vernunft anvisieren. Mit den Mitteln des Aphorismus stellt er das Allgemeine am Besonderen dar, dessen Analyse als Falsches den Umriß des Wahren indirekt sichtbar werden läßt. Insofern dieses Verfahren für die Kritische Theorie bestimmend bleibt, kann die „Dämmerung" bereits als deren Frühform gelten. Immer stärker tritt in der Folgezeit bei Horkheimer die Überzeugung in den Vordergrund, daß die Wahrheit nur negativ zu denken sei; daß der Begriff des Menschen sich nur erschließen lasse im konkreten Aufweis des Unmenschlichen.

Bereits in der „Dämmerung“ deutet sich die epochale Leistung der Kritischen Theorie an, die Marxschen „Basis“-Kategorien auf den kulturellen „Überbau“, auf Philosophie, Moral, Persönlichkeitsstrukturen, Erkenntnis und Wissenschaft anzuwenden, ohne deren Eigengesetzlichkeit zu mißachten. Horkheimer verweist in diesen Aphorismen über die sozialen Klassenverhältnisse nachdrücklich auf den Marxschen Historischen Materialismus als Hintergrund, ohne die ökonomische Theorie selbst weiterzuführen. Aber dadurch modifiziert er schließlich im Ergebnis entscheidend eben jenes zunächst orthodox unterstellte Verhältnis von Basis und Überbau sowie von Theorie und Praxis. Der Angelpunkt des Nicht-Orthodoxen in Horkheimers Marxismus ist die Schopenhauerische Weigerung, Geschichtsphilosophie als säkularisierte Theodizee zu entwerfen: individuelles Leiden dadurch zu verklären, daß es in einen teleologisch sinnvollen Fortschrittszusammenhang eingeordnet wird. Dieser Gedanke bewahrt den antimetaphysischen Materialismus davor, selbst wiederum in eine neue konformistische und zynische Dogmatik abzugleiten. Horkheimers Ideologiekritik beschränkt sich nicht auf das „bürgerliche Bewußtsein“. Bei aller Parteilichkeit für die Ausgebeuteten spart sie deren innere Deformationen nicht aus. Sie zeigt, daß Unterdrükkung die Unterdrückten nicht besser macht und versagt sich so dem zeitgenössischen Proletkult-Optimismus. Die Idee des gattungsgeschichtlichen sozialen Fortschritts wird jeder Rechtfertigungsfunktion entkleidet. Glück wäre kein solches ohne die Erinnerung an das vergangene und deshalb für immer unaufhebbare Leiden auf dem Weg dorthin. Horkheimers Materialismus ist, wie er selbst sagt, eine „traurige Erkenntnis“. Zu ihr illusionslos sich zu bekennen, sollte auch fernerhin das heroische Wahrheitsanliegen der Kritischen Theorie bleiben.

Zu Beginn des Jahres 1931 hält Horkheimer seine Antrittsvorlesung als Ordinarius und als Direktor des Instituts über „Die gegenwärtige Lage der Sozialphilosophie und die Aufgaben eines Instituts für Sozialforschung“. Das Institut stellt ihm nun die wissenschaftlichen Mittel zur Verfügung, seine Konzeption eines undogmatischen Materialismus zu entfalten. Die theoretische Kritik an den bürgerlichen Wissenschaften, der falschen Verselbständigung von positivistischer Empirie und metaphysischer Konstruktion ließ sich allein philosophisch, etwa im Geiste Hegels, nicht mehr im Ernst einlösen. Daraus zieht Horkheimer jetzt die forschungsprogrammatische und organisatorische Konsequenz einer interdisziplinären, philosophisch angeleiteten Sozialwissenschaft. Die von ihm herausgegebene „Zeitschrift für Sozialforschung“ wird zum Forum für eine Gruppe von Wissenschaftlern, die sich der Horkheimerschen Idee einer umfassenden Theorie des Geschichtsverlaufs seiner Zeit verpflichtet wissen. Unter ihnen sind neben Adorno und Pollock der Philosoph Herbert Marcuse, der Philosoph und Literaturwissenschaftler

Walter Benjamin, der Psychoanalytiker Erich Fromm, die Ökonomen Henryk Grossmann und Karl-August Wittfogel, die Politologen und Juristen Franz Neumann und Otto Kirchheimer sowie der Literatursoziologe Leo Löwenthal, der die Redaktion der „Zeitschrift" besorgt.

Die erste empirische Studie des Instituts befaßt sich mit bewußten und unbewußten Einstellungen deutscher Arbeiter und Angestellter. Ihre ersten Ergebnisse lassen die Gruppe zu der Überzeugung kommen, daß in Deutschland kein wirksamer Widerstand gegen eine mögliche Übernahme der Macht durch die Nationalsozialisten zu erwarten wäre. So gelingt es noch rechtzeitig, das Institutsvermögen ins Ausland zu transferieren. Seit 1934 leitet Horkheimer dann das International Institute of Social Research. Es ist lose verbunden mit der New Yorker Columbia-Universität, ein deutsches Institut mit deutschsprachiger Zeitschrift im amerikanischen Exil. Ohne Horkheimers überragende theoretische und persönliche Integrationskraft, zumal in dem rauhen Wind der Emigration, hätte diese außergewöhnliche Vereinigung von Forschern kaum Bestand gehabt. Das bezeugt ein Brief Pollocks vom 7. September 1937 aus New York an den nach London gereisten Horkheimer: „Heute war die erste Vollsitzung", heißt es darin. „Wenn Du nicht da bist, macht die Gruppe einen arg verwaisten Eindruck. Ich habe mir so meine Gedanken gemacht, wie erstaunlich viel Du mit diesen im einzelnen so schwachen Menschen zuwege bringst." In New York verteidigt das Institut die Ehre einer geistes- und sozialwissenschaftlichen universitären Tradition, die sich zur gleichen Zeit in Deutschland oft allzu bereitwillig dem Totalitarismus unterwirft.

„Die Zeitschrift", schreibt Jürgen Habermas, „war so etwas wie ein Focus – wenn es je, datierbar und lokalisierbar, eine Frankfurter Schule gegeben hat, dann hier in New York, zwischen 1933 und 1941, in jenem von der Columbia University zur Verfügung gestellten Haus 429 auf der Westseite der 117. Straße." Während dieser Zeit verfaßt Horkheimer, unterbrochen von zahllosen Verhandlungen mit Universitätsverwaltungen und Stiftungen, von Unterstützungsaktionen für Verwandte, Freunde und Kollegen in Europa und in der Emigration in den USA, von Organisationsarbeiten zu den verschiedenen Forschungsprojekten, von Reisen, Konferenzen und Korrespondenzen, jene Aufsätze, die seinen späteren Ruhm als Spiritus rector der Kritischen Theorie begründen sollten. Diese Bezeichnung taucht zum ersten Mal in dem 1937 erschienenen Aufsatz „Traditionelle und kritische Theorie" auf. Horkheimer entwirft darin programmatisch eine Forschungsmethode, die sich von der Subsumtionslogik der empirisch-analytischen Erklärungsansätze und ihrem erkenntnistheoretischen Objektivismus lossagt. In Abgrenzung zu diesem naturwissenschaftlich orientierten Selbstverständnis der Sozialwissenschaften geht es ihm um den Nachweis des wechselseitigen, nicht nur innerwissenschaftlich, sondern gesellschaftlich bestimmten Einflusses von Tatsachen auf Theorien und von angewandten Theorien zurück aufs Material. Dieser doppelseitige lebensweltliche Kontext der Forschung ist nicht allein durch eine materialistische Konstitutionstheorie bewußt zu machen, vielmehr soll er im Sinn einer als vernünftig gerechtfertigten Umgestaltung der unvernünftigen Realität praktisch werden.

Im Institutskreis übernimmt Horkheimer die Aufgabe, nach diesem Prinzip die theoretische Einheit der interdisziplinären Forschungen darzustellen. Darüber hinaus verfaßt er eine Reihe von Essays, die als paradigmatisch für das Verfahren einer materialistischen Dialektik galten und gelten. Genannt seien nur „Materialismus und Moral" (1933), „Bemerkungen zur philosophischen Anthropologie" (1935), „Egoismus und Freiheitsbewegung" (1936), „Montaigne und die Funktion der Skepsis" (1938). Die Monographien kreisen vor allem um den Begriff der Geschichte und um gesellschaftstheoretische Deutungen philosophischer Probleme. Die abendländische Geschichte wird negativ-anthropologisch rekonstruiert unter dem Aspekt des Aufstiegs und Niedergangs des bürgerlichen Typus. Um die psychischen Vermittlungsinstanzen zwischen ökonomischer und epistemischer Struktur angemessen zu interpretieren, führt Horkheimer psychoanalytische Kategorien in die historisch-materialistische Argumentation ein. Schon zu Beginn der 30er Jahre hatte deren Verwendung vor allem die Aufgabe, zu erklären, warum es zu der von den Marxisten verheißenen proletarischen Revolution nicht kam, statt dessen aber zu einer nicht nur objektiven, sondern auch subjektiven Prädisposition zur Unterwerfung unter das autoritäre Führertum. Zu Beginn der 40er Jahre muß Horkheimer die Hoffnungen auf dessen Beseitigung durch die Arbeiterbewegung endgültig aufgeben. Entgegen dem verordneten Geschichtsoptimismus der Marxisten diagnostiziert er pessimistisch, daß die aufklärerischen Ideale der Freiheit und Solidarität zugunsten einer technokratisch gesteuerten Gleichheit in der „verwalteten Welt" verschwinden. Gegen Marx und die Aufklärung verweist er auf die dialektische Struktur der Begriffe Freiheit und Gleichheit. Doch diese Abwendung von Marx bleibt zunächst und noch für lange unterschwellig. Erst in den späten Aphorismen und Essays der 60er Jahre pointiert er seine Kritik, daß Marx zu Unrecht die Vernunft in der Gesellschaft mit wirksamer Naturbeherrschung identifiziert habe. Am Ende entpuppe sich das von Marx als Ziel gesellschaftlichen Fortschritts gewähnte Reich der Freiheit als Reich der totalisierten Zweckmäßigkeit und Herrschaft.

Unter derartigen geschichtsphilosophischen Prämissen begreift sich Kritische Theorie weniger denn je als Selbstreflexion einer sozialen Bewegung. Die Alternative der 30er Jahre: Revolution oder Rückfall in die Barbarei, scheint zu Beginn der 40er endgültig zugunsten des letzteren entschieden. Apokalyp-

Hans Kelsen im Jahr 1964

Max Horkheimer im Jahr 1931

tisch heißt es am Ende der „Dialektik der Aufklärung": „Wenn die Rede heute an einen sich wenden kann, so sind es weder die sogenannten Massen, noch der Einzelne, der ohnmächtig ist, sondern eher ein eingebildeter Zeuge, dem wir es hinterlassen, damit es doch nicht ganz mit uns untergeht." Dieses Buch, vielleicht die bis heute einflußreichste Veröffentlichung der Kritischen Theorie, schreibt Horkheimer zusammen mit Adorno zwischen 1942 und 1944 an der Pazifikküste bei Los Angeles, wo er seit 1941 wohnt. Finanzielle Schwierigkeiten des Instituts und ein gewisser Überdruß der Mitglieder seines engsten Kreises an der Verstrickung in ausufernde Administrationsaufgaben führten in dieser Zeit zur Einstellung der „Zeitschrift". Dazu kam, daß die in ihren Leistungen imponierende Geschlossenheit der Gruppe um den hohen Preis einer oft rigiden Führung erkauft wurde. Diese Forscher, zum großen Teil seit ihrer Jugend untereinander befreundet, unterwarfen ihre gesamte wissenschaftliche Produktivkraft einem gemeinsamen Unternehmen. Für eine derartige Gruppenarbeit gibt es in der neueren Wissenschaftsgeschichte kaum ein Beispiel. Naturgemäß bleiben jedoch auf die Dauer persönliche, politische und theoretische Spannungen und Zerwürfnisse nicht aus. Noch entscheidender aber war, daß sich das Paradigma einer interdisziplinär auszuführenden Kritischen Theorie der Gesellschaft in gewisser Weise erschöpft zu haben schien. Horkheimer selbst betrachtete alle seine früheren Aufsätze nur als fragmentarische Vorarbeiten zu einem geplanten philosophischen Hauptwerk über dialektische Logik – es sollte nie geschrieben werden. Wegen dieser Pläne zog er sich nach Kalifornien zurück. Doch es bleibt auch jetzt bei Essays. Auch die „Dialektik der Aufklärung" ist ein Konglomerat von Abhandlungen, Exkursen und Fragmenten. Und schon bald entschließt sich Horkheimer dann zur zeitweiligen Rückkehr nach New York, wo er eine breitangelegte empirische Untersuchungsreihe über autoritäre Vorurteile organisiert („Studies in Prejudice", fünf Bände, New York 1949/50). Aber die Einheit von empirischen Erhebungstechniken, Kritischer Theorie und politischer Praxis ist allzu brüchig geworden. Die pessimistische Geschichtsphilosophie schert aus und läuft der Empirie und der Praxis weit davon.

Bezogen auf die zeitgeschichtlichen Erfahrungen ist die „Dialektik der Aufklärung" der Versuch des philosophischen Nachweises, daß der nationalsozialistische Terror kein zufälliger Betriebsunfall der abendländischen Geschichte ist, sondern zutiefst in den Grundzügen ihrer Zivilisation verankert ist. Horkheimer demonstriert die Selbstzerstörung der bürgerlichen Welt nun nicht mehr, wie in den Aufsätzen der „Zeitschrift", an einzelnen Phänomenen der Regression von Wissenschaft, Moral oder Kunst auf Herrschaftsinstrumente, sondern verankert die Kritik in einer globalen Dialektik der Beherrschung von äußerer Natur, innerer Natur und sozialer Herrschaft. Aufklärung, die diese Bereiche ausdifferenzierte, wird zurückverfolgt bis zu ihren mythischen Wurzeln. Seit diesen Anfängen gelingt die Befreiung von den Zwängen der äußeren Natur nur dadurch, daß ein neues Herrschaftsverhältnis „zweiter Natur" eingeschoben wird. Repression innerer Triebnatur und gesellschaftliche Herrschaft sind schon im Mythos, der selbst als eine Frühform der Aufklärung verstanden wird, gegen die die spätere sich wendet, wirksam. Faschismus und Kulturindustrie schließlich sind die Gestalten einer Wiederkehr der verdrängten Natur. Im Dienste einer fortschreitenden Rationalisierung des instrumentellen Denkens, das sich am Modell der Naturbeherrschung orientiert und dieser dient, höhlt aufklärerische Vernunft sich so fortlaufend selbst aus, bis sie in die neue Mythologie eines wiedererstandenen Naturverhältnisses, in Gewalt umschlägt. „Seit je", so beginnt das Buch, „hat Aufklärung im umfassendsten Sinn fortschreitenden Denkens das Ziel verfolgt, von den Menschen die Furcht zu nehmen und sie als Herren einzusetzen. Aber die vollends aufgeklärte Erde strahlt im Zeichen triumphalen Unheils."

Bei den Metamorphosen des aufklärenden Denkens lassen sich drei Phasen unterscheiden, die sich in der Geschichte oft wiederholt haben. Besonders markant sind sie am Schicksal der neueren Aufklärung seit dem 18. Jahrhundert abzulesen. Zunächst richtet sich dieses Denken gegen autoritäre Bevormundung. Gegen die obsolet gewordene Herrschaft einer nicht produktiven Klasse setzt sie auf den Fortschritt. Durch ihn soll die unter Bedingungen äußerer Not aufrechterhaltene Herrschaft überflüssig gemacht werden. Die Aufklärung baut nun theoretische Systeme auf, die die einzelnen radikalen Strömungen vereinheitlichen und schließlich ablösen. Sie verbündet sich mit den herrschenden Mächten, wie diese umgekehrt den Fortschritt auf ihren ideologischen Banner schreiben. Zuletzt aber eilt die Geschichte der Theorie voraus. Nachdem der herrschaftsorientierte Anteil der Aufklärung verwirklicht ist, wird ihr die Wirklichkeit begreifender und sie emanzipatorisch überschreitender Anteil zu einem Überschußprodukt, das als störend liquidiert wird. Die Sprache selbst regrediert zu einem bloßen Zeichensystem von Information und Propaganda, und der emphatische Begriff der Wahrheit entgleitet ihr. – Der Anspruch auf historische Bestimmtheit gerät freilich in der „Dialektik der Aufklärung" in einen eigentümlichen Widerspruch zu global-überzeitlichen Aussagen, die der frühe Horkheimer selbst als Metaphysik verurteilt hätte. Die Begriffe der Aufklärung und des Mythos werden gattungsgeschichtlich ausgeweitet. Ihre Dialektik wird als quasi anthropologische Struktur gedeutet, und die gegenüber der mythischen Vorgeschichte besondere Qualität der industriell-kapitalistischen Produktionsweise wird zugunsten eines unausweichlichen schlechten Kontinuums übersprungen.

Die Problematik einer derartigen „Urgeschichte der Subjektivität" zeigt sich in der Konsequnz, daß der objektive Verblendungszusammenhang totalisiert wird. Empirischer Überprüfung und praktischem Handeln droht so der Verlust ihrer theoretischen Orientierung.

Die „Dialektik der Aufklärung" und die zur gleichen Zeit, 1947, auf englisch erschienene „Eclipse of Reason" bleiben der systematische Bezugspunkt auch für die Nachkriegsentwicklung der Kritischen Theorie. Die Befürchtung, es sei eine Zeit, in der man über manches nur flüstern dürfe, oder sie stehe unmittelbar bevor, wird Horkheimer nicht mehr verlassen. Nur wenige Jahre nach der Niederschrift seiner Verweigerung und Verzweiflung gegenüber dem weltgeschichtlichen Prozeß der Zivilisation kehrt er aber nach Deutschland zurück, um zusammen mit Pollock und Adorno das Institut in Frankfurt wieder aufzubauen und in den 50er und 60er Jahren umfangreiche universitäre, forschungsorganisatorische, publizistische und bildungspolitische Tätigkeiten zu entfalten. Dieser Übergang von der radikalen Verweigerung zur Praxis der kleinen Schritte kann jedoch nur dem inkonsequent scheinen, der den der Theorie zugesprochenen „Zeitkern der Wahrheit" nicht genügend ernst nimmt und übersieht, daß Horkheimer bei der von ihm durchgeführten Selbstaufklärung der Aufklärung sich nie in die Paradoxien neuerer Fortschrittskritiker versteigt, Vernunft *an sich* mit Herrschaft zu identifizieren und zugleich mit vernünftigen Argumenten zu kritisieren. „Die Methode der Negation", heißt es am Ende der „Kritik der instrumentellen Vernunft", „die Denunziation alles dessen, was die Menschheit verstümmelt und ihre freie Entwicklung behindert, beruht auf dem Vertrauen in den Menschen."

Die Lösung, die Horkheimer in dieser Schrift für das Problem der Dichotomie von Positivismus und Metaphysik vorsieht, ist die wechselseitige Kritik von subjektiv-instrumenteller und objektiv-systematischer Vernunft. Diese Lösung befriedigt Horkheimer später offenbar nicht mehr. Zu tief ist die Skepsis gegenüber beiden geworden. Auch der Kraft der bestimmten Negation vertraut er nicht mehr unbedingt. Philosophie als Einsicht in die Ohnmacht alles Geistigen gegenüber dem Faktischen, Erkenntnis, die sich unentrinnbar Beherrschungszwecken verhaftet weiß, droht sich nun doch selbst zu dementieren. Hegel, selbst Marx werden einer im Grunde theologischen Geschichtsphilosophie geziehen, in der die grundsätzlich unerreichbare Versöhnung als immanentes Ziel der Geschichte ausgegeben wird. Noch in Gestalt von Schopenhauers Desillusionismus, dem Horkheimer sich ansonsten weitgehend anschließt, ist sie falscher Trost. Gegenüber den Erfahrungen des vergangenen und den Prognosen zukünftigen Unheils bleibt nur die „Sehnsucht nach dem ganz Anderen". „Realitätsgerechtes Denken" überhaupt, nicht bloß das szientifische, verfallen dem Verdikt. Hier nähert sich Kritische Theorie einer Theologie, die sich der Welttranszendenz ihres Anspruchs bewußt geblieben ist, und ebenso einem Kantianischen Kritizismus und Agnostizismus. Gleich diesen beharrt Horkheimer auf der Erinnerung an das Verlorene, auf der Praxis des Möglichen und auf der bloß regulativen Idee des Guten. Der praktische Versuch soll die Prognose des theoretischen Pessimismus wenn nicht widerlegen, so doch ihre Erfüllung abmildern oder verzögern.

Solche Gedanken finden sich in einer Sammlung von Aphorismen, die Horkheimer neben einer Reihe von Vorträgen und Aufsätzen zu sozialwissenschaftlichen und philosophischen Themen zwischen 1950 und 1969 schreibt und die 1974 postum unter dem Titel „Notizen" erscheinen. Sie sind der bis heute noch am wenigsten rezipierte Teil seines Werkes, obwohl sie, wie Alfred Schmidt vermerkt, als sein geistiges Vermächtnis zu gelten haben: „Sie müssen jenes umfassende Werk ersetzen, von dem er während seiner letzten Lebensjahre wiederholt sprach, das zu schreiben ihm der Tod verwehrte." Diese letzten Lebensjahre verbringt Horkheimer, nachdem er 1959 emeritiert wird und Frankfurt verläßt, in Montagnola im Tessin. Innerhalb eines Jahres, zwischen 1969 und 1970, sterben dann die drei ihm am nächsten stehenden Menschen: Adorno, seine Frau Maidon und Pollock. Horkheimer überlebt sie um wenige Jahre und stirbt am 7. Juli 1973 während einer medizinischen Untersuchung in einem Nürnberger Krankenhaus.

Horkheimer beeinflußte das Denken des 20. Jahrhunderts vielleicht mehr noch durch sein unmittelbares Auftreten als durch seine Schriften. Wenn es ihm schon früh gelingt, nicht nur schulbildend zu wirken, sondern gültig „seine Zeit in Gedanken zu erfassen", wie Hegel es von der Philosophie fordert, dann ist dies vor allem auf seinen überragenden Einfluß als Lehrer, Anreger und Koordinator, als Gesprächspartner und Redner zurückzuführen. Seine Rolle ist mit der Diderots im Kreis der französischen Enzyklopädisten vergleichbar. Zwischen diesen, die den großen Durchbruch der neueren Aufklärung markieren, und den Kritischen Theoretikern, die deren Ende diagnostizieren, gibt es einige aufschlußreiche Parallelen. Beide formulieren einen enzyklopädischen Anspruch bei gleichzeitiger Ablehnung des System-Denkens. Beide verbinden die Rationalisierung der Lebensbereiche und Wissenschaften mit einer Empirisierung des Vernunftanspruchs. In beider Veröffentlichungen ist ein Wechselspiel von revolutionärer Kühnheit und vorzensierender Anpassung an die politischen Gegebenheiten zu beobachten. Bei beiden ist die Kritik an eine vergangene Ordnung gebunden, Fortschrittswille und Konservativismus sind eigentümlich ineinander verschlungen.

Die Breitenwirkung Horkheimers setzt jedoch eigentümlich verspätet ein, zu einer Zeit, in der sich der ursprüngliche Erfahrungshorizont der Kritischen Theorie entscheidend verschoben hat. Seine frühen Schriften einschließlich der „Dialektik der Aufklärung" werden in Deutschland erst zur Zeit der Studentenrevolten der 60er Jahre wiederentdeckt. Sie kursieren in Raubdrucken und beeinflussen nachhaltig, neben Schriften Adornos und Marcuses, das Denken und Handeln einer Intellektuellengeneration, die sich den Verdrängungsmechanismen der neuen Wohlstandsgesellschaft nicht länger fügen will. Nach teilweise jahrzehntelangem Zaudern entschließt sich Horkheimer endlich zu Neupublikationen, versehen mit Hinweisen der Selbstdistanzierung. Aber die radikalisierten Schüler lassen sich auf die späte Selbstdeutung ihres Lehrers nicht mehr unbedingt ein. Auf das Institutsgebäude sprühen Studenten den Satz aus der „Dämmerung": „Bürgerliche Kritik am proletarischen Kampf ist eine logische Unmöglichkeit." Die Kritik, mißverstanden oder nicht, richtet sich gegen ihre eigenen Autoritäten.

Wesentliche Bestandteile des unorthodoxen, kritischen Materialismus Horkheimers haben sich gleichwohl inzwischen so weit durchgesetzt, daß es gerade deshalb zuweilen eines geschärften historischen Blicks bedarf, um zu sehen, daß er sie einst erst zuschneiden mußte. Anderes, was er selbst für letzte illusionslose Einsicht hielt, wie etwa die Dialektik von Freiheit und Gleichheit, mag sich im zeitlichen Abstand als immer noch zu optimistischer Ausdruck einer vorübergegangenen Prosperität der Gesellschaft, in der äußere Not und verschärfte Verteilungskämpfe für überwunden galten, entpuppen. Als historische Leistung und als Aktualität Horkheimers bleibt, daß er die Selbstreflexion von Philosophie und Wissenschaften in der Tradition von Hegel und Marx und zugleich gegen diese auf eine neue Stufe gehoben hat. Das von diesen formulierte Vertrauen in den logischen und historischen Fortschritt geht bei ihm über in die Kraft der Kritik. Sie bewahrt in der materialistischen Diagnose das Gegenbild, daß das Bewußtsein nicht durchs Sein bestimmt sein *soll.* Sie bewahrt den Materialismus als Theorie, nicht als Weltanschauung. Und sie hält an Aufklärung noch in deren düsterer Dialektik fest.

# WALTER FELSENSTEIN
## 1901–1975

Von
Götz Friedrich

In Wien wurde er geboren, als das Jahrhundert begonnen hatte: am 30. Mai 1901. Im fünfundsiebzigsten Lebensjahr starb er am 8. Oktober 1975 in Berlin, der Stadt, die der Österreicher seit etwa 1940 zum Zentrum seines Lebens, sprich Arbeitens gemacht hatte und in der er weitgehend verwirklichen konnte, was sein Programm, sein Lebenstraum war: Musiktheater als glaubhafte, aufregend menschlich überzeugende Kunst, Musiktheater als Verbindung von Idee, Institution und Methode. Mit einer Konsequenz, die ihresgleichen sucht, hat er als Regisseur und Theaterleiter entscheidend dazu beigetragen, dem musikalischen Theater für die zweite Hälfte unseres Jahrhunderts Sinn, Wahrheit und Schönheit neu zu gewinnen: Modell zwischen Wirklichkeit und Utopie.

Felsenstein, der Preuße aus Wien, dieser Fanatiker der Arbeit, plauderte selten. Aber zwei Geschichten aus seinen Kinder- und Jugendjahren gab er häufig zum besten:

Von seinen Eltern – der Vater war leitender Beamter der K. K. Nordwestbahn, später deren Vizepräsident, Mutter Elsa eine geborene Brenner – hatte er eine Geige bekommen, auf der er anfangs auch fleißig übte. Aber mit der Zeit wurde er unzufrieden – mit sich, mit der Geige? Sie „sang" wohl nicht so, wie er sie klingen lassen wollte. Der Wunsch nach einem kostbareren Instrument wurde – wahrscheinlich aus triftigen pädagogischen Gründen – vom Vater abgeschlagen. Woraufhin der Sohn seine Geige in Trotz und Schmerz zerschlug. Seitdem hat Felsenstein kein Musikinstrument mehr gespielt. Aber er begab sich wohl auf die Suche nach dem „Instrument", das für ihn taugte, mit dem er ausdrücken konnte, was ihn trieb.

Die zweite Geschichte weist darauf hin, für wen und wie Felsenstein spielen wollte. Die Hausgehilfin im Elternhaus („ein aufgewecktes Mädel vom Lande, ich glaube aus Böhmen") bekam eine Theaterkarte für „Lohengrin" in der Wiener Staatsoper. Am nächsten Morgen schilderte sie: „Es war herrlich, wunderschön, und schöne Musik! Auch die Bilder! Nur wissen'S, gnädige Frau, da war dieser Lohengrin, ein schöner Mann, aber er hat immer so hoch gesungen und sich dabei furchtbar 'plagt, daß ich gar nichts verstand. Warum hat er sich nur so 'plagt? Wenn er gesprochen hätte, wär' es für ihn nicht so schlimm gewesen, und ich hätt' ihn besser verstanden." Felsenstein resümierte: „Mir scheint diese naive Äußerung so wertvoll, weil sie von einem Menschen stammt, der gleichwohl Musik und Theater liebte. Offenbar war aber unser Mädchen unbefriedigt, weil in der besagten Aufführung Musik, Gesang und Darstellung einander nicht förderten, sondern störten."

Hier liegt ein Schlüssel für Felsensteins lebenslange Skepsis gegenüber den akademisch „Musikgebildeten", für seinen Drang, verstanden zu werden und Verständnis zu wecken, für die Besessenheit, mit der er die kleinste Wendung jeder Partitur auf ihre menschlich-dramatische Aussage hin durchleuchtete, als habe man vorher diese Partitur nie gekannt. Als er 1947 „sein" Instrument übertragen bekam, die Komische Oper Berlin, da lautete nicht zufällig das Thema einer seiner ersten programmatischen Reden: „Ist das Musiktheater eine Angelegenheit des Volkes?" Allerdings präzisierte er sofort: „Warum ist das Musiktheater keine Angelegenheit des Volkes?", um dann zu fragen, wie es zu einer „Angelegenheit" für immer mehr Menschen zu machen sei.

Die Neugründung der Komischen Oper, aus den Ruinen des zerstörten Berliner Metropoltheaters in der Behrenstraße neu errichtet, und die Lizenzübergabe an Walter Felsenstein durch den Kulturoffizier der sowjetischen Militäradministration Alexander Dymschitz am 5. Juni 1947 markierten einen Neubeginn, in dem sich die besondere Konstellation der Geschichte mit den Erfahrungen und den Bedürfnissen dieses Theatermannes aufs glücklichste begegneten und ergänzten.

Der Krieg war zu Ende. Überall regten sich die Kräfte, aus dem Chaos die historische Chance für die Schaffung einer neuen Gesellschaft zu nutzen. Während die meisten der Berliner Bühnen in Trümmern lagen, wuchs doch gerade dem Theater eine besondere Aufgabe zu bei der Neuorientierung, für den – vor allem auch geistigen – Neuaufbau.

Felsenstein hatte im Berliner Hebbeltheater, wo sich die Reste des Schillertheater-Ensembles um Karlheinz Martin gesammelt hatten, mit Schauspielern Offenbach inszeniert, dessen Werke zwölf Jahre lang verboten waren. Der sensationelle Erfolg von „Orpheus in der Unterwelt", von „Pariser Leben" veranlaßte vor allem die Vertreter der sowjetischen Besatzungsmacht, mit dem Österreicher in Verhandlungen über ein neues Theater zu treten, Verhandlungen, die von allen Alliierten und dem Magistrat des damals noch ungeteilten Berlin ausdrücklich mitgetragen wurden. Man muß sich das heute recht vergegenwärtigen: Die Komische Oper ist eine Neugründung des einheitlichen Berlin für die ganze Stadt gewesen! Daraus erwuchs ihr eine ebenso große künstlerische wie nationale Bedeutung.

Die deutsche Spielart der „Opèra comique" trat nun in Konkurrenz zu den beiden bestehenden arrivierten Berliner Opernbühnen: der Staatsoper, die nach ihrer Evakuierung im Admiralspalast 1955 wieder in das rekonstruierte Haus Unter den Linden einzog, und der Städtischen Oper in Charlottenburg, an die Carl Ebert aus der Emigration zurückkam und die aus ihrem Quartier in der Kantstraße erst 1961 an ihren alten Platz in der Bismarckstraße in ein neues Haus heimkehren konnte, von nun an unter dem verpflichtenden Namen „Deutsche Oper Berlin".

Bis zu den Augusttagen des Jahres 1961 entfaltete sich zwischen den drei Berliner Opernhäusern eine fruchtbare Konkurrenz, die wie eine Neuerwekkung der Blüte und Vielfalt des Berliner Opernlebens Ende der zwanziger Jahre erschien, wo Klemperers Krolloper als ein progressives Experiment eine ähnliche, allerdings nur fünf Jahre dauernde Funktion ausübte, wie sie später Felsensteins Komische Oper übernahm: Stimulanz der Entwicklung bei entschiedener Abgrenzung vom internationalen Operngeschäft, „Werkstatt" geistig-künstlerischer Neuaufarbeitung, Gegenvorschlag zur „Grande opèra" jedweder Couleur, Modell eines Musiktheaters auch unter Gefahr der Einseitigkeit bei der Konzentration auf Werke und Stile, die für das Experiment besonders geeignet erschienen. Aber ist nicht solche Konzentration, solche Eingrenzung stets der Preis für das Experiment mit der Wahrheit?

Das war auch nicht anders beim „Berliner Ensemble", wo Brecht, kaum fünfhundert Meter von Felsensteins Komischer Oper entfernt, an seinen Modellen für ein episches Theater arbeitete. Brecht attestierte übrigens dem Nachbarn auf dem anderen Ufer der Spree: „Felsenstein hat gezeigt, wie man die Oper säubern kann – von der Tradition, wo sie Denkfaulheit, und von der Routine, wo sie Faulheit des Gefühls bedeutet. Felsenstein nimmt nicht, wie das üblich und übel ist, Unnatur ‚in Kauf' – ‚der Musik wegen'. Er weiß, daß die Musik auf der Bühne nicht ohne Wahrheit leben kann. Gerade so bewahrt er die Gattung des musikalischen Theaters als eine ganz besondere. Felsensteins Beitrag zu einem deutschen Nationaltheater ist bedeutend."

Welche Erfahrungen hatte Felsenstein gemacht, als er 1947 die Komische Oper übernahm, welche Enttäuschungen und welche Ideen brachte er ein in das Haus, dem er achtundzwanzig Jahre lang vorstand? (Soweit ich weiß, ist es die längste Intendanz in der jüngeren Theatergeschichte).

Felsenstein hat, wie man in Theaterkreisen sagt, von der Pike auf gelernt. Es wurde ihm nichts geschenkt. Und er schenkte sich nichts. Als ich, nach vorangegangenen Praktikantenjahren ab 1953 von ihm an die Komische Oper als Dramaturg und Regieassistent engagiert, für den Henschelverlag eine Monographie anläßlich seines sechzigsten Geburtstages zu schreiben hatte, war es schwer, von ihm Auskunft über seine frühen Lern- und Wanderjahre zu erhalten. Er brachte mir statt dessen ein ramponiertes kleines Köfferchen vom Boden seiner Wohnung mit, in dem vergilbte und verstaubte Papiere, Zeitungsausschnitte und Programmhefte, jahrzehntelang nicht angerührt und Felsensteins uneitle Gleichgültigkeit gegenüber dokumentierter eigener Vergangenheit bezeugend, nach ordnender Durchsicht folgendes erzählten: Familiärer Auflage folgend, sollte er zunächst den Ingenieurberuf erlernen. Aber er studierte heimlich Schauspiel. Sein erstes Engagement trat er 1923 als Schauspieler in Lübeck an.

Über Mannheim kam er ins schlesische Beuthen. In dem Köfferchen fand ich, was er 1926 in der dortigen Tageszeitung zu „Fragen der Theatersituation in Deutschland" schrieb:

„Die in den letzten Monaten sich stetig verschlechternde Wirtschaftslage hat die Theaterkrise im ganzen Reich auf einen noch nie erreichten Höhepunkt getrieben... Resignation ist aber niemals ein Grundstein zum Wiederaufbau gewesen. Eine Zeit der Umwälzung von wirtschaftlicher und gesellschaftlicher Ordnung kann nicht plötzlich eine neue Kunst auf die Bühne stellen. Tastende Versuche, Ringen nach neuem Ausdruck werden erst allmählich zum Ziele führen, zu einem neuen Theater als lebendigsten Ausdruck einer neuen Zeit... Unsere Zeit hat Träger einer neuen Kunst, aber sie kann und will sie nicht ernähren.

Die Theaterleiter werden statt oberflächlicher Karikaturisten unserer Zeit Dichter unserer Zeit aufführen müssen. Und ältere Literatur? Was papieren und verlogen ist, weg damit! Aber lebendiges Theater, Spiel von Menschen, denen der Dichter Blut gegeben hat, ist heute gerade so lebendig wie vor fünfzig oder zweihundert Jahren. Nur darf es nicht Werkzeug sein zu eitlen Experimenten, die Snobismus züchten statt Volkskunst... Nur im gemeinsamen ehrlichen Wollen, einander zu finden, werden Publikum und Künstler das deutsche Theater wieder lebensfähig machen und neuen Aufstieg bringen."

Spätere Ansichten und Überzeugungen sind hier von dem Fünfundzwanzigjährigen vorformuliert. In Beuthen wurde auch der Regisseur Felsenstein entdeckt: Er sprang für den erkrankten Regisseur bei Schnitzlers „Liebelei" ein und übernahm auf Wunsch des Ensembles für den Oberspielleiter der Oper, den man in die Wüste geschickt hatte, „La Bohème". Daß er als Regisseur Autodidakt war, hat er uns Jüngeren gegenüber später immer wieder betont: stolz und trotzig, aber auch wohl ein bißchen melancholisch und neidisch auf inzwischen gefundene Studiermöglichkeiten.

Der Umgang mit dem Wort, mit der deutschen Sprache blieb ihm Bedürfnis und Vergnügen, auch als er immer weniger als Schauspieler auftrat. Er war ein brillanter Formulierer, was er nutzte, als er neben seinen Engagements als Regisseur auch als Dramaturg tätig wurde. Sprachgewaltig blieb er bis ans Ende seines Lebens. Diese Gabe ließ er nicht zuletzt einfließen in die vielen Neuübersetzungen und Bearbeitungen, die er sich später schuf.

Als er bei Oscar Waelterlin in Basel 1927 Oberspielleiter für Schauspiel und Oper wurde, hat er in zwei Spielzeiten – neben zahlreichen Schauspielrollen – sechsunddreißig (!) Inszenierungen machen müssen, darunter die Schweizer Erstaufführung von „Turandot", außerdem „Die Räuber", „Faust", „Wallenstein" und auch „Parsifal" (mit Felix von Weingartner am Pult).

Auf Basel folgte 1929–1932 Freiburg im Breisgau, wo die Presse sein „begrüßenswertes Draufgängertum" im Sprechtheater hervorhob und wo er in der

Oper Werke wie Bergs „Wozzeck“, Hindemiths „Cardillac“ und Weismanns „Gespenstersonate“ inszenierte. Von einer öffentlichen Diskussion in Freiburg zitiert ein damaliger Berichterstatter Felsensteins Auffassung, alles „Gerede über die Theater-Krisis“ könne nicht fruchtbar und ernstlich fördernd sein, solange „alle guten Ratschläge immer mehr zu sehr darauf hinauslaufen, den Komplex Theater als mehr oder weniger selbständiges Problem zu behandeln und neu lösen zu wollen, während es doch untrennbar verbunden ist mit den fast übermenschlichen Leiden, mit der noch gar nicht gelösten gesellschaftlichen, wirtschaftlichen und geistigen Bedrängnis unseres Volkes“.

Ein Künstler im Elfenbeinturm mochte Felsenstein ganz offensichtlich schon in seinen frühen Berufsjahren nicht sein, die Suche nach Kommunikation – Bestimmung und oft auch Fluch jedes Theatermannes – hat Jahrzehnte seines Lebens bestimmt und erklärt auch die wenigen Kompromisse, die dieser Kompromißlose später einging.

Aus der „Provinz“ arbeitete sich Felsenstein stetig an erste Häuser empor. Zwei Jahre lang war er Oberspielleiter der Oper in Köln, wo er erstmals mit Caspar Neher zusammenarbeitete, der dann auch nach Frankfurt/Main kam, als Felsenstein dort 1934 engagiert wurde, wiederum als Oberspielleiter der Oper. Unter seinen jüngeren Mitarbeitern befand sich ein Mann, der sich später ähnlich Felsenstein zu einem der profiliertesten Reformer der Oper entwickelte: Günther Rennert.

Die guten Frankfurter Jahre brachen jäh ab, als Felsenstein nach Erlaß der „Nürnberger Gesetze“ 1936 wegen seiner damaligen ersten Frau, Ellen Neumann, aus der Reichstheaterkammer ausgeschlossen wurde. Er mußte versuchen, sich als „freier Regisseur“ über Wasser zu halten. Im Berliner Admiralspalast, an dem er vorher schon einmal „Die Fledermaus“ inszeniert hatte, bekam er zwei Aufgaben: „Kaiserin Katharina“ von Beyer/Kattnigg und Millöckers „Dubarry“. Um seine Familie dem bedrohlichen Zugriff der Nationalsozialisten zu entziehen, nahm er 1938 ein Engagement nach Zürich an als „Oberspielleiter der Operette mit Opernverpflichtung“. Er hat dort furchtbar gelitten. Manchmal bekam er nur zehn Probetage für eine Premiere (später, an der Komischen Oper gab er sich Monate!). Aber zwei Dinge wogen die künstlerischen Einschränkungen auf: Er hatte seine Frau in Sicherheit gebracht, und er bekam Chancen, die sich in Berlin nach 1945 auszahlen sollten – in der Schweiz konnte er „Pariser Leben“ und „Orpheus in der Unterwelt“ des im „Reich“ verfemten Jacques Offenbach inszenieren. Hervorstechend am Rande: seine Züricher „Salome“-Inszenierung dirigierte Richard Strauss.

Die Nöte, die Widersprüche des Emigranten durchlebte Felsenstein gedrängt, abgekürzt. Die Freiheit wurde mit künstlerischen Entbehrungen erkauft. Als Heinrich George ihn 1939 rief, kehrte er nach Berlin zurück, abgesichert durch vielerlei Zusagen, und von 1940 an für immer! Zuerst kam freilich wieder erst eine Operette: „Der Zigeunerbaron" im Naturtheater in Friedrichshagen. Aber dann im Schillertheater gewann Felsenstein neue Maßstäbe durch die Arbeit mit Schauspielern wie Horst Caspar und Will Quadflieg. „Wenn man mit Paul Wegener, Lucie Höflich und Heinrich George arbeitet, so lernt man von denen enorm viel und überträgt die Ansprüche, die man hier hat, später natürlich genauso auf die Oper", charakterisierte er selber diesen vielleicht wichtigsten Kulminationspunkt seiner bisherigen künstlerischen Entwicklung in einem Gespräch an der Deutschen Akademie der Künste Berlin 1966.

Vor allem aber scheint Felsenstein die Begegnung mit Jürgen Fehling beeindruckt, ja aufgewühlt zu haben. Solange ich als sein Schüler und Mitarbeiter bei ihm war – und das waren immerhin mehr als zwanzig Jahre! –, habe ich ihn über keinen anderen Regisseur so oft sprechen hören wie über Fehling. In dem besagten Akademie-Gespräch beurteilte Felsenstein die Situation der Kriegsjahre in der alten Reichshauptstadt so:

> „In dieser Zeit war die Lösung vom expressionistischen Experimentaltheater zu einem zeitgenössisch brauchbaren neuen Stil gegeben, eben in der Nazizeit, wo an bestimmten Orten bestimmte ungewöhnlich starke Persönlichkeiten sich sammelten. In dieser grauenhaften und verruchtesten Zeit, die es in der Weltgeschichte je gab, war aber in unserem Beruf eine Epoche im Schauspiel und in der Oper, ohne die wir nach dem Krieg und nach dem Zusammenbruch des ‚Dritten Reiches' nicht dorthin gekommen wären, wo wir heute sind, denn wir hätten dann, wenn das nicht stattgefunden hätte, anschließen müssen an die Zeit von 1928–1930."

Vielleicht wäre Felsenstein der Oper „abhanden" gekommen, wenn ihn nicht ein Ruf erreicht hätte, der Gedankenspiele über Konstellationen seltsamster Art anbietet: Herbert von Karajan, damals Generalmusikdirektor in Aachen, lud ihn 1941 ein, „Falstaff" zu inszenieren. Ein Jahr später führte Felsenstein Regie bei den Salzburger Festspielen: „Figaros Hochzeit" unter Clemens Krauss.

Der Österreicher hatte sich längst mit dem deutschen Schicksal identifiziert. Und er nahm diese Rolle auch voll an, als er in den Jahren nach 1945, wo Trennung, Teilung der Deutschen den meisten noch unvorhersehbar erschien, in Berlin und von Berlin aus die Rettung der Oper unternahm, wie er sie aus den Jahren der bisherigen Berufsausübung für erforderlich hielt: die Rettung der Oper ins Musiktheater.

Die Erfolge und Enttäuschungen, die Sehnsüchte und die Leiden von fünfundzwanzig Arbeitsjahren flossen in die Neugründung Komische Oper Berlin ein, explodierten in die große Herausforderung eines jungen Musiktheaters, begünstigt und getragen von der Geschichte, speziell der Geschichte Berlins. 1947 versprach er, den künftigen Modellcharakter seines Hauses kühn anvisierend: „Es wird nur das gespielt werden, was so gespielt werden kann, wie es gespielt werden muß." Er sah sein Programm in engstem Zusammenhang mit der Zeitsituation, in der die Nachwirkungen einer totalen Zerstörung und die aus aller Bedrängnis erwachsenden Neuerungstendenzen zu einer wachsamen Prüfung der Dinge auf ihren wirklichen, bleibenden Wert aufforderten. An die Erbauer des neuen Hauses gewandt, schloß Felsenstein an diesem Juni-Tag 1947: „Wenn die Berliner in ein paar Monaten das, was an der Stelle des einstigen Metropoltheaters geschieht, auch gut heißen, dann ist Ihre Initiative und unsere ganze Hingabe belohnt und ein weiterer Beweis erbracht, daß Berlin die erste Theaterstadt Deutschlands bleibt."

Den Auftakt gab „Die Fledermaus" in der Regie des Hausherrn. Die Operette war überhaupt in den ersten Jahren ein wichtiges Vehikel der jungen Bühne. Felsenstein inszenierte erneut „Orpheus in der Unterwelt" und „Pariser Leben", den „Zigeunerbaron" und den „Vogelhändler". Aber bald meldete sich auch der ernste Anspruch der comique an, vor allem, als Felsenstein zusammen mit Otto Klemperer „Carmen" in einer eigenen Neuübersetzung mit der originalen Dialogfassung herausbrachte. „Figaros Hochzeit" (mit Elfriede Trötschel und Werner Faulhaber), „Die verkaufte Braut", „Der Freischütz" und „Falstaff" (mit Hans Reinmar) setzten diese Linie der erneuernden Auseinandersetzung mit der Oper fort. Rennert war in den ersten Jahren Gast mit „Der Barbier von Sevilla", und für Milhauds „Der arme Matrose" und Puccinis „Gianni Schicchi" holte Felsenstein Oscar Fritz Schuh, der danach lange in Berlin blieb und das Theater der Freien Volksbühne am Kurfürstendamm aufbaute.

Inzwischen war Berlin geteilt. Westberlin hatte seine Existenzprobe aufgrund der sowjetischen Blockade zu bestehen und festigte sich nicht zuletzt durch die Hilfe der Luftbrücke der Westalliierten. Der immerhin hoffnungsvolle Konsens der ersten Nachkriegsjahre war allzu schnell verspielt. Angesichts dieser Veränderungen scheint es gerade heute wieder besonders bemerkenswert, was Felsenstein anläßlich des fünfjährigen Bestehens der Komischen Oper 1952 auf einer Mitgliederversammlung zu bedenken gab:

„Nun, die nächstliegende Antwort, die sich jeder bereits längst gegeben hat, ist die bange Sorge um die politische Entwicklung, speziell in Berlin, die Sorge, wie lange noch gibt es für uns die Kommunikation zwischen Ost- und West-Berlin ... Wir sind aber hier in Berlin geneigt, die Bedeutung unserer Situation zu überschätzen – das ist verständlich, weil uns seit vielen Jahren mehr zugemutet und mehr an unseren Nerven gezerrt wird als in jeder anderen Stadt Europas. Aber das darf uns doch an einem weiteren Überblick und an einer umfassenderen Erkenntnis nicht hindern ... Es ist ein Merkmal der Berliner Selbstüberschätzung und Kurzsichtigkeit, zu glauben, daß man innerhalb dieses Geschehens seine persönliche Zukunft wesentlich und maßgebend bestimmen könnte, indem man zwischen Dresden und Frankfurt am Main oder gar zwischen Pankow und Charlottenburg wählt, indem man sein ganzes Tun und Denken auf

Erwägungen solcher Art ausrichtet und unmerklich, aber sicher jede eigenpersönliche Erkenntnis und jeden wirklich eigenen Standpunkt umgeht, in der Suche nach dem jeweils und lokalbedingt geringsten Widerstand... Aus Angst, mit dem Standpunkt oder der Parole einer Großmacht in Widerspruch zu geraten, verzichteten sie lieber auf einen eigenen Standpunkt. Das ist selbstverständlich niemandem zuträglich, für einen Künstler aber bedeutet es schöpferische und künstlerische Impotenz... Es gibt – jedenfalls für die Dauer unseres Lebens – heute nur eine relative Ruhe, nämlich: ohne Krieg auszukommen. Kein Mensch – mit Ausnahme der wenigen, die vom Kriege leben – kann eine Lebensaufgabe erfüllen ohne Frieden. Dafür mit seinen Möglichkeiten und bei den ihm erreichbaren Menschen einzutreten, ist auch – und besonders für den Künstler – ein Akt der Selbsterhaltung und nicht der Politik. Wie er dafür politisch betitelt wird, muß ihm gleichgültig sein.

Daß die Komische Oper in unmittelbarer Nähe des Brandenburger Tors liegt, ist ein geographischer Zufall. Aber daß ihre künstlerische Aussage, ihre Personalzusammensetzung und ihr Publikum sich über die Teilung Berlins hinwegsetzen, ist eine in Deutschland und darüber hinaus bekannte Tatsache und ein gesamtdeutscher kulturpolitischer Faktor."

Dies war so ausführlich zu zitieren, weil sich hierin die Haltung komprimiert, die Felsenstein bei allen späteren Entscheidungen einnahm als Theaterleiter in Berlin, als Österreicher in der geteilten einstigen Reichshauptstadt. In den Vertretern der Sowjetunion sah er die Erben der aktivsten Geburtshelfer der Komischen Oper 1945–1947 und nahm sie immer wieder als die von ihm erhofften Verbündeten seines künstlerischen Programms in die Pflicht, beim Wort. Loyalität gegenüber der Staatsleitung und den Behörden der DDR war für ihn eine Selbstverständlichkeit als Ausdruck der Räson ebenso wie oft auch der persönlichen Überzeugung, die freilich Enttäuschungen und Irritationen ernstester Art nicht ausschloß. Die kompensierte Felsenstein häufig durch das, was er seiner Komischen Oper gewann und sicherte. So gelang es ihm auch nach dem 13. August 1961, alle die an der Komischen Oper engagierten Westberliner zu halten, die dort weiterarbeiten wollten. Zumindest bewahrte er die meisten vor überraschender Existenznot. Und zusammen mit seiner unermüdlichen Sekretärin Marianne Kasel half er Unzähligen bei der Lösung der vielerlei persönlichen Probleme, die sich aus der nun untermauerten Spaltung ergaben. Ich darf es bezeugen: Da erwies er sich als praktizierender Humanist und realisierte im Alltag, was er auf der Bühne als Programm durchsetzen wollte: Humanisierung.

Ich sehe drei große Entwicklungsphasen seines Modells Musiktheater an der Komischen Oper. In der ersten Periode hatte sich das junge Haus gegenüber der etablierten Konkurrenz durchzusetzen, zu behaupten. Kühn meldete er seinen Anspruch auf das unverwechselbare eigene Profil an. Ein Schnittpunkt wurde erreicht, als Felsenstein – nach mehr als zweijähriger Vorbereitungsarbeit! – 1954 Mozarts „Zauberflöte" herausbrachte, die dann bis 1963 in seiner Inszenierung zweihundertzweimal gespielt wurde. Das war der bisher vielleicht energischste Vorstoß in das Zentrum der in ihrer Interpretation und Wirkung zu erneuernden Opernliteratur.

Diese zweite Periode, die ich von 1954 bis 1966 ansetze, erbrachte die exemplarische Ausformung des Felsensteinschen Musiktheater-Modells, den Höhepunkt seiner auch internationalen Ausstrahlung und den Anspruch auf eine Kunst, die zu ihren Maßstäben die Einheit von Praxis und Theorie rechnet. Jede Felsenstein-Inszenierung wurde ein Meisterstück innovatorischen Musiktheaters: Auf die „Zauberflöte" als orientalisch verfremdetes Märchenspiel der Humanität folgte nach dem Nebenspaß der „Nacht in Venedig" Richard Strauss' „Schweigsame Frau" als Exempel der späten Subtilität einer psychologischen Musik-Komödie. Janáčeks „Das schlaue Füchslein" wurde 1956 das zweifellos zauberischste Regie-Poem Felsensteins, zweihundertachtzehnmal aufgeführt. Die Neufassung von „Hoffmanns Erzählungen" mit der Folge Olympia, Antonia, Giulietta zeigte den Magier Felsenstein auf der Höhe seiner Kunst. Es folgte ein äußere und innere Elementarkräfte entfesselnder „Othello" 1959. Mit wiederum leichter Hand stilisierte er den „Barbier" des Mozart-Vorläufers Paisiello 1960 zu einem Leckerbissen der menschlich-heiteren Musikkomödie. Gesellschaftskritik und Psychologie steigerte er in „La Traviata" ins Traumatische. 1961 folgte Brittens „Sommernachtstraum" und 1963 der in makabrer Komik funkelnde „Ritter Blaubart".

Die Jahresdaten dieser Inszenierungen zeigen, wie Felsenstein die Quantität der eigenen Neuinszenierungen allmählich einzuschränken begann. Mit akribischer wissenschaftlicher Vorbereitung, eigenen Übersetzungen oder Neufassungen, Testproben für vorgesehene Besetzungen und Probezeiten zwischen zwei und fünf Monaten pro Inszenierung zielte sein Wahrheits- und Präzisierungsfanatismus immer stärker auf exemplarische Qualität. Die musikalischen Oberleiter dieser Zeit waren Meinhard von Zallinger, Vaclav Neumann und Kurt Masur. Einer der wichtigsten Partner Felsensteins wurde Rudolf Heinrich als Ausstattungsleiter, der ihm die schönsten optischen Zuarbeiten lieferte. Als er leider viel zu früh verstarb, rückte sein Schüler Reinhart Zimmermann nach. Mit Horst Seeger, Martin Vogler und Stephan Stompor wurde die Dramaturgie ausgebaut. Neben Irmgard Arnold, Sonja Schöner, Jarmila Ksirova und Anny Schlemm profilierten sich in seinem Ensemble Neuentdeckungen von so umfangreicher Begabung wie Rudolf Asmus, Hanns Nocker, Werner Enders, Vladimir Bauer, zeitweilig Melitta Muszely, dann Ingrid Czerny, Ruth Schob-Lipka, Christa Noack und viele, viele andere. „Star" war das Team der Chorsolisten, die in ihrer Individualität und szenisch-musikalischen Vielfältigkeit ihresgleichen suchten. Zu schon bewährten Regisseuren wie dem Hallenser Händel-Spezialisten Heinz Rückert traten – in zeitlicher Reihenfolge – Joachim Herz und Carl Riha, später aus der eigenen „Schule" ich, Wolfgang Kersten sowie Horst Bonnet. Diese dem Haus alle eng verbundenen Regisseure erweiterten den Radius des Felsensteinschen Musiktheaters durch Werke, die der Intendant nicht inszenieren mochte oder konnte. Indem sie die Modifikationsmöglichkeiten der von ihm vertretenen Methode – bis hin zur ausgeprägten epischen Spielweise – erkennbar machten, bestätigten sie mit unterschiedlichem Erfolg die objektive Gültigkeit der Arbeitsprinzipien Felsensteins. Gerade Herz und ich bezogen den „Fliegenden Holländer", die „Salome", „Turandot", „Jenufa", aber auch solche extremen Werke der Opernliteratur wie Monteverdis „Heimkehr des Odysseus" und Kurkas „Der brave Soldat Schweyk" in das Testfeld dieses programmatischen Musiktheaters ein. Internationale Ensemble-Gastspiele in Paris, Budapest, Prag und Moskau unterstrichen die Bedeutung, die die Komische Oper über die deutschen Grenzen hinaus erlangt hatte.

1965/66 wurde das Haus in der Behrenstraße rekonstruiert und um viele Funktionsräume erweitert. Dem Regisseur-Intendanten Felsenstein gelang es z. B., drei (!) Probebühnen mit Bühnenmaßen konzipieren zu lassen. Im Zug der Umbaumaßnahmen bekam er selber ein größeres Intendantenzimmer in einem neuerrichteten Verwaltungsgebäude. Aber da war er nicht gern. Immer wieder stahl er sich, wenn er nicht probierte, in sein altes Mini-Büro direkt neben dem Proszenium, von wo er oft die Abendvorstellungen beobachten konnte, ungesehen vom Publikum und doch immer von den Aufführenden als anwesend vermutet.

Diese dritte Periode, die ich mit der Wiedereröffnung des Hauses 1966 ansetze, für die Felsenstein „Don Giovanni" inszenierte, sieht die Komische Oper und ihren Chef im Umkreis einer Opernlandschaft, die sich nicht zuletzt infolge seiner Anregungen und Erkenntnisse zu verändern begonnen hatte und in der zum Teil von Felsenstein durchaus unabhängige Alternativen für ein lebendiges Musiktheater entwickelt wurden. Die wichtigste war zweifellos Neu-Bayreuth mit den Inszenierungen Wieland und später auch Wolfgang Wagners, daneben von ganz anderer Art Rolf Liebermanns Uraufführungsprojekte an der Hamburgischen Staatsoper. Es war aber auch gerade die neugegründete Deutsche Oper Berlin im Westen der Stadt, die dem Musiktheater neue Perspektiven erschloß durch Komponisten und Werke, die in Ostberlin lange Zeit nicht zur Kenntnis genommen wurden (Schönberg, Berg, Henze, Dallapiccola, Schuller usw.), wobei Karl Böhm, Ferenc Friscay, Lorin Maazel in der Bismarckstraße für höchsten Standard auch bei der Pflege der Klassiker sorgten. Aber ob man sich nun auf Felsenstein berief oder sich von ihm abgrenzte: Die sechziger Jahre haben gezeigt, daß sein „Modell" gewirkt, Unruhe, Leben, Neubesinnung in die Opernszene gebracht hatte.

Wie verarbeitete er selbst in der Komischen Oper die Reaktionen der internationalen Opernszene? Nachdem ihm „Don Giovanni" nicht so geglückt war, wie er es selbst in seinen glühenden (und ihn manchmal auch selbst verglühenden) Maßstäben erwartet hatte, widmete Felsenstein seine inszenatorische Aufmerksamkeit Werken der gemäßigten Moderne wie Prokofjews „Liebe zu den drei Orangen" (1968) und Kodálys „Háry János" (1974) sowie dem Musical „The Fiddler on the Roof", das der Siebzigjährige zu einem der größten „Renner" Berlins machte. Statt „Boris Godunow" oder „Die Meistersinger" zu inszenieren, wie ihm engste Mitarbeiter vorschlugen, entschied er sich für eine Reprise seiner legendären und kurz vorher in Moskau neuinszenierten „Carmen"-Fassung. Und während er sich außerdem der filmischen Dokumentation seiner Meisterinszenierungen wie „Othello", „Hoffmanns Erzählungen" und „Ritter Blaubart" widmete, überließ er Herz und mir Werke wie „Troubadour", „Macht des Schicksals", „Porgy and Bess", Bergs „Lulu" und Uraufführungen wie die der Matthus-Opern „Der letzte Schuß" und „Noch ein Löffel Gift, Liebling?". Zugleich öffnete er sein Haus experimentell-avantgardistischen Kammermusikabenden, die Seeger und Matthus arrangierten und die er mit seinem Ansehen und seinem Interesse stützte. Diese Samstagabende „Neue Musik in der Diskussion" waren das Progressivste, was in diesen Jahren in Ostberlin denkbar war.

Aus allen Dispositionen dieser Periode sprach Felsensteins Erkenntnis, daß er sein Musiktheater von dem Mißverständnis freihalten müsse, es wolle oder könne mit den artistisch hochgesteigerten und opulent abgesicherten Ansprüchen der Jet-Oper in den Weltmetropolen konkurrieren – zumindest nicht innerhalb der dort vorherrschenden Kriterien, die er nicht akzeptieren mochte. Dabei werfen gerade jüngste Entwicklungen der internationalen Opernszene erneut die Frage auf, ob Felsensteins Ausschließlichkeit tatsächlich so anachronistisch war, wie es manchem zuletzt schien. Auf jeden Fall ist seine Skepsis gegenüber dem „Markt" der Oper für jeden, der heute Musiktheater macht, von brennender Aktualität.

Zweifel an seinem Modell Musiktheater, an der Chance, Oper auch als Erwartung und als Institution wirklich von Grund auf in dem Sinn zu verändern, wie er es sich vorgenommen hatte, weil er es so bei den Komponisten las, mußten nicht von anderen an ihn herangetragen werden. Sie kamen ihm selbst und mögen ihn bewogen haben, sich am Ende seines Lebens mit neuer Vehemenz dem Schauspiel zuzuwenden. 1972 inszenierte er am Münchner Residenztheater „Wallenstein", am Wiener Burgtheater 1974/75 „Das Käthchen von Heilbronn" und „Torquato Tasso". Ein „Faust"-Projekt für Wien kam nicht mehr zustande.

Seine Operninszenierungen außerhalb der Komischen Oper während der ganzen Dauer seiner Intendanz sind fast an einer Hand abzuzählen: „Das schlaue Füchslein" 1958 an der Mailänder Scala, „La Traviata" und „Rigoletto" 1960 bis 1962 in Hamburg, wozu ihn Rolf Liebermann einlud, in Frank-

Walter Felsenstein im Jahr 1972

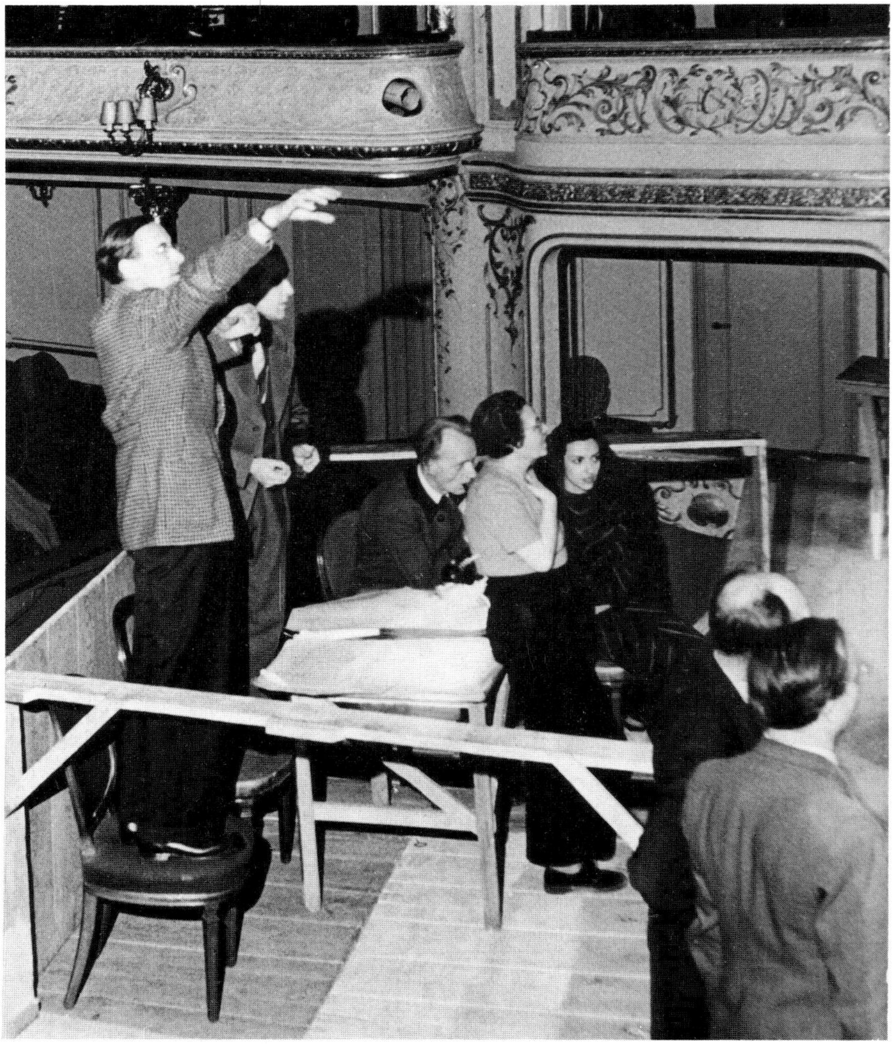

Walter Felsenstein auf der Regiebrücke der Komischen Oper in Berlin im Jahr 1949

furt am Main 1965 „Ritter Blaubart" und in Stuttgart 1967 „Der Freischütz", den Carlos Kleiber dirigierte. Die „Carmen" in Moskau 1969 wurde seine letzte auswärtige Opern-Gastinszenierung.

Ein solcher Überblick zeigt, daß Felsenstein seine ganze Energie, sein ganzes Interesse bis zur Selbstaufopferung und bis über die eigenen physischen Grenzen hinaus *seinem* Haus, *seinem* Modell gewidmet hat.

Schon als ich als Student zu ihm kam, staunte ich über sein Tagespensum. Er kam 8 Uhr, vor uns allen, ins Haus und verließ es meistens als letzter gegen 23 Uhr, oft auch erst Mitternacht. Nur später, als er sich den siebzig näherte, folgte er den dringenden Empfehlungen der besorgten Ärzte, sich nach Tisch auch einmal auszustrecken – wobei „nach Tisch" heißt: nachdem er in seinem Arbeitszimmer verschlungen hatte, was Marianne Kasel aus der Kantine hochkommen ließ.

In den sechziger Jahren ließ ihm seine Frau Maria, mit der er seit 1946 verheiratet war, ein schönes Anwesen im Norden der Stadt bauen, in Alt-Glienicke. Doch es gelang ihr nur bedingt, ihn „häuslich" zu machen. Wie Wotan strebte er permanent weg von diesem Walhalla. Stets ohne Chauffeur, raste er morgens in die Oper und spät abends zurück, auf der Fünfundzwanzig-km-Strecke ständig die Geschwindigkeit übertretend. Und das war, glaube ich, der Punkt, wo er seinen Sonderstatus am meisten oder überhaupt nur genoß: Als Österreicher hatte er einen österreichischen Führerschein, seinen zweiten von den DDR-Behörden und einen dritten aus Westberlin, wo er stets eine kleine Nebenwohnung unterhielt. Zwei dieser Führerscheine waren in wechselnder Regelmäßigkeit von der Verkehrspolizei eingezogen.

In Konzerte, andere Opern- oder Schauspielaufführungen ging er selten, meistens nur, wenn er aus repräsentativen Gründen mußte oder wenn er selber als Gast inszenierte, was ja nicht häufig geschah. Öfters sah er Filme, und er genoß Gespräche mit Elia Kazan, den er wie zum Beispiel Giorgio Strehler und auch Boleslav Barlog als Freund betrachtete. Wann er las, was nicht unmittelbar zur Arbeit gehörte, weiß ich nicht. Sein Lebensraum war die Probebühne. Dort lebte er, dort lebte er auf. Wenn er die Türschwelle überschritt, ließ er den Intendanten draußen. Auch bei noch so dringenden Entscheidungen – zum Beispiel Gefährdung der Abendvorstellung durch eine Sänger-Absage – ließ er den Leiter des Künstlerischen Betriebsbüros, Hans Walter Kremer, ohne Auskunft, bis die Probe zu Ende war. Höchstens übermittelte er mal, daß die Abendvorstellung „Das schlaue Füchslein" ausfallen müßte, als er hörte, daß zwei Beleuchter (!) krank waren, die die Verfolgerapparate zu bedienen hatten. Denn schließlich gehörte die Beleuchtung, gehörten Beleuchtungsproben zum Schönsten und Ausgiebigsten seines Berufs! Allerdings hat der couragierte Kremer, in seiner Verantwortung dann den Verwaltungsdirektor konsultierend, solche Weisungen nie befolgt...

Die Metamorphose, die an Felsenstein beim Betreten der Probebühne zu beobachten war, bedeutete Lust, Entdeckerlust: an der Partitur, den Menschen gegenüber. Regieführen war für ihn das größte Abenteuer, Not und Glück zugleich. Legendär sind seine Probezeiten geworden. Bisweilen schien es, als scheute er den Moment, wo alles „fertig" sein sollte. Felsenstein war niemals fertig. Umbesetzungen in seinen oft über Jahre laufenden Inszenierungen nahm er selbst vor, nahm sie zum Anlaß, in erneuten wochenlangen Proben die ganze Inszenierung in Frage zu stellen.

Nichts wurde als „bekannt" vorausgesetzt oder akzeptiert. Jeder Inszenierung ging eine ausführliche analytische Vorarbeit voraus. Und die neuen Übersetzungen oder Bearbeitungen, die Felsenstein vornahm, halfen ihm, sein Konzept zu finden. Es ist ebenso kurios wie für sein Modell bezeichnend, daß es in all den Jahren keine Oper eines nichtdeutschen Komponisten gab, die in der Originalsprache aufgeführt worden wäre. Der Drang nach Verständlichkeit beim breiten Publikum ließ ihn auf den Reiz des originalen Wort-Ton-Verhältnisses verzichten, was natürlich auch immer mehr das internationale Sängerreservoir eingrenzte, mit dem er hätte rechnen können und das sein Musiktheater vielleicht, sicher auch gebraucht hätte.

Die Proben zu jeder Neuinszenierung begannen mit dem Lesen der Partien zusammen mit den Sängern im Beisein des Dirigenten. Wie schon Richard Wagner in seinen „Mitteilungen an meine Freunde" anläßlich des „Tannhäuser" gefordert hatte, waren ausführliche Tischproben die Voraussetzung für die ersten Schritte auf die Bühne, auf der die Sänger den Weg zur Rolle zu finden hatten. Oft sprang Felsenstein ein, spielte vor, zeigte den Gestus, um den es ging. Er machte das brillant, mitreißend, präzis, versicherte aber immer wieder, daß er ein „schlechter Schauspieler" sei und man ihn nicht imitieren solle, was freilich den meisten Sängern nicht leicht fiel. In Momenten solcher komödiantischen Selbstbefreiung ließ er auch nie einen Zweifel, daß Theaterspielen, Singen sehr viel mit Eros und auch mit Sex zu tun hat. Wenn er begehrliche Damen vorspielte, konnten die Proben oft zehn Minuten lang nicht fortgesetzt werden, weil alle vor Lachen unter dem Tisch lagen. Viele seiner diesbezüglichen Regieanweisungen sind alles andere als veröffentlichungsreif. Dann wurde der sonst so korrekte österreichische Preuße zu einem gefährlichen Faun, wie er wohl immer das Dionysische im Theater dem Apollinischen vorgezogen hat.

Nie ging es ihm um das Spielen zur Musik, um Darstellung, die den Gesang begleitet. Die Aufhebung der Dualität, des Parallelismus von Musik und Darstellung, von Gesang und Spiel in etwas Neues war Ziel jeder Probe, war das Programm seines Lebens. Trotz aller gegenteiligen Unterstellungen ging es ihm um die szenisch zu realisierende Musik, um den Gesang als unverwechselbaren ästhetischen wie humanen Ausdruck auf der Musikbühne.

„Das Musizieren und Singen auf der Bühne zu einer überzeugenden, wahrhaften und unentbehrlichen menschlichen Äußerung zu machen, war und ist die Kernfrage, wenn man überhaupt von Musiktheater sprechen will. Dagegen sind alle dramaturgischen Inszenierungs-Probleme, an die sich die gelehrten Opern-Erneuerer klammern, durchaus sekundär. Musiktheater ist, wenn eine musikalische Handlung mit singenden Menschen zur theatralischen Realität und vorbehaltlosen Glaubhaftigkeit wird. Das heißt, das dramatische Geschehen muß sich auf einer emotionellen Ebene vollziehen, wo Musik das einzige Ausdrucksmittel ist. Der Darsteller darf nicht als Instrument, Figurine oder Bestandteil der bereits vorhandenen Musik wirken, sondern als ihr schöpferischer Gestalter. Nach einer bis in die letzte Präzision werkgerechten Einstudierung muß glaubhaft zum Ausdruck kommen, daß der dramatische Zustand des wahrhaft in die Rolle verwandelten Menschen ihn veranlaßt, seinen sprachlichen und gestischen Normalausdruck zu verlassen und sich nunmehr musizierend und singend zu äußern. Der Zuschauer darf nicht mehr merken, daß der orchestrale und Sänger-Apparat dem Dirigenten gehorcht, sondern muß Zeuge werden, wie der Darsteller die gesamte instrumentale und vokale Musik – völlig partiturgetreu – dramatisch neu gebiert. Ihm müssen sich daher alle instrumentalen und szenischen Elemente unterordnen, und neben ihm kann es auch keinen orchestralen und bühnendekorativen Selbstzweck geben. Damit verbietet sich das mehr oder weniger homogene Nebeneinanderwirken von Spiel, Gesang und Musik. Diese Elemente werden zur identischen Einheit."

Diese Aussage aus dem Jahre 1951 hat Felsenstein später vielfach ergänzt, variiert, auch entromantisiert. Sie bildet aber das Kernstück für das, was er sich als methodische Erneuerung des Musiktheaters anstelle und im Gegensatz zu einer modischen Erneuerung vorgenommen hat. Verwandtes läßt sich entdecken zu der Opernarbeit Stanislawskis, mit der sich Felsenstein allerdings niemals direkt auseinandergesetzt hat. Um so verblüffender ist es, daß er als Erkenntnis seiner langen beruflichen Erfahrungen zu ähnlichen Formulierungen kam wie dreißig Jahre zuvor der Russe. Aber Felsenstein bezog dennoch eine andere Position und bildete Erfahrungen aus, wie sie parallel zum epischen Theater Brechts eine ganz eigene Methodik ausdrücken. Seine „Blaubart"-Inszenierung zum Beispiel ist von Anfang bis Ende ein Paradebeispiel dafür, was „Verfremdung" bei Felsenstein heißt.

Es gibt kein „Felsenstein"-System. Statt dessen gibt es eine Unmenge von Hinweisen und Erfahrungen, die – sowohl rein praktischer Natur als auch von grundsätzlicher Bedeutung – eine Methode des Musiktheaters vorzeichnen, wie sie von Felsenstein vorgeschlagen und realisiert wurde. Ihr wichtigster Bestandteil sollte sein die Offenheit zu jeder Veränderung und Ergänzung, vor allem und gerade durch andere und aufgrund neuer Erfahrungen, die vor allem von und mit neuen Komponisten zu machen sind. Felsenstein wollte nie „eine Methode inszenieren". Er war Regisseur, der die Opern als musikalische Bühnenwerke diagnostizierte und sie in diesem Autoren-Sinn realisieren wollte: als Aufhebung von Musik und Theater in die neue Qualität Musiktheater.

Dieses Musiktheater ist unorthodox. Es ist in seinen Möglichkeiten und Spielarten unbegrenzt. Und es lebt, solange es lebendige Antworten auf Fragen der Zeit findet, zu der es gehört, deren Ausdruck es ist.

Bei allem methodischen Anspruch hat sich Felsenstein stets als Praktiker des Theaters gefühlt, das er freilich mit einem starken Ethos durchdringen wollte. So setzt er nicht zufällig in einem seiner späteren Vorträge „Methode und Gesinnung" in untrennbare Beziehung zueinander. Aber all seine Ideen reicherte der Regisseur mit Bildern an, die jeden, der sie hörend sah, unvergeßlich geblieben sind und vielen einen neuen Zugang zum Musiktheater eröffneten: angefangen mit der Champagnertafel beim Prinzen Orlowski, die 1947 bei der „Fledermaus" überrumpelnd, frech, voll aggressiver Hoffnung auf das vielfach ausgehungerte Nachkriegspublikum zurollte – bis zu der einsamen Zärtlichkeit von Susannas Rosenarie in „Figaros Hochzeit", wo sich Felsensteins Musikregie in seiner letzten Inszenierung (Premiere am 26. Februar 1975!) auf subtilste Weise erfüllte. Es sollte ganz deutlich werden, wie Susanna im Rezitativ vor der Arie den im Dunkeln lauernden Figaro narrt und ihm mit komödiantischer Verstellung Liebeserwartung gegenüber dem Grafen vorgaukelt. Gesang also doch als Lüge, als Verkehrung von Wahrheit? Demgegenüber sollte dann mit Einsatz der Arie gezeigt werden – nicht durch theatralisches Spiel, sondern allein mit der Stimme und im inhaltlichen Konsens mit Orchester und Dirigenten –, wie die komödiantische Verstellung abfällt, wie sie übergeht in die unmittelbare Wahrheit der Liebessehnsucht: Statt des Rivalen ist der einzig Geliebte mit Rosen zu bekränzen. Ich glaube, daß sich hier für Felsenstein das Wunder des Gesanges in der Oper am schönsten erfüllen sollte: Singend vollzieht sich die Metamorphose von der rationalen Realität zur erträumten Utopie. „Warum singst du?" fragte Felsenstein jedesmal zu Beginn einer Probe. Er fragte den Sänger, die Sängerin als Rollengestalt, vielleicht aber auch als Berufsausübende(n). Und er steigerte die Frage: „Warum braucht ein Stoff Musik?" Bis sich herausstellte, daß gemeint war: Warum brauchen wir Musiktheater?

Ich denke, alles, was uns Felsenstein hinterließ und aufgegeben hat, konzentriert sich auf diese Fragestellung. Niemand kann sich davor drücken. Nur durch sie begreifen wir den eigentlichen Gegenstand des Musiktheaters: das Unerhörte, das mit Worten allein nicht, vielleicht nie, noch nicht oder nicht mehr Sagbare erfahrbar zu machen. Und dann könnten wir besser begreifen, daß solch ein „Instrument" von uns, von unserer Gesellschaft eben nicht zu zerschlagen ist. Daß wir es brauchen, solange wir unsere Existenz und deren Geheimnissen auf der Spur bleiben wollen.

Walter Felsenstein hat deutsche Geschichte gerade an ihrem wunden Schnittpunkt Berlin jahrzehntelang gelebt. Mit seinem Modell Musiktheater hält er unsere Erinnerung an die Zukunft wach.

# MAX ERNST
## 1891–1976

Von
Uwe M. Schneede

Als er 1970 zur Eröffnung einer sein Werk breit dokumentierenden Ausstellung in Stuttgart weilt, wird er in einem Interview gefragt, ob er, der 79jährige, noch male. Doch, er habe gerade am Tag vor der Abreise ein Bild beendet, eine Landschaft mit der Collage-Inskription „Feu!". In der Nacht darauf, just vor der Abreise, sei tatsächlich ein Feuer in seiner Pariser Wohnung ausgebrochen. Gasexplosion in der Küche.

Darauf der Journalist: Zu den Naturelementen habe er wohl überhaupt eine besondere Beziehung. 1951 sei in Brühl ein Blitz in ein Transparent eingeschlagen, das für seine Ausstellung habe werben sollen. Zwei Jahre zuvor, fügt der Maler hinzu, hätten die Besucher seiner Ausstellungseröffnung in Beverly Hills mehr aus dem Fenster geschaut als auf die Bilder: zum ersten Mal seit Jahrzehnten habe es geschneit.

Was nun wohl, fragt der Journalist, hier in Stuttgart zur Eröffnung passieren werde. Vielleicht zur Abwechslung ein Erdbeben, „un tremblement de terre fort doux" nach einem seiner Bildtitel? Ja, sagt der Maler, das möchte sein („Oui, cela peut aller"), und das Gespräch ist beendet.

Drei Stunden später, am 22. Januar 1970, einen Tag vor der Ausstellungseröffnung, geht ein merkwürdiges Zittern durch das Kunstgebäude und ein leichter Schwindel durch den Körper. Die Seismographen in Stuttgart registrieren ein Erdbeben der Stärke fünf bis sechs: „un tremblement de terre fort doux".

Der Künstler als Prophet? als Magier?

Das Kind Max sieht seinen in diesen Dingen dilettierenden Vater zu Hause, im Garten zu Brühl am Rhein, ein Bild nach der Natur malen. Ein Baum, stellt sich später heraus, stört die Komposition. Folglich wird er aus dem Bild entfernt, übermalt. Der erwachsene Max Ernst in seinen autobiographischen Notizen: „Jetzt kommt der Gewissenskonflikt: Muß der Baum im Garten ebenfalls ‚daran glauben'?" Ihm kommt eine Ahnung: „Da muß etwas nicht stimmen in der Wechselbeziehung zwischen Maler und Modell!" Und er fragt sich: „Oh kleiner Max, wirst du jemals dazu fähig sein, mit deinen bescheidenen Mitteln dazu beizutragen, dem Unfug ein Ende zu machen?"

In der noch vagen Kritik an der väterlichen Vorstellung von der Ästhetik der Nachahmung liegt verborgen der Ansatz für eines der bedeutendsten künstlerischen Werke dieses Jahrhunderts, das Schritt für Schritt das Verhältnis zwischen Bild und Wirklichkeit neu bestimmen wird, und zwar durch eine grundlegende Veränderung des künstlerischen Schaffensprozesses, in dessen Zentrum statt der Nachahmung von Wirklichkeit oder deren Übersetzung die Reflexion über das Kunstmachen steht: Die Arbeit gilt dem Bild, gilt aber gleichermaßen immer den für das Bild zu entwickelnden Techniken. Bald wird Max Ernst kein Bild mehr fertigen, indem er nur Farbe mit dem Pinsel auf die Leinwand aufträgt. Stets wird der schöpferische Prozeß auf einer Wechselwirkung beruhen, der Wechselwirkung zwischen vorgefundenen (aufgegriffenen) Materialien und den von ihnen ausgelösten Figurenassoziationen. James Joyce ist nicht weit.

Am 2. April 1891 wird Max Ernst, so er selbst, „als preußischer Untertan" in Brühl geboren. Daß der Vater, von Beruf Taubstummenlehrer, in der Freizeit malt, ist eher hinderlich, als der Sohn Künstler zu werden gedenkt: „Mein Vater hat mich auch gequält und hat mich immer angeschrien, wenn ich nicht malte, wie er es wollte". Schon früh macht sich die irrlichternde Widersetzlichkeit bemerkbar, die Max Ernsts Werk und sein ganzes Leben durchzieht: „Der Erziehungsunfug der Erwachsenen war dem Hirn des Knaben nicht gewachsen. Sich dagegen zu sträuben, war für ihn mit einem geheimen Wonnegefühl verbunden. Es hatte für sein späteres Leben eine entscheidende Bedeutung: Es erschloß ihm fast unbegrenzte Möglichkeiten, unter gleichgearteten Menschen, unter vogelfreien Engeln und Teufeln herrliche Freunde zu finden."

Statt einer Kunstakademie besucht er, wenn auch nur vorübergehend, die Universität. In Bonn hört er Philosophie und Psychologie, macht Stippvisiten bei der Kunstgeschichte. Er „vermeidet sorgfältig alle Studien, die zum Broterwerb ausarten können. Malt. Verschlingt wahllos alles, was ihm ... in die Hände fällt ... Resultat: Chaos im Kopf. Auch in der Malerei: seine Augen trinken alles, was in den Sehkreis kommt, jedoch mit mehr Wahl".

Um 1910 belebt sich die künstlerische Szene im Deutschen Reich. In München tun sich Jawlensky, Kandinsky und Münter zur „Neuen Künstlervereinigung" zusammen; in Berlin begründet Herwarth Walden den „Sturm"; in München konstituiert sich der „Blaue Reiter"; in Köln finden sich Campendonk, Macke, Nauen im „Rheinischen Expressionismus".

Der mit Macke befreundete Max Ernst stellt zusammen mit den „Rheinischen Expressionisten" aus, ist auch am 1. Deutschen Herbstsalon (1913) in Berlin beteiligt. Die wichtigste internationale Ausstellung der Vorkriegszeit, die Kölner Sonderbund-Ausstellung von 1912, fällt zusammen mit Max Ernsts endgültigem Entschluß, Künstler zu werden. Auf der Sonderbund-Ausstellung präsentiert sich die Moderne in ihren bedeutendsten Ausprägungen; von hier aus wird sich der Einfluß der französischen Kunst auf die deutsche verbreitern. Prominentester Grenzgänger zwischen deutscher und französischer Kunst im weiteren Verlauf des 20. Jahrhunderts: Max Ernst.

„Und dann die große Schweinerei. Niemand aus dem Freundeskreis hat's eilig, sein Leben zu opfern, für Gott, König und Vaterland." Die Kriegserfahrungen in Frankreich und Polen und die Begegnungen mit Guillaume Apollinaire (1913), Hans Arp (1914), George Grosz, Wieland Herzfelde (1916) bereiten die Kölner Dada-Aktivitäten vor. 1919 trifft Arp, aus Zürich kommend, wo er zusammen mit Emigranten Dada begründet hatte, in Köln ein.

„Für uns, damals 1919 in Köln", äußert Max Ernst später, „war Dada ein Ausbruch einer Lebensfreude und Wut, war das Resultat der Absurdität, der großen Schweinerei dieses blödsinnigen Krieges. Wir jungen Leute kamen wie betäubt aus dem Krieg zurück, und unsere Empörung mußte sich irgendwie Luft machen. Dies geschah ganz natürlich mit Angriffen auf die Grundlagen der Zivilisation, die diesen Krieg herbeigeführt hatte... Unser Eifer erstrebte den totalen Umsturz."

Man sprengt die Aufführung eines patriotischen Stücks im Kölner Schauspielhaus; man gibt kurzlebige, zuweilen von der britischen Besatzungsarmee beschlagnahmte Zeitschriften heraus („Bulletin D", „Der Ventilator", „Die Schammade"), an denen gleich auch die Pariser Dadaisten und die Vordenker des Surrealismus mitarbeiten: Louis Aragon, André Breton, Paul Eluard, Francis Picabia, Philippe Soupault, Tristan Tzara.

In diesen Publikationen wird – wie vorher in Zürich und gleichzeitig in Berlin – die Sprachlogik über den Haufen geworfen, die Typographie revolutioniert, das Wortspiel gepflegt, der Ironie zur Herrschaft verholfen. Das Gedicht „Worringer, profetor DaDaistikus" (1920) von „Dadamax" Ernst endet: „11.10 bis 5.23 nachm. unio expressiva erotica et logetica oder die begattungskrämpfe des bruders pablo mysticus und der Schwester scholastica Feininger oder die ethik picassos. kille killi! 6.0 n. picastrate Eum!"

1919 erregen die Dadaisten mit einer Ausstellung im Kölnischen Kunstverein, 1920 mit einer anderen im Kölner Brauhaus Winter Aufsehen. Die Besucher werden zur Zerstörung einiger der präsentierten Nonsense-Objekte aufgefordert. Die Polizei schreitet ein. „Meine Werke jener Zeit sollten nicht gefallen, sondern aufheulen machen": Max Ernst contra Bürgertum.

Während er beim Drucker auf die Fertigstellung der Probeabzüge für eine Dada-Publikation wartet, fügt er herumliegende Strichätzungen zusammen und macht davon Drucke, die er dann mit Feder und Tinte ergänzt und beschriftet. Diese überarbeiteten Strichätzungen von 1919 stehen ebenso wie die Bleistiftdurchreibungen von Druckstöcken am Anfang der Entwicklung halbautomatischer Techniken, einer Entwicklung, zu der Max Ernst in diesen Jahren mit der Collage-Technik einen entscheidenden Beitrag liefert.

Über die papiers collés der Kubisten geht er weit hinaus. Seine berühmt gewordene Definition bahnt dem Surrealismus den Weg und bringt dessen Produktionsverfahren auf die Formel: „Was ist Collage? Max Ernst hat es etwa folgendermaßen definiert: Collage-Technik ist die systematische Ausbeutung des zufälligen oder künstlich provozierten Zusammentreffens von zwei oder mehr wesensfremden Realitäten auf einer augenscheinlich dazu ungeeigneten Ebene – und der Funke Poesie, welcher bei der Annäherung dieser Realitäten überspringt."

Triviales und wissenschaftliches Bildgut (Anzeigen, Prospekte, Schautafeln, Lehrmittel) bildet die „ungeeignete Ebene"; es wird übermalt und mit anderen Materialien überklebt. Die Konfrontation setzt einen Inspirationsprozeß in Gang; die Verwandlung der Vorlage bringt die vorgefundenen Gegenstandsabbildungen semantisch zum Changieren und erzeugt eine neue Räumlichkeit oder Landschaft, in der organische oder technoide Gebilde ein fremdes (verfremdetes) Leben führen. Im Gegensatz zur bewußten Gestaltung eines autonomen Ganzen schließt diese Wechselwirkung zwischen dem Fundstück und seinem Benutzer eine maßgebliche Rolle des Zufalls ein. Die Collage, und darin artikuliert sich Max Ernsts zentrales Interesse, verwischt auch in der Sinnverkehrung Widersprüche nicht, sondern macht sie ästhetisch sichtbar.

Als Max Ernst 1921 auf Einladung André Bretons in Paris ausstellt, findet er sein Programmwort: „Jenseits der Malerei". „Jenseits der Malerei" bedeutet nicht nur die Aufgabe der peinture, sondern auch die Abwendung von der Pinselschrift überhaupt und meint zugleich „jenseits der Kunst", der Kunst im konventionellen Sinne. „finger weg von der hl. cunst" schreibt Max Ernst 1919 auf eine seiner an Giorgio de Chirico angelehnten Grafiken.

Ebenfalls um 1919/20 entsteht „jenseits der Malerei" eine Serie von Collagen, deren Material auf Holzstich-Illustrationen aus Büchern vom Ende des 19. Jahrhunderts beschränkt ist. Dieses Verfahren wird Max Ernst 1929 in der Folge „La Femme 100 Têtes" und in dem großartigen Collage-Roman „Une Semaine de Bonté" von 1934 aufgreifen. Durch Manipulation des Ausgangsmaterials demonstriert er dessen Täuschungscharakter. Im bizarren Bildgut werden die psychologischen und moralischen Implikationen eines vergangenen Weltbildes, des Weltbildes der Elterngeneration, aufgezeigt und verurteilt: veranschaulichter Generationenkonflikt.

Die persönlichen Beziehungen zur französischen Avantgarde sind enger als zu den preußischen Kunstrevolutionären; der rheinische Esprit ist in Paris eher zu Hause als in Berlin. 1922 verläßt Max Ernst Deutschland. Paris ist das Zentrum der Kunst; dort läßt er sich nieder; Paul Eluard unterstützt ihn. Es entstehen die letzten großen, mit Pinsel auf Leinwand gemalten Bilder, erste,

Max Ernst und Dorothea Tanning mit „Capricorn" in Sedona, Arizona

Max Ernst: Weib, Greis und Blume. Gemälde, 1923/24. New York, Museum of Modern Art. – Der große Wald. Gemälde, 1927. Basel, Kunstmuseum

Max Ernst: Der Hausengel. Gemälde, 1937. München, Bayerische Staatsgemäldesammlungen. – Die ganze Stadt. Gemälde 1935/36. Zürich, Kunsthaus

Werner Heisenberg

innerlich monumentale Realisationen surrealistischer Ästhetik, die zu diesem Zeitpunkt theoretisch noch nicht ausformuliert ist.

Dada hat sich verloren; es geht wieder um die Entwicklung einer (wenn auch gebrochenen, auf dem Collage-Prinzip beruhenden) Bildeinheit. Im Verismus des Unwahrscheinlichen kündigt sich die neue Bewegung an. „Das Surreale" wird Breton 1929 im Vorwort zu „La Femme 100 Têtes" schreiben, „ist die Funktion unseres Willens, alles zu verfremden", und Theodor W. Adorno wird später ergänzen: „Der Surrealist sammelt ein, was die Sachlichkeit dem Menschen versagt." Sigmund Freud ist das Idol, nicht Albert Einstein.

Max Ernsts protosurrealistische Gemälde sind jedoch nicht als Spiegelungen psychischer Geheimnisse oder gar als psychoanalytische Illustrationen zu lesen. In der Verquickung verschiedener stilistischer und motivischer Ebenen, in der Verfremdung des Erkennbaren wird Unbewußtes analog zur Traumdeutung und zur Witzanalyse dem Licht ausgesetzt. Und zwar in Kenntnis der Traumdeutung und der Witzanalyse.

Mit Bretons normativer Formel aus dem Surrealistischen Manifest von 1924, wonach surrealistisches Schaffen auf einem automatischen Verfahren zu beruhen habe, welches das Unbewußte „ohne jede Kontrolle durch die Vernunft" zutage fördern solle, hat Max Ernst nie viel im Sinn gehabt. Diesem psychischen Automatismus setzt er seine eigene Dialektik aus halbautomatischer Technik und bewußter Kontrolle durch die Vernunft entgegen.

Das Bild ist für ihn ein Fundgegenstand aus dem Unterbewußten, der durch den weiteren Verarbeitungsvorgang, also im Schaffensprozeß, in die inspirative Bewußtseinshelle gerückt wird. So schreibt er denn auch in einem Artikel über den Surrealismus, in dem die Distanz zu Breton ganz deutlich wird: „Als letzter Aberglaube, als trauriges Reststück des Schöpfungsmythos blieb dem westlichen Kulturkreis das Märchen vom Schöpfertum des Künstlers. Es gehört zu den ersten revolutionären Akten des Surrealismus, diesen Mythos mit sachlichen Mitteln und in schärfster Form attackiert zu haben" (1934). Schöpferische Verweigerung und schöpferischer Widerspruch durchziehen sein Werk wie Adern.

„Jenseits der Malerei" tut sich neues Land auf, als Max Ernst ab 1925 die (bereits vorher sporadisch verwendete) Frottage kultiviert. In einer – wie es seine Art ist: mystifizierenden – Entstehungsgeschichte hat er berichtet, wie ihn im August 1925 in einem Gasthof an der bretonischen Küste plötzlich die Strukturen der Fußbodendielen faszinierten. „Um meine meditativen und halluzinatorischen Möglichkeiten zu unterstützen, machte ich von den Brettern eine Reihe Zeichnungen, indem ich willkürlich einige Blätter Papier auf sie legte, über die ich dann mit schwarzem Bleistift zu reiben begann. Als ich aufmerksam auf die so erhaltenen Zeichnungen blickte ..., überraschte mich die plötzliche Intensivierung meiner visionären Fähigkeiten." Und so definiert er: „‚Frottage' ist nichts anderes als ein technisches Mittel, die halluzinatorischen Fähigkeiten des Geistes zu steigern, daß ‚Visionen' sich automatisch einstellen, ein Mittel, sich seiner Blindheit zu entledigen."

Die Metapher von der Blindheit findet sich des öfteren in Max Ernsts Werk. Auf der einen Seite meint sie, das Auge müsse sich vor der äußeren Wirklichkeit schließen, damit die Imagination der Vision gewahr werde (Max Ernst greift hier auf Caspar David Friedrich zurück, der 1830 schrieb: „Schließe dein leibliches Auge, damit du mit dem geistigen Auge zuerst siehest dein Bild. Dann fördere zutage, was du im Dunkeln gesehen, daß es zurückwirke auf andere von außen nach innen"). Auf der anderen Seite – und darauf spielt Max Ernst in der Frottage-Definition an – empfindet er völlige Blindheit vor der noch leeren Leinwand und dem noch weißen Papier. Am Anfang steht also die Inhibition. Die Malhemmung könnte sich ausbreiten, gelänge es ihm nicht, technische Mittel zu entwickeln, mit deren Hilfe ein Anfang gemacht und der „Mechanismus der poetischen Inspiration" in Gang gesetzt werden kann. Alle Techniken, den schöpferischen Prozeß zu stimulieren, sind also zugleich Techniken, die immerwährende Scheu vor dem leeren Blatt zu drosseln und „sich seiner Blindheit zu entledigen".

Mag seine eigene Schilderung auch (bewußt?) anders klingen – bei der Frottage hat er sich so wenig wie bei der Collage ganz dem Material anheimgegeben. Der ersten Durchreibung von Dielenstrukturen folgen auf demselben Blatt kleine Eingriffe, Durchreibungen der Strukturen anderer Gegenstände, so daß sich auf dem primären Fond wieder – wie bei der Collage – verschiedene, einander fremde Gegenstandsassoziationen begegnen. Die (abgebildete) Mikrostruktur einer Holzmaserung wird in die Makrostruktur einer (imaginierten) Landschaft überführt. „Er stellt an die Stelle der wirklichen, erkennbaren Welt eine mögliche Welt" (Werner Spies).

Die Frottagen von 1925 bilden einen einzigartigen zeichnerischen Zyklus. Er demonstriert die für Max Ernst charakteristische Verschränkung von Technik, durch die Technik angeregter Formphantasie und daraus resultierender Verfremdung der Ausgangsmaterialien. Diese Ausgangsmaterialien werden jedoch nie gänzlich verwischt, nie völlig verborgen: Der Inspirationsprozeß soll stets einsehbar bleiben.

Ist ein Verfahren bis in seine verästelten Möglichkeiten ausprobiert, so verwirft oder modifiziert Max Ernst es. Nicht bodenlose Sprunghaftigkeit äußert sich darin, sondern ein unablässiges Suchen nach Bildstimulantien.

Bleiben wir beim Stichwort. Wo Picasso davon sprach, er suche nicht, er finde, gilt für Max Ernst, daß er nicht fand, sondern suchte. 1967 schrieb er in einem kurzen autobiographischen Text: „Ein Maler mag wissen, was er nicht will. Doch wehe! wenn er wissen will, was er will! Ein Maler ist verloren, wenn er sich findet. Daß es ihm geglückt ist, sich nicht zu finden, betrachtet Max Ernst als sein einziges Verdienst."

In der dritten Person singularis schrieb Max Ernst übrigens stets über sich: eine indirekte Benennung, dem indirekten Verfahren seiner Werke verwandt.

Der zeichnerische Durchreibe-Vorgang wird in der zweiten Hälfte der 20er Jahre – Max Ernst ist jetzt Mitglied der Pariser Surrealistengruppe, stellt gemeinsam mit ihr aus – im Gemälde modifiziert (Grattage). Der Leinwand mit noch nicht getrocknetem Farbauftrag werden verschiedenartig strukturierte Gegenstände unterlegt. Mit dem Messer wird die Farbe an den erhabenen Stellen abgeschabt, so daß die andersfarbigen Unterschichten zutage treten, und zwar im Muster der darunterliegenden Gegenstände. Das Bild wird nun also von der Rückseite her entwickelt, aber auf der Vorderseite sichtbar und noch einmal mit dem Pinsel aus- oder umgedeutet. Aus Spulen werden Augen, aus gestanzten Blechen Wälder. Vom Bildrand her wird das Formgeflecht schließlich mit dem Pinsel eingegrenzt und damit zur Szenerie.

In der zweiten Hälfte der zwanziger Jahre entsteht eine Fülle neuer Bildmotive, die auf der Technik der Grattage und ihrer Abwandlungen beruhen. Stilistisch sind die „Vogeldenkmäler", die „Horden", die „Windsbräute", die „Muschelblumen", die „Wälder" auf keinen gemeinsamen Nenner zu bringen. In einer Zeit, da Yves Tanguy, André Masson und Joan Miró den Automatismus in den abstrahierenden Strang des Surrealismus überführen, während Salvador Dalí und René Magritte die veristische Variante des Surrealismus ausbilden, alle fünf jedenfalls auf dem Weg zu einer definitiven Klärung ihrer Bildwelt sind, arbeitet Max Ernst an einer Vielfalt, die sich jeder subsumierenden Begrifflichkeit entzieht, entziehen will.

Die in spezifischen Herstellungsverfahren aufgehobenen Intentionen bewirken, daß auch das einzelne Bild sich jeder eindimensionalen Deutung widersetzt. Spürbar wird freilich, daß sich in die Schwerelosigkeit der „Vogelbilder" und der „Windsbräute" die Dämonie des Verschlingens mischt, daß in den Bildern erotischer Vereinigung auch gefräßige Gier zu lesen ist, daß die romantischen „Wälder" in der Hoffnung die Bedrohung zeigen. Was sich in den „Barbaren"-Varianten von 1935 und in den „Ganzen Städten" von 1933 bis 1935 vollendet, kündigt sich in den „Horden" und den „Wäldern" der späten zwanziger Jahre an: der visionäre Vorgriff auf die politische Entwicklung in Europa und auf die totalen Zerstörungen, die sie im Gefolge haben wird – Vorgefühle also nicht nur auf dramatische Naturereignisse, sondern auch auf politische Katastrophen.

Das Prinzip des indirekten Sprechens entwickelt Max Ernst zu Beginn der dreißiger Jahre mit einer Doppelgängerfigur, dem Loplop. Loplop, eine wandelnde Staffelei in Vogelgestalt, wird Gegenstand einer langen Reihe von Gemälden, Collagen, Zeichnungen. Loplop, dieses, so Max Ernst, „Privatphänomen", präsentiert Bilder, zumeist solche, die Max Ernstschen gleichen oder auf Max Ernstschen Techniken beruhen. Der Vogel schlüpft gelegentlich in die Gestalt eines Menschen. Stets ist er der Vorführer von Bildern.

Es ist, als ob der vierzigjährige Max Ernst mit seinem zweiten Ich Loplop über seine bisherige reflektorische Kunstpraxis hinaus jetzt zu einer Reflexion des Kunstmachens ansetzt, indem er die Identität von Hersteller und Hergestelltem aufhebt dadurch, daß er einen Vermittler dazwischenfügt. In der Konsequenz seiner „Ästhetik der Distanz" (Werner Spies) rückt er die eigenen Werke, Figuren, Verfahrensweisen von sich ab, zeigt sie vor als verfügbare Produkte. So gleicht denn auch die ganze Serie von fast hundert Loplop-Werken der Ausstellung eigener Werke und eigener Präferenzen: auch dies ein Vorgriff, ein Vorgriff auf die im zunehmenden Ausstellungswesen sich vollziehende Trennung des Werks von seinem Autor.

Obwohl er an ihren politischen Manifestationen selten teilhat, allen spektakulären Gruppen-Auftritten mit Skepsis begegnet und Bretons normativen Ansprüchen nicht gerecht zu werden vermag, ist Max Ernst um 1930 Teil der surrealistischen Bewegung in Paris. Ein Foto von Man Ray zeigt ihn 1929 zusammen mit Tristan Tzara, Paul Eluard, André Breton, Hans Arp, Salvador Dalí, Yves Tanguy, René Crevel, Man Ray. Die großen Surrealismus-Ausstellungen der dreißiger Jahre (Hartford/Conn. 1931, Paris 1933, 1936, 1938, Zürich 1934, New York und London 1936) beschickt auch er; an den Zeitschriften („La Révolution Surréaliste", „Le Surréalisme au Service de la Révolution") arbeitet er mit; Texte surrealistischer Autoren werden von ihm illustriert. 1930 wirkt er an Luis Buñuels erstem großen Film „L'Age d'Or" (Mitarbeit: Salvador Dalí) als Darsteller mit.

Die Gemälde der dreißiger Jahre sind durchsetzt von Motiven der Grausamkeit, der Angst, der Zerstörung. „Europa nach dem Regen" von 1933 zeigt einen deformierten Kontinent; die „Flugzeugfressenden Gärten" führen fallenartige Architekturen vor, in denen Verfolger zugleich Verfolgte sind; die „Hausengel", ausdrücklich als Antwort auf die Niederlage der Republikaner in Spanien konzipiert, präsentieren sich als würgeengelartige Ungeheuer: „Das ist natürlich ein ironischer Titel für eine Art Trampeltier, das alles, was ihm in den Weg kommt, zerstört und vernichtet. Das war mein damaliger Eindruck von dem, was in der Welt wohl vor sich gehen würde, und ich habe damit recht gehabt."

1937 werden Max Ernsts Werke in deutschen Museen beschlagnahmt und zum Teil in der von München ausgehenden Wanderausstellung „Entartete

Kunst" gezeigt. 1938 zieht sich Max Ernst nach Saint-Martin d'Ardèche zurück, wo er das von ihm bewohnte Haus außen mit reliefartigen apotropäischen Masken und Figuren ausstattet.

Als „feindlicher Ausländer" wird er 1939 in Südfrankreich interniert. Zweimal kann er fliehen. 1941 gelingt es ihm, nach New York zu kommen, wo sich auch Breton, Masson, Matta, Tanguy einfinden. In den USA fällt der französische Surrealismus auf fruchtbaren Boden. Nirgendwo wird die Wirkung Max Ernsts auf jüngere Künstler, nirgendwo wird die Wirkung des Surrealismus auf das geistige Leben so stark sein wir dort.

In den frühen vierziger Jahren nimmt sich Max Ernst wiederum einer neuen Technik an, der in ihren Ursprüngen aufs 19. Jahrhundert (Victor Hugo, Justinus Kerner) zurückgehenden Décalcomanie: Dünnflüssige Farbe wird mit einer Glasscheibe auf der Leinwand platt gedrückt. Dabei ergeben sich organisch anmutende Gerinnungsformen, aus denen Max Ernst durch Pinselbearbeitung bizarre Landschaften mit Figurinen entwickelt.

In den „Gemälden für junge Leute" (1943) ordnet er innerhalb eines strengen rektangulären Rasters Motive aus seiner eigenen Bildwelt an. Beeinflußt von René Magrittes Bildern im Bild und im Anschluß an die Loplop-Serie aus der Zeit um 1930, resümiert Max Ernst in den „Gemälden für junge Leute" und ihrem Höhepunkt „Vox angelica" seine gesamte zurückliegende Arbeit, als wolle er einen Strich unter die europäische Periode ziehen.

Er läßt sich in Sedona/Arizona nieder. 1948 wird er amerikanischer, 1958, fünf Jahre nach der Rückkehr nach Paris, französischer Staatsbürger. Auch künftig wird er sich – wie George Grosz – nur besuchsweise und sehr selten in Deutschland aufhalten (Max Beckmann kam nie zurück). Seit 1955 lebt Max Ernst in Südfrankreich, zuerst in Huimes, dann in Seillans. Zu den Höhepunkten des Spätwerks gehört die Buchveröffentlichung „Maximiliana ou l'exercice illégal de l'astronomie" (1964), in der Schrift (Reimgedichte, Bildschrift, wissenschaftlicher Text), gezeichnete Figuren und radierte Bildformen eine einzigartige Einheit eingehen. Am 1. April 1976 stirbt Max Ernst in Paris.

Angenommen worden ist das komplexe, ironische, nachdenkliche Werk von Max Ernst zuerst in den Vereinigten Staaten. Nach dem Zweiten Weltkrieg fand es sehr bald Anerkennung auch in Frankreich. In der Bundesrepublik tat man sich lange eher schwer damit. Größere Ausstellungen in Brühl (1951), Köln (1962), Stuttgart (1970) und Museumsankäufe blieben Einzelfälle, bis im Verlauf der siebziger Jahre auch hier das Interesse für die inspirativen Qualitäten des Surrealismus wach wurde. Mittlerweile verfügen zumal die größeren bundesrepublikanischen Museen über eine Reihe qualitätvoller Bilder (und Skulpturen) von Max Ernst, jedoch ist er noch längst nicht im gleichen Maß präsent wie beispielsweise die deutschen Expressionisten.

Daß Max Ernsts Bildwelt nie so populär wurde und ins allgemeine Bewußtsein einging wie die Bildwelten etwa von Dalí oder Magritte, mag daran liegen, daß ihr Autor weniger als der Spanier und der Belgier auf Suggestion setzte. Die willentliche Stillosigkeit des Werkes, die jeder Begrifflichkeit sich entziehende Vielfalt und Widersprüchlichkeit, die steten Brüche mit Bildkonventionen fordern den Betrachter in einem ungewohnten Umfang zur aktiven geistigen Mitarbeit heraus und stellen damit Ansprüche, die jeder Popularität im Weg stehen. Wer den geraden Weg sucht, findet hier Seitenpfade, Labyrinthe, Plätze und Alleen; wer auch in der Kunst gern festen Boden unter den Füßen hat, wird aufs Glatteis geführt.

„Jenseits der Malerei": Aus der Negation überkommener Kunstvorstellungen heraus machte er eine Kunst, die dieses Paradox von Machen und Negieren stets aufrechterhielt und zugleich als Antrieb nutzte. Indem er das Gewicht vom Bildprodukt auf die Bildmethode verlegte, hob er die europäische Kunst des 20. Jahrhunderts auf eine neue, auf eine reflektorische Stufe, die ihm gelegentlich den Vorwurf der gelehrten Intellektualität eingetragen hat.

Die Revolte aus Inspiration und Vernunft gegen die beim Vater und in der Vätergeneration noch höchst lebendigen normativen Kunsterwartungen führte zu einem Werk, das Max Ernst selber als „nicht harmonisch im Sinne klassischer Komponisten, nicht einmal im Sinne der klassischen Revolutionäre", sondern als „aufrührerisch, ungleichmäßig, widersprüchlich" empfand. Mit seiner Scheu vor dem Machen, mit seiner immer auch das eigene Tun einbeziehenden Skepsis, mit seiner Kritik am Künstlermythos, mit seinen Umwertungen trivialen Materials und Bildguts, mit seiner visionären Ikonographie wurde Max Ernst im Dreieck der Moderne Gegenpol gleichermaßen zum zehn Jahre älteren Pablo Picasso und zum drei Jahre jüngeren Max Beckmann.

Und die Ausgangsfrage nach dem Magier? Weniger ein Magier der Natur, war er ein Magier der Fundstücke und vor allem der ironische Mystifikateur alles dessen, was er aufgriff, selbst noch ein Mystifikateur seines eigenen Werks – so rätselhaft wie der Weltgrübler Beckmann und so wenig zu fassen wie der abgründige Flaneur Picasso.

# WERNER HEISENBERG
## 1901–1976

Von
Carl Friedrich von Weizsäcker

Die Wissenschaft hat die Welt verwandelt; wie verwandelt sich die Wissenschaft? Dem Auge bietet sie das Bild des unaufhaltsamen Fortschritts. Mit bewährten Methoden, auf festen Grundgedanken fußend, diszipliniert – so baut sie ihr Gebäude, so erobert und besiedelt sie neue Länder der Erkenntnis und der Anwendung. Das nennt der Wissenschaftshistoriker Thomas Kuhn die „normale Wissenschaft". Aber die normale Wissenschaft, die ihre eigenen Prinzipien nicht in Frage stellt, erlebt wiederkehrende Revolutionen. Die Methoden fassen ein neues Problem nicht mehr, die Grundgedanken enthüllen ihre inneren Widersprüche. Eine Krise, zuerst von wenigen geahnt, verschärft sich. Schließlich treten neue Grundgedanken auf, unerwartete Methoden. Die Revolution siegt, eine neue Phase normaler Wissenschaft beginnt. Im günstigsten Fall versteht die nachrevolutionäre Wissenschaft die vorrevolutionäre besser, als diese sich selbst verstanden hat. Aber die erneute Selbstzufriedenheit bereitet, wie stets im Leben, die erneute Krise vor.

Die theoretische Physik, die Wissenschaft von den allgemeingültigen Gesetzen der Natur, hat in unserem Jahrhundert zwei große Revolutionen gleichzeitig erlebt, beide in seinem ersten Drittel: die Relativitätstheorie und die Quantentheorie. Die beiden Relativitätstheorien, die spezielle von 1905 und die allgemeine von 1915, sind im wesentlichen das Werk eines Mannes, von Albert Einstein; freilich wuchsen sie auf vorbereitetem Boden, zumal die spezielle im Gefolge von Lorentz und Poincaré, die allgemeine begleitet von Hilbert. Die Entstehung der Quantentheorie ist ein viel breiterer und letztlich radikalerer Vorgang, der sich von 1900 bis etwa 1930 hinzog. Planck machte 1900 den Anfang. Von 1906 bis 1912 führte Einstein auch in der Entwicklung der Quantentheorie, von 1912 bis 1925 Bohr. Dann kam der Durchbruch zur endgültigen Gestalt der Theorie: der Quantenmechanik. Den entscheidenden Schritt dazu tat Heisenberg 1925. Aber nun war es, wie wenn ein neuer Kontinent entdeckt ist. Viele waren gleichzeitig, zusammenarbeitend und in Konkurrenz, an seiner Erschließung beteiligt. Born, Jordan, Pauli, Dirac, de Broglie, Schrödinger sind die wichtigsten Namen. Bohr war auch in der Interpretation der Quantenmechanik, gemeinsam mit Heisenberg, führend.

Werner Heisenberg war dreiundzwanzig Jahre alt, als er die Quantenmechanik fand. Er wurde am 5. Dezember 1901 in Würzburg geboren. Sein Vater, Sohn eines Handwerksmeisters aus Osnabrück, war in Würzburg Gymnasiallehrer. 1908 wurde der Vater nach München berufen, auf den einzigen Lehrstuhl für Byzantinistik, den es in Deutschland gab. Werner, der jüngere von zwei Söhnen, wuchs im München der zu Ende gehenden Monarchie auf. Kriegsverlust, Jugendbewegung, Physik öffneten den Weg aus einer zusammenbrechenden Welt in eine neue. Die Jugend blieb prägend. Zeitlebens hat sich Heisenberg als Münchener gefühlt, hat sich eine Berufstätigkeit in München gewünscht, die sich ihm erst als Fünfundfünfzigjährigem eröffnete; in einer heiter-beschwingten Festrede zur 800-Jahrfeier dankte er dann seiner Heimatstadt.

Bei der Berufswahl schwankte er ein wenig zwischen exakter Wissenschaft und Musik. Die genaue Wahl des Studienfachs entschied dann der befeuernde Lehrer Arnold Sommerfeld, damals in der Atomtheorie Bohrs einziger fast gleichwertiger Partner, für Physik anstelle der Mathematik. Heisenberg hat sehr früh empfunden, daß er mit der Wahl der Physik mitten in die geistigen Entscheidungen unseres Jahrhunderts eintrat. „Zur Zeit Mozarts geschah vielleicht das geistig Wichtigste in der Musik, in unserer Zeit aber in der Physik" – so konnte er im Gespräch sagen. Er wurde 1923 in München bei Sommerfeld promoviert, 1924 in Göttingen bei Born habilitiert; aber schon zog ihn ein übermächtiger Drang nach Kopenhagen, ins „Mekka der Atomphysik", zu unser aller Meister Niels Bohr. „Von Sommerfeld hab' ich den Optimismus gelernt", sagte er mir später, „von den Göttingern die Mathematik, von Bohr die Physik". Physik heißt hier die nicht ruhende Vergegenwärtigung der Grundfragen im Unterschied zur bloßen Anwendung von Methoden. Im Juni 1925, in Helgoland, wohin er vor dem Heuschnupfen floh, fand er den Ansatz zur Quantenmechanik. Nur zwei Jahre dauerte es, bis die Arbeit der oben Genannten die Theorie mathematisch und physikalisch im wesentlichen geklärt hatte. Heisenbergs Abhandlung über die „Unbestimmtheitsrelation" von 1927 markiert das Ergebnis.

1927 wurde Heisenberg auf den Lehrstuhl für theoretische Physik in Leipzig berufen, den er bis 1942 innehatte. Für das Jahr 1932 erhielt er 1933 den Nobelpreis für Physik; gleichzeitig teilten Schrödinger und Dirac den Preis für 1933; diese Bewertung der Beiträge zur neuen Theorie war gerecht. Werner Heisenberg heiratete 1937 Elisabeth Schumacher, aus einer Gelehrtenfamilie, Partnerin in Musik und dem, was Menschen gemeinsam sein kann. Sie hatten sieben Kinder, ein reiches Familienleben. Aber die Politik hatte begonnen, in sein Leben einzugreifen. 1933, einem Rat Max Plancks folgend, und nochmals, in aller Schärfe der Entscheidung, 1939 entschloß er sich, nicht aus dem Deutschland Hitlers zu emigrieren. Er wollte nach dem Ende des Unheils in seinem Lande für eine neue Zukunft zur Verfügung stehen. Seit Herbst 1939 beteiligte er sich am „Uran-Projekt", d. h. an den Arbeiten über die technische Anwendung der soeben von Hahn entdeckten Uranspaltung; er war alsbald der inoffizielle wissenschaftliche Leiter des Projekts. 1942 wurde er in dieser Funktion Direktor am Kaiser-Wilhelm-Institut (später Max-Planck-Institut) für Physik, damals in Berlin-Dahlem. Das Institut wurde gegen Kriegsende nach Hechingen verlagert. 1945 wurde Heisenberg mit einigen Mitarbeitern für ein halbes Jahr in England interniert. 1946 gründete er, mit englischer Unterstützung, das Institut neu in Göttingen, 1957 wurde es, seinem Herzenswunsch folgend, nach München verlegt. In München ist er am 1. April 1976, im fünfundsiebzigsten Lebensjahr, gestorben.

Wissenschaftlich kann man die fünfzig Jahre von der Entdeckung der Quantenmechanik bis zu seinem Tod als die, lange Zeit führende, Beteiligung an der Besiedlung des neuentdeckten Kontinents bezeichnen. Dem Fachmann sind die wichtigsten Stationen geläufig: die Theorie des Helium-Spektrums 1926, des Ferromagnetismus 1928, eine erste Fassung der Quantenelektrodynamik (mit Pauli) 1929, Theorie des Atomkerns (nach Chadwicks Entdekkung des Neutrons) 1932, Ansätze zur Theorie der kosmischen Strahlung um 1936; die immer intensivere Suche nach einer konsistenten Quantenfeldtheorie der Elementarteilchen, welche er 1958 als „nichtlineare Spinor-Feldtheorie" in definitive Gestalt gebracht zu haben hoffte und bis ins letzte Lebensjahr weiter bearbeitete. Dazu ein großer Einsatz in der Wissenschaftspolitik nach dem Zweiten Weltkrieg, in der Max-Planck-Gesellschaft, der Humboldt-Stiftung, bei der Gründung des Genfer Atomforschungszentrums CERN. Schließlich eine Reihe philosophischer Publikationen, gipfelnd in den wissenschaftlichen Lebenserinnerungen in Dialogform „Der Teil und das Ganze", 1969.

Keinem, der Heisenberg näher gekannt hat, konnte verborgen bleiben, daß die „Besiedlung des Kontinents" nicht die Erfüllung seiner Hoffnungen war. Seine Vorstellung von dem, was wir einleitend eine wissenschaftliche Revolution genannt haben, hat er in einem Satz ausgesprochen, dem wir das Gleichnis des Kontinents verdanken: „Vielmehr werden wir zu jeder wesentlich neuen Erkenntnis immer wieder von neuem in die Situation des Columbus kommen müssen, der den Mut besaß, alles bis dahin bekannte Land zu verlassen in der fast wahnsinnigen Hoffnung, jenseits der Meere doch wieder Land zu finden." Das Pathos dieses Satzes geht uns hier an, seine emotionale Identifizierung mit dem Wagnis des Kolumbus. Heisenberg glich einem Entdecker, der, anders als der historische Kolumbus, alsbald erkannte, daß er einen neuen Kontinent, aber noch nicht Indien erreicht hatte. „Indien" blieb immer seine Sehnsucht. In seiner späten Feldtheorie hoffte er das Ziel erreicht zu haben. Daß er die Zunft davon nicht überzeugen konnte, blieb ihm ein schneidenderer Schmerz als die verständnislose Kritik, die viele alte Bekannte nach dem Krieg an seiner politischen Haltung übten.

Wie war der Mensch beschaffen, dem dieser Lebenslauf bestimmt war? Es sei dem Freund erlaubt, aus der persönlichen Erinnerung zu berichten.

Im Februar 1927 habe ich Werner Heisenberg kennengelernt. Er war gerade fünfundzwanzig Jahre alt, ich noch nicht fünfzehn. So steht er mir noch vor Augen: ein bescheidener, fast schüchterner junger Mann, mit leicht bayerischem Akzent, mittelgroß, schlank, körperlich gewandt. Das aschblonde, etws widerstrebende Haar glatt aus der höckerigen Stirn nach hinten gekämmt. Ein manchmal träumend denkendes Auge unter fast weißen buschigen Augenbrauen. Ein freundlicher Mund, dessen Lippen sich in den häufigen Momenten absoluter Konzentration zu zwei schmalen parallelen Strichen zusammenzogen. Kräftige, zum Klavierspiel präzis erzogene Hände. Eine einfache, anspruchslose, das Gesagte instinktiv eher herunterspielende Sprechweise.

Er war sensibel und fast unbelehrbar dickköpfig, musikalisch, intuitiv, handwerklich. Unerträglich waren ihm Selbstbelügung und Schwulst, unbegreiflich war ihm Zynismus. Er war immer wieder ein elementarer Optimist; ein im Grunde naiver Mann. Er hatte einen agonalen, fairen, unbezähmbaren Leistungsehrgeiz, nicht nur in Physik und Klavierspiel, sondern bis ins Bergsteigen, Pingpong- und Schachspiel hinein, und er konnte das Geschenk einer Sonnenstunde in den Bergen, eines Gesprächs, einer Freundschaft, eines Liedes von Hugo Wolf ohne Vorbehalt hinnehmen und genießen. Er hätte sich geschämt, sich auf den Erfolg seines Ehrgeizes etwas zugute zu tun. Diese Scheu, sich darzustellen, machte ihn im späteren Leben gegen übelwollende Kritik fast wehrlos; er war unfähig, in gleicher Münze heimzuzahlen.

Etwas Wesentliches über seine wissenschaftliche Intuition hat er in dem Satz ausgesprochen, daß nur der Konservative ein wirklicher Revolutionär sein kann. Nur der Konservative nimmt die überlieferten Strukturen ernst genug, um unter ihrem Ungenügen tief zu leiden. Nur er kann dann in glückender Intuition die einzige Stelle entdecken, an der sie durchbrochen werden müssen und können, um eine neue Wirklichkeit einzulassen. Heisenberg wußte aber auch, daß Glück eine persönliche Eigenschaft ist, und er traute sie sich immer wieder zu, mit wie vielen Leiden der Nacharbeit auch ein frühes Glück bezahlt wird. Das Wort von der „fast wahnsinnigen Hoffnung" läßt dem großen Glück die Führung zum Land jenseits der Meere. Es bezeichnet aber auch die erfahrene Nähe der Kreativität zum Wahn. „Man kann einmal in den Abgrund schauen; im Abgrund leben kann man nicht", sagte er mir einmal.

Was ist der sachliche Gehalt der Revolution, in der Heisenberg eine so wichtige Rolle zu spielen hatte? Wenn die Revolution der Physik eine der wichtigsten geistigen Entscheidungen unseres Jahrhunderts ist, dann ist es ein objektives Leiden unserer Kultur, daß ihr Gehalt nur dem Fachmann präzise zugänglich ist. Die Hoffnung auf Allgemeinverständlichkeit des Wesentlichen ist irrig. Aber wenigstens der Versuch sei gemacht, die Struktur dieser Revolution zu skizzieren, etwa in der Sichtweise, in der Heisenberg selbst sie aufgefaßt hat.

Max Planck, ein durch und durch konservativer Denker, konnte eben darum durch das Hauptportal in die neue Physik eintreten. Er traf auf das Kernproblem der Atomphysik. Sein Ausgangspunkt war die klassische Theorie des Wärmegleichgewichts. Wärme versteht die Physik als eine verborgene, ungeordnete Bewegung der kleinsten Teile der Materie. Was aber sind diese kleinsten Teile? Die Chemiker des 19. Jahrhunderts hatten die antike Atomhypothese wieder aufgenommen. Jedes Element besteht aus Atomen, die für es spezifisch sind. Alle Wasserstoffatome (desselben Isotops) sind untereinander gleich, ebenso alle Sauerstoffatome untereinander, also auch alle Wassermoleküle ($H_2O$) untereinander. Wärme ist die Bewegung der Atome gegeneinander.

Aber ein Atom ist ausgedehnt; es erfüllt einen gewissen Raum. Gibt es eine innere Bewegung des Atoms, eine Bewegung seiner Teile gegeneinander? Hier wartet ein Paradox auf uns. Wendet man die Mechanik des Kontinuums aufs Atom an, so muß es solche inneren Schwingungen des Atoms geben. Aber man kann zeigen, daß sich dann alle Wärmebewegung ins Innere der Atome „verkrümeln" müßte; ein Wärmegleichgewicht, wie es uns die Erfahrung zeigt, wäre dann nicht möglich. Aus Überlegungen dieses Typus haben schon die klassischen Philosophen wie Leibniz und Kant die Atomvorstellung kritisiert, ohne sie freilich durch eine paradoxiefreie Alternative ersetzen zu können. Ludwig Boltzmann, der um 1880 der kinetischen Theorie der Wärme ihre in der klassischen Physik endgültige Gestalt gab, griff zu unmechanischen Zusatzforderungen, wie der einer absoluten Starrheit und Glattheit der Atome.

Planck arbeitete nicht an einem Atommodell, sondern am Problem eines Strahlungsfeldes, das mit warmer Materie im Gleichgewicht des Energieaustausches steht. Die Spektralverteilung dieser Strahlung kann gemessen werden; das Spektrum des Sonnenlichts ist ein Beispiel. Planck stilisierte die Materie als ein System von „Oszillatoren", schwingungsfähigen atomaren Körpern. Er konnte die Erfahrung darstellen, wenn er annahm, daß der Oszillator die Energie nicht kontinuierlich, sondern nur in „Quanten" aufnehmen und abgeben kann. Daher der etwas schwerverständliche Name „Quantentheorie". Nun gibt es aber kein mechanisches Atommodell, das diese Eigenschaft hat. Planck hatte de facto mit der klassischen Mechanik gebrochen. Er wußte das, aber, als Konservativer, liebte er es nicht.

Wir überspringen die zweite, Einsteinsche Phase der Quantentheorie und wenden uns gleich zur wichtigsten dritten, die Bohr einleitete. Bohr lernte

1911 das empirisch sehr gut begründete Atommodell des großen Experimentalphysikers Ernest Rutherford kennen: ein Kern, von Elektronen wie Planeten umkreist. Bohr erkannte, daß auch dieses Modell nach der klassischen Mechanik unmöglich war. Die Elektronen müßten Energie ausstrahlen und in den Kern stürzen. Die Gleichheit aller Wasserstoffatome wäre zudem unerklärlich; jedes Atom könnte, wäre es stabil, sein Elektron auf einer Bahn individueller Größe haben. Bohr wagte die Hypothese: Nicht Rutherfords Modell, sondern die klassische Mechanik ist falsch. Bohr wandte Plancks Quantentheorie auf Rutherfords Modell an, und es ergab sich die Stabilität der Atome und, wenigstens für Wasserstoff, das richtige Spektrum des ausgesandten Lichts. Bohr war der eigentliche konservative Revolutionär. Er erkannte die Unmöglichkeit der klassischen Mechanik, weil er ihren Konsequenzen nicht durch willkürliche Zusatzannahmen ausgewichen war. 1919 gelang ihm die qualitative Erklärung des periodischen Systems der chemischen Elemente.

Aber was Bohr gefunden hatte, war keine geschlossene Theorie, sondern ein Hybrid zwischen klassischer Mechanik und „Quantenbedingungen". Heisenberg tat den radikalen Schritt, überhaupt auf Modelle aus der klassischen Mechanik zu verzichten. Auf einer „Bahn" im Sinne der klassischen Mechanik hat ein Teilchen jederzeit einen bestimmten Ort und einen bestimmten Impuls (d. h. eine bestimmte Geschwindigkeit). Heisenberg behielt die Begriffe „Ort" und „Impuls" bei, beschrieb sie aber mathematisch nicht durch Zahlen, sondern durch abstrakte algebraische Größen, die man „Matrizen" oder „Operatoren" nannte. Es gelang ihm, eine Theorie zu entwickeln, welche diese Größen denselben Gleichungen unterwarf, die für ihre Vorbilder in der klassischen Mechanik gelten. Er konnte daraus sowohl die Gesetze des Atombaus wie auch, für sichtbare, „makroskopische" Vorgänge, als Grenzfall die Gesetze der klassischen Mechanik herleiten. Die Theorie hatte einen größeren Erfolg, als ihre Urheber selbst erwartet hatten. Man kann ihre Grundannahmen heute dem mathematisch Gebildeten auf einer Druckseite darstellen. Sie beherrscht *alle* uns bekannt gewordenen physikalischen Phänomene. Man darf annehmen, daß ihr rund eine Milliarde bekannter Beobachtungsdaten genügen, kein überzeugendes Gegenbeispiel ist gefunden worden.

Es ist schwer, sich zu vergegenwärtigen, was diese abstrakten Strukturen real bedeuten. Ein Schritt auf dem Wege dahin war Schrödingers Wellenmechanik und ihre statistische Deutung, die Born zuerst ausgesprochen hat. Einem Teilchen entspricht eine Welle, die sogenannte $\psi$-Funktion. Ihr physikalischer Sinn ist, daß man aus ihr zu jeder an dem Teilchen möglichen Messung (Ort, Impuls, Energie etc.) die Wahrscheinlichkeit ausrechnen kann, daß sie ein bestimmtes Ergebnis zeigen wird. So entspricht die Intensität der Welle an einem Ort der Wahrscheinlichkeit, das Teilchen an diesem

Ort vorzufinden, *falls* man seinen Ort zu bestimmen versucht. Die Welle ist ein raumüberbrückender Vorgang. Nur durch sie kann die Quantentheorie ganzheitliche Verhaltensweisen der Materie erklären, wie die Stabilität der Atome, die Gesetze der chemischen Bindung oder die Supraleitfähigkeit bei tiefen Temperaturen, die Superfluidität tiefgekühlten Heliums.

Die Wellenfunktion ist unvergleichlich reicher an Information als es die Angabe der Bahn eines Teilchens wäre. Die Quantentheorie weiß nicht weniger über ihre Objekte als die klassische Physik vermutete, sondern sehr viel mehr: Eigenschaften, für die es in der klassischen Physik gar keine Begriffe gibt. Aber dafür muß ein Preis gezahlt werden: Es gibt keine Bahn des Teilchens.

Die Vorhersagen für Experimente sind statistisch. Als mir Heisenberg 1927 in einem Taxi in Berlin die noch unveröffentlichte Unbestimmtheitsrelation erzählte, sagte er: „Ich glaub', ich hab' das Kausalgesetz widerlegt." Das war in dem Sinne richtig, daß eine kausale Vorhersage eines Meßresultats aus einem früheren Meßresultat im allgemeinen unmöglich ist. Die Annahme, die kausal verknüpften Größen existierten „im Verborgenen", hat sich mit der Quantentheorie, wie wir sie zu verstehen vermögen, und mit allen bisher als Test der Quantentheorie angestellten Experimenten als unvereinbar erwiesen. Die Unbestimmtheitsrelation besagt *nicht:* „Ort und Impuls eines Teilchens können nicht zugleich gemessen werden, und deshalb existieren sie nicht zugleich." Das wäre ein logisch fehlerhafter Schluß. Sie besagt *vielmehr:* „Ort und Impuls eines Teilchens existieren gemäß der Theorie nie zugleich; deshalb kann, gemäß der Theorie, kein Experiment glücken, das sie gleichzeitig zu messen sucht."

Hier brechen wir die Skizze der Quantentheorie ab.

Die philosophische Bedeutung der Physik, die er mitgestaltete, war für Heisenberg evident. Er wagte die Behauptung, sie sei das philosophisch wichtigste Ereignis unseres Jahrhunderts; es ist zu vermuten, daß die Nachwelt ihm recht geben wird. Aber sein eigenes Verhältnis zur Philosophie blieb behutsam. Wo sie begrifflich vorging, nahte er ihr mit skeptischem Interesse; wo sie dogmatisch auftrat, mit Unglauben und, man darf es sagen, mit Verachtung; wo sie künstlerische Gestalt annahm, wie bei Platon, mit Liebe und einer Art scheuer Verehrung.

Niemals wurde er warm mit der Wissenschaftstheorie unserer Tage. Er empfand, daß sie die wahren Probleme der Physik überhaupt nicht zu Gesicht bekam. Tief beeinflußt hat ihn freilich in seiner Jugend – wie so manchen Physiker jener Zeit – Ernst Mach, der wußte, wovon er sprach, weil er zugleich ein bedeutender Physiker war. Die Machsche Tendenz, sich auf beobachtbare

Größen zu beschränken, war ein Motiv für Heisenbergs Ansatz zur Quantenmechanik; sie gestattete ihm die Distanzierung vom Dogmatismus des Weltbildes der klassischen Physik. Aber schon 1926 belehrte ihn Einstein: „Erst die Theorie entscheidet, was meßbar ist." Dieser Satz führte ihn zur Unbestimmtheitsrelation.

Vor allen Wissenschaftsphilosophen hatte er den Vorsprung, „von innen", aus der Erfahrung der eigenen Arbeit, zu wissen, wie eine neue Theorie entsteht. 1948 legte er den Aufsatz „Der Begriff ‚abgeschlossene Theorie' in der modernen Naturwissenschaft" vor. Er war wohl der erste, der den Fortschritt der Physik als eine Folge abgeschlossener Theorien beschrieb, deren spätere die früheren nicht widerlegen, sondern auf einen Geltungsbereich einschränken. Kuhn hat diese Struktur 1962 mit breiterer historischer Basis, aber in der weicheren Form der Abfolge von „normaler Wissenschaft" und „Revolutionen" beschrieben. Heisenbergs Analyse ist spezieller und tieferdringend. Er kann sagen: „Die abgeschlossene Theorie gilt für alle Zeiten; wo immer Erfahrungen mit den Begriffen dieser Theorie beschrieben werden können, und sei es in der fernsten Zukunft, immer werden die Gesetze dieser Theorie sich als richtig erweisen." Denn die Geltung der Gesetze *definiert* erst den Sinn der Begriffe, in denen wir die Gesetze formulieren.

Heisenberg, der als Humanist Platon auf griechisch lesen konnte, empfand seine Nähe zur platonischen Philosophie von Jahrzehnt zu Jahrzehnt deutlicher. Dabei blieb ihm freilich die begriffliche Strenge Platons immer ein wenig fremd. Er las Platon als Künstler. Seine „Gespräche im Umkreis der Atomphysik", wie der Untertitel des Buches „Der Teil und das Ganze" heißt, sind die einzigen Dialoge in der deutschen Literatur, die mir in der Verbindung von Lebensfülle und philosophischer Analyse den platonischen nahezukommen scheinen.

Die Philosophie seines Herzens dürfte er in dem Vortrag „Die Bedeutung des Schönen in der exakten Naturwissenschaft" ausgesprochen haben. „... und die Schönheit der Natur spiegelt sich auch in der Schönheit der Naturwissenschaft." Er stellt Platons Ideenlehre so dar, wie sie seiner Forschererfahrung entspricht: „Das Erfassen der Ideen durch den menschlichen Geist ist, wie schon ihr Name sagt, mehr ein künstlerisches Schauen, ein halbbewußtes Ahnen als ein verstandesmäßiges Erkennen. Es ist eine Wiedererinnerung an Formen, die dieser Seele schon vor ihrem Erdendasein eingepflanzt worden sind. Die zentrale Idee ist die des Schönen und Guten, in der das Göttliche sichtbar wird und bei deren Anblick die Flügel der Seele wachsen. An einer Stelle im ‚Phaidros' wird der Gedanke ausgesprochen: Die Seele erschrickt, sie erschauert beim Anblick des Schönen, da sie spürt, daß etwas in ihr aufgerufen wird, das ihr nicht von außen durch die Sinne zugetragen worden ist, sondern das in ihr in einem tief unbewußten Bereich schon immer angelegt war."

Offenbar spricht Heisenberg von sich selbst, wenn er anläßlich der Physik unseres Jahrhunderts sagt: „In dem Moment aber, in dem die richtigen Ideen auftauchen, spielt sich in der Seele dessen, der sie sieht, ein ganz unbeschreiblicher Vorgang von höchster Intensität ab." Und wenige Zeilen später: „Kepler sagt: ‚geometria est archetypus pulchritudinis mundi', ‚Die Mathematik', so dürfen wir wohl verallgemeinernd übersetzen, ‚ist das Urbild der Schönheit der Welt.'" Wo andere die religiöse Sprache gebrauchten, wählte er in seiner späten Zeit gerne den scheu andeutenden Ausdruck „die zentrale Ordnung".

War die Musik Heisenbergs Liebe, die Physik seine Leidenschaft, die künstlerische Philosophie die Sprache seines Glaubens, so war die Politik für ihn das pflichtbewußt erfüllte, erlittene Schicksal. Seine Frau hat ein schönes, aufrichtiges Buch darüber geschrieben, wie es nur aus solcher jahrzehntelangen Nähe aufgezeichnet werden kann: „Das politische Leben eines Unpolitischen", 1980. Sein spontanes Urteil über politische Systeme war zeit seines Lebens, sie nach ihren Mitteln und nicht nach ihren Zielen, also nach ihren Taten und nicht nach ihren Worten zu beurteilen. Selbstbetrügende idealistische Räusche waren ihm zutiefst fremd; das hielt ihn seit der Jugend vom Nationalsozialismus fern und im Alter von der Neuen Linken. Er hielt es für nötig, im unreinen Medium der Politik mit realer Umsicht zu handeln. Freilich, im Herzen der Politik fremd, erfaßte er nicht immer die Motive seiner politischen Partner und Gegner und reagierte nicht immer so, wie diese es zu verstehen vermochten. Er sah oft den unvermeidlichen Weg der Entwicklung, unterschätzte aber die Zeitskalen.

In dreifacher Gestalt ist ihm die Anforderung der Politik begegnet: im Nationalsozialismus, der für uns heute schon ferne Vergangenheit ist; in der täglichen Arbeit von drei Jahrzehnten am Aufbau einer freiheitlichen Gesellschaft im Zeitalter der Wissenschaft, einer heute noch gegenwärtigen Aufgabe; in der Atombombe, die seit vier Jahrzehnten die Drohung einer noch ausstehenden Zukunft bedeutet.

Hitler und der Nationalsozialismus waren und blieben ihm elementar zutiefst widerwärtig, seit er sie als Zwanzigjähriger in München, um 1922, beobachtet hatte. Die Entscheidung, 1933 und 1939 in Deutschland zu bleiben, war die Entscheidung nicht eines Nationalisten, aber eines Patrioten. Er führte, und noch vor Kriegsende gewann er, den Kampf gegen den Unsinn einer „Deutschen Physik", in dem ihn die SS-Zeitschrift „Das Schwarze Korps" als „Weißen Juden" anprangerte. Er wollte die Wissenschaft für die Zukunft seines Volkes durch den Krieg hindurch bewahren. „Hitler hat ein Schach-Endspiel mit einem Turm weniger als der Gegner. Er wird seinen Krieg verlieren", sagte er mir im Spätjahr 1939. Das Mißverstehen seiner Entscheidung selbst durch alte Freunde in der Emigration hat ihn tief geschmerzt. Er wußte, daß keiner, der den Weg des Bleibens wählte, nachher ein unbeflecktes Gewissen haben konnte; hätte er aber, wenn er sich dieser Aufgabe entzogen hätte, später ein ruhigeres Gewissen haben können? Die klare moralische Entscheidung der Emigranten vermochte vielleicht die klare moralische Entscheidung des Bleibenden nicht zu verstehen. Moral trennt, nur Liebe verbindet.

Nach 1945 stellte sich Heisenberg entschlossen einem mühevollen politischen Alltag. Die führende wissenschaftliche Stellung, die Deutschland rund sechs Jahrzehnte, wenn nicht länger, vor 1933 gehabt hat, konnte es nie wiedergewinnen. Zwei Prozent der Weltbevölkerung kommen *einmal*, aber nicht nach selbstverschuldetem Absturz ein weiteres Mal in eine so singuläre Rolle. Heute ist Amerika am Zug, dereinst vielleicht China. Aber worum es Heisenberg ging, sagt der Titel eines Vortrags, den er 1946 in Göttingen hielt: „Wissenschaft als Mittel zur Verständigung unter den Völkern". Dazu kam, was die Wissenschaft für die Bildung eines modernen Bewußtseins und für Technik und Wirtschaft unseres Landes bedeutet. Gleichwohl: warum diese nichtrastende Mühe im ihm doch innerlich fremden administrativ-politischen Geschäft? In ihm war ein Motor. Er konnte nicht faul sein; er ertrug nicht, etwas schlecht zu machen. Aber zur Selbstbestätigung brauchte er *diesen* Bereich nicht. Es mag sein, daß er sich die Erfüllung der Pflicht beweisen mußte, um derentwillen er einst in Deutschland geblieben war.

Die Atombombe ist das sichtbarste Zeichen dafür, daß Wissenschaft Macht bedeutet, und Macht tödliche Gefahr. Im Krieg blieb uns Deutschen, unverdient, die volle Härte des moralischen Problems erspart; wir erkannten früh, daß wir die Bombe hier und jetzt nicht machen konnten. Tragisch war der Ausgang eines Gesprächs mit Bohr 1941. Heisenberg wollte ihm das Wissen und durch ihn der anderen Seite die Botschaft übermitteln, daß wir tatsächlich keine Bombe herstellten. Heisenberg begann wohl zu zaghaft, und Bohr verstand am Ende das Gegenteil: daß Heisenberg ihm wenigstens das Vertrauen habe schenken wollen zu sagen, daß wir an der Bombe arbeiteten. Hier ist an den Spannungen der Politik eine große Freundschaft im Kern zerbrochen; auch wenn beide im Rest ihres Lebens freundschaftlich miteinander umgingen. Sie wollten Freunde sein wie immer, aber da Bohr Heisenberg in diesem zentralen Punkt nicht verstand, blieb seine Güte bloße Duldung; und Duldung, wo man auf Verständnis gehofft hat, ist nur duldend zu ertragen.

Es ist nicht klar, wie wir die Schwierigkeiten der Arbeit in der Kriegszeit überstanden hätten ohne den klugen Rat und die feste Hand unseres Freundes, des Physikers Karl Wirtz. Nach dem Krieg wollten Heisenberg und Wirtz verwirklichen, was wir schon im Krieg angestrebt hatten: unserem Lande den Nutzen der friedlichen Verwendung der Kernenergie zukommen zu lassen.

Das Kernforschungszentrum Karlsruhe und das Max-Planck-Institut für Plasmaphysik in Garching bei München gingen aus diesem Bemühen hervor. Heisenberg hat an der Nützlichkeit und Machbarkeit dieser Energieerzeugung nie gezweifelt. Die Höhepunkte der verworrenen Debatte darüber hat er nicht mehr erlebt.

Das Problem der Atomwaffen ließ uns nicht ruhen. Auf die Weltmächte hatten wir keinen Einfluß. Wir sahen aber in der Mitte der fünfziger Jahre die Gefahr der beginnenden Verbreitung dieser Waffen über mehr und mehr Nationen. Hiergegen konnten wir reden, aber nur, wenn wir die Botschaft zuerst an unsere eigene Nation ausgerichtet hatten. Wir hielten nationale Atomrüstung nicht für einen Schutz, sondern für eine zusätzliche Gefährdung. In Heisenbergs Haus in Göttingen wurde im November 1956 der Brief geschrieben, der schließlich zur Göttinger Erklärung vom April 1957 führte. Der weitere Gang dieser Debatte ist öffentlich bekannt und braucht hier nicht geschildert zu werden.

Die Wissenschaft hat die Welt verwandelt. Wie verwandelt sich die Wissenschaft?

Mitten in der Wandlung der Wissenschaft kann auch ein so geschlossenes Lebenswerk wie das Heisenbergs nur unvollendet sein. Sein Leiden und eben darum seine Größe ist, daß er das gewußt hat.

Es ist physikalisch nicht vollendet. Das Problem der Elementarteilchen ist nicht gelöst. Es ist unbekannt, ob jenseits der Quantentheorie eine andere abgeschlossene Theorie auf uns wartet.

Es ist philosophisch nicht vollendet. Die Quantentheorie verbirgt auch hier noch ein Geheimnis. Wie verhält sich das Wissen des Menschen zu der Natur, deren Kind der Mensch selbst ist? Worauf deutet die Schönheit der Wissenschaft?

Es ist politisch-moralisch nicht vollendet. Mit dem technischen Wissen, das wir erworben haben, kann die Menschheit in ihrer heutigen politischen Ordnung nur untergehen. Heisenberg gehört zu der Generation der Physiker, die das als erste gesehen haben. Nicht ihre kontroversen Taten, die Schmerzen dieser Einsicht sind das Fruchtbare. Blind würden wir in den Abgrund rennen. Sehend haben wir Hoffnung.

# MARTIN HEIDEGGER
## 1889–1976

Von
Otto Pöggeler

Martin Heidegger wurde am 26. September 1889 in dem kleinen südbadischen Ort Meßkirch als Sohn des dortigen Mesners und Küfermeisters Friedrich Heidegger geboren. Mit einer Schwester und einem Bruder wuchs er in dem Haus auf, das durch die Küsterpflichten des Vaters geprägt war und durch den handwerklichen Ein-Mann-Betrieb, die Schreinerarbeit an Zubern und Kübeln, Most-, Wein- und Jauchefässern. Von 1903 ab besuchte Heidegger das Gymnasium in Konstanz, seit 1906 das Bertholds-Gymnasium in Freiburg im Breisgau. Er sollte nach dem Wunsch der Eltern wenn nicht Bischof, so doch Theologe werden, und begann denn auch 1909 mit dem Studium der katholischen Theologie in Freiburg. Seiner Herkunft ist Heidegger immer eingedenk, seiner Heimatstadt immer verbunden geblieben. Die Kindheitserinnerung „Vom Geheimnis des Glockenturms" (1954) spricht von der Prägung des Lebens durch jene „geheimnisvolle Fuge" der Festtage, die vom Glockengeläut angesagt wurden. Dieser Fuge der Zeiten und dem Geheimnis, das sie verschenkt, weiß Heidegger sich zugewandt – „bis zum letzten Geläut ins Gebirg des Seyns". Nach seinem Tode am 26. Mai 1976 in Freiburg wurde Heidegger wunschgemäß im heimatlichen Meßkirch beerdigt. Über seinem Grabe hat er Verse Hölderlins sprechen lassen, so die Worte: „Denn manches mag ein Weiser oder / Treuanblickender Freunde einer erhellen, wenn aber / Ein Gott erscheint, auf Himmel und Erd und Meer / Kömmt allerneuende Klarheit".

Der Student Martin Heidegger hat das Studium der katholischen Theologie schon nach vier Semestern aufgegeben; zuerst begründete er den Studienwechsel damit, daß ein Herzfehler ihn für die schweren Pflichten eines Geistlichen untauglich gemacht habe. Da Heidegger schon auf dem Gymnasium an die schwierigeren Aufgaben der Mathematik herangeführt worden war, sich auch für Evolutionstheorie interessiert hatte, studierte er Philosophie im Zusammenhang mit Mathematik und Naturwissenschaften. Durch historische und kunsthistorische Lehrer wurde er schließlich auch zur Geschichte geführt. Er promovierte 1913 mit einer Arbeit „Die Lehre vom Urteil im Psychologismus". Dabei nahm er eine These auf, die Husserl in seinen „Logischen Untersuchungen" in einer repräsentativen Weise durchgeführt hatte, die aber auch den Neukantianern geläufig war, die sich überdies aus der scholastischen Philosophie herleiten ließ: Gesetze und Leistungen der Logik lassen sich nicht durch die Rückführung auf psychische Bestände deuten, sondern müssen auf ihren eigenständigen logischen Sinn hin befragt werden. Zur Habilitation, die bei dem Neukantianer Rickert erfolgte, gehörte die Schrift „Die Kategorien- und Bedeutungslehre des Duns Scotus" (d. h. die Interpretation eines Traktats, der damals noch fälschlich dem Duns Scotus zugeschrieben wurde). Damit erweiterte Heidegger seine Thematik um die Frage nach dem Verhältnis des Logischen zum sprachlichen Ausdruck. Der Habilitationsvortrag suchte vom neukantischen Ansatz aus Natur und Geschichte zu unterscheiden, indem er der Physik als der exemplarischen Naturwissenschaft und den Geschichtswissenschaften einen verschiedenen Zeitbegriff zusprach. Damit war das Logische (das Wahr-Sein oder Gelten) vom Wirklichen des Psychischen oder auch des sprachlichen Ausdrucks unterschieden, das Wirklichsein in Natur und Geschichte getrennt, so aber ebenso grundsätzlich wie umfassend die Frage nach dem Sein aufgenommen. Der unterschiedliche Sinn von Sein – Wirklich-Sein als Natur und Geschichte, Wahr-Sein als Gelten – sollte in seiner Gliederung aber nicht konstruiert, sondern aus der Einfügung des Menschen in die Welt verständlich gemacht werden. Heidegger studierte nicht nur die scholastische, sondern auch die mystische Tradition. Er ließ sich zu Hegels Philosophie führen, hielt im August 1917 im privaten Kreis einen Vortrag über das Problem des Religiösen bei Schleiermacher und folgte so dem damaligen Versuch, sich durch die Ideen von 1800 zu den Ideen von 1900 führen zu lassen.

Heidegger hatte noch als Gymnasiast von seinem väterlichen Freund und Förderer, dem Landsmann Conrad Gröber aus Meßkirch (Rektor des Konstanzer Konvikts und Stadtpfarrer dort, später Erzbischof von Freiburg) Franz Brentanos Dissertation „Von der mannigfachen Bedeutung des Seienden nach Aristoteles" geschenkt erhalten. Dieses Buch wurde zusammen mit dem Abriß „Vom Sein" aus der Feder des Freiburger Theologen Braig für Heidegger zum Einstieg in die Philosophie. Bücher dieser Art paßten zum Studium der katholischen Theologie, die ja ihre Wissenschaftlichkeit durch die aristotelische Philosophie zu stützen sucht. Für Heidegger wurden diese Bücher jedoch ein Weg zu der Frage, die dann die leitende, die „einzige" Frage seines Denkens bleiben sollte: zur Frage nach dem Sein und seinem mannigfaltigen Sinn. Indogermanische Sprachen, so das Griechische und das Deutsche, können das Verbum „sein" in mannigfacher Weise gebrauchen: in der Kopula „ist", die einem Subjekt ein Prädikat und so ein Was-Sein zuspricht, in der Behauptung, daß etwas ist oder existiert, dann für das Wahr-Sein in Wendungen wie: „Es ist der Fall, daß ...". Wenn die Philosophie als Ontologie und Metaphysik nach dem Sein des Seienden fragt, die Sprache aber in einer vieldeutigen Weise von „sein" spricht, dann kann die Begründung der Philosophie vom „Sein" aus keine Wissenschaft sein, denn auf einen vieldeutig-unklaren Begriff läßt sich keine Wissenschaft bauen. So hat Aristoteles schon gezeigt, daß alle Bedeutungen von Sein auf eine leitende Bedeutung ausgerichtet sind, nämlich auf die Bedeutung von Sein als Ousia, Substanz oder Wesen. Das Mittelalter, das durch die andere, die lateinische Sprache sich von der Sprachgebundenheit des griechischen Philosophierens befreite, hat die Lehre von der Analogie des Seins ausgebaut, in der das Sein der einzelnen Bereiche des Seienden auf das Sein eines höchsten Seienden ausgerichtet wird. Die neuzeitliche Philosophie legte mit ihrer transzendentalen oder kritischen Wendung den Akzent auf die Frage, wie uns denn überhaupt etwas zugänglich ist. Als Heidegger diese Bemühungen um die Philosophie und damit um eine vernünftige Orientierung des Lebens aufnahm, geriet die Zeit in die großen Krisen des zwanzigsten Jahrhunderts. Im Rückblick hielt Heidegger fest, daß er schon in den Jahren zwischen 1910 und 1914 eine erste Bekanntschaft mit jenen Schriftstellern gemacht habe, die in einem geistigen Erdbeben die Katastrophe Europas im Ersten Weltkrieg vorwegnahmen – mit Nietzsche und Dostojewski, Kierkegaard und Trakl.

Aus Heideggers Vorlesungen über Aristoteles wird berichtet, daß er die übliche Darstellung des Lebens des Philosophen abgetan habe mit einem Satz wie: „Aristoteles wurde geboren, arbeitete und starb." Von den Schwierigkeiten der eigenen Anfänge hat Heidegger immer geschwiegen – von der Lösung aus der Bestimmung zum Theologen, dem Weg weg von den ersten Lehrern, den beruflichen Problemen. Die Anfänge der Lehrtätigkeit an der Universität wurden zudem durch den Kriegsdienst unterbrochen. Im Jahre 1917 heiratete Heidegger (1919 und 1920 wurden die beiden Söhne geboren). Am 9. Januar 1919 legte er seinem Förderer innerhalb der theologischen Fakultät Engelbert Krebs dar, daß die strenge Konzentration auf die philosophischen Grundfragen ihn zu der Überzeugung geführt habe, weiterhin die philosophische Lehre für die katholischen Theologen nicht mehr übernehmen zu können: „Erkenntnistheoretische Einsichten, übergreifend auf die Theorie geschichtlichen Erkennens haben mir das *System* des Katholizismus problematisch und unannehmbar gemacht – nicht aber das Christentum und die Metaphysik (diese allerdings in einem neuen Sinne)..." Bald kamen die großen Lehrerfolge des Privatdozenten; 1922 baute Heidegger sich bei dem Kurort Todtnauberg im Schwarzwald jene „Hütte", die ihm später durchaus zur Stilisierung der Berichte über seine Lebensführung diente. Es war für Heideggers Weg entscheidend geworden, daß Edmund Husserl, der von Göttingen nach Freiburg kam, ihn als Assistent annahm. Husserl faßte in seiner letzten, der Freiburger Lehrtätigkeit seine neue Philosophie, die „Phänomenologie", als eine transzendental-idealistische auf und riskierte auch die Distanz zu den Göttinger und Münchener Freunden, die oft realistischen Tendenzen folgten oder die

Phänomenologie nicht streng von der Psychologie trennten. Husserl wollte von seinem Ansatz aus aber universal fragen, und so bestellte er Oskar Becker, den Mathematiker und Naturwissenschaftler, und Heidegger, der der Geschichte der Philosophie und den Fragen der Geisteswissenschaften zugewandt war, zu seinen Mitarbeitern, damit sie die transzendentale Phänomenologie auf die maßgeblichen Fragen der einzelnen Regionen des Seienden anwendeten. Husserl hat später gesagt, die Phänomenologie, das seien er selbst und Heidegger. In der Tat prägte der junge Privatdozent Heidegger in jenen legendären Freiburger Jahren unmittelbar nach dem Ersten Weltkrieg jene, die zum Studium zu Husserl kamen, mehr als der „Meister" selbst. Ging es Husserl darum, die Philosophie von allen bloßen Meinungen und Spekulationen weg und zum Blick auf die Sachen selbst zu führen, so zeigte Heidegger, daß wir immer schon durch Einstellungen geleitet sind, die von der Geschichte aufgebaut und sanktioniert wurden, aber um der Ursprünglichkeit des Fragens willen durchbrochen werden müssen. Schon in diesen Jahren hörten jene Heidegger, deren Namen später bekannt wurden – zum Beispiel Oskar Becker, Karl Löwith, Hans-Georg Gadamer, Ludwig Landgrebe. Als einer der japanischen Gäste berichtete Hajime Tanabe 1924 in einem japanischen Aufsatz über „Heideggers Phänomenologie des Lebens" als eine „neue Wendung der Phänomenologie".

Wenn Husserl einen radikalen neuen Anfang im Philosophieren suchte, dann ging es ihm bleibend um „strenge Wissenschaft". Zwar stellte Husserl immer stärker heraus, daß alles Denken durch seine Einbettung in Leben und Geschichte vielfach beschränkt ist; wenigstens als Maß für den unendlichen Prozeß des Forschens hielt Husserl die völlige Durchsichtigkeit fest, für die er für ein vorläufiges Sprechen den Namen des transzendentalen Ichs zuließ. Heidegger bestand in Gesprächen mit Husserl schon seit 1919 darauf, daß dieses Ich als ein „endliches" genommen werden müsse: Philosophie als Phänomenologie führe das Leben zurück zum Ursprung, doch nur so, daß es die Faktizität des Lebens historisch übernehme. Husserls transzendentale Phänomenologie und Heideggers Hermeneutik der Faktizität sind bis in den Stil der Analysen hinein verschieden. Bei Husserl geht es um das „Sehen", in dem etwas sich selbst ausweist, und auch das Handeln des Menschen soll von solchem Sehen in die Verantwortung genommen werden. Auch Heidegger kennt die Hingabe an die reine Theorie; doch der Sohn des Meßkircher Küfermeisters und Mesners will den Vorrang, den die theoretische Einstellung seit den Anfängen der Philosophie bei den Griechen hat, brechen. So fordert er auch für die Praxis, ja für die letzte, die religiöse Dimension „Wahrheit": Im Alltag lebt der Mensch in einer Umwelt, die vornehmlich durch den werktätigen Umgang mit Zuhandenem erschlossen wird; der Mensch kann das selbstvergessene Aufgehen in der Umwelt durchbrechen, wenn er durch Furcht und

Angst getroffen wird, in wechselnden Situationen sich um das rechte Existieren sorgt, dabei sich eigens in sein Sein zum Tode rufen läßt. Edmund Husserl berichtete im März 1919 dem Theologen Rudolf Otto nach Marburg, Heidegger und dessen Freund Ochsner hätten ihm Ottos neues Buch „Das Heilige“ gebracht. Husserl begrüßte diese epochemachende neue Religionsphänomenologie, fand sie aber nicht phänomenologisch genug: Der Metaphysiker und Theologe in Rudolf Otto trage den Phänomenologen auf seinen Schwingen fort, und so erinnere Otto an die Engel, die „mit ihren Schwingen die Augen verdecken“. Der Privatdozent Heidegger entfaltete im Winter 1920/21 in seiner Vorlesung „Einleitung in die Phänomenologie der Religion“ einen anderen Ansatz als Rudolf Otto: Religion ist nicht Durchstimmtheit durch das Heilige als das „Irrationale“, das rational „schematisiert“ werden kann, sondern Rückkehr des faktisch-historischen Lebens zu seinem Ursprung. Indem Heidegger an den Galaterbrief und vor allem an den Thessalonicherbrief des Apostels Paulus erinnerte, bezog er sich darauf, daß man damals die Eschatologie des Urchristentums neu ernst genommen hatte: Die „letzten Dinge“ ereignen sich in einem Kairos, der unverfügbar bleibt und von Gehalten oder chronologischen Bestimmungen her nicht faßbar ist. Wenn das Philosophieren auf diese Dimension bezogen wird, zerbrechen dann aber nicht ihre traditionellen Formen, die doch Substanz und Wesen suchten oder eine letzte Selbstgewißheit?

Heidegger hat seine Weise, Philosophie als Phänomenologie auf das zu beziehen, was sich wirklich zeigt, in einem großen Aristoteles-Werk darstellen wollen. Husserl wollte die Abhandlung in seinem Jahrbuch drucken. Eine Einführung in diese Aristoteles-Studien, die Heidegger an Natorp schickte, tat das ihre dafür, daß Heidegger 1923 (nach einigen vergeblichen Anläufen) ein Extraordinariat in Marburg einnehmen konnte. Aristoteles war wieder der Lehrer des Abendlandes geworden, aber Heidegger nahm ihn von dem Protest gegen die Vernunft her auf, den Luther in seinem Durchbruch zu neuer radikaler Christlichkeit vorgetragen hatte. Wie konnte Aristoteles zu einer Philosophie führen, die selbst der eschatologischen Religiosität gerecht werden wollte? Heidegger stützte sich vor allem auf das sechste Buch der „Nikomachischen Ethik“, das auch der situationsgebundenen Praxis einen Wahrheitsbezug und einen Logos zusprach. (Diese Entdeckung der Situation soll dann durch die christliche Entdeckung des Kairos verschärft worden sein.) Wenn Aristoteles im umstrittenen Schluß des neunten Buches der „Metaphysik“ von einem Berühren des Seins sprach, dann dachte er Sein und Wahrheit in einer Weite, die nicht mehr festgehalten ist, wenn man in einer verengten Auffassung der Aristotelischen Hermeneutik die Wahrheit allein an die Aussage bindet. Freilich machte Heidegger sich klar, daß die klassische Philosophie seit den Griechen von einer bestimmten ontologischen Option ausgeht:

„Sein" wird als die ständige Anwesenheit des Wesens gedacht; damit wird es im Horizont der Zeit bestimmt, doch einseitig von der Anwesenheit als der ständigen Gegenwart aus, nicht aus dem konkreten Zusammenspiel von Zukunft und Vergangenheit. Situation und Kairos werden verdeckt durch eine Auffassung von der Zeit, in der diese zu einer Reihe vorliegender Jetzt-Punkte wird. Es muß nach Sein und Zeit gefragt werden, wenn die Philosophie hinter ihre verstellenden Vorurteile kommen und einen neuen Anfang machen will.

Statt des angekündigten Aristoteles-Buches publizierte Heidegger 1927, gedrängt durch eine Bewerbung für das Marburger Ordinariat, die ersten beiden Abschnitte einer großen Abhandlung „Sein und Zeit". Der erste Abschnitt sucht im Gegenzug gegen die philosophische Tradition von Parmenides bis Husserl darzulegen, daß der Mensch in seiner Alltäglichkeit nicht in der „entweltlichenden" theoretischen Einstellung lebt, sondern im Umgang mit dem Zuhandenen der Umwelt. Wenn das Dasein sich auf das Sein von Seiendem versteht, ist es „Sorge", die sich um das eigene Existieren bekümmern und in einer „vorausspringenden Fürsorge" auch dem Anderen zu sich selbst verhelfen kann. Der zweite Abschnitt interpretiert diese „Sorge" als Zeit – sowohl als jene Innerzeitigkeit, in der der Mensch selbstvergessen wie ein Handwerker mit Zuhandenem umgeht oder in theoretischer Abstraktion Vorhandenes nur noch vorstellt, wie auch als Geschichtlichkeit, in der das todverfallene, sich um sein In-der-Welt-Sein ängstigende Dasein im „Augenblick" in sein Schicksal findet. Schon der dritte Abschnitt des geplanten Werkes wurde nicht mehr publiziert, obwohl Heidegger erst in ihm darlegen wollte, wie das unterschiedliche Sein von Seiendem (zum Beispiel vom Vorhandenen in einem physikalischen Experiment, vom Zuhandenen eines Hammers, vom Existieren des Menschen) sich aus dem einen Sinn von Sein ausgliedert, weil die Zeit (vom Augenblick der Geschichtlichkeit, aber auch von der selbstvergessenen Innerzeitigkeit her) einen unterschiedlichen Durchblick auf dieses Sein freigibt. Obwohl „Sein und Zeit" ein Fragment blieb, schlug das Werk doch ein wie ein Blitz: Nicht mehr Husserl und nicht mehr Scheler, sondern Heidegger stand nun an der Spitze der phänomenologischen Bewegung (wie Georg Misch bemerkte, als er von der Dilthey-Schule her eine Auseinandersetzung mit der Phänomenologie begann). Heidegger konnte diesen Erfolg erzielen, weil er seit seinen Freiburger Anfängen schon für die unruhige Jugend der zwanziger Jahre wieder ein wirklicher philosophischer Lehrer gewesen war.

Als Edmund Husserl 1927 in seinem Jahrbuch von seinen beiden einstigen Assistenten Martin Heidegger und Oskar Becker einerseits „Sein und Zeit", andererseits die Untersuchungen zur Logik und Ontologie mathematischer Phänomene „Mathematische Existenz" publizieren konnte, schien er das Ziel seiner Freiburger Zeit erreicht zu haben: die universale Anwendung der transzendentalen Phänomenologie durch die Schüler auf die Felder sowohl der Geschichte und der Geisteswissenschaften als auch der Mathematik und der Naturwissenschaften. Aber Husserl mußte einsehen, daß gerade seine bevorzugten Schüler seinen transzendentalen Ansatz in Frage stellten. Husserl hatte in Heidegger seinen erfolgreichsten Mitarbeiter als seinen Nachfolger nach Freiburg geholt; aber Heidegger suchte in seiner Antrittsrede die zurückgelassene Metaphysik wieder als Problem aufzunehmen, indem er ausgerechnet von der „Angst" her das Sichbefinden des Menschen in der Welt thematisierte. Zwar hatte Husserl Heidegger und Becker noch in die Redaktion seines „Jahrbuchs für Philosophie und phänomenologische Forschung" aufgenommen; doch stellte er 1930 dieses Jahrbuch ein, indem er im Nachwort zu seinen „Ideen" (mit denen er einst das Jahrbuch begonnen hatte) Lebensphilosophie, neue Anthropologie und Philosophie der Existenz in gleicher Weise als eine Verirrung kritisierte und sich dann auch – so in einem berühmten Berliner Vortrag – von Scheler und Heidegger trennte. In einer Gegenbewegung versuchte Husserl fortan, die „Krisis der europäischen Wissenschaften" dahin zu führen, daß der Traum der Philosophie als Wissenschaft doch nicht ausgeträumt wäre. Es trennten sich nicht nur die Wege Husserls und Heideggers; da Heidegger Kant für seine Frage nach Sein und Zeit beanspruchte, führte er im Frühjahr 1929 seine Diskussion mit dem Neukantianer Ernst Cassirer in den berühmten Davoser Hochschulkursen fort. Heidegger stellte der Philosophie die Aufgabe, „aus dem faulen Aspekt eines Menschen, der bloß die Werke des Geistes benutzt, gewissermaßen den Menschen zurückzuwerfen in die Härte seines Schicksals". Diese schneidende Absage an eine Philosophie, die die Tradition mit einigen Ergänzungen und Korrekturen weiterzuführen suchte, wurde wenigstens von der Jugend enthusiastisch aufgenommen.

„Sein und Zeit" schien am ehesten noch mit jener Philosophie zusammenzugehen, wie Karl Jaspers sie in der Rebellion gegen das Akademische und Herkömmliche entfaltet hatte. Jaspers hatte 1919 in seiner „Psychologie der Weltanschauungen" herausgestellt, daß der Mensch durch Tod, Leid und Schuld in Grenzsituationen steht und gerade dadurch er selbst werden kann. Da Kierkegaards Hinweis auf die Existenz, die sich zu sich selbst verhält, maßgeblich geworden war, wurde diese Philosophie bald „Existenzphilosophie" genannt. Das „Leben", das von Bergson und Dilthey in unterschiedlicher Weise thematisiert worden war, war zur Existenz verschärft worden; doch in einer damals nicht publizierten Besprechung des Jaspersschen Werkes stellte Heidegger dem Freunde die Frage: Wie lassen sich Leben und Existenz, für die der Satz „individuum est ineffabile" geltend gemacht wird, ansprechen, ja „begrifflich" fassen? Können formal anzeigende, „hermeneuti-

Martin Heidegger

Carl Zuckmayer

sche“ Begriffe in eine Situation einweisen, ohne daß die konkreten Entscheidungen, die in dieser Situation nötig werden, von der Philosophie gefällt werden? Da die neu entdeckte christliche Eschatologie, dann Luther und Kierkegaard eine so große Rolle spielten, mußte man sich fragen, ob Heideggers Philosophieren nicht überhaupt nur eine säkularisierte Theologie sei. Diese Frage wurde um so heftiger diskutiert, als Heidegger in Marburg in dem Theologen Rudolf Bultmann einen Freund und Weggefährten fand, der entscheidende neue Anstöße in die damalige „dialektische“ Theologie brachte. Läßt sich die Theologie nicht dadurch wissenschaftlich fassen, daß man die existentiellen Glaubensentscheidungen, die ihr zugrunde liegen, existenzial interpretiert, nämlich verständlich macht von der philosophisch erhobenen Struktur der Existenz her? Gegebenenfalls müssen dann theologische Aussagen von der Sache her auf ihren Kern zurückgeführt werden – etwa dann, wenn mit überholten „mythologischen“ Vorstellungen allzu konkretistisch von Wundern oder von Himmel und Hölle geredet wird. Nach dem Zweiten Weltkrieg ergriff diese „Entmythologisierungsdebatte“ weitere Kreise. Das aber war zu einer Zeit, als die Existenzphilosophie durch den Einsatz Sartres zum „Existentialismus“ verschärft worden war, die französische Philosophie im Ausgang von Hegel, Marx, Kierkegaard, Husserl und Heidegger die ontologische und transzendentale Fragestellung mit der Erfahrung von Geschichte zu verbinden suchte. Heidegger selbst hatte sich zu dieser Zeit von den Ansätzen, die er mit Husserl, Jaspers und Bultmann geteilt hatte, längst entfernt.

War der Ansatz von „Sein und Zeit“ in Aporien geraten? Die hermeneutische Phänomenologie, die fragmentarisch vorgetragen wurde, ging davon aus, daß alle Bestimmung des Seins von Seiendem oder alle Ontologiebildung geschichtlich geschehe; die Geschichtlichkeit des Daseins sollte zugleich zu jener Seinsweise führen, von der als der höchsten oder leitenden alle anderen Seinsweisen durch Privation und Derivation zu gewinnen seien. Kann „Geschichtlichkeit“ aber zugleich das Medium der Ontologiebildung sein und so etwas wie ein letztes Prinzip für die Gliederung des Sinnes von Sein? Mußte nicht – konkreter als das in der akademischen Philosophie geschah – die Geschichte auch erfahren werden, wie sie sich etwa in den Bereichen der Politik und der Kunst zeigt? Wenn die Theologie Bultmanns die christliche Botschaft „existenzial“ interpretierte, sperrte sie sich dann nicht von der Erfahrung ab, daß auch der Anspruch des Göttlichen für den Menschen eine offene Geschichte haben und auf andere Wege führen kann? Als Heidegger 1928 von Marburg nach Freiburg zurückkehrte, kam er nicht mehr als der Schüler Husserls und nicht mehr als der Weggefährte Bultmanns. In einer Krise seines Denkens suchte er für die neu gesehene Aufgabe eine neue

Sprache zu gewinnen. Jener Nietzsche wurde zur Entscheidung, der vom Nihilismus als der Grundbewegung unserer Geschichte und vom Tode Gottes gesprochen hatte, der geschichtliche Größe und damit große Kunst, den Mythos als den letzten Horizont unserer Welterfahrung gesucht hatte. Nietzsche wollte die tragische Welterfahrung der griechischen Frühe zurückgewinnen; auch Heidegger suchte in einer Vorlesung vom Sommer 1932 Spuren dieser Welterfahrung bei den „vorsokratischen" Denkern. Vincent van Goghs Briefe und Bilder, der Tempel von Paestum und der Bamberger Dom sollten zeigen, wie die Kunst in das Leben hineinwirkt, es vielleicht einmal wieder so prägt, wie es Athene vom Parthenon herab für Athen getan hatte. Die Aufgabe der Philosophie sammelte sich für Heidegger mehr und mehr in den Auftrag, hinzuweisen auf die späten Hymnen Hölderlins; durch Stefan George und seinen Kreis war Hölderlin mit seinen „Wahrsagungen" ja aufgefaßt worden als der „Eckstein der nächsten deutschen Zukunft" und der „Rufer" des „Neuen Gottes".

Es war Heideggers makabres Schicksal, daß er in diesen Jahren des Umbruchs und des unruhigen Suchens konfrontiert wurde mit einer umfassenden politischen und geistigen Krise in Deutschland. Jetzt erst kam die Erfahrung vom Untergang des einstigen Vernunft- und Fortschrittsoptimismus im Ersten Weltkrieg voll und ganz an. Hatte Oswald Spengler 1918 von der Analyse der großen Kulturen her den Untergang des Abendlandes festgestellt, so fragte er nunmehr, was Europa noch sein könne, wenn es unübersehbar zur bloßen Zivilisation werde. Bedeutsam für Heidegger wurde Ernst Jünger, der im „Arbeiter", der jenseits der Klassen stehen sollte, jene Gestalt des Menschen sah, der das Sekuritätsstreben des Bürgers hinter sich läßt und alle Kräfte des Menschen mobilisiert. Auch Heidegger gehörte zu jenen, die dem parlamentarischen System der Weimarer Republik schließlich keine Hoffnungen mehr entgegenbringen konnten; so stellte er sich 1933 in schwierigster Zeit seiner Universität als Rektor zur Verfügung und geriet in den Sog der nationalsozialistischen Machtergreifung. Der Kultusminister sagte aber zu Recht gleich nach der Rektoratsrede, Heidegger vertrete einen Privatnationalsozialismus, lehne den Rassegedanken ab und folge nicht dem Gedanken einer politischen Wissenschaft. Als Hitler in einer berühmten „Friedensrede" mit einem geschickten taktischen Täuschungsmanöver die Selbstbestimmung der Völker forderte, proklamierte Heidegger in Reden in Heidelberg und Kiel die eigentliche Revolution, die erst noch kommen und von der Neugestaltung der Universität ausgehen müsse. Bald mußte Heidegger einsehen, daß er sein eigenes Suchen zu Unrecht mit der nationalsozialistischen Revolution verbunden hatte; aus gegebenem Anlaß trat er Anfang 1934 zurück. Die Niederschlagung des sogenannten Röhm-Putsches und damit der Weiterführung der Revolution (durch arbeitslose SA-Führer) öffnete endgültig die Augen für das, was wirklich geschah. Heideggers Philosophie wurde als „Angstphilosophie" und „Nihilismus" in ein Abseits gedrängt. Zu dem wirklichen Nationalsozialismus, der vom kontinentalen Mittel- und Osteuropa her die Weltherrschaft erstrebte, führte vom Denken Heideggers aus kein Weg.

Wenn Heidegger in einem neuen Ansatz die Signatur des Zeitalters zu entziffern suchte, dann setzte er nicht mehr das überlieferte Vertrauen auf die Vernunft ein; vielmehr machte er die Tradition von Platonismus und Christentum mitverantwortlich dafür, daß der Bezug zum Ursprung im geschichtlichen Dasein verlorengegangen war. Nicht mehr so sehr Kant, sondern der spekulative Idealismus gaben Hinweise; in die Entscheidung stellte Nietzsche, in dessen Denken sich nach Heideggers Deutung die überlieferte metaphysische Einstellung verhängnisvoll in sich selbst verfängt, so daß ein neuer Anfang sich als nötig erweist. Es geht nun nicht mehr um den Sinn von Sein, der mit seiner Mannigfaltigkeit und Gegliedertheit in unserem Umgang mit Seiendem verstanden ist, sondern um die Wahrheit des Seins, die als Aletheia oder Unverborgenheit sich in jähen Schüben ereignet und so je und je in unterschiedlichen Konstellationen Seiendes in sein Sein finden läßt. Kann der Mensch in solchem Sein auch das Rettende und Heilende finden, jenes Heilige und Göttliche, unter dessen Anspruch er einst lebte? Heidegger will diese Frage nicht mehr (in einer Vernunfttheologie) denkend entscheiden, aber vom Denken her klären, wie wir gegebenenfalls in Zukunft von einem solchen Anspruch sprechen können. Als Heidegger nach dem Abbruch seines politischen Engagements im Winter 1934/35 über Hölderlins Hymnen „Germanien" und „Der Rhein" las, nahm er die bestürzende Rede von Göttern und Halbgöttern auf, um ohne Abstützung durch die philosophische und theologische Tradition zu klären, wie sich in der Wahrheit des Seins auch die Dimension des Heiligen zeigen kann. Der Rhein erscheint bei Hölderlin als „Halb-Gott", weil er eine ganze Landschaft bewohnbar macht – zu einer Stätte, die die Menschen auf die sinngebenden Mächte des Lebens verweist. Dichter, wie Hölderlin selbst einer war, gleichen diesem Strom, weil sie die „göttlichen" Mächte zur Sprache und zur Wirkung bringen helfen. Jenes immer noch nicht publizierte Werk, das vielleicht als Heideggers Hauptwerk gelten wird, die „Beiträge zur Philosophie" von 1936 bis 1938, denkt die Wahrheit des Seins als Unverborgenheit oder Lichtung für das Sichverbergen und endet mit einem achten Abschnitt über den „Vorbeigang des letzten Gottes". Die Letztheit dieses Gottes besteht freilich darin, daß nun – in der Erfahrung des „Todes" Gottes – erstmals auch das Wesen des Göttlichen eigens erfahren wird: jene Ewigkeit, die nicht aeternitas oder sempiternitas ist, sondern der Bezug auf Zeit und Stunde, der der Zeit als erfüllter Zeit auch die Freiheit zum Vergehen gibt. Doch schon das Manuskript „Das Ereignis" von 1941 setzt neu zur Bestimmung der Wahrheit des Seins an: Kann man in der geschichtlichen

Offenheit selbst noch einmal ein „Wesen" finden, Geschichte zum Leitfaden für die Bestimmung jener ursprünglichen Dimension machen, die doch erst die Offenheit für so Unterschiedliches wie Geschichte und Natur aus sich entläßt?

Im Radikalismus des angeblichen Aufbruchs von 1933 hatte Heidegger die damaligen „Säuberungen" der Universität für ebenso nebensächlich wie fruchtlos gehalten; 1945 stand er selber vor einem Ausschuß, der sich nun „Reinigungsausschuß" nannte. Im „Inquisitionsverhör der dreiundzwanzig Fragen" (wie er formulierte) brach er zusammen und mußte für drei Wochen in ein Sanatorium geschafft werden. Die Texte dieser Zeit sind durchzittert von einer letzten Ausgesetztheit. Das sogenannte Hüttenbüchlein „Aus der Erfahrung des Denkens" versetzt uns nicht – wie man gemeint hat – an den Wiesenhang unter das Kuhglockengeläut; in ihm sucht das Denken sich wie ein Schwerkranker von den einfachsten Erfahrungen der Tages- und Jahreszeiten her neu auf seine Aufgabe zu besinnen. Mit Hilfe eines chinesischen Bekannten übersetzte Heidegger Lao-tse, um die Anfänge unserer westlichen Überlieferung mit den Anfängen der ostasiatischen Überlieferung verbinden zu können. Als Heidegger von der französischen Besatzungsmacht von der Universität verbannt wurde, pilgerten junge Franzosen zu Heideggers Hütte in Todtnauberg vom Notschrei aus (so heißt ein Berg dort, aber auch Zarathustra hört in einer seiner letzten Versuchungen den „Notschrei" des Menschen). Bald konnte Heidegger durch Vorträge in Bremen, auf Bühler Höhe, in der Akademie der schönen Künste in München das Ohr der Öffentlichkeit in einer noch nicht gesehenen Weise gewinnen. Auf den Universitäten brachten seine Schüler wenn nicht seine damaligen Gedanken, so doch eine Wirkung seines Denkens zu einer geradezu maßgeblichen Geltung. Der Nationalsozialismus mit seiner totalen Mobilmachung aller Energien für den Kampf um die Weltherrschaft schien nur das Vorspiel einer möglicherweise weit schrecklicheren Zukunft gewesen zu sein. So wurde jene „Kehre" gefordert, die einen verhängnisvollen Weg umkehrt, und als ein Irrweg wurde die ganze abendländische Metaphysik und Wissenschaft und deren Auslaufen in eine universale Technologie interpretiert. In seinem Untergang hatte Europa durch die Europäisierung die Welt im ganzen auf diesen Weg gerissen. Was sich in der Ausbeutung der Erde, der Maßlosigkeit des Konsumstrebens, der Überrüstung zeigte, war offenbar ein Ende, das sich in seiner vollen Schrecklichkeit erst noch austoben mußte; konnte das Denken Hinweise auf erste Anfänge einer anderen Zukunft geben?

Auch im Alter wollte Heidegger seine Grundgedanken, die sich ihm zu einem Ganzen zu fügen schienen, in einem Hauptwerk darstellen; doch 1962 trat er dann doch nur mit einem stark scholastischen Vortrag „Zeit und Sein" an die Öffentlichkeit. Das Vorwort erinnert an vergleichbar schwierige

Versuche: an Heisenbergs Suchen nach Formeln für eine einheitliche Physik, an Trakls Gedicht „Siebengesang des Todes", an Klees Bilder aus seinem Todesjahr „Heilige aus einem Fenster" und „Tod und Feuer". So stellte Heidegger sein Denken in ein Kraftfeld, das durch die neuzeitliche Wissenschaft und den technologischen Ausgriff auf die Welt im ganzen, aber auch durch das Zerbrechen und die neuen Wege der Künstler bestimmt war. Hölderlin wurde nun mit seinen scheiternden letzten Entwürfen, ja mit den kleinen „Wahnsinns-Gedichten" ernst genommen; er wurde nicht mehr von Georges Hinweisen, sondern von dem Echo her gelesen, das er in Trakls Gedichten gefunden hatte. Trakl sah den Menschen – zuletzt in dem furchtbaren Kriegsgedicht „Grodek" – in den Untergang gerufen; die Annahme des Todes gewährte eine Abgeschiedenheit, in deren „Bläue" sich Heiliges im Einfachen der Bilder und Verhältnisse zeigte. Aus den blauen Schatten heraus „realisierte" auch Cézanne seine Dinge, Menschen und Berge; es war dieser Maler, dem Heidegger sich nahe wußte während der Zeit der Besuche in der Provence, die ihn immer neu in die Nähe René Chars, des Dichters der französischen Résistance, führten. Gerade die Aufenthalte in Griechenland schienen jedoch zu zeigen, daß auch in den Anfängen des Denkens nicht gedacht worden war, was Heidegger dort als eine verlorene Spur immer gesucht hatte: die bergende Verbergung als Herzmitte der Wahrheit als Unverborgenheit. Im Winter 1972/73 schrieb der Dreiundachtzigjährige eine Abhandlung über Parmenides, in der der Widerruf einer jahrzehntelangen Vorsokratiker-Auslegung formuliert wurde. Der Athener Vortrag „Die Herkunft der Kunst und die Bestimmung des Denkens" hoffte jedoch darauf, daß in Zukunft wie einstmals die dichterische Kunst den Menschen die Welt bewohnbar mache, wenn sie das Einfache eines Berges, einer Insel, eines Ölbaumes zum Erscheinen bringe.

Die Kunst kann nicht mehr die Wahrheit eines Volkes in das große Werk bringen; der Eintritt der Menschen in die Weltzivilisation und das Vorwalten des Technologischen haben die gewachsenen Gemeinschaften zerstört. So wollte Heidegger Ende der fünfziger Jahre in einem „Pendant" zu seinen Vorträgen über den Ursprung des Kunstwerks von Klee aus nach der Kunst im technischen Zeitalter fragen. Kann jedoch ein lyrisch gestimmter Maler wie Klee Antwort auf diese Frage geben? Klee hat in seinen Vorlesungen am Bauhaus, deren Intention die Jenaer Rede über moderne Kunst von 1924 zusammenfaßt, dargelegt, was die moderne Malerei in den Abstraktionen ihrer Experimente auch praktisch aufwies: aus welchen formenden Elementen sich die Bilder aufbauen. Die Konstruktionen und Kompositionen können schließlich auch in Bezug gesetzt werden zu dem, was uns an Wirklichem – zum Beispiel als Pflanze oder Stern – bekannt ist. Doch bildet diese Kunst nichts Sichtbares ab; sie macht vielmehr sichtbar, indem sie einen Schlüssel zu möglichen Welten gibt. Mit diesem Zug zur Zerlegung der Formung in ihre Elemente entspricht die moderne Kunst aus ihrem Wesen heraus dem Zeitalter der Technik, das über Atomtechnik, Evolutionstheorie, Analyse der Gesellschaften auch das, was ist, von den formenden Kräften her zu fassen sucht. Wenn aber Klee seinen Bildern Unterschriften mitgibt, dann weist er hin auf eine andere, die „dichterische" Wurzel der Kunst. Dieses Dichterische erinnert uns daran, daß alle Formung beschränkt ist, daß sie schicksalhaft oder geschicklich bleiben muß. Die Annahme des Todes muß ein sinnvolles Leben im Endlichen und Eigenen suchen. Klees Bild „Tod und Feuer" zeigt den bläulichweißen Totenschädel auf dunkel glühendem Rot, gemalt in der Todeskrankheit, in deren Schrecken der Tod selbst nicht schreckte. Wenn dichterische Kunst die Möglichkeiten der Formung in das Ganze einer endlichen Vollendung hineinnimmt, dann kann sie den Menschen des technischen Zeitalters lehren, dem maßlosen Ausgriff technischen Verfügenwollens zugunsten eines sinnvollen Lebens der Sterblichen von innen her Grenzen zu setzen. Heidegger fürchtete, daß „Planung" immer schon dem technischen Verfügenwollen verfallen sei. So sagte er in einer Zeit, in der Christen und Marxisten in ihren Akademien sich zur gemeinsamen Verehrung selbstentworfener Zukunft vereinigten und Heidegger mit seinem Denken in ein Abseits gedrängt wurde: „Nur noch ein Gott kann uns retten" (nämlich ein Gott so, wie er vom Bild der Athene im Parthenon über Athen her einmal das Leben der Menschen ausrichtete).

Eine tragische Gestalt wie Ödipus oder Antigone hat in ihrem Untergang einst den Menschen einen Wink für eine andere Zukunft gegeben. So suchte Heidegger auch aus dem Untergang Europas als der einstigen Mitte der Welt zu lernen. Als er mit „Sein und Zeit" an die Spitze der deutschen Philosophie getreten war, hatte er in einer Krise seines Denkens mit Nietzsche geschichtliche „Größe" gesucht. Er hatte dann die verführende Macht dieses Suchens kennengelernt, und so ging es ihm zuletzt nicht um Größe, sondern um die Armut des Denkens, das auch noch in der höchsten Gefahr offenbleibt für das Rettende der anderen Anfänge.

# CARL ZUCKMAYER
## 1896–1977

Von
Ingeborg Drewitz

Ein Glückskind, so erschien er den Zeitgenossen, den Freunden – und er war ein Mensch, der zur Freundschaft taugte, davon gibt sein autobiographischer Bericht „Als wär's ein Stück von mir", der 1966 zum siebzigsten Geburtstag erschien, Zeugnis. Und doch waren ihm die Erschütterungen seiner Generation nicht fremd geblieben: der Erste Weltkrieg und die Emigration 1938 aus Österreich, wo er im Salzburgischen Henndorf lebte.

Er gehörte zu denen, die zeitig aus der Emigration zurückkehrten, als Kulturoffizier der amerikanischen Armee. Er hatte sich nach Kriegsende um eine regierungsamtliche Funktion bemüht, um nach Deutschland zu kommen und wurde 1946 in die Auslandsabteilung des Kriegsministeriums übernommen mit dem Auftrag, einen Gesamtbericht über das kulturelle Leben in Deutschland und Österreich zu schreiben und Förderungsmöglichkeiten zu benennen. In seinem Gepäck war das Schauspiel „Des Teufels General", das im Dezember 1946 im Züricher Schauspielhaus uraufgeführt wurde und Zuckmayers Nachkriegsruhm befestigte. Von zahlreichen Theatern nachgespielt, machte es ihn für einige Jahre zum Mittelpunkt der Diskussion mit der jungen Kriegsgeneration, die seine Sprache und sein Vertrauen dankbar annahm, anders als sie die Verzweiflung, die Wolfgang Borchert in seinem 1947 uraufgeführten Schauspiel „Draußen vor der Tür" ausgesprochen hatte, angenommen und als Aufschrei begriffen hatte, anders als sie Bert Brechts „Mutter Courage" und seine zeitlose Anklage des Krieges hatte annehmen können, weil Brecht ja in den Westzonen nicht gespielt wurde.

Wer Carl Zuckmayer in diesen Jahren begegnete – in den überfüllten Theatern und Sälen, die jungen Männer noch in den abgetakelten und notdürftig in Anzüge umgewandelten Uniformen, die jungen Frauen in seltsam zurechtgestoppelten Kleidern –, wer mit ihm in kleiner Runde sprechen konnte oder Briefe mit ihm wechselte (seine kräftige Schrift spiegelte die Ruhe, die er ausstrahlte) – der hat gespürt, daß hier ein Mann auf der Höhe seines Lebens war. Ein Glückskind?

Zuckmayer, am 27. Dezember 1896 in Nackenheim (Rheinhessen) geboren, hatte nach dem Ersten Weltkrieg zu studieren begonnen, offensichtlich kaum recht zum Studium entschlossen, wie die Unsicherheit in der Wahl seiner Fächer beweist. Es drängte ihn zum Schreiben, dazu, die Erfahrung des Weltkriegs zu gestalten. Der „Kreuzweg" wird 1921 in Frankfurt aufgeführt und nach drei Vorstellungen abgesetzt. Die Karriere auf den Dramaturgenschemeln begann in verschiedenen Theatern in Berlin und schließlich 1922 in Kiel (also nichts mit Jura, nichts mit Biologie!). Während die Inflation 1923 auf die Absurdität zutreibt, bearbeitet Zuckmayer eine Komödie von Terenz, die aufzuführen aber verboten wird. Die Prüderie der Weimarer Republik, die aus der Perspektive Berlins und seiner Kunstszene der „Goldenen Zwanziger" so unvorstellbar scheint, sollte Zuckmayer auch bei seinem ersten großen Erfolg, dem Volksstück „Der fröhliche Weinberg", zu schaffen machen, das 1925 im Theater am Schiffbauer Damm uraufgeführt wurde, kurz nachdem es mit dem Kleistpreis ausgezeichnet worden war. Ein Lustspiel, traditionell im Aufbau, Zuckmayers Absage an den Expressionismus, der ihm nicht lag. Der Rheinhesse entdeckte das Weindorf, die Mundart, die derbe Kraft, ohne die Unheimlichkeit dieser Landschaft und ihrer wechselvollen Geschichte aufzudecken (wie sie die fast gleichaltrige Rheinhessin Elisabeth Langgässer in ihrem Roman „Gang durch das Ried" festgehalten hat). Das Berliner Publikum tobte vor Begeisterung über die Triumphe ländlicher Derbheit und die groteske städtische Besserwisserei. Zuckmayers Stück eroberte die Bühnen und brachte schon am 6. März 1926 den Protest des Mainzer Bischofs gegen die Aufführung und einen Tag später die Protestresolution der rheinhessischen Bauernschaft, die sich in ihrer Ehre verletzt fühlte; im Mai 1926 gab es in Halle an der Saale einen Theaterskandal, die Störer waren von weit her angereist, der „Simplizissimus" berichtete ironisch amüsiert: Zuckmayers Ruhm war begründet. Kaum erstaunlich, daß er schon im Jahr darauf mit dem „Schinderhannes" wieder Erfolg hatte. Der Abdecker Johann Bückler aus Miehlen im Taunus, der 1803, zwanzigjährig, in Mainz hingerichtet wurde, der edle Räuber und Nachfahr der Schillerschen „Räuber" mit ein wenig revolutionärem und viel menschenfreundlichem Pathos war sicher auch nicht der Held, der in Mainz gern gesehen wurde, aber er war eine historische Figur. Von Skandalen wird nicht berichtet. Zuckmayer hatte sich als ein Theaterautor vorgestellt, der Menschen in Dialogen und Szenen zum Leben zu erwecken verstand, seine Sympathie gehörte den guten Kerlen. Das mußte auf der Bühne ankommen.

Er folgte dem Rezept auch in „Katharina Knie", einem Stück aus dem Zirkusmilieu, das die Künstler schon vor dem Ersten Weltkrieg für sich entdeckt hatten. 1928 im Berliner Lessingtheater uraufgeführt, ist das Stück ein wenig zu rührselig. Nein, so sollte Zuckmayer nicht weiterschreiben, auch wenn Katharina und der alte Knie Figuren sind, die in Erinnerung bleiben. Und so war es für den jungen Autor, der nun auch schon mit dem Büchner-Preis ausgezeichnet war, glückhaft, daß ihn die wahre Geschichte vom „Hauptmann von Köpenick" fesseln konnte und er die dramatische Doppelspur fand: Die Geschichte des Schusters Wilhelm Voigt, wie sie sich

1906 ereignet hatte, und die Geschichte der Hauptmannsuniform. Eine Sozialsatire mit antiautoritärer Tendenz, heißt es über Zuckmayers Stück im Fischer-Lexikon von 1980. Ich möchte von einer großen Komödie sprechen, denn hier wurde ja nicht nur die Geschichte des vorbestraften Schusters Wilhelm Voigt erzählt, der, 1849 in Tilsit geboren, nach all den Zuchthausjahren seines Lebens Deutschland 1906 verlassen will, aber als Vorbestrafter keinen Paß bekommt, und der sich's deshalb einfallen läßt, im Trödlerladen eine ausrangierte Hauptmannsuniform zu erstehen und am Mittag des 16. Oktober 1906 (in dieser Uniform mit einemmal eine Persönlichkeit!) zehn Mann des ersten Preußischen Garderegiments anzuhalten, um sie von der Beusselstraße nach Köpenick zu beordern, die zehn Mann dort zu verpflegen, um dann mit ihnen den Staatssekretär und Oberbürgermeister von Köpenick, Dr. Langerhans, zu verhaften. Leider gibt es im Köpenicker Rathaus kein Paßamt. So beschlagnahmt Voigt die Stadtkasse mit 4000,70 Reichsmark, quittiert den Betrag mit der Unterschrift ‚von Malzahn' und schickt die Köpenicker Stadtverwaltung unter Bewachung in zwei Droschken zur Neuen Wache in Berlin. Unterdessen verschwindet er. Verhaftet wird er zehn Tage später, gesteht, hat die Lacher auf seiner Seite, wird zwar am 1. Dezember 1906 zu vier Jahren Gefängnis verurteilt, nach zwei Jahren aber von Kaiser Wilhelm II. begnadigt und zieht fortan mit signierten Postkarten, die ihn in der Hauptmannsuniform zeigen, durch Deutschland, siedelt 1916 nach Luxemburg über, wo er 1922 stirbt.

Zuckmayer erkannte, daß in dieser Geschichte mehr steckt als nur der Mutterwitz und der grandiose Einfall des Wilhelm Voigt; daß sie die Frage nach der Autorität stellt, den preußischen Uniformkult und Ordnungsfanatismus ad absurdum führt und in der Geschichte der Uniform das Problem der Ersatz-Identität als ein zentrales Problem des Jahrhunderts erspürt. Die Komödie, 1931 im März im Deutschen Theater in Berlin in Heinz Hilperts Regie aufgeführt, Werner Krauss spielte die Titelrolle, ist weit mehr als der Theatererfolg einer Saison. Sie wird im gleichen Jahr verfilmt und am 22. Dezember uraufgeführt, und sie wird nach dem Zweiten Weltkrieg ihren Siegeslauf auf den Bühnen und im Film fortsetzen, denn hier hatte Zuckmayer eine Geschichte gefunden (vorgefunden) und ihr die dritte Dimension gegeben, die über den Augenblick 1906 (und 1931) hinausweist: die Macht der kollektiven Anonymität, die die Individualität ersetzt, die in Deutschland ab 1933 so sichtbar werden sollte. Zuckmayer, das Glückskind, wurde verstanden. Nur weil er die Lächerlichkeit durch Lächerlichmachen anklagte?

Folgerichtig wurden seine Stücke 1933 verboten. Die brutale Lächerlichkeit des Rassenhasses wurde deutsche Wirklichkeit. Wenn auch Österreich Carl Zuckmayer und seiner Familie noch zu bleiben erlaubte und er die Henndorfer Jahre (erinnert in der „Henndorfer Pastorale", 1972) mit all der Lebenszugewandtheit des Enddreißigers erfahren hat: „Augenblicke, gelebt im Paradies"; er schrieb den „Schelm von Bergen", ein Volksstück, in dem er Gerechtigkeit und Menschlichkeit der Herrschenden als Gegenbild zu denen, die in Deutschland herrschten, entwarf. Wo finden wir die Helligkeit bei anderen Emigranten? Er war noch immer ein Glückskind. Selbst die Flucht 1938 in die Schweiz trägt, nacherzählt, nicht die Züge der Angst, die wir aus anderen Emigrantenberichten kennen. War er sich gewiß, noch viel Leben vor sich zu haben?

So fehlt auch den Anfangsjahren in den USA, durchaus Jahre der Sorge, in den Erinnerungen das Quälende, Gehetzte, das uns immer wieder erschüttert und so viele Begabungen zerstört hat. Der Entschluß, eine Farm in Vermont zu übernehmen, die Backwood-Farm, in einer der schönsten, fast europäisch anmutenden Wald- und Berglandschaften der USA, beendete anscheinend die Autorenkarriere. Die Arbeit war hart und ungewohnt, die Winter waren kalt und schneereich. Doch als ihn dort die Nachricht von Ernst Udets Tod erreichte, erwachte der Freund, der Zeitgenosse, der Dramatiker in ihm und wurde die Arbeit am Manuskript der Versuch einer Annäherung an die Heimat, von der er sich ja ohne Haß, wenn auch mit Trauer getrennt hatte.

Dieses Schauspiel brachte er dann 1946 nach Europa mit. Der Erfolg in Zürich im Dezember 1946, der Erfolg in den Westzonen Deutschlands und im westlichen Berlin begleitete ihn in den nächsten Jahren und drängte ihn in eine Rolle, die er nicht gesucht hatte: Er wurde zum Vertrauten der Kriegsgeneration in den Jahren, in denen sie sich zugleich mit dem Existentialismus Sartres und mit Camus auseinanderzusetzen begann.

Dabei ist „Des Teufels General" nicht einmal ein grandioses Stück, dramaturgisch aber glänzend gebaut.

Im November 1941 hatte sich der Generalluftzeugmeister Ernst Udet erschossen, um sich den Anwürfen von Hitler, Göring und von Generalinspekteur Erhard Milch zu entziehen, die ihm Fälschungen bei den Jagdfliegererprobungen angelastet hatten. Der Tod war als Unfall bei der Erprobung einer neuen Waffe deklariert worden. Das Staatsbegräbnis fand am 22. November 1941 in Berlin statt. Zuckmayer, mit Udet früher befreundet, glaubte an eine Widerstandstat und Selbstopferung. Im Fliegergeneral Harras, der Gegner der Nazis, aber doch General unter Hitler ist, setzt er dem Freund von einst ein Denkmal. General Harras entdeckt, daß in seiner Umgebung und unter Ausnutzung seines Vertrauens bewußte Sabotage getrieben wird. Der Konflikt, Hitlers Gegner und zugleich Offizier zu sein, läßt ihm keine andere Entscheidung, als sich mit einer der fehlkonstruierten Maschinen in den Tod zu stürzen. In der Gegenfigur, dem bewußten Feind Hitlers und Saboteur, Oderbruch, ist Zuckmayer der schillerndste und interessanteste Charakter des Stückes gelungen. Seine Kälte ist tragisch-heroisch, während Harras als strahlender Held im Gedächtnis bleibt. Überzeugend das Milieu der Berliner Mondäne und des Offizierskasinos, die Ja-Nein-Stimmung sowohl der Offiziere als auch der Intellektuellen, für die Hitler einfach kein Gesprächsthema ist. Grelle Charaktere fehlen, sieht man von dem dümmlichen BDM-Mädchen Pützchen ab. Es fehlt das Satanisch-Bürokratische, das Hitlerdeutschland stabilisiert hat; es fehlt fast völlig das Elend der Ostfront, das seit dem Herbst 1941 in Deutschland bekannt war und die Todesnachrichten alltäglich machte; und es fehlt der dumpfe Fanatismus der Millionen Namenlosen, die im Sommer 1940, nach dem Sieg über Frankreich, Hitler beim Einzug in Berlin wie einem Triumphator der Antike gehuldigt hatten. Sicher, Auslandsnachrichten konnten das Klima kaum vermitteln.

Es ist Zuckmayer zu Recht vorgeworfen worden, daß sein Schauspiel so „ankam", daß es nicht aufklärte, nicht das Heldenbild, ja nicht einmal einige der Nazi-Größen antastete. Und gewiß ist das die Ursache des Erfolgs, denn die, die von Kind an in Uniform gesteckt hatten, die das große Sterben hatten erleben müssen, wie auch die, die in den mit Balken abgestützten Kellern den Bombenkrieg überlebt hatten, wie auch die, die die große Flucht hinter sich hatten, waren kaum schon fähig, sich mit ihrer eigenen Ratlosigkeit auseinanderzusetzen. Für sie war es Lebenshilfe, sich verstanden zu fühlen, mit ihren Erfahrungen angenommen zu werden. Die Unlust an Hitler hatte sich ja in den späten Kriegsjahren ausgebreitet, ohne sich in einen breiten Widerstand umzusetzen (genauer: umsetzen zu können). Spannend bei all den Diskussionen, die Zuckmayer mit der Kriegsgeneration führte, war das Mißtrauen gegenüber der Figur des Oderbruch, während General Harras durch sein Opfer so etwas wie eine verspätete Sinngebung für die durchlebte Sinnlosigkeit zu sein schien. Ein wenig vom Glanz des Mutes der Männer des 20. Juli 44 fiel auch auf ihn. Allerdings – und darauf hat Paul Rilla schon 1948 hingewiesen – verhalf der Erfolg des Schauspiels der späteren Verharmlosung des Nazismus: „... tragisch ist die Konsequenz, womit er (Zuckmayer), alle geistigen und moralischen Widerstände überrennend, dort anlangt, wo die deutsche Kraftmeierei ihre ideale Fratze zeigt: beim Behagen an der gemütlichen Bestialität des Kerls in Uniform. Zuckmayer segnet, wo er fluchen müßte. Er kriegt es mit der deutschen Seele, wo die Scheinheiligkeit der seelenlosen Teufelei blutig zu stigmatisieren wäre. Tragisch ist seine politische Gutgläubigkeit, die weder durch Realitäten noch durch das Erlebnis der Emigration alteriert wurde, wie sie heute weder durch Realitäten noch durch das Erlebnis eines deutschen Diskussionsabends alteriert wird ..." (in: Dramaturgische Blätter, Jg. 2, 1948).

Ich möchte und kann die Schärfe Paul Rillas (und er war damals der schärfste Kritiker Zuckmayers) nicht abschwächen, das Lebenswerk weist Zuckmayer als einen unpolitischen Autor aus, der sich bis zum Ende das Vertrauen in die Menschen bewahrt hat, ohne die Mechanismen der Verformung zu benennen, die im 20. Jahrhundert so wirksam geworden sind und in Hitlerdeutschland jedenfalls die Perversion der Menschlichkeit erreicht haben; Rilla aber sah noch nicht, konnte es wohl noch nicht sehen, daß die Kriegsgeneration eine Generation der Geschlagenen war und in General Harras ein mögliches Identifikationsmodell sah, darin ganz ähnlich dem Beckmann Wolfgang Borcherts, der, ein präziser Ankläger, an der Verzweiflung zugrunde ging, in die ihn die Vorgeneration, personifiziert durch die da oben, zurückstieß. Zuckmayer muß gefühlt haben, daß die Kriegsgeneration mit der totalen Schuldzuweisung nicht hätte leben können, wenn er sich den Diskussionen stellte oder im „Gesang im Feuerofen" (Uraufführung 1950) ein Requiem der Versöhnung zwischen den schuldhaften deutschen Besatzern und den Männern der Resistance in Frankreich schrieb. Sicher, damit kam er dem politischen Klima der beginnenden fünfziger Jahre entgegen, aber konnte auch auf seine Erfahrung im Ersten Weltkrieg zurückgreifen und auf die Versöhnungsliteratur, die der zur Folge hatte.

Später kehrte Zuckmayer nur noch einmal zu einem aktuellen Thema zurück im Schauspiel „Das kalte Licht" (Uraufführung 1955), in dem er die Geschichte des Atomspions Klaus Fuchs abzuhandeln versuchte, ein Schauspiel, das die Grenzen des Dramatikers Carl Zuckmayer überdeutlich machte. Der Versuch, diesen hochpolitischen Stoff mit den Mitteln des Boulevardtheaters einzukreisen, mußte mißlingen. Der Klaus Fuchs dieses Schauspiels blieb eindimensional, seine Motivation papiern, so als hätte es Zuckmayer an Mut und Kraft gefehlt, die historische und moralische Qualität dieses Spionagefalles zu erkennen, die existentielle Absurdität nach der Entwicklung der Atombombe bloßzustellen.

Das Glückskind Carl Zuckmayer?

Nein, ein zeitkritischer, ein politischer Autor war er nicht. Ein Erneuerer des Theaters war er nicht. Er schöpfte aus der Beherrschung der klassischen Dramaturgie, aus der Freude an der prallen Fabel; ihm gelangen die ungebrochenen Menschen, und sie gelangen ihm in den späteren Stücken allzu leicht. Die „Barbara Blomberg" (Uraufführung 1949), Mutter von Don Juan de Austria, ist so recht eine Heldin nach diesem Schema. Ihr Aufstieg aus dem Nichts zu Macht und Ruhm, ihr Rückzug in die Stille schreiben ein Frauenbild aus konservativem Denken fest; die „Ulla Windblad" (Uraufführung 1953) ist eine Umformung von Zuckmayers Bellmanstück, das schon 1938 in Zürich gespielt worden war und um den schwedischen Bänkelsänger und Lyriker kreist, ein sympathisches Theaterstück voller Zartheit und Spiellust, die in späteren Schauspielen verlorengeht.

Noch einmal versucht Zuckmayer die Zeitferne zu durchbrechen im Schauspiel „Die Uhr schlägt eins" (Uraufführung 1961), doch es gelingt ihm mit den

Mitteln des traditionellen Theaters nicht, den labilen, in seiner Individualität gebrochenen Menschen, den er 1952 in der Dankrede (anläßlich des Goethe-Preises) vorausgeahnt hat, zu gestalten. Die radikale Objektivierung ist ihm fremd, seine negativen Helden bleiben Eigenschaftsträger, er ist zu unpolitisch, um Ursache und Erscheinungsbild aneinander zu messen. „Das Leben des Horace A. W. Tabor" (1964), die Geschichte eines Kneipenwirts in Colorado in Hollywood-Manier, aber auch der Einakter „Kranichtanz", eine Dreieckstragödie, sind schwache Spätwerke.

Das Glückskind Zuckmayer?

Der Dramatiker hatte nach Zeitthemen gegriffen und für einige entscheidende Jahre erleben dürfen, daß er verstanden, daß ihm vertraut wurde, weil er die Identität der Kriegsgeneration stützte, statt sie in Frage zu stellen. Zeitkritik war nicht seine Sache, war nie seine Sache gewesen. Und doch war ihm einmal im „Hauptmann von Köpenick" mit den Mitteln der klassischen Dramaturgie Jahrhundertkritik gelungen, als er kaum Mitte Dreißig war. Stimmt es, daß diese Jahre die hohe Zeit des Dramatikers sind, weil sich später das schreibende Individuum deutlicher vordrängt, oder hätte es der Zerstörung der klassischen Dramaturgie bedurft, die Zuckmayer nie versucht hat? Das Spielverbot ab 1933 – auch wenn die Bühnen Österreichs und der Schweiz noch für ihn offen waren – muß ihn mehr getroffen haben, als er es je ausspricht. Es hat ihn von der Vitalität der rheinhessischen Heimat und von den Elektroschocks des Berlin der zwanziger Jahre getrennt. Seine Entscheidung für die Farm in Vermont, seine Entscheidung – nach der Rückkehr nach Europa –, fernab der großen Städte zu leben, ist die Entscheidung eines, der Geborgenheit sucht, Freundschaft, Wärme, ist die Entscheidung gegen das Ausgesetztsein, das ihn in den zwanziger Jahren motiviert hat, anders wäre ihm der „Hauptmann von Köpenick" nicht gelungen, anders hätte die gesellschaftliche Atmosphäre in „Des Teufels General" nicht Ähnlichkeiten mit der Berliner Gesellschaft der zwanziger Jahre in ihrer Mischung aus Boheme und Offiziersgeist, steifnackigem Adel und klinisch-kühlem Ingenieursdenken. In Berlin hatte Zuckmayer aus der Provinz herausgefunden, dort hätte sich seine kritische Sensibilität weiterhin geschärft, wenn ihm Hitlers Machtantritt nicht dazwischengekommen wäre. So aber ging ihm diese nicht angeborene Sensibilität verloren, schwächte seine Fähigkeit als Dramatiker.

Und doch ein Glückskind! Warum?

Weil er davor zurückscheute, den düsteren Hintergrund des Jahrhunderts zuzugeben, den er doch in den Straßen Wiens nach der Annexion ebenso erlebt und erkannt hatte wie schon im Berliner Sportpalast vor 1933? Weil er immer wieder versuchte, Charaktere zu entwerfen, die ihm entfernt verwandt waren, ohne, wie es für den Dramatiker dringend ist, die Gegencharaktere mit der gleichen Genauigkeit, also frei vom Klischee, zu entwickeln? Immer schrieb er Biographien des sympathischen Menschen, des „ganzen Kerls", ohne die Verzweiflung des sympathischen Menschen, die Ratlosigkeit der Güte zu erkennen. Und das war gewiß eine der Ursachen seines Erfolges. Aber dürfen wir ihn deshalb verurteilen, weil er noch an die Kraft des Gewissens glaubte, auch wenn er die Grenzen der Gewissensentscheidung in der Figur des Generals Harras ausmißt? Ich denke, wir haben heute wieder eine gesteigerte Aufmerksamkeit für diese Wunschkraft Zuckmayers, der an die Verformung des Menschen nicht glauben wollte, kein analytischer Denker war, aber die Kraft zur Zuwendung hatte. Wir nähern uns ihm über seine Erinnerungen, 1966 veröffentlicht: „Als wär's ein Stück von mir, Horen der Freundschaft".

Schon der Titel, eine Verszeile aus Uhlands Lied vom Toten Kameraden, der diejenigen, die den Ersten Weltkrieg, und die, die den Zweiten Weltkrieg in ihrer Jugend durchlebt haben, betroffen macht, ist bezeichnend. Zuckmayer hat ein Buch des Abschieds geschrieben. Die er als seine Freunde erlebt hat – und wie viele haben emigrieren müssen –, sind ihm Kameraden gewesen, denen er sich anvertraut hat wie der Soldat im Fronteinsatz, vorbehaltlos. Vorbehaltlose Sympathie, welch eine Fähigkeit! Und doch kann die Hemmung des Dramatikers durch den Menschen Zuckmayer kaum genauer benannt werden. Das Erinnerungsbuch ist seine Antwort auf den eigenen, den existentiellen Zweifel, den er 1952 anläßlich der Verleihung des Goethe-Preises der Stadt Frankfurt ausgesprochen hatte: „Fast aber scheint es, es übe in der heutigen Welt die Krise der Angst, das Vernichtungsgefühl im einzelnen, eine stärkere Macht, auch eine stärkere Anziehung aus, es wäre im Sog der Verzweiflung eine stärkere Saugkraft enthalten als in der Krise der menschlichen Selbstüberhebung... Hier steht der heutige Mensch in seiner tragischen Gefährdung: Er kämpft gegen die eigene Angst, die ihn, wenn er den Kampf aufgibt und die Flucht ergreift, vernichtet. Zwei Fluchtwege tun sich auf, und beide weisen ins Verhängnis: die Flucht in die Masse, in die Einstampfung, die Atomisierung des Ich – und die Flucht in die Neurose, die Krisis des übersteigerten, des isolierten Ich... Der Glaubensartikel jener Massenflucht lautet: Es kommt nicht auf dich an. Du bist nur Bestandteil... Diesem Glaubensartikel läßt sich nur ein primitives, weltaltes und immer junges Credo entgegenhalten: Es kommet *auch* auf dich an."

Das ist das Credo des General Harras noch im Scheitern, das ist das Credo Zuckmayers. Das Umkehrbild in „Die Uhr schlägt eins" hat ihm nicht gelingen wollen. Das machen auch die Porträts im Erinnerungsbuch deutlich. Er retuschiert die Schatten, die Untiefen, er läßt Konflikte nicht wachsen, er verschweigt seine Unsicherheit gegenüber dem anderen: Sein Antipode Bert Brecht ist einmal der geistreich fröhliche junge Autor und nachher der wortkarge Emigrant, der ihn in Vermont besucht und dessen Satz „Das hat Heimcharakter" er erinnert und damit ungesagt Brechts Umgetriebenheit benennt. Zuckmayer erlebt den Menschen als Gegenüber und als ein Teil von sich selbst, als Freund. Das macht die Porträts aus den zwanziger Jahren so ungemein lebendig, auch, denken wir an Carlo Mierendorff, politisch fesselnd. Macht, Mißtrauen, Widerwillen sind Zuckmayer fremd. Er will auch nicht erziehen, er will annehmen. Er ist kein Dialektiker, kein bohrend Fragender, „Faust", „Hamlet" sind ihm unnahbare Charaktere, die archaische Tragik des Aischylos bleibt ihm fern, das soziale Mitleiden des jungen Gerhart Hauptmann hat er in Aktionen umgesetzt, im „Schinderhannes", im „Hauptmann von Köpenick". Es ist das Phänomen Zuckmayer, den die Germanisten und die Dramaturgen für ausgestrichen halten, daß sein Satz: „Es kommt *auch* auf dich an!", den er immer wieder gestaltet hat, in diesen frühen achtziger Jahren eine neue Bedeutung gewinnt. Es kommt auf mich, auf dich an, dieser Satz ist in den Friedensinitiativen innerhalb der großen europäischen und amerikanischen Friedensbewegung immer wieder zu hören, dieser Satz hat in der narrativen Theologie dieser Jahre eine zentrale Funktion, hat die Neuinterpretation der Bergpredigt ausgelöst, ist der wahnwitzig kühne Versuch, dem kollektiven Untergang zu widerstehen. Der Satz wird nicht als ein Ausspruch Zuckmayers zitiert, doch er bestätigt sein Lebensgefühl.

Mögen auch seine Theaterstücke mit wenigen Ausnahmen nicht überdauern, mögen seine Lebenserinnerungen die politische und die soziale Brutalität der zwanziger Jahre auslassen, sein Vertrauen in die Menschen macht die Erinnerungen prall, macht es noch immer leicht, ihn zu lieben. Und es erscheint heute kaum mehr fragwürdig, daß er in den Jahren des hundertemal aufgeführten „Des Teufels General" der Vertraute einer ratlosen und doch zum Leben entschlossenen Generation war. Sicher, Paul Rillas Kritik war 1948 präzis gegen die sich schon abzeichnende Restauration und Verharmlosung der nationalsozialistischen Verbrechen gerichtet, sie stimmte – und sie ließ doch die Verletzlichkeit der Kriegsgeneration aus – für deren Daseinsmut Zuckmayer wichtig war, weil er nicht blindlings verdammte. Zuckmayer, so wiedergelesen, holt ihn nahe heran.

War er ein Glückskind?

Der Film, zu seinem achtzigsten Geburtstag ausgestrahlt, als er schon auf den Tod krank war, mochte das vermitteln. Doch er war mehr, war einer, dem Vertrauen entgegenkommt, weil er Vertrauen gibt, ein Könner zweifelsohne, aber wichtiger der Mensch. Heute rümpfen wir darüber nicht mehr die Nase, weil die Ängste, „die Angst, das Vernichtungsgefühl im einzelnen" allgegenwärtig sind.

War er ein Glückskind? Wenn es Glück ist, zu bejahen gegen die allgemeine Verneinung an –: Ja.

Am 18. Januar 1977 ist Carl Zuckmayer in Visp, in der Nähe seines Walliser Wohnortes Saas Fee gestorben.

# LUDWIG ERHARD
## 1897–1977

Von
Klaus Hildebrand

Überblickt man die politische Karriere Ludwig Erhards, dann fühlt man sich leicht an Joseph Schumpeters Wort erinnert, wonach der Kapitalismus durch seine eigenen Errungenschaften umgebracht werde. Gewiß haben die stolzen Erfolge des „Vaters des Wirtschaftswunders" Entwicklungen ermöglicht, die zu seinem späteren Scheitern als Bundeskanzler beigetragen haben. Doch nicht nur im großen Rahmen seines Wirkens, sondern auch in einzelnen Abschnitten seiner Laufbahn lag oftmals schwer miteinander Vereinbares dicht beieinander. Stets gehörte es jedoch so zusammen, daß es das Eigentümliche einer bedeutenden Persönlichkeit ausmachte, und eine Entsprechung fand es in der für Erhard durchgehend leitenden Vorstellung der Freiheit. Das wohl augenfälligste, mit Ludwig Erhard unaufhebbar verbundene Paradoxon aber zieht sich historisch bleibend im Begriff der Sozialen Marktwirtschaft zusammen, die im Mittelpunkt seiner Tätigkeit als Wirtschaftsminister von 1949 bis 1963, als Bundeskanzler von 1963 bis 1966 und als Abgeordneter und Alterspräsident des Bundestages bis zu seinem Tode am 5. Mai 1977 gestanden hat.

Ludwig Erhard wurde am 4. Februar 1897 in dem zu Bayern gehörenden fränkischen Fürth geboren. „Früher hätte man gesagt", so kommentierte ein journalistischer Beobachter einmal die Herkunft Erhards, „er stamme aus ‚kleinen Verhältnissen'. Heute sagt man, daß sich sein Vater, Wilhelm Erhard ‚Weißwaren en gros und en détail', eine mittelständische Existenz aufgebaut hatte". Erzogen wurden die Kinder im evangelischen Glauben der Mutter. Dies ließ der katholische Vater zu, der der Freisinnigen Partei Eugen Richters zuneigte, Bismarck bewunderte und im übrigen „kaiser- und königstreu" war. Nachdem Ludwig die Realschule mit dem „Einjährigen", der Obersekundareife, verlassen hatte, absolvierte er in einem Nürnberger Textilgeschäft eine kaufmännische Lehre. 1916 wurde er als Soldat eingezogen und in den letzten Kriegstagen des Jahres 1918 in Flandern bei Ypern schwer verwundet. Die Genesung zog sich über ein Jahr lang hin und ließ bleibende körperliche Behinderungen zurück.

1919 begann Ludwig Erhard damit, an der in Nürnberg neugegründeten Hochschule für Wirtschafts- und Sozialwissenschaften Betriebswirtschaftslehre, eine gerade aufkommende Disziplin der Nationalökonomie, zu studieren. Mit dem Examen des Diplomkaufmanns schloß er sein Studium 1922 ab,

Ludwig Erhard im Jahr 1956

Ernst Bloch gegen Ende der sechziger Jahre

gemeinsam mit einer jungen Kriegerwitwe, Luise Schuster, geborene Lotter, die er 1923 heiratete. Die jungen Leute zogen nach Frankfurt am Main, wo Erhard sich immatrikulierte und wissenschaftlich zu arbeiten begann. Dort traf er auf den Nationalökonomen und Soziologen Franz Oppenheimer, den Repräsentanten eines „liberalen Sozialismus", bei dem Ludwig Erhard 1925 promoviert wurde und den er als den wichtigsten seiner akademischen Lehrer ansah – neben Wilhelm Rieger, dem Gründungsrektor der Nürnberger Hochschule, und Wilhelm Vershofen, in dessen Institut für Wirtschaftsbeobachtung der Handelshochschule Nürnberg Erhard im Januar 1929 eintrat.

Zum Jahreswechsel 1942/43 schied er, nicht zuletzt in Spannungen mit Vershofen verwickelt, doch vornehmlich unter politischem Druck, aus der Geschäftsführung dieses Instituts aus, der er seit 1933 angehört hatte. Entscheidend geworden war in diesem Zusammenhang seine mehrfache Weigerung, in die „Deutsche Arbeitsfront" einzutreten. Da er zu dieser Zeit in der Industrie bereits bekannt und der Hauptgeschäftsführer der „Reichsgruppe Industrie" Erhards Schwager war, bot sich ihm die Gelegenheit, auf privater Basis ein kleines Institut aufzubauen, zunächst in Nürnberg, später in Bayreuth, in dem Industrieforschung und Marktanalyse betrieben wurden.

In Industriekreisen begann man damals damit, sich über die Lage nach dem Kriegsende Gedanken zu machen. Als ein Ergebnis solcher Bemühungen legte Erhard im März 1944 eine Ausarbeitung über „Kriegsfinanzierung und Schuldenkonsolidierung" vor, die weit über das Thema hinaus die Beseitigung des großen Kaufkraftüberhanges bei der Bevölkerung und die Überführung der Kriegs- in eine Friedenswirtschaft behandelte. „Die freie, auf echtem Leistungswettbewerb beruhende Marktwirtschaft" wurde darin von Erhard bereits als Ziel einer zukünftigen Wirtschaftsordnung anvisiert. Die für den „Stahlkreis" der „Reichsgruppe Industrie" verfaßte Denkschrift, die durch Einschaltung offizieller Stellen der Berliner Regierung eine politische Absicherung gegenüber mißtrauischen Funktionären des Regimes erhielt, erreichte auch Carl Goerdeler, den führenden Kopf der durch das Attentat auf Hitler am 20. Juli 1944 hervorgetretenen deutschen Widerstandsbewegung. Das Memorandum, „wahrscheinlich die erste Konzeption für die Finanz- und Wirtschaftspolitik der Nachkriegszeit" (Theodor Eschenburg), sollte für Erhards künftigen Weg Bedeutung erlangen. Ob freilich seine Existenz und Erhards historisch überlieferte Verbindung mit Goerdeler die Amerikaner nach Kriegsende auf den Mann aufmerksam gemacht haben, der sich in seiner fränkischen Heimat bereits bald wieder darum bemühte, die örtliche Wirtschaft in Gang zu bringen, ist bislang ungeklärt.

Die amerikanischen Besatzungsbehörden in Nürnberg machten ihn jedenfalls zu ihrem Berater für wirtschaftliche Fragen, und im Oktober 1945 ernannte ihn der amerikanische Militärgouverneur in München zum bayerischen Wirtschaftsminister. Doch dieses Amt erlaubte Erhard, den Umständen der Zeit gemäß, kaum mehr, als die Verteilung von Lebensmitteln und Bezugsscheinen für Gebrauchsgegenstände zu überwachen, kurzum: den Mangel zu verwalten. Das war nicht gerade seine Sache. Nach seinem Rücktritt als Wirtschaftsminister am 10. Januar 1947 wurde er im Oktober dieses Jahres durch Beschluß des Wirtschaftsrates zum Leiter der „Sonderstelle Geld und Kredit" bei der Verwaltung der Finanzen des Vereinigten Wirtschaftsgebietes in Bad Homburg vor der Höhe bestellt. Damit stand Erhard, der im November 1947 zum Honorarprofessor für Wirtschaftswissenschaften an der Universität München ernannt wurde, mitten in der politischen Tätigkeit und half in diesem Rahmen daran mit, die Währungsreform vorzubereiten. Am 2. März 1948 zum Nachfolger des über eine unglückliche, die Amerikaner provozierende Äußerung gestürzten Dr. Johannes Semler als Direktor der Verwaltung für Wirtschaft des Vereinigten Wirtschaftsgebietes aufgestiegen, setzte er die für die von den Alliierten durchgeführte Währungsreform (20. Juni 1948) flankierende Wirtschaftsreform, die Aufhebung der Zwangsbewirtschaftung, als maßgebliche ordnungspolitische Weichenstellung durch. Zäh am als richtig Erkannten festhaltend, handelte er sowohl in diesem Zusammenhang als auch in so manchen anderen Fällen wie ein liberaler Diktator.

Erhard selbst hat diesen Schritt als entscheidend in seiner politischen Laufbahn angesehen. Denn er markierte die Geburtsstunde der Sozialen Marktwirtschaft, der er in der nun beginnenden Zeit des Kampfes gegen die Opposition der großen sozialdemokratischen Partei Seite an Seite mit dem auf diesem Feld allerdings zu Beginn nicht selten zweifelnden Konrad Adenauer und der Union, der er formell erst 1963 beitrat, zum Siege verhalf.

Was es mit der paradoxen Wortverbindung von der Sozialen Marktwirtschaft, die klassischen Liberalismus und soziale Verpflichtung miteinander zu verbinden trachtete, eigentlich auf sich hatte, war damals den Zeitgenossen nicht so recht klar. Erhard selbst begriff die von dem Wirtschaftswissenschaftler Alfred Müller-Armack geprägte Formel, die in der durch die Forderung nach Sozialisierung geprägten Nachkriegszeit erst einmal nicht gerade populär war, als eine Marktwirtschaft, die eine soziale Funktion erfüllte. Müller-Armack definierte sie als „eine nach den Regeln der Marktwirtschaft ablaufende, aber mit sozialen Ergänzungen und Sicherungen versehene Wirtschaft ... eine bewußte Eingliederung sozialer Ziele durch Schaffung einer mit den Gesetzlichkeiten des Marktes verträglichen Sozialpolitik". Im Zeichen dieses Konzepts, das Erhard auch in der schwierigen Bewährungsprobe der Korea-Krise im Jahr 1950 nicht aufzugeben bereit war, begann nun der mit seinem Namen untrennbar verbundene Wiederaufbau der deutschen Wirtschaft und Gesellschaft. Dabei gelang es schon in den ersten Jahren der Geschichte der Bundesrepublik Deutschland, die Arbeitslosigkeit zu beseitigen, die Heimatvertriebenen einzugliedern und das Programm der Siegermächte für die Demontage deutscher Industrieanlagen zu revidieren.

Im Wahlkampf des Jahres 1949 war in diesem Sinne sicherlich Ludwig Erhard und noch nicht Konrad Adenauer die ausschlaggebende Figur der beiden so gegensätzlich gearteten und doch irgendwie zusammengehörenden Politiker, die die deutsche Nachkriegspolitik so lange und erfolgreich prägten. Mit Erhards maßgeblichem Zutun begann nunmehr jene Ära Adenauer, die „in Wirklichkeit... eben auch eine Ära Erhard" (Hans-Peter Schwarz) war. Ob allerdings die beiden als Kanzler und Wirtschaftsminister einander so überzeugend ergänzenden Politiker auch in der Zukunft möglicherweise einmal als Altbundeskanzler und Regierungschef weiterhin erfolgreich sein würden, fragte man sich in den fünfziger Jahren schon bald, als Erhards Person in den Spekulationen um die Nachfolge Adenauers immer häufiger als Kandidat genannt wurde. In den zahlreichen Auseinandersetzungen im Verlauf des sich lange hinziehenden Endes der Ära Adenauer sollte der seit der Gründung der Bundesrepublik Deutschland als Abgeordneter des Wahlkreises Ulm und als Wirtschaftsminister, seit 1957 gleichzeitig auch als Vizekanzler – ein unter Adenauer und vor dem Hintergrund der Bonner Verfassung nicht unbedingt einflußreicher Posten – und als Vorsitzender des Wirtschaftskabinetts amtierende „Kronprinz" trotz unübersehbarer Schlappen und Zurücksetzungen endlich obsiegen. Doch mit dieser Feststellung sind wir der Zeit schon weit vorausgeeilt. Voraussetzung dafür waren nämlich erst einmal die Leistungen, die Erhard als „gepolsterte Verkörperung des Wirtschaftswunders" (Ernst Richert) vollbrachte und die ihn später als „Nachfolger" nahezu unumgänglich machten. Denn sein Name symbolisierte jenen beispiellosen „Wohlstand für alle", den die von ihm durchgesetzte und im einzelnen gestaltete Soziale Marktwirtschaft in den fünfziger Jahren mit sich brachte. Vor dem Hintergrund eines solchen Erfolges der von ihm vertretenen Wirtschaftsordnung wird auch Erhards hartnäckiger Kampf gegen die Verbände, insbesondere gegen den Bundesverband der deutschen Industrie, über den Inhalt eines Gesetzes gegen Wettbewerbsbeschränkungen („Kartellgesetz") verständlich. Gegen Kartelle stritt der Wirtschaftsminister, weil sie eine besondere Form des Kollektivismus, nicht des staatlichen, sondern eines privaten Dirigismus darstellten, und plädierte im Gegensatz zu der für das zurückhaltende Mißbrauchsprinzip eintretenden Industrie für eine entschiedene Verbotsregelung. Immerhin dauerte es fünf Jahre und erforderte mannigfache Kompromisse, bis das auf dem Verbotsprinzip aufbauende Gesetz gegen Wettbewerbsbeschränkungen nach harten parlamentarischen Auseinandersetzungen am 27. Juli 1957 in Kraft trat.

Bereits in der zweiten Hälfte der fünfziger Jahre sah Erhard sich dazu gezwungen, in seinen berühmt gewordenen und oft belächelten Maßhalteappellen von den Deutschen, die er nicht nur als Konsumenten, sondern als Bürger ansprach, Maß, Ziel und Verantwortung im Hinblick auf den Zusammenhang von Arbeit und Ausgaben zu fordern. Seine Warnungen vor einer Überbetonung der sozialen Ansprüche dürfen jedoch die Tatsache nicht in Vergessenheit geraten lassen, daß eben von ihm entscheidende Grundlagen für die Verwirklichung der sozialen Verpflichtung seines Konzeptes gelegt worden waren. Sie hatten beispielsweise nicht allein die Einführung der dynamischen Rente im Jahr 1957 ermöglicht, sondern vor allem auch Voraussetzungen für die vorbildliche Lösung der besonderen wirtschafts- und sozialpolitischen Aufgaben der jungen Republik geschaffen, die sich aus den Folgen von Krieg und Vertreibung im Zuge der Integration der Flüchtlinge ergaben und die im Zusammenhang mit der Entschädigung der Kriegsopfer durch Umverteilung im Lastenausgleich gestellt waren.

Solche Resultate sowie sein auf Volkstümlichkeit gegründetes Eigengewicht erdrückten später alle gegen seine Kanzlerkandidatur angeführten, sachlich im Rückblick in vielerlei Hinsicht verständlich erscheinenden Bedenken. Zweifellos positiv zählte auch, daß Ludwig Erhard die Bonner Szene während der zu Ende gehenden Ära Adenauer, „die vom Verfall der Autorität, aber auch von billiger Aufsässigkeit bestimmt war" (Willy Brandt), in so mancher Beziehung angenehm überragte. Endlich wurde der bis zuletzt umstrittene Kandidat am 16. Oktober 1963 zum zweiten Bundeskanzler der Bundesrepublik Deutschland gewählt.

Der Nachfolger Adenauers wollte auf gar keinen Fall ein Abbild des „Alten", sondern ein „Volkskanzler" sein, der in direktem Kontakt mit den Bürgern die Demokratie schlechthin zu verwirklichen vorhatte. Erhards Wunsch nach einem „Volkskanzlertum" speiste sich vor allem aus seinen starken Aversionen gegen die große Macht der das Volk und die Regierung, dem Urteil des ehemaligen Wirtschaftsministers ebenso wie des amtierenden Kanzlers zufolge, einander entfremdenden Verbände der verschiedensten Herkunft. Über Parteien und Interessenorganisationen hinweg wollte er sich direkt an die Bevölkerung wenden. Denn von ihr war er überzeugt, daß sie Argumenten der Vernunft durchaus zugänglich sei. Zugespitzt formuliert, hielt er das Volk im Gegensatz zu den „bösen" Funktionären für „gut".

Über den angekündigten Stilwandel hinaus und im Zuge seines Bekenntnisses zu den Grundlinien der bisherigen Politik brachte Erhard im eigentlichen Sinne kein eigenes Programm ins Kanzleramt mit. Seine stärker reagierende als handelnde, eher durch Instinkt ausgezeichnete als durch Tatkraft charakterisierte, auf allgemeinen Vorstellungen beruhende und nicht so sehr durch politische Details gekennzeichnete Politik ließ die Dinge im übrigen lieber auf sich zukommen, als sie von sich aus anzupacken. Was die Existenz moderner westlicher Zivilisation anging, so spürte der neue Kanzler jedoch instinktsicher, „daß der harte Kern der heutigen gesellschaftlichen Ordnung nicht der Staat ist, sondern die Industriegesellschaft" (Rüdiger Altmann). Diesem Gedanken, dessen programmatische Konsequenz geistig verwandte Intellektuelle später formulierten, war Ludwig Erhards Politik in der Tat verpflichtet. Aus der ungemein modernen, deshalb aber auch gefährdeten, nämlich traditionslosen Lage der Bundesrepublik Deutschland ergaben sich für ihn Folgerungen, die sich später im Schlagwort von der Formierten Gesellschaft zusammenzogen.

In dieser Einsicht lagen aber auch die Grenzen seines Handelns begriffen, das den Institutionen und Instrumenten des Staates zu wenig Beachtung schenkte und dadurch das ohnehin schon Fragmentarische der Bundesrepublik noch schärfer hervortreten ließ. Dabei schwebte Ludwig Erhard als Modell nach wie vor beileibe kein „Laisser-faire-Staat" im liberalen Sinne des 19. Jahrhunderts vor. Vielmehr maß er dem Staat die Aufgabe zu, die vorwärtsdrängende zentrale Dynamik der Gesellschaft in der Balance zu halten. Die durch die Soziale Marktwirtschaft gestifteten Resultate und Probleme waren nunmehr auf dem Wege der staatlichen Intervention in eine neue Form gesellschaftlicher Organisation zu überführen. Sein Glaube an die Botschaft der Sozialen Marktwirtschaft aber hatte unübersehbar messianische Züge und entbehrte als ein über die ökonomische Sphäre hinausgehender gesellschaftlicher Entwurf jenes rein dienenden Charakters, den Adenauer wirtschaftlichen Fragen stets beigemessen hatte. Für Erhard spielte sich vielmehr ein Kampf zwischen dem „ökonomischen und politischen Mittel" ab, um es in der militant liberalen Sprache der Oppenheimerschen Geschichtsphilosophie zu formulieren.

Der Unterschied zwischen dem „Nachfolger" und dem „Vorgänger", zwischen Ludwig Erhard und Konrad Adenauer, wird in diesem Zusammenhang mit Händen greifbar. Der eine war stets ein Anhänger des von Napoleon geprägten Satzes geblieben: „Die Politik ist das Schicksal." Der andere stand in der gegenläufigen Tradition, die Walther Rathenau in bewußter Antithese dazu auf die Formel gebracht hatte: „Die Wirtschaft ist das Schicksal." Erhards Vision bewegte sich im Rahmen global entworfener, partnerschaftlicher Tauschverhältnisse – gleich weit entfernt vom Bezugspunkt des alten Nationalstaates wie vom kleineuropäischen Ziel der Brüsseler Technokraten. Es kam Erhard als Kern der Vereinigten Staaten von Europa stets als zu eng dimensioniert vor, und er konnte ihm gegenüber den Verdacht des mehr oder minder latenten oder offenen Protektionismus niemals loswerden.

Erst einmal kümmerte sich der neue Regierungschef aber recht nüchtern um dasjenige, was am nächsten lag und Tribut erforderte, nämlich eine Politik zu betreiben, die einen Erfolg bei der kommenden Bundestagswahl zu fördern versprach. Und wieder reüssierte er und gestaltete die Wahl vom September

1965 zu einem großen Erfolg für die Union und seine Person, obwohl gar nicht zu übersehen war, daß ihm die Intrigen aus den Reihen seiner Partei schadeten, daß innen- und außenpolitisch die Schwierigkeiten zunahmen und daß die von Erhard mit viel Erwartungen in die Debatte geworfene Parole von der Formierten Gesellschaft blaß blieb. Der weitblickend konzipierte Versuch, in der neu sich bemerkbar machenden Periode der zweiten Phase der westdeutschen Industrie- und Dienstleistungsgesellschaft die außer Rand und Band geratenen Forderungen der organisierten Interessen wieder an ökonomisches Maß und Ziel zu binden, die Gemeinschaftsaufgaben vernünftig anzugehen und den Parlamentarismus sowie den als mündig betrachteten Bürger vom Zwang der organisierten Interessen zu befreien, kam nicht zum Zuge. Als die Wahlniederlage der CDU in der Landtagswahl in Nordrhein-Westfalen im Sommer 1966, die abflachende Konjunktur des erstmals Krisensymptome zeigenden „Wirtschaftswunders", das Abspringen der FDP von der Koalition mit der CDU/CSU, die Führungsschwäche des Kanzlers und die Kabalen der Union, die ihn im März 1966 als Nachfolger Adenauers zu ihrem Vorsitzenden gewählt hatte, Erhard im Oktober/November immer stärker zu schaffen machten und ihn am 30. November 1966 zum Rücktritt zwangen, da sah es auf den ersten Blick so aus, als sei der Schöpfer des deutschen „Wirtschaftswunders" im Jahre 1966 an den Problemen der Volkswirtschaft und einem sich schwierig gestaltenden Haushaltsausgleich politisch gescheitert. Über die Beobachtung dieses Paradoxons hinaus stellte sich allerdings bald die Erkenntnis ein, daß eine solche einfache Erklärung den vielfältigen Ursachen des Kanzlersturzes nicht gerecht zu werden vermochte. Letztlich hatten alle Motive, die bereits zeitgenössisch erörtert wurden, ganz erheblich damit zu tun, daß die übergreifenden Tendenzen der Zeit, die sich in den einzelnen Ereignissen verdichteten, in der Mitte der sechziger Jahre umschlugen und die bis dahin favorisierte Union in die Defensive drängten.

Sowohl die gründlich gewandelte außenpolitische Lage als auch die sich fordernd bemerkbar machende zweite Phase der Innen-, Gesellschafts- und Wirtschaftspolitik der Republik verlangten nunmehr nach neuen Richtungsentscheidungen. Nicht mehr länger aufschiebbare Fragen erforderten eine Antwort, und tatkräftiges Handeln war jetzt notwendig. Solchen Geboten vermochte Erhard schon deshalb nur schwer zu entsprechen, weil er durch mannigfache koalitions- und parteipolitische, verbandsorganisatorische und persönliche Hindernisse eingeengt war bzw. sich davon einengen ließ. Dies festzustellen, deutet erneut auf den Kern des Erhardschen Politikverständnisses. Es unterscheidet sich eben von dem seit eh und je geläufigen Begriff des Politischen so erheblich, daß man erst einmal zögert, diesen „Realist(en) anderer Art" (Eugen Gerstenmaier) mit einer solchen politischen Tradition überhaupt in Zusammenhang zu bringen. Stets stellte Erhard nämlich Ideen und Sachen über die Macht, über ihren Gewinn, ihre Bewahrung und ihre Vermehrung. Auf politischem Terrain erklärt eine solche Überzeugung allerdings bereits ein gut Teil seines Scheiterns als Kanzler. Dieser Mißerfolg war jedoch Preis und Symbol dafür, daß Erhard sich selbst treu blieb und nicht zum Opfer der Politik schlechthin wurde. Mit anderen Worten: Weil es ihm in seiner politischen Laufbahn nicht vornehmlich um das Streben nach Macht und um ihre Verteidigung ging, konnte er als in die Politik verschlagener Wissenschaftler unter Benutzung der Möglichkeiten eines Regierungsamtes experimentieren. Diese Haltung macht auch verständlich, warum sein politischer Sturz nicht gleichbedeutend war mit persönlichem Scheitern. Der von ihm niemals an die Politik ausgelieferte Teil seiner Persönlichkeit war dafür einfach zu groß. Er bestand ganz wesentlich aus der zu einer Botschaft verdichteten Idee, den Staat und das Staatensystem durch eine Vernunft stiftende Vergesellschaftung gleichsam vom Makel des Zwanghaften zu befreien. Diese Überzeugung vermochte Erhard niemand zu nehmen, auch nicht die Macht als das Wesen der herkömmlichen Politik, die ihn wie so viele andere zuvor besiegte und ihm letztlich doch immer als rückständig, ja als leer vorkam.

Nun wäre es aber ganz unzutreffend, Erhard als Philosophen und „Hamlet" zu stilisieren oder gar als unrealistisch und wirklichkeitsfremd zu charakterisieren. Denn selbstverständlich ist jemand, der jahrelang an exponierter Stelle im politischen Getriebe einer parlamentarischen Demokratie überlebt hat, alles andere als ein reiner Tor. Dennoch war Erhard im Vergleich mit anderen, die man richtige Politiker nennt, mit Rüdiger Altmann gesprochen, im traditionellen Sinne „nicht politisch". Daraus ergeben sich zweifellos Erklärungshilfen dafür, daß er mit den natürlich weit über persönliches Vermögen oder Unvermögen hinausreichenden komplizierten außen- und innenpolitischen Problemen der sechziger Jahre letztlich nicht zurechtkam. Zur Außenpolitik hatte und fand er kein Verhältnis, zumal die wieder nationalistischer eingefärbte Dekade seiner Botschaft einer Vergesellschaftung des Staatensystems im Sinne von Adam Smith und Richard Cobden unfreundlicher als zuvor begegnete. In innenpolitischer Perspektive kam er über die in vielem so zutreffende Beschreibung und Analyse der Zusammenhänge hinaus einfach nicht zum Handeln. Denn dazu bedurfte es eben jener Macht, die ihm immer mehr entglitt, weil er sie einfach nicht ergriff, benutzte und mehrte.

Über allen diesen Feststellungen darf natürlich nicht vergessen werden, daß gerade das sogenannte Unpolitische Ludwig Erhards am Beginn seiner Kanzlerschaft zu den wirksamen Stärken seiner politischen Persönlichkeit gehört hatte. Die Deutschen, vernarrt in die Idylle ihres scheinbar nicht endenden Wohlstandes und geleitet von ihrer Neigung, „die Schweiz" zu wählen, votierten ja gerade für den Mann, der Politik und Parteien offensichtlich ebensowenig mochte, wie dies die Mehrheit seiner Wähler tat. Darin lag bis in die Mitte der windungsreichen sechziger Jahre hinein das Geheimnis der „unio mystica" zwischen dem „Wundermann" und den Deutschen.

Doch der Wandel der Zeit, der bald schon einem rapiden Umbruch glich, schuf neue Probleme und verlangte nach entsprechenden Antworten. Insgesamt stellte sich, dem Hang zum Unpolitischen entgegenwirkend, nunmehr „ein höherer Bedarf an Politik" (Karl Schiller) ein. Diese Entwicklung forderte nicht nur, was sich schon seit Jahren angesichts des Richtungsstreites um die atlantische oder gaullistische Orientierung der Bonner Republik deutlich abzeichnete, im außenpolitischen Bereich ihren Tribut, sondern sie machte sich jetzt auch auf innenpolitischem Terrain akut bemerkbar. Ungeachtet kühner Zukunftsentwürfe, die Erhard durchaus unterbreitete, vermochte er dieser Herausforderung allein schon deshalb schwer gerecht zu werden, weil seine Vorstellung vom „Volkskanzlertum" mit den Regeln der parlamentarischen Parteiendemokratie kaum vereinbar war. Denn Erhards Schwäche lag nicht nur darin, daß er eingleisig auf die Kleine Koalition als Regierungsmodell festgelegt war. Er hatte vielmehr überhaupt eine Aversion gegen alle „Parteiungen", nicht zuletzt auch gegen seine eigene. Daher stand er auch so schnell alleine da, als der Wahlerfolg im Sommer 1966 einmal ausblieb. In der Union ohne eigentliche Hausmacht und bald nur noch von Konkurrenten umgeben, erschien er jetzt beileibe nicht mehr als der politische Wundertäter. Nur ihn aber suchte die CDU/CSU in Ludwig Erhard dringend. Bei sich abzeichnendem Mißerfolg verfuhr sie dann jedoch nach der Maxime: „und wenn das Wunder ausbleibt, weg mit ihm!" (Sebastian Haffner).

In solcher Lage war Ludwig Erhard nicht gerade der Mann, der politisch aufs Ganze ging. Denn Macht bedeutete ihm nun einmal nicht viel, und ein Empfinden dafür, daß Geschichte letztlich immer tragisch ist, besaß er nicht – im Sinne der jungen Republik möchte man fast sagen, Gott sei Dank. Solche Überlegungen scheinen den Schüler Oppenheimers überhaupt nicht weiter belastet zu haben. Sie blieben ihm fremd, gehörten sie doch historisch in die Welt des Niccolò Machiavelli und zeitgenössisch zur Persönlichkeit und Politik Charles de Gaulles. Im Entwurf des globalen Freihandels und der siegreichen Vernunft, in der Zielsetzung, die abgelebte Staatlichkeit durch das ökonomische Mittel zu läutern, war dafür einfach kein Platz.

Vor solchem Hintergrund hatte er seine Botschaft vom „Wohlstand für alle" und der damit verbundenen bürgerlichen Freiheit entwickelt. Im Rahmen einer so geschichtsmächtigen Tradition wie der angelsächsischen repräsentiert sie bis heute ein ebenso bewährtes wie zukunftsweisendes Gegenmodell zur kommunistischen Herausforderung. In dieser Perspektive darf Erhards erfolgreich praktizierter Ordnungsentwurf als Botschaft von historischem Rang beurteilt werden, die ihrerseits eine politische Macht sui generis darstellt. Führt man sich vor Augen, daß den Deutschen in der bisherigen Geschichte Europas und der Welt im Vergleich mit den Spaniern, den Franzosen und den Angelsachsen fast durchgehend die das Fundament der schieren, ja rohen Macht veredelnde Idee und zugkräftige Parole gefehlt haben, so läßt sich die gedankliche und politische Bedeutung ermessen, die Erhards Botschaft der Freiheit und des Wohlstandes zukommt.

Die Republik freilich, die er unter der Losung „Wohlstand für alle" so maßgeblich mitgebaut hatte, entwickelte sich insgesamt nicht mehr so weiter, wie er und mit ihm die Aufbaugeneration es erwartet hatten. Folge des Wohlstandes war nämlich in erster Linie nicht eine Zunahme an individueller Vernunft, an gesellschaftlicher Rationalität und an höherentwickelter Moral, wie es ungeachtet anderslautender, eher skeptischer Äußerungen doch wohl alles in allem Erhards Erwartungen entsprochen hätte. Vielmehr begann ein unartikuliertes Unbehagen um sich zu greifen, das sich gegen den notwendigen Preis des erworbenen Wohlstandes richtete und demgegenüber immer häufiger nach Genuß ohne Anstrengung und ohne Opfer verlangte. Erhard vermochte sein Entsetzen über manche Ergebnisse und Entwicklungen der Zeit kaum noch zu verbergen, die ihm wie Sumpfblüten des Wohlstandes vorkamen. Die zwischen Menschen und Dingen den Verlauf der Geschichte so entscheidend beeinflussende „geistige Atmosphäre", um mit Walther Rathenau zu sprechen, war eben schon bald nach der Übernahme der Regierungsgewalt durch Erhard ganz merklich verändert. Wohl nicht zuletzt deshalb blieb ihm der sichtbare Erfolg, den ein Politiker nun einmal haben muß, als Kanzler weitgehend versagt. Freilich hing sein Scheitern auch maßgeblich damit zusammen, daß er als ein Mann der Idee die Macht, wie sie sich im Gehäuse der Republik darstellte, nicht akzeptierte und sein Ziel im Alleingang nicht erreichen konnte.

Solche grundsätzlichen Feststellungen sollen keineswegs die Leistungen der so kurzen, ja kaum mit diesem Begriff belegbaren „Ära" Ludwig Erhards als Kanzler in den Hintergrund treten lassen: die Aufnahme diplomatischer Beziehungen mit Israel im Jahre 1965, die „Auflockerung unserer Ostpolitik" (Ludwig Erhard), die Note der Bundesregierung zur Abrüstung und Sicherung des Friedens, die sogenannte „Friedensnote" vom 25. März 1966, und den neuen politischen Stil, mit dem die liberale Bonner Demokratie sich nun nach innen und außen hin präsentierte. Der Inhalt seiner Botschaft und die Darstellung seines Regimes ließen Erhard für manchen Zeitgenossen in Europa sogar zum Gegenspieler de Gaulles aufsteigen. Dessen Eintreten für den Primat des Nationalstaates holte Erhards Idee einer europäischen bzw. globalen Freihandelsgesellschaft jedoch während der sechziger Jahre erst einmal ein und blokkierte sie. Im Widerstreit zwischen Staatlichkeit und Vergesellschaftung der inneren und internationalen Politik lief die Zeit Erhard vorläufig entgegen, ohne damit den Kern seines politischen Entwurfs endgültig widerlegen zu können. Ja, vielleicht war es gerade diese Gewißheit, die Erhard trotz allem in vielerlei Hinsicht doch so anders, vielleicht sogar hoffnungsfroher vom Staatsamt Abschied nehmen ließ, als dies dem sich bis zuletzt sorgenden Adenauer oder dem resigniert abgehenden de Gaulle beschieden war.

Überzeugungskraft und Wirkungen seiner gesellschaftspolitischen Botschaft aber rücken Ludwig Erhard in die Reihe derjenigen nicht allzu zahlreichen Politiker, die Deutschland bewußt und mächtig in die Moderne geführt, ja gestoßen haben. Seiner stets durchsichtigen Politik, von der der als vernünftig eingeschätzte Bürger nie etwas zu befürchten hatte, „verdanken wir sehr viele, ganz simple zivile oder bürgerliche Freiheiten – Freiheit der Konsumwahl, Freiheit der Arbeitsplatzwahl, Freiheit der Berufswahl, Freiheit des Umzugs, Freiheit des Reisens bis hin zu den politischen, bürgerlichen Rechten und Freiheiten ... und das bleibt" (Karl Schiller) – falls sie nicht radikal in Frage gestellt und extremistisch zerstört werden. Der für Erhard so kennzeichnende, „ungebrochene Glaube an die produktive Kraft der Freiheit" (Eugen Gerstenmaier) aber konnte sich vorteilhaft wohl nur in dem von Adenauer und den Parteien gezimmerten Gehäuse der neuen Republik entfalten. Allein in diesem international und staatlich gesicherten Rahmen wurden ihre Ergebnisse ermöglicht, die sodann, vice versa und gleichgewichtig, auch das junge Gemeinwesen stabilisierten. Erhards zweifache Botschaft mit ihrer Formel von der Sozialen Marktwirtschaft, die so sichtbar „ankam", und ihrer Parole von der Formierten Gesellschaft, die so arg verschwommen blieb, stand unter dem attraktiven Motto „Wohlstand für alle". Diese Maxime ließ sich selbstverständlich nicht auf das „Enrichissez-vous" des französischen Bürgerkönigtums reduzieren. Als sozialpolitischer Ordnungsentwurf besaß sie vielmehr eine sittliche Fundierung und zielte letztlich auf eine Gesellschaft vernünftiger Bürger in einem freien Staat, die aus Überzeugung und Einsicht mit den Notwendigkeiten der Zeit im Ausgleich lebten. Diese im Test der Praxis bewährte Botschaft Ludwig Erhards aber lebt als eine weit über Deutschland hinausreichende Möglichkeit industriegesellschaftlicher Entwicklung fort und weist ihren Repräsentanten als einen bedeutenden liberalen Politiker der modernen deutschen Geschichte aus.

# ERNST BLOCH
## 1885–1977

Von
Hanna Gekle

„Er ist ein Ketzer durch und durch, von uns aus gesehen, von Rom aus, von Washington und Moskau aus, von Ost- und Westberlin aus, von wo aus auch immer, Bloch ist ein Ketzer." – In diesen Worten faßte Martin Walser 1959 die Betroffenheit zusammen, die ihn bei der Lektüre des „Prinzips Hoffnung" erfaßt haben muß. Wesentliches ist damit getroffen, denn es zeigt einen merkwürdigen Zug dieses Philosophen, der in seinem Leben nicht nur viel gescholten, sondern vor allem im Alter auch viel gelobt und gepriesen wurde: Wenn er auch aktiv in die philosophische Diskussion eingriff und der politischen Auseinandersetzung nie in den Elfenbeinturm auswich, im persönlichen Umgang von außerordentlicher Liebenswürdigkeit und Offenheit war – er blieb ein Fremder. Mann und Werk – ob im Osten oder im Westen – ragten wie ein erratischer Block aus dem Mittelmaß hervor, ein Fels, auf den man in früheren Zeiten eine Kirche hätte bauen können, der aber nun als Zeuge und Mahnmal für eine bessere Welt auch als Person verkörperte, was ihm als theoretisches Problem vertraut war: Ungleichzeitigkeit. In einer wissenschaftlichen und verwalteten Welt scheute Bloch sich nicht, im Ton der Propheten oder eines Thomas Münzer zu sprechen und die Erinnerung daran wachzuhalten, daß Philosoph sein nicht nur eine Frage des Denkens, sondern auch eine Haltung des Lebens ist und nie ohne das auskommen kann, was für die Antike mit dem Begriff Weisheit verbunden war. Der eigentümliche Bloch-Ton, der alle seine Werke durchtönt, zeugt von einem Leben, das so mit dem Denken verschmolzen war, daß keines vom anderen abgelöst werden kann. Dieses Bekennerhafte war es nicht zuletzt, was dem Blochschen Werk viele Bewunderer und Verehrer einbrachte. Es dürfte aber auch dafür verantwortlich sein, daß Bloch aus der akademischen Philosophie immer noch herausfällt. Die Größe und Gewalt seiner Person fällt wie ein Schatten auf das Werk.

Wer war dieser Mann, der auf die Gegenwart bezogen wie selten ein Philosoph doch gleichzeitig so quer zu ihr steht? Zunächst einige biographische Daten: Am 8. Juli 1885 in Ludwigshafen am Rhein als Sohn eines jüdischen Eisenbahnbeamten geboren, ging er nach qualvollen Jugendjahren, die ihm Haus und Schule bereiteten, zum Studium der Philosophie zuerst nach München zu Theodor Lipps, später nach Würzburg zu Oswald Külpe. War Külpe auch nicht der Philosoph seiner Träume, einen Vorzug hatte er für den jungen

Bloch: Innerhalb des damals herrschenden Neukantianismus vertrat Külpe doch immerhin einen erkenntnistheoretischen Realismus. 1908, mit dreiundzwanzig Jahren und nach nur sechs Semestern Studium, promovierte Bloch mit einer Arbeit, die in nuce schon wesentliche Theoreme seiner späteren Philosophie enthält: „Kritische Erörterungen über Rickert und das Problem der modernen Erkenntnistheorie". Nach Aufenthalten in Berlin bei Georg Simmel sowie in Heidelberg im Kreis um Max Weber, immer begleitet von einer intensiven Jugendfreundschaft mit Georg Lukács, schrieb Bloch in junger Ehe mit Else von Stritzky sein erstes, von tiefer Frömmigkeit geprägtes Werk: „Geist der Utopie". Nach der ersten Emigration in die Schweiz, wohin der Pazifist Bloch sich während des Ersten Weltkriegs geflüchtet hatte, und dem Tod seiner Frau im Jahre 1921, den er lange nicht verschmerzen konnte, führte Bloch in den zwanziger Jahren ein relativ unstetes Reiseleben, während dessen jedoch Vorarbeiten und wichtige Essays für sein 1934 erschienenes Buch „Erbschaft dieser Zeit" entstanden. 1921 hatte er noch seine Monographie über Thomas Münzer beendet, ein Werk, das im Vergleich mit dem ausfahrend-expressionistischen Ton des „Geists der Utopie" trotz seiner mystisch-revolutionären Religiosität schon deutlich gemilderte und realitätsnähere Züge trägt. Und 1930 war bei Paul Cassirer in Berlin dasjenige Werk von Bloch erschienen, das wohl sein schönstes ist: die „Spuren", eine Sammlung von Geschichten mit philosophischer Bedeutung. Mit seiner dritten Frau Karola Piotrkowska, Architektin aus Polen und ebenfalls jüdischer Abstammung, ging Bloch in der zweiten Emigration schon 1933 über Zürich, Wien und Prag 1938 schließlich in die USA, zusammen mit dem noch in Prag geborenen Sohn Jan Robert. Elf Jahre Aufenthalt dort haben seine von Haus aus schlechten Englischkenntnisse kaum verbessern können. Im Land der ungeahnten Möglichkeiten kehrte Bloch der Wirklichkeit den Rücken und vergrub sich tief in die Bücher. Es waren Jahre von außerordentlicher Konzentration und Produktivität; nicht nur das mehr als eintausendsechshundert Seiten umfassende Hauptwerk „Das Prinzip Hoffnung" ist hier entstanden. Hier schrieb Bloch auch seine gewichtige Monographie über Hegel und entwickelte das Gerüst für mehrere seiner späteren Werke. 1949 wurde Bloch nach Deutschland, in die DDR, auf einen Lehrstuhl für Philosophie in Leipzig berufen. Voller Hoffnung auf einen sozialistischen Neuaufbau überwand Bloch ziemlich rasch seine Scheu, das ehemalige Nazi-Deutschland wieder zu betreten. Im Alter von vierundsechzig Jahren, nach einem Leben in der Unabhängigkeit und Ungesichertheit eines freien Schriftstellers wurde Bloch ein deutscher Ordinarius – es sollte nicht allzu lange dauern. Jahre wachsenden Einflusses und philosophischer Anerkennung folgten, Bloch wurde ordentliches Mitglied der Deutschen Akademie der Wissenschaften und übernahm die Leitung der Sektion Philosophie, sein siebzigster Geburtstag wurde zu einem privaten wie öffentlichen Triumph: Er erhielt den Nationalpreis der DDR sowie den Vaterländischen Verdienstorden. Ein Jahr lang konnte Bloch seinen Ruf als eine Art „Staatsphilosoph" der DDR halten, dann folgte ein jäher Sturz: Seit dem XX. Parteitag der KPdSU 1956 entstand, von Polen und Ungarn ausgehend, eine Bewegung der Entstalinisierung; in Ungarn kam es zu einer Erhebung gegen das Regime, die durch den Einmarsch sowjetischer Truppen gewaltsam unterdrückt wurde; Lukács wurde ins bewachte Exil nach Rumänien gebracht; kritische Stimmen erhoben sich auch in der DDR. Bloch stand nicht zurück: Anläßlich der Gedenkfeier zum 125. Todestag Hegels fand er scharfe Worte gegen alle „roten Oberlehrer" und eine „Schulmeisterei aus Sekte und vorwissenschaftlichem Katechismus". Er hatte Grund, kritisch zu sein: Chruschtschows Eröffnungen auf dem XX. Parteitag über Stalins Säuberungsaktionen, die Millionen Menschen das Leben gekostet hatten, und vor allem diejenigen über die Schauprozesse in den Jahren 1936 und 1938, in denen Stalin die letzten alten Revolutionäre, die noch aus der Zeit Lenins übrig geblieben waren, zur Selbstanklage und zum Eingeständnis angeblicher konterrevolutionärer Umtriebe gezwungen hatte, berührten bei ihm persönlich einen sehr empfindlichen Punkt. Nicht nur, daß er gelegentlich Stalin in seinen Werken gelobt hatte, er hatte die Moskauer Prozesse 1937 in der „Neuen Weltbühne" in mehreren Aufsätzen verteidigt – gegen die Stimmen derjenigen Emigranten, die besser informiert und zu Recht erschreckt waren über die Entwicklung in der UdSSR. Die Enthüllungen des XX. Parteitags trafen ihn wie ein Keulenschlag. Diesmal war Bloch weniger leichtgläubig. Das bedeutete, daß der Konflikt sich verschärfte. Kritische Schüler wie W. Harich wurden verfolgt und teilweise ins Gefängnis geworfen. Er selber wurde aller Ämter enthoben, der Aufbau-Verlag kam seinen Verpflichtungen, das Blochsche Werk zu drucken, nicht mehr nach. Statt dessen erschien 1957 eine völlig in den Schablonen des Dialektischen Materialismus gehaltene Abrechnung mit der Blochschen Philosophie unter dem Titel „Ernst Blochs Revision des Marxismus". Trotzdem blieb Bloch in der DDR, wo er in der Abgeschiedenheit der Studierstube durchaus arbeiten konnte – eine Situation, die ihm ja nicht unbekannt war. Erst 1961, beim Besuch der Wagner-Festspiele in Bayreuth vom Bau der Berliner Mauer überrascht, beschloß Bloch, nicht mehr in die DDR zurückzukehren; er mußte eine zunehmende Isolation befürchten, die ihn und sein Werk in Schweigen zu begraben drohte.

Mit sechsundsiebzig Jahren stand Bloch erneut im Ungewissen; der letzte Weg führte den Vielgereisten in die schwäbische Kleinstadt Tübingen. Bloch erhielt eine Gastprofessur auf Lebenszeit. Eine letzte Phase intensiver Tätigkeit begann: Bloch hielt Seminare und Vorlesungen, folgte zahlreichen Einladungen zu Vorträgen über philosophische und politische Themen, vervollständigte sein Gesamtwerk, das im Suhrkamp Verlag erschien, um gewichtige

Werke. Zahlreiche Ehrungen bezeugten sich mehrenden philosophischen Einfluß und wachsenden Ruhm. Nach Vollendung seines Werkes starb Bloch am 4. August 1977 im Alter von zweiundneunzig Jahren einen leisen, friedlichen Tod.

So wechselvoll die äußeren Umstände dieses Lebens sich auch gestalteten – in seiner Philosophie wahrte Bloch ungewöhnliche Kontinuität. Auch der gewaltige Sprung von seiner idealistischen Position im „Geist der Utopie" zum späteren Materialismus und Marxismus konnte diese Kontinuität nicht zerreißen. Sie zeigt sich schon literarisch an jedem Auftakt seiner Werke, die meist mit den Worten beginnen: „Ich bin, aber ich habe mich nicht. Darum werden wir erst." – Es sind dies geheimnisvolle Worte, deren Dichte sie zwar einprägsam, aber nicht leichter verständlich macht. Philosophisch hat Bloch dies in seiner Kategorie vom „Dunkel des gelebten Augenblicks" auszudrükken versucht. Damit ist der innerste Kern dieser Philosophie getroffen, der sich gerade deshalb unverändert über die Zeiten gerettet hat; er bildet den Indifferenzpunkt, aus dem sich alles weitere entfaltet. In dieser Kategorie begegnet nicht nur eine subjektiv-existentielle Aussage über den Menschen zugleich einer ontologisch-metaphysischen; im Wechselspiel verweist die eine auf die andere und aus beiden zugleich entfaltet sich die in eine umwölbende Tiefe gebaute Ordnung von Blochs offenem System. – Wenn im folgenden beide Momente, das existentielle und das metaphysische, getrennt werden, so geschieht das nicht nur aus dem Wunsch nach Präzision, sondern auch in der Annahme, daß das existentielle Moment Bestand haben kann ohne seine metaphysische Erweiterung.

Was bedeutet nun „Dunkel des gelebten Augenblicks" als eine existentielle Erfahrung? Schon der Terminus Dunkel schwankt in eigentümlicher Zweideutigkeit: Dem Philosophen mag sich der Gedanke an einen besonderen Zustand des Bewußtseins aufdrängen, in seiner alltäglichen Bedeutung jedoch verbinden sich mit diesem Wort Vorstellungen von Verlassenheit, Angst und Bedrohung. Und in der Tat hat Bloch sich diese Zweideutigkeit geschickt zunutze gemacht, indem sie ihm erlaubte, den ‚materialen' Mangel des menschlichen Lebens mit dem ‚idealen' des Bewußtseins im gleichen Begriff zu verbinden. – Alles Leben erfährt sich zunächst als kontingent: es ist. Mit den Existentialisten teilt Bloch die Grundannahme, daß die Existenz jeder möglichen Essenz vorhergeht. Für den Menschen bedeutet das die bedrohliche Erfahrung zu leben, ohne zu wissen, woher, wohin und wozu. Sicher ist nur die krude Existenz – und dies ist für den Menschen zu wenig. Daher die Fragen, daher die Angst und die Sehnsucht nach Antwort. Beides, die Fragen wie das Bedürfnis nach einer Antwort, entsteht in voller Schärfe erst dann, wenn die verabredeten Lösungen der Tradition in Scherben gegangen sind, jede Hoffnung auf notdürftiges Kitten zersprungen ist, aber dennoch die alten

Fragen weder aufgegeben noch wesentlich verändert werden können. Kurz: Voraussetzung ist das Ende der Religion als verbindlicher Welterklärung wie philosophisch das Ende der traditionellen Metaphysik. Erst das „Zeitalter der Gottferne" (Geist der Utopie, Gesamtausgabe, Bd. 3, 221) erlaubt und erzwingt den Rückgriff auf die blanke Existenz. Mit der Gotteskindschaft legt der Mensch zugleich das beruhigende Wissen um seine Herkunft, Zukunft wie um sein Wesen insgesamt ab; zurück bleibt ein vereinsamtes und ungesichertes Geschöpf. Davon geht Bloch seit dem biographischen Beginn seines Philosophierens im „Geist der Utopie" wie auch erneut an jedem systematischen Auftakt seiner späteren Werke aus.

Die Rede vom „Dunkel des gelebten Augenblicks" meint jedoch auch einen besonderen Zustand des Bewußtseins: Statt der seit Descartes vom Philosophen so begehrten Klarheit und Deutlichkeit desselben, bildet hier das radikale Gegenteil den Ausgangspunkt der Philosophie: „Wie die Netzhaut an der Stelle, wo der Sehnerv in sie eintritt, zur Lichtwahrnehmung unfähig ist, den blinden Fleck hat, so liegen das erlebende Subjekt und das von ihm Erlebte während des Erlebens selber in Nacht" (Philosophische Aufsätze, Gesamtausgabe, Bd. 10, 82). Als subjektive Erfahrung wird damit die grundlegende menschliche Unfähigkeit umschrieben, sich selber in der Unmittelbarkeit seines Lebens wirklich inne zu werden; wir bleiben uns selber Fremde, weil Leben und Erleben, Sein und Bewußtsein immer auseinanderfallen. Die unmittelbarste und lebendigste Intensität des Lebens trägt als Wunde die unaufhebbare Eigenschaft des Unbewußten in sich. Die Erkenntnis fordert als Preis die Distanz vom Leben. Unmittelbarkeit des intensivsten Lebens und Dunkel des gelebten Augenblicks sowie Erkenntnis und Distanz gehören jeweils zusammen. Absolutes Gegenwärtigsein kann daher nirgends gelingen. Über der Gegenwart, dem Augenblick, liegen die Schleier eines unaufhebbaren Dunkels; wenn sie sich heben, ist die absolute Gegenwart des Augenblicks verschwunden und Vergangenheit geworden. Vergebens versuchen wir, den flüchtigen Augenblick zur absoluten Gegenwärtigkeit zu machen. Er entgleitet uns jedesmal, und was wir in der Hand halten, sind die leeren Hülsen des Vorbei. – Da wir uns im Augenblick nicht gewärtig wurden, kann die Identität, die uns die Gegenwart vorenthalten hat, auch nicht in der Vergangenheit liegen. Denn wie sollte das, was noch niemals war, sich nun plötzlich im Gewesenen finden können? Nur in der Zukunft kann der Ort möglicher Erfüllung liegen. Wohl bietet die Vergangenheit, die als fertig gewordene hinter uns liegt, dem erkennenden Auge die nötige Distanz und Überschaubarkeit, aber als Raum für ein gelungenes menschliches Leben ist sie endgültig verloren. Wir können uns vom Vergangenen abkehren, doch niemals der Zukunft entziehen, denn alles Leben, mag es wollen oder nicht, unterliegt dem Zwang der Zeit, die aus der Gegenwart in die Zukunft führt – und am

Ende nur Vergangenes zurückläßt. Ist die Gegenwart durch ihr Ungenügen und die Vergangenheit durch unwiederbringlichen Verlust gekennzeichnet, so ist dagegen die Zukunft der Ort der Entscheidung und des möglichen Glücks. Das sind die Gründe, warum Bloch den Vorrang der Zukunft vor allen anderen Zeiten behauptet. Den verschiedenen Zeitbezügen teilt er unterschiedliche Formen des Bewußtseins zu, die sich nach dem Grad ihrer möglichen Klarheit und Deutlichkeit einordnen lassen: Die kontemplative Betrachtung der Vergangenheit kann das Gewesene – je älter, desto besser – zureichend erkennen. In absoluter Dunkelheit dagegen liegt die Unmittelbarkeit des Augenblicks, eine Dunkelheit, die sich teilweise in die Zukunft fortsetzt, aber in praktisch-aktiver Auseinandersetzung mit der Wirklichkeit und Erkenntnis der objektiv-realen Möglichkeiten relativ gelüftet werden kann. In der von Bloch am Ende des Prozesses intendierten Subjekt-Objekt-Identität würden jedoch die bisherigen relativen historischen Wahrheiten in die Absolutheit einer jähen und vollkommenen Erhellung einschlagen; die Unerfülltheit und zugleich Unerkennbarkeit des Augenblicks fände doppelte Aufhebung in Klarheit und Glück.

Soweit die Bedeutung des Dunkels des gelebten Augenblicks als Aussage über den Menschen. Zum metaphysischen Kern der Blochschen Philosophie wird diese Kategorie endgültig erst durch die entscheidende Wende ins Objektive. Dunkelheit bezeichnet danach nicht nur das Stigma der menschlichen Existenz; diese doch zunächst rein menschliche Erfahrung soll „abbildlich" (Das Prinzip Hoffnung, Gesamtausgabe, Bd. 5, 341) sein für das Objekt. Im Dunkel des gelebten Augenblicks sind beide in einer Art archaischer Subjekt-Objekt-Identität geeint; daher seine Schlüsselrolle. Denn der gemeinsame Indifferenzpunkt am Beginn bietet Bloch die logische Voraussetzung für die absolute Subjekt-Objekt-Identität, die am Ende des Geschichtsprozesses möglich sein soll. Aus dem Mangel hätte sich über Formen konkreter Antizipation im Subjekt und der Verwirklichung realer Möglichkeiten im Objekt in immer erneuerten und verbesserten Versuchen das wahrhaft Intendierte herausprozessiert – ganz analog dem Hegelschen Schema, das vom Ansichsein über das Fürsichsein in der Einheit des An- und Fürsichseins sein Ziel findet.

In der Gegenwart jedoch zeugen beide, Subjekt wie Objekt, vom Mangel des Seins; Mangel aber gebiert Unzufriedenheit und zwingt den Menschen zu Veränderung, die Natur zu Bewegung: Die Sehnsucht ist in den Augen Blochs nicht nur die ehrlichste aller menschlichen Eigenschaften, sie ist ebenso eine Eigenschaft der Materie – Veränderung, Prozeß ist – theologisch gesprochen – ein Ausdruck für die Sündhaftigkeit des Daseins; sie beweisen Bloch, daß die Dinge nicht so sind, wie sie sein sollten. Dieses zugleich Unerkennbare und Ungewordene in den Dingen belegt Bloch mit dem Kantischen Ausdruck eines „Dings an sich" (Philosophische Aufsätze, Gesamtausgabe, Bd. 10, 133).

In utopisch-realistischer Wendung, die Kant selber wohl schwerlich geteilt hätte, schickt Bloch dieses Ding an sich in den verändernden Prozeß der Geschichte, in der Hoffnung, es werde schließlich mit seinem wahren Wesen auch Erkennbarkeit erlangen. Damit könnte jedoch zugleich auch der Mensch seine Identität im Anderen und durch das Andere erkennen: Jegliche Fremdheit von Subjekt und Objekt wäre aufgehoben; kein unvermittelter Rest bliebe. Mensch und Welt hätten ihr Ziel erreicht; die Lust hätte Ewigkeit, der flüchtige Augenblick absolute Dauer.

Es ist der alte Traum vom irdischen Paradies, der hier wieder auftaucht – teils keusch in die Begriffe der Hegelschen Dialektik gehüllt, teils streng mit dem Anspruch auf logische Begründbarkeit durch einen veränderten Begriff von Materie. Was jedoch als Materie traditionell der Sphäre der Endlichkeit unaufhebbar zugehört hatte, erweitert sich für Bloch zum sinnlichen Glanz des Unendlichen. Gott erscheint in der Gestalt des Summum Bonum; statt eines religiösen Übersteigens in das Reich des Transzendenten zielt die Bewegung nicht nach oben, sondern weltfromm nach innen in die mystische Erhellung des Augenblicks; „Transzendieren ohne Transzendenz" oder „Transzendieren in die innerste Immanenz" (Das Prinzip Hoffnung, Gesamtausgabe, Bd. 5, 248, 341) sind Blochs Formeln dafür.

Soweit die Gesamtkonstruktion. Ausgehend von einer existentiellen Erfahrung weitet sich das Dunkel des gelebten Augenblicks in die Dinge und erstrebt mit dem Menschen gemeinsam das gleiche Ziel, das sie in der Blochschen Fassung des Geschichtsprozesses entweder völlig erreichen oder aber völlig verpassen werden: Alles oder Nichts, Heimat oder Vernichtung ist das Ende des Prozesses. Wie immer man diese in sich logische Konstruktion interpretieren mag, ob als eine ins Realistische gewendete „Phänomenologie des Geistes" oder ob – ihrer anstößigen materiellen Realität entledigt – als regulative Idee, die den in der Gegenwart bereits erreichten Zielen als orientierender Leitstern blinkt – eines ist gewiß: auch wenn menschliche Erfahrung und gesellschaftliche Praxis wichtige Kategorien für Bloch sind, diese Konstruktion reicht über eine übliche marxistische Interpretation bei weitem hinaus; sie umfaßt vielmehr den ganzen Umfang dessen, was in der Vergangenheit Gegenstand der Metaphysik war. Dieser Erweiterung war sich Bloch wohl bewußt. In kühner Lesart entdeckte er in der berühmten 11. Feuerbachthese, nach der die Philosophen die Welt nur verschieden interpretiert hätten, es aber darauf ankomme, sie zu verändern, ein Verdammungsurteil von Marx nur für die bisherige kontemplative Metaphysik der philosophischen Tradition, nicht aber für Metaphysik überhaupt. Ja, nicht nur seit Marx, sondern gerade durch Marx soll eine wirkliche, nicht-statische Metaphysik erst möglich geworden sein.

Von dieser Berufung auf Marx einmal abgesehen, ließe sich vieles gegen diese Konstruktion einwenden: Es sind zwei Stränge im Blochschen Denken, die sich nicht ganz miteinander vermitteln lassen: Da ist einmal sein feinsinniges Gespür für subjektive Erfahrung, sein Denken in den Kategorien der objektiv-realen Möglichkeiten, der gesellschaftlichen Praxis und ihrer konkreten Tendenzen, ein utopisches Überschreiten, das sich immer an den realen Gegebenheiten orientieren und nicht in die Wolken bauen will. Von hier aus läßt sich eine kritische Analyse der Gegenwart leisten, es lassen sich bessere Möglichkeiten angeben und realisieren, schlechtere vereiteln, aber es ist keine absolute Sicherheit zu gewinnen, keine Gewißheit des Alles oder Nichts, keine letztgültige Lösung. Daneben gibt es Blochs Anspruch auf absolute Erfüllung, das Überschreiten der historischen Sphäre der gesellschaftlichen Praxis bis in die Kosmologie, die Theorie einer sich stetig entfaltenden Materie als Schoß ungeahnter Möglichkeiten, deren Latenz sich erst dann zugleich aufgeschlossen wie erschöpft haben wird, wenn Mensch und Welt ans Ziel gekommen sind. Statt des Kantischen Progressus ad infinitum und einem nie einholbaren Sollen beharrt Bloch auf einer materialistischen Subjekt-Objekt-Identität und absoluter Erfüllung. Die marxistische Theorie, seit ihrem Gründer auf Analyse der gesellschaftlichen Praxis eingeschränkt, erobert sich hier die Räume der klassischen Metaphysik zurück, sieht in allem ein utopisches Transzendieren und absorbiert jeden historischen Gehalt, nichts scheint ihr unverdaulich.

Der metaphysische Spannungsbogen vom Dunkel des gelebten Augenblicks bis zum Summum Bonum hat jedoch jenseits der Probleme, die er mit sich bringt, eine Menge Gutes zutage gefördert. Auch wenn eine einfache Korrelation vom denkenden Überschreiten des Noch-Nicht-Bewußten auf das materielle Noch-Nicht-Sein streng genommen unhaltbar ist, so hat sie doch Bloch den Blick für die Möglichkeiten der Natur und für ein neues, qualitatives Naturverständnis eröffnet, lange bevor ökologische Probleme in der politischen Tagesdiskussion aufgetaucht sind. Die Großzügigkeit des Entwurfs hat ihm einen freien, ungetrübten Blick auf Vergangenheit und Gegenwart erlaubt. Das methodisch Ungeschützte seines Vorgehens ließ ihn zu intuitiven Kenntnissen und Einsichten gelangen, die strengeren Denkern entweder gänzlich unzugänglich oder aber nicht umsetzbar wären – man denke nur etwa an seine scharfsichtigen Beschreibungen von verqueren utopischen Sehnsüchten, die unser gesellschaftlicher Alltag überall bietet und auszuschlachten weiß. Bloch wußte sehr wohl um dieses Problematische, Ungedeckte, ja sogar Widersprüchliche in seiner Philosophie; wenn er die Wahl habe zwischen zwei Dingen, so erklärte er gerne und vergnügt, mache er es wie die Kinder und nehme beide. Die Aussicht, etwas Neues zu entdecken, indem er die üblichen Wege der Wissenschaft verließ, war ihm so reizvoll, daß er die Gefahr des Irrtums gerne auf sich nahm.

Der Reichtum, den dieses teils wild-analogisierende, teils dialektisch-disziplinierte Denken im Verlauf einer lebenslangen Anstrengung gewinnen konnte, soll im folgenden anhand einer kurzen Darstellung der wichtigsten Werke von Bloch aufgewiesen werden.

Es begann mit dem Donnerton des „Geists der Utopie", beendet 1917, wegen des Ersten Weltkriegs jedoch erst 1918 erschienen. In seiner Erbitterung über das moralische Desaster des Krieges sowie seiner ungeduldigen Erwartung einer Revolution in Deutschland hält Bloch in diesem Buch der Wirklichkeit ein apodiktisch gefordertes Reich des „Geists der Utopie" entgegen. Expressionistisch nicht nur der Sprachstil, sondern auch das Denken, das Karl Marx, den Tod und die Apokalypse zusammenbiegen kann, formuliert dieses Werk jedoch schon wesentliche Themen, die später häufig wiederkehren sollten. Das Dunkel des gelebten Augenblicks findet hier seine erste Fassung in der „Gestalt der unkonstruierbaren Frage" und streift dabei ein außerordentliches Problem: Bloch ruft die Erinnerung daran wach, daß alles Fragen, zumal ein mit wissenschaftlicher Methodik bewaffnetes, damit immer schon seinen Gegenstand strukturiert und eingrenzt. Unaufhebbar das Problem als solches, plädiert Bloch jedoch für die Treue zu einem Wissen von den nicht leichtfertig auszuschließenden ungeahnten Möglichkeiten, die in den bewußt leer gehaltenen Raum der unkonstruierbaren Frage sollen eintreten können. Weiter findet sich schon die für Bloch so zentrale Frage der Vermittlung: Zwar geht es um „Selbstbegegnung", ja um diese allein, aber gerade sie ist nicht möglich ohne Welterfahrung; wahre Selbstfindung setzt den Selbstverlust im Nicht-Ich voraus, daher sucht Bloch schon im „Geist der Utopie" nach den „Weltwege(n), vermittelst derer das Inwendige auswendig und das Auswendige wie das Inwendige werden kann" (Geist der Utopie, Gesamtausgabe, Bd. 3, 289).

Mit den „Spuren" fügt Bloch sich in die Reihe der großen Geschichtenerzähler ein. Diese Geschichten geben nicht leicht preis, ob sie sich an der Tradition jüdischer Überlieferung erworbener Lebensweisheit oder an Johann Peter Hebels „Schatzkästlein" orientieren oder aber schon als Stück einer Theorie verstanden werden müssen, die sich scheinbar einer ungehemmten Lust zum Fabulieren überläßt, in Wirklichkeit jedoch schnurstracks ins Zentrum dieser Philosophie führt.

Die „Spuren" jedenfalls haben Blochs Ruhm als Schriftsteller und Geschichtenerzähler begründet, und dies mit Recht. Auch wenn sie von seiner Philosophie nicht ablösbar sind, haben diese Geschichten, deren Titel schon die zwischen dem Gedanken an Winnetou und Sherlock Holmes unentscheidbar schwankenden Assoziationen für die eigene Sache zu nutzen weiß, selber ein eigentümlich Vermehrendes. Jenseits der philosophischen Konstruktion sind sie immer noch von solch gerundeter sinnlicher Ganzheit, daß sie einer Reduktion auf den intellektuellen Gehalt erfolgreich widerstehen können. So beweisen sie, was Bloch in seinem systematischen Alterswerk „Experimentum Mundi" in den scholastischen Termini von Quidditas und Quodditas kategorial auszudrücken versucht: Das Daß des Lebens drückt sich aus in gewissen, faßbaren Gestalten, es selber aber bleibt unergründbar, nicht ausmachbar.

Streng der historischen Gegenwart zugewandt folgt „Erbschaft dieser Zeit". Dieses Buch dokumentiert Blochs Veränderung seit dem „Geist der Utopie": An die Stelle unbeugbarer Forderung und strenger Postulate tritt die begriffliche Vermittlung und Erklärung; der immer noch unverkennbare Bloch-Ton wird leiser, das Raffinement der Zwischentöne entsteht. Inhaltlich gesehen ist „Erbschaft dieser Zeit" eines der wichtigsten Bücher Blochs. In den Jahren 1924 bis 1934 entstanden, enthält es eine erste und lange Zeit ohne ernstzunehmende Nachfolger gebliebene Theorie des Faschismus. Offen in seiner Gegnerschaft gegen die Theoretiker einer konservativen Revolution wie C. G. Jung, Oswald Spengler und Ludwig Klages kämpft das Buch an zweiter Front gegen alle Formen eines orthodoxen Marxismus, der im Faschismus lediglich eine besondere Form ökonomischer Ausbeutung sah und dessen unleugbare Massenbasis nur als ideologische Verblendung interpretierte. Die Mittel und Wege, deren sich die faschistische Propaganda in ihrer Verführungskunst bediente, blieben völlig außer acht. Diese Leerstelle zu besetzen ist das dringende Anliegen von „Erbschaft dieser Zeit"; das Kernstück dieses Buches liegt im Kapitel „Ungleichzeitigkeit und Pflicht zu ihrer Dialektik". Nach Blochs Überlegungen gehört es zu den zentralen Irrtümern marxistischer Theorie, die Gegenwart auf den historisch zentralen Widerspruch der gesellschaftlichen Auseinandersetzung zu reduzieren. Daneben existiert eine Vielzahl an ungleichzeitigen Widersprüchen, die sich keineswegs nur einem rückständigen Bewußtsein verdanken, sondern echte unüberwundene Reste aus der Vergangenheit darstellen. Die Gegenwart, zerrissen im gleichzeitigen Widerspruch von Lohnarbeit und Kapital, gezeichnet von der „Vermissung" (Erbschaft dieser Zeit, Gesamtausgabe, Bd. 4, 121) alles wahrhaft Menschlichen, treibt die zukunftslosen ungleichzeitigen Schichten des Mittelstands und der Bauern vollends zurück auf ihre alten Denkfiguren und Mythen der Welterklärung. In ihrer „windschiefe(n) Andersheit" (ebd., 118) stehen sie der Gegenwart feindselig gegenüber. Dieser Unbehaustheit hat der Faschismus eine neue Heimat versprochen; es ist ihm gelungen, ihren archaischen Protest gegen die so feinfühlig wie bewußtlos erfahrene Wirrnis der Zeiten in seine Bahnen zu lenken. Gegen das Denkverbot marxistischer Doktrin sah Bloch in diesen Formen vorkapitalistischen Bewußtseins utopische Momente, die auch im Sozialismus als ernstzunehmende Probleme weiterbestünden. Gerade diese utopisch-revolutionären Momente, so seine These, haben die Nationalsozialisten in lügnerischer Verdrehung für sich zu nutzen gewußt.

Leicht konnten sie den Platz besetzen, der von der Linken preisgegeben worden war.

So kühn dieser Ansatz damals gewesen ist, von heute aus stellen sich gewichtige Fragen: Da ist einmal eine formale Konstruktion der gesellschaftlichen Widersprüche, die einer Magie der logischen Notwendigkeit huldigt: Widersprüche müssen sich aufheben. Zugleich wird die Gegenwart als radikale Negation alles Wesentlichen und damit als Entscheidung heischende Situation konstruiert. Letztlich siegt doch die Logik vor der Analyse der gesellschaftlichen Entwicklung. Zweitens muß es schwerfallen, in den Anhängern des Nationalsozialismus nur Verführte zu sehen, deren verquer-utopische Wünsche durch Verschüttung ihres ehemaligen revolutionären Inhalts sie zu Opfern von raffinierten Betrügern machte. Hier scheint Bloch am Ende selber – gegen seine erklärte Intention – einem aufklärerischen Humanismus aufzusitzen, dessen Vernünftigkeit vor allen Abgründen des Irrationalismus zurückschreckt. Zwar nennt Bloch den Faschismus auch „einen Appell an den inneren Schweinehund im Menschen" (Erbschaft dieser Zeit, Gesamtausgabe, Bd. 4, 112), aber es fehlt – nicht nur in „Erbschaft dieser Zeit", sondern in seiner Philosophie insgesamt – eine kategoriale Reflexion auf die Möglichkeiten sozialer und psychischer Regression, die alte Haßbilder wiederbeleben können. So konstitutiv das menschliche Hoffen mit seinem Wunsch nach Besserem für diese Philosophie ist, so wenig Bedeutung haben alle Formen menschlicher Aggression. Selbst in seiner Ontologie, wo das Böse in der religiös-dämonischen Kategorie des „Widersacherischen" (Das Experimentum Mundi, Gesamtausgabe, Bd. 15, 230 ff.) auftaucht, garantiert die „Invariante der Richtung" den Vorrang des Guten vor dem Bösen.

Teils Berichtigung, teils Bewährung finden die früheren Versuche Blochs in seinem umfangreichen Hauptwerk „Das Prinzip Hoffnung". Hier hat Bloch endgültig seine philosophische Position erreicht und ausgearbeitet; alle späteren Werke sind weitere Entfaltungen seines Denkens, stellen das Erreichte jedoch nicht mehr in Frage. Das Buch nimmt sich die Träume der Menschheit von einem besseren Leben zum Gegenstand. Es beginnt mit den staunenden Kinderfragen der Philosophie: „Wer sind wir? Wo kommen wir her? Wohin gehen wir? Was erwarten wir? Was erwartet uns?" Nichts Geringeres als Antwort auf solch ungeheuerliches Fragen verspricht dieses Buch. Um das Versprechen einlösen zu können, muß sich die Hoffnung allerdings aus einem alltäglichen Gemütszustand in ein philosophisches Prinzip verwandeln. Auch der Skeptiker, der sich scheut, der Hoffnung die Kraft nicht nur zur erklärenden, sondern gar bewirkenden Grundlegung des Weltprozesses zuzutrauen, wird diesem Buch als wahrhaft umfassender Phänomenologie des Wunsches seine Achtung nicht versagen können. Es ist eine Enzyklopädie der menschlichen Tagträume sowohl in chronologisch-linearer wie in systematisch-struktureller Anordnung. Blochs Kunst besteht dabei nicht so sehr in der detaillierten Einzelanalyse, sondern in der Durchführung seines gewaltigen Themas durch alle Sphären der Wirklichkeit.

Dementsprechend ist der hierarchische Aufbau des Werkes. Es beginnt mit einem schlichten „Bericht" über die ungeregelten Tagträume des Alltags und seine typischen Nöte. Ihm folgt die „Grundlegung". Zugleich Blochs ausgeführteste Theorie des Menschen, endet sie mit dem Begriff des philosophischen Tagtraums. Sein Ziel ist die „Entdeckung und unverwechselbare Notierung des Noch-Nicht-Bewußten" (Das Prinzip Hoffnung, Gesamtausgabe, Bd. 5, 10). Heidegger und Freud stehen als riesige Kontrahenten hinter diesem Teil: Heidegger, weil er die Angst statt der Hoffnung zum wesentlichen Existential macht; Freud, weil er das Bewußtsein durch die Entdeckung des Unbewußten kritisiert und damit die Macht der Vergangenheit betont. – Es folgen die „Wunschbilder im Spiegel". Gemeint sind damit die gegängelten Wunschbilder des bürgerlichen Alltags mit seiner Warenwelt, die jeden Wunsch schon im Entstehen durch wohlfeil-normierte Befriedigung dem Bestehenden eingemeindet. Der vierte Teil gewinnt wieder die Höhe der üblichen philosophischen Reflexion. Seine „Konstruktion" zielt auf die „Grundrisse einer besseren Welt", die in den verschiedenen Sphären des menschlichen Wissens im Laufe der Menschheitsgeschichte schon erdacht wurden. Die bunten Farben einer freien Phantasie, die den Alltag beleuchten, sind hier dem strengen Grau intellektueller Entwürfe gewichen. Größere Vermittlung mit der Wirklichkeit, wissenschaftlicher Anspruch sind die Güter, die sie dafür eintauschen. Der Wunsch malt sich das Seine nicht mehr vor, er denkt. Mit der Abstraktion verbindet sich der Anspruch auf Allgemeinheit: Über das eigene Wohl hinaus wird nun das Glück der gesamten Menschheit erstrebt. Breit fächert Bloch das Angebot dieser Utopien auf. Und immer stellt er sie vor, indem er behutsam ihre historische Bedingtheit von ihren weiterdeutenden Gehalten zu trennen sucht. Sie beginnen mit den ärztlichen Utopien, die auf Erhaltung körperlicher Unversehrtheit zielen, und gehen weiter zu den bekannten Sozialutopien. Bloch rekonstruiert diese Geschichte des Wunsches nach einem harmonischen und gerechten gesellschaftlichen Zusammenleben seit der Zeit der sieben Weisen bis zu Marx. Mit Marx ist für Bloch die Wende bezeichnet, die das Programm der hergebrachten Utopien auf eine neue Basis stellt: An die Stelle der Utopie tritt die kritische Gesellschaftsanalyse. – Weiter geht es mit der Tradition des Naturrechts. Dessen Inhalt ist der „Traum der Würde" mit dem stolzen Ideal des aufrechten Gangs eines allen Menschen von Natur aus geschenkten Adels. Und schließlich folgt die Kunst als „Wunschlandschaft der Schönheit". Wie keine andere Form utopischen Überschreitens bewahrt sie den menschlichen Anspruch auf Glück, gestaltet sie aus den Trümmern der Wirklichkeit eine vollendete Gestalt. Künstlerische Gestaltungen überschreiten das Gegebene am eindrücklichsten und überzeugendsten. Jenseits kleinlicher Fragen nach der empirischen Wahrheit, stellen sie für Bloch im sinnlichen Schein die Wirklichkeit in ihrem möglichen wesentlichen Gehalt dar.

Der letzte und fünfte Teil des „Prinzip Hoffnung" bezieht sich durchgehend auf die utopische Subjekt-Objekt-Identität. Er handelt daher vom „Problem des Wünschenswerten schlechthin oder des höchsten Guts" (Das Prinzip Hoffnung, Gesamtausgabe, Bd. 5, 16). In Blochs objektiver Wende bezieht es sich auf nichts Geringeres als auf die Möglichkeit einer realen Vollkommenheit. Vorläufig jedoch kann diese nur in starken subjektiven Erfahrungen aufleuchten. „Wunschbilder des erfüllten Augenblicks" sind es, aus denen Bloch solche Verheißung vernimmt. Sie können ihm daher zur Grundlage seiner Metaphysik werden. Vor allem hier ist es, wo Bloch sich als Ketzer beweist: Revolutionär und Bewahrer der Tradition, Materialist ohne den Absolutheitsanspruch der Moral aufgeben zu wollen, ja nicht einmal die Hoffnung auf eine Utopie des Todes; Marxist und Metaphysiker, weltfromm und gläubig, aber in radikaler Diesseitigkeit, Stifter einer zweiten Religion des Exodus, die nicht nur aus Ägypten, sondern schließlich aus der Gottesvorstellung selber auszieht. Wenn Heimat für Bloch etwas ist, was es erst in der Zukunft geben kann, so gilt das für Mann und Werk insgesamt: In unserer mehr aufgeteilten als geordneten Welt scheint nur schwer ein Ort denkbar, der diesem zugleich weitgespannten wie jäh einschlagenden Denken ein sicherer Hafen sein könnte. Wenn wohlmeinende Interpreten ihm den jeweils für richtig gehaltenen Platz anbieten, verkennen sie die wesentliche Figur dieses Denkens: Nicht den Lösungen, dem Fragen und der Bewegung des Überschreitens will es die Treue halten; nur im Transzendieren kann sich eine lebendige Treue erfüllen, die nicht im Dogmatismus versteinert. Oder – um es mit einer Kapitelüberschrift aus dem „Prinzip Hoffnung" auszudrücken: Odysseus starb nicht in Ithaka, er fuhr zur unbewohnten Welt.

# FEODOR LYNEN
## 1911 – 1979

Von
Manfred Eigen und Ernst Helmreich

Für seine Familie und seine Freunde war er der Fitzi. Bei Abendgesellschaften mit ihm – sei es privat oder bei Tagungen – mußte man sich darauf einstellen, daß es eine lange Nacht würde. Dennoch war er selber stets früh auf den Beinen. Suchte man ihn in seinem Institut im Herzen Münchens auf, um mit ihm zu diskutieren, so fand man sich bald in einem nahe gelegenen Gasthaus bei Weißwürsten und einer Maß Bier wieder.

In Lehrbüchern der Biochemie werden vor allem Feodor Lynens Beiträge zur Erforschung des Fett- und Cholesterinstoffwechsels und die Bedeutung seiner Arbeiten für Medizin und Biologie gewürdigt. Ihm wird die Aufklärung der chemischen Natur der „aktivierten" Essigsäure als eines energiereichen Fettsäurethioesters des von Fritz Lipmann entdeckten Coenzyms A zugeschrieben. Seine Entdeckung eines neuen Aktivierungstyps hat den Weg zu anderen Verbindungen des Stoffwechsels mit hohem Gruppenübertragungspotential freigelegt, der durch die Monopolstellung der energiereichen Phosphate im Bewußtsein der Biochemiker zunächst blockiert war. Schließlich hat Lynen die Rolle des Vitamins Biotin als Wirkgruppe carboxylierender Enzyme aufgeklärt. 1964 erhielt er für seine bahnbrechenden Arbeiten den Nobelpreis für Medizin.

Versucht man, das Werk dieses großen Forschers in seiner Bedeutung für die Biologie unserer Zeit zu analysieren, so stößt man sehr bald auf die Grundpfeiler der Biochemie, eines zu Beginn von Lynens Karriere noch jungen Faches. In jener Zeit begann auch die Molekularbiologie ins Rampenlicht zu treten. Sie ging aus einer Liaison zwischen Physik, Chemie und Biologie hervor und nimmt in der zweiten Hälfte dieses Jahrhunderts einen Rang ein, der dem der Atomphysik in der ersten Jahrhunderthälfte entspricht. Erst spät wurde die Biochemie als legitimer Sprößling der Chemie anerkannt. Einer, der entscheidend half, diese Anerkennung durchzusetzen, war Feodor Lynen.

Feodor Felix Konrad Lynen wurde am 6. April 1911 als siebtes Kind des Geheimen Regierungsrates und ordentlichen Professors für Maschinenbau an der Technischen Hochschule (der jetzigen Technischen Universität) Dr. phil. nat. Karl Wilhelm Richard Lynen und seiner Frau Ida Frieda geb. Prym in München geboren. Die Lynens waren in der Folge vieler Generationen Messing-, Nadel- und Knopffabrikanten und lebten seit Anfang des 17. Jahrhunderts ebenso wie die Pryms in Stolberg im Rheinland. Der Ururgroßvater

August Louis Gerdret, der einer Pariser Tuchfabrikantenfamilie entstammte, hatte bereits eine Prym zur Frau mit dem Namen Helena Polyxena Cornelia Feodorowna. Diese Ahnfrau scheint der Anlaß gewesen zu sein, dem Lynen den Namen Feodor verdankt – ein Name, der zu manchen falschen Spekulationen über seine Herkunft aus östlichen Landen führte.

Im Winter 1933/34 verletzte sich der Student der Chemie, der ein hervorragender Skifahrer war, bei einem Skirennen schwer am linken Knie. Dieser Unfall verlangte eine Operation und führte schließlich zu einer Versteifung des Beines – ein Umstand, der ihm jede Dienstleistung in Frieden und Krieg im Nazi-Deutschland ersparte.

Durch Theodor Wieland, der sich später selbst einen Namen als Naturstoffchemiker machen sollte, lernte er dessen Schwester Eva, die Tochter des Nobelpreisträgers für Chemie (1931) und Direktors der chemischen Institute der Universität München, Heinrich Wieland, kennen, die er 1937 heiratete. Nach Abschluß seiner Doktorarbeit gab ihm Heinrich Wieland die Möglichkeit, entweder eine Assistentenstelle anzutreten oder ein Stipendium der Deutschen Forschungsgemeinschaft anzunehmen, das ihm erlauben würde, ausschließlich Forschung zu betreiben. Feodor Lynen entschied sich für das Stipendium – eine Entscheidung, die den Weg in die Biochemie bestimmte, die schon in Heinrich Wielands Lebenswerk einen bedeutenden Platz einnahm. Dieser Beginn in Heinrich Wielands Laboratorium schuf die Voraussetzungen für seinen ersten großen Erfolg, die Aufklärung der chemischen Struktur der „aktivierten" Essigsäure, 1951.

Fritz Lipmann entdeckte 1948 das Coenzym A und erhielt 1953 den Nobelpreis in Anerkennung dieser Entdeckung. 1951 fanden Earl Stadtman, Dave Novelli und Fritz Lipmann Acetyl-CoA als Zwischenprodukt der Buttersäuresynthese in Clostridium kluyveri, einem anaeroben Bakterium. Zur gleichen Zeit bewies Feodor Lynen mit Ernestine Reichert, daß in dem aus Hefezellen isolierten Acetyl-CoA der Acetylrest in Form eines Thioesters an Coenzym A gebunden ist. Lassen wir Fritz Lipmann selbst die Lynensche Entdeckung kommentieren: „The discovery of the nature of the acetyl link in acetyl coenzyme A reported by Lynen and Reichert in their 1951 paper in Angewandte Chemie *63*, 47–48 hit us without warning and it filled a vacuum we had left open. Lynen also had the delicate chemical discrimination to recognize the properties of the acetyl bond as those of a thioester. They thus made sense of our finding a lot of SH in purified CoA preparations which we had shoved under the carpet because our thoughts were fixed on pantothenic acid or phosphate as presumptive attachers. By going at it open mindedly, they discovered in the thioester a novel energy-rich bond that turned out to be particularly suited for the activation of acyl groups" (Die aktivierte Essigsäure und ihre Folgen. Hg. von G. R. Hartmann, Berlin – New York, 1976.)

Lynens Entdeckung der Aktivierung von Acylgruppen als Thioester des CoA eröffnete sogleich die Möglichkeit, Auf- und Abbau der Fettsäuren über CoA-aktivierte Zwischenprodukte zu erklären. In kurzer Zeit wurde die β-Oxidation der Fettsäuren aufgeklärt, die bereits 1904 von Franz Knoop und H. D. Dakin formuliert worden war, und die an den Umsetzungen beteiligten Enzyme wurden in den Laboratorien von Severo Ochoa (Nobelpreis 1959) in New York, Fritz Lipmann in Boston, David E. Green in Madison und in Feodor Lynens Laboratorium in München zum Teil in enger Zusammenarbeit der beteiligten Arbeitskreise isoliert. Die Untersuchungen über den Fettsäureabbau führten auch zur Klärung der Bildung der Acetessigsäure, der Muttersubstanz der Ketonkörper in der Leber – eines Prozesses von großer medizinischer Bedeutung. Die Entstehung der in der Leber nicht mehr weiter verwertbaren Acetessigsäure ist gekoppelt mit der Bildung von β-Hydroxy-β-methylglutaryl-CoA (HMG-CoA), dem Ausgangspunkt der Cholesterin- und Terpensynthese. Untersuchungen über den Stoffwechsel des HMG-CoA wurden zum Ausgangspunkt der weiteren Arbeiten Lynens, der das Enzym, das HMG-CoA unter Wasserabspaltung in trans-β-Methylglutaconyl-CoA umwandelt, entdeckte. Dieses wird zu β-Methylcrotonyl-CoA decarboxyliert:

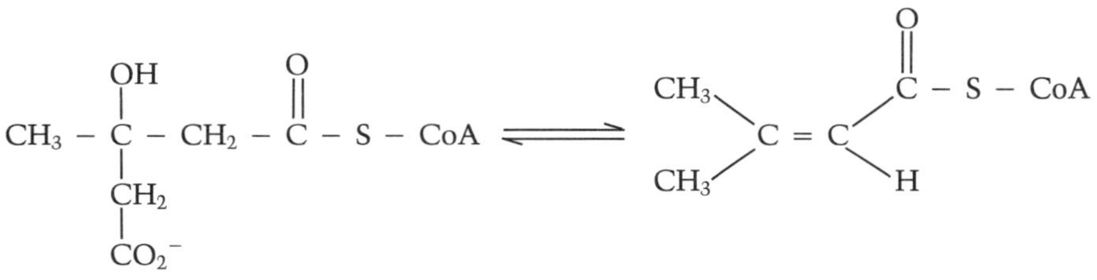

Die umgekehrte Reaktion wird durch β-Methylcrotonyl-CoA-Carboxylase in Anwesenheit von ATP und $HCO_3^-$ katalysiert. Es ist bezeichnend für Lynen, daß er – entgegen allen damals vorliegenden Befunden – auf der Vermutung beharrte, Biotin sei die Wirkgruppe der β-Methylcrotonyl-CoA-Carboxylase und ATP sowie $HCO_3^-$ seien nötig zur Bildung eines carboxylierten Biotins. Dem Enzym wurde freies Biotin anstelle des natürlichen Substrates β-Methylcrotonyl-CoA angeboten. Das Modellsubstrat wurde akzeptiert und radioaktives $CO_2$-Biotin erhalten:

$$\text{ATP} + \text{H}^{14}\text{CO}_3^- + \text{Biotin} \xrightarrow[\beta\text{-Methylcrotonyl-CoA Carboxylase}]{\text{Mg}^{2+}} {}^{14}\text{CO}_2 - \text{Biotin} + \text{ADP} + \text{P}_i$$

Die Produktanalyse führte zur Annahme, daß $N_1$ der Ureidogruppe des Imidazolidonringes des Biotins $CO_2$ bindet.

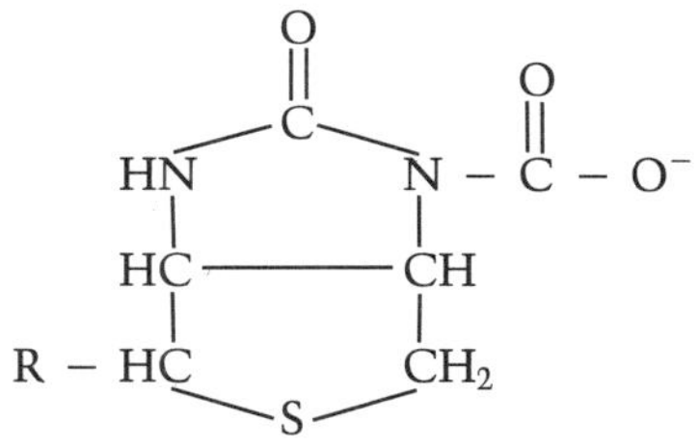

Diese Annahme erwies sich als richtig und hielt allen Anfechtungen stand, an denen es nicht fehlte. Lynen focht den wissenschaftlichen Streit auf dem Federation Meeting 1963 in Atlantic City, sekundiert von seinen amerikanischen Freunden, speziell Harland Wood, souverän und fair aus und siegte.

Allerdings erwies sich die Vorstellung als falsch, die eigentlich die Arbeiten mit der β-Methylcrotonyl-CoA-Carboxylase angeregt hatte, nämlich daß β-Methylcrotonyl-CoA der Schlüssel sei, mit dem man das Tor zur Cholesterin- und Terpensynthese aufschließen könnte. Die Schlüsselsubstanz ist vielmehr die in den Laboratorien Karl Folkers, der Merck, Sharp und Dohme Co., entdeckte Mevalonsäure. Mevalonsäure wird überführt in „aktiviertes Isopren", das fast gleichzeitig (1958) in Feodor Lynens und Konrad Blochs Laboratorien als Isopentenylpyrophosphat identifiziert wurde. Diese Substanz kondensiert mit dem isomeren Dimethylallylpyrophosphat zu Verbindungen, die die Muttersubstanzen der Diterpene, des Phytols, der Carotinoide und des natürlichen Kautschuks sind. Die Biosynthese des Cholesterins hat dann Konrad Bloch, der gemeinsam mit Feodor Lynen 1964 den Nobelpreis erhielt, völlig aufgeklärt.

Ein Experiment sei aus den vielen Untersuchungen des Lynen-Laboratoriums über die Biosynthese der Terpene herausgegriffen, weil Lynen ihm einen besonderen Stellenwert zuordnete. Es zeigt auch seine Verehrung für Otto Warburg. 1963 bewiesen Feodor Lynen und Reinhard Seyffert die im Nobelvortrag Otto Warburgs 1931 vorgestellte Struktur des Cytohämins, der Wirkungsgruppe des Warburgschen Atmungsferments. Die Autoren zeigten, daß Allylpyrophosphat auch die Doppelbindungen des Protohämins alkylieren kann, und schlugen vor, daß auf diesem Weg Phyllochinone, K-Vitamine und Ubichinone entstehen.

Feodor Lynen befaßte sich anschließend bis zu seinem Tod mit den Reaktionen von Multienzym-Komplexen. Der größte Teil seiner Arbeiten war dem Multienzymkomplex der Fettsäuresynthese der Hefe gewidmet. Andere Arbeiten hatten die Multienzymkomplexe der 6-Methylsalicylsäure- und der Patulinbiosynthese zum Gegenstand. Lynen hatte zunächst angenommen, daß die Synthese der Fettsäuren eine Umkehr der reversiblen Abbaureaktionen sei. Zu dieser Zeit glaubte man, auch andere Stoffwechselwege, Glycogenauf- und -abbau, Glycolyse, Peptidsynthese, seien reversibel und Auf- und Abbau würden von den gleichen Enzymen katalysiert. Arthur Kornberg (Nobelpreis 1959) verwies dann auf die thermodynamischen Voraussetzungen für Biosynthesen, die bei der DNS-Synthese mittels Nucleosidtriphosphaten unter Freisetzung und Spaltung von Pyrophosphat offenkundig geworden waren. Mit der Lynen eigenen Intuition für chemische Zusammenhänge schlug er bereits 1958 bei einer Gordon Research Conference vor, daß die Beteiligung von Bicarbonat und ATP bei der Biosynthese der Fettsäuren aus Acetat in Taubenleberpräparationen, die Salih Wakil feststellte, durch die Bildung von Malonyl-CoA erklärt werden könnte:

$$\text{ATP} + \text{HCO}_3^- + \text{Acetyl-CoA} \rightleftharpoons \text{Malonyl-CoA} + \text{ADP} + \text{P}_i.$$

Diese Annahme wurde von Roscoe Brady und Salih Wakil experimentell bestätigt. Dieser Vorschlag erwies sich heuristisch als außerordentlich fruchtbar und führte in Kürze zur Entdeckung des biotinhaltigen Enzyms Acetyl-CoA-Carboxylase.

Gleichzeitig mit dem Studium des Fettsäuresynthetasekomplexes der Hefe durch Feodor Lynen und seine Mitarbeiter klärten P. Roy Vagelos und seine Gruppe am NIH in Bethesda die Reaktionen der Fettsäuresynthetase in E. coli auf. Die weitgehende Entsprechung der Funktion und der einzelnen Reaktionsschritte der beiden Multienzymkomplexe aus Eukaryonten und Prokaryonten ließ auch eine weitgehende Strukturanalogie vermuten, die jedoch nur teilweise zutraf. Der Lynen-Schüler Eckhart Schweizer zeigte später in Würzburg durch genetische Versuche, daß die sieben enzymatischen Teilreaktionen, die in E. coli sieben getrennten Polypeptiden zugeordnet sind, in der Hefe – und, wie sich später zeigte, auch bei Säugetieren – infolge von Genfusion von nur zwei Polypeptiden katalysiert werden.

Lipmann hat auf die Verwandtschaft des von Lynen untersuchten Multienzymkomplexes der Fettsäuresynthese mit dem von ihm entdeckten Enzymkomplex für die Synthese zyklischer Peptid-Antibiotica hingewiesen. Lynen sah klar die Selektionsvorteile für Multienzymkomplexe im Laufe der Evolution, speziell die kinetischen Vorteile, wenn Substratbindung nicht diffusionskontrolliert ist und hohe lokale Konzentrationen Sättigung der Reaktionszentren mit Substrat gewährleisten. Er nannte Multienzymkomplexe Instrumente der chemischen Kompartimentierung und stellte den Begriff der chemischen Kompartimentierung der strukturellen Kompartimentierung gegenüber, auf die vor allem Carl F. Cori (Nobelpreis 1947) hinwies. Kompartimentierung vermeidet durch Trennung von Stoffwechselreaktionen Konkurrenz um gemeinsame Metabolite und ermöglicht getrennte Regulation von Abbau- und Aufbaureaktionen.

Lynen hatte eine eigenwillige und höchst originelle Art, Probleme anzugehen und zu lösen. Sein chemisches Gespür war unübertrefflich. Chemische Reaktivität funktioneller Gruppen war ein Werkzeug, dessen er sich meisterhaft bediente. Alle seine bedeutenden Experimente waren einfach. Entzog sich ein Problem der direkten Attacke, erwies es sich als vielschichtig und komplex, legte er es bald zur Seite, selbst wenn es ihn als Chemiker faszinierte, wie zum Beispiel die Rolle des Vitamins $B_{12}$ in Isomerisierungsreaktionen mittels intramolekularer Umlagerungen. „Aktivierte" Essigsäure wurde zum Beispiel mittels eines einfachen kolorimetrischen Tests, der verzögerten Farbreaktion von Thioestern und Acylmerkaptanen mit alkalischem Nitroprussidnatrium, nachgewiesen. Zur Aufklärung der vier Teilreaktionen des Fettsäurezyklus wurden Modellverbindungen synthetisiert, in denen das komplizierte Coenzym-A-Molekül durch das einfache, reaktive Teilstück N-Acetylcysteamin ersetzt wurde. Die UV-Absorption der $\alpha,\beta$-ungesättigten Säuren und der $\beta$-Ketosäuren sowie der Umsatz einfacher Modellverbindungen ermöglichten die schnelle Reinigung der Enzyme der Fettsäureoxidation. Feodor Lynen fand, wie er in seinem Nobelvortrag sagt, die Prognose von Otto Warburg bestätigt, daß, „verfolgt mit einem optischen Test, kein Ferment seiner Isolierung entgehen kann". Das Experiment zum Nachweis des Carboxybiotins beleuchtet in besonderem Maße Lynens Bestreben, eine Modellreaktion zu finden, die mit frappierender Einfachheit einen überzeugenden Beweis ermöglicht. Der Erfolg belohnte den Mut. Soweit uns bekannt, war dieser Versuch einmalig. Kein anderes Biotinenzym außer der $\beta$-methylcrotonyl-Carboxylase akzeptiert freies Biotin als Substrat. Feodor Lynens Maxime „Probieren, nicht spekulieren" hatte sich bewährt, und Carl F. Cori behielt recht, der sagte: „Luck does not exist because it is always the same people who are lucky." Ces hasards ne sont que pour ceux qui jouent bien.

Auch beim Studium der Enzym- und Stoffwechselregulation, deren Bedeutung für die Pathobiochemie und Medizin Lynen richtig einschätzte, bemühte er sich um einfache Experimente. Das charakteristische Beispiel sind seine einfachen, klar konzipierten Untersuchungen über die Rolle des Phosphats beim Pasteureffekt der Hefe. Es war wohl die erste Arbeit über den Pasteureffekt der Hefe, die 1941 in Liebigs Annalen erschien – etwa zur gleichen Zeit, als M. J. Johnson seine Arbeit in „Science" veröffentlichte – und die Lynen trotz des Krieges und der Isolierung Deutschlands im Ausland bekannt machte.

Lynens unübertreffliches Gespür, gepaart mit seinem chemischen Können, weisen ihm als Experimentator einen Platz nächst Otto Warburg zu, dem wohl bedeutendsten Biochemiker der ersten Hälfte des 20. Jahrhunderts. Entscheidend war für beide das Experiment. Im Entwurf und der Durchführung origineller, einfacher und beweisender Experimente waren beide Meister, und dessen waren sie sich auch bewußt. Weil sie mehr konnten, waren sie auch erfolgreicher als andere. So kam es nicht von ungefähr, daß Lynen einer der ganz wenigen Biochemiker war, die Otto Warburg vorbehaltlos respektierte. Beide, Warburg und Lynen, waren allein durch vorzeigbare Leistung zu beeindrucken. Lynen wußte vorlaute Kollegen auf Tagungen – wenn sie ihm zu viel schwadronierten – mit der Frage zu schockieren: „Wie heißen Sie eigentlich?" Und wenn diese verblüfft ihren Namen nannten: „Und welche Entdeckung ist mit Ihrem Namen verknüpft?"

Die Biochemikergeneration, der Lynen angehörte, hat die Voraussetzungen und das experimentelle Rüstzeug geschaffen, die die biochemische Genetik so unglaublich effektiv zu nutzen wußte. Auch die Instrumente der Gentechnologie sind Enzyme, und ohne Kenntnisse und Erfahrungen im Umgang mit Enzymen, die die Biochemie in den letzten siebzig Jahren bei der Aufklärung des Stoffwechsels sammelte, wären der Einsatz von Restriktionsnukleasen, die subtile Produktanalyse und die chemischen Umsetzungen von Biomolekülen in der heutigen Gentechnologie nicht möglich geworden.

Es schmälert die Leistungen Feodor Lynens, die sich in einem Schriftenverzeichnis von 287 Titeln manifestieren, nicht, wenn man den Einfluß der wissenschaftlichen Kultur der Familie Heinrich Wielands und seiner in der Biochemie ebenfalls profilierten Söhne Theodor und Otto Wieland berücksichtigt, mit der ihn nicht nur familiäre, sondern auch vielfältige und ertragreiche wissenschaftliche Beziehungen verbanden. Die Beschäftigung mit dem Essigsäurestoffwechsel der Hefe entsprang den Anregungen seines Schwiegervaters Heinrich Wieland. Von seinen Zeitgenossen waren ihm Otto Warburg Vorbild, Hugo Theorell (Nobelpreis 1955) Wahlverwandter, Fritz Lipmann und Konrad Bloch Wegbegleiter, Anreger und im besten Sinne Konkurrenten in einem fairen Wettkampf, der außerordentlich fruchtbare Konsequenzen für die Biologie hatte. Besondere Beziehungen zu Lynens Arbeiten hatten auch Severo Ochoa und Carl Martius sowie Earl Stadtman und ganz besonders Harland Wood, die gemeinsam mit ihm publizierten.

Feodor Lynens Einfluß auf die Biochemie seines nach dem Krieg auch intellektuell verarmten Vaterlandes war bedeutend. In Deutschland war er Pionier einer neuen Art von Biochemie: Er verhalf einer dynamischen Betrachtungsweise zum Sieg in einem Land, in dem die aus der Chemie hervorgegangene Naturstoffchemie das Feld beherrschte. Es war in hohem Maße sein Verdienst, daß die deutsche Biochemie bald nach dem Krieg international wieder Gehör fand. Nach der Entdeckung des Acetyl-S-CoA 1951 wurde das Münchner Laboratorium ein Treffpunkt der biochemischen Elite der Welt. Junge deutsche Biochemiker verdanken es Lynen, daß sie schon in den frühen fünfziger Jahren von den großen führenden Laboratorien der USA aufgenommen wurden und dort lernen konnten. Das Lynen-Stipendium, das heute begabten jungen Wissenschaftlern einen mehrjährigen Aufenthalt an exzellenten Forschungsstätten in den USA finanziert, bewahrt die Erinnerung an Lynens Verdienste um den begabten akademischen Nachwuchs. Seine Schüler waren auch Nutznießer seiner Erfolge. Die Anerkennung, die Lynens Arbeiten fanden, an deren Durchführung eine Reihe begabter Schüler beteiligt waren, eröffnete diesen Möglichkeiten zu selbständiger Forschung innerhalb und außerhalb der Universitäten. Einfluß und Leistung seiner Schüler amplifizierte die Wirkung Lynens auf Biochemie und Molekularbiologie. Auch die Begabtesten unter seinen Schülern mußten nach Abschluß der Doktor-Arbeit das Institut verlassen und sich erst einmal Wind um die Ohren wehen lassen. Für uns, die wir auf diese Weise mit ausgezeichneten jungen Biochemikern versorgt wurden, war das ein willkommener Import.

Eine Persönlichkeit vom Zuschnitt Lynens reizt zur Legendenbildung. Anekdoten und Anekdötchen, die sich um ihn rankten, sprossen üppig. Sicher hat der schwere Skiunfall, den der junge Mann erlitt und der ihn zeit seines Lebens behinderte, die Vitalität sublimiert und auf die wissenschaftliche Arbeit fokussiert. Seine Härte gegen sich selbst bei Arbeit und Spiel war ungewöhnlich. Rücksicht auf seine Gesundheit nahm er nicht. Dem ersten Skiunfall folgten weitere, die schließlich zur völligen Versteifung des linken Beines führten. Auch das konnte ihn immer noch nicht von ausgedehnten Skiwanderungen abhalten. Er gehörte zu einer seltenen Species Mensch, die beachtliche Quantitäten an Whisky, Wein oder Bier vertragen kann, ohne Logik, Abstraktionsvermögen und Originalität bei wissenschaftlicher Argumentation einzubüßen. Ganz im Gegenteil, in späten Nacht- und frühen Morgenstunden offenbarten sich im Freundeskreis seine kreative Phantasie und der Charme seiner Persönlichkeit. Keiner seiner Freunde, den er nicht mit Ideen und Anregungen wie aus einem Füllhorn beschenkt hat – er fand all dies nicht der Rede wert. Er war schlicht, liebte die Klarheit und haßte Prätentionen. Seine Kritik war gefürchtet, um so mehr wog das seltene Lob. War nach langer Nach(t)sitzung das Symposion der Freunde endlich ausgeklungen, fand es mancher selbst unter den Jüngeren schwer, dem Morgen standhaft entgegenzublicken. Nicht er; er stand am frühen Morgen wieder im Labor oder hielt seine Vorlesung. Kein Wunder, daß mancher schwach wurde wie der, der am frühen Morgen räsonnierte und ausrief: „That is a hell of a way to live!" Aber die Antwort auf die Frage „Do you know a better one?" blieb er schuldig.

Eva war eine liebende und verstehende Gattin, die mit ihm durch dick und dünn ging. Seine Kinder liebten und verehrten ihn. Die Geborgenheit in der Familie gab ihm die Kraft zu seiner Arbeit. Er liebte die Berge seiner bayerischen Heimat und konnte sich einfacher Dinge erfreuen. Ehrenvolle Rufe selbst aus Harvard vermochten nicht, ihn aus seinem geliebten München wegzulocken, auf dessen Festen er nicht selten in der Krachledernen erschien.

Hier wurde er 1953 zum ersten ordentlichen Professor für Biochemie an der Naturwissenschaftlichen Fakultät einer deutschen Hochschule, der Universität München, berufen. 1954 wurde er Direktor des Max-Planck-Instituts für Zellbiologie. Der Max-Planck-Gesellschaft diente er bis zu seinem Tode, in späteren Jahren als Vizepräsident. Ebenso widmete er einer Reihe nationaler und internationaler Organisationen großzügig Zeit und Mühe, denen er als Präsident oder Vizepräsident vorstand, so der Alexander-von-Humboldt-Stiftung (ab 1975), der Deutschen Akademie der Naturforscher Leopoldina (ab 1971), der Gesellschaft Deutscher Chemiker (1971–1973), der Internationalen Union für Reine und Angewandte Biophysik (IUPAB) (1972–1975) und – kurz vor seinem Tod – als designierter, gewählter Präsident der International Union of Biochemistry. Lynen war Ehrendoktor der Universitäten in Freiburg/Br. (1960), Seoul (1967), Miami (1968), Tokushima (1973), Paris (1976), Rio de Janeiro (1977), Regensburg (1978) und Pécs (1979). Die angesehensten Akademien und gelehrten Gesellschaften im In- und Ausland zählten ihn zu ihrem Mitglied oder Ehrenmitglied. Neben dem Nobelpreis erhielt er eine große Zahl von Medaillen und Orden. Seit 1971 war er Mitglied der Friedensklasse des Ordens Pour le mérite.

Als sein Leben am 6. August 1979 zu Ende ging, war seine wissenschaftliche Arbeit abgeschlossen. Sie wirkt weiter, aber ebenso sein Beispiel, das Leben zu wagen. Für ihn war Forschen eine Herausforderung und ein Abenteuer. Diese Herausforderung nahm er freudig an und zeigte sich ihr wie kaum ein anderer gewachsen. Am Grab, auf dem kleinen Friedhof – in der Nähe von Starnberg, wo er gelebt hat, mit den bayerischen Bergen am nahen Horizont – spielte man das Forellenquintett von Schubert, und einer seiner Freunde sprach ein Gedicht von William Butler Yeats, dem lebensfrohen Iren.

Feodor Felix Konrad Lynen

Carlo Schmid im Jahr 1959

# CARLO SCHMID
## 1896–1979

Von
Kurt Klotzbach

In der Geschichte Westdeutschlands nach 1945 gibt es kaum einen Politiker, über den jahrzehntelang so viel geschrieben, der über die Parteigrenzen hinweg öffentlich so gerühmt und geachtet, bewundert und verehrt wurde wie Carlo Schmid. Ein deutscher Patriot und ein in den großen geistig-künstlerischen Traditionen des abendländischen Kulturkreises ruhender Europäer, ein Meister der Schrift und des gesprochenen Wortes, im Deutschen und im Französischen gleichermaßen zu Hause, der feinsinnige Übersetzer von Baudelaires „Fleurs du Mal" und überlegene Interpret der Staatsführungsphilosophie Machiavellis, der aus offenbar unerschöpflichem Wissen argumentierende und zitierende Bildungsbürger, ein gelehrter Professor der Rechte und der politischen Wissenschaften zudem, der im beginnenden Herbst seines Lebens nicht davor zurückschreckte, sich ins Getümmel der Staats- und Parteipolitik zu begeben, gar noch als Sozialdemokrat, dort in der Rolle des „Tafelaufsatzes im Proletarierhaushalt" (Theodor Heuss): Ein solcher Mann mußte die Phantasie seiner Zeitgenossen beschäftigen, in Deutschland zumal, wo im Unterschied zu Frankreich und England die Verbindung der Sphären von geistiger Reflexion und politischer Tat seit dem fehlgeschlagenen Symbioseversuch von 1848/49 nahezu unbekannt geblieben war. Gerade weil Carlo Schmid eine Ausnahmeerscheinung bildete, eine „Hierarchie daneben, sozusagen römisch eins", wie ihn Norbert Gansel, Nachwuchsparlamentarier der APO-Generation, kennzeichnete, ein intellektueller Politiker, der sich freilich nie auf Dünkelpodeste zurückzog, sondern den Menschen seines Landes und seiner Partei in Sympathie, Offenheit und Toleranz begegnete, mit dem natürlichen Gewicht seiner äußeren Kolossalstatur, in der Würde und Autorität eines zur Repräsentanz Begabten, erntete er Popularität wie unter den Zeitgenossen wohl nur noch der erste Bundespräsident. Zuletzt belegte dies Mitte der sechziger Jahre, als Carlo Schmid seinen politischen Zenit längst überschritten hatte, eine demoskopische Umfrage, bei der ihn die größte Zahl der Bundesbürger als vorbildlichen Politiker würdigte: ein liebenswertes Mißverständnis, das der so Gefeierte, inzwischen gehärtet durch Erfahrung und Enttäuschung, nicht ohne Wehmut zur Kenntnis genommen haben mag.

Herkunft, Bildungsgang und frühe berufliche Stationen ließen alles andere als eine politische Laufbahn erwarten. Carlo Schmid wurde am 3. Dezember 1896 in Perpignan als Sohn eines schwäbischen Privatgelehrten und einer französischen Adligen geboren. Er besuchte das humanistische Karls-Gymnasium in Stuttgart, besaß aber noch bis 1914 die französische Staatsangehörigkeit. Behutsam geleitet vom bildungsbürgerlichen Elternhaus und im Umgang mit interessierten Mitschülern fand er rasch Zugang zu Wegmarken der europäischen Literaturgeschichte. Die Lieblingsautoren der Jugendzeit waren Balzac, E. T. A. Hoffmann, Stendhal, Dickens, Tolstoi, Zola, Nietzsche, Heinrich Heine, Hölderlin vor allem – für den jungen Carlo das eindringlichste Bildungserlebnis –, Shakespeare und Stefan George. In der „Wandervogel"-Bewegung lernte er eine lebensidealistisch-vaterländische Grundstimmung kennen, die sich von Politik bewußt fernhielt und Ansätze zu einer völkischen Ideologie barg, von deren Untiefen Schmid damals noch nichts ahnte. Immerhin gab es schon zu dieser Zeit Eindrücke, die den Gymnasiasten auf andere Horizonte und Wirklichkeiten lenkten. So vermittelte ihm die Lektüre von Walt Whitmans Gedichten die Vorstellung vom „kategorischen Imperativ der Mitmenschlichkeit", der Verpflichtung, sich stets so zu verhalten, daß der andere im persönlichen Leben, in Staat und Gesellschaft seine eigene Menschlichkeit bewahren und entfalten kann. Für den Staat stellte sich mithin die Aufgabe, die Lebensordnungen so einzurichten, daß die Bürger sie sich zu eigen machen konnten, ohne ihren Selbstachtungsanspruch preisgeben zu müssen.

Der Ausbruch des Ersten Weltkrieges unterbrach Carlo Schmids Bildungsweg. Er rückte als deutscher Freiwilliger ein und wurde 1918 als Leutnant der Reserve entlassen. Seine anschließende Entscheidung für das Studium der Rechte hat er nie bereut, da ihn die Jurisprudenz in die Wirklichkeit menschlichen Verhaltens geführt und seine Fähigkeit zu systematischem, differenziertem Denken gestärkt hat. In die Studienzeit fällt auch Schmids erste persönliche Begegnung mit dem Sozialismus. Die Ideen freilich, um die sich die Debatten in der Tübinger Sozialistischen Studentenschaft drehten, waren zu unbestimmt und realitätsfern, um konkretes gesellschaftlich-politisches Engagement auszulösen. Ende 1921 absolvierte Carlo Schmid die erste juristische Staatsprüfung mit Auszeichnung, der besten Leistung, die seit fünfunddreißig Jahren in Tübingen erzielt wurde. Noch im selben Jahr heiratete er Lydia Hermes. Aus ihrer Ehe sind vier Kinder hervorgegangen. 1923 promovierte Schmid bei Hugo Sinzheimer in Frankfurt mit einer Arbeit über die Rechtsnatur der Betriebsvertretungen nach dem Betriebsrätegesetz. Im Jahr darauf folgte das zweite Staatsexamen, das er ebenfalls mit Auszeichnung bestand. Daran schlossen sich Tätigkeiten als Rechtsanwalt sowie am Tübinger Amts- und Landgericht an. Sein Wunschtraum war, Oberamtsrichter in Tettnang zu werden, wo er im Schloß Montfort Quartier zu beziehen gedachte. Er malte sich aus, „daß es schön sein würde, dort Bücher zu lesen, Recht zu sprechen und, bei viel freier Zeit, von den oberen Stockwerken über den

Bodensee hin zu den Alpen zu blicken oder im Schloßgarten spazieren zu gehen". Doch das Leben hat Schmid diese Idylle versagt. Statt dessen führte ihn sein weiterer Weg an das Berliner Kaiser-Wilhelm-Institut für ausländisches öffentliches Recht und Völkerrecht. Er fand hier unter anderem Gelegenheit, eine Studie über die Rechtsprechung des Ständigen Internationalen Gerichtshofes zu erarbeiten, mit der er sich 1929 in der Tübinger Fakultät habilitierte. Für seinen geistigen Werdegang wurde bestimmend, daß er im Zuge seiner völker- und staatsrechtlichen Vorlesungen Dante und Machiavelli entdeckte, somit auf Grundfragen der Staatsphilosophie und Regierungspolitik stieß, deren spannungsreiche Beantwortung ihn künftig immer wieder fesseln sollte.

Nach der nationalsozialistischen Machtergreifung mußte sich Carlo Schmid, der im Seminar Hitlers Rassenlehre als Philosophie von Viehzüchtern gebrandmarkt hatte, recht bald damit abfinden, daß man ihn nicht auf einen Lehrstuhl berufen würde. Er nutzte die Jahre der Zurückgezogenheit und Isolierung zu ausgedehnten philosophischen, anthropologischen und kunsthistorischen Studien – deren schönste Frucht, das „Römische Tagebuch", erst nach dem Zweiten Weltkrieg erscheinen konnte –, bis er 1940 als Militärverwaltungsrat zur Oberfeldkommandantur nach Lille beordert wurde. Das Erlebnis der NS-Unrechtsherrschaft leitete bei Schmid einen Prozeß intensiver Selbstbefragung und Selbstbesinnung ein, der in die Erkenntnis von Versäumnissen und Fehlern mündete, die er und mit ihm die meisten Angehörigen des traditionellen deutschen Bildungsbürgertums sich hätten zuschulden kommen lassen und aus denen man radikale Konsequenzen ziehen müsse. Schmid hat diesen bitteren Prozeß später oft beschrieben, zuletzt in seinem Erinnerungswerk, aus dem der einschlägige Passus wegen der Bedeutung für den Weg in Staatsverantwortung und politische Teilnahme zitiert werden soll:

„Ich fragte mich: Wer hat schuld, daß die Macht in die Hände von Unmenschen kommen konnte? Wer trägt Schuld, daß dieses Volk sich so täuschen, sich so überrumpeln ließ? Meine Antwort hieß: Ich und meinesgleichen sind schuld, weil wir uns zu gut waren, uns so tief zu bücken, wie die Erde unter dem Sternenhimmel liegt; jene Erde, in die man die Fundamente für Freiheit, Frieden, Gerechtigkeit legen muß; jene Erde, auf der auch das Unkraut wächst, das dem Guten wehrt. Wenn du nicht wieder schuldig werden willst, sagte ich mir, wirst du dein Leben ändern müssen. Du mußt dich auf den Weg zwischen Tod und Teufel wagen. Dann erst wird dein Leben seinen Sinn finden. Ich werde also in die Politik gehen müssen. Damit stelle ich mein Leben in eine Ordnung, die mir viel Geduld und viel Demut abverlangen wird. Ich werde mit dem Wissen ans Werk gehen müssen, daß man allein durch den Glauben an die Idee das Ideal nicht verwirklichen kann; daß man sich wird begnügen müssen, Annäherungswerte an das Wahre zu verwirklichen; daß man Stein um Stein wegräumen, Unkraut um Unkraut ausreißen muß, bis man daran denken kann, die Entwürfe des planenden Geistes vom Reißbrett weg in Stein und Mörtel zu übertragen. Du wirst dich darauf einrichten müssen, mit Menschen auszukommen, die anders denken als du selbst, und du darfst nicht versuchen, sie zu vergewaltigen oder zu betrügen, um sie zu deiner Meinung zu bekehren. Du wirst über dem Erreichten nicht vergessen dürfen, was du dem Gesollten schuldig bleiben mußtest, um ein Mögliches zustande bringen zu können. Wirst du die Kraft haben, diese Verzichte zu leisten, ohne das Denkbild zu verraten? Die Kraft dazu kann nur aus der Liebe zu diesem Volke kommen, für das du dich als Jüngling entschieden hast."

Trotz seiner geringen administrativen und nicht vorhandenen praktisch-politischen Erfahrung stürzte sich Carlo Schmid ab 1945 mit Schwung, Tatendrang und anscheinend nie erlahmender Arbeitskraft auf die Aktionsfelder, die sich ihm nach der Besetzung durch Amerikaner und Franzosen in seiner süddeutschen Heimat und bald auch darüber hinaus staats- und parteipolitisch erschlossen. Überhaupt dürfen die unmittelbaren Nachkriegsjahre bis zur Gründung der Bonner Republik im Mai 1949 als die Zeit in Schmids Karriere gelten, in der er die meisten politischen Erfolge verbuchte und am wirkungsvollsten politischen Einfluß ausübte. Die Funktionen als Regierungschef und Landesdirektor für Justiz und Kultuswesen in Württemberg-Hohenzollern machten ihn mit zahllosen praktischen Problemen vertraut, die sich von der Verwaltung, der Industrie-, Justiz- und Schulpolitik bis zur gesellschaftlichen Integration ehemaliger HJ-Funktionäre, der Zusammenarbeit mit den Kirchen und der Förderung von Kunst und Wissenschaft erstreckten. Dabei kam ihm seine genaue Kenntnis der französischen Sprache und Mentalität zugute. Daß Schmid ferner als Staatsrat auch an den Sitzungen des Staatsministeriums von Württemberg-Baden teilnehmen und auf diese Weise die Verbindung zwischen beiden Landesteilen wahren konnte, festigte den Rang seiner politischen Position. In Württemberg-Baden konnte er erstmals auch seine Kompetenz als Staatsrechtler einbringen. Als man in diesem Land die Ausarbeitung einer Landesverfassung in Angriff nahm, war es Schmid, der die Einführung des „konstruktiven Mißtrauensvotums" durchsetzte und damit ein wesentliches Strukturelement des späteren Grundgesetzes vorwegnahm. Im Prozeß der beschleunigten Weststaatsbildung 1948/49 wechselten Niederlagen und Erfolge. Nachdem die Alliierten die Frankfurter Dokumente zur Verfassunggebenden Versammlung, zur Länderneugliederung und zu den Grundzügen eines Besatzungsstatuts unterbreitet hatten, vermochte Carlo Schmid zwar auf der Rittersturz-Konferenz der Ministerpräsidenten seine Ideen vom Provisorium und bloßen Organisationsstatut, die einer ausdrücklichen westdeutschen Staatsgründung und der Verhärtung der deutschen Spaltung entgegenwirken sollten, zur Geltung zu bringen. Aber schon eine Woche später mußte er sich der vom Berliner Oberbürgermeister Ernst Reuter forcierten Gegentendenz beugen. Dies hinderte ihn nicht, in den folgenden Grundgesetzberatungen aktiv und schöpferisch mitzuarbeiten. Auf Herrenchiemsee zählte er zu den beherrschenden Figuren der dort versammelten Expertenrunde. Noch bedeutsamer und in der Öffentlichkeit bekannter wurde Schmids Wirken im Parlamentarischen Rat, dessen Arbeit er neben Konrad Adenauer und Theodor Heuss am nachhaltigsten prägte, als Führer der SPD-Fraktion, Vorsitzender des Hauptausschusses und Mitglied des Organisationsausschusses sowie des Ausschusses für die Präambel und die Menschenrechte. Sein Anteil an der Verankerung der Grundrechte, des Rechts auf Kriegsdienstverweigerung, der Beseitigung der Todesstrafe, an der Verwerfung der Volkswahl des Bundespräsidenten und am Festschreiben des konstruktiven Mißtrauensvotums war so stark, daß er mit Recht als einer der „Väter des Grundgesetzes" in die Geschichte der Bundesrepublik einging. Die Mitarbeit an der Verfassung, welche er sich anfangs gar nicht so perfekt und in sich geschlossen wünschte, bezeichnet jedenfalls den frühen und dauerhaften Höhepunkt in Carlo Schmids Laufbahn als Staatspolitiker und Mentor der parlamentarisch-parteienstaatlichen Nachkriegsdemokratie.

Die Erfahrung der Voraussetzungen und Folgen des Niedergangs der ersten deutschen Republik wies Schmid 1945 in die Reihen der deutschen Sozialdemokratie. Kein ideologisches Dogma, sondern ein elementares humanes Verantwortungsbewußtsein führte ihn, den Bildungsbürger, an die Seite der Unterprivilegierten, die sich reale Bedingungen für Freiheit und Bildung erst noch erkämpfen mußten, an die Seite derer, „die nicht vom bloßen Kapitalertrag leben, sondern deren Kapital ausschließlich oder wenigstens wesentlich ihre Arbeitskraft ist", und die „sich zusammenschließen müssen, um zu verhindern, daß sie der Ausbeutung durch das Kapital zum Opfer fallen, das heißt, vom Kapital in Lebensbedingungen hinabgestoßen werden, in denen den Menschen ein Leben in Würde und Freiheit nicht mehr möglich ist". Carlo Schmid sprach die soeben zitierten Worte anläßlich der Wiedergründung der alt-neuen Partei Südwürttembergs im Februar 1946, die ihn bei dieser Gelegenheit zum Landesvorsitzenden wählte. Aber es ging Schmid nicht nur um Aneignung und Bestätigung eines überkommenen sozialen und politischen Auftrags. Bereits damals rief er die Partei zur geistigen Neubesinnung, zur Überwindung vermeintlicher wirtschaftlich-gesellschaftlicher Naturgesetze auf. Bei aller Anerkennung ökonomischer und klassenkampfpolitischer Wirkfaktoren müsse die Sozialdemokratie künftig autonome Antriebe des Willens, der Ideen und der sittlichen Normen ungleich stärker in Rechnung stellen als in ihrer auf den historischen Materialismus fixierten Vergangenheit. Auf dieser Grundlage konnte sich nach Schmid auch eine Neuverständigung zwischen Sozialismus und Christentum, zwischen Sozialdemokratischer Partei und Kirchen vollziehen: indem die einen den urtümlichen Drang nach religiöser Erfahrung und die Möglichkeit respektierten, gerade über den christlichen Glauben zur Sache des Sozialismus zu stoßen, und indem sich die anderen von dem angeblichen Auftrag trennten, das Bestehende unter allen Umständen verteidigen zu müssen.

Mit solchen Anregungen und Initiativen stand Carlo Schmid nicht allein. Es gab in der zweiten Hälfte der vierziger Jahre viele Anzeichen für das Verlangen nach Überprüfung des historisch-materialistischen Erbes, der Tragfähigkeit seiner geistigen und soziologischen Axiome. Die gründlichen Theoriediskussionen, die in sozialistischen Periodika geführt wurden, sind hier ebenso zu nennen wie das auf der kulturpolitischen SPD-Konferenz von Ziegenhain im August 1947 verabschiedete Dokument, das die Einseitigkeit der ökonomistischen Perspektive ablehnt und aus neueren anthropologisch-gesellschaftswissenschaftlichen Erkenntnissen folgert, daß die Sozialdemokratie „die geistige Freiheit des Menschen und seine sittliche Verantwortlichkeit als gestaltende Faktoren auch des geschichtlichen Prozesses" anzuerkennen habe.

Carlo Schmid mußte indessen wie seine programmatischen Weggenossen damals und noch bis in die fünfziger Jahre hinein spüren, daß er dem Bewußtsein der meisten Sozialdemokraten weit vorauseilte. Die Parteimehrheit blieb vorerst in Denkschablonen und Vorstellungsmustern der Weimarer Ära verhaftet. Überhaupt: Im SPD-spezifischen Binnenklima, in der innerorganisatorischen Routine und in der Bewältigung der parlamentarischen Alltagsgeschäfte auf kommunal-, kreis-, länder- und zonenpolitischer Ebene machten sich vielerorts wieder jener selbstzufriedene Provinzialismus, jene Tendenzen zur geistigen Enge und zur Abschließung vom kulturell-gesellschaftlichen Umfeld breit, die der Partei in den zwanziger und frühen dreißiger Jahren so sehr geschadet und ihre Anziehungskraft so stark vermindert hatten. Ein Mann vom Schlage Carlo Schmids, ein Mann seiner Wissens- und Erkenntnisfundamente, seiner sensiblen Gelehrsamkeit, seiner souveränen Umgangs- und Ausdrucksformen hatte es deshalb nicht leicht, Anschluß zu finden. Gewiß, man bewunderte seine rhetorischen Gaben, schätzte und nutzte seine juristisch-verfassungspolitische Sachkunde, wählte ihn seit 1947 mit hohen Stimmenzahlen in den Hannoveraner Parteivorstand. Aber es gab auch verhaltenes Mißtrauen und Distanz, Verständnisprobleme und Unbehagen angesichts eines großzügigen Lebensstils, der den meisten sozialdemokratischen Genossen von Haus aus völlig fremd war.

Unter diesen Umständen mußte es Carlo Schmid als großes Glück empfinden, daß ihm besonders der erste Nachkriegsvorsitzende der SPD, Kurt Schumacher – auf seine, wenn auch von Schmid grundverschiedene Weise ebenfalls von der orthodoxen Funktionärsbürokratie abgehoben –, Vertrauen, ja Freundschaft schenkte, die sich über die Jahre hinweg in engen persönlichen Gesprächskontakten bewährte. Bindungen wie die an Schumacher mögen geholfen haben, innerparteiliche Konflikte politisch und persönlich durchzustehen, Konflikte, denen Schmid nicht aus dem Wege ging, seinem Vorsatz gemäß, in der Partei, für die er sich entschieden hatte, das von ihm als richtig und unabdingbar Erkannte gegen alle Widerstände offen zu vertreten. In den frühen fünfziger Jahren bot sich ihm vor allem zweimal die Gelegenheit, an SPD-internen Tabus zu rütteln. Auf dem Hamburger Parteitag von 1950 rief er in seinem Beitrag über die Sozialdemokratie „vor der geistigen Situation unserer Zeit" dazu auf, sich von der Illusion zu lösen, gesellschaftlicher Fortschritt berühre die menschliche Substanz und schaffe einen anderen, besseren Menschen. Dieser Appell und die These, die Partei habe nichts über den letzten Daseinssinn auszusagen und könne „nicht ‚bieten', was man eine geistige Heimat" nennt, bewegten die SPD bis in die untersten Organisationsgliederungen. Ähnlich brisant wirkte Schmids sogenannte „Ballast-Rede", die er Ende Oktober 1953, nach den von der SPD hoch verlorenen Bundestagswahlen, im Bayerischen Rundfunk hielt. Sie faßte die wichtigsten reformsozialistischen Programmpunkte noch einmal prägnant zusammen: daß der historische Determinismus und die ökonomistische Betrachtungsweise überwunden seien; daß Politik aufgehört habe, die Erfüllung einer chiliastischen Vision zu sein, daß sie sich vielmehr schrittweise um Besserung bemühe; daß die SPD im Begriffe sei, ihr Verhältnis zu Religion und Kirche zu ändern, daß der Sozialismus seinen Weltanschauungscharakter abgelegt habe; daß das Privateigentum eine neue, positive Bewertung auch seitens der Sozialdemokratie erfahre. Als Beispiel für die heftigen innerparteilichen Reaktionen sei die Entgegnung des württembergischen Spitzenfunktionärs Erwin Schoettle zitiert, der Schmid vorhielt, er habe unnötig die politischen Heimatgefühle und das Traditionsbewußtsein der vielen Zehntausende von ehrenamtlichen Parteiarbeitern verletzt und nicht genügend beachtet, daß auch die reformierte SPD eine umfassende sozialistische Konzeption von der Ordnung menschlicher Beziehungen und gesellschaftlicher Kräfte besitzen müsse.

Es verwundert, daß ausgerechnet in den folgenden Jahren, als sich die Sozialdemokratie endlich auf den Weg der konkreten programmatischen Umsetzung neuer Grundlegungen und Selbstverständnisklärungen begab, Carlo Schmid eigentlich eher in der Kulisse stand. Man kann dies nur als merkwürdige, aus den bisher bekannten Quellen nicht plausibel zu erklärende Tatsache festhalten. Zwar gehörte er der 1954 berufenen Programmkommission an, aber weder an den Diskussionen der Jahre 1955/56 noch am Willensbildungsprozeß in der letzten Phase vor Verabschiedung des Godesberger Grundsatzdokuments war er exponiert beteiligt. Die Wortführer des freiheitlichen, ethisch begründeten demokratischen Sozialismus waren andere: Willi Eichler, Gerhard Weisser, Heinrich Deist, Adolf Arndt und Waldemar von Knoeringen. Später, nach 1959, hat Carlo Schmid der in der Öffentlichkeit grassierenden Meinung, Godesberg gehe wesentlich auf ihn zurück, nicht widersprochen, ja, er hat sogar einiges getan, um sie zu fördern. Den Tatsachen entspricht sie jedoch kaum, allenfalls in einem sehr vermittelten und indirekten Sinne.

Die langen und erregten Debatten um Westintegration und Wiedervereinigung, die während der ersten sechs Jahre des Bonner Staates entbrannten, sahen Schmid in der vordersten Reihe der parlamentarischen Opposition. Seine geschliffenen und scharfsinnigen, immer wieder mit historischen Verweisen und Zitaten aus der Weltliteratur angereicherten Bundestagsreden fanden stärkste Beachtung, auch im bürgerlichen Koalitionslager. Nicht zuletzt seine Fairneß und Versöhnlichkeit, seine Bereitschaft, auch in der Hitze des politisch-rhetorischen Schlagabtausches persönliche Beziehungen und mitmenschliches Vertrauen zu pflegen, sicherten ihm Respekt und Aufmerksamkeit des Gegners. Gerade deswegen rief er freilich bei manchen Kopfschütteln und Unverständnis hervor, so bei Adenauer, dem Rücksichtnahme und Entgegenkommen im politischen Gefecht nur als höchst sekundäre Tugenden galten. Carlo Schmid selber hat einen bezeichnenden Vorgang geschildert, der sich aus der Kontroverse um das Saarstatut im Zusammenhang mit dem gesamten Pariser Vertragswerk ergab. Es war ihm durch mehrere Fragen nach der „Wahrheit“ gelungen, den Kanzler in sichtliche Irritation und Hilflosigkeit zu versetzen. Das Weitere spielte sich nach Schmid wie folgt ab: „In Anbetracht des Zustandes, in dem sich Konrad Adenauer befand, stellte ich keine weitere Frage. Der Bundeskanzler verließ die Tribüne und den Plenarsaal. Er war offenbar am Ende. Manche Zeugen des Vorfalls meinten, er habe einen Schwächeanfall erlitten. Einige Wochen später sprach Adenauer mich auf diesen Vorgang an. Ich sagte ihm, ich hätte noch eine Frage gehabt, sie aber nicht mehr gestellt. Auf seine Frage, warum ich diese Frage nicht gestellt hätte, antwortete ich ihm, daß ich auf einen Mann, der aufgegeben hat, nicht weiter einschlüge. Darauf antwortete er mir, er habe mir ja schon immer gesagt, daß ich kein Politiker sei. Wäre er an meiner Stelle gewesen, er hätte seine Frage gestellt und mich damit vollends umgeworfen...“

Wer die Substanz der Schmidschen integrations- und deutschlandpolitischen Beiträge untersucht, stößt auf Grenzen konzeptioneller Kraft sowie politischen Beurteilungs- und Einfühlungsvermögens. Seine im Grundsätzlichen von Schumachers Denkfiguren stark beeinflußte Opposition gegen die bundesdeutsche Mitwirkung im Europarat und gegen den Schuman-Plan trug oft starre, statische Züge und verriet wenig Gespür für die Chancen dynamischer Entwicklungen und aktiver politischer Beeinflussung. Und der von ihm angeregte, nach 1952 parteioffiziell festgeschriebene Alternativentwurf zu

Adenauers militärischer Bündnispolitik, das kollektive Sicherheitssystem als ein globaler Garantiepakt unter Einschluß des potentiellen Angreifers, lag in der Hochphase des Kalten Krieges mit all ihren sicherheitspolitischen Implikationen fern jeder Realität. Den Unterschied zwischen Beharren auf einmal gefaßten Prinzipien, wozu eben Schmid neigte, und flexibler Bewegungspolitik hat Herbert Wehner verdeutlicht, als er in einem internen Papier unter anderem Schmids Haltung kritisierte und die Notwendigkeiten künftiger sozialdemokratischer Politik in der Montanunion absteckte. Die SPD müsse fortan im Rahmen dieser Gemeinschaft verstärkte Anstrengungen unternehmen, um Parteien anderer europäischer Länder für eine aktive, die Sechserkombination aus den Angeln hebende Politik zu gewinnen oder anzuregen. Dazu brauche sie Schwerpunkte der Argumentation und ebenso Schwerpunkte der Konzentration von Beziehungen. Die deutsche Sozialdemokratie dürfe sich nicht mehr damit begnügen, Außenpolitik primär unter Betonung ihrer eigenen nationalen Ziele und einiger allgemeiner internationalistischer Forderungen und Bekenntnisse zu treiben. Wehner: „Wir können nicht erwarten, daß anderen Parteien anderer Länder unsere nationalen Anliegen von vornherein von der gleichen Bedeutung erscheinen wie uns selbst. Aus dieser Feststellung haben wir nicht die Schlußfolgerung zu ziehen, entweder zu resignieren oder uns mit unserer Isolation abzufinden; unsere Aufgabe ist es, diesen Parteien dadurch näher zu kommen, daß wir versuchen, zu konkreten Interessen- und Kampfgemeinschaften zu kommen, die wir nur herbeiführen können werden, wenn wir uns eingehend mit den zum Beispiel aus der Existenz der Montanunion für die Wirtschaft jener Länder sich ergebenden neuen Problemen befassen, um uns an solche Interessengemeinschaften heranarbeiten zu können." Es spricht allerdings für Carlo Schmids politische Lernfähigkeit noch im vorgerückten Lebensalter, daß er seinen Standpunkt in den sechziger Jahren, zurückblickend auf „Deutschlands Weg seit 1945", offen revidierte. Er sah schließlich ein, daß mit der Bildung der Montanunion ein fester Ansatzpunkt für europäische Politik gewonnen wurde und daß die Einbringung der Ruhrindustrie in europäische Gemeinschaftsverwaltung dem Sicherheitsbedürfnis der Nachbarstaaten Rechnung getragen und den Abbau der über die Bundesrepublik verhängten Souveränitätsbeschränkungen gefördert hat.

Ab Mitte der fünfziger Jahre, nachdem Adenauer seine Integrationspolitik vertraglich abgesichert hatte und die sozialdemokratischen Alternativen nicht zum Zuge gekommen waren, büßte Schmid seine führende außenpolitische Sprecherrolle mehr und mehr ein. Für den allmählichen Rückzug werden auch gesundheitliche Probleme, die sich in der Folge eines Ende 1956 in Fernost erlittenen Schlaganfalls steigerten, mit ausschlaggebend gewesen sein. Aber noch immer blieb er in eine Vielzahl von Mandaten, Funktionen und Aufgaben eingebunden: unter anderem als Abgeordneter und Erster Vizepräsident des Deutschen Bundestages, Mitglied der Beratenden Versammlung des Europarates und der Versammlung der Westeuropäischen Union, als Vorstandsmitglied der Deutschen Gruppe im Parlamentarischen Rat der Europäischen Bewegung, Mitglied des sozialdemokratischen Parteivorstandes und Ordinarius für die Wissenschaft von der Politik in Frankfurt. Ab 1958 kam die Mitgliedschaft im neunköpfigen SPD-Präsidium hinzu. Politisch fühlte sich Schmid vor allem für die Intensivierung der deutsch-französischen Beziehungen, die Aussöhnung zwischen Deutschen und Juden bzw. dem Staat Israel und für die Aktivierung der deutschen Ostpolitik verantwortlich. Die Vorreiterrolle, die er auf dem zuletzt genannten Sektor im Bewußtsein einer besonderen moralischen Verpflichtung gegenüber dem polnischen Volk übernahm, hat ihn in die Schußlinie der mächtigen Vertriebenenverbände gebracht. Auch in dieser Auseinandersetzung bewies er Mut und Eigenständigkeit.

Schmids wissenschaftlich-literarisches Schaffen hat natürlich unter der starken politischen Inanspruchnahme gelitten. Nach dem Zweiten Weltkrieg fand er nicht mehr die Muße für große systematische Abhandlungen. Er wählte die ihm von nun an gemäßere Rolle des Essayisten und politischen Pädagogen. Jahrzehntelang kreisten seine Gedanken vornehmlich um die Wahrung europäischer Bildungstraditionen, das Wesen von Staat und Politik, welche er einmal als „Bestimmung des Verhältnisses des Menschen zum Staate", aber auch als den „richtigen, vom erkennenden Verstande und der Sorge um die anvertrauten Menschen gelernten Umgang mit der Macht" definierte, um die Spannungs- und Ergänzungsbeziehung zwischen Politik und Geist, die er in Abkehr von den traditionellen Verfehlungen und Versäumnissen des deutschen Bildungsbürgertums so umschrieb: „Freiheit des Geistes setzt die politische Freiheit voraus, die Ordnungen und Inhalte des staatlichen Lebens zu bestimmen." Die positive Hinwendung zum Staat, zum demokratischen Volksstaat, früh proklamiert von Ferdinand Lassalle, sollte seiner Meinung nach auch innerstes Anliegen der Arbeiterschaft und der sie führenden Sozialdemokratie sein.

Nach der dritten Bundestagswahl, die der SPD erneut eine katastrophale Niederlage brachte, hatte es für kurze Zeit vordergründig den Anschein, als rücke Carlo Schmid doch noch an die Spitze der sozialdemokratischen Bundesprominenz. Die Dringlichkeit der politisch-organisatorischen Parteireform und der Öffnung zum Bürgertum machten ihn zum Mann der Stunde, allerdings mehr in den Augen einer besorgten und zugleich sympathisierenden Öffentlichkeit als innerhalb der SPD. Bei der Wahl der Stellvertreter Ollenhauers in der Bundestagsfraktion entfielen auf Schmid die meisten Stimmen, vor Herbert Wehner, den er als lauteren Freund und zutiefst moralischen, dem Humanitätsideal verpflichteten Charakter schätzte, und vor Fritz Erler, den er schon in seiner Württemberger Zeit gefördert hatte. Aber aus dieser „Troika“ waren es dann die Praktiker Wehner und Erler, die den Reformprozeß entscheidend vorantrieben, während Schmid sich mehr oder weniger auf die Funktion des wohlwollend begleitenden elder statesman beschränkte. Auch in den internen und öffentlichen Spekulationen um einen neuen sozialdemokratischen Kanzlerkandidaten hatte man Carlo Schmid genannt. Er jedoch wußte, daß es nunmehr nötig war, im engeren Führungs- und Freundeskreis vor einer Fehleinschätzung seiner Talente und Fähigkeiten zu warnen.

Die Wiedergabe der Argumente gegen sich selbst, die wir in Schmids Memoiren finden, spiegelt abermals Motive und Grundprobleme seines politischen Engagements: „Ich hätte viel über Inhalt und Formen eines demokratisch geprägten Staates der Deutschen in dieser Zeit nachgedacht und reiches Wissen über fundamentale Notwendigkeiten und aktuelle Möglichkeiten deutscher Politik erworben. Jedoch fehle mir eine Eigenschaft, die für den Regierungschef eines Staates, der von außen und innen auf schwere Proben gestellt werden wird, unerläßlich sei: das Bedürfnis, Sinnerfüllung meines Lebens im politischen Erfolg und im Kampf um die Macht zu suchen. Die Schlange der Politik mit den Giftzähnen des Ehrgeizes habe mich nie gebissen; mein Wissen um die Bedeutung der Macht im Leben der Staaten habe sich nicht in persönliches Machtstreben umgesetzt. Als ‚Kenner‘ und ‚Wisser‘ könnte ich dem Mann an der Spitze als beratender Helfer gute Dienste leisten, die Volk, Staat und Partei zugute kommen – dafür werde ich immer zur Verfügung stehen.“ Schmid schlug als Kanzlerkandidaten Willy Brandt vor, der in Berlin bewiesen habe, „daß er führen kann. Er kenne die Mäander, in denen die Politik sich bewege, ebenso gut wie die Chancen und Gefahren der geraden Wege. Er habe ein Gespür für die politischen Möglichkeiten und Grenzen, die sich aus der Machtlosigkeit ergeben, mit der unser Volk heute leben muß.“ Hatte Schmid damit die Kanzlerkandidatur ausgeschlagen, so erklärte er sich im Jahr 1959 nach einigem Zögern bereit, sich um die Nachfolge von Theodor Heuss als Bundespräsident zu bewerben – fraglos ein Amt, das er aufgrund seiner geistigen und charakterlichen Qualitäten und seiner Sonderstellung im politischen System der Bundesrepublik gut hätte ausfüllen können. Daß die Wahl Carlo Schmids, die auch von führenden Christdemokraten erwogen wurde, letztlich am Überwiegen parteipolitischen Macht- und Prestigekalküls scheiterte, wird man zu den verpaßten Gelegenheiten deutscher Nachkriegspolitik rechnen müssen.

In den sechziger Jahren wurde es zunehmend stiller um ihn. Die Ehrungen an besonders markanten Geburtstagen oder die Herausstellung in Partei- und Staatsämtern – SPD-Präsidiumsmitglied bis 1970, zweimalige Zugehörigkeit zur Regierungsmannschaft Willy Brandts, Übernahme des Bundesratsministeriums im Kabinett der Großen Koalition, wo er sich mit Kanzler Kiesinger in Gespräche über Staatsphilosophie oder den Verfall politischer Sitten vertiefte, denen man „nicht ohne Genuß" zuhörte, „auch wenn die platonischen Dialoge Zeit kosteten, die man in Bonn für gewöhnlich – leider – nicht hat" (Willy Brandt), später Koordination der deutsch-französischen Zusammenarbeit – konnten darüber nicht hinwegtäuschen. Der rasche Siegeszug der politischen Technokratie, die sich in diesem Jahrzehnt voll entfaltete, war nicht mehr Carlo Schmids Sache. Andererseits verfolgte er, der in seinem ganzen politischen Leben Anwalt der Mäßigung und Toleranz gewesen war, die unduldsame Härte, die Selbstgerechtigkeit und das weltanschauliche Verabsolutierungsstreben großer Teile der linken außerparlamentarischen Opposition mit Befremden und Sorge. Im Übergreifen der Reideologisierungs- und richtungspolitischen Polarisierungstendenzen auf die eigene politische Gemeinschaft sah er das volksparteiliche Profil der modernen SPD gefährdet. Zuletzt mußte Carlo Schmid arge Demütigungen hinnehmen. Wie anders sollte er es auffassen, daß ihm im Bundestag während seiner Stellungnahme zu den Ostverträgen, einem weit ausholenden nationalpolitischen tour d'horizon, gähnendes Desinteresse entgegenschlug und daß ihn im Jahr darauf die Delegierten des Hannoveraner Parteitages nicht wieder in den SPD-Bundesvorstand wählten? Nach außen hat er sich wenig anmerken lassen. Frei von persönlichen Anklagen und Vorwürfen sind auch die kurz vor seinem Tode veröffentlichten „Erinnerungen", ein insgesamt sprödes Werk, in dem der Mensch Carlo Schmid, der bitteres Leid erfahren hatte, ganz zurücktritt hinter der Sache, um die es ihm ging und der er diente. Vermächtnischarakter haben die Sätze im Nachwort, die zur Besinnung auf Bildung, Lernen, Sprache und Geschichte mahnen, um die „geistigen und seelischen Kräfte" wachzurufen und auszuformen, „die den Menschen fähig machen, mit seiner Welt fertig zu werden und sie in sich fruchtbar werden zu lassen".

Stimmt Theodor Eschenburgs Fazit: „Viel wollte er, mehr konnte er, wenig erreichte er"? Die Antworten werden je nach Maßstab und Anspruch unterschiedlich ausfallen. Setzt man beides nicht ungebührlich hoch an, so verdienen Carlo Schmid und das, was er wagte, anregte und leistete, die Rangstufe historischer Bedeutsamkeit: der Mann der Wissenschaften und Künste, der die Fron politischer Alltagsarbeit nicht scheute – der Architekt der bundesrepublikanischen Staatsgründung – der demokratische Humanist, Pädagoge und Stilbildner – der Vorkämpfer eines freiheitlichen, weltoffenen und staatsbewußten Sozialismus – der Politiker, der über sachliche Gegensätze hinweg Freundschaft suchte und Freundschaft erwiderte, sich damit zu einer solidarischen Verbundenheit bekennend, die nicht nur die engeren Gefährten, sondern alle Menschen guten Willens einschloß. Am 11. Dezember 1979 ist Carlo Schmid in Bonn gestorben.

# OSKAR KOKOSCHKA
## 1886–1980

Von
Werner Haftmann

Oskar Kokoschka war Österreicher. Er hat darüber nie einen Zweifel gelassen. Als die Grundwelle des faschistischen Totalitarismus ihn selbst zur Flucht zwang, trug er die altösterreichische Vision des Vielvölkerstaates als Vorbild eines friedlichen Zusammenlebens der Völker stets mit sich. Er trug auch seinen heimischen Propheten mit sich – Jan Comenius, den Bischof der böhmischen Brüdergemeinde und Verfechter eines toleranten Humanismus in den schlimmen Zeiten der Gegenreformation, der in seiner ungemein fortschrittlichen Pädagogik in der Erziehung der Kinder schon den Grund legen wollte für ein menschliches Zusammenleben in Frieden, Duldsamkeit, Zuneigung und Freiheit. In seinen zahlreichen politischen Schriften, selbst in einem Schauspiel, das er 1936 zu schreiben begann und 1973 im hohen Alter vollendete, hat er auf die Vorbildbedeutung des Comenius hingewiesen.

So wollte auch er als Maler eine Botschaft bringen. Das im Schauen Erlebte sollte in eine bildhafte Metaphorik eingehen, die bis ins Allegorische reichen konnte. Von der „Windsbraut" von 1914, die das Ausgesetzte seiner Liebesbeziehung zu Alma Mahler im Gleichnis des den wilden Elementen von Sturm und Meer ausgesetzten Menschenpaares allegorisch beschreibt, bis hin zu dem späten Triptychon der Hamburger Universität (1954), das in persönlicher Mythologie den Opfergang des Leonidas bei den Thermopylen im Abwehrkampf gegen die Barbarei schildert und als Aufruf an die Jugend zum Widerstand gegen das Inhumane gemeint war, zieht sich dieses Sagen-Wollen im bildhaften Gleichnis, in Metapher und Allegorie durch sein ganzes Werk. Es kann sich – und Kokoschka verfügte über diese Doppelbegabung – als Dichtung äußern und sich dann in dramatischen Szenen oder lyrischen Gleichnissen entladen, kann sich aber auch in Malerei umsetzen und nicht allein in allegorischen Szenerien, sondern auch in Bildnis, Stilleben und Landschaft, wobei dann die durch das eindringliche Sehen ausgelöste innere Betroffenheit jenes visionäre Vermögen verstärkt und dies Gegenständliche selbst zum Ausdrucksträger erhöht.

Dieses sonderbare Ineinander von dichterischer Vision und bildhafter Veranschaulichung zeigt sich besonders deutlich in der Graphik – in den Lithofolgen des „Hiob" oder den Illustrationen zur „Bachkantate". So erweitert die auf dem Text eines eigenen Bühnenspiels „Sphinx und Strohmann" beruhende Lithofolge des „Hiob" den literarischen Vorwurf ganz erheblich, wie Musik und Text der Bachkantate ganz eigene bildhafte Antworten evozieren, die in beiden Fällen auch das Autobiographische ins Spiel bringen.

Diese besondere Gewichtung der poetischen Inhaltlichkeit unterscheidet Kokoschka sehr vom allgemeinen Entwicklungsgang der modernen Malerei, so daß, angesichts seiner oft aggressiven Ablehnung der in ihr enthaltenen konstruktiven und abstrakten Tendenzen, die Frage auftauchen konnte, ob seine Malerei überhaupt als „modern" gelten könne und nicht nur eine exaltierte Weise der reproduzierenden Malerei, ein ekstatischer Impressionismus sei. Diese Frage kann sehr wohl zur Charakterisierung der Kunst Kokoschkas beitragen. Denn seit Cézanne war die Malerei entschlossen abgerückt von ihrer beschreibenden Funktion und hatte sich dem formalen Aufbau eines „neuen", nicht auf die Reproduktion der sichtbaren Wirklichkeit ausgerichteten Bildes zugewandt – und oft auf eine sehr rationale, analytische Weise, die das Pathos der spontanen Selbstentäußerung ziemlich ausschloß. Mit den im ersten Jahrzehnt unseres Jahrhunderts einsetzenden künstlerischen Bewegungen – vom Fauvismus bis zum Kubismus und den daran hängenden Entfaltungen zum Konstruktivismus und zur abstrakten Malerei – war im zeitgenössischen Bewußtsein eine neue Vorstellung vom Bild aufgetaucht, die jenes *reproduzierende* Bild durch ein geistige Antworten *evozierendes* Bild ersetzen wollte. Es ging dabei um die Heraufzüchtung eines anaturalistischen und aperspektivischen Bildgrundes, der als Erscheinungsfeld für die aus der darstellerischen Selbständigkeit der bildnerischen Mittel (Linie, Form, Farbe, Licht, Raum, Bewegung) sich entfaltenden formalen Veranstaltungen und poetischen Assoziationen dienen konnte. Mit dem entwickelten kubistischen Bild war das Paradigma des „evokativen Bildes" in etwa entworfen. Es war wesentlich aus der analytischen Bearbeitung aller formalen Komponenten des Bildaufbaues entstanden.

Auf diesem Entwicklungsstrang – dem Hauptweg – werden wir Kokoschka in der Tat nicht begegnen. Es gibt in seinem ganzen Werk keine erkennbare Verbindung zu den entscheidenden Bewegern, zu Matisse oder Picasso oder zu Paul Klee. Allenfalls auf den Nebenwegen, wo wir Nachbarschaften zu Munch, Ensor, zu Corinth, Klimt oder auch Hodler gelegentlich ausmachen können. Er blieb der halluzinierte Einzelgänger, das „Genie" im romantischen Sinne, das in der unmittelbaren Konfrontation mit der psychisch und visuell durchlebten Wirklichkeit sich seine eigenen antwortenden Gegenbilder erfand. Freilich – auch das „Genie" bleibt eingebunden in die Wachstumsringe der Geschichte. So gesehen, gehört Kokoschka in die zum Jahrhundertanfang sich in ganzer europäischer Breite durchsetzende Stilströmung des Expressionismus, jener spontanen Auseinandersetzung zwischen dem antwortenden Ich des Menschen und dem Gegenüber der sichtbaren Dinge. In diesem Dialog hielt er sich und behielt damit seine spontane Freiheit. Da für ihn aber die in ihm antwortende Vision allein im Akt des Sehens aufleuchtete und somit an das Erscheinungsbild der sichtbaren Wirklichkeit mit allen Fasern gebunden war, blieb seine Handhabung der bildnerischen Mittel nahe am Impressionismus, dessen beschreibende Absichten er ins Halluzinierte verschob. In diesem Zwischenbereich bewegt sich die ganze Malerei Kokoschkas.

Es war gerade diese Freiheit, die ihm auch den Blick freihielt für das geschichtliche Panorama der Malerei – für Tizian, Tintoretto, Tiepolo, für die visionäre Welt des alten Rembrandt und, da er ein Österreicher war, für die österreichische Barockmalerei, insbesondere Troger und Maulpertsch, die Kokoschka recht eigentlich in ihrem ästhetischen Rang entdeckt hat. Seine Bilder sind keine auf einen Zeitstil gerichteten formalen Exerzitien, sondern bildhafte Gegenäußerungen zu seinem Lebensvollzug selbst und tragen deshalb ein gerütteltes Maß an Autobiographischem mit sich.

Kokoschka, geboren am 1. März 1886 in Pöchlarn, wuchs seit seiner frühen Kindheit in Wien auf, im kleinbürgerlichen Milieu der Wiener Vorstadt. Sein Vater, Prager Herkunft und gelernter Goldschmied, war Geschäftsreisender für Schmuckwaren; seine Mutter, eine Försterstochter aus der Steiermark, hatte Mühe, ihre drei Kinder durch schwere Zeiten zu bringen. Doch konnte ihr Ältester die Realschule bis zum Abschluß besuchen und 1904 die Kunstgewerbeschule beziehen mit dem anfänglichen Ziel, Zeichenlehrer zu werden.

Er war ein verträumter, ein wenig neurotischer Junge, wortkarg, aber dann auch wieder zu hektischen Ausbrüchen neigend, sensibel, gefährlich solipsistisch, mit eigentümlich medialen und halluzinatorischen Fähigkeiten begabt. Er war ein eifriger Leser und zeichnete viel. Als Kind hatte er von seinem Vater eine illustrierte Ausgabe des „Orbis pictus" des Jan Comenius bekommen, hatte vor den graphischen Illustrationen sein Vergnügen an der Malerei entdeckt, den geistigen Habitus eines visionären Weltreformers bestaunt (und als Attitüde übernommen) und die dunkle Pracht dichterischer Weltentwürfe eingesogen. Maler, Dichter, Visionär – das entsprach dem geistigen Klima, das sich damals im artistischen Milieu Wiens ausgebildet hatte und das seine somnambule Phantastik förderte.

Die Wiener Kunstgewerbeschule war damals eine der fortschrittlichsten Lehrstätten des aufkommenden Jugendstils. Sie hatte die Ideen der englischen Reformer Ruskin, Morris, Mackintosh in ihren Lehrplan eingebaut und hielt enge Verbindung zu den „Wiener Werkstätten", die Buchgestaltung, Möbelentwurf und dekoratives Design nach diesen auf das Kunsthandwerk ausgerichteten Ideen praktisch gestalteten. 1898 hatte Olbrich als architektonisches Exemplum dieser neuen Stilvorstellung das Ausstellungshaus der „Wiener Sezession" erbaut. Klimt, die führende Figur der Wiener Sezessionsbewegung, hatte in einem vergleichbaren Geist eine hochsensible, schmiegsam dekorative Malerei über einem Flächengrund aus florealen und abstrakten Elementen entwickelt, deren esoterischer, musikantisch-linearer Ästhetizismus durch Einbrüche des Erotischen kräftig unterfeuert wurde. Er – und bald auch der belgische Bildhauer George Minne – boten dem jungen Kunststudenten eine erste Vorstellung von Modernität.

Sie schlug zuerst in der Zeichnung durch. Kokoschka weigerte sich, die schulmäßigen Übungen an Gipsen und lebensgroßen Aktzeichnungen weiterzubetreiben. Sein verständnisvoller Lehrer Czeschka ließ ihm die Freiheit. So holte er sich ein paar Kinder von Zirkusartisten in sein kleines Atelier und zeichnete im bewegten Trubel der spielenden Kinder die interessanten Körperkonstellationen, die sich aus der Bewegung ergaben. Sie sind aus direkter Beobachtung hingeschrieben, typisieren sich aber in Richtung jener sensiblen, erotisierenden Körpervorstellung Klimts. Sie sind die ersten Beispiele für das spezifische Vermögen Kokoschkas, aus einem unmittelbaren Seherlebnis ein poetisches Gegenbild zu erfinden. Doch waren sie naturgemäß Marginalien, wenn sie auch im engsten Freundeszirkel Aufsehen erregten.

Der erste Ruhm kam aus anderer Richtung. Durch Czeschka war er in Kontakt mit den „Wiener Werkstätten" gekommen, konnte sich dort in allen handwerklichen Techniken vervollkommnen und auch gelegentlich kleine Aufträge ausführen. Er sollte ein mit farbigen Lithos geschmücktes Kinderbuch herstellen. Daraus wurde unter seinen Händen eine lyrische Bilddichtung, die er sich in Wort und Bild selbst zusammendichtete, eine träumerische, aus Wortklängen gewebte hermetische Fabel um ein Mädchen Li. Die starkfarbigen Lithographien paraphrasieren mehr das Thema einer jugendlichen Traumidylle, als daß sie sie illustrieren, denn Worte und Bilder decken sich nicht. Sehr flächig sahen sie in ihrem farbigen Dekor aus wie feine Entwürfe zu Gobelins im Milieu des Jugendstils. Das Büchlein trug den Titel „Die träumenden Knaben" und war Klimt gewidmet. In Künstlerkreisen hatte es diskreten Erfolg. Doch gerade dieses Bändchen wurde die Quelle eines Skandals, der Kokoschkas Namen als „Oberwildling" in aller Munde brachte.

Für 1909 stand eine internationale „Kunstschau" auf dem Programm. Kokoschka, sozusagen stellvertretend für das Genie der Jugend, war ein kleiner Nebenraum zugewiesen. Er füllte ihn mit großen Gobelinentwürfen, denen er den Titel „Die Traumtragenden" gab. Sie mögen in etwa den lithographierten Illustrationen geglichen haben, denn die „Wiener Werkstätten" erwarben die Kartons als mögliche Vorlagen, ließen sie dann aber doch liegen und verkommen. Vermutlich waren sie ihnen zu exaltiert. Denn zwischen sie hatte Kokoschka ein überlebensgroßes Selbstbildnis aus buntbemaltem Ton gestellt, wild grimassierend und mit schreiendem Mund. Das aufgebrachte

Oskar Kokoschka

Oskar Kokoschka: Die Windsbraut. Gemälde, 1914. Basel, Kunstmuseum. – Die Macht der Musik. Gemälde, 1918. Eindhoven, Van Abbemuseum

Oskar Kokoschka: Montana. Gemälde, 1947. Zürich, Kunsthaus

Gerhard Marcks im Jahr 1946

Wiener Publikum hätte sich wohl bald beruhigt, wenn nicht Kokoschka während der Ausstellung im Sommertheater der Kunstschau ein eigenes Bühnenspiel hätte aufführen lassen mit dem provozierenden Titel „Mörder. Hoffnung der Frauen". Er kündigte es an mit einem für damalige Verhältnisse wüsten Plakat, das wie eine Persiflage auf die Gruppe der „Pietà" wirken mochte – die Halbfigur einer bleichen schreienden Frau, die die verbogenen Umrisse eines roten Männerleibes wie einen blutigen Fleischklumpen im Schoß hielt. Es ist das erste wahrhaft „expressionistische" Plakat! Die Aufführung mit gestikulierenden und schreienden Gruppen von kämpfenden Männern und Amazonen im Fackelschein, die den Kampf der Geschlechter symbolisierten, endete in einem handfesten Skandal. Für die Wiener war er fortab als „génie maudit" abgestempelt, was Kokoschka selbst den Wienern nie verzieh, obwohl er diese luziferische Gloriole auch wiederum genoß und späterhin sogar kultivierte.

Durch diesen Skandal aufmerksam geworden, nahm sich der Architekt Adolf Loos, der Vorkämpfer für eine unstilisierte, funktionale Architektur und einer der bewegenden Geister im damaligen Wien, in seiner unbedingten Weise des jungen Malers als Mentor und Mäzen an. Vor allem löste dieser Architekt, der „Ornament als Verbrechen" erklärte, ihn unverzüglich aus dem jugendstiligen Kreis der „Wiener Werkstätten" heraus, indem er ihn in ein ganz anderes geistiges Milieu stellte. Das war neben Loos der große Zeitkritiker Karl Kraus, der die berühmte Zeitschrift „Die Fackel" herausgab, und der ihn umgebende Kreis von Philosophen, Kritikern und Literaten, unter denen der Dichter Peter Altenberg Kokoschka bald besonders nahestand. Kraus war in Wien eine geistige Instanz. Obwohl die Lebensführung seines Kreises alle Zeichen jener bohemehaften Libertinage zeigte, die damals in allen europäischen Hauptstädten als Ausweis antibürgerlicher Haltung galten, zielte die geistige Absicht, sowohl bei Kraus wie bei Loos, auf äußerste Genauigkeit des Ausdrucks und Präzision der Form. Diese kühle Einbindung jedes expressiven Überschwangs in ein ausdrucksfähiges Formgewand aber wurde sonderbar unterfeuert durch Vorstellungen von Endzeit und Untergang, von Trauer und apokalyptischer Prophetie, die die überdeutlichen politischen Verfallszeichen der Donaumonarchie auf das ganze Kulturmilieu der Zeit übertrugen. Dadurch geriet die ambivalente, gefährdete und gefährliche zeitgenössische Wirklichkeit in das Erlebnisfeld des jungen Malers.

Loos führte ihn am langen Zügel. Er belehrte ihn nicht, er stellte kaum merklich das Thema, das Konfrontation mit der Wirklichkeit und dem Menschen in ihr hieß. Also sorgte er in seinem weiten, alle Gesellschaftsschichten umfassenden Bekanntenkreis für Porträtaufträge. Kokoschka folgte ganz somnambul. So entstand seit 1908 die glorreiche Kette von Porträts – Dichter, Schauspieler, Leute der Gesellschaft, Kraus, Loos, dessen Frau, der gelehrte

Forel ... wahre Geniestreiche! Das Bildnis vom Schauspieler Reinhardt nannte er „Trancespieler"; in Wirklichkeit waren sie alle wie in Trance gemalt. Wie halluzinatorische Gesichte erscheinen diese Menschenbilder. Aus ihren individuellen Physiognomien seziert der Maler das Psychologische heraus und erreicht durch Übertreibung und Isolierung den allgemeinen Stimmungsgrund, der hinter der Person auch das Zeitgenössische aufscheinen läßt. Da sie aber persönliche Antworten des Malers auf seine Modelle sind, enthalten sie auch etwas Selbstbildhaftes. Dieses Ineinander von sezierender Beobachtung, psychologischer Durchschauung und halluzinierter Selbstidentifizierung mit dem sichtbaren Gegenüber legen jetzt bereits die Weise der Wirklichkeitsdeutung fest, die das ganze Werk Kokoschkas tragen sollte. Es ging nur noch um Erweiterung des Motivkreises.

Im Winter 1909/10 schickte Loos seinen jungen Freund, um ihn aus dem Wiener Milieu herauszubringen, als Begleiter seiner kranken Frau nach dem Lungenkurort Leysin am Fuße des Bergmassivs der „Dents du Midi". Gerade an dem eisigen Wintertag, an dem Loos nach Wien zurückfuhr, traf Kokoschka, der vom Fenster seiner Mansarde dem Schlitten nachsah, ein überwältigender Eindruck. Plötzlich sah er die gewaltige Kulisse der „Dents du Midi" und die ungeheure prismatische Präsenz des Raumes vor ihr, in den der Schlitten hineinfuhr. Sogleich malt er die Vision – seine erste große Landschaft! –, baut die Bergkulisse wie eine gigantische Erscheinung auf und bricht den Raum prismatisch auf, um der Atmosphäre architektonische Gestalt zu geben. Wie ein Dom aus Raumkristallen und prismatischen Lichterscheinungen baut sich dieser Raum auf.

Um diese Zeit war ihm etwas Ähnliches am Thema des Stillebens widerfahren. Einer seiner Wiener Bekannten hatte ihm in seiner Küche seinen Sonntagsbraten, ein abgehäutetes Lamm, gezeigt. Aus dem Schauder Kokoschkas vor dem armseligen Leichnam kam ihm eine Vision. Eilig baute er ein makabres Stilleben um das abgehäutete Tier, holte aus dem Kinderzimmer eine Schildkröte und ein Aquarium mit einem rosafarbenen Lurch, fand im Zimmer des Dienstmädchens eine bleiche Hyazinthe. Dann malte er dieses Ensemble, erhöhte das bleiche Licht der Hyazinthe zu einer Art von Totenlicht, ließ den rosa Molch wie eine Gestalt paläontologischer Unterwelt erscheinen und streichelte aus dem toten Lamm die kostbarsten Farben der Verwesung hervor. So entdeckte er unversehens die evokative Rufkraft der Dinge für sich, die in ihnen verborgene poetische Metaphorik.

Die Figurierung des Raumwesens wie die Beseelung des Dingwesens brachten Kokoschka, wenn auch für ihn weitgehend unbewußt, in engere Nachbarschaft zu den in der Moderne allenthalben umgehenden Ideen, so daß er im Rahmen des mitteleuropäischen Expressionismus als einer ihrer Erneuerer gelten konnte.

Das erwies sich, als er, des Wiener Kunstklimas überdrüssig, im Frühjahr 1910 nach Berlin übersiedelte. Er wurde dort von Herwarth Walden, den er kurz vorher durch Kraus kennengelernt hatte, mit offenen Armen aufgenommen. Denn Walden baute damals gerade seine Avantgarde-Zeitschrift „Der Sturm" auf. Hier trat Kokoschka als improvisierter Mitherausgeber, als Zeichner und Dichter voll ein. Schon die ersten Nummern zeigen neben Illustrationen zu seinen Bühnenstücken eine Fülle seiner schnell berühmt werdenden Bildniszeichnungen, die im nervösen, wehenden Strichwerk ein eindringliches Bild vom zeitgenössischen Menschen entwerfen. Die Modelle fanden sich in dem um Walden versammelten Kreis von Dichtern und Literaten: Paul Scheerbart, Richard Dehmel, die Lasker-Schüler, Rudolf Blümner, die Schauspielerin Tilla Durieux, die die Frau von Cassirer war... Er lernt auch Paul Cassirer kennen, und dieser richtet ihm in seiner berühmten Galerie eine erste bedeutende Einzelausstellung ein. Am Ende des Jahres 1910 ist Kokoschka bereits zum exzentrischen jungen Genie auch des Berliner Expressionismus avanciert.

Ziemlich erschöpft zog er sich 1911 wieder nach Wien zurück. Neben Bildnissen malt er jetzt eine Gruppe kleinerer religiöser Bilder, die eine gewisse formale Beruhigung ausweisen. Der Bildgrund wird flacher und wie von ondulierenden Wellen bewegt mit mehr opaker Farbstimmung. In den figürlichen Kompositionen taucht aber jetzt eine neue, beunruhigende Frauenfigur auf, sphinxhaft, von starker erotischer Ausstrahlung. Es ist Alma Mahler, die Witwe des Komponisten Gustav Mahler, zu der Kokoschka eine leidenschaftliche, oft recht quälerische Beziehung entwickelt. Sie wird jetzt zur Zentralfigur aller auf seine Lebensempfindung antwortenden Vorstellungen. Das Hauptbild ist die „Windsbraut" von 1914, eine visionäre Allegorie, die das aneinander geklammerte Paar im stürmischen Meer, auf zerfallender Barke treibend, zeigt. In zwei außerordentlichen Lithofolgen – „Der gefesselte Kolumbus" und „Bachkantate" – hat Kokoschka in mythisch-allegorischer Verkleidung seine aufwühlenden Erlebnisse im Zusammenleben mit Alma auf den Stein gezeichnet.

1914 aber bricht der Krieg aus. Um der quälenden Beziehung ein Ende zu machen, meldet sich Kokoschka freiwillig zur Kavallerie und zieht als Dragoner ins Feld. Nach einem abenteuerlichen Feldzug zur russischen Grenze wird er in Galizien bei einer Attacke vom Pferd geschossen und von einem russischen Infanteristen mit dem Bajonett durch die Lunge gebohrt. Schwerverwundet und durch den Kopfschuß mit Gleichgewichtsstörungen belastet, wird er durch die Feldlazarette endlich nach Wien gebracht und schließlich vom Militärdienst beurlaubt. Im Spätsommer 1916 kann er für einige Wochen nach Berlin reisen und die Freunde vom „Sturm" sehen, der sich inzwischen zu der führenden deutschen Zeitschrift der internationalen Avantgarde entwickelt hatte. Anschließend wird er als militärischer Rekonvaleszent zur Behandlung seiner Gleichgewichtsstörungen nach Dresden kommandiert und schließlich aus der Armee entlassen.

Er bleibt in Dresden und gerät schnell wieder in einen ihm gemäßen Kreis von Schauspielern und Literaten – Ernst Deutsch, Käthe Richter, Walter Hasenclever –, mit denen er in einer billigen Pension zusammenlebt. 1917 wird sein Bühnenspiel „Mörder. Hoffnung der Frauen“ in den Dresdener Kammerspielen aufgeführt, und er beginnt auch wieder zu malen – Gruppenbildnisse mit seinen neuen Freunden. Sie sind in einer unruhigen, umtreibenden Pinselschrift gemalt, in einem melancholischen graublauen Farblicht und zeigen die bedrückte psychische Situation des Malers deutlich an.

Denn daß jene psychische Verstörung durch Alma Mahler noch nicht überwunden war, zeigt sein damals entstandenes Bühnenstück „Orpheus und Eurydike“, mit dem er sich diese lastende Bedrückung von der Seele zu schreiben suchte. In seiner exaltierten Stimmung verfiel er gar auf die absurde Idee, sich eine lebensgroße und in allen Details lebensnahe Puppenfrau herstellen zu lassen, mit der er künftig zu leben gedachte, ein „Effigie für Alma Mahler“, wie er selbst sagte. Natürlich endete diese gespenstische Idee in Enttäuschung. Nach einem nächtlichen Bacchanal mit Freunden und Kurtisanen bleibt jenes „Effigie“ zerfetzt und verschmiert im Garten als Abfall zurück. Doch schien diese exzentrische Therapie tatsächlich anzuschlagen. Er wird ruhiger und findet vor allem zu kontinuierlicher malerischer Arbeit zurück. Dazu hilft auch die nahezu tägliche Begegnung mit den großen venezianischen Meistern in der Dresdener Gemäldegalerie und seine Freundschaft zu deren Direktor Posse, mit dem er in einem der Kavaliershäuser zusammen haust.

Inzwischen war die Revolution ausgebrochen und veränderte die bürgerliche Lebensordnung. In ihrem Zuge forderten die Kunststudenten die Berufung Kokoschkas als Lehrer an die Kunstakademie. Die Behörde stimmte zu und auch Kokoschka, freilich unter der Bedingung, Österreicher bleiben zu dürfen. Die Aufgabe, junge Menschen zur Kunst zu führen, empfand er als einen großen verantwortlichen Auftrag und, um ein Vorbild zu geben, stürzte er sich für Jahre in seine Arbeit. So verblaßte schnell die Legende vom „tollen Kokoschka“. In Dresden setzte nach den Geniejahren der Jugend das reife Werk ein.

Seine Malerei wird jetzt optimistischer, auch weniger allegorisch. In prachtvollen Elbansichten, wie im Hauptwerk der Dresdener Jahre „Die Macht der Musik“, lagerten sich kräftige Farbkontraste in breiten Bahnen und Flecken und ließen den Maler selbst an die Strahlkraft gotischer Kirchenfenster denken. Tizian stand im Hintergrund, auch Rembrandt. Eine männliche Freude an den im Schauen gewonnenen Erlebnissen der Wirklichkeit setzte sich durch: ‚Sehen' wird zum ‚Einsehen'. Dieses Einverständnis mit der sichtbar erscheinenden Welt weckte Lebenskraft und Daseinsfreude. „Die formativen Jahre schienen vorbei" – so erinnert er sich. So wird der Wunsch, sich den Abenteuern der weiten Welt zu stellen, übermächtig in ihm.

Den letzten Anstoß gab die Nachricht vom Sterben seines Vaters, die ihn nach Wien rief. Unangekündigt und über Nacht verläßt er Dresden und kehrt nicht mehr zurück. Von Cassirer erwirkt er einen opulenten Vertrag und stürzt sich für zehn Jahre in das Reiseabenteuer der fremden Städte und Landschaften. Die Sache geht mit einigem Saus und Braus vor sich – feine Hotels, eigene Appartements, Reisebegleiter, die alles regeln, Saufereien und galante Feste im Kreise der jeweiligen Boheme, dazwischen Phasen pittoresker Armut, wenn das Geld wieder einmal durchgebracht war. Er ist in großartiger Arbeitsverfassung. Ab und zu malt er einige Porträts, Hauptthema aber sind Städtebilder und Landschaften. Dieses Reiseleben beginnt 1924 am Genfer See, wo er einige Landschaften malt. Dann geht er nach Venedig und über Florenz nach Wien zurück, um aber bald für einen längeren Aufenthalt nach Paris aufzubrechen. Im kommenden Frühjahr reist er durch Südfrankreich – Bordeaux, Aigues-Mortes, Avignon, Monte Carlo – und landet schließlich in Madrid und Lissabon. Im Spätsommer 1925 ist er zum erstenmal in Holland, wo er in Amsterdam glänzende Grachtenbilder malt und einen ersten Ausflug nach London unternimmt. Im November 1925 zeigt Cassirer in Berlin eine erste Ausstellung dieser Reisebilder mit großem Erfolg. Ende des Winters zieht Kokoschka für einige Monate nach London, wo er seine hochberühmten Themsebilder malt. Im nächsten Jahr ist er wieder in Italien und der Südschweiz.

Anfang 1928 erfüllt sich endlich sein Traum von Nordafrika und dem Orient. Er reist in Tunesien und Algerien, befreundet sich mit den Notabeln der Beduinenstämme, sucht im sonderbar fremdartigen Milieu nach sonderbaren Abenteuern und genießt die orientalische Märchenwelt und das atmende Licht des nordafrikanischen Landstrichs. Jetzt entstehen neben den Landschaften auffällig viele Figurenbilder, die sein neugieriges Interesse an menschlichen Begegnungen bezeugen. Schon im nächsten Jahr ist er wieder in Afrika und treibt seine Erkundungen bis nach Kairo, wo er die Landschaft von Gizeh mit der Sphinx malt, und Jerusalem, von dem ihm eine großartige Ansicht gelingt, in der die Stadt als „hochgebautes Zion" wie eine Arche auf ihrem Hügel schwimmt im hellen, unsäglich spirituellen Licht Palästinas. Die Reise geht dann in langsamen Etappen über Athen und Konstantinopel zu Ende. 1930 schiebt sich noch eine kürzere Reise nach Tunesien ein. Dann bleiben Italien und Frankreich die bevorzugten Ziele. Dazwischen lagen immer längere Aufenthalte in Paris und Wien, kürzere in Berlin, wo zwischendurch die praktischen Angelegenheiten und die Ausstellungen mit der Galerie Cassirer zu erledigen waren und ein großer Freundeskreis wartete.

Diese von 1924 bis 1933 währende Reisezeit erbrachte einen der Höhepunkte im Werk des Malers. In ihr entstand ein ganzer „orbis pictus", der in eindringlicher Weise das persönliche Welterlebnis des Malers im Staunen vor der sich auftuenden Schönheit beschrieb. Es war diese staunende Betroffenheit, die auch die halluzinatorische Fähigkeit in Bewegung brachte und aus dem Motiv ein antwortendes Gegenbild heraushob, in dem das Charakteristische des Motivs und die antwortende Sensibilität des Malers zur Deckung gelangten. Nahezu alle diese Bilder sind von oben gesehen, von Bergen, Kirchtürmen, Hochhäusern, um das weite Rund des Himmelsprospektes und seinen von Licht vibrierenden mächtigen Raum bildhaft einfangen zu können. Um den Raum zu dehnen, benutzte der Maler gern verschiedene, nebeneinanderliegende Blickpunkte, zwei Fensterausblicke zum Beispiel. Das ergab ein weiträumigeres Blicken, das die einäugige Starre der Fotolinse vermied und Veränderungen aus bildpoetischen Einfällen weiten Spielraum ließ. Aus der Ansicht wurde Weltsicht. Diese Verschränkung von Beschreibung und Vision veränderte die vom Impressionismus geprägte Landschaftsvorstellung der gesamten modernen Malerei.

1933 ging diese fruchtbare Zeit abrupt zu Ende. Das hatte politische Gründe. In Deutschland war Hitler an die Macht gelangt. Kokoschkas Name stand in den Nazikreisen – und bei dem Österreicher Hitler sowieso – als Synonym für „entartete Kunst". In der auf die Vereinigung mit dem „Reich" zielenden alldeutschen Bewegung, in der politischen Reaktion um den Fürsten Starhemberg und auch Dollfuß wurde das liberale Klima Österreichs zersetzt. Im eigenen Land geriet Kokoschka in die Gefahrenzone. Zudem hatte er durch die Schließung der jüdischen Kunsthandelsfirma Cassirer seinen finanziellen Rückhalt verloren. Die Lage wurde zusehends bedrohlicher. Von ungarischen Freunden gewarnt, verließ er im Spätsommer 1934 fluchtartig Wien und emigrierte nach Prag.

Er liebte diese Stadt und hat während seines Aufenthaltes eine ganze Reihe von trefflichen Ansichten des goldenen Prag gemalt. Doch fühlte er sich als politisch Verfolgter, und das Übergewicht des Politischen verdunkelte ihm seinen inneren Auftrag. Ein Trost war, daß er den Auftrag erhielt, den Präsidenten der tschechoslowakischen Republik, Masaryk, zu porträtieren. Denn das war ein überlegener, politisch ausgezeichneter Geist, der die Qualitäten des altösterreichischen föderativen Systems schätzte und auch jene demokratischen Volksbildungsideen des alten Jan Comenius wohl kannte. Damals entwarf Kokoschka sein lesenswertes Schauspiel über Comenius. Jedenfalls stand Comenius so im Mittelpunkt ihrer Gespräche, daß Kokoschka dessen Gestalt, wie einen guten Mentor, neben Masaryk auf seinem Porträt erscheinen ließ. Der Präsident riet ihm auch, die tschechische Staatsangehörigkeit anzunehmen, was Kokoschka kurz vor seiner Flucht auch tat.

Denn inzwischen wuchs die Gefahr der deutschen Besetzung. Im Oktober 1938, kurz vor dem Einmarsch der Deutschen, gelang ihm die rechtzeitige Flucht. Zusammen mit seiner Prager Freundin Olda Palkovska, die er bald darauf heiratete, emigrierte er nach London. Da er einen tschechischen Paß hatte, wurde er nicht interniert, sondern konnte als vergleichsweise freier Bürger in England leben. Doch war die Lage schwierig. Er war ziemlich mittellos.

Er lebte zuerst in einem billigen Boarding-House und zog dann in eine Blockhütte an der Westküste dicht am Meer. In diesem bedrohlichen Zustand der Welt lief die Malerei mehr am Rande mit. Als die englische Armee bei Dünkirchen zerschlagen wurde, kehrte er nach London zurück. Dort begannen im September 1940 die ständigen Luftbombardements der Stadt. Von nur kurzen Aufenthalten in Schottland abgesehen, blieb er während des ganzen Krieges in der verwüsteten Stadt. Er lebte von Porträtaufträgen, doch störte der politische Alltag die innere Konzentration. Als Ehrenpräsident des Freien Deutschen Kulturbundes wurde er ständig mit ihm konfrontiert. Bis in seine Kunst drang das Politische ein. Er malte eine Reihe politischer Bilder, schwer auflösbare, oft bittere Allegorien, die die krausen Weltläufe und deren Protagonisten in eine Art von karikierenden Bildrebus verschlüsseln. Doch hat ihr Inhalt nie etwas mit einseitiger Propaganda zu tun. Er blieb auf den Kampf für Menschlichkeit gerichtet und sparte auch keineswegs mit Kritik an Fehlgriffen der Alliierten. So protestierte er öffentlich und schärfstens gegen die brutale Zerbombung Dresdens. Als endlich der Krieg zum Ende kam, begann für ihn die Sorge um den Frieden. Wo immer nur möglich in Bild, Wort und Schrift, trat er für eine humanistische Lebens- und Denkweise ein. Das in Kokoschka stets angelegte pädagogische Element kommt jetzt voll zum Durchbruch. Man kann sagen, daß das ganze Alterswerk Kokoschkas inhaltlich dem Aufruf zu einer humanistischen Lebensgestaltung unterstellt ist.

1947 hatte er die englische Staatsbürgerschaft erhalten und konnte wieder frei auf dem Kontinent reisen. Er eilt sogleich nach Prag und Wien, reist 1947 in die Schweiz, wo in Basel seine erste Ausstellung nach dem Kriege stattfindet, ist im nächsten Jahr in Oberitalien, besucht zwischendurch Salzburg, wo ihm die Idee kommt, eine Malschule ins Leben zu rufen, die er „Schule des Sehens" zu nennen wünschte. Die ersten Lehraufträge aber kamen aus Amerika, wo eine großangelegte Wanderausstellung seinen Namen wieder ins Gedächtnis gerufen hatte. Seit 1949 und bis 1966 war er nicht weniger als fünfmal als Lehrer in Malkursen an amerikanischen Universitäten tätig. Seine Lieblingsidee aber blieb seine „Schule des Sehens" in Salzburg. Endlich 1953 konnte er sie durchsetzen und wäre gern selbst ins Salzburgische gezogen. Als sich dies nicht verwirklichen ließ, zog er 1953 endgültig von London fort und bezog ein kleines Haus in Villeneuve am Genfer See. Jeden Sommer, elf Jahre lang, lehrte er in dieser seiner Schule in Salzburg, begeistert von der Aufgabe, der Jugend ein Sehen beizubringen, das über dem Hinsehen das Einsehen erreichen und im Verhältnis zu Natur und Leben das tätige Einverständnis des Menschen mit seiner Welt bewirken sollte, das Kokoschka als humanistisch empfand.

In diesem Kontext trat nun auch Griechenland, das er bisher nur flüchtig kannte, hervor. 1956 beginnen seine Reisen nach Hellas. In das Jahr 1961 fällt ein längerer Aufenthalt in Delphi, wo ihm der Fries der Syphnier zum großen Erlebnis wird. Jetzt erlebt er sehend den Morgenglanz der frühen europäischen Welt, das Erwachen der beseelten Naturempfindung, die sich als Mythos und Bild anschaulich entwarf. Schon 1950 hatte er für das Haus eines Londoner Freundes als Wandbild ein „Prometheus-Triptychon" gemalt, 1954 dann das riesige „Thermopylae-Triptychon", das für die Hamburger Universität bestimmt war. Beide sollten den griechischen Lebensentwurf der Jugend vor Augen führen. Freilich – von irgendeiner archaisierenden oder klassizierenden Stilvorstellung kann nicht die Rede sein. Die Riesenbilder sind in eiligem Schwung im breitströmenden Farbauftrag gemalt in einer Dramaturgie, die eher an die österreichischen Barockmaler denken läßt denn an die verhaltene Formführung der Griechen. Sie sollen auch keine formalen Exerzitien sein, sondern einprägsame und wirksame Sinnbilder. Dazwischen liegen vielfältige Arbeitsvorhaben – Bühnenausstattungen zum Beispiel für die „Zauberflöte" in Salzburg (1955) und eine Fülle von Porträts, darunter zahlreiche deutsche Staatsmänner: 1950 Theodor Heuss, 1951 der Hamburger Bürgermeister Brauer, 1959 Wirtschaftsminister Erhard, 1966 Adenauer, den er in Cadenabbia malt. Sie alle sind in einer eher barocken, zupackenden Manier vorgestellt, mit kräftigen expressiven Überzeichnungen des Physiognomischen und unruhiger flackernder Setzung der Farbe.

Als 1964 der altgewordene Maler seine Lehrtätigkeit in Salzburg aufgeben muß, tritt das Lesen in den Vordergrund und damit die Graphik. Es beginnt 1963 mit der Graphikfolge zu „King Lear". Dann entstehen in dichter Folge die lithographierten Mappenwerke zu einer Apulienreise, die „Bekenntnisse zu Hellas" und schließlich die Illustrationsfolgen zu Aristophanes, zur Odyssee, zu Homer. Er schreibt viel, vollendet 1973 sein 1936 in Prag begonnenes Schauspiel „Comenius" und diktiert seine Lebenserinnerungen (1971). 1965 reist er noch einmal nach Marokko, woraus eine weitere lithographierte Reisemappe entsteht. – Dann zwingt ihn allmählich sein hohes Alter zu häuslicherem Leben. Doch arbeitet er unentwegt, ordnet seinen Nachlaß, schreibt und malt fast täglich sein Blumenaquarell. Langsam aber läßt das Augenlicht nach. Der Maler, der so ganz auf das Sehen, auf sein Sehen angewiesen war, erblindet. Er stirbt mit vierundneunzig Jahren am 22. Februar 1980 im Hospital von Montreux über dem Genfer See, den er so oft gemalt hatte.

# GERHARD MARCKS
## 1889–1981

Von
Martina Rudloff

Schon bevor im vergangenen Jahrhundert eine zergliedernde Wissenschaft die Einheit unserer Kultur unheilvoll spaltete und Macht und Fortschritt ihre Despotie über die Kunst ausübten, hat die Skepsis gegenüber den „täuschenden" Sinnen im Abendland ihre Vorgeschichte. Immer wieder haben Bilderstürmer versucht, die verlockte und verführte Menschheit auf den „rechten" Weg hin zu innerer Schau oder zu reiner Vernunft zu lenken. Europa ist auf dem Stier davongetragen, durch die Laune eines Gottes ihrer Heimat und ihrer Unschuld beraubt worden: In „Griechenland als Modellfall für Europa" sah Gerhard Marcks die Harmonie einer Welt, in der das Auge sich wachhält, um im Schöpfer-Gebilde den verborgenen Gott aufzuspüren.

Im Deutschland des 20. Jahrhunderts erging es Gerhard Marcks ebenso wie manch einem seiner Künstlerfreunde, denen er in den Nachruf schrieb: „Er teilte das typisch deutsche Künstlerleben, unzeitgemäß und im Abseits." Im bürgerlichen Preußen seiner Kindheit, in der Familie wie auf dem Gymnasium widerfuhr dem angehenden Künstler jene spöttelnde Herablassung, wie etwa beim Antritt seines Reservedienstes 1913 in Lübeck: „Was, Künstler sind Sie? Denken Sie bloß nicht, daß hier nicht gearbeitet wird!" Der Deutsche, bedauerte Marcks, traut seiner Brille mehr als seinen Augen, in seinem Herzen ist die bildende Kunst nicht verankert; seinen Intellekt hat er der wissenschaftlichen Neugier und dem Beweis verschrieben und der kontemplativen Betrachtung vorangestellt. Auch demjenigen, der den Versuch unternimmt, den Lebensweg des Künstlers im Widerschein seines Werks ergründen zu wollen, erhellt ein plötzlicher Blick oft mehr als ein zähes Studium dieses umfangreichen, fast acht Jahrzehnte überspannenden Œuvres samt der begleitenden, längst nicht vollends zusammengetragenen Dokumentation. Rückt zwar im Fluidum eines Bildwerks die Erlebnisweise des Künstlers näher, so ergeht es dem Betrachter auch dann nicht anders als dem Bildhauer beim Naturstudium:

„Das Aktzeichnen in festgesetzten Stunden hat wohl sein Gutes, aber es ist vergleichbar den Schwimmbewegungen im Trockenen. Erst die Summe unzählbar wiederholter Beobachtungen vermittelt das typische Bild, das im übrigen sich in großen Entfernungen leichter erfassen läßt, als die großen Proportionen dann auf Kosten des Details zur Wirkung kommen."

Gerhard Marcks wird am 18. Februar 1889 in Berlin am Kurfürstendamm geboren, als dieser noch ein mit Eichen bestellter Knüppeldamm war, in der „halkyonischen dritten Woche des Februar, in der Zeus die Winde ruhen läßt. Und so bin auch ich ein Halkyonier, der die Ruhe liebt". Seine Kindheit und Jugend begleitete die lärmende Hast, mit der das kaiserliche Berlin seine Großstadtpracht entfaltete, und senkte ihm schon früh eine Abneigung gegen die Maschine mit all ihren verderblichen Folgen für den Lebensraum der Menschen ein. Der Sohn eines gestrengen, wortkargen und unnachgiebigen Vaters – ein Getreidekaufmann, der in Konkurs geriet und früh starb – ist ein schüchterner Eigenbrötler mit einer frühen Neigung zum Zeichnen, die er der Familie seiner Mutter zu verdanken glaubt, in deren Adern Hugenottenblut floß. An der Baugrube der Gedächtniskirche vorbei zieht es ihn oft in den Zoo. Hier, im neu mit Freigehegen ausgestatteten Tiergarten, gibt er sich den Träumen des Indianerspiels hin und beobachtet und bewundert die Tiere. Der Wunsch, Künstler zu werden, erwacht aus innerer Verbundenheit mit einer gebildeten Jugend, die singend in die Felder und Auen zieht; inbrünstig schwärmt er in einem Schulaufsatz von einer Natur, die „in wehmutsvollem Schweigen an glücklichere Zeiten denkt, ... wo noch die guten alten Götter in der Welt herrschten, das Menschengeschlecht noch in ihr den Ausdruck alles Göttlichen verehrte – nicht sie in Fesseln schlug".

Inmitten einer sich in neobarocken Denkmälern repräsentierenden Staatskunst, getragen von einer Gesellschaft, deren Bild sich im Kostüm-Realismus der späten Rauch-Schule an der Siegesallee spiegelt, ist die Sehnsucht groß nach einer vom Ballast der Zivilisation befreiten Kreatur, die sich aus innerer Notwendigkeit bewegt. Nach ersten Anfängen als Tierplastiker sucht Marcks in der Menschengestalt, im „Hemdauszieher", „Mann mit Tuch", „Springer auf Brunnen" (um 1912) den sich seiner Konvention entledigenden und dem Rhythmus elementarer Kräfte hingebenden Menschen. Damit steht er einer jungen Künstlerschar um die Berliner Secession nahe, deren Publikum in Georg Kolbes „Tänzerin" (1912) ein neues Lebensgefühl am eindringlichsten verkörpert sieht. Kolbe, der Tierplastiker August Gaul, vor allem aber der ihn väterlich betreuende Richard Scheibe, welcher mit leiser Ironie die romantischen Regungen seines Schützlings bekämpft, ebnen Marcks den Weg in die Kunstwelt. Scheibes didaktisches Talent fördert im gemeinsamen Atelier das gründliche Studium der Anatomie von Mensch und Tier am lebenden Modell oder an heimlich aus der Pathologie entwendeten Armen und Beinen. Die Anwendung akademischer Faustregeln gilt als verpönt. Bewundert wird Rodin, doch im Bemühen, aus dem Organischen den Impressionismus überwinden zu wollen, erscheint die Weisung Hildebrands praktikabler, sich vom rein Imitativen abzulösen und ein aus der Wahrnehmung gewonnenes Vorstellungsbild zu gestalten. Der Dialog um ein mögliches Vorgehen im Abstrahieren ist entbrannt und begleitet die jungen Künstler auf ihren Wegen durch Museen und zu Ausstellungen der meist von jüdischen Kunsthändlern betriebenen Galerien. Wilhelm Worringers Buch „Abstraktion und Einfühlung" lenkt in völkerpsychologischer Deutung die Atelierprobleme auf die Weltkulturen: Ägyptischer Kunst, griechischer Archaik, Mittelalter und Gotik wohne ein Drang zur Abstraktion als Ausdruck großer innerer Beunruhigung inne, dem in Klassik, Renaissance und Klassizismus ein pantheistisches Beglükkungsgefühl entgegenstehe. Sein Grundsatz „Je weniger sich die Menschheit kraft ihres geistigen Erkennens mit der Erscheinung der Außenwelt befreundet hat, desto gewaltiger ist die Dynamik, aus der heraus eine höchste abstrakte Schönheit erstrebt wird" hat nach dem krampfhaften Stileklektizismus des vorangegangenen Jahrhunderts in den Köpfen derer, die auf Reform aus waren, die Suche nach einer zeitgemäßen Form ausgelöst.

Der Kunst als Lebenselement eines Volkes zu neuem Rang zu verhelfen, ist auch das Ziel von Jugendstil und Werkbund. War für die ältere humanistisch gebildete Generation der Homo faber noch indiskutabel, so suchen die Jüngeren ihren künstlerischen Einfluß auf Produkte der Manufakturen und Fabriken geltend zu machen. Gerhard Marcks sieht seine frühen Tierplastiken als Setzstücke, deren strenger Bau eine Relation zum Architektonischen mitmeint und die teilweise als Modelle für eine serielle Erstellung in Steingut oder Prozellan gedacht sind. Die Idee vom Gesamtkunstwerk verwirklicht sich, als er, Scheibe und Kolbe auf den Vorschlag von Walter Gropius eingehen und dessen Häuser für die Kölner Werkbund-Ausstellung 1914 mit figürlichen Reliefs auskleiden. Marcks sieht sich in die Reihe derer gestellt, die für die neue Form Verantwortung tragen – wie hoffnungsvoll muß dem ins Leben tretenden Bildhauer seine berufliche Zukunft vor Augen gestanden haben, als er sich im August 1914 mit der Geheimratstochter Maria Schmidtlein vermählte. Das war am Tag der Mobilmachung, bereits mittags hatte er sich in seiner Garnison einzufinden – im November kam er als Schwerkranker aus Flandern zurück. „Ausgerechnet im Schützengraben ist mir aufgefallen, daß man ein Ziel nur kurze Zeit mit Korn und Kimme anpeilen kann – es verschwimmt, wenn man nicht einen neuen Standpunkt wählt. Das Ziel bleibt dasselbe."

Das geistig aufgewühlte Deutschland und insbesondere Berlin sind nach Kriegsende erfüllt von der düsteren Erregung jener Tage. „Der Schrecken saß den Menschen in den Gliedern, und der Glaube an die Welt war erschüttert." Marcks tritt der Novembergruppe bei, einem losen Verbund verschieden gearteter Künstler, die in der Entschlossenheit einig waren, aus dem Zusammenbruch einer überlebten Welt die Konsequenzen zu ziehen. Marcks versagt sich dem Angebot festschreibender Verabsolutierungen: Ungegenständliches oder Ornamentales umkreisen experimentell das Studium am Akt als dem stets gegenwärtig bleibenden prüfenden Maßstab. In tastender Formverdichtung, auch im Absondern und Annehmen expressionistischer Lösungen sucht er nach einem gültigen Formverbund, der dem gebrochenen Vertrauen in ein Menschenbild als Ebenbild Rechnung trägt und ein körperübersteigendes Geistiges zu integrieren vermag. Holz und Ton – neue Materialien – stehen als Baum und Erde sinnerfüllend für Körperverhaftung; körpernegierend dagegen wirkt die Anverwandlung an das Relief, sie offenbart die suggestive Kraft der Linie und lenkt über in nicht faßbare, transzendente Räume. Neuplatonisches Gedankengut, Gotisches – Karl Schefflers „Geist der Gotik" – und die mystische „theologia negativa" Meister Eckarts begleiten die Konzentration auf ein neues Raumverständnis. Aus der Formsprache liest sich das Pathos der Themen: „Weltangst" (1919) – körperleer vor dem Raum zurückweichend; „Apokalyptische Reiter" (1919) – vor flachem visionären Grund in die Lüfte steigend; 1920 ein Altar mit einem Hohlkörper im Zentrum.

Doch, zunächst im Widerstreit, – im „Kopf mit Engel und Teufel" (1921), den „Blinden und Schauenden" (1920) – erstarkt ein bejahendes Lebens- und Formgefühl. Im „Symbol Das Leben" (1919) entsteigt einem am Boden haftenden Fratzenwesen – Zitat der „Primitiven" – eine Mutter mit Kind. Schwangere, Mutter mit Kind, Stehende Frau – madonnengleich in kultischem Gegenüber – sind die Themen der kommenden Jahre. Im holzplastischen Werk der Bauhaus-Zeit verfolgt Marcks das Ziel, einer aus dem Lot geratenen Haltung ihr stabilisierendes Gegengewicht zu setzen; Raum wird dabei zurückerobert, aber streng stereometrisch durchgliedert, eng eingespannt in Schrägflächen. Die Körper sind nun nicht mehr ex-sistent, sie sind in einer Ordnung des Elementaren geborgen. Ein Seitenblick auf das graphische Holzschnitt-Werk jener Jahre erweitert den formalen Sinn: Thema ist ein dem Kreislauf der Zeit und der dumpfen Kreatürlichkeit verhaftetes bäuerliches Volkstum – „Der Künstler" bleibt in Distanz, einsam, beobachtend und wolkennah.

Walter Gropius trifft mit seiner Gründung der Kunstschule „Das Bauhaus" auf eine hellhörige Jugend. Der aus mittelalterlicher Dombauhütte abgewonnenen Idee kamen die Wünsche vieler aus Kunst und geistigem Leben entgegen. Marcks, von der Magie der Töpferei angezogen, richtet, zusammen mit dem thüringischen Handwerksmeister Max Krehan, die Töpfer-Werkstatt ein; nicht in Weimar selbst, sondern im Schloß des ländlichen Dornburg. „Reine Romantik!" erinnert er sich später: „Die Töpferei wurde aufgebaut nach alter Vätersitte, d. h. Arbeit, körperliche Arbeit primitivster Art. Nicht nur daß die Drehscheibe mit der Füße Kraft gedreht wurde – der Ton wurde im Walde gestochen." Den intellektuellen, weltmännischen Kollegen in Weimar gegenüber fühlen sich Meister wie Schüler als auf „ländlichen Doppelsohlen". Mit Feininger und Schlemmer schließt Marcks Freundschaft; das Verhältnis zu Gropius verschlechtert sich zunehmend, als sich dieser den Tendenzen des russischen Konstruktivismus öffnet, und zerbricht 1923, als mit Eintritt Moholy-Nagys in das Bauhaus die neue Parole „Kunst und Technik – eine neue Einheit" ausgegeben wird. Noch in seinem Gründungsmanifest hatte Gropius als den Urquell schöpferischen Gestaltens das Zusammenwirken von Kopf und Hand gepriesen. Angepaßt an die Vorgaben einer Industrie- und Massengesellschaft, sieht Marcks diese Einheit, wie vordem, in Findung und Ausführung auseinanderfallen. Seine Skepsis gegenüber der „reinen" Form wächst, ihre Reproduzierbarkeit liefert sie dem Belieben aus und versklavt sie der Mechanik; das Sinnfällige und Verbindliche einer Idee sieht er zerstückelt und einer menschlichen Lebenssphäre entzogen. Ihr hält Marcks, „Formmeister" der Töpferei, vom Gefäß ableitend eine Form entgegen, deren Volumen beim Aufbau von innen her erfühlbar bleibt und sich vibrierend, lebendig atmend seiner Wandung mitzuteilen vermag. „Nicht das Werk, sondern der Mensch als Hauptsache", stellt er 1923 dem Entwurf einer Gegenüberstellung von Kunst und Technik an den Schluß: „Der Arbeiter muß angeregt werden zur Selbstentwicklung, nicht durch Gewinnbeteiligung, sondern durch übungsmäßige Ausbildung im Gestalten, Organisieren und präzisen Arbeiten." Das hier ausgesprochene Ethos vom Hand-Werk kennt den Menschen am Fließband nicht. Den Weg nach Dessau, wo das Bauhaus seine Linie, Kunst einer Massengesellschaft anzudienen, konsequent verfolgt, geht Marcks nicht mit. Seine Grundsätze begegnen denen von Paul Thiersch, dem Gründer und Leiter der Burg Giebichenstein in Halle – 1926 übernimmt Marcks dort die neu eingerichtete Werkstätte für Bildhauerei.

Thiersch, einst Assistent Peter Behrens' und Bruno Pauls, hatte auf den Vorstellungen des Werkbunds aufbauend seit 1915 parallel zum Bauhaus den Ausbau der Werkstätten in Halle betrieben. Von der tragenden Kraft des im Menschen ausgebildeten Geistes überzeugt – er gehört dem Kreis um Stefan George an – setzt er sich dafür ein, durch „Förderung der einzelnen Begabungen auf der Grundlage der sorgfältigsten handwerklichen und künstlerischen Ausbildung die besten individuellen Leistungen zu erzielen". Auf der Burg herrscht eine Atmosphäre, zu der auch Marcks beiträgt und die er nach der Kündigung Thierschs bis 1933 aufrechterhält. Der Zusammenklang von Landschaft und mittelalterlicher Burg auf dem Giebichenstein, hoch über der Saale und der Stadt, schon von Eichendorff besungen, wird von einer lebendigen Gemeinschaft der Fachleiter mit ihren Schülern abgerundet: gemeinsame Ausstellungen, Reisen, Puppenspiel und Tanz, dazu am Jour fixe bei Gerhard Marcks Hausmusik, Faustballspiel und Leseabende. Bevorzugter Lesestoff ist Poesie – Rilke, George und Hölderlin, Goethe natürlich; in der Wissenschaft Burckhardt vor Mommsen und Jung vor Freud; der Naturmythos Bachofens wird neu entdeckt; dazu kommen Swedenborg und alte Indianermärchen. Die Burg wird zu einem Parnaß, Gerhard Marcks hat 1929 ihr

Signet geprägt: die Saalebrücke (von Thiersch gebaut und von Marcks mit Pferd und Kuh stadtein- und -auswärts flankiert), über der sich der Burgturm erhebt. Später spielt Marcks im Nachruf auf Erich Heckel auf das Symbol der „Brücke" mit dem Nietzsche-Zitat an: „Was groß ist am Menschen das ist, daß er eine Brücke und kein Zweck ist. Was geliebt werden kann am Menschen das ist, daß er ein Übergang und ein Untergang ist."

Das Werk jener Jahre steht unter dem Zeichen eines Neubeginns. Auf der Suche nach Lebensfülle weist die neuerliche Begegnung mit Rodin in Paris 1926 zurück auf eine alles beseelende Natur. Doch ihrem universalen Gleiten hat sich im neuen Jahrhundert der formbewußte Geist entgegengestellt. Marcks gilt es, nun eine Synthese von Bindung und Lösung im Gewahrwerden einer inneren Regung zu finden. Im Kniemotiv eines „Antäus" (1926), der seine Kraft aus der Erde bezieht, wird dies sinnfällig; „Adam" (1926), „Die Erde" (1931), „Erwachen" (1931), „Betende" (1928), „Die Prophetin" (1929) sind Gestaltungen in Stein und Ton, deren Volumenschwere ein zähes Wachstum einverleibt ist. Marcks findet zu einer Arbeitsweise, die ihm zu bleibendem Besitz wird und darauf angelegt ist, die künstlerische Empfindung kontrolliert dem Werk einzuschmelzen: Hat die Empfindung in der Vorstellung ihr Bild gefunden, sucht der Künstler es in der Anschauung vor dem Modell zu verifizieren; zahlreiche Rundumansichten tragen dabei der neuen Körperlichkeit als durchorganisiertes Mehrflächengebilde Rechnung. Dieses konstruierende Angehen sieht man den zarten, durchsichtigen Zeichnungen gar nicht an, ein elastischer Umriß umhüllt den bewegten Volumenkern, sparsamste Wischungen oder Schraffuren binden das Spezifische der Empfindung atmosphärisch ein. Der plastische Aufbau geschieht nach den Zeichnungen, kaum mehr vor dem Modell. Auf diese Weise findet Marcks – fernab eines konventionellen Naturalismus – zu einer sublimen, „in den Geheimniszustand der Seele" versetzten Leiblichkeit. Die sich auf sich selbst besinnende Gewandfigur wird zum beliebten Motiv – „Psyche" nennt er 1932 die fest im Gewand und Block eingebundene Gestalt; daneben läutert das Gruppenbild im Nebeneinander von Ungleichem das jeweils Eigene. Grundverfaßtheiten des Menschlichen schälen sich heraus. Individuum und Typus, die Kernfrage in der damaligen Gemeinschaft von Kunsthandwerkern auf der Burg, beantwortet Marcks mit einer Form als Essenz von Empfindung, im Gegensatz zur Norm.

Das Erlebnis einer Stipendienreise nach Griechenland 1928 hat den Charakter einer Offenbarung. Nicht zufällig sammelt der sich später erinnernde Künstler seine Eindrücke zu einem Bild, das dem Signet der Burg ähnelt: die Akropolis als Quader auf dem Kegel des Keramaikos und zu Füßen das bunte, fröhliche Volksleben. Der Mythos des Archaischen geht ihm auf in der Vision der Antike als einer harmonischen Lebenseinheit des Menschen mit seiner Religion, Kultur und Natur. In der Unschuld dieser Ursprünglichkeit liegt

Schönheit beschlossen. Ihm, dem Spätgeborenen, bleibt es vergönnt, der Schönheit im Urgrund ihres Einsseins nachzuspüren, ihr Maß zu finden, in den Gewichten und Proportionen von Masse, Umriß und Querschnitt, in der Tektonik und im Volumen das Bewegende und Bewegte zugleich zu inkarnieren. „Bei Müller und Schulze den göttlichen Funken verspüren", nennt er es, und das heißt immer auch, ein einander Bekämpfendes auf den Nenner zu bringen; zwischen die beiden Boxer stellt er (1930) den Schiedsrichter. Im Ausgleich von Lösung und Bindung erreicht Marcks in der „Thüringer Venus" (1930) eine Lebensbejahung, in der so unterschiedliche Interpretationen wie „die Gottesebenbildlichkeit des Menschen... und zugleich die nackte Hinfälligkeit aller Kreatur" (Günter Busch) oder das „völlig gelöste Menschenbild, eine eingreifende Feier des vergänglichen Lebensaugenblicks" (Wilhelm Neuhaus), aufgehen.

Als 1933 Marcks vom Magistrat der Stadt Halle das Entlassungsschreiben zugestellt bekommt, liegt die Ursache nicht allein in seiner Herkunft aus dem berüchtigten Bauhaus, auch nicht in seiner hartnäckigen Verteidigung der jüdischen Kollegen, vielmehr schwelt seit längerem zwischen Schule und Stadt ein Hader, der auch Thiersch zu seiner Kündigung veranlaßt hat; den staatlichen Pragmatikern sind die von Thiersch und Marcks vertretenen Tendenzen der Schule suspekt, die damals neue Sinngebung des Hand-Werks, die Selbstverwirklichung im Werken, die Rolle des Handwerkstücks im menschlichen Leben entsprechen nicht ihren Anforderungen an Rentabilität. 1929 hielt Marcks ihnen entgegen: „Die Empfindung läßt sich wohl üben und schärfen, nicht dozieren. Das Werk allein soll Gegenstand der Lehre sein. Die Kunst ist lang – man kann nicht zwei Wege zugleich beschreiten. Glauben wir an den Weg des Werkes, müssen wir von dem Weg des Dozierens abgehen."

Aber eben diese Verquickung geschah bei der Einvernahme der Kunst in den Nationalsozialismus. Die in Haltung und Würde der Person wurzelnden Werte wurden zu Begriffshülsen entleert; ideologisch neu determiniert, konnten sie pädagogisch und propagandistisch einer Massengesellschaft nutzbar und der Ausübung von Macht dienstbar gemacht werden. Um so eindringlicher, fast beschwörend, spiegelt sich die psychische Verfaßtheit des Künstlers in einer Reihe von Figuren zwischen 1932 und 1935 nach einem jüdischen Mädchen: „Kastalia", „Nachtigallendenkmal", „Still allein", „Seraphita" oder „Shenandoah" – schon die Titel benennen jene zaubrische Entrückung und milde Trauer, in die zugleich Resignation über die wiederum erfahrene Unvereinbarkeit von Kunst und Welt hineinspielt. Pegasus trägt den Sänger in die Lüfte – „An Hölderlin" betitelt Marcks seinen Holzschnitt und schickt ihn Weihnachten 1933 an die Freunde.

Bei Freunden in Ahrenshoop an der Ostsee findet die siebenköpfige Familie Zuflucht; die Emigration wird mehrfach erwogen – wie sehr Freundschaften nun zu einem lebenstragenden Bündnis werden, bezeugen die erhaltenen Briefe, besonders die Künstlerbriefe. Kommentieren sie die politischen Ereignisse, die Umbesetzung und Neuregelung auf der Burg anfangs noch beredt, zynisch-spöttelnd oder erregt, ruft sein Vetter Leo von König gar zur Bildung einer Widerstandsgruppe innerhalb der Akademie der Künste auf, so macht bald stumme Nichtachtung der äußeren Vorgänge gedämpften Tönen Platz. Der intime Austausch von Naturbetrachtungen, Familienereignissen, Gesundheitsbefinden oder auch Traumerzählungen verwächst zu engen Bindungen. Der Freundschaft, wie Marcks sie an der Deutschen Akademie der Villa Massimo unter der Leitung Giereckes in Rom, an der Villa Romana in Florenz um Hans Purrmann oder später in der Ateliergemeinschaft mit Ludwig Kasper, Hermann Blumenthal, Käthe Kollwitz und Werner Gilles in der Klosterstraße in Berlin begegnet, hat er mehrfach in den dreißiger Jahren ein Denkmal gesetzt. So in „Konradin und Friedrich" (1935) – der einzigen Plastik, die er zu einem Wettbewerb im nationalsozialistischen Deutschland eingereicht hat und die von dem Architekten des Reichssportfeldes zurückgewiesen wurde; ebenso wie schon 1932 eine Kameradengruppe und eine trauernde „Mutter Deutschland" für das Reichsehrendenkmal bei Bad Berka, deren intime, versonnene Sprache als „pazifistisch" gerügt wurde.

Im Maßhalten der Gegensätze, dem Aktiven und Kontemplativen, dem Labilen und Stabilen, innerhalb einer Figur oder Gruppenkomposition konzentriert Marcks sich zunehmend auf ein sublimes Spannungsverhältnis der tektonischen Elemente. Halt wird in der Balance gesucht, die Achsen und Richtungen der Gliedmaßen werden eng dem Körper angewinkelt: „Regula" (1937), in der Folge die „Kellnerin", „Große Schreitende", „Rosselenkerin" bezeugen die sinnbildende Kraft der Form. Anfangs leise – Marcks entwirft 1937 einen „Tempel der Stille" –, dann eindringlicher und monumentaler steht sein Menschenbild dem Unmaß einer immer lauter sich gebärdenden Staatskunst entgegen, deren Unvermögen zu innerlich, tektonisch begründeter Standhaftigkeit sich immer mehr enttarnt: im Übersteigern und Normieren, Stilmittel des Plakativen, erstarrt das freie, gelöste Stehen zur Attitüde. Die „Maja" dagegen, die große Weltmutter (1942), ist in den Konflikt steigender und fallender, heller und dunkler Partien verwoben, als vergewissere sie sich ihres lebensbedrohten Stehens in Wehr einer Bewußtwerdung. In seinen Äußerungen über Kunst notiert Marcks: „Maja macht das Leben aushaltbar. Kunst ist Liebe zur Maja. Im Schein ist alle Wahrheit."

Die großen Denkmäler der Nachkriegszeit – der „Lübecker Fries" (1947), „Kölner Engel" (1949), „Charonsnachen" (1951) und „Mannheimer Engel" (1952) – gehen sämtlich auf Entwürfe zurück, die der Künstler seit zwei Jahrzehnten im Fundus seines zeichnerischen Werks hat mitwachsen lassen. Es sind Mahnmale, aber keine, die Mahnung im Affekt von Schuld, Klage oder

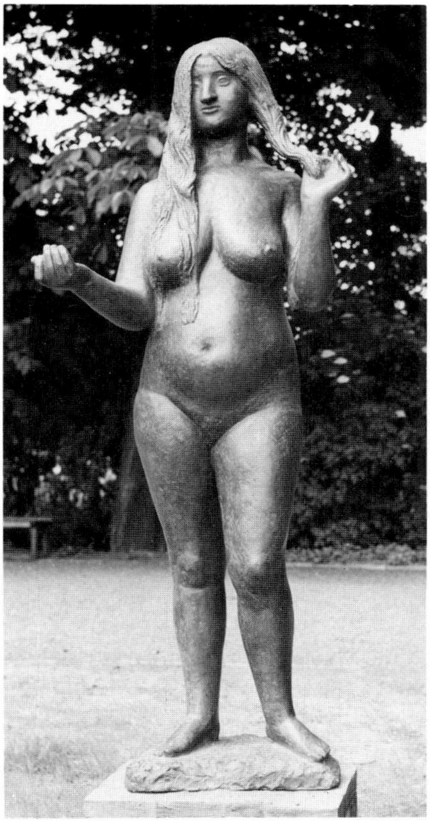

Gerhard Marcks: Thüringer Venus. Bronzeplastik, 1930. – Orpheus. Vergoldete Bronzeplastik, 1959. Hamburg, Galerie Rudolf Hoffmann

Gerhard Marcks: Gefesselter Prometheus. Bronzeplastik, 1948. Hamburg, Galerie Rudolf Hoffmann

Anklage unmittelbar entgegenhalten, auch keine, die sich allein im Zeichen der Magie des Mals stumm ausliefern. Es sind Monumente, die, in den Raum gestellt, auch hier eine körperliche Sinnerfüllung herleiten: Angesichts eines zerstörten Raums, einer von Ruinen markierten Weite, bilden sie Horte der Sammlung und Besinnung – es sind Weihestätten, dem Totengedenken und der Einkehr gewidmet; mehr als ihre letztendliche Ausführung – mittlerweile auch schon wieder um ihren ursprünglichen Platz gebracht – veranschaulichen Skizzen die Absichten für architektonische Umfassungen. Die Figuren selbst beziehen ihre Monumentalität aus der ihnen einverleibten Archi-Tektonik; strenge, hartumschlossene Gebilde, denen das Organische, das Beseelte fehlt: im Sinngehalt ebenso wie im Aufbau Arche-Typen. Es ist, als seien sie einer unbarmherzigen Macht unterstellt. In den Fassadennischen sind „Brandstifter", „Jungfrau", „Mutter und Kind", „Kassandra" und „Prophet" im parataktischen Nebeneinander – Marcks spricht beim „Charonsnachen" vom „Pauken-Rhythmus" – Unwissende, Ahnende, Warnende und Seher, jede für sich auf die Zentralfigur bezogen – den „Ecce Homo". Der Fries, von Ernst Barlach vor 1930 als „Gemeinschaft der Heiligen" begonnen, ist nach dem Zweiten Weltkrieg von Gerhard Marcks zu einem Fries derer geworden, deren Glauben ihrer Selbstverantwortung unterstellt ist.

Scharfe Konturen, hartlinige Strukturen, das Gewand nicht mehr als Hülle, vielmehr dem Körperblock eng verhaftet, kennzeichnen die sich dem Monument verbindende Plastik jener Zeit. Das Lebendige gerät in die Distanz des Emblematischen, die Form nähert sich dem Ding. Neben den „Bremer Stadtmusikanten" entsteht der „Mannheimer Engel" – wie fern schon jener ihm vorausgehenden Friedensgöttin „Eirene", die in hilfloser Gebärde dem Wind preisgegeben war; Marcks hatte sie 1937 entworfen und 1940 im Berliner Atelier zwei Meter hoch ausgeführt; 1943 wurde das Atelier ausgebombt, ein großer Teil des Werks ist unwiederbringlich zerstört; im gleichen Jahr fiel der Sohn in Rußland; Krankheit, Mangel am Notdürftigsten für Leben und Arbeit – persönliche Erfahrungen dieser Kriegs- und Nachkriegszeit sind der Form eingegraben: Der Engel hat seine mildtätige Zuwendung verloren, er ist ein zu geometrischer Starre ferngerücktes Geistwesen. Marcks hat ihn romanischer Buchmalerei entlehnt, wie er sich nun aus innerer Bereitschaft der Romanik öffnet und den Aufträgen der Kirche gerecht werden kann: Kruzifixe, Madonnenbild, Altarleuchter, Taufbecken sind ohne den Anspruch artistischer Selbstaussage in den Dienst ihrer Funktion gestellt; die Belebung ihres geistigen Gehalts erfahren sie im kultischen Akt.

Im Ding liegt die Gefährdung menschlicher Existenz. Die Objektkunst nennt Marcks „ein unbefruchtetes Ei", denn ihr fehle die flutende Beziehung von Kopf und Hand. Im „Gefesselten Prometheus" (1948), dem mit seinen Göttern hadernden Menschenbildner, betont er im Archetypus des sitzenden

Denkers den Verweis auf die abendländische Tradition seit der Antike, über Rodins „Denker" bis hin zu Lehmbrucks „Sitzendem Jüngling". Die gespannte Dynamik, mit der ein aufbäumender Körper den nach allen Seiten fließenden Hohlraum umgreift, mündet in ein koordiniertes System von Bezugspunkten, das der Willkür des Raums Grenzen steckt und dem herabgesunkenen Kopf und der gefesselten Hand Halt bietet. Die Frage nach dem Raum ist wieder akut geworden. Marcks, von Friedrich Ahlers-Hestermann an die Hamburger Landeskunstschule ins Lehramt berufen, steht nun als Sechzigjähriger einer Jugend gegenüber, die, um ihre Ideale betrogen, mit Skepsis den tradierten Weisungen der Väter begegnet. In neuen Begriffen wie „Geworfenheit" und „Entfremdung" mußten die durchlebten Kämpfe im Höllentanz des Expressionismus und Formalismus noch einmal wach werden. Dennoch entzieht er sich der Auseinandersetzung nicht, wie sein Werk bekundet: Dem verloren auf sich selbst angewiesenen Menschen steht im Gruppenbild ein anderer zur Seite, der ihn lenkt und weist: „Alte und junge Frau" (1945), „Social Consciousness" (1950), „Venus und Amor" (1952), „Prophet und Genius" (1961), „Ödipus und Antigone" (1960). Raum wird im Zwischenraum zum Hort für Mitmenschlichkeit. Die Körper selbst teilen sich nicht als atmende Volumenhüllen ihrem Umraum mit, ihre Bewegung ist eingemauert, als durchströmte Bauglieder behaupten sie sich im Raum. Die Relevanz von Menschenbild und Architekturglied klärt sich wiederum im Spiegelbild der Antike; beim Anblick des Tempels in Paestum schreibt er: „Jede Säule scheint ein gespannter Muskel, jedes Kapitel ein Schwellkörper. Plastische Architektur: Alles ist Wachstum, alle Formen drängen von innen nach außen – kurz alles ist Plastik – und Plastik ist der elementarste bildnerische Ausdruck der Lebensbejahung."

Die Kunst als lebensbejahendes Element sammelt Marcks im Bild „Orpheus". Neben dem Prometheus entsteht der Holzschnittzyklus nach Entwürfen, die, von Rilkes Sonetten angeregt, bis in die zwanziger Jahre zurückreichen. Es sind monumentale Blätter, in karger Linie und schonungslosen Schwarz-Weiß-Kontrasten ist das Szenische nah herangerückt: Der Sänger verläßt seine harmonische Welt, in der die Natur ohne Feindschaft lebt; durch Schuld sieht er sein Ideal in das Reich der Toten entschwinden, in das er hinabsteigt, um es wieder zu holen; die Furien entreißen ihm Lorbeer, Leier und Taube; er zürnt den Göttern und geht unter – aber sein Haupt wird vom Meer getragen und ist vom Licht umfangen. Marcks glaubt an einen Auftrag des Künstlers, er sah ihn, verklammert mit den Geschicken seiner Zeit und Welt, bei aller Unvollkommenheit als Mensch im Widerschein von Sonne und Mond. Seine große Plastik „Orpheus" (1959) steht wie eine Säule zwischen Erde und Himmel, man könnte sie mit seinen eigenen Worten zum Tempel in Paestum beschreiben: „Die Spannung von Maß und Dynamik gibt etwas

Feierliches, geradezu Drohendes, doch ohne jedes fratzenhaft schreckende Element." Immer hielt Marcks allem Grellen, der Selbstzerfleischung, den auf Schock und Sensation angelegten und im Überdruß endenden wechselnden Moden die heilende Kraft der Kunst entgegen. Nicht im Reflex einer besseren Wirklichkeit, in utopischen Leitbildern oder Prophetien besteht ihr Heil, sondern im Gewahrwerden der Inkarnation des Vollkommenen kraft künstlerischer Anschauung. Von einem Realismus jedweder Färbung unterscheidet sich Gerhard Marcks in der Erfüllung eines ethischen Auftrags im Werk, der – kurz gesagt – in dem Bekenntnis gründet: „Als Mensch verehre ich Christus, als Künstler aber Apoll."

Vom Schulbetrieb seines Lehramts befreit, findet der Bildhauer im neuen Atelierhaus vor den Toren der Stadt Köln zur Ruhe. Es ist, als schmiege sich der Lebensstrom in eine Beckenform, an die er selbst mit Hand anlegt: In Niederschriften, Briefen, Versen, auch Gesprächen runden sich Erinnerungen, Erkenntnisse und Bekenntnisse zu klaren Bildern, die das Atelier mit Weisheit adelt. Mitte der fünfziger Jahre tritt er aus dem Deutschen Künstlerbund aus und kommentiert dies mit seiner Plastik „Staffelläufer" (1956): Der Vordermann hält den Stab schon in der Hand, alle Sinne fest auf sein Ziel gerichtet, der Zurückbleibende hält im Stop noch ganz die Kraft des Laufs. Gegensätze als Parallelen im Wissen um einen Kreislauf der Geschehnisse – die mythischen Titel seiner Bildwerke bedeuten die Schau auf ein Ewig-Gültiges.

Die Entfernung zeigt den Gegenstand aus anderer Perspektive. Marcks sucht nun die Distanz. Ausgedehnte Reisen führen ihn nach Spanien, Amerika, Afrika und Mexiko. Was er sehen will ist die Einheit der Kultur, den Menschen in seinem Lebensraum, seiner Landschaft, seinem Volkstum, seiner Religion; die Indianer seiner Kindheit findet er im Mexikaner von heute, in der Hererofrau die Königin von Saba. Bemerkungen: „Hier gibt's noch Araber, nur Form, kaum Materie" – sind kennzeichnend für den Blick auf eine artspezifische Form. Plastizität wird aus der Erscheinung im Fernraum gewonnen, aus der Silhouette, dem allseits knapp umspannten Kontur, „die" Hieroglyphe abgeleitet und die Details zu Strukturen prall gefüllter Körper verschmolzen; das Klärende wie das Zersetzende eines atmosphärischen Umraums bleiben eingefangen. Im Holzschnitt verweben nun die Linien die Erscheinungen im flimmernden Hell-Dunkel des Flächenraums; später löst ihn die weichmuldende Lithographie ab; im letzten Jahrzehnt gar findet der Bildhauer zur Farbe.

Der Blick in die Weite lenkt zurück auf die eigenen Wurzeln in Besinnung auf eine deutsche Kultur in all ihrer Vermischung mit Griechisch-Lateinischem, Französisch-Hugenottischem, aber auch in ihren Brüchen bis hinunter ins Germanische. „Bonifazius" (1966) hat im Zeichen seines Glaubens die

Wotaneiche gefällt und die Religion an die Naturgötter zerstört: Die Neigung zum Romantischen und zu einer pantheistischen Naturverehrung schlägt wieder durch, in die Zucht genommen von dem Berliner, einem Menschenschlag „mit wachem Sinn für die Stunde der Not und einem nüchternen Blick für Qualität". Berliner Künstler ist Gerhard Marcks mit Vorbehalt: „Dafür habe ich mich in der Welt zu viel umgesehen" – seine Liebe gilt dem Spree-Athen. Auch im Werk schließt sich der Kreis, frühe Bildentwürfe werden aufgenommen, Hemdauszieher, Springer und Tiere sind wiederum die Themen; im Stehen, Sitzen, Liegen, Knien sind Grundpositionen des Kreatürlichen in leisen Halbtönen ihrer Bewegung, einer Drehung, einer Neigung zum Klingen gebracht. Nicht mehr geht es wie ehedem um Hingabe an frei wirkende Naturkräfte, vielmehr um Sammlung, um ein Innehalten in einem Augenblick des Selbstgenügens: „Haarknotende", „Zopfhalterin", die zurückblikkende „Läuferin am Ziel", der sich auf den Spaten stützende „Gärtner" oder „Jupiter" als Balleinwerfer sind Geschöpfe eines erfahrenen Bildhauers, der im gelassenen Schauen auf die zündende Begegnung mit dem Urbild wartet; Cupido mit Pfeil und Bogen, dem Gott des liebenden Verlangens, hat er ein Denkmal gesetzt: „Verlieben kann man sich nur ins Spezielle", schreibt er. Doch dem „Getroffenen" sind in spontaner Gebärde die Augen verstellt; die Empfindung verharrt im Kalkül des wägenden, prüfenden, sich am Modell absichernden Künstlers, der die Stimmigkeit von Anschauung und Vorstellung mit dem Anstand eines gediegenen Handwerkers wahrnimmt.

In Anerkennung einer organischen Bewegung ordnet Marcks auch seine geschichtliche Position. Das Eigene und das Andere wird immer auf seine Ursache hin befragt. Behauptungen: „In dem Totalanspruch der abstrakten Kunst kommt der bilderfeindliche Nomadengott Zebaoth zu Worte. Der Puritanismus ist sein Kind" – stehen provokant und steinern wie eine Plastik im Raum. Das Recht, ihm Begegnendes am Maßstab seiner Formerfahrung zu werten, nimmt der Bildhauer für sich in Anspruch, als ein Künstler, der sich dagegen verwahrt, das Menschenbild als Götzenbild oder Gotteslästerung verdammt zu sehen und seine Hoffnung auf ein Europa richtet, das in Besinnung auf seine Kunst sich ein „Bild" zu schaffen vermag, in dem Sein und Schein zur Deckung kommen. Solange die Kultur für eine Form wachbleibt, die dem Empfinden des Individuums Lebensraum beläßt, solange wird es auch Erlebnisse mit fühlendem Auge und mit sehender Hand geben, wie sie Gerhard Marcks, der am 18. November 1981 in Burgbrohl/Eifel stirbt, vor der Bamberger „Synagoge" beschreibt.

# CARL ORFF
# 1895–1982

Von
Werner Thomas

Er wirkt in der Musik- und Theaterlandschaft des zwanzigsten Jahrhunderts wie ein erratischer Block. Er erregt Anstoß, wo er nicht spontan begriffen wird. Die einen wundern sich, wie er einer der meistgespielten, weltweit verbreiteten zeitgenössischen Musiker geworden ist. Andere haben Mühe, die ihm eigene Relation von Musik und Sprache und die Klangtektonik seines Bauhüttendenkens zu verstehen. Die Evokation der antiken Sprachen als Medien der Szene läuft Gefahr, als humanistische Marotte mißdeutet zu werden. Das bairische Idiom seiner vermeintlichen „Libretti" wird als dialektale Heimatkunst mißverstanden. Die Theater fürchten die Schwierigkeiten der Realisation seiner szenischen Visionen und der instrumentalen Besetzung seiner Großwerke. Grillparzers Maxime „Die Menschen verstehen alles, nur das Einfache nicht" gilt für Musikpädagogen, welche die Elementarität seiner musikerzieherischen Idee für Primitivität halten. Die Öffentlichkeit schließlich ist dahingehend informiert, in ihm vorwiegend den Erfinder des nach ihm genannten Instrumentariums oder den Autor der „Carmina Burana" und der „Klugen" zu sehen.

Orff als Gesamtphänomen, seine transhistorische Physiognomie, seine Fähigkeit zur Synopse und Verschmelzung geschichtlicher Horizonte, sein Hinabtauchen in den „Brunnen der Sprache", die interpretierende Umgestaltung von scheinbar Vergangenem aus der Schaukraft des „rückwärts gekehrten Propheten", die Erneuerung des Theaters als bedeutungsmächtiges Bildpotential und verweisungskräftiges Sinngefüge, die Wiedergewinnung der antiken Tragödie als Musiktheater mit heutigen Mitteln – das alles gilt es erst noch in seinen Dimensionen zu entdecken und zu bedenken, inwieweit hier einer schöpferischen Individualität ein geschichtlicher Auftrag zugefallen ist. 1970 sagte Orff vor den Exponaten einer seinem Bühnenwerk gewidmeten Ausstellung der Bayerischen Staatsbibliothek München: „Das ist nur das Holz; auf die Flamme kommt es an; ein geistiges Licht anzuzünden – das ist wichtig."

Carl Orff wurde am 10. Juli 1895 in München geboren. Kindheit und Jugend hat er selbst im ersten Band seiner „Dokumentation" beschrieben. Greifbar erstand sie, wenn er vor den Ahnenbildern in seinem Diessener Heim erzählend verweilte.

Ein Aquarell von 1844 zeigt das „Orff-Häusl" am Eingang zum Englischen

Garten als repräsentatives Domizil einer bekannten großbürgerlichen Familie. Den gleich seinem Urgroßvater durch Verleihung des Kronordens geadelten Großvater Dr. h. c. Carl von Orff schildert er – nach einer militärischen Karriere bis zum Generalmajor – als weltfernen Gelehrten auf den Gebieten der Geodäsie, Mathematik und Astronomie. Mit ihm, einem Freund des Prinzregenten, durfte er in der Residenz aus- und eingehen und im Fiaker zur Sternwarte nach Bogenhausen fahren. Der Großvater mütterlicherseits, Karl Koestler – ebenfalls Generalmajor –, betätigte sich als Historiker der „Gebiets- und Ortskunde des Königreiches Bayern", wie der Titel seines mehrbändigen Handbuchs lautet. Ihm verdankte der kleine Carl die abendlichen Spaziergänge durch Alt-München, bei denen der Großvater die Phantasie des Enkels durch Geschichten, Märchen und Sagen unermüdlich anregte. Aber auch die musikalischen Aktivitäten des jungen Carl verfolgte er, selbst begeisterter Musikliebhaber und Gründer des Orchestervereins „Wilde Gungl", mit Hingabe und wurde mit einer von 1895 bis 1916 reichenden „Chronik" des Enkels erster Biograph.

Orffs Elternhaus in der Maillingerstraße war umgeben und erfüllt von Musik. Von der benachbarten Kaserne tönte Regimentsmusik, allabendlich Volksmusik aus den Wirtsgärten der Straße. Der Vater, Heinrich Orff, war ebenfalls Offizier und passionierter Musiker. Die Mutter, Paula Koestler, ausgebildete Pianistin, erreichte schon mit zwölf Jahren Konzertreife. Von ihr hat der Sohn die stärkste musikalische Prägung erfahren. Die Eltern spielten täglich vierhändig, am Wochenende im häuslichen Kreis Streichquartett und Klavierquintett. Dazu kam die kundige Lenkung seiner musikalischen Aktivitäten, sei es am Klavier, wo es ihm mehr ums Phantasieren und Improvisieren ging als ums Üben, sei es bei der Erlernung der Notenschrift und der Aufzeichnung der ersten „Kompositionen". Musizieren wurde dem Knaben zur Primärerfahrung, lange bevor er (1903) mit dem Konzertsaal in Berührung kam. Der Weg des Autodidakten – Orff sprach gern von seinem „Wildwuchs" – war vorgezeichnet.

Ähnlich stand es mit frühen Theatereindrücken. Kirchliche und militärische „Schauspiele" prägten sich tief ein: die alpenländischen Weihnachtskrippen, die in verdunkelten Kirchen zelebrierten Osterfeiern, die nächtlichen Zapfenstreiche in der illuminierten Stadt und die militärischen Festmessen mit der trommelunterlegten Wandlung als musikalischer „Trionfo". Die ersten Eindrücke des Vierjährigen vom Kasperle „auf der Wies'n", des Sechsjährigen vom Marionettentheater an der Blumenstraße – es spielt heute Orffsche Werke bis zum „Prometheus"! – setzten sich in eigene theatralische Betätigung um. Der junge Orff war Textdichter, Komponist, Bühnenbildner, Ausstatter, Regisseur, Schauspieler-Sänger, Bühnenarbeiter und Beleuchter einer totalen Szene.

Alt-München war aber nur der städtische Schauplatz von Orffs Jugend. Der andere war die Voralpenlandschaft um den Ammersee. In Unteralting bei dem Wallfahrtsort Grafrath an der Amper wurde das Landhaus der Eltern zum Ausgangspunkt vieler Entdeckungswanderungen des Knaben, der für Natureindrücke ebenso empfänglich war wie für die archaisch anmutende Geschichte dieser Landschaft. Hier fand er Kräuter und Blumen, die ihn zu einer „Romantischen Botanik" inspirierten. Hier erlebte er im aufsteigenden Jahr die duftigen Vorfrühlingstage überm See. Der Frühling blieb zeitlebens seine Jahreszeit. Wo Frühlingsszenen in seinem Werk begegnen, leuchtet es: im „Primo vere" der „Burana", in der Erzählung des Wächters an Christi Grab vom Auferstehen der Natur im „Osterspiel". In späteren Jahren ging der ebenso leidenschaftliche wie fachkundige Gärtner Orff im Vorfrühling manchmal mit einer Kanne heißen Wassers über seinen Rasen, um die Schneereste zu tilgen. Es war seine Art des Winteraustreibens.

Schulische Probleme entspannten sich nach dem Wechsel vom Ludwigsgymnasium zum Wittelsbachgymnasium. Lieblingsfächer waren die alten Sprachen: „Homer lesen war für mich Musik." Durch die neue Schule gefördert, rückte die Musik immer stärker in den Mittelpunkt. Orff bekam dank seines hohen Soprans solistische Aufgaben im Kirchenchor und durfte an Klavier und Orgel begleiten, freilich innerhalb eines dürftigen Repertoires an Orgelmessen des 19. Jahrhunderts. Wichtiger als Cello-Unterricht und Schulorchester wurde ihm das Duettsingen mit der Mutter, vorwiegend Mozart im originalen Italienisch.

Der erste Opernbesuch des Vierzehnjährigen, „Der Fliegende Holländer", brachte „eine Lawine ins Rollen". Er hörte den „Ring" und „Tristan", alle Mozartopern des Spielplanes, „Salome", „Elektra"; die Klassiker des Schauspiels; im Konzertsaal die Wiener Klassiker, Berlioz, Bruckner, Strauss, Mahler und Debussys „Nocturnes" – alles ist mit Daten in der Chronik des Großvaters verzeichnet.

Die Folge der Hinwendung zur Musik war eine rasch wachsende Entfremdung von der Schule. Gegen das Versprechen, das „Einjährige" abzulegen, durfte er sie verlassen, um sich für die Aufnahmeprüfung in die Akademie der Tonkunst in München vorzubereiten. Er bestand sie 1912. Doch weder der vorausgegangene Privatunterricht in Harmonielehre noch die konservativaltväterliche Art der Unterweisung in der Kompositionsklasse der Akademie ließen sich auf Orffs „Wildwuchs" adaptieren.

Seit 1910 hatte er sich, zum dritten Mal mit op. 1 beginnend, zur Vertonung zeitgenössischer Lyrik vorgetastet. Unter den etwa sechzig bis 1912 entworfenen Liedern findet sich ein Zyklus nach Karl Stielers Gedichtfolge „Eliland, ein Sang vom Chiemsee", der sensitiv und farbig aus klanglichem Rohmaterial herausmodelliert ist. Der Großvater hatte die Drucklegung dieses op. 12

finanziell unterstützt. Zur gleichen Zeit hat Orff zu Texten aus Nietzsches „Zarathustra" drei Chöre mit ausladend besetztem Orchester aufgeboten. Rückschauend meinte er dazu, er sei bei diesem Dädalus-Unternehmen zwischen lauter Wagnerblöcken wenigstens weich gefallen.

Debussy hatte den Anspruch gestellt, „die Musik nach Wagner zu finden". Orff vergleicht die Begegnung mit ihm einem „Dammbruch, der meine ganze geistige Landschaft veränderte". Er verfiel, zugleich von dem abgründigen Sog Maeterlinckscher Dichtung angezogen, dem „style debussyste" mit Haut und Haar. Folgen dieser Faszination waren drei in sich ganz verschiedene Entwürfe der Jahre 1913/14, weder formal noch technisch bewältigt, aber hingeworfen mit der stürmischen Kraft und Attitüde des Aufbruchs zu neuen Ufern.

Vor dem atmosphärischen Hintergrund der Zuneigung der Epoche zur „Art japonais" ist op. 20: „Gisei, das Opfer" zu sehen. Durch Debussys „Pelleas" befruchtet, wollte Orff das in Japan sehr bekannte Trauerspiel „Terakoya – Die Dorfschule" in ein europäisches Musikdrama umwandeln. Er scheiterte, nicht weil er zuwenig konnte, sondern weil er zuviel wollte.

Noch deutlicher an Debussy orientiert ist das Orchesterspiel „Tanzende Faune", eine expressiv-gestische Musik für ein Tanztheater im Geist des klassischen Ballet d'action. Ein Aufführungsversuch durch das Akademieorchester brach in der orgiastischen Rhythmik und den irisierenden Klangschleiern bei der ersten Probe zusammen. Es war eine weitere Experimentierphase eines noch ungerichteten Weges.

Der dritte Versuch, „Treibhauslieder" nach den „Serres chaudes" Maeterlincks, blieb bezeichnenderweise unvollendet. Orff schwebte ein „Traumspiel" vor, Impressionen ohne Handlung, eine Art musikalischer Poésie pure. Hier standen neben Debussy die Ton-Geräusch-Kombinationen und die „Enharmonie" der Futuristen sowie die atonalen Umbruchswerke Schönbergs Pate. Die Klangmontage mit Einbeziehung naturalistischer Geräusche und verfremdeter Instrumentaleffekte, der gleichzeitige Ablauf einer Grammophon-Aufnahme einer singenden Zikade hätten auf einen Vertreter der vordersten Avantgarde schließen lassen. Aber Orff spürte, daß dies nicht sein Weg war. Mit einem leidenschaftlich erlittenen Autodafé beendete er seine „Hommage à Debussy". Er sah in diesem Akt eine „notwendige Katharsis". Geblieben war ihm aus diesen von geistiger Spannung bebenden Jahren vor dem ersten Weltkrieg die „Neugeburt des Denkens" (Franz Marc), die „Der Blaue Reiter" (1912) proklamiert hatte. Musikalischer Wegweiser wurde ihm wieder Richard Strauss.

Die Kriegsjahre wurden zu Lehrjahren für das Theater. Eine Kriegsdienstleistung 1917 endete rasch an der Ostfront mit vorübergehend schweren gesundheitlichen Folgen. Nach seiner Genesung studierte Orff Klavier bei Hermann Zilcher, arbeitete als Korrepetitor und kam schließlich zu Otto Falckenberg an die junge Bühne der Münchner Kammerspiele. Das Schauspiel mit Shakespeare, Wedekind und Strindberg, aber auch mit Karl Valentin brachte neue Einsichten zur Relation von Sprechbühne und Musiktheater. Hier tauchte – bei aller Hochachtung Orffs vor Mendelssohn – der Gedanke einer Musik zum „Sommernachtstraum" auf, der ihn über Jahrzehnte nicht mehr losließ. In immer neuen Fassungen versuchte er, das Pandämonium des Stückes in klangmagischen Äquivalenten auszuformen.

Daraus wurde vorerst – während kurzer Kapellmeistertätigkeiten bei Furtwängler am Nationaltheater Mannheim und am Landestheater Darmstadt – eine an Richard Strauss orientierte Bühnenmusik zu Büchners „Leonce und Lena". Nach der Agonie des Kriegsendes kehrte Orff nach München in sein Geburtshaus zurück.

Die zweite Phase der Lehrjahre zwischen 1919 und 1935 ist die Epoche seiner personalen Stilfindung. Sein Lernen vollzieht sich nicht in passivem Aneignen, sondern in schöpferischem Zugriff. Dazu fand er Geburtshelfer.

„Alte Meister studieren!!!" hatte er 1917 im Felde in sein Tagebuch geschrieben. Partituren von Lasso bis Buxtehude türmten sich, wie sein Schüler Karl Marx erzählt, auf seinem Flügel. Kontrapunktübungen verdichteten sich später (1929) zu organalen Cantus-firmus-Sätzen. Ein kurzes Studium bei dem spätromantischen Hymniker Heinrich Kaminski (1920) bereicherte Orff mehr im Gespräch als durch Aneignung von Kaminskis meisterlicher Satztechnik. Fast gleichzeitig mit Wolfgang Graesers Einrichtung bearbeitete Orff die „Kunst der Fuge" für mehrere Instrumentalkörper. Das „Kleine Konzert für Cembalo, Bläser und Schlagwerk" (1927) war die Frucht seiner Beschäftigung mit Lautenmusik des 17. Jahrhunderts.

Geradezu spektakulär wurde seine Umarbeitung von William Byrds Cembalostück „The Bells" zu einer „Entrata" für fünfchöriges Orchester und Orgel. Hermann Scherchen ließ das Werk 1930 von Lautsprechertürmen auf dem Messegelände von Königsberg ausstrahlen. 1978 erklang es als Turm- und Stadtmusik in München.

Zu experimentierender Projektion tradierter Musik stand Orff der Münchner Bachverein und die „Vereinigung für zeitgenössische Musik" offen. Die Bearbeitung der Bach zugeschriebenen „Lukaspassion" als halbszenisches, episch-religiöses Lehrstück mit Brechtanklängen, die Einrichtung von Bendas „Ariadne auf Naxos" für Marionetten (beides 1932), die durch Verwendung von Lautsprecheranlagen visionäre Raumwirkungen anzielende Wiedergabe der Auferstehungshistoria von Schütz (1933) waren „Fingerübungen" für das ihm vorschwebende Musiktheater.

Zu diesem Ziel war er freilich schon über ein Jahrzehnt auf dem Wege. 1921 hatte ihn Curt Sachs auf Monteverdi verwiesen. Die Anfänge des Musikdramas erschienen Orff wie eine Begegnung mit sich selbst. Mit Monteverdi begann seine lebenslange Suche nach den „Archetypen des Theaters" (Wolfgang Osthoff). In immer neuen Fassungen umwarb er ihn mit freien Nachgestaltungen in moderner Orchesterbesetzung: „Orpheus", „Klage der Ariadne", „Tanz der Spröden". Die verbindende Leitidee fand er in dem Renaissance-Topos des „Lamento": Klage des Mannes, der Frau, der törichten Mädchen als Quasi-Satyrspiel. 1956 faßte er die drei Stücke zu einem „trittico teatrale: ‚Lamenti'" zusammen.

Zu den Lehrjahren des Experimentierfreudigen gehörte die Werkstatt. Sie fiel ihm zur rechten Zeit zu. Aus der Bekanntschaft mit der theatererfahrenen Tanzpädagogin Dorothee Günther entstand 1924, getragen von der Atmosphäre der „Neuen Tanzbewegung", die heute schon legendär anmutende Güntherschule, die internationalen Ruf erlangte. Hier konnte Orff im Zusammenwirken mit der durch ihre Doppelbegabung für Musik und Bewegung zur Mitgestalterin prädestinierten Gunild Keetman und der Tänzerin Maja Lex seine Ideen von einer Tanz und Szene anzielenden Einheit von Sprache, Musik und Bewegung erproben. Dafür waren spezifische Instrumente zu entwickeln, welche die Tänzer wie „Requisiten" in die Bewegung einbeziehen konnten. Stabspiele, Blas- und Schlaginstrumente orientierten sich an der exotischen Musik, aber auch an Renaissance und Barock. Aus den „Protokollen" zahlloser improvisatorischer Entwürfe erwuchs die 1931 publizierte „Rhythmisch-melodische Übung". Es war – mit einem Wort Franz Marcs für ein Skizzenbuch gesagt – ein „Arsenal für eine Schöpfung".

Die Güntherschule wurde 1945 durch Brandbomben zerstört. 1948 regte der Bayerische Rundfunk eine Umsetzung in pädagogische Modelle an. Orff wurde fast ungewollt zum Pädagogen. Zwei seiner Grundzüge aber kamen diesem Auftrag entgegen. Sein Klangdenken ermöglichte ihm ohne Rangverlust ein Rekurrieren von der Großform zur Zelle und umgekehrt. Er hat das Schulwerk gern seinen „Steinbruch" genannt. Zum andern war er dem Jungsein, dem Wachsenden, zu Formenden wesensgemäß tief verbunden. Er liebte die Kindwelt, sah sie mit der frommen Naivität eines Ludwig Richter oder Matthias Claudius. So entstand, ausgehend von altem Kinderliedgut, eine elementare Musik, auf fundamentale anthropologische Einsichten gegründet, ein „geistiger Humus" (Orff), frei von didaktischem Reglement oder ideologischer Fixierung, aber musikerzieherisch allseitig offen, bis zur gegenwärtigen musiktherapeutischen Erprobung. In der Anfang der fünfziger Jahre publizierten, auf die Sprechübung zentrierten Neuform, die mit über tausend Modellen vom Namenruf und Kinderreim bis zur Klangeinrüstung großer Dichtung, von der melischen Arabeske bis zu großdimensionierten tänzerischen Rhythmogrammen reichte, ging das „Schulwerk" in vielfältigen Adaptionen über die ganze Welt. Die Transposition in bisher siebzehn Sprachen bestätigte die transkulturelle Tragfähigkeit der Idee.

Eine versammelnde Mitte wurde dringlich. Das Land Österreich schuf, einer Initiative des Mozarteum-Präsidenten Eberhard Preussner folgend, eine zentrale Lehr- und Ausbildungsstätte, gliederte sie als „Orff-Institut" der berühmten Musikakademie in Salzburg ein (Eröffnung 1963) und errichtete ihr ein eigenes Haus. Der rasche Tod des seit 1932 eng verbundenen Freundes Preussner war für Orff ein schwerer Verlust.

Der Beginn der dreißiger Jahre zieht zunächst die Summe der kompositorischen Erfahrungen des zurückliegenden Jahrzehnts. Als Orff um 1920 auf die Dichtung Franz Werfels gestoßen war, hatte er die überbordenden Bilder und Metaphern noch im Klavierlied einzufangen versucht. Jetzt sprengt Werfels Verzweiflungsschrei über die „alte, elende Zeit", der sich hinter der hymnischen Attitüde verborgen hatte, die Liedform. Sie war erst recht untauglich für die Lyrik Bert Brechts und seinen „Tonfall der direkten momentanen Rede". So tritt an die Stelle des Klavierliedes der Chor mit fundamentierenden Instrumenten. In der Großform der zu „Werkbüchern" zusammengeordneten „Kantaten" bewegt sich Orff zwischen großatmiger Hymnik, leierndem Songstil und plakativer Deklamation eines Sprechmusizierens. Eine progressive Idee verblüfft: er wollte die drei letzten Brechtsätze mit thematisch bezogenen, zeichensetzenden Filmmontagen kontrapunktieren.

Um so erstaunlicher gegenüber dieser Bilanz der zwanziger Jahre erscheint die gleichzeitige Wende in einen diametral entgegengesetzten Bereich geistiger Überlieferung. Es gleicht dem Einschlag eines Blitzes, als Orff 1930 in Sirmione am Gardasee bei den „Grotten di Catullo" auf einer bunten Postkarte das carmen 85 des im nahen Verona geborenen lateinischen Lyrikers findet:

> Odi et amo. quare id faciam, fortasse requiris.
> nescio. sed fieri sentio et excrucior.

„Diese Zeilen, kurz und wie gemeißelt, faszinierten mich, sie waren für mich Musik. – Ein Funke sprang über und hatte gezündet." An diesem Distichon entdeckte er die antiken Sprachen der Mediterranea als künftige Vehikel seiner Kunst.

Seine Faszination entsprang einer typologisch verwandten Haltung. Der Musiker antwortete auf die Direktheit des Fühlens und Sagens mit melischer Flexibilität, transparentem Leuchten des Klanges und federnder Rhythmik. Er fing den Glanz der Italianità ein. Das könne man, meinte er, im Boot treibend auf dem nächtlichen Gardasee singen.

Die ersten sieben A-cappella-Sätze kreisten zyklisch um eine Mitte: Catulls schicksalhafte Liebeserfahrung an der Römerin Lesbia. Hier lag, dem Autor wohl noch unbewußt, ein Sujet für ein künftiges Theater bereit. Aber der Bogen von der Renaissance-Schöpfung Monteverdis, erst recht aus der Kantatenatmosphäre der Werfel und Brecht, zu dem Neoteriker der Latinität war zu weit und kühn gespannt. Er bedurfte einer Zwischenstütze an der „verwitterten Römerstraße von der antiken zur modernen Welt" (so hat Ernst Robert Curtius das lateinische Mittelalter genannt). Es war der Codex Buranus, der Orff Mitte der dreißiger Jahre in Schmellers Neuausgabe in die Hände fiel.

Sein Durchbruch, von ihm selbst als Beginn seiner „gesammelten Werke" bezeichnet, erfolgte 1937 mit „Carmina Burana". Er war zweiundvierzig Jahre alt, als er „da" war; aber er war sofort in voller Meisterschaft da. Seinen Weltruhm hat – trotz oder wegen der lateinischen Sprache – sein erstes Bühnenwerk begründet. Doch die Ironie des Rezeptionsmechanismus will es, daß es meist ohne Szene erklingt. Dieses scheinbare Defizit berührt die Eigenart von Orffs Theater. Er hat der Gattung nach eine Chorkantate geschaffen und sie „mit begleitenden Instrumenten und magischen Bildern" für die Bühne bestimmt, die szenische Ausformung jedoch offengelassen. Die musikalische Diktion ist visuell und gestisch so stark aufgeladen, daß sie merkwürdigerweise nicht auf die Szene angewiesen ist. Selbst die griechischen Tragödien konnten (1980) im Zirkus-Krone-Bau in München, das Endzeitspiel in Stuttgart (1977) und in München (1980) ohne Minderung ihrer Ausstrahlungskraft konzertant aufgeführt werden. Die Offenheit der „Carmina Burana" bringt freilich ein Risiko mit sich. Wo die Medien und der Kulturkonsum sich des Werkes bemächtigen, drohen Verschleiß, Überzeichnung und Pervertierung ins Triviale.

Orff ist ein konstruktiver Revolutionär des Theaters aus der Bindung an die Tradition. Er zielt nicht wie Wagner auf das Musikdrama als Gesamtkunstwerk, sondern stellt den paradigmatischen Zeigecharakter und die deutende Kraft der „Schauszene" (Novalis) einerseits, die magische Verzauberung durch Bild und Symbol andererseits in die raum- und zeitübergreifenden Dimensionen eines Theatrum mundanum. Dieses Theater ist enthusiastisch, ekstatisch und setzt die Gestimmtheit des Außerordentlichen voraus. Es stellt den Anspruch des Festspiels. Es ist optimistisch in einer pessimistischen Zeit.

Zur Verwirklichung dieses seines Theaters öffnet Orff getrennte Bereiche zueinander: Sprache, Musik, Bewegung, Tanz finden sich unter neue szenische Gesetzlichkeiten gestellt; Sprechtheater und Musiktheater führt er zusammen; lyrisches Sagen und episches Erzählen werden szenisches Spiel; Sprachen verschiedener Herkunft und verschiedensten Alters werden mit auratischer Dignität und symbolischer Kraft begabt; geschichtliche Epochen, Wendezeiten, Kulturräume geben ihre Bildarsenale frei. Sein magisches Theater öffnet sich mühelos mythischen Bildformen und Gestalten, religiösen Mächtigkeiten, ins Bild transformierten Philosophemen. Orff aktualisiert nie, aber gerade das macht seine Bühne, frei von Mode und Tagesgebundenheit, gültig. Er gleicht einem Schwimmer gegen den Strom, der sein Gesicht zu den Quellen gewendet hat.

So ist auch seine Musik originär und in einem vorartistischen Sinn elementar. Ihre Architektonik beruht auf blockhaften, pfeilerartigen Gerüstformen, auf Bordunen und Ostinati als Träger eines differenzierten Melos. Großdimensionierte, rhythmisch durchgegliederte, pointillistisch-farbige Klangfelder von vorharmonischer Flächigkeit bilden die Fundamente.

Orff hat keine absolute Musik geschrieben. Der Ursprung seiner Musik liegt immer in der Sprache und setzt die „poetische Idee" frei. Zwei Grenzbeispiele mögen das veranschaulichen. Das erste Lied des Sechzehnjährigen, „Frühlingsahnung" von Uhland, beginnt mit einer Rückung von Moll nach Dur. Darüber steht in noch kindhafter Bleistiftschrift: „Der Frühling schlägt die Augen auf." In den letzten Takten seines letzten Werkes, des Endzeitspieles, tönt nach dem Ende des Kosmos die Weltstimme: ‚venio ad te'. Sie verebbt auf den Silben: ‚ve-ni-o – ve – ve – ve-ni'. Die letzte Verbalform kann entweder bedeuten: „Komm!" oder „Ich bin da!" oder beides, eine im Verlöschen zu Gott hinüberreichende Sprachklanggeste, deren Bildkraft an Michelangelos „Schöpfung Adams" in der Sixtina erinnert, wo die Zeigefinger von Schöpfergott und Geschöpf sich auf Berührungsnähe einander entgegenstrecken.

Orffs Bühnenwerke sind innerhalb von vier Jahrzehnten aus *einem* geistigen Kern in geheimer Konvergenz aufeinanderzugewachsen. Sie stellen sich in vier Bereichen dar.

„Trionfi", gleich den namengebenden Prunk- und Maskenspielen der Renaissance Werke von „hohem Stil", in-szenieren – ein prius non auditum – Lyrik, indem der Musiker typische Figuren und repräsentative Gestalten aus der Dichtung heraustreten läßt und sie in symbolischer Ermächtigung zu Trägern einer weltgültigen Rappresentazione macht.

„Carmina Burana" (1937) – „Catulli Carmina" (1943) – „Trionfo di Afrodite" (1953) sind eine gestufte Trilogie der Liebe: Fortuna als Imperatrix des Schicksalsrades, Catull als paradigmatische Figur dämonischer Verstrickung, Aphrodite als kosmische Liebesmacht. Mit der krönenden Epiphanie der Göttin fällt der kreatürliche Lustschrei des „Urpaares" im Ritual einer antiken Hochzeitsfeier zusammen. Orff-typisch der „Richtstrahl" in wachsende Zeitentiefe: vom Mittellatein des 13. Jahrhunderts, von Orff als europäisches Medium verstanden, zu den beiden größten Liebenden und Lyrikern der antiken Welt in ihren originalen Sprachformen. Catull hat Orff zu Sappho geführt. Es war seine erste Musikalisierung altgriechischer Dichtung.

Mit den „Märchenspielen" schließt sich Orff die Welt der „Einfachen Formen" auf. Die von den Brüdern Grimm aufgeschriebenen Märchen vom gestohlenen Mond und von der klugen Bauerntochter waren Weltmärchen voll mythisch verschlüsselter Erfahrungen und archetypischer Bilder. Orffs Um- und Zudichtungen in Verbindung mit alter Spruchweisheit machen die archaischen Fundamente sichtbar. So konnte „Der Mond" (1939) als „Kleines

Welttheater" gelten. „Die Geschichte von dem König und der klugen Frau" (1943) aber rückte er so stark in die Nähe epischen Theaters, daß Brecht 1948 keine Aufführung des in Felsensteins „Komischer Oper" in Berlin inszenierten Stückes versäumt haben soll (nach H. H. Stuckenschmidt). Den „Mond" nannte Orff seinen „Abschied von der Romantik". In der „Klugen" war ihm eine Synthese sublimierten Volkstheaters und hintersinniger Komödie gelungen, deren musikdramatische Durchschlagskraft sich darin bestätigt, daß das Stück schon 1958 in dreizehn fremde Sprachen übersetzt war und sowohl von der Negertruppe des Koramus Lyric Theatre in Cleveland (1949) als auch in Japan (1958) mit dem Fujiyama als Hintergrund einer Kabuki-Bühne aufgeführt wurde. „Das Weltmärchen war in die Welt zurückgekehrt" (Orff).

Mit dem „Bairischen Welttheater" betritt Orff seinen ureigenen Bereich. An dem heimischen Idiom wird der Szeniker zum Dichter. Er studiert den unerschöpflichen, farbenreichen Wortschatz seiner Muttersprache. Aber er kopiert nicht den Dialekt, sondern er inszeniert ihn: Er spielt, musiziert, tanzt mit der Sprache, so daß in der Rhythmisierung ihre gestisch-mimische Potenz selbst zum Geschehen wird. Diese Sprache ist „handelnde" Sprache, seine Theatersprache sui generis.

In seinem berühmt gewordenen „Einmanntheater" wurde er zum idealen Interpreten seiner selbst. Am Lesetisch, mit einem Bleistift als einzigem Requisit zum Markieren instrumentaler Rhythmen oder imaginärer Zeitquanten, vermochte der Magier der Szene ein von Klang und Bild schier berstendes Theater zu entfesseln, dessen sinnliche Direktheit ebenso verzauberte wie sein Hintersinn betroffen machte.

Der bajuwarische „Urtrieb zum Spiel" – Hofmannsthal hat ihn 1919 beschrieben – war in ihm sublimiert. Aber mit der Realitätsnähe des bayerischen Volkstheaters hat Orffs Theatersprache nichts gemein. Sie schafft im Gegenteil Realitätsferne. Sie entrückt das Geschehen in eine raum- und zeitenthobene Gegenwirklichkeit. Ihre freigesetzte archaische Kraft macht sie fähig, mit den antiken Sprachen eine selbstverständliche Symbiose einzugehen.

Die Passio humana der „Agnes Bernauer" (1947) ist das Exempel eines die Historie transzendierenden Welttheaters. Der dämonischen Vernichtungsorgie der hexischen „Perchten" – ein einzigartiges Paradigma Orffscher Sprachkunst – ist der himmlische Trionfo kontrastiert, in dem Legende, Mysterium und Apotheose verschmelzen. Die Bezeichnung „Bairische Antigone" stimmt zu Orffs Selbstverständnis: „Wie durch ein Transparent sieht man die Umrisse der antiken Tragödie aufleuchten." Die sophokleische Antigonae wartete seit Jahren auf ihre Stunde. Seit 1940 arbeitete er daran.

Das gleichzeitig entstandene bairische Stück „Astutuli" (1953) nach dem Märchen von des Kaisers neuen Kleidern konnte als Satyrspiel gelten. Daß die

„Stori" „in undenklicher Zeit" spielt, akzentuiert ihre zeitlose Aktualität. „Tratzen und Derblecken" bis zur ersten Publikumsbeschimpfung des deutschen Theaters ist die bajuwarische Variante von Aristophanes und Plautus. Aus den bald kraftstrotzenden, bald zärtlichen Rhythmogrammen der Sprache grinst die dämonische Maske politischer Verführbarkeit und Massensuggestion.

„Ludus de nato Infante mirificus" (1960) und „Comoedia de Christi resurrectione" (1957) sind nach Art eines Zweiflügelaltars zu einem „Diptychon" zusammengefügt. Um die zentralen Ereignisse der christlichen Heilsgeschichte aus dem zerspielten Klischee zu lösen, fand Orff das Prinzip der Spiegelung. Den dämonischen Gegenmächten – im Weihnachtsspiel den Hexen, im Osterspiel dem Teufel – gelingt es nicht, Lichtgeburt und Auferstehung zu verhindern. Das heilige Geschehen selbst und seine Träger sind ausgespart. Es spiegelt sich im Zauberglas der Hexen, in den Traumberichten der Hirten, in den Dialogen der Grabwächter, in den Lichtern der „Kinder im Schnee".

Erstmalig begegnet eine symbolische Verschränkung der Sprachen. Jede evoziert ein eigenes Potential an Bildern, Klängen, Zeichen; jede wird mit einer spezifischen Funktion begabt: das Bairische ist Mittler in Gespräch und Dialog; das Lateinische trägt die Chöre des Trionfo, erscheint aber auch in magischer Pervertierung der Lingua liturgica als Vehikel von hexischem Wetterzauber und teuflischem Versiegelungsbann; das Griechische aber ist ältestes und höchstes Wort: als Ertönen der Erdmutter, der Adonisklage um den toten Gott, der ostkirchlichen Osterliturgie. Die in die lateinischen Jubiluschöre der Anastasis hineinbrechenden Schmährufe des geprellten Teufels öffnen den Trionfo des Mysterienspiels zur Comoedia des Welttheaters.

„Abendländisches Welttheater" und „Theatrum Mundanum" – so hat Orff den letzten Schaffensbereich unterteilt. In „Antigonae" (1949) und „Oedipus der Tyrann" (1959) hat Hölderlin die Theatersprache des Sophokles ins Abendländische gewendet. Mit der Originalsprache des aischyleischen „Prometheus" (1968) und dem Epilog des „Spiels vom Ende der Zeiten" „De temporum fine comoedia" (1973) führte Orff sein Welttheater bis an die äußersten Grenzen.

Seine zentrale Theateridee der Rappresentazione, in „Trionfi" paradigmatisch verwirklicht, ist der Tragödie ihrer Natur nach eigentümlich. Sie zieht am Zuschauer vorbei als ein gewußtes Sichwiederereignen, dessen Ausgang – analog in der christlichen Passion – bekannt ist. So war Orffs Griff nach der Tragödie eine zwingende Konsequenz.

1914 hatte er in einer Münchner Aufführung der „Elektra" unter Strauss erlebt, wie die Tragödiensprache von der autonomen Musik des Überdramas überfahren wurde. 1940 begriff er an einer Hölderlinschen „Antigonae" in der

Wiener Burg, daß das gesprochene Wort nicht ausreichte, daß es wieder „Musik und Geste" werden müsse. So wollte er Hölderlin „die Zunge lösen". In einer bald starr gespannten, bald strömenden Rezitation, getragen von einem riesigen Instrumentalkörper – darunter Steinspiel, zehn javanische Gongs und sechs Klaviere –, versuchte er im Sinn der antiken Musikē das Wort, dessen „Tödlich-Faktisches" Hölderlin ins „Hesperische" verwandelt hatte, adäquat zu verwirklichen. Die Uraufführung der „Antigonae" fand – in der Felsenreitschule in Salzburg – wie in der Antike im Tageslicht statt.

Zehn Jahre später folgte „Oedipus der Tyrann". Dieses Muster der Tragödie, in der alles „nur herausgewickelt wird" (Schiller), „alles Rede gegen Rede ist" (Hölderlin), um endlich den vom Rückstoß des Göttlichen getroffenen Schicksalsträger zu vernichten, verlangte die „rauhere Fügung" logisch harter Argumentationsketten. Orff eliminierte alles Opernhafte, raffte die Deklamation und führte die gegenstrebigen Spannungskurven zu einer Art metamusikalischen Sprechens.

Die Uraufführung in Stuttgart brachte nicht nur die Ehrendoktorwürde der Universität Tübingen, sondern auch Gastspiele in Paris (1963), Hamburg (1964), Berlin (1966) und Athen (1967). Walter Erich Schäfer, der Stuttgarter Intendant, hat erzählt, daß in dem Augenblick, als Orff den Umgang des Herodes-Atticus-Theaters betrat, sich die fünftausend Zuschauer spontan erhoben, um ihm zuzujubeln, während droben der Parthenon im Flutlicht strahlte wie ein Sternbild. Es muß einer der bewegendsten Augenblicke in Orffs Künstlerleben gewesen sein. Die Tragödie war zu sich selbst zurückgekehrt.

„Der gefesselte Prometheus" des Aischylos faszinierte Orff als symbolische Sinnfigur für den Homo deus wie für den Homo faber, eine für unsere Epoche hochaktuelle mythische Gestalt. Hier gab es keinen Hölderlin, keine „hesperische" Transposition. So entschied sich Orff nach langen Überlegungen und Sprechproben mit Freunden für die „orientalische" Originalsprache. Es mochte wie ein Irrwahn erscheinen; aber Orff glaubte an die Bewältigung durch den bei Hölderlin geübten „musikalisch-gestischen Sprachduktus". Er gab die Versbindung auf und rüstete die Klangsubstanz der Sprache in permutierende rhythmisch-metrische Sinnglieder ein. Diese „Parasprache" macht – in Verbindung mit einem wahrhaft „globalen" Instrumentarium – die textimmanenten Gehalte in einer anderen Kommunikationsebene des Unmittelbaren auch ohne wörtliches Verstehen mitteilbar. Dazu kommt die mythische Großheit der „Schauszene". In der Stuttgarter Uraufführung war einer riesigen, von einem unsichtbaren Puppenspieler leise bewegten Figur, die an einen romanischen Crucifixus gemahnte, der singende Darsteller zu ihren Füßen zugeordnet.

Sein letztes, persönlichstes Werk „De temporum fine comoedia · Das Spiel

Carl Orff im Jahr 1949

Carl Orff bei der Lesung der „Bernauerin“ in München im Jahr 1975

vom Ende der Zeiten · Vigilia" hat Orff einmal als „Wunschtraum eines Optimisten" bezeichnet. In Wahrheit thematisierte er darin seine „Theodizee": Wann und wie endet das Böse? Eine Antwort fand er bei Origenes: „Omnium rerum finis erit vitiorum abolitio" – „Das Ende aller Dinge wird aller Schuld Vergessung sein". Das Böse, inkarniert in dem gestürzten Engelsfürsten Lucifer, kehrt am Zeitenende in das Göttliche zurück. Dieses hypostasiert sich als Nūs, altgriechischer Bildbegriff des absolut gesetzten Geistes.

Die Figuren: Sibyllen, Anachoreten, endzeitliche Menschen, aus der Zeitentiefe beschworen, profilieren sich in wechselnder Zuordnung der symbolisch kontrastierten Sprachen des Griechischen, Lateinischen und Deutschen. Der Agon der Mächte vollzieht sich als Agon der rhythmisierten und musikalisierten Sprachen.

Das Werk endet – singulär bei Orff – mit einem Kanon für vier Violen „con sublima spiritualità". Durch die strenge Ordnung der zeichenhaften Kreisform ist der verschlüsselte Choral „Vor deinen Thron tret' ich hiemit" durchzuhören. In dieser „Sphärenmusik" vollendet sich die Idee des Werkes.

Aber auch ein persönliches Zeichen hat Orff damit gesetzt. Der Kanon ist 1921 entstanden, zur gleichen Zeit, als er sich zum ersten Mal der gleichen Bildidee öffnete. In Werfels Gedicht „Des Turmes Auferstehung" nimmt der Weltenschöpfer am Jüngsten Tag alles Geschaffene in sich zurück. Das Gedicht hatte Orff zu einer seiner extensivsten Partituren inspiriert, die nie zum Erklingen kam. Er hat mit dieser Rückwendung zu sich selbst über ein halbes Jahrhundert hinweg seinen Schaffensbogen geschlossen.

Über sein Werk hätte Orff gleich Picasso sagen können: „Ich suche nicht, ich finde." Er fand die rechten Stoffe, wenn der Kairos da war, dazu die hilfreichen Bücher zur Unterfütterung des intuitiven Einfalls; er fand die rechten Freunde, Mitarbeiter und Interpreten bei der Realisation seiner Werke. Denn sein Leben und Tun regierte das Theater. Er beherrschte die Raumfunktionen der Bühne vom Spielbrett über das „Theater auf dem Theater" bis zum entgrenzten Symbolraum. Man mußte ihn bei einer Probe erlebt haben, um sein Gespür für das Stimmige zu bestaunen. Er sah blitzartig, was falsch oder schief war; aber er sagte nicht, was er für richtig hielt, sondern machte es vor. So fand der Belehrte auf seine eigene Weise die optimale Lösung. Orff arbeitete, manchmal über Wochen, mit Sängern und Darstellern. Er war Änderungen von der Praxis her zugänglich. Er besprach sich mit Dirigenten, Regisseuren, Bühnenbildnern. Mit vielen, von Caspar Neher angefangen, war er freundschaftlich verbunden. Seine Visionen setzten Maßstäbe und provozierten zu Höchstleistungen. Mancher hat an der Orffschen Szene zu einem eigenen Stil gefunden.

Zutiefst Gemeinsames verband ihn mit Wieland Wagner; es war ein gegenseitiges Geben und Nehmen. In archaischer Fremdheit und ohne Lichtregie –

in Erinnerung an die schattenlose Sonne über der griechischen Skenē – hat Wieland Wagner 1956 in Stuttgart „Antigonae" inszeniert. Denn Orffs Bühne hat, so sagte er 1965, „mit dem alten Guckkasten nichts, mit Epidauros sehr vieles gemein". Für seinen Bayreuther Stil hat Wieland von Orffs Theater entscheidende Impulse und Bestätigungen erfahren. Er wollte Bayreuth für den „Prometheus" öffnen; er durfte jedoch dessen Fertigstellung nicht mehr erleben.

Epidauros und Bayreuth haben Orff nie mehr losgelassen auf seiner Suche nach einem seinem Theater gemäßen Spielraum. Daß das Prinzregententheater in München, in dem er von zyklischen Festspielaufführungen seiner Großwerke träumte, als Spielstätte nicht zurückgewonnen werden konnte, war ihm ein Schmerz, zudem sich seine Heimatstadt nur zögernd seinem Werk geöffnet hatte. Als *sein* Theater empfand er die Bühne der Württembergischen Staatstheater in Stuttgart unter den Freunden Walter Erich Schäfer und Ferdinand Leitner, der mehrere seiner Werke uraufgeführt hat.

Nach Chronistenpflicht sind Lebensdaten nachzutragen. Es entsprach Orffs Wunsch, das Biographische auf unerläßliche Fakten zu beschränken. Seinem Leben blieben ohnehin äußerlich spektakuläre Ereignisse erspart. Seine Ehen folgten dem Gesetz verschiedener Lebensphasen. Der Jugendehe mit der Sängerin Alice Solscher (1920–1925), deren Künstlerkarriere sich mit einer Familienbindung auf Dauer nicht vertrug, entstammte die Tochter Godela, die Bernauerin der Stuttgarter Uraufführung. Gertrud Willert baute aus den gemeinsamen Jahren (1939–1953) ihre Lebensarbeit als Musiktherapeutin mit Elementen des „Schulwerks" auf. Die „Künstlerehe" mit der Schriftstellerin Luise Rinser, 1954 begonnen, 1959 wieder getrennt. Orffs letzte Ehe mit Liselotte Schmitz wurde 1960 in Kloster Andechs kirchlich geschlossen. Das Kind der bayerischen Heimatstadt verstand es, dem großen, gastfreien Haus mit einem umfangreichen Freundeskreis vorzustehen, vielseitig und sprachenkundig die riesige Korrespondenz zu meistern und für Orff mitplanend und kritisch wägend stets präsent zu sein.

Eine Professur als Leiter der Meisterklasse „Komposition" an der Hochschule für Musik in München übte Orff von 1950 bis 1960 aus. Seine Schüler prägte er so, daß sie sich selbst fanden.

Reisen nach Japan und Kanada (1962), Portugal (1963), Ägypten und Senegal (1966) waren durch Einladungen im Rahmen der wachsenden Verbreitung des „Schulwerks" veranlaßt.

Zahlreiche Ehrungen in In- und Ausland fielen Orff zu wie reife Früchte. Unter anderem war er Träger der Friedensklasse des Ordens Pour le mérite seit 1956, des Großen Verdienstkreuzes mit Stern und Schulterband der Bundesrepublik Deutschland seit 1972, ferner Mitglied mehrerer Akademien. Den Dr. h. c. hatte schon der Gymnasiast beim Familienkrach um das verweigerte

Abitur dem Senior der Orff-Familie trotzig prophezeit; er wurde ihm zweimal verliehen: zu Tübingen kam 1972 die Universität München.

1955 war Orff in die Landschaft seiner Jugend am Ammersee zurückgekehrt. Ein ehemaliger Bauernhof unterhalb des Schatzberges in Diessen-St. Georgen wurde zu seiner Heimstätte ausgebaut. Naturwiesen mit uralten Bäumen, Quelle, Bach und Wald, mit seltenen Schmetterlingen und Vögeln, aber auch mit Haustieren von der Katze bis zum Pferd, umgeben die beiden Häuser: Wohnstatt und Werkstatt. Wenn die hohe, schlanke Gestalt, oft schon in den frühesten Morgenstunden, durch die verbindende Pergola ging, fielen seine schnellen, kurzen, fast tänzerischen Schritte auf. Er antizipierte schon im Daraufzuschreiten das für den Tagesablauf einer „gelebten Ordnung" (Hannelore Gassner) vorgenommene Pensum.

In seinem weiträumigen Arbeitszimmer stand der alte Flügel immer offen, umgeben von Stabspielen und Schlagwerk aller Art und Herkunft. Orff komponierte nicht am Instrument, aber er überprüfte ständig am Erklingenden. Seine ungewöhnlich großen Künstlerhände schienen spielend Maß zu nehmen, ob die Erfindung stimme.

In den Stunden der Muße und der Mahlzeiten – selten ohne Gäste – war er die selbstverständliche Mitte des Gesprächs. Es war getragen von der ihm eigenen heiteren Güte, Wärme und Strahlkraft seines Wesens. Freilich liebte der Theatermann die schützende und verwandelnde Maske. Er war ein großer Erzähler und Fabulierer. Mit blitzendem Humor erfand er oft bessere Pointen als die Geschichte selbst enthielt. Gedankenschnell konnte er Gesicht, Geste und Ton verändern, vom Derbsten zum Geschliffensten, vom Witz zum Tiefsinn. Die Skala reichte von der Pfiffigkeit eines alten Bergbauern bis zur Attitüde des Grandseigneurs und des Weltberühmten, der seine eingenommene Haltung zugleich schmunzelnd ironisierte. In manche seiner Bühnenfiguren sind selbstporträthafte Züge eingegangen. Das Illusionstheater der „Astutuli" kann auch als Eigenpervertierung seines „hohen Stils" gesehen werden. Die Köchin seiner Eltern nannte den Jungen ahnend den „Goggolori". Bei dem Ruf des Gaglers: „Alles ist Phantasie!", streckt auch Orff selbst verschmitzt den Kopf aus der Kulisse.

Sein letztes Dezennium gehörte der Arbeit an der achtbändigen „Dokumentation", in der sein Schaffen unter Mitwirkung von Hannelore Gassner und einigen Freunden repräsentativ dargestellt wurde. Bis Weihnachten 1981 rang er den abnehmenden Kräften eine stetige Weiterarbeit ab, indem er sein Werk wie einen Schild dem erahnten Tod entgegenhielt. Zutiefst bewegte ihn die Endgestalt seiner Schöpfungen. Er spürte die moralische Verantwortung des Künstlers. Er, der niemals Fertige, hatte das Bedürfnis, die Tragfähigkeit des Geschaffenen durch Evokation vor sich selbst endgültig zu prüfen. Die Leidenschaft des Szenikers überfiel ihn dabei manchmal so stark, daß er die eigene Schöpfung wie ein Fremdes empfand, sie lobte oder tadelte. Die Stellen, die ihm wesensgemäß am tiefsten entsprachen, traten mit besonderer Leuchtkraft hervor: die Anastasis des Osterspiels, der Grabgang der Antigonae, die Klage des Prometheus, das chorische Lamento des Sophokles in „Oedipus der Tyrann":

> Was soll ich singen?
> Nicht mehr zum unberührbaren geh' ich,
>
> Unglüklich aber gehet das Göttliche.

Er starb am 29. März 1982 in einer Klinik in München. Wie ein alter Baum auf seinem Landsitz zusammenzubrechen, blieb ihm versagt. Aber der Ammersee hat ihn heimgeholt, die Kirche hat dem Weltkind fürstliche Heimstatt gewährt. Er ist in der Schmerzhaften Kapelle der Klosterkirche zu Andechs beigesetzt, die auf dem Mons Sacer über einem uralten Heiltum errichtet ist. Zu Lebzeiten hatte Orff von den Fenstern seines Wohnhauses den Turm von Andechs quer über seinen See vor Augen gehabt. Jetzt kehrte sich nur die Blickrichtung um.

Über der Grablege hängt das Bildnis des Klosterstifters Herzog Albrechts III. von Bayern, des Gemahls der „Bernauerin".

Auf der Grabplatte an der Kopfwand aber stehen unter dem Namen CARL ORFF die letzten Worte der „Vox mundana" seines Endzeitspiels:

SUMMUS FINIS.

Der Besucher erinnert sich nachdenklich, daß „finis" nicht nur „Ende", sondern auch „Ziel" bedeutet.

# KARL RITTER VON FRISCH
## 1886–1982

Von
Martin Lindauer

Wir Menschen wandern durch Berge und Täler, durch Wälder und Wiesen, wir freuen uns an dem duftenden Teppich der farbigen Blütenpracht, an dem Rauschen des Baches, an dem Gezirp der Grillen und dem Gesang der Vögel. Wer von uns käme auf den Gedanken, dies, was wir da erleben, sei nur ein winziger Ausschnitt der realen Umwelt? Der Physiker beweist uns aber mit seinen Meßinstrumenten, daß zum Beispiel unser Auge aus dem elektromagnetischen Spektrum, das von den kilometerlangen Radiowellen über das Infrarotgebiet hinüber ins Ultraviolett zu den kurzwelligen Röntgenstrahlen und Gammastrahlen reicht, nur den winzigen Sektor von 400 bis 800 nm herausfiltert, das ist etwa ein Billionstel (!) des Spektrums. Wir wissen heute, daß es im Ultraschallgebiet wichtige Informationen gibt, für die unser Ohr taub ist; der Chemiker hat die Struktur zahlloser Moleküle aufgeklärt, durch die sich viele Tiere geruchlich anlocken lassen oder vor denen sie die Flucht ergreifen, unsere Nase aber hat dafür keinerlei Empfindung.

Jedes Lebewesen dieser Erde lebt in seiner eigenen subjektiven Umwelt, das heißt, es schneidet mit seinen Sinnesorganen einen winzigen Sektor der realen physikalischen und chemischen Welt heraus.

Es war eine Großtat dieses Jahrhunderts, daß Karl von Frisch als Pionier der modernen Sinnesphysiologie und Verhaltensforschung uns Wege gewiesen hat, wie man solche uns unbekannte Welten aufdecken kann. Noch mehr: wie man ein Tier befragt, in welcher Welt es lebt.

Das Werk dieses Biologen aus Leidenschaft werden wir besser verstehen, wenn wir zu Anfang Einblick nehmen in die intimeren Familienverhältnisse, die seiner *Liebe zur Natur* schon von den ersten Kindestagen an Verständnis und jede Förderung angedeihen ließen. Am 20. November 1886 in der Josephstädter Straße geboren, in einem vom Wiener Großstadtlärm abgeschirmten Winkel, wurde bereits zur Schul- und Gymnasialzeit das Kinderzimmer zu einem kleinen zoologischen Garten ausgebaut. In seinem Tagebuch sind als „Hausgenossen" 9 verschiedene Arten Säugetiere, 16 Vogelarten, 26 verschiedene Kriechtiere und Lurche, 27 Fischarten und 45 Arten von wirbellosen Tieren aufgezeichnet, die nacheinander als Hausgäste in Pflege genommen wurden. Mit einem Buntspecht und einem Sittich wurde eine jahrelange Freundschaft geschlossen. „Meiner Mutter werde ich ihre Duldsamkeit gegenüber diesen nicht immer angenehmen Hausgenossen nicht vergessen."

Von Kindesbeinen an steckte schon die *Neugier* in dem zukünftigen Zoologen, der nicht nur Form und Verhalten eines Tieres beschreibt, sondern nach den kausalen Beziehungen, also der Funktion der Lebensläufe fragt. Seine scharfe Beobachtungsgabe mag ein Brief des Neunjährigen an seine Mutter bezeugen:

„Liebe Mama!

Denke Dir, meine Molche, die ich aus Rolta mitbrachte, legten gestern nachmittags dreißig, in der Nacht von gestern auf heute einunddreißig Eier, jedes schön säuberlich auf ein Blatt einer Wasserpflanze, das sie dann so zusammenlegten: (eine Zeichnung ist beigefügt).

Viele Grüße von Deinem Karl."

Aus der Schulzeit existiert bereits eine erste Veröffentlichung in den „Blättern für Aquarien- und Terrarienkunde" mit dem Titel „Lichtempfindlichkeit der Aktinien".

Entscheidende Anregung und Ermunterung für den späteren Beruf als leidenschaftlicher Forscher auf dem Gebiet der vergleichenden Tierphysiologie erhielt Karl von Frisch von seinem Onkel Sigmund Exner, Professor der Physiologie an der Universität Wien. Exner, obwohl der medizinischen Fakultät zugehörig, hatte sich intensiv mit der Physiologie des Insektenauges befaßt; sein Buch „Über die facettierten Augen der Krebse und Insekten" ist heute noch für jeden Zoologen eine Fundgrube.

Auf Wunsch des Vaters, der in der Zoologie einen nicht sehr einträglichen Beruf sah, wurde zunächst in Wien Medizin studiert. Aber nach dem Physikum brach sich der Drang zur Zoologie eigenwillig Bahn. – Das Studium wurde in München bei Richard Hertwig fortgesetzt, damals neben Boveri in Würzburg der angesehenste Zoologe – auch über Deutschlands Grenzen hinaus. Hertwig erkannte sofort das Genie in dem jungen Studenten, und es wäre naheliegend gewesen, daß Karl von Frisch ihn als Doktorvater wählte. Aber die Eltern wollten ihren Karl wieder in Wien haben, und so wurde ein Thema von dem Wiener Zoologen Przibram gestellt: Es sollte die Entwicklung der Gottesanbeterin (Mantis) untersucht werden.

Unverhofft trat aber noch während der Doktorarbeit eine Wende ein, die gleichzeitig eine Wende für die gesamte deutsche Zoologie werden sollte. Ein Kommilitone hatte Karl von Frisch darauf aufmerksam gemacht, daß Ellritzen (kleine Fische, die man allenthalben an unseren Fluß- und Seeufern findet) in geradezu eleganter Weise es fertig bringen, sich je nach ihrem momentanen Aufenthaltsort durch Pigmentwanderung in den Schuppen farblich dem Untergrund anzupassen: auf dunklem Untergrund wird das Schuppenkleid fast schwarz, auf hellem lichtet es sich auf. Wie machen die Fische das? Karl von Frisch ließ das alte Dissertationsthema, das ihn nicht sehr begeisterte, weil man nicht direkt am lebenden Tier beobachten konnte, fallen und wählte selbständig das Thema „Farbwechsel bei Fischen" für seine Dissertation. In *einem* Semester hatte er die wichtigsten Versuche abgeschlossen. Er hatte dabei eine ganz merkwürdige Entdeckung gemacht, die inzwischen in alle Lehrbücher der Zoologie eingegangen ist. Sie versprach im wahrsten Sinn des Wortes einen Aufbruch in ein neues Gebiet der Zoologie: die „Vergleichende Physiologie". Karl von Frisch konnte zeigen, daß dieser Farbwechsel der Ellritzen durch einen Nerv, den Sympathicus, gesteuert wird. Der Beweis dafür war einfach, aber überzeugend: Durchtrennung des Nerven hinter dem 18. Wirbel verursachte eine Dunkelfärbung des Hinterendes, durchtrennte man weiter vorne, dann wurde das Vorderende schwarz. Der sympathische Grenzstrang tritt nämlich zwischen dem 12. und 18. Wirbel aus, wobei einige Fasern nach vorne abzweigen, die anderen nach hinten. Erst vierzig Jahre später wurden diese klassischen Befunde durch seine Mitarbeiter in Graz, Professor Umrath und dessen Schüler Florey, ergänzt, die feststellten, daß der schnelleren *nervösen* Steuerung des Farbwechsels eine langfristige Farbanpassung überlagert ist, die einem *hormonellen* Programm unterliegt. Dieser Befund gab wiederum Anreiz für weitere Untersuchungen bei anderen Tierklassen, und so weiß man heute, daß bei Krebsen der Farbwechsel ausschließlich hormonell gesteuert wird.

Bereits in dieser Erstlingsarbeit zeigte sich eine Strategie der Forschungsarbeit von Karl von Frisch, die für das ganze Leben bestimmend war: Die Idee war gesät, die ersten Entdeckungen gemacht, aber sie sollten nur Ausgangspunkt für weitere Fragestellungen sein. Jetzt wurden Mitarbeiter und Schüler an das Problem gesetzt, um aus der geschlagenen Schneise weitere Seitenpfade gangbar zu machen. Dabei gab es immer wieder unerwartete Erkenntnisse und nicht selten auch „Seitensprünge" von jungen Doktoranden, die Karl von Frisch tolerant akzeptierte, wenn sie nur experimentell einwandfrei unterbaut waren. Er selbst hatte noch gefunden, daß sogar geblendete Ellritzen, wenn auch langsamer und unvollständiger, sich an den Untergrund anpassen konnten. Er fand das sogenannte Parietalorgan, eine Ausstülpung des Zwischenhirns, als lichtempfindliches Stirnauge. Sein Schüler Scharrer, der diesem Phänomen in seiner Doktorarbeit näher nachgehen sollte, überraschte ihn dabei mit dem seltsamen Befund, daß im Zwischenhirn der Ellritze Nervenzellen mit Sekretgranula gefunden wurden – Sekrettröpfchen in einer Nervenzelle? Das schien in den zwanziger Jahren so unglaublich, daß man lieber an eine Fehldeutung des jungen Doktoranden glauben wollte. Aber Scharrer war zäh und halsstarrig; er hat diese Erscheinung weiterverfolgt und wurde zum Pionier der *Neurosekretion*, einem hochaktuellen Gebiet der modernen Biologie, das die gesamten Biowissenschaften und die Medizin in gleicher Weise fesselt. Um nur einige Beispiele anzuführen: Lebenswichtige Hormone wie das Vasopressin, das Nebennierenrindenhormon, das follikelstimulierende Hormon, das Gelbkörperhormon und so weiter werden in ihrer Aktivität durch die Neurohormone der Hirnanhangdrüse, der Hypophyse, reguliert. Zu den Neurohormonen zählt man heute auch die wichtigen Häutungs- und Verpuppungshormone der Insekten; wie überhaupt das gesamte Gebiet der Neurosekretion unser Verständnis über das Zusammenwirken nervöser und hormonaler Steuerung erst vertieft hat – ein großzügig geduldeter Seitensprung des Schülers hatte zu ungeahntem neuen Wissen geführt.

Aber kommen wir zu den Originalarbeiten von Karl von Frisch zurück; wir wollen ja verfolgen, wie er persönlich und auf direktem Wege jene neuen Welten erschlossen hat, die unseren Sinnen nicht oder nur lückenhaft zugänglich sind.

Es begann im Jahre 1912, als in Brunnwinkl bei St. Gilgen im Salzkammergut, dem idyllischen Sommersitz der Familie von Frisch, ein Bienenvolk aufgestellt wurde, um eine These des berühmten Münchner Ophthalmologen C. v. Hess, daß Fische und alle wirbellosen Tiere total farbenblind seien, zu widerlegen.

Der Zoologe Karl von Frisch fragte sich, wozu denn diese prächtigen Hochzeitskleider und Warntrachten der Fische, wenn sie nicht zur Anlockung der Weibchen und zur Abschreckung für den Rivalen dienen sollten? Wozu die bunten Blütenmuster unserer Wiesen, wenn sie nicht wie ein Wirtshausschild die Bienen zu den Nektarquellen führen? Aber wenn man mit dem Herrn Geheimrat die Klinge kreuzen wollte, mußte man mit handfesten Argumenten kommen. Hier begann nun in der Tat eine neue Epoche in der Biologie: Karl von Frisch hat es verstanden, seinen Bienen und seinen Fischen Fragen zu stellen, Fragen einfachster Art durch die sogenannte Futterdressur, die dem Tier ein eindeutiges „Ja" oder „Nein" abzwang. Es waren Fragen über die Sinnesleistungen, wie sie sich in ihrer Umwelt orientieren, wie sie sich untereinander verständigen. Zu den bisher klassischen Disziplinen der Zoologie, Systematik und Vergleichende Anatomie, wurde das Gebiet der Physiologie gefügt, das einen wesentlichen Zugang zu den Lebensabläufen erlaubte. Während Karl von Frisch selbst sich vornehmlich für die Leistungen der Sinnesorgane interessierte – Sehen, Hören, Riechen, Schmecken – arbeiteten seine Schüler auch über Fragen des Stoffwechsels, der Ernährung, der hormonalen Steuerung.

In den letzten Jahrzehnten hat sich die Biologie mehr und mehr aus der freien Natur ins Laboratorium verlagert; das Lebewesen wird in seine Organe zerlegt, das Organgewebe wird im Mörser zerrieben bis in seine Zellbausteine, in der Ultrazentrifuge werden auch noch die Zellfragmente isoliert; der Biochemiker und der Physikochemiker gehen an die Analyse dieser Fragmente durch Elektrophorese, Fällung; die Sequenzanalyse klärt die Position der Gene in den Chromosomen auf – bewundernswerte Erkenntnisse der sogenannten Molekularbiologie. Aber es ist beruhigend, daß auch heute noch, wo der sogenannte „Reduktionismus“ als *die* Lehre der Zukunft verkündet wird, viele Zoologen die oberste Aufgabe darin sehen, dem Verhalten eines Tieres als höchste Integrationsstufe, die sich an einem lebenden Organismus erforschen läßt, in seinem natürlichen Lebensraum nachzugehen. Dazu hat uns Karl von Frisch den Weg gewiesen. Mit einfachster apparativer Zurüstung, die seinen Versuchstieren jede subjektive Handlungsfreiheit läßt, stellt er im wohldurchdachten Experiment seine Fragen. Da wird ein Zuckerwasserschälchen, mit Duft und Farbmuster unterlegt, als „künstliche“ Blüte angeboten; mit einem feinen Marderpinsel und Schellackfarbe werden die Bienen, die sich ans Zuckerwasser locken ließen, individuell markiert; in einem sogenannten „Beobachtungsstock“ kann man dann hinter Glasscheiben das Verhalten der heimgekehrten Sammlerinnen beobachten. Ist es nicht gerade die Einfachheit der Gedankenführung und die Einfachheit des methodischen Zuganges, die den Genius des Forschers auszeichnen?

Dies sei beispielhaft an jenem Versuch, der die Farbtüchtigkeit der Bienen nachweisen sollte, aufgezeigt.

In jenen stillen Wiesen von Brunnwinkl werden einige Bienen mit Honigtropfen vom Flugloch weg an ein Futtertischchen, das einige Meter entfernt ist, gelockt. Auf dem Tisch wird ein Glasschälchen mit Zuckerwasser, dem ein blauer Karton untergeschoben ist, angeboten. Die Bienen sollen lernen, daß es über Blau Futter gibt. Beim entscheidenden Test ist das Glasschälchen leer und der blaue Karton wird zwischen fünfzehn Graukartons, die alle Abstufungen von Weiß bis Schwarz zeigen, geboten. Es könnte ja sein, daß die Bienen das Blau nicht an der Farbe, sondern am Helligkeitsgrad erkennen. Eine der gebotenen Graustufen entspricht jedoch mit Sicherheit dem Helligkeitswert des Blaukartons. Aber auch jetzt wählen die Bienen einwandfrei und einmütig Blau als Futterzeichen.

Diese klassische Futterdressur wurde in den folgenden Jahrzehnten weltweit übernommen, von Biologen sowohl wie von Psychologen. Wir haben mit ihrer Hilfe Auskunft erhalten über unbekannte und ungeahnte Sinnesleistungen bei Fischen, bei Säugetieren, bei niederen Tieren, Sinnesleistungen, die nicht nur das Farbsehen, sondern auch das Mustererkennen, das Riechvermögen, das Schmecken und Hören betreffen. Die moderne Lernpsychologie hat für diese Art der Untersuchungen klingende Namen wie „Konditionieren“, „Reinforcement“, „Operant Conditioning“, „Reversal Learning“, „Lernstrategie“. Im Grunde handelt es sich immer um jenen methodischen Zugang, den Karl von Frisch seinerzeit eröffnet hatte. Es wäre freilich noch vieles zu berichten über zusätzliche Maßnahmen, die einer Kritik standhalten mußten: Die Lage des blauen Kartons im Feld der Grauserien mußte ständig verändert werden, um eine Ortsdressur auszuschalten; peinlich genau mußte darauf geachtet werden, daß nicht Duftspuren, die am Blaukarton beim Niedersetzen zurückblieben, eine falsche Markierung anbrachten; es waren immer neue saubere Kartons auszulegen. Daß dies alles nur in mühevoller Kleinarbeit zu handfesten überzeugenden Ergebnissen führte, mag ein Ausspruch des Forschers selbst darlegen: „Spärlich gesät zwischen vielen Enttäuschungen waren die Früchte, die ich ernten konnte." Dann freilich war die Freude groß; ein Erlebnis aus dem Jahr 1914 soll dies beleuchten: Beim Zoologenkongreß in Freiburg hatte Karl von Frisch eine „Demonstration von Versuchen zum Nachweis des Farbensinnes bei angeblich total farbenblinden Tieren" angekündigt. Die Farbdressur mit Bienen wurde im Freien vorbereitet; beim Test, wo die Kongreßteilnehmer skeptisch und erwartungsvoll um den Dressurtisch herumstanden, setzten sich die Bienen zunächst recht brav auf den leeren blauen Karton, als sie dort nichts fanden, suchte eine Biene in der näheren Umgebung herum und flog an die blaue Krawatte eines Besuchers (!). Jetzt waren alle überzeugt, daß die Bienen farbentüchtig sind.

Diese Versuche waren wiederum der Anfang einer ungeahnt produktiven Phase in den Biowissenschaften, insbesondere in der Sinnes- und Verhaltensphysiologie. Sie bauten die Brücke zu ökologischen Fragen, so daß wir heute rückschauend diese Arbeiten als den Grundstock einer neuen Disziplin der *Ethoökologie* bezeichnen dürfen; Ethoökologie untersucht, wie sich die Tiere durch ihr Verhalten ihrem Lebensraum anpassen.

Das Farbsehen der Bienen demonstriert uns dies in eindrucksvoller Weise: da war zunächst gefunden worden, daß das Bienenauge rotblind ist. Rot wird im Test mit einer entsprechenden Graustufe verwechselt. Dafür ist das sichtbare Spektrum der Bienen in den kurzwelligen Bereich verschoben – UV ist für sie eine besonders reizwirksame echte Farbe. Die Frage lag nahe, ob diese Eigenschaft mit der Lebensweise der Bienen zusammenhängt. Vierzig Jahre später war das Problem durch seinen Schüler Daumer gelöst: Unsere „scheinbar" weißen und gelben Blüten reflektieren für das Bienenauge ein eindrucksvolles UV-Muster, das ihnen den Weg zu den Nektarien weist. Zusammen mit Gelb ergibt sich auf den Blütenblättern ein Bienenpurpur, dessen Farbenpracht wir uns in unserer Phantasie nur schwer vorstellen können. Jedem Naturfreund muß es warm ums Herz werden, wenn er erfährt, wie unsere Blumen sich in so entgegenkommender Weise auf die Eigenheiten des Bienenauges eingestellt haben: Es ist eine Symbiose in idealster Form, die sich in vielen Millionen Jahren der Stammesgeschichte vollzogen hat.

Zug um Zug ergaben sich neue Fragen: Formensehen, Mustererkennen, Bewegungssehen – jedesmal tat sich eine neue Welt auf, deren sinnesphysiologische, neurobiologische, ökologische Bezüge heute die Lehrbücher und viele Kongreßberichte füllen. Die Spuren führen zurück zu jenem Bienenvolk in Brunnwinkl am Wolfgangsee aus dem Jahre 1912!

Neuland wurde auch beschritten auf dem Gebiet der chemischen Sinne. Man war sich im unklaren, wo die Bienen denn ihre Nase haben. Ein amerikanischer Gelehrter hatte die Behauptung aufgestellt, der gesamte Chitinpanzer der Bienen sei mit Riechzellen durchsetzt. Karl von Frisch aber hat die Antennen eindeutig als Sitz des Geruchssinnes erkannt, wobei ihn die Vorstellung faszinierte, daß auf den Antennen räumlich eng vernetzt mit den Riechzellen auch Tastsinneszellen zu finden sind; das müßte den Bienen ein sogenanntes „plastisches Riechen" ermöglichen.

Hinzu kommt, daß es unter den Chemorezeptoren „Spezialisten" für bestimmte Duftstoffe gibt, für die unsere Nase völlig stumpf ist; es sind solche Duftklassen, die für die Lebensweise der Bienen besondere Bedeutung haben. Der Sterzelduft beispielsweise, mit dem heimkehrende Bienen zu ihrem Muttervolk gelockt werden, oder der Duft der Königin, mit dem sie sich beim Hochzeitsflug den Drohnen zu erkennen gibt. Auch hier eine Öffnung einer neuen Welt, die uns zeigt, wie dürftig doch unsere menschlichen Empfindungen im Reich der Düfte sind.

Mit dem Elektronenmikroskop, mit Mikroelektroden und mit Hilfe der Elektrophorese ist man in den vergangenen Jahrzehnten weit in den submikroskopischen und molekularen Bereich der Chemorezeption vorgedrungen. Es wurden Grundlagen für eine biologische Schädlingsbekämpfung geschaffen, die uns Hoffnung geben, daß wir in naher Zukunft gefürchtete Obst-, Getreide- und Waldschädlinge durch Duftfallen, das heißt durch Lockfallen oder durch Duftmarkierung erfolgreich bekämpfen können. Grundlage hierfür sind unsere elementaren Kenntnisse über das Riechvermögen der Bienen, die uns K. von Frisch vor nunmehr sechs Jahrzehnten vermittelt hat: ein eindrucksvolles Beispiel, wie einfache, zunächst wertfreie Grundlagenforschung letztlich doch zu wichtiger praktischer Anwendung kommen kann.

Als im Jahre 1921 der erste Ruf als Ordinarius an die Universität Rostock erfolgte, wandte sich Karl von Frisch erneut den Fischen zu, um eine alte Streitfrage anzupacken: Können Fische hören? Der Direktor der Rostocker Ohrenklinik, Professor O. Körner, war von der *Taubheit* der Fische überzeugt; er hatte versucht, seinen Fischen im Aquarium durch Pfeifen Eindruck zu machen; sogar eine bekannte Sängerin mußte vorsingen; aber Körner sah keinerlei Reaktion bei seinen Fischen. Da nahm sich Karl von Frisch einen Zwergwels – Xaverl wurde er getauft – ins Aquarium und stellte folgende Überlegung an: „Wenn ich ein Zwergwels wäre, würde ich mich für Regenwürmer und dergleichen leckere Bissen interessieren, aber schwerlich für die Triller einer Sängerin." Vielleicht ließ sich aber doch sein musikalisches Interesse wecken, wenn man die bewährte Dressurmethode anwandte, also einen vorgespielten Ton mit einer Futterbelohnung assoziierte. Und wirklich, nach einigen Tagen dieser Dressur war ein Erfolg da. Körner kam bereitwillig ins Institut und ließ sich das Experiment vorführen. Anders als seinerzeit Geheimrat v. Hess, ließ er sich durch das Ergebnis überzeugen: „Wirklich, er kommt, wenn man ihm pfeift." – So lautete sein Glückwunsch.

Wieder war dieser erste Durchbruch in die Hörphysiologie für Jahrzehnte Anlaß zu weiteren Untersuchungen, in die er seine Schüler mit einbezog: Hörschärfe, Hörbereich, Richtungshören wurden bis ins Detail analysiert. Solche Arbeiten waren aus vergleichend-physiologischer Sicht von grundlegender Bedeutung, weil für das Hörorgan der Fische anatomisch völlig andere Verhältnisse vorliegen – Fische haben keine Mittelohrknöchelchen, sie haben keine Basilarmembran, die erst die Tonunterscheidung und Hörschärfe des Menschen möglich machen. Die Natur hat hier mit ganz verschiedener akustischer Apparatur in Millionen von Jahren ihrer Stammesgeschichte gleiche Leistungen vollbracht; ein Musterbeispiel von Konvergenz, das heißt Erreichung gleicher Funktion bei unterschiedlicher Herkunft und morphologischer Ausstattung.

Nicht nur der Laie, auch der eingefleischte Zoologe haben in jenen Jahren gefragt, wozu denn dieses scharfe Hören der Fische gut sei. „Stumm wie ein Fisch" – diese Redewendung sollte man heute nicht mehr gebrauchen; man kennt viele Fische, die sich untereinander mit grunzenden, pfeifenden, klappernden Signalen verständigen, ihre Reviere akustisch abgrenzen, das Weibchen anlocken, den Rivalen mit Drohlauten aus dem eigenen Heimatgebiet vertreiben.

Das junge Gebiet der vergleichenden Sinnesphysiologie erwies sich als kräftiger Sprößling, der seine Wurzeln und Zweige im gesamten deutschsprachigen Gebiet ausbreitete; auch Kollegen in Frankreich, England und den Vereinigten Staaten zeigten Interesse; es war an der Zeit, eine eigene Fachzeitschrift zu gründen. Gemeinsam mit Alfred Kühn zeichnete Karl von Frisch als Herausgeber der „Zeitschrift für vergleichende Physiologie", die von 1924 an mit bisher einhundertdreiundachtzig Bänden sich als äußerst lebenskräftig erwiesen hat; heute ist sie die international führende Zeitschrift auf dem Gebiet der Sinnes-, Neuro- und Verhaltensphysiologie; die Stoffwechselphysiologie hat sich als eigene Abteilung abgetrennt, beide Gebiete erscheinen unter dem neuen internationalen Namen „Journal of Comparative Physiology".

In der Zwischenzeit (1923) war ein Ruf nach Breslau erfolgt, aber schon dreizehneinhalb Jahre später kehrte Karl von Frisch als Nachfolger von Richard Hertwig nach München zurück. Hier in der ehrwürdigen Alten Akademie blühte die Zoologie erneut auf: Die Untersuchungen über den Gehörsinn der Fische wurden weitergeführt; ihr Gleichgewichtssinn und jenes merkwürdige Seitenlinienorgan, das den Fischen in trübem Wasser und bei Nacht eine Orientierung ermöglicht, weil sie damit Strömung und Staudruck von zurückgeworfenen Wellen sehr empfindlich wahrnehmen können, wurden einbezogen. Schüler, die später auch außerhalb Deutschlands den internationalen Ruf der Münchner Zoologie weitertrugen, wie Löwenstein und Dijkgraaf, waren an diesen Arbeiten beteiligt.

In den folgenden Jahren gab es immer wieder Überraschungen – durch ihn selbst oder von seinen Schülern –, die Karl von Frisch stets ernst genommen hat. Die Lebensäußerungen der Tiere sind ja ein so komplexes Geschehen, daß man in aller Regel beim ersten Anlauf die Zusammenhänge noch nicht durchschauen kann. Die Ergebnisse sind dann, wie man so schön sagt, „unerwartet"; man ist zunächst über die Befunde enttäuscht. Gerade hier lag aber eine Stärke der wissenschaftlichen Konzeption von Karl von Frisch. Ein Beispiel möge das beleuchten:

Bei seinen Versuchen über den Gehörsinn der Fische wurde eine frisch operierte Ellritze in den Wolfgangsee zu ihrem Schwarm zurückgeworfen. Sie selbst schwamm munter davon, aber die übrigen Schwarmfische, denen sie sich vorher zugesellt hatte, waren plötzlich verschreckt: Durch die verletzte Haut war ein Schreckstoff frei geworden, der als soziales Warnsignal die Artgenossen in der näheren Umgebung verschreckt hatte. Das ist eine sehr sinnvolle Einrichtung; denn wenn ein Hecht aus einem Fischschwarm ein Beutetier herausfängt, wird durch den Fangbiss ebenfalls dieser Schreckstoff frei und der gesamte Schwarm flieht für Wochen diese Gefahrenstelle; auch wenn der einzelne Fisch verloren ist, er hat im letzten Moment noch ein Signal für die Rettung seiner Schwarmgenossen gesetzt. Auch diese „nebensächliche", zufällige Beobachtung hat in folgenden Jahrzehnten weite Kreise gezogen: Nicht nur alle schwarmbildenden Fische, auch die Jugendschwärme der Frösche und Schnecken schützen sich mit solchem Warnsystem. Und was noch aufregender war: Das Wirkungsspektrum solcher Schreckstoffe kann dazu verwendet werden, den Verwandtschaftsgrad verschiedener Arten und Gattungen auf echt biologische Weise zu testen – für den Systematiker, den Evolutionstheoretiker, den Genetiker, den Ethologen in gleichem Maße von Interesse.

Die Zahl der Schüler und Mitarbeiter wuchs schnell, und die räumliche Enge in München wurde immer bedrängender. Ein glücklicher Zufall und eine Vortragsreise in die USA hatten die Rockefeller-Foundation in New York auf die Münchner Zoologie unter Karl von Frisch aufmerksam gemacht. In jener Zeit der finanziellen Not gelang das Unwahrscheinliche: Gemeinsam mit dem Land Bayern wurde in den Jahren 1931/32 das modernste Zoologische Institut Europas gebaut. Dann freilich kamen die Jahre des Nationalsozialismus, die sehr schnell Reif über die aufgehende Saat legten: Karl von Frisch konnte den für Professoren geforderten arischen Nachweis nicht erbringen, da seine Großmutter mütterlicherseits jüdischer Abstammung war. Einige der führenden deutschen Zoologen mußten damals ins Ausland flüchten. Auch Karl von Frisch wurde die Entlassung aus dem Staatsdienst angedroht. Letztlich retteten ihn die Bienen: Der deutsche Imkerbund, der sich sehr wohl der Bedeutung, die die Münchner Bienenforschung für die Wissenschaft und die Praxis besaß, bewußt war, hat sich mit Erfolg bis zu den obersten Stellen durchgesetzt. Dies war nicht nur ein Glück für die Bienenforschung und die praktische Bienenzucht – als nach dem Zweiten Weltkrieg die Zoologie in Deutschland hoffnungslos am Boden lag, war Karl von Frisch einer jener Anwälte, die neue Kontakte im Ausland knüpften und unser Vertrauen mit unseren Kollegen außerhalb der Grenzen unseres Landes wiederherstellten und dem wissenschaftlichen Nachwuchs Mut gaben, aus dem materiellen und ideellen Trümmerfeld einen neuen Anfang zu suchen.

Für Karl von Frisch brachte das Kriegsende in der Abgeschlossenheit Brunnwinkls die größte Sternstunde seines Lebens: 1920 war bereits seine erste Mitteilung über die Bienensprache erschienen; aber erst jetzt, fünfundzwanzig Jahre danach, sollte der wirkliche Informationsgehalt des Bienentanzes aufgeklärt werden. Damals war schon bekannt, daß eine erfolgreiche Nektarsammlerin, wenn sie mit gefülltem Honigmagen in den Stock zurückkehrt, mit aufgeregten Trippelschritten einen „Rundtanz" auf den Waben aufführt. Dieser Tanz wirkt ansteckend auf die Umgebung; die herumstehenden arbeitslosen Bienen folgen aufgeregt den Tanzbewegungen, und sie werden durch diesen Rundtanz aufgefordert auszufliegen und bei der Ausbeute der entdeckten Trachtquelle zu helfen. Der im Nektar und im Haarkleid mitgebrachte Blumenduft gibt Auskunft, welche Blütensorte besucht wurde. Das war ja schon aufregend genug: Eine Biene gibt an andere Kolleginnen präzise Befehle fern vom Ort des eigentlichen Geschehens. Hier in den abgeschiedenen Wiesen von Brunnwinkl tauchte 1945 plötzlich der Verdacht auf, im Bienentanz könnte zusätzlich auch eine Mitteilung verborgen sein über Entfernung und Richtung des Zieles. Die erste Überraschung war, daß beim Weiterwandern des Futtertischchens über fünfzig Meter hinaus der Rundtanz in einen „Schwänzeltanz" überging. Dabei wurde zwischen zwei Rundbogen ein geradliniger Schwänzellauf eingeschaltet, bei dem die Biene energisch ihren Körper nach beiden Seiten schleudert. Der Schlüssel für die Entfernungsweisung liegt im *Rhythmus* des Tanzes: Je weiter die Futterquelle vom Mutterstock entfernt liegt, um so langsamer folgen die Schwänzelläufe aufeinander. Bei hundert Meter zählt man mit der Stoppuhr zehn Durchläufe pro einviertel Minute, bei zweihundert Meter acht, bei fünfhundert Meter sechs, bei eintausend Meter vier Durchläufe. Es waren mühevolle Monate und Jahre, bis diese Erkenntnisse unterbaut waren; das Wandern mit dem Futtertischchen zusammen mit den saugenden Bienen über Wiesen und Äcker, über Gräben und Bergrücken hin brachte viel Enttäuschung, etwa wenn das Wetter plötzlich umschlug, eifrige Sammlerinnen plötzlich ausblieben, fremde Bienen sich einschmuggelten. Neben der Entfernungsangabe wird aber auch die *Richtung* zum Ziel genau angegeben. Aber wie sollte man im finstern Stock eine Richtung für einen winzigen Punkt irgendwo in acht Kilometer Entfernung anzeigen? Da war zunächst aufgefallen, daß bei gleichbleibendem Futterplatz die Richtung des Schwänzellaufes auf der senkrechten Wabe von Stunde zu Stunde sich änderte und zwar im gleichen Tempo, wie die Sonne über das Himmelsgewölbe wanderte. Um es kurz zu sagen: Die Biene merkt sich bei ihrem Flug zum Ziel den Winkel zwischen dem momentanen Sonnenstand und ihrer Flugbahn. Dieser Winkel wird dann beim Tanz im dunklen Stock ins Schwerefeld transponiert, eine bemerkenswerte Leistung des Bienengehirns, denn es muß vom optischen Zentrum den zu meldenden Tanzwinkel auf das Zentrum des Schweresinnesorganes umschalten. Dabei gilt folgender Schlüssel: Schwänzellauf nach oben heißt, „ihr müßt in Richtung zur Sonne fliegen", Schwänzellauf nach unten: „der Futterplatz liegt entgegengesetzt zur Sonne", Schwänzellauf sechzig Grad nach links oben heißt: „das Futterziel liegt sechzig Grad links von der Sonne". So wird also jeder Winkel zwischen Flugbahn und Sonne dem Schwerelot zugeteilt.

Jetzt reihte sich eine Überraschung an die andere. Ihre konsequente Verfolgung und Analyse hat schließlich zur Anerkennung durch den Nobelpreis geführt (gemeinsam mit N. Tinbergen und K. Lorenz).

Da war zunächst aufgefallen, daß die Sammlerinnen ihren Tanz auch fortsetzten, wenn man die Wabe aus dem Stock herausnahm und horizontal legte. In dieser Situation konnten sie den Schwänzellauf natürlich nicht mehr nach der Schwerkraft ausrichten; sie mußten immer Sicht zur Sonne haben und orientierten jetzt den Schwänzellauf so, daß er genau zum Ziel hinwies, das heißt im gleichen Winkel zur Sonne ausgerichtet war, wie beim Flug zum Futterplatz. Man konnte aber auch die Sonne abdecken, dann waren die Schwänzelläufe immer noch orientiert – solange noch ein kleiner Fleck blauen Himmels für die Biene sichtbar war. Es genügte sogar, wenn man in einem geschlossenen Zelt durch ein Ofenrohr einen blauen Himmelsfleck der Tänzerin zeigte. Wenn man am einen Ende des Ofenrohres einen Spiegel anbrachte, waren die Tänze spiegelbildlich verkehrt. Folgerung: Das Bienenauge kann mit Hilfe einer Erscheinung am Himmel den Sonnenstand festlegen. Karl von Frisch traf nun eine wichtige Entscheidung: Er holte sich Rat bei seinem Freund Benndorf, dem damaligen Physikprofessor an der Universität Graz. Dieser meinte, das vom blauen Himmel kommende polarisierte Licht, das als Musterteppich mit der Sonne wandert, könne den Bienen Auskunft über die jeweilige Sonnenstellung geben. Der schlüssige Beweis hierfür wurde folgerichtig dadurch erbracht, daß man über der tanzenden Biene das Polarisationsmuster des blauen Himmels künstlich veränderte. Es gelang mit Hilfe einer

Polarisationsfolie, die wir durch Vermittlung seines Freundes August Krogh aus Amerika erhielten. Wenn man über die tanzende Biene eine Polarisationsfolie hielt und diese nach verschiedenen Richtungen drehte, wurde mit dem gleichen Winkel auch der Schwänzellauf mitgedreht. Fieberhaft wurde dann nach einem Analysator im Bienenauge gesucht; auch dieses Problem ist heute gelöst: Die Sehpigmentmoleküle sind in den Sehzellen in sogenannten Mikrovilli orientiert angeordnet und bieten damit die Grundlage für eine „dichroitische Absorption".

Wer die Sonne als Kompaß benutzt, muß mit einer äußerst mißlichen Eigenheit dieses Orientierungssystems rechnen: Anders als unser Magnetkompaß zeigt die Sonne nicht durchweg die gleiche Richtung an, sondern ändert ihre Position von Stunde zu Stunde. Man muß also bei der Orientierung nach diesem Himmelskompaß die scheinbare Wanderung der Sonne miteinberechnen. Kann man solche Leistung den Bienen zutrauen? Sie müssen nicht nur für jede Jahreszeit und für den spezifischen geographischen Standort die Sonnenposition im Gedächtnis haben, sondern müssen auch die Tagesstunde genau kennen. Daß Bienen einen hervorragenden Zeitsinn haben, war bereits bekannt. Ein entsprechender Entwurf für ein „Experimentum crucis" war bereits jahrelang in der Schublade bei Karl von Frisch gelegen, aber er zögerte immer wieder, den Versuch auch wirklich durchzuführen: „Man wird uns für verrückt halten, wenn wir derart komplizierte Orientierungssysteme den Bienen zuschreiben wollen." Wir mußten uns mehrmals gegenseitig aufmuntern, und dann erhielten wir folgendes überraschende Ergebnis: Ein Bienenvolk wurde an einem Nachmittag von seinem Heimatstandort in eine fremde Gegend gebracht und eine kleine Schar von zwanzig Bienen zweihundert Meter weit nach Süden an einen Futtertisch gelockt. Diese Bienen, die individuell markiert waren, sollten lernen, daß es im Süden Futter gibt. Wir erwarteten, daß sie sich hauptsächlich auffallende Landmarken auf ihrem Weg zum Ziel einprägen würden und hofften im Stillen, daß sie auch die Position der Sonne beachten würden, etwa dergestalt, daß man sich links von der Sonne halten muß, um zum Ziel zu kommen.

Über Nacht wurde das Volk – mitsamt den süddressierten Bienen – nochmal in ein anderes fremdes Gelände versetzt, und am nächsten Morgen standen vier Futtertischchen zur Wahl; im Süden, Westen, Norden und Osten, jedes in zweihundert Meter Entfernung vom Mutterstock. Würden unsere süddressierten Bienen kompaßgerecht Süden anfliegen, oder den östlichen Futterplatz wählen, das heißt jenes Ziel, das *winkeltreu* zum Sonnenstand jetzt am Vormittag aufzusuchen war? Eigentlich hatten wir gefürchtet, daß die Bienen in dem Moment, wo sie aus dem Flugloch herauskämen und die fremde Landschaft vor sich sähen, sofort wieder umkehren würden. Aber davon war keine Rede: Schnurstracks flogen unsere süddressierten Bienen kompaßge-

Karl Ritter von Frisch

Werner Egk im Jahr 1982

recht nach Süden und zeigten damit, daß für sie die Sonne als Kompaß den überragenden Orientierungspunkt darstellte. Heute ist dieses Orientierungssystem, das den Sonnenkompaß benutzt, bei vielen anderen Tiergruppen, bei Ameisen, Krebsen, Vögeln, Fischen, Lurchen, Schildkröten und so weiter nachgewiesen worden.

Fünfzehn Sommer hindurch durfte ich gemeinsam mit Karl von Frisch solche und viele andere Versuche durchführen. Immer tauchten neue Fragen auf: Wie verhalten sich die Bienen, wenn sie um eine Felsnase herumfliegen müssen, wenn sie bei Seitenwind schräg zur Flugbahn sich einstellen? Was bedeuten ihnen überhaupt Landmarken in Konkurrenz zum Himmelskompaß? Dann war da immer noch eine Unklarheit geblieben: Bei ihren Tänzen machten unsere Sammelbienen kleine Fehler, die nicht zufällig waren, sondern einen gesetzmäßigen Tagesgang aufwiesen; als ich mit meinem Mitarbeiter H. Martin der Sache nachging, stellte sich in den nächsten zehn Jahren heraus, daß hier das Erdmagnetfeld auf die Richtungsweisung Einfluß nimmt. Heute ist das Gebiet des Biomagnetismus wiederum ein sehr modernes, aktuelles Forschungsgebiet. Wir wissen, daß von vielen Tiergruppen das Erdmagnetfeld zur Orientierung im Raum benutzt werden kann, gleichzeitig aber auch als Magnetuhr, da die tagesperiodischen Schwankungen des Erdmagnetfeldes als exogener Zeitgeber benutzt werden. „Die Bienen sind ein Zauberbrunnen, je mehr man aus ihm schöpft, um so reichlicher fließt er" – so schrieb Karl von Frisch in seinem Büchlein „Aus dem Leben der Bienen". Seine Begeisterung, seine Liebe zu allem was da kreucht und fleucht lebt nicht nur in seinen Schülern, Mitarbeitern und engeren Freunden weiter; in vielen Büchern – genannt seien nur: „Tanzsprache und Orientierung der Bienen" – „Du und das Leben" – „Zwölf kleine Hausgenossen" – „Tiere als Baumeister", hat er nicht nur dem Fachmann, sondern auch dem aufgeschlossenen Laien in ansprechender, allgemein verständlicher Form die Wunder der lebendigen Welt ausgebreitet. In seiner persönlichen Bewunderung und Ehrfurcht vor dem Leben hat er uns gelehrt, was vielleicht sein wertvollstes Erbe für uns darstellen sollte:

„Schau mit offnen Augen nur
In die lebende Natur!
Findest Stoff für alle Zeit
Und du lernst: Bescheidenheit!"

Sechsundneunzigjährig ist Karl von Frisch am 12. Juni 1982 nach einem reich erfüllten Leben in München gestorben.

# WERNER EGK
## 1901–1983

Von
Karl Schumann

Die Musik unseres Jahrhunderts zeigt sich aufgespalten in Schulen, Richtungen und Parteien, die sich scharf voneinander abheben. Jedes der Lager weiß sich im Besitz des Universalrezepts, wie eine Musik zu klingen habe, die der veränderten Bewußtseinslage der Gegenwart entspricht. Man tritt in jungen Jahren einer dieser Schulen bei und nimmt dann seinen Weg, anfangs an der Hand eines stilbildenden Lehrers, später im Kreise Gleichgesinnter. Werner Egk hingegen ist ein Einzelgänger gewesen, allein verpflichtet einer sinnlichen, farbigen, vitalen Vorstellung von Kunst und einer bis an die Grenzen erweiterten, jedoch als etwas Naturgegebenes nie verleugneten Tonalität. Der Grund liegt tiefer: Werner Egk ist kein „absoluter" Musiker gewesen, vielmehr ein Mann des Theaters, der szenischen Vision, der Oper und des Balletts. Auch die wenigen Konzertwerke geben sich gestisch, sind auf eine imaginäre Szene bezogen. In der fundamentalen Bindung an das Theater ähnelt Egk dem zuhöchst verehrten Verdi wie dem zeitlebens beargwöhnten Wagner.

Werner Egk war künstlerischer Wildwuchs und Autodidakt. „Gelernt habe ich, wann und wo ich konnte, studiert aber habe ich nur bei wenigen Lehrern, und es war kein berühmter Meister darunter. Musikalisch betrachtet stehe ich also durchaus ohne Familie und ganz und gar allein inmitten dieser bösen Welt, und wenn ich trotzdem einige Aufführungen gehabt habe und einen Verleger finden konnte, so spricht das sehr für die Integrität unseres Musiklebens. Die Tatsache, daß meine musikalische Herkunft nicht konkret nachweisbar ist, diese etwas anrüchige Illegitimität, scheint sich aber doch ausgewirkt zu haben. Mit Shakespeare schreiben die einen dem Illegitimen ein besonderes Maß an Geist und Feuer zu, die anderen aber setzen ihn mit dem Bürgerlichen Gesetzbuch zurück", verwies Werner Egk 1934, zur Zeit der Arbeit an seiner ersten Oper „Die Zaubergeige", auf seinen lückenhaften musikalischen Stammbaum. Einige ferne Ahnen haben indirekt auf ihn gewirkt: Mozart, Verdi, Ravel, die französischen Clavecinisten und der fast scheu verehrte Bach. Einige ältere Zeitgenossen halfen, Egks Handschrift rhythmische und melodische Kontur zu geben: Strawinsky mitsamt der Polytonalität und Polyrhythmik des „Sacre du Printemps" wie des „Oedipus Rex", Prokofjew mit seinem respektlosen, antiromantischen „Neobarbarismus" auf folkloristischer Basis und schließlich der sechs Jahre ältere Freund und zeitweilige Mentor, der bayerische Landsmann Carl Orff samt seiner Idee eines von Szene, Wort und Rhythmus bestimmten Musiktheaters. Die Beziehung zu Orff stand unter Spannungen. Eine seltsame Fügung war es schließlich, daß Werner Egk an Orffs achtundachtzigstem Geburtstag, am 10. Juli 1983 in Inning am Ammersee gestorben ist.

Werner Egk ist ein Spätentwickler gewesen. In der Musik kommen solche verzögerten Talente selten vor. Aber Spätentwickler bleiben länger jung; noch in den letzten Lebenstagen arbeitete Egk an einer Festmusik zum Augsburger Stadtjubiläum. Die Musik war spät in Egks Gesichtskreis getreten. Lange Zeit hatte der mit mindestens drei Begabungen schier geschlagene Lehrersohn aus dem Dorfe Auchsesheim bei Donauwörth gezögert, sich für die Komposition zu entscheiden. In dem kleinen Dorf im bayerischen Schwaben, hart am Ufer der Donau – der Ort wurde 1962 in das nahe Donauwörth eingemeindet – kam Werner Egk am 17. Mai 1901 als Werner Joseph Mayer zur Welt. Den Namen Egk, gebildet aus den Initialen seiner Frau, der Geigerin Elisabeth Karl, führte er erst als Pseudonym, dann seit den späten dreißiger Jahren auch als bürgerlichen Namen. Stationen der Jugend waren: das kleine Dorf im Schwäbischen mit dem bescheidenen Lehrerhaus und das berühmte Benediktinergymnasium zu St. Stephan in Augsburg, wo mit Strenge die humanistische Bildung traktiert wurde, wo man sich zu eifriger Lektüre angehalten fand und wo man jenes Disputieren und Argumentieren lernte, das Egk zeitlebens mit schier mephistophelischer Brillanz pflegte.

Der vielseitig Begabte versuchte sich anfangs als Zeichner, Maler und Schriftsteller. Die frühe Graphik, an der Egk sehr hing, datiert aus den zwanziger Jahren. Sie zeigt Egk auf einem eigenwilligen Weg zwischen George Grosz und Alfred Kubin. Von Grosz leitet sich die sarkastische Pointierung her, von Kubin jene irritierende Faszination durch Dämonen, Lemuren und Fabelwesen aller Art, wie sie sich später in den Opern kundgibt, wo die bösen und blutsaugerischen Geister als Seelenverkäufer und Erpresser umgehen, wie in der nach W. B. Yeats entworfenen „Irischen Legende" (1955), wo sie dem Einzelgänger auflauern und ihn seiner Identität berauben wollen, wie in dem 1938 in Berlin uraufgeführten, von den Machthabern beargwöhnten „Peer Gynt" oder wie in dem Faust-Ballett „Abraxas", das nach einem Szenarium von Heinrich Heine entstand, der alten Legende vom Schwarzmagier und Zauberkünstler folgt, Faust in ein infernalisch illuminiertes Pandämonium versetzt und nach der Münchner Uraufführung 1948 vom bayerischen Kultusminister als sittenwidrige Lästerung verboten wurde. Egk sieht den Menschen umzingelt von Dämonen, die ihn vereinnahmen wollen, die ihm ein Bein stellen, ihm auflauern, ihn täuschen, verlocken und zum Selbstopfer nötigen. Es sieht so aus, als sei dies eine Grunderfahrung eines Menschen gewesen, der ein Jahr, vier Monate und siebzehn Tage jünger war als sein wirres Jahrhundert, der die dreißiger Jahre und den Zweiten Weltkrieg in Berlin und München als mißtrauisch beobachteter „Kulturbolschewist" bewältigte, den einzigen Sohn in Rußland verlor, nach dem Kriege kleinlich der Mitläuferschaft geziehen wurde und sich in Vereinigungen, Gremien und Aufsichtsräten zäh wehrte gegen die Benachteiligung, die dünne soziale Sicherung und die Demontage des Ansehens der künstlerischen Berufe.

Werner Egk war ein vom Optischen bestimmter Künstler, ein musizierender Augenmensch. Das drückt sich bereits physiognomisch aus: Große, eng beieinanderliegende Augen richteten sich wie Scheinwerfer auf Menschen und Dinge. Es war kein kalter, abwägender Blick, vielmehr die überlegte, bisweilen spöttische Wahrnehmung der Dinge in ihrer Unzulänglichkeit. Es war auch der Blick eines Mannes, der Härte nur gegen sich selbst kannte, der Blick des Einzelgängers, des Autodidakten, der sich strenger Selbstdisziplin unterwarf. Vor allem war es ein klarer Blick, der Gesichtswinkel eines rational bestimmten Menschen, dessen geistiger Ausgangspunkt die französische Aufklärung gewesen war, die zeitlebens in Haltung und Diktion wirksame Lektüre Voltaires, Montesquieus und Montaignes. Sachliche Prägnanz bestimmt denn auch Egks Operndichtungen. Er schrieb sich die Libretti selbst; sie sind auf die Musik bezogen, ohne an literarischem Wert einzubüßen. In den frühen Jahren des Experimentierens trat der Einfluß des wenig älteren schwäbischen Landsmanns Bert Brecht hinzu, in den Kinderstücken, Hörspielen, Märchen, Parabeln, wie sie der stets um neue Medien bemühte Egk aufzeichnete. Und in dem eigentlichen Opus 1, in dem 1931 von Hermann Scherchen in München uraufgeführten, seither unter dem umständlichen Titel leidenden Oratorium „Furchtlosigkeit und Wohlwollen", entworfen nach einer indischen Legende, durchtränkt vom Pazifismus der Nachkriegsjahre, gerichtet auf die von späterer Lebenserfahrung bekräftigte Moral, daß jener schließlich von tödlicher Bedrohung freikommt, der furchtlos und wohlwollend seines Weges geht. Die Partitur des Oratoriums zeigt, zumal in ihrer schmetternden, ja überladenen Urfassung, die Faszination durch Strawinsky und Prokofjew. Die ausgedehnten rhythmischen Ostinati, vom Schlagzeug unerbittlich gehämmert, sollten wiederkehren bei Carl Orff, dem vormaligen Mentor, dessen eigentlicher musikalisch-dramatischer Stil sich erst in den „Carmina Burana" von 1937 festigte.

Der musikalische Dramatiker Werner Egk ging von einer Grundtatsache aus: Es gibt Fragen, die dem Menschen, dessen Natur unveränderlich ist, immer wieder gestellt werden und die man dann, genauso wie deren Symbolträger, klassisch nennt: Faust, Don Juan, Circe, Columbus, Gräfin Cathleen, der Revisor, der übermütig gewordene Bauernknecht Kaspar („Die Zaubergeige", 1935), das Rassenproblem in der „Verlobung in San Domingo", die Freibeuter-Existenz Casanovas, Peer Gynt. Diese mythisch verankerten Stoffe stellen höchsten Anspruch an den, der sich auf sie einläßt. Auch darum heißen sie klassisch. Ein Stoff vermag sehr wohl den zu verwerfen, der sich halbherzig daran zu schaffen macht. Werner Egk ist von keinem dieser Stoffe abgewiesen worden. Er hat jedem auf seine Weise genügt. Nicht der Künstler wählt nach Gutdünken den Stoff – der Stoff holt sich den, der ihm gewachsen ist. Als ein Spätling, wie er sich wohl empfand, wenn ihn Melancholie anwandelte, schritt er die Themen und Gestalten ab, die gewissermaßen den Kern der Weltliteratur ausmachen, immer wiederkehrende menschliche Situationen spiegeln und über den Kulturkreis hinausweisen, dem sie entwachsen sind. Eine äußerliche Verwandtschaft zur „Literaturoper" seit Richard Strauss zeichnet sich ab; Egk hat jedoch niemals vorgefundene Dramen freiweg in Musik gesetzt, sondern literarische Sujets in seine eigene poetische Diktion übertragen. Die sinnenfälligste Darlegung eines Stoffes garantierte die Oper, die Oper im überlieferten Sinne, nicht als Musikdrama. Egk pries sie: „Das Umfassende, Universelle der Oper, in der sich die Künste begegnen, um sich zu vereinigen, stellt eine sich immer erneuernde Antwort auf eine immer neu gestellte Frage der menschlichen Natur dar. Die andauernde Auseinandersetzung um die Oper, ihre Tradition und die Kontinuität ihres Bestehens sind uns ein dankbar empfundenes Zeichen für das Vorhandensein einer unerschöpflichen, aus der Tiefe der Jahrhunderte stetig weiterwirkenden Kraft... Die schönste, die zauberischste Ungeheuerlichkeit, unwahrscheinlicher als das geflügelte Pferd und verführerischer als die fischleibigen Sirenen, das ist die Oper. Sie ist von wahrhaft königlichem Rang."

In der rechten Oper teilt sich der Gedanke unmittelbar mit, dem Auge, dem Ohr, dem ganzen Bewußtsein. Die Bühne ist ein überhöhtes Abbild des Lebens, eine beziehungsreiche Illusion. Die Oper bleibt eine dauerhafte Form, weil sie konstante Kräfte der Natur und die Ordnung der Dinge vielfältig widerspiegelt. Werner Egk war überzeugt, „daß die Auffindung der vorhandenen Ordnung eine Leistung der schöpferischen Intelligenz ist, während die unduldsame intellektuelle Systematik zur Pedanterie führt". Klarheit hat dabei die schönste und freundlichste Eigenschaft der Kunst zu sein, wie Egk, eingedenk seiner Neigung zu den rational bestimmten Künstlern, immer wieder sagte. „Die Welt verändert sich von Tag zu Tag. Pflicht des Künstlers bleibt es, in diesem permanenten Wandel den ewig gleichen Anspruch des Individuums zu verteidigen. Mit Mitteln der Kunst eine Art von Ordnung herstellen zu wollen, scheint mir vermessen. Wichtig ist es, vorhandene Ordnungen aufzufinden und mit den Werkzeugen der Kunst ins Licht zu stellen."

Die erste Oper entstand nach beschwerlichen Jahren scheinbar zielloser Versuche als Kinomusiker, Kunstmaler, Dirigent bei einer Marionettenbühne, Verfasser von Rundfunk-Features... Bezeichnenderweise handelte es sich um eine dreiteilige Funkoper, episch-brechtisch gedacht für ein damals junges, noch wenig verbreitetes Medium: „Columbus. Bericht und Bildnis" (1932), Biographie und Gleichnis in einem, Sinnbild des Wagemutigen in einer ablehnenden Welt. Für die Bühne war „Die Zaubergeige" bestimmt, die bajuwarische Metamorphose eines Kasperltheaterstücks des Grafen Pocci, getragen vom vitalen Taktwechsel des „Zwiefachen", angesiedelt in einer ironisch-distanziert gesehenen biedermeierlich-bayerischen Folklore, ein Schelmenspiel mit Legenden- und Moritaten-Unterton, äußerlich „volksnah", in Wahrheit listig, hintersinnig und voll Spott. Die graue Eminenz der deutschen Oper, der Berliner Generalintendant Heinz Tietjen, wurde auf Egk aufmerksam: Berufung als Kapellmeister an die Staatsoper Unter den Linden, wo „Peer Gynt" uraufgeführt wurde. Der Dirigent Werner Egk war entdeckt, der Praktiker, der Initiator pedantisch sorgfältiger Aufführungen. In den kargen, eckigen Gebärden schwang der antiromantische Affekt seiner Generation mit, der Hang zur Sachlichkeit, die Distanz zur Subjektivität. Werner Egk hat viel dirigiert: Mozart, Verdi, Haydn, eigene Werke und mit besonderer Hingabe Bachs „Kunst der Fuge", die ihm als Zeugnis für den wohlgeordneten Widerschein einer tieferen Ordnung galt.

Die Oper „Circe" (1948), eine Calderón-Variante, hatte wenig Glück; seit Monteverdi hat es keine Odysseus-Oper zu mehr als einem Achtungserfolg gebracht. Für die Salzburger Festspiele 1955 entstand die „Irische Legende" nach Yeats, die Oper, die Egk besonders am Herzen lag, die große Selbstrechtfertigung eines Menschen, der sich, von den Dämonen in die Enge getrieben, den finsteren Gewalten zum Opfer bringt, um das Land vom Terror der Seelenverkäufer zu retten. In dem scharfzüngig-sarkastischen Werner Egk klang die Opéra bouffe Offenbachs nach; die komische Oper „Der Revisor" (1957) nach Gogol zeigte es in wieselflinkem Parlando, in orchestralen Details von illustrativem Witz, in der an Mozart geschulten Eleganz großer Ensembles und im schier zynischen Blick auf die Hinfälligkeit des Allzumenschlichen. Das Rassenproblem wurde, ausgehend von einer Novelle Kleists, in der „Verlobung in San Domingo" (1963) aufgerollt, in einer Oper von geballter Dramatik, voll drastischer Effekte und ausladender Gesangspartien. Um die Zeit dieser, zur Wiedereröffnung des Münchner Nationaltheaters komponierten Oper begann die Zeit der Umarbeitungen; wie Spontini, Meyerbeer, Verdi und Strawinsky war Egk nie zufrieden mit seinen musikalischen Formulierungen, betrachtete seine Opern als „works in progress", verdichtete, änderte, präzisierte unentwegt. Dieses unablässige Bemühen um die letzte Bündigkeit des Ausdrucks ist kennzeichnend für Dramatiker.

In fast allen Abschnitten seines Lebens beschäftigte sich Werner Egk mit dem Ballett als Erscheinungsform des reinen Theaters. Der sogenannte Ausdruckstanz, wie er in seiner Jugend Mode gewesen war, blieb ihm ein Gegenstand sarkastischer Bemerkungen; getanzte Philosophie belächelte er. Er schwor auf zwei Formen des Tanzes: auf das strenge klassische Ballett und auf das abendfüllende Handlungsballett. Die meisten seiner Tanzkompositionen sind mehraktig und erschöpfen eine Handlung in jeglichem Betracht. Solches hat es in der deutschen Musik selten oder gar nicht gegeben: Ballett als kompositorische Hauptaufgabe, als zentrale Ausdrucksform eines Komponisten oberen Ranges. Vergleichbare Ballettschöpfungen von Bestand finden sich nur in der romanischen wie in der russischen Sphäre. Ein gut Teil der frühen Bindung an Strawinsky, an Ravel und den antiromantischen Neoklassizismus wirkt nach; Strawinsky hat ja seine wesentlichen Beiträge zur Musik unseres Jahrhunderts in Tanzkompositionen niedergelegt.

In „Joan von Zarissa" (1940) illuminiert Egk die Don-Juan-Legende, die er als Mythos des südländischen Menschen verstand, durch die Farbenpracht und Dekadenz des alten Burgund. Ein Wagnis war es, den am wenigsten ballett-gerechten Stoff zu einer abendfüllenden Handlung ohne Worte zu zwingen: die Faust-Sage, hier verstanden als Sage vom Schwarzmagier, Kabbalisten und Magus magnus. Bereits der Titel „Abraxas" führt, nach Egks Worten, „in die tiefsten Irrgärten der Zahlenmystik, der schwarzen Magie, der Alchimie, der Astrologie, des Tarot und der Kabbala, deren Wurzeln in Persien, Ägypten und Afrika zu suchen sind... Warum das Wort Abraxas über dem Faust-Ballett steht, wird ohne weiteres verständlich, wenn man bedenkt, daß Abraxas in der Zahlenordnung der griechischen Buchstaben 365 ergibt und daß das Wort bei den Gnostikern des zweiten Jahrhunderts eine hohe Kraft bedeutete, welcher die 365 Geister- und Menschenreiche untertan sind..." Jede der Tanzpartituren hatte ein besonderes Schicksal; „Joan von Zarissa" machte Egk in Frankreich bekannt, „Abraxas" blieb vom Skandal umwittert, „Casanova in London" (1969), die Reminiszenz an ein spätes, zerbröckelndes Rokoko, die tänzerische Belebung der Kupferstiche Hogarths, fand sich als Spätwerk respektvoll belächelt. Tänzerisch-gestisch empfunden sind schließlich die wenigen Kompositionen für Orchester, Klavier und Kammerensemble: Parerga und Paralipomena von unterschiedlichem Wert, jedoch gleichermaßen farbig, prall sinnlich, zumal im Streichersatz vorangetrieben bis zu schillernder Bravour. Zum Repertoirestück geriet die „Französische Suite" für großes Orchester (1949), eine Tanzkomposition ohne Handlung, basierend auf dem pointierten Realismus programmatischer Cembalo-Sätze des französischen Frühklassikers und Theoretikers der neuzeitlichen Harmonielehre Rameau. Als eine exotisch timbrierte Fortsetzung dieser neoklassizistischen Komposition nehmen sich jene „Variationen über ein karibisches Thema" (1960) aus, die Bilanz aus einer Reise in die Karibik ziehen: schwankende Metren zwischen Fünfer- und Vierergruppen, differenzierte harmonische Struktur, triolische Unterteilung der Zählzeiten, rhythmische Orgelpunkte, Schlagzeugwirkungen mit Bongo, Tom-Tom und Conga.

Kein deutscher Komponist unseres Jahrhunderts hat eine vergleichbare Affinität zur französischen Musik gezeigt. Die sprachliche Diktion Egks war geschult an der clarté der französischen Rationalisten, sein Witz hatte die abgefeimte Eleganz der Dichter und Philosophen der Aufklärungszeit, seine musikalische Ästhetik begegnet sich mit der farbigen Gegenständlichkeit, wie sie den Clavecinisten, Rameau, Ravel, Chabrier oder dem späten Debussy eigen waren. Der punktierte Rhythmus der französischen Ouvertüre nach Lullys Art zieht sich wie ein Wappenzeichen durch Egks Musik; die Geigen-Kaskaden und Triller französischer Streichersätze kehren immer wieder, bald als Zeichen erregter Sinnlichkeit und bald als Satansformeln; die wohlabgemessene Bildhaftigkeit eines Couperin schwingt nach in der optisch bestimmten Musik Egks, und der gemessene Schritt der Sarabande dringt in die meditativen Sätze seiner Musik. Diesseits des Rheins ist seit Offenbachs Tagen schwerlich so französisch timbrierte Musik geschrieben worden, wie sie Werner Egks Zyklus für Altstimme und Streichquartett „La Tentation de Saint Antoine" (1947) enthält „d'après des airs et des vers du dixhuitième siècle". Blasphemisch-witzige Gedichte des Komödiendichters Sedaine, spöttische Reflexionen über die Versuchungen des heiligen Antonius, geraten zu frechen Chansons, koloriert von einem nervös-illustrativen Streicherklang voll vibrierender Flageolettes, gitarrenhaften Pizzikati, polternder Septimen und schwirrender Klänge in den höchsten Lagen der Geigen. Zur nervigen Polyrhythmik tritt Polytonalität. Der listige Charme französischer Chansons aus der Aufklärungszeit wird sozusagen aktualisiert durch ein Klanggewand nach dem Zuschnitt unserer Tage. Von Takt zu Takt bewahrheitet sich Egks Überzeugung, „daß die Töne nichts Abstraktes, sondern etwas Konkretes sind, daß die Natur in jedem Falle liebenswert bleibt, weil sie Ordnung enthält". Die zuhöchst geschätzte Form machte Egk selbständig in seinem Libretto „Abstrakte Oper Nr. 1": Die stereotypen Ausdrucksweisen der traditionellen Oper, von Lied und Arie bis zu Ensemble und Finale, werden von jeglicher Handlung abstrahiert, als bloße Hülsen, ja als Gemeinplätze des Formalen aufgereiht und lediglich als Vokalisen, ohne begrifflichen Text gesungen; die Musik zu Egks Buch schrieb Boris Blacher, der Egk deutlich geistesverwandte Komponist unter den Zeitgenossen.

Werner Egk ist stets freischaffender Künstler gewesen, abgesehen von den Jahren 1950 bis 1953, als er Direktor der Berliner Musikhochschule war. Die Schauplätze seines Lebens sind Augsburg, Berlin und München gewesen. Als freier Komponist und Dirigent mußte Egk von den ersten Schritten an erfahren, wie dünn das soziale Netz für die künstlerischen Berufe ist, wie problematisch sich zuweilen das Urheberrecht anläßt und wie vielen Fährnissen zumal der Komponist ernster Musik ausgesetzt bleibt. Ähnlich wie zuvor Richard Strauss verwandte sich Werner Egk mit beredsamem Nachdruck für die materiellen Interessen seines Standes, als Präsident des Deutschen Komponistenverbands, als Vorsitzender des Deutschen Musikrats und als Vorstandsmitglied der GEMA. Der Künstler unserer Tage kann sich nicht in ein Wolkenkuckucksheim zurückziehen; der Zusammenschluß in Verbänden wird zum notwendigen, kleineren Übel, um einem benachteiligten Außenseitertum in der heutigen Gesellschaft zu steuern. Egk nahm die Last von Ämtern und Sitzungen auf sich, verfocht scharfzüngig die Interessen seines Berufsstandes und nahm in Kauf, daß sich mancher musikalische Plan nicht verwirklichen ließ, weil der Büroschreibtisch Kräfte abzog. Von einem romantischen Künstlerleben konnte bei Werner Egk nicht die Rede sein. Hinter seinem stattlichen Gesamtwerk verbirgt sich keine sensationsumwitterte Existenz à la Wagner oder Puccini. Jeder Versuch schlägt fehl, eine Verbindung herzustellen zwischen einer aufregend-raffinierten Musik und einem wohlgeordneten Dasein, zwischen den Dämonen, die in den Opern umgehen, und der privaten Existenz eines Mannes von schwäbisch-bayerischer Zähigkeit, Besonnenheit und Wirklichkeitsnähe. Wie dieses Leben ablief, hat Werner Egk in seiner Autobiographie „Die Zeit wartet nicht" geschildert. Sie liest sich streckenweise wie ein Schelmenroman: Ein schöpferischer Mensch steuert, bald listig, bald beharrlich, durch die Fährnisse seines wirren Jahrhunderts, gerät mitunter zwischen die Fronten wie zwischen die Stühle, nimmt Höhe- wie Tiefpunkte gelassen hin, macht furchtlos und wohlwollend Gebrauch von seinem Verstand und schaut mit sarkastischem Witz auf die Lebensgefährlichkeit des Lebens.

Die Musik unserer Tage wird gekennzeichnet durch scharf voneinander abgesetzte, sich nicht selten befehdende Schulen und Richtungen. Werner Egk bewegte sich durch die Vielfalt der Extreme als ein Mann der Mitte. Er war in der Tat das, was man einen freien Künstler nennt: frei von äußerem Zwang, frei vom Zwang einer sich absolut setzenden Methode, frei vom Zwang der Mode. In seinen Bühnenwerken, die alle Ausdrucksmöglichkeiten der Oper und des Balletts durchmessen, fand er eine eigene, eigenwillige Antwort auf die stets gegenwärtigen Fragen, die sich dem Menschen aufdrängen. Es half ihm dabei die Gabe der Distanz zu sich selbst, manifestiert in seinem Witz und seinem Humor. Er schuf immer aus der Praxis. Die zäh behauptete, ja als Notwendigkeit empfundene Form galt ihm als unabdingbare Möglichkeit der Mitteilung, der Verbindung zum Publikum. Seine Kunst war kein selbstquälerischer, verschlüsselter Monolog. Egk drang auf die vorgegebenen, geradezu naturgewollten Ordnungen des Materials und der Ausdrucksformen. In einem Jahrhundert der allgemeinen Eintrübung pflegte er die Klarheit als Höflichkeit des Geistes, als Erscheinungsweise der Wahrheit, als Zeichen des Gültigen. Dem Gebot der Klarheit unterwarf er seine drei Gaben: die der Musik, die der dichterischen Sprache und die der bildenden Kunst. Ein Kunstwerk zu schaffen, bedeutete für ihn, die klarste Lösung einer Aufgabe zu finden – einer Aufgabe, die stets mit elementaren Fragen der menschlichen Existenz zusammenhing. Extreme erschienen ihm als Einseitigkeiten und Blickfeldverengungen – er suchte den Ausgleich und die Mitte. Er jagte nicht dem Fetisch Fortschritt nach, sondern drang auf Gültigkeit.

# UWE JOHNSON
## 1934–1984

Von
Rolf Michaelis

„Aber Jakob ist immer quer über die Gleise gegangen." Wann hat es in der Literatur deutscher Sprache das schon gegeben, daß ein Autor mit dem ersten Satz seines ersten Buches ganz da ist, sich selber als Person und seine Art zu schreiben definiert. Der Satz war zu lesen im Herbst 1959 in einem Roman mit dem Titel „Mutmaßungen über Jakob". Ein fünfundzwanzigjähriger Schriftsteller, von dem man gerade wußte, daß er in der DDR, in der – wie man damals in Westdeutschland sagte – „sowjetischen Besatzungszone", aufgewachsen war, veröffentlicht sein erstes Buch – und sagt: „Aber..."

Mit einem Einspruch, einem Widerwort tritt uns Uwe Johnson entgegen. „Aber..." sagt er zu der alten Heimat, dem „ersten sozialistischen Arbeiter- und Bauern-Staat auf deutschem Boden", der von dem aufsässigen jungen Mann nichts drucken will, ja ihn nicht einmal wissenschaftlich arbeiten läßt. „Aber..." sagt der junge Mann und geht in den Westen. Keine Flucht. Nur Umzug in die andere, westliche und wenig geliebte Hälfte des geteilten Landes. „Aber..." sagt so einer auch zum Westen, zu dem durch Demokratie gemilderten „Kapitalismus". „Aber..." sagt ein in den Traditionen des Antifaschismus erzogener DDRler zu der jungen Bonner Republik, die unter Adenauer, im „Kalten Krieg", revanchistische Züge anzunehmen beginnt. Sitzen in Regierung und Verwaltung nicht schon wieder alte Nazis? Betreibt der rheinländische Bürger-Kanzler nicht längst die Militarisierung Westdeutschlands? Fordert der Führungsstab der Bundeswehr unter ihrem Minister Franz Josef Strauß in dem Jahr, da die USA ihren Erdsatelliten „Explorer" starten und zwei Affen mit einer Sonde in den Weltraum schicken, nicht bereits „Atombewaffnung"? „Aber..." sagt der junge Schriftsteller, der seinen Faulkner gelesen und – noch für einen Leipziger Verlag – Herman Melvilles „Israel Potter" übersetzt hat: „Aber..." sagt er vor allem zu der gemächlich selbstsicheren Art, wie Ende der fünfziger Jahre in Deutschland erzählt wird.

In dem Teilstaat, aus dem Johnson kommt, ist der Optimismus des „Sozialistischen Realismus" herrschende Doktrin. Zwei Jahre vor dem Bau der Mauer kann Johnson einfach noch von Ost- nach West-Berlin fahren. Doch zur gleichen Zeit tagt im Braunkohleindustrierevier, in Bitterfeld, der Schriftstellerkongreß der SED. Gläubig lassen sich schreibende Künstler von der Einheitspartei auf den „Bitterfelder Weg" schicken: „Die Bewegung des lesenden Arbeiters soll ergänzt werden durch den schreibenden Arbeiter."

Und im Westen? Der Umzugs-Bürger Johnson, der sich von der alten Heimat und den Freunden nicht weiter entfernen mag als bis nach West-Berlin, wo es keine Wehrpflicht gibt, kommt in ein Land, in dem die Bücher des ehemaligen Jagdfliegers Gerd Gaiser als große Literatur gelten. Die literarische Welt erregt sich 1959 mehr über Vladimir Nabokovs „Lolita", Raymond Queneaus freche Gören-Etüde „Zazie in der Metro" oder den jetzt auch in Deutschland erschienenen Roman von Boris Pasternak „Doktor Schiwago". Daß der erste Präsident der Bundesrepublik, Theodor Heuss, während der Frankfurter Buchmesse 1959 den „Friedenspreis des Deutschen Buchhandels" erhält, interessiert die Leute mehr als die Tatsache, daß ein junger Autor „aus dem Osten" auf dem Stand des Suhrkamp Verlags seinen Erstling präsentiert. Johnsons „Mutmaßungen über Jakob" – nicht gerade ein lockender Titel – müssen sich behaupten auch gegenüber einem neuen Buch von Heinrich Böll, „Billard um halbzehn", vor allem aber gegenüber einem anderen Debütanten als Erzähler, dem bis dahin nur mit drei Kurzdramen und einem Gedichtband, „Vorzüge der Windhühner", bekannt gewordenen Schriftsteller, Zeichner und Bildhauer Günter Grass und dessen erstem Roman „Die Blechtrommel".

„Aber..." sagt da Uwe Johnson gelassen. Er ist wie der männliche Held seines Erstlings, Jakob Abs, der ihn bis zum letzten Buch, „Jahrestage", begleiten wird, obwohl Jakob schon auf der ersten Seite des ersten Buches stirbt, gleich Uwe Johnson „immer quer über die Gleise gegangen".

Den schönsten Beweis dafür haben wir erst nach Johnsons frühem Tod in der Nacht vom 23. auf den 24. Februar 1984 kennenlernen können. Allmählich war bekannt geworden, daß „Mutmaßungen" keineswegs das erste Buch des jungen Autors gewesen ist. Der neunzehnjährige Abiturient der Oberschule in Güstrow hatte bereits eine längere Erzählung geschrieben. Drei Kapitel hatte der inzwischen berühmt gewordene Autor 1968 herausgerückt. Sie erschienen in einem Sonderband der Bibliothek Suhrkamp, unter dem Titel „Eine Abiturklasse". Erst nach Johnsons Tod wurde das ganze, mehrfach überarbeitete Manuskript entdeckt und 1985 veröffentlicht. Das Buch trägt den Titel „Ingrid Babendererde – Reifeprüfung 1953".

Wie quer kommt uns da der erste Satz entgegen? Nein, kein „Aber..." Doch eine in Großbuchstaben gedruckte Wendung, die eine andere Formulierung voraussetzt. Johnsons Werk beginnt, in der hörbar falschen chronologischen Reihenfolge, mit einem Protest, einem Widerwort, einem Einspruch: „ANDERERSEITS..." ist das erste Wort, das dieser widerborstige Mensch von sich gelesen zu haben wünscht. „ANDERERSEITS *lief der Schnellzug D 16 am Sonnabend wie üblich seit Mitternacht durch die sogenannte norddeutsche Tiefebene...*" Erst zwei Seiten später trägt der Autor – er hält es sehr mit der Genauigkeit, wenn auch nicht in der erwarteten Ordnung – das zwei

Seiten lang vermißte, den Leser unruhig machende „EINERSEITS" nach, wieder in großen Lettern. Danach, im ersten Kapitel, geht es in gerader Schrift weiter. Die ersten zwei Seiten, ein Vorspruch offenbar, sind nach dem aufrecht gedruckten Anfangs- und Verwirrungswort „EINERSEITS" in *Schrägschrift* gesetzt.

Wer schreibt da? Ein Verwirr-Künstler? Ein in graphische Mätzchen vernarrter Erzähler? Oder ein junger Mensch, der uns unaufdringlich, doch merklich aufmerksam machen will für den Sprachbrei, der uns die Ohren verstopft? Wer spricht? Wem dürfen wir glauben? Hier ist ein Sprach-Purist am Werk. Er leidet bei falschen Ausdrücken, Formulierungen. Er besteht auf eindeutigen Aussagen. Er hat bei seinem Spracheifer weniger Grammatik oder Rhetorik im Sinn als vielmehr Leben und Wirklichkeit, wenn möglich Wahrheit. Er hat also den Blick über sich hinaus auf andere, auf die Gesellschaft. Er ist als Moralist ein politischer Autor. Wie wird einer das, wenn er für das Abitur paukt? Der große, blonde, stille Kerl, den sie seiner Intelligenz und Sprachbegabung wegen in Güstrow zum Klassensprecher wählen, war bereits viel herumgekommen, hat viel gesehen, viel erlitten.

Uwe Johnson wurde am 20. Juli 1934 – „daher der Vorname", stöhnt er – in Kammin geboren. Der Ort in Pommern, jetzt polnisch, findet sich auf der Landkarte als Kamień Pomorski. Die Mutter war eine Bauerntochter aus dem Dorf Darsewitz auf dem Westufer der Dievenow (Dziwna). Der Vater, ein Mecklenburger aus Kladow, Absolvent des landwirtschaftlichen Seminars Neukloster, war Inspektor und Gutsverwalter auf den damals riesigen mecklenburgischen Gütern. Um 1930 ging er als Angestellter des Tierzuchtamtes nach Greifswald und war Oberkontrollassistent der Molkerei Anklam. In der Kleinstadt an der Peene wuchs das Kind auf, wurde aber, kurz vor Kriegsende, noch auf eine „Deutsche Heimschule" der Nazis geschickt, in Koscian an der Obra, im damals besetzten Polen. Seine „Lese-Anfälle" machten den Einzelgänger beim „Zug der Hitlerjugend" verdächtig: „Wer liest", so erinnert Johnson sich, „ist ungesund am Körper. Privates Lesen ist Verweichlichung. Der Zugführer, der die Lektüre beaufsichtigt, muß solchen Lesestoff verraten an die... Jungmannen. Dann kommt der Heilige Geist. Der Heilige Geist tritt auf in mehrfach vermummten Gestalten. Die fesseln den abwegigen Kameraden mit über ihn gespannten Bettüchern und schlagen im Dunkeln zu mit ausgesuchten Gegenständen." „Abwegig" fühlt sich schon der Schüler, der, wenn er das Lesen unterbricht und zu schreiben beginnt, „ANDERERSEITS" hinmalt und, wie Jakob Abs, auch wenn es Tod bedeutet, darauf beharrt, „quer über die Gleise" jeder Konvention zu gehen.

Vor den sowjetischen Truppen flieht die Familie samt dem der Überwachungsstation in der Heimschule entkommenen Schüler nach Recknitz, dann nach Güstrow. In der Kleinstadt hat Ernst Barlach die letzten achtundzwanzig Jahre seines kargen, am Ende von den Nazis verfolgten Lebens als Zeichner, Bildhauer, spökenkiekerischer Erzähler mehr vegetiert als gelebt.

In Güstrow ist 1870 ein anderer großer niederdeutscher Erzähler gestorben, John Brinckman, als Sohn eines Kaufmanns und Reeders 1814 in Rostock geboren. Auch er, wie Barlach und Johnson, ein von der Staatsmacht verfolgter Autor. Der Student der Jurisprudenz, der rasch zur Philosophischen Fakultät wechselt und sich für die Ideen der Freiheit und Gleichheit begeistert, wird 1838 angeklagt und kann über England nach New York gelangen. Aus Gesundheitsgründen muß er in die reaktionär verhockte Heimat zurück, schlägt sich als Hauslehrer durch und wird nach der Revolution 1848 sogar als Lehrer der Realschule Güstrow geduldet. Der heute fast unbekannte Lyriker und Erzähler war einst neben Fritz Reuter und Klaus Groth der bedeutendste Autor der Literatur in plattdeutscher Sprache.

Der oft kauzige, sprachgewaltige Barlach und der kraftvoll humoristische Erzähler Brinckman mit seiner Neigung zu Seemannsgarn und Schnurren der Fischer und Landarbeiter machen großen Eindruck auf den wilden Leser Johnson. Hinter den vielen mecklenburgischen Sprichwörtern und Redensarten, hinter dem ganzen plattdeutschen „Schnack", die Johnsons Romanen Farbe, versteckten Witz und den glaubhaften Ton erlebter Wirklichkeit geben, ahnt man die rebellischen, verfolgten, sich durch Humor befreienden Güstrower Meister niederdeutschen Erzählens: Barlach und Brinckman. Könnte der Titel für einen 1854 edierten Band mit dessen Erzählungen nicht auch über Johnsons Werk stehen: „Aus dem Volk für das Volk"? Mit der ihm eigenen Verschwiegenheit in persönlichen Dingen verrät Johnson, als es einen Lebenslauf zu schreiben gilt, lediglich: „Auch die Gegend, in der das zehnjährige Kind entscheidend auf eine Zukunft vorbereitet wurde, war mecklenburgisch: das Dorf Recknitz, die Stadt Güstrow."

Hier wurde Johnson heimisch, im Klützer Winkel an der Wohlenberger Wiek, im stillen, nach 1945 auch politisch und ökologisch ruhigen, obschon vom Seewind immer geschüttelten Flachland mit Seen, trägen Flüssen, Auwäldern, Hügeln und endlosen Feldern. Zwischen Lübeck, der westlichen Hansestadt, deren Türme die Paddler, Segler und Wanderer wie eine Verheißung von Freiheit und Wohlleben grüßen und den im Grenzgebiet nicht nur von Deutschland-Ost/Deutschland-West, sondern auch zwischen den Machtblöcken USA und UdSSR langsam verfallenden Kleinstädten, von der Natur überwucherten Dörfern, siedelt Johnson seine eigene klein-große literarische Welt an: völlig real, ganz erfunden.

Dies macht den Zauber seiner Erzählungen aus. Der Leser verliert den Boden, obwohl er ihn geliefert bekommt bis in geographische, kartographische, meteorologische, ökonomische, politische Meßdaten. Wie ein Poet des Naturalismus, wie Émile Zola oder Gerhart Hauptmann, sammelt Johnson

Daten, Fakten, Namen, Ereignisse und Überlieferungen in Chroniken mit der Gewissenhaftigkeit eines positivistischen Spurensuchers, um dann das Gemenge historisch beglaubigter Tatsachen einem fiktiven Werk, seiner epischen Dichtung einzuverleiben.

Es ist mehr als nur Gedankenspiel oder Koketterie, wenn er eigensinnig stur darauf beharrt, die Gestalten seiner Erzählung hätten ihre eigene Wirklichkeit, ihr Lebensrecht aus eigener Kraft. Da mag ein Leser fragen: „Erfindet" nicht jeder Autor seine Figuren? Bei Johnson ist es anders. Wie die Hauptfigur all seiner Erzählungen, die nur in der Fiktion wirkliche Gesine Cresspahl, „Stimmen hört", ist oder fühlt sich Johnson als Medium von Gestalten seiner Phantasie. Die fiktive Gesine schreibt dem historisch und lexikalisch existierenden Psychoanalytiker Professor Alexander Mitscherlich einen Brief mit der bangen Frage, „ob sie sich für psychisch gestört halten soll": „Ich spreche mit den Personen von damals wie damals ... Auch verstorbene Personen sprechen mit mir wie in meiner Gegenwart ... Eingebildete Gespräche. Nur, ist das eingebildet?"

Und wie kommt Johnson zum Titelhelden seines ersten veröffentlichten Buches, das ein hochpolitischer Roman ist, dessen ganze, verborgene Wahrheit erst jetzt erkannt werden kann, da nach dem Zusammenbrechen des DDR genannten Staates die furchtbare Wahrheit über die Allmacht der Geheimpolizei, der Staatssicherheit, ans Licht kommt? Johnsons Romanfiguren leben in den aufregenden Tagen des Herbstes 1956. Die Volkskammer der DDR hat die Gründung einer „Nationalen Volksarmee" beschlossen, als auf dem XX. Parteitag der Kommunistischen Partei der Sowjetunion ihr Generalsekretär Chruschtschow Persönlichkeitskult und Verbrechen der Stalin-Ära kritisiert, ja für viele überhaupt erst öffentlich macht. Am 23. Oktober gehen Arbeiter und Studenten in Budapest auf die Straße und fordern Unabhängigkeit von Rußland. Israel besetzt die Halbinsel Sinai und dringt bis zum Suezkanal vor. Daraufhin greifen Frankreich und Großbritannien Ägypten an. Kann man sich ein komplizierteres Terrain abstecken für einen nur von Gnaden Moskaus existierenden Polizeistaat wie die DDR?

Uwe Johnson war damals arbeitslos, was es in der DDR gar nicht geben durfte. Universitäten und Verlage wollten mit dem aus der evangelischen Jugendorganisation, der „Jungen Gemeinde", kommenden Intellektuellen nichts zu tun haben, zumal er sich aus Gründen politischer Lauterkeit auch mit dem Nachwuchsverein der Einheitspartei, der „Freien Deutschen Jugend", überworfen hatte. Gelegenheitsarbeiten, Gutachten für Verlage, Übersetzungen, das Verfassen von Lexikonartikeln, oft von Freunden vermittelt, in deren Namen er schreiben und kassieren durfte, so hält sich der Dreiundzwanzigjährige über Wasser, ständig unterwegs zwischen den beiden früheren Studienorten Rostock und Leipzig, wo er bei Hans Mayer seine Prüfungen abgelegt hat. Weil die Mutter bei der Reichsbahn beschäftigt ist, sitzt der studentische Freiberufler manchmal in Werkskantinen neben Weichenstellern, Heizern, Lokomotivführern und erfährt, weshalb die Züge von der Ostsee in den Süden, zur Grenze mit der Tschechoslowakei und weiter nach Ungarn, in diesen Nebeltagen des Herbstes 1956 oft stundenlang Verspätung haben. Offenbar bereitet die Sowjetunion den Einmarsch in Ungarn vor, mit schweren, durch die DDR geschleusten Militär- und Munitionszügen. Genaues will dem neugierig jungen Blondschopf niemand sagen. Man raunt von dem aus der Bahnhierarchie der „brüderlichen" Sowjetunion übernommenen „Dispatcher", dem Überwacher und Regler des Schienenverkehrs.

In seinen „Frankfurter Vorlesungen", die 1980 unter dem Titel „Begleitumstände" erschienen und ein unentbehrliches Erklär- und Verständigungsbuch sind, gibt der Erzähler/Dozent so viel preis:

„Streckendispatcher waren Geheimnisträger, die Hoffnung auf Bekanntschaft mit einem war vergebens. Da schien es geschickter, sich einen zu erfinden. Dieser kam freiwillig, ließ sich sehen im Traum, weich umrissene Gestalt eines Mannes auf nachtschattenem Feldweg, der mit sachtem Schwung eine Katze vom Boden hebt, so daß sie auf seiner Schulter kauert, ehe sie sich's versieht. Er sprach mit einem Akzent aus der nördlichen Odergegend. Jakob hieß der."

So tritt eine der Hauptfiguren Johnsons ins Buch, ins Leben: der am 25. Dezember 1928 in Pommern geborene Mann mit dem biblischen Namen Jakob. Er kommt mit seiner Mutter und einem Pferdegespann im letzten Kriegswinter als Flüchtling nach Jerichow und wird einquartiert bei dem verwitweten Kunsttischler Heinrich Cresspahl, der mit seiner Tochter Gesine am Rande der Kleinstadt lebt. Jakob und die fünf Jahre jüngere Gesine verlieben sich. Ihr Kind ist Marie Cresspahl, die neun Monate nach dem Tod ihres Vaters „auf den Gleisen", am 21. Juli 1957 in Düsseldorf geboren wird. Ihr erzählt die Mutter, Gesine, als beide in New York leben, in der großen Romanchronik „Jahrestage" aus der alten mecklenburgischen Heimat, immer unterbrochen von den Tagesereignissen der Jahre 1967/68.

Und wie erscheint die spätere Anglistikstudentin, Diplomdolmetscherin und Übersetzerin beim Amt für Manöverschäden der NATO in Mönchengladbach, die nach dem Aufstand vom 17. Juni in West-Berlin geblieben ist, ihrem Autor und dem Leser? Auch dafür finden sich Hinweise im Band „Begleitumstände": „Eine Studentin erzählte von ihrer Arbeit auf der Leipziger Messe und deren Folgen. Sie betreute einen skandinavischen Stand. Als die Nordleute abgereist waren, bekam sie Besuch von drei schweren, höflichen Herren, die sprachen Deutsch mit russischem Akzent und boten an: gutes Geld für brauchbare Nachrichten über Skandinavien." Damit ist für das erste veröffentlichte Werk, für die „Mutmaßungen über Jakob", auch die Krake

Staatssicherheit eingeführt, die alles im Buch gefangenhält. In Gestalt des Hauptmanns der Stasi, dem kriegsversehrten „Herrn Rohlfs" – „Rohlfs der werte von mehreren Namen... oder Mesewinkel oder Fabian" –, hat sie noch vergleichsweise menschliche Züge.

Natürlich tritt auch Gesine nicht als erfundene, sondern als wirkliche Gestalt in das Leben des Erzählers Johnson sowie jedes Lesers. In den „Frankfurter Vorlesungen" bekennt Uwe Johnson: „Am Dienstag, 18. April 1967, sah ich Mrs. Cresspahl auf der Südseite der 42. Straße auf die Sechste Avenue zugehen. Sie war zu erkennen an der Kopfhaltung, an der lockeren, acht- und wachsamen Art, in der sie den rechten Arm pendeln ließ, in der Hand eine kompakte schwarze Börse (im Notfall zum Zurückschlagen geeignet), verriegelt im Griff der Finger, von denen die ersten zwei die Bügel einer Sonnenbrille wippen ließen..." „Meine Damen und Herren, Sie werden mir vorhalten, sicherlich sei ich der einzige gewesen auf der ganzen 42. Straße, ungefähr unterhalb der Rückfront der Public Library, einer Gesine Cresspahl zu begegnen, wie sie in einem halbärmligen grauen Jerseykleid nach Westen unterwegs ist... Ich gestehe die Einschränkung zu: dazu war ich ja da. Folgen Sie mir lediglich in die Annahme, sie *hätte* da gehen können, es sei immerhin möglich gewesen, so geraten Sie bereits in die Zwangslage zu beweisen, wieso und warum denn das ausgeschlossen bleiben müsse."

Als eine Rezension im „Spiegel" vom 19. März 1973 Johnson eigensinnige, eigenwertige Variation des alten Spiels von allwissendem Erzähler oder Berichterstatter oder Protokollanten bagatellisiert – „Johnson spielt zwar ein bißchen Versteck und nennt sich Gesine Cresspahl, erzählt aber von durchaus eigenen ‚Jahrestagen' in New York" –, antwortet der Autor in den „Frankfurter Vorlesungen" unwirsch: „Der Vorwurf des Autobiographischen... sieht entschlossen vorbei an der Wirklichkeit, die das Buch einer vierunddreißigjährigen Frau, ledig und mit einer zehnjährigen Tochter, einräumt..., mit nur ihr zukommenden Sorgen wegen der Schule, der beruflichen Aussichten, beständiger Eheansinnen, mit der fast täglichen Prüfung, einer berufsmäßigen jungen Bürgerin von New York zu erzählen von einer anderen Kindheit im Deutschland der Jahre 1938 und 1945, mit ihrer ureigenen Übung, jeden Morgen die ‚Tante' New York Times zu studieren... Darüber hinaus setzt der Vorwurf des Autobiographischen die Person Gesine Cresspahl herab und will sie erscheinen lassen als bloß ein Instrument und Vehikel, Erfahrungen und Zustände des Verfassers zu übermitteln, mit welchem Zweifel an ihrer souveränen Partnerschaft ihr sogleich die Fähigkeit dazu verlorengehen muß."

Wer nicht bereit ist, sich auf dieses ernste Spiel des Verfassers einzulassen, entgeht schwerlich der Gefahr, das Epos „Jahrestage", eines der großen literarischen Werke deutscher Sprache im 20. Jahrhundert, mißzuverstehen als

Nachklapp der bedeutenden realistischen oder „humoristischen" Romane des 19. Jahrhunderts im Gefolge von Wilhelm Raabe, Theodor Fontane, Fritz Reuter. Dazu hat Johnson sich in den „Frankfurter Vorlesungen" mit Entschiedenheit geäußert: „Der Prozeß des Erfindens ist vergleichbar dem Vorgang der Erinnerung, die eine längst vergessene, in diesem Fall noch unbekannte Geschichte wieder zusammensetzt, bis alle ihre Leute, ihre Handlungen, ihre Lebensorte, ihre Geschwindigkeiten, ihre Wetterlagen unauflöslich mit einander zu tun bekommen. Dabei ist das Suchen nach der Technik eines Arbeitsvorganges oder nach einer Landschaft als Ort der Handlung als Ermittlung geboten; die bewußte Suche nach den Personen ist grundsätzlich von Schaden. Hier muß jede Absicht fehlen. Sie müssen freiwillig auftreten, in sich stimmig aus eigenem, in ihrem eigenen Recht, dem Urheber ebenbürtig. Dann werden sie ihm helfen und ihn gelten lassen als einen Partner, wenn er umgeht mit ihnen in seinem Bewußtsein und nun zu Papier."

Wie ernst es diesem Erzähler mit seinen Erfindungen ist, in denen sich Fiktion in Wahrheit verwandelt, hat er immer wieder deutlich ausgesprochen: „Hat der Verfasser einmal berichtet, Gesine Cresspahl sei am 28. April 1961 gegenüber der 48. Straße West in New York City angekommen, wird er leben und arbeiten müssen mit der Wirklichkeit, die sich als Zukunft für solche Vergangenheit ankündigt. Demnach ist sie nach allem, was er tun kann, anwesend."

Bericht und Erzählung, Reportage und Erfindung, Kritik und Fiktion hat Johnson einmal, seine Leser verwirrend, zusammengebracht. Mitten im „Kalten Krieg" bot der damals in West-Berlin lebende Autor dem „Tagesspiegel" an, Programme des Ost-Berliner Fernsehens zu rezensieren, wenn die damals hochangesehene Zeitung bereit wäre, das Programm des Ost-Fernsehens zu drucken, was der in der „Frontstadt" Berlin allmächtige Springer-Konzern durch Gerichtsurteil kleineren Zeitungen verboten hatte. Aus politischen Gründen also wurde Johnson für einige Zeit Fernsehkritiker, obwohl er wußte: „Selbstverständlich ist es ein Unfug, Tag für Tag kritisch über ein Fernsehprogramm zu schreiben." Am 14. August 1964 berichtete der Ost-TV-Kritiker des „Tagesspiegel" über eine Sendung vom 12. August, die es nie gegeben hat. Scheinheilig beruft sich Johnson auf ein Lob, das die Parteizeitung der Einheitspartei, „Neues Deutschland", ein paar Wochen zuvor der selbst im Westen umstrittenen „Liverpooler Musikgruppe ‚Beatles'", gespendet hat – „Volkstümlichkeit", „Lebensfreude" – und rezensiert eine erträumte Sendung mit den „Beatles" aus Adlershof, dem Sendezentrum der DDR: „Das raste, kreischte, witzelte und brüllte aus dem Bildschirm wie die Eröffnung des neuen Zeitalters für die unterhaltenden Künste Ostdeutschlands, und wer hätte das gedacht..."

Das ist mehr als ein journalistischer Witz. Hier, in dem „auf Erfindung gestützten Bericht", wie Johnson schreibt, in der erträumten Wahrheit zur Aufklärung der Leser, läßt sich sein spannungsreich fruchtbares Verhältnis zum Kontrastpaar Wahrheit/Wirklichkeit, Erfindung/Tatsache ebenso deutlich ablesen wie in den Romanen. Johnson fühlte sich sein Leben lang „überfallen von der Frage, die von Alfred Döblin ungefähr so überliefert ist: Wenn Tante Emma ins Zimmer stürzt, sich aufs Sofa wirft und ausbricht in hemmungsloses Schluchzen – woher weiß der das, der davon schreibt?" Für Johnson ist das nicht nur ein erzähltechnisches oder gattungstheoretisches Problem. In der Antwort auf jene Frage entscheidet sich, ob ein Erzähler ernst zu nehmen ist oder nicht – für den Moralisten als Erzähler, für Johnson die entscheidende Frage.

Scharfsinnig hat Theo Buck die Sonderheit von Johnsons Erzählen erklärt: „Der Roman ‚schafft', wie Alain Robbe-Grillet einmal gesagt hat, ‚Wirklichkeit, er erfindet sie. Er ist eine Suche, er stellt sich selber und die Welt in Frage'. Zu denen, die bewußt eine andere Erzählhaltung als das von der Tradition empfohlene ‚Auf-dem-Tablett-Servieren' anstreben, gehört Uwe Johnson. Er hat die Implikationen moderner Wirklichkeit im Hinblick auf ihre ästhetische Umsetzung erkannt und in den Konsequenzen reflektiert ... Hinter seinem Schreiben steht die im wahren Sinne des Wortes grundlegende Absicht, ‚eine Art der Wahrheitsfindung' zu betreiben. Daraus resultiert seine hochelaborierte, bisweilen kompliziert erscheinende Schreibweise. Wer deswegen in ihm einen die Dinge verrätselnden Formalisten sieht, verkennt den erkenntniskritischen Impuls solcher erzählerischen Inszenierung. Sie dient dem Zweck, den Leser ‚auf diesem langsamen Wege zu einer größeren Genauigkeit' hinzuführen. Einfachheit käme hier einer Lüge gleich."

Das war, als Johnson seine ersten Bücher schrieb, auch ein politisches Programm. Immer ging es um die Teilung Deutschlands, um das Schicksal von Menschen, die von der einen Hälfte des Landes in die andere wollen, die getrennt werden oder anderen zur Flucht verhelfen („Zwei Ansichten", 1965). Theo Buck erkennt: „Johnsons Ziel besteht nicht in der möglichst getreuen Schilderung politischer, sozialer und ökonomischer Zustände in der Bundesrepublik und der DDR oder auch im nationalsozialistischen Deutschland ... Wichtiger ist ihm etwas anderes: Der Stoff wird ihm Mittel zum Zweck ... Dabei gehen seine Intentionen ... über das ihm zugedachte Klischee vom ‚Autor der beiden Deutschland' hinaus. Sein Interesse reduziert sich nicht auf politische Fragen; es gilt ... der ‚Wirklichkeit insgesamt' ... Die praktizierte analytische Technik reproduziert, indem sie den kontinuierlichen Ablauf fortwährend durchbricht, den schwierigen gedanklichen Weg zwischen voneinander abweichenden, nichtsdestoweniger aufeinander bezogenen Positionen. Vom sprachlichen Organisationsmuster her entsteht dann, wenigstens annäherungsweise, ein Bild möglicher Wahrheit. Voraussetzung für das Gelingen ist dabei, daß der Schriftsteller die ‚schwierige Suche nach der Wahrheit ausdrücklich vorführt', will sagen: für den Leser offenlegt. Wie kaum ein anderer unter den heutigen Erzählern begreift Johnson Schreiben als ‚Diskussion mit dem Leser', als ‚Denk- und Diskutier-Angebot'. Weil er den Lesevorgang unmittelbar in den Öffentlichkeitsprozeß einbezogen sieht, wird ihm der Rezipient zum gleichberechtigten Partner. Auf ihn als Mitproduzenten ist das ganze Erzählsystem angelegt, das, so betrachtet, extrem sozialisiert sich darstellt. Erst die aktive Mitwirkung des Adressaten gibt den Texten ihren vollen Sinn, nämlich den einer Aufgabe in der Wirklichkeit."

Wenn Leser heute noch, wie 1957 die Lektoren im Mitteldeutschen Verlag in Halle, darüber seufzen, daß im Abitur-Roman „Ingrid Babendererde" nicht brav hintereinanderweg erzählt werde, sondern „kompositorisch sehr sprunghaft und avantgardistisch", antwortet Johnson in den „Frankfurter Vorlesungen": „Gerade... das meinte der Verfasser ja vorgeführt zu haben, was ihm hier angekreidet wurde als eine Unterlassung: all die Knoten und Knicke und Brüche in Lebensläufen seit dem verfassungswidrigen Kirchenkampf von 1953 waren Merkzeichen einer bestimmten und bestimmbaren Etappe: des Stalinismus." Wenn Leser sich stoßen an den „formalen Eigentümlichkeiten" von Johnsons Erzählstil, antwortet er so: „Eine Vorliebe für die Parataxe, eine Abneigung gegenüber hypotaktischen Lösungen werden eingestanden, desgleichen die Neigung, die Beziehungen zwischen Subjekt–Prädikat–Objekt straff zu halten, demnach Adverbiales außerhalb dieses Feldes nach-, auch vorzuliefern. Das hat gelegentlich die Folge, daß das Verbum in zwei Bedeutungen des Wortes ‚vorgezogen' wird... Das ist kein Verzicht. Das ist die Absicht, Sie herauszulocken aus Ihren Lesegewohnheiten, und erlaubt ist es obendrein."

Wenn ein Leser das Fehlen von Satzzeichen anmahnt – selbst Johnsons Freund, Günter Grass, hat gestanden, mit Bleistift Kommata in die „Mutmaßungen" gemalt zu haben, um den Sinn mancher Sätze rascher zu erfassen –, wird ihm diese Antwort zuteil: „Sie streiten unter dem Panier der Herkömmlichkeit. Ausgestattet mit allen Rechten aus deren Gesetzbuch erwarten Sie Kommata vor Objektsätzen, und wurden wieder und abermals enttäuscht." Johnson erläutert, seine stilistische Eigenart an einem „einfachen deutschen Satz: Ich sehe den Regen. (Subjekt–Prädikat–Objekt.) – Abwandlung des Satzes, Aufteilung in Haupt- und Nebensatz: Ich sehe, daß es regnet. – Dabei ist der Regen oder das Regnen Objekt geblieben. Nur weil ihm die Form geändert wurde, muß er oder es nach der deutschen Vorschrift abgetrennt werden mit einem Komma, das die durch das Verbum fließende Beziehung zwischen Subjekt und Objekt zerhackt." Dagegen lobt der von englischer Sprache und Lebensart faszinierte Johnson, der aus der Bundesrepublik nach England emigrierte und dort gestorben ist, „das Verfahren der Angelsachsen, die sich das

Leiden unter dem unablässigen Messerfall der Kommata überhaupt ersparen und von einander selbstverständlich voraussetzen, daß die Gliederung eines Satzes schlicht durch Mitdenken erfaßt wird."

Auch hier argumentiert Johnson nicht nur als der Diplomphilologe, der er ist, sondern auch als Moralist im Dienst der Sprache, in weiterem Sinn: politisch. Das macht manche seiner vermeintlich kleineren Schriften bedeutsam. Als die mit ihm befreundete Dichterin Ingeborg Bachmann am 17. Oktober 1973 in Rom stirbt, fliegt Johnson schon am 29. Oktober, vier Tage nach der Beerdigung der Autorin in ihrer Geburtsstadt, nach Klagenfurt und schreibt eine große Totenklage. Er entwirft ein Lebensbild in Zitaten. Wieder die für ihn charakteristische Mischung aus Phantasie und Wirklichkeit. In den Gassen der Hauptstadt Kärntens, in den Äußerungen von Zeitgenossen, in alten Zeitungsartikeln, Zitaten aus Gedichten, Erzählungen, Briefen sucht ein Autor aus dem nördlichsten deutschen Sprachgebiet eine Autorin aus dem südlichsten zu beschwören. In dem für beide bemerkenswerten Band dokumentarisch erzählender Literatur, einer Collage aus Dichtung und der „konkreten Poesie" von Statistiken, Fahrplänen, Katasterauszügen entsteht eine Totenmesse. Was Johnson mit der acht Jahre älteren Lyrikerin und Erzählerin am stärksten verbindet, ist die traumatische Verletzung durch das Mordregime der Nazis: „Es hat einen bestimmten Moment gegeben, der hat meine Kindheit zertrümmert. Der Einmarsch von Hitlers Truppen in Klagenfurt. Es war etwas so Entsetzliches, daß mit diesem Tag meine Erinnerung anfängt ... das Aufkommen meiner Todesangst."

Todesangst lauert in Herz und Seele des Flüchtlingskindes Johnson, dessen Vater in einem sowjetischen Lager in Ost-Deutschland umkommt. Der sich immer verfolgt fühlende Uwe Johnson, in seiner für das Alltagsleben gefährlichen Wahrnehmung von Erfindung als Wirklichkeit, erleidet während der Arbeit an seinem Hauptwerk „Jahrestage" einen Zusammenbruch, wie er schlimmer keinem Menschen zustoßen könnte. Das Zehn-Jahres-Schweigen kennen wir von manchen Dichtern, etwa von Rainer Maria Rilke vor dem Durchbruch der „Duineser Elegien", der „Sonette an Orpheus". Bei einem so verborgen politischen Autor wie Johnson steigert sich eine mögliche (?) Schaffenskrise (?) ins gespenstisch Lebenszerstörerische. Der seit den „Mutmaßungen über Jakob" in den Gedanken- und Geheimgängen der Staatssicherheit erfindende Autor fühlt sich plötzlich im privaten Bereich von den Beschattern fremder Mächte eingeholt. Wirklichkeit? Wahnvorstellung? Folgen einer literarisch intensiven Beschäftigung mit der Geheimpolizei östlicher Staaten?

Am Ende seiner „Frankfurter Vorlesungen" bringt Johnson eine ungeheuerliche Erklärung für die zehn Jahre dauernde Unterbrechung seiner Arbeit an den „Jahrestagen". Als er das große Werk mit der Tagebucheintragung vom

21. August 1967 begann, konnte er nicht wissen, daß das letzte Kapitel, der 20. August 1968, ein historisches Datum sein würde: Damals sind die Armeen der sozialistischen Bruderstaaten mit Panzern und Luftlandetruppen in die Tschechoslowakei einmarschiert und haben das Reformprogramm „Prager Frühling" von Dubček in Blut erstickt. Jetzt behauptet Johnson, bis in seine Ehe vom Geheimdienst der Tschechoslowakei bespitzelt und manipuliert worden zu sein: „Der Verfasser... habe sich helfen lassen von der Absolventin eines Prager Semesters, die er für seine Frau bloß gehalten... habe. In Wahrheit sei sie seit dem Herbst 1961 in inniger Verbindung mit einem Vertrauten des... tschechoslowakischen Geheimdienstes, der über fast anderthalb Jahrzehnt seine Information zog aus einer Standleitung von Kontakt und Treff und Korrespondenz... Eine Beschädigung der Herzkranzgefäße war begleitet von einer Beschädigung des Subjekts... als Medium der schriftstellerischen Arbeit... Es ist auf einige Jahre gelungen, mich abzubringen von dem Weiterschreiben an diesem Buch."

Das Buch „Jahrestage – Aus dem Leben von Gesine Cresspahl" bewegt sich mit virtuoser Sicherheit zwischen Raum und Zeit: in der Kleinstadt Jerichow an der Ostsee während Nazi-Herrschaft und Krieg und in New York während des Vietnam-Krieges, in zwei Städten am Meer. Was für Joyce Dublin, für Grass Danzig-Langfuhr bedeutet, ist für Johnson Jerichow, die mecklenburgische Kleinstadt, „einwärts der Ostsee, zwischen Lübeck und Wismar". Dort und in der Vergangenheit der Jahre 1930 bis 1949 spielt der eine Teil der Handlung, dessen anderer der Chronologie der Tage der Jahres 1967/68 folgt.

Zwiegesichtig der Titel dieses Romans zu Wasser und zu Lande: Jahrestage. Das ist Gegenwart der Tage eines Jahres, gelebt zu Ende der sechziger Jahre in New York. Das ist aber auch Vergangenheit erinnerter Tage. Das Gedächtnis feiert Jahrestage. Gesine Cresspahl ist in beiden Welten zu Haus. Manhattan und Mecklenburg sind die Pole von Johnsons amphibolischer Erzählung. An das von Verbrechen erschütterte Millionenquartier fesselt uns Johnson durch das Datum über jedem Kapitel und durch Zitate aus der „New York Times". Abends erzählt Gesine der zehnjährigen Tochter Marie aus ihrem Leben in Deutschland: „Für wenn ich tot bin." Damit ist einer der Impulse allen Erzählens, aller künstlerischen Arbeit benannt: das Aufbewahren des vergehenden Lebens in Worten, Bildern, Werken.

Dieses große Werk – auch das ein Reiz – kann man auf viele Arten lesen: als zeitkritischen Roman aus den unruhigen Jahren des Vietnam-Krieges, als die bisher beste Beschreibung des Aufkommens der Nazis in deutscher Provinz, als Familienroman aus einem liebenswürdigen Winkel deutscher Landschaft an der Ostsee, als Liebesroman oder als Versuch eines Simultan-Epos der nach 1945 auf Gedeih und Verderb aufeinander angewiesenen Kontinente Nordamerika und Westeuropa. Wie alle große Literatur sind „Jahrestage" auch ein Totenbuch. Es ist eine der großen erzählerischen Leistungen des Buches, daß es – endend an einem der schlimmen Totentage des Jahrhunderts, am 20. August 1968, an dem die Hoffnungen von Millionen Menschen gemetzelt wurden – davon nicht spricht. Uwe Johnson, sein Buch in den Rahmen eines Jahres schließend, läßt es offen für unser Mitdenken, Nachfühlen.

Es stimmt, was über eine der Hauptfiguren des Buches gesagt wird, über die Katze, die in mancherlei Gestalt durch den Text schweift: „Die Katze Erinnerung... unabhängig, unbestechlich, ungehorsam." So ungebärdig ist das der anregenden Anarchie mehr als einem gerundeten Gesamtkunstwerk nahe stehende Werk.

# MARTIN NIEMÖLLER
## 1892–1984

Von
Karlheinz Weißmann

Es gibt wohl keinen Kirchenmann im Deutschland des 20. Jahrhunderts, der bei Lebzeiten so umstritten war wie Martin Niemöller. Seine verschiedenen Gegner sahen in ihm nacheinander den „Reaktionär" und „Militaristen", dann den „Judenfreund" und „Landesverräter", schließlich den „Kommunisten" oder wenigstens den unduldsamen „Eiferer", während er seinen Anhängern als „Held", als „Glaubenszeuge" und „Patriot" erschien, ein „Pazifist" im wohlverstandenen Sinn des Wortes und ein „prophetischer" Geist, der die Gemeinde Christi erneuern wollte. Wahrscheinlich war die Kontroverse unvermeidbar angesichts eines Lebens, das sich über fünfzig Jahre lang als kämpferische Auseinandersetzung mit den bestehenden Verhältnissen vollzog. Niemöller selbst hat durch seine Spontaneität und Heftigkeit viel zum Streit um seine Person beigetragen. Immerhin wurde in seinen letzten Lebensjahren erkennbar, daß sich der Kampf abschwächte. Trotz aller verbliebenen Vorbehalte wuchs Niemöller immer deutlicher die Stellung eines außergewöhnlichen Mannes zu, der von diesem Jahrhundert geprägt worden war und dieses Jahrhundert mit geprägt hatte.

Martin Niemöller kam am 14. Januar 1892 im westfälischen Lippstadt zur Welt. Daß sein Geburtsort im Königreich Preußen lag, hatte mehr als eine politisch-geographische Bedeutung. Eine gewisse „preußische" Prägung konnte Niemöller bis zu seinem Ende nicht leugnen. Er war das zweite Kind des Pfarrers Heinrich Niemöller und seiner Frau Paula, geborene Müller. An seine Jugend hat Niemöller immer mit Dankbarkeit zurückgedacht. Die Atmosphäre im Elternhaus prägte der Beruf des Vaters, der es mit einiger Anstrengung aus kleineren Verhältnissen zum evangelischen Geistlichen gebracht hatte. Heinrich Niemöller war vor allem ein guter Prediger und Seelsorger. Aufgeschlossen für die „Arbeiterfrage", unterstützte er die „Innere Mission" und sympathisierte wohl auch mit der „christlich-sozialen" Bewegung des Hofpredigers Adolf Stoecker. Sein Interesse an der wissenschaftlichen Theologie war begrenzt, er orientierte sich mehr an einer praktischen Frömmigkeit, die mit der Betonung der „Einfalt" des Gläubigen von pietistischen Vorstellungen nicht weit entfernt war. Dieser Grundzug wird auch in einem Kindheitserlebnis Martin Niemöllers sichtbar, der erzählte, wie er mit seinem Vater einen Hausbesuch bei einem alten Weber machte. In der Stube des Mannes hing der gestickte Spruch „Was würde Jesus dazu sagen?". Und

Niemöller fügte mit dem Abstand von Jahrzehnten hinzu: „Ich bin in punkto christlicher Ethik heute nicht schlauer als damals mit acht Jahren." Bei aller Betonung der Rolle, die der Vater in dem traditionell so patriarchalisch geprägten evangelischen Pfarrhaus spielen mußte, sollte die einflußreiche Stellung der Mutter Niemöllers nicht vergessen werden. Die aus einer hugenottischen Familie stammende Frau hat ihm offenbar einiges von der militanten Entschlossenheit in Glaubensdingen mitgegeben, die für ihre Vorfahren kennzeichnend war. Bei Gelegenheit äußerte Niemöller jedenfalls: „Daß ich den Kirchenkampf führen konnte, verdanke ich noch mehr Mutter als Vater."

Die Gemeinde Heinrich Niemöllers gehörte zur Kirche der „Altpreußischen Union (APU)". Die APU wurde 1817 auf Befehl Friedrich Wilhelms III. als administrativer Zusammenschluß der lutherischen und der reformierten Gemeinden in den preußischen Gebieten geschaffen. Bei aller Wertschätzung Luthers hat man sich im Hause Niemöller immer ganz besonders der Union verbunden gefühlt und einen engeren Konfessionalismus abgelehnt. Dem preußischen König und seit 1871 dem deutschen Kaiser wurde nicht nur politische, sondern auch die im Summepiskopat des Landesherrn begründete geistliche Loyalität entgegengebracht. Nichts spricht dafür, daß sich die Einstellung Heinrich Niemöllers von der des nationalprotestantischen Bürgertums unterschieden hätte. Offensichtlich von der Flottenbegeisterung der wilhelminischen Ära angesteckt, erlaubte man dem Sohn Martin gerne den Eintritt in die Marineschule. Nach einem ausgezeichneten Abitur wurde der junge Niemöller 1910 Seekadett in Kiel, zwei Jahre später legte er als Bester seiner Crew das Fähnrichsexamen ab und ging als Leutnant zur See auf das Linienschiff „Thüringen". Es waren wohl auch romantische Vorstellungen des Heranwachsenden von Seefahrt und Abenteuer, die Niemöller bewogen hatten, den Dienst in der Marine zu wählen. Aber der dann ausbrechende militärische Konflikt vertrieb alle Wunschbilder und konfrontierte ihn mit der harten Wirklichkeit eines modernen Seekrieges.

Niemöller erlebte die Augusttage 1914 wie so viele Deutsche in einem Rausch der Begeisterung. Er war bald unzufrieden mit seinem Los, das ihn als Marineoffizier zwang, untätig zuzusehen, während alle anderen Waffengattungen zum Einsatz kamen. Niemöller meldete sich freiwillig zu den Unterseebooten, doch erst im Herbst 1915 wurde seinem Gesuch stattgegeben. Bis zum Kriegsende tat er auf vier verschiedenen U-Booten Dienst, bis er schließlich im Mai 1918 selbst zum Kommandanten von UC-67 ernannt wurde. Das ihm zugewiesene Operationsgebiet lag hauptsächlich im Mittelmeer, aber vorübergehend nahm er auch am Handelskrieg im Atlantik teil. Niemöller hat seinen Einsatz vor allem unter dem Gesichtspunkt der soldatischen Pflichterfüllung betrachtet und die Frage nach der ethischen Beurteilung des Tötens im Krieg unter Hinweis auf die lutherische Zwei-Reiche-Lehre beantwortet. Allerdings klang in der Feststellung „Krieg ist Krieg" und der Einsicht in die „Unmöglichkeit eines moralischen Weltbildes" so etwas wie Resignation mit, ohne daß man hierin schon eine Andeutung des späteren Pazifismus sehen dürfte.

Bei Kriegsende hatte Niemöller den Rang eines Oberleutnants zur See erreicht, war mit dem Eisernen Kreuz in beiden Klassen ausgezeichnet und vom Kaiser für seine Erfolge im Seekrieg belobigt worden. Er fühlte sich wie der größte Teil des Offizierskorps dem „Obersten Kriegsherrn" persönlich verpflichtet und konnte schon aus diesem Grund die im November 1918 ausbrechende Revolution nicht gutheißen. Unter den neuen Verhältnissen war ihm eine Fortsetzung seiner Offizierslaufbahn nicht vorstellbar. Im Januar 1919 verweigerte Niemöller den Befehl, zwei Unterseeboote gemäß den Waffenstillstandsbedingungen an England auszuliefern, und quittierte den Dienst.

Niemöller sah sich bis zum Tod Wilhelms II. im Jahr 1941 durch seinen Treueid an den Kaiser gebunden. Die Revolution war für ihn das „Verbrechen von 1918". Aber er gab nicht den Parteien der Linken allein die Schuld an dem Zusammenbruch, sondern haderte mit seinem Volk, das sich so leicht hatte verführen lassen. Nach dem Abschied von der Marine trug sich Niemöller deshalb einige Zeit lang mit Auswanderungsplänen. Zu Ostern 1919 hatte er Else Bremer, die Schwester eines Schulfreundes und Kriegskameraden, geheiratet, und jetzt lernte er zusammen mit seiner jungen Frau Spanisch, um sich auf eine Existenz als Viehzüchter in Argentinien vorzubereiten. Diese Pläne zerschlugen sich ebenso wie das Vorhaben, einen Bauernhof im Westfälischen zu übernehmen. Die beginnende Inflation hatte alle vorhandenen Geldbeträge rasch aufgezehrt.

Schon im September 1919 schrieb Niemöller fragend in sein Tagebuch: „Werde ich Theologe?" Die Entscheidung lag wegen seiner Herkunft und angesichts der Tatsache, daß sein Bruder Wilhelm bereits mit der theologischen Ausbildung angefangen hatte, nicht so fern. Einen Monat später begann Niemöller sein eigenes Studium an der Universität Münster. Die folgende Zeit war für das Ehepaar Niemöller, dem in den beiden nächsten Jahren eine Tochter und ein Sohn, die ersten der insgesamt sieben Kinder, geboren wurde, nicht leicht zu bewältigen. Doch Niemöller, dem es wie schon seinem Vater weniger um die theologische Wissenschaft als vielmehr um das notwendige Handwerkszeug für den Pfarrerberuf ging, beendete das Studium rasch und legte im Frühjahr 1923 das Erste Examen ab. Nach dem Vikariat konnte er im Dezember eine Stelle als geschäftsführender Pfarrer der Westfälischen Inneren Mission antreten und damit die finanzielle Existenz der jungen Familie sicherstellen. Im Mai 1924 folgte das Zweite Theologische Examen, kurz darauf, im Juni, die Ordination. Niemöller hat die Stelle in Münster für sieben Jahre behalten; erst im Juli 1931 nahm er Abschied von der heimatlichen Provinz Westfalen, um als Pfarrer in die Gemeinde von Berlin-Dahlem zu gehen.

Jener Wechsel vollzog sich in einer politisch außerordentlich bewegten Zeit, und Niemöller hat an der Entwicklung von Staat und Gesellschaft immer leidenschaftlich Anteil genommen. Angesichts seiner Herkunft und seiner durch den Krieg noch verstärkten Prägung ist es nicht überraschend, daß er mit den Republikfeinden auf der Rechten sympathisierte. Während des Kapp-Putsches im März 1920 hatte er geholfen, in Münster eine „Akademische Wehr" aufzustellen und eine ihrer Kompanien geführt. Nach dem Scheitern des Staatsstreichversuchs kämpfte das Freikorps gegen die aufständischen roten Truppen im Ruhrgebiet. 1923 beteiligte sich Niemöller an der demonstrativen Bestattung Albert Leo Schlageters und schloß sich alsbald verschiedenen deutschnationalen Gruppierungen an. Sein Entschluß, sich 1930 für eine evangelische Fraktion in das Stadtparlament von Münster wählen zu lassen, zeigte allerdings ein gewisses Ungenügen an den bisherigen politischen Formationen. Im nachhinein hat Niemöller erklärt: „Was wir uns vorstellten von einem zukünftigen Deutschland, das war nicht die Weimarer Republik, sondern das, ja, als was sich der Nationalsozialismus gab." Sein Bruder Wilhelm war 1923 der NSDAP beigetreten; er selbst entschloß sich nicht dazu, weil er das Pfarramt und die Parteimitgliedschaft für unvereinbar hielt. Niemöller hat aber nach eigenem Bekunden schon bei der preußischen Landtagswahl von 1924 nationalsozialistisch votiert und bei einem Durchgang zur Wahl des Reichspräsidenten 1932 Hitler seine Stimme gegeben. Er war damit nicht Nationalsozialist im Parteisinn, sympathisierte jedoch mit den völkischen Erneuerungshoffnungen, die so viele in Hitler oder zumindest in der Idee eines „nationalen Sozialismus" verkörpert sahen.

Niemöller hat auch die „Machtergreifung" hierin nicht beirren können. Noch bei der Märzwahl von 1933 zum Reichstag stimmte er für die NSDAP. Daß er sich dann auf die andere Seite schlug, war kein freiwilliger Akt. Man hat nicht zu Unrecht von einem „Kirchenkampf wider Willen" gesprochen. Den Hintergrund für Niemöllers Entwicklung im Jahr 1933 bildeten nicht die politischen Vorgänge, sondern die innerkirchlichen Auseinandersetzungen. Anfangs konnte es so scheinen, als bewirke die „nationale Revolution" auch ein „deutsches Ostern" (Paul Althaus) im Protestantismus. Die langen vergeblichen Bemühungen um einen Zusammenschluß der evangelischen Landeskirchen in einer Reichskirche hatten in der allgemeinen Aufbruchstimmung plötzlich Aussicht auf Erfolg. Allerdings zeigte sich rasch, daß die Vorstellungen von einer zukünftigen „Deutschen Evangelischen Kirche (DEK)" sehr unterschiedlich waren. Auf der einen Seite stand die „Glaubensbewegung Deutsche Christen (DC)", die das Christentum mit der NS-Ideologie zu einer „arteigenen“ Form des christlichen Glaubens verschmelzen wollte. Nach ihrer ersten Reichstagung im April 1933 schickte die DC sich an, nun ihrerseits eine „Machtübernahme“ in der evangelischen Kirche zu vollziehen. Diesem Ziel stand jedoch eine starke innerkirchliche Opposition gegenüber. Sie formierte sich im Mai 1933 unter der Bezeichnung „Jungreformatorische Bewegung“. Niemöller schloß sich trotz seiner Vita, der „Normalbiographie eines DC-Pfarrers“ (Leonore Siegele-Wenschkewitz), und trotz seiner politischen Sympathien für den Nationalsozialismus den „Jungreformatoren“ an. Er stieg rasch in den Führerkreis der Bewegung auf und veröffentlichte bereits am 14. Juli 1933 zusammen mit Walter Künneth und Hanns Lilje eine „Kundgebung“, in der die Entstehung der „Jungreformatorischen Bewegung“ mit dem Widerstand gegen die Übergriffe der „Deutschen Christen“ begründet wurde. Man stehe nicht in politischer Opposition zum neuen Staat, sondern führe einen „Kampf für die Reinheit und Freiheit der Kirche“: „Die Kirche muß die Gemeinde derer sein, die unter der Herrschaft Jesu Christi stehen.“

Zu diesem Zeitpunkt war der Konflikt zwischen der DC und der jetzt so genannten „Bekenntnisfront“ schon eskaliert. Der von den evangelischen Kirchenleitungen als Reichsbischof gewählte Friedrich von Bodelschwingh hatte bereits nach vier Wochen seiner Amtszeit resigniert, der von der DC unterstützte Wehrkreispfarrer Ludwig Müller riß gewaltsam die Führung des noch existierenden Kirchenbundesamtes an sich, und auf Druck der Regierung entstand in kürzester Zeit eine „Reichskirchenverfassung“, die am 14. Juli von Hitler gebilligt wurde. Für den 23. Juli hatte man allgemeine Kirchenwahlen anberaumt. NSDAP und DC forderten ihre Mitglieder nachdrücklich auf, sich an den sonst nur von einer kleinen Zahl aktiver Gemeindeglieder wahrgenommenen Wahl zu beteiligen. Der Wahlkampf der „Jungreformatorischen Bewegung“ wurde massiv behindert. Das Ergebnis war, daß im Durchschnitt 70 Prozent der Sitze in den Kirchenparlamenten an die „Deutschen Christen“ fielen. Lediglich die lutherischen Landeskirchen von Bayern, Württemberg und Hannover behielten ihre alten Führungen, und in wenigen Gemeinden der APU wie der von Berlin-Dahlem oder der von Barmen erreichte die Liste „Evangelium und Kirche“ die Mehrheit.

Hatten die „Jungreformatoren“ von vornherein erklärt, daß sie nicht als „kirchenpolitische“ Partei im älteren Sinn verstanden werden wollten, daß der innerkirchliche Parlamentarismus einem überwundenen „Liberalismus“ angehöre, so zwang sie die faktische Machtverteilung jetzt, tatsächlich nach neuen Wegen zu suchen. Einen wichtigen Anstoß dazu gab die Veröffentlichung von Karl Barths Schrift „Theologische Existenz heute“ im Juni 1933. Niemöller hat die Begegnung mit Karl Barth – trotz der großen Unterschiede in Charakter und geistiger Prägung, die eine gewisse Fremdheit lange bestehen ließen – als Ermutigung begriffen, den Widerstand fortzusetzen. Nachdem die mehrheitlich von der DC beherrschte Generalsynode der APU, die „Braune Synode", am 5. September 1933 die Einführung des „Arierparagraphen" in der Kirche beschlossen hatte, rief Niemöller zwei Wochen später zur Bildung des „Pfarrernotbundes" auf. Bis zu Beginn des Jahres 1934 schlossen sich ihm 7.000 Pfarrer an, also mehr als ein Drittel der evangelischen Geistlichkeit, deren Führung ein „Bruderrat" übernahm. Die Mitglieder des „Notbundes" unterzeichneten eine Selbstverpflichtung, mit der die Einführung des Arierparagraphen in der Kirche ausdrücklich als „Verletzung des Bekenntnisstandes" bezeichnet wurde. Niemöller hatte ursprünglich selbst an eine „judenchristliche" Lösung für die nicht-arischen Gemeindemitglieder gedacht, war aber allmählich zu der Einsicht gelangt, daß der „Leib Christi" eine solche Teilung nicht dulde. Wie Niemöller noch nachträglich zugestand, war er selbst nicht frei von einem gewissen antisemitischen Affekt, doch nach seiner Auffassung ging es hier nicht um persönliche Antipathien, nicht um taktische Erwägungen, auch nicht um die Frage politischer Nützlichkeit, sondern eben um den Status confessionis.

Allerdings schien es Ende des Jahres 1933 noch möglich zu sein, die kirchliche Lage zu bereinigen. Die „Bekennende Kirche" unternahm alles, um deutlich zu machen, daß sie sich nicht als Träger des politischen Widerstands begriff. Niemöller unterzeichnete am 15. Oktober ein „Huldigungstelegramm", das evangelische Geistliche an Hitler schickten, und auch der „Notbund" hatte seine Loyalität gegenüber dem „Führer" erklärt. Selbst die am 11. November gegen Niemöller ausgesprochene Amtsenthebung wurde nach Protesten aus der Gemeinde in Dahlem wieder zurückgenommen. Kurze Zeit später schwächten die Folgen der skandalösen Sportpalast-Kundgebung die „Deutschen Christen" durch eine Austrittswelle. Der von der „Nationalsynode" in Wittenberg zum Reichsbischof gewählte Ludwig Müller mußte sich von den radikalen Kräften der DC distanzieren, fand jedoch auch im Parteiapparat nicht mehr die erhoffte Unterstützung, und die „Bekenntnisfront" stand ihm mit eisiger Ablehnung gegenüber. Im Januar 1934 nahm Niemöller zusammen mit anderen evangelischen Kirchenführern an einem Empfang bei Hitler teil, durch den die Situation bereinigt werden sollte. Die Audienz endete allerdings mit einem Eklat, und Hitlers persönliche Feindschaft gegenüber Niemöller datierte offenbar von diesem Zusammenstoß.

Irritiert hat Dietrich Bonhoeffer noch im April 1934 festgestellt: „Phantasien und Naive wie Niemöller glauben immer noch, die wahren Nationalsozialisten zu sein." Damals war für Niemöller der eigentliche Charakter des NS-Regimes immer noch nicht erkennbar, obwohl sich seine optimistischen Erwartungen nicht erfüllt hatten. Vielmehr wurde ein endgültiger Zerfall der Gesamtkirche absehbar. In jener Situation trat für die „Bekennende Kirche" die Notwendigkeit der Selbstvergewisserung ganz in den Vordergrund. Schon in der Kundgebung im Sportpalast war deutlich geworden, daß es für die kirchliche Opposition immer mehr um die prinzipielle Klärung dessen ging, was die „Kirche" und was das „Bekenntnis" eigentlich sein sollten. Wenn der „Bekennenden Kirche" später vorgeworfen wurde, daß sie keine politische Opposition gewesen sei, verkennt man ihr Selbstverständnis und die daraus resultierende Zielsetzung. Sie mußte die Abwehr im „eigensten Bereich" (Hans Rothfels) betreiben. Ein Versuch, der im Frühjahr 1934 klarere Konturen annahm, als vom 29. bis zum 31. Mai in Barmen die „1. Reichsbekenntnissynode" tagte. Niemöller, der an der Vorbereitung und Durchführung wesentlichen Anteil hatte, durfte in der „Theologischen Erklärung" von Barmen auch den Ausdruck seiner eigenen Grundüberzeugung sehen. Im ersten Abschnitt der maßgeblich von Karl Barth formulierten „Erklärung" hieß es: „Jesus Christus, wie er uns in der heiligen Schrift bezeugt wird, ist das eine Wort Gottes, das wir zu hören, dem wir im Leben und im Sterben zu vertrauen und zu gehorchen haben. Wir verwerfen die falsche Lehre, als könne und müsse die Kirche als Quelle ihrer Verkündigung außer und neben diesem einen Worte Gottes auch noch andere Ereignisse und Mächte, Gestalten und Wahrheiten als Gottes Offenbarung anerkennen." Damit wandte sich die Synode natürlich vor allem gegen die „Deutschen Christen", die das Alte Testament und die Lehre des Paulus als „jüdisch" ablehnten und einen „heldischen" Jesus predigten, doch es ging zugleich gegen den Anspruch des totalen Staates, der nach dem Scheitern der Inbesitznahme der Kirche immer deutlicher Züge einer modernen „politischen Religion" (Eric Voegelin) annahm. Dementsprechend lautete der fünfte Abschnitt: „Wir verwerfen die falsche Lehre, als solle und könne der Staat über seinen besonderen Auftrag hinaus die einzige und totale Ordnung menschlichen Lebens werden und also auch die Bestimmung der Kirche erfüllen."

Die Bekenntnissynode war nach geltendem Kirchenrecht illegal. Formell handelte es sich nur um eine Versammlung lutherischer, reformierter und unierter Geistlicher und Laien. In Barmen beschloß man aber in einer gesonderten Deklaration neben der theologischen Erklärung, daß die gegenwärtige deutschchristliche Kirchenleitung die reformatorische Glaubensgrundlage verlassen habe und ihre Funktionen deshalb nicht länger rechtmäßig ausüben könne. Die Bekenntnissynode sei Rechtsnachfolgerin der DEK. In der Praxis ließ sich dieser Anspruch freilich nicht durchsetzen. Zwar wurde auf der „2. Reichsbekenntnissynode", die am 19. und 20. Oktober 1934 in Niemöllers Gemeinde Dahlem stattfand, die Errichtung von Notorganen beschlossen, so daß alle Versuche des Reichsbischofs Müller, die widerstrebenden Landeskirchen seinem Machtbereich einzugliedern, scheiterten, aber die „Vorläufige Kirchenleitung (VKL)" der bekennenden Gemeinden tat sich schwer, die auseinanderstrebenden Flügel der Bewegung zusammenzuhalten.

Die Bruchlinie verlief zwischen den „intakten" Landeskirchen auf der einen Seite, denen sich auch die Bruderräte von Sachsen, Thüringen, Braunschweig, Mecklenburg, Lübeck und Schleswig-Holstein anschlossen, und den „Dahlemiten" auf der anderen Seite, die sich nur auf die Bruderräte der Union, Oldenburgs und Hessen-Nassaus stützen konnten. Bereits im Herbst 1934 war Niemöller zusammen mit dem ihm nun befreundeten Karl Barth aus Protest gegen die Kompromißbereitschaft der Moderaten aus dem Reichsbruderrat ausgeschieden. Die beiden Flügel der BK trennten sich praktisch endgültig mit dem Scheitern der vierten und letzten „Reichsbekenntnissynode" in Bad Oeynhausen vom 17. bis 22. Februar 1936. In der Folge sammelten sich die Anhänger eines Versöhnungskurses im „Rat der Evangelisch-Lutherischen Kirche Deutschlands", dem „Lutherrat", und die Dahlemer Richtung wählte die „2. Vorläufige Kirchenleitung".

Niemöller machte keinen Hehl daraus, daß er die Lutheraner für Verräter hielt. Ohne deren Unterstützung verfaßte die 2. VKL im Frühjahr 1936 eine „Erklärung", die Hitler als Denkschrift übergeben werden sollte, dann allerdings öffentlich bekannt wurde. Niemöller war zusammen mit Hans Asmussen maßgeblich an der Formulierung des Textes beteiligt, der auch im Ausland für Aufsehen sorgte. Die Führer der „Bekennenden Kirche" äußerten hier in dramatischen Worten ihre Besorgnis angesichts der als „Entkonfessionalisierung" getarnten „Entchristlichung" des Landes. In dem Text wurde ausdrücklich festgehalten, daß der von den Nationalsozialisten propagierte Antisemitismus „zum Judenhaß verpflichtet" und deshalb dem christlichen Gebot der Nächstenliebe widerspreche: „Wenn der arische Mensch verherrlicht wird, so bezeugt Gottes Wort die Sündhaftigkeit aller Menschen."

Die Fürsprache für die verfolgten Juden, vor allem soweit sie der Kirche angehörten, wurde seit der Verabschiedung der „Nürnberger Gesetze" im September 1935 zum zentralen Anliegen Niemöllers, auch wenn er sich keinen Illusionen über eine mögliche Verbesserung der Lage hingab. In einer Predigt erläuterte er damals den von der traditionellen evangelischen Ethik immer als Begründung für die Staatsloyalität zitierten Vers „So gebet dem Kaiser, was des Kaisers ist, und Gott, was Gottes ist!" (Matthäus 22.21) mit dem Satz: „Aber wenn die Welt fordert, was Gottes ist, dann müssen wir mannhaft Widerstand leisten, daß wir ihr nicht geben, was Gottes ist." Seit dem Frühjahr 1937 ging Niemöller dazu über, im Gottesdienst nicht bloß die Namen der ausgeschiedenen Gemeindemitglieder zu verlesen; er sprach außerdem Fürbittengebete für die inhaftierten Anhänger der „Bekennenden Kirche". Dabei war er sich seiner Isolation und der Bedrohtheit seiner Lage durchaus bewußt. Vielfach verglich er die Verfolgungssituation mit der Bedrängnis der ersten Christen im römischen Reich, und in seiner Predigt zum Sonntag Sexagesimae, dem 30. Januar 1937, sagte er: „Die irdischen Stützen unserer Hoffnung fallen dahin, eine nach der anderen – ich wüßte nicht, wo noch eine stünde – die Aussichten auf bessere Zeiten lassen uns im Stich, und unsere Sorgen umgeben uns wie Berge, wo wir nicht hinüberschauen können. Der Herr Christus aber lebt, der Herr Christus ist noch da, der Herr Christus fragt nach unserem Glauben, wo alle Stützen fallen."

Ein halbes Jahr später, am 1. Juli 1937, wurde Martin Niemöller verhaftet. Es war schon die sechste Festnahme, doch in diesem Fall lautete die Anklage auf Anstiftung zum Aufruhr und Herabsetzung des deutschen Staates. Niemöller wurde schließlich nur wegen des Verstoßes gegen den noch aus dem „Kulturkampf" Bismarcks stammenden „Kanzelparagraphen" zu 7 Monaten Festungshaft und einer Geldstrafe von 2.000 Reichsmark verurteilt. Die Haftstrafe galt als nicht ehrenrührig und war mit der Untersuchungshaftzeit abgegolten. Durch sein Urteil hatte das Gericht ausdrücklich die Motive Niemöllers anerkannt und ihn praktisch freigesprochen. Als Hitler von dem Urteil erfuhr, verhängte er ein Beförderungsverbot über die Richter und erteilte den Befehl, Niemöller als seinen „persönlichen Gefangenen" in das Konzentrationslager Oranienburg-Sachsenhausen zu verbringen. Die Festsetzung Niemöllers löste einen Sturm der Empörung aus: 362 westfälische Theologen protestierten mit einer Eingabe an das Justizministerium, 3.000 Pfarrer der BK schlossen sich der Aktion an, und der greise Feldmarschall Mackensen intervenierte persönlich bei Göring.

Alle Versuche, Niemöller freizubekommen, blieben vergeblich. Er selbst war enttäuscht über das Verhalten der „Bekennenden Kirche", von der er entschlosseneren Widerstand erwartet hatte. Die Enttäuschung gilt es in Erinnerung zu behalten, wenn man sich mit der irritierenden Absicht des Protestanten Niemöller beschäftigt, zum Katholizismus überzutreten. Tatsächlich hat sich Niemöller in der Isolation der Haft seit 1939 zum ersten Mal intensiver mit der katholischen Lehre beschäftigt. Dabei trieb ihn nicht ein romantischer Wunsch nach Konversion. In einem Brief aus dem Jahr 1940 schrieb Niemöller ganz sachlich, daß er „die Kirche von Rom als das Ganze ansehe und den Protestantismus als eine Anzahl herausgebrochener Stücke"; die evangelische Lehre beruhe nur noch auf „Individualismus und Subjektivismus", aber: „Die kirchliche Wahrheit ist *eine* und bleibt an das rechtmäßige apostolische Amt gebunden."

Niemöller hat hier die Konsequenz aus dem „Barmer Bekenntnis" zu ziehen versucht, indem er danach fragte, wo denn eigentlich die „Kirche" im protestantischen Raum sichtbar aufzufinden sei. Daß er seine Konversionsabsicht dann doch nicht verwirklicht hat, hing merkwürdigerweise damit zusammen, daß er im Juli 1941 nach Dachau verlegt wurde, wo man ihn in einem Trakt mit mehreren katholischen Geistlichen unterbrachte. In Gesprächen mit den Priestern erkannte Niemöller, daß man es in der römischen

Uwe Johnson im Jahr 1972

Martin Niemöller im Jahr 1946

Kirche mit ähnlichen menschlichen Unzulänglichkeiten wie in der evangelischen zu tun hatte. Allerdings wurde ihm dabei sehr deutlich, wie wenig die konfessionellen Unterschiede wogen angesichts des gemeinsamen Kampfes gegen einen gemeinsamen Feind.

Der Kontakt zwischen Niemöller und der Außenwelt ist niemals ganz abgerissen. Noch im Oktober 1943 wählte ihn der preußische Bruderrat in Abwesenheit zum Vorsitzenden. Eine besondere Bedeutung hatte er aber vor allem dort, wo man nach Anhaltspunkten suchte, daß es noch ein „anderes Deutschland" gebe. Thomas Mann sprach im Vorwort zur Neuausgabe der „Dahlemer Predigten" von Niemöller als dem „tapfere(n) Bekenner Gottes und der Freiheit des Christenmenschen", der für sein Volk und seine Kirche das Martyrium auf sich genommen habe. Zumal in den Vereinigten Staaten und in England galt Niemöller als der Mann des Widerstandes gegen Hitler schlechthin. Das war auch im Reich bekannt geworden, und es entbehrt insofern nicht einer gewissen Logik, daß Niemöller am 25. April 1945 zusammen mit anderen prominenten Gefangenen nach Südtirol gebracht wurde, wo man die ganze Gruppe liquidieren sollte. Die Ausführung des Befehls kam durch einen Zufall nicht zustande, und die Amerikaner nahmen die KZ-Häftlinge in Gewahrsam. Man überführte Niemöller nach Neapel, wo er verhört wurde, bis er das Ende seiner Internierung mit einem Hungerstreik erzwang und im Juni 1945 nach Deutschland zurückkehrte.

Klaus Scholder hat darauf hingewiesen, daß die „Fronten und Fragestellungen des Kirchenkampfes ... bis zum Ende der sechziger Jahre in der EKD lebendig" geblieben seien. Tatsächlich war die unmittelbar nach Kriegsende einsetzende Reorganisation des Protestantismus in der „Evangelischen Kirche in Deutschland (EKD)" von Konflikten begleitet, die ihren Ursprung im Kirchenkampf hatten. Die Position Niemöllers war dabei außerordentlich prononciert, und der moralische Rang, den ihm seine frühere Kompromißlosigkeit gegenüber dem NS-Regime und seine lange Haftzeit verliehen, gab ihm Einflußmöglichkeiten, die weit über den Bereich seiner kirchlichen „Hausmacht" hinausreichten. Ihm ging es vor allem darum, die ältere konfessionelle Spaltung des Protestantismus zu überwinden und die Erklärung von Barmen – nicht die Bekenntnisse des 16. Jahrhunderts – zur Grundlage einer neuen evangelischen Kirche zu machen. Damit traf er selbstverständlich auf den Widerstand der Lutheraner, die sich um den bayerischen Bischof Hans Meiser sammelten, aber auch sein Freund Hans Asmussen glaubte, daß die „Bekennende Kirche" nur das „Salz" in einer zukünftigen protestantischen Gemeinschaft sein könnte und nicht an die Stelle der älteren Konfessionen treten dürfte. Als der württembergische Bischof Wurm auf der Treysaer Konferenz vom 27. August 1945 einen Vermittlungsvorschlag machte, nämlich die Bildung der „Evangelischen Kirche in Deutschland" als lockeren

Zusammenschluß der Landeskirchen, fügte sich Niemöller, wenngleich er weiter mit den „Neutralen" haderte, die seiner Meinung nach schon im Dritten Reich keine Entschlossenheit zum Neuanfang gezeigt hatten. Er wurde in dieser Haltung von Karl Barth bestärkt, der heimlich aus der Schweiz nach Deutschland gekommen war. Obwohl Niemöller sich niemals vertieft mit der Theologie Barths beschäftigt hat, übernahm er von ihm jetzt die Wertschätzung der basisnahen reformierten Gemeindeordnung und des strengen calvinistischen Gottesdienstes. Er, der während der Haft den Wert der autoritativen Ordnung Roms und den tiefen Reichtum der katholischen Liturgie kennengelernt hatte, polemisierte seither gegen die neuen evangelischen Episkopate und die liturgische Bewegung, die in Deutschland nach dem Ende des Zweiten Weltkrieges zu einiger Bedeutung gelangte.

Barth hat darüber hinaus einen erheblichen Einfluß auf die gewandelten politischen Anschauungen Niemöllers genommen. Wenn Niemöller bei den Verhören durch die US-Armee in Neapel noch erklärt hatte, daß die Deutschen ein zur Demokratie untaugliches Volk seien, das man besser der festen Hand eines autoritären Regimes überantworte, so sprach er sich bald ganz entschieden für einen demokratischen Neuaufbau aus. Von Barth stammte Niemöllers insgesamt positive Einschätzung des Kommunismus, die noch für viele Irritationen sorgen sollte: angefangen bei Niemöllers Moskau-Besuch von 1951, der Reise nach Hanoi während des Vietnam-Krieges 1966 bis zur Annahme des „Lenin-Friedenspreises" 1967. Schon im „Darmstädter Wort" des „Reichsbruderrates" vom 8. August 1947 stand die Formulierung: „Wir sind in die Irre gegangen, als wir übersahen, daß der ökonomische Materialismus der marxistischen Lehre die Kirche an den Auftrag und die Verheißung der Gemeinde für das Leben und Zusammenleben der Menschen im Diesseits hätte mahnen müssen." Das „Darmstädter Wort" entstand aus der Enttäuschung der „Dahlemiten" über die zögerliche Reaktion der Kirchen und der Öffentlichkeit auf das „Stuttgarter Bekenntnis", mit dem die EKD am 18. Oktober 1945 die Schuld der Christen und des deutschen Volkes festgehalten hatte. In den Kommunisten sah man nicht nur die, die unter der nationalsozialistischen Herrschaft besonders leiden mußten, sondern auch die, denen man im Westen des geteilten Deutschlands weiter mit erbitterter Feindschaft gegenüberstand. Dazu hielt der vom religiösen Sozialismus inspirierte Barth die Marxisten für mögliche Verbündete bei der Errichtung einer neuen Gesellschaftsordnung, die vielleicht nicht das Gottesreich selbst, dennoch ein Abglanz zukünftiger Herrlichkeit sein konnte.

Die politischen Stellungnahmen Niemöllers waren immer politische Theologie oder theologische Politik, etwas, das nicht zuletzt in seinen Äußerungen zur „deutschen Frage" ganz klar erkennbar war. Außerdem ist im Verhältnis zur eigenen Nation am stärksten das Moment der Kontinuität bei aller Diskontinuität im Denken Niemöllers festzustellen. Für ihn blieb die Nation eine Kollektivperson, die schuldig geworden war, der Buße bedurfte und dann begnadigt werden konnte. Er hat das Wort „Kollektivschuld" immer vermieden, aber von der Sache her kamen seine Äußerungen dieser Vorstellung sehr nahe. Er hat das Wort vor allem vermieden, weil es zum Repertoire alliierter Vorwürfe gehörte, die er scharf bekämpfte. Derselbe Mann, der den Deutschen ihre Unbußfertigkeit vorwarf, forderte Anfang 1948 zum Boykott der „Spruchkammerverfahren" auf, mit denen die „Entnazifizierung" vorangetrieben werden sollte. Auf seinen Reisen, besonders in die Vereinigten Staaten, wurde er nicht müde, für die Deutschen um Sympathie und handfeste Unterstützung zu bitten.

Einen Höhepunkt erreichte sein Engagement für die Nation in der Zeit unmittelbar nach Gründung der beiden Teilstaaten. Berühmt wurde seine Formulierung, die Bundesrepublik sei „ein Kind, das im Vatikan gezeugt und in Washington geboren" wurde. Er protestierte gegen die Aufstellung einer westdeutschen Armee, weil das die Spaltung des Landes vertiefen mußte, und sympathisierte mit der Idee der Neutralisierung, durch die Deutschland zur „Brücke" zwischen Ost und West werden konnte. Pazifist war Niemöller damals noch nicht. Es erregte nach 1945 großes Aufsehen, daß er sich aus dem KZ bei Kriegsausbruch freiwillig zum Wehrdienst gemeldet hatte. Weniger bekannt dürfte seine Äußerung vom Anfang der fünfziger Jahre sein, daß er eine gewaltsame Befreiung der DDR für legitim halte, wenn sie aussichtsreich wäre. Mit einer solchen Position brach er 1955 endgültig: Aus seinem „Nationalpazifismus" wurde ein prinzipieller Pazifismus. Unter dem Eindruck der neuen Diskussion um die Folgen eines Atomkrieges schwor er dem Grundsatz militärischer Verteidigung ab.

Damit isolierte sich Niemöller noch weiter im evangelischen Bereich, als das bisher schon geschehen war. In Treysa hatte man ihn zwar zum stellvertretenden Ratsvorsitzenden der EKD und zum Leiter des Außenamtes gewählt, doch seine Stellung war von vornherein umstritten. Dasselbe galt für seine Funktion als Kirchenpräsident der Evangelischen Kirche in Hessen-Nassau, die er im Oktober 1947 übernahm. Bereits ein Jahr später, auf der Kirchenversammlung in Eisenach, scheitert er bei dem Versuch, zum Vorsitzenden des Rates beziehungsweise zu dessen Stellvertreter gewählt zu werden. Nach den heftigen Auseinandersetzungen um seine Moskau-Reise und dem Streit um die Wiederbewaffnung trat er im Oktober 1955 als Leiter des kirchlichen Außenamtes zurück. Obwohl seine Zeit als Kirchenpräsident in Hessen-Nassau erst 1964 endete und er noch 1961 zu einem der Präsidenten des „Ökumenischen Rates der Kirchen" ernannt wurde, gewann er damit keinen unmittelbaren institutionellen Einfluß.

Niemöller hat immer der Versuchung widerstanden, seine Anhänger in einer „Freikirche" zu sammeln. Aber seine Wirkung in der späten Bundesrepublik konnte zwangsläufig nicht auf seinen Ämtern beruhen, eher auf seinem Nimbus und dem Charisma, das der älter gewordene Mann gerade für die Jugend hatte. Wie einige Veteranen aus der „Dahlemer Richtung", Heinrich Albertz, Helmut Gollwitzer und Kurt Scharf, gehörte er zu den „zornigen alten Männern", die in der „Außerparlamentarischen Opposition" der sechziger Jahre und ihren Fortsetzungen in der Alternativ- und der Friedensbewegung der siebziger und achtziger Jahre Vorbildfunktion erfüllten. Niemöller hat sich das gern gefallen lassen, wenngleich die Sympathie nicht frei von wechselseitigen Mißverständnissen war. In einem kurz vor seinem Tod am 6. März 1984 aufgezeichneten Interview wurde er hoffnungsvoll gefragt, wie sein Modell für eine ideale Demokratie aussehe, und Niemöller antwortete, eine solche ideale Demokratie habe er nur während des Ersten Weltkrieges erlebt: in der Zusammenarbeit mit der Mannschaft seines U-Bootes. Diese anekdotenhafte Szene wirft ein besonderes Licht auf den Menschen Martin Niemöller, der immer schwer auf einen Nenner zu bringen blieb, umstritten war, groß in seiner Konsequenz und noch in seinen Verranntheiten dem Gegner Respekt abnötigte. Heinrich Albertz überschrieb den Nachruf auf seinen Freund mit dem Satz: „Ein Christ und deutscher Patriot."

# HEINRICH BÖLL
## 1917–1985

Von
Jochen Vogt

Er war, in mehr als einem Sinn, der repräsentative Schriftsteller der „alten", westdeutschen Bundesrepublik. Das haben, als Heinrich Böll am 16. Juli 1985 einer langwierigen Kreislauferkrankung erlegen war, viele gespürt, die um ihn trauerten, und einige – Willy Brandt etwa oder Hans Magnus Enzensberger – haben es deutlich gesagt. Böll selber hatte es zumindest angedeutet, als er 1972 den Nobelpreis für Literatur, der solche Repräsentanz gewissermaßen außenpolitisch manifestierte, entgegennahm: mit Dank „für diese Ehre, die wohl nicht nur mir gilt, auch der Sprache, in der ich mich ausdrücke, und dem Land, dessen Bürger ich bin". Der *Bürger* Böll stand mit seinen öffentlichen Stellungnahmen freilich oft genug im Meinungsstreit; er nahm kein Blatt vor den Mund, polemisierte und provozierte Gegenpolemik, Mißverständnisse, Verunglimpfungen und Verdächtigungen, nicht zuletzt in den Monaten, die der Nobelpreisverleihung vorausgingen und eine erste Eskalation terroristischer Gewalt und staatlicher Gegengewalt sahen. Böll wurde immer wieder „gefeiert, und er wurde bespuckt", wie Brandt, der Friedensnobelpreisträger des Jahres 1971, später treffend anmerkte. Die „politische Kultur" der Bundesrepublik, hieß es 1985 auch in der *„Frankfurter Allgemeinen Zeitung"*, „bestand zu einem großen Teil aus Böll-Debatten". Wahrscheinlich ist von heute aus, mit einem gewissen Abstand und nach dem Ende der deutschen Zweistaatlichkeit, klarer zu sehen, daß beide Momente, das repräsentative Sprechen *und* der kritische Einspruch, zusammen erst die Persönlichkeit, die Wirkung und die Größe Heinrich Bölls ausmachen, seinen unverwechselbaren und unverzichtbaren Beitrag zur Kultur der Bonner Republik. Wie aber und wodurch wurde diese zurückhaltend-sympathische Person, dieser keineswegs genialische Schriftsteller zur epochalen Figur?

Zuerst und zuletzt als *schreibender Zeitgenosse*. Er war seit Mitte der fünfziger Jahre der bekannteste und meistgelesene westdeutsche Autor von Rang. Den Stoff seiner Romane und Erzählungen entnahm er so gut wie ausschließlich der deutschen Gegenwart und ihrer unmittelbaren Vergangenheit, insbesondere den Jahren des Zweiten Weltkrieges. Mit seinem erzählerischen und, kaum weniger umfangreich, seinem essayistischen Gesamtwerk hat er über vier Jahrzehnte einen fortlaufenden Kommentar zur Zeit-, Sozial- und Bewußtseinsgeschichte der Bundesrepublik verfaßt. In dem, was er programmatisch seine *Fortschreibung* nannte, konnten mehrere Generationen ihre je eigenen Erfahrungen, Fragen und Probleme, ihre Hoffnungen und Ängste ausgedrückt finden. Stellvertretend für seine eigene Soldaten-, Heimkehrer- und Trümmergeneration hat Böll traumatische Verluste und Verletzungen, Überlebensängste, aber auch Sehnsüchte und Hoffnungen artikuliert, die oft genug unfaßbar waren und sich jedem sprachlichen Ausdruck zu verschließen schienen. „Er war einer davon", schrieb dreißig Jahre später sein Generationsgenosse und Kollege Wolfgang Weyrauch, „und während er darüber schrieb, war er es immer noch: er hatte immer noch seine Fußlappen an. Waren sie seine eigenen? Nein, sie hätten auch irgendeinem andern Schützen Arsch gehören können." Jüngeren Leserinnen und Lesern, die so wie seine drei Söhne in den fünfziger und sechziger Jahren aufwuchsen, hat Böll eine entschieden kritische, genauer: macht- und moralkritische Sicht auf Staat und Gesellschaft vorformuliert. Das geschah seit den politischen Konflikten der siebziger Jahre auch in Reden und Essays mit einer zunehmenden Altersradikalität, die von Verbitterung und Resignation nicht frei war, die ihm aber bis in die frühen achtziger Jahre hinein, gerade bei Jugendlichen, eine moralische Autorität zuwachsen ließ, mit der sich kaum ein Politiker messen konnte.

Ob es denn wahr sei, fragte in einer Diskussion nach Bölls Tod eine Schülerin, ob es wahr sein könne, „daß der immer nur schreibt, was er meint?" Es mag wohl so gewesen sein: Was Böll schrieb oder öffentlich vortrug, war auf eine unmittelbar überzeugende und zugleich altmodische, in der Medien- und Verlautbarungsgesellschaft jedenfalls höchst befremdliche Weise kongruent. Das haben die Kriegsheimkehrer von 1947 oder 1955 ähnlich gespürt wie die Friedensdemonstranten von 1982. Aus dieser *persönlichen Authentizität* seines literarischen und politischen Sprechens ist Heinrich Bölls Größe ebenso zu erklären wie seine Grenzen und seine Verletzlichkeit. Im Rückblick treten die Grenzen vielleicht schärfer hervor als ehedem: die Zeitgebundenheit, das beschränkte Repertoire seiner Themen und Stoffe, der bisweilen enge, ja muffige Milieurealismus, die allzu deutlich aufgesetzte existentielle Symbolik. Jene kritische Sicht darf aber nicht darüber hinwegtäuschen, daß auch seine Geltung und seine breite, über traditionelle Bildungsschichten weit hinausgehende Popularität als Autor, als kritischer Intellektueller und als öffentliche Person aus ebendieser Wurzel gewachsen sind. Die Aspekte des Authentischen und des Begrenzten hat er selbst mit Vorliebe unter dem Begriff der *Gebundenheit* diskutiert. „Obwohl als Einzelner schreibend", heißt es etwa in den „Frankfurter Vorlesungen" von 1964, seinem wichtigsten programmatischen Text, „habe ich mich nie als Einzelnen empfunden, sondern als Gebundenen, gebunden an Zeit und Zeitgenossenschaft, an das von einer Generation Erlebte, Erfahrene, Gesehene und Gehörte." Man darf fortfahren: gebunden an Region, Religion und Sozialisation, sofern mit solchen dürren Begriffen der lebensgeschichtliche Erfahrungszusammenhang bezeichnet wird, der die Themen und Perspektiven von Bölls Werk nachhaltig und durchgängig bestimmt, sich als „Fortschreibung" entfaltet.

„Geboren bin ich in Köln, wo der Rhein, seiner mittelrheinischen Lieblichkeit überdrüssig, breit wird...", heißt es in „Über mich selbst", einer ebenso knappen wie dichten autobiographischen Skizze von 1959, „...am 21. Dezember 1917, während mein Vater als Landsturmmann Brückenwache schob; im schlimmsten Hungerjahr des Weltkriegs wurde ihm das achte Kind geboren..." Hier darf man vielleicht anfügen, daß Köln im selben Jahr einen neuen Oberbürgermeister bekommt: Konrad Adenauer. Der Vater Viktor Böll war gelernter, bei seiner Kundschaft beliebter Kunsttischler mit eigener Werkstatt, die als „Atelier für kirchliche Kunst" firmierte. Mutter Maria, geborene Hermanns, stammte aus einer Bauern- und Bierbrauerfamilie und war in Düren aufgewachsen. Kindheit und Jugend verlebte Heinrich Böll in diesem kleinbürgerlich und katholisch geprägten Milieu, das freilich den politischen Konflikten und ökonomischen Krisen der Zwischenkriegszeit sehr direkt ausgesetzt war. Dazu zählen einerseits die Erfahrung sozialer Deklassierung, der Verlust der väterlichen Selbständigkeit und zahlreiche Umzüge innerhalb von Köln, andererseits der starke affektive Rückhalt in Familie und Freundeskreis, wo ein offener und deutlich antihierarchischer Katholizismus Atmosphäre und Gesprächsthemen, Lektüre und politische Haltung bestimmten. So etwa bei Heinrichs nur kurzfristig erfolgreichen Versuchen, sich an den Zwangsorganisationen der Nazis vorbeizumogeln. Davon erzählt der späte Text „Was soll aus dem Jungen bloß werden" (1981) sehr anschaulich. Aber dauerhaft konnte auch dieses „Abseits" keinen „sicheren Ort" bieten. Nach dem Abitur 1937, einer bald abgebrochenen Buchhändlerlehre und ersten Schreibversuchen, nach dem unvermeidlichen Reichsarbeitsdienst und einem wenig enthusiastisch betriebenen Studienbeginn mit Germanistik und Altphilologie wurde Heinrich Böll bei Kriegsbeginn sofort zur Reichswehr eingezogen. Als Soldat, zuletzt als Obergefreiter, war er in Frankreich, an der Ostfront in Rußland, Rumänien und Ungarn, in den letzten Kriegsmonaten wieder im heimischen Rheinland eingesetzt. Während eines Heimaturlaubs im März 1942 hatte er seine Jugendfreundin, die Lehrerin Annemarie Cech, geheiratet. In der späten Erinnerung „Brief an meine Söhne" (1985) berichtet er von Verwundung, Lazarettaufenthalten und erfolgreichen Versuchen, die „Entfernung von der Truppe" individuell zu organisieren, notfalls mit eigenhändig „bearbeiteten" Marschbefehlen und Urlaubsscheinen. Im April 1945 rettete sich Böll in amerikanische Gefangenschaft, doch schon im Dezember konnte er zu Ehefrau und Eltern zurückkehren – in ein völlig zerstörtes Köln, wo der alltägliche Kampf um Wohnung, Kleidung und Nahrung zunächst alle anderen Pläne und Hoffnungen überlagerte. Gerade das stellte neben den allgegenwärtigen Kriegserlebnissen den Stoff seiner ersten literarischen Arbeiten bereit.

„Schreiben wollte ich immer, versuchte es schon früh, fand aber die Worte erst später", heißt es in „Über mich selbst". Wie im Wahnsinn des Krieges und der Trümmerlandschaft von 1945 ein „Minimalprogramm der Humanität" bewahrt oder neu begründet werden kann – diese Frage wird für einige Zeit das thematische Zentrum seiner Erzählungen ausmachen und ist, historisch gebrochen, noch in denen der siebziger Jahre unübersehbar. Einige frühe Romane beziehungsweise Erzählungen wurden erst in Bölls letzten Lebensjahren oder aus dem Nachlaß publiziert: „Das Vermächtnis" (1982), „Die Verwundung" (1983), „Der Engel schwieg" (1992). Sie entwerfen jedoch, was Thematik und Schreibweise angeht, unverkennbar schon den Grundriß des Gesamtwerks. Das bislang ungedruckte Manuskript des ersten Romans, „Kreuz ohne Liebe", wurde erst 1994 in Privatbesitz wiederentdeckt. So beginnt die professionelle Karriere des erfolgreichsten deutschen Nachkriegsautors zeittypisch und mühsam genug: 1946/47 mit gelegentlichen Abdrukken von Kurzgeschichten oder umgearbeiteten Romankapiteln in Zeitungen und Literaturzeitschriften, bald auch mit ersten Rundfunkbeiträgen. 1951 erhielt Heinrich Böll von Hans Werner Richter eine Einladung zur Jahrestagung der „Gruppe 47" und, ein wenig überraschend, für seine groteske Kurzgeschichte „Die schwarzen Schafe" den Preis der Gruppe, damals üppige 1.000 DM. Inzwischen sind sogar seine beiden ersten Bücher erschienen, wenn auch alles andere als Verkaufserfolge. Immerhin: Heinrich Böll, nun Vater von drei kleinen Söhnen, gibt seine Gelegenheitsarbeiten auf und riskiert, während Annemarie weiterhin als Lehrerin arbeitet, den Schritt in die „freie" Schriftstellerexistenz. Ein Notizzettel weist für das Jahr 1951 Honorareinnahmen von insgesamt 1.800 DM aus.

Die Kurzgeschichten des Bandes „Wanderer, kommst du nach Spa..." (1950) wie auch die novellistische Erzählung „Der Zug war pünktlich" (1949) und der episodische Kurzroman „Wo warst Du, Adam?" (1951) versuchen in immer neuen Anläufen, die typischen Erfahrungen von Krieg und Nachkrieg in eine lakonische Erzählsprache umzusetzen, ohne sich jemals ganz von einem sentimentalen Unterton zu lösen. Es geht in diesen Texten, stets unter individueller Perspektive und oft in der zur Identifikation einladenden Ich-Form, nicht nur um äußere Gewalt, Tod und Trümmer, sondern stets auch um den damit verbundenen Verlust traditioneller Gewißheiten, Ordnungen und Wertorientierungen. Bölls durchweg sympathische, wenngleich durchschnittliche „Helden" oder Erzähler mißtrauen dem brutalen Zwang des Militarismus ebenso wie den subtileren Zwängen der „verwalteten Welt", die sie als Fortsetzung des Krieges mit anderen Mitteln erleben und gegen die sie sich mit unspektakulären, aber subversiven Verweigerungsaktionen wehren. Humoristisch eingetönt demonstriert es zum Beispiel die Kurzgeschichte „An der Brücke" (1949), bis heute ein deutscher Lesebuch-Klassiker. Erfüllung und neuen Lebenssinn erfahren diese oftmals äußerlich wie innerlich beschädigten Figuren nur in flüchtigen Momenten zwischenmenschlicher Begegnung und gemeinsamen Genusses: Die geteilte Zigarette wird zum zeittypisch-realistischen Leitmotiv, das freilich nicht ablösbar ist vom religiösen Hintergrund, von der Symbolik des Abendmahls.

Böll hat seine literarischen Anfänge wie die seiner Generationsgenossen als „Suche nach einer bewohnbaren Sprache in einem bewohnbaren Land" bezeichnet. Darin kommt die subjektive Überzeugung zum Ausdruck, an einem historisch-kulturellen „Nullpunkt" zu stehen, aus einer Situation des „Kahlschlags" heraus die Sprache neu erfinden zu müssen. Für Böll ist darüber hinaus bemerkenswert, daß er nicht nur wegen der nationalsozialistischen Literaturpolitik, sondern auch wegen seiner regionalen und religiösen „Gebundenheit" keinerlei Kenntnis von oder Kontakt mit ästhetisch und politisch „fortschrittlichen" Literaturtendenzen der Weimarer Republik oder des Exils besaß. Seine zentrale Lektüreerfahrung waren – wie für manch anderen aus dieser und der vorangegangenen Generation – die Romane Dostojewskis. Um „Schuld und Sühne" wird es, in rheinisch-alltäglichem Maßstab, auch in vielen seiner eigenen Texte gehen; mit anderen Worten: Die Literatur ist für Heinrich Böll grundsätzlich nicht ablösbar von der moralischen Dimension der menschlichen Existenz. Seine frühen Texte nehmen inhaltliche Impulse des französischen Existentialismus und Linkskatholizismus, insbesondere von Léon Bloy und Georges Bernanos, ebenso auf wie technische Anregungen der zeitgenössischen amerikanischen Short story. Dabei bleiben sie von ungleicher Qualität, oftmals unsicher tastende Versuche, die sich bisweilen in aufdringliche Symbolik retten.

Auch die vielschichtige Großform des modernen Erzählens eignete er sich nicht ohne Mühe an. Das kann man an Bölls Romanen der fünfziger Jahre sehr genau verfolgen, die sich nun primär der Aktualität von Wiederaufbau, Wiederbewaffnung und Wirtschaftswunder zuwenden, Schritt für Schritt zudem jedoch an thematischer und erzählerischer Komplexität gewinnen. „Und sagte kein einziges Wort" (1953), Heinrich Bölls erster nennenswerter Bucherfolg, rekapituliert aus der Wechselperspektive eines Paares die Geschichte seiner materiell und spirituell motivierten Ehekrise und ihre Überwindung aus der individuell gewonnenen oder besser: erkämpften Glaubensgewißheit. Wer dies, wie manche damaligen Kritiker, als ein Buch „erneuerter Frömmigkeit" verstehen wollte, durfte freilich die scharfe Kritik an einer Amtskirche nicht ignorieren, die ihren seelsorgerlichen Auftrag mehr und mehr vernachlässigt oder gar schon verraten habe. Die römische Kirche rückt der widerborstige Katholik Böll, der sich vorzugsweise auf Franz von Assisi und den „guten Papst" Johannes XXIII. beruft, stellvertretend für andere gesellschaftliche oder staatliche Instanzen ins Zentrum der Kritik. Sie ist nur eine der Säulen, auf denen das Gebäude des deutschen Wiederaufbaus ruhte, den Böll wie viele seiner Kollegen als fragwürdige Restauration, als „Aufbau nach den alten Plänen", begriff und angriff. Mit solch kritischer Distanzierung von gesellschaftlich dominierenden Tendenzen prägt Böll, gemeinsam mit seinen Kollegen und Kolleginnen aus der „Gruppe 47", maßgeblich das Profil einer aktualitätsbezogenen, „nonkonformistischen", sozial- und moralkritischen Literatur, einer unter den spezifischen Bedingungen der Bundesrepublik „engagierten" Literatur.

Gerade im Blick auf die fünfziger Jahre muß betont werden, wie sensibel und detailgenau Bölls Erzählwerke die Atmosphäre jener Zeit erfassen und bewahren: das schwer beschreibbare Ineinander von materiellem Aufschwung und geistigem Immobilismus, von Zukunftserwartung und Abwehr der Vergangenheit, das die Adenauer-Ära bis in die alltäglichsten Details durchdrang. In Romanen wie „Haus ohne Hüter" (1954) und „Billard um halb zehn" (1959) wird, ungeachtet ihrer sonstigen Qualitäten oder Mängel, jeder, der diese Zeit durchlebt hat, ihre Essenz, gewissermaßen ihren Geschmack und Geruch, wiederfinden. Beide Werke sind als Familienromane angelegt, arbeiten mit einer doppelten Erzählebene, wodurch die konfliktbeladene, „unaufgearbeitete" Spannung von Gegenwart und Vergangenheit, zugleich der sozialpsychologische Gegensatz von Erinnern und Vergessen oder krasser gesagt: das „Nachleben des Faschismus" in der westdeutschen Nachkriegsgesellschaft, nicht nur zu einem Thema neben anderen, sondern zur treibenden Kraft des Erzählens selbst wird.

In diesen Texten treten sich, wie schon in der ganz frühen Erzählung „Das Vermächtnis", entstanden um 1947, und in vielen späteren Werken, zwei Personengruppen gegenüber: die einen, die an ihre Erinnerung, an Leid und Schuld gebunden bleiben und dafür mit Handlungsschwäche in der Gegenwart bezahlen, und die anderen, die „ihre Erinnerung geschlachtet" haben und nun ohne Irritation die Machtzentren der restaurierten Gesellschaft regieren. Lange vor Alexander und Margarete Mitscherlich hat Böll den Problemkreis der „Unfähigkeit zu trauern" erzählerisch skizziert, selbst wenn ihm seine sozialpsychologische Schwarz-Weiß-Zeichnung von „Tätern" und „Opfern" und die damit verbundene, allzu durchsichtige Symboltechnik, etwa in „Billard um halb zehn", einige Kritik eintrug.

Anders als in diesem Buch, konzeptionell eine eher fragwürdige Mischung aus Familiensaga und Montageroman, zu der Böll sich ganz offenbar unter dem Modernitätsdruck des französischen Nouveau roman gedrängt sah, wählte er für „Ansichten eines Clowns" (1963) eine zwar artifizielle, aber in sich stimmige und wirkungsstarke Form. In einem einzigen Telefon- und Erinnerungsmonolog unternimmt die Kunstfigur des Clowns und abtrünnigen Millionärssohns Hans Schnier eine „Generalabrechnung mit dem CDU-

Staat" der fünfziger Jahre, wie der Böll-Forscher Hans-Joachim Bernhard scharf, doch treffend formuliert hat. Die Vorwürfe des Clowns gelten gleichermaßen der allgemeinen Verleugnung der Nazi-Vergangenheit, die er auch in seiner eigenen Familie ausmacht, und der Heuchelei der Amtskirche, die er für das Scheitern seiner Liebes- und Lebensgemeinschaft mit Marie verantwortlich macht. Dagegen setzt er sein hartnäckiges Beharren auf Erinnerung und Trauer einerseits, auf dem sakramentalen Gehalt der Ehe (auch ohne Trauschein) andererseits – ein Starrsinn, der ihn am Romanschluß endgültig ins gesellschaftliche Abseits manövriert. Der resignative Schluß läßt die subjektive, kaum noch zu steigernde Radikalität um so krasser hervortreten.

In einiger Nähe zu seiner Figur war der Autor selbst mit diesem vorläufigen Höhepunkt seines literarischen Schaffens in eine Sackgasse geraten. Die breite Aufnahme des Romans und die bislang heftigste „Böll-Kontroverse", die er auslöste, können nicht darüber hinwegtäuschen, daß Böll ans Ende einer Schaffensphase gelangt war, die ganz der moralistisch fundierten Kritik der westdeutschen Restauration gegolten hatte. Der offen deklarierte Abschied von der Kritik am „etablierten innerdeutschen Katholizismus", Bölls zeitweiliger Rückzug in sein privates irisches Refugium und eine längere Schaffenspause sind persönliche Reaktionen auf diese Situation. Der historische Rückblick läßt zudem erkennen, daß eben damals – in der Zeit der „Spiegel"-Affäre, des Amtsverzichts von Bundeskanzler Adenauer, des Frankfurter Auschwitz-Prozesses und erster Demonstrationen gegen den „Bildungsnotstand" – auch in der Geschichte der Bundesrepublik ein „Gezeitenwechsel" sich ankündigte.

Ungeachtet solcher Diskontinuitäten von Schaffensprozeß und Rezeptionsgeschichte wuchs Heinrich Böll in den sechziger Jahren zunehmend in eine auch äußerlich repräsentative Rolle hinein. Literarische Auszeichnungen, der Große Kunstpreis des Landes Nordrhein-Westfalen (1959), der Georg-Büchner-Preis der deutschen Akademie für Sprache und Dichtung (1967), belegen dies ebenso wie seine wichtige Rede auf dem Gründungskongreß des Verbandes deutscher Schriftsteller (1969), in der er das „Ende der Bescheidenheit" und die berufsständische „Einigkeit der Einzelgänger" anmahnte. Im Wahlkampf von 1972 engagierte er sich für die SPD und Willy Brandt, dem er sich persönlich sowie in den innenpolitischen und ostpolitischen Positionen verbunden fühlte. Ausgedehnte Reisen führten ihn insbesondere nach Osteuropa, wo er mehr und mehr als eine authentische Stimme des neuen Deutschland gehört wurde und persönliche Kontakte zu Schriftstellern und Dissidenten aufnahm. Sie dienten wenige Jahre später, als er zunächst zum Präsidenten des PEN-Zentrums der Bundesrepublik, dann des internationalen PEN gewählt wurde, als nützliche Ansatzpunkte für sein stilles, stetiges und in vielen Einzelfällen erfolgreiches Engagement für die Erleichterung der

Lebens- und Arbeitsverhältnisse von verfolgten, unterdrückten oder exilierten Künstlern.

Seit Ende der fünfziger Jahre gewinnen Seitenlinien von Bölls literarischem Schaffen klareres Profil. Einerseits die kleinformatige Satire „Doktor Murkes gesammeltes Schweigen" (1958), die nicht unwesentlich zu seiner fortdauernden Lesebuch-Popularität beiträgt, andererseits die idyllische Reiseschilderung, die im überaus beliebten „Irischen Tagebuch" (1957) als Vehikel indirekter Deutschland-Kritik genutzt wird. Daneben schließlich die literarische und politische Publizistik, die nicht bloß der eigenen Selbstverständigung dient, sondern Grundpositionen der nonkonformistischen westdeutschen Literatur überhaupt formuliert. „Es laufen zu viele Mörder frei und frech in diesem Lande umher, viele, denen man nie einen Mord wird nachweisen können. Schuld, Reue, Buße, Einsicht sind nicht zu gesellschaftlichen Kategorien geworden, erst recht nicht zu politischen. Vor diesem Hintergrund bildete sich etwas, das man inzwischen... mit einem gewissen Abstand deutsche Nachkriegsliteratur nennen kann." Mit diesen Sätzen begannen im Sommersemester 1964 Bölls „Frankfurter Vorlesungen", und in dieser Perspektive definiert sich die Literatur als Organ stellvertretender Erinnerung und in gewissem Sinne als Ersatz-Opposition. Dabei geht es Böll nicht um plakative politische Parolen, sondern viel eher und viel grundsätzlicher um die Verteidigung des Alltäglichen, des individuellen Lebensraums, der persönlichen Unverletzlichkeit und Würde gegen die immer dichter sich zusammenschließenden Zwänge und Ansprüche einer „formierten Gesellschaft", gegen die Zwänge von Bürokratie, Rationalisierung, Konsumdruck, Medienmacht und Meinungsmanipulation. „Es ist unsre Aufgabe", hatte er bereits 1952 in seiner „Verteidigung der Trümmerliteratur" geschrieben, „daran zu erinnern, daß der Mensch nicht nur existiert, um verwaltet zu werden – und daß die Zerstörungen in unserer Welt nicht nur äußerer Art sind."

Positionen wie diese und ein individualistisch-anarchischer, antiautoritärer Grundzug, den er gern als mütterliches Erbteil und „kölsche" Prägung betrachtete, schienen den Fünfzigjährigen wie von selbst in die Nähe der Studentenbewegung zu rücken. Diese Qualitäten haben ihn aber auch zu einer klaren Distanzierung, zur Abwehr „gewisser Tendenzen der Kunstfeindlichkeit" bei den Rebellen veranlaßt. Der „Deformierung des Staates", die er wie sie in der Großen Koalition und den Notstandsgesetzen zu erkennen glaubte, setzt er in seiner „Wuppertaler Rede" von 1966 nicht etwa die „revolutionäre Tat", sondern die „Freiheit der Kunst" entgegen, wobei er, ganz gegen seine sonstige Übung, auch begrifflich ins Grundsätzliche, Globale ausgreift: „Die Kunst, dies große, recht hohl klingende Wort, sie bringt nicht nur, sie *ist* die einzig erkennbare Erscheinungsform der Freiheit auf dieser Erde." Auf anderer Ebene wirkten der studentische Protest und seine öffentliche Resonanz wohl auch entlastend, indem sie die nonkonformistischen Autoren, und ihn vor allen anderen, aus der Dauerrolle des repräsentativen Oppositionellen zu entlassen versprach. Böll, der in seiner Rede zum Büchner-Preis die Position des kritischen „Präzeptors" bereits abwehren mußte, dürfte solche Entlastung besonders intensiv gewünscht haben.

Dies könnte jedenfalls erklären, warum er in seinen nächsten beiden Erzählwerken die typisch Böllsche Subversion der Macht auf überaus heitere, aber keineswegs unernste Weise inszeniert: „Ende einer Dienstfahrt" (1966), eine als klassische Novelle verpackte „Bombenpraline", und „Gruppenbild mit Dame" (1971), der große deutsche Geschichtsroman, den man mit gutem Recht Bölls „epische Summe" oder, wie Karl Korn, sein „bedeutendstes Buch" genannt hat. Es geht auch darin um den Themenkreis, den die „Frankfurter Vorlesungen" umrissen haben: ums Lob der Nachbarschaft als der alltäglichen Form von Brüderlichkeit, um die Verteidigung der Wohnung als des individuellen Freiheitsraums, um die „große Verweigerung" und die kleinen Genüsse und, alles durchdringend, aber niemals aufdringlich, um die utopische, die versöhnende Kraft der Liebe. Die unter Kriegsbedingungen „unmögliche" Liebesbeziehung zwischen Leni und dem russischen Zwangsarbeiter Boris reflektiert die sakramentale Qualität der Liebe und zugleich das historische Postulat der Versöhnung. So ist es zwar überspitzt, doch nicht ganz falsch, wenn man das Buch als den „Roman der neuen Ostpolitik" bezeichnet hat. Die Gegenwartshandlung, in der es darum geht, die Vertreibung der unangepaßt-liebenswerten Leni Pfeiffer aus ihrer Altbauwohnung abzuwenden, ist retrospektiv mit der Lebensgeschichte dieser „Frau von Ende vierzig" verknüpft, die nach Bölls Worten „die ganze Last deutscher Geschichte zwischen 1922 und 1970 mit und auf sich genommen hat". Darüber hinaus entwirft er mit ihr die utopische Wunschfigur einer nicht-entfremdeten, am „Prinzip Hoffnung" orientierten Lebensform. In einer lockeren und souveränen, für die historische Erfahrung von Leserinnen und Lesern gewissermaßen „durchlässigen" Romanform und einem wandlungsfähigen, unaggressiv ironischen Erzählton zeigt dieses Buch Heinrich Böll auf dem Höhepunkt seiner erzählerischen Meisterschaft.

Stärker der Aktualität verpflichtet war hingegen im Jahr 1974 die novellistisch zugespitzte Erzählung „Die verlorene Ehre der Katharina Blum oder Wie Gewalt entsteht und wohin sie führen kann". Effektvoll verknüpft sie das Problem der individuellen, jedoch nicht der terroristischen Gewalttat mit dem der Identitätszerstörung durch mißbrauchte publizistische Macht. Der große Publikumserfolg dieser zuerst im „Spiegel" gedruckten Erzählung – mit großem Abstand Bölls verbreitetste Arbeit überhaupt – sowie die heftigen Angriffe und persönlichen Schmähungen, die sie ihrem Autor einbrachte, belegen die Irritationskraft von Thematik und Gestaltung. Auffällig bleibt allerdings, daß manche Kritiker bis hin zum damaligen Fraktionsvorsitzenden der CDU/CSU diesen Text willkürlich auf das gesellschaftlich virulente Problem des Linksterrorismus verkürzten und den Autor als dessen „Sympathisanten" und als Befürworter von Gewalt zu erkennen glaubten. Als politischer Publizist hatte Böll immerhin schon 1972 klar und polemisch gegen die „Demagogie" der Springer-Presse angeschrieben, die er für das sich verschärfende Klima der Diffamierung und Verfolgung verantwortlich sah. Sein darüber hinausgehender Appell zur Besinnung, zur Deeskalation des mörderischen Mechanismus von terroristischer und staatlicher Gewalt – „Will Ulrike Meinhof Gnade oder freies Geleit?" (Januar 1972 im „Spiegel") – blieb freilich beiderseits ungehört. Ja er lenkte nun, und in ganz ähnlicher Weise fünf Jahre später, im „Deutschen Herbst" des Jahres 1977, Diffamierung und Bedrohung auf den Autor selbst. Böll wurde in der „Bild-Zeitung" wie in der Illustrierten „Quick" als geistiger Komplize der Terroristen angeprangert, in der „Frankfurter Allgemeinen" als jemand charakterisiert, „der bis heute kein von der Vernunft geprägtes Verhältnis zu unserem Staat" gefunden habe. Er sah sich und seine Familie polizeilicher Überwachung und mehrfacher Hausdurchsuchung ausgesetzt und verstrickte sich in der Folge in langwierige und seine Kräfte aufzehrende juristische Auseinandersetzungen. Erstaunlich und nicht restlos erklärbar bleibt es, daß und wie diese außerordentlich diskrete, einfühlsame Privatperson, ein Virtuose des Zuhörens und des versöhnlichen Gesprächs, mit vielen seiner öffentlichen Äußerungen polarisierend, irritierend und provozierend wirkte. Die Schroffheit des Tons, der Rückfall in Polemik erklären die Schärfe vieler Gegenangriffe nicht hinreichend. Man kann nur vermuten, daß auch die, die sich angegriffen fühlten und zurückschlugen, spürten: Hier ging es nicht um kalkulierte Provokation, nicht um politisches Taktieren – Heinrich Böll meinte es *ernst*.

Eine deutliche Verdüsterung seines Gesellschaftsbildes, die in den folgenden Romanen unübersehbar wird, ist von solchen persönlichen Erfahrungen zweifellos mitverursacht. „Fürsorgliche Belagerung" (1977) entwirft das bedrohliche Bild eines totalen Überwachungsstaates, dem einzig noch ein Programm des subjektiven „Aussteigens" entgegengesetzt wird. „Frauen vor Flußlandschaft", erst wenige Wochen vor Bölls Tod abgeschlossen und 1986 postum erschienen, zeichnet ein gespenstisches Tableau totaler Korruption im Umkreis der Bonner Politik und ihrer Machteliten. Beide Bücher sind selbst von sympathisierenden Kritikern überwiegend skeptisch, ja negativ beurteilt worden. Es scheint, als hätten sich Bölls „fortgeschriebene" Themen und Erzählmuster in gewissem Sinn erschöpft oder jedenfalls die enge Rückbindung an alltägliche Erfahrung verloren, die sie über viele Jahre ausgezeichnet hatten. Besonders sein letztes Werk, das bisweilen Züge einer

Danse macabre annimmt, kann angemessen wohl nur als teils manieriertes, teils elegisches Selbstzitat verstanden werden.

In gewissem Kontrast zu solch erzählerischer Tour de force steht eine nochmals sich belebende publizistische Aktivität. Unter sprechenden Titeln wie „Einmischung erwünscht" (1977), „Vermintes Gelände" (1979) oder „Die Fähigkeit zu trauern" (1988) sind Arbeiten gesammelt, die einerseits auf aktuelle Bedrohungen, etwa durch die Aufrüstung, reagieren, andererseits sich erinnernd rückwenden auf die erlebte Vergangenheit, die doppelbödig als Lebenslauf und Zeitgeschichte zugleich anschaulich wird. Das führt zu den literarischen Arbeiten der frühen Jahre zurück und rückt Heinrich Bölls Doppelrolle als Repräsentant und Kritiker – um Thomas Manns Formel „Repräsentant und Märtyrer" zu vermeiden – noch einmal ins Licht. Sie wurde nicht nur in den großen und politisch erbitterten Auseinandersetzungen offenbar, sondern auch, provinziell verkleinert, in dem einen oder anderen Mini-Konflikt. Als die Stadtväter von Köln, zu dessen literarischer Unsterblichkeit der Autor sicherlich sein Teil beigetragen hatte, ihm 1983 die Ehrenbürgerwürde verleihen wollten, ging dies, in der Heimatstadt von Heinrich Böll und Willy Millowitsch, in Form einer Lokalposse über die Bühne. Die christdemokratische Ratsfraktion mochte nicht zustimmen, daß neben dem „meisterhaften Erzähler und Schriftsteller von internationalem Rang" ausdrücklich auch der „mutige Verteidiger von Freiheit und freier Meinungsäußerung, der Kritiker und engagierte Beobachter gesellschaftlicher Fehlentwicklung" geehrt werden sollte. Der Laureat seinerseits mochte auf diese Facette seiner Wirkung nicht verzichten, die er mit dem Erzählen übrigens untrennbar verbunden sah. Man einigte sich, gut demokratisch und „kölsch", auf eine Kompromißformel.

Tatsächlich fragt sich, ob die beiden Seiten von Bölls Werk und Persönlichkeit, die früh schon hervortraten, derart frontal gegeneinander gestellt werden sollten, wie dies in Literaturkritik und öffentlichen Debatten oft geschehen ist. „Die Akribie", so schrieb zum sechzigsten Geburtstag, im Bewußtsein gemeinsamer Grundwerte, der CDU-Sozialpolitiker Norbert Blüm, „mit welcher Heinrich Böll die kleinen Leiden des Alltags geschildert hat, aus denen die unscheinbaren Dramen der kleinen Leute gemacht sind, erweist ihn als einen großen sozialen Schriftsteller." Zehn Jahre zuvor hatte der Philosoph Theodor W. Adorno, den Bölls literarische Konzepte und Qualitäten an sich kaum beeindruckt haben dürften, seine eigene Gratulation wie folgt begründet: „Mit einer in Deutschland wahrhaft beispiellosen Freiheit hat er den Stand des Ungedeckten und Einsamen dem jubelnden Einverständnis vorgezogen, das schmähliches Mißverständnis wäre... Vielleicht hat er nicht einmal mit ganzem Bewußtsein dem sich versagt, sondern, weit triftiger, kraft seiner Weise des Reagierens, aus purem Ekel, unfähig zum Mitspielen, wenn dazu ein Mindestmaß an Konzilianz, auch nur edler Tonfall ausgereicht hätte... Seit Karl Kraus hat es nichts dergleichen unter deutschen Schriftstellern gegeben." Es mag jene instinktive, idiosynkratische Reaktionsweise gewesen sein, die Böll befähigte, kollektive Erfahrungen überzeugend zu artikulieren und zugleich am individuell und moralisch begründeten Widerspruch gegen übermächtige Tendenzen und Institutionen festzuhalten. Beides zusammen erst erzeugt jene Authentizität des Sprechens, die selbst seine schärfsten Gegner nicht völlig leugnen konnten.

Heinrich Böll ist relativ früh zu einem „klassischen" Autor geworden; doch er wurde es in einer Form, die er selbst in Deutschland für ungewöhnlich, ja unmöglich hielt: „ein permanent *umstrittener* Klassiker". Man sollte deshalb auch rückblickend seine Texte nicht allzusehr separieren von der Person, die für die einen ein notorischer Störenfried und „Nestbeschmutzer" war, für andere der „gute Mensch von Köln", der schließlich fast schon zur „Vorzeigefigur" gemodelt wurde, zum „ganz anderen Deutschen, der dafür zuständig war, die Schweinereien einer ganzen Nation wettzumachen". So jedenfalls hat es, nach Bölls Tod, sein jüngerer Kollege Enzensberger in einem „Märchen vom armen Heinrich" erzählt: „Ich glaube, daß er es oft satt hatte... Einmal hatten sie ihn fast so weit, daß er ausgewandert wäre. Natürlich hat er es nicht übers Herz gebracht... Es ist traurig, daß er nicht mehr da ist. In einem Land, das keine Märchen mehr erträgt, war der arme Heinrich der letzte seinesgleichen. Niemand wird seinen Platz einnehmen."

Doch es geht hier nicht nur um einen individuellen Verlust. Böll hat, wenn nicht als letzter, so doch am wirkungsvollsten und überzeugendsten, eine bestimmte Schriftstellerrolle gespielt, die aus der Geschichte der Bundesrepublik nicht wegzudenken ist. Es ist die Rolle des Autors als Intellectuel général, wie sie von Zola und Sartre, in Deutschland vielleicht am ehesten von Heinrich Mann vorgeprägt war: die Rolle des Intellektuellen, der sich dezidiert und auf eigenes Risiko auch in die Grundfragen und die symptomatischen Konflikte seiner Gesellschaft einmischt. Geprägt von frühen Erfahrungen, Zwängen und Verletzungen, machte Böll in den Grenzen seines literarischen Handwerks, sodann als stellvertretend sprechender, widersprechender Bürger das Gelingen der neuen Demokratie oder besser gesagt ihre menschliche Ausgestaltung zu seiner Sache, indem er „undemokratische" Rückstände, Tendenzen, Fehlentwicklungen der neuen Gesellschaft attakkiert. Gerade diese Widerständigkeit, von mächtigen Gegnern seit den fünfziger Jahren als „Nestbeschmutzung" abgewehrt, in entlarvender Wortwahl als „zersetzend" diffamiert, hat aber – wie später der studentische Protest – faktisch zur *Entwicklung einer Streitkultur* beigetragen, hat als Kraft der Demokratisierung und Pluralisierung, wenn man so will: der Verwestlichung der westdeutschen Gesellschaft gewirkt. Böll hat dies schon 1965 ausgespro-

Heinrich Böll in seinem Arbeitszimmer im Jahr 1982

Heinrich Böll mit dem Regisseur Günther Buch und Margarethe von Trotta
vor der Bonner Uraufführung
der von ihr für die Bühne bearbeiteten Fassung
der „Verlorenen Ehre der Katharina Blum" im Jahr 1976

chen, nachdem ein CDU-Politiker die „Gruppe 47" mit der Reichsschrifttumskammer der Nationalsozialisten verglichen hatte: „Lange bevor es Mode wurde, war sie, was die bundesrepublikanische Gesellschaft inzwischen als selbstverständlich für sich in Anspruch nimmt: pluralistisch. Die Gruppe ist pluralistisch geblieben, die Gesellschaft ist es geworden... Die Gruppe gehört zu diesem Staate, sie paßt zu ihm, sie ist politisch so hilflos wie er, sie hat nicht alle, aber einige Eigenschaften mit der bundesrepublikanischen Gesellschaft gemeinsam, und damit ist sie in der wirklichen und einzigen Gefahr, eine Institution zu werden."

All das kann für Böll in besonderer Weise gelten. Daß die Funktion der Autoren, jener gesellschaftlichen Gesamt- und Ersatzkritiker, „die sanitäre Aufgabe der Intellektuellen nach dem Ende des Faschismus, die ganze ideologische Müllabfuhr" (Hans Magnus Enzensberger) sich zu erschöpfen begann, hatte sich erstmals bereits 1967/68 angedeutet. Die sozialliberale Reformeuphorie und die außerordentlich schmerzhafte Zuspitzung des linken Terrorismus hatten diese Einsicht zeitweilig verdeckt, die erst nach der parteipolitischen Wende von 1982 wieder hervortrat. Und zwar in ironischer Weise. Anders als das persönliche Regime des ersten Bundeskanzlers hat die Kanzlerschaft Helmut Kohls keine personelle Konstellation hervorgebracht, die mit dem symbolischen Gegeneinander und sich ergänzenden Nebeneinander von Konrad Adenauer und Heinrich Böll vergleichbar wäre. Eine neue Partei, neue soziale Bewegungen, neue Protestformen und Lebensstile hatten eine Popularisierung und Demokratisierung des gesellschaftlichen Widerspruchspotentials bewirkt, die die privilegierte Rolle des protestierenden Intellektuellen über kurz oder lang überflüssig machte beziehungsweise aufsaugte. Daß Böll dies spürte, könnte man exemplarisch an seinem Auftreten bei den Demonstrationen der Friedensbewegung um 1980 zeigen oder an seinem Verhältnis zu den „Grünen", die schließlich ihrer parteinahen Stiftung seinen Namen gaben. Es war jedoch wiederum Enzensberger, der diesen Prozeß in den allerletzten Jahren der „alten" Bundesrepublik am genauesten diagnostiziert hat: „Eine Person wie Böll war ja kein historischer Zufall. Böll war die Gegenfigur zu Konrad Adenauer. Die Gesellschaft hat damals solche Erscheinungen benötigt und hervorgebracht: Autorität und Gegen-Autorität. Daß solche Figuren heute nicht mehr vorhanden sind, muß nicht unbedingt an Talentmangel liegen oder an Charakterlosigkeit. Vielleicht liegt es daran, daß sie in gewisser Weise überflüssig geworden sind. Ich glaube, es ist eine Vergesellschaftung solcher Rollen eingetreten. Wir haben Heinrich Böll verloren. Aber dafür haben wir Amnesty und Greenpeace."

Wie die Literaturhistoriker, und sehr viel wichtiger: spätere, neue, hoffentlich junge Leserinnen und Leser den Schriftsteller Heinrich Böll einschätzen werden, ist eine offene Frage. Werden Generationen, denen der historische

Wurzelgrund seines Schreibens nicht mehr vertraut sein kann, noch einen Zugang zu seiner erzählerischen Welt finden? Kann sein Realismus standhalten? Und andererseits: Er war gewiß kein Avantgardist, der den Horizont oder die Ausdrucksmittel der Literatur erweitert oder vorangetrieben hätte, kein „Jahrhundertschriftsteller". „How good is Heinrich Böll?", so hat in typischer Unbefangenheit die englische Literaturkritik nach dem Erscheinen von „Katharina Blum" gefragt und sinngemäß geantwortet: Nicht allzu gut. Auch deutsche Kritiker hatten immer wieder Anlaß, die Qualitäten und Schwächen des Autors gegeneinander zu halten. „Wo hört hier die Kunst auf", fragte nach seinem letzten Roman Reinhard Baumgart, „wo fängt der Kitsch an? Durch die enge, noch von keinem Ästhetiker vermessene Passage zwischen den beiden ist Böll, wie jeder *Volksschriftsteller* vor ihm, schon immer gesegelt. Das muß jeden Kritiker fassungslos machen." *Wie gut ist Böll?* Das ist zu unterscheiden, jedoch nicht völlig zu trennen von jener anderen Frage: *Wie wichtig war er für uns?* Oder gar: *Wie groß?* Gut möglich, daß Heinrich Böll für die Entwicklung einer politischen Kultur im westlichen Nachkriegsdeutschland und für das Mitspracherecht der Literaten dabei wichtiger gewesen ist als für die literarische Entwicklung im strengen Sinn. „Ob man im nächsten Jahrhundert seine Romane noch lesen wird, wissen wir nicht." Das schrieb ein Kritiker, der Böll in nicht immer spannungsfreier Solidarität verbunden war, Marcel Reich-Ranicki. „Aber solange es eine deutsche Literatur geben wird, wird man seiner mit Respekt und Dankbarkeit gedenken."

# AXEL SPRINGER
## 1912–1985

Von
Claus Jacobi

„Kein einzelner Mann in Deutschland hat vor Hitler
und nach Hitler soviel Macht kumuliert,
Bismarck und die beiden Kaiser ausgenommen."
Rudolf Augstein 1966 über Axel Springer

Axel Springer erblickte das Licht der wilhelminischen Welt im schleswig-holsteinischen Altona bei Hamburg, „als Preuße", wie er zu betonen pflegte, nachdem seine Heimatstadt längst von der Hansestadt eingemeindet worden war. Er wurde Donnerstag vormittag am 2. Mai 1912 gegen zehn Uhr geboren, in dem Jahr, in dem die „Titanic" unterging.

Die Kinderstube Axel Springers war das gutgelüftete Spielzimmer eines liberalen Bürgerhauses. Er hatte eine labile Gesundheit und kränkelte leicht. In den Ferien mußten Dienstmädchen Meerwasser erwärmen, um seine rachitischen Gelenke zu baden und zu stärken.

Der Vater, Hinrich Springer, war Druckereibesitzer, Verleger der „Altonaer Nachrichten", Inhaber des Verlages „Hammerich & Lesser" und Schatzmeister der „Demokratischen Partei" in der Stadt. Zu seinen Freunden gehörten Altonas SPD-Politiker Max Brauer, Joachim Ringelnatz und Hans Leip, der Dichter von „Lili Marleen". Er sorgte vorbildlich für seine Familie, zog mit ihr an die vornehme Elb-Chaussee und hatte nicht viel Zeit für sie. Materielle Sorgen kannten die Springers nicht. Dennoch hielt der Vater den Sohn kurz; die Mutter verwöhnte ihn.

Ottilie Springer wurde die prägende Kraft von Axel Springers Jugend. Sie war eine resolute Frau, in wallenden Gewändern, schön und verschwenderisch, die Hotels liebte und Goethe verehrte. Von ihr erbte der Sohn einen Hang zum Künstlerischen und zum Luxus. Sie gab ihm den zweiten Vornamen „Caesar", angeblich nach dem von ihr geschätzten schwäbischen Lyriker Cäsar Flaischlen. Der neue Namensträger selbst sollte eines Tages witzeln, sein zweiter Vorname sei nicht Name, sondern Berufsbezeichnung.

„Das Leben ist nichts als ein Weg, um etwas zu werden", schrieb Ottilie Springer ihrem Sohn in das Gesangbuch, das sie ihm zu seiner Konfirmation 1928 schenkte. Auch seinen Konfirmationsspruch hatte sie ihm ausgesucht: „Was hülfe es dem Menschen, so er die ganze Welt gewönne und nehme doch Schaden an seiner Seele."

Axel Springer hatte das Schlee-Gymnasium besucht und wäre am liebsten Opernsänger geworden. Richard Tauber war sein Idol. Jahrelang nahm er Gesangsunterricht. Doch seine Stimme reichte nicht aus. Für den Vater waren Oper und Operette ohnehin eine „brotlose Kunst". So absolvierte der Sohn ohne Abitur im väterlichen Betrieb eine Lehre als Setzer und Drucker, volontierte bei der Hamburger Papierfabrik Sieler & Vogel, im Wolff'schen Telegraphenbüro und bei der „Bergedorfer Zeitung".

Er tanzte in Hamburgs „Trocadero" und „Halali", reiste gern in die große Welt nach Berlin oder spielte auf Sylt Fußball mit Barnabas von Géczy, dem „Paganini des 5-Uhr-Tees", und dem Bandleader Teddy Stauffer. Ein Schlagertext, den Fritzi Massary in den „Roaring Twenties" sang, prägte sich ihm so ein, daß er ihn noch im hohen Alter zitieren konnte: „Ich liebe das Geld,/weil es Freiheit mir schafft."

„Damals, als Zwanzigjähriger", so zeichnete er es später für „meine Kinder und Kindeskinder" auf, „war ich politisch noch recht naiv. Setzte ich meinen Fuß einmal ins Palace Hotel in St. Moritz, was mir gar nicht zustand, und erblickte die reichen Leute, so schien mir der Kommunismus das einzig Wahre zu sein. Kam ich zurück nach Hamburg und hörte Ernst Thälmann bei Sagebiel sprechen, so fühlte ich mich als Konservativer."

Das Dritte Reich barg für Axel Springer keine Versuchung. In seinem Elternhaus war für die Ideen der neuen Ära kein Platz. „Der Mann bedeutet Krieg", sagte seine Mutter über Hitler. 1933 wurde ihr einundzwanzigjähriger Sohn für fünf Monate Anwärter beim NSKK (Nationalsozialistisches Kraftfahrer-Korps), seine wohl engste Berührung mit dem Bösen unter dem Schnurrbart.

Schon ästhetisch waren ihm die Nationalsozialisten zuwider. Alles, was er gern hatte – vom englischen Tuch über Teddy Stauffers Swing bis zur individuellen Freiheit – war bei ihnen verpönt. Statt eines Braunhemds trug er lieber den zusammengerollten Chamberlain-Schirm, im anglophilen Hamburg Statussymbol der von den NS-Behörden mißbilligten Swing-Jugend.

1934 wurde Axel Springer Sportredakteur und 1937 stellvertretender Chefredakteur in den väterlichen „Altonaer Nachrichten". Beim Kriegsausbruch nahm er gerade wieder einmal Gesangsunterricht in Stettin. Schon im zweiten Kriegsjahr, 1941, schloß das NS-Propaganda-Ministerium das väterliche Blatt. Axel Springer, den ein Bauchspeicheldrüsenleiden vor dem Wehrdienst bewahrt hatte, wollte mit der bei der Schließung gezahlten Abonnenten-Abfindung ein Lichtspieltheater im Heidelberger Raum erwerben. Zur Vorbereitung arbeitete er als Filmvorführer im Hamburger „Waterloo"-Kino; „manchmal fungierte ich auch als Platzanweiser oder Geschäftsführer". Die Reichsfilmkammer indes verweigerte seinem Kinoprojekt ihre Zustimmung.

Bei einem Luftangriff sank das der Familie gehörende Haus an der Parkstraße 1943 in Schutt und Asche. Zwei Kinder von Axel Springers einziger, älteren Schwester Inge wurden getötet. „Hitler, Mörder unserer Kinder", rief der Vater in die Nacht. Axel Springer erzählte nach dem Krieg: „Der Hauswirt hörte es und meldete es. Die Ortsgruppe Othmarschen überhörte die Denunziation. Auch das gab's."

Die Familie übersiedelte in ihr Ferienhaus in der Lüneburger Heide. Der Schafstall wurde Verlagsbüro. Belletristik war das Verlagsprogramm. Eines Tages, als alliierte Bomberverbände wieder einmal hoch über dem stillen Haus in Richtung Hamburg zogen, da – so notierte es Axel Springer Jahrzehnte danach für seine Kinder und Enkel – sagte er dort zu seinen Eltern: „Bald wird das freie Wort in Deutschland wieder gelten. Und dann werde ich das größte Zeitungshaus Europas bauen."

Das Reich kapitulierte. Und Axel Springer baute das größte Zeitungshaus des Kontinents, das 1985 bei seinem Tod 12.000 Mitarbeiter beschäftigte und insgesamt 36 Zeitungen und Zeitschriften besaß oder an ihnen beteiligt war.

Er erfand Blätter neuen Typs, wie es sie zuvor in Deutschland nie oder nie so gegeben hatte: So 1946 die Programm-Zeitschrift „HörZu", die zugleich Europas größte Familienzeitschrift wurde. So 1948 das „Hamburger Abendblatt", „unabhängig und überparteilich", dessen Motto „Seid nett zueinander" nichts anderes war als das in die Alltagssprache übersetzte Bibel-Gebot: „Liebe Deinen Nächsten." So 1952 die „Bild-Zeitung", das „Reichsgericht des Kleinen Mannes", mit zeitweilig über 5 Millionen Exemplaren die größte Zeitung des Kontinents, die Springer nach seinen eigenen Worten als „gedruckte Antwort auf das Fernsehen" konzipiert hatte.

1953 kaufte er von der englischen Besatzungsmacht „Die Welt" und „Welt am Sonntag". 1959 übernahm er die Mehrheit des Ullstein Verlages mit „Berliner Morgenpost" und „B.Z.". Er erwarb Regionalzeitungen, beteiligte sich an Anzeigenblättern, warf Magazine auf den Markt, gründete Reisebüros, stieg in das TV-Geschäft ein und errichtete in Ahrensburg und Darmstadt, Kettwig und Berlin neue Druckzentren.

Der Aufstieg Axel Springers hatte sich zunächst fast spielerisch vollzogen. Als er nach Kriegsende bei der britischen Besatzungsmacht um eine Presselizenz nachsuchte, fragte ihn der von den Widerstands-Schilderungen vorangegangener Bewerber bereits leicht ermüdete Major Barnetson – später Lord Barnetson – etwas süffisant: „Und von wem wurden Sie verfolgt, Herr Springer?" „Och", antwortete er, „eigentlich nur von den Frauen." Und er erhielt seine erste Lizenz.

Seine fast feminine Sensibilität für das, was andere Leute dachten, empfanden oder begehrten, sei es der Einzelne oder seien es Millionen, war eine seiner herausragenden Begabungen, ohne die sein Lebenswerk kaum möglich gewesen wäre. „Er war Mann mit den Intuitionen einer Frau", meinte sein langjähriger Vorstandsvorsitzender Peter Tamm. Intuitiv erkannte Springer verschüttetes Talent, witterte er einen Feind, machte er Zeitströmungen aus. Er las Frauen ihre Wünsche von schweigenden Lippen ab, spürte, was Männer im Schilde führten, wenn sie sein Zimmer betraten, ahnte, was die Masse wollte, bevor sie es selbst wußte.

Er war ein Magier der Menschenbehandlung, im Zwiegespräch wie beim Zeitungsmachen. Sein Gespür für andere Menschen machte ihn anderen Menschen überlegen. Wenn es darum ging, Chefredakteure oder Dienstboten auszuwählen, kam wohl niemand ihm gleich. Vom Schicksal verwöhnt, vom anderen Geschlecht umschwärmt, jung und gutaussehend, wohlhabend und elegant war ihm ein sorgloses Dasein beschert. Er lachte gern, Hochmut war ihm fremd, alles Ordinäre zuwider. Schönheit umgab ihn. Erfolg flog ihm zu. Heiterkeit und Melancholie umspielten ihn.

Sein Geschmack war erlesen. Sein Schneider saß in Savile Row, und sein Butler in London war ein Ex-Offizier der britischen Garde. Denn nachdem alte Familien Hamburgs dem Aufsteiger aus Altona eine kühle Schulter zeigten, hatte er seine Zuneigung einfach vorübergehend den Angelsachsen zugewandt, obgleich er schlecht englisch sprach und bald merkte, daß Liebe eines Ausländers zu England meist eine Einbahnstraße bleibt.

Als Mäzen stiftete er Millionen, wohl mehr als jeder andere Privatmann in der Bundesrepublik: Er schenkte Parks, Bilder und Kunstwerke, Wohnungen und Hilfsfonds. Er wurde zu einer Symbolfigur des Wirtschaftswunders, mit Jet und Yacht, Häusern in Hamburg, Sylt und Gstaad, an Spree und Themse. Fremden, Freunden und Mitarbeitern gegenüber zeigte er sich von verschwenderischer Großzügigkeit. Wo immer Axel Springer Leid und Not entdeckte, half er. Alten und Kranken beizustehen war ihm selbstverständlich. Seine Blätter predigten christliche Nächstenliebe, er übte sie. Er hatte ein gütiges Herz. Der Gewerkschafts-Chef Vetter sagte zu ihm: „Herr Springer, für soziale Unternehmer wie Sie brauchte es keine Gewerkschaften zu geben."

Vergebens versuchte „Spiegel"-Herausgeber Rudolf Augstein in jener Zeit, die befreundeten Verleger John Jahr, Gerd Bucerius und Richard Gruner zur Gründung eines gemeinsamen Konzerns zu bewegen, gegen und à la Axel Springer, „dessen schöpferisches Ingenium uns allerdings allen abgeht" (Augstein in einem Brief 1960).

Während der Verhandlungen über den Kauf des Ullstein Verlages in den fünfziger Jahren gab Frederick Ullstein Springer den Decknamen „Midas", nach dem phrygischen Sagenkönig, der zu Gold machte, was er berührte – und dem doch Eselsohren wuchsen. Und sein Partner der frühen Nachkriegsjahre Karl Andreas Voß seufzte wieder und wieder: „Axel Springer, ich liebe Sie, ich bewundere Sie, aber ich fürchte Ihre Maßlosigkeit." „Meine Berufung ist die des Journalisten, mein Beruf der des Verlegers", sagte Springer. In seinem Haus werde stets der Journalist „der erste Mann" sein.

In jenen Jahren des Glanzes und der Herrlichkeit, da Axel Springer alles zu glücken schien, was er begann, erinnerte manches in seiner Umgebung an den Hof des Sonnenkönigs. Er ließ die Holztäfelung aus dem alten Haus der Londoner „Times" herausreißen und in seine Bibliothek im Verlag einbauen. Höflinge bückelten rücklings aus seinem Bannkreis. Ratgeber traten auf Zehenspitzen durch die Tapetentür ein und träufelten Gift in das Ohr der „Majestät". Die Mächtigen seines Reiches stritten um den Platz an der Sonne und wurden von ihm gegeneinander ausgespielt; nie sagte er einem alles. Er hatte eine Schwäche für Schmeichler, auch wenn er sie meist durchschaute. Und er war, wie viele bedeutende Männer, eitel, sprunghaft, ungeduldig und ein Egozentriker von Graden. Alles, ob Menschen oder Sachverhalte, mußte sich nach seinen Zielen ausrichten.

Frühzeitig galt Axel Springers Interesse der Esoterik. Stets suchte er nach einem Short cut zum lieben Gott. Übersinnliches faszinierte ihn, von Erdstrahlen über das Leben nach dem Tode bis zur Astrologie. Eine Sterndeuterin legte die günstigsten Termine für den Start seiner ersten Blätter fest. Er ließ in seiner Villa und in seinem Büro Andachtsräume zum Beten ausbauen, hatte messianische Visionen und glaubte, an sich Wundmale Christi zu entdecken. Religiöse Gestalten, deren Wesen und Wirken er sich seelenverwandt fühlte, fesselten ihn.

Erst war es der einst so lebensfrohe Kavalier Franz von Assisi, über den er 1958 in der „Constanze" schrieb: „Er entsagte allem Reichtum und wurde ein Anwalt der Armen und des Friedens. Genaugenommen war er ein Rebell gegen Sattheit und Trägheit des Herzens. Alle Menschen seiner Zeit merkten dies, und er hinterließ so deutliche Spuren, daß man ihn später einen Heiligen nannte." Vom Verzicht auf den Reichtum einmal abgesehen: Es war, als beschriebe Axel Springer sich selber.

Allein, noch mehr als Franz von Assisi sollte ihn der Schweizer Eremit Nikolaus von der Flüe beeindrucken, dessen Porträt er in allen seinen Häusern aufhängte und nach dem er 1962 seinen zweiten Sohn Nicolaus nannte. Der Schweizer hatte im 15. Jahrhundert als angesehener Ratsherr in Obwalden gelebt und war dann mit fünfzig Jahren als Einsiedler in die wilde Ranftschlucht des Melchtales gezogen. Er wurde zum inoffiziellen Nationalheiligen der Schweiz, als er 1481, von seinen Eidgenossen um einen Schiedsspruch gebeten, den Zerfall des Landes verhinderte und dessen Erblühen in Einheit ermöglichte.

Der Einheit seines eigenen Vaterlandes aber galt inzwischen auch Axel Springers Aufmerksamkeit. Das Dasein eines sanften Narziß auf Seide war ihm nicht mehr genug. Er wurde zum politischen Verleger. Qualität und

Quantität seines Hauses hätten ihm, dem bis dahin weitgehend Unpolitischen, früher oder später ohnehin keine Wahl gelassen. Doch er schlug den steinigen Weg freiwillig ein. Damit begann ein neuer dramatischer Abschnitt seines Lebens.

Seit Kriegsende 1945 war Deutschland geteilt, seit 1949 existierten zwei deutsche Staaten auf deutschem Boden. Sie waren als Kinder des „Kalten Krieges" geboren und zu feindlichen Brüdern erzogen worden: Speerspitzen der Supermächte im Streit um die Vorherrschaft. Im Westen wuchsen Demokratie, Freiheit und Wohlstand, im Osten Diktatur, Unfreiheit und Mißwirtschaft. Hier Kapitalismus, dort Sozialismus.

1957, als Eisenhower im Weißen Haus schlief, die Russen den ersten Sputnik in den Himmel schossen und Adenauers Union bei den Wahlen zum Dritten Deutschen Bundestag die absolute Mehrheit errang, schien die deutsche Teilung schon fast normal zu sein. Die Welt und die Westdeutschen waren auf dem besten Weg, sich mit ihr anzufreunden und abzufinden. Da nahm Axel Springer sich ihrer an. „Hat denn Herr Springer überhaupt politische Ansichten?" fragte Bundeskanzler Konrad Adenauer einmal den „Spiegel"-Chef Rudolf Augstein. „Ich hatte jahrelang nicht rechts und nicht links geguckt und nur an den Aufbau unseres Hauses gedacht", sagte Axel Springer selbst. „Aber von einem gewissen Zeitpunkt an war plötzlich diese Verpflichtung in mir erwacht, daß wir etwas tun müssen, um die Wiedervereinigung herbeizuführen."

Er hat diesen Zeitpunkt auf die Stunde genau festgehalten. Es war der Altjahrsabend 1957 in Berlin. Konferenzen hatten den Tag gefressen. „Jetzt wollen wir noch etwas frische Luft schnappen", sagte Springer zu Vertrauten. Sie fuhren zum Brandenburger Tor. Es war gegen sieben Uhr abends. Frostige Sterne hingen am Himmel, ein kalter Mond erleuchtete die Szene in der noch nicht durch eine Mauer geteilten Stadt. Vom Westen her kam ein Amputierter im Rollstuhl über den verwaist daliegenden Platz, offenbar einer jener Landser, die im Krieg beide Beine verloren hatten; er rollte durch das Monument längst verblichener Größe und entschwand im Dunkel des Ostsektors. „Für mich war in diesem Bild das ganze deutsche Schicksal eingefangen", berichtete Axel Springer über diesen Abend. „Ich geniere mich nicht zu sagen, daß ich geheult habe wie ein Schloßhund und nach Hause gefahren bin. Ich habe nicht Sylvester gefeiert." Am nächsten Montag suchte er in Bonn den damaligen sowjetischen Botschafter Smirnow auf, „dem ich die Bitte vortrug, mit Herrn Chruschtschow über die Wiedervereinigung zu sprechen". Der Deutsche wurde noch für Mitte desselben Monats nach Moskau gebeten.

Springer stand damals nach seinen eigenen Angaben der Sozialdemokratie „näher als jeder anderen Partei". Freundschaft verband ihn mit Hamburgs großen SPD-Bürgermeistern, dem Freund des Vaters Max Brauer und mit

Herbert Weichmann. „Die SPD schien mir während einer langen Zeit die Partei des geläuterten Patriotismus zu sein", meinte er. „An Kurt Schumacher denke ich da und Fritz Erler, an Ernst Reuter und auch an den frühen Willy Brandt." Sozialdemokraten wie der Ex-Kommunist Herbert Wehner waren es denn auch, mit denen Axel Springer seine bevorstehende Reise zu Chruschtschow in Moskau beriet. Er wollte dabei ausloten, ob es eine Chance für die Einheit in Freiheit gab oder gar die Möglichkeit eines deutsch-russischen Rapprochements, von dem sein erster politischer Mentor, der „Welt"-Chefredakteur Hans Zehrer, träumte.

Die herrschende CDU – im Gegensatz zur SPD stramm auf Westkurs – betrachtete das Unternehmen voller Argwohn. Bei einem Gespräch im Haus des Hamburger CDU-Chefs und Springer-Freundes Erik Blumenfeld suchte Kanzler Adenauer dem Verleger die Reise auszureden. Als das mißglückt war, taufte der Geschäftsführer der Unions-Fraktion, Will Rasner, ihn einen „Moskauer Wallfahrer". CSU-Chef Franz Josef Strauß spottete: „Wenn der Mann zurückkommt und bringt die Möglichkeit von freien Wahlen mit, dann schlage ich ihn als Bundeskanzler vor." Die konservative „Neue Zürcher Zeitung" nannte Springer „den ausgeprägtesten publizistischen Vorkämpfer einer Ostorientierung der deutschen Politik".

Fünfzehn Tage ließ Chruschtschow die Deutschen im Hotel „National" auf eine Audienz warten. Springer nutzte die Zeit, um Stadt und Leute zu betrachten. Er fand „friedfertige Menschen" in einem „an sich unsinnigen System". Er durchstreifte Tolstois Wohnhaus, besuchte das Mönchskloster Sagorsk und stieg im Mausoleum am Roten Platz zum einbalsamierten Stalin hinab, „dem man ansah, daß an seiner linken Wange einige Millionen Tote klebten".

Am 29. Januar 1958 empfing Stalins Nachfolger den Verleger und Zehrer im Präsidium des ZK der KPdSU. Fünfzehn Fragen zur Wiedervereinigung waren vorher schriftlich eingereicht worden. Sechs von ihnen hatte Chruschtschow ausgewählt und ebenfalls schriftlich beantwortet. Sie wurden nun übergeben und enthielten eine schroffe Absage an alle Wiedervereinigungs-Vorstellungen von Springer, Zehrer und der „Welt". Dann folgte eine fast zweistündige Aussprache. Die Protokollführerin wurde auf Springers Bitte hinausgeschickt. Chruschtschow machte deutlich, daß er von freien Wahlen nichts hielt, von zwei deutschen Staaten sehr viel mehr und daß eine Wiedervereinigung bestenfalls zu kommunistischen Bedingungen zu haben sei. Springer, der zum Jähzorn neigte, entgegnete heftig. „Hans Zehrer stieß mich unter dem Tisch an", erzählte er später. Trotzdem brach es aus ihm heraus: „Es kann in der Ostzone nicht immer gutgehen... 20.000 Menschen wechseln im Monat über die Grenze." Und dann fügte er noch trotzig hinzu: „Herr Chruschtschow! Mit Ulbricht nie!"

Hinterher resümierte Axel Springer: „Es war das aufschlußreichste, niederschmetterndste und lauteste Gespräch, das ich je geführt habe.“ Chruschtschows Angebot, ihn in einer russischen Militärmaschine nach Deutschland zurückfliegen zu lassen, lehnte er ab. Statt dessen charterte er für den nächsten Tag eine SAS-Maschine: „Ich kam zurück als ein Mann, der seine Lektion gelernt hat.“ Selbstzufriedene Lächeln der CDU/CSU und der Konkurrenz erwarteten ihn.

Zum ersten Mal in seinem Leben war Springer etwas Großes, das er sich vorgenommen hatte, mißglückt. Dieses Scheitern hinterließ Spuren in Herz und Hirn. Zehrer schlug in einem Brief vor, das Interview nicht zu veröffentlichen, und bot seinen Rücktritt an. Springer lehnte beides ab, druckte das Interview unter dem Titel „Einheit nur über Ost-Berlin“ und ging zum Angriff über. War er nach Moskau als ein „sich verantwortlich fühlender Bürger unseres Landes“ (Springer) gereist, so griff er jetzt nach seiner Heimkehr zum Rüstzeug des Verlegers, zu den Mitteln des Zeitungszaren.

Von allen reichen Männern schnappen Zeitungszaren am leichtesten über. Und wie schon so mancher Presselord vor ihm, von Randolph Hearst bis Lord Beaverbrook, schien sich nun auch Springer zuweilen der Täuschung hinzugeben, die Macht, Ereignisse zu Schlagzeilen erheben zu können, sei identisch mit der Macht über die Ereignisse selbst. „Ich werde Deutschland wiedervereinigen, ob Sie es glauben oder nicht“, sagte er zu dem Redakteur Joachim Besser. „Axel“, so meinte bei anderer Gelegenheit Rudolf Augstein zu Springer, „Sie können doch nicht im Ernst an die Möglichkeit einer Wiedervereinigung glauben.“ „Wissen Sie, Rudolf“, entgegnete der Verleger, „bisher ist noch immer all das eingetroffen, was ich mir wirklich gewünscht habe.“ Um sein Wunschziel zu erreichen, wurde Axel Springer der mächtigste und engagierteste Vorkämpfer der deutschen Einheit. Die Spur, die er dabei hinterließ, wurden Jahresringe der Geschichte.

Das Jahr 1958: Nur Monate nach seiner Rußland-Reise überrollte er die Bundesrepublik mit einer Kampagne des „Kuratorium Unteilbares Deutschland“: „Macht das Tor auf!“ Vierzehn Millionen Anstecknadeln des Brandenburger Tores wurden verkauft. Springers Blätter forderten die Öffnung des Tores. Dröhnend hallte das Echo durch die Republik. Axel Springers Stimme war in Deutschland unüberhörbar geworden. Sie schmerzte in den Ohren der Kommunisten. Das waren neue Töne.

Das Jahr 1959: Im Mai lief ein Berlin-Ultimatum Chruschtschows ab. Bis dahin, so hatte er gefordert, müsse West-Berlin alle Verbindungen zum Westen gekappt haben und freie Stadt geworden sein. Mutlosigkeit ergriff viele Berliner. Sie verkauften ihren Besitz und übersiedelten in die Bundesrepublik. Axel Springer aber legte zwei Tage vor Ablauf des Ultimatums direkt an der Grenze zum Ostsektor den Grundstein zu einem neuen Verlagshaus in Berlin. Ins Fundament ließ er eine Urkunde einmauern, in der es heißt: Der Bau sei Ausdruck „unseres festen Glaubens an die geschichtliche Einheit dieser Stadt und an die geschichtliche Einheit Deutschlands". Chruschtschow ließ sein Ultimatum verfallen.

Das Jahr 1960: Die DDR blutete aus. Wer konnte, floh in den Westen, vor allem die Jungen. Insgesamt verließen 2,7 Millionen das Arbeiter- und Bauernparadies. Fast alle kamen durch das Schlupfloch Berlin, die einzige Stelle, wo Deutsche noch ungehindert von Ost nach West überwechseln konnten. Axel Springer streute Salz in die offene Wunde der Unterdrücker. Seine Blätter riefen zur Abstimmung mit den Füßen auf, veröffentlichten täglich Flüchtlingszahlen und rieben den Kommunisten ihre schmachvolle Niederlage jeden Morgen ein.

Das Jahr 1961: Im Februar besuchte Axel Springer den Chef des amerikanischen Geheimdienstes, Allen Dulles, in Washington. Er wies auf die Gefahr hin, daß SED-Chef Walter Ulbricht die Zonen- und Berliner Sektorengrenze zur Staatsgrenze erklären könnte. Dann wären die DDR-Bewohner endgültig in ein riesiges Zuchthaus gesperrt. Dulles war von der Prognose beeindruckt. Aber der frisch gewählte junge Präsident John F. Kennedy hatte keine Zeit für den Deutschen. „Who is Springer?" fragte er. Als er sich dann doch noch entschloß, den Verleger in sein Haus auf Cape Cod einzuladen, zahlte ihm Springer mit gleicher Münze heim. Dem Präsidenten wurde hinterbracht, der Deutsche habe erklärt, er müsse zwei afrikanische Studenten in London interviewen und sei aus dem Washingtoner Hotel „Mayflower" abgereist.

Im Juli desselben Jahres warnte der Verleger in einem Brief aus St. Moritz den Bundestagspräsidenten Eugen Gerstenmaier, daß Berlin „durch eine Staatsgrenze perfekt geteilt" werden könnte: „An 52 geschlossenen, stacheldrahtbewehrten Übergängen werden Flüchtlinge aus der Zone sich blutig festlaufen." Am Freitag, dem 11. August, wiederholte er diese Warnung in Bonn gegenüber dem Leiter des US-Informationsdienstes, dem Kennedy-Vertrauten Ed Murrow. Der horchte auf. Wann könne man sich darüber weiter unterhalten? Die beiden verabredeten sich für den nächsten Dienstag in Berlin. Zu spät: Am Sonntag hatte Ulbricht die Grenzen zum Ostsektor abriegeln lassen und den Mauerbau befohlen. Apathie und Defätismus machten sich breit, in London, Bonn und Paris. Springers Zeitungen hielten dagegen. „Bild"-Schlagzeilen: „Der Westen tut nichts!" Und: „Wird Deutschland jetzt verkauft?"

„Nun erst recht", sagte der Verleger zu seinen Mitarbeitern und dachte gleich wieder an das Tor unter der Quadriga: „Wir werden eines Tages wieder durch das Brandenburger Tor gehen." Lachend setzte er hinzu: „Noch besser: Wir werden winkend durch das Brandenburger Tor reiten." Nun, da noch einmal viele Berlin verließen, kaufte er sich auf der Havel-Halbinsel Schwanenwerder ein Grundstück, um sich ein neues Haus in der alten Hauptstadt zu bauen.

Der rheinische Kanzler Konrad Adenauer, der sich erst eine Woche nach dem Mauerbau zu einem Berlin-Besuch entschließen konnte, bemühte sich später im Jahr in Gegenwart von Staatssekretär Globke und CDU-Fraktionschef Krone in seinem Amtssitz, dem Palais Schaumburg, in einem Gespräch mit Axel Springer die Geschehnisse des 13. August zu verharmlosen: „In Berlin hat sich doch gar nichts verändert." Er schob sogar dem Verleger eine gewisse Mitschuld zu: „Fernsehen und Presse haben mit ihrer Berichterstattung aus Berlin das Klima erhitzt." Die Herren sollten sich nicht wundern, wenn dadurch der Nationalismus in Deutschland angestachelt werde. Weiß wie die Wand erhob sich Axel Springer und verließ grußlos den Raum. Außer sich vor Wut knallte er die Doppeltür zu, daß der Gips rieselte.

Das Jahr 1962: Nur wenige Meter vom Grundstein des Springer-Hauses entfernt wurde der junge Bauarbeiter Peter Fechter bei einem Fluchtversuch über die Mauer erschossen. „Und nun bauen wir kein normales Verlagshaus", sagte Springer, „wir bauen ein Hochhaus, ein Haus, das weit hinüberwirkt in den anderen, in den unfreien Teil der Stadt." Bis zu seinem Tod ging er vor jeder offiziellen Veranstaltung in diesem Haus hinunter zu dem Holzkreuz, das für Paul Fechter errichtet worden war, und legte dort Blumen nieder.

Das Jahr 1963: Zur nächtlichen Stunde erreichte den Gesamtdeutschen Minister Rainer Barzel in Bonn ein Anruf Springers. Es gäbe die Möglichkeit, politische Gefangene aus der DDR freizukaufen. Am nächsten Morgen war Barzel beim Verleger in Berlin. Viele tausend Gefangene wurden im Laufe der kommenden Jahre aus den Kerkern der DDR befreit. Kein Privatmann hatte daran größeren Anteil als Axel Springer, auch finanziell. Im Herbst jenes Jahres begannen seine Zeitungen die DDR in Anführungszeichen zu setzen – und schrieben sie so bis nach seinem Tod. Als sich sechzehn Jahre nach Einführung dieser Schreibweise der Leser Dr. Lüder Meyer-Arndt nach dem weitgehend in Vergessenheit geratenen Sinn der Aktion erkundigte, antwortete ihm Axel Springer: „Der ostdeutsche Satelliten-Staat ‚DDR' ist, wie schon vor Jahren der heutige SPD-Vorsitzende Willy Brandt feststellte, weder deutsch, noch demokratisch, noch eine Republik'. An diese Tatsache sollten uns die Anführungszeichen ständig gemahnen."

Das Jahr 1964: Immer häufiger stieg Axel Springer die achtundfünfzig Stufen zur Rhöndorfer Villa Konrad Adenauers hinauf. Die beiden, die einander solange mißtraut hatten, waren sich nach dem Rücktritt Adenauers im Vorjahr näher gekommen. „In Wirklichkeit, Herr Springer", meinte Adenauer zu dem Ost-West-Konflikt, „ist es ganz einfach. Hier treffen Gut und Böse aufeinander." Früher hatte der Ältere zu dem Jüngeren schon gesagt: „Sie sind ungeduldig wegen der Wiedervereinigung Deutschlands. Aber nur Geduld wird sie bringen."

Das Jahr 1965: Adenauers und Springers publizistischer Widersacher, Rudolf Augstein, schloß einen zehnjährigen Druckvertrag für den „Spiegel" mit Axel Springer ab. „Es war ihm klar, daß er mir politische Vorschriften nicht machen konnte", entsann sich Augstein später. „Aber eine eben doch." Der „Spiegel"-Chef mußte Springer wegen unwahrer Gerüchte über angebliche Steuervorteile des Verlegers in Berlin in die Hand versprechen, nie wieder zu schreiben: „Es hätte kein Deutscher an der deutschen Spaltung mehr verdient." Sonst wäre der Druckvertrag nicht zustande gekommen. Augstein versprach's.

Das Jahr 1966: Im August starb Hans Zehrer. Springer und er hatten einander über zwanzig Jahre gekannt. „Er war mein Freund und mein Mentor", schrieb der Verleger in seiner Todesanzeige. „Ohne ihn wäre mein Leben anders verlaufen. Ohne ihn wäre mein Haus nicht das, was es ist." Mit „spätrömischer Geste", so der Schriftsteller Hans Dieter Müller, ließ er ein Zitat aus einem Zehrer-Brief in Marmor schlagen – für das Foyer seines Berliner Verlagshauses. Zwei Monate nach Zehrers Tod weihte er dieses Haus in Gegenwart von Bundespräsident Heinrich Lübke ein, am 6. Oktober, dem Geburtstag seiner 1960 verstorbenen Mutter, einen zwanzigstöckigen Leuchtturm des Kapitalismus direkt an der Mauer. Oskar Kokoschka, der schon für den Verleger Hamburg gemalt hatte, hatte inzwischen auch Berlin in Öl gebannt. Axel Springer schloß seine Rede bei der Einweihung mit dem Vers, der „auch über diesem Haus stehen" könnte:

„Ich hab' mich ergeben,
Mit Herz und mit Hand,
Dir Land voll Lieb' und Leben,
Mein deutsches Vaterland."

Im Hamburger Überseeclub gab er 1967 eine „Magna Charta" für sein Imperium bekannt. Sie verpflichte seine leitenden Angestellten auf vier Grundsätze, die über seinen Tod hinaus wirkten: „Das unbedingte Eintreten für die Wiederherstellung der deutschen Einheit in Freiheit. / Die Aussöhnung zwischen Juden und Deutschen; dazu gehört auch die Unterstützung der Lebensrechte des israelischen Volkes. / Die Ablehnung von jeglicher Art von politischem Extremismus. / Die Bejahung der freien, sozialen Marktwirtschaft."

Axel Springers politische und publizistische Macht stand im Zenit. Ihm gehörte das größte Zeitungshaus Europas. Als in Deutschland die Telefongebühren erhöht werden sollten, erzwang „Bild" in den Parlamentsferien eine Sondersitzung des Bundestages. Als „Bild" statt eines Groschen einen Groschen und fünf Pfennige kosten sollte, erwog Springer, die Regierung zur Prägung einer 15-Pfennig-Münze zu veranlassen. Augstein entdeckte in ihm „Sendungsbewußtsein".

Kein Deutscher hatte nach dem Krieg erreicht, was Springer erreicht hatte. Einige mochten mehr Geld angehäuft, andere mehr staatliche Gewalt ausgeübt haben. Doch niemand kam ihm an Einfluß gleich. Präsidenten, Kanzler und Minister waren, gemessen an ihm, vorübergehende Erscheinungen. Sie zogen an ihm vorbei. Er aber blieb. Sie gaben fremdes Geld aus. Ihm aber gehörte, worüber er verfügte – ob Millionen Mark oder Millionen Zeitungsexemplare. Er sah nicht auf die Politiker herab, aber sie sahen zu ihm auf, je nach Partei oder Person mit Neid oder Bewunderung. Er war nun fünfundfünfzig Jahre alt. Da formierten sich seine Feinde. Der Kampf gegen Springer, der über ein Jahrzehnt anhalten sollte, hatte zwei Wurzeln höchst unterschiedlicher Natur, die jedoch miteinander verflochten waren: die Größe seines Konzerns und seine politischen Überzeugungen.

Der Konzern besaß nach Bonner Berechnungen einen Marktanteil von 39 Prozent aller deutschen Zeitungen und 18 Prozent aller Zeitschriften. „Die Springersche Machtballung ist zu einem zentralen Problem der Republik geworden", befand der Historiker Golo Mann. Und im „Spiegel" forderte Augstein eine „Lex Springer". Eine Kommission unter dem Vorsitz von Kartellamts-Chef Eberhard Günther schlug der Bundesregierung vor, die Meinungsfreiheit als „beeinträchtigt" zu betrachten, wenn ein Verlag mehr als 40 Prozent der Zeitungen oder 15 Prozent der Zeitschriften besäße.

Axel Springer verwies auf die Abstimmung am Kiosk. Er könne niemanden zwingen, seine Produkte zu kaufen. Es stände jedem frei, Zeitungen und Zeitschriften herauszubringen, die höhere Auflagen als seine Blätter erreichten. Dennoch trennte er sich 1968 für rund 100 Millionen Mark freiwillig von fünf ungeliebten Magazinen, die rund ein Siebtel des Konzernumsatzes ausmachten. Er verkaufte: „Jasmin" (1,3 Millionen Exemplare), „Eltern" (1,1 Millionen Exemplare), „Das Neue Blatt" (1,1 Millionen Exemplare), „Bravo" (770.000 Exemplare), „Twen" (210.000 Exemplare).

Trotz dieser selbst gewollten Verkleinerung des Konzerns nahmen die politischen Angriffe gegen Axel Springer aber nicht ab, sondern zu. Ihren Ursprung hatten sie, zumindest zeitlich, in der DDR. Für deren kommunistische Machthaber war Axel Springer seit Jahren Staatsfeind Nr. 1, „Chauvinist" und „Revanchist". Der „Verband der Deutschen Journalisten" in Ost-Berlin nannte ihn „Hetzer, Fälscher, Meinungsmacher".

Zweifellos hatten sich Springers ursprünglich liberale Anschauungen im Kampf um die deutsche Einheit verhärtet, hatte er die „Welt" zu einem antikommunistischen Kampfblatt geschmiedet, und „Bild" drosch auf jeden ein, der nach Osten schielte. „Ein Schwein bleibt ein Schwein, auch wenn es sauber gewaschen ist", hieß es in „Bild" über solche Leute. Nach Adenauers Rücktritt war niemand in Westdeutschland für die Kommunisten so unbequem wie Axel Springer.

Am zwanzigsten Jahrestag der SED-Gründung erklärte daher der Staats- und Partei-Chef des SED-Regimes, Walter Ulbricht, es sei von „besonderer Bedeutung, Zeitungskonzerne wie den Springer-Konzern ... unter Kontrolle zu nehmen": „Es ist notwendig, die Macht der Herren solcher Meinungsmonopole wie des Springer-Konzerns zu beseitigen." Ein Jahr später, 1967, ertönte genau diese SED-Forderung auch in der Bundesrepublik: „Enteignet Springer!"

Die Blätter des Springer-Konzerns hatten in der zweiten Hälfte der sechziger Jahre wenig Verständnis für die damals an den Universitäten aufbrechende Unruhe gezeigt. So stand in „Bild" über eine Studentendemonstration: „Polizeihiebe auf Krawallköpfe, um den möglicherweise doch vorhandenen Grips locker zu machen."

Die ersten radikalen Anti-Springer-Parolen erklangen denn auch an Hochschulen. Bald darauf wurden sie von Sprechchören der linken Außerparlamentarischen Opposition (Apo) Rudi Dutschkes auf den Straßen skandiert: „Enteignet Springer!" Oder: „Haut dem Springer auf die Finger!" Und schließlich drohend: „Axel, wir kommen!" Gleichzeitig witterten Gewerkschaftler und Sozialdemokraten, Konkurrenten, Liberale und Intellektuelle in Springer eine Bedrohung für die Demokratie. Seine „Welt", sein „Bild" und sein Weltbild erschienen ihnen gleichermaßen unheimlich.

Er sei ein „Kalter Krieger", unterstütze den Vietnam-Krieg Amerikas, verfüge über zuviel Macht und bediene sich faschistoider Methoden. So lauteten die Vorwürfe. Er manipuliere die öffentliche Meinung, verbilde das Bewußtsein des Volkes, habe seine Blätter gleichgeschaltet und dränge ins Fernsehen. Die Springer-Presse sei eine Kampf-Presse, die die Meinungsfreiheit gefährde. In „Bild" fände sich die Sprache des „Stürmers" und des „Schwarzen Korps" wieder; es hetze gegen Studenten und öffentlich-rechtliche Anstalten, gegen Kommunisten, Anarchisten und Terroristen.

Manche Vorwürfe waren berechtigt, obgleich die sogenannte Springer-Presse jener Jahre insgesamt – ihre Blätter und ihre Praktiken, ihre Kampagnen und ihre Sprache – einen Vergleich mit heutigen Medien gewiß nicht scheuen müßte. Der Kern der Erregung war ein ganz anderer: Axel Springer stand allen im Wege, deren Zeit damals anzubrechen schien, allen, die vom Sozialismus träumten, und allen, die eine veränderte Republik wollten.

Er war die letzte Galionsfigur eines tief verunsicherten Bürgertums, ein Kliff in der Brandung des Zeitgeistes, Symbol einer überkommenden Ordnung, Personifizierung des Establishments. Er war der Mann, den zu hassen sie liebten. So strebte die Anti-Springer-Kampagne ihrem Höhepunkt entgegen, eine Kampagne „linker Magazine und linker Intellektueller, linker Studenten und simpler Rowdys", wie Springer definierte. Es war die umfangreichste Hatz, die gegen einen Einzelnen in Deutschland entfesselt wurde.

Autoren der „Gruppe 47" veröffentlichten einen Boykott-Aufruf gegen den Springer-Konzern, unter ihnen Martin Walser und Siegfried Lenz. Heinrich Böll schrieb einen Anti-„Bild"-Roman: „Die verlorene Ehre der Katharina Blum." Demonstranten versuchten die Auslieferung von Springer-Zeitungen zu verhindern. Neid und Haß mobilisierten den Mob. Bei den Osterunruhen des Jahres 1968 versuchten Apo-Anhänger das Berliner Springer-Haus zu stürmen. Gewalt brach los. Feuer flammten auf. Und schließlich floß Blut.

Im Mai 1972 explodierten zwei Bomben im Hamburger Verlagshaus. Siebzehn Mitarbeiter wurden verletzt. Ein „Kommando 2. Juni" drohte Springer mit weiteren Terroranschlägen und forderte ihn auf, die „antikommunistische Hetze" einzustellen. 1973 zündeten unbekannte Brandstifter Springers Gästehaus „Klenderhof" in Sylt an. 1975 wurde mit Brandsätzen des gleichen Typs sein Berghaus im Berner Oberland niedergebrannt. „Tötet Springer!" wurde an die Wand gesprüht. Aus dem Liebling der Götter war der meistgeschmähte Mann der Republik geworden.

Die Republik übte damals den Kopfstand. Aus Knechten wurden Herren, aus Jägern Gejagte. Statt eines CDU-Kanzlers regierte nun erstmals ein SPD-Kanzler. An einem modernen Deutschland wurde gebaut, mehr Demokratie wurde gewagt. Gewalt gegen Sachen war schick. Die Straße erhob ihr Haupt. Wo jahrzehntelang Antikommunismus gewachsen war, sproß Antiamerikanismus. Ostpolitik genoß Vorrang vor Westpolitik. Reichtum, bisher bewundert, wurde verteufelt. In öffentlich-rechtlichen TV-Krimis war oft ein Unternehmer, doch nie ein Gewerkschaftler der Mörder. Sozialismus, bisher belächelt, wurde salonfähig. „Gewinn" hieß „Profit", „Nächstenliebe" plötzlich „Solidarität". Freizeit wurde manchen wichtiger als Freiheit. Neid machte sich breit. An Hochschulen verdrängte ordinäre Macht Ordinarienmacht. Die Häßlichkeit der Masse wurde zu einem Schönheitsideal in der Kunst, grün zur Modefarbe in der Politik. Über Goethe wuchs Gras. Aus Ludwig Erhards „formierter Gesellschaft" wurde eine „Permissive society". Pornographie lief der Prüderie den Rang ab. Ein Linksruck ging durch die Republik. Alles, wofür Axel Springer stand, galt weithin als reaktionär.

In der Politik und in den Medien wurde Fahne auf Fahne in den neuen Wind gedreht. „Zeit"-Verleger Bucerius, wie Springer in Altona geboren und einst ein strammer CDU-Bundestagsabgeordneter, wählte jetzt SPD. Sein Chefredakteur Sommer meinte, die DDR-Bürger brächten dem SED-Chef Honecker „fast so etwas wie Verehrung entgegen". Augstein nannte seinen „Spiegel" ein „im Zweifelsfalle linkes Blatt" und das Kabinett Brandt „die Regierung, die wir gewollt haben". „Stern"-Chef Nannen kommentierte den Einmarsch der Russen in Prag in seinem Blatt mit dem Satz. „Such is life."

Wer Antikommunist blieb, galt als „Kalter Krieger", wer noch an die Wiedervereinigung glaubte, als Spinner. „Der Brandenburger Tor" höhnte das Wirtschaftsmagazin „Capital" über Axel Springer. Die SPD rückte immer näher an die SED heran. „Wandel durch Annäherung" war ihr Motto. Oft gehörte eine Kehrtwendung um 180 Grad dazu.

Sozialdemokraten wie Willy Brandt und Egon Bahr, einst engagierte Antikommunisten, brachen nun auf nach Osten und schlossen Verträge mit kommunistischen Diktaturen. Sie gingen dabei auch auf ein Regime zu, das Hunderte ihrer Genossen eingekerkert hatte und Deutsche an der Mauer erschießen ließ. Axel Springer bemerkte dazu, daß Willy Brandt und seine Freunde, „die weiße und rote Fahne schwingend hinübergelaufen sind zu den Machtpositionen östlicher Gewalt, die sie noch vor kurzem zu bekämpfen vorgaben".

Über einen Besuch des späteren SPD-Kanzlers Helmut Schmidt mit seiner Frau während des Prager Frühlings am 20. August 1968 in seinem „Klenderhof" auf Sylt notierte er: „Meine Befürchtungen, die Russen würden... wenn nichts anderes hilft, wie zwölf Jahre vorher in Budapest in Prag einmarschieren, wischte Schmidt mit einer lässigen Handbewegung vom Tisch. ‚Ohne ihr Gesicht zu verlieren, können sie das nicht wagen', sagte er und meinte, die Entwicklungen in der Tschechoslowakei zeigten auch, wie falsch unsere Blätter mit ihrem ‚sturen Antikommunismus und Antisowjetismus' liegen. Ich wiederholte: ‚Die werden in Prag einmarschieren.' Darauf er laut lachend: ‚Niemals!' Die Dämmerung kam und der Hubschrauber brachte die Schmidts zum Brahmsee zurück. Ein paar Stunden später, gegen 22 Uhr, rief mich Christian Kracht an: ‚Die Russen rücken in Prag ein.' Ein Traum, den nicht nur Schmidt geträumt hatte, war wie eine Seifenblase geplatzt."

Im nächsten Jahr erklärte Willy Brandt in einem Interview: „Ich muß zugeben, daß ich aufgehört habe über die Wiedervereinigung zu sprechen." Axel Springer schrieb an Egon Bahr: „Ich finde das ungeheuerlich..." Für ihn war „die neue deutsche Ostpolitik" nichts als „sowjetische Westpolitik". Doch solche Mahnungen wurden vom Wind verweht. Schon 1970 reiste SPD-Kanzler Willy Brandt als erster Bonner Regierungschef in die DDR und sprach in Erfurt von „zwei deutschen Staaten einer Nation". Die Weichen waren gestellt. Eine dem Untergang geweihte Diktatur wurde von Bonn unter dem Beifall der meisten Medien durch Verträge international aufgewertet und erhielt Milliarden von D-Mark.

„Anerkennung der Realitäten" hieß das Schlüsselwort dieser Politik. „Auch Rauschgifthandel ist eine Realität", sagte Axel Springer verächtlich. Für ihn blieben die Kommunisten „rotlackierte Nazis", war das SED-Regime „inhuman, unzivilisiert und verbrecherisch". 1974 zitierte er in Berlin den Lützower Jäger und deutschen Romantiker Joseph von Eichendorff:

> „Denn eine Zeit wird kommen,
> da macht der Herr ein End';
> da wird den Falschen genommen
> ihr unrechtes Regiment."

Drei Jahre danach erklärte er vor Repräsentanten der deutschen Automobilindustrie: „Ich wage zu sagen, daß ihr Absatzgebiet eines nicht zu fernen Tages nicht nur West-Berlin, sondern ganz Berlin, nicht nur die Bundesrepublik Deutschland, sondern das ganze wiedervereinigte Vaterland sein wird. Spricht hier ein Phantast? Ich glaube nicht... Jenes von Marx entworfene Denkgebäude ist in toto in kaum mehr zu verhüllender Weise am Zusammenstürzen." Bonns neue herrschende Klasse, Linke und Liberale, „Spiegel", „Stern" und „Zeit", das öffentlich-rechtliche Fernsehen, Professoren und Publizisten – sie alle belächelten solche Visionen. Lief die Weltgeschichte nicht genau in die entgegengesetzte Richtung? Gegen den Kapitalismus, gegen Amerika? War nicht doch der Sozialismus die unbesiegbare Kraft der Zukunft? Es wurde einsamer um den Rufer in der Wüste. Manche Mitläufer vergangener Jahre fielen von ihm ab. „Ich sehe überall nur Anpasser", seufzte er im „Daily Telegraph": „On all sides I see appeasers."

Doch im Gegensatz zu so vielen seiner Zeitgenossen lief er dem Zeitgeist nicht hinterher. Er blieb, was er war: Christ und Patriot, Israels unwandelbarer Freund, Antikommunist und Unternehmer. „Das Große findet man nicht irgendwo am Wegrand", sagte er. Der Alte Fritz war sein Geschichtsheld, Matthias Claudius sein Lieblingsdichter und die Freiheit sein höchstes Gut. „Sind Sie ein Nationalist, Herr Springer?" fragte ihn Amerikas ehemaliger Außenminister Henry Kissinger. „Nein", antwortete Axel Springer, „ich bin für die Freiheit." Laserscharf umriß er, daß für ihn die Freiheit Vorrang vor der Einheit hatte: „Wenn die Deutschen auf der anderen Seite der Mauer in Freiheit lebten, würde ich nichts dabei finden, beim Überschreiten der Grenze meinen Ausweis zu zeigen."

Der Mann, der die Freiheit liebte, mußte unter Polizeischutz leben. Drohbriefe und Drohanrufe gegen ihn waren für sein Haus inzwischen Routine geworden. Nachrichtendienste glaubten, Indizien dafür zu haben, daß der Top-Terrorist „Carlos" auf Springer angesetzt sei. Seine Mitarbeiter sorgten sich um seine Sicherheit. Für den Fall eines russischen Einmarsches war frühzeitig ein Fluchtplan über Dänemark ausgearbeitet worden; ein Schlauchboot lag am Nord-Ostsee-Kanal bereit. Schon sein erster Generalbevollmächtigter Christian Kracht hatte Fluchtgelder rund um den Globus verteilt. Unter seinem Haus auf Schwanenwerder war ein Fluchtgang mit Lebensmitteln für mehrere Tage angelegt worden.

Nach der Ermordung von Arbeitgeber-Präsident Schleyer und Dresdner-Bank-Chef Ponto durch Terroristen trug Axel Springer für den Fall einer Entführung eine Zeitlang eine Kapsel mit Zyankali um den Hals, „weil ich Schmerzen schlecht ertrage". Doch die Gefahr, in der er schwebte, schreckte ihn nicht. Denn er war zwar zuweilen ein ängstlicher Mensch, aber niemals feige gewesen. Indes: Er litt an den Zuständen in Deutschland, an den Ost-Verträgen, die er nicht verhindern konnte, an seiner eigenen Rolle und am Leben. Er begann zu kränkeln. Rastlos reiste er durchs Ausland. Suchte Trost in der Kunst. Er erwarb Schierensee bei Kiel und verwandelte es in das schönste Herrenhaus Schleswig-Holsteins, mit einem Schreibtisch Friedrich des Großen und einer einmaligen Fayencen-Sammlung.

Einst ist das Zeitungsmachen für ihn Lust gewesen. Jetzt war ihm der Spaß an seiner Arbeit vergällt. Er verzichtete darauf, Tageszeitungen aufzukaufen, die er noch hätte aufkaufen können. Er stellte den erfolgreichen Düsseldorfer „Mittag" ein, nur um anderen Verlegern einen Gefallen zu tun. 1970 schloß er einen Vertrag über den Verkauf von mindestens einem Drittel seines Konzerns an den Bertelsmann-Verlag, den er jedoch noch im selben Sommer erfolgreich anfocht, nachdem das Geld schon auf seinem Konto war. 1976 verhandelte er mit der „Frankfurter Allgemeinen" über die „Welt", ging aber auch diesen Weg nicht zu Ende. „Für einen Fernsehsender würde ich meinen ganzen Verlag hingeben", sagte er seiner Frau. Bei der Einweihung eines neuen Druckhauses seufzte er: „Mein Gott, das gehört mir nun auch noch." Vom Tagesgeschäft hatte er sich längst zurückgezogen. Im Konzern regierte sein „Admiral" Peter Tamm.

Doch Axel Springer erfüllte seine Pflicht. Er tat, was er glaubte, tun zu müssen – für Leser, Land und Landsleute. Er gab nicht auf. Er warnte und wachte über den Kurs seiner Blätter. Seinen Chefredakteuren schrieb er im Juli 1976: „Darf ich zum wiederholten Male darauf hinweisen, daß Berichte über Zwischenfälle an der Zonengrenze, und seien es nur Übertretungen oder Fluchtbewegungen, auf die erste Seite gehören." Seinem Haus gab er die Weisung: „Die Einheit des Vaterlandes in Freiheit – das ist unser Auftrag."

Von seherischer Kraft waren die Sätze, die er im Januar 1977 in „Kontinent" veröffentlichte, einer Zeitschrift osteuropäischer Emigranten. In einem Interview sprach er aus, was zu jener Zeit in Deutschland außer ihm kein Verantwortlicher mehr zu glauben oder zu sagen wagte: „Wenn es gelingt, die Völker Osteuropas, einschließlich der Sowjetunion, gegen die Lüge der Gewalthaber immun zu machen, indem wir die Wahrheit als Elixier der Freiheit auf allen Wegen über Mauern und durch Zäune schaffen, dann bereiten wir jene Revolution des Geistes vor, die noch immer die Lüge außer Kraft gesetzt und Diktatoren, Gewaltregime und Unterdrücker gestürzt hat. Das klingt heute wie ein Märchen. Ist es nur ein Märchen? Es gab einmal einen Mann namens Theodor Herzl. In scheinbar aussichtsloser Lage versprach er den Juden einen Staat, auf den sie seit 2000 Jahren tagtäglich – vergeblich – hofften. Herzl hämmerte den Juden ein: ‚Wenn ihr wollt, ist es kein Märchen.' Das heißt für uns: Wenn wir nur wollen, wenn wir alles wagen, dann ist die Freiheit kein Märchen. In Deutschland nicht. In Polen nicht. In Ungarn, Rumänien, der Tschechoslowakei und den baltischen Staaten nicht. Und nicht in Rußland."

Daß Axel Springer die Stärke besaß, über ein Jahrzehnt Angriffe, Schmähung und Verfolgung durchzustehen, ohne zu wanken oder in seinen Überzeugungen zu schwanken, ist das vielleicht Erstaunlichste in seinem Leben. Denn er war von seiner Veranlagung her kein harter, eher ein weicher Mann. Er war tolerant, nicht intolerant. Er glaubte an Kompromisse. Er suchte nicht den Kampf, sondern den Frieden. Er war verletzlich und genoß nicht zu raufen, wie ein Franz Josef Strauß. Haß bedrückte ihn, Harmonie beglückte ihn. Er brauchte Bewunderung, um atmen zu können. Vor allem: Er liebte es, geliebt zu werden, und er wollte geliebt werden. Und trotzdem hielt er stand.

Als der Traum von seinem Glück, geliebt zu werden, sich in Deutschland nicht mehr erfüllte, da wurde ihm dieses Glück in Israel zuteil. Das war ihm wichtig. 1966, im selben Jahr, in dem Springer in Deutschland erstmals massiv angegriffen wurde, besuchte Springer Israel. Die moralische Verpflichtung, die er gegenüber den Juden spürte, war freilich ungleich älter. Als junger Mann war er im Krieg zufällig Zeuge geworden, wie auf der Hamburger Moorweide vor dem Dammtor Bahnhof Juden zum Abtransport zusammengetrieben wurden. Das hatte er nie vergessen. „Es war meine entschiedene persönliche Erkenntnis der Nachkriegszeit", sagte er, „daß unsere deutsche Haltung gegenüber Israel unser Jahrhundertproblem ist."

1957 nahm er seinen damals sechzehnjährigen ältesten Sohn Axel jr. in das frühere Konzentrationslager Bergen-Belsen mit, wo über 50.000 Menschen umgekommen waren. „Ich faßte den Mut", so schrieb er darüber, „meinem Jungen zu sagen: Nimm deine Hände und geh ins Erdreich hinein. Mache deine Erfahrungen. Es kann sein, daß du einmal mein Nachfolger sein wirst. Dann sollst du wissen, was einmal in Deutschland geschehen konnte." Später bekannte er: „Auschwitz – das waren wir." Neben der Verteidigung Berlins und dem Streben nach Einheit wurde die Aussöhnung mit den Juden sein zentrales Anliegen. Er nannte Israel sein „zweites Vaterland".

1973, im Yom-Kippur-Krieg, flogen sowohl der Vater als auch der älteste Sohn in das kämpfende Land. „Das jüdische Volk wird das lange nicht vergessen", heißt es in der Urkunde, durch die ihm ein Jahr danach die Ehrendoktorwürde der Bar-Ilan-Universität verliehen wurde. Der Sohn, Axel jr., der während des Krieges für „Bild" fotografierte, lag eines Abends mit israelischen Soldaten in einem Graben auf dem Westufer des Suez-Kanals. Die Unterhaltung kam auf die Bonner Regierung, die gerade das Auslaufen von drei israelischen Schiffen mit US-Waffen aus Bremerhaven behindert hatte. Einige Israelis fluchten. Einer warf ein: „Aber es gibt einen Deutschen, dem wir vertrauen können... der unser Freund ist.“ Der Sohn fragte: „Wer?“ Und er hörte den Namen des Vaters.

Zusammen mit seinem engen Mitarbeiter Ernst Cramer flog Axel Springer wieder und wieder ins „gelobte Land“, von dem ihm als Kind seine Mutter erzählt hatte. Er richtete sich in Jerusalem eine Wohnung ein und spendete Millionen für Israel. Er hat mehr für den Staat in Bedrängnis und die Aussöhnung getan, mehr als jeder andere Bürger der Bundesrepublik Deutschland. „Er ist ein wahrer Freund Israels“, steht in einer Schriftrolle, die ihm sein Freund, Jerusalems langjähriger Bürgermeister Teddy Kollek übergab. „Als Bibelleser weiß ich, daß die Juden das auserwählte Volk sind“, sagte Springer.

Je älter er wurde, desto intensiver vertiefte er sich in die Religionen. Die Christenverfolgungen im Archipel Gulag und im Libanon beschäftigten ihn mehr als die provinzielle Politik in Bonn. Wenn er an Deutschland dachte, dachte er in anderen Dimensionen. „Ich bin zwar nicht der Meinung, daß Gott ein Deutscher ist“, formulierte er 1974. „Aber ich glaube daran, daß Gnade und Gerechtigkeit sein Zepter und sein Gesetz sind. Und deshalb glaube ich, daß wir Deutschen in seiner Weltordnung einen Platz haben – wenn wir nicht freiwillig abdanken und unser Land selbst zu Sodom und Gomorrha machen.“

Doch noch war der Kelch seines eigenen Leidens nicht geleert. Der letzte Gruß, der am Silvesterabend 1979 das Haus Axel Springers verließ, galt einer befreundeten Familie, deren Sohn freiwillig in den Tod gegangen war. Axel Springer sprach darin vom Schwersten, was Eltern begegnen könne. Der Antwortbrief war sanft und stark zugleich. In ihm stand: „Ein totes Kind ist ein unendlich kostbarer Besitz. Man darf es immerzu liebhaben und mit Zärtlichkeit umgeben.“ Diese Zeilen an Axel Springer trugen das Datum vom 3. Januar 1980. Am selben Tag erschoß sich sein eigener Sohn Axel jr. im Alter von achtunddreißig Jahren: der Fotograf Sven Simon. Nie waren Vater und Sohn einander näher gewesen als in den letzten Jahren. Daß Axel Springer sich nach dem Tod voller Selbstzweifel und Selbstvorwürfe immer wieder prüfte und fragte, ob er gegenüber seinen drei Kindern gefehlt habe, war nicht die Reaktion des lieblosen, sondern des liebenden Vaters.

Mit dem Tod des Sohnes begann das Sterben des Vaters. Immer häufiger sah er nun vor seinem Schlafzimmer auf Schierensee zum „Schmerzensmann“ von Lucas Cranach empor, immer häufiger las er in der Bibel, immer häufiger reiste er mit seiner Frau Friede nach Patmos, auf die Insel des Johannes, des Jüngers, der dem Herzen Jesu am nächsten stand. Dort, wo nach der christlichen Überlieferung Gott dem Evangelisten erschienen war, hatte der Verleger sein letztes und kleinstes Haus gebaut. Er war überzeugt: „Der Abfall von Gott ist die Hauptursache dessen, was die Welt quält.“ Er sprach kaum noch von dem, was er in seinem Leben geleistet hatte, sondern fast nur noch von dem, was er falsch gemacht habe. „Mein Gott, gibt's überall viel Leid", schrieb er einem Freund.

Sein von ihm geschaffener Konzern hing ihm wie ein Mühlstein am Hals. Daß in Bonn wieder ein CDU-Kanzler regierte, erfreute und beruhigte ihn, aber es ließ ihn nicht triumphieren. Der müde gewordene Verleger suchte sein Haus zu bestellen, ein Haus, das allen Stürmen getrotzt hatte. Er nahm die Verlegerfamilie Burda in sein Unternehmen auf, wandelte es in eine Publikumsgesellschaft um, ließ 49 Prozent der Aktien an der Börse placieren und verfügte in seinem Testament, daß nach seinem Tod seine Erben das Gesamtvermögen dreißig Jahre lang nicht aufteilen dürften. Am 4. September 1985, im fünften Jahr nach dem Tod seines Ältesten, begrüßte Axel Springer in Berlin den neuen Aufsichtsrat seines Unternehmens unter Vorsitz von Bernhard Servatius. Es war das letzte Mal, daß er sein Haus an der Mauer betrat. Er leerte noch ein Glas Champagner auf den Verlag, legte Peter Tamm die Hand auf die Schulter und sagte: „Meine Herren, dem hab' ich viel zu verdanken." Alle Kraft schien ihn verlassen zu haben. Er fieberte. Die nächsten zweieinhalb Wochen verbrachte er im Bett. Der Arzt kam täglich zweimal, doch der Patient wurde immer schwächer.

Am 21. September wurde er von seiner Frau Friede in das Berliner Martin-Luther-Krankenhaus gebracht. Am nächsten Tag besuchte sie ihn wieder, „und ein Schreck durchfuhr meinen Körper. Ich wußte beim ersten Blick, daß Axel diesen Tag nicht überleben würde." Sie las ihm die Losung zum 22. September vor, die auf seinem Kalender stand. Sie war aus dem „Johannes-Evangelium": „Ich bin die Auferstehung und das Leben. Wer an mich glaubt, der wird leben, ob er gleich stürbe." Alsbald hörte sein Herz zu schlagen auf.

Ein nobler Mann war nicht mehr. „Er war ein großer Deutscher", rief Kanzler Kohl ihm in Berlins Gedächtniskirche nach. „Ein starker und zugleich gütiger Mann", urteilte Amerikas Präsident Ronald Reagan. „Sein großes Herz hat es vermocht, seine Zeit und seine Mitmenschen zu bewegen", schrieb Bundespräsident Richard von Weizsäcker der Witwe.

„Ich möchte in Berlin sterben und in Berlin begraben sein", hatte sich Axel Springer gewünscht. Und so geschah es. Er wurde auf dem Evangelischen Friedhof von Nikolassee beigesetzt. Fünf Jahre später erfüllte sich, was er stets und einsam vorausgesehen hatte: Sein Traum von der Wiedervereinigung wurde wahr. Mauer und Kommunismus brachen zusammen, wie von ihm prophezeit. Der Spuk, den Bonn für „Realität" gehalten hatte, verflog über Nacht. Selten hat die Geschichte einem Mann auf scheinbar verlorenem Posten so leuchtend Recht gegeben.

# FRANZ JOSEF STRAUSS
## 1915–1988

Von
Horst Möller

„Tod eines Großen": Mit diesen Worten kommentierte die „Frankfurter Allgemeine Zeitung" am 4. Oktober 1988 das Ableben des bayerischen Ministerpräsidenten und CSU-Vorsitzenden. Der von Franz Josef Strauß faszinierte Intimfeind Rudolf Augstein, der mit ihm nicht erst seit der „Spiegel"-Affäre 1962, sondern schon seit der „Fibag"-Affäre ein Jahr zuvor immer wieder vor Gericht die Klingen gekreuzt und auch publizistisch keine Gelegenheit ausgelassen hatte, Strauß zu attackieren, bekannte in seiner Nachrede vom 10. Oktober 1988, er habe den „barocken Menschen" und „sicherlich bedeutendsten Politiker Bayerns seit 1918" gemocht. Zugleich aber sei er seit dessen erstem Besuch in seinem Hamburger Haus 1957 zutiefst überzeugt gewesen, daß Strauß keinesfalls Bundeskanzler werden dürfe. Selbst als Außenminister wäre dieser „außergewöhnliche Mensch und Politiker", dieser „überlebensgroß intelligente" Mann „mit seinen vielseitigen Begabungen", der „Größte" in Bayern, der „Herzog aus dem Volk", ein „Alptraum" gewesen.

Kein Zweifel: Franz Josef Strauß hat Freund und Feind fasziniert, provoziert, mitgerissen, eingeschüchtert – unbewegt und kalt ließ er niemanden. Dies allein macht historische Größe noch nicht aus, zeigt aber, daß Strauß ein „Charakter" war. Was kennzeichnet den Lebensweg und das Lebenswerk von Franz Josef Strauß, worin liegt seine Bedeutung im ganzen, trotz Anfechtbarkeit im einzelnen?

Als Strauß starb, stand er in einem Lebensalter, in dem Konrad Adenauer Bundeskanzler geworden war. Doch der dreiundsiebzigjährige Strauß hatte bereits eine viereinhalb Jahrzehnte währende politische Karriere hinter sich, die ihn in alle Höhen und Tiefen eines Politikerlebens geführt hatte und so dauerhaft wie keinen zweiten Politiker der westdeutschen Nachkriegsgeschichte in führenden Ämtern sah – unverwechselbar und kompetent in jedem, anstoßend für die einen, anstößig für die anderen.

Nicht der geringste Vorzug des Politikers Strauß war, daß seine Urwüchsigkeit nie hinter dem jeweiligen Amt verschwand, sosehr er sich ihm jeweils verschrieb. Er war Kommunalpolitiker, als es kaum Landespolitik und schon gar keine Bundespolitik gab. Er war Parteipolitiker ohne alles Funktionärstum, ja in gewisser Weise ohne im engen Sinn Parteimann zu sein. Er war Bundespolitiker mit hohen Ämtern und noch höheren Ambitionen, ein Bundespolitiker aber, der bayerischer Föderalist blieb. Er war schließlich Landespolitiker, ohne je die Bundespolitik und die auf die Welt gerichtete Außenpolitik aufzugeben.

Selbst als bayerischer Ministerpräsident, in diesem „schönsten Amt, das es gibt", kam der bis ins Alter äußerst agile, immer nach neuen politischen Möglichkeiten Ausschau haltende Bayer nicht zur Ruhe; er blieb von ungestümem und impulsivem politischen Temperament. Das Heute war ihm nie genug, Bayern blieb sein Wurzelgrund, ohne den er nicht zu verstehen war und nicht verstanden werden wollte. Aber sogar das einzige historisch gewachsene Bundesland mit einem traditionellen Staatscharakter war dem im achten Lebensjahrzehnt stehenden Regierungschef zu klein. Trotz äußerer bajuwarischer Behäbigkeit blieb er bis an sein Ende ein Getriebener, der, mit einer gehörigen Portion Selbstbewußtsein ausgestattet, überzeugt war, Weltpolitik treiben zu müssen. Zugleich nagte an ihm der unbefriedigte Ehrgeiz, nicht Bundeskanzler geworden zu sein, obwohl er ohne jeden Zweifel zu den wenigen politischen Spitzenpotenzen in der Geschichte der Bundesrepublik Deutschland gehörte. Insofern besaßen die zahlreichen Gespräche mit den führenden Staatsmännern der Welt, die in seinem letzten Lebensjahrzehnt rasch aufeinander folgten, wohl nicht zuletzt kompensatorischen Charakter.

Professor der Geschichte in München – wo Franz Josef Strauß am 6. September 1915 geboren worden war – wollte er ursprünglich werden, und das war kaum späte Koketterie eines Mannes, der am Ende Geschichte nicht geschrieben, sondern gemacht hat. Vielmehr dürfte seine Neigung zur Historie der zweiten Natur dieser ebenso reichen wie widersprüchlichen Persönlichkeit entsprochen haben. Er war nicht nur ein Tatmensch, nicht allein Machtmensch, sondern auch ein Mann der Kontemplation, der politischen Analyse, der an der alten Geschichte und den alten Sprachen orientierten historischen Bildung. Zeitlebens sah er sich, der sein altphilologisches und geschichtswissenschaftliches Studium an der Münchner Ludwig-Maximilians-Universität 1939 mit Glanz abgeschlossen und noch als Soldat das Zweite Staatsexamen für das Lehramt an Gymnasien abgelegt hatte, als Historiker. Er liebte das historische Räsonnement, die aus der Tiefe der Geschichte erwachsende weite Perspektive, die Überzeugungskraft einer Argumentation, die nicht kurzfristig im Heute befangen bleibt. Insofern besaß er Ähnlichkeit mit sonst so unterschiedlichen Naturen wie Theodor Heuss, Carlo Schmid, sogar mit Kurt Georg Kiesinger.

Weniger hingegen entsprach sein historisch-politisches Denken demjenigen Konrad Adenauers, das sehr viel konkret-pragmatischer, ja selbstgenügsamer war, weniger gelehrt und weniger reflektiert, dafür aber applizierbarer auf die konkrete politische Situation, ohne jeden Zweifel zweckbezogener und durchschlagender. Unter den Machtmenschen jener Generation war diese Form historisch-politischer Reflexion und Konzeptualisierung der Politik singulär.

Die historisch-politische Lage nach 1945 führte bei Strauß zu einer gänzlich anderen Laufbahn, die wohl seinem Willen zur politischen Gestaltung und seiner Freude an der Macht stärker entsprach als gelehrte Forschung. Eine ebenso unverkennbare Neigung, mit seinem Wissen zu brillieren, seien es historische oder ökonomische Themen, änderte daran ebensowenig wie eine zuweilen durchbrechende belehrende Diktion und sein Wunsch, durch Sachkompetenz zu beeindrucken und zu beeinflussen.

War mithin für ihn die spätere politische Laufbahn vorgezeichnet? Wohl kaum, wenngleich er wie viele andere Politiker der Nachkriegsjahrzehnte die zeitgeschichtliche Erfahrung offenbar als politische Lektion verstand und verarbeitete. Die Regel war, daß diese Politiker ihre ersten politischen Erkenntnisse schon während der Weimarer Republik gewonnen hatten. Außer für Adenauer und Heuss galt das für Kurt Schumacher, Herbert Wehner, Fritz Schäffer, Wilhelm Hoegner, um nur sie zu nennen.

Franz Josef Strauß jedenfalls gehörte zu den ganz Jungen unter den Gründervätern der westdeutschen Demokratie und des erneuerten Föderalismus in der Bundesrepublik Deutschland. Bei den Regierungsparteien vertrat er in der Riege der bereits Erfahrenen die durch den Krieg geprägte, politisch unbelastete Generation. Er repräsentierte – für Jahre fast allein – ihren Gestaltungsdrang, verkörperte nicht nur in dem ihm später oft angelasteten kritisierbaren, sondern im positiven Sinn ihre Dynamik, ihren Blick nach vorn.

Er war in allen Ämtern ein Neuerer; immer gehörte er zu den „Modernen". Als Parteipolitiker und späterer Parteiführer, als Atomminister, als Verteidigungsminister setzte der von der Technik Faszinierte auf radikale Modernität. Als Finanzminister war er in Zusammenarbeit mit Karl Schiller der entscheidende Wegbereiter einer grundlegenden Finanzreform. Als bayerischer Ministerpräsident führte er energisch die bereits in den fünfziger Jahren begonnene Industrialisierung des einstigen Agrarstaates fort.

Mit augenscheinlichem Stolz schilderte er in seinen postum 1989 veröffentlichten, leider fragmentarisch gebliebenen „Erinnerungen" die ersten politischen Eindrücke seiner Kindheit. Hitler-Putsch 1923 und Aufstieg des Nationalsozialismus waren die prägenden Erlebnisse. Doch im Unterschied zu den meisten Angehörigen seiner Generation übten sie auf den jungen Strauß keine Anziehungskraft aus, da er durch sein Elternhaus immunisiert worden war. Aus dem Münchner Kleinbürgertum stammend, bewahrten seinen Vater Katholizismus, bayerisch-partikularistischer Traditionalismus und konservative Grundüberzeugungen vor jeglicher Verführbarkeit durch die totalitäre Ideologie. Anhänger der Bayerischen Volkspartei, dürfte Vater Strauß kaum überzeugter Demokrat der Weimarer Prägung gewesen sein. Nach dem Zeugnis seines Sohnes hoffte er 1933, der wittelsbachische Kronprinz Rupprecht könne dem braunen Spuk – zumindest in Bayern – ein schnelles Ende bereiten. Der Sohn war wohl nicht derselben Meinung, aber wichtig für die dreißiger Jahre blieb, daß er entschieden die nationalsozialistische Diktatur ablehnte. Noch am 6. Mai 1978, als er mit Leonid Breschnew zusammentraf, wies er diesen auf die politische Bedeutung seiner persönlichen Herkunft hin und erklärte dem sowjetischen Parteichef: „Ich komme aus einer überzeugt katholischen Familie, aus einer Familie, die in leidenschaftlichem Gegensatz zum Nationalsozialismus stand." Als er am 31. Januar 1933 nach Hause gekommen sei, habe sein Vater zu ihm gesagt: „Bub, jetzt ist der Hitler Kanzler. Das bedeutet Krieg, und dieser Krieg ist das Ende Deutschlands!" „Von da an lebte ich als junger Mensch in der Hoffnung, daß kein Krieg kommt, und in der Furcht, daß er kommt... Ohne diesen Hitler-Stalin-Pakt hätte der Zweite Weltkrieg, bei entsprechender Reaktion auch der Westmächte, vermieden werden können... Ich bin der Sohn meines Vaters, Sie sind einer der Amtsnachfolger Stalins."

In seinen, in einer späteren Redaktion vorliegenden „Erinnerungen" bemerkte Strauß weiter: „Ich kenne den Krieg. Deshalb will ich den Frieden. Das ist meine persönliche Konsequenz aus dem Zweiten Weltkrieg... Von Anfang an habe ich im Abfall der Politik von den Grundnormen des christlichen Sittengesetzes die Ursünde gesehen, aus der alles Unheil erwuchs, das eine verbrecherische und verblendete deutsche Politik über die Völker Europas und nicht zuletzt über das deutsche Volk selbst gebracht hat."

Es zählt zu den agitatorischen Verzerrungen der Politik des zeitweiligen Atomministers und vor allem des Verteidigungsministers Strauß – bei denen oftmals ein Stück kommunistischer Propaganda abfärbte –, wenn man ihm besondere Aggressivität oder Militarismus attestierte. Wer die Lektion der „Entfesselung" des Zweiten Weltkrieges gelernt hatte, wer die verhängnisvolle Rolle der Appeasement-Politik kannte, der mußte sich konsequent für die innere Wehrhaftigkeit und die äußere Verteidigungsfähigkeit der westlichen Demokratien einsetzen. Genau das tat Strauß, und damit leistete er einen Beitrag zur Friedenspolitik und zur Sicherheit der Bundesrepublik Deutschland, zu denen ein plakativ zur Schau getragener Pazifismus hingegen nichts beiträgt.

Strauß wußte, was Krieg bedeutet. Als Artillerist hatte er unter anderem am Frankreich- und am Rußland-Feldzug teilgenommen, war Ausbildungsoffizier und hatte bei Kriegsende den Dienstgrad eines Oberleutnants erreicht. Gleichzeitig war er am 1. April 1943 zum Studienrat ernannt worden. Nach kurzer Kriegsgefangenschaft im April und Mai 1945 setzte ihn die amerikanische Militärregierung im Landkreis Schongau als stellvertretenden Landrat ein.

Im Mittelpunkt seiner damaligen Tätigkeit standen praktische Fragen: Wie sollte man mit den unmittelbaren Folgen der katastrophalen Kriegsniederlage fertig werden, mit Hungersnot und Wohnungsnot sowie mit der Eingliederung der Flüchtlinge, die vor der sowjetischen Besatzungsherrschaft im Osten Deutschlands geflohen waren beziehungsweise aus Böhmen und Mähren nach Süddeutschland flüchteten? Strauß zählte zu denen, die sich im Gegensatz zur Bayernpartei für Aufnahme und Integration der Heimatvertriebenen einsetzten. Diese Politik trug später dazu bei, die Sudetendeutschen zum „vierten Stamm" Bayerns zu machen. Sie war eine der wesentlichen Ursachen der Veränderung der bayerischen Bevölkerungs- und Sozialstruktur und schuf zugleich eine bayerische Hausmacht für die Vertriebenenverbände.

In jene Zeit fielen die für den Werdegang von Strauß bedeutsame Begegnung mit dem „Ochsensepp" und seine ersten parteipolitischen Aktivitäten, zunächst die Beteiligung an der Gründung des CSU-Kreisverbandes Schongau im November 1945 und an überlokalen Initiativen zur Begründung einer neuen, in Abwendung von Geschichte und Struktur des deutschen Parteiensystems stehenden überkonfessionellen christlichen Partei. Im Falle Bayerns bedeutete dies zunächst den Kampf gegen eine ausschließlich föderative oder gar partikularistische Tradition. Zweifellos handelte es sich hier um eine speziell für das neue Bayern und für die spätere Bundesrepublik insgesamt außerordentlich folgenreiche und wegweisende Weichenstellung.

Innerhalb der beiden gegensätzlichen Gruppierungen der gerade ins Leben gerufenen CSU gehörte Franz Josef Strauß zu dem progressiven Flügel, der sich in Josef Müllers Wohnung in der Münchner Gedonstraße traf und der christlich-sozial sowie überkonfessionell war. Die konservativere Alternative vertraten vor allem Fritz Schäffer und Alois Hundhammer, die eher klerikal orientiert waren und stärker der Tradition der 1918 entstandenen Bayerischen Volkspartei folgten. Müller, der der Widerstandsgruppe um den Abwehrchef Admiral Canaris nahegestanden hatte und in Gestapo-Haft gewesen war, setzte sich durch und förderte seit ihrer ersten Begegnung im Frühjahr 1946 den jungen Strauß. Dieser entschied sich schließlich für die Reformer: „Es sollte Schluß sein mit dem Weimarer Parteiensystem, das so kläglich versagt hatte, es sollte eine andere parteipolitische Architektur entstehen, ein wirklicher Neuanfang gemacht werden."

Tatsächlich ergab sich aus der Gründung von CDU und CSU der wesentliche Unterschied zum Weimarer Parteiensystem, gelang es ihnen doch, zu großen überkonfessionellen Volksparteien zu werden, die die zahlreichen Splittergruppen zu integrieren vermochten und dadurch zur Stabilität des Parteiensystems erheblich beitrugen. Strauß wurde bald zum Motor dieser Entwicklung.

1946 stellvertretender Vorsitzender des CSU-Kreisverbandes Schongau, 1946 bis 1988 Mitglied des Landesvorstands und des geschäftsführenden Landesvorstands beziehungsweise Präsidiums, 1948 bis 1952 Generalsekretär,

1952 bis 1961 stellvertretender Vorsitzender, 1961 bis 1988 Vorsitzender der CSU – zweiundvierzig Jahre war Strauß also in der Spitzengruppe seiner Partei, davon siebenundzwanzig Jahre ihr unbestrittener Führer. Keinem anderen demokratischen deutschen Politiker des 20. Jahrhunderts gelang es, seine Partei über nahezu drei Jahrzehnte in dieser Weise zu dominieren. Sicherlich lag der Grund dieser beeindruckenden Karriere nicht allein in der mächtigen Persönlichkeit von Franz Josef Strauß, sondern auch in spezifischen bundes- und landespolitischen Konstellationen sowie in der Bereitschaft seiner Partei, sich derart führen zu lassen. Und zweifellos hinterließ Strauß, wie viele andere zeitweilig geradezu erdrückende Parteiführer, der eigenen Partei auch Probleme, die ein so persönlicher Stil der Machtausübung zwangsläufig bewirkt.

Auf der anderen Seite übte die CSU über Jahrzehnte hinweg dank dieses Mannes erheblichen politischen Einfluß aus, wurde zu der das moderne Bayern prägenden Partei, war und ist eine der drei Regierungsparteien der Bundesrepublik Deutschland. Gemeinsam mit der Schwesterpartei CDU blieb die CSU die führende Oppositionspartei gegenüber der sozialliberalen Koalition, und zwar derjenige Teil der Opposition, der aufgrund der Energie, Streitbarkeit und Kompetenz ihres Parteivorsitzenden das klarste Profil besaß. Wäre Strauß ausschließlich Parteiführer gewesen, so wäre ihm allein dadurch ein bedeutender Platz in der Geschichte Nachkriegsdeutschlands sicher. Das gilt auch deshalb, weil sein Anteil am organisatorischen Aufbau der CSU beträchtlich, ja in seinen Jahren als Generalsekretär entscheidend gewesen ist. Diese Aufbauleistung wandelte die CSU nach den heftig-deftigen programmatischen und personalpolitischen Flügelkämpfen der Anfangsjahre, die manche Rückschläge bewirkten, aber trotz aller individuellen Interessenpolitik auch die ideelle Lebendigkeit der neuen Partei bewiesen, zu einer modernen Massenpartei mit effektiver Parteibürokratie und einer öffentlichkeitswirksamen Publizistik.

Der vom Parteivorsitzenden herausgegebene, von Wilfried Scharnagl geleitete „Bayernkurier" bildete für Strauß oftmals ein Forum, das er zu programmatischen Äußerungen nutzte, mit dessen Hilfe er aber, insbesondere in den achtziger Jahren, zugleich gegen die CDU-Führung und gegen den Bundeskanzler beziehungsweise den Bonner Koalitionspartner FDP grantelte. Da spielten zwar persönliche Animositäten mit, die zu verstecken Strauß sich keineswegs bemühte, ebenso jedoch abweichende politische Strategien und parteitaktische Überlegungen. Von Fehlkalkulationen war die immer wieder gezielt herbeigeführte Spannung zur großen Schwesterpartei nicht frei. Ein Beispiel ist die Drohung der bundesweiten Ausdehnung der CSU oder der Gründung einer „Vierten Partei", die nach der berühmten Sonthofener Rede von Franz Josef Strauß 1974 vor allem der Verbesserung der Chancen der

Unionsparteien bei der Bundestagswahl von 1976 dienen sollte. Ungeduld war auch damals ein schlechter Ratgeber; die Pläne verliefen im Sande. Ihre Realisierung hätte leicht zum Bumerang einer Ausdehnung der CDU auf Bayern werden können und im übrigen das Wählerreservoir der beiden Unionsparteien kaum erweitert. Jedenfalls vermochte es Strauß als einer der erfolgreichsten Wahlkämpfer der Bundesrepublik, die bayerische Bastion für seine Partei zu sichern und dadurch bei Bundestagswahlen ausschlaggebend zur Mehrheitsfähigkeit unionsgeführter Bundesregierungen beizutragen. Gegen den volkstümlichen und wortgewaltigen Strauß, der als der beste Garant dafür erschien, konservative und „nationale" Positionen einzubeziehen, hatten rechtskonservative oder gar neonazistische Splitterparteien nie eine reelle Chance.

Strauß selbst war während der drei ersten Nachkriegsjahrzehnte vor allem Bundespolitiker, doch er unterschied sich von Hans Ehard auf der einen und Fritz Schäffer auf der anderen Seite dadurch, daß sein Lebenswerk zugleich ein parteipolitisches, bundespolitisches und landespolitisches gewesen ist. Strauß hatte vom Beginn seiner Laufbahn an immer wieder Verwaltungs- und Regierungsämter inne. Wenngleich die Parteifunktionen nicht lange auf sich warten ließen, nahm er erst einmal wechselnde Positionen im öffentlichen Dienst wahr: 1946 bis 1948 als Landrat in Schongau und Jugendreferent im bayerischen Kultusministerium, 1948 als Oberregierungsrat im bayerischen Innenministerium und Leiter des bayerischen Landesjugendamts. Ungefähr dreizehn Jahre lang war er in vier verschiedenen Ressorts Bundesminister, außerdem zehn Jahre bayerischer Ministerpräsident. Auf diese Weise wurde Strauß zwangsläufig ein gouvernementaler Politiker, obwohl sich sein Temperament nur mühsam in Regierungsdisziplin einbinden ließ. Seine Laufbahn als Parlamentarier währte noch länger als seine Regierungs- und Parteikarriere, nämlich vierzig Jahre lang. Er begann 1948/49 als Mitglied des Frankfurter Wirtschaftsrats. Von 1949 bis 1978 gehörte er dem Deutschen Bundestag an und trennte sich nur schwer von seinem Mandat, als er Ministerpräsident wurde. 1978 bis 1988 war er Mitglied des bayerischen Landtags.

Die Verbindung von Amt und Mandat, von Ämtern des Staates, des Parlaments und der Partei über vierzig Jahre hinweg charakterisiert dieses Politikerleben und erklärt unter anderem, daß die Trennung des Amtsträgers Strauß und des Privatmannes für ihn kaum mehr möglich erschien. Hier lag eine der Ursachen für seine Anfechtbarkeit. Oft half er ihm Unbekannten, die sich an ihn wandten, wies Staatskanzlei und Ministerien an, Eingaben nachzugehen, die er erhalten hatte, doch er gewährte mit erstaunlicher Unbekümmertheit auch Unterstützung an Bekannte und Freunde – und dies in einer Weise, die seine Amtspflichten berührte.

Sein erstes, im weiteren Sinne parlamentarisches Mandat im Frankfurter Wirtschaftsrat stellte bereits die Weichen für eine künftige bundespolitische Betätigung. Strauß selbst hat später darauf hingewiesen, daß im Frankfurter Wirtschaftsrat kaum die Parteiführer saßen, da sich das politische Leben von unten nach oben reorganisierte und sich die meisten führenden Politiker in der ihnen wichtiger erscheinenden Landespolitik engagierten. Das gab dem Schützling von Josef Müller, mit dem er am 23. Juli 1947 erstmals nach Frankfurt zu einer Sitzung des Wirtschaftsrats gefahren war, eine Chance. Strauß ergriff sie sofort, und es zählt zu seinen bleibenden Leistungen, daß er in diesem länderübergreifenden Gremium den damaligen Direktor beim Wirtschaftsrat, Ludwig Erhard, in dessen Kampf für die „Soziale Marktwirtschaft" unterstützt hatte. Die den wirtschaftlichen Wiederaufstieg Deutschlands begründende Weichenstellung kann in ihrer Bedeutung kaum überschätzt werden, so umstritten sie damals war. Strauß, der „überzeugte Mitstreiter Ludwig Erhards", wählte bald darauf als Generalsekretär seiner Partei für die Bundestagswahl 1949 die Parole: „Die Wirtschaft ist unser Schicksal."

Die Frankfurter Politik prädestinierte Strauß für die Kandidatur bei der ersten Bundestagswahl. Der junge Abgeordnete und Generalsekretär war Teilnehmer an allen wichtigen Sitzungen, zunächst der des „Ellwanger Kreises", dann der berühmten Rhöndorfer Konferenz im Hause Konrad Adenauers am 21. August 1949, auf der die Entscheidung für die kleine Koalition mit Konrad Adenauer als erstem Bundeskanzler fiel. Die Parteilinke in der CDU um den nordrhein-westfälischen Regierungschef Karl Arnold sowie die Gruppe um Gebhard Müller traten hingegen vehement für eine Große Koalition mit der SPD ein.

Das Interesse der CSU richtete sich zugleich ebenso dezidiert gegen eine Regierungsbeteiligung der Bayernpartei, die Strauß gemäß der Parteiräson der CSU isolieren und aus dem politischen Leben ausschalten wollte, was ihm gelang. Wie immer der Anteil von Strauß an der Rhöndorfer Weichenstellung gewesen sein mag – die Historiker werten ihn geringer als er selbst –, sie erwies sich für die künftige politische Struktur und Entwicklung der Bundesrepublik als fundamental. Mit ihr begann auch die bundespolitische Rolle von Franz Josef Strauß, wenngleich es noch eine Wahlperiode dauerte, bis er 1953, gerade achtunddreißig Jahre alt, zum Bundesminister für besondere Aufgaben avancierte. 1955/56 wurde er Bundesminister für Atomfragen und schließlich 1956 bis 1962 Bundesminister für Verteidigung. Die „Spiegel"-Affäre katapultierte ihn aus der bereits geschwächten Regierung Adenauer. Er mußte vier Jahre warten, bis er als Finanzminister der Großen Koalition unter Kurt Georg Kiesinger 1966 bis 1969 wieder Mitglied der Bundesregierung wurde.

Wodurch wurde Franz Josef Strauß „ministeriabel"? Was stach als herausragende Leistung seiner Ministerjahre hervor? „Franz Josef Strauß hat sich durch seine letzte Rede im Bundestag wahrscheinlich endgültig in die erste Garnitur der Bonner Hierarchie vorgespielt. Auch diejenigen, die ihn ablehnen, ‚rechnen' mit ihm", so lautete das Urteil des dem Bayern zugetanen „Münchner Merkur". Andere Pressestimmen teilten ebenfalls diese Einschätzung nach der 70-Minuten-Rede in der Wehrdebatte des Bundestags am 7./8. Februar 1952.

Der EVG-Vertrag provozierte heftigste Emotionen, ging es doch um die für den Weg der Bundesrepublik schlechthin fundamentale Frage eines künftigen Verteidigungsbeitrags zur Erhaltung der westlichen Wertegemeinschaft. Nach einer schwachen Rede des Bundeskanzlers wollte kein Abgeordneter der Unionsfraktion in die Bresche springen. Strauß aber, ebenso kompetent wie ehrgeizig, tat es. Noch später stolz darauf, das Ansehen der Regierungsparteien gerettet und sich gegenüber Adenauer als der ungleich wirkungsvollere Redner profiliert zu haben, erwies er sich als ein Politiker, dessen Urteil historisch fundiert war. Er verband die weltpolitische Analyse mit einer europäischen Perspektive. Er lehrte schon damals seine politischen Antipoden das Fürchten. Wenngleich künftig so heftig attackiert wie nur wenige Politiker der Bundesrepublik, galt er von nun an als ein wortgewaltiger Rhetor; selbst der „Spiegel" zählte ihn (neben Herbert Wehner und Rudi Dutschke) zu den „besten Volksrednern dieses Landes". Stilistisch den beiden weit überlegen, mit farbiger, mundartlich getönter Sprache, war Strauß unleugbar ein volkstümlicher Redner, der keineswegs nur beim „politischen Aschermittwoch" im niederbayerischen Vilshofen die Säle füllte. Zugleich war er ein glänzender Parlamentsredner und Debattierer, der auch als „einfacher" Abgeordneter Freund und Feind anzog und ganz erheblich dazu beitrug, dem Bundestag während der ersten Legislaturperioden Farbe zu geben. Dem Redner Strauß stand ein weites Arsenal zu Gebote: Mal witzig-charmant, mal sachlich argumentierend, mal drastisch-derb konnte er ebenso verletzende Schärfe erreichen.

Strauß selbst, der sich noch im späten Rückblick wunderte, daß eine Rede solch immense Wirkung haben könne, und nostalgisch konstatierte, nie wieder im Bonner Parlament mit solchen Ovationen wie 1952 gefeiert worden zu sein, sah sich jedoch als „geborenen Anti-Rhetor": „Erstens rede ich nie kurz, zweitens bilde ich lange Sätze, drittens verwende ich viele Fremdwörter und fremdsprachige Zitate." Solche Verstöße gegen die Rhetorik hätten aber seiner Wirkung nie Abbruch getan. Seine Lust am Formulieren, der gewollte, überbordende Informationsreichtum, das vulkanische Temperament fesselten sogleich seine Zuhörer und straften die Einschätzung leichtgewichtiger und weniger selbstbewußter Politiker Lügen, daß nur derjenige sein Publikum erreiche, der möglichst argumentationsarm, möglichst inhaltsleer und farblos sei. Sich stromlinienförmig durchzuschlängeln war seine Sache nicht;

auch Journalisten redete er nie nach dem Munde, darin übrigens Wehner ähnlich. Einer kraftvollen Persönlichkeit ist Anbiederung an den vermeintlichen Zeitgeschmack fremd, zumal wenn sie ihn – wie Strauß – lenken und prägen will. Es reizte ihn nie, präsidiales Medium zu sein; er war Machiavellist und wollte regieren. Und zweifellos gehört der Wille und das Vermögen zu solcher Einflußnahme auf die Geschicke und den Geist der Zeit zur historischen Größe.

Welche politischen Grundüberzeugungen ließ seine erste überragende Rede erkennen? „Dem tragischen Irrtum der Weltmächte, daß mit dem militärischen Sieg über Deutschland auch schon eine neue Ordnung der Welt und ihrer Zukunft eingeleitet sei, stand gegenüber die konsequente sowjetische Zielsetzung, daß der militärische Sieg über Deutschland erst die Basis, den Ausgangspunkt und das Sprungbrett für eine Ausdehnung des bolschewistischen Machtbereichs darstelle... Deshalb müssen wir heute über die Verteidigung Deutschlands reden... Es besteht kein Zweifel, daß die Vereinigten Staaten von Amerika das Rückgrat der Verteidigung der freien Welt darstellen... Aus dem in 17 Staaten aufgespaltenen Resteuropa zwischen dem bolschewistischen Koloß und der Weltmacht Amerika muß ein in Freiheit und Gleichberechtigung geeintes Europa entstehen, oder Europa wird in absehbarer Zeit nicht mehr sein als ein geographischer Begriff auf der Landkarte... Dieses Europa hat ein gemeinsames Schicksal und eine gemeinsame Zukunft. Was liegt näher, als daß es zu einer gemeinsamen Politik kommen muß." Im übrigen bestand Strauß, der wie Adenauer – und zunächst auch Kurt Schumacher – den Epochencharakter des Korea-Krieges erkannt hatte, auf der Dringlichkeit jeglicher Entscheidung: „So gern ich die beiden mitsammen sprechen sehe..., so möchte ich doch Herrn Dr. Adenauer und Herrn Dr. Schumacher nicht gern hinter Stacheldraht im Ural sich darüber unterhalten sehen, was sie im Frühjahr 1952 hätten tun sollen."

Die Koordinaten waren abgesteckt, sie stimmten mit denen Konrad Adenauers überein. Doch dies hieß nicht, daß Strauß und Adenauer je ein wirklich spannungsfreies Verhältnis zueinander gehabt hätten. Das konnte angesichts des Generations- und Erfahrungsunterschieds kaum anders sein; ausschlaggebender dürfte wohl der Unterschied im Temperament gewesen sein und vielleicht auch, daß einer im anderen den Willen zur Macht und das Herrschaftspotential witterte. Dies trat zwar erst in den frühen sechziger Jahren wirklich zutage, da bis dahin Adenauer in Strauß keine ernsthafte Gefährdung des eigenen Führungsanspruchs hatte sehen müssen; erst jetzt, als Strauß selbst Vorsitzender einer Koalitionspartei war und das Ende der Kanzlerschaft Adenauers dämmerte, wurde es augenfällig. Doch schon vorher erkannte Adenauer immer wieder das Ungestüm von Strauß, der es wie damals nur wenige in der Union wagte, dem im Zenit seiner Macht stehen-

Axel Springer im Jahr 1970

Franz Josef Strauß im Jahr 1978

den „Alten" zu widersprechen. Strauß hatte immer eine eigene Meinung und hielt mit ihr nicht hinterm Berg. In der Verteidigungspolitik, hauptsächlich in bezug auf moderne Wehrtechnik, sah er Adenauer, den eingefleischten Zivilisten, als nicht besonders kompetent an, sosehr beide in der grundsätzlichen Richtungsentscheidung übereinstimmten. Nach jener Debatte stand fest, welche politischen Ambitionen Strauß verfolgte. Das Atomministerium entsprach zwar seinem Sinn für moderne Naturwissenschaft und Technik, nicht aber seinen politischen Wünschen. Er betrachtete es nur als Zwischenstation auf dem Weg zum künftigen Verteidigungsministerium. Und die hemdsärmlige Brachialität, in der er wenige Jahre später den gerade ins Amt gelangten Theodor Blank aushebelte, verriet seine Unbedenklichkeit und seine Durchsetzungsfähigkeit im politischen Machtkampf.

Wie erklärt sich Strauß' Interesse an der Technik, da er doch zunächst und zumeist ein von historischer und altphilologischer Bildung geradezu Besessener war, der in atemberaubender Geschwindigkeit das Bildungsgut mehrerer Generationen nachzuholen schien. Schon als Schüler bestach Strauß durch seine Vielseitigkeit. Er machte als Jahrgangsbester mit glänzenden Leistungen Abitur und erhielt infolgedessen eines der begehrtesten Stipendien Bayerns als „Maximilianeer". Er war aber alles andere als ein blutleerer Intellektueller; sogar sportlich stand er seinen Mann und wurde bayerischer Jugendmeister im Radrennen. Gleich nach dem Abitur machte er den Motorradführerschein, obwohl er kein Motorrad kaufen konnte. Und später erhielt er die Genehmigung zum Fliegen von Düsenjets. Als er 1987 mit einer bayerischen Delegation Gorbatschow in Moskau besuchte, steuerte der zweiundsiebzigjährige Ministerpräsident die Maschine selbst. Schließlich hat er bis zum Ende seines Lebens die Flugindustrie engagiert unterstützt, wie er überhaupt ein Förderer zukunftsorientierter Industrialisierung Bayerns gewesen ist. Dies wird ebenfalls mit seinem Namen verbunden bleiben, obwohl seine Flugleidenschaft ihn auch zu zweifelhaftem, seine eigene Partei heftig irritierendem Engagement verleitete, als er sich mit der ihm eigenen Vehemenz für die Steuerbegünstigung des Flugbenzins einsetzte.

Als Atomminister hat Strauß die eigene Faszination von moderner Naturwissenschaft und Technik gleichfalls zur Industrieförderung genutzt, unternehmerischer Initiative war er allzeit geneigt. Strauß, der der von ihm im Januar 1956 gegründeten Atomkommission vorsaß, entwarf ein gestuftes Atomprogramm der Bundesregierung und setzte sich entschieden für den Bau von Kernreaktoren ein. Er inaugurierte eine Politik, die bis in die siebziger Jahre hinein auch sozialdemokratische Bundesregierungen übernahmen – ungeachtet späterer Abwendung von einer aktiven Atompolitik. Ziel seiner Politik war es, den Rückstand der Bundesrepublik bei der friedlichen Nutzung der Kernenergie gegenüber anderen Industrieländern aufzuholen.

Als ebenso zukunftsorientiert erwies sich seine Rüstungspolitik. Zu den überragenden und bleibenden Leistungen von Strauß zählt es, in der von Adenauer gegebenen verteidigungspolitischen Richtlinie den Aufbau der Bundeswehr mit aller ihm zu Gebote stehenden Energie gegenüber einer abweichenden, von SPD und DGB sowie pazifistischen Gruppierungen stark beeinflußten öffentlichen Meinung vorangetrieben zu haben. Erst nach dem Godesberger Parteitag und besonders nach der berühmten Bundestagsrede von Herbert Wehner am 30. Juni 1960, in der dieser die Wende der SPD zur vorbehaltlosen Bejahung der Westintegration verkündete, war für ein Jahrzehnt die Außen- und Verteidigungspolitik der Bundesregierung bei keiner demokratischen Partei mehr ernstlich umstritten. Noch die in den letzten Jahren von Helmut Schmidts Amtszeit als Bundeskanzler betriebene Nachrüstung, mit der er in seiner eigenen Partei scheiterte und die Helmut Kohl seit 1982 innenpolitisch durchsetzte, bedeutete eine konsequente – durch die spätere Entwicklung der Sowjetunion und des Ost-West-Verhältnisses bestätigte – verteidigungspolitische Entscheidung, die in der Linie der von Strauß ursprünglich ins Werk gesetzten Strategie lag.

Demgegenüber war sein Einsatz für die atomare Bewaffnung der Bundeswehr schon damals umstritten und stieß bei keinem der NATO-Partner auf Gegenliebe. Auch Konrad Adenauer, der sich bereits am 4. April 1957 für die Bewaffnung der Bundeswehr mit Kernwaffen ausgesprochen hatte, mußte hier schließlich zurückstecken. Die amerikanische Politik gegenüber der Bundesrepublik in bezug auf die Atombewaffnung und später auf den Atomsperrvertrag war indes ihrerseits fragwürdig; jedenfalls behandelten die USA die Deutschen nicht wie einen gleichberechtigten Bündnispartner. Strauß unterschätzte möglicherweise die ausländische Sensibilität in dieser Frage, oder er ignorierte sie bewußt, weil er sein Ziel erreichen wollte. Noch als Finanzminister der Großen Koalition charakterisierte er – übrigens in Übereinstimmung mit Bundeskanzler Kurt Georg Kiesinger und Altkanzler Adenauer – 1966 den Atomwaffensperrvertrag als „ein Versailles kosmischen Ausmaßes", während der damalige Außenminister Willy Brandt für eine deutsche Zustimmung eintrat, da er den Vertrag als Baustein einer künftigen europäischen Friedensordnung betrachtete. Strauß wollte nicht allein die Abschreckungskapazität der NATO erhöhen, sondern tatsächlich deutsche Gleichberechtigung erreichen. Außerdem hoffte er, wie andere Politiker auch, gegebenenfalls eine deutsche Zustimmung zugunsten einer stärkeren Unterstützung der Alliierten in der „deutschen Frage" instrumentalisieren zu können.

Strauß selbst hielt nicht nur den von der Regierung Brandt 1974 unterzeichneten Atomsperrvertrag für verhängnisvoll, sondern fühlte sich bereits viele Jahre zuvor von Adenauer im Stich gelassen, meinte gar, die CSU sei wieder einmal in einer zentralen politischen Frage von der Schwesterpartei isoliert worden. Doch der Dissens war älter. Strauß, der auch später nicht zugeben wollte, Blank aus dem Amt getrieben zu haben, war der Meinung, dieser sei der Aufgabe nicht gewachsen gewesen. Dessen gesamte Aufbauplanung war – wie Strauß zutreffend bemerkte – überzogen und durch Pannen diskreditiert. Aber zunächst wies Adenauer alle Kritik zurück; noch am 10. Juli 1956 erklärte er Strauß: „Solange ich Kanzler bin, werden Sie nie Verteidigungsminister." Er wollte sogar in Kauf nehmen, daß es über diese Frage möglicherweise zum Bruch zwischen den Unionsparteien komme, da die CSU faktisch die Ablösung von Blank gefordert hatte. Doch am 10. Oktober 1956 bot der Bundeskanzler das besonders schwierige Verteidigungsministerium überraschend dem Mann an, den er wenige Monate zuvor barsch zurechtgewiesen hatte. Noch Jahrzehnte später spürte man Strauß die Verärgerung an. Andererseits verhehlte er nicht seine Genugtuung, vom „ratlosen" Adenauer in der Notlage als Retter geholt worden zu sein. Tatsächlich war Strauß sofort der Lage gewachsen; er reduzierte die Planungen der Bundeswehr und drosselte das Tempo. Hier zeigte sich, daß er in Sachentscheidungen keineswegs zwanghaft vordrängte, wie ihm oft vorgeworfen wurde; dieses Mal war er es, der besonnen agierte. Statt der geplanten 500.000 wurden bis 1960 nur 360.000 Mann anvisiert, statt der Quantität größere Qualität, und hierzu gehörten nach Adenauers und Strauß' Meinung eben auch Trägerwaffen für Atomsprengköpfe.

Das Spannungsverhältnis zwischen dem jungen und dem alten Machtpolitiker aber war unübersehbar. Gegenüber Bundespräsident Theodor Heuss bemerkte der Bundeskanzler am 9. Oktober 1956, Strauß habe „die nötige Rücksichtslosigkeit und Vitalität, sich nach allen Seiten durchzusetzen, und werde bei Erfüllung seiner Aufgabe sich sicherlich so mit der SPD zerstreiten, daß der CSU die Lust auf eine große Koalition" vergehe. Es bleibe dahingestellt, wie groß bei der CSU die „Lust auf die große Koalition" tatsächlich war, bei Strauß dürfte sie, wenn überhaupt, höchstens eine taktische Drohung gewesen sein; er selbst fand später Adenauers Befürchtungen kurios. In einem jedoch hatte Adenauer die Energie von Strauß richtig eingeschätzt: Binnen kurzem hatte der neue Minister sein Amt im Griff, und je mehr er an Aufbauleistung erbrachte, desto schriller wurden die Töne seiner Gegner. Er erwies sich als Trumpf in Adenauers gerade noch rechtzeitig vor der Wahl umgebildetem Kabinett. Der Bundeskanzler fuhr sogar – gegen den Rat von Heinrich Krone – demonstrativ zur Trauung von Franz Josef Strauß mit Marianne Zwicknagel nach Rott am Inn.

Eine solch rasante Aufbauleistung, wie sie binnen weniger Jahre vollbracht wurde, konnte nicht ohne Fehleinschätzungen, nicht ohne Fehler und kaum ohne Beschaffungsskandale vonstatten gehen. Doch so ärgerlich und anstößig die Vorgänge von der „Fibag"-Affäre bis zum Starfighter-Problem waren, sie verblassen in der Gesamtbilanz des Verteidigungsministers Strauß, der sich mit vielen politischen Hypotheken, auch der des nationalsozialistischen Militarismus, auseinandersetzen mußte. Der Aufbau einer modernen Armee im Rahmen der NATO-Planung mit nach wie vor mißtrauischen Partnern und bei massiver innenpolitischer Gegenwehr stellte für sich genommen ein Problem ersten Ranges dar. Hinzu kam, daß im Hinblick auf die technische Ausrüstung, die innere Führung und den Primat der Politik gegenüber dem Militär vollkommen neue Strukturen durchgesetzt werden mußten. „Das Bundesministerium der Verteidigung ist für den verantwortlichen Minister ein Minenfeld, was nicht nur ich, sondern ohne Ausnahme bisher alle Inhaber dieses Amtes erfahren haben." Dieser rückblickenden Bewertung des Verteidigungsministers Strauß ist nicht zu widersprechen. Fair ging man mit ihm keineswegs um. Als erstes wurde ihm der Skandal um den Schützenpanzer HS 30 angelastet, obwohl diese Entscheidung in die Verantwortung der Militärs fiel und im übrigen bereits in der Amtszeit seines Vorgängers gefällt worden war. Wenn Franz Josef Strauß im Herbst 1962 doch über eine Affäre stürzte, dann mag es neben zweifellos eigenen Fehlern auch am publizistischen Dauerbeschuß gelegen haben, auf den er mit der ihm eigenen Impulsivität reagierte. Nun ist zwar auch die „Spiegel"-Affäre keineswegs so geklärt, wie gern unterstellt wird, doch schuldlos war Strauß an ihr sicher nicht, obwohl er dies in den wenigen Sätzen, die er über die „Spiegel"-Krise in seinen „Erinnerungen" noch hat diktieren können, erneut beteuert hat.

Allerdings gab es unter den übrigen unmittelbar Beteiligten kaum Unschuldslämmer: nicht Adenauer, der von Strauß von Beginn an vollständig auf dem laufenden gehalten worden war, nicht die Bundesanwaltschaft, die ihrerseits die Initiative ergriffen und vom Verteidigungsministerium ein Gutachten angefordert hatte, nicht der auch in dieser Angelegenheit undurchsichtige Chef des Bundesnachrichtendienstes Gehlen und schon gar nicht der „Spiegel", bei dem streng geheime Unterlagen gefunden wurden und der geheime Informationen, insbesondere über die NATO-Übung „Fallex", publiziert hatte. Dieser Tatbestand wird meist heruntergespielt, obwohl er es war, den Adenauer und Strauß außerordentlich ernst nahmen und der zur Erklärung ihrer Reaktion unentbehrlich ist.

Wer vermag zu sagen, in welchem Ausmaß die gewiß aufrichtige Befürchtung des Bundeskanzlers und des Verteidigungsministers sich mit dem Wunsch verband, es dem „Spiegel" heimzuzahlen, nachdem er jahrelang die Regierungspolitik attackiert und namentlich Strauß zur Zielscheibe einer permanenten persönlich gefärbten Polemik gemacht hatte? Kein Zweifel, daß solche Motive sich vermengten. Doch waren sie ausschlaggebend? Oder bildete die Sorge um die westliche Verteidigungsfähigkeit, die gerade in den

Tagen der Kuba-Krise vor einer möglicherweise existentiellen Bewährungsprobe stand, den wirklichen Grund für Strauß' Reaktion? Wenngleich eine psychologisch verständliche Reaktion noch keine juristisch korrekte ist, muß berücksichtigt werden, daß es sich um zwei ungleiche Gegner handelte: Der Mißbrauch der Pressefreiheit ist schwerer feststellbar und noch schwerer zu ahnden als das Fehlverhalten von Ministern und Spitzenbeamten, die in einem demokratischen Rechtsstaat mit sehr viel strengeren Maßstäben zu messen sind. So unterliegt es keinem Zweifel, daß gravierende Formfehler, Kompetenzüberschreitungen und Desinformationen gegenüber Beteiligten und politischer Öffentlichkeit unterliefen, für die Strauß und Adenauer mitverantwortlich waren. Doch Strauß stürzte letztlich nicht über die von ihm veranlaßte und von Adenauer durch eine Pauschalermächtigung gedeckte Verhaftungsaktion gegen den in Spanien weilenden Verfasser des inkriminierten „Spiegel"-Artikels „Bedingt abwehrbereit" Conrad Ahlers, sondern durch seine Reaktion im Bundestag: Der Verteidigungsminister verschwieg, daß er den deutschen Militärattaché in Madrid, Oberst Oster, angerufen und die Verhaftung veranlaßt hatte. Als klar wurde, daß Strauß den Abgeordneten nicht die Wahrheit gesagt hatte, war er nicht mehr zu halten.

Für Strauß selbst stellte sich der Vorgang anders dar: Er hatte in der Bundestagsdebatte den Bundeskanzler bewußt gedeckt, indem er kein Wort über dessen Kenntnisse vom Gesamtvorgang gesagt hatte. Strauß war überzeugt, in höchst brisanter Situation seine Pflicht getan zu haben. In einer lautstarken Auseinandersetzung hielt er im Dezember 1962 Adenauer, der anfangs die Position seines Ministers vertreten hatte, vor, ihn feige im Stich gelassen zu haben. Adenauer machte daraufhin seine Entscheidung rückgängig, nach dem Rücktritt von Strauß die kommissarische Leitung des Verteidigungsministeriums an Hans-Joachim von Merkatz zu übergeben, und betraute Strauß mit dieser Aufgabe bis zum Amtsantritt Kai-Uwe von Hassels. Der Kanzler verabschiedete Strauß in allen Ehren, würdigte seine hervorragende Leistung als Verteidigungsminister und prophezeite ihm noch eine große politische Zukunft.

Tatsächlich war durch jene die Öffentlichkeit aufwühlende „Spiegel"-Krise die gesamte Regierung samt Adenauers Kanzlerschaft in den Strudel gerissen worden. Adenauer kämpfte um sein, wenn auch befristetes politisches Überleben. Die kunstvoll von ihm inszenierten Koalitionsverhandlungen, die nach dem Rücktritt zunächst der FDP-Minister nötig geworden waren, zeigten den alten Kanzler auf der Höhe taktischer Meisterschaft, zugleich aber in seiner ganzen politischen Unbedenklichkeit, die dieses Mal Strauß traf. Die moralische Empörung über Strauß, nicht zuletzt bei FDP und SPD, war zu einem Gutteil lediglich öffentliche Demonstration; denn die Führungsspitze der SPD – Wehner, Ollenhauer und Erler – verhandelte mit Emissären des

Kanzlers und dann mit ihm selbst über einen Eintritt in die Regierung unter einer Kanzlerschaft Adenauers. Besonders schmerzlich für Strauß war es, daß er, der gerade einen großen Wahlsieg bei den bayerischen Landtagswahlen erzielt hatte, über die Koalitionsverhandlungen völlig unzureichend informiert wurde und sein innerparteilicher Gegner Baron Guttenberg im Auftrag Adenauers mit Wehner konferierte. Auch ohne Ministeramt, als er 1963 bis 1966 neben seinem Parteivorsitz den Vorsitz der CSU-Landesgruppe im Bundestag innehatte, blieb Strauß eine der stärksten politischen Persönlichkeiten auf dem Bonner Parkett und stellte für die Nach-Adenauer-Zeit die Weichen mit.

Wie Adenauer schätzte er Erhard als Wirtschaftsminister, doch er hielt ihn für gänzlich ungeeignet, das Kanzleramt zu übernehmen. Deshalb war es durchaus konsequent, daß er zu denen gehörte, die Erhards Ablösung 1966 mitbetrieben, wenngleich es die FDP war, die sie dann besorgte. Bei der Regelung der Nachfolgefrage spielte Strauß ebenfalls eine wesentliche Rolle. Der von vielen Gegnern, auch innerparteilichen, bereits 1962 erhoffte Rückzug des unbequemen Politikers in die bayerische Politik erfolgte erst 1978. Die FDP wollte Strauß 1966 um keinen Preis in der Regierung haben. Der Realpolitiker Herbert Wehner indes erkannte, daß Strauß die „Kröte sei", die die SPD für eine Regierungsbeteiligung schlucken müsse. Jedenfalls zählte Finanzminister Strauß mit Wirtschaftsminister Karl Schiller, im Volksmund „Plisch und Plum" genannt, zu den Aktivposten der insgesamt außerordentlich erfolgreichen Regierung der Großen Koalition.

Wie groß sein Sachverstand auch im finanzpolitischen Bereich war, zeigte sich schnell. Zu den von ihm im Zusammenwirken mit Schiller maßgeblich erbrachten Leistungen seit 1966 zählten die antizyklische Konjunkturpolitik, die Einführung der mittelfristigen Finanzplanung des Bundes, die Sanierung der Staatsfinanzen – samt der Schaffung von Reserven –, die bei Ende seiner Amtszeit geordnet waren, außerdem eine das Investitionsklima der Wirtschaft begünstigende Steuerpolitik, die er insgesamt reformieren wollte. Die Finanzreform konnte zwar nicht im geplanten Umfang durchgesetzt werden, da die Interessen innerhalb der Großen Koalition zu weit auseinandergingen, doch die damals erreichten Teillösungen waren angesichts des Kompromißzwanges eindrucksvoll genug. Erneut bewies Strauß, wie wenig ihm das einfallslose Etikett „konservativ" gerecht wird. Selbst Willy Brandt gelangte zu dem Schluß, daß Strauß „an der Modernisierung Bayerns ... einen maßgeblichen Anteil" gehabt habe. Für die Ämter, die er in der Bundesregierung wahrnahm, gilt das im Rahmen seiner Möglichkeiten in kaum geringerem Maße.

„Freiheit statt Sozialismus" lautete die Losung einer konsequenten und harten Oppositionspolitik, für die Strauß nach Bildung der sozialliberalen

Koalition Brandt/Scheel 1969 eintrat und die sich nicht allein gegen innenpolitische Weichenstellungen der sich in der Parole „Mehr Demokratie wagen" manifestierenden Reformeuphorie richtete, sondern ebenso gegen ihre wirtschafts- und finanzpolitischen Auswirkungen. Vor allem bekämpfte Strauß die Brandt-Bahrsche Ostpolitik. Er zwang 1973 die bayerische Staatsregierung, beim Bundesverfassungsgericht die Verfassungskonformität der Ostverträge überprüfen zu lassen, ohne den Gang der Dinge oder auch nur den von Unionsseite heftig attackierten und als dilettantisch angesehenen Verhandlungsstil gegenüber dem Kreml beeinflussen zu können.

Auf der anderen Seite brachte das Urteil des Bundesverfassungsgerichts trotz der Ablehnung der bayerischen Klage manche Klärung. Vor allem erreichte sie, daß die zweifelsfreie Priorität der verfassungsrechtlichen Gebote des Grundgesetzes gegenüber dem Grundlagenvertrag mit der DDR klargestellt wurde. Insofern trifft Strauß' letztlich positive Einschätzung des lediglich im äußerlichen Sinne erfolglosen Ganges nach Karlsruhe durchaus zu: „Der Grundlagenvertrag war nun an die Leine eines Interpretationszwanges gelegt worden, der die deutsche Verfassungswirklichkeit berücksichtigte, den Begriff ‚Deutschland' am Leben erhielt und künftige Regierungen verpflichtete, die Verfassung nicht nach jeweils opportunistischem Gutdünken zu unterlaufen." Strauß hatte zu dem historischen Verdienst der Regierungen Adenauer, Erhard und Kiesinger beigetragen, die „deutsche Frage" völkerrechtlich offenzuhalten, und herbeigeführt, daß die Regierung Brandt stärker gebunden war, als sie wollte.

Die siebziger Jahre brachten indes für Strauß etliche bittere Erfahrungen. Noch eineinhalb Jahrzehnte später empörte er sich, daß einer der größten Skandale der Republik, nämlich der Stimmenkauf, den Herbert Wehner mit Karl Wienand vorgenommen hatte und der die Kanzlerschaft Rainer Barzels verhinderte und mit 50.000 DM eine fundamentale politische Weichenstellung bewirkte, nicht geahndet worden war – und dies, obwohl durch den Stimmenkauf die tatsächliche Mehrheit des Bundestages verfälscht wurde. Mit Recht vertrat Strauß die Meinung, daß ein solcher Skandal ein heftiges politisches Erdbeben hätte auslösen müssen. „Es ist nicht tief genug zu beklagen, wie sehr die Union der linken Seite unterlegen ist, wenn es darum geht, einen Skandal als solchen zu behandeln, der Öffentlichkeit sichtbar zu machen und die politischen Konsequenzen daraus zu ziehen."

Als Strauß dann 1980 Herausforderer von Helmut Schmidt und Kanzlerkandidat der Union wurde, entsprach das seinem heiß ersehnten Wunsch. Doch er besaß kaum eine wirkliche Chance auf den Sieg, was sein unionsinterner Widerpart Helmut Kohl wohl ausgesprochen realistisch eingeschätzt hatte. Kohl konnte allerdings warten, Strauß nicht. Dies war sein Fehler, vielleicht in jener Situation wiederum verständlich: Denn hätte er vier Jahre später noch eine echte Chance erhalten? Realiter war die Konstellation für eine Kanzlerschaft von Strauß nie günstig. Darin lag die Tragik dieses Politikerlebens – auch dann, wenn man die Einschätzung teilt, sein Machtwille habe sich immer wieder kontraproduktiv ausgewirkt, und er sei an der eigenen zuweilen unbeherrschten Impulsivität gescheitert.

Gegen Helmut Schmidt anzutreten bedeutete für Strauß aus mehreren Gründen eine kaum zu überwindende Hürde. Er war Kandidat der Unionsparteien, die in der Kanzlerfrage keineswegs einig waren, gegen einen erfolgreich amtierenden, über die Grenzen der SPD hinaus populären Bundeskanzler. Er kandidierte gegen einen Regierungschef, dessen Kompetenz auf all den Feldern, die er selbst brillant beherrschte, ebenso unbestritten war: in den Bereichen der Wirtschafts-, Finanz-, Verteidigungs- und der Außenpolitik. Vor allem trat er gegen einen Politiker an, der in den entscheidenden Sachfragen nicht gar so weit von seinen Überzeugungen entfernt war, ihm jedenfalls in seiner kompetenten Nüchternheit viel näher stand als Willy Brandt. Die Alternative war jedenfalls dem Wähler sehr viel schwerer zu vermitteln und galt eher der Partei des Bundeskanzlers Schmidt als diesem selbst. So bemerkte Strauß im Mai 1976: „Die Aufgabe von Helmut Schmidt ist es, eine politische Mitte der SPD vorzutäuschen, die es in der Parteihierarchie in dieser Weise gar nicht mehr gibt." Und im Dezember 1979 stellte er „mit Überraschung fest, je erfolgreicher Helmut Schmidt sein will, desto mehr muß er Franz-Josef-Strauß-Politik betreiben". Strauß hielt die SPD für „eine rote Wanderdüne. Sie verschiebt sich immer mehr nach links und in Richtung Osten."

1980 trat Franz Josef Strauß an und verlor wie wohl jeder andere Unionskandidat an seiner Stelle verloren hätte. Aber er verlor angesichts der schwierigen Ausgangslage mit einem äußerst achtbaren Wahlergebnis. Gegen einen erfolgreich amtierenden Kanzler die relative Mehrheit der Stimmen zu erringen war ein für sich genommen hervorragendes Ergebnis: Die CDU/CSU erhielt insgesamt 44,5 Prozent der Stimmen gegenüber 42,5 Prozent der SPD. Wegen der Koalitionsentscheidung der FDP, die 10,6 Prozent erhielt, war der angestrebte Regierungswechsel nicht zu erreichen. Strauß sah sich wieder einmal um die Früchte seines Kampfes gebracht.

Manche Entscheidung seiner späteren Jahre zeugt nicht bloß von ungebrochener Aktivität, sondern auch von seiner unentwegten Getriebenheit, die die Suche nach neuen Lösungen ebenso provozierte wie abrupte Kehrtwendungen, beispielsweise bei der Einfädelung des Milliardenkredits für die DDR, der, obwohl er nicht aus öffentlichen Kassen stammte, auch in der eigenen Partei überwiegend auf Unverständnis stieß. Wie seine Begegnungen und Verhandlungen mit Honecker und Schalk-Golodkowski mögen sie einerseits dem Willen nach Erleichterungen in den innerdeutschen Beziehungen, vornehmlich der Entschärfung der innerdeutschen Grenze, entsprungen sein, andererseits dem Drang, weiterhin entscheidende bundes- und außenpolitische Weichenstellungen vorzunehmen. Vielleicht wollte Strauß, der zu Unrecht immer wieder als „Kalter Krieger" und „Nationalist" diffamiert worden war, demonstrieren, wie wenig er eine solche Kennzeichnung verdiente. In seinen letzten Lebensjahren war offensichtlich auch er nicht frei von der „zeitgeistigen" Verkennung der DDR-Realitäten und ihrer Führungskader. Dennoch blieb er seit 1978 ein Jahrzehnt lang einer der bedeutendsten Ministerpräsidenten im Nachkriegsdeutschland. Von München aus, im Bundesrat oder aus aller Welt las er der Bundespolitik stets grollend die Leviten. Bei allem Bonner und weltpolitischem Engagement hatte er die bayerische Bühne, die ihm Heimat, Lebenselixier und Hausmacht war, nie wirklich verlassen. Er war ein überzeugter und überzeugender Protagonist des Föderalismus geblieben, war Bayer, Deutscher und Europäer zugleich. In ihm wirkten immer mehrere Antriebe zugleich.

Über Franz Josef Strauß existieren eine Fülle von Urteilen. Wenngleich ihm bescheinigt wurde, im Kern gutmütig und, wenn er wollte, liebenswürdig gewesen zu sein, dominieren diejenigen Einschätzungen, die seine urwüchsige und ungebärdige Vitalität für den wesentlichen Charakterzug halten. Ein intimer Kenner der politischen Szene Bonns, Walter Henkels, der ihm eher distanziert gegenüberstand, schrieb einmal: „Er war wie ein Panzer, der aus dem Unterholz hervorbricht und alles, was sich ihm in den Weg stellt, überrollt. Er war einer der streitbarsten Kämpen in Deutschlands politischer Arena... Er sprengte fast jedes Maß... Wie Herbert Wehner schlug er mit Keulen auf seine Gegner ein." Schlagkräftig war Strauß allemal. Als ihm die SPD vorwarf, er ziele unter die Gürtellinie, konterte er prompt, dann müsse die SPD wohl ihren „Gürtel knapp über dem Hirn haben". Insofern mag das Urteil eines seiner herausragenden politischen Gegner, obwohl es selbstverständlich durch die eigenen politischen Prinzipien geleitet ist, von besonderem Interesse sein. In den ein Jahr nach Strauß' Tod veröffentlichten „Erinnerungen" charakterisierte Willy Brandt den CSU-Politiker mit Worten, die bei aller Distanz Respekt verraten: „... ein Dutzendmensch war er ganz und gar nicht. Eher ein Motor mit zu schwacher Bremse. Eine seltsame Mischung von Herrscher und Rebell. Ein unruhiger Geist mit weiter Bandbreite zwischen schlimmem Vorurteil und bemerkenswertem Durchblick. Ohne ihn wäre die deutsche Politik langweiliger gewesen." Kein Zweifel: Die deutsche Politik wäre ohne Franz Josef Strauß ärmer gewesen. Er selbst hätte wohl die platonische Formulierung für angemessen gehalten: „Alles Große steht im Sturm."

# THOMAS BERNHARD
## 1931–1989

Von
Jochen Hieber

Ein Deutscher war Thomas Bernhard nur sieben Jahre lang: zwangsweise, nach dem Anschluß Österreichs, zwischen 1938 und 1945. Daß er in diesen Jahren zum einzigen Mal in seinem Leben auch in Deutschland wohnte, ist familiärer Zufall. Die frühe Kindheit, die er später oft als seine glücklichste Phase, als „Paradies" bezeichnete, hatte er im Heim der Großeltern in Seekirchen bei Salzburg verbracht. Nun, an der Jahreswende 1937/38, nahm Herta Bernhard, seine Mutter, den sechs Jahre alten Knaben zu sich ins oberbayerische Traunstein, wo ihr Mann, der österreichische Friseurgehilfe Emil Fabjan, eine Arbeit erhalten hatte.

„Man merkte überall", hat Thomas Bernhard im autobiographischen Band „Ein Kind" von 1982 notiert, „daß ich zugereist war, und gab mir von Anfang an den Spitznamen *Der Österreicher*, genauer gesagt *Der Esterreicher*, es war durchaus abschätzig gemeint, denn Österreich war, von Deutschland aus gesehen, ein Nichts. Ich war also aus dem Nichts gekommen." Damit nicht genug: „Tausende Male" muß der Junge die Frage ertragen, warum er selbst denn nicht Fabjan heiße. Die Spielgefährten zwingen ihn einzugestehen, daß sein Vater gar nicht sein Vater, sondern nur sein Vormund sei. Seinen wirklichen Erzeuger, den Tischler Alois Zuckerstätter, hat er nie kennengelernt. Gleich nach der Geburt des Sohnes beendete Zuckerstätter das Verhältnis zu Bernhards Mutter und setzte sich nach Deutschland ab. 1940 beging er in Berlin Selbstmord.

Thomas Bernhard war am 9. Februar 1931 im holländischen Heerlen zur Welt gekommen. Dorthin war seine Mutter einige Monate zuvor aus Wien geflohen, um die Schande der unehelichen Geburt zu Hause solange wie möglich geheimzuhalten. Zu den verstörendsten Eindrücken seiner Kindheit gehören die Verfluchungen, die sie dem ungeliebten Sohn angedeihen läßt: „Du hast mir noch gefehlt, Du bist mein ganzes Unglück, Dich soll der Teufel holen! Du hast mein Leben zerstört! Du bist an allem schuld! Du bist mein Tod! Du bist ein Nichts, ich schäme mich Deiner!" Dies sei, erzählt Bernhard im Band „Ein Kind", lediglich eine Auswahl aus ihrer von Fall zu Fall variierten und erweiterten Schimpflitanei gewesen. Was Wunder, wenn der Junge, der überdies in ärmsten Verhältnissen aufwächst, seinerseits mit Trotz, Widerstand und schulischem Versagen reagiert. Im Frühjahr 1942 wird er deshalb nach Thüringen in ein Heim für schwer erziehbare Kinder verschickt.

Von den Seinen „völlig alleingelassen“ und „in die staatliche Züchtigung“ gegeben worden zu sein hat Bernhard wiederholt als den Urgrund seiner Weltempfindung benannt. Im NS-Schülerheim in Salzburg, in das man ihn im Herbst 1943 bringt, denkt er, nicht zum ersten Mal, an Selbstmord, will lieber „kürzesten Prozeß“ machen, als sich „nach und nach durch einen staatlich-faschistisch-sadistischen Erziehungsplan als staatsbeherrschendes Erziehungssystem nach den Regeln der damaligen großdeutschen Menschenerziehungs- und also Menschenvernichtungskunst zerstören und vernichten zu lassen“. Aber auch nach dem Ende des Zweiten Weltkrieges, als er in Salzburg das Gymnasium besucht, ändert sich für ihn wenig. Das Schülerheim der Nationalsozialisten wird jetzt von der katholischen Kirche geführt. Vom Tagesablauf bis hin zu den „Züchtigungsmethoden“ habe, so erinnert er sich Jahrzehnte danach, fast „vollkommene Übereinstimmung“ geherrscht: „Es hatte alles nur einen anderen Anstrich, und alles hatte nur andere Bezeichnungen, die Wirkungen und die Auswirkungen waren die gleichen gewesen.“

Nationalsozialismus und katholische Kirche bilden für Bernhard fortan ein einziges, im Innersten zusammengehörendes System. Dieses System hat einen Namen: Es heißt „Österreich“. Noch die beiden letzten großen Arbeiten – der Roman „Auslöschung“, der 1986 erschien, und das Theaterstück „Heldenplatz“, das 1988 uraufgeführt wurde – behaupten diesen Zusammenhang mit provozierender Penetranz. „Es gibt jetzt mehr Nazis in Wien / als achtunddreißig“, sagt eine der Figuren im „Heldenplatz“ und fügt hinzu: „In Österreich mußt du entweder katholisch / oder nationalsozialistisch sein / alles andere wird nicht geduldet / alles andere wird vernichtet.“ Im Roman „Auslöschung“ bemerkt der Ich-Erzähler, er sei, „obwohl die nationalsozialistische Ära längst vorbei war, doch nationalsozialistisch erzogen worden, gleichzeitig katholisch, also mit einer sich auf den heranwachsenden Menschen grausam und entsetzlich auswirkenden österreichischen Mischmaschmethode. Das katholisch-nationalsozialistische Element, die katholisch-nationalsozialistischen Erziehungsmethoden sind aber die in Österreich normalen.“

Der Germanist Hans Höller, der 1993 die erste Biographie des Dichters vorlegte, spricht vom „lebensgeschichtlichen Staatskomplex“, an dem Bernhard bis zuletzt festgehalten und gelitten habe. Die Erklärung trifft zu und greift gleichwohl zu kurz. Unverkennbar ist das rhetorische Moment *aller* Aussagen von Bernhard, unverkennbar, daß er eine Rhetorik der absichtsvoll maßlosen Übertreibung pflegte. Nicht nur in Sachen „Österreich“ also schoß er bewußt übers Ziel hinaus: Sämtliche Bereiche des Lebens wurden von seiner, wie er es nannte, „Vergraußungsmethode“ erfaßt.

Bernhard liebte die starken und, wenn nötig, auch ungerechten Behauptungssätze, die irgendwo zwischen Stammtischsuada und Sinnspruchdichtung anzusiedeln waren. Sie wurden grundlegend für sein Werk. An ihnen entzündete sich das Feuer seiner Prosa, wuchs sich aus zum Flächenbrand einer Argumentenkette, die in stets neuen Anläufen und Gegenläufen immer wieder bekräftigend zur anfänglichen Unterstellung zurückkehrte – oder aber die an sich schon radikale Ausgangsthese über allerlei Umwege auf eine noch radikalere Spitze trieb, um sich schließlich in einer Explosion vorläufig zu entladen. Wenn er Glück hatte – und dieser unerbittliche Unglückskünder unserer Literatur hatte sehr oft Glück mit seinem Schreiben und Reden –, dann war die Explosion der Sätze und Gedanken gleichbedeutend mit einer herrlich grotesken Pointe, einem irrsinnigen und meist irrsinnig komischen Witz.

Gesprochenes und geschriebenes Wort haben bei Bernhard gleichen Rang. Idealtypisch für die Struktur seiner Rhetorik ist ein Gespräch mit der Fernsehjournalistin Krista Fleischmann aus dem Jahr 1986. Dort hatte Bernhard zu Beginn die Intellektuellen pauschal als „die größten Arschlöcher" bezeichnet und ihr „reines spekulatives Getue" attackiert, „das sich ständig im Kreis dreht und nichts bewirkt und letzten Endes auch nichts ist". Im zweiten Anlauf nahm er das zunächst Gesagte scheinbar zurück: „Ich seh' ja ein, wenn jemand ein gutes Gedicht macht, einmal in fünfzig Jahren ein paar, daß das einen Sinn vielleicht hat, oder irgendeinen Roman schreibt, vielleicht."

Der Widerruf erzeugte indes sofort ein Kopfszenario, das noch viel schrecklicher war als das anfängliche Verdikt. „Aber", so lautete es, „bei zwanzigtausend Romanen im Jahr und fünf Millionen Gedichten ist ja abzusehen, was das für einen Sinn hat. Für die Papierfabriken, weil die mit Klorollen ja nicht ausgelastet sind, also müssen auch Bücher gedruckt werden... Das Furchtbare ist ja dann, daß die Leute die Bücher in die Wand stellen und daß das dann Jahrzehnte herumsteht und nur stinkt." Was er damit meine, wollte die Interviewerin wissen. Bernhard war nicht mehr zu halten. „Literatur", fuhr er fort, „stinkt doch, wenn's herumsteht, ist doch unmöglich für einen *sensiblen* Menschen. Ist alles ein Gestank. Haben Sie das nie gerochen? Völlig unempfindlich? Das ist ein bestialischer Gestank."

Die Radikalitätsspitze war erreicht, und über einen bizarren Umweg konnte Bernhard zielsicher die Pointe ansteuern. Der Umweg führte für dieses Mal in die Universität: „Da müßte man eine Vortragsreise machen und das allen an allen Universitäten erzählen, daß das ein Gestank ist. Und was man den Leuten nicht eintrichtert und nicht mit dem Holzhammer d'raufhaut in den Hörsälen, das nehmen s' ja nicht wahr. Man müßte als universitätsreisender Professor einen Riesenholzhammer hängen haben und immer ununterbrochen hinhauen, daß ein bißchen was in die Leute hineingeht." Bleibt die Pointe, die in diesem Fall die tödlichen Konsequenzen der Holzhammervorträge bedenkt und, ohne das Bisherige aufzuheben, das Ganze ad absurdum führt: „Nur wenn man zuviel haut, haut man die Leute mit zusammen, und dann ist gar nichts mehr da."

Hauen und Stechen: Mit Wörtern um sich zu hauen, mit harschen Urteilen immer dicht an oder schon weit jenseits der Beleidigungsgrenze unbarmherzig zuzustechen, war das auffälligste Markenzeichen Thomas Bernhards. Er sprengte mit seinen Schimpforgien das Just milieu des guten Tons in der deutschen Literatur nach 1945. Selbst Günter Grass oder Herbert Achternbusch sind Waisenknaben gegen ihn. Er provozierte Skandal um Skandal, inszenierte einen Exzeß nach dem anderen. Er war dabei ein gelehriger Schüler des österreichischen Erzpolemikers Karl Kraus – gelehrig in dem Maße, in dem er das Vorbild überbot. Seinesgleichen jedenfalls hatte man seit den Zeiten eines Abraham a Sancta Clara in deutscher Sprache nicht mehr erlebt, wobei man dem barocken Ahnherrn allemal didaktische Motive zugute halten konnte, volkserzieherische Deutlichkeit auf festem christlichem Grund. Bei seinen Invektiven gegen die Verwilderung der Sitten hatte Abraham a Sancta Clara zudem stets ein Augenmerk auf Proportionen: Zu vieles schimpfen, wußte er, stumpft die Beschimpften ab, erreicht am Ende das Gegenteil des Beabsichtigten.

Bernhard kannte solche Grenzen nicht, und er verband mit seinen profanen Kapuzinerpredigten auch keinerlei heilende, geschweige denn heilsgeschichtliche Absichten. In den gut drei Jahrzehnten seiner öffentlichen Wirkung als Schriftsteller, die 1957 mit der Publikation des Gedichtbandes „Auf der Erde und in der Hölle" begann, hat er zwischen Erde, Himmel und Hölle so ziemlich alles abgekanzelt, was ihm in die Quere kam.

Eingeübt hatte er die Muster seiner Schimpfrhetorik schon als junger Journalist. In einem Artikel für die österreichische Wochenschrift „Die Furche" gab der vierundzwanzig Jahre alte Thomas Bernhard eine erste Kostprobe seines polemischen Vermögens. Ziel der Verachtung war das Salzburger Landestheater, über das er im Dezember 1955 schrieb, es sei nur noch „ein Rummelplatz des Dilettantismus". Eine Operette, fügte er hinzu, „jagt die andere, eine Geschmacklosigkeit übertrifft die andere. Ja, bei allem Verständnis, was ist denn Theater? Besteht es denn nur noch aus billigem, ausgeleiertem Amüsement? Wenn ja, dann soll man es morgen schon zusperren!" Diese vergleichsweise harmlosen Äußerungen brachten ihm den ersten Beleidungsprozeß ein, der erst Jahre später mit einem Vergleich endete. Einen der ersten Förderer, den Salzburger Feuilletonisten Hans Kutschera, veranlaßte das Wortgepolter seines Schützlings zu einer eher hilflosen, von ihm dann auch nicht beantworteten Frage, die sich in der Folge jedoch noch viele durchaus Wohlmeinende stellen sollten: „Was mag nur in den guten Jungen gefahren sein?"

Der „gute Junge" betrieb das Brüskieren bald planmäßig. 1968 erhielt er, frühe Anerkennung für sein damals noch schmales literarisches Werk, den „Kleinen Österreichischen Staatspreis". Er bedankte sich mit einer Rede, in der sich Sätze fanden wie: „Der Staat ist ein Gebilde, das fortwährend zum Scheitern, das Volk ein solches, das ununterbrochen zur Infamie und zur Geistesschwäche verurteilt ist... Wir sind Österreicher, wir sind apathisch, ...Geschöpfe der Agonie, ...wir sind auch nichts und verdienen auch nichts als das Chaos." Der damalige Wiener Unterrichtsminister, ein Herr namens Piffl-Percevic, erhob sich, rief empört in den Saal: „Wir sind trotzdem stolze Österreicher!" und verließ die Veranstaltung.

Thomas Bernhard war, allem äußeren Anschein zum Trotz, ein unpolitischer Autor. Mit gesellschaftlichem Engagement hatte er nie etwas im Sinn. Neunundneunzig Prozent aller Schriftsteller, hat er einmal geäußert, dächten ständig darüber nach, wie sie die Welt verbessern sollten. Deshalb gebe es so viele schlechte Bücher. Seine Abstinenz in Sachen „Politik" schloß freilich Verbalattacken auf Politiker keineswegs aus. So erschien ihm, 1981, der damalige österreichische Bundeskanzler Bruno Kreisky als „ein Halbseidensozialist und rosaroter Beschwichtigungsonkel, eine echt österreichische Fatalkatastrophe". So nannte er zwei Jahre zuvor den ehemaligen deutschen Bundespräsidenten Walter Scheel einen „durchschnittlichen und obskuren Politiker" und erweiterte, einmal in Fahrt, diese Charakterisierung gleich auf Franz Josef Strauß, Helmut Schmidt und Karl Carstens. Aber mit der gleichen Inbrunst, mit der er über einzelne Repräsentanten fluchte oder über das ganze „katholisch-nationalsozialistische" Land, konnte er den „Reisewahn" der Menschen, die Unverschämtheit der Buchdrucker, „die Zeugnis- und Titelkrankheit", die Schrecklichkeit des Fotografierens oder den Zustand der öffentlichen Bedürfnisanstalten in Wien beklagen. Den Gipfel seiner Weltanklagen freilich bilden die Invektiven gegen Salzburg, den Ort, den er mit tiefem Widerwillen als Heimat ansehen mußte. „Die Stadt ist, von zwei Menschenkategorien bevölkert, von Geschäftemachern und ihren Opfern, dem Lernenden und Studierenden nur auf die schmerzhafte, eine jede Natur störende, mit der Zeit *ver*störende und *zer*störende Weise bewohnbar". Über nahezu sechs Seiten hinweg wird dieser wütende Abgesang zu Beginn des Bandes „Die Ursache, Eine Andeutung" fortgeführt.

Was also bedeutet das Schimpfen des Thomas Bernhard? War es die begreifliche Reaktion eines Autors, der, wie sein Biograph Hans Höller meint, Geschichte nur „als Verletzung" erfahren habe? War es die Rache für mütterliche Verfluchungen, eine Rache, für die nach dem Tod der Herta Fabjan im Jahr 1950 eben die Gesellschaft herhalten mußte? Sicher ist, Bernhards Schimpfen war existentiell. Und es gründete von Anfang an auf einer Erfahrung, die ebenso absolut wie abscheulich war. Im allerersten Satz seiner Dankrede für den „Kleinen Österreichischen Staatspreis" hat er sie benannt.

„Es ist“, heißt es da, „nichts zu loben, nichts zu verdammen, nichts anzuklagen, aber es ist vieles *lächerlich*, es ist *alles* lächerlich, wenn man an den Tod denkt.“

Des eigenen Todes innezuwerden bedeutet für jeden Menschen eine zumindest punktuelle, sich mehr oder weniger häufig wiederholende Störung im alltäglichen Empfinden, jenen „Stich und Schnitt und Blitz“, den etwa der Publizist und Kulturhistoriker Dolf Sternberger plötzlich beim Binden seines Krawattenknotens verspürte. Mehr meistens nicht; sorgen doch die kompensatorischen Möglichkeiten der Lebensnormalität rasch für die Integration des außergewöhnlichen Gespürs in die Vielfalt unserer Befindlichkeiten. Für eine nicht derart gestimmte Minderheit von Menschen indes bedeutet die täglich hunderttausend-, ja millionenfach gemachte Entdeckung nichts anderes als die grausame Gewißheit, von nun an lebendig mit dem Leben nicht mehr fertig zu werden.

Keiner hat dies schärfer formuliert als Franz Kafka in einer Tagebuchnotiz: „Derjenige“, heißt es da, „der mit dem Leben nicht lebendig fertig wird, braucht eine Hand, um die Verzweiflung über sein Schicksal ein wenig abzuwehren, ... mit der anderen Hand aber kann er eintragen, was er unter den Trümmern sieht, denn er sieht anderes und mehr als die anderen, er ist doch tot zu Lebzeiten und der eigentlich Überlebende.“

Was Kafka beschreibt, ist die Geburt des Schriftstellers aus der Angst vor dem Tod. Und genau in diesem Sinn ist Thomas Bernhard sein Nachfahr. Todesangst, das war für ihn eine ganz reale, nur zu begründete Erfahrung von früher Kindheit an. Nicht eben verwunderlich bei jemandem, der in die Kriegsjahre hineinwuchs und miterleben mußte, wie die Bomben auf Salzburg fielen. Wirklich entscheidend aber wurde für Bernhard das Jahr 1949. Damals lieferte man den eben Achtzehnjährigen in das Krankenhaus der Vizentinerinnen in Salzburg ein. Aus der schweren Rippenfellentzündung entwickelte sich eine Lungentuberkulose, aus dem Lungenleiden eine „Lebenskrankheit“, die den als Kind unschlagbaren Dauerläufer fortan zum kurzatmigen Dauerpatienten machen sollte: „Seit Jahrzehnten“, schrieb er 1982, „kann ich kaum Treppen steigen ... und habe schon nach drei, vier Stufen keine Luft mehr.“

Bis 1951 zogen sich der erste Aufenthalt im Krankenhaus und die anschließende Unterbringung in verschiedenen Heilstätten hin. Viel Leidvolles hat Thomas Bernhard in jener Zeit durchgemacht. Der über alles verehrte Großvater Johannes Freumbichler, zeitlebens ein Schriftsteller ohne nennenswerten Erfolg, muß einige Tage vor dem Enkel ins Hospital und stirbt nach einer verspätet vorgenommenen Operation. Das Krebsleiden der ebenso gehaßten wie geliebten Mutter wird, zu spät auch dies, erkannt. Mit dem Ausbruch seiner eigenen Krankheit gerät Bernhard in, wie er später schrieb, „Ereignisse und Geschehnisse, rücksichtslos und erbarmungslos wie keine anderen in meinem bisherigen Leben". Die Trostlosigkeit des Sterbesaals, der in Letzter Ölung reisende Vertreter der Geistlichkeit, die Prosekturmänner mit den Zinkblechsärgen, das ständige Sterbensehen und Sterbenhören anderer Patienten, das wochenlange Ringen mit dem eigenen Tod – in dieser Situation fällte der von den Ärzten Aufgegebene die Entscheidung zu leben.

„Der Atem, Eine Entscheidung" heißt der Band, in dem Bernhard 1978 diese Erlebnisse schilderte. „Also", notiert er, „mußte ich weiteratmen. Hätte ich nur einen einzigen Augenblick in diesem Willen nachgelassen, ich hätte keine einzige Stunde länger gelebt." „Atem" ist das Schlüsselwort zu Bernhards Leben – im emphatischen Sinn aber auch zu seinem Werk. Elfriede Jelinek, die österreichische Schriftstellerin, hat das in ihrem Nachruf sehr genau erkannt: „Seine lebenslange Krankheit", schreibt sie, „hat ihn herausgehoben, seinen stets fehlenden Atem hat er festschreiben müssen. Daher war seine Literatur eine Literatur des Sprechens..., der Endlos-Tiraden. Solange ich spreche, bin ich... So hat die Erfahrung des zuwenig Luft Kriegens den wüsten Atem des Sprechers erzeugt."

Der wüste Atem des Sprechers begründet nicht nur die Schimpfwut des Autors, er findet sich auch in der Struktur seiner Texte, seiner Theaterstücke sowie seiner Prosaarbeiten wieder. Von „Ein Fest für Boris" aus dem Jahr 1970 bis zum „Heldenplatz" hat er achtzehn abendfüllende Bühnenstücke verfaßt. Kein einziges ist in Akte unterteilt; lediglich durch wenige Szeneneinschnitte wird der unaufhörliche Redestrom der Figuren bisweilen, doch nur sehr kurz unterbrochen. Der Schauplatz der stets dürftigen äußeren Handlung wird selten gewechselt, bestenfalls und mit äußerster Anstrengung geht es, wie im Stück „Am Ziel", vom großen Zimmer in der Stadtwohnung am Morgen zum großen Zimmer mit Terrasse im Haus am Meer am Abend oder, wie im „Heldenplatz", von der Wiener Wohnung des Professors Schuster im dritten Stock zum Volksgarten und wieder in die Wohnung zurück.

Daß die bevorzugte Redeweise des Bernhardschen Bühnenpersonals der Monolog ist, kommt hinzu. Ein Dauerredner trifft auf einen Dauerschweiger, der Weltverbesserer also in dem Stück „Der Weltverbesserer" auf seine nahezu stumme Ehefrau, während in „Über allen Gipfeln ist Ruh" die Ehefrau des Dichters Moritz Meister das große Wort führt und das Fräulein Werdenfels, Doktorandin der Germanistik, dem Terror des Zuhörenmüssens unterworfen ist. „Zwei Personen: Die eine spricht und schimpft und zetert, die andere schaut und lauscht und wartet – das ist die klassische Bernhard-Situation", hat der Theaterkritiker Benjamin Henrichs formuliert und hinzugefügt: „Der eine ist der Despot, der andere der Sklave. Der eine foltert, der andere duldet. Doch nach einer Weile... wird das scheinbar simple Machtverhältnis undurchschaubar. Der unaufhörlich Redende wirkt plötzlich wie der Gefangene

Thomas Bernhard im Jahr 1973

Konrad Lorenz im Jahr 1966

des undurchdringlich Schweigenden." Dies wiederum eine Frage des Atems: Der um sein Leben Palavernde verausgabt sich und bricht, wie der Gerichtspräsident Höller im Stück „Vor dem Ruhestand", am Ende tot zusammen; der Schweigende spart sein bißchen Kraft und bleibt am Leben. Thomas Bernhard hat sich von seiner Atemnot nicht ins Schweigen zwingen lassen. Auf dem Theater jedoch hat er in und mit seinen stillen Figuren jene fast lautlose Gegenwelt in ihr Recht gesetzt, die ihn und sein Schimpfen im Grunde dementierte.

In den Prosawerken, beginnend mit dem Roman „Frost" von 1963 und endend mit dem Roman „Auslöschung" von 1986, geschieht Ähnliches, wenngleich auf andere Weise. Atemlosigkeit zeigt sich, vor allem am Beginn seines Schreibens – in der Erzählung „Amras" etwa oder in der berühmten, fast sprichwörtlich gewordenen Kurzgeschichte „Ist es eine Komödie? Ist es eine Tragödie?" – in extrem kurzen Satzfolgen, in kleinen Abschnitten und in Auslassungspunkten zwischen einzelnen Sätzen und Satzteilen, die die mühevolle Kontinuität des Sprechens schon durch die äußere Form des Schriftbildes dokumentieren.

In den späteren Büchern verwendet Bernhard ein gegenteiliges Verfahren. Der Atemnot und der Atemlosigkeit wird nun das nicht enden wollende Erzählen entgegengesetzt. Nicht umsonst ist „Auslöschung", der letzte Roman, auch das mit Abstand umfangreichste Opus des Autors geworden. Weit über sechshundert Seiten, gegliedert in nur zwei Kapitel, und innerhalb der beiden Kapitel absatzloses Reden in Satzkaskaden, die nicht selten über mehrere Seiten hinweggehen. Noch Bernhards zur Perfektion und zu erstaunlichen Neuschöpfungen führende Manie, Wörter zusammenzuziehen, zeugt von dem Willen, keinen Augenblick nachzulassen, zeugt von der Anstrengung, im Schreiben das Leben gleichsam zusammenzuhalten: „Vordenkopfstoßmittel", „Verdammungsraum", „Gedankenungezogenheit" oder „Weltkarrierezwangsjacke" sind nur einige Beispiele dafür.

Zumindest in zwei Büchern aus den achtziger Jahren hat Thomas Bernhard auch direkte Wege gefunden, um seinen Schimpfkanon zu relativieren: Er ließ das Beschimpfen auch seinen jeweiligen Ich-Erzählern zuteil werden, zunächst im Roman „Holzfällen" von 1984. Dieser Band, ein Kammerspiel in Prosa, sorgte für den größten Skandal in seiner Laufbahn. Schon eine Woche nach der Auslieferung in Österreich stellte der Komponist Gerhard Lampersberg gegen den Autor Strafantrag wegen übler Nachrede und Beleidigung. Lampersberg sah sich in dem Komponisten und Pianisten Auersberger porträtiert, der im Roman besonders schlecht wegkommt. „Der Auersberger", heißt es gleich auf den ersten Seiten, „ist immer ein erstklassiger Klavierspieler gewesen..., und er brauchte auch jetzt nur zwei, drei Minuten am Steinway zu sitzen, um selbst im besoffenen Zustand diese seine Kunst unter

Beweis zu stellen. Aber er ist verkommen, hat alles in ihm, selbst das Musikalische, ... verludern lassen... ein lächerlicher Mensch."

Das Gericht verfügte die Beschlagnahme des Bandes bei der Verlagsauslieferung und in den Buchhandlungen des Landes: Vier Monate lang war er in Österreich nicht zu erhalten, was seinem Absatz im übrigen deutschsprachigen Raum natürlich sehr zugute kam; fünfzigtausendmal verkaufte sich der Roman binnen weniger Wochen. Typisch für Bernhards Prosa ist die Erzählsituation in „Holzfällen": ein Außenseiter inmitten von Insidern, ein Beobachtungsfetischist, der vom beobachteten Geschehen ausgeschlossen bleibt, ein tückischer Voyeur, der sich seines Tuns wohl bewußt ist. Im Roman sitzt er abseits von den anderen in einem großen Ohrensessel und berichtet mit sadistischem Vergnügen: „Wir lernen viel, wenn wir Leute von hinten beobachten, die nicht wissen, daß wir sie beobachten, und die wir, solange als möglich, von hinten beobachten und solange als möglich in dieser rücksichtslosen und infamen Beobachtung nicht ansprechen."

Alle Gestalten dieses Romans sind ridikül. Dieses Mal jedoch, und das war neu in Bernhards Werk, bezieht sich der Erzähler, des Autors Stellvertreter im Text, ausdrücklich selbst mit ein. Ein starker Mensch mit starkem Charakter, räsoniert er, wäre gar nicht an diesem Platz; er hätte die Einladung zu dem sogenannten künstlerischen Abendessen gar nicht angenommen, aber, fährt er fort: „Ich bin der schwächste Mensch und der schwächste Charakter... Und ich dachte, daß ich selbst noch viel gemeiner und niederträchtiger bin als diese Auersberger."

Im Roman „Auslöschung" kehrt der Erzähler, der als Privatgelehrter in Rom lebt, in die österreichische Heimat zurück. Seine Eltern und sein Bruder sind bei einem Autounfall umgekommen. Er hat das Begräbnis zu organisieren und soll dann das enorme Erbe antreten, ein Schloß samt Ländereien. Seine Schwestern gehen ihm zur Hand. Indes, sie können ihm nichts recht machen, überall wittert er Intrigen, Verrat, Übertölpelung, kurz, die völlige Unberechenbarkeit der anderen. Doch er weiß, daß die Hölle auch in ihm ist. „Ich", sagt er zu den Schwestern, die er mit seinen Launen quält, „bin immer der Unbeherrschte gewesen..., der Unberechenbare, der immer damit gerechnet hat, daß man sein Unbeherrschtsein versteht. Sein Unberechenbarsein. Und die damit verbundene Rücksichtslosigkeit."

Rücksichtslos und mit berserkerhafter Konsequenz hat Bernhard seinem literarischen Werk die Signatur seiner biographischen Erfahrung, seiner Krankheit und seiner Leiden eingeschrieben. Es ist eine finstere Welt, die er in seine Bücher bannte, eine Welt voller Gebrechen und Verbrechen, eine Welt voller Elend und Not, eine Welt der grotesken Komik, aber ohne befreiende Heiterkeit und Humor, eine Welt mithin, in der Liebe und Erotik keinen Platz finden konnten. Marcel Reich-Ranicki hat gezeigt, daß Frauen in Bernhards Œuvre „nur eine untergeordnete Rolle spielen", daß sie als verkrüppelte oder böswillige Wesen erscheinen, „oft geradezu gräßlich und abstoßend". Was ihm Sexualität bedeute, wurde Thomas Bernhard von Krista Fleischmann in einem ihrer Interviews gefragt. Er antwortete mit dem Verweis auf seine schwere Krankheit just im jugendlichen Alter, in dem Sexuelles den größten Reiz habe. Der Roman „Holzfällen" trägt den Untertitel „Eine Erregung". Erregen konnte sich Bernhard, mit Ausnahme weniger Jahre, nur beim Schreiben. „Ist ja auch eine Art Geschlechtsverkehr, ein Buch schreiben", äußerte er mit zynischer Ironie, „ist ja viel angenehmer, ein Buch zu schreiben, als mit jemand ins Bett zu gehen."

Sein Lebensverlust war Literaturgewinn. Es fällt auf, daß die fünf unmittelbar autobiographischen Bücher, die er zwischen 1975 und 1982 publizierte, nur bis in jene Jahre reichen, in denen er zu schreiben begann; sie schildern also lediglich Kindheit und Jugend. Danach gibt es über das Leben nichts mehr zu sagen, weil Leben und Schreiben identisch wurden. Das erklärt seine ungeheure Produktion, seine erstaunliche Produktivität seit den frühen fünfziger Jahren. Schon der junge Journalist, der hauptsächlich fürs „Demokratische Volksblatt" in Salzburg über die regionale Kultur und die Verhandlungen in den Gerichtssälen berichtete, war immens fleißig. Hinzu kamen erste poetische Versuche, eine Gesangsausbildung und ein zweijähriges Schauspiel- und Regiestudium am Salzburger Mozarteum. Ab 1962 folgte dann jedes Jahr wenigstens ein neues Werk des Schriftstellers Bernhard, nicht selten waren es zwei oder drei, 1969 etwa auf einen Schlag die Prosabände „Watten", „Ereignisse" und „An der Baumgrenze", 1975 das Drama „Der Präsident", der Roman „Korrektur" und „Die Ursache", der erste Band der Autobiographie.

Und doch führte Thomas Bernhard auch ein eher verborgenes privates Leben jenseits der Literatur. Der Biograph Hans Höller hat geschildert, was Bernhard als Käufer und Restaurator alter und fast verfallener Gebäude zu Wege brachte. Drei Häuser hat er von Grund auf und nach eigenen Vorstellungen saniert; soweit es seine Kräfte zuließen, mit eigener Hände Arbeit. Freilich muten die stilvollen architektonischen Unterfangen auch gespenstisch an. Denn in diesen stattlichen Häusern und Nebengebäuden, die viele Menschen und manches Getier hätten aufnehmen können, lebte häufig niemand – und wenn jemand dort wohnte, dann Bernhard allein. Ganz offensichtlich hat der Autor hier einen Schönheitskontrast zu seinen finsteren Sprachwelten gesucht, und er hat mit dem Herrensitz in Ohlsdorf sowie den kaum weniger imposanten Gebäuden bei Reindlmühl und in Ottnang jene aristokratischen Neigungen kultiviert, die er, das Kind aus kleinsten Verhältnissen, in seinem literarischen Werk erkennbar pflegte. Zugleich jedoch war ihm klar: „Mein Haus ist eigentlich auch ein riesiger Kerker."

Es gibt unter den Autoren der unmittelbaren Gegenwart nur einen einzigen, der sich mit dem österreichischen Schimpfgenie vergleichen ließe: den 1911 in Rumänien geborenen, seit über einem halben Jahrhundert in Paris lebenden Aphoristiker und Essayisten E. M. Cioran. Vergleichbar ist der Grundimpuls, der zum Schreiben nötigt: die Todesangst. „Mitten in ernsthaften Studien", schreibt Cioran, „entdeckte ich, daß ich eines Tages sterben würde. Überzeugt, daß mir nun nichts mehr zu lernen bliebe, ließ ich meine Studien im Stich, um der Mitwelt über eine so bemerkenswerte Entdeckung die Augen zu öffnen." Vergleichbar sind biographische Konstanten. Wie Bernhard hat Cioran stets allein gelebt. Ciorans Notiz „Ich strich aus meinem Wörterbuch Wort um Wort. Nach dem Massaker blieb ein einziger Überlebender: Einsamkeit" hat viele Entsprechungen in Bernhards Selbstkommentaren. Vergleichbar sind schließlich die Themen und die Weltsicht beider Werke. „Lehre vom Zerfall" nennt Cioran eines seiner wichtigsten Bücher, Bernhards Roman „Auslöschung" trägt den Untertitel „Ein Zerfall".

Cioran hat einmal versucht, seinem Skeptizismus und seinem Geschichtshaß durch die Versenkung in die Mystik des Fernen Ostens zu entkommen. Seine Intellektualität obsiegte über die ersehnte Entgrenzung des Ichs im Verschmelzen mit dem Prinzip Nirwana. Für Thomas Bernhard kam dieser Weg nicht einmal versuchsweise in Betracht. Aber auch er wollte der Gefangenschaft seines Werks in seiner vielfach beschädigten Biographie entfliehen. In der frühen Phase als, wie er es später nannte, „lyrischer, exaltierter Schriftsteller" rief er in seinen Gedichten verzweifelt und anklagend nach dem sich verbergenden Gott. In seinem reifen Werk suchte er so etwas wie Erlösung in der Unendlichkeit der absoluten Kunst. Thomas Bernhard, kein Zweifel, war ein zutiefst romantischer Dichter.

„In hora mortis", in der Stunde des Todes, hieß der Gedichtband, den er 1958 veröffentlichte. Er ist poetisch belanglos, hochinteressant hingegen als Dokument. „Zerfall mein Gott / der meine Qual zu Staub stößt." Die Fanfarenstöße eines Glaubensrebellen wechselten sich ab mit der demütigen Inbrunst eines zitternden Menschen in schrecklicher Not: „Ich weiß keine Straße mehr die hinaus führt / ich weiß keine Straße mehr / komm hilf / ... / ich bin so allein / o Herr." Bernhards religiöse Poesie blieb eine kurze Episode. Doch sie macht deutlich, daß sich hinter der harschen Fassade des Polemikers stets eine geheime Sehnsucht nach Trost und Heil verbarg, eine Sehnsucht, die der Prosaautor nie offen aussprach, die in seinen Büchern indes deutliche Spuren hinterließ.

Im Roman „Auslöschung" wird die Künstlichkeit unserer Zeit beklagt. „Es gibt", so der Erzähler, „keine Natur mehr." Natur meint hier, nicht anders als bei Novalis oder Hölderlin, das Unbewußte, Sprachlose und aller Zeit Enthobene. Aufgabe großer Literatur wäre es, solches in und mit der Sprache nachzubilden. „In meinen Büchern ist alles künstlich", klagte Bernhard deshalb und stellte sich Wörter vor, die allmählich aus dem Hintergrund, aus der Finsternis heraus kämen, sich aufhellten und „langsam zu Vorgängen äußerer und innerer Natur" würden. „Naturgemäß", jenes altertümliche Wort, das Bernhard bei jeder sich bietenden Gelegenheit benutzte, dem er durch Penetranz zu neuem Glanz verhalf und das er sowohl ganz ernst als auch entschieden ironisch verwandte, war das utopische Signal in seinem Werk.

Der Suche nach dem Naturgemäßen entsprach die Vorliebe für die einfachen Leute. „Bei ihnen und nur bei ihnen fühlte ich mich wohl", erfahren wir in der „Auslöschung", und weiter: „Sie hatten meine ganze Sympathie. Im Gespräch waren sie ruhig, niemals geschwätzig. Sie führten eine einfache, ungekünstelte Sprache. Sie machten nichts vor, wie die andern, die immer etwas vormachten." Aber wie jeder gute Romantiker bekannte sich Bernhard zu seiner Zerrissenheit: „Ich hab mir gedacht", sagte er über sein Ohlsdorfer Landleben, „ich werd mir zwei Kühe halten... und werd mir Gummistiefel anziehn und eine Schlosserhose, ... damit ich möglichst so ausschau wie die Leut hier. Aber das geht nicht, ... weil man das bewußt nicht herstellen kann."

Im autobiographischen Band „Der Keller, Eine Entziehung", der 1979 erschien und von den Erlebnissen des jungen Bernhard im Jahr 1947 handelt, scheint sich diese Nähe, dieses Einswerden mit den einfachen Leuten wie von selbst herzustellen, allerdings erst nach einer existentiellen Entscheidung, die der Gymnasiast zuvor gefällt hatte. „Die anderen Menschen", so beginnt das Buch, „fand ich in der entgegengesetzten Richtung, indem ich nicht mehr in das gehaßte Gymnasium ging, sondern in die mich rettende Lehre ging, gegen alle Vernunft in der Frühe nicht mehr mit dem Sohn des Regierungsrats in die Mitte der Stadt..., sondern mit dem Schlossergesellen aus dem Nachbarhaus an ihren Rand."

Die entgegengesetzte Richtung erscheint im Text zunächst nur als Ortsangabe. Zugleich jedoch verbindet sich mit ihr die radikale Umkehr aller vorgezeichneten Verhältnisse. In die entgegengesetzte Richtung gehen, das wurde für Bernhard programmatisch, im Lauf seines Lebens und im Fortgang seiner Literatur. Daß die Kehrtwende von 1947 erfolglos war, ja daß sie kurz danach ins Hospital und in die Krankheit führte, war schmerzlich und katastrophal. Als Prinzip blieb sie erhalten, wurde zur Marschroute für Bernhards weiteren Weg. Sie half ihm, trotz Letzter Ölung und ärztlicher Ratlosigkeit eben nicht zu sterben. Sie führte ihn zwar nicht in den einfachen, naturgemäßen Alltag, aber sie radikalisierte ihn für die Kunst. Außer dem Schlüsselwort „Atem" gibt es kein wichtigeres Wegzeichen für Bernhards Werk.

Die romantischen Korrespondenzen sind damit nicht erschöpft. Das erzromantische Motiv des Wanderns taucht in den Spaziergängen wieder auf, die Bernhards Helden leidenschaftlich gerne unternehmen, weil sie sich nicht nur frische Luft, sondern auch frische, wenngleich keineswegs erfrischende Gedanken versprechen. „Gehen" lautet programmatisch der Titel einer Erzählung von 1971, die mit dem Motiv des heiligen Wahns spielt, obwohl es in der Geschichte nur als lakonische „Verrücktheit" erscheint. Bernhards untrüglicher Sinn für das Groteske hat bisweilen E. T. A. Hoffmannsches Format und verdichtet sich etwa im Band „Der Stimmenimitator" von 1978 zu herrlichen Miniaturen, die den Anekdoten eines Heinrich von Kleist aus den „Berliner Abendblättern" in nichts nachstehen.

Zuallererst jedoch besteht Bernhards romantisches Erbe im Stil seiner Prosa. Sein unverkennbarer Ton ist Wortmusik par excellence, oft gerühmt und nachgeahmt und von keinem Epigonen je erreicht. Die kunstvollen Perioden, die sich in der Tat fast naturgemäß entwickeln, wieder in sich selbst zurücklaufen und sich selbst reflektieren, die mit Wiederholungen arbeiten und mit mehrfachen Brechungen der Erzählperspektive, nähern sich den Vorstellungen vom unendlichen Gespräch, das zugleich Poesie, Philosophie und Rhetorik wäre, mithin das Absolute streifte. Und sie erzeugen jenen Sog und jene Suggestion, über die Bernhard-Leser ins Schwärmen geraten und süchtig werden.

In der Perfektion, mit der Bernhard seinen Stil pflegte, liegt ein Moment der Gefahr. Eigentlich konnte diesem Autor schon recht bald nichts mehr passieren, und das bedeutete, daß es spätestens seit Anfang der siebziger Jahre keine Entwicklung mehr gab. All seine Helden scheiterten, der Autor triumphierte. Vor allem seine sieben Romane wirken bisweilen steril, wie von einem Automaten geschrieben. Bernhard war kein Autor der starken Handlungen und Fabeln – ein Umstand, der auf Dauer zumal seinen Theaterstükken schaden dürfte. Sein ganzes Werk transportiert die gleichen Themen bei geringer Variation fast immer gleich. Das Erreichen des Unendlichen kann gelegentlich unendlich langweilig sein.

Es gibt da nur eine Empfehlung: Man soll sich auch an seine kleineren Formen halten, an Erzählungen wie „Die Billigesser", „Midland in Stilfs" oder „Die Mütze". Die vielen Interviews, die er gab, sind genuine Literatur, überaus kurzweilig und, bei allen Zynismus, voll weltweiser Einsichten. Herausragend sind die fünf autobiographischen Bände, sie zählen fraglos zu den großen Selbstzeugnissen unserer Epoche. Thomas Bernhard ist ein bedeutender Autor, einer, der das Schimpfen zur großen Kunst erhob – und darüber selbst zu einem jener „Lachphilosophen" wurde, die er so überaus schätzte: „Kant ist ein Lachphilosoph", konnte er apodiktisch konstatieren. Am gescheitesten lacht es sich über den „Stimmenimitator", den Bernhard wohl eher unter seine Nebenwerke rechnete, der jedoch zum Besten gehört, das er schrieb. „Erfolgreichstes Konzert" heißt eine dieser Kürzestgeschichten, die lediglich des Zitierens und keiner Erklärung bedarf: „Eine sogenannte Kammermusikvereinigung, die dafür berühmt ist, daß sie nur auf alten Originalinstrumenten alte Musik spielt und nur Rossini, Frescobaldi, Vivaldi und Pergolesi auf dem Programm, spielte in einem alten Schloß am Attersee und hatte den größten Erfolg seit ihres Bestehens. Der Beifall hatte erst ein Ende genommen, wie die Kammermusikvereinigung keine einzige Zugabe mehr auf dem Programm gehabt hatte. Erst den nächsten Tag war den Musikern eröffnet worden, daß sie in einer Taubstummenanstalt gespielt hatten."

Die fünf Jahre ältere Dichterin Ingeborg Bachmann hat Bernhard sehr verehrt. Zusammen mit dem Großvater Johannes Freumbichler und dem genialen Pianisten Glenn Gould, dem er im Roman „Der Untergeher" von 1983 ein Denkmal setzte, bildet sie das heilige Dreigestirn seines Lebens. Nicht umsonst hat er sie „Maria" genannt. Als „Maria" ist die Bachmann die einzige weibliche Lichtgestalt in seinem Werk; der Roman „Auslöschung" huldigt ihr als „großer Künstlerin". Vom großen Künstler hat Ingeborg Bachmann die „durchgehende Manifestation einer Problemkonstante" verlangt. Bernhards thematische Obsession kommt dieser Forderung sehr nahe. Er, der sieben Jahre lang gezwungenermaßen Deutscher war, hat Österreich als die Inkarnation der Hölle auf Erden verstanden. Darüber wurde er als bedeutender Schriftsteller, zum großen Deutschen.

Hinsichtlich des Karl Kraus hat Walter Benjamin davor gewarnt, den Haß nur aus verschmähter, unbeantworteter und deshalb mißlungener Liebe zur Welt und zu den Menschen abzuleiten. Ursprünglicheres, so Benjamin, sei hier am Werk: „eine Menschlichkeit, die nur der Übergang von Bosheit in Sophistik, von Sophistik in Bosheit, eine Natur, die die hohe Schule des Menschenhasses, und ein Mitleid, das nur verschränkt mit Rache möglich ist". Das gilt, in Kürze, auch für Thomas Bernhard. Zwangsläufig hat seine nihilistische Universalskepsis deshalb vor dem Instrument nicht Halt gemacht, auf das er schlechterdings nicht verzichten konnte und das er wie wenige zu handhaben wußte: vor der deutschen Sprache. Im Roman „Auslöschung" heißt es, nicht zuletzt als Folge einer fulminanten und fulminant ungerechten Beschimpfung Goethes: „Die deutsche Sprache ist genaugenommen eine häßliche.... sie ist gar nicht imstande, einen Wahrheitsgehalt tatsächlich als solchen... wiederzugeben, sie verfälscht alles von Natur aus, sie ist eine rohe Sprache, ohne jede Musikalität, und wäre sie nicht meine Muttersprache, ich würde sie nicht sprechen."

Der ungeliebten Sprache hat er die ungeheuersten Töne abgerungen. Sie klingen fort. Thomas Bernhard starb am Morgen des 12. Februar 1989. Das Testament, das er zwei Tage zuvor bei einem Salzburger Notar hinterlegt hatte, war sein letzter Triumph, seine letzte Rache an Österreich: Es verbietet, „auf die Dauer des gesetzlichen Urheberrechtes", die Aufführung, den Druck und den Vortrag aller zu Lebzeiten veröffentlichten und im Nachlaß noch vorhandenen Werke.

# KONRAD LORENZ
## 1903–1989

Von
Irenäus Eibl-Eibesfeldt

Am 28. März 1948 kam Konrad Lorenz aus sowjetischer Kriegsgefangenschaft nach Altenberg in Niederösterreich zurück. In einem selbstgebastelten Vogelkäfig trug er einen zahmen Star sowie eine Haubenlerche und in einem umfangreichen Paket ein 750 Seiten starkes Manuskript, das er in der Gefangenschaft auf russischem Konzeptpapier und zurechtgeschnittenem Zementsackpapier mit verdünnter Tinte oder Kaliumpermanganat zum Teil mit Vogelfedern geschrieben hatte. Dieses Manuskript, das erst 1991 wiedergefunden und 1992 von seiner Tochter Agnes veröffentlicht wurde, war unter schwierigsten Bedingungen entstanden. Seine Tochter schreibt: „Ohne Schreibtisch, bei schlechtem Licht und winters bei großer Kälte mit ‚Faust I' als alleiniger Bibliothek." Aber Lorenz schrieb offenbar mit großer Begeisterung, wie die ungezählten Ausrufezeichen und Unterstreichungen im Manuskript belegen. Der Text fasziniert durch eine seltene Frische und Klarheit der Präsentation und weist Lorenz als ungewöhnliche Forscherpersönlichkeit aus, in der sich Beobachtungsgabe und gestaltseherische Intuition in glücklicher Weise verbinden. In dem nunmehr als Buch vorliegenden „Russischen Manuskript" bemüht sich Konrad Lorenz um eine zusammenhängende Darstellung der biologischen Verhaltensforschung, deren Methode durch die Erkenntnis bestimmt werde, „daß alle Lebewesen, einschließlich des Menschen, nicht nur die Merkmale ihres äußeren Körperbaus, sondern auch den gesamten Aufbau ihres seelischen und körperlichen Verhaltens einem Entwicklungsvorgang verdanken, der sich in historischer Einmaligkeit im Laufe von Jahrmillionen abgespielt hat". Daraus ergibt sich, daß der Weg zum Verständnis tierischen und menschlichen Verhaltens über die Erforschung ihres stammesgeschichtlichen Gewordenseins und damit über das Verständnis des Tieres führt, so wie einst sein stammesgeschichtlicher Werdegang über das Tier führte. Lorenz sieht in diesem Weg keine Herabsetzung der Menschenwürde, denn gerade gegen den Hintergrund der tierischen Verhaltensleistungen würde sich erst das spezifisch Menschliche in seiner ganzen Einmaligkeit abheben. Es liege im „Wesen des organischen Schöpfungsvorgangs", daß er Neues und Höheres schaffe, das in den Vorstufen, aus denen es erwuchs, „durchaus nicht enthalten war".

Bereits Charles Darwin hatte darauf hingewiesen, daß stammesgeschichtliches Erbe auch das menschliche Verhalten präge und man daher aus dem

Studium tierischen Verhaltens für uns Menschen Nützliches erfahren könne. Es dauerte lange, bis man in den Verhaltenswissenschaften erkannte, daß die Tendenztheorie wohl die Basistheorie der Wissenschaften vom menschlichen Verhalten ist, und damit natürlich auch der Geisteswissenschaften, was manch einer heute noch nicht wahrhaben möchte.

Konrad Lorenz wurde am 7. November 1903 in Wien geboren. Seine Mutter Emma Lorenz, geborene Lecher, war die Tochter des Mitbegründers der „Freien Presse" und die Schwester des Physikers Prof. Dr. Ernst Lecher. Die Mutter war zum Zeitpunkt der Geburt einundvierzig Jahre alt. Konrad Lorenz war also ein spätes Kind, achtzehn Jahre jünger als sein Bruder. Der Vater, Prof. Dr. Adolf Lorenz, stand zu diesem Zeitpunkt auf dem Höhepunkt seines Ruhms als Begründer der Orthopädie. Konrad Lorenz wuchs in der geräumigen Villa seiner Eltern in Altenberg bei Wien auf. Bereits als Kind pflegte er Tiere. Von seinem zweiten Lebensjahr an war Margarete („Gretel") Gebhardt, seine spätere Frau, seine Spielgefährtin. In seinem Altenberger Kinderzimmer bastelte er an Aquarien und Vogelbauern, und früh verwandelte er den Altenberger Garten mit Teichen und Tiergehegen in einen kleinen Zoo, „da er an dem Prinzip der Dressur im Freien festhielt", so berichtet sein Bruder. „Und da in Freiheit gezähmte Tiere zwar die Angst, aber damit zugleich meist auch den Respekt vor den Menschen verlieren, konnte es dem im Altenberger Garten Lustwandelnden leicht passieren, daß eine Zibetkatze unversehens aus einem Busch heraus seine Waden attackierte, ein Kakadu sich ihm im Nacken festkrallte oder, wenn er seine Jause im Freien einnehmen wollte, zwei große Kolkraben, die Vögel Wotans, sich aus den Lüften auf das glitzernde Silberbesteck stürzten und einen Löffel oder eine Zuckerzange auf Nimmerwiedersehen entführten."

Lorenz wollte Zoologie studieren, aber dem Wunsch seines Vaters entsprechend begann er seine Laufbahn als Mediziner. 1922 schrieb er sich für Medizin an der Universität Wien ein und promovierte 1928 zum Dr. med. Im selben Jahr begann er sein Zoologiestudium, das er 1933 mit dem Dr. phil. abschloß. Während des Medizinstudiums pflegte er seine zoologischen Interessen jedoch weiter. Er führte über seine Schützlinge genaue Tagebücher und veröffentlichte 1927 seine erste Arbeit über Dohlen, die das Interesse des damals führenden Ornithologen Oskar Heinroth erweckte. Während seiner medizinischen Ausbildung arbeitete Lorenz als Assistent des von ihm zeitlebens hochverehrten Anatomen Ferdinand Hochstetter. Diese Tätigkeit vermittelte ihm umfassende Kenntnisse auf dem Gebiet der vergleichenden und funktionellen Anatomie. Lorenz schätzte den großen Einfluß, den Ferdinand Hochstetter auf ihn ausgeübt hat, stets besonders hoch. Im Vorwort zu dem 1965 edierten Sammelband I „Über tierisches und menschliches Verhalten" schreibt er: „Das besondere Glück in meinem eigenen Forscherleben war es, daß ich als junger Anatom von meinem Lehrer Ferdinand Hochstetter gründlichst in Fragestellung und Methodik vergleichendmorphologischer Untersuchungsweisen geschult, in nahen persönlichen Kontakt mit Oskar Heinroth kam, der zu meinem zweiten großen Lehrer wurde. Seine klassische Schrift ‚Beiträge zur Biologie, insbesondere Psychologie und Anatomie der Anatiden' wurde bestimmend für meinen weiteren Lebensweg." Diese beiden Lehrer schulten sein vergleichendes Sehen.

Konrad Lorenz erkannte, daß es im Verhaltensrepertoire der Tiere stereotypisierte wiedererkennbare Bewegungsabläufe gibt, die genauso wie körperliche Strukturen zur Artkennzeichnung herangezogen werden können. Man kann diese „Instinkthandlungen" daher wie körperliche Strukturen bei verschiedenen Tierarten vergleichen und unter Zugrundelegung der Homologiekriterien der vergleichenden Morphologie Homologien aufdecken und den stammesgeschichtlichen Werdegang von Verhaltensweisen rekonstruieren. Zugleich kann man sie, wie körperliche Merkmale, zur Kennzeichnung von Arten, Gattungen, Familien und anderen systematischen Kategorien verwenden. Die Erforschung der Instinkthandlungen rückte zunehmend in das Zentrum seines Interesses. Konrad Lorenz bemühte sich um eine Objektivierung des bis dahin keineswegs klar gefaßten Instinktbegriffs. Die Vitalisten hielten diesen für eine mystische, das Tier leitende Lebenskraft, die prinzipiell unerforschbar sei. Lorenz sprach konkret von Instinkthandlungen und den sie auslösenden Reizen. Bereits in den Arbeiten „Beiträge zur Ethologie sozialer Corviden" (1931) und „Betrachtungen über das Erkennen der arteigenen Triebhandlungen bei Vögeln" (1932) wird das Konzept einer vergleichenden Verhaltensforschung (Verhaltensmorphologie) umrissen. Den ersten gründlichen Entwurf einer biologischen Verhaltensforschung legte er schließlich 1935 in seiner Schrift „Der Kumpan in der Umwelt des Vogels" vor.

In dieser grundlegenden Arbeit diskutiert Lorenz zunächst den Begriff der Instinkthandlung, die sich von allen über Lernprozesse erworbenen Verhaltensweisen dadurch unterscheide, daß sie unabhängig von individueller Erfahrung im Laufe der Embryonal- und Jugendentwicklung heranreife. Instinkthandlungen sind den Tieren angeboren. Er deutete sie zunächst als Kettenreflex, wies aber bereits darauf hin, daß die Bereitschaft eines Tieres, eine bestimmte Instinkthandlung auszuführen, sich erhöht, wenn sie längere Zeit nicht ausgelöst wurde. Dann sucht ein Tier, wie es schon Wallace Craig beschrieb, im sogenannten Appetenzverhalten nach auslösenden Reizsituationen, die bestimmte Verhaltensweisen erlauben. Zudem spricht das Tier dabei immer unspezifischer auf Reize an. Die Erniedrigung der Reizschwelle kann im Extremfall zu Leerlaufhandlungen führen. Bei einem zahmen, gut gefütterten Star hatte Lorenz oft beobachtet, daß er in ziemlich regelmäßigen Abständen von seiner Sitzstange hochflog, nach Nicht-Vorhandenem schnappte, zur Sitzstange zurückkehrte, die Totschlagbewegung machte, als hätte er ein Insekt gefangen, und danach schluckte. Mangels Gelegenheit zu jagen, absolvierte der Vogel offenbar die gestaute Triebhandlung des Jagens im Leerlauf. Lorenz betonte im weiteren Verlauf den stereotyp-automatischen Charakter der Instinkthandlungen und die Tatsache, daß das instinktiv handelnde Tier sich keineswegs von Absichten leiten lasse, sondern blind reagiere, was insbesondere Fehlleistungen der in Gefangenschaft gehaltenen Tiere zeigen, etwa der Hund, der auf festem Boden einen Knochen „verscharrt" und mit der Schnauze zuletzt noch nicht vorhandenes Erdreich über den abgelegten Knochen schiebt. Lorenz beschrieb in der Kumpan-Arbeit, wie Instinkthandlungen durch Reize und Reizkombinationen ausgelöst werden, die in einfacher und unmißverständlicher Weise die natürliche auslösende Reizsituation kennzeichnen: die Signalreize. Jene Verhaltensweisen, die sich eigens im Dienst der Signalgebung zu Signalreizen entwickelten, bezeichnete Lorenz als Auslöser.

Auf die auslösenden Reize spricht ein „angeborenes Schema" als rezeptives Korrelat des Reizempfängers an. Es handelt sich um eine Art Reizfilter, der wie ein Schloß erst auf bestimmte Schlüsselreize reagiert. Der Reizempfänger verfügt, so würde man heute sagen, über neuronale Referenzmuster, in denen bestimmte Erwartungen vorliegen und gegen die einkommende Meldungen verglichen werden. Entsprechen sie den Erwartungen, dann werden konkrete Verhaltensweisen freigegeben. Lorenz verwendet der Anschaulichkeit halber in diesem Zusammenhang oft den Schloß-Schlüssel-Vergleich. Der Reizempfänger, so könnte man auch sagen, verfügt über ein schematisiertes Leitbild seines Kumpans, der allerdings in verschiedenen Funktionskreisen getrennt auftreten kann: als Kindkumpan, Geschlechtskumpan, Elternkumpan und anderes mehr. Dabei wird der Artgenosse nicht in seiner Ganzheit wahrgenommen; er ist vielmehr der Sender von Signalen in verschiedenen Funktionsbereichen, und diese sind trennbar. Eine Türkenente reagiert auf den Notruf eines Stockentenkükens und wird versuchen, es zu retten. Sobald sich das Gerettete aber unter die eigene Kükenschar mischt, wird sie das Junge töten, das sie aufgrund anderer Signale als artfremd erkennt.

Als weitere wichtige Entdeckung stellt Konrad Lorenz im „Kumpan" die Prägung vor. Es handelt sich um einen Lernvorgang besonderer Art, der sich durch eine sensible Periode und durch die Therapieresistenz des Gelernten auszeichnet. Zieht ein Mensch Dohlen auf, so erweisen sich die Männchen beim Eintritt der Geschlechtsreife sexuell auf den Menschen geprägt; sie umwerben den Menschen und lassen Dohlendamen unbeachtet. Diese sexuelle Objektprägung wird durch spätere Lernerfahrungen nicht mehr ausgelöscht.

In den Jahren, in denen Lorenz die Konzepte einer biologischen Verhaltensforschung erarbeitete, gab es in der Verhaltensforschung drei in gewisser Weise verwandte und häufig als mechanistisch eingestufte Schulen: die Assoziationspsychologie Wilhelm Wundts, die Reflexologenschule Iwan Petrowitsch Pawlows und den von ihr abgeleiteten, durch John B. Watson begründeten amerikanischen Behaviorismus. Lorenz hat stets die Forschungserfolge der drei Schulen anerkannt, weil sie, wie er sagte, „respektlos" kausalanalytisch an die verwickeltsten Probleme herangingen und es zu den Grundsätzen der Naturwissenschaften gehöre, sich um die Erforschbarkeit aller Probleme zu bemühen, selbst wenn das eine unlösbare Aufgabe sein sollte. Durch ihr respektloses kausalanalytisches Herangehen und ihren bewußten Simplismus erzielten diese Schulen wertvolle Forschungsergebnisse. „Rein als Arbeitshypothese betrachtet, ist der Mechanismus nicht nur ungemein fruchtbar, sondern schlechthin die einzig legitime Einstellung, die es für einen Forscher überhaupt geben kann." Doch alle drei mechanistischen Schulen kranken nach Lorenz daran, „daß sie eine einzige früh aufgefundene Erscheinung zum *alleinigen* Erklärungsprinzip für das ganze komplexe harmonische System der tierischen und menschlichen Verhaltensweisen erhoben haben". Alle drei Schulen glaubten „ganzheitsunabhängige Bausteine" und die Prinzipien ihrer Verbindung zu höheren funktionellen Einheiten gefunden zu haben. Die Schule Wundts faßte das menschliche Seelenleben als ein Bündel von Assoziationen auf. Pawlow versuchte, aus Reflexen und bedingten Reflexen die Ganzheit tierischen und menschlichen Verhaltens zu erklären. Ebenso die Behavioristen, die zusätzlich das Lernen durch Versuch und Irrtum zum allgemeinen Erklärungsprinzip erhoben.

Alle drei Schulen vertraten also atomistische Auffassungen. Für die Behavioristen und Reflexologen war alles Verhalten überdies eine Antwort auf einwirkende Reize. Man spricht daher auch von einer „Reiz-Reaktions-Psychologie (Stimulus-response psychology)", und Watson bestritt darüber hinaus, daß es komplexere angeborene Verhaltensweisen gäbe. All die scheinbar angeborenen Bewegungsweisen, so meinte er, würden von den jungen Tieren aus der Form der Bewegungsorgane auf dem Weg von Versuch und Irrtum geformt, eine Auffassung, die sich hartnäckig hielt. So konnte Zing Yang Kuo noch 1967 behaupten, wenn es irgend jemandem gelänge, die Gehirne von Schimpanse und Mensch gegeneinander auszutauschen, so würde das nichts im Verhalten der beiden ändern; auch der Schimpanse mit Menschenhirn würde sich wie ein Schimpanse verhalten und der Mensch mit Schimpansenhirn wie ein Mensch, denn es wären die körperlichen Strukturen und die damit verbundenen Erfahrungen, die das Verhalten formen würden. Die Behauptung desselben Autors, das Huhn würde im Ei das Picken lernen, wurde bis in die siebziger Jahre zitiert und offenbar ernst genommen. Hinter einer solchen Fixierung auf die Vorstellung, alles Verhalten würde gelernt, es gäbe nichts Angeborenes, insbesondere keinerlei Antriebe, steht auch der Machtanspruch jener, die den Menschen gerne als Wachs in ihren Händen sehen wollen, um ihn gemäß ihrer Weltanschauung zu formen. Die Vorstellung, der Mensch könne sich aufgrund seiner Natur dem Wunsch nach beliebiger Formbarkeit nach allen Richtungen hin widersetzen, wird daher von den extremen Milieutheoretikern in ideologischer Fixierung abgelehnt. Das führte zu einer Auseinandersetzung, die gelegentlich in neuer Verkleidung auflebt.

1937 lernte Lorenz von den Versuchen Erich von Holsts über zentrale Automatismen, die das klassische Reflexkonzept widerlegten. Eines seiner überzeugenden Experimente, das den Sachverhalt gut illustriert, betraf die Schwimmbewegung des Aals. Der klassischen Reflextheorie zufolge sollte die einmal durch eine Wahrnehmung ausgelöste motorische Aktion über Propriozeptoren koordiniert werden; innere Sinnesreize sollten die Kontraktion eines Muskelsegments dem nächsten Segment mitteilen und dieses seinerseits zur Kontraktion veranlassen. So würde sich eine Bewegungswelle über den Organismus fortpflanzen. Von Holst durchtrennte mittels Einstich Hirn und Rückenmark beim Aal und hielt das so erzeugte Rückenmarkspräparat durch künstliche Beatmung am Leben. Dann durchschnitt er alle dorsalen Rückenmarkswurzeln, über die dem Zentralnervensystem Meldungen von den Sinnesorganen einschließlich jener des eigenen Körpers zufließen. Die ventralen motorischen Wurzeln, über die das Zentralnervensystem normalerweise Impulse zur Muskulatur schickt, blieben dagegen intakt. Als die Rückenmarkspräparate aus dem Operationsschock erwachten, begannen sie, wohlkoordiniert zu schlängeln. Damit war der Nachweis erbracht, daß die Schlängelbewegung kein Kettenreflex ist, daß ihr vielmehr spontanaktive motorische Zellgruppen (Automatismen) zugrunde liegen, die ihre Impulse zentral koordinieren, so daß ein wohlgeordnetes Impulsmuster an die Muskulatur geschickt wird. Diese Entdeckung war von großer theoretischer Bedeutung, Verhalten war demnach nicht nur Antwort auf Außenreize, sondern auch Ergebnis zentralnervöser Erregungsproduktion. Lorenz erkannte, daß jene Befunde geeignet waren, Phänomene wie die der Schwellenerniedrigung und des Leerlaufs zu erklären. Er nahm an, daß nicht nur die Lokomotionsbewegungen, sondern die Instinkthandlungen generell auf spontanaktiven Neuronenpopulationen beruhten. Er postulierte für jede Instinkthandlung eine aktionsspezifische Erregung, die durch den Ablauf der Bewegung verbraucht würde, was zu aktionsspezifischer Ermüdung führe. Mit der Holstschen Entdeckung gewann Lorenz auch eine neue Vorstellung vom Wirken der auslösenden Mechanismen, über die die Bewegungen nicht erst angestoßen, sondern gewissermaßen enthemmt werden. Der angeborene auslösende Mechanismus bildet gewissermaßen einen Block, der die normalerweise nach Entladung drängenden Impulse hemmt. Nach längerem Ausbleiben der auslösenden Reize wird es schließlich immer schwerer, die Hemmung aufrecht zu erhalten; das Phänomen, der „Reizschwellenerniedrigung" für auslösende Reize, wird beobachtbar.

Etwa zur gleichen Zeit entwickelten sich freundschaftliche Beziehungen zwischen Konrad Lorenz und dem holländischen Verhaltensforscher Niko Tinbergen, der experimentell die ein Verhalten auslösenden und steuernden Reize untersuchte. In einer Arbeit über die Eirollbewegung der Graugans, die er 1938 zusammen mit Lorenz in Altenberg durchführte, glückte der Nachweis, daß Instinkthandlungen sich aus zwei Bewegungsweisen zusammensetzen: aus der formkonstanten Erbkoordination, die, einmal angestoßen, maschinenhaft bis zu Ende abläuft, und der von dauernden Außenreizen abhängigen variablen Orientierungsbewegung (Taxis).

1940 wurde Lorenz ordentlicher Professor und Leiter des Instituts für vergleichende Psychologie der Albertus-Universität in Königsberg. Er wurde damit zum letzten Inhaber des Kantschen Lehrstuhls. In der kurzen Zeit seines dortigen Wirkens entwickelte er die Grundgedanken zu einer phylogenetischen Erkenntnistheorie, die er 1941 skizzenhaft in der „Zeitschrift für Deutsche Philosophie" veröffentlichte. Den an der Realität der Außenwelt zweifelnden Vertretern der idealistischen Philosophie stellt Lorenz in Übereinstimmung mit Karl Popper einen hypothetischen oder kritischen Realismus gegenüber, demzufolge alle Organe von Tier und Mensch und somit unser Erkenntnisapparat und die uns angeborenen Verhaltensweisen, wie wir heute sagen würden, „eignungsrelevante" Facetten einer außerhalb der betreffenden Organismen liegenden Wirklichkeit abbilden. Die Flossen, die ein Fisch in einem Ei entwickelt, sind in diesem Sinne Abbild des Milieus, in dem sich der Fisch nach dem Schlüpfen bewegen wird. Man kann sie als Hypothesen über die Beschaffenheit der Außenwelt ansehen, als Hypothesen, die sich an der Selektion bewährt haben. „So ist die Flosse des Fisches in ihrer Form und weit ausgesprochener noch in ihrer Bewegung ein Bild der Welle, der Huf des Pferdes genausogut ein Abdruck des Steppenbodens, wie der wirkliche Abdruck, den er auf diesem Boden hinterläßt, in einem kaum als übertragen zu bezeichnenden Sinn sein Abdruck ist. Gleiches gilt vielleicht noch unmittelbarer für die Sinnesorgane, deren arterhaltende Leistung im Wiedergeben bestimmter Gegebenheiten der außersubjektiven Realität besteht." Jene Feststellung impliziert natürlich, daß es gewisse Leistungsgrenzen der Erkenntnis gibt, die sich aus der Tatsache des stammesgeschichtlichen Gewordenseins unseres Erkenntnisapparates ergeben, den die Selektion formte, aus der Notwendigkeit, Überlebensrelevantes wahrzunehmen und überlebensrelevante Probleme zu lösen. Das bedeutet unter anderem, daß Hypothesen in unsere Wahrnehmung eingebaut sind, die unter bestimmten

Umständen zu Wahrnehmungstäuschungen führen können, wie im Falle der optischen Illusionen. „Erkenntniskritik als Apparatekunde" ist daher geboten, um zu verhindern, daß Fehlleistungen in die Irre leiten. In einem seiner letzten Bücher, „Die Rückseite des Spiegels" (1973), hat sich Lorenz ausführlich mit der Problematik unserer erkennenden Leistungen auseinandergesetzt und aufgezeigt, daß jede Anpassung eine außersubjektive Realität widerspiegelt, wenngleich mit verschieden grobem Raster. Mit zunehmender Differenzierung im Prozeß einer Höherentwicklung wird das Abbild der Welt in den Organismen differenzierter. In einem funktionell dem Versuch-und-Irrtum-Lernen analogen Vorgang „informiert" sich ein Organismus über die Mechanismen der Mutation und Selektion über seine Umwelt; er „paßt" sich an und bildet dabei in gewisser Weise ab: „Das Leben ist nicht Gleichnis von irgend etwas, es ist selbst die wissende Wirklichkeit."

1941 wurde Konrad Lorenz als Arzt in den Kriegsdienst einberufen. 1943 erschien seine umfangreiche Arbeit „Die angeborenen Formen möglicher Erfahrung", in der er seine bisherigen Arbeiten in einer Gesamtschau integriert und den Beitrag, den eine biologische Verhaltensforschung für das bessere Verständnis menschlichen Verhaltens leisten kann, aufzeigt. Lorenz belegt, daß auch wir Menschen wohl aufgrund uns angeborener Schemata auf bestimmte Schlüsselreize und Auslöser in voraussagbarer Weise reagieren. Das gilt für elementare Anschauungsformen von Raum und Zeit ebenso wie für das Reagieren auf sehr einfache Merkmale des Mitmenschen, die man im Experiment leicht nachahmen kann. Lorenz erläutert dies am Kindchenschema. Attrappenversuche der Puppenindustrie zeigen, daß wir auf sehr vereinfachte Merkmale des Kleinkindes mit stark emotionell getönten Zuwendungsreaktionen antworten. Objekte, die diese Merkmale tragen, bezeichnen wir als „herzig", ein Wort, das das Bedürfnis ausdrückt, das Objekt wie ein Kind an unser Herz zu drücken. Das Kindchenschema setzt sich aus mehreren Merkmalen zusammen, die auch einzeln geboten wirksam sind, zusammen geboten sich jedoch in ihrer Wirksamkeit addieren; überdies können die einzelnen Merkmale übertrieben werden. Säuglinge haben zum Beispiel einen im Verhältnis zum Rumpf ziemlich großen Kopf und verhältnismäßig kurze dickliche Arme und Beine. In den industriellen Produkten, bei Püppchen ebenso wie in den Zeichnungen der Illustrierten, wird die Kopf-Rumpf-Proportion als Beziehungsmerkmal oft in grotesker Weise übertrieben, Tier- und Menschendarstellungen mit riesigen runden Köpfen und winzigen Körpern und Extremitäten wirken ausgesprochen niedlich. Weitere Merkmale des Niedlichen sind die Pausbacken und deren Verhältnis zum Gesichtsschädel, großer Hirnschädel mit vorgewölbter Stirn. Auch diese Beziehungsmerkmale kann man übertreiben.

Wir reagieren ferner auf bestimmte Merkmale des Minenspiels unserer

Mitmenschen, die wir ebenfalls mit wenigen Strichen attrappenhaft charakterisieren können. Und wir anthropomorphisieren Tierphysiognomien als freundlich, traurig, mutig oder ängstlich, wenn sie attrappenhaft Merkmale unserer Mimik zeigen, die diesen Handlungsbereitschaften oder -gestimmtheiten entsprechen. Lorenz diskutiert ausführlich die ästhetischen Werturteile; er weist ferner darauf hin, daß auch ethische Beziehungsschemata vorhanden sind. Sie geben gewissermaßen in Leitbildern elementare Regeln für unser soziales Handeln vor, unter anderem als ein Vorwissen darüber, was gut und böse ist. Daß man einem Freund in Not beisteht, ein Kind in einer Gefahrensituation rettet, dazu bedarf es keiner langen Überlegung. Lorenz erklärt zudem, daß wir Menschen über aggressionsabblockende Signale verfügen, über Verhaltensweisen der Unterwerfung, die allerdings auf unsere biologische Grundausstattung abgestimmt sind. Mit der Erfindung der Waffe konnten die Tötungshemmungen leicht ausgeschaltet werden. Wir töten heute einen Gegner so schnell, daß er gar nicht dazu kommt, jene beschwichtigenden Appelle der Unterwerfung zu senden, die über das Mitgefühl eine Tötungshemmung bewirken.

In den „Angeborenen Formen möglicher Erfahrung" diskutiert Lorenz schließlich gewisse Verfallserscheinungen des Zivilisationsmenschen, die jenen ähneln, die man im Prozeß der Domestikation bei Haustieren beobachten kann. Sie betreffen Veränderungen im Körperbau sowie im Verhalten und sind darauf zurückzuführen, daß der selektionierende Feinddruck dank des Schutzes der Haustierhaltung und beim Menschen durch die Sicherheit in der Großgesellschaft wegfällt. Bindegewebsschwäche, Muskelatrophie und Fettansatz sind die Folge, dazu kommen Veränderungen, die eine Vergröberung im Sozialverhalten mit sich bringen. Kulturen würden nicht, wie Oswald Spengler vermutete, einem physiologischen Alterungsprozeß unterliegen, der unabwendbar sei, vielmehr sieht Lorenz den Grund für die allgemeine Degeneration in domestikationsbedingten Verfallserscheinungen. Als Mediziner und Biologe bewertet Lorenz diese Erscheinungen negativ, gewissermaßen als Erkrankung einer Gemeinschaft. Allerdings bemerkt er, daß erst die domestikationsbedingten Ausfälle im Bereich des Instinktiven Raum für Erziehung und Kultur schufen. Nicht die Selbstdomestikation des Menschen an sich, sondern die sie begleitenden domestikationsbedingten Verfallserscheinungen werden negativ gesehen und als therapiebedürftig erachtet.

1944 geriet Konrad Lorenz in russische Kriegsgefangenschaft. Es war eine schwere Zeit, über die er nur wenig sprach. Im Winter 1944/45, im Anschluß an eine Verwundung, bei der Gefangennahme in der Nähe von Witebsk, wog Lorenz gerade noch 55 Kilogramm. In der ungeheizten Lagerbaracke versuchte er, wie Agnes von Cranach berichtet, junge Ratten zu zähmen, die sich auf ihm wärmen wollten, aber von der Rattenmutter immer wieder zurückgepfiffen wurden. Die Zugluft ließ damals die Eiszapfen waagerecht aus den Wänden wachsen. Lorenz wirkte in der Zeit seiner Gefangenschaft als Arzt. Hunger und Krankheiten herrschten im Lager, doch Lorenz betonte später immer wieder, daß die russische Lagerleitung und die russischen Ärzte ihr Bestes taten, um zu helfen, und daß auch die Zivilbevölkerung, obgleich sie ebenfalls hungerte, den Gefangenen gelegentlich Nahrung zuschob. Als Lorenz von seiner bevorstehenden Repatriierung erfuhr, stellte er den Antrag, sein Manuskript nach Hause mitnehmen zu dürfen. Als Reaktion darauf wurde er von seinem Lager bei Erivan in eines in der Nähe von Moskau gewiesen und fürchtete schon um seine Chancen für die Heimkehr. Die Versetzung in das Lager Krasnogorsk löste Besorgnis aus. Er reiste allein, begleitet von einem Wachoffizier. Unterwegs hatte er ein bemerkenswertes Erlebnis: Sein Wachoffizier bekam eine Malaria-Attacke, und als die Bahn in Baku einen längeren Aufenthalt hatte, bat ihn sein Bewacher, der unfähig war, den Eisenbahnwaggon zu verlassen, einige Einkäufe zu machen. Konrad Lorenz schreibt über dieses Erlebnis: „Ich mußte, ganz gegen die Gesetze, in deutscher Uniform durch eine russische Stadt laufen, ohne mich ausweisen zu können, daß ich nicht auf der Flucht war. Nachdem ich gekauft hatte, was mir der Offizier aufgetragen hatte, fand ich eine Gelegenheit, mich an einem Brunnen am Hauptplatz von Baku zu waschen. Während ich dabei war, sah ich plötzlich die schreckeneinflößende Figur eines einbeinigen russischen Soldaten mit mongolischen Gesichtszügen, der in der Hand ein großes Rasiermesser schwenkte. Aber ich wurde gleich beruhigt, als er mich in schlechtem und daher auch für mich gut verständlichen Russisch ansprach: ‚Du hast Seife? Ich habe Rasiermesser! Du gibst mir ein bißchen Seife, ich dich rasieren.“ Lorenz fährt in seiner Beschreibung, die 1985 veröffentlicht wurde und deren Passagen der Verfasser dieses Beitrags aus dem englischen Original übersetzt hat, fort: „Es war eine doch einigermaßen tröstliche Erfahrung, zu erleben, wie ein deutscher Soldat von einem russischen Invaliden inmitten einer russischen Stadt rasiert wurde.“

Nach seiner Rückkehr war Lorenz zunächst ohne feste Anstellung. Er hielt Vorlesungen im engeren Freundeskreis auf der biologischen Station Wilhelminenberg bei Wien, wo sich unter Otto Koenig eine kleine Gruppe von biologischen Verhaltensforschern zusammengefunden hatte, die mit den Arbeiten von Lorenz vertraut war. Er hielt des weiteren Vorlesungen an der Universität und war im Begriff, ein kleines Institut für vergleichende Verhaltensforschung unter der Patronage der Österreichischen Akademie der Wissenschaften in Altenberg aufzubauen, als er die Einladung bekam, im Rahmen der Max-Planck-Gesellschaft ein Institut für Verhaltensforschung einzurichten. Die Anregung ging von Erich von Holst aus. Das Institut sollte provisorisch als Forschungsstelle für Verhaltensphysiologie in den Wirtschaftsgebäuden des Wasserschlosses Buldern in Westfalen untergebracht werden. Konrad Lorenz akzeptierte die Einladung. Es wurde ihm gestattet, seine Wiener Mitarbeiter mitzunehmen, zu denen auch der Verfasser dieses Beitrags gehörte. Im Laufe des Winters 1950 und des Frühjahrs 1951 übersiedelte die Gruppe. In der Wiener Nachkriegszeit hatte Lorenz die durch den Krieg unterbrochenen internationalen Kontakte wiederaufgenommen. Zu wissenschaftlicher Arbeit war ihm zunächst wenig Zeit geblieben; er schrieb jedoch das Tierbuch „Und er redete mit dem Vieh, den Vögeln und den Fischen", das ein Weltbestseller werden sollte. Es zeichnet sich durch Frische und Originalität aus und ist im besten Sinne volksbildnerisch.

Die neue Forschungsstelle in Buldern wurde bald zu einem kleinen Mekka der Verhaltensforschung. Bereits 1949 hatten sich die führenden holländischen, englischen und deutschen Ethologen mit Lorenz zum ersten Internationalen Ethologenkongreß in Cambridge zusammengefunden. Die „Zeitschrift für Tierpsychologie", die Lorenz mitbegründet hatte, nahm im selben Jahr ihre Publikationstätigkeit auf. 1952 luden Konrad Lorenz und Erich von Holst zum zweiten Ethologenkongreß nach Buldern ein. Die Lorenzschen Thesen fanden in den Vereinigten Staaten schnell weite Verbreitung und wurden lebhaft diskutiert, da sie den gängigen Thesen des Behaviorismus widersprachen. 1953 erschien im „Quarterly Review of Biology" eine Kritik von Daniel S. Lehrman, in der er Konrad Lorenz vorwarf, er würde das Angeborene zunächst einmal nur als das, was nicht erlernt sei, also negativ definieren. Des weiteren vertrat er die Ansicht, daß ein Organismus während seiner Entwicklung selbst im Ei oder Uterus immer in einer auf ihn einwirkenden Umwelt stecke und es daher grundsätzlich unmöglich sei, ein Tier erfahrungslos aufzuziehen. Deshalb sei das Isolier-Experiment der Ethologen, mit denen sie angeborene Verhaltensmuster glaubten nachweisen zu können, nicht beweiskräftig. Diese Kritik erwies sich als sehr anregend. 1962 antwortete Lorenz schließlich auf Lehrmans Einwände in seiner Arbeit über „Phylogenetische Anpassung und adaptive Modifikation des Verhaltens", die 1965 auch in englischer Sprache erschien.

In seiner Erwiderung geht Lorenz davon aus, daß jede Anpassung, jedes Organ ebenso wie jede Verhaltensweise ein Abbild der Umwelt sei und damit Wissen über diese Umwelt voraussetze. Wenn eine Spannerraupe oder eine Stabheuschrecke wie ein Ästchen aussieht und sich bei Schreck wie ein Ästchen vom Stamm abspreizt, dann setzt dies wohl voraus, daß diese Organismen sich in einem Anpassungsprozeß irgendwann mit ihrer Baumumwelt auseinandergesetzt haben müssen, um die ästchenbetreffende Information zu erwerben. Wir wissen, daß so ein Informationserwerb sowohl in stammesgeschichtlicher als auch in individualgeschichtlicher Auseinandersetzung erfolgen kann. Im ersteren Fall handelt es sich um eine Art Versuch-und-Irrtum-Lernen über Mutation und Selektion im Artenwandel, im letzteren Fall um adaptive Modifikation des Verhaltens durch Lernen, wobei die Modifikationsbreiten, wie wir wissen, auch genetisch vorgegeben sind. Wenn ich eine Spannerraupe vom Ei an isoliert aufziehe und sie eine Ästchenmimikry in Körperbau und Verhalten entwickelt, dann habe ich nachgewiesen, daß die Information, diese speziellen Passungen betreffend, bereits genetisch gespeichert ist, daß genetisch kodierte Entwicklungsanweisungen für die Ausbildung dieser bestimmten Merkmale verantwortlich sind. Sicher wirken Umwelteinflüsse der verschiedensten Art auf die sich entwickelnde Spannerraupe ein, doch sie enthalten nicht die spezifische abbildende Information des Vorbilds und sind hiermit für die zur Diskussion stehende Frage nach der Herkunft der Information, die spezifische Passung betreffend, irrelevant. Das gleiche gilt für die vielen anderen Fälle, in denen Ethologen relevante Information im Isolierexperiment vorenthalten. Ziehe ich einen Vogel vom Ei an schallisoliert auf und er zeigt dennoch bei Eintritt der Geschlechtsreife die spezifischen Gesangsstrophen seiner Art, dann habe ich nachgewiesen, daß diese als stammesgeschichtliche Anpassung vorliegen und nicht von Vorbildern gelernt werden müssen. Wo die Anpassung dann im einzelnen sitzt, muß weiter untersucht werden. Es kann zum Beispiel durchaus sein, daß der Vogel mit neuronalen Referenzmustern ausgestattet ist, die als Leitbild einen Lernprozeß steuern, so daß der Vogel gewissermaßen geleitet von diesem phylogenetischen Erinnerungsbild seinen Gesang ohne weiteres Vorbild selbst einübt. Es kann aber auch den Fall geben, daß der Gesang zur Gänze als motorisches Programm vorprogrammiert ist. Entscheidend ist, daß man einem Organismus während seines Aufwachsens relevante Information vorenthalten kann, die notwendig wäre, um ein Verhalten zu lernen, sei es durch eigenes Experimentieren in Auseinandersetzung mit der Umwelt, sei es durch Lernen am sozialen Modell. Lorenz definierte damit das Angeborene als das stammesgeschichtlich Angepaßte. Gegen diese Formulierung wurde nur noch terminologisch eingewendet, daß man dann ja immer auch die Angepaßtheit nachweisen müsse. Deshalb ist es vielleicht vorteilhafter, nicht „stammesgeschichtlich angepaßt", sondern „genetisch programmiert" zu sagen. Zur Klärung des Natur-Umwelt-Streites trug auch der Verfasser dieses Beitrags experimentell bei.

Einen weiteren Markstein in der Geschichte der Ethologie bildete die Veröffentlichung des Buches „Das sogenannte Böse" (1963). Es handelt sich um eine Diskussion des Phänomens der innerartlichen Aggression, die für viele als der Inbegriff des Verdammenswerten und Bösen galt. Lorenz bemüht sich um eine differenziertere Sicht. Er hält zwar die innerartliche Aggression für die gegenwärtig größte Gefahr, die der Menschheit droht, aber er meint, daß man ihr nicht beikomme, wenn man sie lediglich als etwas mystisch Unabwendbares hinnehme und verdamme, sondern nur, wenn man ihre Verursachung erforsche. Und dazu sei es wichtig, zunächst einmal zu fragen, in welchem Zusammenhang sich wohl die innerartliche Aggression ausgebildet hat, welche Selektionsdrucke an ihrem Zustandekommen mitwirkten. Bereits der Titel des Buches war in diesem Sinne gut gewählt. Lorenz führte darin aus, daß die innerartliche Aggression in der Tat Funktionen im Dienst der Eignung – er sprach damals noch von Arterhaltung – erfüllt. Durch Rivalenkämpfe werden die gesündesten Männchen für die Fortpflanzung ausgelesen. Tiere kämpfen ferner um den Besitz von Territorien und sichern sich und ihren Nachkommen damit eine Subsistenzbasis. Kurz: Das Verhalten erfüllt verschiedene Aufgaben, sowohl im Tierreich als auch bei uns Menschen. Tier wie Mensch sind mit stammesgeschichtlichen Anpassungen im Dienst dieser Funktionen ausgerüstet. Das betrifft sowohl die Motivation zu kämpfen, für die ein angeborener Aggressionstrieb postuliert wird, als auch die angeborene Kenntnis kampfauslösender Reize und Reizsituationen und schließlich die Motorik des Kampfverhaltens. Lorenz weist darauf hin, daß Ritualisierungen im innerartlichen Kampfverhalten verhindern, daß Tiere einer Art einander beschädigen. Ein Kampf kann zwar als Beschädigungskampf beginnen, doch dann kann sich ein Tier durch Demutsstellungen unterwerfen. Darauf stellt der Sieger das Kämpfen ein und läßt den Besiegten abziehen. Oft sind Kämpfe zur Gänze als Turniere ausgestaltet, in deren Verlauf die Tiere ihre Kräfte aneinander in unblutiger Weise messen. Der Hinweis auf stammesgeschichtliche Anpassungen auch im menschlichen Verhalten hat Konrad Lorenz Kritik eingetragen, wobei seine Thesen oft verfälscht wiedergegeben wurden. So, wenn Erich Fromm behauptete, Lorenz würde mit dem Hinweis auf das Angeborene einer fatalistischen Haltung zum Aggressionsproblem Vorschub leisten, denn wenn etwas angeboren sei, dann könne man ja nichts dagegen tun. Offenbar hatte er Lorenz nur sehr flüchtig gelesen; schließlich war es das Anliegen von Lorenz, gerade einem solchen Fatalismus entgegenzutreten.

Der Aufenthalt in Buldern war als Provisorium gedacht. 1957 war es dann soweit. An dem kleinen bayerischen Ess-See war ein neues Max-Planck-Institut für Verhaltensphysiologie gebaut worden, mit zwei Abteilungen, von denen die eine Lorenz, die andere von Holst führte. Bereits in Buldern hatte Lorenz seine Forschungen an Enten und Gänsen sowie an Buntbarschen aufgebaut und eine Gruppe von Mitarbeitern um sich geschart, die seine Arbeit in verschiedener Richtung weiterführten. Es war eine ungemein fruchtbare Zeit. Lorenz führte das Institut als wohlwollende freundliche Persönlichkeit allein durch sein Vorbild. Er wirkte als natürliche Autorität und hatte gerne seine Schüler um sich. Im Sommer besuchten sie ihn bei den Gänsen, im Winter kamen sie nach dem Mittagessen zum Kaffee oder abends; es hatte sich eine quasi familiale Gemeinschaft gebildet. Das alles war natürlich nur möglich, weil seine Frau Margarete das muntere Treiben ebenfalls gerne sah und die Mitarbeiter gewissermaßen als Mitglieder einer Großfamilie betrachtete und umsorgte. Konrad Lorenz wußte blendend zu erzählen, war ein guter Unterhalter und ein höchst anregender. Über neue Beobachtungen konnte er sich begeistern, und er berichtete auch rückhaltlos von seinen jeweiligen Entdeckungen. Lorenz schrieb seinen Mitarbeitern nicht vor, was sie zu tun und zu lassen hatten, er ließ jeden seinen eigenen Weg finden.

1973 wurde er gemeinsam mit Karl von Frisch und Nikolaas Tinbergen mit dem Nobelpreis für Medizin ausgezeichnet. Im selben Jahr emeritierte er und übersiedelte nach Altenberg bei Wien, wo er eine Tiersoziologie des Instituts für vergleichende Verhaltensforschung der Österreichischen Akademie der Wissenschaft aufbaute, mit einer Dependance in Grünau im Almtal, wohin er einen Teil seiner Seewiesener Gänse übersiedelt hatte. 1982 verselbständigte sich dieses Institut als Forschungsstelle für Ethologie der Österreichischen Akademie der Wissenschaften. Er leitete es bis zu seinem Tod am 27. Februar 1989.

1973 erschien noch eines seiner größten Werke, „Die Rückseite des Spiegels". Darin legte er seine ausgearbeitete biologische Erkenntnistheorie vor, die er bereits im „Russischen Manuskript" skizziert hatte. 1978 wurde dann „Eine Vergleichende Verhaltensforschung" und kurz vor seinem Tod sein Buch über Gänse ediert.

Lorenz hat in der geistigen Landschaft unserer Zeit tiefe Spuren hinterlassen. Jedes ernsthafte Werk über uns Menschen muß sich mit seinen Arbeiten auseinandersetzen.

# HERBERT VON KARAJAN
## 1908–1989

Von
Wolfgang Stresemann

Zum ersten Mal erscheint ein Dirigent unter den „Großen", und sicherlich fragen sich manche, ob ein sogenannter nachvollziehender Musiker überhaupt in eine solche Reihe gehört. Denn wem verdankt er Ruhm und Ehre? Dem Komponisten, ohne dessen Schöpfungen er nicht existieren könnte. Eine andere Frage taucht auf: Verlangt die Aufgabe des Dirigenten, nämlich eine Partitur zum Klingen zu bringen, wirklich besondere Eigenschaften? Ist er nicht bloß ein „getreuer Diener seines Herrn", der in erster Linie auf Präzision, Zusammenspiel, richtiges Verhältnis zwischen Haupt- und Nebenstimmen zu achten, also vor allem Ordnungsaufgaben zu erfüllen hat?

Dem ist nicht so. Wie das genaue Vorsprechen eines Dramentextes noch lange nicht das Entstehen einer bedeutenden Bühnengestalt erzeugt, so genügt die noch so getreue Wiedergabe eines Notenbildes nicht, um einer Komposition von Rang gerecht zu werden. Hinzu kommt: Im Gegensatz zu jenen Kunstgattungen, die sich anschauen lassen, so daß selbst der Laie aktiv beteiligt ist, vermag der Musikfreund in der Regel eine Partitur nicht oder kaum zu lesen, geschweige denn eine eigene Klangvorstellung zu entwickeln. Bekanntlich haben Meister wie Richard Strauss oder Gustav Mahler noch während der Generalprobe neuer Werke Modifikationen ihrer Instrumentation vorgenommen – Mahler hat sogar seine V. Symphonie völlig neu instrumentiert –, ein Zeichen, daß auch sie nicht immer ein vollkommenes Klangbild bei der Niederschrift ihrer Partituren besaßen. Letztendlich sind alle Musikfreunde bei Orchesterwerken auf einen Vermittler, auf den Dirigenten, angewiesen, und dieser muß neben den Ordnungsaufgaben weitaus andere, wichtige Eigenschaften mitbringen.

Um Größe zu vermitteln, bedarf es der eigenen Größe, der Größe des Erlebens der Musik in allen ihren Ausdrucksmöglichkeiten. Wie könnte man ohne eigenes Temperament einen schnellen Beethoven-Satz, beispielsweise das Finale der VII. Symphonie, in seiner ganzen Wildheit darstellen, die Innerlichkeit eines Adagios der Klassiker ohne eigene Gefühlstiefe wiedergeben? Wie gelänge eine Bruckner-Symphonie ohne eingeborene Hinneigung zu der oft transzendentalen Musik des Meisters von St. Florian? Ohne Glauben an die christliche Botschaft bliebe eine Aufführung der „Matthäus-Passion" Stückwerk, ohne eigene Zartheit vermag man die des Komponisten nicht nachzuempfinden. So muß die Persönlichkeit des Interpreten mit der des

Komponisten eine enge Verbindung eingehen. Der Interpret ist gehalten, sich der Welt dessen, der ihm die Vorlage gibt, zu nähern, sie mit der eigenen soweit wie möglich zu verschmelzen. Hierzu genügt Mittelmaß nicht. Könnte man sich, höchstes Beispiel eines religiösen Interpreten, Paulus als einen wenig bedeutenden Menschen vorstellen?

Ideale Interpretation verlangt mithin ein ungewöhnliches Maß an Identifizierung mit der Musik des Erzeugers. Demnach müßte der Komponist als Interpret eigener Werke die besten Voraussetzungen mit sich bringen. Doch dies ist nicht immer so. Das Talent der Wiedergabe, das nicht jedem Komponisten verliehen ist – daher oftmals eine schwache Aufführung eigener Werke –, läßt sich kaum erlernen. Es ist eine Gabe von oben, jenes „höchste Glück der Erdenkinder", das tragischerweise nicht immer dem zuteil wird, der sich ganz in das Werk des anderen versenkt, es sich einverleibt hat. So muß der wahre Interpret ein begnadeter Alleskönner sein. Neben der selbstverständlichen Beherrschung seines Handwerks gehört dazu ein Höchstmaß an Einfühlungsvermögen in Komposition und Komponisten sowie an bezwingender Ausstrahlungskraft. Unter den nicht mehr lebenden Dirigenten, die diese Voraussetzungen erfüllt haben, befinden sich die vier überragenden Leiter des Berliner Philharmonischen Orchesters: Hans von Bülow, Arthur Nikisch, Wilhelm Furtwängler und Herbert von Karajan.

Herbert von Karajan war in der ganzen Welt berühmt und zugleich umstritten, wurde schon zu Lebzeiten zur eigenen Legende und arbeitete bis zuletzt an seinem „Vermächtnis": den von ihm hinterlassenen „Video-Kassetten". Sein letztes Gespräch galt ihrer Verbreitung in Japan, wo er wie ein Halbgott verehrt wurde. Karajan war eine Persönlichkeit von außergewöhnlicher, geradezu magischer Ausstrahlungskraft, die gleichstark auf Orchester wie Zuhörer einwirkte. Wer spürte nicht, daß dieser Mann zum Befehlen geboren war, wie Goethe es forderte, „Seligkeit im Befehlen empfand", jede Unterordnung ablehnte, sich fast immer durchzusetzen vermochte. Kam er zu einer ihm verhaßten Geselligkeit, weil es ihm ratsam erschien, meistens verspätet, so verstummten alle bei seinem Eintritt, als ob wie einst die Majestät ihren Einzug hielt. Sein Wort verwandelte sich oft genug zur „Lex Karajan".

In Berlin, wo er fast dreieinhalb Jahrzehnte das Berliner Philharmonische Orchester als Nachfolger Wilhelm Furtwänglers leitete, begab er sich äußerst selten zu seinen amtlichen „Vorgesetzten", fast immer kamen sie zu ihm, der ihnen eine bisweilen verlängerte Probenpause für wichtige Gespräche einräumte. Signifikantes Beispiel: Die Zustimmung des Berliner Senats zur Entsendung der Philharmoniker zu den Salzburger Osterfestspielen wurde in Anwesenheit des Regierenden Bürgermeisters Willy Brandt während einer Konzertpause besprochen und genehmigt. Wer weiß, was im Falle eines Nein geschehen wäre? Widerstand war für Karajan dazu da, um überwunden zu werden. Gelang dies nicht, so „krachte" es meistens. Seinen Auszug aus der Wiener Staatsoper verband er mit einer Art von Kriegserklärung an ganz Österreich, seine Heimat. Nie wieder werde er dort dirigieren, so hieß es in einer öffentlichen Erklärung. Trotzdem gelang es später, den Erzürnten zu einem dauernden Bleiben in seiner Geburtsstadt Salzburg zu bewegen. Wenige Monate vor seinem Tod am 16. Juli 1989 brach er die Beziehungen zum Senat von Berlin und damit zu seinem Orchester ab, das er 1955 übernommen hatte. Seine nur zwei Spielzeiten währende Tätigkeit beim Orchestre de Paris endete mit einem Eklat, ebenso seine Verpflichtung an der Metropolitan Opera in New York. Und wie oft drohte der Maestro, wenn in Berlin nicht alles nach Wunsch ging beziehungsweise gehen konnte; der Verfasser dieses Essays, der über zwei Jahrzehnte Karajan zur Seite stand, kann hiervon Zeugnis ablegen. Kein Wunder, daß Karajan vielfach als arrogant, eigenmächtig, unerträglich, sogar als bösartig galt, daß die Zahl seiner Gegner erheblich war.

Doch es gab auch einen anderen, weniger bekannten, hilfsbereiten Karajan. Philharmoniker, die ihn mit Recht für distanziert hielten, änderten ihre Meinung, wenn einer von ihnen ernsthaft erkrankte. Dann half der Chef mit Rat und Tat, nahm an der Genesung Anteil. Er offenbarte übrigens umfassende medizinische Kenntnisse, wußte über Ärzte und Arzneien Bescheid, er, der selbst in seinen letzten Jahren ein schwer leidender Mann war, dem die besten Ärzte und Chirurgen nicht helfen konnten. Karajan war auch zur Stelle, wenn es sich um die Förderung des Nachwuchses, insbesondere junger, begabter Dirigenten, handelte. Während seiner ersten Jahre als „ständiger Dirigent" des Berliner Philharmonischen Orchesters, wie das Amt bezeichnet wurde, führte er bei jeder Anwesenheit in Berlin zusätzlich einen Dirigentenkurs durch, erwies sich dabei nicht nur als hervorragender Pädagoge, sondern strahlte echte Wärme und berührende Offenheit aus, wie man sie nur selten zu spüren bekam. Später gab er außerdem in St. Petersburg, New York und Tokio Dirigentenkurse, ließ alle Teilnehmer von seinen eigenen Erfahrungen profitieren, zeigte ihnen Fehler, die er selbst einst gemacht hatte. In Erinnerung sind die internationalen Karajan-Dirigentenwettbewerbe geblieben. Anläßlich einer Schlußzeremonie in der Philharmonie sagte er den Preisträgern wörtlich: „Wenn ihr später einmal Fragen oder Sorgen habt, kommt zu mir wie zu einem Vater, ich bin für euch immer da!" Nicht zu vergessen: der dankbare Karajan, der stets Zeit für diejenigen aufbrachte, die ihm während seines Aufstiegs und in Notzeiten geholfen hatten. Selbst wenn sie unangemeldet kamen, war er für sie da, lud sie zu sich ein, hörte ihnen zu, umarmte sie.

Schließlich existierte der sentimentale Maestro, der Tränen in den Augen hatte, wenn sich altverdiente Orchestermitglieder nach Erreichen der Altersgrenze verabschiedeten. Als er für einen früh verstorbenen Geiger, der als

Vertreter des Orchesters bei Schallplattenaufnahmen eng mit ihm zusammengearbeitet hatte, einige Gedenkworte sprechen sollte, brach er in Schluchzen aus und vermochte nichts zu sagen. Und seine Tränen rollten oft: beim Ende des von ihm geliebten „Heldenleben" oder der „Alpensymphonie" von Richard Strauss.

Gegensätze – schwer zu erklären. Sicherlich beruhten Karajans häufig anmaßendes Verhalten und seine vielen Drohungen auf innerer Unsicherheit, hervorgerufen zum einen durch seine ihm angeborene, nie geleugnete Schwierigkeit, mit Menschen einen engeren Kontakt zu finden, zum anderen durch die vielen Hemmnisse seiner Laufbahn. Karajan stand zweimal vor dem Nichts. In der Familie fand er lediglich zu Anfang Unterstützung; ein väterlich beratender Mentor fehlte. Der junge Dirigent war während der entscheidenden Jahre des praktischen Lernens auf sich selbst gestellt, mußte von der Pike auf dienen. „Ich habe niemals geglaubt, daß ich es so weit bringen würde" – eine Äußerung Karajans dem Verfasser des Beitrags gegenüber, die bedeutungsvoll für das Denken und Fühlen dieses außergewöhnlichen Menschen erscheint. Als Karajan einmal auf seine Hilfe für den Dirigentennachwuchs angesprochen wurde, sagte er: „Die sollen es einmal besser haben als ich."

Es ging nicht um materielle Dinge. Karajan, am 5. April 1908 in Salzburg geboren und „Heribert" genannt, stammte aus einer begüterten Familie. Sein hochangesehener Vater Ernst Karajan war Leiter der Chirurgischen Klinik in Salzburg und ein Amateur-Klarinettist von Bedeutung, in dessen Haus viel Musik gespielt wurde. Seine Mutter, in der Slowakei beheimatet, war der Musik ebenfalls zugetan und liebte vornehmlich Wagner-Opern. Auch Heriberts älterer Bruder Wolfgang war grundmusikalisch; er, den vor allem das Technische an der Musik interessierte, wurde Orgelbauer und hat später zusammen mit seiner Frau auf seinen Orgeln Bachs „Kunst der Fuge" in zahlreichen Konzerten hören lassen. Die Familie kam ursprünglich aus dem griechischen Teil von Mazedonien. Der Ahnherr, Georg Johann Karajannis, übersiedelte später nach Wien, wo er hochgeachtet 1813 starb. Zuvor hatte er im sächsischen Chemnitz Fabriken für die Verarbeitung türkischer Garne sowie Kattunwebereien gegründet und war für seine Verdienste vom Herzog Friedrich August von Sachsen in den Adelsstand erhoben worden. Das Adelsprädikat galt für alle Nachkommen. Schon der Ahnherr änderte seinen Namen, indem er die letzte Silbe „nis" fortließ. Obwohl in Österreich der Adel nach 1918 abgeschafft wurde, durfte sich der junge Heribert den Künstlernamen Herbert von Karajan zulegen.

Über sein Familienleben hat sich Karajan gegenüber seinem Biographen Ernst Häussermann wie einem Interviewer Fr. Müller zurückhaltend, sogar kritisch geäußert. Zwar erkannten die Eltern sehr schnell das ungewöhnliche

Talent ihres jüngeren Sohnes, sorgten für angemessenen Unterricht. Doch, so Karajan, es fehlte an wirklichem Kontakt; die Beziehungen waren eher hierarchischer Art. Außerdem empfand er, daß man ihn, den Jüngeren, immer dem Bruder nachgestellt habe, der groß und stark war, während er sich als klein und schwach betrachten mußte. Das habe ihn zutiefst gekränkt. Dem Autor dieses Essays gegenüber beklagte sich Karajan darüber, sein Vater habe oftmals gemeinsame Sonntagspläne zerredet, so daß sie nicht realisiert wurden. Hierauf führe er, Karajan, seine bisweilen zu impulsiven Entscheidungen zurück. Dennoch war ein redegewaltiger Karajan schon in der Schule bekannt, man behauptete: „Zum Töten man den Dolch ersann, mit Reden kann's der Karajan." Beim Ausbruch des Ersten Weltkrieges schickten die äußerst besorgten Eltern, wenn auch nur vorübergehend, ihre Söhne zu Verwandten in die Steiermark; sie schürten unnötige Angstgefühle in den Kindern. Ob und inwieweit die Mutter hierbei die treibende Kraft gewesen ist, bleibt ungeklärt. Später, als der junge Herbert ihr stolz sein erstes Engagement in Ulm mitteilte, zeugte ihre Reaktion von bedrückender Angst: „Was machst du, wenn du taub wirst?" Eine solche Äußerung konnte bei einem hochsensitiven jungen Mann haftenbleiben, zu einem Trauma werden, Unsicherheit, angeborene Scheu verstärken.

Von seiner Tätigkeit in Ulm hatte sich der junge Musiker in Salzburg einen Namen gemacht: zuerst als pianistisches Wunderkind – er spielte 1918 anläßlich des hundertzweiundsechzigsten Geburtstages von Mozart dessen Phantasie in D-Moll – dann, zehn Jahre später, als er mit dem Mozarteum-Orchester unter anderen Werken Strauss' „Don Juan" und die V. Symphonie von Tschaikowsky dirigierte. Sein Klavierlehrer war Franz Ledwinka. Für andere Fächer war der spätere Präsident der Salzburger Festspiele, Bernhard Paumgartner, zuständig. Er erkannte frühzeitig, daß sein Schüler Karajan alle Voraussetzungen für eine bedeutende Dirigentenkarriere mitbrachte, doch das Piano für das, was er wollte, nicht ausreichte. Aber in Salzburg gab es auf Dauer für Karajan kein Betätigungsfeld. Und der Zufall spielt mit: Der Intendant des städtischen Theaters in Ulm befand sich auf der Suche nach einem zweiten, dem ersten koordinierten Kapellmeister und fragte bei Karajan an. Dieser gestand, daß er bislang nie eine Oper dirigiert habe, also ein Werk einstudieren müsse. Das geschah.

Am 2. März 1929 fand in Ulm nach entsprechenden Proben die Premiere von „Figaros Hochzeit" statt. Alsbald hieß es in der Lokalzeitung: „Kapellmeister Herbert von Karajan wurde für die restliche Dauer der diesjährigen Spielzeit des Stadt-Theaters und für die Spielzeit 1929/1930 vom Intendanten Erwin Dietrich als Opernkapellmeister verpflichtet." Das bedeutete Schwerstarbeit, denn es mangelte in Ulm an allem: ein viel zu kleines Orchester – 26 Mitglieder, deren Zahl, wenn nötig, aufgestockt werden konnte –, ein Chor von 16 Sängerinnen und Sängern, Solisten minderer Qualität, die Bühne ohne hinreichende Technik. Dennoch wurde fast das gesamte Opernrepertoire gespielt, und Orchesterkonzerte fanden ebenfalls statt. So gab es für Karajan und den anderen Dirigenten, mit dem er sich gut verstand, nichts als Arbeit und nochmals Arbeit. In jeder Spielzeit mußten sechs Opern einstudiert werden. Wenngleich das Gesamtniveau der Vorstellungen alles andere als zufriedenstellend gewesen sein mag, ergab sich ein großer Fundus an Kenntnissen und Erfahrungen, an Grundlagen für den später überragenden Operndirigenten. Nach vierjähriger Tätigkeit erfolgte die Kündigung. Schockwirkung – Karajan bat um Verlängerung. Nach dem fünften Jahr setzte ihn der Intendant auf die Straße, mit der Begründung: „Sie verkommen sonst hier, ich muß Sie zwingen, sich etwas Besseres zu suchen."

Die folgenden Monate des Suchens und Nicht-Findens einer neuen Position haben sich Karajan fest eingeprägt. Oftmals erzählte er, wie er in ganz Deutschland herumfuhr, sich um Kapellmeisterstellen bewarb. Vergeblich. Jene Zeit, jene Ängste, ohne Beschäftigung und ohne Einkommen zu sein, hafteten schwer in seiner Erinnerung. Als Jahrzehnte später der Sonderzug der Berliner Philharmoniker während einer Deutschland-Tournee auf einem Bahnhof hielt, fragte Karajan, wo man sich befände. Die Antwort: Oberhausen im Ruhrgebiet. Blitzschnell fuhr es aus ihm heraus: „Da habe ich mich auch einmal beworben, und man hat mir nicht einmal geantwortet."

Das „Glück des Tüchtigen" brachte ihn nach Aachen, wo die Position eines zweiten Kapellmeisters frei war. Karajan bat um ein Probedirigat, wurde jedoch vom Orchester als zu jung abgelehnt. Aber der städtische Kulturreferent, ein ehemaliger Berliner Philharmoniker, dem das mäßige Niveau des Aachener Orchesters bekannt war, setzte sich für den jungen Mann aus Ulm ein. Ein Jahr später wurde der Aachener Generalmusikdirektor Peter Raabe Präsident der Nazi-Reichsmusikkammer. Karajan, der inzwischen zeigen konnte, was in ihm steckte, trat seine Nachfolge an: mit seinen kaum siebenundzwanzig Jahren als jüngster deutscher GMD. Nunmehr Chef eines Orchesters von 70 Mitgliedern – der berühmte, von Wilhelm Pitz geleitete Chor stand ihm zur Verfügung –, konnte Karajan Aufbauarbeit großen Stils mit adäquaten Mitteln leisten. Sein Ruf als geborener Dirigent, begabt mit einem machtvollen, alle bezwingenden Willen, verbreitete sich schnell. Gastspiele in Lüttich, Brüssel, Stockholm und anderen Großstädten folgten. Anfang Juni 1937 dirigierte Karajan den „Tristan" an der Wiener Staatsoper, deren künstlerischer Leiter Bruno Walter war. Dieser attestierte dem noch nicht Dreißigjährigen Beherrschung der Partitur, ohne daß es zu einem Engagement oder zu einem Angebot kam. Im April 1938 stand der Aachener GMD erstmals vor den Berliner Philharmonikern, von denen er – unerhörte Neuheit – geteilte Proben für Ravels „Daphnis und Chloe" verlangte und nach kurzem

Protest erhielt. Das war ein Durchbruch. Robert Oboussier, Komponist und Berichterstatter der „Deutschen Allgemeinen Zeitung", nannte Karajan einen „Berufenen", eine „ungewöhnliche Dirigentenbegabung", die man schon nach wenigen Takten einer das Programm einleitenden Mozart-Symphonie erkennen konnte. Andere Kritiker bescheinigten dem Neuling, er sei weder ein „Espressivo-Dirigent" wie Furtwängler oder Walter noch ein „Schwarz-Weiß-Maler" wie Klemperer, sondern bringe seine eigene, schlanke, dennoch überaus temperamentvolle, ja leidenschaftliche Wiedergabe, verbunden mit einem differenzierten, transparenten Klang.

Nun rührte sich auch der allgewaltige Generalintendant der Berliner Opernhäuser, Heinz Tietjen. Er ließ durch seinen „Vize", von Prittwitz, dem Mann aus Aachen die Einstudierung einer Novität anbieten. Karajan bestellte eigens für die Antwort einen Sekretär, der mitteilte, der Dirigent sei bereit, müsse aber zuvor das Orchester kennenlernen und wünsche zu diesem Zweck die Leitung dreier Opern: des „Fidelio", der „Meistersinger" und des „Tristan". Es ist nicht bekannt, wie Tietjen solche Frechheit hinnahm; immerhin bot er „Carmen" in bester Besetzung an. Da Karajan ablehnte, willigte Tietjen ein, wollte dem jungen Mann begegnen, der sich ihm gegenüber so dreist erkühnte. Alle drei Aufführungen hatten einen durchschlagenden Erfolg. Doch die Kritik in der „B. Z. am Mittag" vom „Wunder Karajan" nach dem „Tristan" dürfte Karajan eher geschadet haben. Schnell verbreitete sich das Gerücht, daß hinter dem überschwenglichen Lob politische Intrigen ständen, mit der Absicht, Karajan gegen Furtwängler aufzubauen, der 1934/35 wegen eines Pro-Hindemith-Artikels von den Nazis verbannt und nach einigen Monaten von ihnen selbst zurückgeholt wurde. Damals kehrte der von allen hochverehrte, als unerreichbar geltende Furtwängler lediglich zu den Berliner Philharmonikern, aber nicht zur Staatsoper zurück. So mußte sich Tietjen nach einem neuen fulminanten Dirigenten umsehen, den er in dem Aachener GMD zu finden hoffte. Er bot ihm die Position eines Staatskapellmeisters an, doch Karajan lehnte ab, wollte weiter sein eigener Herr sein, willigte aber in einige Gastspiele ein. So dirigierte er die zuvor angebotene Novität „Der Bürger von Calais" von Rudolf Wagner-Régeny und alsbald eine unvergeßliche Aufführung der „Zauberflöte" mit Gustaf Gründgens als Regisseur. Dieser faßte das Werk als eine Märchenoper auf, betonte im Rahmen einer reichen, die Phantasie anregenden Szenerie das Schauspielerisch-Anmutige der Handlung, ohne den tieferen Sinn der Oper zu vernachlässigen. Die Reaktion der Kritik: „Vollendete Zauberflöte"; „Einer der größten Abende der Kunst"; „Alle Erwartungen erfüllt". Karajan, mehr als drei Jahrzehnte später daran erinnert, sagte, jene Aufführung habe zu seinen schönsten gehört.

Nun setzte ein ständiges Hin und Her zwischen Aachen und Berlin ein, nicht zum Vorteil für Karajan. Bald fühlte sich Aachen verlassen, während in Berlin Furtwängler erneut in der Staatsoper dirigierte, was zur Folge hatte, daß Karajan sich auf die Leitung von sechs Konzerten mit der Staatskapelle beschränkt sah. Ob und inwieweit Furtwängler die Ausschaltung des Rivalen veranlaßt hat, bleibt unbekannt. Daß Furtwängler sich gegenüber anderen Dirigenten nicht gerade großmütig verhielt, ist kein Geheimnis. Über die Tatsache, daß sich Spannungen zwischen ihm und Karajan entwickelten, besteht kein Zweifel. Der Jüngere fühlte sich vom Älteren geradezu verfolgt und berichtete darüber noch in den sechziger Jahren mit unverhüllter Bitterkeit. Doch lange währte das Wirken beider Dirigenten an der zweimal bombardierten Staatsoper sowieso nicht. Gegen Ende des Zweiten Weltkriegs befand sich Karajan weder in Aachen noch in Berlin, sondern in Mailand, wo er mit seiner zweiten Frau Anita Gütermann – seine erste Ehe mit der Sopranistin Elmy Holgerloef dauerte nur drei Jahre – Zuflucht bei einem italienischen Ehepaar fand, das ihn seit langem bewunderte. Wieder stand er vor dem Nichts. Immerhin entkam er in Mailand den zahlreichen Schießereien und Bombenangriffen – noch befanden sich die Deutschen auf dem Rückzug –, doch die Aussicht auf eine Tätigkeit in Mailand war gleich null. Glück im Unglück: Er erhielt aus Triest das Angebot für eine Konzertreihe, und das bedeutete Erleichterung auch in finanzieller Hinsicht. Unter erheblichen Schwierigkeiten kehrte er dann nach Salzburg zurück, wo er bei seinen Eltern abwartete.

Bald meldete sich der Orchestervorstand der Wiener Philharmoniker und bot ihm ein Konzert an, das tatsächlich stattfand. Weitere Konzerte wurden jedoch von den Russen verboten. Mithin erneutes Warten. Dann kam es zu einem Zusammentreffen mit Walter Legge, dem künstlerischen Direktor der britischen „Columbia"-Schallplattenfirma und dem Gründer des Londoner Philharmonia-Orchesters. Die sich schnell anbahnende Freundschaft beider Männer trug immense Früchte sowohl für die Schallplatte als später auch im Konzertsaal. Nach Karajans Entnazifizierung ging es steil aufwärts. Jetzt konnte er in London öffentlich konzertieren, und in Wien wurde er auf Lebenszeit Konzertdirektor der Gesellschaft der Musikfreunde. Mit dem Singverein dieser Gesellschaft arbeitete er bis ans Lebensende zusammen. Stets mußte für alle seine Chorkonzerte, auch in Amerika, der Wiener, aus Laien bestehende Chor mitwirken, selbst wenn er sich einmal nicht in allerbester Form befand. Es folgte eine erste Einladung zu den Luzerner Festspielen, denen Karajan jahraus, jahrein ebenfalls die Treue hielt. Sein Stern leuchtete in Europa immer heller. Doch Blessuren bleiben ihm weiterhin nicht erspart.

In Wien wie in Berlin genoß Furtwängler nach wie vor höchstes Ansehen. Bei den wiedererstandenen Salzburger Festspielen sollte er ebenfalls alsbald dirigieren, und es war Karajan, der entscheidend mithalf, den Dominierenden dorthin einzuladen. Dennoch: Die Spannungen blieben bestehen, verschärften sich, als Furtwängler nach langem Zögern eine bereits Karajan zugesagte Aufführung der „Matthäus-Passion" mit den Wiener Philharmonikern für sich beanspruchte. Daraus ergab sich die Trennung zwischen Karajan und dem Wiener Spitzenorchester. Er widmete sich den Wiener Symphonikern, teilte sich die Arbeit zwischen Wien und London, übernahm zusätzlich die „Deutsche Saison" bei der Mailänder Scala. Was konnte er noch verlangen? Ende November 1954 starb Furtwängler. Wenige Tage darauf erschien der Intendant der Berliner Philharmoniker, um Karajan die Nachfolge anzutragen. Am 13. Dezember 1954 stimmte das Orchester einmütig für den Mann aus Salzburg.

Karajan war am Ziel seiner Wünsche. Oftmals erzählte er den Philharmonikern und anderen, wie er während seines ersten Gastspiels 1938 bei diesem Orchester alles an Disziplin, Musikalität, Intelligenz fand, was er ersehnte, wohl wissend, daß seine Hoffnung, das Orchester selbst zu übernehmen, völlig illusorisch war. Nun zum Chef auf Lebenszeit ernannt, reiste er sogleich mit seinen „Mannen", die er kaum kannte, nach Amerika. Die erste Reise der Philharmoniker über den Atlantik war so erfolgreich, daß – einmalig in der Musikgeschichte – das Orchester im darauffolgenden Jahr erneut eine umfangreiche Amerika-Tournee mit Karajan unternahm, die nicht weniger erfolgreich verlief. Dennoch: Zuvor war eine neue Unsicherheit entstanden, die – man vermag es kaum zu glauben – tiefe Spuren bei ihm hinterlassen hat. Da sich die Vertragsverhandlungen hingezogen hatten, drohte Karajan mit der Absage der ersten Amerika-Reise. Doch man fand eine Lösung. Warum die Vertragsunterschrift erst 1956 stattfand und lediglich sechs Programme samt Wiederholungen sowie zwanzig bis dreißig Reisekonzerte vereinbart wurden, ist dem Verfasser dieses Essays unbekannt. Offensichtlich wollte sich Karajan freie Hand für andere Positionen lassen. Und so kam es auch: 1957 übernahm er die Wiener Staatsoper als künstlerischer Leiter.

Wiederholt äußerte Karajan den Verdacht, daß der Berliner Senat den Vertragsabschluß bewußt hinausgezögert habe, um zu sehen, ob er in Amerika erfolgreich sein würde. Von diesem Argwohn war er nicht abzubringen; noch 1984, als es darum ging, einen endgültigen Bruch zwischen ihm und den Philharmonikern zu verhindern, war er deutlich zu spüren. Und es kam noch schlimmer. Während seiner letzten Lebensjahre behauptete er, man habe ihm seinerzeit weniger Rechte als Furtwängler eingeräumt. Er beharrte nach mehr als dreißigjähriger Tätigkeit auf einem neuen Vertrag, der ihm gegenüber dem Orchester größere Rechte einräumen sollte. Trotz gewaltiger Triumphe offenbarte sich immer noch die alte Unsicherheit.

1958 heiratete Karajan die junge bildhübsche Französin Eliette Mouret. Zwei Mädchen, Isabelle und Arabelle, entstammen aus dieser Ehe. Allerdings hatte seine Tätigkeit als Berater des Orchestre de Paris nichts mit seiner

Heirat zu tun. Der Maestro hatte sich bei einer Plattenaufnahme über die „Berliner" geärgert, wollte ihnen zeigen, daß er sich auch anderswo zu orientieren verstand. In Paris sollte er nach zweijähriger Beraterposition nun auch als Direktor des Orchesters fungieren, was sich mit seiner Berliner Position nicht vereinbaren ließ. Dabei handelte es sich um ein weniger ruhmreiches Kapitel in Karajans bewegtem Leben.

Ruhmreich hingegen, obschon krisengeschüttelt, war Karajans Wirken an der Wiener Staatsoper. Endlich konnte er aus dem vollen schöpfen. Ihm stand das beste Opernorchester, die Wiener Philharmoniker, zur Verfügung, dazu glänzende Sänger und Sängerinnen, auch aus der Mailänder Scala, mit der es eine vertragliche Interessengemeinschaft gab. Nur mit der Regie haperte es bisweilen. Karajan bestand darauf, selbst Regie zu führen, fühlte, daß lediglich er Musik und Bühnengeschehen in seinem Sinne koordinieren konnte. Schon in Bayreuth, wo Karajan 1951 und 1952 mitwirkte, war es zu Streitereien mit Wieland Wagner gekommen, der, sicherlich hochbegabt, nicht immer das „Oben" wiederzugeben trachtete, was dem „Unten", also der Musik seines Großvaters, entsprach. Beim „Tristan" hatte das zum offenen Dissens geführt. Er müsse sich, so Karajan zu Wieland Wagner, eine eigene Musik schreiben lassen für das, was zu seinen Regievorstellungen passe, denn was er als Enkel wolle, stände nicht im Einklang mit Wagners klaren Partiturvorstellungen. Ähnlich konnte sich Karajan auch in Wien nicht unterordnen. Doch als Regisseur hatte er nicht von der Pike auf gedient; er beschränkte sich zu sehr auf Äußerlichkeiten, vernachlässigte die Personenregie, so daß manche Produktionen wegen mangelnder szenischer Geschlossenheit keine durchweg günstigen Kritiken erhielten. Trotzdem verdankt die Wiener Staatsoper Karajan eine Reihe großartiger Aufführungen. Sein erster Wurf war „Die Walküre", anschließend Verdis „Othello", gleichfalls ein durchschlagender Erfolg. Zu seinen besten Wiener Inszenierungen gehörten „Pelleas und Melisande" von Debussy, „Die Frau ohne Schatten" von Strauss sowie Verdis „Der Troubadour", wo Karajan auch als Regisseur Lorbeeren erntete. Berühmt wurde seine „Aida"-Aufführung, mit der er nach Wien zurückkehrte. Acht Jahre blieb er oftmals umstrittener künstlerischer Leiter. Dann hatte er, wie einst Mahler, „seinen Kreis ausgeschritten". Karajan scheiterte an seinem Mitdirektor Egon Hilbert, der ihm, von Anfang an feindlich gesonnen, Steine in den Weg legte. Der tiefere Grund ist darin zu sehen, daß Karajan längst begriffen hatte, wie sehr die Repertoire-Oper mit einem festen Star-Ensemble der Vergangenheit angehörte.

Nach seinem Ausscheiden aus der Wiener Oper konzentrierte er sich fast ausschließlich auf die Berliner Philharmoniker. Er erweiterte und erhöhte seine Präsenzen, benutzte freie Tage des Orchesters für Aufnahmen von fast allen symphonischen Hauptwerken. Wie kein zweiter erkannte er, daß dank der Langspielplatte, dann der „CD (Compact Disc)" Möglichkeit und Wahrscheinlichkeit einer „Musikexplosion", jener „Musik für Millionen", geradezu in der Luft lagen. Ihm wegen seiner Voraussicht den Vorwurf des „Merkantilismus" zu machen, ist unberechtigt. Überdies verbesserte sich, soweit überhaupt noch möglich, das Gesamtniveau des Orchesters. Wenn alsbald die künstlerische Einheit zwischen Karajan und den „Berlinern" weltweit gepriesen und als einmalig bezeichnet wurde, man schließlich von beiden immer wieder „Sternstunden" der Musik erwartete und meistens erhielt, so ist das in hohem Maße auf die intensive Aufnahmetätigkeit zurückzuführen.

Doch auf die Oper konnte er auf Dauer nicht verzichten. Deshalb schuf er für sich die Salzburger Osterfestspiele, die ursprünglich dem „Ring" und anderen Wagner-Opern gewidmet waren. Ein derart kühnes Unternehmen setzte er mit seiner phänomenalen Energie, seiner glänzenden Organisationsgabe mehr oder weniger allein durch und, entgegen allen pessimistischen Prophezeiungen, vor ausverkauftem Haus. Wiederum halfen Berlin und die Berliner Philharmoniker, die dort auch als Opernorchester glänzten. Karajan war in seinem Element: Er probierte mit den Seinen, selbst bei eventuellen Schmissen von Sängern. Der 19. März 1967 wurde zu einem historischen Datum: die Eröffnung der Osterfestspiele in Salzburg mit der „Walküre" ohne irgendwelche Subsidien. Später entschloß sich die Stadt, die von den neuen Festspielen profitierte, Zuschüsse zu gewähren, die sich wegen steigender Produktionskosten als notwendig erwiesen. 1974 folgten von Karajan veranstaltete Pfingstkonzerte. Wiederum standen die „Berliner" zur Verfügung.

Während der späten sechziger und der siebziger Jahre erreichte Karajan, Chef in Berlin, Herr über Oster- und Sommerfestspiele in Salzburg, kaum überschreitbare Höhepunkte seiner Laufbahn. In Europa, Amerika und Japan wurde er mit den Berliner Philharmonikern wie selten einer gefeiert. Superlative auch in Moskau und Leningrad, wo er in Anwesenheit von Schostakowitsch dessen X. Symphonie dirigierte. 1977 erfolgte die triumphale Rückkehr zur Wiener Staatsoper, wenn auch nur für wenige Spielzeiten. Alle nur möglichen Ehrungen, darunter der „Doctor of Music" der Universität von Oxford, wurden ihm zuteil. Außerdem galt Karajan als „Zar der Medien". Lange Zeit stand er dem Fernsehen mit der ihm eigenen Energie völlig negativ gegenüber, bis er darin die große Zukunft für Oper und Konzert entdeckte. Zuerst arbeitete er mit dem grundmusikalischen Regisseur Henri Clouzot zusammen, dann führte er selbst Regie. Nun galt „Musik für Millionen" auch für das Auge. Als Gründer einer eigenen Firma „Telemondial" nahm er nochmals das gesamte Repertoire auf, und er widmete sich bis ans Lebensende seinen „Video-Kassetten" mit geradezu fanatischer Intensität, im festen Glauben an ihre Bedeutung für die Zukunft. Ein jeder, so meinte er, könne nunmehr als eigener Konzertveranstalter oder Opernintendant fungieren.

Herbert von Karajan im Jahr 1972

Norbert Elias im Jahr 1986

Doch mittlerweile waren wieder einmal Gegenkräfte erwachsen, diesmal in Berlin. Wer Karajans künstlerischem Urteil, insbesondere im Hinblick auf einen Orchestersolisten, widersprach, den traf der Blitz des „Jupiter tonans" mit grenzenloser Wucht. Bereits Anfang der sechziger Jahre kam es zu erheblichen Differenzen zwischen den „Berlinern" und ihrem Chef wegen eines schwedischen Hornisten: Ein wutentbrannter Karajan sagte deshalb wichtige Auslandskonzerte ab und gab dann doch nach, weil ihm die Orchesterbedenken plausibel vorgetragen wurden. Zwanzig Jahre später hielt der Maestro einem skeptisch reagierenden Orchester gegenüber an der Klarinettistin Sabine Meyer fest, was die Weltpresse genüßlich ausweitete. Karajan stellte das verbriefte Recht der Seinen, über jede Kandidatin oder jeden Kandidaten abzustimmen, nicht in Frage, doch er zog bittere Konsequenzen aus der, wie er meinte, mangelnden künstlerischen Übereinstimmung. Die Entfremdung ging so weit, daß der Chef sein Orchester für das von ihm zu dirigierende dritte Pfingstkonzert in Salzburg auslud und statt der „Berliner" die Wiener Philharmoniker einlud. Das hatte zur Folge, daß ihm die Gefolgschaft für die übrigen Sommerkonzerte in Salzburg und Luzern verweigert wurde. Zuvor hatte Sabine Meyer freiwillig auf eine Mitwirkung bei den Philharmonikern verzichtet. Karajan lenkte ein. Damit wurde ein Friede ohne viel Freude wiederhergestellt. Niederlagen vermochte er auf Dauer nicht zu ertragen, und so sann er auf „Wiedergutmachung". Trotzig begehrte der Weltstar mehr Rechte, die der Senator Volker Hassemer ihm jedoch verweigerte. Als die junge, wenig erfahrene Kultursenatorin der rot-grünen Koalition, Martini, ihn in Salzburg aufsuchte, um den Fall zu bereinigen, nahm er wohl an, daß sie ihm, dem schwer Gehbehinderten, der nur noch wenige Konzerte in Berlin bestreiten wollte, den Rücktritt nahezulegen beabsichtigte. Dem zuvorzukommen, überreichte er ihr seine Demission. Frau Martini nahm irrtümlicherweise an, der Maestro wolle sich ins Privatleben zurückziehen, obwohl seine Mitwirkung bei den Salzburger Sommerfestspielen bekannt gemacht war. Versuche der Philharmoniker, ihn umzustimmen – und das gesamte Orchester bat ihn in einer schriftlichen Petition zu bleiben – scheiterten. Karajan weigerte sich, zwei Abgesandte, die Ältesten der Treuen, zu empfangen. Für sein Orchester, das ihm fast dreieinhalb Jahrzehnte alles gegeben hatte, vermochte er kein „Lebet wohl" zu sagen. Wahrscheinlich wäre ihm dabei das Herz gebrochen. Wenige Monate später hörte es auf zu schlagen.

Leben und Leistung allein sichern Karajan einen Platz unter den ganz Großen der Musik. Als Interpret hatte er wie jeder nachvollziehende Künstler Freunde und Andersdenkende. Nicht zu übersehen bleibt, daß Interpretation stets dem Zeitgeschmack unterliegt. Karajan erzeugte in seinen Reifejahren jenen „goldenen", weich-satten Klang, der von vielen generell abgelehnt, von anderen bei der Wiedergabe barocker oder klassischer Musik als ungeeignet empfunden wurde. Wenige werteten ihn als „Klangregisseur" ab. Das ist grundfalsch. Denn wie Furtwängler oder Walter besaß er die größtmögliche Gabe für Form und Aufbau. Sein Musikerlebnis, anders als der seines Vorgängers, übertrug sich zwingend auf Orchester und Zuhörer. Wenn er in seinem Bestreben Artikulation und Phrasierung vernachlässigte, hing das mit seiner erstaunlichen Fähigkeit zusammen, das Orchester völlig entspannt spielen zu lassen, ohne jemals Übersicht und Führung zu verlieren. Das war eine für seine Interpretationen mitentscheidende Fähigkeit, die zu erlernen er nach eigenen Worten zwanzig Jahre gebraucht hat.

Sicherlich wird man ihm nicht jene Innerlichkeit, jenes Gefühl für transzendentale Augenblicke der Musik attestieren, wie man sie bei Furtwängler oder Walter gespürt hat. Da offenbaren sich grundlegende Unterschiede: Furtwängler wirkte subjektivierend, oftmals improvisierend, bewegend, seine Musiker mitreißend. Karajan, ähnlich wie Toscanini, ging streng von der Partitur aus, vorrangig auf eine technisch wie musikalisch perfekte Wiedergabe bedacht. Während Furtwängler sein Innerstes deutlich erkennen ließ, hielt es Karajan stets unter Kontrolle. Doch auch in ihm glühte die Musik, nur eben sehr viel verhaltener. Furtwängler erfüllte eine musikalische Aufführung mit seinem Geist. Karajan wünschte sich Gleichberechtigte im Orchester wie auf der Bühne, mit der Folge, daß seine eigenen Interpretationsideen, ähnlich wie bei seinen Vorbildern Toscanini, Strauss und Clemens Krauss, weniger hervortraten. Furtwängler war der große Deuter einer Partitur, Karajan einer ihrer großen Vollstrecker.

Wo war Karajan am bezwingendsten, wo konnte man von jener Identität zwischen einem Dirigenten mit einem Komponisten sprechen? Vorausgeschickt sei: Von keinem Interpreten läßt sich weiterhin sagen, daß er für alle Komponisten jenes vollkommene Einfühlungsvermögen besitzt, das ihn zum idealen Stellvertreter macht. Sicherlich stand Karajan Richard Strauss am nächsten, ihm, dem letzten Genie der alten deutschen Musiktradition, dem Meister der Oper wie der symphonischen Dichtung. Strauss war anwesend, als Karajan die „Elektra" dirigierte, bedeutete dem aufstrebenden Dirigenten Inspiration und Ermutigung. Ob es sich um den von jugendlichem Überschwang strotzenden „Don Juan" oder um das Alterswerk, die „Metamorphosen" für 23 Streicher, handelte, mit denen der greise Komponist 1945 seine in Trümmern liegende Welt beklagt hat – man darf Karajan stets als kongenialen Interpreten bezeichnen. Daß er bei Presse und Publikum andererseits als großartigster Bruckner-Dirigent bis an sein Lebensende gefeiert wurde, seine Wiedergaben der Symphonien von Brahms überall den stärksten Eindruck hinterlassen haben, entkräftet den Vorwurf der Einseitigkeit. Gleich groß zeigte sich Karajan als Interpret der rein tonalen Schönberg-Werke, aber auch der ersten Zwölfton-Komposition Schönbergs. Den „Orchestervariationen", Opus 31, widmete sich Karajan mit jahrelangen Proben und Aufführungen, wie er überhaupt dem Schaffen der „Neuen Österreichischen Schule", namentlich den Werken von Berg und Webern, in Berlin wie auf Reisen viel Platz eingeräumt und mit seinen Wiedergaben manche Gegner überzeugt hat.

Weiterhin galt Karajan als meisterlicher Dirigent französischer und russischer Musik aus dem 19. und 20. Jahrhundert, erstaunlicherweise auch als vollendeter Deuter der Musik von Sibelius, dessen IV. und V. Symphonie er anläßlich des hundertsten Geburtstages des finnischen Komponisten in Helsinki ins Programm nahm und dort Bewunderung fand. Besondere Erwähnung verdienen Karajans große Choraufführungen: Beethovens IX. Symphonie, die tief empfundene „Missa Solemnis" und die „Requiems" von Verdi, Brahms und Britten.

Beim hundertsten Geburtstag des Berliner Philharmonischen Orchesters dirigierte Karajan die „Jupiter-Symphonie" und die „Eroica". Über ihn als Beethoven-Dirigent gibt es unterschiedliche Meinungen. Trotz überaus schneller, übrigens von Beethoven selbst vorgeschriebener Tempi erwies sich Karajan stets als beredter Künder der numerisch ungeraden Symphonien. Er vermochte das Heldische in der III., das Schicksalhafte der V., den übermächtigen Rausch im Finale der VII. zwingend wiederzugeben. Dem reinen Wunder eines Mozart stand er nicht so nahe wie beispielsweise sein Lehrer Paumgartner, wie Walter oder Böhm – sie alle geborene Mozart-Dirigenten. Karajans Liebe galt Bach, seiner H-Moll-Messe, der „Matthäus-Passion", den „Brandenburgischen Konzerten", die er, vom Cembalo aus dirigierend, häufig an den Beginn eines Konzertprogramms stellte. Über Aufführungspraxis und musikalische Wiedergabe Bachscher Musik gehen die Meinungen bekanntlich auseinander. Mithin stieß Karajans lebenslange Beschäftigung mit den Werken des einmaligen Leipziger Kantons vielfach auf Ablehnung.

Aufschlußreich bleibt das Verhältnis Karajans zu Gustav Mahler. Das „Lied von der Erde" dirigierte er relativ frühzeitig. Mahlers Symphonien hingegen interessierten ihn erst in seinem siebenten und achten Lebensjahrzehnt. Nach seiner letzten Aufführung der IX., Mahlers ergreifender Symphonie des Abschieds, des langsamen Erlöschens, sagte Karajan, er habe daran gedacht, sich zurückzuziehen, denn er könne nichts Besseres mehr geben. Damals wurden die Zuhörer Zeugen einer einmaligen „Sternstunde": eines spürbaren Zusammenklangs zwischen dem Komponisten und dem Interpreten, das nahende Ende ahnend. Wie andere Musiker, hatte Karajan im hohen Alter den Zenit seines Wirkens erreicht. Daß er zu seinen Lebzeiten immer wieder umstritten war, auch nach seinem Tod umstritten bleibt, ist vielleicht der beste Beweis für die Größe dieses ungewöhnlichen Dirigenten, der das Musikleben in der zweiten Hälfte des 20. Jahrhunderts nachhaltig beeinflußt hat.

# NORBERT ELIAS
## 1897–1990

Von
Rudolf Thiessen

Norbert Elias und seinem Werk widerfuhr ein unter den Produktionen des deutschen Geistes in diesem Jahrhundert einzigartiges Schicksal. „Der Prozeß der Zivilisation", das Werk eines Vierzigjährigen, geschrieben im englischen Exil, durchlebte eine Latenzzeit von drei Jahrzehnten, in denen es kaum Spezialisten bekannt war, um dann in einem knappen Jahrzehnt so breit rezipiert zu werden, daß die Verleihung des neugestifteten Adorno-Preises der Stadt Frankfurt am Main an Norbert Elias nicht nur die logische Konsequenz war, sondern als überfällige Ehrung des großen alten Mannes der deutschen Soziologie gefeiert wurde. Ein weiteres Jahrzehnt später galt das stattliche Opus längst als Klassiker der Soziologie, und dank eines sehr langen Lebens hat auch dies sein Autor noch erlebt. Bis in sein siebentes Jahrzehnt hinein mußte Elias in der Hoffnung arbeiten, daß ihm wenigstens postum die gebührende Aufmerksamkeit zuteil werden würde. Daß ihn das nicht lähmte, charakterisiert ihn, daß er in all der Zeit störrisch seiner Neufundierung der Soziologie nachhing, macht sein immenses Spätwerk, das Werk seiner letzten fünfzehn Jahre, möglich und begründet dessen Rang.

Norbert Elias wurde am 22. Juni 1897 im gutbürgerlich jüdischen Elternhaus in Breslau geboren. Sein Vater war ein erfolgreicher Unternehmer, der sich noch vor dem Weltkrieg aus dem Geschäftsleben zurückzog, um dann als hochgeschätzter Rentier ehrenamtlich für die Steuerbehörde in strittigen Fällen als Prüfer und Gutachter tätig zu sein. Ihm war es eine Ehre, seiner Stadt und seiner Nation treu zu dienen. Seine Mutter schildert Norbert Elias als die liebevolle, treusorgende, häusliche Dame, die mit Geld und Vermögensangelegenheiten nichts zu tun hatte und der es oblag, den Tanten und anderen eine aufmerksame Gastgeberin zu sein. Der einzige, etwas kränkelnde Sohn wuchs unter der Obhut wechselnder Kindermädchen auf, die Volksschule ersparte man ihm durch Privatlehrer, und auf dem Gymnasium war er ein guter, aber kaum auffallender Schüler. Breslau hatte damals, nach Berlin und Frankfurt, die drittgrößte jüdische Gemeinde im Deutschen Reich. Hochassimiliert jedoch, wie die Familie Elias war, spielten jüdische Tradition und Gemeindeleben für den Knaben kaum eine Rolle. Natürlich wußte man, daß man jüdisch war, aber primär und prägend war man Teil der deutschen Kultur. Dennoch entging der junge Elias, der sich zu seinem vierzehnten Geburtstag die deutschen Klassiker in einer repräsentativen Ausgabe schenken ließ, dem alltäglichen Antisemitismus nicht. Vom Lehrer auf Berufswünsche befragt, antwortete er: Universitätsprofessor, worauf ein Mitschüler höhnisch bemerkte, daß ihm dazu etwas fehle, was ihm nach der Geburt abgeschnitten worden sei. Doch solcher Antisemitismus traumatisierte den jungen Elias nicht, ja er beeindruckte ihn nicht einmal sonderlich tief. Im Hause Elias nämlich galt Antisemitismus als eine Sache des Pöbels. Und ein halbes Jahrhundert später legte Norbert Elias gemeinsam mit John L. Scotson in „Etablierte und Außenseiter" eine soziologische Theorie vor, die erklärt, warum bestimmte soziale Gruppen besonders anfällig sind für Ressentiments gegenüber anderen, die sich mit Außenseiterstigmen versehen lassen.

Natürlich wurde der Beginn des Weltkriegs zum ersten entscheidend einschneidenden Ereignis im Leben des jungen Mannes. Zwar war der Vater deutsch-national gesinnt, doch Kriegsbegeisterung brach im Hause Elias wohl nicht aus und beim jungen Intellektuellen schon gar nicht. Für ihn war der Kaiser eine eher obskure, lächerliche Figur. Doch dessen unbeschadet galt die Loyalität der Nation, deren Diener zu sein für Norbert Elias eine Selbstverständlichkeit war. Er meldete sich freiwillig, wurde eingezogen und gedrillt. Der Drill muß für den nicht sonderlich robusten, an die Universität strebenden jungen Mann eine Tortur gewesen sein. Geistig wie physisch. Rückblickend betont der alte Mann allerdings, daß er ihn durchgestanden und daß ihn das abgehärtet habe. Im Krieg diente er als Funker, erlebte im Trommelfeuer des Stellungskrieges an der Westfront einen Schock und wurde kriegsuntauglich in die Heimat geschickt. Der Schock hinterließ keine bleibenden Ängste, doch immerhin eine umfassende Erinnerungslücke. So ist die Rückreise völlig dem Gedächtnis entzogen, und auch seine Tätigkeit im Sanitätskorps ist ihm nur noch in winzigen Bruchstücken gewärtig. Er hatte sich unmittelbar nach der Heimkehr 1918 an der Universität Breslau zum Studium der Medizin und der Philosophie immatrikuliert, so daß er bis zu seiner endgültigen Entlassung aus der Armee, 1919, seinen Dienst im Sanitätskorps tat.

Norbert Elias absolvierte sein Doppelstudium in Medizin und Philosophie mit großem Ernst. Erst nach dem Physikum in Medizin gab er seiner Neigung nach und widmete sich ganz der Philosophie. In seinem Lebensrückblick wundert sich Elias nicht nur ob seiner jugendlichen Lernfähigkeit, sondern betont, sehr charakteristisch für ihn, daß er die damals erbrachten Leistungen, die damit verbundenen Erfahrungen und Kenntnisse nicht verkümmern ließ. Aus seinem Medizinstudium gewinnt er Momente seines ganz und gar integrierten Menschenbildes, die noch nach sechzig Jahren Teile seines Spätwerkes prägen. Es sind diese medizinischen Studien, die Elias sein späteres Menschenbild eben nicht nur philosophisch, soziologisch und psychologisch, sondern auch biologisch fundieren lassen. Ein Leben lang ist ihm die in der

Anatomie studierte, einzigartig ausgebildete Gesichtsmuskulatur des Menschen die elementare Grundlage seines hochdifferenzierten Ausdrucksvermögens und somit – vor jeder sprachlichen Symbolisierung – von Sozialität. Bereits hierin gründet, warum für Elias Konstruktionen des Menschen wie Zoon politicon, Homa faber, Homo oeconomicus, Homo sociologicus und dergleichen ein Greuel sind. Sie alle verstoßen gegen die prinzipielle Einheit des Menschen und schaffen nichts als Varianten eines Homo clausus, die auf je unterschiedliche Weise die Erkenntnis blockieren, daß der Mensch sich stets ändert, daß er sich nur in sich stets ändernden Interdependenzzusammenhängen realisiert.

Doch so hat dies der junge Student sicherlich nicht gewußt. Er hat es gespeichert. Zunächst hatte er in Philosophie zu promovieren. Sein Doktorvater war ein orthodoxer Kantianer. Worüber ein solcher nicht mit sich spaßen läßt, sind die nach zermürbender Analyse übriggebliebenen letzten Apriori. Sie müssen immergültig und historisch invariant sein, sonst verliert jede Erkenntnis ihr Fundament, relativiert sich, wie Kant gesagt hätte, notwendig zum Wahnsinn, dem alles gleich möglich wird. Ebendas war dem Doktoranden Elias unannehmbar. Angenommen, der Mensch verändert sich in seinen sich wandelnden Interdependenzzusammenhängen ständig, dann ist nicht einzusehen, wie und warum es ewige Apriori seiner Erkenntnistätigkeit geben könnte. Der Professor und sein Doktorand schließen einen Kompromiß: Der ketzerische Doktorand mildert seine Formulierung ab, der Professor nimmt die Arbeit an. Aber die Differenz ist klar, sie ist im Kern unüberbrückbar, und somit weiß Elias, daß er den Traum von seiner universitären Karriere woanders neu starten muß.

Das war wegen zeitgeschichtlicher Ereignisse nicht so einfach zu bewerkstelligen. Die Inflation verschlang die Renten der Eltern, und sie konnten die Karriere des Sohnes nicht mehr finanzieren. Er mußte sich Gedanken machen, wie er zum Auskommen der Eltern beizutragen vermochte. Der junge Doktor fand einen jungen Unternehmer, der glaubte, daß dieser ihm bei seinen Exportgeschäften hilfreich oder aufgrund seines akademischen Grades zumindest der Reputation der Firma zuträglich sein könnte. Für Elias war das vor allem eine Probe auf seine Realitätstüchtigkeit. Er bestand sie, und als die Konsolidierung der deutschen Wirtschaft den Eltern wieder ihr Auskommen garantierte, kündigte er. Er hatte zwischenzeitlich auch eine Reihe von Nacherzählungen griechischer Anekdoten verfaßt und in der „Berliner Illustrirten" veröffentlichen lassen. Die trügerische Annahme, sein eigenes Auskommen künftig schriftstellerisch bewältigen zu können, erleichterte es ihm, den Kündigungsbeschluß dem Vater gegenüber zu vertreten, der die Absicht des Sohnes tolerierte, den es mit Macht zurück an die Universität drängte. Er erinnert sich eines angenehmen Studiensemesters in Heidelberg.

Bestimmend für das kulturelle und das akademische Klima in Heidelberg waren der Salon der Witwe von Max Weber, Marianne, und, im Licht und Schatten seines großen Bruders, die Seminare und Vorlesungen Alfred Webers. Doch es war eine andere Begegnung, die Norbert Elias veranlaßte, von der altehrwürdigen Philosophie zur gerade erst gegründeten Wissenschaft der Soziologie zu wechseln. Ein junger, allseits brillant befundener Privatdozent störte den intellektuellen Frieden Heidelbergs empfindlich: Karl Mannheim. Sein Ruf und Ruhm überstiegen seinen akademischen Rang beträchtlich. Obgleich mit der Arbeiterbewegung sympathisierend, verfiel er nie, wie sein ungarischer Landsmann Georg Lukácz, der Idee, daß im Marxismus, in der intellektuellen Parteinahme fürs Proletariat, Ideologie und Wahrheit, Interesse und Objektivität verschmelzen. Ihm erschien nicht nur jede Utopie, sondern schlechthin jede Idee ideologisch. Für Mannheim gab es kein Jenseits, keine Transzendenz von soziologischem Ort, an dem gedacht wird. Alles Denken ist geprägt, ja determiniert durch die soziale Stellung, das soziale Interesse dessen, der denkt. Allenfalls einzelnen Mitgliedern der „freischwebenden Intelligenz" könnte es teilweise gelingen, sich der Klassenlage zu entziehen. Jener radikale Relativismus empörte den neukantianisch geprägten Alfred Weber und zog Elias, der mit einem anderen Neukantianer bei der Promotion Probleme gehabt hatte, unwiderstehlich an. Doch die eigentliche intellektuelle Sensation seiner Heidelberger Jahre war, daß er Mannheims Position nicht übernahm, sondern daß sie ihn herausforderte, eine eigene zu entwickeln. Der Streit zwischen Weber und Mannheim eskalierte schließlich in einer scharfen Kontroverse auf dem Zürcher Soziologentag 1929. Elias, obgleich ohne jede universitäre Position, meldete sich zu Wort und hielt eine Rede über „Die Konkurrenz". Ihm gelang ein kleines Kunststück. Mit Mannheim in vielem einig, bekannte er, wenig von dessen Hintertürchen zu halten: der „freischwebenden Intelligenz". Statt dessen setzte er auf ein Drittes, jenseits von Weberscher „Werturteilsfreiheit" und Mannheimschem „Ideologieverdacht": kontrollierter und distanzierter Umgang mit Wertungen und Bewertungen. Elias, der seine Promotion über die Kantischen Apriori riskiert hatte, findet letztlich den Mannheimschen Relativismus unannehmbar. Kurz: Für ihn war die Annahme irgendeines ewigen Apriori so realitätsfremd, wie ihm der Mannheimsche Relativismus jeder Idee, gut kantianisch, objektiv Wissenschaft desavouierte. Sein Lebenswerk sucht diese Alternative zu überwinden. Sein Forschungsfeld von nun an: langfristige, nicht intendierte, gleichwohl strukturierte Prozesse. Deren Erkenntnis hat zur Voraussetzung sowohl die Ablehnung von Invarianzen als auch die von je aktueller, interessegebundener Ideologisierung.

1930 erteilte die Universität Frankfurt Karl Mannheim einen Ruf auf einen Lehrstuhl für Soziologie. Mannheim fragte Elias, ob er ihn als Assistent begleiten wolle. Elias sagte zu, nachdem sie verabredet hatten, daß Mannheim ihn habilitieren werde und daß er dann Privatdozent an dessen Lehrstuhl werden würde. Die Universität Frankfurt hatte für Mannheim Räume am Institut für Sozialforschung angemietet. Dessen Direktor war Max Horkheimer. Er stellte Elias auf Wunsch einen weiteren Raum zur Verfügung und erlaubte ihm die Benutzung der Institutsbibliothek. Elias nahm im Frühjahr 1930 seine Arbeit als Assistent von Mannheim auf, erwarb sich einen guten Ruf als Lehrer und Ratgeber und widmete sich seiner Habilitationsschrift über den höfischen Menschen.

Schon diesem ersten großen soziologischen Werk des Autors Elias widerfuhr ein eigentümliches Schicksal. Die Schrift, die Elias im Rahmen seines Habilitationsverfahrens fertiggestellt hatte, muß heute für verschollen gelten. Das Buch, das unter dem Titel „Die höfische Gesellschaft" 1969, also im Jahr der Wiederveröffentlichung von „Der Prozeß der Zivilisation", erschien, ist nicht identisch mit jener Schrift. Offenkundig beziehen sich weite Passagen auf das große, später entstandene Werk. Es lag in der Absicht des Autors, frühe, spätere und späte Passagen nicht zu kennzeichnen, so daß das heute erhältliche Buch nicht mehr als die Schrift eines Dreißigjährigen, sondern als die eines Siebzigjährigen gelesen zu werden verdient. Zweifelsfrei handelt es sich aber bei dem Thema um eine in den dreißiger Jahren getroffene Wahl. Es geht um die höfische Gesellschaft in Frankreich, deren Entwicklung von Heinrich IV. bis zur Großen Revolution. Was für eine Figuration gesellschaftlicher Individuen ist jene höfische Gesellschaft? Wie und wodurch wandelt sie sich? Entscheidend dabei: Wie werden die Mitglieder einer Kriegerkaste verwandelt in Höflinge, die sich ihrem absoluten König absolut unterwerfen? Präziser: Wie gelingt es dem König von Frankreich, ein staatliches, nationales, allein auf ihn fixiertes Gewaltmonopol zu errichten und damit die Gesellschaft zu befrieden? Das ist die Frage, die das Lebenswerk von Norbert Elias bestimmen wird. Außerdem wird das hier zugrunde gelegte Material – die Analyse des Zeremoniells, der Formen, der Moden – vorbildlich für Späteres: Die Manierenbücher sind das Material für die Analyse des Zivilisationsprozesses. Doch das Werk auf diesen Stoff zu reduzieren, hieße Elias in historisch interessierte Soziologie oder soziologisch interessierte Historie einzuordnen. Elias' Impuls hingegen reicht viel tiefer. Ihm geht es um eine allgemeine und konkrete Theorie der Zivilisation.

Elias hatte angesichts des Zusammenbruchs des staatlichen Gewaltmonopols in der Weimarer Republik und des dadurch ermöglichten Rückfalls in die Barbarei wohl ein Buch geschrieben, das im Augenblick der Bedrohung versuchte, deren historische Dimensionen aufzuklären, ähnlich wie es Paul Tillich mit seiner „Sozialistischen Entscheidung" gewollt hatte. Tillichs Buch erschien im Januar 1933 und wurde eingestampft, ohne eine Wirkung erzielt zu haben. Elias' Schrift konnte gar nicht erst erscheinen, geschweige denn als Habilitationsleistung seine universitäre Laufbahn begründen.

1933 mußten alle, die in der „Marxburg" zu Frankfurt gearbeitet hatten, emigrieren. Dazu gehörten vom Institut für Sozialforschung: Max Horkheimer, Herbert Marcuse, Theodor W. Adorno, Leo Löwenthal, Karl A. Wittfogel, Franz Borkenau, Friedrich Pollock, von den Mitgliedern des Psychoanalytischen Instituts: Karl Landauer, Sigmund H. Fuchs (Foulkes), Erich Fromm, Karl Mannheim und sein Assistent Norbert Elias. Aber nicht nur sie. Andere Lehrstuhlinhaber, wie Paul Tillich, der Professor für Philosophie und evangelische Theologie, und viele der Schüler und Förderer. Alle fanden sich im Exil, einige zunächst in Paris, vor die nahezu unlösbare Aufgabe gestellt, den Lebensunterhalt zu bestreiten. Horkheimer hatte immerhin rechtzeitig große Teile des Vermögens seines Instituts ins Ausland transferiert, Dependancen in Genf, dann in Paris und schließlich in New York geschaffen. Mannheim, der kein Institut gehabt hatte, sondern lediglich seinen Lehrstuhl, war froh, als Einzelner in England Aufnahme zu finden und an der Universität unterrichten zu dürfen. Für seinen Assistenten und Habilitanden konnte er wohl wirklich nichts tun. Elias jedenfalls sah sich, nach erfolglosen Versuchen, in der Schweiz eine Universitätsstelle zu bekommen, akademisch isoliert in Paris. Gemeinsam mit dem Arbeiterdichter Ludwig Turek versuchte er das Glück im kaufmännischen Geschäft. Sie gründeten eine Spielzeugfabrik. Elias war zuständig für den Vertrieb, und sie konnten etwa ein dreiviertel Jahr leben. Dann ging die Firma pleite, und Elias hatte sein letztes Geld verloren.

Er hat 1935 Paris ungern verlassen. Aber der Hunger trieb ihn, und London nahm ihn. Ihm gelang es, ein kleines Stipendium für jüdische Flüchtlinge zu erhalten. Zudem hatte die Bibliothek des British Museum all die Bücher über den Zivilisationsprozeß in Frankreich auch zu bieten. Dort, wo Karl Marx in Jahrzehnten „Das Kapital " geschrieben hat, arbeitete Elias in drei Jahren an seinem großen Buch „Der Prozeß der Zivilisation". Schon 1937 erschien ein Vorabdruck des ersten Bandes. Mit Unterstützung seines Vaters schaffte er es noch, beide Bände unter schwierigsten Bedingungen im ersten Kriegsjahr 1939 drucklegen zu lassen. 1969 kam eine zweite Auflage zu einem exorbitanten Preis heraus, und erst seit 1976 liegt eine leicht zugängliche zweibändige Ausgabe vor.

Das Werk behandelt die Veränderungen der Affekte, der Empfindlichkeiten, der Mentalitäten, kurz: der Trieb- und Gefühlskontrollen im historischen Prozeß. Dabei zeigt sich, daß ein makrosoziologischer und eminent politischer Vorgang, wie die Errichtung des staatlichen Gewaltmonopols durch den König von Frankreich und die Zivilisierung der Aristokratie, fundiert ist in prozessual immer höher gesetzten Affektschwellen bei den gesellschaftlichen Individuen. Das heißt: Körperliche Affekte werden in einem nicht intendierten, aber strukturierten Prozeß zunehmend gehemmt und reguliert. So werden der Gebrauch von Messer und Gabel, die Präsentation der Speisen, das Benutzen von Tüchern beim Schneuzen, das Verbot des Kratzens und Lausens bei Tisch, die Badesitten, überhaupt die Formen der Toilette, die Entwicklung der Schamschwellen und das Verschwinden des nackten Körpers aus der Öffentlichkeit schließlich vermittelt mit dem großen Zeremoniell, den Formen der Höflichkeit und des guten Stils beim Reden und Schreiben. Vermittlung ist dabei schon ein irreführendes Wort. Der Autor muß wieder vermitteln, was in der historischen und wissenschaftlichen Wahrnehmung auseinandergetreten ist: als „Alltagskultur", „politisches System" und „Sozialstruktur". In Wahrheit ist es, so Elias, ein und derselbe Prozeß der Zivilisation, der überhaupt nur in dieser Einheit stattfinden konnte. Hierbei gibt es nicht Individuen einerseits und Gesellschaft andererseits, sondern der Zivilisationsprozeß strukturiert die Gesellschaft der Individuen. Gesellschaftlich setzt sich der Prozeß von oben nach unten durch. An der Zivilisierung der Aristokratie durch den königlichen Hof orientiert sich das Bürgertum, an diesem sich das Kleinbürgertum, daran das Proletariat. Derart wird – dies eine der geheimen Pointen des Buches – der Grad der Zivilisiertheit der höfischen Gesellschaft zum entscheidenden Merkmal. Den Anstoß zu diesem Buch gab, ohne daß er genannt würde, der Zusammenbruch der Zivilisation in Deutschland während der NS-Zeit. Unter dem Blick langfristig strukturierter Zivilisationsprozesse scheint ein Grund für die Brüchigkeit deutscher Zivilität in der zurückgebliebenen höfischen Kultur der deutschen Provinzfürsten im 16., 17. und 18. Jahrhundert zu liegen. So jedenfalls die Konsequenz, die Elias selbst in seinem Spätwerk, insbesondere in „Über die Deutschen", aus seinem eigenen Klassiker zieht.

In einem anderen Spätwerk, dem ein Jahr nach seinem Tod erschienenen „Mozart, Zur Soziologie eines Genies", betont er die Kehrseite dieser Medaille: Das relativ kleine Gebiet des heutigen Schwaben gliederte sich zu Mozarts Zeit in 96 verschiedene Hoheitsgebiete. „In einem Gutteil dieser souveränen Territorien unterhielten uneingeschränkt regierende Herrscher eine Ämterorganisation, zu der als unentbehrliches Repräsentationsmittel eine Kapelle von bediensteten Musikern gehörte. Diese Vielfalt war das Kennzeichen der deutschen wie der italienischen Musiklandschaft." Und darin gründet der, verglichen mit Frankreich, viel höhere Stand der musikalischen Kultur in Deutschland und Italien.

Ganz am Ende seines Lebens und seines Werkes kommt er noch einmal auf den Gegensatz zurück, mit dem er den „Prozeß der Zivilisation" eröffnet hatte. Um dort einen vorläufigen Begriff der Zivilisation zu entwickeln, greift er auf eine deutsch-französische Kriegs- und Nachkriegskontroverse zurück: deutsche Kultur versus französische Zivilisation. Erstaunlich, wie es ihm gelingt, aus der Rekonstruktion dieser polemischen Gegensetzung einen historischen Gehalt an Nationalmentalitäten herauszudestillieren.

Zwischen der Fertigstellung des Buches und seiner Veröffentlichung hatten die Eltern ihren Sohn in London besucht. Norbert Elias beschwor sie, in London zu bleiben. Der Vater war nicht zu überzeugen. Selbstverständlich waren ihm die Nationalsozialisten an der Macht ein Greuel und der alltägliche, immer massiver werdende Antisemitismus ein Schrecknis. Doch der alte Mann, der sein Leben lang dem Land treu gedient und niemandem etwas getan hatte, konnte sich nicht vorstellen, wirklich an Leib und Leben bedroht zu werden. Immerhin handele es sich um die deutsche Nation, und welche Partei auch am Ruder sei, Recht und Ordnung würden dominieren. Die Eltern kehrten nach Breslau zurück, und der Vater konnte tatsächlich seinem Sohn bei der Publikation seines Werkes in Basel noch behilflich sein, bevor er 1940 eines natürlichen Todes starb. Die Mutter jedoch wurde 1941 ermordet, vermutlich in Auschwitz.

Das Buch wird spärlich, doch von namhaften Gewährsmännern rezensiert. Franz Borkenau, Sigmund H. Foulkes, Menno ter Braak und Raymond Aron rühmen das Werk; einmütiger den ersten als den zweiten Band, da dessen psychoanalytische Elemente noch sehr umstritten gewesen sind. Offensichtlich verband sich die Neuartigkeit der dort vorgestellten Soziologie mit den Umständen des Krieges zu einer unüberwindbaren Rezeptionsbarriere. Drei Jahrzehnte sollte es dauern, bis das Opus aus dem Dunkel zu treten begann, und ebensolange lebte sein Autor ohne öffentliches und universitäres Interesse.

1940 wurde er als Deutscher für zehn Monate auf der Isle of Man interniert. Während des Krieges war er an der London School of Economics tätig, mit der er nach Cambridge evakuiert wurde, und nach dem Krieg in der Erwachsenenbildung. In den vierziger Jahren arbeitete er in einem Kreis um Foulkes mit, dessen Ziel es war, die Psychoanalyse auf Gruppen anwendbar zu machen. Elias schrieb ein kleines Buch „Die Gesellschaft der Individuen", das aber erst 1987 gemeinsam mit einem Text aus den vierziger und fünfziger Jahren sowie einem aus dem Jahr 1987 unter diesem Titel erscheinen konnte. 1954, Norbert Elias war jetzt siebenundfünfzig Jahre alt, erhielt er ein Angebot für ein Lectureship in Soziologie an der Universität Leicester. Er lehrte dort mit Unterbrechungen bis 1970, wohl in gutem Einvernehmen mit seinen Kollegen. Obwohl sein Vertrag Jahr für Jahr verlängert wurde, fällt auf, daß er trotz etlicher Konzepte und Vorträge in Soziologie keinen nachhaltigen Einfluß ausgeübt hat, weder auf die englische Soziologie noch auf die Kollegen in Leicester, noch auf die zahlreichen Studenten, die er ausgebildet hat. Seine Art der soziologischen Analyse lag zu fern vom Main stream; außerdem war sie zu innovativ und unspektakulär. Bei allem grundsätzlichen Anspruch und ihrer hohen Komplexität war sie im Tonfall wohl zu bescheiden, um leicht Furore zu machen.

So erläuterte Elias einst seinen Kollegen, daß man allein mit dem Set an persönlichen Fürwörtern die Grundlagen der Soziologie methodisch vermitteln könne: Kein Ich realisiert sich als dieses Ich allein. Ein jedes Ich tritt in eine Beziehung zu einem Du. Diese eine Beziehung kann jedoch prinzipiell zwei enthalten. Ich liebe dich, du haßt mich. Keine Ich-Du-Beziehung existiert isoliert. Eine jede wird umstellt von verschieden interessierten und nicht-interessierten Er, Sie und Es. Eine jede Ich-Du-Beziehung stiftet ein Wir. Doch vordem schon gehört ein jedes Ich zu einem Wir, ja zu einer ganzen Zahl davon: Wir-Deutsche, Wir-Katholiken, Wir-Musikliebhaber, Wir-Intellektuelle, Wir-Männer. Das durch die Ich-Du-Beziehung gestiftete Wir teilt einige davon, andere nicht. Innerhalb ihres Wir bildet sich bereits ein Ihr, und natürlich stiftet jedes einzelne Wir ein Ihr, und so sind all diese Wir-Ihr-Beziehungen umstellt von verschiedenen interessierten und desinteressierten Dritten (Sie).

Sehr viel später, aber sicher schon in der Lehrtätigkeit in Leicester entwikkelt, stellt er in „Was ist Soziologie" den gesellschaftlichen Integrationsgrad an der Zahl der Routinekontakte dar: 2 Individuen ergeben 1 zweiköpfige Beziehung, doch unter multipler Perspektive 2 mögliche. 3 Individuen ergeben 3 zweiköpfige Beziehungen und 9 mögliche. 5 Individuen ergeben 10 zweiköpfige Beziehungen und 75 mögliche. 10 Individuen ergeben 45 zweiköpfige Beziehungen und 5.110 mögliche. Das Zahlenbeispiel gibt einen durchaus schlagenden Eindruck von der Komplexität und dem Integrationsgrad moderner Gesellschaften, in denen es die Regel ist, daß ein Individuum zu mehr als zehn anderen Routinekontakte unterhält.

Im nachhinein allerdings stellt das Werk „Etablierte und Außenseiter" das wichtigste Resultat seiner Jahre an der Universität Leicester dar. Gemeinsam mit John L. Scotson analysiert er Gruppenkonflikte in Arbeiterfamilien, die als Zugezogene in Neubauten angesiedelt sind, und der Stammbevölkerung, die in der alten Siedlung wohnt. Die Muster, die sich dabei ergaben, scheinen sich auf die verschiedensten historischen Zuwanderungen und die Ressentiments der jeweiligen Stammbevölkerung anwenden zu lassen. So nobilitiert allein die Tatsache, daß man einer „alten" Familie zugehört. Gängig ist zudem, daß man die Leistungsfähigsten der alten Familien mit den Unfähigsten der neuen vergleicht – und derart für sich selbst immer zu ungemein schmeichelnden Ergebnissen kommt. Und schließlich sind das Maß und die Aggressivität der Ressentiments in der alten, der etablierten Bevölkerung sozial spezifisch verteilt. Jene, die innerhalb der Stammbevölkerung die untersten Ränge einnehmen, fühlen sich durch mögliche Aufsteiger aus der neuen Gruppe am meisten bedroht.

1962 nahm Elias eine befristete Professur an der Universität Ghana an. Hier wollte er mit „eigenen Augen sehen", was andere Zivilisationsniveaus, andere gesellschaftliche Integrationsebenen bedeuten. Hinzu kam, daß ihn schon lange moderne Malerei und Bildhauerei faszinierte, weil darin ein sehr viel höherer Affektausdruck steckte als in der Kunst von der Renaissance bis an die Schwelle des 20. Jahrhunderts. Aus der Sicht seiner Zivilisationstheorie bedeutet das: Wenn ein äußerst hohes Zivilisationsniveau erreicht ist, extrem hohe Affektschwellen verinnerlicht sind, dann vermag die Kunst viel stärker und direkter die Emotionen anzusprechen. Und das machte das Besondere der nachimpressionistischen Kunst in Europa aus. Elias wurde in Ghana nicht nur zum Kunstliebhaber, sondern auch zum Kunstsammler. Er wußte zudem, daß er in Ghana die Möglichkeit haben würde, archaische Rituale zu sehen. Immer schon hatte er vermutet, daß unsere ästhetische Rezeption der europäischen Antike deren Kultrealität völlig verfehlt. Und er sah in Ghana mit eigenen Augen den Unterschied zwischen der Inszenierung eines Rituals und dem Ritual einer Inszenierung: Im ersten Fall fließt Blut, im zweiten Farbe.

Aus Ghana nach Leicester zurückgekehrt, begann sich in Europa Interesse an dem Autor und seinem Werk zu regen. Dieter Claessens lud ihn 1965 als Gastprofessor nach Münster ein. Er bat Elias, eine Einführung „Was ist Soziologie" für eine von ihm herausgegebene Reihe zu schreiben. Elias legte das Buch schließlich 1970 vor: eine brillante Einführung in die Soziologie. Darauf folgten Einladungen nach Amsterdam und Den Haag. In Deutschland hielt er Gastvorlesungen nach Münster in Konstanz, Aachen, Frankfurt, Bochum und Bielefeld. In Amsterdam nahm er sich 1975 eine Wohnung, in Bielefeld arbeitete er ab 1978 am Zentrum für interdisziplinäre Forschung. Dort wurden ihm Zu- und Mitarbeiter bewilligt, dort wurde schließlich ein Forschungsprojekt unter Leitung von Hermann Korte etabliert, das der editorischen Erschließung zentraler, unveröffentlichter Werke von Norbert Elias diente. Namentlich in Michael Schröter fand er einen hingebungsvollen und hochqualifizierten Mitarbeiter. Dessen Takt und Zähigkeit gegenüber der Eliasschen Publikationsscheu verdankt die Öffentlichkeit eine Anzahl bedeutender Werke. Als Herausgeber und Übersetzer edierte Schröter: „Engagement und Distanzierung" (1983), „Über die Zeit" (1984), „Die Gesellschaft der Individuen" (1987), „Studien über die Deutschen" (1989), „Etablierte und Außenseiter" (1990), „Mozart" (1991).

Wolf Lepenies hatte 1969 anläßlich der zweiten Auflage von „Der Prozeß der Zivilisation" eine bedeutende Rezension in der „Frankfurter Allgemeinen Zeitung" geschrieben. Damit hörte Elias auf, nur Eingeweihten bekannt zu sein, gleichwohl blieb er Außenseiter. Den wirklichen öffentlichen Durchbruch erfuhr sein Werk wohl erst 1976 mit der Taschenbuchausgabe. Ein Jahr später wurde ihm der Theodor-W.-Adorno-Preis verliehen. Er war der erste Preisträger. Wolf Lepenies hält die Laudatio „Ein Außenseiter, voll unbefangener Einsicht". Elias bezeugt in seiner Dankesrede Respekt, doch er spart nicht mit Kritik. Adorno sei allzu befangen gewesen in der deutschen Polarisierung von links und rechts, zu engagiert gleichsam, um die nötigen Distanzierungsleistungen aufzubringen. In dieser Kritik, formuliert in seiner eigenen methodischen Pathosvokabel „Distanzierung", bricht sich vermutlich doch die Enttäuschung Bahn, daß auch die nach dem Krieg zurückgekehrten Mitglieder des Frankfurter Instituts für Sozialforschung, allen voran Horkheimer und Adorno, sich des Eliasschen Werkes nicht angenommen hatten. Er beendet seine Rede mit einem sehr schönen, berühmt gewordenen Bild: „Die Arbeit in den Menschenwissenschaften, wie in anderen Wissenschaften, ist ein Fackellauf. Man nimmt die Fackel von den vorangehenden Generationen, trägt sie ein Stück weiter und gibt sie ab in die Hände der nächstfolgenden Generation, damit auch sie über einen selbst hinausgeht. Die Arbeit der vorangehenden Generationen wird dadurch nicht vernichtet, sie ist Voraussetzung dafür, daß die späteren Generationen über sie hinaus kommen können. Das ist in meinen Augen die symbolische Bedeutung der Verleihung des Adorno-Preises an mich. Sie belohnen damit jemanden, der, ohne die Verbindung mit der Vergangenheit zu vergessen, sich nie der Autorität der Vergangenheit gebeugt hat. Das war sehr mühsam. Forschend hat man ständig die Stimmen vergangener Autoritäten und die Stimmen der kritischen Zeitgenossen im Ohr. Man hört alle möglichen Kommentare und Argumente als Stimmen im eigenen Kopfe. Aber wenn man sich durch sie im eigenen Vermögen, für sich selbst zu denken, beirren läßt, ist man verloren. Mein Anliegen ist es, die Fackel weiterzugeben, also auch den Mut, den Autoritäten der vergangenen und der eigenen Zeit zu widerstehen."

Achtzigjährig war ihm die hochverdiente Ehrung zuteil geworden. Ihm blieben noch dreizehn Jahre, die er unermüdlich nutzte, „die Lehre des Fackellaufs, in dem jeder einzelne nur ein Glied ist, an die nächsten Generationen weiterzugeben". Am 1. August 1990 ist Norbert Elias gestorben.

# FRIEDRICH DÜRRENMATT
## 1921–1990

Von
Anton Krättli

Als er den Berner Literaturpreis entgegennahm, sagte Friedrich Dürrenmatt, die Stadt habe ein Recht zu wissen, wen sie auszeichne: Er sei weder ein Rechter noch ein Linker, sondern ein Querer. Die Selbstdefinition trifft ins Schwarze. Seine Werke und oft auch seine öffentlichen Auftritte lösten neben Bewunderung auch Befremden aus. Die Rede, die er aus feierlichem Anlaß zu Ehren von Václav Havel hielt und in der er die Schweiz als ein Gefängnis beschrieb, dessen Gefangene ihre eigenen Wärter seien, ist nur ein Beispiel. Es wäre aber falsch, für derartige Einfälle und Vergleiche seine Lust an der Provokation verantwortlich zu machen. Sie sind vielmehr eine Konsequenz des Denkers und Künstlers, der in seinen Weltmodellen lebt und mit ihnen spielt. In der Rede für Havel, die Friedrich Dürrenmatt kurz vor seinem Tod hielt, spricht er von dem gleichen Gefängnis, das schon in den „Papieren des Wärters" vorkommt, einer frühen Prosa, die 1952 entstand. Dort wird von einer Stadt erzählt, in der die Menschen keine Ideale mehr haben, verbissen ihrem Verdienst nachgehen, Sonntagsspaziergänge machen und beim Kirchenbesuch „die Lüge ihres Unglaubens auf der Stirne tragen". Es geht um die Geschichte eines jungen Mannes, der nach Wahrheit, nach Gott und nach dem wahren Glauben sucht. Er sträubt sich gegen die Hölle der Alltäglichkeit und strebt nach dem Absoluten und Unbedingten. Ein Beamter, an den er sich wendet, macht ihm klar, daß er nur die Wahl habe, Gefangener oder Gefängniswärter zu werden.

Friedrich Dürrenmatt hat sich oft eingemischt und über den Zustand der Welt öffentlich nachgedacht, über das Gleichgewicht des Schreckens zwischen den Machtblöcken im „Kalten Krieg", über Israels Recht auf den eigenen Staat und die Unvermeidbarkeit eines gerechten Friedens mit dem palästinensischen Volk, über Toleranz, Gerechtigkeit und Recht in einer Welt voller Gewalt. Auch seine Komödien bringen aktuelle und existentielle Themen auf die Bühne, in den „Physikern" das Verhängnis, daß wissenschaftliche Entdeckungen, obgleich sie zur Vernichtung der Menschheit führen können, nicht mehr zurückzunehmen sind, im „Besuch der alten Dame" die Käuflichkeit der Biedermänner, in „Achterloo" – im Gegensatz zur damaligen öffentlichen Meinung – die Billigung von General Jaruzelskis Entscheidung, in Polen das Kriegsrecht zu verhängen, um die schlimmere Katastrophe eines Bürgerkrieges und sowjetischer Besatzung zu verhindern. Nie hätte man ihn bei all diesen direkten oder indirekten Stellungnahmen zum Zeitgeschehen einem wie auch immer definierten Lager, einer ideologisch bestimmten Gruppierung zuordnen können. Er lag quer zu ihnen, ein Antiideologe von Beruf. Trends und Strömungen, die nicht nur seit den späten sechziger Jahren die Geister schieden und in angesehenen intellektuellen Repräsentanten ihre Wortführer hatten, fanden in ihm einen radikalen Skeptiker. Er mißtraute jeder Heilslehre. Sein Weltmodell ist grundsätzlich pessimistisch. Weder von links noch von rechts erwartete er die Rettung und rechnete in seinen Geschichten und Komödien immer mit der schlimmstmöglichen Wendung. Seiner Weltsicht entspricht seine Dramaturgie des Scheiterns, in der es keine Helden mehr geben kann, wohl aber tapfere und mutige Menschen, die im gewöhnlichen, absurden und sinnlos-komischen Untergang ihre Würde zu wahren wissen.

Damit mag zusammenhängen, daß Friedrich Dürrenmatt keine Schule gebildet hat. Im Widerstreit der Tendenzen dieses Jahrhunderts liegt er wie ein erratischer Block. Obwohl er Zeit seines Lebens mit einer Diabetes zu kämpfen hatte, sind sein eigenes Schicksal und subtile psychische Befindlichkeiten nie die Quelle und auch nicht die Themen seines Schaffens; es klingt fast wie ein Seitenhieb auf die meisten seiner schreibenden Landsleute, wenn er von sich bezeugt, er leide nicht darunter, Schweizer zu sein. Die bisherige Rezeption von Dürrenmatts Werk zeigt zudem, wie sehr er seine Kritiker und Interpreten verunsichert. Daß sein Ruhm Bestand hat, obgleich er als weltberühmter Dramatiker schon zu Lebzeiten, wie er selbst sagte, „aus der Mode gekommen" war, läßt vermuten, die Originalität seiner Einfälle und der imponierende Versuch, in Bildern und Fabeln die Welt neu zu denken, seien den unablässig sich wandelnden geistigen Befindlichkeiten der Epoche weniger unterworfen als manches andere. Im übrigen: Wenn sich die Theater im deutschsprachigen Raum mit seinen Stücken seit der Zeit seiner größten Erfolge eher schwertun, so haben diese Stücke längst den Planeten erobert. Sie werden nicht nur in Prag und Athen, in Helsinki und Wladiwostok gespielt, sondern seit langem auch in den Vereinigten Staaten, in Brasilien, in Australien und in Japan.

Von sich selber pflegte er zu sagen, er sei ein Gedankenschlosser. Eine nach seinem Tod erschienene Sammlung von Texten aus dem Nachlaß trägt den Titel „Gedankenfuge". Auch Mephistos Wort von der Gedankenfabrik, mit der es sich verhalte wie mit einem Webermeisterstück, wo ein Schlag tausend Verbindungen schlage, fällt einem als Bild für seine Dichterwerkstatt ein. Sicher ist, daß ihm die Arbeit an seinen Stoffen wichtiger war als die Vollendung. Enden, meinte er, sei stets willkürlich, ein Aus-der-Hand-Geben gliche dem Verlieren. Von fast allen seinen Werken gibt es Varianten, Vorstufen oder mehrere Fassungen. Die nachträgliche Bearbeitung seiner auf dem Theater

Friedrich Dürrenmatt

Max Frisch im Jahr 1986

bereits erprobten Stücke und seine Bereitschaft, noch während der Proben ganze Szenen neu zu schreiben oder umzuformulieren, schließlich die aufeinanderfolgenden Fassungen seiner letzten Komödie „Achterloo" („Rollenspiele") verweisen darauf, daß es ihm um den Schaffensprozeß selbst ging, ums Verändern und Bearbeiten, weshalb es für die Rezeption wichtig wäre, jene Prozesse möglichst vollständig nachvollziehen zu können. Die Werkausgabe von 1980 hält wie eine Momentaufnahme den Zustand im Zeitpunkt ihres Abschlusses fest, nicht die zahlreichen Vorstufen und auch nicht das, was sich weiterentwickelte. Es ist, einmal abgesehen von der Originalität seiner Einfälle, der unbekümmerte Umgang mit dem eigenen Werk, dessen einzelne Teile er als Zwischenergebnisse betrachtete, der ihn zeitlebens zum bissigen Gegner der Kritik und zu einem Spötter über die Literaturwissenschaft machte. Er warf seinen Interpreten vor, seine Weltentwürfe zu benoten, statt sie weiterzudenken. In dieser Hinsicht ist er ebenfalls ein Querer. Zwar hat er ein paar Semester Germanistik und Philosophie studiert, aber auch Malkurse besucht und gestanden, er habe im Atelier des Künstlers Walter Jonas mehr Zeit verbracht als im germanistischen Seminar. Die Einzigartigkeit seines Lebenswerks besteht außerdem darin, daß er sich freizuhalten wußte von den Verbildungen des Spezialistentums und den Versuch wagte, eine abstrakt und unübersichtlich gewordene Welt in seinen Modellen neu zu erschaffen und in seinem von grotesken Figuren und leuchtenden Farben strotzenden Welttheater anschaubar zu machen.

Friedrich Dürrenmatt wurde am 5. Januar 1921 im bernischen Konolfingen geboren, wo er die ersten Lebensjahre verbrachte. Sein Vater war protestantischer Pfarrer, sein Großvater Politiker und ein origineller Satiriker, der viele Jahre die „Berner Volkszeitung" herausgab. Das Dorf hat Friedrich Dürrenmatt geprägt; die Berner Mundart, in der ihm die Mutter die biblischen Geschichten und der Vater die babylonischen und griechischen Götter- und Heldensagen erzählten, weckte in ihm die Liebe zu diesem Idiom. Zwar schrieb er sein späteres Werk in hochdeutscher Sprache, aber wenn er daraus las oder einen seiner großen Vorträge hielt, klang seine Rede berndeutsch. Mit dem Leben im Dorf war der Knabe bald vertraut, hatte Einblick in manche Bauernstube, wohin er seinen Vater auf Hausbesuchen zuweilen begleiten durfte, erlebte den keineswegs idyllischen Zustand einer Landgemeinde, in der sich Landwirtschaft, Gewerbe und Industrie räumlich bedrängten. Er sah mit den Schulkameraden zu, wenn die Schlächtergesellen beim Metzger nebenan die großen Tiere abstachen und das Blut aus ihren Leibern schoß. Merkwürdig ist, daß die intensiv erlebte Welt des Dorfes kaum in den Stoffen des Dramatikers und Erzählers Dürrenmatt anders gegenwärtig ist als in der Sprachmelodie, in Namen, die er seinen Figuren gab, im bedächtigen Rhythmus, in dem sie sich bewegen. Ein Heimatdichter ist er trotz seiner nie verleugneten Bindung an die bernische Herkunft nicht geworden. Seine Einfälle nähren sich aus der Weltgeschichte, aus der griechischen Mythologie und der biblischen Geschichte sowie aus den Weltmodellen der modernen Physik und Astronomie. Als „Porträt eines Planeten", Titel eines seiner Übungsstücke für Schauspieler, könnte man sein gesamtes Werk bezeichnen, wenn man darunter nicht ein Abbild, sondern ein Gleichnis versteht, „ein Durcheinander von Handlungsmomenten, ein Unmaß von banalen, schrecklichen, gewöhnlichen, außergewöhnlichen, absurden, monotonen, grotesken, unglücklichen, aber auch glücklichen Szenen" inmitten der unvermeidbaren Katastrophe. Vorbilder oder Rivalen, an denen sein Schaffen zu messen wäre, sind die Komödiendichter Aristophanes und Nestroy, Kierkegaard, Shakespeare, auch Georg Büchner, den er in seinem letzten Stück als Bühnenfigur auftreten läßt. Das alles sind Namen, die er selbst genannt hat, in den Anmerkungen zu seinem Bühnenerstling außerdem noch Christian Dietrich Grabbe. Schon in Konolfingen faszinierten den Knaben die Sterne und das Weltall, zeichnete und malte er viel; einmal gewann er sogar einen Schülerwettbewerb. In seinen Erinnerungen sagt er, Dorf und Welt seien ihm als Labyrinth vorgekommen. Er fand in der Sage von Minotaurus und Theseus einen Stoff, der ihn lebenslang als Dichter und als Maler beschäftigte. Auch in dieser Hinsicht läßt er sich nicht in eine literarische Tradition der Schweiz einordnen.

Als sein Vater eine Pfarrstelle in der Stadt Bern annahm, besuchte Friedrich Dürrenmatt dort zuerst das Freie Gymnasium, danach das Humboldtianum, wo er 1941 die Maturität erwarb. In Zürich begann er ein Studium der Germanistik, das er aus zunehmender Abneigung gegenüber der Literaturwissenschaft vorwiegend schwänzte. Sein ursprünglicher Berufswunsch, der ihn nicht losließ, war Maler. Erst kürzlich sind die Wandmalereien freigelegt und restauriert worden, mit denen er seine Studentenbude ausgemalt hat, und im Frühjahr 1994 zeigte das Zürcher Kunsthaus unter dem Titel „Porträt eines Universums" in einer großen Retrospektive sein bildnerisches Werk. Denn bis zu seinem Tod malte und zeichnete er neben der Arbeit am schriftstellerischen Werk; das Gerät dazu lag griffbereit neben den Manuskriptblättern, so daß er jederzeit die Schreibfeder mit dem Pinsel oder der Zeichenfeder vertauschen konnte. Sein bildnerisches Œuvre, das bisher noch nie in seinem ganzen Umfang zugänglich gewesen ist, weil er es als eine Art Privatangelegenheit betrachtete, umspielt in unzähligen expressionistischen Darstellungen – neben ein paar Bildnissen und Theaterszenen – die großen Stoffe des Schriftstellers, das Labyrinth und den Turmbau zu Babel, das Porträt des Planeten und kosmische Katastrophen.

Natürlich ist es nicht falsch, in seinem Fall von einer Doppelbegabung zu sprechen; die Bilder jedoch sind die wahre Quelle seiner Kreativität. Im ersten Band der „Stoffe" kommt er darauf zu sprechen und sagt, in jener Zeit des

Studienbeginns und der Ungewißheit über seinen weiteren Weg seien die Bilder auf ihn eingestürzt und hätten ihn nicht mehr losgelassen. Als er 1952 seinen ersten Prosaband, „Die Stadt", herausgab, verfaßte er dazu ein Nachwort, in welchem er auf seinen Wechsel an die Berner Universität und den Beginn seines Philosophiestudiums anspielt und den Entschluß begründet, warum er Schriftsteller geworden sei: „Ich versuchte zu jener Zeit, nachdem ich mich, als Zeichner, nur im Bilde wohl gefühlt hatte (eine für mich nicht unbeträchtliche Gefahr), Philosophie zu studieren, ein vielleicht merkwürdiger Ausweg, doch stand kein anderer offen, mir von dem Bilde, das mich besaß, eine, wenn auch zuerst geringe, Distanz zu schaffen, eine Distanz, in der ich wenigstens etwas atmen konnte. Es galt gleichsam, eine allzu schwere Anziehungskraft zu überwinden. So ist denn unschwer zu erkennen, daß hinter der ‚Stadt' Platons Höhlengleichnis steht. Die Prosa ist nicht als ein Versuch zu werten, irgendwelche Geschichten zu erzählen, sondern als ein notwendiger Versuch, mit sich selbst etwas auszufechten oder, wie ich vielleicht besser, nachträglich, sage, einen Kampf zu führen, der nur einen Sinn haben kann, wenn man ihn verlor." Die syntaktisch komplizierte und durch Interpunktionen immer wieder angehaltene Aussage, der Hinweis auf Platon und das Höhlengleichnis, auch auf die Notwendigkeit, daß es gegolten habe, etwas mit sich auszufechten, sollten seine frühen Prosaarbeiten vor dem Mißverständnis bewahren, es handle sich hier um rein Literarisches, nicht um existentielle Fragen nach dem Sinn und nach der Wahrheit. Und daß er über die Philosophie Distanz zu einer bedrängenden Bilderwelt anstrebte, beschreibt den inneren Konflikt des angehenden Schriftstellers zwischen farbenstrotzender Sinnlichkeit und verführerisch leuchtenden Visionen auf der einen und gedanklicher Abstraktion auf der andern Seite, das eine als Verlokkung, das andere als Pflicht, als Wunsch des Vaters, als selbstgewählte Aufgabe.

Eine Dissertation über „Kierkegaard und das Tragische" war angeblich geplant; aber Dürrenmatt arbeitete damals an seinem ersten, expressionistischen Stück „Komödie", das jedoch erst 1980 veröffentlicht werden sollte. Er schrieb an seinen Erzähltexten für „Die Stadt" und dann, 1945/46, das Wiedertäuferdrama „Es steht geschrieben", das 1947 im Schauspielhaus Zürich uraufgeführt wurde. Im selben Jahr heiratete er die Schauspielerin Lotti Geißler, mit der er zuerst in Basel, dann in Ligerz am Bielersee lebte. Die Familie wuchs, drei Kinder wurden geboren. Anfänglich lebten die Dürrenmatts in kärglichen Verhältnissen, unterstützt von Freunden und Gönnern. Doch der Ruhm, der sich nach der Zürcher Uraufführung rasch einstellte, mehr noch der Fleiß und die Produktivität des jungen Autors trugen zu einer Verbesserung der Lage bei. In Basel und seinem Theater wirkten Dürrenmatts Entdekker und Förderer Kurt Horwitz und der Schauspieler Ernst Ginsberg. Erste

Preise stellten sich ein, Zeitungen und Radio beschäftigten Dürrenmatt als Theaterkritiker und als Hörspielautor, und er schrieb Nummern für das Kabarett „Cornichon". Zu Beginn der fünfziger Jahre konnte er ein Haus oberhalb von Neuchâtel erwerben, ein Anwesen, das – mehrmals erweitert – fortan und bis zu seinem Tod seine Wohn- und Arbeitsstätte blieb. Er hat mehrere große Reisen unternommen, auch nach Amerika. Nach dem Tod seiner ersten Frau im Jahr 1983 heiratete er 1984 ein zweites Mal. Er hatte die Münchner Filmemacherin und Schauspielerin Charlotte Kerr anläßlich der Zürcher Premiere seiner letzten Komödie, „Achterloo", kennengelernt.

An seiner eigenen Biographie war er nicht sonderlich interessiert; er erklärte provokativ, keine zu haben. Die Geschichte seines Lebens ist die Geschichte seiner Stoffe, wie er sie in den zwei Bänden „Labyrinth" und „Turmbau" sowie in den nachgelassenen Texten „Gedankenfuge" und „Abschied vom Theater" aufgezeichnet hat.

Bevor von einzelnen Grundzügen seines großen dramatischen, erzählerischen und essayistischen Werks die Rede sein soll, das man gemäß dem zitierten Nachwort zur frühen Prosa als Ergebnis eines Kampfes sehen darf, der sinnvoll sei, wenn man ihn verlor, ist ein Blick auf das turbulente Debüt Dürrenmatts auf dem Theater angebracht. Er hat „Es steht geschrieben" zwar schon zwei Jahre nach der Uraufführung für alle Bühnen gesperrt und erst zwei Jahrzehnte später eine Neufassung, eine neue Komödie unter dem Titel „Die Wiedertäufer" geschrieben. Der Stoff entstammt der Reformationsgeschichte, aber man darf nicht historische Treue erwarten. Die Täufer, die unter dem Einfluß falscher Propheten im Besitz der göttlichen Gnade zu stehen glauben, sind einem heruntergekommenen Schneidergesellen hörig. Dieser Jan Bockelson schwingt sich sogar zum König der Täuferstadt Münster in Westfalen auf; in der Komödie „Die Wiedertäufer" ist Bockelson ein kleiner Schmierenschauspieler, der nach dem Untergang des Täuferreichs in der Schauspieltruppe des siegreichen Bischofs Aufnahme findet. Phänomene des Massenwahns, die hier religiöser Natur sind, doch auch ideologische, nationalistische Motive haben können, werden persifliert. Bockelson ermahnt den reichen Knipperdollinck, seinen Reichtum unter den Armen zu verteilen und wie ein wahrer Christ zu leben. An seiner Stelle nimmt Jan Bockelson Wohnsitz in Knipperdollincks Haus, nimmt die Frau des reichen Mannes zur Bettgefährtin und ehelicht nach Täufergesetz zudem ein ganzes Gefolge junger Frauen, die ihn bewundern. Seine religiös verbrämte Sinnenfreude im neuen Paradies auf Erden kennt keine Grenzen, während sich die Kriegsmacht des Bischofs rund um die Stadt zusammenzieht. Blasphemie und Frömmigkeit, Sünde und Bußfertigkeit liefern sich groteske Kämpfe und münden zuletzt in des armen Knipperdollinck bitteren Tod. Mit gebrochenen Gliedern aufs Rad geflochten, bittet er in der letzten Szene in christlicher Demut um Gottes

Gnade: „Die Tiefe meiner Verzweiflung ist nur ein Gleichnis Deiner Gerechtigkeit, und wie in einer Schale liegt mein Leib in diesem Rad, welches Du jetzt mit Deiner Gnade bis zum Rande füllst!"

Für die einen war das der Beweis, daß da ein christlicher Dichter und Gottsucher sein Credo sprach. Doch die blasphemischen, parodistischen, grotesk überhöhten Züge des Stücks, das unverkennbare Behagen, mit dem Friedrich Dürrenmatt die Schlemmereien und Schamlosigkeiten eines Nutznießers und Schmarotzers religiöser Schwärmerei ausmalte, empörte die anderen. Und dann gab es natürlich die Zuschauer, die daran ihre helle Freude hatten. Die Uraufführung drohte für lange Augenblicke – es war die Szene, in der Bockelson und Knipperdollinck im Mondschein über den Dächern der Stadt zusammen tanzen – in einem Tumult unterzugehen, in welchem Pfiffe und Buhrufe gegen Beifall und Bravochöre schließlich vergeblich ankämpften. Das Wort kam auf vom „unbequemen Dürrenmatt", die Theologen beanspruchten ihn für sich. Nicht literarische Kriterien oder verletzte dramaturgische Regeln – das Stück galt auch nach der Uraufführung als „unspielbar" – standen vorwiegend zur Diskussion, sondern die Frage, ob da ein Christ oder ein Nihilist seine unbeschreiblichen Zumutungen auf ein unvorbereitetes Publikum losgelassen habe. Er selbst hielt sich bedeckt, enthielt sich der Deutung. Immerhin läßt er Jan Matthison, den entthronten Propheten der Täufer, im Stück selbst über dessen Autor sagen, er sei „ein entwurzelter Protestant, behaftet mit der Beule des Zweifels, mißtrauisch gegen den Glauben, den er bewundert, weil er ihn verloren, eine Mischung trauriger Phrasen mit einer skurrilen Freude am Unanständigen". Das Drama, von grotesken szenischen Einfällen und bildstrotzender Rede überlastet, verdeckt oder tarnt, was der Dramatiker mit sich auskämpft. In der Szene des Knipperdollinck mit dem Bischof blitzt es auf. „Was wollt ihr von mir", fragt der Kirchenfürst, und Knipperdollinck antwortet: „Die Wahrheit." Daß ein Knecht der Kirche sie ihm nicht geben kann, wird in diesem Dialog ebenso klar, wie daß der Mensch vor Gott immer im Unrecht ist. „Nichts ist eins mit ihm. Er ist das Schwert, und wir sind der Leib, der getötet wird." Die Auseinandersetzung mit dem christlichen Glauben ist ein zentrales Thema in Dürrenmatts früher Schaffensperiode, so im ersten dramatischen Werk „Komödie", sodann in „Der Blinde", einem Stück, das 1948 in Basel uraufgeführt wurde und am Beispiel eines blinden Herzogs und seines diabolischen Statthalters dem Zuschauer vor Augen führt, daß das Wort das Mittel des Glaubens wie der Lüge ist. Der Theologe Karl Barth soll in einer Diskussion nach der Aufführung eher mit Befremden reagiert haben.

Dürrenmatt war jetzt als Autor etabliert, nach der Veröffentlichung der Erzählungen in „Die Stadt" nicht nur als Dramatiker. Die Erzählung „Der Tunnel", in der ein fahrplanmäßiger Zug aus einem Tunnel nicht mehr hinausfindet, sondern in die Finsternis hineinbraust, ins Bodenlose hinab, hat wegen ihres letzten Satzes – „Gott ließ uns fallen, und so stürzen wir denn auf ihn zu" – der Vereinnahmung des Autors durch die Theologie Vorschub geleistet. Aber Dürrenmatt änderte den Satz in einer späteren Fassung. Der Zug stürzt jetzt ins Nichts. Etwa nach 1950 zeichnet sich ab, daß der „entwurzelte Protestant, behaftet mit der Beule des Zweifels", auf Distanz ging zu Deutungen, in denen er sich mißverstanden sah. Besser als Selbstkommentar und Selbstverteidigung schien ihm, sich auf Neues zu konzentrieren. Er entdeckte eine Chance, seine finanzielle Lage zu verbessern, indem er Detektivromane zu schreiben begann. So erschien „Der Richter und sein Henker" als Fortsetzungsroman, nach dessen Abschluß „Der Verdacht", und beide Romane erzielten nach ihrer Buchausgabe beträchtliche Auflagen. Verfilmungen blieben nicht aus. Die dritte Detektivgeschichte entstand zuerst als Drehbuch im Auftrag eines Filmproduzenten und dann als „Das Versprechen" in einer Buchausgabe mit dem Untertitel „Requiem auf den Kriminalroman". Denn es ging Dürrenmatt in seinen eigenwilligen Anwendungen der Gattung nicht um Spurensuche und Überführung des Verbrechers durch den Kommissar; er benutzte sie dazu, Gerechtigkeit und Recht zu hinterfragen. Gleiches gilt für die Erzählung „Die Panne" – später als Hörspiel und als Bühnenstück umgearbeitet –, in der ein Handelsreisender, durch eine Autopanne zu einem unfreiwilligen Aufenthalt gezwungen, im Hause eines pensionierten Richters übernachtet und von diesem zu einem gemütlichen Herrenabend eingeladen wird, an dem sich weitere pensionierte Juristen beteiligen. Sie spielen Gericht, und Alfredo Traps übernimmt gutgelaunt die Rolle des Angeklagten. Er spielt mit, als man ihn des Mordes an seinem Chef beschuldigt, beteuert zuerst seine Unschuld, bekennt sich im Laufe des Verhörs für schuldig und nimmt schließlich das Todesurteil an. Es ist ein Zufall, der ihn in diese gespielte Gerichtsverhandlung führt. Doch daraus wird für ihn Ernst. Er erhängt sich in seinem Gastzimmer. Fast dreißig Jahre später schrieb Dürrenmatt den Kriminalroman mit dem lapidaren Titel „Justiz". In den Detektivgeschichten tauchen Elemente auf, die für Dürrenmatts gesamtes Werk und besonders für seine Dramaturgie wichtig sind. Er durchleuchtet das Vordergründige, Wirkliche, indem er nach den Möglichkeiten sucht, die dahinter liegen, und in ihnen forscht er nach der Wahrheit, dem Unverhüllten. Die Kriminalromane sind, ebenso wie die Erzählung „Grieche sucht Griechin", im schweizerischen Milieu angesiedelt. Ihre handelnden Personen sind gewöhnliche Menschen, Polizisten, Geschäftsleute, Kellner und Chauffeure. Es ist der Zufall, der sie aus ihrem Alltag herausreißt und sie „das einzige wahrhafte Abenteuer, das uns in dieser späten Zeit noch bleibt", bestehen läßt.

Nun sind es zweifellos seine Erfolge auf dem Theater, die Friedrich Dürrenmatts Weltruhm begründet haben. Schon 1949 fand in Basel die Uraufführung der Komödie „Romulus der Große" statt, in deren Mittelpunkt der letzte römische Kaiser steht. Während das Imperium durch die Germanen erobert wird, widmet sich Romulus der Hühnerzucht und denkt nicht daran, im Namen der Ehre für ein ohnehin bankrottes Reich zu kämpfen. Die Komödie ist ein Stück wider das falsche Heldentum und ein Plädoyer für den Menschen, der den Mut hat, furchtlos das Richtige zu tun. Drei Jahre später folgte, ebenfalls in Basel uraufgeführt, „Die Ehe des Herrn Mississippi", ein Experiment mit fünf Figuren, vier Männern, die um Anastasia, eine wankelmütige Frau Welt, werben: ein Fanatiker der Gerechtigkeit nach dem Muster alttestamentarischer Gesetze, ein marxistischer Revolutionär, ein opportunistischer Justizminister und ein rührend-lächerlicher Utopist der Wahrheit, der an das Gute und an die Macht der Liebe glaubt, ein Mensch in seinem Zweifel, der den furchtbaren Menschheitsbeglückern gegenübersteht. Dieser Graf Bodo von Uebelohe-Zabernsee ist ein Verlierer; vom eitlen Kampf der anderen hebt er sich durch die vornehme Art ab, wie er „das Abenteuer der Liebe auf sich nimmt", ein Unternehmen, „das zu bestehen oder in dem zu unterliegen die größte Würde des Menschen ausmacht". Dürrenmatt hat von dieser Figur gesagt, er liebe sie über alles. Der Graf, der Lächerlichkeit preisgegeben, ist in seiner Wahrhaftigkeit und Menschlichkeit ein „ironischer Held".

Friedrich Dürrenmatt stand nun im Zenit seines Theaterschaffens und setzte dazu an, die Bühnen der Welt zu erobern. Seine größten Publikumserfolge dankt er zwei Komödien, die auch jetzt noch seine meistgespielten sind: „Der Besuch der alten Dame" und „Die Physiker". Beide Stücke hatten im Schauspielhaus Zürich ihre Uraufführung, 1955 und 1961, und in beiden spielte die große Therese Giehse die weibliche Hauptrolle. Für den Siegeszug der „tragischen Komödie" über die Käuflichkeit der Kleinstadt Güllen ist es, wie für den Erfolg des Bühnenschaffens Dürrenmatts überhaupt, von nicht geringer Bedeutung, daß hervorragende Darsteller und Regisseure, in Zürich auch der Bühnenbildner Teo Otto, sich seiner Werke annahmen. Die Claire Zachanassian, die den Ort ihrer ersten Liebe aufsucht, um sich, schwerreich geworden, an ihrem treulosen Liebhaber und an den Bürgern, die falsches Zeugnis gegen sie abgelegt hatten, dadurch zu rächen, daß sie für eine Milliarde den Tod des Alfred Ill von ihnen fordert, ist eine ebenso groteske wie beklemmende Inkarnation der Macht des Geldes, die sich alles einschließlich Gerechtigkeit kaufen kann. Mit satirischer List und erheiternden szenischen Einfällen exponiert der Dramatiker die Ankunft der Dame und zeigt die skurrilen Folgen auf, die ihre Großzügigkeit auslöst. Doch plötzlich schlägt das Behagen über die Kleinbürgerposse in Beklemmung und Beschämung um. Der Zuschauer kann mit Augen verfolgen, wie die Korruption sich ausbreitet.

Der Verlierer ist der kleine Krämer Alfred Ill. In der wachsenden Gewißheit, daß seine Mitbürger ihn dem lockenden Wohlstand opfern werden, wandelt er sich zum mutigen Menschen, der seine Schuld annimmt.

Die Irrenärztin Dr. Mathilde von Zahnd in den „Physikern" ist eine ebenso groteske und unheimliche Erscheinung wie Claire Zachanassian. Der Physiker Möbius ist in die von ihr geleitete Irrenanstalt eingetreten, weil er hofft, er könne die Menschheit vor der Vernichtung durch seine Erfindung bewahren, wenn er den Wahnsinnigen spiele. Aber vor ihm schon, seine Absicht durchschauend, haben sich zwei Agenten der feindlichen Supermächte in die Anstalt einweisen lassen, der eine im gespielten Wahn, er sei Newton, der andere als Einstein. Beide sowie Möbius sehen sich betrogen, weil die Irrenärztin die Pläne und Formeln sichergestellt hat und die Vernichtung der Menschheit vorbereitet. So kraß und phantastisch diese Konstellation anmutet, so stark ist ihre Wirkung. „Die Physiker" und „Der Besuch der alten Dame" gehören zum Repertoire der Theater in aller Welt.

Dürrenmatts Stücke leben vom Einfall. Als Beispiel bietet sich der nächste große Erfolg an: „Der Meteor". Was wäre, wenn der Nobelpreisträger Schwitter nach seinem Tod auf einmal als Lebender auftauchte? Es ergibt sich daraus eine Folge von Szenen, die nicht nur Situationskomik auslösen, sondern das Skandalon der Auferstehung vor Augen führen. Leonard Steckel, der als erster den Schwitter darstellte, ist in einem aussagekräftigen Porträtgemälde von Dürrenmatt in Kostüm und Requisit gemalt worden. Im Panoptikum von Dürrenmatts Theaterwelt bewegen sich mythische und historische Figuren, die Kleinen und Gewöhnlichen ins Groteske gesteigert, die Großen in den gewöhnlichen Alltag heruntergeholt. Herkules mistet den Stall des Augias aus, Nebukadnezar wischt – in einer nie vollendeten Komödie über den Turmbau – auf dem Dach der Welt den Atomstaub zusammen. Auch in den Detektivgeschichten und Erzählungen, von „Der Tunnel" bis zu „Durcheinandertal" und „Der Auftrag", gehen die Handlungen vom Zufall aus.

Der Dramatiker hatte sich zudem mit den Theorien des Dramas auseinanderzusetzen, besonders mit Brecht und seinen Lehren. Dürrenmatt tat es in verschiedenen theoretischen Schriften. Darin legte er dar, daß die Tragödie nicht mehr möglich sei, weil sie Schuld, Not und Verantwortung voraussetze. In der Wurstelei unseres Jahrhunderts gebe es aber keine Schuldigen oder Verantwortlichen mehr. „Alle können nichts dafür und haben es nicht gewollt." Oder auch: „Kreons Sekretäre erledigen den Fall Antigone." Nur die Komödie sei in dieser Lage noch möglich, und aus der Komödie heraus freilich noch immer das Tragische. Wer das Sinn- und Hoffnungslose dieser Welt sehe, könne zwar verzweifeln; es sei jedoch möglich, den mutigen Menschen zu zeigen, den blinden Herzog, Romulus, Graf Uebelohe, Alfred Ill, den Bettler Akki in „Ein Engel kommt nach Babylon". In ihrer Brust allein wird die verlorene Weltordnung wiederhergestellt. Diese Standortbestimmungen grenzen den Dramatiker Dürrenmatt von dem ab, was zur gleichen Zeit Konjunktur hatte. Brecht und die große Schar seiner Jünger beharrten darauf, die Welt als veränderbar darzustellen. Dürrenmatt lag auch quer zum dokumentarischen, zum politisch engagierten Theater. Bei allem Weltruhm sah er sich ins Abseits gedrängt und empfand mehr und mehr, daß die großen Bühnen den Parolen der Zeit ihren Tribut zollten.

Es kam zu seinem Versuch, als Co-Direktor zusammen mit Werner Düggelin die Basler Theater zu leiten. Er wollte Bearbeitungen und Neufassungen seiner Komödien herausbringen, er experimentierte mit neuen Formen, schrieb Übungsstücke für Schauspieler und bearbeitete Shakespeare. Von der engen Zusammenarbeit mit den Theaterleuten versprach er sich Aufführungen, die seinen Vorstellungen entsprachen. Aber es klappte nicht, es kam zu Differenzen. Dürrenmatt schied verärgert aus der Basler Direktion aus. Das war 1969. Das „Porträt eines Planeten", „Der Mitmacher" und „Die Frist" sind Werke, die er danach fürs Theater noch schrieb; von all seinen Komödien ist „Achterloo" die letzte und deshalb von besonderer Bedeutung.

Er hat sie in aufeinander folgenden Fassungen und zuletzt unter dem Titel „Rollenspiele" immer wieder umgearbeitet. Dieser Druckfassung ist das „Protokoll einer fiktiven Inszenierung" von Charlotte Kerr vorangestellt. Indem man die Entwicklung von der ersten zur letzten Fassung verfolgt, bemerkt man, wie das Problem der Identität mehr und mehr zum tragenden Element des Spiels wird. Die Personen, alle zusammen Insassen einer Irrenanstalt, die sich in ihrem Wahn eine andere Identität zugelegt haben, bekommen in der zu Therapiezwecken inszenierten Komödie eine neue Rolle zugeteilt. Weder diese Identität im Spiel noch die Identität, die sie in ihrem Wahn zu haben glauben, sind mit der Person identisch, als die sie behördlich registriert sind. Das Spiel im Spiel als Rollenspiel, in dieser letzten Fassung überdies von einem veranlaßt, der von sich wähnt, er sei Georg Büchner, ist ein wahres Verwirrspiel der Identitäten. In der etwa gleichzeitig entstandenen Meisternovelle „Der Auftrag" findet sich das großartige Bild vom Ich als einem Laubhaufen, auf den Jahr für Jahr die Blätter, die neuen Ichs, herniedersinken und die älteren Schichten zudecken, während die untersten bereits vermodern. Vielleicht haben Vorstellungen dieser Art die Grenzen möglicher Theaterarbeit, die auf das Zusammenspiel von Autor, Regisseur und Schauspielern angewiesen ist, nur noch deutlicher gezogen. Nach „Achterloo" erklärte der weltberühmte Dramatiker Friedrich Dürrenmatt klipp und klar, das Theater sei nicht mehr sein Medium. Er begründete es mit aktuellen Erscheinungsformen des Theaters, mit denen er sich nicht arrangieren wolle. Nie habe er Brecht zustimmen können, der die Welt für darstellbar gehalten habe, vorausgesetzt, man sehe sie als eine veränderbare Welt. Damit kapsle sich das Theater von der Realität ab und stelle nicht diese, sondern eine Ideologie über sie dar. Aus dem gleichen Grund pflege das Theater die Klassiker ins Spießige zu verkleinern und meine damit, einer gesellschaftskritischen Pflicht nachzukommen.

Schon in den siebziger Jahren zeichnet sich ab, daß Dürrenmatts Schaffensschwerpunkte sich vom Theater in die Prosatexte verlagern, nicht unbedingt auf Erzählungen, eher auf essayistische Arbeiten. Auch sie sind bildkräftig, arbeiten oft mit Gleichnissen wie der „Monstervortrag über Gerechtigkeit und Recht" (1968). Im Essay „Zusammenhänge" arbeitet sich der Autor an die Problematik des Judenstaates Israel heran. Ursprünglich ein Vortrag, den er in Israel an verschiedenen Orten hielt und von Auftritt zu Auftritt umarbeitete, weitet sich der Text zur historischen und philosophischen Abhandlung des Themas aus. Da tritt Dürrenmatt wiederum als ein Querer auf, der – wie Jean Améry es sieht – den Leisetretern zur Verlegenheit wird. Sein Engagement für Israel stemmt sich gegen die geläufigen und zumeist ideologisch begründeten Urteile und kommt zum Schluß, daß Israel „kein ideologisches, sondern ein existentielles Phänomen" ist. Nach dem Mißerfolg seiner Komödie schrieb er dazu ein zweihundert Seiten starkes Nachwort, „Der Mitmacher, Ein Komplex", ein von Geist und Witz sprühendes Buch, das mit der griechischen Mythologie ebenso souverän spielt wie mit dem Scheitern seiner Komödie auf dem Theater, das er nicht leugnet. Er hielt 1977, als er mit der Buber-Rosenzweig-Medaille ausgezeichnet wurde, die große Rede „Über Toleranz" und 1979 auf Einladung der Eidgenössischen Technischen Hochschule in Zürich den Festvortrag zum hundertsten Geburtstag von Albert Einstein. Er war dazu bestens gerüstet, nicht etwa nur, weil er Einstein als Figur in den „Physikern" auftreten läßt. Physik und Astronomie zogen seit langem seine Wißbegierde an. Er studierte Fachliteratur und unterhielt Kontakte zu Astrophysikern. Auf seiner Terrasse oberhalb von Neuchâtel steht ein Teleskop, mit dem er seine Beobachtungen anstellte. In den unendlichen Räumen, den Sonnensystemen und schwarzen Löchern sah er das Labyrinth, in welchem der Mensch immer hilfloser und hoffnungsloser herumtappt.

Im letzten Jahrzehnt seines Lebens schrieb Friedrich Dürrenmatt vornehmlich an den „Stoffen". Die zwei Bände „Labyrinth" und „Turmbau", 1981 und 1990, sollten nicht als „Steinbruch" oder gar als „Nebenwerke" betrachtet werden. Natürlich ist manches, was darin zur Sprache kommt, für den Kenner des Gesamtwerks nicht neu. Aber wenn man sich vergegenwärtigt, daß für Dürrenmatt nicht das Vollenden und Abschließen, sondern die fortdauernde und intensive Arbeit an einem Stoff im Mittelpunkt stand, sind „Labyrinth" und „Turmbau" nicht anders als die postum erschienene „Gedankenfuge" die Werke, aus denen das Wesen dieses Autors am klarsten hervortritt. Die einzelnen Kapitel oder Teile, aus denen sich diese Bücher zusammensetzen, geben Einblick in seine Werkstatt und lassen noch einmal erkennen, wie alles zusammenhängt und wie es dem von Bildern bedrängten Wahrheitssucher, der einst auf dem Weg über die Philosophie in die Schriftstellerei auswich, nie darum gegangen ist, „irgendwelche Geschichten zu erzählen". Was ist Wahrheit? Die Frage Knipperdollincks wird nicht schlüssig beantwortet, aber hartnäckig wiederholt. Der grandiose Entwurf „Das Hirn", der das Buch „Turmbau" abschließt, geht von der Annahme aus, die Evolution der Menschheit sei eine Fiktion, geschaffen allein in der Einbildungskraft eines Gehirns: „Gibt es mich überhaupt, gibt es nicht vielmehr nur ein Hirn, das eine Welt träumt als Abwehr gegen die Angst, eine erträumte Welt, in der einer aus dem gleichen Grund schreibt, aus dem heraus ihn ein Hirn träumt?"

Friedrich Dürrenmatt, der in grotesken und pittoresken Figuren und Abläufen seine Weltmodelle erträumt hat, genoß schon um 1960 weltweiten Ruhm; seine Weltgeltung steht fest. Doch er blieb Zeit seines Lebens ein gänzlich uneitler Mann, dem offenen Gespräch mit seinen Besuchern zugänglich. Als er 1981 als „Writer in residence" in Los Angeles an der University of Southern California den Studenten für mehrere Stunden Rede und Antwort stand, entwickelte er nicht nur seine Einfälle und führte vor, wie ein neues Stück entstehen könnte, sondern ging bereitwillig auf Gegenvorschläge aus dem Auditorium ein, griff sie auf und entwickelte seinen Stoff zusammen mit den jungen Leuten. Er war gelöst und voller Humor, seine Gesprächspartner hatten guten Grund zu lachen. Er lachte mit ihnen. Es existieren zahlreiche im Druck erschienene „Gespräche mit Dürrenmatt", die ihn als einen anregenden und uneitlen Gesprächspartner zeigen. 1989 vermachte er seinen gesamten literarischen Nachlaß testamentarisch der Schweizerischen Eidgenossenschaft unter der Bedingung, daß endlich ein Schweizerisches Literaturarchiv geschaffen werde. Die Eröffnung dieser Institution, die im Januar 1991 stattfand, erlebte er nicht mehr. Er starb am 14. Dezember 1990 in seinem Haus in Neuchâtel.

# MAX FRISCH
## 1911–1991

Von
Joachim Kaiser

Als Max Frisch am 4. April 1991 in Zürich starb, wenige Wochen vor seinem achtzigsten Geburtstag – Frisch war am 15. Mai 1911 in Zürich als Sohn eines Architekten geboren worden –, da klangen die Nachrufe, die man in Deutschland auf den großen Schriftsteller schrieb, weit betroffener, erschütterter, aufrichtig-trauriger als die Nekrologe, die ihm in seiner Schweizer Heimat zuteil wurden. Gewiß würdigten auch seine Landsleute, die verstört konstatieren mußten, daß die Schweiz wenige Monate zuvor bereits einen ihrer beiden einzigen Autoren von Weltrang und Jahrhundertformat verloren hatte – nämlich Friedrich Dürrenmatt –, Frischs maßstabsetzende, für die junge Schweizer Literatur vorbildliche Kunst, seinen unbeugsam ehrlichen Charakter, seine Unfähigkeit zu Pose und Opportunismus. Aber das Verhältnis zwischen dem schwierigen, im Alter immer bitterer und verbitterter auf die Schweizer Zustände reagierenden Max Frisch und seiner Heimat war heftig zerrüttet: Er hatte sich höhnisch distanziert von der 700-Jahr-Feier der Schweiz, hatte sein Vaterland, erbost wegen peinlicher Bespitzelungsaktivitäten, denen er und andere „Oppositionelle" hier jahrzehntelang ausgesetzt gewesen sind, „einen verluderten Staat" genannt. Unerfindlicherweise war er Jahre hindurch vom Schweizer Staatsschutz observiert worden. „Warum soll ich mich mit dieser Regierung freiwillig an einen Tisch setzen?" fragte der Todkranke. Und die Schweizer Armee, ihre Nützlichkeit, ihre Funktion als „Leibgarde der Plutokratie" stellte Frisch in seinem letzten Werk ebenfalls in Frage, nämlich in dem Dialog-Stück „Schweiz ohne Armee? Ein Palaver", welches dem achtundsiebzigjährigen Autor ein letztes Mal Premierenhektik bescherte, Erfolg, umfängliche Rezensionen und zumindest den Respekt auch seiner Gegner. Daß die offizielle Schweiz es mit ihrem kritisch-widerborstigen Genie Max Frisch wirklich nicht leicht hatte, daß er es ihr keineswegs leicht machte, war für beide Teile unübersehbar. Mit diesem Staat, so Max Frisch in seinem letzten Lebensjahr, „verbinde ihn nur noch ein Reisepaß", den er aber nicht mehr gebrauchen werde.

In Deutschland jedoch wurde Max Frisch nicht nur respektiert, bewundert, als moderner Klassiker verehrt, sondern geliebt. Nach 1945, dem Ende des Zweiten Weltkrieges, als die Nation am Boden lag, besiegt, zerrissen, betäubt von Not, Schuld, Schicksal, Selbsthaß, Selbstmitleid, Selbstverlust, materieller wie geistiger Zerstörung, da hatte es Max Frisch geschafft, für die jungen und für die aufgewühlten Deutschen zur moralischen Kraft zu werden. Es gibt in der europäischen Literaturgeschichte kaum eine Parallele für das, was zwischen Frisch und dem engagierten deutschen Lese- oder Theaterpublikum geschah. Mit seinen Dramen „Als der Krieg zu Ende war", „Nun singen sie wieder" und „Andorra", mit seinem „Tagebuch 1946 bis 1949" und seinem „Stiller"-Roman war es Frisch zwischen 1946 und 1960 gelungen, von der deutschen Öffentlichkeit als zugleich moralische und brüderliche Instanz begriffen und benötigt zu werden. Wie enorm empfindlich sind Geschlagene, Gedemütigte, Widerlegte. Wie schwierig muß es sein, mit ihnen zu sprechen, wenn man ihnen nicht nach dem Munde reden, sondern Wahrheiten sagen und Zweifel wecken will. Ebendies brachte, bis dann endlich auch eine deutsche Nachkriegsliteratur von Rang existierte, mit Böll, Grass, Ingeborg Bachmann, Peter Weiss, kein Schriftsteller, selbst Camus und Sartre nicht, so überzeugend wie Max Frisch zustande, der barmherzige und unbarmherzige Samariter, der Wächter und strenge Zeitkritiker. Weil er phrasenlos sprach, beharrlich, nie rechthaberisch und nie gönnerhaft, vielmehr lakonisch, funkelnd treffsicher, manchmal auch zweiflerisch-zurückhaltend, gewann er, der Schweizer Schriftsteller, nach dem verlorenen Krieg stetig wachsenden Einfluß auf viele deutsche Seelen. Eine derartige Konstellation dürfte es in der literarischen wie politischen Situation Europas kaum jemals so selbstverständlich gegeben haben.

Frisch selbst mag sich über seine plötzliche Wirkung in Deutschland gar nicht ganz klar gewesen sein. Denn in seiner Heimat war es während der ersten fünfunddreißig Jahre seines Lebens, was die Schriftstellerkarriere betrifft, nur langsam vorangegangen. In einem Akt der Verzweiflung hatte der Achtundzwanzigjährige, von dem bereits viel Publizistisches sowie ein Roman und eine Novelle vorlagen, alle seine Manuskripte verbrannt. Das war ein theatralischer Akt der Selbstreinigung. Amüsant verstand Frisch später zu berichten, wie schlecht Papier brennt. „Der Erfolg", so meinte Frisch in einem Interview, „ist bei mir sehr langsam gekommen, der Ruhm kam sehr spät. Denken Sie an Grass, an Handke! Ich fürchte, mein Charakter wäre dem nicht gewachsen gewesen."

Gewiß, der empfindsame Erstlingsroman „Jürg Reinhart, Eine sommerliche Schicksalsfahrt", entstanden im Winter 1933 bis Frühjahr 1934, machte den Autor, dessen jünglingshaft schwärmerischer Held sich zur Sterbehilfe bei der unheilbar kranken Geliebten ermannt, noch nicht sehr bekannt. Doch das durchaus schon vom eigenen Ton geprägte Buch verrät, ohne es direkt auszusprechen, vieles von dem, was Frisch dann in seinem Schriftstellerleben wichtig sein sollte.

Auch die beiden ersten, ein Jahrzehnt später entstandenen Dramen, „Santa Cruz" und „Nun singen sie wieder", waren keine Welterfolge, obschon sie in der Schweiz und in Deutschland aufgeführt, gedruckt, im Falle von „Nun singen sie wieder" lebhaft diskutiert wurden und die Aufmerksamkeit Brechts auf Frisch lenkten. Brecht hielt sich nach dem Zweiten Weltkrieg in Zürich auf und schrieb Frisch, der gerade an dem Drama „Als der Krieg zu Ende war" arbeitete, im Juli 1948 einen freundschaftlichen Brief voll gewichtiger und kritischer Anmerkungen: „Ich hoffe, Sie nehmen diese Reklamationen auf die leichte Achsel, die wir alle haben müssen, die wir es mit Kunst zu tun haben." Frisch war damals Mitte Dreißig, Architekt und Sonntagsautor.

Zur entscheidenden Publikation für seinen weiteren Schaffensweg wurde das „Tagebuch 1946 bis 1949". Er schrieb es in den Pausen seines Architektendaseins, denn nach dem Scheitern seiner Schriftstellerei in den Jahren von 1931 bis 1934 hatte er, von einem Freund finanziell unterstützt, Architektur studiert und zu seinem Hauptberuf gemacht. Das Tagebuch sollte die bestimmende literarische Leistung seiner Schriftstellerkarriere werden. Wie ein grandioser Steinbruch enthielt es fast alle jene Stoffe, Gedanken und Fragen, die er während der nächsten Jahre und Jahrzehnte dramatisch abhandelte oder weiterentwickelte. Das Tagebuch erschien 1950. Seine Wirkung gerade auf die deutschen Leser war kaum abschätzbar. Und als dann 1954 der „Stiller"-Roman herauskam, 1957 der „Homo Faber", da hatte Max Frisch, längst Berufsschriftsteller, die Höhen des Erfolgs als Prosa-Autor erreicht. Seine Dramen „Herr Biedermann und die Brandstifter", der „Graf Öderland", „Don Juan oder die Liebe zur Geometrie", zumal „Andorra", machten ihn zwischen 1950 und dem Beginn der sechziger Jahre zum vielgelesenen und meistdiskutierten „jüngeren" Autor des deutschen Sprachraums.

Aber nachdem Frischs kleiner Schweizer Anfangsruhm sich zu einer überwältigenden deutschen Popularität gesteigert hatte und gerade im Begriff zu sein schien, Welterfolg zu werden, da gab es einen heftigen Rückschlag. In New York fielen während einer Woche, Anfang 1963, sowohl das nach Einschätzung der Amerikaner allzu symbolisch verfremdete „Andorra"-Stück als auch die „Brandstifter"-Parabel am Broadway durch. Der Autor, in Europa an Tripel- oder Simultanpremieren seiner jeweils neuen Dramen gewöhnt, scheiterte in den USA. „Ich habe einen Kontinent verloren", schrieb er dem Verfasser dieses Essays damals auf einer unsentimentalen Postkarte. Aber er produzierte weiter: den Roman „Mein Name sei Gantenbein" (1964), das Drama „Biographie". Und dann kam, was man vielleicht schon als Spätwerk bezeichnen sollte: das zweite Tagebuch (1966 bis 1971), die Prosatexte „Montauk" (1975), „Der Mensch erscheint im Holozän" (1979), „Blaubart" (1982); abschließend, gewiß literarisch nicht mehr ganz gleichrangig, das ironisch „Palaver-Dialog" genannte Minidrama „Schweiz ohne Armee?" von 1989. Mittlerweile hatten sich zumindest Frischs große Romane in der ganzen Welt als moderne Klassiker durchgesetzt.

Frisch arbeitete sehr selbstkritisch. Da er sich über die allzu wandervogelhaft-jugendbewegt schwärmerischen Tendenzen seiner „Santa-Cruz"-Romanze ärgerte, versuchte er allen Ernstes, das Drama, das sich längst von ihm abgelöst hatte, verbieten zu lassen. Den letzten Akt von „Als der Krieg zu Ende war", den er für mißlungen hielt, zog er zurück, weil er zu konkret-reportagehaft an tatsächlich Geschehenem klebte. Seiner etwas süßlichen, dennoch wunderschöne Naturpassagen enthaltenden Bergnovelle „Antwort aus der Stille" von 1937 genierte er sich so sehr, daß er mit der ganzen Schriftstellerei Schluß zu machen beschloß. An gewissen heiklen Konzeptionen wiederum, etwa dem im „Tagebuch 1946 bis 1949" skizzierten und dann zum Drama ausgearbeiteten „Grafen Öderland", hing er trotz manchen Scheiterns unbeirrbar. Immer wieder bemühte er sich um neue Fassungen, ohne den Erfolg erzwingen zu können.

Seine Ehrlichkeit, das Zweifeln an sich selbst, das Stehen zu sich selbst, durchdrang Frischs Produktion, auch seine Interviews, seine Fernsehauftritte, seine unvergeßlich geistvollen und beobachtungsmächtigen Erzählungen im privaten Kreis derart überwältigend, daß er im Laufe der Jahre über den Bezirk des Feuilletons, des Literaturbetriebs, des Insiderhaften hinauskam und zumindest im deutschsprachigen Raum alle jene anzusprechen vermochte, die überhaupt noch Bücher in die Hand oder Theaterstücke ernst nahmen. Frisch wurde und wird wirklich gelesen. Er ist Schulstoff, Primanerpensum, Weideland für Examensarbeiten und Dissertationen. Er hat die Schallmauer durchstoßen, die sonst zu bestehen scheint zwischen seriöser Schriftstellerei und jenen jüngeren oder älteren Zeitgenossen, die keine ausgesprochenen Literaturprofis oder passionierten Leser sind.

Frisch schien immer wieder gleichsam voraussetzungslos von vorn anzufangen. Er war ein prüfender, sich überprüfender Autor. Es hing offenbar mit der Eigenart, der Kraft, der Überlegenheit seines Charakters zusammen, daß er – trotz oder wegen seiner lebenslangen Unbefangenheit – stets aufs neue bei bestimmten, für ihn unausweichlichen Fragestellungen, Nöten, Themen landete, daß er, die Freiheit der Entfaltung, das Sich-nicht-Fixieren und die „Wahl" so heftig verteidigte gegen versteinernde, totenstarre Bildnisse und Erwartungshaltungen, daß gerade er immer wieder zu fast analogen Fragen und Antworten kam. Seinen Charakter aber kann man nicht wählen.

Es lag also nahe, zumal für so gern über Aussagen und Tendenzen spekulierende Deutsche, aus Frisch einen Thesenautor zu machen, einen Brecht aus den Bergen. Gewiß gab es für ihn, wie für fast jedes denkende Subjekt, Essentials, politische und anthropologische Überzeugungen. Allzusehr aufs Stoffliche fixiert, unterschätzte die erklärungs- und wahrheitshungrige Öffentlichkeit seine Kunst, seine Artistik, Phantasie und Fülle. Außerdem wirkte alles Gelingen bei ihm immer so selbstverständlich. Das (enorme)

„Können" drängte sich nie vor. Zudem wissen Buchkritiker, Deutschlehrer, Dozenten über „Thesen" und moralische Forderungen meist besser zu diskutieren als über so vage, schwer faßliche Qualitäten wie Strukturen, Satzmelodien, Nuancen, Rhythmen. Dabei war es die *Kunst*, die geheimnisreiche Prosa, die Frisch zum größten Schweizer Romancier seit Gottfried Keller gemacht hat. Max Frisch schrieb schon als Zwanzigjähriger bemerkenswert „gut", also „persönlich", „besonnen", „originell", wenngleich viel metaphernseliger als in seinen späteren Werken. Der junge Frisch formulierte zudem gefallsüchtig, charmant. „Charme, zur Haltung gemacht, ist Lüge", urteilte er darum später gnadenlos.

Max Frisch erstes veröffentlichtes Tagebuch ist keineswegs das berühmte „Tagebuch 1946 bis 1949" gewesen, es waren die „Blätter aus dem Brotsack" von 1939. Da war Krieg, an dem Frisch teilnahm und nicht teilnahm. Denn er mußte zwar bei der Schweizer Armee als einfacher Artillerist dienen, weil man einen deutschen Überfall befürchtete. Nun fand dieser Überfall gar nicht statt, so daß Frisch nicht an einem Krieg teilzunehmen, zu schießen, zu töten brauchte. Gleichwohl wurde der Krieg, wurde das Soldat-sein-Müssen für den neutralen Max Frisch zu etwas Veränderndem, zu einer Steigerung.

Aus dem Ersten Weltkrieg ist bekannt: Ein nationaler Verteidigungs- oder gar Angriffskrieg pflegt in Dichtern zunächst die schlechten, die chauvinistischen Saiten zum Erklingen zu bringen. Liest man Frischs Kanoniertagebuch, von dem er sich später heftig distanzierte, dann stellt man anfangs beklommen, doch kaum überrascht fest, wie der achtundzwanzigjährige Schweizer Soldat M. F. das gegebene militärische Vokabular, das Gerede von der „großen Zeit", ja das männlich-machohafte Geschwätz unkritisch zu Papier gebracht hat. Doch dann ereignete sich etwas Außerordentliches: ein Entwicklungsroman, den der Schreiber selbst womöglich gar nicht registrierte. Und zwar auf folgende Weise: Allmählich wird dem Aufzeichnenden sein Patriotismus fraglich, genauer: fragwürdig. Es wird ihm auch die Kultur fragwürdig. Unterhalb des sozusagen heroischen Vokabulars, manchmal sogar innerhalb desselben, kommen dem Schreiber Zweifel am ganzen Wertesystem: Mit vorgestanzten Worten tastet er sich da zu jener individuellen Wahrheit, die ihn einige Jahre später zum interessantesten und menschlichsten Tagebuchschreiber der Nachkriegszeit werden ließ. Plötzlich überlegt er zweifelnd: „Wie wäre es, wenn ich schösse", so wie später sein Stiller im Spanien-Krieg nicht auf lebende Wesen hat schießen wollen oder können. Ein knappes Vierteljahrhundert darauf, 1974, kam Frisch wieder zurück auf seine Zeit als einfacher Schweizer Kanonier. Er übte heftige, ungerechte Kritik am jungen Soldaten, der er einst gewesen war und der die wahren Machtverhältnisse nicht hat durchschauen wollen, obwohl sie offen zutage lagen, wie Frisch 1974 im „Dienstbüchlein" meinte.

Willy Brandt im Jahr 1991

DET NORSKE STORTINGS
NOBELKOMITÉ

HAR OVERENSSTEMMENDE MED
REGLENE I DET AV

# ALFRED NOBEL

DEN 27. NOVEMBER 1895 OPPRETTEDE
TESTAMENTE TILDELT

## WILLY BRANDT

NOBELS FREDSPRIS FOR 1971

OSLO, 10. DESEMBER 1971

Aase Lionæs Bernt Ingvaldsen
Helge Refsum Helge Rognlien
John Sanness

Für Max Frisch ist das Tagebuchschreiben nicht jenes individuelle, ausführliche, schreib- und selbstverliebte „Sich-Bespiegeln" mit Hilfe pubertärer Ergüsse gewesen, wie es bei jungen, sich selbst und die Welt suchenden Menschen so oft – und legitim – der Fall sein mag. Für den Autor Frisch war das Tagebuch eine verbindliche Form literarischen Ausdrucks. Im Grunde kannte er wohl überhaupt nur zwei Formen: das *Tagebuch* und den *Dialog*. Denn nicht nur die berühmten großen Tagebücher, die späten, tagebuchartigen Erzählungen wie „Montauk" oder „Der Mensch erscheint im Holozän" gehören zur Gattung des Tagebuchs, auch die epische Form des „Stiller"-Romans hat etwas Tagebuchhaftes. Hier soll ein Gefangener schriftlich Auskunft geben. Und der „Homo Faber"-Bericht steht gleichfalls einem Tagebuch nahe. *Tagebuch als Quelle und Bedingung künstlerischen Ausdrucks.*

Nun benutzt Frisch auch im intimen Tagebuch, wo er Namen, Menschen, Daten angibt, die Tagebuchform keineswegs als Alibi, etwa nach dem Motto: Ich mache hier keine Kunst, sondern halte schlicht fest, was mir passierte. Frisch will stets etwas Objektives zum Ausdruck bringen. Das völlig Unmittelbare hält er ohnehin für unsäglich. Einmal schreibt er sogar: „Jedes Erlebnis bleibt im Grunde unsäglich, solange wir hoffen es ausdrücken zu können mit dem wirklichen Beispiel, das uns betroffen hat. Ausdrücken kann mich nur das Beispiel, das mir so ferne ist wie dem Zuhörer: nämlich das erfundene." Solche gewiß sehr pointierten Thesen, die das Tagebuch-Ich zugleich als Kunst-Ich, als erfundenes Ich erscheinen lassen, machen deutlich, was die Tagebuchschreiberei für Frisch war: etwas, das er aus sich gewonnen, entfernt und in Form verwandelt hat.

Das gilt nicht allein für die großen, tagebuchartigen Romane, sondern sogar für die konkreten Tagebücher des Zeitgenossen und Zeitkritikers Max Frisch, der reist, diskutiert, Kongresse besucht. Im August 1949 hält er einen Sachverhalt auf folgende Weise, ungläubig und entsetzt, fest. Er benötigt kein Riesenpathos, keinen hallenden Schrei, sondern drei Zeilen, zwei Klammern, ein Fragezeichen. Die Textstelle heißt „Westerland". Ihre erste Zeile lautet:

Wieder einmal Zeitungen gelesen:

Jetzt folgt, in Anführungszeichen und dann durch ein Fragezeichen als eigentlich absurd herausgestellt, die zweite Zeile:

„Wiederbewaffnung Deutschlands –?"

Die dritte Zeile besteht aus ganzen zwei Worten in Klammern. Aber gerade sie prägt sich finster ein:

(Durch Amerika.)

So verstand er zu schreiben. Manches, was er fixierte, ist mittlerweile derart selbstverständlich, daß es banal erscheint. Mit großem Ernst bedachte der junge Frisch den Zusammenhang zwischen Kultur, Innerlichkeit und doch möglicher Barbarei. Wer Mörike zu lieben und zu verstehen meine, halte sich darum für einen besseren Menschen. Daraus entstehe elitäre Arroganz, ja Grausamkeit. So lautete Frischs Kritik am Edel-Nazi. Er ging so weit, Kultur deshalb anzuzweifeln, weil sie Barbarei zulasse. Da verlangte er, im Grunde Idealist, zuviel und Falsches von der Kultur. Ein großes musisch-kulturelles Interesse oder Talent beweist wirklich nicht, der Talentierte sei ein edlerer Mensch. Aber gewiß auch nicht das Gegenteil: Er verhalte sich um so barbarischer. All die dunklen Irrwege zwischen Zivilisation, Geschmacksverfeinerung, Barbarei, Grausamkeit, Faschismus, Zerstörung, Selbstmitleid und Menschlichkeit schritt Frisch aus und machte sie durch sein Stück „Nun singen sie wieder" und seine Tagebücher für die Deutschen durchschreitbar. Da er aber ohne jede Selbstgerechtigkeit argumentierte, voller Ahnung und Kenntnis des Menschenherzens, lauschten Verwirrte und Ratsuchende ihm wie einem glücklicheren, schuldlosen Bruder.

Seine größte Wirkung erzielte Frisch mit dem Drama „Andorra". 1961, in der Zürcher Uraufführung, spielte Willy Birgel, der sich einst für den Propagandafilm „Reitet für Deutschland" zur Verfügung gestellt hatte, einen Nazi-Arzt mit schlechtem Gewissen. Von heute aus betrachtet wirkt „Andorra" überdeutlich und überkonstruiert. Die Parabel-Konstruktion ist heikel: Derjenige, von dem alle „jüdisches" Verhalten erwarten (was immer das sei), verhält sich nicht so, wird in eine Rolle gezwungen. Nun könnte man maliziös einwenden, der Andri sei ja auch kein Jude. Friedrich Torberg und Georg Kreisler, beide ungemein witzige Juden, mochten das „Andorra"-Stück schon damals nicht, verspotteten es nach Kräften, womit sie der poetischen Kraft einzelner Szenen satirisch Unrecht taten. Als Fritz Kortner in Berlin mit dem bewegenden, nicht engelreinen, sondern hysterisch-forciert anspruchsvollen Klaus Kammer als Andri die gewiß beste aller mehr als fünfzig „Andorra"-Aufführungen herausbrachte, reiste Frisch gar nicht erst hin. Er konnte „Andorra" nicht mehr sehen – und brauchte sich nicht zu wundern, daß der heftige Kortner ihm darum bitterböse war.

So ernst das deutsche Publikum und das deutschsprachige Theater Frischs Zeitstücke während der fünfziger und der sechziger Jahre auch nahm, Friedrich Dürrenmatt, Frischs Freund und Kontrahent, mit dem ihn eine wechselvolle, am Ende in Distanz und herbe Gleichgültigkeit mündende Beziehung verband, besaß wohl doch das entschieden kräftigere, buntere, absurdere Theatertalent. Dafür war Frisch als Romancier der Überlegene.

Der „Stiller"-Roman des Dreiundvierzigjährigen wurde sogleich als sein wichtigstes Werk begriffen. Anatol Stiller bemüht sich, seiner Vergangenheit zu entgehen samt dem prägenden Bild, das sie von ihm herstellt, alle Lebensspontaneität abwürgend. Wunderbar das Flunkern des in der Schweiz verhafteten Stiller, hinreißend die Beschreibung von Stillers Scheitern als Liebender wie als Kämpfer. Aber der Roman handelt nur in einer evidenten Schicht davon, wie Mann und Frau füreinander zum Schicksal, zum Kreuz werden können oder müssen. Aufregender wirkt Frischs Analyse des revolutionären Intellektuellen. Deren Wahrheit wurde in den sechziger Jahren augenfällig und in den neunziger Jahren erst verblüffend ganz kenntlich. Stiller ist eingesperrt zwischen zwei Aussagen. Der eine, der revolutionäre Satz behauptet: „Ein Mensch... wird stets geistlos, wenn er nicht mehr das Vollkommene will." Die andere, alles revolutionäre Versagen umschreibende Einsicht lautet: „Seine Persönlichkeit ist vage; daher ein Hang zu Radikalismen... Er ist ein Moralist wie fast alle Leute, die sich selbst nicht annehmen." In Stiller trifft der Wunsch, gewalttätig sein zu können, mit der Unfähigkeit zusammen, es zu sein. Erkennt Stiller ein Geschöpf als „Geschöpf", dann kann er nicht mehr töten. Hier tritt eine Weltfrömmigkeit hinzu, welche die Symbolkraft der Figur erklärt, ihre verzweifelt bürgerlich-antibürgerliche Inaktivität, bei höchster Leidens-, Schimpf- und Genußfähigkeit. Diesem großen Roman, der zu Beginn der zweiten Hälfte des 20. Jahrhunderts entstanden ist, dürfte so etwas wie eine kleine Unsterblichkeit beschieden sein. Denn er sprach lebendige Wahrheit aus über gescheite Versager und gescheiterte Revolutionen.

Vier Jahre später, 1958, bestätigte der „Homo Faber", ausdrücklich „Ein Bericht", also nicht „Roman" benannt, Frischs Rang als größter deutschsprachiger Erzähler. Es war eine Kolportage, aber eine abgründige, meisterhaft und virtuos entfaltete. Der kühle Naturwissenschaftler, der sich jede Verwicklung vom Hals halten möchte, endet als moderner Ödipus, der verdrängt, so gut er kann. Dann zerbricht der Verdrängungsprozeß, und die dunklen Ahnungen erfüllen sich. Das ist die eine Dimension des brillant sinnfälligen Reiseberichts. Eine weitere bezieht sich auf den Schuldzusammenhang von allem Lebendigen, mithin auf das Schicksal. Faber vertraut lieber der Wahrscheinlichkeitsrechnung, der Vernunft, den technischen Errungenschaften. Was darüber hinausgeht, hält er für „Ermüdungserscheinungen". An Schicksal und Schuld glaubt er nicht, bevor er *dran glauben muß*. So unterliegt er, obschon keineswegs im Unrecht.

Wer solche Bücher zu schreiben vermochte, hätte immerfort in glänzender Manier weitermachen, weiterwirken, noch mehr an Geld und Ruhm verdienen können. Aber Max Frisch wurde nie ein Serienfabrikant. Mit der Brillanz des „Homo Faber", dem Pathos von „Andorra", der flunkernden Daseinsfülle des „Stiller", dem Charme des die Wahrheit erfindenden, stets mogelnden „Gantenbein", mit all diesen unverschwitzten Tugenden, die unserer deutschen Literatur so gut getan hatten, hörte Max Frisch nach 1970 beinahe auf. Die späteren Texte sind so karg, klar, körnig, daß es nahelag, sie zu unterschätzen. Sie offenbaren erst beim zweiten Lesen, wie reich und erfüllt ihre Sprödigkeit ist.

„Montauk", 1975 erschienen, ist eine Liebesgeschichte. „Er": 63, „Sie": 31.

Frisch sagt dabei auch „Ich", klagt andere, wie sich selber, an. Unmittelbare jüngste Erfahrung transportiert Frisch ins „Er", von länger zurückliegenden Konflikten erzählt er in Ich-Form. Der Text stellt Logbuch und Beichte zugleich dar – in leibhaftigster Wortwirklichkeit. Doch sind Frischs „Montauk"-Bekenntnisse rückhaltlos? Nur manchmal, wenn er alles zu opfern bereit erscheint. Die Schilderung der einst erlittenen Abhängigkeit von einem reichen, finanzielle Unterstützung und alte Anzüge anbietenden Freund namens W. stellt ein herzbewegendes Prosastück dar. Was Frisch über Mitleiden und Leiden zweier Menschen aneinander festgehalten hat, das gerät zur Schlüsselgeschichte auch über ihn, besitzt mindestens soviel Gewalt wie die Prosaskizze „Der andorranische Jude" aus dem „Tagebuch 1946 bis 1949". Frisch attackiert hier nicht bloß den Partner, von dem er sich abwandte. Er trifft vielmehr jene Nachtseiten unserer menschlichen Existenz, die durchlebt werden müssen, solange es zwischen verschiedenen Menschen noch Machtverhältnisse, Konstellationen, Dunkelheiten, Kraftproben gibt – solange überhaupt noch Menschen leben und nicht Ameisen oder Roboter. Doch wenn Frisch auf Ingeborg Bachmann zu sprechen kommt – wie haben die beiden untereinander gelitten –, dann gibt sich der scheinbar Geständnisbereite wortkarg.

Herr Geiser, Held von Frischs 1979 publizierter Novelle „Der Mensch erscheint im Holozän", muß bereits ohne „Du" leben, ohne Frauen, allein in den Bergen. Aber bei Frisch bedeutete das nicht Selbstmitleid, Einsamkeitsjammer, Sentimentalität. Sondern? Geiser konstatiert sein Älterwerden, Vergeßlicherwerden – das er mit knapper Kunst beschreibt, wobei er sich gewissermaßen am eigenen Schopf aus dem Hinfälligkeitssumpf zu ziehen versteht – objektiv und unbewegt. Der Titel meint: Der Mensch erschien erst im Holozän, also erdgeschichtlich sehr spät; er ist somit relativ unwichtig. Herr Geiser nimmt sich nicht allzu ernst. Jahrmilliarden schauen auf ihn herab, übrigens sehr real: Frisch collagierte Tabellen und Lexikonartikel unbekümmert in seine Erzählung hinein. Alles das hängt nämlich an den Wänden von Geisers Gebirgsbehausung. So verblüffend es klingt, man langweilt sich keine Sekunde in dieser Einsamkeitsprosa. Frisch war ein Meister der Anordnung. Weil keine Frau, keine Bezugsperson da ist, macht er unversehens den Leser zum ergänzenden, weiterdenkenden Partner, und zwar in folgender Weise: Geiser teilt kurze, scheinbar abwiegelnde, tröstende Überlegungen mit, während Haus und Tal und Welt im sintflutartigen Regen versinken. Für den Leser sind Geisers Überlegungen jedoch alles andere als tröstlich. Sie weisen vielmehr auf die wegargumentierte Gefahr hin. „Schlimm wäre der Verlust des Gedächtnisses... Heute ist Mittwoch. (Oder Donnerstag.)... Notfalls können Helikopter eingesetzt werden, sofern kein Nebel ist... Es sind Hänge gerutscht, aber nicht hier, sondern hinten im Tal."

Als Frisch einundsiebzig Jahre alt war, 1982, erschien seine letzte Erzählung „Blaubart". Viele lasen sie enttäuscht. Ein wiederholungsseliges Alterswerk. Es geht um einen Dirnenmordprozeß vor dem Schwurgericht. Frisch hatte ihn in Zürich als neugieriger Beobachter miterlebt. Die ehemalige Gattin eines vierundfünfzigjährigen Internisten, die nach der Scheidung als nobles Callgirl arbeitete, ist mit einem Schlips erwürgt worden. Dr. Schaad steht unter Anklage. In Wahrheit macht der alte Frisch einem anderen mit energischer Unduldsamkeit den Prozeß: sich selbst. Schaad kommt hier mangels Beweisen frei, doch seine berufliche Existenz ist zerstört. Denn während des Prozesses wurden die Liebschaften, die sechs Frauen des Dr. Schaad, präsentiert. Alle seine partnerschaftlichen Verhältnisse gingen auseinander. Frisch aber – und das wirkte beklemmend, ja ergreifend – gab im Spätwerk einzig seinem alter ego Schuld. Im Mittelpunkt des Indizienprozesses, in dem der Charakter des Angeklagten vorgeführt werden sollte, wurde das partnerschaftlich-soziale Verhalten dieses Mannes erkennbar, sein Verhältnis zu Frauen. Max Frisch nahm strikt Partei, gegen seinen Helden. Der bezichtigt sich am Schluß sogar des Mordes, den ein anderer beging. Daraus resultiert – kaum je las man es deutlicher, bitterer – ein Schuldbewußtsein, das weit über schuldhaftes Verhalten gegenüber Frauen hinausreicht – bis in die Tiefe des Geschlechts. Mit Mißverständnissen oder irgendwelchem Fehlverhalten hatte das in der Erzählung des alten Frisch nichts mehr zu tun. Es war eher eine fürchterliche Einsicht in geschlechtliche Urschuld. „Seit meinem vierzehnten Lebensjahr habe ich nicht das Gefühl, unschuldig zu sein." *Was für ein Fazit.* Ausgesprochen von einem Autor, in dessen vom Eros beherrschten Leben die geliebten Frauen dominierende Leitmotive und Leidmotive gewesen sind.

So ging Max Frisch mit ehrfurchtgebietender Konsequenz seinen irdischen Weg. Er war schlechthin unfähig zur rasch harmonisierenden Geste, zu allem Großsprecherischen oder Pompösen. Gleichwohl verhielt er sich kaum je kleinlich, pedantisch, selbstgerecht, billig-clever. Stolz, Bescheidenheit, Inständigkeit und Freisinnigkeit dieses Künstlers erschienen dem Verfasser immer tief schweizerisch. Es war eine zugleich dämonische und helvetische Mischung aus Solidität, Genie, Herzlichkeit und herber Verbitterung. „Leben ist langweilig, ich mache Erfahrungen nur noch, wenn ich schreibe." Einen derart ungeheuerlichen Satz vermochte der alte Frisch so vorzubringen, daß er fast nicht mehr ungeheuerlich klang. Auch das war eine typische Frisch-Erfahrung, die nur jemand zu fühlen und sich einzugestehen wagen wird, den gar nichts bestechen kann, weder Hoffnung noch Angst. Ein solcher Mensch, ein solches brüderliches Genie ist Max Frisch gewesen.

# WILLY BRANDT
## 1913–1992

Von
Eckhard Jesse

Geboren im spätwilhelminischen Kaiserreich, aufgewachsen in der Weimarer Republik, emigriert und ausgebürgert im Dritten Reich, politisch aktiv im westlichen Deutschland über vier Jahrzehnte, gestorben im wiedervereinigten Vaterland: Willy Brandts Leben und Wirken spiegelt das zerrissene Deutschland im 20. Jahrhundert zu einem beträchtlichen Teil wider. Wie bei kaum einem anderen Politiker rankten sich um ihn Mythen und Klischees. Überhöhungen und Unterstellungen begleiteten seinen politischen Lebensweg.

Er kam als uneheliches Kind einer neunzehnjährigen Konsumverkäuferin namens Martha Frahm am 18. Dezember 1913 in Lübeck zur Welt. In jenem Jahr, am 13. August, war August Bebel zu Grabe getragen worden, der langjährige Vorsitzende der Sozialdemokratischen Partei, über den Willy Brandt den Abituraufsatz und seine dritte Frau, Brigitte Seebacher-Brandt, ein Dreivierteljahrhundert später eine Biographie schreiben sollte. Daß Brandt Bebel folgen würde, war ihm nicht in die Wiege gelegt; daß er lediglich in der SPD zu reüssieren vermochte, konnte den Umständen nach nicht anders sein. Mehr als seine Mutter – dem leiblichen Vater sollte er nie begegnen – prägte den jungen Herbert Frahm der von sozialdemokratischem Gedankengut inspirierte Großvater. Auf dem Lübecker Johanneum wegen seiner Herkunft ein Außenseiter – Verschlossenheit, selbst zu Vertrauten, sollte auch später eine seiner Eigenheiten bleiben –, verschrieb er sich früh der Politik. Die sozialistische Jugendbewegung ersetzte ihm die familiäre Geborgenheit. Sein Mentor und väterlicher Freund wurde der später von den Nationalsozialisten wegen Widerstandstätigkeit ermordete Reichstagsabgeordnete Julius Leber. Unterdessen blieb die SPD, der er bereits 1930 beigetreten war, gleichwohl nicht seine Heimat. Er wechselte ein Jahr später aus Verdruß über die sozialdemokratische Tolerierungspolitik gegenüber der Regierung Brüning in die gerade gegründete linkssozialistische – winzige – Sozialistische Arbeiterpartei (SAP). Nach dem Abitur 1932 und dem Beginn eines Volontariats bei einer Schiffsmaklerfirma flüchtete der junge Frahm aufgrund erster Widerstandsaktionen infolge der NS-Machtübernahme am 1. April 1933 in die skandinavischen Länder, wo er zur Tarnung einen neuen Namen annahm: Willy Brandt.

Die Jahre in der Emigration waren für den polyglotten Brandt mit vielfältiger publizistischer und politischer Tätigkeit ausgefüllt. Geheime Missionen führten ihn häufig in andere Länder, so nach Frankreich, Großbritannien, Spanien, auch in das Deutsche Reich, wo er 1938 ausgebürgert wurde. Seine Erfahrungen mit skandinavischen Sozialdemokraten schärften den Sinn für Pragmatismus und Weltoffenheit, wenngleich die Gewogenheit für die SAP lange anhielt. Er unterstützte die von Kommunisten beherrschte deutsche „Volksfront" im Kampf gegen Hitler, stellte sich aber nicht hinter die Politik der Sowjetunion, die für ihn nicht mehr als sozialistisch galt. Die Ereignisse im Spanischen Bürgerkrieg, an dem er als Verbindungsmann der SAP teilgenommen hatte, wirkten auf ihn desillusionierend. Noch vor dem Ende des Zweiten Weltkrieges, in dem er bei seiner Flucht von Norwegen nach Schweden 1940 vorübergehend in deutsche Gefangenschaft geraten war, wandte er sich von linkssektiererischen Positionen ab und der Sozialdemokratie wieder zu. Aus dieser Zeit resultierte seine Freundschaft zu Bruno Kreisky, dem späteren österreichischen Kanzler, und zu Gunnar Myrdal, dem späteren schwedischen Nobelpreisträger. Außerdem kamen lose Verbindungen zu deutschen Widerstandskreisen zustande.

Nach dem Krieg schlug er das Angebot aus, das Amt des Bürgermeisters von Lübeck zu übernehmen. Berlin sollte für ihn und seine zweite Frau Rut die neue Heimat werden, zunächst als Presseoffizier der norwegischen Militärmission beim Kontrollrat – eine Entscheidung, die ihm manche nachgetragen haben. Doch bald entschied er sich für Deutschland und gegen seine Wahlheimat Norwegen. Den Namen Willy Brandt, unter dem er inzwischen bekannt geworden war, legte er nicht mehr ab. 1948, dem Jahr seiner Wiedereinbürgerung, nach achtjähriger norwegischer Staatsangehörigkeit, vertrat er den SPD-Vorstand in Berlin. 1949 zog er – damit Parlamentarier der ersten Stunde – in den Deutschen Bundestag ein, 1950 in das Berliner Abgeordnetenhaus. Zu dem Führer der SPD, dem charismatischen Kurt Schumacher, war keine enge Bindung herstellbar. Ihn empfand er als doktrinär und nationalistisch.

In Berlin schritt die Karriere ungeachtet einiger Stolpersteine schnell voran. Mit seinem Ziehvater Ernst Reuter, dem Regierenden Bürgermeister von Berlin, verband ihn eine innige Freundschaft, bedingt nicht nur durch eine beiderseits strikt antikommunistische und pro-amerikanische Einstellung. 1952 und 1954 konnte er sich bei der Wahl zum SPD-Vorsitzenden von Berlin nicht gegen seinen Intimfeind, den die traditionelle SPD verkörpernden Franz Neumann, durchsetzen. Erst 1958 gelang dies dank hartnäckigen und kontinuierlichen Aufbaus einer Berliner „Hausmacht". Der 1955 zum Präsidenten des Berliner Abgeordnetenhauses gewählte Brandt übernahm nach dem Tod Otto Suhrs 1957 das Amt des Regierenden Bürgermeisters von Berlin und errang triumphale Wahlsiege. Bereits in den Anfangsjahren hatte er zwei Bewährungsproben zu bestehen: das Berlin-Ultimatum von Chruschtschow 1958 und den Bau der Berliner Mauer 1961. Brandt vermochte den Unmut der Berliner zu kanalisieren und vermied so Ausschreitungen mit ungeahnten Folgen, wenngleich er sich auch der eigenen Hilflosigkeit bewußt war, etwa nach dem Tod des an der Grenze verbluteten Peter Fechter im Jahr 1962. Was er um fast jeden Preis erreichen mußte, war die Sicherung der Lebensfähigkeit West-Berlins, des „Schaufensters der freien Welt", wie es damals etwas pathetisch hieß.

Der Mauerbau leitete einen Umdenkungsprozeß ein, der erst später voll zum Tragen kam. Brandt erkannte die Notwendigkeit, in der „Frontstadt" neue Wege gegenüber dem Osten zu suchen, die „Politik der Stärke" durch eine „Politik der kleinen Schritte" zu ersetzen. Zudem war ihm bewußt, daß die Zeichen der Zeit auf Entspannung standen. Der Berater Egon Bahr hatte in seiner berühmten Tutzinger Rede für den „Wandel durch Annäherung" plädiert. Im Dezember 1963 wurde ein erstes Passierscheinabkommen unterzeichnet. West-Berliner durften an den Weihnachtstagen Ost-Berlin besuchen. Der Antikommunismus bei Brandt ließ in der Folge nach, wie auch die Unterstützung durch den Zeitungsmagnaten Axel Springer. Parallel zu seinem Berliner Aufstieg reüssierte Brandt in der Bundespartei, wenngleich mit Rückschlägen. 1958 in den Parteivorstand gewählt, 1962 zum stellvertretenden Vorsitzenden, 1964, nach dem Tod Erich Ollenhauers, zum Parteivorsitzenden, war Brandt längst führend an der reformerischen Umorientierung der SPD beteiligt, wie sie im Godesberger Programm von 1959 ihren Niederschlag gefunden hatte.

Bei den Bundestagswahlen 1961 und 1965 scheiterte er als Kandidat für das Amt des Bundeskanzlers trotz deutlich verbesserter SPD-Ergebnisse am Kanzlerbonus von Konrad Adenauer und Ludwig Erhard. Der „Shooting star" der Sozialdemokratie wollte im Wahlkampf 1961 ganz offenkundig den amerikanischen Präsidenten John F. Kennedy imitieren. Im Wahlkampf 1965 versuchte Brandt sich gegenüber Erhard als der außenpolitisch erfahrenere Mann zu profilieren. Das für ihn enttäuschende Ergebnis führte vorübergehend zu großer Verbitterung. Brandt, der schon seine bundespolitischen Ambitionen abgeschrieben hatte, zögerte zunächst mit der Übernahme des Amtes als Außenminister in der Großen Koalition, liebäugelte er doch, wenn überhaupt, mit dem Amt des Forschungsministers. Zahlreiche Anfeindungen des linken SPD-Flügels waren die Folge. Die radikale Studentenbewegung, die von Brandts politischer Heimat Berlin entscheidend mitgetragen wurde, sah in ihm einen Verräter an den Ideen der eigenen Jugend. Ihm gelang es seinerzeit nicht, enge Kontakte zur radikalisierten Bewegung zu knüpfen. Auch der älteste Sohn Peter gehörte ihr an.

Zur Zeit der Großen Koalition kam es zu persönlich und politisch beding-

Hans Jonas im Jahr 1987

Hermann Josef Abs

ten Spannungen mit Kurt Georg Kiesinger, der im Gegensatz zu Brandt, dem Außenminister und „Vize" seit 1966, in der Ost- und Deutschland-Politik nicht bereit war, grundlegend neue Schritte zu wagen. Brandt knüpfte an die Politik seines Vorgängers, des „Atlantikers" Gerhard Schröder, zunächst an und löste sich zögernd von der Hallstein-Doktrin. Der knappe Wahlausgang 1969 machte eine Koalition der SPD mit den Liberalen möglich. Brandt, sonst eher zögerlich, ergriff entschlossen diese Chance. Die sozial-liberale Koalition bedeutete für die Geschichte Deutschlands eine Zäsur. Zum ersten Mal stellte nun die Sozialdemokratie den Kanzler im Palais Schaumburg, einen Staatsmann, der angesichts seiner Vergangenheit Selbstbewußtsein erkennen ließ. „Ich verstehe mich als Kanzler nicht eines besiegten, sondern eines befreiten Deutschland", formulierte er später. Zugleich stellte der „Machtwechsel" ein Zeichen der Normalität der erwachsen gewordenen Bundesrepublik dar. Die Regierungserklärung Brandts schlug keine leisen Töne an: „Wir stehen nicht am Ende unserer Demokratie, wir fangen erst richtig an."

Akzente wurden entgegen aller Rhetorik weniger in der Innen- als in der Deutschland- und Ost-Politik gesetzt. Bereits in der Regierungserklärung war von „zwei Staaten in Deutschland" und der faktischen Anerkennung der Oder-Neiße-Linie die Rede. Die neue Ost-Politik führte noch im Jahr 1970 zu Verträgen mit Moskau und Warschau. Die internationale Anerkennung dieser auf Frieden und Sicherheit in Europa zielenden Politik ließ nicht auf sich warten, symbolisiert etwa durch die Verleihung des Friedens-Nobelpreises im Jahr 1971 an Brandt als erstem Deutschen nach 1945. Der Kanzler wandelte auf einem schmalen Grat: Einerseits mußte er eine Isolation im westlichen Bündnis bei zögerlichem Verhalten gewärtigen, andererseits durfte er angesichts eines nach wie vor verbreiteten westlichen Mißtrauens kein forciertes Tempo an den Tag legen. Brandts Politik blieb nach Ost und West bei allem Argwohn verläßlich.

Mühsamer gestaltete sich die Entkrampfung des Verhältnisses zur DDR. Beim ersten Treffen der beiden deutschen Regierungschefs in Erfurt ließen DDR-Bürger Brandt mit spontanen „Willy"-Rufen hochleben, beim Gegenbesuch Willi Stophs in Kassel rissen Rechtsextremisten die DDR-Flagge vom Mast. In der Folge verliefen die Verhandlungen weniger prestigeträchtig, weil nicht auf höchster Ebene, dafür aber mit mehr Effizienz. Noch im Herbst 1972 wurde der deutsch-deutsche Grundlagenvertrag paraphiert, der den Weg von einem Gegeneinander zu einem Neben- und Miteinander einleitete, ohne daß von seiten Brandts eine diplomatische Anerkennung der DDR in Frage gekommen wäre.

Als im Frühjahr 1972 die Ratifizierung der Ost-Verträge anstand, verlor die sozial-liberale Koalition die parlamentarische Mehrheit. Allerdings scheiterte die Opposition bei einem konstruktiven Mißtrauensvotum gegen den Bundeskanzler, so daß im Herbst 1972 Neuwahlen fällig wurden, nachdem die Opposition die umstrittenen Verträge im Parlament hatte passieren lassen. Ihre Annahme war an das Zustandekommen eines alliierten Viermächteabkommens über Berlin gebunden. Gerade Brandt lag daran, die heikle und gefährdete Lage Berlins auf einen festeren Boden zu stellen, wenngleich er zu jenen Politikern gehörte, welche zeitweilig das Berlin-Junktim zu lockern gedachten.

Die „Willy-Wahlen" endeten – bei hoher Mobilisierung und extremer Polarisierung – mit einem fulminanten Sieg für die SPD und ihren Kanzler. Niemals zuvor und niemals nachher hatte die SPD so viele Stimmen auf sich zu vereinigen vermocht wie 1972, nämlich 45,8 Prozent, sogar mehr als die Union. Brandt konnte große Teile der jungen Generation für sich gewinnen, obwohl der mißverständlich so genannte Radikalenerlaß vom Januar 1972, der eine innenpolitische Absicherung der außenpolitischen Unternehmungen bedeutete und von dem sich Brandt später distanzierte, irrational heftige Kritik hervorrief, mit Begriffen wie „Gesinnungsschnüffelei" oder „Duckmäusertum". Nach der Wahl setzte ein abrupter Verfall der Autorität Brandts aufgrund von Führungsschwäche ein. Gerade bisherige Anhänger in den Medien warteten mit heftiger Schelte auf. Am 6. Mai 1974 trat Brandt vom Amt des Bundeskanzlers zurück, als ein „Kundschafter" der DDR, Günter Guillaume, im Umkreis Brandts festgenommen worden war. Ausgerechnet die DDR, zu der er bessere Beziehungen anbahnte, trug dadurch zu seinem Sturz bei, wiewohl die Guillaume-Affäre den Rücktritt keineswegs zwingend machte. Sie war mehr der äußere Anlaß, weniger die Ursache. Jedenfalls wollte Brandt sein Privatleben nicht in die Öffentlichkeit gezerrt sehen. Daß die DDR einen Spion in seiner unmittelbaren Umgebung plaziert hatte, sollte er ebensowenig vergessen wie manche als illoyal empfundene Reaktion aus den eigenen Reihen.

Den Vorsitz in der SPD legte er jedoch nicht nieder. Er stand ihr bis 1987 vor, als Ehrenvorsitzender bis zu seinem Tod – und zeichnete sich hier durch beträchtliche Integrationskraft aus, die Kritiker wegen der mangelnden Abgrenzung von ideologisierten linken Kräften auf den Plan rief. Eingedenk seiner rebellischen Jugend wandte sich Brandt gegen eine „Ausgrenzung", machte aus der Not unzureichender Durchsetzungskraft eine Tugend liberalen Großmuts. Für Brandt war die Partei ein Haus mit vielen Wohnungen. Teilweise lagen zwischen dem jeweiligen Kanzler beziehungsweise Kanzlerkandidaten und dem Parteivorsitzenden Brandt Meinungsverschiedenheiten vor, teilweise war es ein Spiel mit verteilten Rollen, um unterschiedliche Strömungen zu „bedienen". Gleichwohl konnte auch Brandt weder den Bonner Machtverlust der Partei (1982) noch den bundesweiten parlamentarischen Erfolg der Grünen (1983) verhindern. Sein erklärtes Ziel, die linksökologischen Kräfte in die SPD zu integrieren, ließ sich somit nicht erreichen. Ungeachtet der Loyalität gegenüber Bundeskanzler Helmut Schmidt war seine Sympathie für den stärker gewordenen linken Flügel unübersehbar, etwa in der Frage der „Nachrüstung" oder des „Ausstiegs" aus der Kernenergie.

Nach seinem Rücktritt als Kanzler warteten neue Ämter auf ihn: Von 1976 bis 1992 war er Präsident der Sozialistischen Internationale, von 1977 bis 1980 auf Vorschlag des Weltbankpräsidenten Robert McNamara Vorsitzender einer unabhängigen Nord-Süd-Kommission, die in ihrem Abschlußbericht die Dringlichkeit umfassender Reformen zugunsten der Dritten Welt anmahnte. Beide Aufgaben nahm er mit Interesse und Geschick wahr. Auch in der Dritten Welt stieg Brandts Ansehen angesichts seines nun großen Engagements für die dortigen Probleme. Für die Europa-Idee stritt er weiterhin; so ließ er sich 1979 in das erste direkt gewählte Europäische Parlament wählen. In den siebziger und achtziger Jahren bemächtigte sich eine unverdrossene Reisediplomatie seiner. Noch 1990/91 engagierte sich Brandt im Nahen Osten, um, leider vergeblich, den Golf-Krieg abzuwenden.

Privat machte er fünfundsechzigjährig noch einen Neuanfang, trennte sich von Frau Rut und heiratete Brigitte Seebacher, eine junge Historikerin und politische Publizistin. Im Gegensatz zu seinem Nachfolger im Kanzleramt zog er sich nach einem Herzinfarkt 1978 nicht aus der großen Politik zurück, sondern nahm daran regen Anteil, wenngleich weniger an kurzatmigen Tagesgeschäften. Der Abgang vom Amt des Parteivorsitzenden im Jahr 1987 erinnerte an den Rücktritt vom Amt des Kanzlers. Mit Kanzler Helmut Schmidt und dem Fraktionsvorsitzenden Herbert Wehner bildete Willy Brandt eine aus Erwägungen der Nützlichkeit zusammengeschmiedete Troika. Insbesondere die Beziehungen zu dem charakterlich anders veranlagten Herbert Wehner waren von tiefem Mißtrauen geprägt. Aus den 1994 veröffentlichten „Notizen zum Fall G" wird klar, warum Brandt seinen Rücktritt vom Amt des Kanzlers als Komplott und Intrige beschrieben hat. Aber auch gegenüber Schmidt ging der Parteivorsitzende, friedensbemüht und immer stärker für die Probleme der Dritten Welt empfänglich, zunehmend auf Distanz.

Die atemberaubende, so weder vorhergesagte noch vorhersehbare Entwicklung im Ostblock im allgemeinen und in der DDR im besonderen sollte ihn im Herbst seines Lebens noch einmal beflügeln. Es war Willy Brandt, der sich des historischen Umbruchs als eines beispiellosen Vorgangs frühzeitig bewußt war und – am 1. September 1989 – die „Politik der kleinen Schritte" an ihr Ende gekommen sah. Für ihn gehörten die Deutschen in Ost und West ganz selbstverständlich zusammen. „Nationale Schuld wird nicht durch die willkürliche Spaltung einer Nation getilgt." Das Zusammenkommen wollte er nicht als „Wiedervereinigung", sondern als „Neuvereinigung" verstanden wissen. Am 10. November 1989, einen Tag nach Öffnung der Mauer, brachte er vor dem Schöneberger Rathaus unter dem tosenden Beifall der Berliner aus dem West- und dem Ostteil der Stadt die Entwicklung mit prophetischen Worten auf den Begriff: „Jetzt wächst zusammen, was zusammengehört." Der sich überschlagende Verlauf der Ereignisse wirkte auf ihn wie ein Jungbrunnen. Keine Reise erschien ihm zu beschwerlich, keine Verpflichtung zu lästig. Im Gegensatz zu anderen führenden und jüngeren Repräsentanten seiner Partei war er sogar gewillt, mit den in der Frage der Einheit Deutschlands betont Bremsenden, Margaret Thatcher und François Mitterrand, sich anzulegen. Im Frühjahr 1990 wiederholte er nach zwanzig Jahren und unter erfreulicheren Voraussetzungen seine Reise in die thüringische Stadt Erfurt. Die Enttäuschung über das deprimierend niedrige Ergebnis der SPD bei den ersten freien Volkskammerwahlen am 18. März 1990 wurde durch die Unaufhaltsamkeit der Vereinigung Deutschlands überlagert. Nach der ersten gesamtdeutschen Bundestagswahl – dem Parlament gehörte Brandt als Alterspräsident an – las er der eigenen Partei und ihrem Spitzenkandidaten Oskar Lafontaine in kaum verklausulierter Form die Leviten. Das leidenschaftliche Plädoyer ohne Wenn und Aber für „sein" Berlin in der heftig umstrittenen Frage nach dem neuen Regierungssitz überraschte nicht.

Am 8. Oktober 1992 starb Willy Brandt in seinem Unkeler Haus. Über tausend Politiker aus dem In- und Ausland erwiesen ihm die letzte Ehre auf dem Zehlendorfer Waldfriedhof, wo er neben der Ruhestätte von Ernst Reuter beigesetzt wurde. Auch seine Gegner ließen keinen Zweifel daran, daß ein großer Politiker, der sich um das Vaterland verdient gemacht hat, verschieden war. „Er war einer der ganz Großen im Land, gehörte in die Reihe der Wallenstein, Fridericus, Freiherr vom Stein, Bismarck, Bebel, Schumacher, Adenauer, Wehner." Warum ist dieses Diktum Rudolf Augsteins richtig? Hat Brandt den Strom der Geschichte gelenkt, und sei es auch nur der deutschen, sofern das einzelnen Politikern überhaupt möglich ist? In der Zeit des Kalten Krieges offenbarte er sich als dessen vehementer Befürworter, in der Ära der Entspannung als überaus aufgeschlossener Entspannungspolitiker, in der Phase der sich abzeichnenden Wiedervereinigung als engagierter Anhänger einer schnellen Einheit. Es ist schwer, bestimmte Konstanten in seiner politischen Laufbahn ausmachen zu wollen, von seinem Streben nach sozialer Gerechtigkeit abgesehen. Brandt wurde in verschiedenen Phasen seines Lebens von Mentoren tief und nachhaltig geprägt: vor 1933 durch Julius Leber, in der Emigration durch den SAP-Funktionär Jacob Walcher, nach 1945 durch Ernst Reuter. Seine politischen Umschwünge erklären sich auch aus den Beziehungen zu jenen Männern. Blutleere Stromlinienförmigkeit bedeutete ihm wenig im Vergleich zu zündenden Ideen charismatischer Persönlichkeiten.

Mangelnde Berechenbarkeit steht in keinem Gegensatz zu seiner Integrität. Ausgestattet mit einem feinen Gespür für neue Entwicklungen, konnte er die durch Zeitläufe bestimmte Richtung prägen und sich dank visionärer Verheißungen an deren Spitze setzen. „Die Mauer wird fallen, und Berlin wird leben", so schrieb er in seinen „Erinnerungen" im Frühjahr 1989, als nichts auf den jähen Zerfall des deutschen Kommunismus hindeutete. Er hat rational kaum erfaßbare Grundemotionen der Menschen von einer besseren Welt aufgegriffen und sie in eine neue Form gegossen. Ein konzeptioneller Kopf ist er im Gegensatz zum langjährigen Mitarbeiter Egon Bahr, seiner „grauen Eminenz", dennoch nicht gewesen.

Obwohl Brandt nicht einmal fünf Jahre lang das Amt des Kanzlers bekleidete, ist diese Zeit für das Bild der Bundesrepublik Deutschland im In- und Ausland nicht ohne Prägekraft geblieben, weniger für die deutsche Kanzlerdemokratie, was nicht nur mit dem selbstbewußten Koalitionspartner zu tun hat. Der erste sozialdemokratische Kanzler seit Hermann Müller (1928–1930) schaffte es, daß sich ein großer Teil der systemkritischen jungen Generation mit dem Staat auszusöhnen begann. Vor allem ließen die auf leidvollen Erfahrungen beruhenden Vorbehalte vieler Ausländer gegenüber Deutschland nach. Sein Land hat Brandt geliebt, auch wenn er sich gezwungen sah, es öfter zu tadeln. Vielleicht konnte der Repräsentant des „anderen Deutschland" mehr für Deutschland erreichen als so mancher seiner Gegner, dem das Wort „Patriotismus" allzu leicht von den Lippen kam.

Brandts politisches Leben wurde von vielfältigen Paradoxien bestimmt. Als Emigrant sollte ihm das Schicksal des eigenen Landes mehr ans Herz wachsen als anderen. „Deutsche, wir können stolz sein auf unser Land", so lautete der SPD-Wahlkampfslogan 1972, als der Bundeskanzler von manchen seiner Gegner im Sinne eines „Verzichtpolitikers" charakterisiert wurde. Er förderte politische „Enkel", die dann einen anderen Kurs einschlugen und damit indirekt seine Wirkung untergruben. Obwohl sich viele der Achtundsechziger später auf ihn beriefen, konnte er mit ihrer Bewegung nichts Rechtes anfangen. Der Moralist entwickelte eine Politik gen Osten, die sich allerdings in ihrer Eigendynamik immer mehr dem machtpolitischen Status quo verschrieb und auf diese Weise Oppositionellen in den dortigen Ländern das Leben schwermachte. Brandt fiel die Macht zu, zunächst in der Partei, dann im Staat, obwohl es ihm an Machiavellismus gebrach. Und er verlor die Macht nicht zuletzt wegen der überzogenen Erwartungen, durch die er einst an die Spitze des Staates gelangt war.

Auch in seinem Naturell waren manche Widersprüchlichkeiten angelegt. Bei aller Zugeknöpftheit gegenüber Nahestehenden verhielt sich Brandt zu anderen vertrauensselig, mit teils schmerzlichen Konsequenzen. Dem Melancholiker in ihm, der wie abwesend wirken konnte, stand eine Persönlichkeit gegenüber, die sich von Stimmungshochs zu neuen Höhenflügen mitreißen ließ und andere mitriß. Trotz häufiger Anzeichen von Resignation erwies er sich wie ein „Stehaufmännchen". Wer ihn vorzeitig abschrieb, sah sich getäuscht.

Mit Bundeskanzler Adenauer verband ihn bei aller Unterschiedlichkeit der politischen Grundeinstellung der Wunsch, das geächtete Deutschland wieder in den Kreis geachteter Völker zurückzubringen. Wer Adenauer erwähnt, muß auch Brandt nennen. Was dem ersten Bundeskanzler gegenüber dem Westen gelang, unternahm Brandt erfolgreich gegenüber dem Osten. Dieser Prozeß der schwierigen Aussöhnung verlief deshalb mühsamer, weil der sozialdemokratische Kanzler es dort mit politischen Führungen zu tun hatte, die die Bundesrepublik in der Rolle des ewig nörgelnd-unverbesserlichen Quertreibers sahen. Was für Adenauer zutrifft, gilt ähnlich für Brandt: Kaum noch etwas erinnert daran, wie umstritten ihre Entscheidungen einst waren. Ihre Leistungen stehen jedoch heute selbst bei den meisten politischen Kontrahenten nicht mehr in Frage. Die Polarisierung, die ihre Persönlichkeit und ihre Politik auslöste, scheint der Vergangenheit anzugehören. Diese wie jene Strategie hat realiter die kommunistische Politik unterhöhlt, obwohl ihnen eine derartige Zielrichtung offenkundig nicht zugrunde lag. Doch wäre das jetzt vorliegende Ergebnis der Deutschland-Politik weder ohne die „West-Bindung" Adenauers noch ohne die „neue Ost-Politik" Brandts zustande gekommen.

Brandts Arbeitsstil entsprach es nicht, stundenlang dicke Akten zu wälzen. Statt dessen zog er der administrativen Tätigkeit die ihn inspirierende Diskussion im Kreis seiner Getreuen vor. Zumal die Innen- und die Wirtschaftspolitik hatten bei ihm eine eher untergeordnete Bedeutung, entgegen der eigenen Rhetorik. Was Max Weber in seinem berühmten „Beruf zur Politik" als Bestimmung der Politik umschrieb – „die Politik bedeutet ein starkes langsames Bohren von harten Brettern mit Leidenschaft und Augenmaß zugleich" –, traf für Brandt nur bedingt zu: Er war weder ein Mann von sonderlicher Stetigkeit noch von mühsamer Kleinarbeit, mehr Gesinnungsethiker als Verantwortungsethiker, um mit Max Weber zu sprechen. Gerade diese Eigenschaft hat ihm in Deutschland viel Resonanz verschafft. Seine sendungsbewußte „Abgehobenheit" von den Widrigkeiten der Tagespolitik verklärten Anhänger zu notwendiger Visionskraft und Fortschrittsgewißheit, während Kritiker ihm „Entrücktheit" vorwarfen. Beides traf zu. Das eine ging in das andere über.

Symbolische Gesten waren für ihn und seine Politik wichtig, prägten sie geradezu. Das gilt etwa für den Kniefall von Warschau am Denkmal für die im Warschauer Ghetto ermordeten polnischen Juden. „Unter der Last der jüngsten deutschen Geschichte tat ich, was Menschen tun, wenn die Worte versagen; so gedachte ich der Millionen Ermordeter." Solche wirkungsmächtigen Gesten, ob spontan oder kalkuliert, machten nicht zuletzt seine Popularität in den eigenen Reihen aus, und sie beeindruckten selbst außerhalb der Anhängerschaft. Viele zum Teil hochfliegende Äußerungen Brandts haben nicht nur standing ovations hervorgerufen, sondern sind auch im kollektiven Gedächtnis haften geblieben: „Wir wollen mehr Demokratie wagen." Diese Formulierung aus der Regierungserklärung 1969 ist mit ihm fest verbunden – mag man auch die praktische Umsetzung des Diktums anzweifeln. Er ist gewiß nicht der Kanzler der „inneren Reformen" geworden, wenngleich Reformen, zumal in der ersten Legislaturperiode, nicht ausblieben, im Bildungswesen etwa.

Was zu wenig, auch in den Reihen der SPD, berücksichtigt wurde, ist sein nahezu beständiger Erfolg bei großen Wahlen – nicht nur in Berlin, sondern auch im Bund, wo er 1961, 1965, 1969 und 1972 als Spitzenkandidat der SPD antrat. Kontinuierlich von Wahl zu Wahl stieg der Prozentanteil seiner Partei: von 31,8 Prozent (1957) über 36,2 Prozent (1961), 39,3 Prozent (1965), 42,7 Prozent (1969) bis auf 45,8 Prozent (1972), zuletzt zugegebenermaßen in einer politischen Ausnahmesituation. Bei den Wahlen zum Abgeordnetenhaus in Berlin vergrößerte sich der SPD-Vorsprung unter Brandts Ägide von 44,6 Prozent (1954) auf 52,6 Prozent (1958) und 61,9 Prozent (1963). Kein Politiker in Deutschland, vielleicht außer Adenauer, konnte solche konstanten Erfolge ohne Einbrüche beim Wähler vorweisen.

Seinen Zeitgenossen vermittelte er Visionen und Perspektiven. „Über den Tag hinaus" – der Titel eines von Brandts Erinnerungswerken bringt gut zum Ausdruck, wie er sich sehen wollte und wie er wohl auch war, wenngleich nicht nur: Kein engstirniger Parteipolitiker, der sich um kurzfristiger Effekte willen in Szene zu setzen suchte, sondern ein vorausschauender, die lästigen Widrigkeiten des Alltags ignorierender Staatsmann, nicht bloß auf das Wohl und Wehe des eigenen Landes bedacht. „Compassion" – zu diesem auch von John F. Kennedy bemühten Begriff bekannte sich Brandt. In der Tat wollte er eine Politik begründen, die sich nicht in der Erhöhung des Bruttosozialprodukts erschöpfte. Damit hing eine gewisse Unschärfe und Verschwommenheit, aber auch Verklärtheit in den Aussagen zusammen. Für seine Gegner war gerade das ein Indiz mangelnden Realitätssinns. Vielleicht ist so Freund und Feind die Zielstrebigkeit seines Politikerlebens entgangen. In Kärrnerarbeit ging es freilich nicht auf. Willy Brandt war nicht zuletzt ein Mann des gesprochenen und geschriebenen Wortes. Sein Charisma kam besonders in den Reden zur Geltung, in denen er mit heiserer Stimme aufgrund seines etwas stakkatohaften Tremolos die Hörer mit intoniertem Ton in seinen Bann zog. Nicht sosehr was er sagte, sondern wie er es sagte, löste Emotionen aus. In mehreren Erinnerungswerken hat er sein politisches Leben und seine Zeit beschrieben, viele Ereignisse behutsam interpretierend, Charaktere vorsichtig porträtierend. Der Versuchung, große strategische Leitlinien über Jahrzehnte als durchgängige Konstanten auszubreiten, ist er nicht erlegen.

In der Ära Brandt vollzog sich ein politischer Gezeitenwechsel, bedingt durch die gleichsam kulturrevolutionären Umbrüche im Gefolge der studentischen Protestbewegung. Die politische Kultur Deutschlands begann sich binnen kurzem zu ändern. Die Konfliktfreude nahm zu, ebenso die Liberalität und das politische Interesse, nicht nur bei den Eliten. Brandt hatte an der Aufbruchstimmung, die für Anhänger zu einer Versöhnung von Moral und Macht führte, einen beträchtlichen Anteil. Aber das ist nicht alles. Bei den Bundestagswahlen 1969 und besonders 1972 gab es zahlreiche sozialdemokratische Wählerinitiativen aus Wissenschaft, Kunst und Sport – „Bürger für Brandt" –, die mit ihrem moralistischen Freund-Feind-Denken ein beängstigendes Politikverständnis erkennen ließen. So lebte in der Brandt-Ära etwas wieder auf, das in Deutschland traditionell verbreitet war: die Harmonisierung und die Moralisierung von Politik. Das legale konstruktive Mißtrauensvotum des Jahres 1972 etwa wurde von beachtlichen Teilen der öffentlichen Meinung als illegitim angesehen. Die Vermutung, eine Abwahl Brandts hätte die politische Kultur der Bundesrepublik in heftige Turbulenzen gebracht, ist angesichts von Massendemonstrationen, vereinzelten Arbeitsniederlegungen und eines angekündigten Generalstreiks nicht zu weit hergeholt. Diese Ambivalenzen waren für die politische Kultur in der Ära Brandt symptomatisch.

In einem eigentümlichen Kontrast zu den Zweifeln, die Brandt zuweilen an sich selbst hatte, steht seine beständige Suche nach Haltepunkten aller Art. Vielleicht ist dies nur die Kehrseite eines numinos anmutenden Politikers, der Freund und Feind persönlich kaum an sich herankommen und so einen Mythos entstehen ließ. Die Verschlungenheit mancher Wege macht letzte Klarheit über den Kern seiner politischen Konzeption ungewiß. War er entgegen eigenem Bekunden und den Unterstellungen von Gegnern nicht zuletzt auch ein Pragmatiker, der die Gunst der Stunde zu nutzen verstand und Politik als „Kunst des Möglichen" begriff, dies aber, teils bewußt, teils unbewußt, vielfältig verkleidete und so Mißverständnisse provozierte?

# HANS JONAS
## 1903–1993

Von
Konrad Adam

Das Schicksal, das Hans Jonas widerfuhr, war bestimmt durch seine Herkunft als deutscher Jude. Beides, seine Prägung durch das jüdische Bürgertum seiner niederrheinischen Heimat und seine tiefe Verwurzelung in der deutschen Philosophie, muß man zusammennehmen, um sein Leben und seine Lehren zu verstehen. Gemeinsam haben beide Elemente in seiner Person weit mehr hervorgebracht als eine bemerkenswerte akademische Karriere. Sie haben Hans Jonas dazu befähigt, die Lehrmeinungen der Philosophie auf neue Weise ernst zu nehmen und auf die Forderungen des Tages anzuwenden. Mindestens zweimal in seinem Leben hat Jonas Gelegenheit gehabt, zu beweisen, was damit gemeint war.

Geboren am 10. Mai 1903 in Mönchengladbach und aufgewachsen in einem großbürgerlichen Elternhaus – der Vater war Textilfabrikant –, kam er nach seiner Schulzeit am städtischen Gymnasium als Student nach Marburg. Dort traf er auf Rudolf Bultmann und den jungen Heidegger, zwei Lehrer, die für seine Entwicklung entscheidend wurden. Durch sie vermittelt, fand er das Thema, das ihn sein Leben lang beschäftigt hat: das Verhältnis zwischen spätantiker Gnosis und moderner Existentialphilosophie. Trotz des gewaltigen Abstandes, der das eine Phänomen vom anderen trennte, und der unklaren Quellenlage war Jonas unbefangen genug, beide Lehren als Zeugnisse für ein gemeinsames Weltverständnis zu begreifen. Beide bringen den Menschen in einen tiefen, prinzipiell unüberwindlichen Gegensatz zur Welt. Das die griechische Antike bestimmende Gefühl, teilzuhaben an einer großen, gottgewollten Ordnung, die jedem Wesen seinen Platz zuwies, war von der Gnosis radikal erschüttert worden. An die Stelle des Kosmos trat die Vorstellung vom Antagonismus zwischen dem geistbegabten Menschen und der diabolischen, wertlosen Schöpfung. Dieser Dualismus wurde später, zu Beginn der Neuzeit, mit Descartes wieder lebendig. Indem er die menschliche Vernunft von der unvernünftigen Natur absetzte, wurde er zum Vorläufer des modernen Weltbildes, das die Natur nur noch als einen Gegenstand kennt, den sich der Mensch zu unterwerfen hat.

Bei aller Lust am Parallelisieren hat Jonas von Anfang an auf eine wichtige Differenz zwischen gnostischer und existentialistischer Welterklärung aufmerksam gemacht. Der Existentialist mußte ohne die Zuversicht auskommen, die es dem gnostischen Pneumatiker noch erlaubt hatte, sein Gefühl der Weltfremdheit und der Weltverlorenheit im Vertrauen auf einen fernen, unbekannten Gott zu überwinden. Diesen Halt besaß das moderne, durch die Aufklärung ernüchterte Individuum nicht mehr. Der Mensch war jetzt auf sich allein gestellt und mußte die Ordnung, sofern er nach ihr verlangte, aus sich selbst heraus schaffen. Sinn, schreibt Jonas, „wird nicht mehr gefunden, sondern gegeben; Wert wird nicht mehr wahrgenommen, sondern gesetzt als Tat der Wertung". So entstand das pluralistische Wertechaos, das von der Aufklärung noch als Fortschritt begriffen wurde. Jonas dagegen sah, wie sehr der moralische Solipsismus den gewöhnlichen Menschen überforderte, und konnte sich schon deshalb mit dem Existentialismus nicht anfreunden.

In ihrer Ungewißheit suchten die Menschen der Neuzeit, vom Schweigen der leeren Räume um sie her verängstigt, dort Hilfe, wo sie nicht mehr zu finden war. Sie wollten sich die Stichwörter, ohne die sie nicht leben mochten, von der Natur borgen, die sie zuvor von allem Sinn und allen Göttern befreit hatten. So kamen sie dazu, sich selbst nur noch physisch, als ein Konglomerat aller möglichen chemischen Verbindungen zu begreifen, als „eine 180 Zentimeter lange molekulare Folge von Kohlenstoff-, Wasserstoff-, Sauerstoff-, Stickstoff- und Phosphoratomen", wie es der Nobelpreisträger Joshua Lederberg verkündet hat. Für das, was dem Menschen in früheren Zeiten Halt gegeben hatte, für sein Selbstbewußtsein als denkendes und fühlendes Wesen, war da kein Raum mehr. Nachdem sie der sie umgebenden Natur alle Sinnspuren als Anthropomorphismen ausgetrieben hatten, begannen die Menschen, sich nach dem Vorbild dieser mechanischen Natur selbst zu deuten. Die Folge war, daß sie in ihren eigenen Augen, wie es Robert Spaemann einmal ausgedrückt hat, zum Anthropomorphismus wurden.

Für Hans Jonas war jene Art von Welterklärung nicht nur gefährlich, sie war vor allem falsch. Denn sie unterschlug oder gab, kaum weniger fatal, als bloße Sinnestäuschung aus, was immerhin noch für Descartes die erste und einzige Quelle des Selbstbewußtseins gewesen ist. Jonas setzte nicht auf Reduktion, auf das Zusammenschrumpfen im Materiellen, sondern auf Erweiterung. Er wollte das naturwissenschaftliche Verfahren umkehren, den Menschen also nicht nach dem Muster der unvernünftigen Natur erklären, sondern umgekehrt die Natur nach dem Vorbild des Menschen begreifen, des *Animal rationale*. Daß die Natur ein Wesen hervorgebracht hatte, das sich seine eigenen Vorstellungen und seine eigenen Gedanken machte, das sich um sich selbst sorgte und um andere kümmerte, „die bloße Tatsache, daß es ein solches Interesse irgendwo in der Welt gibt, muß auch die Ganzheit qualifizieren, die diesen Tatbestand enthält. Und erst recht, wenn sie ihn hervorgebracht hat."

Das war der dritte Weg, nach dem Jonas sein Leben lang gesucht hat, „einer, der die dualistische Entfremdung vermeidet und doch genug von der dualistischen Einsicht bewahrt, um die Menschlichkeit des Menschen zu erhalten". Auf diesem Weg grenzte er sich nach zwei Seiten hin ab: gegen den Existentialismus einerseits und gegen die modernen Naturwissenschaften auf der anderen Seite. Als er nach dem Ende des Zweiten Weltkrieges, an dem er als Offizier der britischen Armee teilgenommen hatte, sich in Amerika niederließ, kam der Augenblick, in dem sich seine Philosophie ein zweites Mal zu bewähren hatte. Der Antipode war jetzt freilich nicht mehr die europäische Existentialphilosophie, sondern die Naturforschung und die auf sie gegründete Technik. Jonas selbst hat sich nachträglich darüber gewundert, daß die Natur als Gegenstand grundsätzlicher Erwägungen in seinen Studien bis dahin noch nicht vorgekommen war. Erst die neue, englisch-amerikanische Umwelt habe ihm dazu verholfen, die Lücke zu entdecken und zu schließen. Das Klima im Nachkriegs-Amerika, das soeben erst durch den geballten Einsatz seiner technisch-wissenschaftlichen Kapazität zur Vormacht des Westens aufgestiegen war, war für die Erweiterung der Jonasschen Philosophie denkbar günstig. Kein anderer Staat hat die Chancen des systematisch geplanten und wirtschaftlich genutzten Fortschritts so zielbewußt wahrgenommen wie die Vereinigten Staaten. Wie keinem anderen Volk sind den Amerikanern aber auch die Schattenseiten dieser Entwicklung vor Augen geführt worden.

Daraus resultierte eine sonderbare, aus Zuversicht und Skepsis gemischte Bewußtseinslage. Der Stolz auf das Erreichte verband sich mit dem bedrükkenden Gefühl, einer Entwicklung ausgeliefert zu sein, die man nicht mehr in der Hand hatte und deren gutes Ende keineswegs sicher war. Die zwiespältigen Empfindungen verfestigten sich schließlich zu der Theorie vom *Cultural lag*, der Lehre vom Zurückbleiben der intellektuellen, vor allem der moralischen Kräfte des Landes hinter seinen technischen Möglichkeiten. Entstanden in der Zwischenkriegszeit, hat diese Vorstellung das amerikanische Denken nachhaltig geprägt. In einem Land, das lange Zeit keine festen Grenzen kannte und sicher war, allen möglichen Herausforderungen gewachsen zu sein, beherrschte es das öffentliche Bewußtsein.

Wer nach Auswegen suchte, tat das in Formen, die durch das Bild der Lücke nahegelegt wurden. Die meisten empfahlen eine geistige Aufholjagd, den Versuch also, den Abstand zwischen technischem und moralischem Wissen durch intellektuelle Anstrengungen aus der Welt zu schaffen. Die Urteilskraft der Menschen sollte so weit gestärkt werden, daß sie ihrem technischen Können gleichkam. Der umgekehrte Rat, das Fortschrittstempo zu drosseln, um es mit dem Urteilsvermögen auf einen Stand zu bringen, war in dem fortschrittsfrohen Land viel seltener zu hören. Wie auch immer, in beiden Fällen blieb man im Bereich der gewohnten Vorstellungen und in den alten Bahnen. Nicht das Ziel war zu verändern oder neu zu bestimmen, sondern lediglich das Tempo, in dem es weitergehen sollte. Solange die Richtung stimmte, brauchte man über den Kurs nicht zu streiten.

Hans Jonas war diese Aussicht zu simpel. Er wollte die Technik nicht bloß technisch kritisieren, nicht nur in Begriffen des Wettkampfes denken, von schnell und langsam reden oder vom Beschleunigen und Zurückbleiben. Schon in der Einleitung zum „Prinzip Verantwortung", seinem Alterswerk, das ihn mit einem Schlag in aller Welt berühmt machte, bemerkt er ironisch, die schöne Absicht, auf seiten der Engel zu stehen und gegen die Sünde zu sein, gebe für die ethische Reflexion nichts mehr her. Der Versuch, die Natur in Dienst zu stellen und menschlichen Zwecken zu unterwerfen, habe Folgen hervorgebracht, denen mit einer mehr oder weniger tüchtigen Gesinnung allein nicht mehr beizukommen sei. Etwas Härteres sei jetzt vonnöten „und hier versucht", wie er selbstbewußt hinzusetzt.

Damit greift Hans Jonas hoch. Im Kern läuft das, was er über die Verantwortung bemerkt, auf einen Widerspruch gegen das ehrwürdige Verbot hinaus, vom Sein aufs Sollen zu schließen. Wer diesen Schritt wagte, hatte mit dem Vorwurf zu rechnen, einem naturalistischen Fehlschluß aufzusitzen. Zumal in der englisch-amerikanischen Philosophie hat es das Verbot, die Regeln der Moral aus der Natur herzuleiten, zu fast dogmatischer Gültigkeit gebracht. Es zu mißachten, galt nicht nur als Beweis für Idealismus und wirklichkeitsfernes Räsonnieren, es schien auch methodisch falsch zu sein.

Die Kritik hat denn auch schnell bemerkt, daß Jonas seine Werte aus den Dingen selbst herleiten wollte, und darin einen Verstoß gegen ihre Grundsätze erkannt. Als das „Prinzip Verantwortung" 1979 erschien, war die Resonanz keineswegs freundlich. Es überwog ein nachsichtiger, gelegentlich gönnerhafter Tonfall, der in dem Vorwurf gipfelte, Hans Jonas betreibe Metaphysik. Und das war nun das Letzte, was einem Philosophen, der auf der Höhe seiner Zeit sein wollte, noch erlaubt war. Der Einwand richtete sich gegen ein Argument, das in allen Schriften von Hans Jonas anzutreffen ist. Am ausführlichsten entfaltet er es in seiner Untersuchung über „Macht oder Ohnmacht der Subjektivität". Ursprünglich als Teil seines größeren Werkes vorgesehen, entwickelte sich die Studie zu einem eigenen Buch, das im selben Jahr wie das „Prinzip Verantwortung" erschienen ist. Jonas erinnert daran, daß Gefühl und Wille, Absicht und Entschluß, Bewußtsein, Urteilskraft und Wertempfinden zu den unmittelbarsten und sichersten aller menschlichen Erfahrungen zählen, „daß die Anwesenheit von Subjektivem selber eine objektive Tatsache ist". Wenn Subjektivität als etwas Überschüssiges, rein physikalisch durchaus Entbehrliches irgendwann aus der Natur emporgetaucht sei, dann könne ihr dergleichen nicht ganz fremd gewesen sein. „Eine Natur, die schließlich, nach endloser Vorbereitung, der Subjektivität fähig war, kann nicht die bloße Natur der Physik sein." Die Innenwelt auf äußere

Begebenheiten zu verkürzen, schien ihm absurd zu sein; und wer der Natur das Absurde andichte, der habe nicht ihr, sondern sich selbst das Urteil gesprochen.

Das Argumentationsverfahren ist typisch für Hans Jonas. In dem verbreiteten Unvermögen, im Wirken der Natur etwas Folgerichtiges, Zweckhaftes und Sinnvolles zu entdecken, erkennt er nicht nur fehlerhaftes Denken, sondern so etwas wie einen persönlichen Makel. Fragen der Logik verwandeln sich unter seinen Händen in Fragen der Moral, denn aus dem, was einer sieht und gelten läßt, ergibt sich eben der Charakter. Für die Schulphilosophie ist dieser Sprung eine Zumutung; aber Jonas, dem es um mehr geht als um Esoterik, arbeitet ziemlich unbefangen nach diesem Muster. Wo es ernst wird, lassen sich auch in der Philosophie die persönlichen Töne kaum vermeiden. An den entscheidenden Stellen seiner Dialoge hat es Platon genauso gemacht. Er begnügt sich dann nicht länger mit den Mitteln der Ironie, sondern läßt Sokrates eine härtere Sprache sprechen, die vor Attacken und Verdächtigungen nicht zurückschreckt. Leider ist nach Platon zusammen mit der Form des Dialogs auch die Figur des Widersachers aus der philosophischen Literatur verschwunden. Die Philosophie ist dadurch friedfertiger, jedoch auch langweiliger geworden.

Trotz aller Konzilianz hat das meiste von dem, was Jonas vorträgt, etwas Zwingendes, fast Unerbittliches an sich. Ausflüchte sind nicht erlaubt. Der Tonfall wird durch die Thematik vorgegeben: Jonas weiß um die Verletzlichkeit von Welt, Natur und Leben, und weil es ihm ernst ist mit seinem Wunsch, die Schöpfung in ihrer ganzen Vielfalt zu erhalten, sagt er mit klaren Worten, was zu geschehen und was zu unterbleiben hat. Das „Prinzip Verantwortung" war ein Gegenentwurf zu den Phantasmagorien Ernst Blochs; schon der Titel gab die Antwort auf dessen maßloses „Prinzip Hoffnung". Den Tagträumen der Progressiven, die in ihren technisch oder ideologisch inspirierten Utopien schwelgten, setzt er entgegen, was er die „Heuristik der Furcht" nennt. Sie sollte den frivolen Optimismus zügeln und so altmodische Eigenschaften wie die Ehrfurcht vor dem Leben und das Mitleid mit der Kreatur wieder in Geltung setzen. Jonas wollte nicht den ewigen Diskurs, der im Formalen hängenbleibt, sondern Anweisungen nach Art der Zehn Gebote: „Du sollst" und vor allem: „Du sollst nicht", weil sich ja nur das Verbot eindeutig formulieren und vollständig erfüllen läßt, durch Unterlassen nämlich.

Traditionell war so etwas Aufgabe der Religion. Jonas wußte, in welche Bereiche er mit seinem Versuch, eine Ethik für die technologische Zivilisation zu schreiben, ausgreifen mußte. Er hatte freilich schon im Studium entdeckt, daß Philosophie und Religion miteinander verwandt waren; er selbst spricht von gemeinsamen Berührungsflächen zwischen der einen und der anderen. Auf diese Erfahrung kam er im Alter, als er das „Prinzip Verantwortung" konzipierte, wieder zurück. Er hatte das Manuskript seiner lebenslangen Freundin Hannah Arendt zu lesen gegeben, und als er sie um ihr Urteil bat, antwortete sie spontan, dies sei das Werk, das zu schreiben er geschaffen worden sei. Letztlich ging es ihm um nicht weniger als um einen neuen Imperativ, um neue, durch ein Tabu geschützte Grenzen, die unter keinen Umständen verletzt werden durften. Die große Zeit der Kirchen war jedoch vorbei, und in der von der Wissenschaft entzauberten Welt hatte die Religion einen schweren Stand. Sie hatte sich als ein Gebilde erwiesen, das leicht zu beschädigen, aber vorsätzlich kaum wiederherzustellen war. Wenn Jonas an seiner Absicht festhalten und den Versuch machen wollte, die Ethik Kants für die Anforderungen der Moderne neu herzurichten, war in der Tat etwas Härteres vonnöten als Protreptik und Katechese. Deswegen seine Heuristik der Furcht: Angst und Hoffnung sind ja die Gefühle, mit denen sich der Mensch zur Zukunft in Beziehung setzt. Und darauf, auf die Verlängerung des kategorischen Imperativs in die Zukunft, kam es Jonas an: tatsächlich eine religiöse Dimension.

Sie schimmert fast überall durch und taucht das, was Jonas zu sagen hat, gelegentlich in das grelle Licht der alttestamentarischen Apokalyptik. Jonas weiß, daß es in seiner Philosophie um letzte Dinge geht, und er möchte, daß auch die anderen das merken. So redet er dem Volk ins Gewissen, ohne es auf die christliche Vorstellung von Lohn und Strafe im Jenseits zu verweisen. Denn für ihn als Juden fällt die Entscheidung hier und jetzt. Es gibt kein Paradies und keine Hölle und deshalb auch kein Jüngstes Gericht; das Schicksal des Menschen und damit das Schicksal Gottes entscheidet sich in der Welt. Jonas' Mißtrauen gegen die Technik und sein Einspruch gegen den Versuch, das Äußerste zu riskieren, verraten etwas von der überlieferten Weltfrömmigkeit des gläubigen Juden: „Die Heraufkunft des Menschen bedeutet die Heraufkunft von Wissen und Freiheit, und mit dieser höchst zweischneidigen Gabe weicht die Unschuld des bloßen Subjekts der Aufgabe der Verantwortung unter der Disjunktion von Gut und Böse. Der Chance und Gefahr dieser Vollzugsdimension ist die nun erst offenbar gewordene göttliche Sache hinfort anvertraut, und ihr Ausgang schwankt in der Waage. Das Bild Gottes geht mit dieser letzten Wendung, und mit dramatischer Beschleunigung der Bewegung, in die fragwürdige Verwahrung des Menschen über, um erfüllt, gerettet oder verdorben zu werden durch das, was er mit sich und der Welt tut."

In Jonas' Auffassung ist die Verlockung durch das Machbare, der die moderne Technik so gern nachgeht, eine Sünde von ganz eigener Art. Die heroischen Taten, deren sich die Wissenschaftler rühmen, sind nicht nur eine Attacke auf die Natur und auf das Wesen des Menschen, sondern gewissermaßen auch ein Angriff auf die Existenz Gottes. Über die Diesseitigkeit des jüdischen Glaubens findet Jonas zurück zu den Griechen, die in der Welt ein beseeltes Ganzes sahen. „Wenn es ein kategorischer Imperativ für den Menschen ist zu existieren, dann ist jedes selbstmörderische Spielen mit dieser Existenz verboten. Und technische Wagnisse, bei denen auch nur im entferntesten dies der Einsatz ist, sind von vornherein auszuschließen." Daher seine Opposition und seine Skepsis gegen die fortschrittlichsten Varianten der Technik, gegen die Kernenergie, gegen das Experiment an der Keimbahn, gegen die wahllose Organtransplantation, überhaupt gegen die Auswüchse einer Medizin, die dabei ist, von der Heilkunde zum Ingenieurwesen des Leibes zu werden.

Tatsächlich geht, was er erreichen will, die Bereitschaft zum Innehalten, zur Umkehr oder zum Verzicht, sein Lob des frugalen oder sogar asketischen Lebensstils, über die Thematik der herkömmlichen Philosophie hinaus. Sieht man von einigen antiken Schulrichtungen ab, dem Kynismus etwa oder der Stoa, ist der Aufruf zur Einkehr und zur Umkehr eher Sache von Kirchenleuten gewesen als von Philosophen. Sein Thema brachte ihn zwangsläufig in Gegensatz zu dem auf Wachstum und Fortschritt eingeschworenen Zeitgeist, zu den technischen Utopien der Rechten und der gesellschaftlich fundierten Ideologie der Linken. Was Jonas mit seiner Heuristik der Furcht im Sinne hatte, wandte sich gegen beide. Im Zweifel sollte die ungüstige Prognose mehr wiegen als die günstige, das Unterlassen also Vorzug genießen vor dem Handeln. Die bloße Möglichkeit des schlimmen Ausgangs mußte genügen, um ein Experiment zu ächten. Und als ein Experiment, als einen riesigen Versuch mit der Schöpfung und ihren Geschöpfen, empfand Jonas die Hoffnung auf den grenzenlosen Fortschritt.

Es waren starke Gegner, mit denen er sich da anlegte. Aber zumindest im einen Fall, am Beispiel des Marxismus in seinen real existierenden Formen, ist der Kampf inzwischen ausgestanden, und man erkennt, daß Jonas recht hatte. Für den Sozialismus war der Versuchsgedanke konstitutiv. Arthur Koester stellt ihn sogar ins Zentrum des Systems, wenn er in seinem Roman „Sonnenfinsternis" den Untersuchungsrichter die Natur zitieren läßt, die so großzügig sei mit sinnlosen Experimenten, und daraus dann das Recht der Menschheit herleitet, genauso rücksichtslos mit sich selbst zu experimentieren. Dieser Versuch ist unter horrenden Kosten gescheitert. Ob sich die Staaten, die zur Teilnahme an ihm gezwungen worden waren, von seinen Folgen jemals wieder erholen werden, ist völlig ungewiß und kaum wahrscheinlich. Was da als Experiment begonnen worden war, war eben gar kein Versuch mehr, sondern der Ernstfall. Im Glauben an die wissenschaftlich erwiesene Wahrheit ihrer Lehrsätze hatten die Dogmatiker den Irrtum überhaupt nicht mehr erwogen und für den Fehlschlag keine Vorkehrungen getroffen. Sie setzten alles auf eine Karte und haben alles verloren. Am Ende ihres ruinösen Großversuchs stehen sie jetzt vor Trümmerbergen, die fortzuschaffen ihre Kräfte übersteigt.

Über die andere, die technische Utopie des Westens dachte Jonas im Grundsatz ähnlich skeptisch wie über die gesellschaftliche Utopie der Marxisten. Zwar ist die freie Welt, weil sie bei weitem vorsichtiger zu Werke gegangen ist als die Parteidiktaturen des Ostens, von Katastrophen im Ausmaß des Tschernobyl-Desasters und allen sonstigen Verheerungen des sozialistischen Alltags weitgehend verschont geblieben. Aber auch im Westen werden die Grenzen des Wachstums spürbar, das Pandämonium der Technik, das Jonas so unbehaglich war, fordert hier ebenfalls seinen Preis. Die Schattenseiten des Fortschritts, zu bloßen Nebenfolgen verharmlost, erweisen sich immer häufiger als seine dauerhaftesten Effekte. Gerade bei den ehrgeizigsten Vorhaben der Wissenschaft, der Kernkraftnutzung und der Biotechnologie, ist der ersehnte Vorteil untrennbar mit Gefahren ganz neuartiger, weil irreversibler Art verbunden. Die Pflugschar selber droht zum Schwert zu werden, mit der die Natur Rache nimmt für die Übergriffe, die sich die Menschen gegen sie erlaubt haben. Statt der jähen Apokalypse warnt Jonas deshalb vor der schleichenden, und es ist offensichtlich, daß es für diese Warnung bessere Gründe gibt als für die populäre Angst vor der großen, plötzlichen Katastrophe.

Die moderne Lust an der Veränderung und am Umbau der Natur wirkte auf ihn, der einen geradezu altertümlichen Respekt vor dem Vorhandenen besaß, ganz anders als auf die Apologeten des permanenten Eingriffs. Die gängige Überzeugung, Bestehendes durch die Zutat des Menschen erst noch herrichten und „in Wert setzen" zu müssen, verriet in seinen Augen das Gegenteil von dem, was sie beweisen wollte. Dem erbarmungslosen Optimismus der Techniker setzte er sein Plädoyer für das Eigenrecht des Vorhandenen entgegen und gab das Urteil, Pessimist zu sein, an jene zurück, die darin etwas Tadelnswertes sahen: „Der Vorwurf des Pessimismus gegen solche Parteilichkeit für die Unheilsprophetie", schrieb er, „kann damit beantwortet werden, daß der größere Pessimismus auf seiten derer ist, die das Gegebene für schlecht oder unwert genug halten, um jedes Wagnis möglicher Verbesserung auf sich zu nehmen."

Über die Chance, den Hedonismus als die moderne Massenreligion durch einen anderen, bescheideneren Glauben abzulösen, hat sich Hans Jonas keine Illusionen gemacht.

Ein Lebensstil, der auf kurze Sicht so augenfällige Vorteile mit sich brachte, ließe sich nur unter Druck durch asketischere Lebensformen ersetzen. Zur guten Absicht müßte die Macht hinzukommen, die das Gebotene auch gegen Widerstand erzwingen kann. Diese Überlegung führte ihn zu einer ziemlich nüchternen Bewertung der Demokratie. Tatsächlich muß es einer auf Massenzuspruch angewiesenen Staatsform erheblich schwerer fallen als jeder Diktatur, den fälligen Wandel zustande zu bringen. Jonas hat mit seiner skeptischen Einschätzung wenig Verständnis gefunden und noch weniger Sympathie, gerade bei seinen Freunden. Daß er, um die Natur zu schonen, autoritären Tendenzen das Wort geredet hätte, ist allerdings nicht wahr. Denn die Befreiung aus den verhängnisvollen Zwängen des Fortschritts erwartete er ja nicht vom Befehl, sondern von der Einsicht in die Notwendigkeit der Selbstbeschränkung, „und die wird den Predigern der Utopie", wie er voraussah, „noch viel schwerer fallen als den ideologisch nicht gebundenen Pragmatikern".

Das Grundmotiv der politischen Philosophie, das Verhältnis von Freiheit und Zwang, hat auch Jonas beschäftigt. Von Vorgängern wie Tocqueville und Mill und Weber unterscheidet er sich jedoch durch die Erfahrung, daß die Freiheit neuerdings stärker als durch Exzesse von Tyrannen durch den rücksichtslosen Einsatz der Produktivkräfte bedroht ist. Sie zu bewahren, sind Verfassung, Rechtsstaat und Gewaltenteilung, die traditionellen Vorkehrungen gegen alle selbstherrlichen Machthaber, freilich überfordert, denn die Politik hat ihr ererbtes Vorrecht, das Schicksal jedes Einzelnen und ganzer Nationen zu lenken, an die Wissenschaft verloren: Die Techniker überleben die Politiker. Das ist der Grund, warum Jonas immer wieder auf die moderne Naturforschung zurückkommt. In ihr sieht er die Vormacht der Moderne. Mit ihren Entdeckungen und Erfindungen verändert sie nicht bloß die Lebenswirklichkeit, sondern auch die Ansichten, die sich der Mensch von sich und seinem Leben bildet.

Für Jonas läuft das Credo der Moderne, die naturwissenschaftliche Erklärung des Menschen, darauf hinaus, ihn seiner menschlichen Eigenschaften zu entkleiden. Hamlets Ausruf „Wie ähnlich einem Gott!" soll von Pawlow, dem bekannten Verhaltensforscher, mit der nüchternen Feststellung beantwortet worden sein: „Wie ähnlich einem Hunde!" Das war die sarkastische Formulierung eines Forschungsprogramms, das die Naturwissenschaften seit Descartes mit viel Erfolg vorangetrieben haben. In seiner Folge kam der radikale Dualismus auf, der den Abstand zwischen Ich und Außenwelt ins Unermeßliche steigerte. Mit ihren Mitteln konnten ihn die Naturwissenschaftler nur dann überwinden, wenn sie den Menschen nach dem Muster der vom Geist befreiten Natur erklärten. Sie brachten ihm bei, sich selbst als Resultat von lauter chemischen und physikalischen Prozessen zu verstehen, als ein Produkt, in dem für das eigentlich Menschliche, für die Gefühle, das Bewußtsein oder die Vernunft, kein Platz mehr war.

Doch gerade diese Erklärung war ihrerseits eine Leistung des Bewußtseins, ein Willensakt von ganz erstaunlicher Konsequenz. Sie gab damit, entgegen ihrer Absicht, von etwas Kunde, was es in ihrem Weltbild gar nicht gab. Dieser Selbstwiderspruch war für Jonas der entscheidende Einwand. Auch er wollte ja die Entzweiung zwischen Innen und Außen, den Gegensatz von Mensch und Natur überwinden; anders als die reduktionistisch argumentierenden Naturwissenschaften suchte er den Ausgleich aber nach der menschlichen Seite. Er ging auf das Ursprüngliche zurück, begann beim Selbstbewußtsein, das noch nicht gelernt hatte, sich lediglich als Zierat oder Täuschung zu betrachten. Als ein Naturwesen konnte der Mensch die Gaben, die ihn von allen übrigen Geschöpfen zu trennen schienen, von keinem anderen erhalten haben als von der Natur. Ausgehend von den Wechselwirkungen zwischen Innen- und Außenwelt, für die ihm das Phänomen des Atmens den überzeugendsten Beweis lieferte, entwarf Jonas seine Philosophie des Organischen. Die Absicht war, den imaginären Graben zwischen hier und dort, zwischen Geist und Natur, wieder zu schließen, ohne dazu gezwungen zu sein, dem Menschen seine spezifisch menschlichen Eigenschaften als Phantasieprodukte auszureden.

Jonas selbst hat beschrieben, wie der Begriff der Freiheit zum Leitfaden seiner Philosophie geworden ist. Diese Emphase brachte ihn in Gegensatz zu den dominierenden Weltbildern der Neuzeit, dem orthodoxen Marxismus ebenso wie den reduktionistisch verfahrenden Naturwissenschaften. Beide sind Spielarten des Determinismus, sie lähmen den Wunsch nach Freiheit und damit ihren besten Teil. Im Widerspruch greift Jonas auf die aristotelische Vorstellung der Entelechie zurück. Das Eigenrecht des Lebendigen, die Form, die einem selbstgesetzten Ziel entgegenwächst, sieht er in jedem Organismus. Der Vorwurf, Teleologie zu betreiben, konnte da nicht ausbleiben. Jonas hat ihn beantwortet, indem er darauf hinwies, wie sich der Anspruch aus der Möglichkeit ergibt, aus Fakten Pflichten werden. Am eindrucksvollsten gelang ihm das in seiner Begründung des genuin menschlichen Verantwortungsgefühls. „Der Mensch ist das einzige Wesen, das Verantwortung haben kann", stellte er fest und fuhr dann fort: „... indem er sie haben kann, hat er sie."

Die Ethik ins Belieben des Einzelnen zu stellen und von ihrem natürlichen Fundament zu trennen, schien ihm verkehrt zu sein. Er wollte zu der seit Descartes verlorenen Einheit zurück und fand sie in der Natur der Dinge selbst. Was ihm vor Augen stand, schrieb er an seinen Lehrer Rudolf Bultmann, war der Versuch, „das Gesetz menschlichen Verhaltens aus der Natur des Ganzen abzuleiten". Daß er mit solcher Absicht gegen den ehrwürdigen Grundsatz verstieß, Werturteile und Tatsachenfeststellung voneinander zu trennen, war ihm bewußt. Wertfreiheit, das methodische Gütesiegel jeder zeitgemäßen Wissenschaft, war für Jonas nicht bloß ein mißverständlicher, sondern ein sinnloser Begriff. Wer sich unvoreingenommen auf die Betrachtung der Naturvorgänge einließ, mußte von selbst ihre Werthaltigkeit entdecken, so daß die objektive Erkenntnis, wenn sie mit ihrem Anspruch ernst machte, das Subjektive in sich schloß.

Die Stärke dieser Argumente liegt in ihrer Evidenz. Das erklärt, warum Jonas bei einem breiten Publikum mehr Resonanz gefunden hat als in den sogenannten Fachkreisen. Auf langen und anspruchsvollen Wegen kam seine Philosophie zu Aussagen, die jeder überprüfen konnte. Jonas gehört zu den nicht allzuvielen Philosophen, die einem solchen Test gewachsen sind. Seine Kritik an der modernen Utopie hat sich in einem Ausmaß bestätigt, das Jonas selbst gelegentlich bekümmerte: Wie alle ehrenwerten Pessimisten war er nicht glücklich, wenn er recht behielt. Die Unterwerfung und Zerstörung der Natur ist in der ganzen Welt Programm, und nur die größere Rücksichtslosigkeit, mit der sie in den Parteidiktaturen betrieben worden ist, hat dazu geführt, daß der Osten schneller an seine Grenzen stieß als der Westen. Die Menschen werden empfindlich gegen die Zumutungen, die ihnen der Fortschritt abverlangt, und weigern sich, mit der Zerstörung ihrer Lebensräume für einen Wohlstand zu bezahlen, mit dem sie nichts mehr anzufangen wissen.

In vielem sichtbar recht gehabt zu haben genügt zur Erklärung seines Erfolges aber nicht. Man wird die Persönlichkeit von Hans Jonas hinzunehmen müssen, um seine starke Wirkung zu verstehen. Natürlich soll man zwischen Werk und Autor trennen und nicht so tun, als hinge die Überzeugungskraft des einen ausschließlich an der Glaubwürdigkeit des anderen. *De nobis ipsis silemus* heißt die Regel, die nicht nur deshalb gut ist, weil sie Kant zitiert. Doch sie sagt eben nur die halbe Wahrheit. Kant selbst liefert die andere Hälfte, weil man die Umstände, unter denen er lebte, zur Beglaubigung seiner Pflichtenapotheose heranziehen darf. Rousseau steht für das Gegenteil. Der offenbare Widerspruch zwischen seinen erzieherischen Maximen und dem Schicksal, das er seinen Kindern angedeihen ließ, ist stets als anstößig empfunden worden. Wo es um Fragen der praktischen Philosophie geht, kommt man um den Vergleich von Wort und Tat nicht mehr herum. In solchen Fällen ist er kein Beweis für Pharisäertum, sondern geboten durch die Sache selbst. Die Aussage des Ethikers, schreibt Jonas, „wird instrumental in der Herbeiführung dessen, was die Theorie als das Gute oder zu Erwirkende aufgezeigt hat, sie ist der Beginn der Handlung selbst und daher nicht mehr, wie sonst der öffentliche Vortrag des Wissens, Dienst nur an der Theorie, sondern schon an der in ihr dargelegten Sache"; zumindest sollte es so sein. Der Moralist befindet sich deshalb in einer besonderen Lage. Sein Thema stellt Ansprüche, denen er sich ohne Schaden für die Sache nicht entziehen kann.

Jonas ist diesem Anspruch nicht ausgewichen. Sein Leben und sein Werk passen zusammen und sind von einer Folgerichtigkeit, die selbst in ruhigen

Zeiten bemerkenswert gewesen wäre, inmitten der Wirren des Jahrhunderts aber ganz ungewöhnlich erscheint. Er hat es hingenommen, daß seine akademische Karriere früh unterbrochen wurde und erst spät, mit einem Ruf an die New School for Social Research, die Emigrantenuniversität in New York, im Jahr 1955 ihren Abschluß fand. Zwischendurch hatte er sich an praktischen Aufgaben versucht, zunächst als Siedler in Palästina, später als britischer Soldat. Seine Konsequenz brachte ihn in Gegensatz zu manchen Zeitgenossen, zu seinem Lehrer Heidegger, der in Deutschland geblieben war, sowie zu Ernst Bloch, der zwar wie Jonas emigrierte, sich im Widerstand gegen Hitler aber für die andere totalitäre Seite entschied. Von der Fähigkeit der Philosophie, die Welt zu erklären und zu erkennen, wird man nach solchen Beispielen bescheidener denken.

Jonas' bleibende Bedeutung liegt in der Beharrlichkeit, mit der er sich den herrschenden Lehrmeinungen der Moderne entzog. Zum einen wandte er sich gegen die Apologeten der schrankenlosen Freiheit, die aus der Sinnlosigkeit des Weltgeschehens die Selbstermächtigung des Menschen glaubten herleiten zu dürfen. Zu dem berüchtigten Tscheka-Motto „Uns ist alles erlaubt" hat sich auch Sartre bekannt, und niemand weiß, was aus dieser theoretischen Aussage geworden wäre, wenn sie die Chance gehabt hätte, sich in einer Parteidiktatur praktisch zu bewähren. Gegenüber der Scylla einer unbegrenzten Freiheit lockte die Charybdis des strikten Determinismus, eine Versuchung, die durch die Entdeckungen der modernen Naturwissenschaften an Überzeugungskraft gewonnen hatte. Auch gegen diese Position und ihre radikalen Konsequenzen hat Jonas sich verwahrt. Nach seiner Erfahrung bot sich die Möglichkeit zur Freiheit und damit die Chance der Moral nur dort, wo man sich von den Extremen beider Seiten gleich weit entfernt hielt.

Die Anerkennung, die er gefunden hat, ist jener mittleren Position zu verdanken. Von der einen Seite kam ihm die Naturwissenschaft entgegen, indem sie die Verbindlichkeit ihrer Kausalitätsgesetze lockerte. Im Grenzbereich der Quantenmechanik spricht sie nicht mehr von Sicherheit, sondern nur noch von der Wahrscheinlichkeit, mit der bestimmte Zustände auftreten können: ein theoretisches Zugeständnis, das sich als Wiederanerkennung von Freiheit deuten läßt. Umgekehrt hat das Versprechen schrankenloser Beliebigkeit, das Credo der radikalen Aufklärer, viel von seiner Faszination verloren. Die verschiedenen Gesellschaftsexperimente, in denen das Jahrhundert schwelgte, haben an den Tag gebracht, daß der Exzeß die Freiheit schließlich ruiniert. Jonas hat solche Ansichten und Einsichten mit Interesse zur Kenntnis genommen; als eine Bestätigung seiner eigenen Überzeugungen waren sie ihm willkommen. Gewißheit bezog er aber nicht aus solchen Quellen. Sein Glaube hatte andere Wurzeln, verließ sich auf das, was er selbst beobachtet und als unmittelbare Gewißheit erfahren hatte. Als skeptischer

Realist war er der Ansicht, daß die Welt so, wie sie war, erhaltenswert sei. Und daß die Menschen bei dem Versuch, sie zu verbessern, nur verlieren konnten. Am 5. Februar 1993 ist er, der Friedenspreisträger des Deutschen Buchhandels 1987, in New York gestorben.

# HERMANN JOSEF ABS
## (1901–1994)

Von
Bernd Baehring

Bankiers dringen nur schwer als „große Männer" in das öffentliche Bewußtsein. „Banker" – und Abs war beides, Bankier und Banker – haben fast keine Chance, einmal als historische Gestalten zu gelten. Die Geschichtsschreibung vernachlässigt den Mann des Geldes, es sei denn, sein überwältigender Reichtum hätte wie bei den Fuggern, den Rothschilds oder bei John Pierpont Morgan Epochen wesentlich gestaltet oder – Beispiel Bleichröder – dem Bild eines Epochengestalters einen Akzent gegeben. Auch Mendelssohns Berühmtheit liegt nicht im Geldberuf. Kreativ, so könnte man auf der Suche nach einer Erklärung sagen, ist das Geld, nicht der Bankier. Geld läßt sich so vielfältig wie kein anderes Medium mit Ideen zu Leistungen verbinden, doch es ist so wenig anschaulich, wie die Mittelsmänner solcher Prozesse, die Bankiers und Banker, es für ihre Person fast immer zu sein wünschten. Banker und Bankiers sind das Subtile im Ausdruck der Geschichte, im Schatten etwa von Erfinder-Unternehmern, zu denen das Verhältnis gespannt war, was die Folge tiefgehender Unterschiede der Charakterbildung, der Produkteinschätzung und der Bilanzierung war und bis heute ist. Welches Museum zeigt Zeugnisse des Wirkens von Bankiers? Nicht einmal Photographien können erinnern.

Man hielt sein Geschäft und auch sich selbst „bedeckt". „The City has nothing to explain and nothing to excuse." In diesem Szenario haben wir Hermann J. Abs zu orten, den Mann, der als der größte deutsche Banker der Nachkriegszeit bewundert wird, den David Rockefeller den größten Banker der Welt genannt hat – und der populärer war als seine Bank, die Deutsche Bank, die nach einem kompetenten Londoner Urteil den Anspruch erheben kann, Europas wichtigste und einflußreichste Kreditbank zu sein.

Abs beabsichtigte gesehen zu werden, und wie man ihn sah, so kennt ihn das Volk. Das gilt in dieser Einfachheit der Aussage für jede Person der Zeitgeschichte, aber die Amplitude des Irrtums ist bei ihm größer als bei anderen. Sein Leben war Macht und Diskretion. Schauspielende Selbstdarstellung aber hat in dieses Leben ebenso gehört wie Prinzipienfestigkeit, Vorsicht, Irrtum und Schonungslosigkeit. Abs war wirkungsmächtig wie kaum ein anderer zu seiner Zeit – die Politik ausgenommen. Als Stilist hat er wohl alle übertroffen; sein Habitus war die Facette. Seien wir also vorsichtig bei unserem Versuch, ihn zu schildern. Zumal bei einem Mann, dem nachgesagt wird, er habe keinen wirklichen Freund gehabt, darf man kaum hoffen, das Endgültige zu finden. Gedanken und Erinnerungen sind aus seiner Feder nicht vorhanden, aus Gründen der Diskretion, wie er frühzeitig wissen ließ. Für die deutsche Geschichtsschreibung ist das ein Defizit in vieler Hinsicht.

Vier deutsche Zeitalter haben Hermann J. Abs geprägt. Geboren in Bonn, entstammte er dem rheinischen Bildungsbürgertum – preußenskeptisch, kunstverständig, vor allem der Musik zugewandt und streng katholisch. Sein Vater, ein in der Wirtschaftsklientel angesehener Rechtsanwalt, öffnete den Seinen auch den Blick auf die englische Lebensart: Die Grundzüge der Entwicklung des Sohnes Hermann waren in seinem Elternhaus angelegt – mit einer freilich sehr wesentlichen Ausnahme: Abs entschied sich, nach dem Abitur ins Bankgeschäft zu gehen. Das war, wie berichtet wird, Protest, allerdings einer, der ihn schnell in interessante Perspektiven führte. Die Banklaufbahn wurde zur Startbahn in Höhen, in denen Abs geherrscht und gestaltet hat wie kein anderer. Auf diesem Weg hat er die kulturelle Mitgift seines Elternhauses bewahrt und gemehrt. Sie hat sein langes Leben mitgetragen, und er hat davon abgegeben an viele Einrichtungen, in denen das deutsche Bürgertum fortlebt.

Abs hat sich immer als Bankier bezeichnet. Das Wort „Banker" war ihm suspekt. Abs war Bankier, als er die Teilhaberschaft in einem Privatbankhaus mit einer Vorstandsposition in der Deutschen Bank vertauschte – sicher ohne daß sich sein Daseinsgefühl dadurch verändert hätte. Aber der Begriff „Bankier" ist eindeutig definiert und auf den Vorstand einer Aktienbank insoweit nicht anwendbar. Wir wüßten für Abs keine bessere Bezeichnung als Bankherr, und wir dürfen sicher sein, daß er sich selbst auch so sah – obwohl ihm der Kölner Bankier, der sein Lehrherr gewesen war, ins Zeugnis geschrieben hatte, insbesondere seine natürliche Bescheidenheit sei zu loben. Er sah aus wie ein City-Bankier aus dem Bilderbuch. Für seine Bank Geld verdient hat er als Banker; vielleicht kann man, auch seiner Neigung zum englischen Habitus entsprechend, sagen als Merchantbanker. Daß Abs Geld verdient hat, war mehr die Folge als der Zweck seiner Existenz. Er war Bourgeois, der sich im Bankgewerbe aufhielt. Welche Folge eines Protests!

Unter den Bankiers und Bankern ist Hermann J. Abs der einzige gewesen, der in den Begriffen des Geldgewerbes ebenso anschaulich und wesentlich beschrieben werden kann wie als Kustos und Mäzen von Kunst und Kultur in Deutschland und wie als Homo politicus. Das war eine Dreiheit ohnegleichen, und zwar weit über das Bankgewerbe hinaus. Aus ihr kommt die Wirkung dieses Bankchefs. Sie gibt seinem Leben einen Platz in der Geschichte. Abs war eine Begabung im Grenzrevier von Geld und Politik. Er war nach dem Krieg ein Mann, wie die Zeit ihn brauchte und wie sie ihn nach ihrem Bild hervorgebracht hat. Abs und seine Zeit – das ist aber immer auch eine Lektion der Distanz gewesen.

Um die Mitte der dreißiger Jahre war Abs Partner des altangesehenen Privatbankhauses Delbrück, Schickler. An der Berliner Börse und in seiner Rolle bei der Reprivatisierung der infolge der Bankenkrise in Reichsbesitz gelangten Commerzbank war er bereits ein bekannter Mann. Er saß für seine Firma in der Kommission, die die Stillhalteverhandlungen mit den Auslandsgläubigern insbesondere in Amerika und England führte. Als Eduard Mosler vom Vorstand der Deutschen Bank ihm vorhersagte, er werde einmal die Aufgabe haben, die deutschen Auslandsschulden zu regeln, folgte Abs der Einladung, in den Vorstand der Deutschen Bank einzutreten. Er wurde 1937 das jüngste Vorstandsmitglied, das die Deutsche Bank jemals gehabt hatte; er übernahm in der Großbank das Auslandsgeschäft, das sie traditionell als ihre vornehmste Aufgabe ansah, und ihren Platz bei den Stillhalteverhandlungen. Das war eine neue Dimension. Abs hat später oft in hübscher Ausschmückung erzählt, wie sehr es ihn gereizt habe, vom Spiel an einer kleinen zu einer großen Orgel zu wechseln.

Die Faszination der Politik ist wichtig gewesen in seinem Leben, aber ihre Versuchung blieb schwach. Vermutlich waren ihre Entscheidungsgründe, die Wege und die Art ihrer Machtausübung und ihr Drang, alles öffentlichem Urteil zu unterwerfen, seiner auf Genauigkeit, Vorsicht, Verschwiegenheit und Rationalität gerichteten Natur gründlich fremd und zuwider. Andererseits wird die der Politik inkorporierte Macht ihn, der Macht zu genießen wußte wie kaum ein anderer seines Metiers, angezogen haben. Ob es allerdings dieser Anziehungskraft bedurft hat, damit er in die Atmosphäre des Politischen eintrat, ist die Frage. Er war immer bereit, sich Betätigungsfelder zu schaffen, die es ihm erlaubten, seine Begabungen ins Licht zu setzen, und so war er auch dem offen, was wir einmal den Zugriff des Amtes nennen wollen.

Dieser Zugriff ist im Dritten Reich über die Distanz, die Abs um sich verbreitete, nicht hinausgekommen, und es gibt ein Indiz für diese Distanz: Als er im Auftrag der Deutschen Bank Stillhalteverhandlungen in der Schweiz führte, wurde er nach seiner Beziehung zum Nationalsozialismus gefragt. Seine Antwort war, er sei immer zuerst Christ und dann erst Deutscher. Als Auslandsvorstand seiner Bank hat er während des Krieges in besetzten Ländern an der finanziellen Eingliederung verschiedener Banken und Unternehmungen mitgewirkt, aber er hat mit Klugheit, Korrektheit und Ehrgefühl verhandelt: Einer seiner stärksten Charakterzüge ist Entschiedenheit gewesen, eine seiner größten Gaben war diplomatisches Geschick. Beides setzte er auch ein, um jüdischen Freunden zu helfen. Am Ende des Krieges wurde Abs für kurze Zeit inhaftiert und bis 1947 öfters vernommen; da war er bereits Berater der Engländer in Hamburg in ihrem Dissens mit den Amerikanern über den Aufbau des künftigen deutschen Notenbankwesens. Außerdem kümmerte er sich um die Reste der deutschen Großbanken. Seine Zukunft hatte begonnen.

Abs ist mit Konrad Adenauer, Ludwig Erhard, dem Notenbankpräsidenten Wilhelm Vocke und dem Gewerkschaftsführer Hans Böckler einer der fünf Deutschen gewesen, in denen sich die Leistung personifizieren läßt, die aus einem im Krieg geschlagenen, dann geteilten, immer noch verfemten, außerdem zerstörten und ausgeräumten Land ohne Staatsverständnis und Souveränität binnen weniger Jahre einen vielbewunderten Teilhaber der freien Welt gemacht hat. Er, der Mann, der so vieles kannte, wußte und konnte, stand dem Bundeskanzler als Berater nahe, ähnlich wie der Kölner Bankier Robert Pferdmenges, den es in die Politik, in den Bundestag, gezogen hatte, aber über Wirkungen dieser Nähe auf die große Politik ist kaum etwas ins öffentliche Bewußtsein gedrungen. Das war bei Fritz Berg, dem robusten sauerländischen Fabrikanten und Präsidenten des Bundesverbandes der Deutschen Industrie ganz anders. Er wußte, daß er auf Adenauer zählen konnte. Auch Abs hatte das Interesse der Industrie fest im Blick – so fest wie Erhard, zum Ärger der Industrie, das Ziel freier, nicht durch Absprachen eingeengter Märkte.

Adenauer/Abs/Pferdmenges/Berg – das war eine Art rheinische Kabinetts-Republik, in der sich der Franke Ludwig Erhard mit seinen – wie selbst sogenannte Freunde verbreiteten – gefährlich unordentlichen Vorstellungen von Ordnungspolitik schwertat und in die der strenge Wilhelm Vocke aus fränkischem Pfarrhaus als unabhängiger Währungshüter überhaupt nicht hineinpaßte, was Vockes historischen Beitrag ausgemacht hat.

Das ständige Mißvergnügen zwischen Adenauer und Erhard im Dauerkonflikt ihrer sehr gegensätzlichen Naturen war ein verläßlich fruchtbares Ambiente für Auseinandersetzungen in ihrer engeren und weiteren Umgebung. Auch Adenauer und Vocke kamen nicht miteinander aus, und ob Abs der Mann war, zwischen ihnen zu vermitteln, sei dahingestellt, zumal auch Abs mit Vocke zusammenstieß. Vocke hatte als Präsident der Bank deutscher Länder, deren Nachfolgerin die Bundesbank wurde, das Amt zu größter Bedeutung geführt, das Abs wegen anscheinenden Mangels an Bedeutung ausgeschlagen hatte. Im übrigen war der Notenbankpräsident ein schroffer Mann, auch in seinem ablehnenden Urteil über das Londoner Schuldenabkommen, das Abs ausgehandelt hatte und auf das er zeitlebens stolz gewesen ist. In der DM-Aufwertungsfrage waren die intellektuelle Intransigenz des Bankiers und Vockes Vorkriegstrauma der ständigen Devisennot Deutschlands höchst einvernehmlich auf der Seite des Bundeskanzlers. Man lag im heftigen Dissens mit Erhard, der die gleiche Reiberei dann auch mit Vockes Nachfolger Blessing hatte. Schließlich obsiegte Erhard auch gegen Abs, der sich als Aufwertungsgegner im Kampfeseifer von niemandem übertreffen ließ.

Abs ist nie in ein engeres Verhältnis zu Erhard gekommen. Der Bundeswirtschaftsminister war seinem Temperament zu visionär, zu mutig und zu libertär. Alles, was ihn von Erhard trennte, faßte Abs in dem Urteil zusammen, Erhard sei „zu gut für diese Welt". Das war umfassender gemeint als gesagt und damit ein verhältnismäßig einfaches Kabinettstück Absscher Diktion.

Wer in Abs einen Exponenten der Restauration nach dem Krieg sieht, hat sicher recht, allerdings nicht vollständig. Diese Restauration hat ein beneidetes Gemeinwesen hervorgebracht, das im Zeichen einer etwas ungenauen Sozialen Marktwirtschaft auf Elemente des Neubaus blickte, für die Abs ein feines Gespür gehabt hat. Es war die Zeit, in der sich die Politik des sozialen Konsenses herauszubilden begann, die ein bis heute im Ausland viel erörtertes, bei nicht mehr unterbewerteter, also nicht mehr exportfördernder DM inzwischen sehr teures deutsches Phänomen ist. Abs gehörte auf charakteristische Weise in dieses Szenario. Keiner hat in Übereinstimmung mit der Industrie so leidenschaftlich wie er gegen die Aufwertung der DM und damit für die Subventionierung des deutschen Exports durch währungspolitische Untätigkeit gekämpft, und keiner auf der Seite der Unternehmer hat, gegen kritische Kommentare aus der Wirtschaft, wie er den Weg in die Mitbestimmung der Arbeitnehmer zustimmend begleitet. Abs liebte die Aura, auch die des Fortschritts, und sein Verständnis von Marktwirtschaft ist sehr zweckbestimmt gewesen.

Sein Kampf gegen das Verlangen nach einer DM-Aufwertung, der wohl sein stärkstes dirigistisches Engagement gewesen ist, stellte das immer schwieriger werdende Problem fundamental ungleichgewichtiger Zahlungsbilanzen hinter eine Fülle von Quisquilien zurück. Die ständige Unterbewertung der DM wirkte in Richtung Überbeschäftigung und Gastarbeiterimport als Grundlage des Wirtschaftswunders, das ein Schwungrad für die Nachfrage nach Bankkredit und zugleich Garant der Kreditwürdigkeit der Wirtschaft war. Soziale Spannungen sollten ferngehalten werden. Das war um so wichtiger, als bei den Banken das Interesse an Kreditgewährung das Interesse an Eigenkapitalzuführung durch die Emission von Aktien überwog; gleichwohl wurde eine angebliche Unterkapitalisierung der Industrie, die voller stiller Reserven steckte, lebhaft beklagt. Es gab eine Engstelle in dieser Idylle: die Grundstoffindustrien Kohle und Stahl. Abs setzte gegen den entschiedenen Widerstand Erhards mit dem ganzen Nachdruck seiner kanzlernahen Autorität ein von ihm konzipiertes Investitionshilfegesetz zur Förderung der Grundstoffindustrien durch.

Er war in seinen Präferenzen höchst individuell. Über das Kapitalmarktförderungsgesetz, das mit Hilfe von Steuervorschriften den Anleihemarkt zugunsten insbesondere des sozialen Wohnungsbaus spaltete, schüttete Abs Kübel der Verachtung aus. Die Parallelitäten sind bemerkenswert. Beide Gesetze sind Kinder der frühen fünfziger Jahre, beide waren dirigistische Eingriffe in die Wirtschaft und beide begünstigten Bereiche, in denen es keine freie Preisbildung gab. Der einzige Unterschied: Das Investitionshilfegesetz begünstigte die Industrie, ohne den Kapitalmarkt zu spalten, das Kapitalmarktförderungsgesetz, von ungleich größerer Bedeutung für die Rekonvaleszenz des Landes, hatte diesen Schönheitsfehler. So strikt wie Abs dafür war, Kohle und Stahl mit der Macht des Gesetzes zu stärken, so nachdrücklich rief er dazu auf, ausländische Banken nicht ins Land zu lassen. Ordnung war ihm so heilig wie Freiheit an den Märkten.

Meistens kämpfte er, wenn er kämpfte, wie ein Diplomat, und es gab gleich nach dem letzten Krieg eine Menge zu entwirren. Da gelang ihm, der inzwischen auf dem Weg zu allgemeiner Bewunderung war, Bravouröses, wobei ihm sein phänomenales Gedächtnis ebenso zu Hilfe kam wie die im Vorstand der alten Deutschen Bank erworbene große Kenntnis von Personen und Strukturen des internationalen Finanzgeschäfts und der Diplomatie. Abs hat ungefähr gleichzeitig die Kreditanstalt für Wiederaufbau für die Investition von Marshall-Plan-Geldern konzipiert, geschaffen und geleitet, das Entstehen des Noteninstituts Bank deutscher Länder bis zu seiner – von ihm nicht angenommenen – Wahl zum Präsidenten begleitet und als Hauptsprecher des deutschen Bankgewerbes im Geschiebe des sich etablierenden bundesrepublikanischen Föderalismus mit britischem Wohlwollen gegen amerikanische Präponderanz den Weg in die Wiedervereinigung der deutschen Großbanken listig und trickreich frei gemacht.

War dieses Wirken im Umkreis der Politik gewissermaßen aus ihm selbst herausgewachsen und auch mit dem Blick auf das unmittelbare Interesse seiner Bank, das freilich mit dem größeren deutschen Interesse weitgehend zusammenfiel, erfolgt, so war seine Aufgabe bei den Londoner Schuldenverhandlungen von 1952/53 von anderer politischer Dimension. Abs verhandelte im Auftrag seiner Regierung mit dem Ziel der Rückgewinnung deutscher Kreditwürdigkeit. Er stand Delegationen aus vierzig Ländern, insbesondere Vertretern der USA, Großbritanniens und Frankreichs, gegenüber, die Gläubigerpositionen in fünfundsechzig Staaten geltend machten. Das Verhandlungsergebnis, das in Deutschland überwiegend als unerfüllbar kritisiert wurde und das dann mit unerwarteter Leichtigkeit erfüllt worden ist, ermöglichte die Rückkehr deutscher Adressen an den internationalen Kapitalmarkt. Das war sehr zum Gewinn auch für die Deutsche Bank.

Abs hat gern und oft auf diesen Erfolg hingewiesen, ihn einmal sogar für so wichtig wie die Währungsreform von 1948 gehalten, das später aber als „inzwischen zweischneidig“ nicht aufrecht erhalten. Ein Buch über das Schuldenabkommen mit dem Titel „Entscheidungen“ ist der einzige Beitrag von Abs zur Memoirenliteratur. Es ist unter der Assistenz eines früheren Mitarbeiters des Historischen Archivs der Deutschen Bank entstanden, der später erwähnte, die Historiker seien sich über den geschichtlichen Stellenwert des Abkommens nicht einig. – Abs' individuelle Leistung war einzigartig, der politische Auftrag glänzend erfüllt.

Abs war bei den westlichen Besatzungsmächten ein so gesuchter Gesprächspartner und als Ratgeber Adenauers ein so bekannter Mann, daß immer wieder Gerüchte die Runde machten, er solle Außen- oder Finanzminister werden. Tatsächlich hat Adenauer ihn gelegentlich nach seiner Bereitschaft für das Auswärtige Amt gefragt; dabei aber ist es geblieben. Abs wäre sicher ein guter Außenminister geworden, jedenfalls was sein Geschick zur Sache betraf – aber auch ein passender Politiker? Politiker leben anders als Unternehmer und zumal Banker. Sie wissen, daß die Zeit ihre Fehler belanglos werden läßt, weil sie aus dem Gedächtnis der Klientel verschwinden.

In der Wirtschaft gibt es keine solchen Pufferzonen, sondern einmal jährlich die Bilanz; sie „mahnt an das Jüngste Gericht" (Magener). Wer Fehler macht, wird schneller ersetzt und kommt radikaler außer Sicht als in der Politik, in der langatmig reagiert wird und Konkurrenz sich nicht in Zahlen, sondern in Forderungen und Versprechungen ausdrückt. Und Abs war ein Mann der Zahlen. Im Wassertropfen einer sehr kleinen Industriebilanz erschien ihm der ganze Kosmos seiner Pflichten. Äußerste Akribie ist ihm immer wieder genußvoller Nachweis unübertroffener Kenntnis gewesen. Wovon der Vorstand der Deutschen Bank ein Lied singen konnte.

Viele Vorstände in der Wirtschaft und im Kulturbetrieb konnten ein Lied davon singen. Sein Mäzenatentum war umfassend und ging über Geldzuwendungen, die aus seiner Schatulle flossen, hinaus. Es galt der Musik, der bildenden Kunst und der Literatur in der Pflege des Erbes, das ihn im Elternhaus geprägt hat. Zwei prachtvolle Bände, eine Festgabe zu seinem sechzigsten Geburtstag und das andere Buch mit dem Titel „Spiegelungen", bewahren die Erinnerung an die fast nicht darzustellende Weite des „kennerischen und mäzenatischen Wirkens" von Abs, an seine Fähigkeit der Vermittlung und der Mobilisierung von Aushilfen in schwierigen Lagen, etwa wenn es galt, deutsche Privatsammlungen oder das „Evangeliar Heinrichs des Löwen" dem deutschen Kulturraum zu erhalten. „Der Ehrenname des Mäzens hat durch diesen Teil der Lebensleistung von Hermann J. Abs eine Ausformung erhalten, deren Maßstäbe... alle Aussicht haben, zur Legende zu werden" (Werner Knopp). Die Wurzeln dieses Lebens wurden sichtbar, je älter er wurde, um so mehr, in der Verpflichtung, kulturelle Werte in dem Rahmen zu erhalten, in den sie als deutsche geistige Überlieferung gehören. Wer seine Festrede anläßlich der Eröffnung der Salzburger Festspiele 1982 nachliest, hat das Gefühl, ein Vermächtnis in Händen zu halten.

Bankiers und bildende Kunst, das ist ein Feld mit vielen Inhalten. Abs, dessen Kronberger Haus eine aus Familienbesitz überkommene Sammlung deutschen Porzellans des 18. Jahrhunderts barg und der Förderer vieler Museen gewesen ist, herrschte in der obersten Ebene, gelegentlich ohne Scheu vor berechtigter Kritik. Die Musik – über allem das Werk Johann Sebastian Bachs –stiftete noch mehr Identität; hier ragt er aus seinem Umfeld noch weiter heraus. Die Neigung zur Mathematik, die Abs einmal den Wunsch eingegeben hatte, neben Musik, der ausdrucksreichsten der Künste, die exakteste der Wissenschaften zu studieren, ließ ihn Bach bis in die Tiefe des Konstruktionsprinzips der Tonfolgen seiner Werke genießen. Er förderte in vielen Kronberger Hauskonzerten, als Vorsitzender von Konzertvereinigungen und auch durch den Einbau eines Konzertsaals in das Frankfurter Gebäude der Deutschen Bank das Erbe und die Interpreten klassischer Kompositionskunst.

Besonders lagen ihm Erhalt und Ausbau des Beethoven-Hauses in seiner Vaterstadt Bonn am Herzen. Er war Vorsitzender des Trägervereins, und an der Spitze der Administration des Städelschen Kunstinstituts betreute er in Frankfurt am Main eine andere alte große Liebe. Da gab es vom Chef nicht nur Geld, Rat und Sorge, sondern auch Eigensinn. Im Freien Deutschen Hochstift in Frankfurt, wie das Städel eine Bürgerstiftung aus dem 19. Jahrhundert, betreute er einen Abschnitt der deutschen Literaturwissenschaft, insbesondere die Goethe-Forschung.

Man hat Abs einen „Uomo universale" der Renaissance, einen Bankmonarchen und den Richelieu des deutschen Bankwesens genannt, den Frankfurter Ehrenbürger auch schlicht einen omnipotenten Geldmann geheißen, und man nahm am weiten öffentlichen Vergnügen teil, wenn er sein Talent zur Selbstdarstellung, das ihn zum Gesuchtesten aller Talkshows hätte werden lassen können, in Rede und Pose vorführte. „Was Popow für den russischen Staatszirkus ist, bin ich für die Deutsche Bank", sagte er öfters zum Vergleich seines Einkommens mit dem von Clowns und Popsängern. In Deutschland war Abs bekannt, in Frankfurt war er populär. Aber seine Arabesken sind nicht immer das reine Vergnügen für andere gewesen.

Für viele war sein Charme der Charme einer Damaszenerklinge. In einem Interview antwortete er einmal auf den Hinweis, ihm gehe der Ruf voraus, er würde lieber einen Freund verlieren als auf eine Pointe verzichten, mehrdeutig, er könne sich nicht erinnern, einen wirklichen Freund verloren zu haben. Fast immer hatte Abs die Lacher auf seiner Seite, aber oft erzielte er mit der Pointierung seines Urteils mehr Wirkung als mit der Fundierung.

Seine Rede war häufig ein Strauß sorgfältig auf den Effekt heiterer Wirkung hin arrangierter Vignetten; damit hat er auch das anspruchsvollste Publikum entzückt. Der Rhetoriker Abs war ein Meister der Anekdote, ein Künstler des Epigramms – und eigentlich kein großer Redner. Seine Liebe zum Detail geriet ihm unterhaltsam; er war witzig, spritzig und eindringlich, seine Extrovertiertheit aber war Hülle, nicht Fenster.

Er liebte die Attitüde nach dem Motto, daß ein Mensch, der eitel ist, nie ganz roh sein kann. Doch es gibt natürlich noch anderes. Ein Meister der Selbstdarstellung, dem es gegeben ist, ganz selbstverständlich auch ein Meister der Selbstverwirklichung zu sein, lebt in hohem Maße zu Lasten anderer. Längst nicht alle fühlten sich durch die Nähe des Meisters entschädigt, und für manchen mag es ein Trost gewesen sein, daß die Identität von Abs und der größten und stärksten deutschen Bank für den eigenen unternehmerischen Erfolg außerordentlich gute Bedingungen bot.

Wilhelm von Humboldt notierte in seinen Tagebüchern, es sei den Franzosen sehr eigen, in ungeheuer kleine Nuancen von Wörtern, Akzenten, Gebärden viel zu legen: Das war auch Abs, sein Esprit, die Varianten scheinbaren Fragens, seine Schlagfertigkeit, seine Spottlust und die kalte Bestimmtheit seiner Sprache. Ausstrahlung war das, auf das er sich immer hat verlassen können. Abs mag ein Gefühl der Unangreifbarkeit gehabt haben, das seiner Lust am Angriff die Zügel lockerte. Aber als sein Leben schwächer wurde, ohne seinen Absolutismus zu schmälern, wurden Angriffsflächen sichtbar: Augenblicke eines Mannes, der mehr als andere den Augenblick zu genießen gewußt hat und der geglaubt haben mag, seine Aura sei undurchdringlich. Das aber ist die Aura komplizierter Menschen selten.

Im Umgang liebte Abs die Attacke, aber er scheute sie im Geschäft. Wenn es um die Bank ging, also letztlich und im Grunde um ihn selbst, war er auch ein Mann des Kompromisses. Abs zögerte oft, bevor er sich entschied, etwas sehr lange, wie man fand, nachdem er überaus geduldig zugehört hatte. In der Formulierung dessen, was er für richtig hielt, war er dann sehr vorsichtig. Wenn bei ihm etwas „saß“, vertrat er es mit manchmal schneidender Entschiedenheit. Andererseits: Wer Mißbilligung erwartete, mit Sicherheit erwarten mußte, konnte auf einen aufgeräumten, verbindlichen Abs treffen. Man wußte, woran man mit ihm war, aber man wußte es nicht immer vorher. Man mußte auf Meinungswechsel gefaßt sein. Sein Geheimnis war einfach: Er hat dominiert. Wer nicht Widerspruch wagte, hatte von vornherein verloren.

Abs war Bankherr, er war in Grenzen auch Stratege – aber war er ein Mann mit Phantasie? In einer Zeit, die wir das „Wirtschaftswunder“ nennen, in der selbst dem Unvorsichtigen fast alles gelang, die den Kreditinstituten geregelte Märkte gab, in dieser Zeit hat man sich die Frage nicht gestellt. Inzwischen lebt das Bankgewerbe in fast beängstigendem Maße von sich selbst beschäftigender unternehmerischer Kreativität, und die Deutsche Bank wächst jährlich um ein Volumen, das größer ist als der Geschäftsumfang der Bank am Ende der Ära Abs. Jetzt brachte die Frage, ob Abs ein Mann mit Phantasie gewesen sei, einen seiner Nachfolger in längeres Nachdenken und schließlich unter Erinnerung an dessen großes taktisches Geschick zu einer abwägenden

Antwort, die einem Zweifel näher war als einem Ja. Das lag nahe. „Ordnung ist die Lust der Vernunft, aber Unordnung die Wonne der Phantasie" (Paul Claudel), und Abs ist ein Mann der vollkommenen Ordnung als der effektivsten Form von Vernunft gewesen.

1952 meldete er sich als Vorstand der Süddeutschen Bank in der Deutsche Bank-Nachfolgegruppe zurück und begann im Hinblick auf den kommenden Wettbewerb Industriebeteiligungen zu erwerben. Mit der Wiederherstellung der Deutschen Bank 1957 wurde er ihr Vorstandssprecher. Er blieb es bis 1967, zehn Jahre, die die besten Jahre der Republik gewesen sind. In dieser Zeit haben das Genie, der Fleiß und die Disziplin von Abs der Deutschen Bank Gestalt, ja ein Weltbild gegeben. Eine solche Leistung setzte nicht unbedingt die Kraft eines in die Zukunft gerichteten großen Konzepts voraus; das hatte, viel später, Alfred Herrhausen dann. Abs war kein Mann neuer Dimensionen, selbst dem Rückgewinnen setzte er Grenzen.

Für Abs galt als „ewig gültige Regel", Kredit werde nur gegeben, wenn zwei Fragen beantwortet werden könnten: Welches ist der Verwendungszweck? Was ist die Quelle der Rückzahlung? Konsequenterweise hat die Deutsche Bank den Eurogeld- und Kapitalmarkt, die größte Schöpfung der neueren Finanzgeschichte, gemieden, solange Abs Vorstand der Bank war. Inzwischen ist die „ewig gültige Regel" weltweit in einer Flut von Securitisation, Derivaten, Options, Futures und Deregulierung versunken. Geld und Kapital, Begriffe, die auseinanderzuhalten nicht nur eine Forderung an die Lehre war, sind zu „Money and Finance" zusammengeflossen. Abs, der seiner Bank internationale Gültigkeit glanzvoll zurückgewann, hat ihr, solange er es konnte, auch die Eröffnung von Stützpunkten im Ausland untersagt, weil in und nach zwei Kriegen ihre Auslandsniederlassungen konfisziert worden waren. Als Industrie-Banker jedoch wurde er nicht müde, Unternehmungen zu Direktinvestitionen im Ausland aufzufordern. Vorreiter wurde seine Bank zu seiner Zeit merkwürdigerweise auf dem Gebiet des standardisierten Kleinkredits für jedermann. Das war eine Kulturrevolution, und Abs hat Revolutionen verabscheut. Allerdings war Kleinkredit für ihn gar kein Bankgeschäft – aber ohne Kleinkredite hätte die Bank viel Geld gar nicht verdient.

Wir sind bei einem Thema von größtem Interesse: der Vorstandsverfassung der Deutschen Bank. Hermann J. Abs war weder auf dem Gehaltsstreifen noch in der Ausstattung seines Stimmrechts von den anderen Vorstandsmitgliedern unterschieden, und Beschlüsse wurden nur gefaßt, wenn keiner widersprach. Die Beschlußfassungen gingen dabei über die üblichen Kompetenzen von Vorständen weit hinaus: Der Vorstand der Deutschen Bank arbeitet wie eine Partnerschaft. Seine Beschlüsse betreffen nicht nur die Unternehmensführung, sondern auch die Berufung neuer Vorstandsmitglieder; der Vorstand wählt, aus seiner Mitte, auch seinen Sprecher selbst und trifft damit schon frühzeitig die Vorentscheidung für den künftigen Aufsichtsratsvorsitz: Kollegialität und Konsens instrumentieren Disziplin und Kontinuität. Nur so war zu verstehen, was Abs bei seinem Ausscheiden aus dem Vorstand sagte und was jedermann nur für ein Bonmot gehalten hatte: „Mein Ausscheiden hinterläßt im Vorstand keine Lücke." Das war auch ein Bonmot, aber man mußte den Hintergrund kennen. Der Hintergrund war eine Bruderschaft und ein System von „Checks and Balances", das auch den Sprecher einband: Wenn einer definitiv widerspricht, geht nichts. Das ist eine elitäre Ordnung, die sicher immer wieder herausgefordert wird. Abs hat weithin sichtbar für sie gestanden. Er machte die Politik, die der Vorstand machte.

Als Abs 1967 Aufsichtsratsvorsitzender wurde, hat er gewußt, was seine Pflicht zur Erhaltung dieser Ordnung war. Er hat die radikale Wandlung der Bank in offene Märkte, in Währungskrisen und zusammenbrechende Ordnungsgefüge hinein mit treffsicheren, bohrenden und schonungslosen Fragen an den Vorstand begleitet, wie sich ein früheres Vorstandsmitglied erinnert. Weiterregiert hat er nicht, auch nicht den Versuch gemacht. Er wandte seine große Energie nun ganz den Schönen Künsten zu.

Die Deutsche Bank war schon vor Abs, und sie wurde mit Abs wieder der Prototyp der Universalbank, die ein Geniestreich der deutschen Finanz- und Industriegeschichte gewesen ist. Im Wechselspiel von Buchkredit und Wertpapieremission bestimmte die Universalbank, was Geld und was Kapital zu sein hatte. Auf diesem Feld hat Abs präzise bis ins kleinste Detail und mit einem Überblick, der alles umfaßte, das Bankgeschäft als Kunst gehandhabt. Er war der Typus des Finanzmannes, dessen Geschäft es ist, große Beträge zu beschaffen und so zu steuern, daß der Wunsch der Investoren nach Rendite und Kapitalgewinn in eine meßbare Beziehung zum Problem der Sicherheit der Anlage gebracht wird, ohne daß das Gebot ausreichender Liquidität außer Sicht gerät. Genie war dafür nicht genug. Abs ist auch ein Mann von immensem Fleiß ohne Lust noch Zeit zum Ausspannen gewesen; er war auf jede Sitzung mit größter Sorgfalt vorbereitet, und er hat wohl keine Sitzung jemals versäumt: Arbeit als Passion!

Der Erzvater der Deutschen Bank, Georg von Siemens, hatte die Banken im Jahr 1900 im Reichstag als „eine Art Führer des Unternehmungsgeistes der Nation" bezeichnet. Das war ein kontroverses Thema schon damals. In Abs ist dieser Gedanke sublimiert gewesen. Er war von seiner Anlage her nicht eigentlich Führer, aber er war für viele Führer des wirtschaftlichen Unternehmungsgeistes eine Autoritätsperson, und zwar oft eine gefürchtete.

Nie hat ein Deutscher mehr Aufsichtsratsvorsitze in der Wirtschaft gehabt als er, und die Zahl seiner Mandate war so groß, daß eine „Lex Abs" sie schließlich beschnitt. Männer, die zu den mächtigsten der Industrie gehörten, haben die Macht des Bankiers empfunden, indem sie zu ihm hochblickten, eines Zeichens gewärtig, das ihnen die Notwendigkeit der Selbstprüfung signalisierte.

Inzwischen haben sich Gewichte verschoben. Geld ist flüssiger geworden, und es sammelt sich nicht mehr in dem Maße wie einst bei den Banken. Der Anspruch, immer oben zu sein, wo eine Sitzordnung gilt, bestimmt ihr Weltbild nicht mehr. Mit den Verhältnissen ist auch die öffentliche Auseinandersetzung differenzierter geworden. Abs meinte 1986, die Diskussion um die Macht der Banken sei entstanden, weil Banken die Kunst des Understatements nicht mehr beherrschten.

Beziehungen zu Industrie und Industriepolitik wurden von Abs aus der Stellung der Bank und aus der Kraft der Person heraus unterhalten. Das war sozusagen das Unvermeidliche. Die Rückkehr ins internationale Geschäft, die Rückgewinnung dieser Dimension über die Außenhandelsfinanzierung hinaus, dagegen verlangte Akzeptanz. Abs hatte sie, und die DM hatte sie auch. Er ist nach Neigung und Befähigung der internationale Banker der Deutschen Bank gewesen, bis 1945 durch Geschäftsverteilung und nach 1957 sozusagen per Evolution. Wenige Deutsche waren in der Welt so geachtet und anerkannt wie dieser Bankier, der zuhören und in vielen Sprachen antworten konnte und den sein unvergleichlicher Ruf auch zum Berater ausländischer Regierungen sowie, nach der Sindona-Affäre, des Vatikans werden ließ.

Abs war mit dem Londoner Merchant Banker Sir Siegmund Warburg und mit dem schwedischen Konzernchef Marcus Wallenberg befreundet. In diesem Dreieck kehrte die Deutsche Bank an die internationalen Finanzmärkte zurück – ein unvergleichliches Zusammenwirken, dessen Facetten das auf dreißig Jahre hinaus verschlossene Abssche Privatarchiv bergen dürfte. Mit einer Reihe von DM-Auslandsemissionen brach Abs den Boden auf, der immer das nobelste Betätigungsfeld des Bankiers gewesen ist. Den Anfang machte 1958 eine Wandelanleihe der Anglo-American Corporation des südafrikanischen Diamantentycoons Harry Oppenheimer; dann kamen die erste DM-Anleihe der Weltbank, Emissionen für Oslo, Osaka und so weiter – alles Meilensteine nicht nur im Geschäft der Deutschen Bank. Abs war nicht Kämpfer, aber Vorkämpfer. Er war auch nicht eigentlich Pionier – doch hier war er es.

Wir haben versucht, einen außergewöhnlichen Mann zu schildern – wohl wissend, daß Erinnerung sich mit den Lebensphasen, aus denen sie hervorgeht, verändert. Hermann J. Abs' Leben war klar ausgerichtet – man möchte sagen an dem Wort von Novalis „Wo keine Götter sind, walten Gespenster". Er hat seine Begabungen ausgespielt, aber die Wurzeln dessen, was er war und tat, gingen tiefer. Er war immer und überall Mittelpunkt. Er hat seine Macht gepflegt und auch darauf geachtet, als gehobener Zeitgenosse ein liebenswertes Bild abzugeben. Er kannte das Maß der Dinge – und wo nicht, da kannte er und kannten alle das Maß seiner Ausstrahlung: Er war Mensch von hohem Schwierigkeitsgrad – wie ein Berg, von dem man das, aber sonst nichts weiß.

Einer seiner Nachfolger hat gesagt: „Banking business is not a day-to-day business but a generation-to-generation business." Ferne Welt! Abs hat sie verkörpert. Er war Ancien régime, der „mächtigste und leiseste, witzigste und weiseste" aller lebenden deutschen Bankiers, wie es ein Zeitgenosse formuliert hat. Im ganzen deutschen Bankgewerbe war Abs über alle Konkurrenz hinweg ein Mann höchsten Respekts, mehr noch: Im Laufe der Zeit wurde er gern vereinnahmt als „einer von uns"; in den letzten Jahren verlor sich das. Er war ein tragfähiger Mann, Relationship-Banking, das Hausbank-System, war der Boden, der *ihn* trug.

Es gibt diesen Boden noch, aber das Biotop hat sich verändert. Die Welt der Banken ist multizentrisch geworden, lehnt Schiedsrichter ab, besteht auf ihren Einfällen, hat die Kraft des Vorurteils verloren. Es gibt kein geschlossenes System mehr. Die neue Quelle der Macht ist nicht mehr das Geld in der Hand von wenigen, sondern die Information in den Händen von vielen.

Abs war ein großer Mann, und da er nichts dem Zufall überließ, ist er auch darauf immer vorbereitet gewesen. Die Moderne hat ihn fast ins Mythologische entrückt; das geht im Finanzgewerbe, wenn es denn geht, noch schneller als anderswo, weil die Zeit schneller fließt. Die Erinnerung an ihn leuchtet in der Welt heller als bei uns. Auch darüber kann nachgedacht werden.

# NACHWORT

Als vor zehn Jahren, konzipiert als Fortsetzung des von Hermann Heimpel, Theodor Heuss und Benno Reifenberg herausgegebenen monumentalen Sammelwerks „Die großen Deutschen", ein ergänzender sechster Band unter dem Titel „Die großen Deutschen unserer Epoche" erschien, da dominierte sehr deutlich die Zahl derjenigen, deren geistige und lebensweltliche Wurzeln in die Zeit vor dem Ersten Weltkrieg zurückreichten. Geboren und aufgewachsen in der Epoche des wilhelminischen Deutschland und in einer Welt, die noch ganz von Europa, seinen politischen und gesellschaftlichen Entwicklungen und Spannungen, seinen geistigen und künstlerischen Bewegungen und Strömungen bestimmt war, vollzog sich ihr Leben unter dem Eindruck tiefer Umbrüche, eines säkularen Zeitenwandels. Das bildete den Unter- und Hintergrund bedeutender Leistungen zumal in den Wissenschaften und in den Künsten, deren Vertreter in der Auswahl der „Großen Deutschen" dieser Zeit, vom Publikum und der Kritik übereinstimmend akzeptiert, eindeutig vorherrschten. Wissenschaft und Kunst waren, so hatte es von daher den Anschein, nicht nur diejenigen Bereiche, in denen sich eine große und allgemein anerkannte individuelle Lebensleistung am klarsten ausmachen ließ, sondern auch diejenigen, in denen gerade angesichts ganz neuer Fragen und Herausforderungen und angesichts grundlegend veränderter Lebensbedingungen der geistig-kulturelle und lebensweltliche Zusammenhang besonders augenfällig wurde, den große Einzelne mit ihrem Werk stifteten – nicht selten in radikaler Abkehr von der Vergangenheit, zu der sie, von ihr geformt und sich mit ihr auseinandersetzend, gleichzeitig die Brücke schlugen.

Diese Brücke reicht, von der eigenen Lebensdauer her gesehen, bei denjenigen, die nun zusätzlich in den Band aufgenommen wurden, in den meisten Fällen nur noch in die Zwischenkriegszeit. Der Schwerpunkt ihres Lebens und Wirkens liegt in der Zeit nach dem Zweiten Weltkrieg; geprägt waren sie, politisch gesprochen und als Epochenbezeichnungen verstanden, vor allem von Weimar und durch das Dritte Reich. Insbesondere die Erfahrung des Dritten Reiches hat fast durchgängig ihr ganzes weiteres Leben bestimmt, die Einsicht, wie nahe am Abgrund sich alle Kultur, alle vielbeschworene Humanität bewegt, wie dicht unter der Oberfläche von Gesittung und Zivilisation Barbarei und Unmenschlichkeit lauern. Was ihre Vätergeneration als Weltkatastrophe empfunden hatte, den Ersten Weltkrieg und seine Folgen, schrumpfte angesichts dessen geradezu zu einem europäischen Normalereignis zusammen.

Was dem rückblickenden Betrachter als eine Generation wiedergewonnener Normalität vorkommen mag, deren erste herausragende Vertreter nun dahingehen, war in Wahrheit eine Generation, der solche Normalität noch als alles andere als normal erschien. Theodor Heuss und seine Mitherausgeber haben, als zwar etwas Ältere, aber sehr direkt Beteiligte und Betroffene, diesem Lebensgefühl unmittelbaren Ausdruck gegeben, wenn sie es als das Ziel ihrer Sammlung bezeichneten, über die Beschreibung von Leben und Werk „großer Deutscher" eines Jahrtausends „deutscher Geschichte" zur Wiederherstellung und Befestigung von geistigen und moralischen Wertmaßstäben beizutragen, die in einem Kulturbruch ohne Beispiel weithin außer Kraft gesetzt worden waren. In solchem Sinne verbindet eigentlich alle der nun zusätzlich in diesen Band Aufgenommenen, sosehr sie sich von ihrer Person wie von ihren Lebensaufgaben und Lebenszielen her unterscheiden, das eine: entschiedene Kritik an bestimmten Entwicklungen und Tendenzen der Vergangenheit, die ins Unheil führten – wobei die Akzente im einzelnen durchaus unterschiedlich gesetzt wurden –, mit einem ebenso entschiedenen Bekenntnis zu dem, was aus der Vergangenheit als Fundament des Neuen, einer neu zu gewinnenden Zukunft unentbehrlich zu sein schien. Von daher ergaben sich zugleich Affinitäten, die in den leidenschaftlichen Auseinandersetzungen des Tages oft verborgen blieben und die im Rückblick gelegentlich sehr überraschend zutage treten – etwa mit Blick auf eine Gestalt wie die von Franz Josef Strauß, die im nachhinein als viel „moderner", als viel weniger konservativ erscheint, als viele unmittelbare Zeitgenossen anzunehmen geneigt waren.

Nach wie vor gilt, daß unter den großen und als solchen, zumindest in der heutigen Perspektive, anerkannten Repräsentanten der Epoche in der Rückschau die Vertreter der Kunst und der Wissenschaft überwiegen – im Unterschied zu den jeweils aktuellen Einschätzungen nach Kriterien der „Prominenz". Über die fortwirkende Bedeutung von Friedrich Dürrenmatt und Max Frisch, von Heinrich Böll und Thomas Bernhard, von Uwe Johnson und Hans Jonas, von Norbert Elias, Konrad Lorenz und Herbert von Karajan wird man sich rasch verständigen können. Aber es wird auch deutlich, daß gerade die unmittelbare Nachkriegszeit mit ihrer weitverbreiteten Aufbruchstimmung und ihrem Bestreben, über die Interessen des Tages hinaus das jeweilige Gemeinwesen und die Gesellschaft insgesamt wieder auf tragfähige und auf allgemein anerkannten Werten beruhende Grundlagen zu stellen, eine ganze Reihe von bedeutenden Persönlichkeiten auch jenseits jener Bereiche hervorgebracht hat, mit all den Kanten, die sie hatten, und all den Angriffsflächen, die sie nach wie vor bieten. Willy Brandt gehört dazu und, immer wieder besonders umstritten, Franz Josef Strauß, Martin Niemöller, Axel Springer und Hermann Josef Abs. Ob alle diese Namen Bestand haben werden, sei dahingestellt. Auch in dieser Beziehung nimmt jede Gegenwart, die mit Blick auf die Zukunft über die Vergangenheit nachsinnt, ihre Revisionen vor. Sicher jedoch ist wohl, daß die Einschätzung individueller Größe durch eine Zeit – wenn sie denn richtig vorgenommen ist – zugleich einen Spiegel darstellt, wie sich diese Zeit, bezogen auf die Grundvorstellungen und den Wertekanon der in ihr lebenden Menschen, sieht oder jedenfalls sehen will.

Frankfurt am Main, im Dezember 1994 Lothar Gall

# NAMENREGISTER

Zusammengestellt von Klaus-Dieter Schmidt

## A



## B

## C

## D

## E



## F

## G

## H

## I

## L

## M

## N



## O

## P

## Q



## R

## S

## T



## U



## V

## W

## Y



## Z

# QUELLENVERZEICHNIS DER ABBILDUNGEN

Archiv der Carl Orff-Stiftung, Diessen: S. 448 (Madeline Winkler), 449 (Anne Kirchbach) · Archiv Professor Franz Füeg, Lausanne: S. 232 (und innen, links), 233 (und innen, Mitte und unten) sowie die textintegrierten Abbildungen in dem Beitrag über Ludwig Mies van der Rohe · Archiv Professor Dr. Walter Gerstenberg, Tübingen: S. 113. Archiv Professor Dr. Ernst Helmreich, Würzburg: S. 400 · Archiv Professor Dr. Dr. h. c. Martin Lindauer, Würzburg: S. 464 · Archiv Professor Dr. Werner Spies, Düsseldorf: S. 328 · Atelier R. Schramm-Rapagnetta, München: S. 145 · Bauhaus-Archiv, Berlin: S. 209, 224 (oben: Funkat, unten: Landesbildstelle Berlin), 233 (innen, oben) · Bayerische Staatsbibliothek, München: S. 40 (innen) · Manfred Beck, Berlin: S. 544 · Bildarchiv der Österreichischen Nationalbibliothek, Wien: S. 41 (innen, oben) · Bildarchiv Gerhard Marcks-Stiftung, Bremen: S. 417 (Litzmann), 432 (Friedrich Hewicker), 433 (Friedrich Hewicker) · Ilse Buhs, Berlin: S. 273 (unten) · John Burgee Architects with Philip Johnson, New York: S. 232 (innen, rechts) · Henri Cartier-Bresson/Magnum über Transglobe Agency: S. 80 · Rosemarie Clausen, Hamburg: S. 112 · M. Coppens, Eindhoven: S. 416 (innen, unten) · dpa-Bild, Frankfurt am Main: S. 401 · Walter Dräyer, Zürich: S. 329 (innen) · Fritz Eschen: S. 96 (innen), 144, 176, 193, 208, 353, 416 · Hans Kelsen-Institut, Wien, über Archiv Luchterhand: S. 304 · Ralph Kleinhempel, Hamburg: S. 249 (unten) · Barbara Klemm, Frankfurt am Main: S. 640 · Lauterwasser, Überlingen: S. 592 · LIFE-Photo, New York: S. 160 (Carl Mydans) · Ilse Mayer-Gehrken über Suhrkamp Verlag, Frankfurt am Main: S. 225 · Niedersächsische Staats- und Universitätsbibliothek, Voitsche Sammlung, Göttingen: S. 248 (Marianne Focke) · Nitzsche über Nachlaß Erich Heckel, Hemmenhofen am Bodensee: S. 249 (oben) · Piper Verlag, München: S. 329 · Presse- und Informationsamt der Bundesregierung, Bundesbildstelle, Bonn: S. 161 · Siegfried von Quast, Murnau: S. 352 · Eduard Rieben, Bern: S. 608 · Stefan Sisulak, Donauwörth: S. 465 · Stadt- und Universitätsbibliothek Frankfurt am Main, Max Horkheimer-Archiv: S. 305 · Städtische Galerie im Lenbach-Haus, München: S. 40 (Deuyfjes) · Liselotte Strelow, Düsseldorf, über Dumont-Lindemann-Archiv, Düsseldorf: S. 97 · Horst Tappe: S. 272 · Ullstein Bilderdienst, Berlin: S. 33, 41 (Willott), 96 (dpa), 97 (innen), 177 (dpa), 192 (Fritz Eschen), 248 (innen: Fritz Eschen), 256, 257 (Erich Salomon), 320 (Köster), 321 (Hellwig), 368, 369 (Manfred Grohe), 496 (Interfoto Rauch), 497 (dpa), 512 (dpa), 513 (AP), 545 (Claus Hampel), 560 (Interfoto Rauch), 561, 593 (Horst Tappe), 609 (Kövesdi Presseagentur), 624 (Martin Ludz) · Variopress: S. 641 · Gret Widmann, Zürich, über Suhrkamp Verlag, Frankfurt am Main: S. 81. – Alle übrigen Aufnahmen lieferten die in den Bildunterschriften erwähnten Archive, Bibliotheken, Galerien, Museen und Sammlungen.

Die Erlaubnis zur Wiedergabe von Originalen erteilten freundlicherweise die in den Bildunterschriften und im Quellenverzeichnis genannten Institutionen, privaten Besitzer und Künstler-Erben beziehungweise die mit der Wahrnehmung ihrer Rechte Beauftragten: Akademie der Künste, Scharoun-Archiv, Berlin · Gerhard Marcks-Stiftung, Bremen · Nachlaß Erich Heckel, Hemmenhofen am Bodensee · Stiftung Seebüll Ada und Emil Nolde, Neukirchen · VG Bild-Kunst, Bonn (für Max Ernst, Oskar Kokoschka, Alfred Kubin).

Die Deutsche Bibliothek – CIP-Einheitsaufnahme

Die *grossen Deutschen unserer Epoche* /
hrsg. von Lothar Gall. – Berlin ; Frankfurt am Main :
Propyläen-Verl., 1995
ISBN 3-549-05447-5
NE: Gall, Lothar [Hrsg.]